方志出版社审稿意见

书　名	《万山纪检监察志》		字数	1172千字		
审稿人	初审	王娜	复审	罗滔	终审	和卫国
编纂者	中共铜仁市万山区纪律检查委员会 铜仁市万山区监察委员会					
审稿时间	初审：2023年3月23日至2023年4月10日 复审：2023年4月10日至2023年4月20日 终审：2023年4月20日至2023年4月28日					

初审意见：《万山纪检监察志》是中共铜仁市万山区纪律检查委员会、铜仁市万山区监察委员会组织编纂的行业志书。全书以马克思列宁主义、毛泽东思想、邓小平理论、“三个代表”重要思想、科学发展观、习近平新时代中国特色社会主义思想为指导，坚持辩证唯物主义和历史唯物主义的立场、观点和方法，全面、系统、翔实地记载了1950-2022年万山纪检监察工作的历史和现状，真实地反映万山纪检监察工作的实际。本志书既有宏观鸟瞰又有微观透视，是一部全面、客观、准确记录新时代万山纪检监察的“百科全书”，为各方面人士了解、认识、研究万山纪检监察事业提供了客观翔实的资料，是一部重要的工具书和资料库。本志书遵循了新编地方志的编纂原则，全书指导思想明确、体例恰当、资料丰富、脉络清楚、语言简练、质量精良。对进一步解放思想、积累经验、推动万山地方志事业发展及各方面发展都将发挥重要作用，具有出版价值。

复审意见：《万山纪检监察志》全面、系统、翔实地记载了1950年至2022年间万山区纪检监察事业发展的历史和现状，重点记述了改革开放以来万山纪检监察事业发展轨迹，具有资政、存史、教化、交流的功能，也具有重要的资料价值和研究价值。对于研究万山区区情，探索发展规律，制定重大决策，以及教育后代，造福后世，鼓舞人民，都有着深远的意义。

终审意见：《万山纪检监察志》以丰富翔实的资料，全面、系统地记述了铜仁市万山区纪检监察事业的发展脉络和主要成绩，保存了大量珍贵的历史记忆，为深入了解、研究万山区纪检监察事业提供了重要文献资料。该书不属于重大选题备案范围，未发现政治问题。终审同意初审、复审提出的审读意见。

方志出版社

2023年8月26日

万山纪检监察志

中共铜仁市万山区纪律检查委员会
铜仁市万山区监察委员会 编

方志出版社
Publishing House of Local Records

图书在版编目(CIP)数据

万山纪检监察志 / 中共铜仁市万山区纪律检查委员会，铜仁市万山区监察委员会编.—北京：方志出版社，2023.8
ISBN 978-7-5144-5747-6

Ⅰ.①万… Ⅱ.①中… ②铜… Ⅲ.①中国共产党—纪律检查—工作概况—万山区②行政—监察—工作概况—万山区 Ⅳ.①D262.6②D630.9

中国国家版本馆CIP数据核字(2023)第146378号

责任编辑：王娜
责任校对：刘玉霞
责任印制：梅中英
出 版 者：方志出版社
地　　址：北京市朝阳区潘家园东里9号(国家方志馆4层)
邮　　编：100021
网　　址：http://www.zgfzcb.cn
发　　行：方志出版社图书营销中心(010-67110500)
印　　刷：重庆长虹印务有限公司
开　　本：889毫米×1194毫米　1/16
印　　张：50.5
字　　数：1172千字
版　　次：2023年8月第1版
印　　次：2023年8月第1次印刷
定　　价：358.00元

《万山纪检监察志》编纂委员会

顾　问	田　艳					
主　任	胡定钦					
副主任	刘　勇	肖　旺	杨昌贵	袁仁荣	张　志	
	吴克玖	刘　斌	刘　恒	姚冬霞	吴　巍	
成　员	蒙志国	李　枫	李　霞	牟朝飞	杨　静	杨　景
	杨瑞清	朱继华	李戈甫	张　举	向仲敏	袁再军
	刘文彬	李双龙	杨　睿	兰士傢	王　超	陈　伟
	张运发	杨胜江	唐智飞	余福军	田发明	徐启荣
	彭　超	邹　通				

《万山纪检监察志》编纂委员会办公室

主　　编	胡定钦					
副 主 编	刘　勇	杨昌贵				
执行主编	袁仁荣					
执行副主编	蒙志国	罗水华				
编　　审	蒙志国	罗水华	黄隆高	刘新华		
采　　编	蒙志国	姚冬霞	李　枫	宋　伟	李双龙	向仲敏
	杨胜江	徐启荣	罗金林	张宏智	杨幸子	陆俊勇
	吴新月	刘文彬	游　沙	黄竟逸	代小琴	王　艺
	田丹丹	杨　芸	张　力	吴秋鸿	刘小花	胡雪微
	聂卉珊	张　亮	彭　超	向情文	樊启龙	袁小萍
	饶　琴	张　肖	王　军	朱晓东		

《万山纪检监察志》评审会评审人员

《铜仁市纪检监察志》编纂办公室	陆鸿登　石天启　肖会智
区　纪　委　区　监　委	胡定钦　杨昌贵　张　志　刘　斌 刘　恒　姚冬霞　袁仁荣　吴　巍 李　枫　李戈甫　杨　静　黄竞逸 田丹丹
区　地　方　志　办　公　室	杨雪花　杨钦尧
区　委　党　史　研　究　室	刘远学
区　国　家　保　密　局	姚　尉　桂　蓉
《万山纪检监察志》编　纂　办公室	蒙志国　罗水华　宋　伟　陆俊勇 黄隆高　刘新华

序

万山曾是中国最大的汞工业基地，为国家作出巨大贡献，被周恩来总理称为“爱国汞”。新时代的万山也是习近平总书记始终关心和牵挂的地方，曾1次亲临指导视察抗凝冻救灾工作，1次对万山转型发展作出重要批示，1次给予重大政策支持，2次询问关心万山的发展情况。近年来，万山区各级纪检监察机关和全体纪检监察干部牢记嘱托、感恩奋进，在党风廉政建设和反腐败斗争取得压倒性胜利态势的同时，为进一步落实习近平总书记关于坚定文化自信的重要论述，始终把编纂《万山纪检监察志》作为一项重要工作抓具体抓深入。在全面贯彻落实中国共产党第二十次全国代表大会精神之际，《万山纪检监察志》出版面世了！这是万山纪检监察工作史上的一件大事，它填补了万山区纪检监察系统没有志书的空白，也是万山区纪委区监委精神文明建设和文化建设的一项丰硕成果，利于当代、惠及子孙、功在千秋。志书的出版，不但为祖国志苑和万山地方志资源宝库增添了新的瑰宝，也将对今后万山区纪检监察工作高质量发展和提升纪检监察工作文化软实力发挥独特的作用。意义深远，可喜可贺！

文化是民族的血脉，是人民的精神家园。志书是中华优秀传统文化之一，是国史的重要组成部分，旨在记录当代、保存历史、传承文明、激发全民族自豪感和自信心，为各项工作开展提供历史借鉴和智力支持。2021年7月，万山区纪委区监委根据国务院、省、市、区关于编史修志的文件要求，开始编修《万山纪检监察志》。志书运用大量翔实的史料，真实记录了万山70余年来纪检监察工作发展历程，充分彰显了全区各级纪检监察干部坚持党的领导，忠诚履职、担当作为，扎实开展正风肃纪、反腐倡廉的敬业奉献形象。

修志以存史，知史而鉴今。党的十八大以来，在中共中央、中央纪委、省委、省纪委、市委、市纪委和区委的坚强领导下，全区纪检监察机关牢固树立政治意识、大局意识、核心意识、看齐意识，坚定中国特色社会主义道路自信、理论自信、制度自信、文化自信，自觉同党中央保持高度一致，尊崇党章，忠实履职，推动全面从严治党不断向纵深发展，反腐败斗争形成压倒性态势。党的十九大作出深化国家监察体制改革重大战略部署，创制中国特色监察制度体系，纪检监察工作翻开了崭新的一页。全区纪检监察机关和纪检监察干部将党中央关于推进国家监察体制改革的决策转化为生动实践，全面履行纪检、监察两项职责，充分发挥反腐败职责整合、资源优化配置的强大优势，党对反腐败工作的集中统一领导更加有力；不断加大监督执纪问责和监督调查处置力度，使公权力监督全覆盖，人民群众对正风反腐的满意度不断提升；充分发挥新体制的治理效能，收拢五指，重拳出击，查处了一大批侵害群众利益的腐败和作风问题，消除了一大批影响地区政治生态的“污染源”，反腐败斗争成果持续巩固，“三不”一体叠加效应充分彰显，这些过往值得铭记。站在新的历史起点上，全区纪检监察机关将继续深入学习贯彻习近平新时代中国特色社会主义思想，忠诚履行党章和宪法赋予的神圣职责，继续在纪检监察历程上书写新的成就。

编纂出版《万山纪检监察志》是一项浩大的文化建设工程。除编辑部的同志们辛勤工作外，贵州万山经济开发区纪检监察工委、万山矿区社区服务管理局纪委及万山各乡镇（街道）纪（工）委、区委巡察办、区纪委区监委机关各内设部门、各派驻纪检监察组、万山区直属机关纪检监察工委、万山区人民医院纪委、铜仁市第八中学纪委等积极参与，为志书提供资料；一些离退休的老同志和相关人员提供资料、照片并参与审查稿件，相关部门单位给予了支持和配合，志书的字里行间流淌着所有参与本志编纂人员的汗水和心血。《万山区纪检监察志》是万山反腐倡廉建设工作的重大成果。值此志书出版之际，谨向为本志书的编纂出版做出贡献的同志们表示衷心的感谢和崇高的敬意！

以志为鉴砺初心，笃行不怠创未来。我们将以《万山纪检监察志》出版为契机，纵深推进全面从严治党，全面开启万山纪检监察工作高质量发展新征程！

中共铜仁市万山区委常委、万山区纪律检查委员会书记
铜仁市万山区监察委员会主任 胡定钦
2023年8月

凡　例

一、《万山纪检监察志》以马克思列宁主义、毛泽东思想、邓小平理论、“三个代表”重要思想、科学发展观、习近平新时代中国特色社会主义思想为指导，坚持辩证唯物主义和历史唯物主义的立场、观点和方法，遵循实事求是原则，客观准确记述万山纪检监察的历史和现状。

二、本志以万山区行政区划为记述范围，所涉史料上限始于1949年，下限讫于2022年12月，因万山行政区划变更较频繁，个别内容及部分乡镇（办事处）记述事项作适当上溯。

三、本志采用述、记、志、传、图（照）、表、录等形式，以志为主，横排门类，纵述史实的编写方法，设章、节两个层次，根据记述需要，节下设目、子目。

四、本志依据中华人民共和国国务院《地方志工作条例》、中国地方志指导小组《地方志书质量规定》及《贵州省地方志工作规定》，并参照《贵州省地方综合年鉴编纂质量规范（试行）》编著。

五、本志概述叙议结合；各章节均采用记叙文体，只记事实，不加评述，寓观点于记事之中。

六、本志根据征集资料，对合署前纪检监察工作记述较略，合署后纪检监察、国家监察体制改革后的事例记述较详；注重反映地方特色、时代特色和专业特色。

七、本志计量单位一律以1993年发布的《量和单位》（GB 3100～3102—1993）为准，个别常用成习惯且不便换算的用市制，如农田单位“亩”。简化字以全国文字改革委员会、文化部、教育部公布的《简化汉字总表》为准；标点符号以2011年发布的《标点符号用法》（GB/T 15834—2011）为准；数字以2011年发布的《出版物上数字用法》（GB/T 15835—2011）为准。

八、本志中机构称谓沿用历史阶段实际称谓，第一次出现用全称，重复出现用通行规范简称；人物称呼直书其名，地名称谓按阶段用名，行政级别遵照阶段历史表述。

九、本志记述历届中共万山区（特区、特区委）纪律检查委员会，与万山区（特区）历届党代会届次对应叙述；县级万山特区改市辖万山区后，区纪律检查委员会届次与区党代会届次同步。

十、清末及民国时期万山曾称省溪，1941年2月撤销省溪县后万山属玉屏县管辖，1958年至1961年万山随玉屏县并入铜仁县，之后1966年2月万山特区建立至2011年11月正式撤销止，又多与玉屏县、铜仁县（市）行政区划发生交集，故本志记载有玉屏县、铜仁县（市）史料。

十一、本志收录人物标准为区（特区）纪委书记、副书记、纪委常委和区（特区）监察局局长、副局长，区监委主任、委员，万山经开区纪工委书记、贵州汞矿纪委书记。分人物传略、人物简历、人物表和荣誉，除极少部分去世人物立传外，其他以工作简历形式记述，并要求未涉及严重违规违纪。

十二、本志收录干部所任职务，以党代会、人民代表大会、党委全委会或全会、纪委全委会或全会选举和党委、人大常委会、政府或组织、人事部门正式任命为准。

十三、本志收录荣誉分集体荣誉与个人荣誉，均为万山纪检监察系统单位或个人在纪检监察部门工作或参加纪检监察事项，获区委、区人民政府及以上表彰奖项。

十四、本志根据辖区特殊情况，收录贵州汞矿、贵州冶金地质一队、贵州万山经济开发区纪检监察内容，乡镇（街道）纪检监察记述延伸至村级监督委员会，故本志大事记收录部分贵州汞矿、贵州冶金地质一队、贵州万山经开区和乡镇（街道）及村（社区）内容。

十五、编入本志资料来源于档案、图书、报刊和部分老同志口述历史等资料，经考证核实后入志，不标注出处。

十六、因受本志记述所限，干部具体任职以组织人事档案文件为据。

图片集锦

领导关怀

2009年11月16日，中共贵州省委常委、省纪委书记王正福（左一）到万山特区调研

2016年3月23日，中共贵州省委常委、省纪委书记宋璇涛（前排右一）到万山区调研民生监督工作及产业发展情况

2019年11月4日，中共贵州省委常委、省纪委书记、省监委主任夏红民（前排左一）到万山区调研纪检监察工作及脱贫攻坚巩固提升工作情况

2022年4月12日，中共贵州省委常委、省纪委书记、省监委主任李元平（前排右三）到万山区丹都街道旺家花园社区调研，实地了解易地扶贫安置及搬迁后续扶持情况

2020年2月27日，中共贵州省纪委副书记、省监委副主任张平（右三）到万山调研新冠肺炎疫情防控和经济社会发展情况

2009年11月16日，中共铜仁地委委员、铜仁地区纪委书记张美圣（前排中）到万山特区高楼坪乡调研民生工作

2012年5月4日，中共铜仁市委常委、市纪委书记孟祥熙（前排左一）到万山区调研纪检监察工作

2016年1月1日，中共铜仁市委常委、市纪委书记郭智敏（左二）到万山区茶店街道开天村调研民生监督工作

2019年11月11日，中共铜仁市委常委、市纪委书记、市监委主任蒋兴勇（前排右一）到木杉河开展“保护母亲河·河长大巡河”活动

2020年7月6日，中共铜仁市委常委、市纪委书记、市监委代理主任钟汰甬（前排右一）到万山区调研纪检监察工作，了解产业发展情况

2022年7月14日，中共铜仁市委常委、市纪委书记、市监委主任罗雁冰（前排右三）到万山区调研巡察整改工作

2012年6月，中共铜仁市纪委副书记陈建萍（左三）到万山区开展民生项目建设监督检查

2015年8月4日，中共铜仁市纪委副书记、市监察局局长张智（前）到万山调研脱贫攻坚工作

2017年11月21日，中共铜仁市纪委副书记陆鸿登（中）到茶店街道开展“访村寨、重监督、助攻坚”专项行动

2020年9月18日，中共铜仁市纪委副书记、市监委副主任黄道成（右二）到万山区纪委监委调研干部能力建设年工作开展情况

2021年4月29日，中共铜仁市纪委副书记、市监委副主任龙之衡（左二）到万山区调研产业发展情况

领导批示

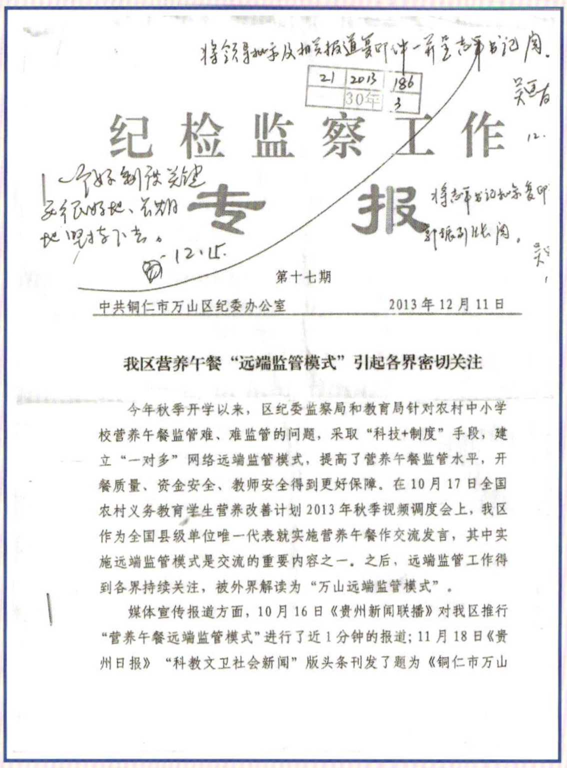

纪检监察工作

专报

第十七期

中共铜仁市万山区纪委办公室　　2013 年 12 月 11 日

我区营养午餐“远端监管模式”引起各界密切关注

今年秋季开学以来，区纪委监察局和教育局针对农村中小学校营养午餐监管难、难监管的问题，采取“科技+制度”手段，建立“一对多”网络远端监管模式，提高了营养午餐监管水平，开餐质量、资金安全、教师安全得到更好保障。在 10 月 17 日全国农村义务教育学生营养改善计划 2013 年秋季视频调度会上，我区作为全国县级单位唯一代表就实施营养午餐作交流发言，其中实施远端监管模式是交流的重要内容之一。之后，远端监管工作得到各界持续关注，被外界解读为“万山远端监管模式”。

媒体宣传报道方面，10 月 16 日《贵州新闻联播》对我区推行“营养午餐远端监管模式”进行了近 1 分钟的报道；11 月 18 日《贵州日报》“科教文卫社会新闻”版头条刊发了题为《铜仁市万山

2013 年 12 月 15 日，铜仁市政协副主席、中共铜仁市万山区委书记汤志平对万山区纪委区监察局创新营养午餐监管工作作出批示

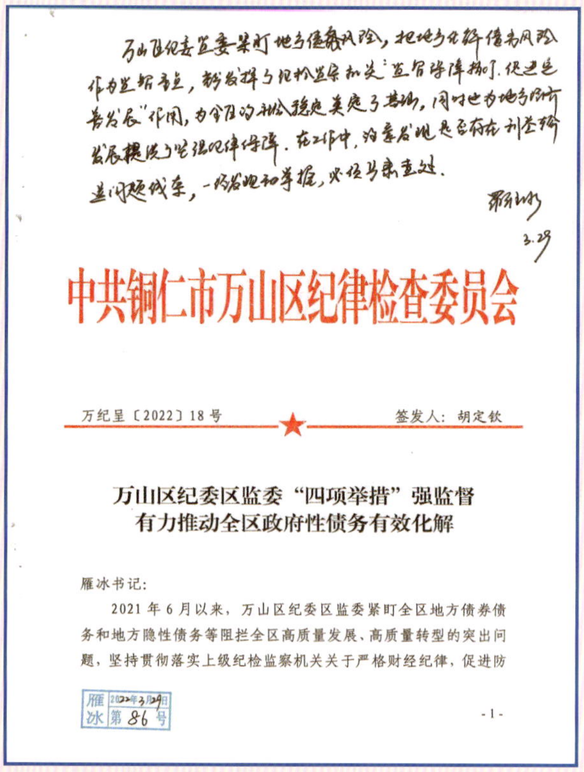

中共铜仁市万山区纪律检查委员会

万纪呈〔2022〕18 号　　签发人：胡定钦

万山区纪委区监委“四项举措”强监督
有力推动全区政府性债务有效化解

雁冰书记：

2021 年 6 月以来，万山区纪委区监委紧盯全区地方债券债务和地方隐性债务等阻拦全区高质量发展、高质量转型的突出问题，坚持贯彻落实上级纪检监察机关关于严格财经纪律，促进防

- 1 -

2022 年 3 月 29 日，中共铜仁市委常委、市纪委书记、市监委主任罗雁冰对万山区纪委区监委采取“四项举措”，推动全区政府性债务有效化解作出批示

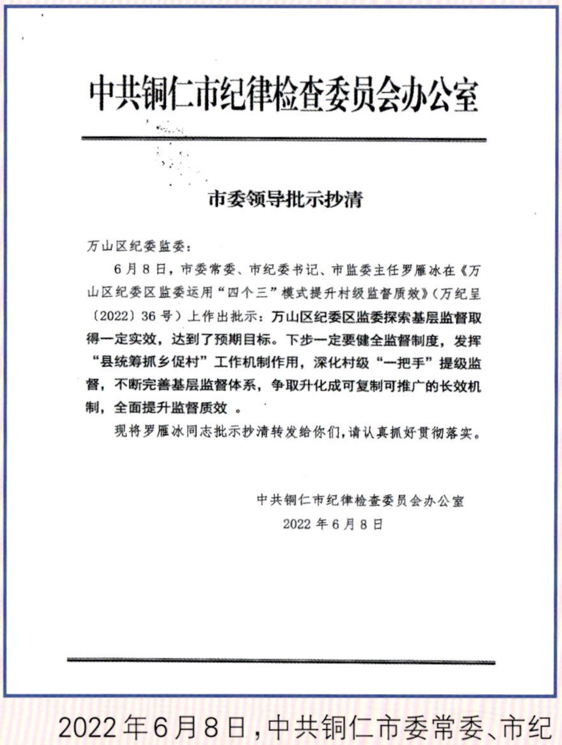

中共铜仁市纪律检查委员会办公室

市委领导批示抄清

万山区纪委监委：

6 月 8 日，市委常委、市纪委书记、市监委主任罗雁冰在《万山区纪委区监委运用“四个三”模式提升村级监督质效》（万纪呈〔2022〕36 号）上作出批示：**万山区纪委区监委探索基层监督取得一定实效，达到了预期目标。下步一定要健全监督制度，发挥“县统筹抓乡促村”工作机制作用，深化村级“一把手”提级监督，不断完善基层监督体系，争取升化成可复制可推广的长效机制，全面提升监督质效。**

现将罗雁冰同志批示抄清转发给你们，请认真抓好贯彻落实。

中共铜仁市纪律检查委员会办公室
2022 年 6 月 8 日

2022 年 6 月 8 日，中共铜仁市委常委、市纪委书记、市监委主任罗雁冰对万山区纪委区监委运用“四个三”模式，提升村级监督质效作出批示

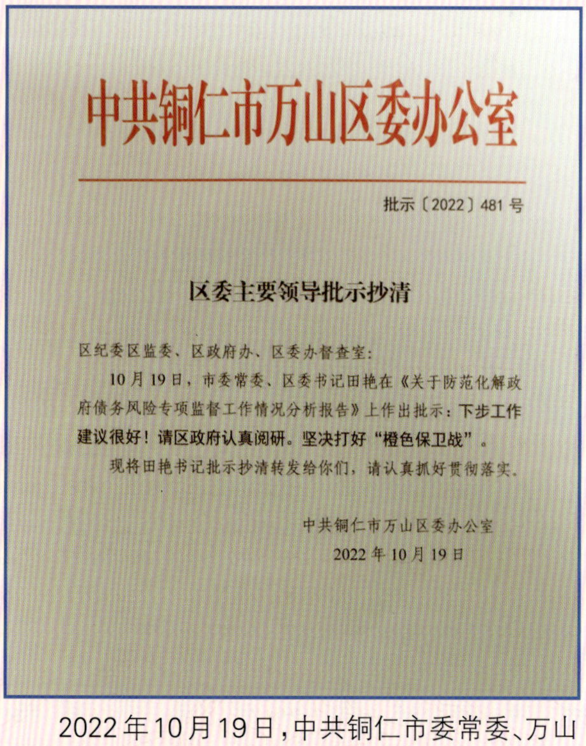

中共铜仁市万山区委办公室

批示〔2022〕481 号

区委主要领导批示抄清

区纪委区监委、区政府办、区委办督查室：

10 月 19 日，市委常委、区委书记田艳在《关于防范化解政府债务风险专项监督工作情况分析报告》上作出批示：**下步工作建议很好！请区政府认真阅研。坚决打好“橙色保卫战”。**

现将田艳书记批示抄清转发给你们，请认真抓好贯彻落实。

中共铜仁市万山区委办公室
2022 年 10 月 19 日

2022 年 10 月 19 日，中共铜仁市委常委、万山区委书记田艳对万山区纪委区监委防范化解政府债务风险监督工作作出批示

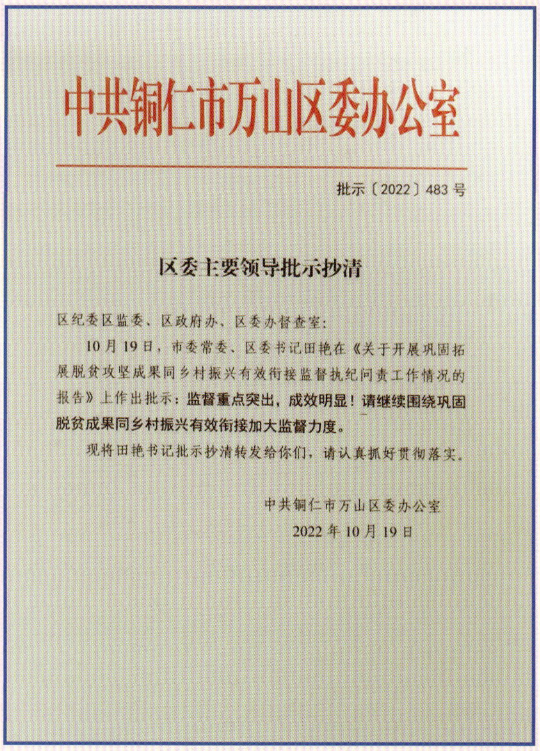

中共铜仁市万山区委办公室

批示〔2022〕483号

区委主要领导批示抄清

区纪委区监委、区政府办、区委办督查室：

10月19日，市委常委、区委书记田艳在《关于开展巩固拓展脱贫攻坚成果同乡村振兴有效衔接监督执纪问责工作情况的报告》上作出批示：**监督重点突出，成效明显！请继续围绕巩固脱贫成果同乡村振兴有效衔接加大监督力度。**

现将田艳书记批示抄清转发给你们，请认真抓好贯彻落实。

中共铜仁市万山区委办公室

2022年10月19日

2022年10月19日，中共铜仁市委常委、万山区委书记田艳对万山区纪委区监委在巩固拓展扶贫攻坚成果同乡村振兴有效衔接监督执纪问责工作作出批示

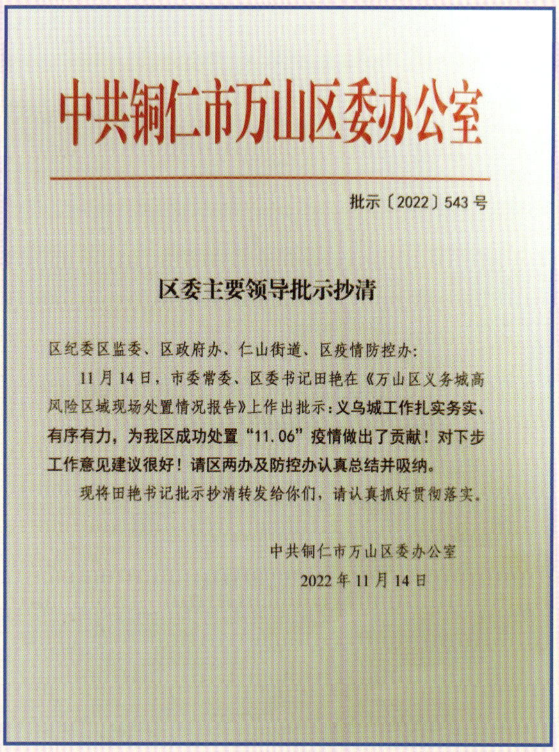

中共铜仁市万山区委办公室

批示〔2022〕543号

区委主要领导批示抄清

区纪委区监委、区政府办、仁山街道、区疫情防控办：

11月14日，市委常委、区委书记田艳在《万山区义务城高风险区域现场处置情况报告》上作出批示：**义乌城工作扎实务实、有序有力，为我区成功处置"11.06"疫情做出了贡献！对下步工作意见建议很好！请区两办及防控办认真总结并吸纳。**

现将田艳书记批示抄清转发给你们，请认真抓好贯彻落实。

中共铜仁市万山区委办公室

2022年11月14日

2022年11月14日，中共铜仁市委常委、万山区委书记田艳对万山区义乌城新冠疫情防控成功处置作出批示。此地疫情防控指挥长为中共铜仁市万山区委常委、区纪委书记、区监委主任胡定钦

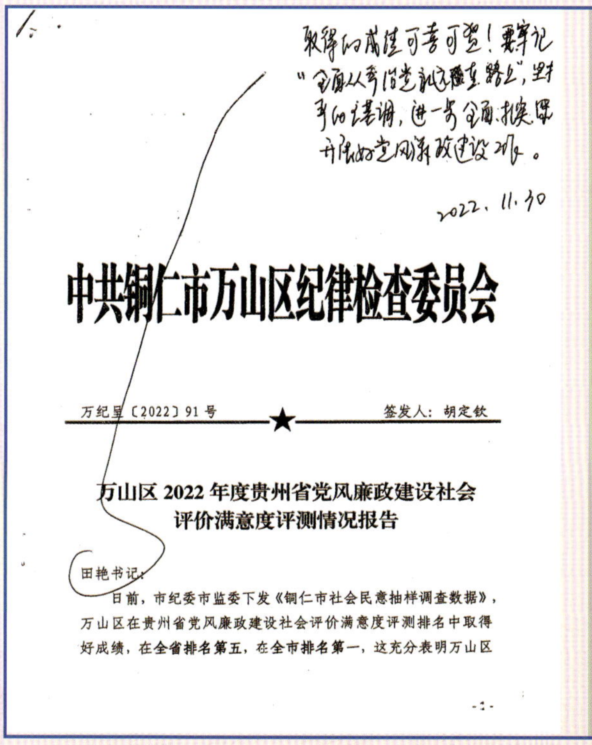

取得的成绩可喜可贺！要牢记"全面从严治党永远在路上"，坚持严的主基调，进一步全面、扎实、深入开展好党风廉政建设工作。

2022.11.30

中共铜仁市万山区纪律检查委员会

万纪呈〔2022〕91号　签发人：胡定钦

万山区2022年度贵州省党风廉政建设社会评价满意度评测情况报告

田艳书记：

日前，市纪委市监委下发《铜仁市社会民意抽样调查数据》，万山区在贵州省党风廉政建设社会评价满意度评测排名中取得好成绩，在全省排名第五，在全市排名第一，这充分表明万山区

-1-

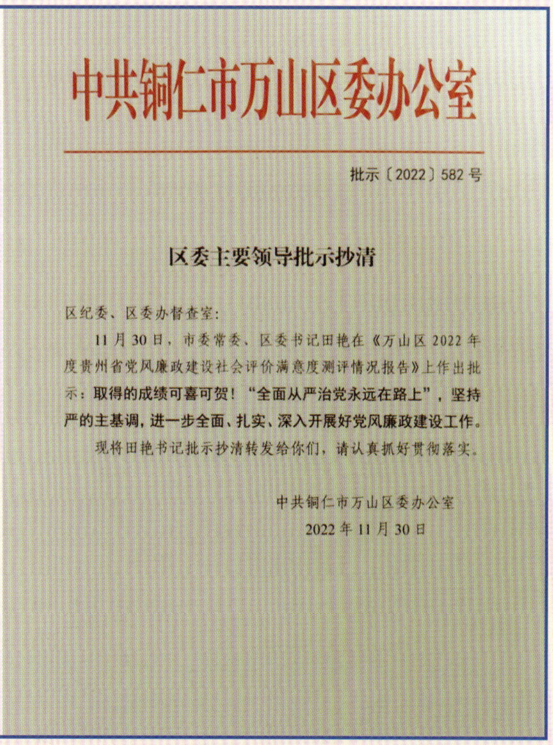

中共铜仁市万山区委办公室

批示〔2022〕582号

区委主要领导批示抄清

区纪委、区委办督查室：

11月30日，市委常委、区委书记田艳在《万山区2022年度贵州省党风廉政建设社会评价满意度测评情况报告》上作出批示：**取得的成绩可喜可贺！"全面从严治党永远在路上"，坚持严的主基调，进一步全面、扎实、深入开展好党风廉政建设工作。**

现将田艳书记批示抄清转发给你们，请认真抓好贯彻落实。

中共铜仁市万山区委办公室

2022年11月30日

2022年11月30日，中共铜仁市委常委、万山区委书记田艳对万山区2022年度党风廉政建设社会评价满意度获"全省排名第五、全市排名第一"作出批示

队伍建设

1984年9月27日，中共万山特区第三届纪律检查委员会委员合影。前排左起依次为周本旺、廖克文、何芝茂、陈湘保；后排左起依次为王德安、李梧顺、刘政权、徐昌登、杨德富

1987年9月20日，中共万山特区第四届纪律检查委员会委员及纪检干部合影。前排左起依次为刘洪登、刘先和、杨贵成；中排左起依次为刘爱秀、刘泽新、王德安；后排左起依次为杨光元、杨光达、杨宗银

1990年5月29日，中共万山特区第五届纪律检查委员会常委班子成员与纪检干部合影。前排左起依次为刘泽新、杨光元、杨宗银、刘元方；中排左起依次为方德英、黄义强、陆选贵、王德安、邵宗凤；后排左起依次为蒲光木、封贵安、杨光达

1993年3月12日，中共万山特区第六届纪律检查委员会委员合影。左起依次为方德英、申友林、张天保、刘元方、蒲光木、陆选贵、王德安、刘洪登、杨再清

1998年3月12日，中共万山特区第七届纪律检查委员会委员合影。前排左起依次为邵宗凤、方德英、杨再清、梁巨云；中排左起依次为杨均成、刘荣国；后排左起依次为肖亚、吴水林、田景明

2005年1月6日，中共万山特区第八届纪律检查委员会常委与干部合影。前排左起依次为吴志明、张昌裕、段华英、张静、夏珍、杨成、邵宗凤；中排左起依次为罗仁相、罗仁良、杨劲松、刘先银、黄义强、杨超；后排左起依次为唐德勇、吴锋、陆选贵、王贵权、樊勇、孙江云

2006年11月10日，新当选的中共万山特区第九届纪律检查委员会委员合影。前排左起依次为杨劲松、杨顺昌、吴锋、王贵军、张静、夏珍、邵宗凤；后排左起依次为刘洪长、刘开著、韩再军、杨政森、黄黎波、郑小英

2013年2月，中共铜仁市万山区第一届纪律检查委员会常委会主持召开纪检监察工作会议。后排左起依次为毛权民、冉光权、吴廷友、杨劲松、罗泽亭

2016年10月，新当选的中共铜仁市万山区第二届纪律检查委员会常委合影。左起依次为卢菊凤、袁仁荣、杨政久、袁继鸿、刘勇、冉光权、符宁亮

2021年10月，新当选的中共铜仁市万山区第三届纪律检查委员会常委合影。左起依次为刘恒、张志、杨昌贵、胡定钦、肖旺、袁仁荣、吴克玖

2021年10月23日，中共铜仁市委常委、万山区委书记田艳（前排左四）与区第三届纪律检查委员会委员合影。前排左起依次为吴克玖、袁仁荣、肖旺、田艳、胡定钦、杨昌贵、张志、刘恒；后排左起依次为杨超、杨琪云、刘运林、李超、余福军、杨秀权、谢凯、孙蕾

2017年9月23日，万山区纪委区监察局全体干部职工欢送区委常委、区纪委书记袁继鸿（前排右六）离任时合影

2022年1月27日，万山区纪委区监委召开2021年度全区纪检监察工作总结大会，会后全体参会人员合影

2023年1月13日，万山区纪委区监委召开2022年度全区纪检监察工作总结大会，会后全体参会人员合影留念

2023年4月3日，万山区纪委监委组织全区纪检监察干部到铜仁市党风廉政教育基地开展警示教育活动，活动结束后集体合影留念

工作剪影

一、领导动态

2007年6月30日，中共万山特区委书记王开禄（后排右三）在万山特区新提拔科级领导干部警示教育培训班上讲话

2010年11月，中共万山特区委书记汤志平（中排左三）在全区党风廉政建设和惩防腐败体系建设责任任务落实情况汇报会上讲话

2021年5月13日，铜仁市政协副主席、万山区委书记田艳（左二）到区纪委区监委机关调研工作

2004年12月，中共万山特区委副书记、特区纪委书记刘先银（前排右一）慰问火灾户群众

2010年2月，中共万山特区委常委、特区纪委书记王贵军（左）到下溪乡瓦田村走访慰问老党员张应国

2011年3月12日，中共万山特区委常委、特区纪委书记吴廷友（左一）到谢桥办事处挞扒洞村走访慰问百岁老人蒋绪松（右一）

2014年12月，中共铜仁市万山区委常委、区纪委书记袁继鸿（左二）到敖寨乡调研食用菌产业发展情况

2017年12月，中共铜仁市万山区委常委、区纪委书记、区监委主任陈琪（左二）到下溪乡官田村看望贫困户

2021年3月23日，中共铜仁市万山区委常委、区纪委书记、区监委主任邹远志（左二）到下溪乡调研大棚蔬菜产业发展情况

2021年6月25日，中共铜仁市万山区委常委、区纪委书记胡定钦（右一）到下溪乡官田村走访慰问老党员杨顺田（左一），并颁发“光荣在党50年”纪念章

二、各类活动

2011年6月29日，万山特区纪检监察干部职工参加庆祝中国共产党成立90周年歌唱诵读大赛

2014年9月，万山区纪委监察局组织派出纪工委书记和乡镇（街道）纪（工）委书记等到毕节市金沙县考察学习民生特派监督工作，并合影留念

2016年6月25日，万山区纪委组织机关党员干部到印江土家族苗族自治县红二、红六军团木黄会师纪念馆开展党性教育活动，并合影留念

2016年8月，万山区纪委监察局组织党员干部到韶山毛泽东同志故居开展革命传统教育，并合影留念

2017年7月9日，万山区纪委组织机关党员干部到遵义市苟坝会议会址开展党性教育活动，并合影留念

2019年9月27日，万山区纪委监委机关党总支与区委巡察办支部到朱砂古镇开展革命传统教育活动，并合影留念

2021年4月16日，万山区纪委区监委组织机关党员干部到碧江区周逸群烈士陈列馆开展党史学习教育，重温入党誓词

2022年4月3日，万山区纪委党总支组织机关党员到石阡县困牛山战斗遗址开展党史学习教育，缅怀革命先烈

2021年6月28日，万山区纪委区监委机关党员干部参加全区举办的庆祝中国共产党成立100周年大合唱比赛

2022年6月29日，万山区纪委区监委机关举办“喜迎党的二十大 忠诚担当扬正气”庆祝中国共产党建党101周年知识竞赛活动，图为区纪委区监委班子成员与获奖选手合影

2022年3月8日，万山区纪委监委在谢桥街道牙溪生态农场开展“三八”国际妇女节活动，区纪委副书记、区监委副主任杨昌贵（前排左七）出席活动，并与全体妇女干部合影留念

2023年3月8日，万山区纪委监委在高楼坪乡青年湖村举办以"春暖花开润廉心 巾帼风采绽芳华"为主题的"三八"国际妇女节活动，区委常委、区纪委书记、区监委主任胡定钦（前排左五）出席活动，并与全体妇女干部合影留念

三、深化改革

2019年1月29日，中国共产党铜仁市万山区委巡察工作领导小组办公室挂牌

2017年12月，万山区级深化国家监察体制改革试点工作转隶大会召开

2019年5月31日，万山区监察委员会召开第一届特约监察员聘请会，向聘请的10名特约监察员颁发聘书

2020年10月30日，铜仁市万山区纪委区监委派驻机构改革工作推进会召开

2020年10月31日，万山区纪委区监委派驻第六纪检监察组挂牌，区检察院党组书记、检察长罗勇（右三）参加挂牌仪式

2022年8月4日，万山区监察委员会召开第二届特约监察员聘请会，向聘请的10名特约监察员颁发聘书

四、政治巡察

2020年9月2日，中共铜仁市万山区第二届委员会第九轮巡察暨营商环境专项巡察动员部署会召开

2022年4月24日，中共铜仁市万山区第三届委员会第一轮巡察纪巡会商会议召开，会议对巡察组发现拟移交问题线索“把脉”

2022年8月11日，中共铜仁市万山区第三届委员会第二轮巡察动员部署会召开

2022年9月26日，推动万山区组织监督及其他监督与巡察监督贯通融合座谈会召开

2022年5月13日，中共铜仁市万山区委巡察组实地调研敖寨乡食用菌产业发展情况

2022年9月15日，万山区委第四巡察组巡察在下溪乡麦禾溪组召开矿山受益金集中发放现场会，将68万元矿山收益金发放到48名群众手中

2022年7月1日，市委第二巡察组、万山区第三巡察组联动巡察万山区仁山街道党工委及所辖村（社区）党支部情况反馈会议召开

2022年5月13日，万山区委巡察组干部在仁山街道唐家寨社区走访群众，开展巡察宣传工作

五、监督检查

2021年6月25日，区委常委、区纪委书记、区监委主任胡定钦（前排左一）到下溪乡调研

2017年1月19日，中共铜仁市万山区纪委副书记、区监察局局长刘勇（左二）到万山镇开展民生监督工作

2021年3月20日，中共铜仁市万山区纪委副书记、区监委副主任肖旺（左一）调研党风廉政情况

2021年12月23日，中共铜仁市万山区纪委副书记、区监委副主任杨昌贵（左二）到铜仁市万山区高速南站督导新冠肺炎疫情防控工作

2022年9月5日，中共铜仁市万山区纪委常委、区监委委员刘斌（中）到万山区仁山学校督导检查开学情况

2018年10月11日，中共铜仁市万山区纪委常委、区监委委员袁仁荣（中）到下溪乡开展生态环境督查

2023年7月4日，中共铜仁市万山区纪委常委、区监委委员张志（左三）到大坪乡开展乡村振兴监督检查工作

2022年3月30日，中共铜仁市万山区纪委常委、贵州万山经开区纪检监察工委副书记吴克玖（中）与纪检干部研讨民生监督事项

2022年10月15日，中共铜仁市万山区纪委常委、区委巡察办主任刘恒（右一）到茶店街道开展监督检查工作

2023年3月2日，中共铜仁市万山区纪委常委姚冬霞（右）带队到黄道乡开展大棚蔬菜专项监督检查工作

2022年9月6日，铜仁市万山区监委委员、第三监察室主任吴巍（左）到下溪乡蔬菜大棚向农户了解产业发展资金补助情况

六、民生情怀

2014年5月，万山区乡镇（街道）民生项目监督特派组组建，区委常委、区纪委书记袁继鸿（前排右三）同民生监督特派组成员合影

2021年10月14日，中共铜仁市万山区纪委区监委领导班子在重阳节慰问机关退休老干部，并合影留念

2016年3月31日，万山区纪委区监察局干部到谢桥街道瓦屋坪村向村民返还清退违纪款

2016年9月8日，万山区纪委区监察局干部到大坪乡大坪村组织召开万山区纪委民生监督追缴违纪资金清退会

2022年8月15日，万山区纪委区监委干部在高楼坪乡青年湖村了解惠民政策落实情况

七、能力提升

2017年5月21日，万山区纪检监察干部到井冈山干部学院培训班学习，并合影留念

2019年7月11日，万山区纪委区监委组织开展全区纪检监察系统业务大比武，区纪委区监委领导班子与获奖选手合影

2019年8月16日，万山区纪委监委组织干部集中收看中纪委“纪检监察干部培训系列课程”视频

2022年1月27日，铜仁市万山区纪检监察系统学习贯彻十九届中纪委六次全会、十二届省纪委六次全会精神暨2021年度总结表彰大会召开，万山区纪委区监委领导班子与年度受表彰先进集体及先进个人合影

八、廉政教育

2013年6月23日，万山区委组织全区领导干部举办万山区2013年廉政教育专题讲座

2013年6月13日，万山区纪委组织开展贵州省铜仁市万山区科级领导干部警示教育大会

2017年9月20日，万山区纪委区监察局选送小品《情与纪》参加贵州省铜仁市反腐倡廉小品大赛，并荣获二等奖

2018年8月22日，万山区纪委区监委组织开展“百姓问廉”活动

2019年9月27日，万山区纪委区监委组织全区党员领导干部到区委党校参观警示教育展

2022年7月14日，万山区纪委区监委联合区妇联组织开展关键岗位年轻领导干部及其家属廉政教育，区委常委、区纪委书记、区监委主任胡定钦（前排左三）率队到铜仁市党风廉政教育基地参观学习

荣誉锦集

集体荣誉

荣誉证书
万山特区纪委：
你的作品《失望的母亲》荣获2008年贵州省“扬正气、促和谐”廉政公益广告创作评选影视类优秀奖。
中共贵州省纪律检查委员会
贵州省工商行政管理局
中共贵州省委宣传部
贵州省广播电视局
二00八年十二月

全市“学党规 明党纪 作表率”党规党纪知识竞赛
组织奖
中共铜仁市纪律检查委员会
中共铜仁市委宣传部
中共铜仁市委组织部
二〇一六年六月

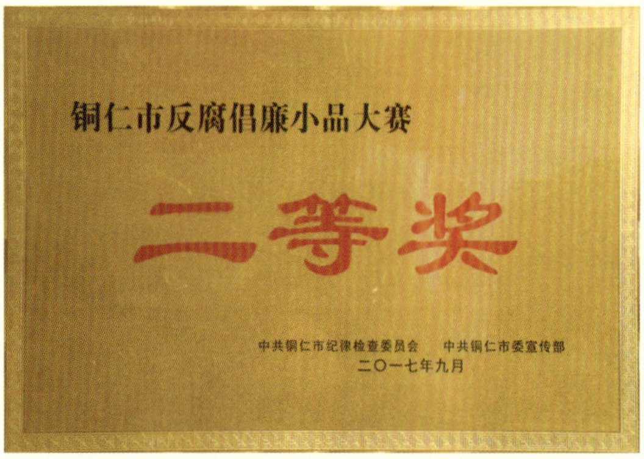
铜仁市反腐倡廉小品大赛
二等奖
中共铜仁市纪律检查委员会 中共铜仁市委宣传部
二〇一七年九月

铜仁市纪检监察系统
先进集体
中共铜仁市委员会
二〇二一年二月

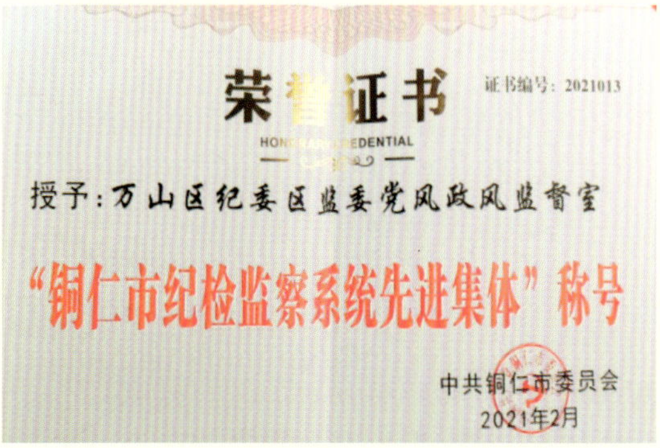
荣誉证书
证书编号：2021013
授予：万山区纪委区监委党风政风监督室
“铜仁市纪检监察系统先进集体”称号
中共铜仁市委员会
2021年2月

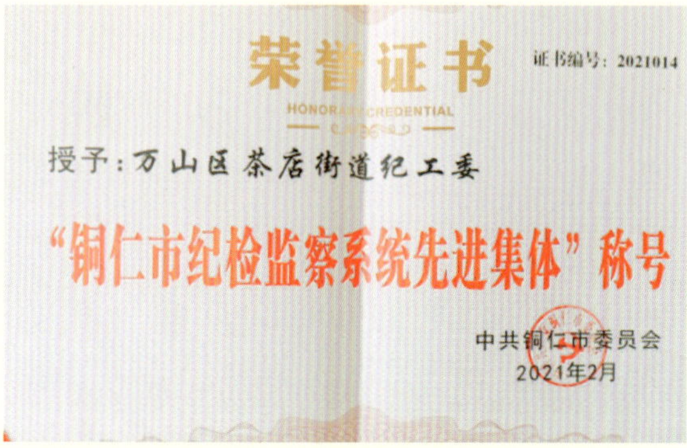
荣誉证书
证书编号：2021014
授予：万山区茶店街道纪工委
“铜仁市纪检监察系统先进集体”称号
中共铜仁市委员会
2021年2月

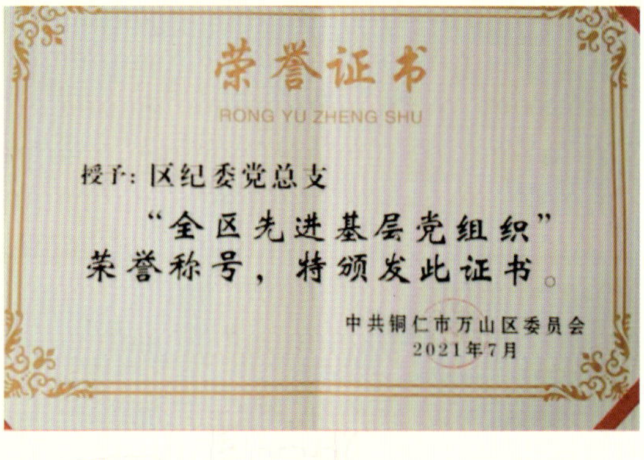
荣誉证书
RONG YU ZHENG SHU
授予：区纪委党总支
“全区先进基层党组织”荣誉称号，特颁发此证书。
中共铜仁市万山区委员会
2021年7月

万山区扫黑除恶专项斗争
（2018-2020）
先进集体
中共铜仁市万山区委 铜仁市万山区人民政府
二〇二一年十一月

个人荣誉

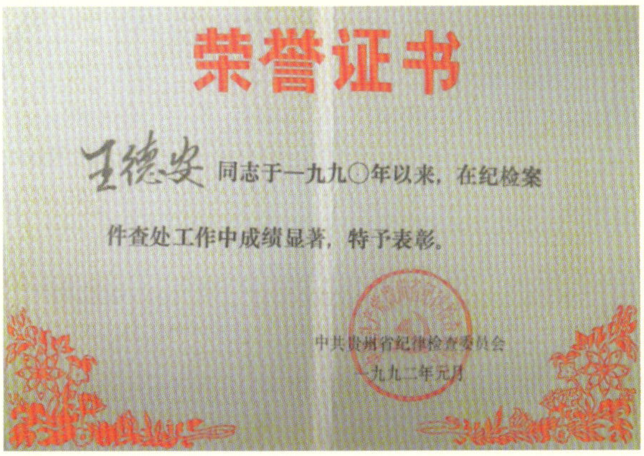
荣誉证书

王德安同志于一九九〇年以来，在纪检案件查处工作中成绩显著，特予表彰。

中共贵州省纪律检查委员会
一九九二年元月

荣誉证书
RONG YU ZHENG SHU

授予：胡定钦同志

"全市优秀党务工作者"荣誉称号，特颁发此证书。

中共铜仁市委员会
2021年7月

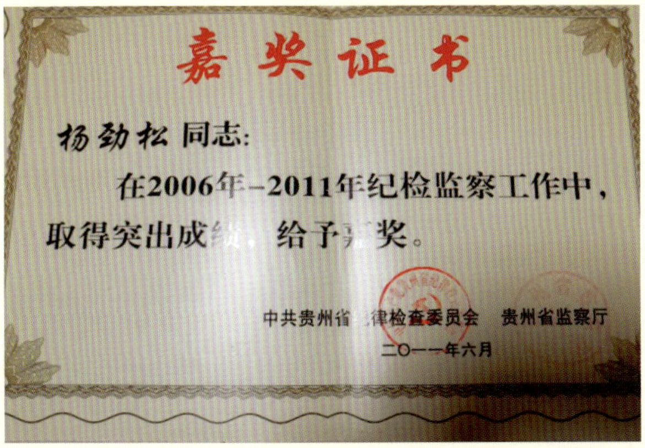
嘉奖证书

杨劲松同志：

在2006年-2011年纪检监察工作中，取得突出成绩，给予嘉奖。

中共贵州省纪律检查委员会 贵州省监察厅
二〇一一年六月

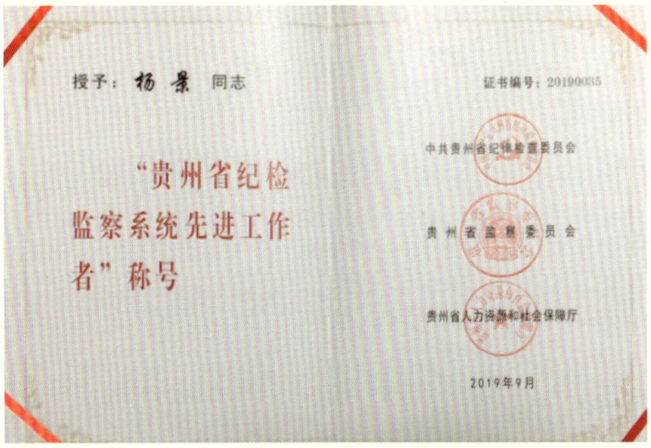
授予：杨景 同志

证书编号：20190035

"贵州省纪检监察系统先进工作者"称号

中共贵州省纪律检查委员会
贵州省监察委员会
贵州省人力资源和社会保障厅
2019年9月

荣誉证书
RONG YU ZHENG SHU

授予：杨昌贵 同志

"全省脱贫攻坚优秀共产党员"荣誉称号，特颁发此证书。

中共贵州省委员会
2020年6月

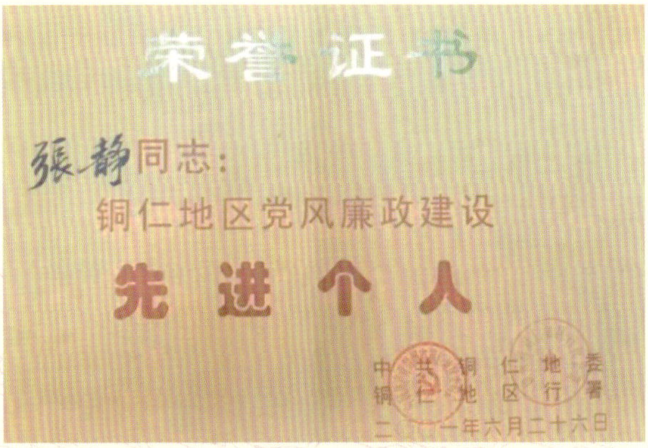
荣誉证书

張静同志：

铜仁地区党风廉政建设

先进个人

中共铜仁地委
铜仁地区行署
二〇一一年六月二十六日

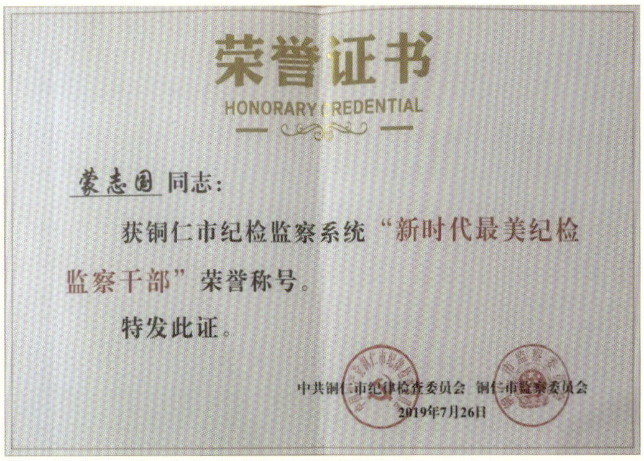
荣誉证书
HONORARY CREDENTIAL
蒙志国同志：
获铜仁市纪检监察系统“新时代最美纪检监察干部”荣誉称号。
特发此证。
中共铜仁市纪律检查委员会 铜仁市监察委员会
2019年7月26日

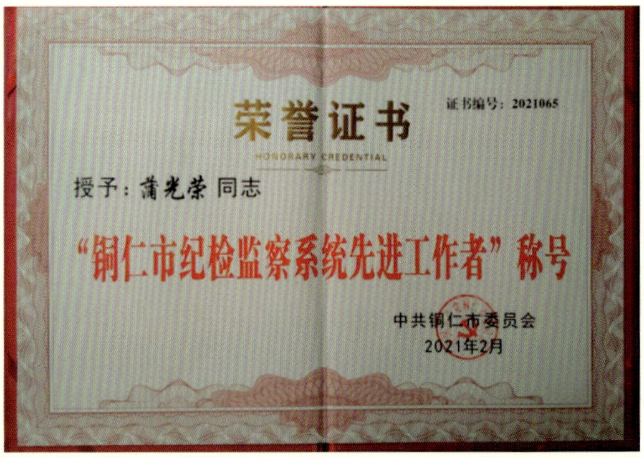
荣誉证书
证书编号：2021065
HONORARY CREDENTIAL
授予：蒲光荣 同志
“铜仁市纪检监察系统先进工作者”称号
中共铜仁市委员会
2021年2月

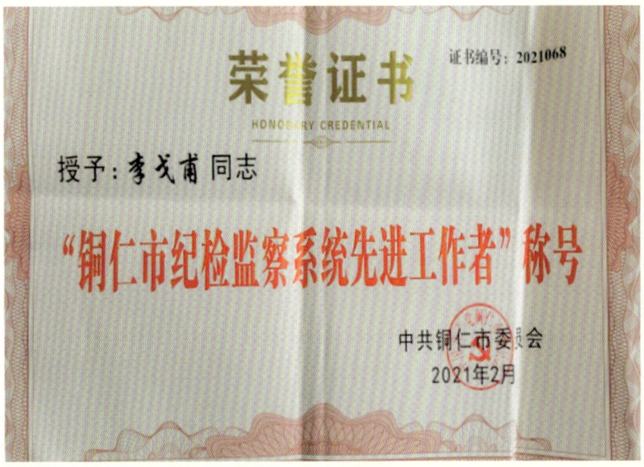
荣誉证书
证书编号：2021068
HONORARY CREDENTIAL
授予：李戈甫 同志
“铜仁市纪检监察系统先进工作者”称号
中共铜仁市委员会
2021年2月

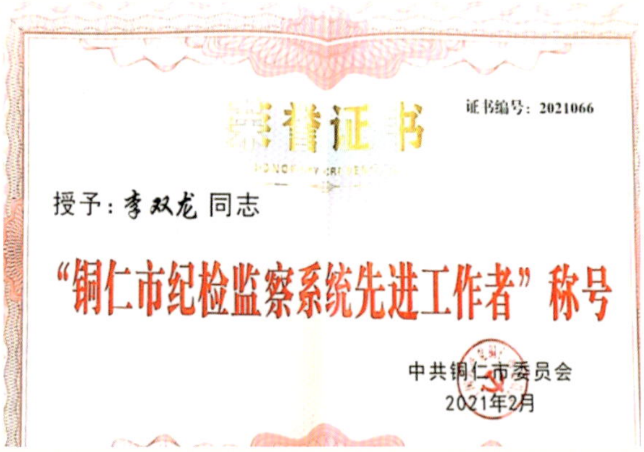
荣誉证书
证书编号：2021066
授予：李双龙 同志
“铜仁市纪检监察系统先进工作者”称号
中共铜仁市委员会
2021年2月

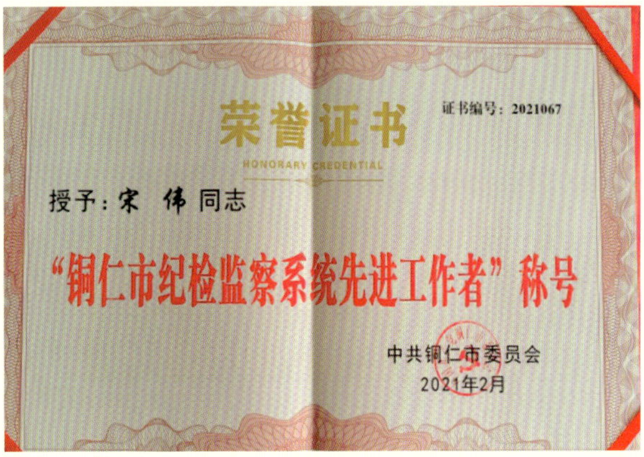
荣誉证书
证书编号：2021067
HONORARY CREDENTIAL
授予：宋 伟 同志
“铜仁市纪检监察系统先进工作者”称号
中共铜仁市委员会
2021年2月

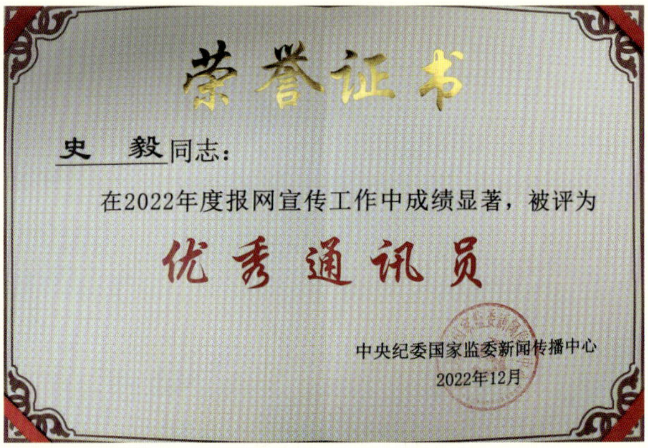
荣誉证书
史 毅同志：
在2022年度报网宣传工作中成绩显著，被评为
优秀通讯员
中央纪委国家监委新闻传播中心
2022年12月

编纂工作

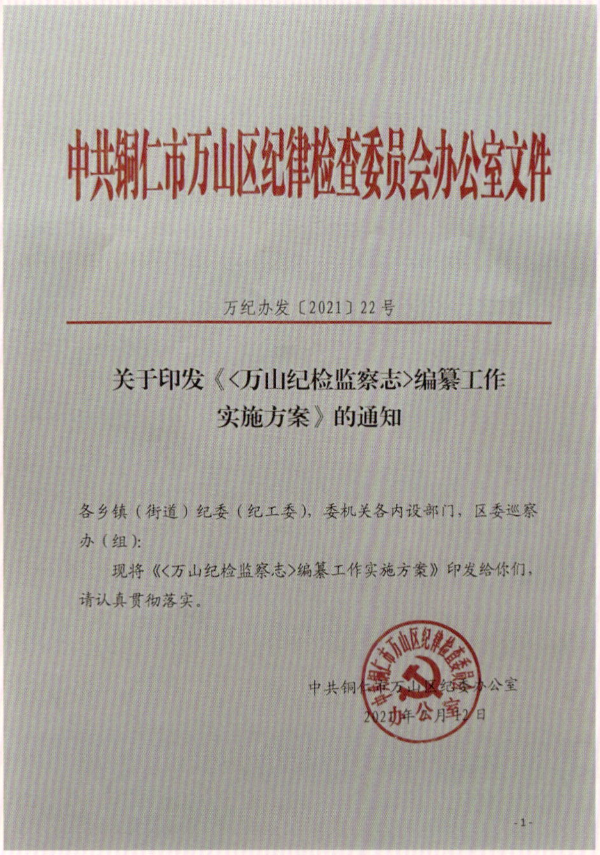

中共铜仁市万山区纪律检查委员会办公室文件

万纪办发〔2021〕22号

关于印发《<万山纪检监察志>编纂工作实施方案》的通知

各乡镇（街道）纪委（纪工委），委机关各内设部门，区委巡察办（组）：

现将《<万山纪检监察志>编纂工作实施方案》印发给你们，请认真贯彻落实。

中共铜仁市万山区纪委办公室

2021年[illegible]月12日

-1-

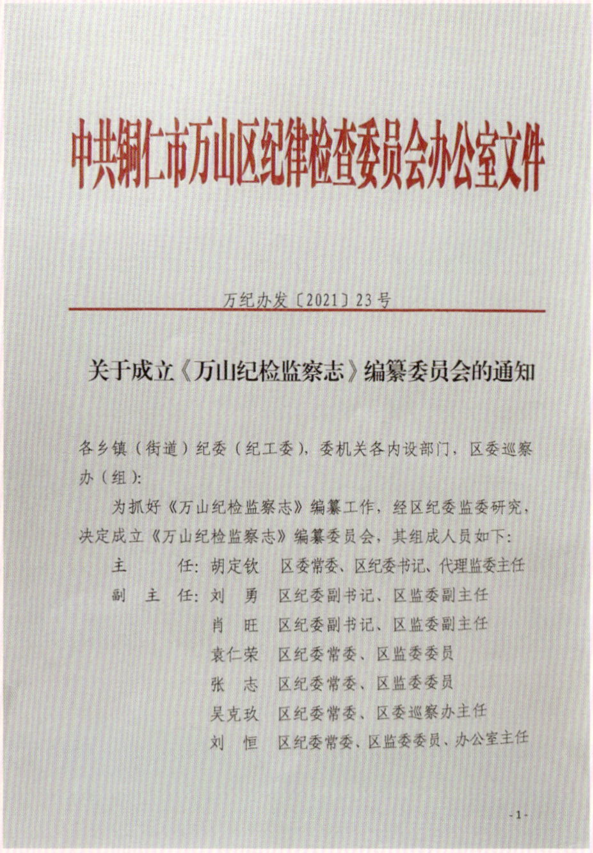

中共铜仁市万山区纪律检查委员会办公室文件

万纪办发〔2021〕23号

关于成立《万山纪检监察志》编纂委员会的通知

各乡镇（街道）纪委（纪工委），委机关各内设部门，区委巡察办（组）：

为抓好《万山纪检监察志》编纂工作，经区纪委监委研究，决定成立《万山纪检监察志》编纂委员会，其组成人员如下：

主　　任：胡定钦　区委常委、区纪委书记、代理监委主任

副 主 任：刘　勇　区纪委副书记、区监委副主任

肖　旺　区纪委副书记、区监委副主任

袁仁荣　区纪委常委、区监委委员

张　志　区纪委常委、区监委委员

吴克玖　区纪委常委、区委巡察办主任

刘　恒　区纪委常委、区监委委员、办公室主任

-1-

2021年9月10日，铜仁市纪委市监委来万山调研纪检监察志编纂工作座谈会召开

2022年2月7日，中共铜仁市委常委、万山区委书记田艳（左四）到《万山纪检监察志》编纂办公室慰问编纂人员，指导编纂工作

2022年12月28日，中共铜仁市万山区纪委常委会第27次会议研究决定，将2022年度纪检监察工作编入《万山纪检监察志》

2021年11月30日，中共铜仁市万山区委常委、区纪委书记、区监委主任胡定钦（中）到《万山纪检监察志》编纂办公室调研指导

2022年2月28日，《松桃纪检监察志（1950—2020）》编纂办公室编纂人员应邀到万山开展纪检监察志编纂工作交流

2022年4月8日，铜仁市纪委市监委副县长级干部、《铜仁纪检监察志》编纂办公室成员石天启（左三），铜仁市纪委市监委副县长级专职纪检监察员、《铜仁纪检监察志》编纂办公室成员肖会智（左二）到《万山纪检监察志》编纂办公室指导编纂工作

2023年5月23日，铜仁市纪委市监委原二级巡视员，《铜仁纪检监察志》编纂办公室主任陆鸿登（左一）到《万山纪检监察志》编纂委员会办公室调研指导

2022年1月14日，中共铜仁市万山区纪委副书记、区监委副主任杨昌贵（中）校勘《万山纪检监察志（初稿）》

2022年11月，《万山纪检监察志》编纂办公室工作人员在区纪委区监委档案室查阅资料

2023年4月，《万山纪检监察志》编纂办公室工作人员到退休干部王德安（右）家核实《万山纪检监察志》资料

2023年6月29日，《万山纪检监察志》评审会召开

2022年5月11日，《万山纪检监察志》主要编纂人员合影
左起依次为罗水华、蒙志国、姚冬霞、黄隆高、胡定钦、刘新华、杨昌贵、袁仁荣、李枫

目 录

概述 ……1
大事记 ……7
第一章 组织机构 ……55
第一节 纪律检查机构 ……56
一、特区时期的纪律检查机构 ……56
二、市辖区时期的纪律检查机构 ……64
第二节 监察机构 ……67
一、行政监察机构 ……67
二、国家监察机构 ……68
第三节 内设机构 ……70
一、合署办公前的内设机构 ……70
二、合署办公后的内设机构 ……72
第四节 直属单位 ……79
一、铜仁市万山区(特区)举报中心(非公有制经济发展侵权投诉中心) ……79
二、铜仁市万山区绩效考核办公室 ……80
三、铜仁市万山区案件检查信息中心(铜仁市万山区案件信息中心) ……80
四、执纪执法保障中心 ……80
第五节 派出(派驻)机构 ……81
一、派驻纪检监察组 ……81
二、派出纪工委(监察分局) ……82
第六节 乡镇(公社、区公所)纪检监察机构 ……83
一、特区成立前的区委纪检检查机构 ……83
二、特区成立后乡镇(公社)纪检监察机构 ……84
三、特区成立后的区公所纪检监察机构 ……84
第七节 监察体制改革前的派驻区直部门纪检监察机构 ……85
一、合署前的特区部门(单位)纪检监察机构(1984年9月至1993年6月) ……85
二、合署后的特区(区)部门(单位)纪检监察机构(1993年6月至2014年12月) ……87

三、合署后区直属部门(单位)派驻纪检组的单位(2014年12月至2019年5月) ……………89
第八节 监察体制改革后的派驻区直及区属部门纪检监察机构 ……………91
一、派驻纪检监察组 ……………91
二、派出区直属机关纪检监察工作委员会 ……………94
三、区管医院、学校、企业党委纪检监察机构 ……………95
第九节 垂直管理单位驻万山纪检监察机构 ……………96
第十节 驻万山纪检监察机构 ……………98
第十一节 议事协调机构 ……………99
第二章 职能和任务 ……………108
第一节 纪律检查机关合署办公前的职能和任务 ……………108
第二节 行政监察机关合署办公前的职能和任务 ……………109
第三节 纪检监察机关合署办公后的职能和任务 ……………109
第四节 中共十八大后纪检监察机关的职责和任务 ……………111
第三章 管理体制 ……………114
第一节 党的纪律检查管理体制 ……………114
一、同级党委领导管理体制 ……………114
二、双重领导体制 ……………116
第二节 行政监察管理体制 ……………117
第三节 纪检监察机构合署办公后管理体制及其改革创新 ……………118
一、纪检监察机构合署办公体制 ……………118
二、纪检监察机关合署后管理体制的改革创新 ……………119
第四节 纪检监察"三转"工作 ……………123
一、"三转"工作的内涵和要求 ……………123
二、落实"三转"工作主要做法 ……………125
第四章 干部队伍建设 ……………127
第一节 干部选拔及配置 ……………127
第二节 干部监督管理 ……………132
第三节 干部能力建设 ……………135
第五章 党风廉政建设 ……………140
第一节 党风廉政建设责任制 ……………140
第二节 政治监督 ……………146
第三节 领导干部廉洁自律 ……………151
第四节 廉政档案 ……………156
第五节 农村基层党风廉政建设 ……………156
第六节 专项整治工作 ……………158

第七节　党内监督检查 ……167
第八节　党务公开 ……170
第九节　绩效管理与考核 ……171
第六章　作风建设 ……178
第一节　纠正不正之风 ……178
一、纠正部门和行业不正之风 ……178
二、机关作风建设与民主评议行风 ……183
三、“三个开刀”专项整治行动 ……187
第二节　纠治“四风” ……188
第三节　整治行业乱收费歪风 ……190
第七章　源头预防与治理腐败 ……194
第一节　行政审批制度改革 ……194
第二节　干部人事制度改革 ……195
第三节　财政制度改革 ……197
第四节　治理商业贿赂 ……199
第五节　政务、村务、厂务公开 ……200
第六节　公共资源交易监督 ……201
第七节　廉政风险防控 ……202
第八节　特约(邀)监察员 ……204
第九节　规范政府采购制度 ……205
第八章　执法与效能监察 ……207
第一节　行政执法监察 ……207
第二节　安全生产责任监督检查 ……209
第三节　招投标监督 ……209
第四节　行政效能建设与监察 ……211
第五节　行政审批电子监察 ……212
第六节　投资软环境治理 ……212
第九章　反腐倡廉宣传教育 ……215
第一节　反腐倡廉宣传与警示教育 ……215
第二节　纪检监察信息 ……223
第三节　信息化建设 ……226
第四节　一案一整改 ……228
第五节　惩防体系建设 ……229
第六节　满意度调查 ……231
第七节　“百姓问廉”活动 ……232

第八节 廉政文化建设……233
第十章 信访举报……237
第一节 信访举报制度建设……237
第二节 信访举报平台建设……245
第三节 信访举报受理……246
第四节 非公有制经济投诉……253
第五节 “三访”活动……255
第十一章 审查调查……258
第一节 反腐败协调领导小组及工作制度……258
一、反腐败工作协调小组……258
二、工作规则……259
三、反腐败协调工作开展情况……260
第二节 查处违纪违法案件……261
第十二章 案件审理与复议复查(复审复核)……267
第一节 案件审理机构及工作要求……267
一、案件审理机构设置及基本职责……267
二、案件审理的含义、原则及基本要求……268
三、案件审理的程序和违纪处理种类及权限……271
四、审理人才和制度建设……276
第二节 案件审理……278
一、审理情况……278
第三节 案件复议复查(复审复核)……282
一、甄别平反……282
二、申诉复查……282
第四节 “回访”教育……283
第十三章 案件监督管理……286
第一节 案件监督管理机构设置及职能……286
一、案件监督管理室的历史沿革及机构的设置……286
二、案件监督管理室职能……287
三、规章制度建设……287
第二节 线索管理……288
一、线索管理相关制度与规定……288
二、线索的管理与处置……289
第三节 办案安全……290
一、设置审查调查安全员……290

二、留置看护队伍建设 ……291
三、审查调查安全业务培训 ……292
四、完善办案安全制度 ……293
五、硬件设施配备 ……295
六、日常监督检查 ……296
第四节　干部廉洁自律审查 ……297
第十四章　民生监督 ……298
第一节　民生监督管理 ……298
一、民生监督的职责及领导机构 ……298
二、民生监督(特派)组人员的配置 ……299
三、民生领域监督执纪问责 ……307
第二节　民生监督平台建设 ……308
第三节　专项监察和专项治理 ……309
一、专项监察工作 ……309
二、扫黑除恶专项斗争监督执纪问责 ……310
三、责任事故调查处理 ……311
四、漠视侵害群众利益问题专项整治 ……312
第四节　“五个示范”创建 ……313
第十五章　脱贫攻坚与监督执纪 ……315
第一节　扶贫驻村帮扶工作 ……315
第二节　脱贫攻坚领域监督执纪问责 ……331
一、脱贫攻坚领域监督执纪问责 ……331
二、“访村寨、重监督、助攻坚”专项行动 ……332
三、扶贫领域腐败和不正之风专项治理 ……334
第十六章　巡视巡察监督 ……335
第一节　巡察监督机构设置 ……335
一、巡察领导机构 ……335
二、巡察工作机构 ……337
第二节　巡察制度建设 ……339
第三节　巡视巡察工作 ……340
一、省级巡视 ……340
二、市级巡察 ……341
三、区级巡察 ……341
第四节　巡察整改措施 ……356
第五节　巡察人才储备与建设 ……356

一、巡察人才库 ……356
二、巡察服务中心 ……359
第十七章 党群工作 ……360
第一节 党组织设置 ……360
一、党总支成立前的组织情况 ……360
二、党总支成立后的组织情况 ……362
三、机关党建主要活动 ……364
四、机关党建活动的成绩 ……378
第二节 党史学习教育 ……378
第三节 工会、妇女组织和老干部工作 ……380
一、工会组织工作 ……380
二、妇女组织工作 ……383
三、老干部工作 ……384
第十八章 乡镇(街道)纪检监察 ……385
第一节 谢桥街道(办事处)纪检监察 ……386
一、机构设置 ……386
二、主要工作 ……388
三、村(居)务监督委员会 ……394
第二节 仁山街道纪检监察 ……397
一、机构设置 ……397
二、主要工作 ……398
三、村(居)务监督委员会 ……401
第三节 丹都街道纪检监察 ……402
一、机构设置 ……402
二、主要工作 ……403
三、村(居)务监督委员会 ……405
第四节 茶店街道(镇)纪检监察 ……408
一、机构设置 ……408
二、主要工作 ……410
三、村(居)务监督委员会 ……414
第五节 万山镇纪检监察 ……417
一、机构设置 ……417
二、主要工作 ……419
三、社区居务监督委员会 ……426
第六节 鱼塘侗族苗族乡纪检监察 ……428

一、机构设置 ……428
二、主要工作 ……430
三、村(居)务监督委员会 ……436
第七节　大坪侗族土家族苗族乡纪检监察 ……440
一、机构设置 ……440
二、主要工作 ……442
三、村(居)务监督委员会 ……447
第八节　高楼坪侗族乡纪检监察 ……451
一、机构设置 ……451
二、主要工作 ……453
三、村(居)务监督委员会 ……458
第九节　黄道侗族乡纪检监察 ……462
一、机构设置 ……462
二、主要工作 ……465
三、村(居)务监督委员会 ……469
第十节　敖寨侗族乡纪检监察 ……472
一、机构设置 ……472
二、主要工作 ……474
三、村(居)务监督委员会 ……481
第十一节　下溪侗族乡纪检监察 ……483
一、机构设置 ……483
二、主要工作 ……485
三、村(居)务监督委员会 ……490
第十九章　驻万山正县级机构纪检监察 ……500
第一节　贵州汞矿纪检监察 ……500
一、机构设置 ……500
二、主要工作 ……504
第二节　贵州冶金地质一队(贵州地质勘探公司第一勘探队)纪检监察 ……506
一、机构设置 ……506
二、主要工作 ……507
第三节　贵州万山经济开发区纪检监察 ……508
一、机构设置 ……508
二、主要工作 ……509
第二十章　人物与荣誉及特色亮点工作 ……513
第一节　人物 ……513

一、人物传略 ……………………………………………………………………513
二、人物简历 ……………………………………………………………………519
三、人物表 ………………………………………………………………………546
第二节　荣誉 ……………………………………………………………………555
第三节　特色亮点工作 …………………………………………………………558
一、交流发言 ……………………………………………………………………558
二、亮点工作 ……………………………………………………………………564
附录 ……………………………………………………………………………578
一、区(特区)党代会、纪委全会等会上的纪委工作报告及讲话(选录) ……………578
二、重要文件 ……………………………………………………………………662
后记 ……………………………………………………………………………719

概　述

万山，古称大万山，因盛产朱砂和汞，又被誉为汞都、丹都。万山区位于贵州省东部、铜仁市东南部，隶属于铜仁市，地处云贵高原向湘西过渡的武陵山区，地势东低西高、中东部隆起，并向四周降低。东与湖南省芷江侗族自治县接壤，南与湖南省新晃侗族自治县及贵州省玉屏侗族自治县毗邻，西与黔东南苗族侗族自治州岑巩县相连，北与铜仁市碧江区、江口县接界，为铜仁市主城区之一。

元朝初期始设行政区划，元世祖至元十四年(1277)，在万山置大万山苏葛办等处军民长官司、黄道溪野鸡坪等处蛮夷长官司，隶属思州军民安抚司〔元世祖至元十八年(1281)，改为思州宣慰司〕。清光绪九年(1883)，铜仁府派驻大江口省溪的吏目移驻万山城，称省溪吏目，万山始称“省溪”。1913年8月，设省溪县，将铜仁的敖寨、思州的黄道长官司、施溪长官司等，划归省溪县。1941年2月，省溪县被撤销，地域划归玉屏县和铜仁县。1949年11月16日，万山解放，将万山乡、黄道乡划为玉屏县第六区。1966年2月，经中共中央、国务院批准，设立万山特区，隶属于铜仁专区。2011年1月，贵州省政府批准，县级铜仁市的谢桥办事处(除大坳村)划归万山特区。2011年11月，根据国务院批复，撤销万山特区设立万山区，将铜仁市(县级)管辖的茶店镇、鱼塘侗族苗族乡、大坪侗族土家族苗族乡划归万山区管辖。2022年12月，全区下辖4个街道办事处、1个镇和6个民族乡，有103个村居(社区)，辖区面积由338平方千米扩增至842平方千米。

2015年9月，万山区行政中心由万山镇搬迁至铜仁市谢桥新区，融入铜仁市政治、经济、文化、信息中心主城区。中共铜仁市万山区纪律检查委员会、铜仁市万山区监察局办公驻地，由万山区万山镇解放街搬迁至铜仁市万山区楚溪大道329号万山区行政中心主楼2楼。2018年4月至2022年12月，万山区纪委监察委办公地调整到铜仁市万山区丹都街道天都大道329号(更名)东北方向90米(万山区纪委区监委办公大楼1楼至4楼)，全面统筹推进城乡党风廉政建设和反腐败工作。

一

20世纪初，由于英法水银公司对万山汞矿实行经济掠夺，加上军阀混战、土匪横行、民不聊生，万山开启了贵州工人运动史上反对帝国主义经济侵略的先河，并取得清光绪三十一年(1905)促使清廷查办涉万汞矿贪黩官吏陈明远、光绪三十四年(1908)赶走驻万山英法水银公司的胜利，成为贵州工人运动的策源地。1931年9月，参照湘鄂西革命根据地，万山建立了省溪县苏维埃政府和黔东省溪纵队，继承和发扬党和人民军队的光荣传统，在纪律和廉政建设方面进行了初期探索和实践，策应了1934年10月红二、红六军团印江木黄胜利会师及中国工农红军长征，为中国革命的胜利做出了重要贡献。1939年7月，中国国民党贵州省省溪县党部成立，设监察委员3人、候补监察员1人，县党部驻万山城上街(今解放街),以检举贪污失职人员为监察工作重心,但因地方政府施政不力、官匪勾结、官场舞弊、吏治腐败,建立的监察委员会在很大程度上名存实亡。1941年2月,国民党省溪县党部撤销,国民党玉屏县党部在万山设立国民党玉屏县执行委员会万山党务办事处。

中华人民共和国成立后,在中国共产党的领导下,万山纪检监察机构逐步得到建立,纪检监察工作取得长足发展。1949年11月,万山解放,在原辖区万山乡、黄道乡建立中共玉屏县第六区分委会和第六区人民政府,开展"清匪、反霸、减租、减息、征粮"和私营汞矿企业公有制改造,打击破坏公私合营、统购统销、建立农业合作社等违法违纪,巩固新生人民政权。1956年12月,根据1955年3月的中国共产党全国代表大会通过《中国共产党全国代表会议关于成立党的中央和地方监察委员会的决议》,万山区设立兼职监察员1名。随着汞矿公有制改造的完成,汞矿生产规模及经济效益得到大幅提升,1956年3月5日,设立于万山土坪的湘黔汞矿公司成立党的监察委员会。1956年8月6日,设立于万山场的汞矿地质勘探队建立中共六〇二队监察委员会。1966年5月1日,中共万山特区委员会、中共贵州汞矿委员会成立。1966年8月1日,设立中国共产党万山特区委员会农村工作部,为中共万山特区委员会工作机构,农村工作部设监察1人。1966年12月8日,中共万山特区委员会农村工作部改为中共万山特区委员会组织部,代办纪检监察工作。1973年7月26日,设立中共万山特区委纪律检查委员会,未配备干部,工作由组织部代办。1979年11月1日,万山特区与贵州汞矿政企合一管理体制撤销,1980年11月17日,恢复中共万山特区委纪律检查委员会,正式配备纪检干部。1984年9月,中共万山特区委纪律检查委员会,由局级升为副县级,改称"中共万山特区纪律检查委员会",设立特区纪委常务委员会。1987年12月,成立万山特区监察局,为特区人民政府工作部门。1993年6月,中共万山特区纪律检查委员会和万山特区监察局合署办公,实行"一个领导班子、一套工作机构、两个机关名称"的体制,履行党的纪律检查和政府行政监察两项职能。2011年11月,根据《中共铜仁地委办公室、铜仁地区行署办公室〈关于撤地建市更名各单位标牌秘印章有关问题的通知〉》,中国共产党万山特区纪律检查委员会、万山特区监察局更名为"中国共产党铜仁市万山区纪律检查委员会、铜仁市万山区监察局"(合署办公,简称"中共铜仁市万山区纪委监察局"或"区纪委监察局")。2017年10月23日,中共中央办公厅印发《关于大全国各地推开国家监察体制改革试点方案的通知》,同年12月21日,万山区召开深化国家监察体制改革试点工作转隶大会,启动监察体制改革试点工作。2018年1月13日,铜仁市万山区监察委员会挂牌成立,与中共铜仁市万山区纪律检查委员会合署办公。万山区监察局自然撤销。

二

中华人民共和国成立以来,在市(地)纪委和区(特区)委的领导下,全区各级纪检监察机关始终坚持人民利益至上,认真履行党章党规和国家法律法规赋予的职能职责,围绕党在各个时期的中心任务,以推进全面从严治党、党风廉政建设和反腐败斗争为主线,保持艰苦奋斗传统,恪守清正廉洁作风,为社会主义革命、建设、改革和发展作了有益地探索和实践。纵观70余年的历史画卷,万山纪检监察事业大致经历了四个发展阶段。

建立第六区至乡镇级万山区被撤销(1949年11月至1966年2月)。1949年11月万山区人民政权建立后，万山党政机关和干部队伍生机勃勃，充满革命朝气，呈现出崭新的风貌。但是，在一些单位和干部队伍中，却出现了不良现象：有的干部不愿深入农村、深入群众，官僚主义在滋生；有的经不起不法奸商的腐蚀拉拢，走上了蜕化变质、贪污犯罪的道路；加上制度不健全，留用了部分旧职人员，一些人的旧习惯没有得到改造，使不法分子有可乘之机和滋生土壤。1952年2月初，按照中共中央发出的《关于实行精兵简政、增产节约、反对贪污、反对浪费和反对官僚主义的决定》，在万山区分委及区委领导下，围绕执政党和党政机关建设，强化发展党员和党组织建设的同时，按照彻底揭露一切大小贪污事件等要求，开展了反贪污、反浪费、反官僚主义的“三反”运动和“反行贿、反偷税漏税、反盗骗国家财产、反偷工减料、反盗窃国家经济情报的“五反”运动。随后，“三反”运动从区机关延伸至贵州汞矿厂，对贪污分子给予及时查处。万山解放初期的“三反”“五反”运动，有效遏制了腐败蔓延势头，为清正廉明的党风政风打下坚实基础。1957年12月下旬开始，全区开展的整风运动即转入反右派斗争。受全国形势的影响，反右派斗争被严重扩大化，在执行上批判所谓“右倾保守思想”，出现“惩办主义”倾向，导致一些冤假错案发生。在“大跃进”和人民公社化运动中，实事求是的优良传统和作风遭到破坏，一些党员、干部在思想、工作和生活作风中出现以“共产风”、平调风、浮夸风、瞎指挥风、强迫命令风和干部特殊化为主要特点的“五风一化”，使人民群众生产积极性受到严重损害。1961年以后，按照铜仁地委监委和玉屏县委监委要求，万山区委加强对冤、假、错案甄别工作领导，甄别平反“反右倾”运动中被错误批判斗争、撤职的多数党员干部，还给大多数“右派分子”摘掉帽子。1965年，在“四清”运动中，由于当时历史条件的限制，强调“以阶级斗争为纲”，党内民主制度受到严重损害，党内监督功能日趋退化，以政治运动代替经常性工作，致使全区各级干部不同程度地受到冲击，部分人员受到批判，有的被开除了党籍、工作籍，打击伤害了一大批干部，阻碍了经济的恢复和发展。

万山特区成立至第一次纪检监察体制改革合署办公(1966年2月至1993年6月)。1966年2月，万山特区成立。同年5月，“文化大革命”开始，特区党委的组建工作被迫停止，党的领导干部受到批判和斗争，纪检监察工作受到冲击和干扰。根据中发〔1969〕71号文件，复查“文化大革命”中被判刑、戴帽、开除、清洗、遣送等案件，1973年对“斗批改”涉案人员落实政策，采取复职、摘帽、收回工作、纠正原处理和收回原处理等方式进行纠治。1976年10月，“文化大革命”结束，万山特区各级党组织，开展复查和平反冤假错案，落实党的干部政策和知识分子政策等，党的工作重心转移到经济建设上来。1982年8月4日，中国共产党万山特区第二次代表大会开幕，纪委书记孙玉峰代表纪委作《关于党的纪律检查工作报告》，会议选举产生了万山特区委纪委领导班子，开启了万山自新中国成立以来由县一级专职纪检机关开展反腐倡廉和监督执纪的新纪元。中共十一届三中全会后，根据反腐制度化、法治化需要，遵照《中国共产党章程》《关于党内政治生活的若干准则》等规定，万山特区委纪委由局级升格为副县级，设立办公室、案件审理科、案件检查科、控告申诉科等工作机构，随后1987年12月成立万山特区监察局，党风廉政和反腐败工作逐步走入正轨。此期间，坚持教育预防与监督惩处相结合，采取上党课、印发宣传资料、通报查处典型案例等方式，对党员开展党性教育、党风党纪教育，在特区商业局党总支开展党性教育试点，在取得新经验后向全区各级党组织推广。加强党员干部法纪教育，播放《党规党法电视教育片》，开办党纪教育培训班；平反冤假错案，查处党员违纪案件，办理人民群众来信来访，查处经济犯罪案件，营造支持改革的良好环境。贵州汞矿在清理纠正不正之风、打击经济领域犯罪也取得了不俗的成绩。

万山特区纪委监察局合署办公至万山特区被撤销（1993年6月至2011年11月）。1992年7至9月，乡镇（办事处）设立纪律检查委员会，随后选举产生第一届乡镇（办事处）中共纪律检查委员会书记。1993年6月，根据中央和国务院的统一部署及贵州省纪委、监察厅批复，万山特区纪委与万山特区监察局合署办公，履行党的纪律检查和国家行政监察两种职能。按照十四届中纪委三次全会精神，以建设有中国特色社会主义理论为指导，充分发挥纪检监察机关职能，加强对贯彻党的路线方针政策和国家法律法规监督检查，强化腐败惩治、党风廉政建设和党风党纪教育。学习贯彻《中国共产党党内监督条例》《中国共产党纪律处分条例》《建立健全教育、制度、监督并重的惩治和预防腐败体系实施纲要》等。采取播放电教片、警示教育片、传统教育片等，编排反腐倡廉廉政小品《红包》到乡镇巡演。建立和完善党风廉政建设制度、派驻机构管理等制度，开设“反腐倡廉专栏”。2008年，特区参选廉政公益广告创作作品《剪除腐败》《失望母亲》《建设美好家园》分获铜仁地区一、二等奖。开展“乱摊派、乱收费、乱罚款”、中小学收费、公路设卡、预算外资金管理、农民减负、工程招投标、专项资金使用等执法检查与清理整治，查处行政违规收费、取消收费项目、清理违规资金、查处涉农负担，为农民减负；查处教育违规收费、为学生家庭减负；查处医药购销案，整治擅抬药价，取缔非法个体诊所，解决群众看病难、看病贵；开展项目审批清理，通过削减行政审批程序、降低行政收费标准，优化政务服务环境；开展投资软环境专项整治，解决客商、群众反映突出问题，清退违规收费，为客商追回欠款。在重点项目和工程建设领域开展监督检查，对谢桥新区建设、转型工业园区建设、尾矿库闭库治理和农村危房改造、廉租房及采空区安置房屋修建、大宗土地挂牌出让、食盐和燃油市场等，开展监督检查，通过下发监察建议书、开展专项治理等，稳定了民生供给，推进了全区重大基础设施建设和重点工程项目建设。

万山区成立至中共十八大后监察体制改革（2011年12月至2022年12月）。中共十八大以来，新一届中央领导集体把党风廉政建设和反腐败斗争提到新高度，万山区纪委区监委（监察局）紧跟形势，聚焦中心任务，突出主业主责，以法治思维和法治方式推动党风廉政建设和反腐败斗争纵深发展，开启万山全面小康社会建设和转型发展黄金十年。2011年12月2日，中共铜仁地委通知，认可选举产生的中国共产党万山特区第十届纪律检查委员会为中国共产党铜仁市万山区第一届纪律检查委员会。围绕新时期纪检监察任务要求，全区纪检监察系统深化“转职能、转方式、转作风”，强化监督执纪问责，以创新机制为动力，坚持不懈纠正“四风”，切实加大惩治腐败力度，实现经济建设与全面从严治党、党风廉政建设和反腐败工作一体推进。推进全面从严治党，综合利用纪律监督、监察监督、派驻监督、巡察监督，严明政治纪律和政治规矩，对上有政策、下有对策，有令不行、有禁不止等违反政治纪律及政治规矩的问题予以纠正和查处，对贯彻落实习近平总书记对万山重要指示批示精神和省委、市委、区委决策部署情况集中开展“回头看”和问责整改，牢记殷切嘱托、忠诚核心维护核心，得到贯彻落实。对违反中央八项规定精神、省市“十项规定”精神等问题，对标对表开展监督检查和执纪问责，先后开展“三个开刀”“干部贴标·亮牌”“作风效能问责”“庸懒散漫浮”“两转一抓”“节假日专查”等作风整治，“形式主义、官僚主义、享乐主义、奢靡之风”得到纠治，“立说立行、马上就办、办就办好”工作作风得到树立。重拳惩治腐败，围绕转型发展、脱贫攻坚、民生实事、涉黑涉恶、疫情防控等领域，坚持综合整治与专项监察相结合，查处民生事务、工程建设、社会维稳等领域违纪违规案件，确保如期实现脱贫攻坚和全面小康社会建设目标，万山“两个转型”发展取得可喜成果。2016年9月，二届区委启动第一轮巡察至2021年10月，共开展10轮常规巡察和4轮专项巡察，实现对全区所有党组织巡察全覆盖；三届区委选举产生后至2022年12月底，共开展三轮常规巡察，两届区委巡察发现问题整改完成率达94.12%，彰显了巡察利剑在推进全面从严治党的利器作用。2021年2月，铜仁市万山区纪委区监委被中共铜仁市委员会评为“铜仁市纪检监察系统先进集体”。2022年11月，万山区在2022年度全省党风廉政建设社会评价满意度测评排名中取得综合分值94.96分，高出全省平均分2.4分，位列全省第五、全市第一。

三

中华人民共和国成立后，万山纪检监察机构经历了从无到有，从兼职代管到专职壮大的历史性巨变，特别是中共十八大以来，伴随新一轮纪检监察体制改革，呈现职能更聚焦、纪法更衔接、监督更有效的全新面貌，成为万山推进全面从严治党、建设廉洁政治的重要政治保障，并形成了弥足珍贵的四点实践经验。

坚持党的领导始终是纪检监察的根本保证。诞生于民族危难之际的中国共产党，是中国最高的政治领导力量，是中国特色社会主义事业的领导核心。历史昭示，党风廉政建设和反腐败斗争是一项复杂的系统工程，务必在党的领导下总揽全局，方才形成合力。曾建立于“文化大革命”前的万山特区，因“文化大革命”爆发，使仍在筹建中的万山特区党委组织机构不得不中断，纪检监察职能由组织部代管，党风廉政建设和反腐败斗争遭到中断或弱化。直至中共十一届三中全会决定正式恢复党的纪律检查机关后，中共万山特区委纪律检查委员会得以恢复，在上级党委和万山特区党委领导下，既解决了编制和人员，机构也由科局级升格为副县级，配置相应内设职能机构，成为万山推进全面从严治党的中坚力量。实践证明，坚持党对纪检监察的领导始终是根本原则和方向，才能保证党风廉政建设和反腐败斗争沿着正确的方向前进。

坚持人民至上始终是纪检监察的力量源泉。党的根基在人民、血脉在人民、力量在人民，民心是最大的政治。70余年来，万山纪检监察机关在推进党风廉政建设和反腐败斗争中，将民生事务纳入监督执纪重要范畴，先后建立民生监督室和民生监督组，开展扶贫领域整治“蝇贪”三年行动，为万山的脱贫攻坚和全面小康社会建设做出了重要贡献。实践已经证明，纪检监察机关只要根植于人民、服务于人民，把提升人民群众获得感、幸福感、满意度作为开展监督执纪的出发点和落脚点，始终站在人民的立场上想问题、作决策、搞监督，查处侵害群众利益的不正之风和腐败问题，当好群众利益的“代言人”，就会赢得群众的信任和拥护，就可获得最广泛、最可靠、最牢固的力量源泉。

坚持法纪反腐始终是纪检监察的底线要求。制度治党、依规治党是运用法治思维和法治方式反腐败的必然要求。从1952年4月公布实施的新中国成立后第一部反腐败国家立法——《中华人民共和国惩治贪污条例》，到中共十八大后一系列制度机制的出台，为稳步推进全面从严治党提供了根本遵循，坚定了坚持走依靠纪律和法治而不搞群众运动的反腐败新路。当前，在反腐败斗争取得压倒性胜利的态势下，万山纪检监察机构职能将由重点“治标”向“治本”转移，实现标本兼治尤其需要法制保障，在《中华人民共和国监察法》等颁布实施后，对干部的履职用权有了更加严密的法治规范，作为履行监督执纪专职纪检监察干部，树立法治思维，学好用好党纪法规，规范履职用权，这是新时代从严治党的必然要求。

坚持自身建设始终是纪检监察的不二法宝。政治路线确定以后，干部就是决定的因素。万山始终把纪检监察干部队伍建设作为推进纪检监察事业重要抓手，以政治建设“铸魂”、能力建设“铸钢”、作风建设“淬火”，举办党的路线方针政策和国家法律法规专题培训班，采取“上挂”锻炼、“下派”磨炼、“新人”锤炼、轮岗历练；优化纪检监察干部管理机制，举行纪检监察系统业务“大比武”，开展“三讲”教育、“三个代表”重要思想学习、党的群众路线教育实践活动、“三严三实”专题教育等，创建“杨荣式”先锋岗，实施人才“双千工程”，推行纪检监察干部“正负清单”考核办法，提升纪检监察干部政治素质和监督执纪能力，用自我革命办法对涉嫌违纪违法纪检干部从严从快处理，以刀刃向内践行“执纪必先守纪、律人必先律己”，检验了纪检监察干部队伍是纵深推进万山全面从严治党的可靠铁军。

七十余年监督执纪栉风沐雨，七十余年反腐倡廉初心历久弥坚！展望未来，面对百年未有之大变局加速演绎与腐败隐形变异、腐败与反腐败斗争转型升级，中共铜仁市万山区纪委、铜仁市万山区监委，遵循习近平总书记“努力建设一支政治素质高、忠诚干净担当、专业化能力强、敢于善于斗争的纪检监察铁军”要求，聚焦“国之大者”，扛牢党风廉政建设和反腐败斗争的政治责任和使命担当，在纵深推进全面从严治党、服务万山高质量转型发展中，再展新作为、再谱新篇章！

大 事 记

1949年

11月7日　玉屏县城解放。9日，中国人民解放军西进支队第六大队六中队84名干部，接管了玉屏县的旧政权，建立中国共产党玉屏县委员会和玉屏县人民政府。

11月15日　中共玉屏县委、县人民政府指派蔡广书、吴海亮等8人接管万山、黄道两乡旧政权，建立中共玉屏县第六区分委、第六区人民政府，并委任蔡广书为区分委书记、吴海亮为区人民政府区长。是日8人由玉屏县城出发抵达田坪。

11月16日　区分委书记蔡广书、区长吴海亮、组织委员吴景贤、武装助理员韩国清、武装班长张启山、财粮干事马继全、会计刘子安等8名干部抵达万山，张贴布告，召开群众大会，宣讲人民政府相关政策。因没有武装人员保护，8人当日返回田坪食宿。

11月18日　蔡广书、吴海亮等8名干部同六连的两个排60余人及二营四连分别进驻万山城区和土坪矿区，中共玉屏县委第六区分委和区人民政府正式开展工作。

是年　第六区分委下设党支部1个，有党员5名。

1950年

1月30日　区人民政府剿匪指挥部成立，中国人民解放军驻万山四连连长陈学海任指挥长，区分委书记蔡广书、区长吴海亮和投诚人员刘连成任副指挥长，开展剿匪工作。

3月　玉屏县调整行政区划，将第六区改为第二区。

9月20日　玉屏县委批示，全区当前的中心工作是发动群众清匪、征粮、减租，蔡广书任征粮委员会主任，吴海亮任征收处主任。

10月1日　全区以保为单位召开群众大会，宣布废除保甲制度，建立行政村，全区共建20个行政村。

12月31日　全区有党支部1个，有党员8人（蔡广书、吴海亮、吴景贤、姚泽先、张荣森、陈永安等）。

1951年

1月12日　玉屏县人民政府训令要求各村政权以地名冠名，万山乡以序数命名的9个行政村依次改为老街、四官塘、三角岩、张家坪、黄家寨、新庄、铺前、鸡公田、羊尾舟；黄道乡以序数命名的11个行政村依次改为阳桥、白屋场、小田坪、栗坳、黄道、黄溪、锁溪、长坳、瓦田、下溪、官田。

3月5日　建立中共玉屏县委纪律检查委员会，纪委由郭兴（县委书记）、席达（县长）、李东文（武装部长）、陈清岩（公安局局长）4人组成，郭兴兼任纪委书记。

3月　根据铜仁县委的要求，各行政村以地名冠名，敖寨乡原以序数命名的10个行政村依次为易家寨、新寨湾、金家场、杨家寨、小冬云、瓮慢、牛场、深冲、洋世界、瓮背。

1952年

2月初　全区在国家机关内开展反贪污、反浪费、反官僚主义的“三反”运动。在资本主义工商业中开展反行贿、反偷税漏税、反盗骗国家财产、反偷工减料、反盗窃国家经济情报的“五反”运动。“三反”“五反”运动于8月底结束。

6月30日　万山乡析置土坪乡和高楼坪乡，建立土坪、高楼坪、黄道3个乡人民政府。

8月　根据玉屏县委指示，决定把发展党员的重点放在干部、农民和工人优秀分子中，分期分批发展党员。至年底，全区发展新党员9名（土坪乡3名、高楼坪乡3名、黄道乡3名）；铜仁县敖寨乡发展新党员12名。并在土坪、高楼坪、黄道、敖寨4个乡建立临时党支部。

10月　中共玉屏县委书记兼县委纪委书记郭兴调任贵州汞矿厂书记；中共玉屏县委纪律检查委员会调整为席达（县委书记）、陈籁晨（县人民政府副县长）、蔡广书（县委组织部部长）、陈清岩（县公安局局长）、刘锡銮（县人民政府工商科科长）5人组成，席达任书记、蔡广书任副书记。

11月11日　建立中共贵州汞矿委员会，委员5人，书记郭兴，辖总支1个，党支部12个。中共贵州汞矿委员会隶属中共铜仁地委。

11月　玉屏县人民政府人民监察委员会成立。

1953年

1月10日至21日　玉屏县委召开县、区、乡党政机关、企事业单位及武装干部参加的整风大会，成立“玉屏县整风委员会”。这次会议是“三反”“五反”运动结束后的思想建设，目的是提高干部的思想政治觉悟和政策水平。

6月22日至8月8日　贵州汞矿厂开展“三反”运动，查出贪污分子13人。其中，贪污1000元以上1人，800元以上1000元以下2人，100元以上800元以下的10人。

1954年

4月　玉屏县第二区改称万山区。

9月18日　中共玉屏县委调整充实中共玉屏县委纪律检查委员会，纪委委员由赵清贤(县委组织部副部长)、蔡广书(县委组织部部长)、陈清岩(县公安局局长)、姚绍珍(县妇联副主任)、陆伟民(县青年团副书记)、詹伯亮(县人民法院院长)和王诚7人组成，赵清贤任书记。

是年　万山区委下设党支部12个，有中共党员130人；贵州汞矿设党总支1个、支部10个，有中共党员120人；地质五〇五队设党支部1个，有中共党员4名。

1955年

4月11日　万山区委指出，各党支部书记是推动各项工作的核心领导，必须建立经常性的党课制度，每月2次至3次，主要是大会报告，分片讨论，以党在过渡时期的总路线、新社章、党的基本知识(党员的八项条件)为教学内容，各区委委员、乡党支部书记为教员。

4月14日　撤销玉屏县人民政府人民监察委员会，其业务并归人事科。

8月上旬　以乡为单位，在全区农村党员中开展一次整党，提高党员对粮食统购统销意义的认识，带头完成夏粮借征和统购任务。通过整党，建立党支部大会制度，贯彻“积极慎重”的发展方针，先发展党员，后建农业生产合作社。

12月　万山区委有党支部11个，有党员152人；贵州汞矿有党总支1个、支部12个，有党员232人；地质六〇二队有党支部1个，中共党员33名。

1956年

1月29日　根据中共七届五中全会通过的《中国共产党全国代表会议关于成立党的中央和地方监察委员会的决议》，成立中共玉屏县委监察委员会，代替原中共玉屏县委纪律检查委员会。

3月5日　按照中央监察工作要求和省委指示，湘黔汞矿公司成立党的监察委员会。

3月7日　湘黔汞矿公司党委推选宋继香、姚金铸、郑德松、梁士贤、方国和、刘永祥、杨桂林7人组成监察委员会，党委委员宋继香兼任监察委书记。

8月6日　经铜仁地委批复，成立中共重庆地质勘探公司六〇二队委员会，队党委会下设办公室、组织部、宣传部。同时，另设立中共六〇二队监察委员会。

8月　中共铜仁县委建立中共敖寨乡总支委员会。

12月　万山区明确兼职监察干部，兼职监察员由陈德树担任。

是年　万山区委有党总支5个，党支部20个，有中共党员248名。冶金地质六〇二队有总支1个，党支部3个，党员187名；湘黔汞矿公司(驻万山)党委有党总支3个，党支部2个。

1957年

3月9日至13日　玉屏县委召开三级干部大会，万山区、社干部参加会议，会议在表彰好人好事的同时，还批判干部中的自私自利、争名夺利、闹地位、闹待遇、工作不深入以及部分乡、社干部想换班的思想倾向。与会人员联系自己的思想、工作实际作自我检讨，为下放干部充实基层作思想准备。

8月10日至15日　玉屏县委召开县、区、乡、农业生产合作社四级干部大会。部署在全县农村进行一次大规模的社会主义教育运动，到会648人。

11月　湘黔汞矿公司调整郑德祥、鞠茂贞、杨秀英为监察委员会成员，郑德祥为副书记，其余两人为干事，后调姚本和任监察委员会秘书。

12月　玉屏县撤销万山区，建立"一乡一镇"，即高楼坪乡、万山镇。

是年　湘黔汞矿公司、地质六〇二队，万山区行政机关、企事业单位、学校开展整风运动和"反右派"斗争。

1958年

3月中旬　湘黔汞矿公司、地质六〇二队和万山区党、政以及企事业单位开展反对挥霍浪费、反对右倾保守和横扫"五气"（官气、阔气、骄气、娇气、暮气）及"三大主义"（官僚主义、主观主义、命令主义）。

9月18日至10月18日　万山镇开展肃反运动，运动中自我坦白的19人，检举揭露出21人，检举材料15件。

10月1日　为实现人民公社化，玉屏县在万山建立万山（原万山镇）和跃进（原黄道乡）两个人民公社，同时建立公社党委；铜仁县在敖寨乡建立飞跃人民公社和公社党委会。

10月22日　撤销湘黔汞矿公司建立贵州省汞矿，监察委员会与组织部、干部科合并办公，调整组成人员和领导。

12月29日　国务院〔58〕议字92号文件批复：撤销玉屏县并入铜仁县。万山随之并入铜仁县管辖，万山人民公社和跃进人民公社合并为铜仁县万山人民公社，公社下设先锋（高楼坪）、爱国（蔡家坪）、大坪、黄道、田坪、长坳、下溪等7个管理区，22个生产大队，208个生产队。

12月　贵州省汞矿监察委员会与组织部、干部科合并办公，组成人员有陈永安、刘贻经、王锡英、姚本和、华必兴五人，陈永安任贵州省汞矿监察委员会副书记，姚本和任监察委员会秘书。

是年　万山人民公社党委下设有党总支7个，支部25个，有中共党员348名。

1959年

1月4日至4月30日　万山人民公社组织开展整风运动，通过宣传政策、"大鸣大放"、回忆对比、算账、展览等形势，进行社会主义的自我教育，使人民群众坚定社会主义立场，革除弊端，提高生产积极性，以达到巩固人民公社的目的。

3月13日至15日　中共贵州省汞矿委员会召开第一次党代会，选举产生第一届委员会委员13人，王恩涛任书记，秦霭堂任副书记；选举产生监察委员会委员7人，分别是王恩涛、秦霭堂、陈永安、裴仲凡、关德成、熊还柱、芦口祺，陈永安任监察委员会副书记。

7月　铜仁县委决定全县各人民公社成立监察委员会。是月，万山、谢桥、茶店等公社均成立监察委员会，由5人至7人组成。

是年　万山人民公社党委下设党总支7个，党支部23个。

1960年

7月24日至28日　万山公社党委召开四级干部大会，会议通过学习上级批示，开展“大鸣大放”、大字报、大辩论，进行以反贪污为重点，结合反浪费、反强迫命令、反官僚主义作风的斗争。从到会的464人中揭露出犯有一般性贪污、浪费、强迫命令、多吃多占和犯有“一平二调”错误的有354人；犯有严重贪污、浪费、强迫命令、违法乱纪的有37人；阶级异己分子1人，蜕化变质分子、大贪污犯4人，贪污数额最大的为3323元。会议结束时，出台关于干部彻底转变作风的16条规定。

1961年

2月　万山人民公社党委开展整风整社运动，要求各乡、生产队完成对社会上所有枪弹的登记工作，严禁私造刀枪、子弹，清理混进民兵组织的坏分子和反革命分子。

4月中旬　中共贵州省汞矿委员会召开第三次党代会，选举产生中共贵州省汞矿第三届委员会委员11人，王恩涛任书记，裴仲凡、秦霭堂任副书记；同时选举产生监察委员会，有委员5人，裴仲凡任监委书记、陈永安任监委副书记。

8月18日　根据国务院秘书厅〔61〕厅秘字55号文件通知，国务院第112次会议通过恢复玉屏县建制，万山仍划归玉屏县管辖。

8月　行政区划重新调整，撤销万山人民公社，恢复万山区，建立中共玉屏县万山区委员会，撤销万山人民公社下辖的7个管理区，建立高楼坪、新庄、黄道、下溪人民公社，敖寨、瓮背2个管理区合并建立敖寨人民公社，仍属铜仁县漾头区管辖。

是年　万山区有公社党委5个，支部48个，中共党员392名。

1962年

3月　经铜仁地委同意，省冶金厅任命陈永安为中共贵州省汞矿委员会监察委员会书记。

10月19日　根据地区监委会议精神，按照甄别工作的四条标准，玉屏县监委对万山区所属在

"大跃进"中受过处分的国家干部甄别情况进行复查,地区监委和玉屏县委要求万山区在11月底全部结束甄别工作。

是年 万山区有公社党委5个,党支部48个,中共党员402名。

1963年

1月 万山区开展社会主义教育运动。高楼坪、新庄两公社被列为第一批,从1月份开始;黄道、下溪两个公社被列为第二批,从2月份开始。

2月 万山区将4个人民公社划分为高楼坪、新庄、黄道、蔡家坪、小田坪、长坳、下溪7个人民公社,35个大队;各公社选举产生监察、民政、治安、财粮等8个委员会。

4月 中共中央《关于厉行增产节约和反对贪污盗窃、反对投机倒把、反对铺张浪费、反对分散主义、反对官僚主义运动的指示》文件下发后,"五反"运动在全国开展。万山区的"五反"运动结合"四清"运动,在区机关、财贸等单位和贵州省汞矿分两部分进行。

5月20日 贵州省汞矿的"五反"运动在铜仁地委及贵州省冶金厅的统一部署下开展。据9月底统计,参加运动的职工4577人(其中党员666人,团员747人),共查出117人有问题,其中干部46人(副科级以上干部13人)。在117人中,属贪污盗窃的97人(贪污盗窃1000元至5000元的26人,300元至1000元的31人,300元以下的40人),投机倒把20人。

11月 区机关和财贸等单位的"五反"运动开始。26日至27日,万山区委召开干部、积极分子会议,玉屏县委书记李志立到会作"五反"运动的动员报告。会后,以党支部为单位划组进行背靠背揭发问题,"洗手洗澡",主动放"包袱"。到12月11日,共放"包袱"1161个,其中属经济包袱的472个。

是年 万山区有基层党委10个,党支部50个,中共党员404名。

1964年

2月上旬 玉屏县委派出60多人组成的"四清"工作团到黄道、小田坪、长坳、下溪等4个人民公社21个大队进行第二批"四清"运动,"四清"运动办公室设在黄道公社,县委书记亲自蹲点指挥。

4月21日 万山区机关有关干部职工在"四清"运动中,退还现金9860元,粮食退还1367公斤,布票退还249米。

4月 冶金部组织300人的"四清"工作团到万山进驻贵州省汞矿开展"四清"运动,运动中364名职工受到处理。

12月中旬 以孟威为组长的省委工作组14人到达玉屏,按照省委领导指示,开展面上社会主义教育运动。首先在县机关开展"清政治、清组织、清思想、清经济",弄清干部情况,然后配合县委进行面上社会主义教育运动。

是年 万山区有公社党委9个(含铜仁县的敖寨、瓮背公社党委),党支部50个,中共党员404人。

1965年

5月28日　贵州省汞矿改称贵州汞矿，为县级工业单位。监察委员会继续保留设置，监察委员进行调整。

6月　经铜仁地委同意，省冶金厅任命杨桐江、杨茂松二人为中共贵州汞矿委员会监察委员会副书记。

7月3日　中共贵州省委、省人民政府开始抽调干部筹建万山矿区人民政府。调盘县铁厂戈凤山任万山矿区人民政府区长，调省人民法院梁殿发任副区长。9月因戈凤山未到职，调铜仁地委组织部部长秦立岳任区长。

10月16日　成立万山矿区人民委员会筹备委员会，委员11人，主任秦立岳，副主任梁殿发。

是年　万山区有公社党委10个，党支部50个，中共党员412名。

1966年

2月22日　中共中央、国务院以中发〔66〕119号下发《中共中央、国务院关于贵州省设市和特区问题的批复》的文件，批复"同意设立六枝、盘县、水城、开阳、万山五个特区人民委员会，实行政企合一的试点"。并明确指出："万山特区人民委员会，受冶金工业部和铜仁专署的双重领导，有关企业工作以部领导为主，有关地方工作以专署领导为主。特区党的工作，实行以部党委领导为主，铜仁地委领导为辅的双重领导制度。"

4月9日　贵州省人民委员会以〔66〕省民字第172号下发《贵州省人民委员会关于万山、开阳特区行政区划和交接工作的通知》，明确万山特区行政区划为现属玉屏县万山区的高楼坪、黄道、新庄3个人民公社和铜仁县的敖寨乡人民公社。

5月1日　万山特区人民委员会正式成立，秦立岳任区长，梁殿发任副区长。中共铜仁地委指定王持久等5人组建中共万山特区委员会，王持久任书记，秦立岳、刘廉、翟宗珍任副书记。贵州汞矿、一勘队、十九井巷公司、冶建工程公司等中央和省属驻万山各单位党委及群团工作由中共万山特区委统一领导。

8月1日　根据贵州省人民委员会的通知精神，设置中共万山特区委员会农村工作部，农村工作部设监察1人，具体负责纪检监察工作。

12月8日　中共万山特区委员会农村工作部改称中共万山特区委员会组织部，纪检工作由特区党委组织部代办。

是年　万山特区有基层党委7个，党总支12个，支部122个，有中共党员1507名。

1967年

1月25　中共万山特区委、特区人民委员会被万山“革命造反联合指挥部”夺权，改称“燎原特区革命委员会”。

2月28日　“燎原特区革命委员会”改称“毛泽东思想燎原特区革命委员会”，3月6日又改为“万山特区革命委员会”。

是日　高楼坪公社改称东方红人民公社、黄道公社改称红星人民公社。

12月25日　万山特区革命委员会向贵州汞矿、冶建公司、贵冶地质一勘队、贵州第十九井巷公司、特区所属各单位部门、各人民公社转发《中共中央关于整顿、恢复、重建党的组织的意见和问题的通知》文件。

1968年

1月11日　贵州省革命委员会、省军区派“毛泽东思想宣传队”进驻万山。

4月13日　经贵州省革命委员会批准，成立贵州汞矿革命委员会。

9月24日　贵州省革命委员会以黔发〔68〕175号《贵州省革命委员会批转铜仁地区革命委员会〈关于撤销万山特区和加强万山地区工作的报告〉》文件下文，同意《铜仁地区革命委员会〈关于撤销万山特区和加强万山地区工作的报告〉》，撤销万山特区。

10月13日至15日　铜仁地区革命委员会正式宣布撤销万山特区，成立万山镇，直属铜仁地区领导。

1969年

7月　撤销中央监察委员会，与此同时，全国各县的监察委员会机构随之自然消失。

是年　万山粮食部门0.85万公斤粮票和0.4万公斤面粉被“造反派”组织挪用，无法收回。

1970年

5月26日　贵州省革命委员会下发黔发〔70〕41号《关于恢复万山特区的批复》文件，同意铜仁地区革命委员会、铜仁驻军支左领导小组、万山特区驻军支左领导小组《关于恢复万山特区若干问题的请示报告》，同意恢复万山特区。

8月8日　国务院以〔70〕国发66号《国务院关于贵州省万山特区行政区划问题的批复》：“万山特区的区划范围，除按原规定包括万山镇、高楼坪公社、新庄公社、黄道公社和敖寨公社外，将玉屏县的蔡家坪、长坳、小田坪、下溪等4个公社和铜仁县的瓮背公社，划归万山特区管辖。”

8月　随着万山特区建制的恢复，同时恢复中国人民解放军贵州省万山特区人民武装部，仍隶属铜仁军分区，实行军队和地方双重领导。

10月7日　中共贵州省核心领导小组〔1970〕55号文件批复，建立中共万山特区核心领导小组，王持久任组长，魏汉赢、高汉云任副组长。

12月18日　中共万山特区核心领导小组对开展"一打三反"（打击反革命破坏活动、反对贪污盗窃、反对投机倒把和反对铺张浪费）和清队工作以及如何开展整党建党的试点进行认真的研究，决定选择具备条件的8个单位开展整党建党试点工作。

同日　中共万山特区核心领导小组组织整党建党宣传队，赴贵州汞矿、贵冶地质一勘队、冶建公司、特区机关和东方红公社进行整党建党恢复党的组织活动。

1971年

2月3日　中共万山特区核心领导小组开门整风，为召开特区第一次党代表大会作思想准备和组织准备。整风分为学习文件、"斗私批修"、思想"爬坡"、现身说法教育群众等4个步骤进行。

2月9日　中共万山特区核心领导小组组成毛泽东思想整党建党宣传队，进驻各公社和工业单位。同时，各宣传队分别建立临时党支部，进行整党建党、恢复基层党组织活动。

4月25日至29日　中国共产党万山特区第一次代表大会召开，选举产生中共万山特区第一届委员会。万山的党委制得以恢复。

8月17日至20日　特区党委召开全区"斗、批、改"落实政策座谈会，会议指出，在认真落实政策的基础上，加快斗批改步伐，打击一小撮现行犯罪分子，在工业单位除开展正常的运动外，要狠抓一下家属和退编工人中的"一打三反"工作；要广泛深入地发动群众继续深入开展"三忆三清"活动；在农村要大力批判资本主义倾向，批判搞封建迷信活动，批判搞派性斗争和错误宗族观念。

是年　万山特区共有基层党支部129个，中共党员1908名。

1972年

2月5日至3月10日　特区党委采取从上到下，从党内到党外，从干部到群众的方法，传达中发〔1972〕4号文件，集中全力狠批林彪反革命集团及其炮制的《"571工程"纪要》。

6月2日　特区党委召开常委扩大会议，讨论通过《关于进一步加强党的一元化领导的决议》，深入进行思想和政治路线方面的教育，增强党的观念和团结。

7月4日至18日　特区党委召开常委扩大会议，贯彻落实中发〔1972〕12号文件，开展批修整风。

11月11日　特区党委印发《关于进一步落实党的政策的初步意见》，要求各单位对贯彻中发〔1969〕71号文件以来已经处理的案件，要用党的政策全面衡量，逐案审查，分类梳理。

是年　万山特区有基层党委5个，党总支12个，党支部130个，党员2035名。

1973年

3月17日　特区党委批转万山特区革委政治部《1973年政治工作要点》，主要内容为：一是把所谓“批林批孔”运动作为当前头等大事来抓；二是认真读马列的书，毛主席的书；三是深入进行思想和政治路线教育；四是加强组织建设；五是抓好教育工作；六是党的各项无产阶级政策。

7月26日　特区党委决定撤销万山特区革命委员会政治部、生产指挥部、人民保卫部，设立中共万山特区委办公室、组织部、宣传部、纪律检查委员会和特区直属机关委员会。纪律检查委员会未配备纪检干部，工作由组织部代办。

是年　万山特区有基层党委6个，党总支13个，党支部131个，党员2209名。

1974年

10月24日　特区党委批转特区委组织部《关于加强党的建设意见的报告》，号召全区党员和干部群众，以“抓革命、促生产、促工作、促战备”的优异成绩，迎接第四届全国人民代表大会的召开。

是年　万山特区有基层党委6个，党总支13个，党支部143个，党员2255名。

1975年

2月16日　特区党委召开常委会会议，传达中共贵州省委三届五次全委(扩大)会议精神，研究部署贯彻落实毛泽东主席指示，全面开展整顿工作。

是年　万山特区有基层党委6个，党总支14个，党支部152个，党员2324名。

1976年

1月23日　特区党委宣布关于制止职工私人种地、养猪的决定。

1月　特区党委和各社(镇)党委先后进行整党整风，采取“走出去”“坐下来”“请进来”“整改”四步走的方法，广泛征求意见，总结经验，揭露矛盾，找出差距。

6月8日　特区党委召开各公社(镇)党委书记会议，对特区农村形势进行分析，组织农村普遍开展党的基本路线教育。

9月18日　特区党委组织特区各界人民群众10666人，于下午3时在贵州汞矿运动场举行毛泽东主席追悼会。

10月16日　特区党委召开区级以上党员干部会议，传达中共中央打招呼会议精神。要求会后分级传达，逐步开展揭批江青反革命集团和清查运动，以及开展真理标准问题的讨论，肃清“左”的影响，纠正“左”的错误，恢复和发扬党的优良传统。

是年　万山特区有基层党委7个,党总支13个,党支部152个,党员2377名。

1977年

4月16日　特区党委向各人民公社(镇)派出基本路线教育工作队,进行党的基本路线宣传教育。

6月16日　特区党委召开常委会,研究部署全区整党整风,整顿领导班子的工作,按照省委提出的“六条要求”,采取“一学、二批、三整顿”的方法,自上而下进行整党整风、整顿领导班子。

10月26日　成立特区党委整党整风办公室,杨茂松任主任,陈光泽任副主任,负责全区整党整风。

是年　万山特区有基层党委6个,党总支13个,党支部138个,党员2087名。

1978年

4月5日　特区党委印发《关于在揭批“四人帮”斗争中联系实际开展“双打”的通知》。指出:在一些部门和单位出现贪污盗窃、投机倒把十分严重,有的短款挪用、长期借支公款不还;有的大肆挥霍国家钱财;有的职工大搞私人开荒种地、修猪圈、盖厕所;有的职工家属大搞养猪、养狗、喂鸽子等。在揭批“江青反革命集团”的伟大斗争中,必须结合打击阶级敌人的破坏活动和资本主义势力的猖狂进攻。

5月17日　召开中共万山特区一届五次全委(扩大)会议,特直所属各单位党支部书记或党员负责人,“一批双打”工作组成员、贵州汞矿、贵冶地质第一队及基层党支部书记共139人参加会议。传达中共中央〔1978〕14号文件、18号文件和中共贵州省委“一批双打”工作会议精神,提出立即行动起来,大张旗鼓地开展“一批双打”运动的口号。此后,在“一批双打”运动中,特区和贵州汞矿所属各单位有19名职工因贪污、盗窃、投机倒把等问题被查处。

6月24日至29日　特区党委召开全区四级干部大会,传达贯彻全国农田基本建设和省委工作会议精神。会议期间,讨论和制定《落实党在农村的经济政策,减轻农民不合理负担的意见》,共10条,其中两条为:一是坚决打击贪污盗窃、投机倒把的犯罪活动;二是严禁请客送礼,坚决刹住大吃大喝、铺张浪费的歪风。

9月19日　特区党委调整落实政策领导小组,首先对贵州汞矿“四清”运动中处理的363名干部进行复查,全部落实政策。

12月23日、26日　特区党委两次召开常委会会议,学习中央工作会议精神和中共十一届三中全会公报,会议上,常委们围绕十一届三中全会提出的把全党工作重点转移到社会主义现代化建设上来、以经济建设为中心的政治路线展开热烈讨论。

是年　万山特区有基层党委6个,党组6个,党总支14个,党支部139个,党员2126名。

1979年

2月7日　特区党委成立落实农村基层干部政策领导小组。至3月底，完成在整风整社、“反右倾”、“四清”、“文化大革命”运动中被错误处理的农村基层干部落实政策的任务。

2月10日　根据中共中央关于撤销“反击右倾翻案风”的12个文件精神，特区党委员会召开万山特区、贵州汞矿、贵州冶金地质一队等单位党委委员、候补委员、特区科局以上党员干部会议，宣布特区党委1976年印发的8号、16号、17号、18号、21号、30号、34号文件以及特区党委其他文件中有关“反击右倾翻案风”的部署意见和讲话材料全部予以撤销。

7月16日至19日　中共贵州冶金地质一队党委在万山基地队部召开第五次代表大会，出席这次代表大会的代表应到101人，实到101人。大会选举产生中共贵州冶金地质一队第五届委员会和纪律检查委员会。选出纪委委员7名〔刘国仁、许德隆、贺运山、叶朝铭、车善凤（女）、唐时忠、代启才〕，刘国仁为书记，许德隆为副书记。

是年　特区党委员会落实政策办公室，为万山特区所属各单位、贵州汞矿各单位在“四清”运动中被错误处理的100多名干部落实政策。

是年　万山特区有基层党委6个，党总支16个，党支部154个，党员2385名。

1980年

3月5日至8日和4月22日至24日　特区党委分别举办机关科局干部学习班，贯彻中国共产党第十一届五中全会和全国五届人大三次会议精神，认真学习邓小平《关于目前形势与任务的报告》和《关于党内政治生活的若干准则》，同时作出《关于贯彻执行加强和改善党的领导，提高党的战斗力的意见》。

5月23日　中共贵州省冶金局党组以贵冶党发〔80〕第090号批复中共贵州汞矿党委会呈报的《关于成立中共贵州汞矿党委会纪律检查委员会的请示报告》，同意阎继裕、肖厚生、李思贤、宋希禹、姚宗保5人为中共贵州汞矿党委会纪律检查委员会委员，组成中共贵州汞矿党委会纪律检查委员会；阎继裕兼任书记，肖厚生任副书记。

11月17日　根据中央纪委、中央组织部《关于迅速建立健全各级纪律检查委员会的意见》精神，正式恢复中共万山特区委纪律检查委员会，任命原特区党委办公室副主任孙玉峰为特区委纪委副书记。

是年　特区党委共对98件历史遗留问题和“文化大革命”中的“三案”问题进行复查，其中“文化大革命”中的“三案”问题91件、“四清”问题1件、“反击右倾翻案风”问题6件。经复查，落实撤销改变原结论的79人，维持原处理的46人，收回工作的35人，非正常死亡的6人，补调工资的5人，补发工资43736元，同时安排待业知识青年就业93人。

是年　万山特区有基层党委6个，党总支16个，党支部161个，党员2457名。

1981年

8月14日　特区党委通过《关于学习贯彻十一届六中全会〈关于建国以来党的若干历史问题的决议〉的决定》。

8月27日　特区党委出台文件，对社(镇)干部实行岗位责任制考核管理。

10月8日　特区党委印发《关于贯彻中共中央〔81〕30号文件的意见》，指出，万山特区普遍存在涣散软弱的问题，要求全区各级党组织认真贯彻执行十一届三中全会以来的路线、方针、政策，加强思想政治工作，促进党风和社会风气的好转；对于那些违法乱纪的人要给予适当的纪律处分或经济制裁，以致追究刑事责任。

12月　中共贵州省冶金局党组对贵州汞矿领导班子进行调整，龙智明任中共贵州汞矿纪律检查委员会书记，同时免去阎继裕中共贵州汞矿纪律检查委员会书记职务。

是年　万山特区有基层党委7个，党总支15个，党支部173个，党员2543名。

1982年

4月2日　特区党委决定恢复万山特区落实政策领导小组，由9人组成，组长马如菊，副组长孙玉峰、崔明久。下设办公室，孙玉峰兼任办公室主任。

5月25日　根据各社(镇)第二届党代表大会选举结果，经万山特区党委常委会研究决定，中共万山特区委组织部下发《关于四社一镇党委班子选举情况报告的批复》，明确刘远芝为高楼坪公社纪律检查委员，陈先福为黄道公社副书记，分管纪律检查工作，杨树昌为敖寨公社纪律检查委员，刘荣德为下溪公社纪律检查委员，杨再华为万山镇副书记，分管纪律检查工作。至此，万山特区的四社一镇开始有明确分管纪律检查工作的副书记或兼职纪律检查委员。

6月16日　中共铜仁地委常委会研究，任命孙玉峰为中共万山特区委纪律检查委员会书记、梁玉岱为副书记。

8月3日至6日　中共万山特区第二次代表大会在万山特区电影院召开，孙玉峰代表纪委作《关于党的纪律检查工作报告》。大会选举孙玉峰、梁玉岱、陈湘保、周本旺、崔明久5人为中共万山特区委员会纪律检查委员会委员。7日，中共万山特区委员会第二届纪律检查委员会召开全体委员会议，选举产生中共万山特区委员会第二届纪律检查委员会书记、副书记，书记孙玉峰、副书记梁玉岱。

是年　万山特区有基层党委8个，党总支15个，党支部174个，党员2574名。

1983年

4月　接中共贵州省冶金工业局党组文件通知，贵州汞矿党委副书记杨桂升兼任贵州汞矿纪律检查委员会书记。

5月21日　特区党委、特区人民政府，决定对1983年各社(镇)和机关工作部门的党风廉政、工农业生产、计划生育等10项工作继续实行考核评比。

是年　万山特区有基层党委8个，党总支14个，党支部172个，党员2600名。

1984年

2月　万山特区委纪委书记孙玉峰离任后，同月任命杨代胜为万山特区委纪委书记。

8月　万山特区委纪委书记杨代胜离任后，同月任命何芝茂兼任万山特区委纪委书记。

9月24日至26日　中共万山特区第三次代表大会在万山特区电影院召开，何芝茂代表中共万山特区委第二届纪律检查委员会向大会作工作报告。26日，大会选举王德安、刘政权、李梧顺、何芝茂、陈湘保、周本旺、徐昌登、张天宝、杨贵成、杨德富、廖克文11人为中共万山特区第三届纪律检查委员会委员，选举产生中共万山特区第三届纪律检查委员会。

9月27日　中共万山特区第三届纪律检查委员会举行第一次全体会议，应到委员11名，实到委员9名，选举何芝茂、陈湘保、王德安、杨贵成、杨德富5人为中共万山特区第三届纪律检查委员会常委，何芝茂为书记，陈湘保为副书记。

10月16日　特区党委印发《关于深入进行彻底否定“文化大革命”教育的意见》。指出：党的十一届六中全会通过的《关于建国以来党的若干历史问题的决议》对“文化大革命”作出彻底否定，但“文化大革命”的影响还不同程度存在，要求各单位广大党员、干部和群众重新学习六中全会决定，联系本地区、本部门、本单位实际，实事求是地清理自己的思想，总结经验教训，做到思想上、政治上同党中央保持一致，自觉克服派性，增强党性。

10月22日　特区纪委印发《关于归还干部职工借用拖欠公款的决定》(特纪发〔84〕33号)文件，对全区干部职工借用拖欠公款情况进行清理。

12月　中国有色金属工业总公司贵阳公司党组文件通知：李杰任中共贵州汞矿委员会副书记兼纪委书记。

是年　万山特区有基层党委8个，党总支9个，党支部163个，党员2668名。

1985年

1月31日　中共万山特区纪律检查委员会三届二次全会在经打办公室召开，会议传达中发〔1985〕1号文件，中发〔1984〕27号文件、胡耀邦在贵州省干部会议上的讲话和地纪委〔1985〕2号文件，总结特区纪委1984年的工作和讨论1985年的工作意见，会议对纪律检查工作、经打工作、端正党风、纠正不正之风、加强党风党纪教育、依法办事、处理人民来信来访等方面的工作作讨论和研究。

3月　中国有色金属工业总公司贵阳公司党组文件通知：宋龙顺任中共贵州汞矿纪律检查委员会书记(副处级)。

4月1日　特区纪委印发《坚决制止转手倒卖、乱涨物价、干部经商、办企业的决定》。

5月21日至30日　特区党委在全区进行党风大检查，经检查，全区10个党总支，149个支部2731名党员中，受表彰的总支1个、支部19个，优秀党员241人；党风好的总支15个、支部85个；党风较差支部6个。

6月29日　特区党委决定在全区开展整党。根据《中共中央关于整党的决定》，全区整党工作从29日开始，分3批进行，第一批为特直机关、贵州汞矿和地质一总队县科局以上单位；第二批为乡镇、贵州汞矿各坑口和地质一总队各分队；第三批为特直机关二级机构及各村党支部。主要是统一思想、整顿作风、加强纪律、纯洁组织。通过学习文件，对照检查，集中整改，组织处理和党员登记等步骤，使全体党员受到一次深刻的党的基本知识教育，提高对党的性质、地位及奋斗目标的认识，用党员标准严格要求自己。整党结束时统计，应参加整党的党员2908人，实际参加2902人，给予登记的2735人，不予登记的12人，受党纪处分的24人，其中开除党籍的4人。

12月　第一批整党结束，在全体党员中(含贵州汞矿)，予以登记的有938名，缓登记的7名，暂不登记的7名。

是年　万山特区有基层党委8个，党总支10个，党支部170个，党员2830名。

1986年

1月21日至23日　特区党委召开三级干部大会，126人到会，传达地委工作会议精神，贯彻切实加强党的领导，坚持党要管党、从严治党的方针，发挥各级党组织在两个精神文明建设中的作用。

1月23日　特区党委印发《关于认真学习胡耀邦等领导同志在中央机关干部大会上讲话的通知》，要求全区各级党组织和各工作部门要紧密联系实际，认真对照检查，执行《特区机关工作人员守则》，搞好整党“回头看”，使整党不走过场，端正业务指导思想，搞好服务工作，切实克服“门难进、脸难看、话难听、事难办”的官僚主义作风。

3月22日　特区党委批转特区纪委《贯彻中共铜仁地委〔1986〕3号文件的意见的通知》，要求各级党组织切实抓好十项工作和实事。一是切实做到用人公道正派、任人唯贤；二是切实做到坚持实事求是的思想作风和工作作风；三是切实做到党政机关干部不经商、不办企业；四是切实做到对非法买卖、占用土地私建房屋、倒卖牟取暴利的不正之风予以坚决彻底查处；五是切实做到按政策，实事求是地解决农转非中存在的问题；六是切实做到不用公款旅游；七是切实做到不用公款请客送礼、铺张浪费；八是做到所有党政干部除按照国务院、省政府规定的工资、奖金、补贴和集体福利之外，不获取任何不当收入；九是切实做到婚丧嫁娶树新风，不准借机索礼、大操大办、搞封建迷信活动；十是切实做到认真对待人民群众来信来访。

6月5日　根据中共中央、国务院、中央军委〔1986〕5号文件精神，中国人民解放军万山特区人民武装部改属地方建制，更名为贵州省铜仁地区万山特区人民政府武装部。

7月28日　特区党委印发《关于健全抓党风责任制的若干补充规定》，就抓好党风责任制落实向全区各级党组织作出12项规定。

是年　万山特区有基层党委8个，党总支10个，党支部176个，党员2931名。

1987年

2月21日　特区党委组织召开特直机关各部门负责人会议，分别就思想政治领域开展反对资产阶级自由化和经济领域开展增收节支，增产节约运动作安排。

3月23日至28日　全区纪检工作会议召开，各乡（镇）及特直各党组织负责纪检工作的同志和专、兼职纪检员共37人参加会议，会议采取以会代训的形式举行。

5月6日　特区党委批转特区纪委《关于贯彻落实全省纪检工作会议精神安排意见的报告》，就贯彻落实全省纪检工作会议精神提出六个方面的贯彻落实意见：一是坚持维护党的政治纪律；二是支持和保护改革，使纪检工作成为促进改革的重要力量；三是坚持不懈地纠正不正之风和查处违纪案件；四是深入开展党性教育；五是切实发挥监督作用；六是加强纪检队伍的自身建设。

8月　中共铜仁地委任命刘先和为特区党委常委、纪委书记。

9月17日至20日　中共万山特区第四次代表大会在万山特区电影院召开。17日下午，刘泽新代表中共万山特区纪律检查委员会向大会作工作报告。同日下午，大会选举王德安、刘正权、刘先和、刘泽新、陈先福、杨宗银、杨光元、杨代岩、张天宝、娄必琥、徐昌登11人为中共万山特区第四届纪律检查委员会委员，选举产生中共万山特区第四届纪律检查委员会。

9月20日上午　召开中共万山特区第四届纪律检查委员会第一次全体会议，应到委员11名，实到委员10名，会议选举刘先和、刘泽新、杨宗银、王德安、杨光元5人为常委，刘先和为书记，刘泽新、杨宗银为副书记。

12月21日　特区委根据中央、省、地关于做好核查工作，巩固整党成果，搞好党员干部队伍“两清”工作的指示精神，决定成立核查工作检查组，纪委书记刘先和任组长。

12月　万山特区人民政府根据国务院下发《关于在县级以上地方人民政府设立行政监察机关的通知》（国发〔1987〕74号）及黔府〔1987〕70号文件精神，成立万山特区监察局，核定行政编制5人，其中领导职数2人。

是年　贵州汞矿分别被贵阳公司和中国有色金属工业总公司评为党风建设先进单位。

是年　万山特区有基层党委9个，党总支11个，党支部187个，党员2950名。

1988年

3月13日　特区人民政府印发《关于启用万山特区监察局印章的通知》，明确万山特区监察局印章从1988年3月14日予以启用。

3月31日　特区党委发出《关于加强党内监督的规定》，提出党内监督的重点是各级党员领导干部。监督的内容：以党章第三条党员必须履行的义务、第三十五条党的领导干部必须具备的基本条件和党章总纲提出的对党员基本要求以及《关于党内政治生活的若干准则》规定的各项原则作对照。党内监督的办法及职责是：纪委书记或主持工作的纪委副书记参加或列席特区党委或常委会会议,参加特区党委、人大、政府、政协党组以及下级党委(党组)领导班子成员民主生活会,全面了解工作情况。纪委委员列席党委全委会议。纪律监督工作,实行分级负责制,各级党委或党组由同级纪检组织或纪检员负责纪律监督工作,重大问题可以不经同级党委批准而直接向党委或纪委报告。同时还规定保护监督者和被监督者的正当权益的5个条款。

11月10日　特区党委、特区人民政府决定成立万山特区清理整顿公司领导小组,成员12名,纪委书记刘先和任组长。

是年　贵州汞矿分别被贵阳公司和中国有色金属工业总公司评为党风建设先进单位。

是年　万山特区有基层党委9个,党总支9个,党支部187个,党员2930名。

1989年

2月至3月　特区党委决定在政法干警中开展为警清廉活动。

5月2日　根据中国有色金属工业总公司贵州地质勘探公司〔89〕中色黔人字第24号《关于地质勘探公司下属单位名称规范化的通知》文件,中国有色金属工业总公司贵州地质勘探公司更名为中国有色金属工业总公司贵州地质勘查局,中国有色金属工业总公司贵州地质勘探公司第一勘探队队名随之更名为:中国有色金属工业总公司贵州地质勘查局一总队。

5月9日至10日　召开中共万山特区纪律检查委员会四届二次全会(扩大)会议,传达学习全省纪检工作廉政制度建设会议精神,特区纪委副书记刘泽新就第四届纪委换届以来的工作作报告,纪委书记刘先和作会议总结讲话,特区党委书记李凝坤、特区人民政府区长杨崇德到会并讲话。

6月1日　特区党委作出《中共万山特区委员会关于廉政建设的决定》,决定指出:一是要提高机关透明度;二是不准党政干部利用职权索贿受贿;三是严格执行财经纪律;四是严禁利用职权和工作上的便利谋取私利;五是党政干部不准大操大办;六是党政干部要坚持实事求是的原则,不准弄虚作假。

8月25日　特区党委、特区人民政府根据中共十三届四中全会精神,作出《关于近期先做八件群众关心的事的决定》,决定指出:一是严格禁止请客送礼,更不准向上级赠送土特产和用公款请客以及向下级索取农副产品;二是严格党政机关小车管理;三是严格控制对外接待标准;四是取消一般会议就餐的惯例;五是严禁婚丧嫁娶、工作调动、离退休等名义大操大办、铺张浪费;六是严肃查处并公布副局级以上干部违法乱纪案件;七是坚决刹住拖欠、挪用公款的歪风;八是坚决制止违章建私房的歪风。

8月27日　特区党委发出《关于加强廉政工作的初步安排意见》,提出:一是抓好党的基本路线、党的根本宗旨、当前的形势等三个方面的教育;二是深入摸底、明确重点、严格措施、注重实效、加强管理;三是采取多种监督形式,强化监督机制。

是年　万山特区有基层党委9个,党总支9个,党支部178个,党员2954名。

1990年

1月25日　对1989年8月特区党委、特区人民政府根据中共十三届四中全会精神，作出《关于近期先做八件群众关心的事的决定》落实情况进行认真检查，结果表明：一是刹住请客送礼风；二是小车控购措施得力，管理制度日趋完善；三是接待费用标准降低；四是会议就餐的惯例被取消；五是刹住铺张浪费大吃大喝的歪风；六是查处一批违法乱纪的党员和干部；七是清理职工拖欠、挪用公款成效显著；八是制止干部违章建私房的歪风。

3月　中共铜仁地委任命刘元方为特区党委常委、纪委书记。

5月22日至24日　中共贵州汞矿委员会第六次党代会在万山土坪召开，选举产生宋龙顺等5人为纪委委员的新一届纪律检查委员会，宋龙顺兼纪委书记。

5月26日至29日　中共万山特区第五次代表大会在万山特区电影院召开，大会听取并通过刘元方所作的《关于中共万山特区纪律检查委员会工作报告》。28日，由大会主席团提出第五届纪律检查委员会委员候选人名单，经到会代表充分酝酿讨论，选举王德安、方德英(女)、刘元方、刘泽新、刘洪登、李吾顺、杨宗银、龚玉璞(女)、蒲光木、潘贵10人为中共万山特区第五届纪律检查委员会委员，产生中共万山特区第五届纪律检查委员会。

5月29日　召开中共万山特区第五届纪律检查委员会第一次全体会议，应到委员10名，实到委员8名，选举刘元方、刘泽新、杨宗银、王德安、蒲光木5人为常委，刘元方为书记，刘泽新、杨宗银为副书记。

10月20日　特区委批转特区纪委、监察局关于在部分基层党组织和工作部门设置纪检组织和派驻专职纪检监察员的报告。

11月7日　特区党委、特区人民政府批复特区纪委、监察局《关于对特区税务部门滥发钱物的处理报告》。税务局、万山镇税务所、敖寨乡税务所共超发奖金12405元；万山镇、敖寨乡向两税务所重复分成款47329元。处理意见是对超发的奖金责成税务局于年底前负责收回上缴财政；对万山镇、敖寨乡向两税务所重复分成款的20%，即9465元，由特区财政局负责收回。

11月　特区党委、特区人民政府为特区监察局配备北京吉普车一辆，作为办案专用车辆。

是年　万山特区有基层党委9个，党组8个，党总支10个，党支部186个，党员2941名。

1991年

2月20日　特区党委、特区人民政府提出“加强党的建设，对党员进行‘三基本’教育，抓好基层党组织建设和党风廉政建设，增强党员干部的廉政意识，发挥党内监督作用，坚决惩治腐败现象”等当年抓好的三件事。

3月26日至27日　中共万山特区直属机关第一次代表大会在特区总工会召开。27日上午，大会以无记名投票方式和差额选举的办法，选举产生中共万山特区直属机关委员会纪律检查委员会，杨再清为纪委书记。

5月5日　特区党委制定《关于党风和廉政建设目标管理责任制及考评办法》。

10月17日　特区党委决定从10月25日至11月25日，对机关作风进行全面整顿。整顿的重点和目的：严肃政治纪律，坚持社会主义信念；加强组织纪律，提高工作效率；强调劳动纪律，树立勤政为民的形象；严格财经纪律，杜绝违反财经制度的现象；清除各种腐败，保持机关清正廉洁。

10月30日　成立万山特区干部职工纪律督查委员会，由11人组成，主任刘洪祥，副主任刘泽新、刘洪登。

12月20日　经特区党委、特区人民政府研究同意，特区党委办和政府办作出关于加强党政机关干部职工组织纪律的若干规定，以确保进一步转变机关作风，巩固整顿机关作风成果，增强干部职工组织纪律，实现党政机关"团结、求实、遵纪、廉洁、高效、服务"的目标。

是年　万山特区有基层党委9个，党总支11个，党支部190个，党员2977名。

1992年

3月　万山特区直属机关纪委获得铜仁地区纪检工作先进集体荣誉。

5月14日至21日　特区纪委组织人员对特区四乡一镇的烤烟生产进行检查。检查发现全区共完成烤烟1249亩，晒烟2577亩，完成预订任务的80%，促进两烟的生产。

11月18日至25日　特区纪委组建3个监督检查组，对特区工商局、林业局、土管局、农业局、商业局、供销社等11个单位的执法情况、公款吃喝问题、挪用公款问题等进行一次监督检查。

是年　万山特区有基层党委9个，党总支9个，党支部170个，党员2724名。

1993年

3月10日至12日　中共万山特区第六次代表大会在万山特区电影院召开，刘元方代表上届纪委向大会作工作报告。12日上午，大会选举王德安、方德英（女）、申友林、刘元方、刘洪登、杨再清、张天宝、陆选贵、陈尚庆、蒲光木10人为中共万山特区第六届纪律检查委员会委员，选举产生中共万山特区第六届纪律检查委员会。

3月12日　中共万山特区第六届纪律检查委员会第一次全体会议在特区党委会议室举行，应到委员10名，实到委员9名，会议选举王德安、刘元方、刘洪登3人为常委，刘元方为书记，刘洪登、王德安为副书记。

4月19日　中共铜仁地区纪律检查委员会、铜仁地区监察局作出《关于中共万山特区纪委、万山特区监察局合署办公方案请示的批复》，原则同意合署方案。合署后特区纪委常委职数为5人，监察局党员正副局长进纪委班子，局长为副书记，副局长为常委。

6月　中共万山特区纪律检查委员会与万山特区监察局正式合署办公，履行党的纪律检查和政府行政监察两项职能。

7月28日　特区党委、特区人民政府转发地委、行署《关于党风廉政建设的暂行规定》（简称《规定》),要求各级党组织、各部门、各单位认真组织党员、干部和职工学习。坚持一手抓经济建设,一手抓党风廉政建设,促进万山特区两个文明建设的不断发展。

9月17日 特区委书记邓应明主持党政联席会议。会议议定:原则同意特区纪委关于近期反腐倡廉的安排意见,决定成立特区反腐倡廉工作领导小组和办公室。

9月22日 成立特区反腐倡廉工作领导小组,由10人组成,组长邓应明,副组长刘元方、谢伯诚、秦大慧。领导小组办公室设在特区纪委,刘洪登兼任办公室主任。

是日 特区党委办公室转发特区纪委《关于贯彻落实党中央、中纪委近期开展反腐败斗争工作部署的实施意见的请示》。请示指出:反腐败斗争工作是加强党的建设和政权建设,保证改革开放和经济建设顺利进行的一项重要工作。这场斗争既是长期的艰巨的,同时又具有现实的紧迫性,它关系到我们党的存亡,关系到我们的人民政权,关系到我们的社会主义现代化建设。因此,我们要把反腐败斗争作为一项重大的政治任务,切实抓好抓紧抓出成效,务必在近期内取得明显的阶段性成果。

11月23日 特区委书记邓应明主持特区党委常委会会议,听取地区反腐倡廉会议精神的汇报,总结特区反腐倡廉工作,明确提出下步工作任务。议定:把反腐败的重点放在大案上,12月中旬公布处理一批;取消一批乱收费项目,并张榜公布;对群众反映强烈的经济问题和集体账目不清的问题要组织人员清查,并公布清查结果;关于党政机关办实体的问题,关于收取礼金问题有关政策原则按地委〔1993〕10号纪要执行。

是年 万山特区有基层党委9个,党总支8个,党支部151个,党员2708名。

1994年

3月12日 特区党委副书记、纪委书记刘元方在全区经济工作会议上作《认真贯彻落实江总书记讲话,将我区反腐败斗争引向深入》的讲话。讲话强调要继续抓好领导干部廉洁自律工作和对违法违纪案件的处理工作以及纠正行业不正之风工作。要求各级党委政府要加强领导,大力支持纪检监察等执法执纪机关的工作,保证中央关于反腐败三项任务的落实,将特区反腐败斗争引向深入。

4月15日 特区党委书记邓应明在全区领导干部会议上作《认清形势,明确任务,真抓实干,夺取反腐败斗争的新胜利》的讲话。讲话提出今后反腐败斗争的主要任务是:继续抓好科级干部,尤其是县级党政领导干部的廉洁自律;继续查处大案要案;继续纠正部门和行业的不正之风。反腐败斗争的原则是:加深对反腐败斗争的重要性和必要性的再认识;必须紧紧围绕服从和服务于全党工作的大局来进行;充分相信和依靠群众;全党动手,要党纪、政纪、法纪同步进行;严格按政策办事办案;各级党委、政府要加强反腐败斗争的领导。

5月25日 铜仁地委委员、地区纪委书记麻绍玉到万山督导指导党风廉政建设及特区党委班子民主生活会。

6月21日 特区党委、特区人民政府发出《关于认真开展整顿机关作风的通知》。要求万山特区各级各部门重点围绕抓整顿纪律,强化服务,振奋精神,提高效率等方面开展工作。

7月14日 特区党委召开整顿机关作风动员会。

8月20日　特区党委办、特区人民政府办印发《关于加强纪律，切实转变工作作风的实施意见》。共6大点18个小点，主要要求全体干部职工严格遵守政治纪律、组织纪律、劳动纪律、财经纪律、严禁赌博。

8月22日　特区党委副书记刘元方主持常委办公会议，传达国务院纠正行业不正之风办公室《关于清理党政机关及其工作人员利用职权无偿占用企业钱财的实施意见》。议定：由党委办、政府办行文转发文件，各单位按照文件精神开展自查；清理工作从9月15日至10月5日结束；由纪委廉政办公室牵头，有关单位派员组成清理办公室，办公室设在特区纪委，刘洪登任办公室主任。

8月29日　万山特区党委办督查通报载：特区直属机关78个单位从6月下旬到8月上旬开展作风整顿，狠刹涣散风、混日风、扯皮风、赌博风、腐化风。

是年　万山特区有基层党委9个，党总支8个，党支部173个，党员2749名。

1995年

3月24日　特区委书记邓应明主持召开特区党委常委会会议，听取地区纪检监察会议精神的汇报，议定：特区纪检监察部门要认真抓好江泽民总书记在中纪委五次全会上的讲话学习。要进一步抓好各级领导干部廉洁自律工作；要认真查处违法违纪案件，加大查处力度；要集中力量，狠刹几股群众反映强烈的不正之风。议定3月底召开特区纪检监察会议。

3月30日　特区党委批转特区纪委《关于万山特区一九九六年反腐败斗争工作实施意见》。

4月28日　特区党委决定：特区党委领导班子和特区副县级以上领导干部分别建立并抓好一个基层工作联系点，指导和推进农村工作的全面发展，特区纪委联系万山镇老街村。

5月8日　特区党委召开股级以上领导干部大会，重点研究和部署当前和今后一个时期全区反腐败斗争的主要任务。党委书记邓应明在会上作《深入持久地开展反腐败斗争》的报告，党委副书记、纪委书记刘元方传达江泽民总书记在中纪委五次全会上的重要讲话；监察局局长刘洪登传达地区纪检监察工作会议精神，通报1994年特区反腐败斗争的概况，部署1995年特区深入开展反腐败斗争的主要工作。

5月10日　特区党委副书记、纪委书记刘元方主持党政联席会议，学习地发〔1995〕6号、〔1995〕7号文件，并讨论《关于对副局级以上领导干部实行重大事项报告制度的暂行规定（讨论稿）》《关于对副局级以上领导干部进行离任经济责任审计的暂行规定（讨论稿）》《关于干部职工参与赌博的处理暂行规定》等制度规定文件。

7月11日　特区党委转发铜仁地委地干任〔1995〕36号文件，杨均成任中共万山特区委常委、纪委书记。

是年　万山特区有基层党委9个，党总支8个，党支部170个，党员2803名。

1996年

4月12日　全区纪检监察工作会议召开，特区党委书记邓应明作题为《坚定不移反腐败》的重要讲话，特区纪委书记杨均成作题为《认真履行职责，强化领导监督，更加深入地开展反腐败斗争》的工作报告。

4月13日　全区纪检监察系统表彰大会召开，对公安局纪委监察室、特区纪委监察局办公室等7个先进集体及王德安、汤才建、陈通海等6名先进个人给予表彰。

4月14日　特区纪委监察局下发通知，开展向曹克明学习活动，组织号召全区各级纪委和纪检监察干部以实际行动向曹克明学习。

5月31日至6月13日　在特区纪委书记杨均成、监察局局长刘洪登带领下，特区纪委机关全体干部分为两组到万山镇的张家坪、冲脚、三角岩、张家湾等地开展支农插秧活动，帮助群众开厢拉绳，搞规范化栽培。

8月20日　全区纪检监察查案和纠风工作会议召开。特区纪委委员、各乡镇纪委书记、特邀监察员、各科局纪检组组长、特区直属机关纪委书记、公安局纪委书记及涉及纠风工作的职能部门主要负责人等共计70余人参会。杨均成作题为《加大力度、狠抓落实，开创我区反腐败斗争新局面》的讲话，对下半年查案及纠风工作作部署安排，强调要重点抓好以下几项工作：一要巩固治理公路“三乱”的成果；二要进一步清理中小学乱收费的问题；三要继续加强预算外资金的管理，坚决查处“小金库”；四要进一步按政策规范农民负担；五要加强对基建工程的执法监察；六要狠刹药品和医疗器械购销活动中的回扣风。

10月15日　万山特区人民武装部根据《中国共产党章程》和《中国人民解放军政治工作条例》，召开归建后的第一次党员大会，选举产生中共万山特区人民武装部第一届委员会和纪律检查委员会，纪委书记由副部长杨德选兼任。

12月13日　中共万山特区纪律检查委员会第三次全体会议召开，全会通过《关于加强党风廉政建设，确保我区社会主义精神文明建设各项任务落到实处的决议》。

是年　根据省办发〔1996〕10号文件精神，万山特区从5月开始，在全区干部职工中开展现有住房清理工作，并于11月25日对全区89个单位1644人(含县级干部23人)的调查摸底情况进行通报，对存在有违反规定的涉及8个单位10个问题提出自纠要求及措施。

是年　万山特区有基层党委8个，党组9个，党总支7个，党支部165个，党员2829名。

1997年

3月20日至21日　特区纪委监察局组织召开全区纪检监察工作会议。会上，传达地区纪检监察工作会议精神，特区纪委书记杨均成作题为《抓落实、重实效，锲而不舍地开展反腐败斗争》的报告，会议对1996年全区反腐败斗争进行总结回顾，对1997年反腐败和党风廉政建设的主要任务作安排部署。

3月21日　特区纪委印发《关于表彰1996年度纪检监察工作先进集体的决定》(特纪发〔1997〕2号)文件,对在基层纪检监察工作中作出显著成绩的公安局纪委监察室、敖寨乡纪委监察室、下溪乡纪委监察室、直属机关纪委等4个先进集体予以表彰。

5月10日　特区纪委书记杨均成到万山镇老街村向村组干部和农村党员讲解"拉绳栽、宽窄行"水稻栽培技术。

8月12日　特区党委、特区人民政府印发《关于全区党政机关厉行节约制止奢侈浪费行为的实施细则》,主要内容:一是严格控制新建和改建、扩建、装修办公楼房;二是严格控制会议;三是严格控制各种会议开支;四是严禁用公款大吃大喝、挥霍浪费;五是严格控制用公款安装住宅电话和购买移动电话;六是严格控制各种监察,禁止形式主义的评比和达标活动;七是严格控制按规定配备和更换小汽车;八是严格管理公费出国出境。

9月23日　特区纪委召开全体干部会议,组织学习中共十五大精神。

是年　特区纪委监察局针对特区"三查办"提供的全区40多个部门近130个收费项目开展市场调查,经特区党委、特区人民政府同意,取消公安部门看守所收取的接见费、教育部门收取的转学费、城管部门收取的占道费等20余项乱收费项目。

是年　万山特区有基层党委8个,党组15个,党总支5个,党支部157个,党员2865名。

1998年

3月10日至12日　中共万山特区第七次代表大会在万山特区电影院召开,杨均成代表上届纪委向大会作工作报告。12日上午,大会选举产生中共万山特区第七届纪律检查委员会委员,选举方德英(女)、田景明、刘荣国、杨均成、杨再清、邵宗凤(女)、肖亚、吴水林、罗洪信、梁巨云10人为中共万山特区第七届纪律检查委员会委员。同日下午,召开中共万山特区第七届纪律检查委员会第一次全体会议,实到委员10名,会议选举刘荣国、杨均成、邵宗凤(女)、罗洪信、梁巨云5人为纪委常委,杨均成为书记,刘荣国、罗洪信为副书记。

3月17日　特区党委印发《关于在全区政法机关深入开展反腐败斗争集中进行教育整顿工作意见》,对政法系统开展集中教育整顿,强化党性、党纪、党风教育,整顿违纪违法问题。

5月20日　全区领导干部大会暨纪检监察工作会议召开,会议由党委副书记谭克冬主持,特区党委书记、政府区长饶正海、纪委书记杨均成、常务副区长杨频出席会议并讲话。

6月20日　特区纪委组织全区干部开展《中华人民共和国行政监察法》知识竞赛活动,活动至8月7日结束,全区共992人次参加竞赛。

是年　在全区开展公费安装通信工具专项工作,共清理出党政机关、事业单位和具有行政管理职能的国有企业公费安装的电话193台、移动电话13台、BP机23个,共收回资金11.372万元。

是年　万山特区有基层党委8个,党组15个,党总支5个,党支部149个,党员2816名。

1999年

4月14日　特区党委、特区人民政府印发《关于万山特区党风廉政建设责任制实施办法》。

4月19日　全区领导干部会议暨纪检监察工作会议召开。

5月9日　特区纪委组织全体干部职工参加抗议以美国为首的北约对中国驻南联盟大使馆进行导弹袭击的野蛮暴行游行活动。

是年　万山特区有基层党委8个，党组15个，党总支9个，党支部166个，党员2867名。

2000年

1月7日　地区纪委组成纪检监察工作考评小组，对特区1999年度纪检监察工作进行考核，并于8日召开情况反馈会，信访和纠风工作表现突出。

3月24日　全区领导干部会议暨纪检监察工作会议召开。

3月25日至27日　特区纪委举办纪检监察业务培训班，全区59名专(兼)职纪检监察干部参加培训。

4月7日　特区纪委常委会研究决定，成立万山特区纪委"三讲"教育领导小组，特区党委常委、纪委书记杨均成任组长，领导小组办公室设在党风廉政室，罗仁相兼任办公室主任。

9月23日　召开全区反腐倡廉警示教育大会，组织全体"三讲"教育对象、党委中心学习组全体成员和纪委、组织部、宣传部全体党员干部观看胡长清案件警示教育电视片，特区委书记饶正海出席会议并讲话。

10月28日　特区纪委监察局印发《关于搞好纪检监察全面工作的奖惩规定》(万纪发〔2000〕3号)文件，决定对2000年度办案及各室基础业务工作推行激励机制。

是年　万山特区有基层党委8个，党组8个，党总支9个，党支部166个，党员2908名。

2001年

3月4日　特区领导干部、纪检监察、廉政会议召开。

6月25日　特区纪委监察局机关召开"三个代表"重要思想学习教育动员会，特区党委常委、纪委书记杨均成出席会议并讲话。

9月　经国务院批准，贵州省人民政府对贵州汞矿实施政策性关闭破产。

10月18日　贵州汞矿(含贵州有色冶金汽车修配厂、大龙氯碱镁厂)正式关闭破产，贵州汞矿纪律检查委员会和监察委随同贵州汞矿法人及其他机构一并撤销。

11月26日　特区纪委印发《关于严禁副局级以上领导干部在迁居、子女升学等事宜中操办酒席的规定》，严禁全区副局级以上领导干部在工作调动、迁居、生日、子女升学、入伍等事宜中操办酒席。

12月20日　特区纪委监察局召开机关作风教育整顿活动动员会，明确开展2个月的机关作风机制整顿活动，解决好机关党员干部在思想作风、学风、工作作风、领导作风和干部生活作风方面存在的问题。

是年　万山特区有基层党委8个，党组8个，党总支9个，党支部166个，党员2966名。

2002年

1月16日　铜仁地区纪委副书记、监察局局长罗润生一行4人到万山检查指导工作，对2001年度万山纪委监察局各项工作进行量化考评。

3月25日　全区纪检监察工作会议召开。会议回顾总结2001年全区党风廉政建设和反腐败工作，研究部署2002年工作任务，特区党委常委、纪委书记杨均成在会上作题为《标本兼治 狠抓落实 努力取得党风廉政建设和反腐败斗争新成效》的讲话。

6月12日至21日　全区开展党员干部警示教育活动，组织全区党员干部观看《厦门特大走私案》《被钱和色推向深渊的市长》《责任的呼唤》等警示教育片及党风廉政建设责任制追究案例。

7月　中共铜仁地委任命刘先银为中共万山特区委常委、纪委书记。

10月14日　万山特区纪委常委会会议讨论决定，同意万山矿区社区服务管理局设立纪律检查委员会。

10月16日　中共万山矿区社区服务管理局纪律检查委员会成立。

是年　万山特区有基层党委8个，党组10个，党总支6个，党支部147个，党员2931名。

2003年

1月7日至8日　中共万山特区第八次代表大会在万山特区电影院召开，特区党委副书记、纪委书记刘先银代表上届纪委向大会作工作报告。8日上午，大会采取无记名投票和差额选举办法，选举方德英（女）、刘世跃、刘先银、刘泽祥、杨胜军、吴成龙、张静（女）、张吉冒、邵宗凤（女）、罗仁相、夏珍（女）、梁巨云、韩再军13人为中共万山特区第八届纪律检查委员会委员，选举产生中共万山特区第八届纪律检查委员会。8日下午，召开中共万山特区第八届纪律检查委员会第一次全体会议，选举刘先银、梁巨云、邵宗凤（女）、张静（女）、刘泽祥、罗仁相、夏珍（女）7人为纪委常委，刘先银为书记，梁巨云、邵宗凤、张静为副书记。

4月3日　特区党委常委会研究，决定在各乡镇配备一名兼职监察干部，同意在教育局、发展计划与经济贸易局、财政局和农业办公室配备专职监察员。

4月22日　贵州省监察厅副厅长武鸿麟到万山调研制度纪检监察工作。

4月28日　召开全区纪检监察工作会议，总结2002年全区党风廉政建设和反腐败工作情况，对全区2003年党风廉政建设和反腐败工作任务作具体安排，特区党委书记时晓军出席会议并讲话。

是日　万山特区机构编制委员会批复，同意万山特区党风廉政建设室升格为正科级机构。

是日　为加强对“非典”防治工作的领导，搞好纪委机关“非典”防治工作，特区纪委监察局成立“非典”防治工作领导小组，刘先银任组长、张静任副组长，领导小组下设办公室，夏珍兼任办公室主任。

6月6日 中共万山特区第八届委员会第三次全体扩大会议在特区党委四楼召开，特区党委委员、候补委员及纪委委员和特直各部门主要负责人参加，传达贯彻中纪委、铜仁地委关于纪律检查的通知精神，特区党委书记时晓军代表特区党委作重要讲话。

7月30日至31日 中共万山特区第八届委员会第三次全体扩大会议在特区人民法院召开，特区党委委员、候补委员、纪委委员、“四大班子”有关领导、各乡（镇）党委书记、特直各部门主要负责人（党组书记）参加会议，审议通过《关于进一步加强党风廉政建设和反腐败工作的决定》（简称《决定》），特区党委书记时晓军代表特区党委就如何贯彻实施好《决定》作重要讲话。

12月2日 特区纪委监察局印发《关于对一线办案人员实行经济奖励的暂行规定》，对案件调查组、专案组成员及其他间接办案人员以及举报有功人员实行奖励。

是年 万山特区有基层党委8个，党组25个，党总支6个，党支部150个，党员2931名。

2004年

3月12日 全区党风廉政建设和反腐败工作会议召开，回顾总结2003年全区党风廉政建设和反腐败工作，研究部署2004年工作任务，党委副书记、纪委书记刘先银作工作报告，党委书记时晓军出席会议并讲话。会上，签订2004年党风廉政建设和反腐败工作责任状，表彰下溪乡、卫生局、审计局、政府办等党风廉政建设先进单位及下溪乡纪委、地税局纪检组、教育局纪检组等纪检监察工作先进单位。

5月 特区纪委、特区委组织部、特区委宣传部决定，从5月8日至7月底，在全区党员干部中开展集中学习宣传贯彻《中国共产党党内监督条例（试行）》和《中国共产党纪律处分条例》活动。

8月4日 全区政府系统廉政工作会议召开，就全区政府系统廉政建设和反腐败工作做部署安排，特区监察局、特区教育局、特区农业局、特区国土资源局、特区建设局、特区卫生局和特区计经局的负责人分别作发言，特区党委副书记、纪委书记刘先银出席会议，特区党委副书记、特区人民政府区长王开禄出席会议并讲话。

11月1日 地委党风廉政巡视组向特区纪委监察局反馈意见会召开。

11月2日 地委党风廉政巡视组巡视万山特区情况通报会召开，巡视组黄家千、吴伯伦等领导在会上通报巡视反馈意见。

12月8日 中共万山特区第八届委员会第六次全体扩大会议在特区人民法院召开，特区党委委员、候补委员、纪委委员、“四大班子”领导、各乡（镇）党委书记、特直各部门主要负责人（党组书记）参加会议。会议传达中共贵州省委九届六次全会、省党风廉政建设电视电话会议及铜仁地委扩大会议精神，特区党委副书记、特区人民政府区长王开禄代表特区党委就如何贯彻省、地会议精神作重要讲话。

是年 万山特区有基层党委8个，党组25个，党总支6个，党支部125个，党员2987名。

2005年

2月5日　地区纪委监察局印发《关于表彰2004年度纪检监察工作先进集体的决定》，万山特区纪委监察局获得“纪检监察全面工作先进集体”“查办大案特别奖”“优化服务发展经济工作单项奖”等奖项。

2月25日　地区纪委监察局作出表彰决定，万山特区纪委监察局获全地区纪检监察工作2004年度综合考评优秀等次。

3月9日　全区党风廉政建设和反腐败工作会议召开。

5月10日　万山特区人民政府廉政工作会议召开，特区党委副书记、纪委书记刘先银出席会议，并作题为《深入推进投资环境建设，大力发展开放型经济》的讲话。

7月19日　万山特区召开地直部门政风行风群众满意度集中测评大会，60名群众参与对铜仁地区32个重点部门和4个窗口服务行业进行满意度集中测评。

7月25日　召开特区直属部门政风行风群众满意度集中测评大会，160名群众参与对全区27个政府部门和4个窗口服务行业进行满意度集中测评。

10月18日至11月　特区纪委组成党风廉政建设工作巡视组，由杨通来任组长、巡视组成员有罗代政、陈平文、杨劲松、刘世跃，对特区党委办、特区民政局、特区财政局、特区人民医院、特区民族中学及20名科级干部进行为期8天的巡视，提出24条巡视建议。

11月18日　特区党委、特区人民政府颁布《万山特区党风廉政建设一票否决权制度》，对全区各部门各单位党风廉政建设情况实行一票否决制度。

是年　万山特区有基层党委8个，党组25个，党总支6个，党支部125个，党员3072名。

2006年

1月18日　铜仁地委副书记、纪委书记季森、地区纪委干部室主任成晋湘一行到万山检查指导纪检监察工作，并组织召开座谈会。

3月9日　全区党风廉政建设和反腐败工作会议召开。特区四大班子领导和副科级以上领导干部220余人参加会议，集中学习和贯彻中纪委、省纪委六次全会和地区党风廉政建设和反腐败工作会议精神，回顾2005年工作成效，部署2006年各项工作任务。特区党委副书记、纪委书记刘先银作题为《深入学习党章，全面落实责任，切实开展好党风廉政建设和反腐败工作》的工作报告，党委书记王开禄出席会议并讲话。大会还签订责任状，对落实党风廉政建设责任制、纪检监察业务工作、政风行风群众满意度测评、“廉内助”等30个先进集体和个人进行表彰。

4月11日　特区党委副书记、纪委书记刘先银，纪委副书记、特区监察局局长张静到联系点万山镇老街居委会，了解特大暴风雨后村民的受灾情况、春耕生产等工作情况。

4月13日　贵州省纪委副书记丁治学一行到万山调研指导纪检监察工作。

4月18日　特区纪检监察干部业务培训班正式开班，就行业纠风、源头治理、执法监察、党风廉政、信访举报、案件检查和审理等内容进行为期4天的培训，同时，组织观看马向东、成克杰、胡长清、王怀忠等重大贪污受贿案电教片。各乡镇纪委监察室，各部门纪检组40余名纪检监察干部参加培训。

5月25日　万山特区“行风热线”栏目开通，进一步畅通群众客商投诉举报渠道，加强部门作风建设。

6月28日　全区治理商业贿赂工作会议召开，特区党委副书记、纪委书记、治理商业贿赂领导小组组长刘先银，特区党委常委、政府副区长石重友分别作重要讲话。

7月7日　特区纪委组织举办全区“学党章、颂廉政、知荣辱”知识演讲赛，全区共20名党员干部参加当天的竞赛，特区地税局选手李萃萍、黄道乡中心完小姚琴获得一等奖，特区教育局获组织奖。

9月21日　特区纪委、监察局组织全体干部职工向矿区社区困难群众开展送温暖献爱心募捐活动，这次募捐活动共收到干部职工募捐金额1560元。

10月30日　中共铜仁地委任命王贵军为中共万山特区委委员、常委、纪委书记。

11月8日至10日　中共万山特区第九次代表大会在万山特区行政中心召开。9日上午，王贵军代表上届纪委向大会作工作报告。大会采取无记名投票和差额预选、等额选举的办法，选举王贵军、刘开著、刘远会、刘洪长、杨劲松、杨顺昌、杨政森、吴锋、张静(女)、郑小英(女)、邵宗凤(女)、夏珍(女)、黄义强、黄黎波、韩再军15人为中共万山特区第九届纪律检查委员会委员，选举产生中共万山特区第九届纪律检查委员会。

11月10日　召开中共万山特区第九届纪律检查委员会第一次全体会议，会议选举王贵军、张静(女)、邵宗凤(女)、夏珍(女)、杨劲松、杨顺昌、吴锋7人为纪委常委，选举王贵军为书记，张静、邵宗凤为副书记。

是年　万山特区有基层党委8个，党组25个，党总支6个，党支部125个，党员3094名。

2007年

1月12日　特区党委、特区人民政府出台《关于全区加强农村基层党风廉政建设的实施意见》，就深化基层党风廉政建设提出八点指导性意见。

4月13日　特区党委出台《关于进一步加强领导干部作风建设的意见》，并下发《关于在全区党政机关开展作风建设的整顿活动通知》，在全区各级各部门开展为期3个月的作风教育整顿活动，解决机关干部中存在的形式主义、官僚主义、奢靡之风等作风问题。

9月24日　特区纪委联合区委宣传部、直属机关工委、文广局举办迎接中共十七大“清风颂”大型文艺晚会，地委党风廉政建设巡视组组长刘东平、地纪委委员成晋湘等领导应邀出席晚会并与现场5000余名干部群众一同观看这台以歌颂清正廉洁为主题的文艺晚会。

11月8日　特区纪委组成党风廉政建设工作巡视组，由杨通来任组长、蒲光木任副组长，巡视组成员有陈平文、刘世跃、杨劲松、蒲光荣，对特区自来水公司及公司领导干部进行为期1天的巡视。

11月　特区举办学习贯彻中共十七大"加强作风建设,促进廉洁从政"知识抢答赛,全区各系统组织18支队伍54名选手参赛。

是年　纠风办联合物价、教育、审计、财政等部门利用春秋开学之际,对全区中小学教育乱收费情况进行专项治理,并成立专项巡查组,在全区25所中小学巡查。其中明察21所、暗访4所,经过巡查未发现违规乱收费,没有出现教育乱收费反弹现象,万山特区农村中小学学生义务教育阶段实现"全免费"。

是年　万山特区有基层党委8个,党组25个,党总支6个,党支部125个,党员3160名。

2008年

1月10日　中共万山特区委九届二次代表大会在特区行政中心召开,特区党委常委、纪委书记王贵军代表纪委作题为《坚持惩防并举加大预防力度深入推进党风廉政建设和反腐败斗争》的工作报告。

1月11日　地区纪委副书记、监察局局长汤志平带队到万山考核检查2007年度党风廉政建设工作及纪检监察工作。

1月12日　万山特区遭受50年以来最严重的一次雪凝灾害,持续时间长达1个月之久,全区6万多人民群众受灾。

1月31日　中共中央政治局常委、书记处书记习近平到万山指导抗凝救灾,慰问受灾群众。

4月3日　万山特区纪委监察局组织实施2007年度纪检监察工作考核目标各项任务,被铜仁地区纪委监察局授予完成目标奖。

4月19日　特区委出台《关于对特区纪委、监察局派驻纪检监察机构实行统一管理的方案(试行)》,将派驻机构由特区纪委监察局和驻在部门双重领导改为由特区纪委、监察局直接领导,特区纪委监察局对派驻机构业务工作、干部工作和行政后勤工作等实行统一管理。

4月23日　全特区党风廉政建设和反腐败工作会议召开。特区党委常委、特区纪委书记王贵军作《深入贯彻落实党的十七大精神,扎实推进党风廉政建设和反腐败工作》工作报告,对2007年党风廉政建设工作进行总结,对2008年党风廉政建设和反腐败工作进行安排部署。对9个党风廉政建设责任制先进单位、6个纪检监察业务工作先进单位、10名领导干部"廉洁家庭"、8名领导干部"廉内助"、12个喜庆中共十七大反腐倡廉成果展先进单位及2007年政风行风群众满意度测评前三名进行表彰。党委、政府主要领导分别与各乡镇党委、政府,部门党委(党组)签订党风廉政建设责任状。

4月24日　由地委宣传部副部长马仲星、地区纪委党风廉政建设室主任裴卫民、地区农业局纪检组组长罗运武组成的调研组到万山调研指导农村基层党风廉政建设。调研组先后到黄道乡临湘村、高楼坪乡青年湖村进行参观调研。

4月　特区纪委监察局围绕"迎奥运、讲文明、树新风、促和谐",以创建"优良作风、优质服务、优美环境"机关以及建设"忠诚、廉洁、高效"公务员队伍为目标,开展"创文明满意机关,做人民满意公务员”主题实践活动。

7月8日 特区委常委、纪委书记王贵军到下溪乡调研基层党风廉政建设情况，现场办公解决锰矿开发商、运输公司、驾驶员之间关于运输费用的矛盾纠纷问题。

7月30日 在特区有线电视台开通“政风行风热线”栏目，把与广大群众生产生活密切相关的部门、行业“一把手”请到热线栏目，通过热线接受群众投诉、咨询，有效解决广大群众最关心、关注的热点难点问题。此项工作《铜仁日报》以《万山政风行风热线搭建干群桥梁》为标题在头版刊登。

7月 特区纪委制定出台《2008年党风廉政建设宣传报道奖励办法》，明确对被地、省、国家等各级报刊、内刊采用有关反映万山党风廉政建设和反腐败工作内容稿件的实行奖励。

8月27日 特区党委印发《关于贯彻落实〈建立健全惩治和预防腐败体系2008—2012年工作规划〉的实施意见》，就全面加强全区反腐倡廉建设提出具体实施意见。

9月22日 由特区纪委监察局主办，特区委宣传部、文广局联合承办的“凉都清风”反腐倡廉构建“和谐万山”廉政文艺晚会在特区体育馆隆重举行，地区纪委领导、特区四大班子主要领导和特直各部门、各人民团体、各乡镇2000多名干部群众观看演出，庆祝改革开放30周年暨纪检监察机关恢复重建30周年。

9月 特区纪委监察局对党政机关和事业单位开展个人“小灵通”捆绑单位办公电话专项清理行动。

10月27日 特区纪委组成党风廉政建设工作巡视组，对林业局、城管局、供电局、物价局及敖寨、下溪、黄道3个乡镇进行为期5天的巡视，提出21条巡视建议。

11月6日 为庆祝改革开放30周年暨党的纪律检查机关恢复重建30周年，特区纪委监察局联合特区委组织部、特区文广局等单位举办为期一周的廉政文化书法美术展，这次反腐倡廉书画展共收到书画作品160幅，精心遴选出80余幅作品参展。

12月31日 地区纪委副书记、监察局局长汤志平到万山考核检查党风廉政建设责任制落实情况。

12月 由特区纪委报送的作品《失望的母亲》荣获2008年度贵州省“扬正气、促和谐”廉政公益广告创作评选影视类优秀奖。

是年 每个村(居)支部、村(居)委会建立一个村级党风廉政建设监督小组，每个村(居)支部、村(居)委会配备村级纪检委员和农村党风廉政建设监督员、信访联络员、廉政信息员，并在无职党员中确定1名党风党纪监督岗。

是年 万山特区有基层党委7个，党组28个，党总支7个，党支部133个，党员3220名。

2009年

2月4日 特区纪委监察局召开会议，专题学习十七届中央纪委三次全会精神，区委常委、纪委书记王贵军参加学习。

2月12日 万山特区召开“科学规范和有效监督县委书记用人行为”试点工作动员会。

2月　特区纪委、监察局以“关注民生、为民解忧”实践活动为契机，深入下溪侗族乡米贡山村寨与贫困党员、离任村干、两女户、独生子女户、低保户、残疾人等16名结成对子，送去2000余元慰问金。

3月18日　全区党风廉政建设和反腐败工作会议召开，学习传达中央、省委、地委纪委全会精神，特区委常委、纪委书记王贵军代表纪委常委会作题为《注重惩防并举、坚持标本兼治深入推进全区党风廉政建设和反腐败工作》的工作报告。总结2008年党风廉政建设和反腐败工作成绩，安排部署2009年反腐倡廉工作任务。

3月23日　特区纪委监察局机关召开学习科学发展观动员部署会，特区党委常委、纪委书记王贵军出席会议并作动员讲话。

3月　万山特区被国务院列为第二批“资源枯竭型城市”。

4月20日　以驻人民日报社纪检组组长徐天亮为组长的中央检查组一行，到万山检查中央投资项目建设情况。

4月22日至24日　万山特区纪委、特区委组织部、特区委党校、特区人事局等部门联合举办村(居)党支部书记、主任暨大学生“村官”农村党风廉政建设培训班。33名村(居)支部书记、主任，6名大学生村干部和5名乡镇分管工作的领导进行培训。

6月3日　铜仁地委委员、纪委书记张美圣一行3人到万山特区调研检查机关作风效能建设、学习实践科学发展观活动等情况。

6月30日　特区纪委监察局班子召开以“学习和实践科学发展观”为主题的党员领导干部民主生活会。

7月28日　政协地工委委员王荣海带队的地区行风评议检查组一行到万山检查指导行风评议工作。

7月29日　省纪委执法室副主任石磊为组长的省检查组一行3人，在地纪委副书记、监察局局长汤志平等相关部门领导陪同下，对万山特区2009年第二批中央新增投资项目实施情况进行专项监督检查。

9月25日　特区党委在体育馆举行“清廉风尚·和谐万山”为主题的“辉煌颂”文艺晚会，喜迎中华人民共和国成立60周年。

10月20日　特区纪委联合区委宣传部、团区委在政务中心举办全区“情系民生·廉洁勤政”演讲大赛。特直各部门、各乡镇共17支参赛队20名选手参赛，全区党员干部300余人观看比赛。

11月16日　省委常委、省纪委书记、省政协党组书记王正福在铜仁地委委员、纪委书记张美圣的陪同下，到万山调研。

11月17日　全区2009年机关作风和效能建设集中测评大会在特区行政中心一会议室召开。会议对全区党群系统和政府系统75个单位及5个乡镇的机关作风和效能建设情况开展集中测评。

11月26日　特区纪委联合区妇联、团区委、区教育局等部门在特区中心广场举办廉政文化趣味运动比赛和“反腐倡廉·从我做起”万人签名活动。

12月8日　全区2009年党风廉政建设责任任务落实情况汇报会召开，特区委常委、纪委书记王贵军主持。

是年　万山特区有基层党委7个，党组28个，党总支7个，党支部133个，党员3262名。

2010年

3月10日　全区党风廉政建设和反腐败工作会议召开。

4月　成立万山特区举报中心（非公有制经济发展侵权投诉中心），为纪委监察局直属副科级事业单位，核定事业编制6名，配主任1名，副主任1名（正股级）。

6月　开展“忠实践行宗旨、勤政廉政为民”教育活动。

7月16日　中共贵州省委巡视组一组组长路长发、副组长石明一行到万山特区开展巡视工作。

12月16日　特区纪委监察局机关召开“三个建设年”和“四帮四促”活动动员会。特区党委常委、纪委书记王贵军出席会议并讲话。12月17日、23日、29日，王贵军先后深入兴隆锰业公司、兴隆村、青龙村开展“三个建设年”和“四帮四促”活动。

12月　中共铜仁地委任命吴廷友为中共万山特区委委员、常委、纪委书记。

是月　“三定”方案明确纪委内设机构有：办公室、监察综合室、宣传教育研究室（简称宣教室）、党风廉政建设室（简称党风廉政室）、执法监察室、纪检监察室、案件审理室、信访室、纠正部门和行业不正之风室（简称纠风室）9个。

是年　万山特区有基层党委8个，党组28个，党总支7个，党支部126个，党员3323名。

2011年

1月5日　贵州省人民政府印发《关于同意将铜仁市谢桥街道行政区域划归万山特区管辖的批复》（黔府函〔2011〕3号）文件，同意将铜仁市谢桥街道的谢桥、唐家寨、楚溪、龙门坳、石竹、瓦屋坪6个村和谢桥社区居委会划归万山特区管辖，将谢桥街道大坳村划归铜仁市环北街道管辖，铜仁市、万山特区行政区域界线做相应变更。将谢桥办事处作为万山城市异地转型的承接区。

2月28日　万山特区在铜仁市会展中心举行谢桥办事处交接暨授牌仪式。行署副秘书长任慰鸦、铜仁市人大常委会主任金勇为谢桥办事处纪委授牌。

10月19日至20日　中共万山特区第十次代表大会在万山特区行政中心召开，吴廷友代表上届纪委向大会作《深入推进党风廉政建设和反腐败工作，为实现全区转型跨越目标提供有力保证》工作报告。20日，大会采取无记名投票和差额选举办法，选举毛权民、兰勇、刘勇、刘开著、刘泽坤、杨成（女）、杨超、杨劲松、杨昌海、杨胜金、吴廷友、罗泽亭、郑小英（女）、姚茂桥、蒲召好15人为中共万山特区第十届纪律检查委员会委员，选举产生中共万山特区第十届纪律检查委员会。

20日　召开中共万山特区第十届纪律检查委员会第一次全体会议，会议选举吴廷友、杨胜金、杨劲松、姚茂桥、杨超、罗泽亭、毛权民7人为纪委常委，吴廷友为纪委书记，杨胜金、杨劲松为纪委副书记。

10月22日　中华人民共和国国务院印发《关于同意贵州省撤销铜仁地区设立地级铜仁市的批复》(国函〔2011〕131号)文件,同意撤销铜仁地区和县级铜仁市、万山特区,设立地级铜仁市、碧江区、万山区。明确万山区以原万山特区和原县级铜仁市的茶店镇、鱼塘乡、大坪乡的行政区域为万山区的行政区域,区人民政府驻万山镇。

11月3日　地区纪委副书记蔡光莲到万山调研指导纪检监察工作。

12月2日　中共铜仁市委通知,认可中共万山特区第十次代表大会为中共铜仁市万山区第一次代表大会,选举产生的中共万山特区第十届纪律检查委员会为中共铜仁市万山区第一届纪律检查委员会,中共万山特区第十届纪律检查委员会第一次全体会议选举产生的纪委常委、书记、副书记为中共铜仁市万山区第一届纪律检查委员会常委、书记、副书记。

12月29日　"中共铜仁市万山区纪律检查委员会"印章启用。

是年　全区有基层党委12个,党组29个,党总支7个,党支部233个,党员6156名。

2012年

3月　成立铜仁市万山区绩效考核办公室,为正科级事业单位,核定事业编制6人,配主任1名、副主任2名。

5月4日　中共铜仁市委常委、市纪委书记孟祥熙到万山区调研。

5月9日　区纪委监察局对原万山区财政局采购办主任杨某采取"两规"调查措施,对财政局采购办王某采取"两指"调查措施。

6月7日　市纪委常委、市监察局副局长田仁华到万山检查指导纪检监察机关开"接访、下访、回访"三访活动情况及派驻机构统一管理工作情况。

6月29日　市纪委监察局机关党委、万山区纪委监察局党支部在高楼坪乡青年湖村新农村示范点——黄家寨开展以"铭党恩、促党建"为主题的联谊活动,表达对党和人民的热爱和忠诚,向党的91华诞献上最深情的祝福。

7月10日　省纪委常委、省监察厅副厅长张美圣一行,到万山区调研指导纪检监察工作。

8月10日　区委决定在各乡、镇、办事处开展建立村(居)务监督委员会试点工作。确定万山镇土坪社区、谢桥办事处龙门坳村、茶店镇开天村、鱼塘侗族苗族乡旗屯村、大坪侗族土家族苗族乡川硐村、高楼坪侗族乡青年湖村、黄道侗族乡田坪村、敖寨侗族乡中华山村、下溪侗族乡官田村9个村(居)为试点。

8月20日　区纪委组织一支16人的民间戏曲队和快板队参加铜仁市纪委监察局组织的反腐倡廉曲艺大赛,其中群口快板《青年湖畔"傻支书"》节目荣获铜仁市"优化发展环境,促进提速转型"反腐倡廉曲艺大赛优秀奖。

10月9日　区纪委组织举办新提拔科级干部廉政教育培训班,来自区直各部门、各乡镇办事处的170名2011年来新提拔科级干部参加培训。市政协副主席、区委书记汤志平出席开班仪式并作动员讲话。

10月22日　区委组织开展的党政主要领导“勤政廉政大家谈”系列专栏节目在万山电视台首播，各乡(镇、办事处)及区直有关部门主要领导通过电视屏幕的形式向全区人民作出勤政廉政讲话与承诺、接受群众的检阅。

11月8日　区纪委监察局组织全体纪检监察干部收听收看中共十八大开幕式。

12月　经贵州省人民政府批准成立的省级经济开发区贵州万山经济开发区，由万山区管理。经开区东起万山区高楼坪乡老山口社区、西至万山镇张家湾居委会、北达高楼坪乡张家山村、南至高楼坪乡林海村。总面积26.87平方千米。

2013年

1月29日　市委常委、市纪委书记郭智敏到万山调研指导纪检监察工作，并组织召开座谈会，区委书记汤志平参与座谈。

5月4日　习近平总书记对万山区作出重要批示，鼓励万山干部群众再接再厉，加大工作力度，用好国家扶持政策，加快推动转型可持续发展，不断提高经济社会发展和群众收入水平，为实现与全国同步全面建成小康社会作出积极贡献。

6月11日　铜仁市人民政府印发《关于同意万山区茶店镇撤镇设街道办事处的批复》(铜府函〔2013〕142号)文件，同意撤销万山区茶店镇建制，设置茶店街道办事处。

7月22日　万山区委在行政中心五楼会议室召开年度第12次常委会会议，议定撤销茶店镇党委和纪委，成立茶店街道党工委和纪工委；谢桥街道办事处党委更名为谢桥街道办事处党工委，原谢桥街道办事处在职科级干部的党内职务对应变更。

7月29日　万山区举行茶店街道授牌仪式，区人民政府区长张吉刚出席授牌仪式。

10月17日　在全国农村义务教育学生营养改善计划2013年秋季视频调度会上，万山区作为全国县级单位唯一代表，区委副书记詹凤华就实施营养午餐作交流发言。

是年　全区有基层党组织270个，其中党委22个，党总支4个，党支部244个，党员6602名。

2014年

1至3月　全区在各乡镇(街道)选举产生85个村(居)务监督委员会，其中主任85名、委员170名。

2月21日　区委常委、区纪委书记吴廷友带领区纪委监察局班子及部门纪检监察干部到印江纪委交流学习。

2月26日　区纪委监察局党的群众路线教育实践活动动员会在机关一楼会议室召开，区委常委、区纪委书记吴廷友出席会议并讲话，区党的群众路线教育实践活动办公室第六督导组到会指导，区纪委监察局机关全体干部职工参加会议。

4月1日　区委常委、区纪委书记吴廷友在全区村(社区)干部培训班上为全区160余名村(社区)

党支部书记、村(居)主任上廉政党课。

5月14日　市委常委、市纪委书记郭智敏到万山调研指导纪检监察工作，面对面听取基层干部群众对市纪委班子及班子成员的意见建议，开展践行党的群众路线教育实践活动。

5月15日　区委印发《关于设立铜仁市万山区乡镇(街道)民生项目监督特派组的实施方案》(万党办发〔2014〕51号)，按照“区管理、乡镇(街道)设立”和纪工委联系乡镇(街道)相对应的原则，在万山区以乡镇(街道)为单位设立9个特派组，由万山区纪委第一至第四纪工委书记分别担任第一至第九民生项目监督特派组组长。

5月　中共铜仁市委任命袁继鸿为中共铜仁市万山区委常委、纪委书记。

6月15日　区纪委监察局对原万山区水务局局长肖某、副局长杨某龙某采取“两规”调查措施。

6月　万山区绩效管理考核办公室划转区委办管理。

是月　万山区纪委成立9个民生特派组，投入150万余元购置民生特派直通车辆，建立民生项目监督查询平台9个。

7月4日　区纪委监察局在区行政中心七楼二会议室举办全区纪检监察干部业务培训会，各乡镇(街道)纪(工)委书记、副书记，区直部门纪检组组长，委局机关全体干部30余人参加培训，区委常委、区纪委书记袁继鸿出席会议并讲话。

8月2日　万山区纪委机关党支部组织全体党员到印江土家族自治县木黄镇——中国工农红二、六军团会师纪念馆，开展“传承老区精神、践行群众路线”为主题的支部活动。

8月13日　区纪委监察局与区教育局组织全区70余名中小学校长到区人民法院旁听鱼塘中学原校长陈某、党支部书记郑某某等7人贪污学生“两免一补”专项资金案庭审，开展预防职务犯罪警示教育。

10月22日　全区党风廉政主体责任和民生特派工作推进会暨全区领导干部警示教育大会召开。

11月27日　万山区委第26次常委会会议审议《关于在区直部门重点派驻纪检组的请示》，同意在区委办、区人大办、区政府办、区政协办、区委组织部、区委宣传部、区委政法委、区发改局、区财政局、区教育局、区人社局、区卫计局、区民政局、区工业和商务局、区安监局、区民宗局、区交通运输局、区农牧科技局、区水电局、区林业局、区住建局、区司法局、区环保局、区扶贫办、区文广局、区食品药品监督管理局、区市场监督管理局、区社管局、区投资促进局、区机关事务局、区政务服务中心、长寿湖国家湿地公园管理局共32个区直部门实行派驻纪检组或纪检员。

是年　全区有基层党组织269个，其中党委20个，党总支3个，党支部246个，党员6771名。

2015年

2月4日　中共铜仁市万山区第一届纪律检查委员会第四次全体会议在行政中心七楼一会议室召开。

5月29日　全区纪检监察系统“三严三实”动员会召开，区委常委、区纪委书记袁继鸿出席会议，并为全体纪检监察干部上专题党课。

6月1日　省委第四巡视组巡视万山区工作动员会召开，巡视组组长李彦芳作动员讲话，市委常委、市纪委书记郭智敏就配合巡视工作提具体要求。

6月30日　为进一步加强党员领导干部廉政教育，增强廉洁从政意识，筑牢拒腐防变思想防线，区纪委在行政中心七楼会议室组织对2014年以来新提拔任用的68名科级干部开展廉政法规知识测试活动。

7月23日　全区党风廉政警示教育大会在区行政中心七楼会议室召开，会议由区委副书记、区人民政府区长张吉刚主持，区委常委、区纪委书记袁继鸿在会上通报2011年以来全区查办违纪违法案件情况。

8月21日　万山区纪委监察局微信宣传平台“万山清风”微信公众号正式开通。

8月27日至28日　为进一步提高全区纪检监察干部理论素质、政策水平和业务能力，区纪委在行政中心七楼一会议室举办全区纪检监察干部综合业务培训班，邀请市纪委监察局领导授课。

9月17日　根据中央、省、市纪委关于纪检监察派出(驻)机构实行统一管理的工作部署，为有效整合派出(驻)纪检监察机构工作力量，强化纪检监察机关的监督职能，万山区委印发《铜仁市万山区纪委监察局派驻(出)机构统一管理办法(试行)》的通知。通知按照“重点派驻、系统管理、规范设置、整合力量、全面监管”的原则，根据派驻(出)需要，实行单独派驻和归口派驻两种形式，设置派驻纪检监察机构。

9月　中共铜仁市万山区纪律检查委员会从万山镇搬迁到谢桥街道楚溪大道329号(现为丹都街道天都大道329号)办公。

是年　全区有基层党组织260个，其中党委20个，党总支2个，党支部238个，党员7077名。

2016年

1月1日　中共铜仁市委常委、市纪委书记郭智敏到万山区茶店街道开天村调研民生监督工作。

1月11日　万山区纪委监察局网站(http://wsqf.gov.cn/)正式开通上线。

2月26日　中共铜仁市万山区第一届纪律检查委员会第五次全体会议在区机关事务管理局三楼会议室召开。

3月23日　中共贵州省委常委、省纪委书记宋璇涛到万山区调研精准扶贫工作和纪检监察工作。

4月20日　根据铜仁市委《关于推进乡镇纪检监察体制改革意见的通知》(铜党办发〔2015〕93号)文件精神，万山区委办公室印发《铜仁市万山区推进乡镇纪检监察体制改革的实施方案》，各乡镇(街道)纪(工)委按5名委员配备，其中设书记、副书记各1名；乡镇(街道)纪(工)委书记原则上由同级党委委员担任，其委员排序在党委副书记之后。设立监察室，与乡镇(街道)纪(工)委合署办公，设主任1名[由乡镇(街道)纪(工)委副书记兼任]，其他委员由乡镇(街道)纪(工)委相关机构负责人兼任。监察室有3名编制的，另设1名纪检监察员。

5月23日　河北省文安县委常委、县纪委书记刘武一行5人到万山考察民生监督工作。

5月26日　全区纪检监察系统“两学一做”学习教育启动会召开，区委常委、区纪委书记袁继鸿出席会议，并为全体纪检监察干部上专题党课。

7月15日　铜仁市人民政府印发《关于同意万山区谢桥街道行政区划调整的批复》（铜府函〔2016〕149号）文件，同意从谢桥街道析置出仁山街道。仁山街道辖原谢桥街道的唐家寨社区、楚溪社区、挞扒洞村20个村（居）民小组，总面积26.63平方千米，仁山街道办事处驻唐家寨社区。

8月11日　成立万山区委巡察工作领导小组。

8月22日至23日　区纪委监察局在区行政中心二楼会议室举办全区纪检监察干部业务培训班，区委常委、区纪委书记袁继鸿为全体学员授课。

9月1日至11月28日　二届区委第一轮巡察启动，成立2个巡察组对区环保局等6个单位党组织开展巡察。

10月日22至23日　中共铜仁市万山区第二次代表大会在万山区行政中心召开，大会选举袁继鸿、刘勇、杨政久、冉光权、袁仁荣、符宁亮、卢菊凤（女）、刘开著、刘桂春（女）、袁再忠、杨勇斌、郑小英（女）、陈汉斌、余德波、兰勇15人为中共铜仁市万山区第二届纪律检查委员会委员，选举产生中共铜仁市万山区第二届纪律检查委员会。

10月23日下午　中共铜仁市万山区第二届纪律检查委员会第一次全体会议召开，选举袁继鸿、刘勇、杨政久、冉光权、袁仁荣、符宁亮、卢菊凤（女）7人为纪委常委，袁继鸿为纪委书记，刘勇、杨政久为纪委副书记。

是年　全区有基层党组织327个，其中党委19个，党总支4个，党支部304个，党员7074名。

2017年

1月3日　举行万山区仁山街道揭牌仪式，仁山街道纪律检查工作委员会正式挂牌。按照《万山区仁山街道机构编制方案》，仁山街道设置仁山街道纪工委，其中纪工委书记1人，纪工委副书记1人，纪工委委员1人。

2月20日至4月21日　二届区委第二轮巡察启动，成立5个巡察组对区水务局等10个单位党组织开展巡察。

5月20日至26日　区纪委举办全区纪检监察干部提升综合素质研修班，组织50名纪检监察干部赴中国井冈山干部学院进行专题培训。

7月9日　区纪委机关党总支组织全体党员干部到遵义苟坝会议会址开展党性教育。

7月12日　召开万山区纪检监察系统“当好党内政治生态‘护林员’”主题教育动员会。

7月19日　市纪委副书记陆鸿登一行到万山调研政治生态建设情况。

9月11日至12月20日　二届区委第三轮巡察（脱贫攻坚专项巡察）启动，成立4个巡察组对茶店街道等9个乡镇（街道）党（工）委开展巡察。

9月　中共铜仁市万山区纪律检查委员会演出的小品《情与纪》，在铜仁市反腐倡廉小品大赛中获二等奖。

11月21日　市纪委副书记陆鸿登一行到茶店街道开展“访村寨、重监督、助攻坚”专项行动。

12月9日　中共铜仁市委任命陈琪为中共铜仁市万山区委常委、纪委书记。

12月20日　内蒙古自治区纪委副书记喇军一行，到万山区考察学习民生监督工作。

12月21日　铜仁市万山区召开深化国家监察体制改革试点工作人员转隶大会，宣读转隶工作方案。此次转隶按照“人随编走、编随事走”的原则，将确定的区人民检察院反贪污贿赂局、反渎职侵权局、职务犯罪预防局三部门人员共7人（吴丹、刘斌、罗锋、陈武警、杨超、袁磊、李戈甫）整体划转至区监察委员会。

12月30日　中共铜仁市万山区委印发《关于加强万山区纪委区监委派驻机构建设的意见》的通知，按照“全面派驻、分类设置、职能明确、权责一致”的原则，通过新设、调整、合并等方式，撤销原区纪委监察局派出的4个纪律检查工作委员会、监察分局，撤销原设置在区直各部门（单位）的34家派驻纪检（监察）组，不再保留铜仁市公安局万山分局纪委监察室，撤销部分区直部门（单位）内设纪检监察机构，新设立7个区纪委区监委派驻第一纪检监察组至第七纪检监察组。

是年　全区有基层党组织328个，其中党委19个，党总支5个，党支部304个，党员7172名。

2018年

1月12日　在铜仁市万山区第二届人民代表大会第二次会议上，区委常委、区纪委书记陈琪当选为铜仁市万山区监察委员会主任，并举行宪法宣誓仪式。

是日　铜仁市万山区第二届人大常委会第十次会议一致表决通过铜仁市万山区监察委员会副主任、委员提名人选。刘勇、杨政久被任命为铜仁市万山区监察委员会副主任，冉光权、袁仁荣、卢菊凤、吴丹被任命为铜仁市万山区监察委员会委员。

1月13日　铜仁市万山区监察委员会正式挂牌。将万山区监察局和区人民检察院反贪污贿赂局、反渎职侵权局、职务犯罪预防局等部门的相关机构、职能、人员整合转隶至铜仁市万山区监察委员会，实现机构、职能、人员上的全面融合，标志着万山区深化国家监察体制改革试点工作迈出坚实的一步。

1月18日　省纪委常委、省巡视工作领导小组办公室主任梁伟到万山区调研深化国家监察体制改革试点工作与巡察工作。

2月22日　二届区纪委三次全会在区机关事务管理局三楼会议室召开。

3月7日　区纪委区监委在区行政中心二楼会议室召开全区纪检监察系统“打铁必须自身硬”专题教育动员部署会，区委常委、区纪委书记、区监委主任陈琪出席会议并讲话。

3月24日至6月30日　二届区委第四轮巡察启动，成立5个巡察组对区计生和卫生局等16个单位党组开展巡察。

5月16日　万山区扶贫领域形式主义官僚主义警示教育展暨全区党风廉政警示教育大会在区委党校召开。

7月30日　万山区纪委区监委根据区委《关于加强万山区纪委区监委派驻机构建设的意见》，把7个区纪委区监委派驻纪检监察组调整为6个区纪委区监委派驻纪检监察组，综合监督70个部门单位。

8月24日　全区党员领导干部警示教育大会在区机关事务服务中心三楼会议室召开。

9月30日　中共铜仁市委任命邹远志为中共铜仁市万山区委常委、纪委书记。

11月14日　根据铜仁市人民政府《关于同意万山区行政区划调整的批复》(铜府函〔2018〕177号)文件精神,从万山区仁山街道、茶店街道、鱼塘乡析置成立丹都街道。

12月12日　市纪委副书记、市监委副主任陆鸿登到万山调研指导纪检监察工作。

是年　全区有基层党组织349个,其中党委22个,党总支6个,党支部321个,党员7380名。

2019年

1月2日　铜仁市万山区丹都街道举行揭牌仪式,中共铜仁市万山区丹都街道纪律检查委员会正式挂牌。

1月18日　铜仁市万山区第二届人民代表大会第三次会议,选举邹远志为铜仁市万山区监察委员会主任。

2月12日　区纪委区监委印发《2019年度全区纪检监察系统"讲忠诚·勇担当·显本色"队伍建设年专题教育工作方案》,在全区纪检监察系统开展为期一年的队伍建设年专题教育。

2月20日　二届区纪委四次全会召开,区委常委、区纪委书记、区监委主任邹远志代表二届区纪委常委会作题为《忠诚履行党章宪法赋予职责,推动纪检监察工作高质量发展,为建设现代化魅力新万山提供坚强纪律保障》的工作报告。部分乡镇(街道)党委和区直部门主要负责人向全会述责述廉述德。

3月1日至7月30日　二届区委第六轮巡察启动,成立8个巡察组对茶店街道、民政局等70个单位党组织开展巡察。

3月18日　在区行政中心二楼会议室召开万山区纪检监察干部队伍建设年动员部署会,会议对全区纪检监察干部队伍建设年进行安排部署,区委常委、区纪委书记、区监委主任邹远志出席会议并讲话。

3月28日　市纪委副书记、市监委副主任黄道成到万山调研纪检监察干部队伍建设年工作推进情况。

5月16日　市委常委、市委宣传部部长夏虹到万山开展"一准则两条例"专题宣讲。

5月18日　区纪委区监委机关党总支组织全体党员到松桃苗族自治县欧百川故居开展爱国主义教育活动,接受革命传统教育。

5月25日　《中华人民共和国监察法》专题宣讲会在区机关事务管理局三楼会议室召开,市纪委副书记、市监委副主任陆鸿登作专题宣讲。

5月31日　区监委第一届特约监察员聘请大会召开,区委常委、区纪委书记、区监委主任邹远志出席会议并讲话,向10名受聘特约监察员颁发聘书。

6月28日　在区纪委区监委会议室召开市纪委市监委内部督查万山区纪委区监委动员会,市纪委市监委内部督查组组长覃江作动员讲话，市纪委市监委干部监督室主任万胜法出席会议并讲话，区委常委、区纪委书记邹远志作表态发言。

是日　市纪委市监委机关第五党支部与区纪委区监委机关党总支联合开展“主题党日”暨爱国主义教育活动，全体党员先后参观铜仁市智慧党建展示中心、铜仁市大数据展览馆、万山爱国主义教育基地，并重温入党誓词。

7月11日　区纪委区监委组织开展全区纪检监察系统业务大比武活动。活动内容包含笔录制作、监察建议书制作、案件审理业务知识、巡视巡察业务知识、演讲比赛和党纪法知识竞赛等，邹远志出席活动并为获奖选手颁奖。

8月23日至12月20日　二届区委第七轮巡察启动，成立4个巡察组对市第十六中学、高楼坪乡新庄村等35个单位党组织开展巡察。

8月　国家监察体制改革向乡镇(街道)延伸，决定设立铜仁市万山区监察委员会派出各乡镇(街道)监察办公室，与各乡镇(街道)纪委(纪工委)合署办公，实行“两块牌子、一套人员”的管理体制，履行纪检监察职能。

9月11日　区纪委区监委在行政中心二楼会议室召开“不忘初心、牢记使命”主题教育动员部署会，区委常委、区纪委书记、区监委主任邹远志出席会议并讲话。

9月20日　市纪委副书记、市监委副主任黄道成一行到万山区检查指导审查调查安全工作。

9月27日　铜仁市万山区监察委员会向丹都街道、谢桥街道、茶店街道、万山镇、鱼塘乡、高楼坪乡、黄道乡派出各乡镇(街道)监察办公室专职监察员。

9月30日　万山区纪委区监委派驻机构改革工作推进会召开。

是日　区纪委区监委组织60名纪检监察干部参加全区职工合唱大赛，庆祝中华人民共和国成立70周年。

10月1日　区纪委区监委机关组织全体纪检监察干部，观看新中国成立70周年大会和阅兵盛况电视直播。

11月5日　省委常委、省纪委书记、省监委主任夏红民到万山区调研脱贫攻坚巩固提升和纪检监察工作，指导纪检监察机关开展“不忘初心、牢记使命”主题教育。

11月12日　市纪委副书记、市监委副主任黄道成到万山调研纪检监察干部队伍建设年工作，指导区纪委区监委机关开展第二批“不忘初心、牢记使命”主题教育。

12月12日　市纪委副书记、市监委副主任黄道成到万山调研督导纪检监察工作。

是年　全区有基层党组织355个，其中党委23个，党总支6个，党支部326个，党员7522名。

2020年

1月8日　区纪委区监委在行政中心二楼会议室召开全区执纪者述德述责述廉暨纪检监察工作会议，传达贯彻习近平总书记在“不忘初心、牢记使命”主题教育总结大会上的讲话精神。各乡镇(街道)纪委(纪工委)书记、内设科室及派驻纪检监察组负责人作述德述责述廉。区委常委、区纪委书记、区监委主任邹远志出席会议并讲话。

1月14日　区纪委区监委“不忘初心、牢记使命”主题教育总结大会召开。区委常委、区纪委书记、区监委主任邹远志出席会议并作总结讲话。区委第九巡回指导组组长蒋智贤参加会议并作指导讲话。

2月4日　铜仁市委常委、市纪委书记、市监委主任蒋兴勇到万山区暗访督导新型冠状病毒感染的肺炎疫情防控工作。先后到铜仁南高速入口、仁山街道贵苑社区及丹都街道丹苑社区疫情防控检查点，查看卡口执勤、值守干部轮岗、外来人员排查及管理服务等工作情况，了解《全市社区（村居）实行相对封闭式管理的通告》《关于维护新型冠状病毒感染肺炎疫情防控期间社会治安秩序的通告》等措施宣传及落实情况，看望慰问奋战在防控一线的工作人员。

2月27日　省纪委副书记、省监委副主任张平到万山区调研落实省委省人民政府决策部署、疫情防控和经济社会发展工作。

3月2日　区纪委区监委举行支持新冠肺炎疫情防控工作捐款活动，70余人参加捐款活动，共收到捐款资金1万余元。

3月4日　市纪委副书记、市监委副主任黄道成一行到万山区督导疫情防控和经济社会发展工作。

3月14日　区纪委印发《万山区纪检监察系统开展向杨荣学习活动的实施方案》通知，组织全区纪检监察干部，开展向因连续奋战在抗击疫情一线、突发疾病因公殉职的江口县纪委监委正科级专职纪检监察员杨荣学习活动。

3月20日　市纪委副书记、市监委副主任黄道成、市委巡察办主任冷雪梅一行到万山区调研指导巡察工作。

3月　成立中共铜仁市第八中学纪律检查委员会。

4月8日　二届区委第八轮巡察工作动员会召开。区委常委、区纪委书记、区监委主任、区委巡察工作领导小组常务副组长邹远志作动员讲话，区委常委、区委组织部部长、区委巡察工作领导小组副组长王颖主持会议。本轮巡察共组建4个巡察组对区委办、区人大办、区政府办、区政协办、区委宣传部、区委政法委、区文联、区机关事务中心、区城市管理局、区开源投资集团有限责任公司及其下设7个子公司、丹都街道办事处及其下辖9个村（居）共20个单位19个党组织开展政治巡察。

4月16日　中国共产党铜仁市万山区第二届纪律检查委员会第五次全体会议召开，会议以习近平新时代中国特色社会主义思想为指导，贯彻落实中共十九大，十九届二中、三中、四中全会和十九届中央纪委四次全会、十二届省纪委四次全会、二届市纪委五次全会精神，回顾总结2019年以来全面从严治党工作，安排部署2020年党风廉政建设和反腐败工作。

是日　全区党风廉政警示教育大会在区机关事务中心三楼会议室召开。

5月11日　区委常委、区纪委书记、区监委主任、瓦屋河区级河长邹远志带队到瓦屋河万山段开展巡河，下溪乡、万山镇乡、村两级河长，区卫生健康局、区水务局主要负责人参加。

是日　区纪委区监委印发《万山区纪检监察机关能力建设三年规划（2019—2021）》，规划三年内通过实施政治业务能力提升工程、人才“双千工程”、信息化工程、监督执纪执法保障工程等四大工程，提升纪检监察机关及干部监督能力和专业化水平。

6月11日　市委巡察办主任冷雪梅一行3人到鱼塘乡金盆村开展做“杨荣式”好干部大走访，了解村情民意及脱贫攻坚巩固提升和产业发展情况。

6月18日　市委常委、市纪委书记、市监委主任、谢桥河市级河长蒋兴勇一行到万山区木杉河段，以“践行生态文明·守护绿水青山”为主题，开展“保护母亲河·河长大巡河”活动。

6月19日　区纪委区监委召开党总支及其下属党支部换届党员大会。区委常委、区纪委书记、区监委主任邹远志出席会议并讲话。

是日　区监察委员会对原万山公安局党组成员、副局长吴某某采取“留置”调查措施。

6月30日　区委反腐败协调小组2020年第一次会议召开。区委常委、区纪委书记、区监委主任、区委反腐败协调小组组长邹远志出席会议并讲话。区委常委、区委组织部部长王颖主持会议，区人民法院党组书记、院长张永琴，区人民检察院党组书记、检察长罗勇出席会议。

7月1日　区纪委区监委组织机关全体纪检监察干部到朱砂古镇新时代爱国主义教育基地开展庆祝中国共产党成立99周年活动。

7月6日　中共铜仁市委常委、市纪委书记、提名市监委主任钟汰甬到万山区调研脱贫攻坚和纪检监察工作。

7月10日　全区纪检监察干部开展新闻宣传工作培训。市纪委常委于红到会授课指导，市纪委宣传部副部长秦锦作专题辅导。区委常委、区纪委书记、区监委主任邹远志及全区110名纪检监察干部参加此次培训。

8月13日　万山区2020年上半年政治生态分析研判专题汇报会在区纪委区监委会议室召开。区委编办、区融媒体中心、区统计局、区妇联、区医疗保障局、区司法局等6家单位主要负责人分别汇报本单位政治生态分析研判情况，区纪委区监委分管领导和各联系派驻纪检监察组负责人分别作点评。

8月18日　区纪委区监委联合区融媒体中心在万山红酒店二楼会议室举办2020年度《百姓问廉》电视访谈活动。

9月2日　召开二届区委第九轮巡察暨营商环境专项巡察动员部署会，区委常委、区纪委书记、区监委主任、区委巡察工作领导小组常务副组长邹远志出席会议并讲话。区委常委、区委组织部部长、区委巡察工作领导小组副组长王颖主持会议。此轮巡察共派出5个巡察组，对区信访局、区应急管理局等14个党组织开展常规巡察；对区投资促进局、区发展和改革局等14个单位党组织开展营商环境专项巡察；对区审计局、清塘村等5个党组织开展巡察“回头看”。

9月18日　市纪委副书记、市监委副主任黄道成到万山区调研督导政治生态研判、政治监督活页、干部廉政档案、干部队伍能力提升“四大工程”等重点工作。

10月10日　市纪委常委、市委巡察办主任冷雪梅一行到万山区调研指导巡察工作。

10月16日　区纪委区监委响应扶贫日活动号召，组织全体干部职工开展2020年扶贫集中捐款活动，此次活动共筹集到爱心捐款1.2万余元。

10月29日　市纪委副书记、市监委副主任龙之衡，市纪委市监委党风政风监督室主任陈世佳一行到万山调研。

10月30日　区纪委区监委派驻机构改革工作推进会召开。区委常委、区纪委书记、区监委主任邹远志出席会议并讲话。会上，为6个区纪委区监委派驻纪检监察组进行授牌。会后，各派驻单位举行挂牌仪式。

11月9日　市纪委副书记、市监委副主任龙之衡到万山区调研乡村振兴产业发展工作。

12月7日　市委常委、市纪委书记、市监委代理主任、谢桥河市级河长钟汰甬到谢桥河开展“保护母亲河·河长大巡河”活动。

12月11日　习近平总书记对万山转型发展重要批示精神贯彻落实情况专项巡察工作启动会召开，成立1个专项巡察组对区委办、下溪乡等11个乡镇（街道）党（工）委开展专项巡察。

12月22日　区委常委、区纪委书记、区监委主任邹远志到联系帮扶点下溪乡桂花村宣讲中共十九届五中全会精神。

12月23日　区纪委区监委举行全区纪检监察干部业务培训班开班仪式。此次培训为期3天，课程设置紧扣纪检监察业务需求，围绕学习贯彻中共十九届五中全会精神、检举控告规则、审查调查安全、审理业务知识、谈话技巧等知识。各乡镇（街道）纪（工）委，区直机关纪检监察工委、区纪委区监委、区委巡察办全体干部和区属学校、企业纪检监察干部共100余人参加培训。

是年　全区有基层党组织369个，其中党委24个，党总支5个，党支部340个，党员7757名。

2021年

1月19日　区委常委、区纪委书记、区监委主任邹远志到下溪乡、敖寨乡、万山镇调研疫情防控、基层巡视巡察整改等工作，宣传中共十九届五中全会及省、市、区委全会精神。

1月26日　市委第六巡察组组长何艾林、副组长曾庆英一行到万山开展为期3天的巡察工作质量集中评查。

3月11日　二届万山区纪委第六次全会在区机关事务中心三楼会议室召开，会议回顾总结2020年以来全区全面从严治党工作，安排部署2021年全区全面从严治党工作。市政协副主席、区委副书记、区长张吉刚出席会议并讲话，区委常委、区纪委书记、区监委主任邹远志主持会议。

3月17日　二届区委第十轮巡察工作动员部署会召开。本轮巡察共组建4个巡察组，对区人民检察院、区卫生健康局、区扶贫办、区住建局、区水务局、区民宗局、区总工会、区农业农村局、茶店街道横山村、高楼坪乡兴中村、黄道乡马黄村、敖寨乡两河口村等12个党组织开展巡察“回头看”。区委常委、区纪委书记、区监委主任、区委巡察工作领导小组常务副组长邹远志，区委常委、区委组织部部长、区委巡察工作领导小组副组长王颖出席会议。

3月22日　区纪委区监委召开理论学习中心组2021年度第一次集中学习研讨会暨党史学习教育动员大会，安排部署全区纪检监察系统党史学习教育工作。区委常委、区纪委书记、区监委主任邹远志出席会议并讲话。

4月8日　市纪委副书记、市监委副主任龙之衡带队到万山区对政法队伍教育整顿、巡视巡察反馈问题整改等工作进行督导。

4月14日　省委巡视办副主任、省巡视工作服务中心主任陈乐一行到万山调研指导巡察工作。

4月15日　区委常委、区纪委书记、区监委主任邹远志在万山区2021年度第一期中青年干部培训班上，以《学习贯彻十九届中纪委五次全会精神坚定不移推进自我革命》为题为全体学员上廉政党课。

4月16日　区纪委区监委全体党员到周逸群陈列馆，现场开展党史学习教育，学习周逸群烈士投身革命的光辉事迹。区委常委、区纪委书记、区监委主任邹远志出席活动并现场上专题党课。

4月28日　区纪委区监委举办纪检监察干部2021年度读书班，学习贯彻十九届中央纪委五次全会精神。区委常委、区纪委书记、区监委主任邹远志出席培训会并作专题辅导。

4月29日　市纪委副书记、市监委副主任龙之衡到万山区茶店街道开展“访村寨、重监督、助振兴”调研。

4月30日　区纪委区监委青年工作委员会成立大会召开，邹远志出席会议并讲话，会议选举产生区纪委区监委青工委，李枫当选为青工委主任。

5月13日　铜仁市政协副主席、万山区委书记田艳到区纪委区监委机关调研。

5月20日　区委常委、区纪委书记、区监委主任邹远志到下溪乡开展党史学习教育“察民情访民意”专题调研，到下溪乡小学开展党史宣讲。

6月18日　中共铜仁市委常委、市纪委书记、提名市监委主任、谢桥河市级河长罗雁冰到万山区谢桥河开展“保护母亲河·河长大巡河”活动。

6月22日　中共铜仁市委任命胡定钦为中共铜仁市万山区委常委、纪委书记；免去邹远志中共铜仁市万山区委常委、纪委书记职务。

6月25日　区委常委、区纪委书记、提名区监委主任、瓦屋河区级河长胡定钦到瓦屋河万山段开展2021年“保护母亲河·河长大巡河”活动。下溪乡、万山镇乡、村两级河长，区卫生健康局、区交通局、区水务局、铜仁市生态环境局万山分局有关负责人参加巡河。

7月14日　区监察委员会对原铜仁交旅集团交通建设工程有限公司万山分公司负责任杨某采取“留置”调查措施。

7月17日　区纪委区监委召开《万山纪检监察志》工作推进会，成立《万山纪检监察志》编纂委员会，编纂委员会下设办公室，全面启动《万山纪检监察志》编纂工作。

8月3日　为深入推进党史学习教育，区委常委、区纪委书记、区监委代理主任胡定钦到下溪乡、敖寨乡开展“察民情访民意”专题调研。

8月31日　二届区委第十一轮巡察工作动员部署会召开，二届区委决定成立4个巡察组对区人民法院、大坪乡瓮岩村等6个单位开展巡察。

9月2日　胡定钦到下溪乡报溪村宣讲习近平总书记在庆祝中国共产党成立100周年大会上的重要讲话精神。

9月7日　铜仁市万山区第二届人大常委会第四十五次会议听取区监察委员会关于开展廉政教育工作情况的报告。这是党中央作出地方监委向本级人大常委会报告专项工作的决策部署以来，铜仁市万山区人大常委会首次听取区监察委员会专项工作报告。

9月9日 铜仁市万山区第二届人民代表大会第七次会议，选举胡定钦为铜仁市万山区监察委员会主任。

9月16日 区委常委、区纪委书记、区监委主任胡定钦以《严管厚爱结合、激励约束并重，为全区高质量发展高质量转型提供坚强纪律保障》为题，为区委党校第十四期中青班学员上了一堂廉政党课。区委党校常务副校长杨顺久主持，区委党校2021年秋季学期主体班108名学员参加。

10月9日 全区涉粮问题专项巡察启动会召开，成立1个专项巡察组对区发改局开展涉粮问题专项巡察，同步对区财政局、区市场监督管理局、区农业农村局、区水务局、区自然资源局、铜仁市生态环境局万山分局6个涉粮单位和区粮油收储有限公司开展巡察。

10月14日 区纪委区监委机关召开退休老干部座谈会。区委常委、区纪委书记、区监委主任胡定钦及全体在家班子成员与退休老干部一同庆佳节、叙情谊、议发展。

10月20日 中共铜仁市万山区第三次代表大会在万山区委党校召开，大会听取并审议通过胡定钦代表中共铜仁市万山区纪律检查委员会所作的题为《监督保障促发展 激浊扬清谱新篇——坚定不移为高质量发展高质量转型保驾护航》的工作报告。选举胡定钦、肖旺、杨昌贵、袁仁荣、张志、吴克玖、刘恒、杨超、孙雷(女)、谢凯、杨琪云、李超、杨秀权、刘运林、余福军15人为中共铜仁市万山区第二届纪律检查委员会委员，选举产生中共铜仁市万山区第三届纪律检查委员会。

10月23日 召开中共铜仁市万山区第三届纪律检查委员会第一次全体会议，选举胡定钦、肖旺、杨昌贵、袁仁荣、张志、吴克玖、刘恒7人为纪委常委，胡定钦当选为纪委书记，肖旺、杨昌贵为纪委副书记。

11月9日 区委巡察机构全体干部会议召开，学习贯彻习近平总书记关于巡视工作重要论述，学习贯彻全省市级巡察机关在上下联动中更好发挥作用铜仁试点工作座谈会精神，传达学习区委巡察机构“三定”方案，安排部署下步工作。区委常委、区纪委书记、区监委主任、区委巡察工作领导小组常务副组长胡定钦出席会议并讲话。

12月2日 市委常委、市纪委书记、市监委代理主任、市委巡察工作领导小组常务副组长罗雁冰到万山调研指导巡察工作，看望慰问巡察干部。

12月18日 在铜仁市万山区第三届人民代表大会第一次会议上，区委常委、区纪委书记胡定钦当选为铜仁市万山区监察委员会主任。

12月21日 区委巡察整改监督工作联席会议召开，巡察整改监督工作联席会议成员单位相关负责人，区委巡察组及区纪委区监委有关室、组负责人参会。会议传达学习习近平总书记关于巡视整改工作重要论述精神，听取对被巡察党组织开展“回访监督”情况汇报，安排部署巡察整改监督工作。

是年 全区有基层党组织406个，其中党委27个，党总支6个，党支部332个，党员7801名。

2022年

1月10日　区纪委区监委联合市公安局万山分局成立"106"专案组，负责对铜仁市万山区木杉河流域综合开发建设项目进行全面调查。

1月27日　区纪委区监委召开2021年度工作总结暨表彰大会。会议传达学习习近平总书记在十九届中央纪委六次全会上的重要讲话精神、十九届中央纪委六次全会精神、谌贻琴在十二届省纪委六次全会上的重要讲话精神和十二届省纪委六次全会精神，区纪委区监委分管领导就分管工作进行安排部署，先进集体和先进个人代表结合自身工作作交流发言。区委常委、区纪委书记、区监委主任胡定钦出席会议并讲话。

2月10日　三届万山区纪委第二次全会在区机关事务服务中心三楼会议室召开，市委常委、区委书记田艳出席会议并讲话。

2月16日　铜仁市委组织部副部长、市委非公有制企业和社会组织工委书记、市委巡察工作领导小组成员何志天到万山调研巡察工作。

2月24日　区纪委区监委召开2022年党总支选举大会，选举增补总支部委员。区委常委、区纪委书记、区监委主任胡定钦出席会议并讲话。

2月26日　区委常委、区纪委书记、区监委主任胡定钦，在全区党政机关干部高质量发展专题培训班上，以《严管厚爱 激励约束并重 以全面从严治党实际成效引领保障全区高质量发展高质量转型》为题为全体学员作专题辅导报告。

3月8日　区纪委区监委组织委机关全体女干部职工，在谢桥街道牙溪生态农场，举办以"纪检巾帼心向党 铿锵绽放她力量"为主题的"三八"国际妇女节活动。

3月23日　区委常委、区纪委书记、区监委主任胡定钦到下溪乡宣讲"新国发2号"文件精神，督导检查疫情防控和安全生产工作。

4月3日　区委常委、区纪委书记、区监委主任胡定钦带领区纪委区监委机关党员代表到石阡县困牛山战斗遗址开展党史学习教育，深切缅怀先烈丰功伟绩，弘扬传承先烈崇高精神。

4月21日　区委常委、区纪委书记、区监委主任胡定钦为全区换届以来新提拔领导干部及其家属作廉政教育讲座。

5月9日　区纪委区监委召开廉政歌曲《剑客初心》作品分享暨情况汇报座谈会。区委常委、区纪委书记、区监委主任胡定钦出席会议。《剑客初心》是由万山区纪委区监委制作的一首廉政音乐作品，歌曲内容丰富、豪迈大气、凝聚人心、鼓舞士气，传递新时代党风廉政建设的正能量，歌颂纪检监察干部满怀赤诚初心、坚决惩治腐败的顽强意志和坚定决心，展现出纪检监察干部对党忠诚、担当尽责的昂扬风采。

5月20日　区委巡察机构警示教育大会召开，区委常委、区纪委书记、区监委主任胡定钦出席会议并讲话。会上，对全体巡察干部开展民主测评。

5月27日　区委常委、区纪委书记、区监委主任胡定钦到下溪乡报溪村宣讲省第十三次党代会精神。

5月23日　全区纪检监察业务培训班正式开班，区委常委、区纪委书记、区监委主任胡定钦主持开班式并讲话，全区纪检监察系统150余名干部参加培训。本次培训为期3天，邀请省、市、区理论专家及业务骨干授课，内容以纪检监察业务知识为重点，涵盖《中华人民共和国监察法实施条例》《中国共产党纪律处分条例》《监督执纪工作规则》解读、十九届中央纪委六次全会精神及省第十三次党代会精神解读、文字写作能力提升、纪检监察干部心理辅导等。

6月1日　万山区纪委区监委网上宣传主阵地——“万山清风”网站全新改版上线。

6月8日　区委常委、区纪委书记、区监委主任胡定钦在区委党校中青年干部培训班作专题辅导报告，以《守纪律、讲规矩、敢担当、善作为，争做一心为公、一身正气、一尘不染的新时代青年干部》为题，为培训班学员作专题廉政党课。

6月29日　为庆祝中国共产党成立101周年，大力弘扬纪检监察干部敢闯、敢干、敢拼的精神，锤炼忠诚、干净、担当的品格，区纪委区监委组织召开“喜迎党的二十大忠诚担当扬正气”主题活动。各乡镇(街道)纪(工)委，区委巡察办，委机关各室组，各派出机构等共计110余人参加。

7月5日　经市纪委市监委批准，区纪委区监委对木杉河流域综合开发项目实际投资人董某某及项目实际控制人苗某某采取留置措施，严查项目招投标、工程增减、款项拨付等关键环节中存在的腐败行为和不正之风。

7月14日　区纪委区监委联合区妇联，在市党风廉政教育基地，组织开展全区关键岗位年轻领导干部及其家属廉洁教育活动，区委常委、区纪委书记、区监委主任胡定钦参加活动。

7月20日　区委常委、区纪委书记、区监委主任胡定钦出席全区纪检监察系统年轻干部座谈会，倾听年轻干部心声，分享个人经验心得，勉励大家切实增强廉洁自律意识，筑牢反腐倡廉防线。

8月1日　区纪委区监委召开2022年度“八一”建军节座谈会，诚邀在职的复转退军人共同庆祝中国人民解放军建军95周年。

8月19日　区委常委、区纪委书记、区监委主任胡定钦到下溪乡督导调研防旱抗旱工作。

9月2日　区委常委、区纪委书记、区监委主任胡定钦到丹都街道楚溪社区实地调研基层党建、基层社会治理、产业发展、易地扶贫搬迁后续扶持等工作。

10月31日　区委常委、区纪委书记、区监委主任胡定钦到下溪乡调研疫情防控及巡林工作。

11月6日　万山区委专门指定区委常委、区纪委书记、区监委主任胡定钦任义乌城疫情防控一线指挥长，组织号召20名纪检监察干部驻点义乌城疫情高风险区，开展疫情防控处置工作。

11月24日　区委常委、区纪委书记、区监委主任胡定钦到下溪乡报溪村宣讲中共二十大精神，并到万山盆架山锰业有限公司调研。

11月25日　区委常委、区纪委书记、区监委主任胡定钦主持召开事业单位管理岗新晋级干部任前谈话会，与大家话政策、谈心声、道经验，勉励大家珍惜岗位知感恩，对标对表查不足，明确目标找方向，以“永远在路上”的坚毅执着，以更加高昂的斗志和饱满的热情，接续奋斗、携手共进，共同推动全区纪检监察工作再上台阶。

12月1日　区委常委、区纪委书记、区监委主任胡定钦以《永葆斗争精神 做敢于担当负责、勇于自我革命的好干部》为题，在万山区秋季学期主体班上作专题辅导报告。

12月14日　负责万山区木杉河流域综合开发建设项目有关问题调查的“106”专案组配合省纪委省监委赴山东、新疆等地，对万山区原区委书记田玉军采取留置措施(2023年1月19日，中央纪委国家监委网站公布，已任职新疆维吾尔自治区发展和改革委员会党组副书记、副主任的田玉军涉嫌严重违纪违法，经中央纪委国家监委指定，正接受贵州省纪委监委纪律审查和监察调查)。至此，“106”专案取得初步审查调查成效，专案组累计为万山区挽回直接经济损失5000余万元，止损2.3亿元，审减4.52亿元。

是年　全区有基层党组织410个，其中党委31个，党总支23个，党支部356个，党员7968名。

第一章　组织机构

1949年11月7日，中国人民解放军二野五兵团十七军五十师前卫部队一四九团由湖南晃县进军贵州，上午7时，解放玉屏县县城。9日，负责接管铜仁区的西进支队六大队到达玉屏。10日，接管玉屏县政权的六大队六中队的84名干部，接管玉屏县的政权，建立中国共产党玉屏县委员会和玉屏县人民政府。15日，玉屏县人民政府县长席达发布秘字第七号布告，划定原万山乡、黄道乡为第六区，并委任吴海亮为第六区区长，克日到职视事。16日，区分委书记蔡广书、区长吴海亮等8名区干部抵达万山，张贴玉屏县人民政府县长席达发布的秘字第七号布告，召开群众大会宣讲人民政府的相关政策。因没有武装人员保护，8人当日返回田坪住宿。18日，区人民政府干部同17日下午到达田坪负责保护万山汞矿的十七军补训师补训一团二营四连以及玉屏县人民政府派来协助接管万山的二营六连的两个排，在万山城西北郊同杨政国纠集的土匪展开激战，赶走土匪后，中国共产党玉屏县第六区分委会从此长驻万山，开展党的工作。

1949年9月，中国人民政治协商会议第一次全体会议通过的《中国人民政治协商会议共同纲领》和《中华人民共和国中央人民政府组织法》，规定县以上各级人民政府设立人民监察机关。11月，中共中央印发《关于成立中央及各级党的纪律检查委员会的决定》。1951年3月5日，中共玉屏县委纪律检查委员会成立。

1951年至1955年，玉屏县基层纪检监察组织基本没有建立，基层纪检工作一般暂由各区、乡党委书记或副书记及支部书记或副书记兼管。1956年，撤销中共玉屏县委纪律检查委员会，成立中共玉屏县监察委员会后，各区、乡党委，农村各党支部及机关各支部，都明确兼职监察干部。万山区的兼职监察员为陈德树，任期为1956年12月至1958年12月。

1958年12月29日，国务院批准撤销玉屏县、江口县，并入铜仁县。"三县合一"期间，中共玉屏县监委也随着县的建制撤销而自然消失。1961年8月，铜仁、玉屏、江口三县按原境域分开，中共玉屏县监察委员会也于8月1日恢复。

1966年2月22日，中共中央、国务院批准设立万山特区。5月1日，万山特区人民委员会正式成立，同时组建中国共产党万山特区委员会，万山由乡镇级的党政机构升级为县级党政机构。8月1日，设置中共万山特区委员会农村工作部，农村工作部设监察1人，具体负责纪检监察工作。12月，农村工作部改为中共万山特区委员会组织部，纪检工作由组织部代办。

1966年5月，"文化大革命"开始。10月13日，成立万山特区文化革命委员会。1967年1月25日，万山"革命造反联合指挥部"夺取万山特区和贵州汞矿的领导权。万山的纪检工作受到"文化大革命”的严重干扰，工作基本停滞。1968年10月撤销万山特区，成为直属铜仁地区领导的万山镇。1969年4月，中国共产党第九次全国代表大会通过的《中国共产党章程》，取消党的监察机关条款。随着7月撤销中央监察委员会，全国各县的监察委员会机构随之自然消失。

1970年5月恢复万山特区。1973年7月26日，中共万山特区委设立纪律检查委员会，未配备纪检干部，工作由组织部代办。1980年11月17日，中共万山特区委纪律检查委员会配备纪检干部1名。1982年，中国共产党第十二次全国代表大会通过的《中国共产党章程》规定，党的各级纪律检查委员会都由同级党的代表大会选举产生。1984年9月，中共万山特区委纪律检查委员会升格为副县级的中共万山特区纪律检查委员会。

1987年12月，万山特区监察局设立。1993年6月，万山特区纪委与万山特区监察局正式合署办公。2011年11月，中共铜仁地委根据2011年10月国务院《关于同意贵州省撤销铜仁地区设立地级铜仁市的批复》(国函〔2011〕131号)文件同意撤销铜仁地区、县级铜仁市和万山特区，设立铜仁市、碧江区和万山区的批复，将中共万山特区纪律检查委员会、万山特区监察局更名为中共铜仁市万山区纪律检查委员会、铜仁市万山区监察局，并同意将换届选举的中共万山特区第十届纪律检查委员会转任为中共铜仁市万山区第一届纪律检查委员会，人员不变。

2017年12月，按照铜仁市深化国家监察体制改革试点工作小组部署要求，推进万山区监察体制改革工作，明确撤销铜仁市万山区监察局，设立铜仁市万山区监察委员会。12月21日，铜仁市万山区深化监察体制改革试点工作转隶大会召开，将铜仁市万山区人民检察院反贪污、反渎职和预防职务犯罪局3个部门7名人员转隶到区纪委机关集中办公。

2018年1月12日，区二届人大二次会议选举产生区监察委员会主任。1月13日，区监察委员会正式挂牌，新成立的铜仁市万山区监察委员会与中共铜仁市万山区纪律检查委员会合署办公。

第一节　纪律检查机构

一、特区时期的纪律检查机构

(一)合署办公前的纪律检查机构

1966年2月22日，中共中央、国务院批准设立万山特区。5月1日，万山特区人民委员会正式成立，同时组建中国共产党万山特区委员会。因随之而来的“文化大革命”影响，中国共产党万山特区委员会的第一次代表大会(简称党代会)直至1971年4月才正式召开，选举产生中共万山特区第一届委员会，万山的党委制得以恢复。至1993年，中共万山特区委员会共召开5次党代会，产生五届纪律检查委员会。

中共万山特区委员会第一届纪律检查委员会

（1971年4月至1982年8月）

1973年7月26日，中共万山特区委设立纪律检查委员会，未配备纪检干部，工作由组织部代办。1980年11月17日，中共万山特区委纪律检查委员会配备纪委副书记1名。1981年9月12日，中共铜仁地委组织部下发《关于中共万山特区委纪律检查委员会组成人员的批复》（组干任〔1981〕178号）文件，同意中共万山特区纪律检查委员会由孙玉峰、陈湘保、崔明久3人组成，孙玉峰任副书记。1982年6月16日，中共铜仁地委常委会议研究，任命孙玉峰为中共万山特区委纪律检查委员会书记，梁玉岱为副书记。

书　记	孙玉峰	1982年6月至1982年8月
副书记	孙玉峰	1980年11月至1982年6月
	梁玉岱	1982年6月至1982年8月

中共万山特区委员会第二届纪律检查委员会

（1982年8月至1984年9月）

1982年8月4日至6日，中共万山特区第二次代表大会在万山特区电影院召开，孙玉峰代表纪委作《关于党的纪律检查工作报告》。大会选举孙玉峰、梁玉岱、陈湘保、周本旺、崔明久5人为纪律检查委员会委员。7日，中共万山特区委员会纪律检查委员会召开全体会议，选举产生中共万山特区委员会纪律检查委员会书记、副书记，孙玉峰为书记、梁玉岱为副书记。

1984年2月，孙玉峰、梁玉岱离任后，同月任命杨代胜为书记、陈湘保为副书记；8月，杨代胜离任后，同月任命何芝茂为书记。

书　记	孙玉峰	1982年8月至1984年2月
	杨代胜（侗族）	1984年2月至1984年8月
	何芝茂	1984年8月至1984年9月
副书记	梁玉岱	1982年8月至1984年2月
	陈湘保	1984年2月至1984年9月

中共万山特区第三届纪律检查委员会

（1984年9月至1987年9月）

1984年9月24日至26日，中共万山特区第三次代表大会在万山特区电影院召开。大会审议通过何芝茂代表中共万山特区委纪律检查委员会所作的工作报告。26日，大会选举王德安、刘政权、李梧顺、何芝茂、陈湘保、周本旺、徐昌登、张天保、杨贵成、杨德富、廖克文11人为中共万山特区第三届纪律检查委员会委员，选举产生中共万山特区第三届纪律检查委员会。

9月27日上午，中共万山特区第三届纪律检查委员会举行第一次全体会议，应到委员11名，实到委员9名，选举何芝茂、陈湘保、杨德富、杨贵成、王德安5人为中共万山特区第三届纪律检查委员会常委，何芝茂为书记，陈湘保为副书记。中共万山特区委纪律检查委员会升格为副县级。

1986年8月，特区党委任命刘泽新为特区纪委副书记，1987年8月，地委任命刘先和为特区党委常委、特区纪委书记。

书　记	何芝茂	1984年9月至1986年11月
	刘先和	1987年8月至1987年9月
副书记	陈湘保	1984年9月至1987年8月
	刘泽新(侗族)	1986年8月至1987年9月
常　委	何芝茂	1984年9月至1986年11月
	陈湘保	1984年9月至1987年9月
	王德安(苗族)	1984年9月至1987年9月
	杨德富	1984年9月至1985年8月
	杨贵成	1984年9月至1987年9月
	刘泽新(侗族)	1986年8月至1987年9月
	刘先和	1987年8月至1987年9月

中共万山特区第四届纪律检查委员会

(1987年9月至1990年5月)

1987年9月17日至20日，中共万山特区第四次代表大会在万山特区电影院召开。17日下午，大会审议通过刘泽新代表中共万山特区纪律检查委员会所作的工作报告。同日下午，大会选举王德安、刘政权、刘先和、刘泽新、陈先福、杨宗银、杨光元、杨代岩、张天保、娄必琥、徐昌登11人为中共万山特区第四届纪律检查委员会委员，选举产生中共万山特区第四届纪律检查委员会。

9月20日上午，召开中共万山特区第四届纪律检查委员会第一次全体会议，应到委员11名，实到委员10名，会议采用等额选举的办法，选举刘先和、刘泽新、杨宗银、王德安、杨光元5人为常委，刘先和为书记，刘泽新、杨宗银为副书记。

1990年3月，刘先和离任后，地委任命刘元方为中共万山特区委常委、纪委书记。

书　记	刘先和	1987年9月至1990年3月
	刘元方(侗族)	1990年3月至1990年5月
副书记	刘泽新(侗族)	1987年9月至1990年5月
	杨宗银(侗族)	1987年9月至1990年5月

常　委	刘先和	1987年9月至1990年3月
	刘泽新(侗族)	1987年9月至1990年5月
	杨宗银(侗族)	1987年9月至1990年5月
	王德安(苗族)	1987年9月至1990年5月
	杨光元(侗族)	1987年9月至1990年5月
	刘元方(侗族)	1990年3月至1990年5月

中共万山特区第五届纪律检查委员会

(1990年5月至1993年3月)

1990年5月26日至29日,中共万山特区第五次代表大会在万山特区电影院召开。大会审议通过刘元方代表中共万山特区纪律检查委员会所作的工作报告。5月28日,大会主席团提出第五届纪律检查委员会委员候选人名单,经到会代表充分酝酿讨论,确定采取无记名投票和差额选举办法,选举王德安、方德英(女)、刘元方、刘泽新、刘洪登、李梧顺、杨宗银、龚玉璞(女)、蒲光木、潘贵10人为中共万山特区第五届纪律检查委员会委员,选举产生中共万山特区第五届纪律检查委员会。

5月29日上午,召开中共万山特区第五届纪律检查委员会第一次全体会议,应到委员10名,实到委员8名,会议采取无记名投票和差额选举的办法,选出刘元方、刘泽新、杨宗银、王德安、蒲光木5人为常委,刘元方为书记,刘泽新、杨宗银为副书记。

书　记	刘元方(侗族)	1990年5月至1993年3月
副书记	刘泽新(侗族)	1990年5月至1992年12月
	杨宗银(侗族)	1990年5月至1991年8月
常　委	刘元方(侗族)	1990年5月至1993年3月
	刘泽新(侗族)	1990年5月至1992年12月
	杨宗银(侗族)	1990年5月至1991年8月
	王德安(苗族)	1990年5月至1993年3月
	蒲光木(侗族)	1990年5月至1993年3月

(二)合署办公后的纪律检查机构

1992年10月中共十四大召开后,中共中央、国务院为进一步强化纪检监察机关职能,加强廉政建设和反腐败力度,针对党的纪律检查机关和国家行政监察机关分设"职能交叉、工作重复"等弊端,把改革中被实践证明陈旧过时的管理体制结合实际加以去粗存精,决定对党政监督体制实行重大改革,建立和完善与改革开放新形势相适应的监督体制,将纪检监察机关实行"一个领导班子一个机构,两个机关名称履行两种职能"进行合署办公。

1993年4月19日,中共铜仁地区纪律检查委员会、铜仁地区监察局对中共万山特区纪委、万山特区监察局《关于中共万山特区纪委、万山特区监察局合署办公机构设置方案和有关问题的报告》作出批复(铜地纪〔1993〕10号作出《关于中共万山特区纪委、万山特区监察局合署办公方案请示的批复》),原则同意合署方案。合署后特区纪委常委职数为5人,监察局党员正副局长应进纪委班子,局长为副书记,副局长为常委。将监察综合室的职能列入办公室,明确人员负责,另设宣教研究室,即合署后纪委内设机构为办公室、执法监察室、信访室(举报中心)、纪检监察室、案件审理室、宣教研究室、党风廉政建设室。

1993年6月,中共万山特区纪律检查委员会与万山特区监察局合署办公,履行党的纪律检查和政府行政监察两种职能,至2011年10月,中共万山特区委员会共召开五次党代会,选举产生第六、第七、第八、第九、第十届万山特区纪律检查委员会。

中共万山特区第六届纪律检查委员会

(1993年3月至1998年3月)

1993年3月10日至12日,中共万山特区第六次代表大会在万山特区电影院召开。大会审议通过刘元方代表中共万山特区纪律检查委员会所作的工作报告。12日上午,大会采取无记名投票和差额选举办法,选举王德安、方德英(女)、申友林、刘元方、刘洪登、杨再清、张天保、陆选贵、陈尚庆、蒲光木10人为中共万山特区第六届纪律检查委员会委员,选举产生中共万山特区第六届纪律检查委员会。

3月12日下午,中共万山特区第六届纪律检查委员会第一次全体会议在特区党委会议室举行,应到纪委委员10名,实到纪委委员9名,会议按直接差额选举的办法,选举王德安、刘元方、刘洪登3人为常委,刘元方为书记,刘洪登、王德安为副书记。

1995年6月,刘元方离任后,地委任命杨均成为特区党委常委、特区纪委书记。1996年7月,刘洪登离任后,特区党委任命罗洪信为副书记;1997年4月,王德安离任后,特区党委任命吴水林为副书记;1997年9月,特区党委任命梁巨云为常委;1998年1月,吴水林离任后,2月,特区党委任命刘荣国为副书记,邵宗凤为常委。

书　记	刘元方(侗族)	1993年3月至1995年6月
	杨均成(侗族)	1995年6月至1998年3月
副书记	刘洪登(侗族)	1993年3月至1996年7月
	王德安(苗族)	1993年3月至1997年4月
	吴水林(侗族)	1997年4月至1998年1月
	罗洪信(侗族)	1996年7月至1998年3月
	刘荣国(侗族)	1998年2月至1998年3月
常　委	刘元方(侗族)	1993年3月至1995年6月
	刘洪登(侗族)	1993年3月至1996年7月
	王德安(苗族)	1993年3月至1997年4月
	蒲光木(侗族)	1993年7月至1998年3月
	吴水林(侗族)	1993年7月至1998年1月

	杨均成(侗族)	1995年6月至1998年3月
	罗洪信(侗族)	1996年7月至1998年3月
	梁巨云(侗族)	1997年9月至1998年3月
	刘荣国(侗族)	1998年2月至1998年3月
	邵宗凤(女,苗族)	1998年2月至1998年3月

中共万山特区第七届纪律检查委员会

(1998年3月至2003年1月)

1998年3月10日至12日,中共万山特区第七次代表大会在万山特区电影院召开。大会审议通过杨均成代表中共万山特区纪律检查委员会所作的工作报告。12日上午,大会采取无记名投票和差额选举办法,选举方德英(女)、田景明、刘荣国、杨均成、杨再清、邵宗凤(女)、肖亚、吴水林、罗洪信、梁巨云10人为中共万山特区第七届纪律检查委员会委员,选举产生中共万山特区第七届纪律检查委员会。同日下午,召开中共万特区第七届纪律检查委员会第一次全体会议,实到委员10名,会议选举刘荣国、杨均成、邵宗凤(女)、罗洪信、梁巨云5人为常委,杨均成为书记,刘荣国、罗洪信为副书记。

2002年7月,杨均成离任后,7月,地委任命刘先银为特区党委常委、特区纪委书记。1998年4月,罗洪信离任后,1999年5月,特区党委任命梁巨云为副书记。2002年1月,特区党委任命夏珍为常委。

书　记	杨均成(侗族)	1998年3月至2002年7月
	刘先银(侗族)	2002年7月至2003年1月
副书记	刘荣国(侗族)	1998年3月至2002年2月
	罗洪信(侗族)	1998年3月至1998年4月
	梁巨云(侗族)	1999年5月至2003年1月
常　委	杨均成(侗族)	1998年3月至2002年7月
	刘荣国(侗族)	1998年3月至2002年2月
	罗洪信(侗族)	1998年3月至1998年4月
	邵宗凤(女,苗族)	1998年3月至2003年1月
	梁巨云(侗族)	1998年3月至2003年1月
	夏　珍(女,土家族)	2002年1月至2003年1月
	刘先银(侗族)	2002年7月至2003年1月

中共万山特区第八届纪律检查委员会

(2003年1月至2006年11月)

2003年1月7日至8日,中共万山特区第八次代表大会在万山特区电影院召开。大会审议通过刘先银代表中共万山特区纪律检查委员会所作的工作报告。8日上午，大会采取无记名投票和差额选举办法，选举方德英（女）、刘世跃、刘先银、刘泽祥、杨胜军、吴成龙、张静（女）、张吉冒、邵宗凤（女）、罗仁相、夏珍（女）、梁巨云、韩再军13人为中共万山特区第八届纪律检查委员会委员，选举产生中共万山特区第八届纪律检查委员会。

1月8日下午，召开中共万山特区第八届纪律检查委员会第一次全体会议，选举刘先银、梁巨云、邵宗凤（女）、张静（女）、刘泽祥、罗仁相、夏珍（女）7人为常委，刘先银为书记，梁巨云、邵宗凤、张静为副书记。

2003年6月，梁巨云离任后，特区党委任命罗仁相为副书记。2006年10月，刘先银离任后，地委任命王贵军为特区党委常委、特区纪委书记。

书　记	刘先银（侗族）	2003年1月至2006年10月
	王贵军（土家族）	2006年10月至2006年11月
副书记	梁巨云（侗族）	2003年1月至2003年6月
	邵宗凤（女，苗族）	2003年1月至2006年11月
	张　静（女，土家族）	2003年1月至2006年11月
	罗仁相（侗族）	2003年6月至2006年11月
常　委	刘先银（侗族）	2003年1月至2006年10月
	梁巨云（侗族）	2003年1月至2003年6月
	邵宗凤（女，苗族）	2003年1月至2006年11月
	张　静（女，土家族）	2003年1月至2006年11月
	刘泽祥（侗族）	2003年1月至2003年7月
	罗仁相（侗族）	2003年1月至2006年11月
	夏　珍（女，土家族）	2003年1月至2006年11月
	王贵军（土家族）	2006年10月至2006年11月

中共万山特区第九届纪律检查委员会

（2006年11月至2011年10月）

2006年11月8日至10日，中共万山特区第九次代表大会在万山特区行政中心召开。9日上午，大会审议通过王贵军代表中共万山特区纪律检查委员会所作的工作报告。大会采取无记名投票和差额预选、等额选举的办法，选举王贵军、刘开著、刘远会、刘洪长、杨劲松、杨顺昌、杨政森、吴锋、张静（女）、郑小英（女）、邵宗凤（女）、夏珍（女）、黄义强、黄黎波、韩再军15人为中共万山特区第九届纪律检查委员会委员，选举产生中共万山特区第九届纪律检查委员会。

11月10日，召开中共万山特区第九届纪律检查委员会第一次全体会议，会议选举王贵军、张静（女）、邵宗凤（女）、杨劲松、夏珍（女）、杨顺昌、吴锋7人为常委，选举王贵军为书记，张静、邵宗凤为副书记。

2010年8月、9月，张静、邵宗凤离任后，2010年10月，特区党委任命杨胜金、杨劲松为副书记。2010年12月，王贵军离任后，同月，地委任命吴廷友为特区党委常委、特区纪委书记。

书　记	王贵军(土家族)	2006年11月至2010年12月
	吴廷友(苗族)	2010年12月至2011年10月
副书记	张　静(女，土家族)	2006年11月至2010年8月
	邵宗凤(女，苗族)	2006年11月至2010年9月
	杨胜金(侗族)	2010年10月至2011年10月
	杨劲松(侗族)	2010年10月至2011年10月
常　委	王贵军(土家族)	2006年11月至2011年10月
	张　静(女，土家族)	2006年11月至2010年8月
	邵宗凤(女，苗族)	2006年11月至2010年9月
	杨劲松(侗族)	2006年11月至2011年10月
	夏　珍(女，苗族)	2006年11月至2011年10月
	杨顺昌(侗族)	2006年11月至2011年10月
	吴　锋(侗族)	2006年11月至2011年10月
	杨胜金(侗族)	2010年10月至2011年10月
	吴廷友(苗族)	2010年12月至2011年10月

中共万山特区第十届纪律检查委员会

(2011年10月至2011年12月)

2011年10月19日至20日，中共万山特区第十次代表大会在万山特区行政中心召开。大会审议通过吴廷友代表中共万山特区纪律检查委员会所作的工作报告。20日，大会采取无记名投票和差额选举办法，选举毛权民、兰勇、刘勇、刘开著、刘泽坤、杨成(女)、杨超、杨劲松、杨昌海、杨胜金、吴廷友、罗泽亭、郑小英(女)、姚茂桥、蒲召好15人为中共万山特区第十届纪律检查委员会委员，选举产生中共万山特区第十届纪律检查委员会。

10月20日，召开中共万山特区第十届纪律检查委员会第一次全体会议，会议选举吴廷友、杨胜金、杨劲松、姚茂桥、杨超、罗泽亭、毛权民7人为常委，吴廷友为纪委书记，杨胜金、杨劲松为纪委副书记。

书　记	吴廷友(苗族)	2011年10月至2011年12月
副书记	杨胜金(侗族)	2011年10月至2011年12月
	杨劲松(侗族)	2011年10月至2011年12月
常　委	吴廷友(苗族)	2011年10月至2011年12月
	杨胜金(侗族)	2011年10月至2011年12月
	杨劲松(侗族)	2011年10月至2011年12月

姚茂桥(侗族)	2011年10月至2011年12月
杨　超(侗族)	2011年10月至2011年12月
罗泽亭(侗族)	2011年10月至2011年12月
毛权民(土家族)	2011年10月至2011年12月

二、市辖区时期的纪律检查机构

2011年10月22日,国务院同意撤销铜仁地区和县级铜仁市、万山特区,设立地级铜仁市,原县级铜仁市改设碧江区、原万山特区改设万山区。12月2日,中共铜仁市委认可中共万山特区第十次代表大会为中共铜仁市万山区第一次代表大会,选举产生的中共万山特区第十届纪律检查委员会为中共铜仁市万山区第一届纪律检查委员会,中共万山特区第十届纪律检查委员会第一次全体会议,选举产生的纪委常委、书记、副书记为中共铜仁市万山区第一届纪律检查委员会常委、书记、副书记。至2022年12月,中共铜仁市万山区委员会共召开过两次党代会,选举产生中共铜仁市万山区第二、第三届纪律检查委员会。

中共铜仁市万山区第一届纪律检查委员会

(2011年12月至2016年10月)

12月2日,中共铜仁市委通知,认可中共万山特区第十次代表大会为中共铜仁市万山区第一次代表大会,选举产生的中共万山特区第十届纪律检查委员会为中共铜仁市万山区第一届纪律检查委员会,中共万山特区第十届纪律检查委员会第一次全体会议,选举产生的纪委常委、书记、副书记为中共铜仁市万山区第一届纪律检查委员会常委、书记、副书记。

2014年5月,吴廷友离任后,同月,市委任命袁继鸿为区委常委、区纪委书记。2013年1月,杨胜金离任后,2015年3月,区委任命刘远学为副书记。2015年4月,杨劲松离任后,8月,区委任命刘勇为副书记。2016年9月,刘远学离任后,同月,区委任命杨政久为副书记。2012年2月,区委任命冉光权为常委;2015年4月,区委任命袁仁荣为常委。

书　记	吴廷友(苗族)	2011年12月至2014年5月
	袁继鸿(土家族)	2014年5月至2016年10月
副书记	杨胜金(侗族)	2011年12月至2013年1月
	杨劲松(侗族)	2011年12月至2015年4月
	刘远学(侗族)	2015年3月至2016年9月
	刘　勇(侗族)	2015年8月至2016年10月
	杨政久(土家族)	2016年9月至2016年10月
常　委	吴廷友(苗族)	2011年12月至2014年5月
	杨胜金(侗族)	2011年12月至2013年1月
	杨劲松(侗族)	2011年12月至2015年4月

姚茂桥(侗族) 2011年12月至2012年9月
杨 超(侗族) 2011年12月至2012年6月
罗泽亭(侗族) 2011年12月至2016年3月
毛权民(土家族) 2011年12月至2016年10月
冉光权(土家族) 2013年2月至2016年10月
袁继鸿(土家族) 2014年5月至2016年10月
刘远学(侗族) 2015年3月至2016年9月
刘 勇(侗族) 2015年8月至2016年10月
袁仁荣(侗族) 2015年4月至2016年10月
杨政久(土家族) 2016年9月至2016年10月

中共铜仁市万山区第二届纪律检查委员会

(2016年10月至2021年10月)

2016年10月22日至23日,中共铜仁市万山区第二次代表大会在万山区朱砂大酒店召开。大会审议通过袁继鸿代表中共铜仁市万山区纪律检查委员会所作的工作报告。大会选举袁继鸿、刘勇、杨政久、冉光权、袁仁荣、符宁亮、卢菊凤(女)、刘开著、刘桂春(女)、袁再忠、杨勇斌、郑小英(女)、陈汉斌、余德波、兰勇15人为中共铜仁市万山区第二届纪律检查委员会委员,选举产生中共铜仁市万山区第二届纪律检查委员会。

10月23日下午,召开中共铜仁市万山区第二届纪律检查委员会第一次全体会议,选举袁继鸿、刘勇、杨政久、冉光权、袁仁荣、符宁亮、卢菊凤(女)7人为常委,袁继鸿为书记,刘勇、杨政久为副书记。

2017年9月,袁继鸿离任后,12月,市委任命陈琪为区委常委、区纪委书记;2018年9月,陈琪离任后,10月,市委任命邹远志为区委常委、区纪委书记;2021年6月,邹远志离任后,同月,市委任命胡定钦为区委常委、区纪委书记。2019年9月,杨政久离任后,同月,区委任命肖旺为副书记,2021年9月,刘勇离任后,同月,区委任命杨昌贵为副书记。其间,卢菊凤、冉光权、吴丹、符宁亮离任后,区委还相继任命吴丹、张志、吴克玖、刘恒为常委。

书 记 袁继鸿(土家族) 2016年10月至2017年9月
陈 琪(土家族) 2017年12月至2018年9月
邹远志(侗族) 2018年10月至2021年6月
胡定钦(仡佬族) 2021年6月至2021年10月
副书记 刘 勇(侗族) 2016年10月至2021年9月
杨政久(土家族) 2016年10月至2019年9月
肖 旺(苗族) 2019年9月至2021年10月
吴 瑾(女,侗族) 2019年10月至2020年10月(挂职)
杨昌贵(侗族) 2021年9月至2021年10月

常　委	袁继鸿(土家族)	2016年10月至2017年9月
	刘　勇(侗族)	2016年10月至2021年9月
	杨政久(土家族)	2016年10月至2019年9月
	冉光权(土家族)	2016年10月至2019年3月
	袁仁荣(侗族)	2016年10月至2021年10月
	符宁亮(苗族)	2016年10月至2020年5月
	卢菊凤(女,侗族)	2016年10月至2019年1月
	陈　琪(土家族)	2017年12月至2018年9月
	邹远志(侗族)	2018年10月至2021年6月
	吴　丹(侗族)	2019年3月至2019年9月
	张　志(侗族)	2019年3月至2021年10月
	肖　旺(苗族)	2019年9月至2021年10月
	吴　瑾(女,侗族)	2019年10月至2020年10月(挂职)
	吴克玖(侗族)	2021年5月至2021年10月
	刘　恒(侗族)	2021年5月至2021年10月
	胡定钦(仡佬族)	2021年6月至2021年10月
	杨昌贵(侗族)	2021年9月至2021年10月

中共铜仁市万山区第三届纪律检查委员会

（2021年10月至2022年12月）

2021年10月20日至23日,中共铜仁市万山区第三次代表大会在万山区委党校召开。大会审议通过胡定钦代表中共铜仁市万山区第二届纪律检查委员会所作的工作报告。大会选举胡定钦、肖旺、杨昌贵、袁仁荣、张志、吴克玖、刘恒、杨超、孙蕾(女)、谢凯、杨琪云(女)、李超、杨秀权、刘运林、余福军15人为中共铜仁市万山区第三届纪律检查委员会委员,选举产生中共铜仁市万山区第三届纪律检查委员会。

10月23日下午,召开中共铜仁市万山区第三届纪律检查委员会第一次全体会议,选举胡定钦、肖旺、杨昌贵、袁仁荣、张志、吴克玖、刘恒7人为区纪委常委,胡定钦为区纪委书记,肖旺、杨昌贵为区纪委副书记。2022年4月,区委免去袁仁荣、吴克玖常委后,任命刘斌、姚冬霞为常委。2022年9月,肖旺离任后,同年12月,区委任命刘斌为副书记。

书　记	胡定钦(仡佬族)	2021年10月至2022年12月
副书记	肖　旺(苗族)	2021年10月至2022年9月
	杨昌贵(侗族)	2021年10月至2022年12月
	刘　斌(土家族)	2022年12月至2022年12月
常　委	胡定钦(仡佬族)	2021年10月至2022年12月

肖　旺(苗族)	2021年10月至2022年9月
杨昌贵(侗族)	2021年10月至2022年12月
袁仁荣(侗族)	2021年10月至2022年4月
张　志(侗族)	2021年10月至2022年12月
吴克玖(侗族)	2021年10月至2022年4月
刘　恒(侗族)	2021年10月至2022年12月
刘　斌(土家族)	2022年4月至2022年12月
姚冬霞(女,侗族)	2022年4月至2022年12月

第二节　监察机构

一、行政监察机构

(一)合署办公前的行政监察机构

1987年12月,根据国务院下发的关于在县以上地方各级人民政府设立行政监察机关的通知,万山特区人民政府决定设立万山特区监察局,为特区人民政府负责监察工作的专门机构,履行行政监察职能。其主要任务是认真贯彻执行国家方针、政策、法律法规、国民经济和社会发展计划以及国务院决议,命令。对国家行政机关及其工作人员执行国家政策、法律、法规情况进行监督检查;依照国家有关政策、法律和法规,保护监察对象依法行使职权;受理对监察对象的检举、控告以及监察对象不服纪律处分的申诉,以支持其行使正当权利和保护其合法权益;对政纪政风情况进行经常性调查研究,注重发现和研究带有倾向性的问题;完成上级业务部门和特区人民政府交办的其他事项。至1993年6月合署办公时,局领导班子情况如下:

局　长	裴长林	1987年12月至1988年12月
	刘洪登(侗族)	1990年11月至1993年6月
副局长	陈宗华	1988年12月至1990年10月
	刘洪登(侗族)	1989年8月至1990年11月
	吴水林(侗族)	1989年8月至1993年6月

(二)合署办公后的行政监察机构

1993年6月纪检监察合署办公至2000年底,监察局领导职数为局长(特区纪委副书记兼任)、副局长(特区纪委常委兼任)各1名。2001年初至2011年10月,监察局领导职数为局长(特区纪委副书记兼任)1名、副局长2名(原则上由特区纪委常委兼任,个别时期由非中共党员担任)。2011年11月至2017年底,区监察局领导职数为局长(区纪委副书记兼任)1名、副局长2名(1名为非中共党员、另1名由区纪委常委兼任),具体领导班子情况如下:

1.万山特区监察局

局　长	刘洪登(侗族)	1993年6月至1996年7月
	罗洪信(侗族)	1996年7月至1999年4月

	梁巨云(侗族)	1999年5月至2003年6月
	张　静(女,土家族)	2003年6月至2010年8月
	杨胜金(侗族)	2010年8月至2011年12月
副局长	吴水林(侗族)	1993年6月至1998年2月
	梁巨云(侗族)	1998年3月至1999年4月
	张　静(女,土家族)	2001年11月至2003年5月
	刘洪森(侗族)	2003年7月至2007年1月
	姬黄河	2007年4月至2011年12月
	龙胜平(女,侗族)	2010年8月至2011年12月

2.铜仁市万山区监察局

局　长	杨胜金(侗族)	2012年1月至2013年1月
	杨劲松(侗族)	2013年5月至2015年4月
	刘　勇(侗族)	2015年8月至2018年1月
副局长	姬黄河	2011年12月至2012年2月
	龙胜平(女,侗族)	2011年12月至2013年9月
	冉光权(土家族)	2013年3月至2018年1月
	龙　旭(女)	2014年2月至2015年11月
	杨　萍(女)	2015年11月至2017年12月

二、国家监察机构

根据中共中央确定的《关于在全国各地推开监察体制改革试点方案》和2017年11月4日第十二届全国人民代表大会常务委员会第三十次会议通过的《关于在全国各地推开国家监察体制改革试点工作的决定》,中共铜仁市万山区纪律检查委员会与铜仁市万山区监察委员会合署办公,实行一套工作机构、两个机关名称,履行党的纪律检查和国家监察两项职责,对市纪委市监委、区委全面负责。同时,区监委对区人民代表大会及其常务委员会负责,并接受其监督。2018年1月,万山区监察局和万山区人民检察院反贪污贿赂局、反渎职侵权局、职务犯罪预防局等部门相关机构职能和人员,整合转隶至铜仁市万山区监察委员会与铜仁市万山区纪律检查委员会合署办公。1月13日,铜仁市万山区监察委员会正式挂牌。

铜仁市万山区监察委员会

2018年1月12日下午,在铜仁市万山区第二届人民代表大会第二次会议上,区委常委、区纪委书记陈琪当选为铜仁市万山区监察委员会主任。

同日,在铜仁市万山区第二届人大常委会第十次会议上,一致表决通过铜仁市万山区监察委员会副主任、委员提名人选,刘勇、杨政久被任命为铜仁市万山区监察委员会副主任,冉光权、袁仁荣、卢菊凤、吴丹被任命为铜仁市万山区监察委员会委员。

2018年9月，陈琪离任后，2019年1月18日，铜仁市万山区第二届人民代表大会第三次会议，选举邹远志为铜仁市万山区监察委员会主任；2019年6月25日，铜仁市万山区第二届人民代表大会第二十二次会议任命张志为监委委员；2019年9月，杨政久离任后，同年10月24日，铜仁市万山区第二届人民代表大会常务委员会第二十五次会议任命肖旺、吴瑾为副主任。2021年6月22日，邹远志离任后，6月29日，铜仁市万山区第二届人民代表大会常务委员会第四十二次会议任命胡定钦为铜仁市万山区监察委员会副主任(代理主任)，刘斌、刘恒为监委委员。9月9日，铜仁市万山区第二届人民代表大会第七次会议，选举胡定钦为铜仁市万山区监察委员会主任。

2021年10月，刘勇离任后，10月27日，铜仁市万山区第二届人民代表大会常务委员会第四十六次会议任命杨昌贵为副主任。12月7日，铜仁市万山区第二届人民代表大会常务委员会第四十七次会议免去刘恒监委委员职务后，2022年6月27日，铜仁市万山区第三届人民代表大会常务委员会第三次会议任命吴巍为监委委员。2022年12月30日，铜仁市万山区第三届人民代表大会常务委员会第六次会议任命刘斌为铜仁市万山区监察委员会副主任。

主　任	陈　琪(土家族)	2018年1月至2018年9月
	邹远志(侗族)	2019年1月至2021年6月
	胡定钦(仡佬族)	2021年9月至2022年12月
副主任	刘　勇(侗族)	2018年1月至2021年10月
	杨政久(土家族)	2018年1月至2019年9月
	肖　旺(苗族)	2019年9月至2022年10月
	吴　瑾(女，侗族)	2019年10月至2020年10月(挂职)
	胡定钦(仡佬族)	2021年6月至2021年9月
	杨昌贵(侗族)	2021年10月至2022年12月
	刘　斌(土家族)	2022年12月至2022年12月
委　员	冉光权(土家族)	2018年1月至2019年6月
	袁仁荣(侗族)	2018年1月2022年12月
	卢菊凤(女，侗族)	2018年1月至2019年1月
	吴　丹(侗族)	2018年1月至2019年9月
	张　志(侗族)	2019年6月至2022年12月
	刘　恒(侗族)	2021年6月至2021年12月
	刘　斌(土家族)	2021年6月至2022年12月
	吴　巍(土家族)	2022年6月至2022年12月

第三节 内设机构

一、合署办公前的内设机构

1973年7月26日，中共万山特区委设立中共万山特区委纪律检查委员会时，未配备纪检干部，也未设内设机构，工作由组织部代办；1980年11月，正式恢复中共万山特区委纪律检查委员会，配备纪检干部1名，仍未设内设机构。1982年2月，根据中央精神，特区党委成立“万山特区打击经济领域严重犯罪活动”领导小组，并下设办公室在特区委纪委(简称打经办)。1984年，中央决定地方各级党的纪律检查委员会从地方党委机构分离出来。是年9月，根据这一精神，特区委纪委从特区委机构中独立出来，中共万山特区委纪律检查委员会升格为中共万山特区纪律检查委员会(副县级)。1985年1月，经特区委党委常委会研究同意，设立办公室、纪律检查科、案件审理科3个内设机构。1987年3月，按照上级精神，特区纪委将“万山特区打击经济领域严重犯罪活动”相关工作移交特区人民检察院负责。1987年12月，增设控告申诉科。1989年8月，纪律检查科更名为纪律检查室，案件审理科更名为案件审理室，控告申诉科更名为信访室。1991年5月，设立特区党风廉政建设领导小组及其办公室(简称党风廉政建设室)，1992年2月，信访室又更名为控告申诉室。1987年12月，万山特区监察局成立后，设立办公室、审理股、监察股3个内设机构。1989年11月，增设信访股。至1993年6月合署办公前，特区纪委有行政编制14名，特区监察局有行政编制10名，特区纪委共有内设机构5个，特区监察局共有内设机构4个。各职能室的职能及具体配备如下：

(一)合署办公前纪律检查机关的内设机构

1.办公室

主要职责：主要负责收集、综合、分析全特区纪检工作情况，组织起草工作计划、报告和有关文件以及处理日常行政事务，协调机关各室有关工作。

秘　书(纪检员)	刘爱秀(女，侗族)	1985年1月至1987年3月
主　任	杨光元(侗族)	1988年7月至1989年9月
	蒲光木(侗族)	1990年5月至1992年2月
	陆选贵(侗族)	1992年6月至1993年6月
副主任	杨光元(侗族)	1987年3月至1988年7月
	陆选贵(侗族)	1992年2月至1992年6月

2.案件审理科(案件审理室)

主要职责：负责由特区纪委检查处理的案件审理，审核特区、乡级机关报批或备案的案件，受理党员和干部不服特区乡级机关给予的党纪处分的申诉。

科　长	杨贵成	1985年6月至1987年8月
	刘洪登(侗族)	1988年1月至1989年8月
主　任	杨贵成	1989年8月至1990年5月

	王德安(苗族)	1990年5月至1993年6月

3.纪律检查科(纪律检查室)

主要职责:负责全特区党的机关、人大常委会机关、政协机关、群众团体和各乡(镇)、特区人民政府各部门及企业的特区管干部违法违纪案件和重大案件的查处工作。

科　长	王德安(苗族)	1985年6月至1989年8月
主　任	王德安(苗族)	1989年8月至1990年5月
	龚玉璞	1990年5月至1990年10月
	蒲光木(侗族)	1992年2月至1993年6月

4.控告申诉科(信访室、控告申诉室)

主要职责:负责办理群众来信、来访和举报事项,综合反映带普遍性和倾向性的信访、信息。

科　长	杨德富	1987年12月至1988年1月
	杨贵成	1988年1月至1989年9月
主　任	杨光元(侗族)	1989年9月至1991年12月
	杨光达(侗族)	1992年2月至1993年6月
	黄龙国	1993年6月至1993年6月

5.党风廉政建设室

主要职责:主要负责监督检查,综合分析党风廉政建设情况,组织全特区性或重要的党风廉政建设检查活动,管理干部廉政档案。

主　任	方德英(女)	1991年7月至1993年6月
	向国珍(女)	1993年6月至1993年6月
副主任	方德英(女)	1991年5月至1991年7月

6.打经办

主要职责:为特区委打击经济领域严重犯罪活动领导小组提供决策服务和指导性工作意见,负责指导与协助所属单位做好对经济犯罪案件的查处;开展反腐倡廉教育活动。

主　任	陈湘保	1982年8月至1987年3月(兼)
副主任	杨光元(侗族)	1984年10月至1987年3月
成　员	杨胜读(侗族)	1985年2月至1987年3月
	方国华	1985年10月至1987年3月
	曹作龙	1986年5月至1987年3月
	杨光达(侗族)	1985年2月至1987年3月

(二)合署办公前行政监察机关的内设机构

1.办公室

主要职责:主要负责收集、综合、分析全特区监察工作情况,组织起草工作计划、报告和有关文件以及处理日常行政事务,协调机关各股室有关工作。

主　任	汤才建	1991年10月至1993年6月
副主任	汤才建	1990年5月至1991年10月

2.监察股

主要职责:主要负责受理特区人民政府管辖内,本级监察对象违反国家政策、法律法规以及政纪案件的立案、调查处理工作,检查监察对象贯彻落实构建政策和法律法规等情况。

股　长	王世坤	1990年5月至1992年8月
副股长	王贵权(侗族)	1990年5月至1991年5月

3.审理股

主要职责:负责上级交办案件、本级监察机关自办案件以及特区人民政府部门和乡镇备案案件审理,负责监察对象的申诉和案件复查审理工作。

股　长	杨再清(侗族)	1990年5月至1991年3月
	王贵权(侗族)	1991年10月至1993年6月

4.信访股

主要职责:负责受理全区及上级监察机关交办和自办监察信访任务,负责处理群众来信来访工作。

股　长	严若明(女,回族)	1991年10月至1993年6月
副股长	严若明(女,回族)	1990年5月至1991年10月

二、合署办公后的内设机构

1993年6月,中共万山特区纪律检查委员会、万山特区监察局正式合署办公,两家内设机构合并,共设立办公室、案件审理室、纪检监察室、信访室(举报中心)、党风廉政建设室、执法监察室、宣教研究室7个内设机构。

1996年9月,增设监察综合室,特区党委办公室印发《关于万山特区纪律监察委员会机关、万山特区监察局职能配制、内设机构和人员编制方案》的“三定”方案,明确特区纪委监察局机关行政编制15名,事业编制1名。其中,书记1名,副书记2名,监察局局长1名(由1名副书记兼任),副局长1名(由常委兼任),正副主任8名,内设机构增至8个,即:办公室、监察综合室、宣教研究室、党风廉政建设室(党委反腐倡廉领导小组办公室)、执法监察室、纪检监察室、案件审理室、信访室(举报中心)。

1998年8月,成立万山特区人民政府纠正部门和行业不正之风领导小组及其办公室(简称纠风办),办公室作为特区人民政府临时机构,设在特区纪委监察局。

2001年12月,增设纠正部门和行业不正之风室(简称纠风室),内设机构增至9个,即办公室、监察综合室、宣教研究室、党风廉政建设室(党委反腐倡廉领导小组办公室)、执法监察室、纠正部门和行业不正之风室、纪检监察室、案件审理室、信访室(举报中心)。是年,特区纪委监察局机关共有行政编制16名,机关后勤服务人员事业编制2名。其中,书记1名,副书记2名,监察局局长1名(由1名副书记兼任),副局长1名(由常委兼任),正副主任9名。

2004年10月,特区纪委成立案件申诉复查复议领导小组,设案件申诉复查复议办公室在案件审理室。

2008年8月,为加强行政效能监察,增设行政效能监察室在执法监察室,执法监察室增加行政效能监察职能。

2012年12月,增设案件监督管理室。2013年3月,增设干部室。

2014年3月,内设机构进行调整,撤销党风廉政建设室、纠正部门和行业不正之风室,设立党风政风监督室;撤销执法监察室(行政效能监察室),设立执法和效能监察室。原纪检监察室更名为纪检监察一室,增设纪检监察二室;宣教研究室规范为宣传调研法规室,案件督查管理室规范为案件监督管理室。调整后内设机构为办公室、监察综合室、宣传调研法规室、党风政风监督室、执法和效能监察室、纪检监察一室、纪检监察二室、案件审理室、案件监督管理室(案件申诉复查复议办公室)、信访室、干部室11个。

2014年12月,再次对内设机构进行调整,将纪检监察一室更名为第一纪检监察室、纪检监察二室更名为第二纪检监察室,撤销监察综合室、执法和效能监督室,设立第三纪检监察室、第四纪检监察室。干部室增加纪检监察干部监督职能,加挂纪检监察干部监督室。调整后内设机构为办公室、干部室(纪检监察干部监督室)、党风政风监督室、宣传调研法规室、信访室、案件监督管理室、第一纪检监察室、第二纪检监察室、第三纪检监察室、第四纪检监察室、案件审理室(案件申诉复查复议办公室)11个。

2018年8月,案件申诉复查复议工作职能调整到宣传调研法规室,第四纪检监察室加挂重大责任事故调查办公室。同月,宣传调研法规室撤销,工作职能并入办公室,内设机构降至10个。

2019年5月,纪检监察干部监督工作职能调整到党风政风监督室。

2021年9月,复设宣传调研法规室(事业编正股级),内设机构恢复至11个。即:办公室、干部室、党风政风监督室(纪检监察干部监督室)、宣传调研法规室(案件申诉复查复议办公室)、信访室、案件监督管理室、第一纪检监察室、第二纪检监察室、第三纪检监察室、第四纪检监察室、案件审理室。各职能室的职能及具体配备如下:

1.办公室

主要职责:负责处理委局机关日常事务,负责区纪委全体会议、常委会会议,委局办公会议及其他重要会议、活动的筹备组织工作,负责与区纪委委员的联系;汇总全区党风廉政建设和反腐败工作情况,组织起草委局机关有关文件文稿,编发通报和信息,审核以委局机关及办公室名义发布的公文；督促检查区委、区人民政府领导批办交办事项的落实情况，以及区纪委全体会议工作部署和区纪委常委会会议、委局办公会议决定事项及委局机关领导批办交办事项的落实情况，汇总委局机关贯彻落实区委党的建设工作领导小组分工任务情况，组织区党代表、区人大代表和区政协委员关于反腐倡廉工作提案议案的答复工作；组织协调委局机关机要文件的办理和运行管理，保管、使用区纪委、监察局及区纪委办公室印章，负责制发委局机关各室、直属单位及派出（驻）机构印章，负责委局机关保密工作，协调全区纪检监察系统密码管理工作；承担全区纪检监察信息化建设工作的规划、统筹和实施；负责委局机关内部网络、信息化设备的日常管理、维护和安全保密工作；承担委局机关普通密码的管理、使用工作；负责委局机关内外联络接洽工作；统筹指导归档工作，负责委局机关及派出（驻）机构文书、音像等档案管理，编辑整理有关档案材料；负责委局机关财务管理、资产管理等后勤服务工作；负责本室干部日常管理和监督，承办领导交办的其他事项。

主　任	蒲光木（侗族）	1993年6月至1995年8月
	刘荣国（侗族）	1995年8月至1998年2月
	梁巨云（侗族）	1998年2月至1999年5月
	刘泽祥（侗族）	1999年5月至2003年8月
	孙江云（侗族）	2007年3月至2012年2月
	罗泽亭（侗族）	2012年3月至2016年4月
	符宁亮（苗族）	2017年2月至2020年4月
	刘　恒（侗族）	2021年6月至2021年10月
	李　枫（土家族）	2022年4月至2022年12月

2.干部室（纪检监察干部监督室）

主要职责：根据干部管理权限，承担全区纪检监察系统领导班子建设、干部队伍建设和组织建设的综合规划、制度建设和业务指导；承担机关及所属事业单位、派驻机构干部人事工作；会同有关方面，承担区纪委区监委派驻和派出机构、乡镇（街道）纪检监察机关、区管企业和区属学校纪检监察机构领导班子成员的提名、考察、任免等干部人事工作；组织和指导全区纪检监察系统干部教育培训工作；承担机关及所属事业单位退休工作。负责与区纪委委员、区监委特约监察员的联系。2014年12月至2019年5月，负责监督检查全区纪检监察系统干部遵守和执行党的章程和其他党内法规，遵守和执行党的路线方针政策和决议，国家法律法规等方面的情况；受理对区纪委常委、区监委委员，机关各部门、所属事业单位、派驻机构干部，区纪委区监委派出机构、区管企业和区属学校纪检监察机构的领导班子成员，乡镇（街道）纪（工）委书记、监察办公室主任，纪委副书记、监察办公室副主任及纪检监察员涉嫌违反党纪、职务违法和职务犯罪等问题的举报，提出处置意见并负责问题线索初步核实及立案审查调查工作等。

主　任	李子健（布依族）	2013年8月至2015年3月
	袁仁荣（侗族）	2015年4月至2019年7月
	蒙志国（土家族）	2019年7月至2021年7月

姚冬霞(女,侗族)　2021年7月至2022年9月
李　霞(女)　2022年9月至2022年12月

3.党风政风监督室(党风廉政建设室、纪检监察干部监督室)

主要职责:承担综合协调贯彻执行党的路线方针政策和决议、国家法律法规等情况的监督检查;综合协调党的政治纪律和政治规矩执行;综合协调贯彻落实中央八项规定精神、纠正"四风"工作;综合协调党内监督、党的问责等方面工作,推动管党治党政治责任落实;综合协调巡视巡察反馈意见整改落实情况的监督检查工作;综合分析党风政风监督工作情况,开展调查研究,提出工作建议;组织开展党风政风监督专项检查活动;牵头承担区管干部廉政档案的建设、管理工作;指导全区纪检监察系统的党风政风监督工作等。2019年5月后,负责监督检查全区纪检监察系统干部遵守和执行党的章程和其他党内法规,遵守和执行党的路线方针政策和决议,国家法律法规等方面的情况;受理对区纪委常委、区监委委员,机关各部门、所属事业单位、派驻机构干部,区纪委区监委派出机构、区管企业和区属学校纪检监察机构的领导班子成员,乡镇(街道)纪(工)委书记、监察办公室主任,纪委副书记、监察办公室副主任及纪检监察员涉嫌违反党纪、职务违法和职务犯罪等问题的举报,提出处置意见并负责问题线索初步核实及立案审查调查工作等。

主　任　向国珍(女)　1993年6月至1993年12月
刘荣国(侗族)　1995年3月至1995年8月
陆选贵(侗族)　1995年8月至1998年12月
罗仁相(侗族)　1999年1月至2000年1月
杨劲松(侗族)　2003年6月至2010年11月
杨　超(侗族)　2011年8月至2012年6月
蒲　流(侗族)　2012年8月至2014年10月
许佰成　2015年8月至2016年8月
刘　恒(侗族)　2016年7月至2019年3月
杨　琳(女,侗族)　2019年3月至2020年8月

4.宣传调研法规室(宣教研究室、案件申诉复查复议室)

主要职责:负责组织协调全区党风廉政建设和反腐败宣传工作,组织开展相关法律法规、理论政策、形势任务、决策部署、成效经验和先进典型等宣传及舆论引导工作;负责组织协调全区党风廉政建设和反腐败教育工作,开展对党员、公务员的理想信念和宗旨教育、党风党纪和廉洁自律教育,组织协调廉政文化建设及纪检监察电化教育工作;负责委局机关新闻发布等日常工作,组织协调全区党风廉政建设和反腐败工作信息传播工作;负责组织协调全区党风廉政建设和反腐败网络舆情信息收集、研判和处置工作,协调区直有关部门和重点新闻网站等做好网络宣传引导工作;指导全区纪检监察系统的宣传教育、廉政风险防控、廉政文化建设和网络信息工作;负责调查研究全区党风廉政建设和反腐败工作情况,开展纪检监察政策理论、重大课题、政策法规问题的调查研究;负责纪检监察

法规的咨询答复和解释工作，对纪检监察法规执行情况开展调查研究和立法后评估；负责纪检监察法规和规范性文件的备案审查、清理工作；综合协调惩防体系建设工作；指导全区纪检监察系统的调研、法规工作；负责本室干部日常管理和监督，承办领导交办的其他事项。

主　任	封贵安	1993年6月至1995年3月
	刘水源（侗族）	1995年3月至2002年1月
	黄义强（侗族）	2002年2月至2003年1月
	吴　锋（侗族）	2003年7月至2011年3月
	姚冬霞（女，侗族）	2016年7月至2019年9月

5.信访室

主要职责：受理对党组织、党员和监察对象违反党纪政纪行为的检举、控告，处理群众来信、接待群众来访、接听举报电话、处理网络举报；提供信访举报信息，向委局领导报告重要举报情况；对打击报复举报人的检举、控告进行核实；处置信访举报中的突发情况；对信访举报工作进行调查研究，指导全区纪检监察系统的信访举报工作；负责本室干部日常管理和监督，承办领导交办的其他事项。2018年8月后的主要职责：负责受理对党的组织、党员违反党纪行为和行使公权力的公职人员职务违法、职务犯罪行为等的检举、控告；归口受理对区委管理的党的组织和党员干部违反党纪、职务违法和职务犯罪行为等的信访举报，统一接收区纪委区监委派驻机构和乡镇（街道）纪委监察办报送的相关信访举报，分类摘要后将问题线索类信访举报按程序移交案件监督管理室；受理党员对区纪委作出的党纪处分或者其他处理不服的申诉、监察对象对区监委作出的涉及本人的处理决定不服的复审申请；综合分析信访举报情况；接待群众来访，处理群众来信和电话网络举报事项等。承办党员对区纪委作出的党纪处分或者其他处理不服的申诉案件、监察对象对区监委作出的涉及本人的处理决定不服的申请复审案件，以及其他需要由区纪委区监委办理的申诉、复核案件等。

主　任	黄龙国	1993年6月至2002年1月
	夏　珍（女，土家族）	2002年1月至2012年1月
	孙江云（侗族）	2012年2月至2015年8月
	孙国彪（土家族）	2015年8月至2016年7月
	安先辉（土家族）	2017年9月至2017年10月
	牟朝飞（苗族）	2017年12月至2022年4月
副主任	严若明（女，回族）	1993年6月至1996年11月

6.第一纪检监察室（纪检监察室、纪检监察一室）

主要职责：监督检查区直部门和单位领导班子、区管干部、乡镇（街道）党政主要负责人遵守和执行党章以及其他党内法规，遵守和执行党的路线方针政策和决议、国家法律法规等方面的情况；监督检查区直部门和单位党委（党组）落实党风廉政建设主体责任、纪委（纪检组）落实监督责任的情况，对涉及的区管干部、乡镇（街道）党政主要负责人实施责任追究；督促区直部门和单位监督对象加强作风建设，监督检查作风建设规定的执行情况，调查处理严重违反有关规定的行为；承办区直部门和单位区管干部、乡镇（街道）党政主要负责人的违纪违法案件和其他比较重要和复杂案件的初核、审查并提出处理建议，承办区直部门和单位应由委局机关参与调查事故、事件中涉及的监督对象违纪违法行为和需要问责情形的调查并提出处理建议，按照查办腐败案件以上级纪委领导为主的要求，监督、指导区直部门和单位的案件查处工作；做好问题线索的管理和处置工作，监督指导区直部门和单位上报问题线索处置；组织协调对区直部门和单位区管干部及乡镇（街道）党政主要负责人的诫勉谈话工作；负责了解部门和单位的纪检监察机关开展工作情况，综合、协调、指导部门和单位及其系统的纪检监察工作，协助考察了解部门和单位的纪检监察机构领导班子和队伍建设情况；负责本室干部日常管理和监督，承办领导交办的其他事项。

主　任	杨光达（侗族）	1993年6月至1998年1月
	刘荣国（侗族）	1998年2月至1998年12月
	吴成龙（侗族）	1999年1月至2000年4月
	罗仁相（侗族）	2000年4月至2003年1月
	黄义强（侗族）	2003年1月至2011年12月
	毛权民（土家族）	2014年3月至2016年9月
	卢菊凤（女，侗族）	2016年10月至2019年2月
	刘　斌（土家族）	2019年5月至2022年4月
	杨　超（侗族）	2022年7月至2022年12月
副主任	王贵权（侗族）	1995年3月至1997年3月

7.第二纪检监察室

主要职责同第一纪检监察室。

主　任	潘大贵（侗族）	2016年3月至2019年2月
	饶维圣（土家族）	2019年5月至2020年2月
	杨瑞清（土家族）	2020年6月至2022年1月
	方　磊（仡佬族）	2022年7月至2022年12月

8.第三纪检监察室

主要职责同第一纪检监察室。

主　任	刘兴刚（侗族）	2016年4月至2018年5月
	陈武警（苗族）	2019年5月至2021年4月
	吴　巍（土家族）	2021年5月2022年12月

9.第四纪检监察室（重大责任事故调查办公室）

主要职责：组织开展全区扶贫与民生监督工作，综合协调整治群众身边和扶贫领域的腐败和作风问题；承担机关参与调查的事故、事件中涉及的监督对象违纪违法犯罪行为和需要问责情形的调查处理工作；监督检查联系单位领导班子及区管干部遵守和执行党的章程和其他党内法规，遵守和执行党的路线方针政策和决议、国家法律法规，推进全面从严治党，依法履职、秉公用权、廉洁从政从业以及道德操守等方面的情况；监督检查联系单位党委（党组）落实管党治党主体责任的情况，指导、检查、督促派（出）驻派机构落实纪检、监察责任，实施问责；向监察对象所在单位提出监察建议；对案件监督管理室移交的问题线索，按程序进行处置，发现新的问题线索，按程序移交案件监督管理室；协助做好区管干部廉政档案建设工作；综合、协调、指导联系单位及其系统的纪检监察工作等。

主　任　　朱继华（仡佬族）　　　2019年2月至2022年12月

10.案件监督管理室

主要职责：承担对监督检查、审查调查工作全过程进行监督管理，履行线索管理、组织协调、监督检查、督促办理、统计分析等职责；统一受理信访室、巡察工作机构和审计机关、行政执法机关、司法机关等单位移交的相关问题线索，实行集中管理、动态更新、定期汇总核对，对适用“四种形态”的按程序移交纪检监察室；统一受理下级纪检监察机关线索处置和案件查办报告，分送有关部门；归口管理审查调查工作中与有关部门的联系协调事项；对调查措施使用进行监督管理，监督检查全区纪检监察机关依纪依法安全办案情况；协调办理区管干部任职前回复区委组织部意见工作；承担综合协调反腐败国际追逃追赃和防逃相关工作等。

主　任　　杨爱虹（土家族）　　　2015年2月至2016年8月
　　　　　杨　景（侗族）　　　　2019年5月至2022年12月

11.案件审理室

主要职责：审理委局机关直接检查处理和乡（科）级党组织、政府（部门）报批或备案的案件；承办党员、监察对象对委局机关做出的党纪政纪处分或其他处理不服，对乡（科）级党组织、政府（部门）做出的复议复查（复审复查）决定不服的申诉案件，及其他需要由委局机关办理的申诉案件，处理、督办委局机关收到的申诉信件；承办应当由乡（科）级党委、纪委批准但需要比照处理的案件和其他需要比照处理报区纪委备案的案件；负责对受党政纪处分人员的回访教育工作；承担区监察局的行政复议、行政应诉工作，承办区监察局给予的行政处分的解除工作；承办乡（科）级党组织、政府（部门）和委局机关有关部门征求案件审理室意见的案件；落实上级案件审理、申诉复查、行政复议、行政应诉和解除行政处分工作的程序性规定，指导全区纪检监察系统的相关业务工作；负责本室干部日常管理和监督，承办领导交办的其他事项。

主　任　　罗洪信（侗族）　　　　1993年6月至1996年7月
　　　　　刘荣国（侗族）　　　　1996年7月至1997年3月
　　　　　梁巨云（侗族）　　　　1997年3月至1998年2月
　　　　　邵宗凤（女，苗族）　　1998年2月至2003年1月
　　　　　杨　成（女，土家族）　2012年2月至2015年8月

	刘　恒(侗族)	2019年3月至2021年6月
	李戈甫	2022年4月至2022年12月
副主任	王贵权(侗族)	1993年6月至1995年3月
	王贵权(侗族)	1997年3月至1998年12月

12.执法监察室(执法和效能监察室)

主要职责:对各级党组织和政府及其工作人员执行党的路线、方针、政策、决议和国家法律、法规、政令的情况实施监督检查,并根据党委、政府及有关部门中心工作开展专项监察。

主　任	汤才见	1993年6月至2002年1月
	吴成龙(侗族)	2002年6月至2003年7月
	杨顺昌(侗族)	2003年7月至2011年12月
	陈济中(侗族)	2012年8月至2015年10月

13.监察综合室

主要职责:主要负责收集、综合行政监察工作情况,处理监察局日常事务;负责局长办公会议的会务工作和监察局的文秘工作,督促检查局长办公会议定事项的落实情况;负责监察局有关会议会务工作;负责与特区人民政府各部门的联系;对清除腐败抓源头工作进行政策调研和组织协调;承办特邀监察员的联络工作。

主　任	袁仁荣(侗族)	2012年2月至2014年12月

14.纠正部门和行业不正之风室

主要职责:综合分析部门和行业作风建设情况,提出纠正部门和行业不正之风意见,组织、协调、指导、督促、检查特直部门和各乡(镇)纠风工作;负责处理部门、行业违纪违规问题。

主　任	吴志明(侗族)	2002年4月至2006年3月
	李子建(布依族)	2008年6月至2013年8月

第四节　直属单位

2010年前,特区纪委未设置直属单位。2010年4月后,先后设置万山特区举报中心(非公有制经济发展侵权投诉中心)、铜仁市万山区绩效考核办公室、铜仁市万山区案件检查信息中心(铜仁市万山区案件信息中心)、执纪执法保障中心等4个直属单位。

一、铜仁市万山区(特区)举报中心(非公有制经济发展侵权投诉中心)

2010年4月,设置万山特区举报中心(非公有制经济发展侵权投诉中心),为区纪委所属财政全额预算管理的公益一类事业单位,机构规格为副科级。设主任1名,副主任1名(正股级),核定事业编制

6名，2012年，明确为参照公务员管理事业单位，2018年，派驻纪检监察机构改革中，划转编制1名，编制增至7名。

主要职责：受理辖区内非公有制企业对政府职能部门或其他具有行政管理职能的机构的投诉和被投诉者的申诉，提出处理意见和建议；组织、批转或会同有关部门对投诉事项进行调查处理，对调查处理情况进行督办、催办、检查；定期组织非公有制企业对政府职能部门及其他具有行政管理职能的机构的管理和服务工作进行民主评议，将评议结果上报区（特区）委、区（特区）人民政府，经批准向社会公布；对投诉中涉及的政策性和普遍性问题进行分析，向相关部门或区（特区）委、区（特区）人民政府提出改进建议和意见；对重大紧急的投诉问题，及时向主管部门报告；非公有制企业提供相关咨询服务和协助等；承办上级交办的其他工作。

主　任　陈汉斌（侗族）　2012年8月至2017年6月
　　　　杨　磊（苗族）　2019年5月至2022年5月

二、铜仁市万山区绩效考核办公室

2012年2月，成立铜仁市万山区绩效考核办公室，为正科级事业单位，核定事业编制6名，设主任1名，副主任1名（副科级）；2013年4月，增加事业编制6名；2014年6月，铜仁市万山区绩效考核办公室划转至区委办管理。

主要职责：综合统筹、协调有关单位对各乡镇（街道）党委、政府，区委各工作部门、区级国家机关各部门、各人民团体、上级驻万山单位的党建工作、年度重点工作、其他专项工作、社会公认度评价等进行综合检查和考核。

副主任　杨钊昌（侗族）　2012年5月至2014年6月
　　　　杨爱虹（土家族）　2013年12月至2014年6月

三、铜仁市万山区案件检查信息中心（铜仁市万山区案件信息中心）

2014年6月，划转区绩效办事业编制8名，成立铜仁市万山区案件检查信息中心，为区纪委所属财政全额预算管理的公益一类事业单位，机构规格为副科级，设主任1名。2015年划转四个派出纪工委监察分局事业编制20名，增编至28名；2019年7月，因机构改革，铜仁市万山区案件检查信息中心更名为铜仁市万山区案件信息中心，降为正股级；2021年9月，划转6名编制至区纪委区监委执纪执法保障中心，编制减少为22名。

主　任　杨　睿（苗族）　2015年10月至2019年3月

四、执纪执法保障中心

2021年9月，增设执纪执法保障中心，为区纪委所属财政全额预算管理的公益一类事业单位，机构规格为正股级。设主任1名。核定事业编制6名。

主　任　（缺）

第五节　派出(派驻)机构

2009年3月,根据特区机构编制委员会《关于印发特区纪委监察局派驻纪检监察机构有关事项的通知》,成立4个派驻纪检监察组,简称第一纪检监察组、第二纪检监察组、第三纪检监察组、第四纪检监察组。各组设组长1名,副组长1名、副科级纪检员1名,组长按正科级配备,副组长按副科级配备,各组核定后勤服务人员事业编制1名。

2012年7月,根据贵州省纪委、贵州省监察厅印发《关于完善县级纪检监察派驻机构统一管理的实施意见(试行)》的通知(黔纪发〔2012〕20号)中共铜仁市纪委《关于加快县级纪检监察派驻机构统一管理工作》(铜纪办发电〔2012〕3号)和区委关于印发《铜仁市万山区完善纪检监察派出机构统一管理工作实施方案》的通知要求,中共铜仁市万山区纪委监察局撤销4个派驻纪检监察组,设置4个派出纪工委(监察分局),规格为正科级机构,核定编制28名,其中,行政编制4名,事业编制20名,机关后勤服务人员事业编制4名,各纪工委(监察分局)设纪工委书记1名(行政编制)、副书记2名(其中1名兼任监察分局局长)、监察分局副局长1名、综合室主任1名(副科级),分片负责监督56个区直行政事业单位的纪检监察工作,初步实现派出工作全覆盖。

一、派驻纪检监察组

1.第一纪检监察组

组　长　　姬黄河　　　　　2011年3月至2012年7月

副组长　　田红春(女,侗族)　　2012年2月至2012年9月

派驻部门14个:特区党委办、特区人大办、特区政府办、特区政协办、特区发展改革与经济贸易局、特区人事劳动和社会保障局、特区财政局、特区审计局、特区统计局、特区民宗局、特区建设局、特区民政局、特区工商联、特区物价局。

2.第二纪检监察组

组　长　　吴　锋(侗族)　　2011年3月至2012年7月

派驻部门14个:特区委组织部、特区委宣传部、特区委政法委、特区委统战部、特区编委办、特区农办、特区交通局、特区水利局、特区农业局、特区林业局、特区粮食局、特区教育局、特区计生局、特区卫生局。

3.第三纪检监察组

组　长　　蒲光荣(侗族)　　2011年3月至2012年7月

派驻部门13个:特区总工会、特区团委、特区妇联、特区残联、特区科协(科技局)、特区安监局、特区城管局、特区合管局、特区疾控中心、特区人民医院、特区卫生监督所、特区职业技术学校、特区民族中学。

4.第四纪检监察组

组　长　姚登富(侗族)　　　2011年3月至2012年7月

派驻部门13个:特区档案局、特区供销社、特区商贸中心、特区接待办、特区委党校、特区党史办(区志办)、特区畜牧兽医局、特区文体广播电视事业局、特区旅游事业局、特区环保事业局、特区行政服务中心(招商引资局、行政投诉中心)、特区房产事业局、特区社区服务管理局。

二、派出纪工委(监察分局)

1.派出第一纪工委(监察分局)

管理:区委办(接待办)、区人大办、区政府办、区政协办、区矿区社区服务管理局、区发展与改革局(物价局)、区统计局、区交通运输局、区农牧科技局、区畜牧兽医局、区科学技术局、区扶贫办、区档案局、区审计局、区开源投资公司、区总工会、团区委。

联　系:万山镇、高楼坪乡。

书　记	姬黄河	2012年7月至2014年5月
	蒲光荣(侗族)	2014年5月至2018年5月
副书记	许佰成	2013年8月至2014年5月
	蒲召云(侗族)	2014年5月至2014年5月
	蒙志国(土家族)	2015年8月至2019年7月
	潘　懿(侗族)	2017年5月至2019年10月
副局长	蒲　涛(侗族)	2013年2月至2015年8月
	胡春木(侗族)	2015年10月至2019年10月
综合室主任		
	杨胜江(侗族)	2014年11月至2018年9月

2.派出第二纪工委(监察分局)

管　理:区委组织部、区委宣传部、区委政法委、区委统战部、区编委办、区离退休干部工作局、区党史研究室、区财政局、区环保局、区水务局、区人力资源和社会保障局、区安全生产监督管理局、区司法局、区妇联、区残联、区工商联、区供销联社。

联　系:敖寨乡、下溪乡、黄道乡。

书　记	吴　锋(侗族)	2012年7月至2018年5月
副书记	罗世珍(侗族)	2014年1月至2014年5月
	许佰成	2013年8月至2018年5月
	袁再军(侗族)	2015年8月至2019年7月
	刘兴刚(侗族)	2017年1月至2018年5月
副局长	罗世珍(侗族)	2012年10月至2014年1月
	吴　芳(女,侗族)	2014年2月至2015年8月
	李双龙(苗族)	2015年9月至2019年7月
综合室主任	刘兴刚(侗族)	2014年11月至2016年3月
	宋　伟(土家族)	2017年5月至2019年10月

3.派出第三纪工委(监察分局)

管理:区教育局、区民政局(老龄办)、区人口和计划生育局、区文化体育广播电视旅游局、区林业局、区民族和宗教事务局、区卫生和食品药品监督管理局、区卫生监督所、区委党校、区民族中学、区中等职业技术学校、区医院、区疾控中心、区科协、区红十字会、区计生协会。

联　系:鱼塘乡、大坪乡。

书　记	蒲光荣(侗族)	2012年7月至2014年5月
	姬黄河	2014年5月至2018年5月
副书记	余福军(蒙古族)	2013年8月至2014年5月
	罗世珍(侗族)	2014年5月至2015年2月
	卢华成(侗族)	2015年8月至2019年10月
	陆　倩(女,布依族)	2016年7月至2019年10月
副局长	孙国彪(土家族)	2013年7月至2015年8月
	杨　琳(女,侗族)	2015年9月至2019年3月
综合室主任	杨　萍(女,仡佬族)	2014年11月至2015年11月
	杨晓恒(侗族)	2017年5月至2019年10月

4.派出第四纪工委(监察分局)

管　理:谢桥新区管委会、转型工业园区管委会、区住房和城乡建设局、区投资促进局、区工业贸易局、区行政服务中心。

联　系:谢桥街道、茶店街道。

书　记	姚登富(侗族)	2012年7月至2015年7月
	孙江云(侗族)	2015年8月至2018年5月
副书记	蒲召云(侗族)	2013年1月至2014年5月
	余福军(蒙古族)	2014年5月至2015年8月
	罗仁良(侗族)	2015年8月至2018年12月
	符宁亮(苗族)	2015年10月至2017年2月
	喻诗勇(土家族)	2017年5月至2019年10月
副局长	付其芹	2013年6月至2015年8月
	文小问(土家族)	2015年9月至2019年10月
综合室主任	向仲敏(土家族)	2015年8月至2018年12月

第六节　乡镇(公社、区公所)纪检监察机构

一、特区成立前的区委纪检检查机构

1951年至1955年,玉屏县基层纪检监察组织基本没有建立,基层纪检工作一般暂由各区、乡党委书记或副书记及支部书记或副书记兼管。1956年初,县委纪委更名为县监察委员会后,各区、乡党

委，农村各党支部及机关各支部，都明确兼职监察干部。

1958年1月，玉屏县撤销万山区，设立万山镇和黄道乡。12月，玉屏县并入铜仁县。1961年8月18日，恢复玉屏县，同时也恢复万山区公所。万山区区级派出机构延续到1966年5月万山特区建立时，自然消失。

兼职监察员　　陈德树　　1956年12月至1958年12月

二、特区成立后乡镇（公社）纪检监察机构

1982年5月25日，根据各社（镇）第二届党代表大会选举结果，万山特区党委常委20日会议研究决定，中共万山特区委组织部行文对四社一镇选举作出批复，即：陈先福任黄道公社党委副书记，分管纪律检查工作；杨再华任万山镇党委副书记，分管纪律检查工作；高楼坪公社纪检员为刘远芝、敖寨公社纪检员为杨树昌、下溪公社纪检员为刘荣德。1985年12月，任命乡镇纪检员到任。

1.万山镇

纪检员　　徐惠君（女）　　1985年12月至1987年9月

　　　　　刘洪青（侗族）　1987年9月至1990年3月

2.高楼坪侗族乡

纪检员　　卢华国　　1985年12月至1992年12月

3.黄道侗族乡

纪检员　　杨秀芳（侗族）　1985年12月至1992年12月

4.敖寨侗族乡

纪检员　　毛家海　　1985年12月至1987年8月

　　　　　杨光元（侗族）　1987年8月至1990年5月

5.下溪侗族乡

纪检员　　蒲光昧（侗族）　1985年12月至1987年12月

　　　　　杨胜建（侗族）　1987年12月至1989年11月

　　　　　张绍和（侗族）　1989年12月至1992年12月

三、特区成立后的区公所纪检监察机构

万山特区成立后，未设立县级政府派出的区级机构。而铜仁县（市、碧江区）人民政府派出的区级机构一直延续到1992年撤区并乡建镇时，因碧江区的谢桥、茶店两个曾设立区的乡镇（街道）2011年划归万山区，为保持机构的传承性，故设此目。

1987年8月，撤销铜仁县，设立铜仁市（县级）后，先后于1987年8月，建立铜仁市谢桥区纪检组；1989年3月，建立铜仁市茶店区纪检组。至1992年9月，两区成立纪律检查委员后，纪检组撤销。

1.谢桥区纪检组

组　长　　黄兴桥　　1987年3月至1987年7月

罗金生(苗族,兼)　1987年8月至1990年4月

傅加能(兼)　1990年11月至1992年7月

2.茶店区纪检组

组　长　杨建生　1987年3月至1989年3月

周启龙(侗族)　1989年3月至1992年7月

第七节　监察体制改革前的派驻区直部门纪检监察机构

改革开放和社会主义现代化建设时期,党的政治生活逐步转入正常轨道,中共万山特区委除在特区人大常委会、特区人民政府、特区政协建立党组外,还在有关部门(单位)分别建立党组、纪委、纪检组(员),有效地保证党的路线、方针、政策的全面贯彻执行。

一、合署前的特区部门(单位)纪检监察机构(1984年9月至1993年6月)

1984年9月,中共万山特区委纪律检查委员会由局级升格为副县级,改称中共万山特区纪律检查委员会后。强化特区直部门纪检工作,部分单位增设纪检组或纪检员。有特区商业局、特区卫生局、特区教育局、特区公安局、特区粮食局等5个单位设立纪检组;有特区林业局、特区税务局、特区工商银行、特区人民检察院、特区人民法院、特区交通局、特区机关党委、特区水电局、特区供销社等9个单位配备纪检员。1985年12月,特区委组织部印发《关于杨德敬等同志为纪检干部的通知》文件,对设有纪检组或纪检员的人事进行明确。至1988年1月,各单位支部换届后,各单位纪检组组长和纪检员职务自然免除,各单位纪检工作由支部纪检委员负责。

1990年10月,特区党委批转特区纪委、特区监察局《关于在部分基层党组织和工作部门设置纪检组织和派驻专职纪检、监察员的报告》,明确设立特区机关纪委,纪委书记由特区机关党委副书记兼任;明确设立派驻专职纪检监察员的单位有特区公安局、特区工商局、特区教育局、特区商业局、特区粮食局、特区农经委;明确配置兼职纪检监察员的单位有特区人事局、特区财政局、特区供销社、特区卫生局;对其余未明确规定设置派驻专兼职纪检监察员的单位,其纪检监察工作职能按照支部分工或由单位主管人事干部的人员负责。

1991年3月,中共万山特区直属机关委员会第一次代表大会在特区总工会召开,大会选举产生中共万山特区直属机关委员会纪律检查委员会,杨再清为纪委书记。

1992年9月,经特区党委研究决定,特区编制委员会印发《关于高楼坪乡等单位成立纪委的通知》文件要求,成立中共万山特区公安局纪律检查委员会。至1993年6月,特区纪委、特区监察局正式合署办公前,特区区直部门(单位)纪检监察机构情况如下:

(一)商业局

纪检组组长　杨德敬(侗族)　1985年12月至1988年1月

纪检员　陈世禄　1985年12月至1988年1月

王维端　1985年12月至1988年1月

（二）卫生局

纪检组组长	张生旺	1985年12月至1988年1月
纪检员	聂贤能	1985年12月至1988年1月
	申有林	1985年12月至1988年1月

（三）教育局

纪检组组长	张进国	1985年12月至1988年1月
纪检员	闻培德	1985年12月至1988年1月
	宋一才	1985年12月至1988年1月

（四）公安局

纪检组组长	王云生	1985年12月至1987年1月
	方国平	1987年1月至1988年1月
纪检员	罗洪荣（侗族）	1984年8月至1988年1月
	刘远锡（侗族）	1985年12月至1988年1月

（五）粮食局

纪检组组长	梁伦孝	1985年12月至1988年1月
纪检员	黄龙国	1985年12月至1988年1月
	梁海洋	1985年12月至1988年1月

（六）工商局

纪检组组长	吴水林（侗族）	1987年12月至1992年8月
纪检员	杨　琼（侗族）	1987年12月至1992年1月

（七）林业局

纪检组组长	田昌喜	1986年5月至1988年1月
纪检员	田昌喜	1985年12月至1986年5月
	刘洪甲（侗族）	1986年5月至1988年1月
	刘振河	1986年5月至1988年1月

（八）税务局

纪检员	刘洪登（侗族）	1985年12月至1987年10月
	刘洪章（侗族）	1987年11月至1993年3月

（九）人民检察院

纪检员	田茂权	1985年12月至1987年5月
	唐良亿	1987年5月至1988年1月

（十）人民法院

纪检员	张本道	1985年12月至1988年1月

（十一）交通局

纪检员	李江湖	1985年12月至1987年3月

张成贵 1987年3月至1988年1月

(十二)特区直属机关委员会

纪检员 陈先福 1985年12月至1988年1月

纪委书记 杨再清(侗族) 1991年3月至1993年6月

(十三)水电局

纪检员 欧德友 1985年12月至1988年1月

(十四)供销联社

纪检员 肖维早(侗族) 1985年12月至1988年1月

(十五)工商银行

纪检员 姚树敏 1985年12月至1988年1月

二、合署后的特区(区)部门(单位)纪检监察机构(1993年6月至2014年12月)

1993年6月纪委、监察局正式合署办公后,纪检监察职能进一步延伸,特区直属部门(单位)派驻工作稳步推进。1993年12月,经特区党委批准,成立特区公安局监察室,正式选配纪委书记、监察室主任。1999年4月,特区人民法院设立监察室,配备监察室主任。2001年后,特区人民检察院、特区民政局、特区水利局、特区人事局、特区(区)直及区属部门先后设立纪检组或配备专(兼)职纪检监察员。2003年3月,中共万山特区直属机关委员会更名为中共万山特区直属机关工作委员会。

2002年10月16日,成立中共万山矿区社区服务管理局纪律检查委员会,由于受矿区社会稳定因素影响,直到2004年才配备完善组成人员。至2014年底,万山区(特区)直部门纪检监察机构及人员情况如下。

(一)中共万山区(特区)直属机关(工作)委员会

纪委书记 杨再清(侗族) 1993年6月至2001年12月

吴培刚(侗族) 2001年12月至2005年7月

蒲光荣(侗族) 2007年3月至2011年3月

姚 科(侗族) 2011年6月至2012年8月

田红春(女) 2012年9月至2018年5月

(二)万山区(特区)公安局

1.中共万山区(特区)公安局纪律检查委员会

书 记 陈通海 1993年12月至1999年7月

刘远锡(侗族) 1999年7月至2005年10月

杨辉浪 2005年10月至2008年12月

黄汝金 2008年12月至2009年10月

赵世权 2009年10月至2013年7月

杨胜明 2013年7月至2018年6月

2.万山区(特区)公安局监察室

主　任	陈通海	1993年12月至1999年7月
	吴志华	2005年7月至2008年8月
	龙常青	2008年8至2018年6月

(三)万山矿区社区服务管理局

纪委书记	周德昌(兼)	2004年2月至2008年6月
纪委委员	冉光清	2004年2月至2008年6月
	李子建(布依族)	2004年2月至2008年6月

(四)人民检察院

纪检组组长	翁习祥(侗族)	2002年1月至2016年7月

(五)人民法院

纪检组组长	吴成松(侗族)	2003年11月至2016年7月
监察室主任	杨政森	1999年4月至2000年5月
	姚本水(侗族)	2000年5月至2005年9月
	刘元蛟(侗族)	2006年9月至2007年4月
	刘元美(侗族)	2008年4月至2010年3月
	杨昌喜(侗族)	2010年3月至2013年3月
	安晓琴(女)	2013年3月至2016年1月
	张丽琴(女)	2016年12月至2018年2月

(六)水利局(水利电力技术服务中心)

纪检监察员	刘荣国(侗族)	2002年3月至2003年8月

(七)交通局

纪检组组长	刘泽祥(侗族)	2003年8月至2006年3月

(八)农业办公室(扶贫办)

纪检监察员	刘　勇(侗族)	2003年7月至2008年7月

(九)人事劳动和社会保障局

纪检组组长	杨再清(侗族)	2004年1月至2010年8月

(十)国土资源局

纪检监察员	吴成龙(侗族)	2003年7月至2005年3月
纪检组组长	吴成龙(侗族)	2005年3月至2014年1月
	吴　屏(女,侗族)	2014年3月至2014年12月

(十一)民政局

纪检监察员	罗贵萍(女)	2003年5月至2007年3月

(十二)发展改革与经济贸易局(发展计划与经济贸易局)

纪检监察员	禹济楠	2003年7月至2007年3月

方德英(女)　2007年3月至2010年8月

(十三)教育局

纪检监察员　刘元席(侗族)　2003年7月至2007年3月

(十四)财政局

纪检监察员　方德英(女)　2003年7月至2007年3月

三、合署后区直属部门(单位)派驻纪检组的单位(2014年12月至2019年5月)

2014年11月27日，万山区委第26次常委会会议审议万山区纪委监察局《关于在区直部门重点派驻纪检组的请示》，同意在区委办、区人大办、区政府办、区政协办、区委组织部、区委宣传部、区委政法委、区发改局、区财政局、区教育局、区人社局、区卫计局、区民政局、区工业和商务局、区安监局、区民宗局、区交通运输局、区农牧科技局、区水电局、区林业局、区住建局、区司法局、区环保局、区扶贫办、区文广局、区食品药品监督管理局、区市场监督管理局、区社管局、区投资促进局、区机关事务局、区政务服务中心、长寿湖国家湿地公园管理局32个区直部门实行派驻纪检组或纪检员。从2015年8月起，各部门(单位)纪检组组长先后配备到位。

2017年12月至2018年5月，按照深化国家监察体制改革和派驻机构改革的要求，对派驻机构改革进行完善，撤销区纪委监察局派出(派驻)和部分区直部门(单位)内设纪检监察机构。其中区机关事务管理局、万山矿区社区服务管理局、区行政服务中心(政务服务中心)、区投资促进局、长寿湖国家湿地公园管理局5个事业单位的纪检组延迟至2019年5月撤销。具体情况如下：

(一)人民政府办公室纪检组

组　长　杨　雪(女，侗族)　2015年8月至2018年5月

(二)宣传部纪检组

组　长　田　勇(土家族)　2016年6月至2017年1月

(三)政法委纪检组

组　长　邹　骏　2016年7月至2018年5月

(四)发展和改革局纪检组

组　长　余福军(蒙古族)　2015年8月至2018年5月

(五)财政局纪检组

组　长　王　军(侗族)　2015年9月至2017年4月

李艳萍(女，侗族)　2017年6月至2018年6月

(六)教育局纪检组

组　长　付其芹(土家族)　2015年8月至2018年5月

(七)人力资源和社会保障局(人事劳动和社会保障局)纪检组

组　长　蒲　涛(侗族)　2015年8月至2018年5月

监察室主任　龙　研(女)　2016年4月至2017年7月

杨细领(侗族)　2017年7月至2018年5月

(八)卫生和计划生育局纪检组

组　长　　吴群雁(女,侗族)　　2015年10月至2018年6月

(九)民政局纪检组

组　长　　吴　芳(女,侗族)　　2015年8月至2018年5月

(十)工业和商务局纪检组

组　长　　杨　渊　　2015年10月至2018年3月

(十一)安全生产监督管理局纪检组

组　长　　柳　亮(土家族)　　2015年9月至2018年5月

(十二)民族和宗教事务管理局纪检组

组　长　　刘水平(女,侗族)　　2015年8月至2018年5月

(十三)交通运输局纪检组

组　长　　蒲召云(侗族)　　2015年8月至2018年5月

(十四)农牧科技局纪检组

组　长　　何　斌(土家族)　　2015年8月至2018年5月

(十五)水务局纪检组

组　长　　王　乾　　2015年8月至2018年5月

(十六)林业局纪检组

组　长　　杨小琼(女,侗族)　　2015年10月至2018年5月

(十七)住房和城乡建设局纪检组

组长　　陈汉斌(侗族)　　2017年6月至2018年5月

(十八)司法局纪检组

组长　　陈济中(侗族)　　2015年10月至2018年5月

(十九)环境保护局纪检组

组长　　孙国彪(土家族)　　2016年7月至2018年6月

(二十)扶贫办纪检组

组　长　　罗桂梅(女,侗族)　　2015年8月至2017年9月

　　　　　高　松(土家族)　　2017年10月至2018年6月

(二十一)文体广播电视新闻出版局纪检组

组　长　　龙金永(女、苗族)　　2015年12月至2017年2月

(二十二)食品药品监督管理局纪检组

组　长　　梁成库(侗族)　　2016年7月至2018年5月

(二十三)市场监督管理局纪检组

组　长　　吴金华(女,侗族)　　2015年10月至2018年5月

监察室主任　　徐历颖　　2016年4月至2018年5月

(二十四)万山矿区社区服务管理局纪检组

组　长	李贵斌	2015年8月至2016年8月
	陈兴华(侗族)	2016年8月至2019年5月

(二十五)投资促进局纪检组

组　长	王振华(土家族)	2017年6月至2019年5月

(二十六)机关事务管理局纪检组

组　长	吴克灿(侗族)	2015年10月至2019年5月

(二十七)政务服务中心纪检组

组　长	王　超	2017年5月至2019年5月

(二十八)万山长寿湖国家湿地公园管理局纪检组

组　长	张运发(侗族)	2015年8月至2019年5月

(二十九)人民法院纪检组

组　长	黄　琴(女,侗族)	2016年7月至2017年11月

(三十)人民检察院纪检组

组　长	万兆田(侗族)	2016年7月至2018年3月

(三十一)国土资源局纪检组

组　长	吴　屏(女,侗族)	2014年12月至2018年5月

第八节　监察体制改革后的派驻区直及区属部门纪检监察机构

一、派驻纪检监察组

2017年至2020年8月,按照深化国家监察体制改革和派驻机构改革的要求,对派驻机构设置进行完善。出台《铜仁市万山区深化国家监察体制改革试点工作实施方案》(万委办字〔2017〕65号)、《中共铜仁市万山区委办公室印发〈关于加强万山区纪委区监委派驻机构建设的意见〉的通知》(万委办字〔2017〕73号)等文件,明确通过新设、调整、合并等方式,撤销区4家区纪委监察局派出纪工委监察分局、34家区纪委派出纪检组和铜仁市公安局万山分局纪委监察室等机构,新设立7个派驻纪检监察组。每个派驻纪检监察组设组长1名(副科长级)、副科长级专职纪检监察员2名(其中1名兼任副组长)。在区纪委区监委驻地集中设办公室办公,负责所联系的乡镇和部门监督检查工作。

2018年7月30日,万山区纪委区监委出台《关于调整区纪委区监委派驻纪检监察组监督部门和联系乡镇(街道)的通知》(万纪〔2018〕65号)文件,把7个区纪委区监委派驻纪检监察组调整为6个,监督部门70个。

2020年10月,出台《中共铜仁市万山区委办公室印发〈关于深化中共铜仁市万山区纪委铜仁市万山区监委派驻机构改革的实施意见〉的通知》(万党办发〔2020〕22号)等文件,对万山区纪委区监委派驻机构进行改革,对区纪委区监委派驻机构具体设置和监督范围进行调整。在综合考虑派驻纪检监察组监督部门单位的职能职责、廉政风险等因素后,从6个派驻纪检监察组分别联系的部门中,每组分别选取2家相对规模较大、权力相对集中的部门由派驻纪检监察组组长、副组长任部门党组成员或班子成员，但与部门党组的关系是监督与被监督的关系，不承担驻在部门领导班子履行主体责任相关的日常工作。

纪工委（监察分局）作为区纪委、监察局的派出机构，履行纪律检查和行政监察两项职能，在区纪委、监察局授予的职权范围内开展工作。主要职责：一是监督检查所驻部门或所属系统党政组织和领导干部贯彻执行党的路线、方针、政策、决议和国家法律、法规及各项规章制度执行情况。二是督促检查所驻部门落实党风廉政建设责任制情况，纠正部门和行业不正之风；对涉及重大决策、重要人事任免、重大项目和大额度资金使用等情况实施监督；对党政组织及领导干部贯彻执行民主集中制情况进行监督检查；对领导干部权力行使情况进行监督检查。三是受理对所驻部门党政组织、党员和监察对象违反党纪政纪行为的检举和控告；按照区纪委、监察局的要求查办所辖单位党政组织、党员和监察对象的违法违纪案件。四是对所驻部门党员干部进行勤政廉政教育和警示教育，对干部职工作风和效能进行监察，对党政领导干部依法行政，规范用权进行监督检查。五是履行组织协调职能，指导所驻单位党政组织加强党风廉政建设，督促党政组织建立健全、教育、制度、监督并重的惩治和预防腐败的机制和体制。六是承办区纪委、监察局交办的其他工作任务。具体情况如下：

（一）派驻第一纪检监察组

组　长	付其芹	2018年5月至2022年12月
副组长	蒲　涛（侗族）	2018年5月至2022年12月
专职纪检监察员	蒲召云（侗族）	2018年5月至2022年12月
成　员	吴金华（女，侗族）	2018年5月至2022年12月

综合监督：区委办、区委宣传部、区信访局、区农业农村局、区编委办、区民政局、区退役军人事务局、区住房和城乡建设局、区投资促进局、区交通运输局、区机关事务管理局、区供销合作联社、开源投资公司13家单位，联系万山镇、黄道乡。

2020年10月派驻机构改革后，组长任区委办班子成员，副组长任区交通运输局党组成员。综合监督：区委办、区交通运输局、区委编办、区委党史研究室、区信访局、区督查督办局、区档案馆、区民政局、区退役军人事务局、区住房和城乡建设局、区机关事务中心、区供销合作联社12家单位。

（二）派驻第二纪检监察组

组　长	吴　芳（女，侗族）	2020年10月至2022年12月
副组长	吴　芳（女，侗族）	2018年5月至2020年10月
	杨光亮（侗族）	2021年5月至2022年12月
专职纪检监察员	姚冬霞（女，侗族）	2019年10月至2021年7月
	戴贤静（女，侗族）	2021年7月至2022年12月
成　员	吴群雁（女，侗族）	2018年5月至2021年10月
	梁成库（侗族）	2018年5月至2022年12月

综合监督：区人大办、区委组织部、巡察办、区人力资源和社会保障局、区文体广电旅游局、区融媒体中心、市生态环保局万山分局、区委党校、区残联、区档案馆、区委党史研究室、区工商联12家单

位;联系鱼塘乡。

2020年10月派驻机构改革后,组长任区人大常委会机关党组成员,副组长任区委组织部部务委员。综合监督:区人大办、区委组织部、区委统战部、区委宣传部、区委党校、市生态环境局万山分局、区人力资源和社会保障局、区文体广电旅游局、区融媒体中心、区妇联机关、区工商联机关、区老年大学12家单位。

(三)派驻第三纪检监察组

组　长	胡景亮	2019年5月至2022年12月
副组长	余福军(蒙古族)	2018年5月至2020年4月
	罗仁华(侗族)	2021年7月至2022年7月
	杨　静(女,侗族)	2022年7月至2022年12月
专职纪检监察员	杨　雪(女,侗族)	2018年5月至2020年8月
	罗　雄(侗族)	2019年5月至2022年12月
	饶维圣(土家族)	2020年2月至2022年8月
成　员	邹　骏	2018年5月至2022年6月
	高　松(土家族)	2018年5月至2020年12月

综合监督:区政府办、区委政法委、区委统战部、区发展和改革局、区财政局、区统计局、区应急管理局、区自然资源局、区政务服务中心、万山矿区社区服务管理局、区产权交易中心、区直属机关工委、区红十字会13家单位;联系敖寨乡、下溪乡。

2020年10月派驻机构改革后,组长任区政府办党组成员,副组长任区财政局党组成员。综合监督:区政府办、区财政局、区发展和改革局、万山矿区社区服务管理局、区投资促进局、区统计局、区应急管理局、区自然资源局、区残联、区政务服务中心、区产权交易中心、区住房公积金管理中心12家单位。

(四)派驻第四纪检监察组

组　长	陈汉斌(侗族)	2018年5月至2022年12月
副组长	柳　亮(侗族)	2018年5月至2019年2月
	李艳萍(女,侗族)	2022年8月至2022年12月
专职纪检监察员	李艳萍(女,侗族)	2018年5月至2022年8月
	罗水华(侗族)	2021年5月至2022年8月
	袁文湘(侗族)	2021年7月至2022年12月
成　员	刘水平(女,侗族)	2018年5月至2022年12月

综合监督:区政协办、区督查督办局、审计局、区扶贫办、区水务局、区城市管理局、万山长寿湖国家湿地公园管理局、区民族宗教事务局、区工业和商务局、区市场监督管理局、区总工会、团区委、区妇联、区科协、区文联15家单位;联系大坪乡。

派驻机构改革后,组长任区政协机关党组成员,副组长任区扶贫办党组成员。综合监督区政协机关、区扶贫办、区农业农村局、区水务局、区城市管理局、万山长寿湖国家湿地公园管理局、区民族宗教事务局、区工业和商务局、区市场监督管理局、区总工会机关、团区委机关、区文联机关12家单位。

（五）派驻第五纪检监察组

组　　长	何　斌（土家族）	2018年5月至2022年12月
副 组 长	王　乾	2018年5月至2021年10月
	饶维圣（土家族）	2022年8月至2022年12月
专职纪检监察员	饶维圣（土家族）	2022年6月至2022年8月
	陈孟珍（女，苗族）	2022年12月至2022年12月
成　　员	杨小琼（女，侗族）	2018年5月至2022年12月

综合监督：区卫生健康局、医疗保障局、区卫生监督局、区人民医院、区中医院、区疾控中心、区计生协会、区妇计中心、区新型农村合作医疗管理局、区教育局、区民族中学、铜仁市第八中学、铜仁市第六中学、铜仁市交通学校、铜仁市第十六中学15家单位；联系高楼坪乡、茶店街道。

2020年10月派驻机构改革后，组长任区教育局党组成员，副组长任区卫生健康局党组成员。综合监督区教育局（区民族中学、铜仁市第六中学）、区卫生健康局、区医疗保障局、区人民医院、区中医院、区疾控中心、区计生协会、区红十字会机关、区妇计中心、区科协机关、铜仁市交通学校、铜仁市第十六中学12家单位。

（六）派驻第六纪检监察组

组　　长	刘兴刚（侗族）	2018年5月至2022年12月
副 组 长	万兆田（侗族）	2018年5月至2022年4月
专职纪检监察员	吴群雁（女，侗族）	2022年12月至2022年12月
成　　员	陈济中（侗族）	2018年5月至2022年12月
	吴群雁（女，侗族）	2021年10月至2022年11月

综合监督：区人民法院、区人民检察院、市公安局万山分局、区司法局4家单位；联系仁山街道、谢桥街道、丹都街道。2020年10月派驻机构改革后，组长任区委政法委班子成员，副组长任区人民检察院党组成员。综合监督：区委政法委、区人民法院、区人民检察院、市公安局万山分局、区审计局、区司法局6家单位。

二、派出区直属机关纪检监察工作委员会

2021年9月21日，推进区级其他单位纪检监察体制改革。在派驻全覆盖改革中未列入派驻监督范围的区直机关工委，以此次改革为契机完善其纪检监察体制。将区直机关纪工委改设为区直机关工委纪检监察工委，赋予监察权。区直机关工委纪检监察工委是区纪委区监委的派出机构，在区纪委区监委、区直机关工委的双重领导下进行工作，领导区直机关各部门机关纪委工作，推动各部门加强机关纪委建设，开展党风廉政建设和反腐败工作。

中共万山区直属机关工作委员会纪检监察工作委员会

书　记　田红春（女，侗族）　2018年5月至2022年12月

三、区管医院、学校、企业党委纪检监察机构

（一）区管医院、学校党委纪检监察机构

2019年10月，为进一步完善学校、医疗机构监察机构改革派驻工作，根据《关于核定铜仁市万山区人民医院纪委书记领导职数的通知》（万机编办〔2019〕71号）、《关于调整铜仁市第八中学领导职数的通知》（万机编办〔2020〕25号）文件精神，在区人民医院、铜仁市第八中学各设纪委书记1名。2022年11月，根据《关于规范铜仁市第六中学领导职数的通知》（万机编办〔2022〕58号）、《关于规范铜仁市交通学校领导职数的通知》（万机编办〔2022〕60号）文件精神，在铜仁市第六中学、铜仁市交通学校各设纪委书记1名。

1.区人民医院纪律检查委员会

2019年10月，成立铜仁市万山区人民医院纪律检查委员会。

书　记　　杨丽沙（女，侗族）　　2019年10月至2022年12月

2.铜仁市第八中学纪律检查委员会

2020年3月，成立铜仁市第八中学纪律检查委员会。

书　记（监察专员）　陈红启（土家族）　2020年8月至2022年12月

3.铜仁市第六中学纪律检查委员会

2022年11月，成立铜仁市第六中学纪律检查委员会。

书　记（监察专员）　邹小云（女）　　2022年12月至2022年12月

4.铜仁市交通学校纪律检查委员会

2022年11月，成立铜仁市交通学校纪律检查委员会。

书记（监察专员）　彭涛（仡佬族）　　2022年12月至2022年12月

（二）区管企业党委纪检监察机构

2020年9月，万山区委印发《关于深化中共铜仁市万山区纪委铜仁市万山区监委派驻机构改革的实施意见》，对设立党委的区管国有企业，保留纪委设置，纪委书记由区纪委区监委任免为监察专员，设立监察专员办公室，与纪委合署办公。

1.中共铜仁市万山区开源投资集团有限公司纪律检查委员会（监察专员办公室）

2020年3月，成立中共铜仁市万山区开源投资集团有限公司纪律检查委员会；2020年9月，区管国有企业纪委书记由区纪委区监委任命为监察专员，设立监察专员办公室，与纪委合署办公。2021年4月，撤销中共铜仁市万山区开源投资集团有限公司，其纪律检查委员会（监察专员办公室）自然消失。

书　记（监察专员）　　黄　栩（侗族）　2020年5月至2021年4月

2.中共铜仁市万山区翠丰实业集团有限责任公司纪律检查委员会（监察专员办公室）

2021年4月，成立中共铜仁市万山区翠丰实业集团有限责任公司纪律检查委员会（监察专员办公室）。

书　记（监察专员）　　吴谋智（苗族）　2021年6月至2022年12月

3.中共铜仁市万山区城市发展集团有限公司纪律检查委员会(监察专员办公室)

2021年4月,成立中共铜仁市万山区城市发展集团有限公司纪律检查委员会、监察专员办公室。

书　记(监察专员)　杨晓恒(侗族)　2021年6月至2022年12月

4.中共贵州万山转型发展投资集团有限公司纪律检查委员会(监察专员办公室)

2022年11月,成立中共贵州万山转型发展投资集团有限公司纪律检查委员会(监察专员办公室)。

书　记(监察专员)　成　超　2022年12月至2022年12月

第九节　垂直管理单位驻万山纪检监察机构

1.工商行政管理局纪检组

1999年8月,工商行政管理局上划由省工商行政管理局垂直管理。

纪检员　姚成江　2001年9月至2004年8月

组　长　邱　胜(侗族)　2004年9月至2007年9月

杨　华(侗族)　2007年9月至2014年3月

2.万山区(特区)地方税务局纪检组(员)

1966年6月,设置万山特区人民委员会财政税务科;1973年7月,财政税务分设,设税务局。1994年9月,万山特区税务局分为地方税务局和国家税务局,上划由贵州省地方税务局垂直管理。

纪检员　赵海杰　1999年6月至2001年10月

王贵权(土家族)　1999年6月至2001年10月(副局长兼)

谭士国　2001年10月至2004年5月(副局长兼)

组　长　卢　勇(侗族)　2004年6月至2006年7月

谭士国　2006年7月至2011年12月

王青松　2011年12月至2013年10月

安志伦　2013年10月至2015年7月

廖　峰(苗族)　2015年7月至2018年7月

3.万山区(特区)国家税务局纪检组

1994年9月,万山特区税务局分为地方税务局和国家税务局,上划由贵州省国家税务局垂直管理。

组　长　付云河　2002年1月至2011年9月

刘　学(苗族)　2011年9月至2014年9月

向裕仁　2014年9月至2016年11月

郁　阳(侗族)　2016年11月至2018年7月

副组长　杨　重(土家族)　2005年10月至2018年7月

4.国家税务总局铜仁市万山区税务局纪检监察组

2018年7月,万山区地方税务局和万山区国家税务局合并为国家税务总局铜仁市万山区税务局。

组 长 郁 阳(侗族) 2018年7月至2020年5月

郑 俊(侗族) 2020年5月至2021年11月

石明星(苗族) 2021年11月至2022年5月

王青松 2022年5月至2022年11月

甘阳静(女,侗族) 2022年12月至2022年12月

副组长 杨 重(土家族) 2018年7月至2022年7月

谢 姣(女) 2020年7月至2022年12月

纪检员 谭士国 2018年10月至2022年10月

田慧娟(女,侗族) 2020年7月至2022年12月

万 柳 2021年5月至2022年2月

田卓颖(女,土家族) 2022年7月至2022年12月

孙振平 2022年11月至2022年12月

5.贵州省烟草公司铜仁市公司万山分公司纪检组

1984年特区人民政府对科局级机构进行改革,改革后设立烟草专卖局(含烟草专卖公司)。1991年6月,烟草局上划贵州省烟草专卖局(含烟草专卖公司)垂直管理。2022年4月,更名为贵州省烟草公司铜仁市公司万山分公司。

组 长 汪 洋(苗族) 2014年8月至2018年7月

袁 强(苗族) 2018年7月至2021年11月

但方仁(土家族) 2021年11月至2022年12月

6.中共中国农业银行万山支行总支部委员会纪检委员

2016年12月,成立中国农业银行铜仁万山支行,由中国农业银行铜仁分行垂直管理。支行总支部委员会设纪检委员,系副科级班子成员。

纪检委员 杨 念(女,侗族) 2017年5月至2017年9月

杨 猛(土家族) 2017年9月至2021年4月

周成林(土家族) 2021年4月至2022年12月

7.铜仁市万山区气象局纪检员

1982年12月,成立贵州省铜仁市万山特区气象局,属于贵州省气象局垂直管理。

纪检员 杨碧桃(女,苗族) 2010年1月至2020年2月

李雨竹(女,苗族) 2020年2月至2022年12月

8.贵州电网有限责任公司万山供电局纪委

1995年6月,建立万山特区供电局。2009年9月,万山特区供电局上划贵州电网有限责任公司垂直管理,更名为贵州电网有限责任公司万山供电局。2022年4月,撤销纪委,改设专职纪检员。

书 记 吕 政(仡佬族) 2018年9月至2019年1月

刘秦燕(女,苗族) 2019年1月至2020年9月

李贵友(土家族) 2020年9月至2022年4月

专职纪检员 李贵友(土家族) 2022年4月至2022年12月

9.中国工商银行股份有限公司万山支行

1984年1月,成立中国工商银行万山特区支行。1998年,中国工商银行万山特区支行上划中国工商银行铜仁分行垂直管理。2005年10月,中国工商银行万山特区支行更名为中国工商银行股份有限公司万山支行。2019年1月,设置纪检专员。

纪检专员 赵 军(侗族) 2019年1月至2020年6月

侯兴忠(侗族) 2020年6月至2021年1月

刘 军 2021年1月至2021年12月

10.万山区(特区)质量技术监督局纪检组

组 长 黄立兵(苗族) 2005年12月至2006年12月(副局长兼任)

吴成才(侗族) 2010年4月至2014年10月(副局长兼任)

第十节 驻万山纪检监察机构

1966年2月,国务院批准设立万山特区,4月,经昆明军区批准,建立中国人民解放军贵州省万山特区人民武装部,属于铜仁军分区建制,同时建立中国共产党万山特区人民武装部委员会,负责管理万山特区的军务和兵役工作。中国人民解放军铜仁军分区派高汉云、翟振国等6名干部到万山组建万山特区人民武装部,同时转发昆明军区文件,任命高汉云为中国人民解放军万山特区人民武装部部长,翟振国为中国人民解放军万山特区人民武装部政委。5月1日,中国人民解放军万山特区人民武装部成立。1968年9月,随着万山特区的撤销,中国人民解放军贵州省万山特区人民武装部改称"支工小组",仍归属铜仁军分区建制。1970年8月,恢复万山特区建制,同时恢复中国人民解放军贵州省万山特区人民武装部,隶属关系不变,实行军队和地方双重领导。1986年6月5日,根据中共中央、国务院、中央军委〔1986〕5号文件精神,中国人民解放军万山特区人民武装部改属地方建制,更名为贵州省铜仁地区万山特区人民政府武装部。1996年4月1日,根据中共中央、国务院、中央军委《关于县(市、区)人民武装部收归军队建制的通知》,万山特区人民武装部收归军队建制,更名为中国人民解放军万山特区人民武装部,隶属铜仁军分区,恢复正团级。10月15日,万山特区人民武装部根据《中国共产党章程》和《中国人民解放军政治工作条例》,召开归建后的第一次党员大会,选举产生中共万山特区人民武装部第一届委员会和纪律检查委员会,纪委书记由副部长兼任。

万山区(特区)人民武装历任纪委书记

杨德选 1996年9月至1997年6月

张著清 1997年6月至1998年4月

胡攀德 1998年4月至2002年3月

李志伟 2004年10月至2005年3月

贾宝国 2005年3月至2006年4月

陈治华 2006年4月至2009年3月

秦礼军(侗族)	2009年3月至2010年4月
何廷海	2010年4月至2012年3月
陈明富	2012年3月至2013年3月
朱清明	2013年3月至2016年12月
赵　静	2017年3月至2019年11月
王　爽	2019年11月至2022年12月

第十一节　议事协调机构

中共万山区(特区)纪律检查委员会和万山区(特区)监察局,作为党的纪律检查机关和国家行政监察机关的专责机构,自成立以来,根据中共万山区(特区)委和万山区(特区)人民政府的安排和要求,牵头或参与议事协调机构的工作,为全区(特区)的各项事业的健康发展和整体工作的推进提供纪律保证。根据现有资料,由万山区(特区)纪检监察机关牵或参与的议事协调机构如下:

万山特区反腐败工作协调领导小组

2001年6月19日,鉴于人员变动,经特区党委研究,决定对原特区反腐败领导小组进行调整,调整后的组成人员如下:组长:特区党委书记、政府区长饶正海;副组长:特区党委常委、纪委书记杨均成,特区党委常委、政府副区长杨额;成员:特区党委常委、组织部部长安天堂,特区党委常委、宣传部部长罗洪信,特区人民法院院长王亮海,特区人民检察院副检察长杨彬,特区纪委副书记刘荣国,特区委组织部副部长、人事劳动局局长田景明,特区财政局局长陈祥和。领导小组办公室设在特区纪委,刘荣国兼任办公室主任,陆选贵负责日常工作。

2010年7月13日,因人事变动,为加大反腐败工作力度,加强工作协调,经特区党委、特区人民政府研究,决定对万山特区反腐败工作协调领导小组进行调整充实,其组成人员如下:组长汤志平,副组长张吉刚、王贵军、雷国平、宋强;成员为杨泽武、杨克金、陈波、田国强、张静、梁巨云、杨勇斌、兰勇、向国珍、罗洪礼、田必刚。领导小组办公室设在特区纪委党风廉政建设室,由杨劲松任办公室主任,负责日常工作。

2013年1月5日,万山区印发《中共铜仁市万山区委办公室关于调整万山区反腐败工作协调领导小组的通知》,组长:区委常委、纪委书记吴廷友;副组长:区委常委、组织部部长郑敏,区委常委、政法委书记、公安局局长王春;成员:区人民法院院长陈波,区人民检察院检察长田国强,区纪委副书记杨劲松,区财政局局长袁再和,区审计局局长郑小英,区纪委常委、纪检监察室主任毛权民。领导小组办公室设在区纪委案件监督管理室,由许佰成负责日常工作。

2013年4月26日,为加大反腐败工作力度,对万山区反腐败协调领导小组成员进行调整充实,组长:吴廷友,副组长:陈波、田国强、杨劲松,成员:杨超、彭钟权、杨勇斌、兰勇、刘勇、郑小英、刘开著、冉光权、毛权民。领导小组办公室设在区纪委案件监督管理室,由许佰成负责日常工作,由冉光权兼任办公室主任。

2013年，印发《中共万山区委办公室关于调整充实万山区反腐败工作协调领导小组的通知》，对领导小组进行调整，组长：区委常委、纪委书记吴廷友；副组长：区人民法院院长陈波，区人民检察院检察长田国强，区纪委副书记、区监察局局长杨劲松；成员：区委常委、组织部部长郑敏，区委常委、政法委书记、公安局局长王春，区纪委常委、纪检监察室主任毛权民，区人力资源和社会保障局局长刘勇‘区审计局局长郑小英。

2015年，印发《中共铜仁市万山区委关于调整区委反腐败协调小组的通知》，袁继鸿任组长，田国强、龙章云、杨劲松为副组长，冉光权兼任办公室主任。

2019年1月23日，对区委反腐败协调领导小组成员单位及办公室成员进行调整，其组成人员为：组长邹远志，副组长王春、王颖、张永琴、罗勇；成员为：刘勇、杨政久、彭钟权、杨顺久、刘远见、兰勇、刘开著、秦雪梅、吴丹。领导小组办公室设在区纪委案件监督管理室，杨政久兼任办公室主任，区纪委案件监督管理室杨景、蒲静负责日常工作（此后，领导小组组成人员及办公室组成人员有变动，由相应岗位的人员自然递补不再行文）。

万山特区党风廉政建设领导小组

2010年7月13日，因人事变动，为确保特区党风廉政建设和反腐败斗争各项任务的贯彻落实，经特区党委、特区人民政府研究，决定对万山特区党风廉政建设领导小组进行调整充实，其组成人员为组长汤志平，副组长张吉刚、罗洪信、王贵军、雷国平、宋强；成员为杨泽武、杨克金、陈波、田国强、杨德胜、肖德明、肖德汪、谢黔俊、张静、梁巨云、万家荣、向国珍、罗洪礼、田必刚、张小辉。领导小组办公室设在特区纪委党风廉政建设室，由杨劲松任办公室主任，负责日常工作。

万山特区建设工程招标投标监督管理领导小组

2003年7月31日，为整顿和规范万山特区建筑市场秩序，规范招标投标行为，成立万山特区建设工程招标投标工作领导小组，组长：特区党委副书记、政府区长王开禄；副组长：特区党委副书记、纪委书记刘先银，特区人民政府副区长杨同光；成员：特区人民政府办公室副主任杨德胜，特区发展计划与经济贸易局局长杨正权，特区财政局局长陈祥和，特区建设局局长张群，特区国土资源局局长陆元学，特区人民检察院副院长、反贪局局长韩再军，特区监察局局长张静，特区审计局局长向国珍，特区物价局局长田世新，特区交通局局长刘本强，特区水利局局长刘洪沟，特区工商行政管理局副局长陈建华，特区房产事业局副局长黄勇。领导小组房屋建筑和市政基础设施工程招标投标管理办公室设在特区建设局、道路交通工程招标投标管理办公室设在特区交通局及水利工程招标投标管理办公室设在特区水利局，由相应部门主要负责人兼任办公室主任，分别负责相关工程项目的招标投标管理工作。对特区范围内工程造价在50万元及其以上必须进行招标的建设工程项目，由领导小组负责研究安排招标工作，对工程造价在50万元以下应进行招标的工程项目，报经领导小组审批同意后，其招标工作由工程实施单位的政府分管领导牵头组织安排。

各招标投标管理办公室主要职责是对相关工程项目和有关单位执行建设程序及招标投标行为进行监督检查，查处违反建设程序和规避招标、假投标、转包及违法分包等违法行为。根据领导小组安排,也可以按有关法律法规组织或协助项目实施单位组织招标投标工作。

2008年1月7日,为规范政府投资行为,完善政府投资体导、促进万山区招标投标行为,向规范化、制度化迈进,对原特区建设工程招标投标工作领导小组进行调整充实,组长:特区委副书记、政府区长何贵祥;副组长:王贵军、杨克金;成员:刘雄、杨正权、向国珍、段仕海、张群、陆元学、杨秀权、张静、罗洪礼、田必刚、杨再思、刘洪沟、徐世毅、黄勇。领导小组办公室设在特区发展改革与经济贸易局,杨正权兼任办公室主任,抽调建设局、监察局相关人员到其办公室具体办公。

对特区范围内工程等价在50万元及其以上必须进行招标的建设工程项目,由领导小组负责研究安排招标工作。对工程价在50万元以下应进行招标的工程项目,报经领导小组审批同意后,其招标工作由工程实施单位的政府分管领导牵头组织安排。

招标投标监督管理办公室主要职责是对相关工程项目和有关单位执行建设程序及招标投标行为进行监督检查,查处违反建设程序和规避招标、假投标、转包及违法分包等违法行为。

2014年4月8日,因人事变动和工作需要,对区工程项目招标投标监督管理小组组成人员作相应调整,组长:张吉刚,副组长:吴廷友、龙成林,成员:杨昌海、杨劲松、兰勇、田必再、袁再和、王明前、郑小英、张羽华、陈济中。领导小组下设区招标投标监督管理办公室,办公室设在区监察局,陈济中兼任办公室主任,负责日常工作。

监管办主要职责:负责整个招标投标过程的监督、协调、指导。负责建立健全招标工作监督约束机制和制度;负责对招标投标活动执行法律、法规和法定程序等情况的监督检查;负责对招标人以比选、询价以及其他竞争方式择优选定招标代理机构情况进行监督检查;负责对有关行政管理部门的招标投标执法行为进行监察,受理招标投标活动投诉,依法查处招标投标过程中的违纪违法行为;对违纪违法部门的直接责任人依法给予行政处罚;建立健全投标人、招标代理机构诚信体系建设。

2014年7月23日,因人事变动和工作需要,对区工程项目招标投标监督小组进行调整,组长:袁继鸿,副组长:杨劲松,成员:兰勇、甘江华、蒲召好、杨秀长、张波、冷雪峰、陈济中。

领导小组工作职责:负责组织协调全区招标投标监督工作。对招标投标活动执行法律、法规和法定程序等情况进行监督检查;对招标人以比选、询价以及其他竞争方式择优选定招标代理机构情况进行监督检查;对招标投标结果的执行情况进行监督检查;对有关行政管理部门的招标投标执法行为进行行政监察;受理招标投标活动投诉,依法查处招标投标过程中的违纪违法行为,对违纪违规部门的直接责任人依纪追责,对违法的移送司法机关处理。

领导小组办公室设在区监察局,陈济中兼任办公室主任,冷雪峰任副主任,张宏林、刘朝权为成员,负责日常工作。

万山特区治理商业贿赂领导小组

2006年,根据中共中央办公厅、国务院办公厅《关于治理商业贿赂专项工作的意见》(中办发〔2006〕9号)文件精神,成立治理商业贿赂工作领导小组;拟订适合万山特区区情且操作性强的治理商业贿赂专项工作实施方案,把治理商业贿赂专项工作列为2006年特区全面工作年度考核内容之一。2010年9月16日,鉴于人事变动,经特区党委、特区人民政府研究,调整充实万山特区治理商业贿赂领导小组，组长：王贵军，常务副组长：王慧英，副组长：杨胜金、谭军、姬黄河，成员：杨永斌、韩再军、刘开著、张伶俐、余红、王明前、杨再司、吴志明、张静、郑小英、廖兵、彭健、向国珍、徐世毅。领导小组办公室设在特区纪委监察局，杨胜金兼任办公室主任，夏珍、姬黄河任办公室副主任，张昌裕、毛权民、蒲流三人负责日常工作。

2012年8月23日，鉴于人事变动，经区委、区人民政府研究，调整充实万山区治理商业贿赂工作领导小组，组长：吴廷友，常务副组长：龙成林，副组长：杨胜金，成员：安尊辉、杨军、吴志明、刘权章、杨敏、兰勇、叶发光、田必再、王明前、杨再司、张静、郑小英、彭健、袁再和、徐世毅、龙胜平。领导小组办公室设在区纪委监察综合室，袁仁荣负责日常工作。

万山特区政务公开领导小组

2005年9月8日，根据工作需要，经政府研究，决定对万山特区政务公开领导小组，组长：特区人民政府常务副区长向辉，副组长：政府办主任杨德胜，监察局局长张静；成员：政府办副主任、法制办副主任张羽华，审计局局长向国珍，民政局局长杨培元，人事劳动和社会保障局局长梁巨云，宣传部副部长娄玲，监察局副局长刘洪森，机关党委纪委书记吴培刚。领导小组办公室设在特区监察局，刘洪森兼任办公室主任。

2007年4月28日，调整充实万山特区政务公开领导小组，组长：政府区长向辉，副组长：刘雄、张静，成员：张羽华、刘洪长、彭钟亮、蒲召国、梁巨云、罗洪礼、蒲光荣、罗绍军、刘开勇、姬黄河。领导小组办公室设在特区监察局，姬黄河兼任办公室主任。

万山特区预防职务犯罪领导小组

2008年4月22日，为有效预防国家机关工作人员利用职务便利谋取不正当利益，加强反腐败工作，确保反腐倡廉建设各项任务的贯彻落实，成立万山特区预防职务犯罪领导小组，组长：特区委书记向辉，副组长：特区委副书记、政府区长何贵祥、王贵军、雷国平、宋强、罗锦建，成员：任玉华、陈波、杨德胜、刘雄、刘元蛟、张静、梁巨云、韩再军、张羽华、万家荣、向国珍、罗洪礼、张小辉。领导小组办公室设在特区监察局，由姬黄河任办公室主任，负责日常工作。

2013年7月17日，为加强全区预防职务犯罪工作，净化全区政务环境，对区预防职务犯罪工作领导小组进行调整，组长：区委副书记詹风华，副组长：区委常委、纪委书记吴延友，区委常委、政法委书记、市公安局万山分局局长王春，区人民检察院检察长田国强，市公安局万山分局政委赵世权，区纪委副书记、监察局局长杨劲松，成员：区委办主任冯兵，区政府办主任杨昌海，区委组织部常务副部长杨超，区委宣传部常务副部长刘权章，区委政法委副书记韩忠平，区委组织部副部长、人社局局长刘勇，区人民法院纪检组组长吴成松，区司法局局长张羽华，区教育局局长刘洪长，区审计局局长郑小英，区财政局局长袁再和，区交通局局长杨再司，区环保局局长程小勇，区水务局局长肖德汪，区安监局局长姬平阳，区住建局局长王明前，区发改局局长田必再，区工贸局局长刘静，区卫生局局长张静，区投促局局长蒲向文、区农牧科技局局长刘祖玉，区民政局局长梁巨云，区林业局局长刘开勇，市国土资源局万山分局局长于洋，区供电局党总支书记袁波，区地税局局长邓操，区国税局局长郭发松，区工商局局长徐世毅，区质监局副局长吴承才，市规划局万山分局局长刘军，市城管局万山分局局长姚桂菊，区烟草局局长汪洋。领导小组办公室设在区人民检察院，由兰勇任办公室主任，负责协调预防职务犯罪工作相关事宜；区纪委监察综合室主任袁仁荣与区人民检察院职务犯罪预防科潘大贵为办公室成员，具体负责办公室日常事务。

万山特区农村基层党风廉政建设领导小组

2009年5月4日，对万山特区农村基层党风廉政建设领导小组进行调整充实，组长：特区委书记向辉，副组长：罗洪信、王慧英、王贵军、雷国平；成员：杨德胜、刘雄、张静、梁巨云、刘洪长、彭钟亮、韩忠平、秦信敏、向国珍、杨再司、蒲召国、段仕海、刘祖玉、刘洪沟、周迪、肖丽琴、吴先树、罗洪礼、张小辉、黄勇、杨胜金、刘远会、姬平阳、刘平、蒋智贤、娄玲、杨义长、刘昌龙、汪政洋、罗西武。领导小组办公室设在特区纪委，由吴锋任办公室主任，罗泽亭、杨廷刚负责日常工作。

万山特区贯彻落实《建立健全惩治和预防腐败体系2008—2012年工作规划》领导小组 2008年8月27日，为认真贯彻落实中共中央《建立健全惩治和预防腐败体系2008—2012年工作规划》，成立贯彻落实《建立健全惩治和预防腐败体系2008—2012年工作规划》领导小组，组长：特区党委书记向辉，副组长：特区党委副书记、政府区长何贵祥，特区党委常委、纪委书记王贵军，特区党委常委、组织部部长雷国平，成员：特区党委办公室主任杨德胜，特区人大办公室主任蒲向文，特区人民政府办公室主任刘雄，特区政协秘书长谢黔俊，特区纪委副书记，监察局局长张静，特区委组织部副部长刘洪长，特区委宣传部副部长，文明办主任彭钟亮，特直机关工委书记万家荣，特区财政局局长向国珍，特区审计局局长罗洪礼，特区物价局局长田必刚，特区文广局局长张小辉。领导小组办公室设在特区纪委，由王贵军兼任办公室主任，张静兼任办公室副主任。2010年10月15日，因人事变动，为认真贯彻落实中共中央《建立健全惩治和预防腐败体系2008—2012年工作规划》，对特区贯彻落实《建立健全惩治和预防腐败体系2008—2010年工作规划》领导小组进行调整充实，组长：汤志平，副组长张吉刚、王贵军、雷国平，成员：杨德胜、肖德明、梁巨云、谢黔俊、杨胜金、杨昌海、刘泽坤、罗西武、向国珍、郑小英。领导小组办公室设在特区纪委，由王贵军兼任办公室主任，杨胜金兼任办公室副主任。

万山特区机关作风和效能建设领导小组

2009年4月23日，为加强机关作风和效能建设，增强贯彻落实党中央国务院、省委省政府和地委、行署及特区党委、特区人民政府重大工作部署的执行力，全面提高工作效率和服务效能，成立机关作风和效能建设工作领导小组，组长：特区党委书记向辉，副组长：特区党委副书记、政府区长何贵祥、王贵军、雷国平，成员：杨德胜、张静、肖德汪、杨昌海、刘世跃、杨劲松、杨顺昌、姬黄河、李子健、姚茂桥。领导小组办公室设在特区纪委，由杨劲松兼任办公室主任，从相关单位抽人负责具体办公。

2010年11月10日，为加强机关作风和效能建设，增强贯彻落实中央和省、地、特区重大决策、工作部署的执行力，优化发展环境，全面提高办事效率和行政效能，实现全区经济社会更好更快发展，对机关作风和效能建设领导小组进行调整充实，组长：黄隆武，副组长：吴泽军、王贵军、雷国平、宋强；成员：杨德胜、肖德明、梁巨云、谢黔俊、杨胜金、杨昌海、刘泽坤、韩忠平、罗西武。领导小组办公室设在特区纪委监察局，杨胜金兼任办公室主任，杨顺伍、杨天勇、杨劲松、韩忠平任办公室副主任，唐毅、杨钊昌、姬黄河、李子健、刘远学、蒲光荣、姚茂桥、刘凌为办公室成员，负责日常工作。

2011年6月6日，为加强对机关作风和效能建设工作的领导，对特区机关作风和效能建设领导小组进行调整充实，组长：黄隆武，副组长：王慧英、雷国平、吴廷友、杨德胜，成员：梁巨云、刘远学、袁俊、杨胜金、杨劲松、刘勇、杨昌海、刘泽坤、韩忠平、唐毅、罗西武、杨顺昌、刘桂春。领导小组办公室设在特区纪委监察局(执法监察室)，办公室主任：杨胜金，办公室副主任：杨劲松、唐毅、杨顺昌、刘桂春；办公室成员：吴锋、姬黄河、蒲光荣、姚登富、姚茂桥、张博竣、袁仁荣、杨松飞、刘凌、陈济中、杨琼、刘德毅、刘开鸿、向仲敏。联系人：杨顺昌、陈济中。

2012年4月21日，为加强对机关作风和效能建设工作的领导，对区机关作风和效能建设领导小组进行调整充实，组长：詹凤华，副组长：郑敏、吴廷友、龙成林、冯兵；成员：张小辉、刘远学、袁俊、杨胜金、杨劲松、刘勇、杨昌海、刘权章、韩忠平、唐毅、罗西武、陈济中。领导小组办公室设在区纪委监察局(执法监察室)，其组成人员：主任杨胜金，副主任：杨劲松、唐毅、陈济中；成员为吴锋、姬黄河、蒲光荣、姚登富、姚茂桥、袁仁荣、杨松飞、刘凌、吴小华、刘德毅、刘开鸿、向仲敏。联系人陈济中。

万山特区反腐倡廉宣传教育工作领导小组

2010年5月，对万山特区反腐倡廉宣传教育工作领导小组进行调整充实，组长：汤志平，副组长：罗洪信、王贵军、雷国平、刘五星，成员：杨德胜、肖德汪、张静、刘洪长、万家荣、彭钟亮、韩忠平、秦信敏、刘祖玉、张小辉、娄玲、杨义长、柳斌、汪政洋、田必再。领导小组办公室设在特区纪委，由吴锋任办公室主任，罗泽亭、杨廷刚负责日常工作。

万山特区委党务公开工作领导小组

2011年4月10日，为加强对全区党的基层组织党务公开工作的组织领导，成立特区委党务公开工作领导小组，组长：黄隆武，副组长：雷国平、吴廷友、杨德胜，成员：杨胜金、杨劲松、杨昌海、刘泽坤、罗西武、姬黄河、唐毅、张博竣、杨尚英、杨义长、柳斌、汪政洋、田必再。领导小组办公室设在特区纪委党风廉政建设室，办公室主任：杨劲松，办公室副主任：刘远学、姚茂桥，办公室成员：杨松飞、刘凌、袁仁荣、刘明。联系人姚茂桥。

铜仁市万山区强农惠农政策落实情况监督检查工作领导小组

2012年4月5日，为切实加强对强农惠农政策落实情况监督检查工作的领导，成立强农惠农政策落实情况监督检查工作领导小组，组长：詹凤华，副组长：吴廷友、龙成林，成员：刘远学、杨天勇、杨胜金、袁再和、蒲召国、梁巨云、刘勇、彭健、刘开勇、杨再司、刘洪长、张静、王明前、谢子高。领导小组办公室设在区纪委纠风室，杨胜金兼任办公室主任，姚茂桥、李子健负责日常工作。

铜仁市万山区完善区纪检监察派驻机构统一管理工作领导小组

2012年5月9日，为加强和完善全区纪检监察派驻机构统一管理工作的组织领导，成立完善区纪检监察派驻机构统一管理工作领导小组，组长：詹凤华，副组长：郑敏、吴廷友，成员：杨胜金、刘勇、杨昌海、邵宗凤、袁再和、罗泽亭。领导小组办公室设在区纪委，罗泽亭兼任办公室主任，负责日常工作。

铜仁市万山区纪检监察派驻机构统一管理工作领导小组

2012年5月14日，为加强和完善全区纪检监察派驻机构统一管理工作的组织领导，成立完善区纪检监察派驻机构统一管理工作领导小组，组长：区委副书记詹凤华，副组长：区委常委、组织部部长、统战部部长郑敏，区委常委、纪委书记吴延友，成员：区纪委副书记、监察局局长杨胜金，区委组织部副部长、人力资源和社会保障局局长刘勇，区委组织部常务副部长杨昌海，区编委办主任邵宗凤，区财政局局长袁再和，区纪委常委、办公室（干部室）主任罗泽亭。领导小组办公室设在区纪委，罗泽亭兼任办公室主任，负责日常工作。

铜仁市万山区村（居）务监督委员会试点工作领导小组

2012年8月10日，为切实加强对全区村（居）务监督委员会试点工作的领导，成立万山区村（居）务监督委员会试点工作领导小组，组长：区委副书记詹凤华，副组长：区委常委、组织部部长、统战部部长郑敏，区委常委、纪委书记吴廷友，区人民政府副区长柳斌；成员：区纪委副书记、监察局局长杨胜金，区纪委副书记杨劲松，区委组织部副部长张博竣，区民政局副局长杨胜顺，区财政局副局长蒲召好，区农牧科技局副局长吴定成，万山镇党委书记杨尚英，谢桥办事处党委副书记、主任郑洋，茶店镇党委书记唐虹，鱼塘侗族苗族乡党委书记王勇，大坪侗族土家族苗族乡党委书记罗勇军，高楼坪侗族乡党委书记吴先树，黄道侗族乡党委书记杨清林，敖寨侗族乡党委书记袁再忠，下溪侗族乡党委书记肖德明。领导小组办公室设在区纪委党风廉政室，杨劲松兼办公室主任，杨胜顺兼任办公室副主任，抽调蒲流、刘泽水、刘明、吴爱莲4人负责办公室日常工作。

铜仁市万山区集中整治“三强”行为专项行动领导小组

2012年12月4日，为切实加强对集中整治项目（企业）建设过程中发生的强揽工程、强拉强运、强行阻工等违法行为专项行动的组织领导，成立集中整治“三强”行为专项行动领导小组，组长：詹凤华，副组长：吴廷友、王春、王庆新，成员：罗仁相、刘远学、杨军、杨胜金、韩忠平、刘权章、刘勇、袁再和、田必再、王明前、彭健、杨再司、姬平阳、张羽华、徐世毅、叶发光、李红旗、杨顺久、刘勇、杨政久、郑洋、张曲、谭军、刘祖辉、杨顺伍、杨春。领导小组办公室设在区政府办，由杨军兼任办公室主任，刘远学、韩忠平兼任副主任，抽调陈汉斌、陆霓俊、冷雪峰具体办公。

铜仁市万山区惩治和预防腐败体系建设工作领导小组

2013年8月23日，为扎实推进全区惩治和预防腐败体系建设，成立区惩治和预防腐败体系建设工作领导小组，组长：汤志平，副组长：张吉刚、王慧英、郑敏、吴廷友、龙成林，成员：冯兵、刘世跃、杨昌海、谢黔俊、杨劲松、罗泽亭、杨超、刘权章、罗西武、袁再和、田必再、郑小英、张秀芬、蒙志国。领导小组主要职责：负责组织、指导全区贯彻落实《建立健全惩治和预防腐败体系2013—2017年工作规划》和建立健全惩治和预防腐败体系工作;研究惩治和预防腐败体系建设的工作安排;听取惩治和预防腐败体系建设的工作汇报,督促检查各级各部门惩治和预防腐败体系建设工作,总结推广典型经验;研究决定惩治和预防腐败体系建设的其他重要事项。

领导小组办公室设在区纪委宣教室,吴廷友志兼任办公室主任,罗泽亭、蒙志国负责处理办公室日常工作。领导小组办公室主要职责:承担领导小组的日常工作,督促落实领导小组会议决定的事项;全面掌握各级各部门惩治和预防腐败体系建设主要工作的进展情况,向领导小组组长和领导小组会议报告工作;对各级各部门惩治和预防腐败体系建设情况进行调查研究和检查指导,及时总结推广经验,发现存在的问题,提出解决的意见和建议;完成领导小组交办的其他任务。

2014年4月17日,为扎实推进全区惩治和预防腐败体系建设,根据工作需要和人员变动情况,调整区委惩治和预防腐败体系建设工作领导小组,组长:汤志平,副组长:张吉刚、詹凤华、郑敏、吴廷友、王春、田勇,成员:冯兵、刘世跃、杨昌海、谢黔俊、杨劲松、杨超、刘权章、罗西武、袁再和、田必再、郑小英、张秀芬。领导小组主要职责:负责安排部署、指导督促全区惩治和预防腐败体系建设工作;审议全区惩治和预防腐败体系建设工作相关制度、重要报告等事项;督促检查各级各部门惩治和预防腐败体系建设工作,总结推广典型经验;研究解决工作中存在的困难和问题。

领导小组办公室设在区纪委宣教室,吴廷友兼任办公室主任,蒙志国负责处理办公室日常工作。领导小组办公室主要职责:承担领导小组的日常工作,督促落实领导小组会议决定的事项;全面掌握各级各部门惩治和预防腐败体系建设主要工作的进展情况,向领导小组组长和领导小组会议报告工作;对各级各部门惩治和预防腐败体系建设情况进行调查研究和检查指导,及时总结推广经验,发现存在的问题,提出解决的意见和建议;完成领导小组交办的其他任务。

铜仁市万山区源头治理工作领导小组

2014年1月24日,调整充实万山区源头治理工作领导小组,组长:吴廷友,常务副组长:龙成林,副组长:杨劲松,成员:杨军、吴志明、安尊辉、刘权章、杨敏、兰勇、叶发光、田必再、王明前、张静、郑小英、袁再和、于洋、徐世毅、冉光权。领导小组办公室设在区纪委监察综合室,袁仁荣负责日常工作。

铜仁市万山区深化监察体制改革试点工作小组

2017年11月30日,根据《中共中央办公厅印发〈关于在全国各地推开国家监察体制改革试点方案〉的通知》(中办发〔2017〕62号)和省、市要求。为认真贯彻落实中央文件精神,切实加强全区深化监察体制改革工作的组织领导,把改革工作任务落深落细落实,成立铜仁市万山区深化监察体制改革试点工作小组,组长:田玉军,副组长:张吉刚、李孟辉、王春、王颖、李永娟、罗勇、刘勇,成员:杨政久、杨顺久、李英、刘勇、杨顺宏、杨峻、兰勇、张灵新、潘煊霖、杨秀英。试点工作小组办公室设在区纪委,刘勇兼任办公室主任,试点工作小组成员兼任办公室副主任,具体人员为:主任刘勇,副主任杨政久、杨顺久、李英、杨峻、刘勇、杨顺宏、兰勇、张灵新、潘煊霖、杨秀英;成员为:袁仁荣、杨楚、罗剑、龙翔宇、张毅、罗文昆、吴丹、杨冬云、牟小华。

办公室下设综合组、法律组、组织组、宣传组。综合组长:刘勇,副组长:杨峻,成员:符宁亮、蒙志国、杨楚、杨冬云、牟小华。职责:负责工作小组日常工作、内外协调联络和组织筹备工作小组成员联席会议;负责起草、呈报以工作小组或工作小组办公室名义印发的领导讲话稿、各类文件文稿、信息简报等;负责研究区监委办公场所和工作经费等后勤工作。法律组长:杨政久,副组长:刘勇,成员:杨睿、张毅、吴丹。职责:负责研究细化区监委审查权限措施等;负责研究制定区监委权限措施相关规范性文件;负责研究制定纪法衔接相关政策、制度、规定。组织组长:刘勇,副组长:杨顺久,成员:张灵新、袁仁荣、罗剑、罗文昆、田永勇。职责:负责研究制定区纪委、区监委机关组织构架、"三定"方案等文件;负责转隶干部档案审核、人员编制划转等工作;负责做好区监察委员会组成成员的前期基础工作;负责研究区纪委、区监委机关干部配备等问题;做好转隶人员培训工作。

宣传组长:杨政久,副组长:李英,成员:姚冬霞、龙翔宇。职责:制定宣传方案和应急预案;统筹对外宣传报道;做好信息管控,防止舆论炒作。

第二章 职能和任务

中国共产党历来重视自身组织建设,注重运用党内专门监督和执纪机关的职能作用的发挥,保持队伍的纯洁性,近40多年来,全区纪检监察机关在上级纪委和区委的领导下,坚持围绕中心、服务大局,忠诚履行《中国共产党章程》《中华人民共和国行政监察条例》《中华人民共和国监察法》赋予的职责,坚定不移全面从严治党,把党风廉政建设和反腐败斗争引向深入,推进国家治理体系和治理能力现代化,为全区经济社会发展营造了良好的政治生态,发挥了重要保障作用。

第一节 纪律检查机关合署办公前的职能和任务

1949年11月16日,中国人民解放军解放万山,建立中共玉屏县第六区分委员会,至1966年5月1日万山特区正式成立,万山先后隶属玉屏县、铜仁县管辖,其间未设立纪检监察机构,纪检监察工作由玉屏县、铜仁县纪检监察机构负责。根据《中共中央纪律检查委员会工作细则》规定,县级纪委的主要任务是与党的各级组织保持密切联系,及时了解党的组织及党员有无违反党章、党纪、党的决议行为,有无违反国家法律、法令及政策行为,有无损害群众利益及脱离群众的官僚主义等行为;根据各种控告及各级党组织提交的案件进行检查,并向党委索取材料及征询其对检查的意见;凡党的组织、党员、干部违反党纪,经查证属实者必须给予处分,依照党章规定作出书面决定,涉及行政处分及刑事处分者,则建议由人民政府或司法机关处理;受理被处分的组织或个人对处分不服提出的申诉,上级纪委对下级纪委处分不当都可以改变。

1966年8月1日,中共万山特区委员会的机构设置和人员配备是万山特区党的工作、党的干部管理和特区的政治工作,由中共万山特区委员会农村工作部负责。农村工作部设监察1人,具体负责纪检监察工作。12月8日,农村工作部改为中共万山特区委员会组织部,纪检工作由组织部代办。后因“文化大革命”而终止。

1973年7月26日,中共万山特区委员会决定,设立中共万山特区委纪律检查委员会。纪律检查委员会未配备纪检干部,工作由组织部代办,1980年11月17日才配备干部。

1982年9月,中共十二大通过的新《中国共产党章程》专门列了“党的纪律”和“党的纪律检查机关”两章,对加强党的纪律建设、建立纪检机关的完整体系及其职权、任务等作出明确规定。中共十二大后,党的纪检机关地位明显提高,各级纪委从过去由同级党的委员会全委会选举产生,改为由同级党的代表大会选举产生。1984年9月，中共万山特区委纪律检查委员会由局级升格为副县级机构，改称中共万山特区纪律检查委员会。纪委的工作不仅要对同级党委负责，而且要对同级党委的代表大会负责。与中共十一大以前纪委的职责比较，其职责的范围进一步拓展，权限进一步加大。按照中共十二大通过的党章规定，县(区)纪委的主要任务和工作是维护党的章程和其他重要的规章制度，协助党的委员会整顿党风，检查党的路线、方针、政策和决议的执行情况；经常性地对党员进行遵守纪律的教育，作出关于维护党纪的决定；检查和处理党的组织和党员违反《中国共产党章程》、党纪和国家法律法令的比较重要或复杂的案件，决定或取消对这些案件中的党员的处分；受理党员的控告和申诉。

1987年10月，中共十三大召开。为了使党经受住执政和改革开放的双重考验，大会提出在改革开放的新形势下必须"从严治党"的方针，明确新形势下党的纪检工作是保证党的基本路线的贯彻执行。中共十三大后，区(县)纪委的主要工作职责除切实履行好三大任务、开展三项经常性工作外，还按照机构改革的要求，逐步撤销纪检机关派驻政府各部门和国家有关部门的纪检组，建立案情动态、案件线索等信息通报制度、执纪执法监督部门的联席会议制度，集中力量管好党纪，协助党委管好党风工作，促使党纪检查和行政监察协调配合的形式初步形成。同时，配合组织人事部门建立健全党员、干部的廉政档案，做好纪检干部的管理工作和组织纪检干部的培训工作，指导全区纪检业务工作，承办上级纪委和特区(区)委授权交办的其他事项。

第二节 行政监察机关合署办公前的职能和任务

1987年12月，成立万山特区监察局，其主要任务是认真贯彻执行国家方针、政策、法律法规、国民经济和社会发展计划以及国务院决议、命令。对国家行政机关及其工作人员执行国家政策、法律、法规情况进行监督检查；依照国家有关政策、法律和法规，保护监察对象依法行使职权；受理对监察对象的检举、控告以及监察对象不服政纪处分的申诉，以支持其行使正当权利和保护其合法权益；对政纪政风情况进行经常性调查研究，注重发现和研究带有倾向性的问题；完成上级业务部门和特区人民政府交办的其他事项。

第三节 纪检监察机关合署办公后的职能和任务

1993年6月，按照上级有关精神中共万山特区纪律检查委员会和万山特区监察局报经特区委同意后合署办公。特区纪委监察局合署办公后，实行一套工作机构，两个机构名称的体制，履行党的纪律检查和政府行政监察两项职能，对特区委全面负责。特区监察局属于特区人民政府工作部门序列，接受特区人民政府的领导。

按照《中国共产党章程》规定，区(县)级纪委的主要任务是维护党的章程和其他党内法规，协助党委加强党风建设，检查党的路线、方针、政策和决议的执行情况；对党员经常进行遵守纪律的教育，作出关于维护党纪的决定；检查和处理党的组织和党员违反党的章程和其他党内法规的比较重要或复杂的案件，决定对这些案件中的党员的处分；受理党员的控告和申诉。

按照《中华人民共和国行政监察条例》规定，特区监察局主要任务是监督检查区属行政机关及其工作人员和区属行政机关任命的其他人员贯彻执行国家法律、法规和政策以及决定、命令的情况；受理对区属行政机关及其工作人员和区属行政机关任命的其他人员，违反国家法律、法规以及违反政纪行为的检举、控告；调查处理区属行政机关及其工作人员和区属行政机关任命的其他人员违反国家法律、法规以及违反政纪的行为；受理区属行政机关工作人员和区属行政机关任命的其他人员不服行政处分的申诉，以及法律、法规规定的其他由区监察局受理的申诉。

按照《中华人民共和国行政监察法》规定，区级监察机关的职责是对下列机关和人员实施监察；特区人民政府各部门及其公务员；特区人民政府及特区人民政府各部门任命的其他人员；辖区内乡镇政府及其领导人员；辖区内乡镇政府任命的其他人员。

特区纪委监察局合署办公以来，其主要职责基本不变，主要任务围绕改革发展稳定大局有所调整，努力适应时代变化要求和实际工作需要。特区纪委监察局的主要职责是：一是主管全区党的纪律检查工作。贯彻落实党中央、中央纪委、省委、省纪委、地委、地区纪委和特区委关于加强党风廉政建设和反腐败斗争的一系列决定，维护党的章程和其他党内法规，监督检查党的路线方针政策和决议的执行情况，协助特区委加强党风廉政建设和组织协调反腐败工作。二是主管全区行政监察工作。贯彻落实国务院、监察部、省政府、省监察厅、行署、地区监察局和特区人民政府有关行政监察的决定，督促检查特区人民政府各部门及其人员和乡镇政府及其主要负责人执行国家政策、法律法规、国民经济和社会发展规划及特区人民政府颁发的决议和命令的情况，推进特区机关作风和效能建设。三是负责检查并处理区级党政机关和乡镇党组织及区管党员领导干部违反党的章程和党内法规的案件；受理党员的控告和申诉，必要时直接查处下级党的纪律检查机关管辖范围内比较重要或复杂的案件。四是负责调查处理特区人民政府各部门及其工作人员、乡镇政府及其负责人和特区人民政府任命的企业(国有控股企业)领导干部违反国家政策、法律法规和政纪的行为；受理上述监察对象不服政纪处分的申诉；受理个人或单位对监察对象违纪行为的检举、控告。五是负责作出关于维护党纪的决定。制订全区党风廉政教育规划，配合有关部门做好纪检监察工作方针、政策、法规的宣传工作，对党员、国家公务员和国家行政机关任命的其他人员进行党风廉政教育。六是负责对纪检监察工作及有关政策法规问题的调查研究。制订贯彻落实党中央、国务院和省委、省政府党纪政纪条规和政策规定的实施意见。七是调查研究特区人民政府各部门、乡镇政府制订有关政策法规的情况。对其违反国家法律和有损国家利益的条款提出修改、补充建议；变更或撤销全区各级行政监察机关不适当的决定和规定。八是会同特区委、特区人民政府各工作部门以及各乡镇党委和政府做好纪检监察干部的管理工作。审核乡镇纪委领导班子人选；考察提出派驻特区党政部门、群团组织纪检监察机构主要负责人人选；按干部管理权限承办纪检监察干部的考察、任免和报批；组织和指导纪检监察系统干部的培训工作。九是承办上级纪检监察机关和特区委、特区人民政府授权和交办的其他事项。

2002年11月，中共十六大对党风建设和反腐败斗争、对党的纪律检查机关的主要职责和任务提出了新的明确要求，一是在纪委的主要任务中增加了协助党委“组织协调反腐败工作”的内容，二是增加了对党员领导干部行使权力进行监督和保障党员权利的内容，纪律检查委员会的经常性工作从三项增加到五项，大大丰富了纪律检查工作的内涵。

2003年8月，十六届中央纪委第二次全会对党的纪检监察机关的职能定位第一次作了明确。2004年2月，《中国共产党党内监督条例(试行)》，以党内法规的形式进一步界定：“各级纪律检查机关是党的监督机关，在党风建设和反腐工作中肩负着重要使命，明确党的各级纪律检查委员会是党内监督的专门机关”。以党内法规的形式规定纪委的监督职责和权限，强化了纪委的监督保证作用。

进入新世纪，中央纪委、监察部全面实施对派驻机构的统一管理，逐步建立和完善巡视制度，中央加大下派纪委书记和省级纪委书记异地交流任职的力度，成立国家预防腐败局，其职能主要是加强对全国预防腐败工作的组织协调、综合规划、政策制定、检查指导以及预防腐败的国际合作和国际援助。这些都是完善纪检机构领导体制、发挥纪检机构职能作用的重要举措。

从中共十三大、十四大、十五大《中国共产党章程》，沿用十二大《中国共产党章程》关于党内监督的各项规定，到中共十六大通过的《中国共产党章程》在重申中央纪委三项主要任务和三项经常性工作的基础上，增加了协助党委“组织协调反腐败工作”的重要职责，补充了“对党员领导干部行使权力进行监督”“保障党员的权利”两项工作。中国共产党始终能够根据党的建设的实践经验，促使《中国共产党章程》赋予纪检监察机关的职能不断完善，任务不断丰富，责任不断增加，从而建立起切实有效的党内监督体系。

第四节　中共十八大后纪检监察机关的职责和任务

2012年11月，中国共产党第十八次全国代表大会召开。中共十八大将纪检监察机关的主要任务明确为：维护党的章程和其他党内法规，检查党的路线、方针、政策和决议的执行情况，协助党的委员会推进全面从严治党、加强党风廉政建设和组织协调反腐败工作。在纪检监察机关的职责上明确：“要经常对党员进行遵守纪律的教育，作出关于维护党纪的决定；对党员领导干部行使权力进行监督；检查和处理党的组织和党员违反党的章程和其他党内法规的比较重要或复杂的案件，决定或取消对这些案件中党员的处分；受理党员的控告和申诉；保障党员的权利。”

中共十八大以来，中国共产党驰而不息正风肃纪，推进全面从严治党成为新时代党的建设伟大工程的重要组成部分。为了巩固十八大以来管党治党的实践成果，强化党内监督，体现新时代党的建设的基本特征、基本要求，《中国共产党章程》进一步明确党的各级纪律检查委员会是党内监督专责机关，职责是监督、执纪、问责。同时丰富完善三大主要任务，其中，协助党的委员会开展工作这一任务由原来的两项工作变为三项工作，即推进全面从严治党、加强党风建设和组织协调反腐败工作，协助党的委员会推进全面从严治党成为党的纪律检查工作任务的重要组成部分，党的纪律检查机关的职责定位更加明确，对保障党员和党组织的纯洁性提出更细致、更全面的要求。

2017年10月23日，中共中央办公厅印发《关于在全国各地推开国家监察体制改革试点方案》的通知。11月30日，铜仁市深化国家监察体制改革试点工作小组办公室召开专题会议，在11月27日初审基础上，对所属10个区（县）国家监察体制改革试点工作实施方案进行逐一审核，完成会审工作。12月21日，万山区召开深化国家监察体制改革试点工作人员转隶大会，宣读转隶工作方案。此次转隶按照“人随编走、编随事走”的原则，将确定的区人民监察院反贪、反渎、预防职务犯罪三部门人员整体划转至区监察委员会。

2018年1月13日，铜仁市万山区监察委员会挂牌。根据《铜仁市万山区深化国家监察体制改革试点工作实施方案》，撤销区监察局和区人民检察院反贪、反渎、预防职务犯罪等部门，将相关机构、职能、人员转隶至区监委，实现机构、职能、人员上的全面融合。区纪委、区监委合署办公，实行一套工作机构、两个机关名称，履行纪检、监察两项职责。

2018年3月20日，第十三届全国人民代表大会第一次会议通过《中华人民共和国监察法》，明确监察机关监督、调查、处置三项权力，同时围绕三项权力赋予监察机关谈话、讯问、询问、查询、冻结、调取、查封、扣押、搜查、勘验检查、鉴定、留置等12项措施。

2019年3月20日，区委办公室印发《中共铜仁市万山区纪律检查委员会铜仁市万山区监察委员会机关职能配置、内设机构和人员编制规定》的通知，明确区纪委与区监委合署办公，实行一套工作机构、两个机关名称，履行党的纪律检查和国家监察两项职责，对市纪委市监委、区委全面负责。同时，区监委对区人民代表大会及其常务委员会负责，并接受其监督。在市纪委市监委、区委的领导领导下，区纪委区监委加强对下级纪检监察机构的领导。

区纪委区监委机关的主要职责如下：一是负责全区党的纪律检查工作。贯彻落实市委、市纪委市监委和区委关于纪律检查工作的决定，维护党的章程和其他党内法规，检查党的路线方针政策和决议的执行情况，协助区委推进全面从严治党、加强党风廉政建设和组织协调反腐败工作。二是依照党的章程和其他党内法规履行监督、执纪、问责职责。负责经常对党员进行遵守纪律的教育，作出关于维护党纪的决定；对区委机构、区委批准设立的党组（党委），各乡镇（街道）党（工）委、纪（工）委等党的组织和区委管理的党员领导干部履行职责、行使权力进行监督，受理处置党员群众检举举报，开展谈话提醒、约谈函询；检查和处理上述党的组织和党员违反党的章程和其他党内法规的比较重要或者复杂的案件，决定或者取消对这些案件中的党员的处分；进行问责或者提出责任追究的建议；受理党员的控告和申诉；保障党员的权利。三是负责全区监察工作。贯彻落实市委、市纪委市监委和区委关于监察工作的决定，维护宪法法律，依法对区委管理的行使公权力的公职人员进行监察，调查职务违法和职务犯罪，开展廉政建设和反腐败工作。四是依照法律规定履行监督、调查、处置职责。推动开展廉政教育，对区委管理的行使公权力的公职人员依法履职、秉公用权、廉洁从政从业以及道德操守情况进行监督检查；对涉嫌贪污贿赂、滥用职权、玩忽职守、权力寻租、利益输送、徇私舞弊以及浪费国家资财等职务违法和职务犯罪进行调查；对违法的公职人员依法作出政务处分决定；对履行职责不力、失职失责的领导人员进行问责；对涉嫌职务犯罪的，将调查结果移送人民检察院依法审查、提起公诉；向监察对象所在单位提出监察建议。五是负责组织协调全面从严治党、党风廉政建设和反腐败宣传教育工作。六是负责综合分析全面从严治党、党风廉政建设和反腐败工作情况，对纪检监察工作重要理论及实践问题进行调查研究。七是负责对巡视巡察反馈意见整改落实情况进行监督检查。八是加强对反腐败国际追逃追赃和防逃工作的组织协调,督促有关单位做好相关工作。九是根据干部管理权限,负责对全区纪检监察系统领导班子建设、干部队伍建设和组织建设的综合规划、制度建设和业务指导;会同有关方面做好区纪委区监委派驻机构、乡镇(街道)纪检监察机关、区管企业和区属医院学校纪检监察机构领导班子建设有关工作;组织和指导全区纪检监察系统干部教育培训工作等。十是完成市纪委市监委、区委交办的其他任务。

第三章　管理体制

根据纪检监察管理体制的发展进程，党的纪律检查和行政监察管理体制大致经历三个阶段的发展历程。万山区纪委先后经历在中共万山特区委员会领导下，中共铜仁市万山区委、中共铜仁市(地区)纪委双重领导下开展工作的发展历程。同样，万山区行政监察机关领导管理体制先后经历万山特区人民委员会、特区人民政府领导、铜仁市万山区人民政府和铜仁市(地区)监察局领导管理、业务上以铜仁市(地区)监察局领导管理为主的发展历程。

第一节　党的纪律检查管理体制

一、同级党委领导管理体制

新中国成立后，为适应新的形势要求，更好地保证党的政治路线及各项具体措施的贯彻执行，进一步纯洁党的组织和队伍，保证党的队伍坚强有力，1949年11月9日，中共中央政治局会议作出《关于成立中央及各级党的纪律检查委员会的决定》(简称《决定》)，要求建立政权后的地方各级党的组织设置纪律检查委员会，负责党内纪律监督和检查工作。在领导体制上，《决定》规定："中央纪律检查委员会在中央政治局领导之下工作。各中央局、分局，省委、区党委、市委、地委、县委党的纪律检查委员会，由各级党委提出名单，经上级党委批准后，在各级党委会指导之下进行工作。"

1949年11月16日，中国人民解放军解放万山，建立中共玉屏县第六区委员会，至1966年5月1日万山特区正式成立，万山先后隶属玉屏县、铜仁县管辖，其间未设立纪检监察机构。

1950年2月24日，中共中央发出《关于党的各级纪律检查委员会领导关系问题的指示》明确："各级党的纪律检查委员会直接在各级党委领导下进行工作，上级党的纪律检查委员会在工作上、业务上对下级党的纪律检查委员会有指导关系，但指示或决定同下级党委意见不同时，应提请同级党委做决定。"

由于各级党的纪委成立，使得中共处理党员违反党章党纪的工作有了专门的机构，克服一些党组织纪律松弛和执行纪律不统一等现象，使许多法纪的案件及时地得到应有的处理，这对于加强党的纪律，巩固党的组织起到积极的作用。但是，随着生产资料所有制的社会主义改造胜利完成，我国社会主义基本制度正式确定下来，致使一些人被胜利冲昏头脑，再加上外部不良环境的影响，出现一部分不坚定的党员因受资产阶级思想侵蚀而蜕化变质，以致发生不少贪污腐化、违法乱纪的案件；也有一些领导干部个人权欲膨胀，践踏党的民主集中制原则，危害党的团结和统一，特别是发生高岗、饶漱石分裂党的严重事件。为进一步加强纪律建设，维护党的团结统一，鉴于各级纪律检查委员会的组织作为同级党委领导下的一个工作部门，很难采取有效措施对同级党委进行监督；上级纪委与下级纪委之间仅有指导关系，决定权依然由同级党委掌握；纪检机关的系统性不强，纪律检查工作难以充分发挥等体制上的不足，中共中央于1955年3月31日作出《关于成立党的中央和地方监察委员会的决议》(简称《决议》)，在领导体制上做了一些改变。首先是监察委员会的产生方式。《决议》明确规定："本届党的中央监察委员会由本次全国代表会议选举，并由中央委员会全体会议批准；党的地方各级(省、自治区、直辖市、市、自治州、专区、县、自治县)监察委员会由各级地方最近召集的党的代表大会或代表会议选举，并由上一级党委批准。"这就改变了中共七大《中国共产党章程》的规定，恢复到中共五大的做法，事实上提升了监察机关的地位。其次是明确了监察委员会的领导体制问题。《决议》规定："党的各级监察委员会在各级党委指导下进行工作。党的上级监察委员会有权检查下级监察委员会的工作。党的下级监察委员会应向上级监察委员会报告工作。"这种以系统领导为主的体制加大了监察机关的权力。

1956年9月，中共八大召开。中共八大《中国共产党章程》是中国共产党成为执政党后修订的第一部党章。《中国共产党章程》对监察委员会的领导体制进行修改，规定"各级监察委员会在各级党的委员会领导下进行工作""上级监察委员会有权检查下级监察委员会的工作，并且有权批准和改变下级监察委员会对于案件所做的决定，下级监察委员会应当向上级监察委员会报告工作"。党委和监委的关系由"指导"关系改为中共八大《中国共产党章程》的"领导"关系。这种领导体制是党在当时历史背景下，为有效开展纪检工作所做的尝试和探索，也为此后党的纪检机关双重领导体制的确立奠定重要的基础。

1962年9月，中共八届十中全会作出《关于加强党的监察机关的决定》，要求各级党委必须加强对同级监委的领导，定期讨论党的监察工作。1963年1月27日，经中共中央批准的《中共中央监察委员会工作细则》规定："中央监察委员会在各中央局设常驻监察组。监察组受中央监察委员会和各中央局的双重领导，以中央局领导为主"，这是纪检机关在中央层面实行的一种双重领导体制，而地方各级监察委员会的领导体制并未作出更改。

1966年8月1日，中共万山特区委员会的机构设置和人员配备是："万山特区党的工作、党的干部管理和特区的政治工作，由中共万山特区委员会农村工作部负责。农村工作部设监察1人，具体负责纪检监察工作。"

1973年7月26日，中共万山特区委员会决定，设立中共万山特区委纪律检查委员会，成为特区委的一个工作部门，在中共万山特区委员会的领导下进行工作，业务工作上接受中共铜仁地委纪委的指导。

1977年8月12日至18日，中共十一次全国代表大会在北京召开，叶剑英同志在关于修改党章的报告中，正式提出恢复中共纪律检查机关，并在通过的《中国共产党章程》中恢复中央和县以上设立纪律检查委员会的有关问题予以明确，对纪律检查委员会领导体制作出初步规定，即各级纪委由同级党的委员会选举产生，并在同级党委的领导下，加强对党员的纪律教育，负责检查党员和党员干部执行纪律的情况，同各种违反党的纪律的行为作斗争。

自中华人民共和国成立以来的近30年时间里，纪检机关的领导体制虽发生多次变化，但这些不过是在当时特殊历史背景下采取的带有权宜性质的尝试，并没有从整体上改变“同级党委领导体制”的大趋势。

二、双重领导体制

同级党委领导体制在一定程度上有利于党组织权力与资源的统一，但它也暴露出与党内状况和纪委任务不相适应的情况，严重影响了维护党纪和端正党风的工作。

1980年2月，中央纪委向中央提交请示报告，建议将中央以下各级纪委的领导关系，由受同级党委领导改为受同级党委和上级纪委双重领导，以同级党委领导为主。中央作出批示，指示各级党委照此执行，纪检机关的双重领导体制初步形成。

1982年9月，中共十二大通过的《中国共产党章程》，把中共七大、八大、十一大《中国共产党章程》关于党的监察委员会或纪律检查委员会由同级党的委员会全体会议选举产生的规定，改变为由党的全国和地方各级代表大会选举产生，提高纪委的政治地位。同时规定：“党的中央纪律检查委员会在党的中央委员会领导下进行工作”“党的地方各级纪律检查委员会在同级党的委员会和上级纪律检查委员会的双重领导下进行工作。”这种双重领导不再要求以同级党委为主，而是同级党委领导和上级纪委领导各有侧重，同级党委侧重对纪委的工作部署以及违纪案件查处等方面加强领导。上级纪委则侧重对下级纪委工作的检查，案件所作决定的批准和改变以及帮助解决下级纪检工作中的困难等，这种双重领导体制更加有利于党的纪律检查工作的开展。

中共十二大通过的《中国共产党章程》正式将纪委的双重领导体制确定下来。自此后，中共万山特区纪委一直在中共万山特区委员会、中共铜仁市万山区委和中共铜仁地区纪委(市纪委)的双重领导下进行工作。

1983年3月，中央纪委下发《关于印发纪检机构组织建设的文件的通知》规定：“各级纪委的书记一般应由同级党委常委担任”“中央纪委派驻各部门的纪律检查组或纪律检查员，在中央纪委直接领导和驻在部门党组指导下进行工作。”这表明纪检机关在双重领导体制下的党内地位得到明显提高。

1984年9月，中共万山特区委纪律检查委员会由局级升格为副县级，改称中共万山特区纪律检查委员会，为特区委工作部门，体制上在中共万山特区委领导下开展工作，业务上接受中共铜仁地委纪律检查委员会指导，体制上接受同级党委和上级纪委双重领导。

1992年，中共十四大《中国共产党章程》增加关于基层纪律检查委员会的规定。2002年，中共十六大修改通过的新《中国共产党章程》规定：党的中央纪律检查委员会在党的中央委员会领导下进行工作，党的地方各级纪律检查委员会和基层纪律检查委员会在同级党委和上级纪委的“双重”领导下进行工作。此后历次党代会修改的《中国共产党章程》都规定纪委的双重领导体制，采用“党的中央纪律检查委员会在党的中央委员会领导下进行工作，党的地方各级纪律检查委员会和基层纪律检查委员会在同级党的委员会和上级纪律检查委员会的双重领导下进行工作”这个提法。

中共十八大后,党中央立足当前、着眼长远,进一步研究制定完善纪律检查工作双重领导体制具体化、程序化、制度化的意见,探索形成有效工作机制。《中国共产党党内监督条例》第十五条第二项规定,党委(党组)履行的监督职责包括"加强对同级纪委和所辖范围内纪律检查工作的领导,检查其监督执纪问责工作情况"。《中国共产党纪律检查机关监督执纪工作规则》第三条第二项规定,坚持纪律检查工作双重领导体制,监督执纪工作以上级纪委领导为主,线索处置、立案审查等在向同级党委报告的同时必须向上级纪委报告;各级纪委书记、副书记的提名和考察以上级纪委会同组织部门为主。第五条规定,中央纪律检查委员会在党中央领导下进行工作。地方各级纪律检查委员会和基层纪律检查委员会在同级党的委员会和上级纪律检查委员会双领导下进行工作。党委应当定期听取、审议同级纪律检查委员会和监察委员会的工作报告,加强对纪委监委工作的领导、管理和监督。这些条款是党内重要法规关于纪委双重领导体制的最新规定,既明确同级党委领导的职责、方式和要求,又对上级纪委加强领导的内容及同级党委和上级纪委领导之间的关系做出原则规定。尤其是中共十九大后,根据纪检工作实践发展和事业需要,中央纪委提出下级纪委日常履职考核、提名考察、查办案件以上级纪委为主的明确要求,形成以"三为主"为主要内容的双重领导体制的改革创新具体要求,从工作机制上将双重领导进一步具体化、程序化、制度化,横向上加强各级党委对反腐败工作的全过程领导,纵向上加强上级纪委对下级纪委的重点领导,最终统一于加强党中央对反腐败工作的集中统一领导。

第二节　行政监察管理体制

人民监察委员会的监察工作主要是对国家机关及其工作人员、企业事业单位中由国家行政机关任命的领导干部进行监察。这里的国家机关各种公务人员,不仅包括行政机关,也包括审判机关、检察机关及其工作人员。在领导体制上,根据《中华人民共和国地方各级人民代表大会和地方各级人民委员会组织法》,县(市)以上各级人民政府的监察机关受同级人民政府的领导,同时受上级人民监察委员会的业务指导;在行政关系方面,地方各级人民监察委员会列入同级人民政府的行政机构和行政人员编制序列;在组织关系方面,地方监察机构的领导则由同级人民政府和党委的组织部门任免管理。地方各级人民政府监察机关均接受上级监察机关的指导,国家制定的监察法规、工作条例及监察工作的方针、政策,各级地方监察机关都必须统一贯彻执行。

1954年9月,第一届全国人民代表大会通过《地方各级人民委员会组织法》规定,在省、直辖市和设区的市人民委员会中设置监察机关,新设的省行政监察机关为监察厅,市行政监察机关为监察局;在不设的市、县、市辖区的人民委员会内不设监察机构。同时,根据《中华人民共和国国务院组织法》,政务院改为国务院,原政务院人民监察委员会改为国务院监察部,成为国务院的一个行政部门。是年12月,监察部颁布《关于调整地方各级监察机构及其有关事项的指示》规定,在县和不设区的市和市辖区的人民委员会中不设置监察机关,但在工作特别需要的县和不设区的市,由专署或者省的监察机关重点派遣监察组(不设专署的,由省派遣),受各级监察机关垂直领导,在工作上受同级政府指导。

1959年4月28日,第二届全国人民代表大会第一次会议通过国务院关于撤销国家监察部的议案。行政监察机关的监督工作,由党的纪律监察机关负责,在此之后一段时间里,党的纪律监察机关既管党纪又管政纪。

1966年8月1日,中共万山特区委员会的机构设置和人员配备是:"万山特区党的工作、党的干部管理和特区的政治工作,由中共万山特区委员会农村工作部负责。农村工作部设监察1人,具体负责纪检监察工作。"

中共十一届三中全会后,中国进入改革开放和社会主义现代化建设的新时期。为加强国家行政机关廉政、勤政和社会主义法制建设,全国人民代表大会常务委员会根据国务院的提请,于1986年12月2日作出设立中华人民共和国监察部的决定,恢复并重新确立国家行政监察体制。

1987年8月,国务院发布《关于在县以上地方各级人民政府设立行政监察机关的通知》,明确地方各级行政监察机关是各级人民政府负责监察工作的专门机构,将其领导体制定性为受所在人民政府和上级行政监察机关的双重领导。在双重领导体制下,地方各级监察机关主要领导任免,必须事前征得上级监察机关同意。随即,地方各级行政监察机关根据国务院的通知精神设立省(区、市)、市(地、州、盟)、县(区)三级行政监察机关。

1987年12月,万山特区人民政府根据全国人大常委会第18次会议作出设立监察机关的决定和国务院发出"决定在县以上地方各级人民政府恢复设立行政监察机构"的通知精神,成立万山特区监察局。

成立后的特区监察局为特区人民政府的工作部门,日常工作受特区人民政府领导。管理体制上实行由万山特区人民政府和铜仁地区监察局双重领导,业务工作上以铜仁地区监察局的领导为主。

第三节　纪检监察机构合署办公后管理体制及其改革创新

一、纪检监察机构合署办公体制

为了解决党政监督机构分立格局带来的弊端,发挥党政监督机关的整体效能,避免"职能交叉、工作重复"等问题,1993年2月,中共中央、国务院批转中央纪委、监察部《关于中央纪委、监察部机关合署办公和机构设置的有关问题的请示》,对党的纪检机关与行政监察机关进行合署办公,实行"一个领导班子、两个机关名称,一套工作机构、履行两种职能"的工作体制。合署后的行政监察机关仍然属于政府序列,在各级人民政府的领导下工作。

合署办公体制包括工作体制和领导体制两部分。合署后的工作体制,可概括为"一二二"体制,即一套工作机构、两个机关名称、履行两项职能。这种工作体制的基本内容是,将原来的各级纪委和监察两个机关的人、财、物管理甚至办公场所整合为一体,但同时挂纪律检查委员会和监察局两个机关牌子,同时有纪委和监察局两套领导班子,保留监察局长办公会制度,监察局领导班子中的党员领导干部一般同时任同级纪委常委,监察局领导班子在工作上既对纪委常委会负责又对同级政府负责。合署后的纪委监察是一个机关,同时履行党的纪律检查和行政监察两项职能,也就是说,合署后的纪委履行党的纪律检查和行政监察两项职能,合署后的行政监察机关既全面负责行政的纪律检查工作，又按照纪委常委会统一分工负责党的纪律检查工作。

合署后的领导体制，仍保持原本各自的“双重”领导体制。1993年2月中，共中央、国务院批转中央纪委、监察部《关于中央纪委、监察部机关合署办公机构设置方案和有关问题的请示报告》称：“合署后的中央纪委履行党的纪律检查和行政监察两项职能，对党中央全面负责，监察部按照宪法规定，仍属于国务院序列，接受国务院领导。地方各级监察机关与党的纪律检查机关合署后，实行由所在政府和上级纪检监察机关双重领导的体制。”合署后党的地方各级纪委和基层纪委，按照《中国共产党章程》规定，仍然受同级党委和上级纪委的“双重”领导；合署后的县以上地方各级行政监察机关，按照《中华人民共和国行政监察法》的规定，仍然受本级政府和上一级监察机关的“双重”领导，监察业务以上级监察机关领导为主；合署后的地方各级纪检监察机关，按照党中央、国务院关于合署办公的要求，受同级党委政府和上级纪检监察机关的“双重”领导。

1993年6月，按照上级有关精神，中共万山特区纪律检查委员会、万山特区监察局报经特区委同意后正式合署办公。特区纪委在中共万山特区委和铜仁地区纪委领导下，按照《中国共产党章程》所赋予的职权切实履行工作职责，对中共万山特区委、铜仁地区纪委全面负责。特区监察局仍属政府序列，在特区人民政府和铜仁地区监察局的领导下，按照《中华人民共和国行政监察法实施条例》规定开展工作，对万山特区人民政府和铜仁地区监察局全面负责。即合署办公后的管理体制是特区纪委受中共万山特区委和中共铜仁地区纪律检查委员会双重领导；特区监察局受万山特区人民政府和铜仁地区（市）监察局双重领导，其监察业务以铜仁地区监察局领导为主。

2002年11月14日，中央纪委向中共第十六次全国代表大会提交的工作报告，提出“在纪检监察合署办公体制下，要认真贯彻《中华人民共和国行政监察法》，进一步发挥行政监察职能”。2012年11月14日，中央纪委向中共第十八次全国代表大会提交工作报告，对全面履行纪检监察两项职能的具体内容作出进一步的补充，提出“坚持和完善纪检监察合署办公体制，在做好党的纪律检查工作的同时，切实加强行政监察工作，全面开展执法监察、廉政监察和效能监察”。

纪检监察机关合署办公体制是纪检工作正确处理同行政监察工作之间关系的一个有效形式，有利于党和政府形成合力，统一对党政监督检查工作的领导。自1993年6月起，中共万山特区纪律检查委员会、万山特区监察局通过合署办公，有效解决纪检监察工作的重复交叉问题，切实发挥纪检监察机关职能作用。

二、纪检监察机关合署后管理体制的改革创新

（一）派驻统管体制

在中共十六大、十七大和十八大通过的《中国共产党章程》中，对现行的纪检监察双重领导体制的规定并没有作出改变。但是，针对双重领导体制在实践中出现的现实问题，进入新世纪以来，党不断加强纪检监察领导体制的改革和创新，改革的突破点在于中央纪委和省纪委对派驻纪检监察机构实行统一管理。

2001年9月，中共十五届六中全会决定“纪检机关对派出机构实行统一管理”。

2003年12月，《中国共产党党内监督条例(试行)》颁布，规定“纪委对派驻纪检组实行统一管理。

派驻纪检组按照有关规定对驻在部门的党组织和党员领导干部进行监督。”

2004年1月，中央纪委第三次全体会议召开，对当年的党风廉政建设和反腐败工作进行部署，要求“在改革试点的基础上，中央纪委监察部要全面实行对派驻机构的统一管理，各省(区、市)也要加强这方面的工作。”4月，中央纪委、监察部宣布对派驻到国务院组成部门及相关单位的纪律检查组和监察局实行统管。

2005年1月，中央颁布的《建立健全教育、制度、监督并重的惩治和预防腐败体系实施纲要》再次重申要“改革和完善纪检监察体制和工作机制，全面实行纪检监察机关对派驻机构的统一管理”，使被驻部门(单位)的党风廉政建设和反腐败工作得到进一步加强。

派驻统管体制是我国纪检监察领导体制改革进程中的一次重大创新。派驻机构由原来受所派出的纪委和驻在部门党组织双重领导改为由纪委直接领导、统一管理，即各部门(单位)的纪检组组长、监察室主任直接由纪检监察部门委派，与驻在部门之间形成监督与被监督的关系。派驻机构干部的考察任用等直接由纪检监察机关负责，这就为派驻机构更好地开展工作提供组织保证。

2009年3月，万山特区成立4个纪检监察组，简称第一纪检监察组、第二纪检监察组、第三纪检监察组、第四纪检监察组。

2012年5月14日，为加强和完善全区纪检监察派驻机构统一管理工作的组织领导，成立由区委副书记詹凤华任组长，区委常委、组织部部长、统战部部长郑敏，区委常委、纪委书记吴廷友任副组长，杨胜金、刘勇、杨昌海、邵宗凤、袁再和、罗泽亭为成员的纪检监察派出机构统一管理领导小组。

2012年8月13日，区委根据中央纪委、省纪委和市纪委关于完善县级纪检监察派驻机构统一管理的工作部署，印发《铜仁市万山区完善纪检监察派出机构统一管理工作实施方案》的通知，就派出机构统一管理工作进行明确，在全区四个纪检监察组构架基础上，组建四个纪工委（监察分局），名称为中共铜仁市万山区纪律检查委员会派出第一、二、三、四纪律检查委员会（铜仁市万山区监察局派出第一、二、三、四监察分局）[名称简称为第一、二、三、四纪工委（监察分局）]。纪工委（监察分局）为区纪委、监察局的派出机构，由区纪委、监察局直接领导，纪工委与监察分局实行合署办公。派出纪工委（监察分局）明确为正科级机构，履行纪检、监察两种职能，分范围管理区直党政部门和群团的纪检监察工作，并联系乡镇、垂直管理部门（单位）的纪检监察工作。核定编制28名，其中：行政编制4名，事业编制20名，机关后勤服务人员事业编制4名。纪工委（监察分局）设纪工委书记1名（行政编制），副书记2名（其中一名兼任监察分局局长）、监察分局副局长1名、综合室主任1名（副科级）。

根据中央、省、市纪委关于纪检监察派出（驻）机构实行统一管理的工作部署，为有效整合派出（驻）纪检监察机构工作力量强化纪检监察机关的监督职能，2015年9月17日，万山区委印发《铜仁市万山区纪委监察局派驻（出）机构统一管理办法（试行）》的通知。通知按照“重点派驻、系统管理、规范设置、整合力量、全面监管”的原则，根据派驻（出）需要，实行单独派驻和归口派驻两种形式设置派驻纪检监察机构；每个派出纪工委（监察分局）科级领导职数5名不变，其中纪工委书记1名（正科长级）、纪工委副书记2名（副科长级，其中1名兼监察分局局长）、监察分局副局长1名（副科长级）、内设综合室主任1名（副科长级），另设1名专职纪检监察员和1名工勤人员。

2017年12月30日，万山区委印发《关于加强万山区纪委区监委派驻机构建设的意见》的通知，按照“全面派驻、分类设置、职能明确、权责一致”的原则，通过新设、调整、合并等方式，撤销原区纪委监察局派出的4个纪律检查工作委员会、监察分局，撤销原设置在区直各部门(单位)的34家派驻纪检(监察)组，不再保留铜仁市公安局万山分局纪委监察室，新设立7个区纪委区监委派驻第一纪检监察组至第七纪检监察组。核定7个派驻纪检监察组行政编制30名；设派驻纪检监察组设组长7名(副科长级)，副科长级专职纪检监察员14名，副组长7名(由副科长级专职纪检监察员兼任)。同时，及时调整监督联系范围，监督部门70个，联系范围由之前的34个调整为改革后的70个。新设立的7个区纪委区监委纪检监察组在区纪委区监委集中设办公室办公，负责所联系的乡镇和部门监督检查工作。

2018年7月30日，区纪委区监委根据区委《关于加强万山区纪委区监委派驻机构建设的意见》万委办字〔2018〕73号文件，把7个区纪委区监委纪检监察组，调整为6个区纪委区监委纪检监察组，监督部门70个。

2020年9月21日，万山区委印发《关于深化中共铜仁市万山区纪委铜仁市万山区监委派驻机构改革的实施意见》的通知，坚持政治监督、依规依纪依法、协同高效、问题导向、权责一致的原则，履行党的纪律检查和国家监察两项职责，督促党组织和党员干部立党为公、执政为民，督促行使公权力的公职人员依法履职、秉公用权。明确区纪委区监委派驻纪检监察组组长、副组长担任相应被监督单位(根据工作需要担任1家被监督单位)党组(党委)成员。对设立党委的区管国有企业，保留纪委设置，纪委书记由区纪委区监委任免为监察专员，设立监察专员办公室，与纪委合署办公；对设立党委的区管学校，保留纪委设置，纪委书记由区纪委区监委任免为监察专员，设立监察专员办公室，与纪委合署办公。派驻机构设置为第一至第六纪检监察组，监督范围为66家单位。

2020年10月30日，万山区纪委区监委派驻机构改革工作推进会召开，为6个区纪委区监委派驻纪检监察组进行授牌，并到各派驻单位举行挂牌仪式。

(二)成立区监察委员会

中华人民共和国成立初期，设立监察机关很大程度上是为了加强政权建设，广泛吸引群众监督国家政治、经济、文化事业。1951年政务院公布的《各级人民政府人民监察委员会设置监察通讯员试行通则》规定，在各级政府内广泛聘请人民监察通讯员，以“密切联系人民，加强监察工作”，其任务是“调查政府机关、企业部门及其公务人员的违法失职、作风不良、损害国家或人民利益等情况，向监委作通讯报告；征集群众对政府政策、法令、设施的意见，向监委作通讯报告；宣传监察制度的意义及其作用”等。1957年颁布的《监察部关于国家监察机关处理公民控诉工作的暂行办法》及其他有关法规，也为人民群众实施批评、建议、检举、控告、申诉等监督手段提供保证。中华人民共和国成立初期的监察制度，在一定程度上强化群众监督，密切党群、干群关系，推动形成政治廉明的局面。但由于当时监察机关实际职权较小，群众监督工作缺少制度保障，其监督作用并未得到充分发挥。

20世纪80年代初，为应对经济建设过程中出现的违法失职、违法乱纪、徇私枉法等现象，我国开始着手恢复设立监察机关。由此可见，恢复重建监察部的目的，是设立专门的监督机关对其他国家权力行使过程和结果进行监察和督促。受当时认识所限，监察机关被定位为政府的组成部门，只能对国家行政机关及其工作人员和国家行政机关任命的其他人员进行监察。1993年，与中央纪委合署办公后，监察部的实际地位有所提高，监督的权威性也进一步增强，但仍未能有效遏制违纪违法现象易发多发的态势。

随着实践的深入，人们逐渐认识到“对公权力的制约不能以单一机制来完成”“权力的制约包括监督与制衡两种方式”，只有将二者综合使用，才能确保公权力的规范运行。此次国家监察体制改革，就是要将原来的行政监察机关从政府序列中剥离出来，将检察机关的部分职权划入，进而组建新的国家监察机关；就是要明确国家监察机关的权力来源于国家最高权力，将人大监督下“一府两院”的结构转变为“一府一委两院”的新格局。通过这样的方式，一方面，有效提升监察机关的威慑力，切实增强监督实效；另一方面，进一步推动国家机关形成合理分工，加强权力之间的相互制衡。

2016年11月，中共中央办公厅印发《关于在北京市、山西省、浙江省开展国家监察体制改革试点方案》，在3个省市部署设立各级监察委员会，从体制机制、制度建设上先行先试、探索实践，为在全国推开积累经验。是年12月，第十二届全国人大常务委员会第二十五次会议通过《全国人民代表大会常务委员会关于在北京市、山西省、浙江省开展国家监察体制改革试点工作的决定》。经过一年的试点，2017年10月，中共中央办公厅印发《关于在全国各地推开国家监察体制改革试点方案》，部署在全国范围内深化国家监察体制改革的探索实践，完成省、市、县三级监察委员会组建工作。是年11月，第十二届全国人大常委会第三十次会议通过《全国人民代表大会常务委员会关于在全国各地推开国家监察体制改革试点工作的决定》。

此次改革将实现对所有行使公权力的公职人员监察全覆盖。从监察对象来看，监察范围包括六类人员：一是国家公务员法所规定的国家公职人员，具体为中国共产党机关、人大常委会机关、行政机关、审判机关、检察机关、民主党派机关、工商联机关的公务员，以及参照公务员管理的人员；二是由法律授权，或者由政府委托来行使公共事务职权的公务人员；三是国有企业的管理人员；四是公办的教育、科研、文化、医疗、体育事业单位的管理人员；五是群众、自治组织中的管理人员；六是其他依法行使公共职务的人员。在领导管理体制上，进一步完善双重领导体制，监察法明确“地方各级监察委员会对本级人民代表大会及其常务委员会和上一级监察委员会负责，并接受其监督”；同时，监察委员会同党的纪律检查机关合署办公。

2018年1月12日，铜仁市万山区第二届人民代表大会第二次会议第十次全体会议，根据2017年11月4日第十二届全国人民代表大会常务委员会第三十次会议通过的《关于在全国各地推开国家监察体制改革试点工作的决定》，选举陈琪为第一届铜仁市万山区监察委员会主任。同日下午，区人大常委会任命刘勇、杨政久为区监委会副主任；任命冉光权、袁仁荣、卢菊凤、吴丹为区监委委员。1月13日上午9时，铜仁市万山区监察委员会挂牌。区监察委员会成立后，撤销区监察局和区人民检察院反贪、反渎、预防职务犯罪等部门，将相关机构、职能、人员转隶至区监察委员会，实现机构、职能、人员的全面融合，确保区纪委区监委监督执纪问责和处置调查各项职能职责的履行。

2019年8月1日，万山区监察委员会印发《关于推动监察职能向乡镇（街道）延伸的工作方案》，明确由区监察委员会向乡镇（街道）派出监察办公室、设置专职监察员的方式，撤销乡镇（街道）监察室，设立区监察委员会向乡镇（街道）派出的监察办公室，与乡镇（街道）纪委（纪工委）合署办公，加强对全区乡镇（街道）及所辖范围内行使公权力的公职人员的监督，打通对行使公权力的公职人员监察全覆盖的“最后一公里”。监察委员会办公室配备主任1名，由乡镇纪委（纪工委）书记兼任，副主任1

名，由乡镇纪委(纪工委)副书记兼任，并配备专职监察员1名。监察委员会办公室统一名称为万山区监察委员会派出某某乡镇(街道)监察办公室，实行“一套机构、两个名称”的管理体制，受派出监察机关领导并向其负责。

第四节　纪检监察“三转”工作

十八届中央纪委三次全会之后，全国纪检监察系统开展以“转职能、转方式、转作风”为主要内容的“三转”工作。它是纪检监察机关为适应新形势新任务而主动进行的一次重大自我变革和创新，是对工作重心、工作方式的调整和工作作风的深化转变，目的在于进一步聚焦党风廉政建设和反腐败斗争，全面提高履职能力，形成反腐倡廉建设新格局。

在2013年2月26日至28日中国共产党第十八届中央委员会第二次全体会议上，以习近平同志为核心的党中央就提出关于转变职能、方式、作风的要求，强调“转变政府职能是深化行政体制改革的核心”。这些重要指示，虽然是对政府机关讲的，但其蕴含的核心要义，对于党和国家机关通过职能、方式和作风的转变，更好地适应形势任务发展的需要，乃至对于深化党的纪律检查体制改革、国家监察体制改革，以及中共十九大以后全面深化党和国家机构改革，都具有十分重要的指导意义，成为纪检监察机关开启深化“三转”工作的逻辑起点。

改革总体部署，为纪检监察机关聚焦主责主业、履行好《中国共产党章程》赋予的职责提供科学的理论指导、重要的体制保障，也为进一步深化“三转”指明着力方向。

2014年4月8日，中共铜仁市万山区委、区人民政府研究同意，印发《全面推进全区纪检监察机关“三转”工作实施纲要》，调整机构整合职能职责，撤销党风廉政建设室和纠正部门不正之风办公室，组建党风政风监督室；撤销执法监察室和行政效能室，组建执法和效能监督室；增设纪检监察二室。退出不宜参与的业务工作，从“副业”中解脱出来；区纪委书记不兼职、不分管、不协管其他业务工作；乡镇(街道)党委(党工委)副书记、纪委(纪工委)书记不参与党务党建外的其他业务工作分工；区直部门纪委书记、纪检组组长(纪工委书记)不分管其他驻在部门业务工作。

2014年5月23日，万山区纪委监察局组织班子成员、各室负责人，各派出纪工委、乡镇纪委书记参加《全省纪检监察机关“转职能、转方式、转作风”工作推进会》电视电话会议，按照要求突出纪检监督主体责任。

一、“三转”工作的内涵和要求

(一)“三转”工作的内涵

1.转职能。区纪委的主要任务是维护党的章程和其他党内法规，检查党的路线、方针、政策和决议的执行情况，协助党的委员会加强党风建设和组织协调反腐败工作。这是纪委监察机关职责定位的根本依据，作为纪检监察机关要严把职能定位，突出党风廉政建设和反腐败斗争这个主业，把主要精力放在督促落实党风廉政建设责任制，贯彻执行党的政治纪律，推动干部作风转变和查处腐败案件等方面，把不该管的工作交还主责部门，切实履行好协助党委抓党风，组织协调反腐败的工作职责，把主要精力和工作重心放到监督、执纪、问责上来。

2.转方式。转变方式就是要把过去由区纪检监察机关牵头协调处理部门业务、直接参与部门业务检查转到监督部门依法履职上来。工作的着力点向“监督的再监督、检查的再检查”集中，做到不错位、不缺位 、不越位。一是突出执纪。加大查办案件力度，坚持严打“老虎”、勤拍“苍蝇”，重点查办发生在群众身边、损害群众利益的案件以及重点领域和关键环节的腐败案件，以零容忍态度惩治腐败，坚决遏制腐败蔓延势头。二要突出问责。通过问责，传导压力，把主体责任和监督责任真正落实下去。三要从严把关。对一般性问题及时教育提醒，对苗头性、倾向性问题早打招呼早处理，坚持抓早抓小，防止小错酿成大错。

3.转作风。全区纪检监察机关从组织和制度上强化自我监督，强化对纪检监察干部履职用权行为的监督制约，并自觉接受党组织、人民群众和新闻舆论的监督，严格遵守“六条严禁”，以铁的纪律打造“忠诚、干净、担当”的纪检监察干部队伍，不折不扣地履行《中国共产党章程》赋予的职责，完成党中央和省委、市委、区委交给的政治任务。

(二)“三转”工作的要求

1.转变职能突出主业。纪检监察机关作为管党治党的重要力量，依据党章履行“监督执纪问责”的神圣职责，必须在上级纪委和同级党委的正确领导下，按照“四种形态”的目标指向，严打老虎，勤拍苍蝇，用纪律管住“关键少数”，对“常态、大多数”强调监督、教育、管理的平日之功，对“少数、极少数”施以重拳、施加重典，将违纪行为表象和思想根源“一网打尽”，标本兼治。同时，积极争取各级党委、政府对纪检监察机关职能定位的准确把握和充分理解，对纪检监察机关科学履职给予大力支持，在纪检监察机关的干部使用和经费保障上支持，保证纪检监察机关抓好主责主业。

2.转变方式强化监督。纪检监察机关转方式的要旨，在于把握新形势下的工作规律，创新思想理念，摒弃惯性思维，防微杜渐，更加科学高效地履行监督执纪问责。一要转变监督理念。坚持挺纪在前，抓早抓小、快查快办、动辄则咎，防止越位、补上缺位、纠正错位，避免出现“协调变主抓”“小案变无案”和“要么好同志、要么阶下囚”的现象。二要改进监督方法。由参与式的被动监督转变为立体式的主动监督，由配合职能部门开展业务检查转变为对职能部门履行监管职责进行再监督，突出执纪问责，注重发现案源线索，有针对性地查处违纪违法问题。三要突出监督重点。聚焦反腐败斗争，坚持问题导向，加大案件查办力度，始终保持惩治腐败的高压态势。四要强化监督合力。对需要多部门共同完成的工作任务，要变单兵作战为联合作战，实现资源共享，促进优势互补，凝聚监督合力。

3.转变作风狠抓落实。转作风重在出实招、求实效，打造忠诚可靠、服务人民、刚正不阿、秉公执纪的纪检监察队伍。一要加强学习教育。抓好纪检监察干部的党性党风党纪教育，坚持信念高线，坚守纪律底线，牢固树立正确的人生观、价值观、世界观，进一步增强责任感和使命感。二要强调为民尽责。坚持人民利益是第一需求、群众满意是第一标准，认真解决损害群众利益、群众反映强烈的突出问题，坚决纠正精神懈怠、无所作为，口大气粗、以势压人的不良作风，全心全意为人民服务。三要强化务实作风。加强调查研究，掌握第一手情况，创新思想理念，改进方式方法，全力防止漂浮作风，做到情况明、数字准、责任清、作风正、工作实。四要带头廉洁自律。坚持高标准、严要求，严格执行党的纪律，以身作则，率先垂范，严格依纪依法监督问责，不徇私、不泄密、不谋利，坚决防止“灯下黑”。

二、落实“三转”工作主要做法

2014年12月，万山区纪委监察局在市纪委监察局和区委、区人民政府的领导下，深入贯彻落实中央、省市各级纪委全会精神，围绕全区改革发展稳定大局，以“突出主业、强化监督”为主线，从精简议事协调机构开始稳步推进，逐步实现工作职能、工作方式和工作作风上的转变。

（一）转职能的主要举措及成效

万山区按照中央、省、市纪委的新要求，将履行职责的范围回归到《中国共产党章程》和《中华人民共和国行政监察法》的规定上来，把主要精力集中到党风廉政建设和反腐败工作上来，坚持有案必查、有腐必惩。同时，将内设机构进行整合优化，把人力物力向办案一线倾斜，着力将纪检监察机关工作重心放在监督、教育、惩处等基本职能上。为确保全区各级纪委书记和纪检组组长专职专用，全区按照决策权、执行权、监督权既相互制约又相互协调的原则，对纪委书记和纪检组组长兼职情况进行清理，明确纪检组组长(纪委书记)原则上不得分管其他业务工作。坚定不移推进基层办案，严查群众身边的腐败案件，实现乡镇办案全覆盖。

2014年，万山区纪检监察机关把查处发生在老百姓身边的腐败案件作为工作重点，通过办案人员的努力，案件数量得到增长、案件质量得到提高、办案机制得到完善、办案作用得到彰显。

1.内设机构调整情况

2014年进行两次内设机构调整，于12月底前完成最后一次调整，调整的方案是整合4个机构。撤销办公室、监察综合室，设立办公室；撤销党风政风监督室、执法和效能监督室，设立党风政风监督室（区人民政府纠正行业不正之风办公室）。增设2个内设机构。增设第三纪检监察室、第四纪检监察室。其他调整，在党风政风监督室加挂区人民政府纠正行业不正之风办公室牌子；在案件审理室加挂案件申诉复查复议办公室牌子；在干部室加挂纪检监察干部监督室牌子；纪检监察一室、纪检监察二室更名为第一纪检监察室、第二纪检监察室。调整后，区纪委监察局设办公室、干部室（干部监督室）、宣传调研法规室、党风政风监督室（区人民政府纠正行业不正之风办公室）、信访室、案件监督管理室、第一纪检监察室、第二纪检监察室、第三纪检监察室、第四纪检监察室、案件审理室（案件申诉复查复议办公室）共11个内设机构。两次内设机构调整均按照“突出查办案件职能，加大惩治腐败力度”的原则进行调整。

2.议事协调机构清理情况

2014年开展纪检监察机关议事协调机构清理工作两次。第一次清理总数92项，保留19项；第二次清理19项，保留14项。目前保留的议事协调机构有：区委党的建设工作领导小组；区委保密委员会；区委党的群众路线教育实践活动领导小组；区预防职务犯罪工作领导小组；区安全生产委员会；区贯彻落实中央八项规定省市十项规定工作领导小组；区全面改革深化领导小组；区治理商业贿赂工作领导小组；区处理信访突出事件问题及群体性事件联席会议；区反腐败协调领导小组；区惩治和预防腐败体系建设领导小组；区人民政府食品安全委员会；区经济责任审计工作联席会议；区干部监督工作联席会议。

3.区纪委书记、区直派驻纪检组组长兼职及业务分工情况根据中央、省、市纪委的要求，对区纪委书记、区直派驻纪检组组长、乡镇(街道)纪(工)委书记及乡镇(街道)纪(工)委副书记兼职情况进行专项清理，经清理，无兼职现象，乡镇(街道)纪(工)委书记主要分管党建及纪检监察工作，全区纪检监察干部切实做到专职专用。

4.聚焦主业后查办案件工作主要成效

“三转”以来，万山区纪检监察机关把更多的精力集中到查办案件之中来，克服办案人员少和办案设施简陋的困难。

(二)转方式、转作风主要举措及工作成效

为强化监督、执纪、问责，万山区在转方式中不断改进工作方式方法，坚持以纪督政、以纪促政，重点督促职能部门履职尽责。同时退出一些不该参与的工作和议事协调机构，2014年开展纪检监察机关议事协调机构清理工作两次，仅保留14项。在转作风中对纪检监察干部严格要求，要求别人不做的自己首先带头不做，做清正廉洁的表率。同时要求纪检监察干部工作要实，业务要精，作风要硬。为提升纪检监察干部综合业务素质，2014年开展专题业务培训4期，同时选派6名纪检监察干部赴北京、杭州、海南、井冈山等地参加培训。

在实际工作中，认真履行好纪检、监察两项职能，把工作重心放在监督、执纪、问责之中、厘清职责，突出主业，回归本位，把该管的管起来，把不该管的工作交还给主责部门。坚持从重对事的监督向监察事和监察人的转变，把监察对象的监督和对违规行为的落实到具体人，强化问责追究。根据省、市纪委监察局的统一安排和部署，2014年全区民生领域进行大排查，通过各民生特派组的专项检查，成效突出。

第四章　干部队伍建设

万山区(特区)纪检监察机构成立以来,始终紧跟时代步伐,牢记使命,以严肃党纪政纪来维护党的权威。几十年来,在机构日趋健全、组织领导不断加强、队伍不断壮大的同时,更加注重机关的自身建设。特别是中共十八大后,纪检监察机关和纪检监察干部把对党忠诚作为纪检监察工作首要政治原则和品格,始终在政治上思想上同党中央保持高度一致,不断提高纪检监察干部的政治素质、业务水平和履职能力,全面履行纪律检查和国家监察职责,努力建设一支忠诚坚定、担当尽责、遵纪守法、清正廉洁的纪检监察铁军,推进全面从严治党、党风廉政建设和反腐败斗争向纵深发展。

第一节　干部选拔及配置

1938年9月,毛泽东主席在中共扩大的六届六中全会上,作出著名的"政治路线确定之后,干部就是决定的因素"重要论断。党的干部是党和国家事业发展的中坚力量。党和国家事业越发展,对领导干部的能力要求也越高。我们党历来高度重视选贤任能,始终把选人用人作为关系党和人民事业的关键性、根本性问题来抓。中共十八大以来,习近平总书记着眼新时代党和国家事业发展需要,围绕建设一支忠诚干净担当的高素质干部队伍,作出一系列新思想新论断新要求,推动落实一系列重大政策举措,干部队伍建设展现新气象。

万山区(特区)纪委监委(监察局)高度重视干部的培养选拔,坚持正确的选人用人标准,严把政治关、品行关、作风关、廉洁关,干部晋升任免坚持"凡提四必""三个不上会""两个不得""五个不准"要求,确保选人用人德才兼备,真正让忠诚干净担当、为民务实清廉、奋发有为、锐意改革、实绩突出的纪检监察干部得到褒扬和重用。

1973年7月26日,中共万山特区委设立纪律检查委员会,未配备纪检干部,工作由组织部代办。

1980年11月17日,中共万山特区委纪律检查委员会配备纪检干部1名,任命孙玉峰为万山特区委纪律检查委员会副书记。

1981年5月,陈湘保调特区纪委工作。

1982年5月20日,根据各社(镇)第二届党代表大会选举结果,万山特区党委常委研究决定,刘远芝为高楼坪公社纪检委员;陈先福为黄道公社副书记,分管纪律检查工作;杨树昌为敖寨公社纪律检查委员;刘荣德为下溪公社纪检委员;杨再华为万山镇副书记,分管纪律检查工作。

1982年6月26日，铜仁地委常委会议研究同意，孙玉峰任中共万山特区委纪委书记，梁玉岱任副书记。

1982年8月6日，中共万山特区第二次代表大会选举孙玉峰、梁玉岱、陈湘保、周本旺、崔明久等5人为中共万山特区委纪律检查委员会委员。7日，中共万山特区委纪委召开全体委员会议，选举产生中共万山特区委纪律检查委员会书记、副书记，孙玉峰为书记、梁玉岱为副书记。

1982年12月，刘荣国调特区纪委工作，任办公室秘书。

1984年1月，杨宗银调纪委工作；4月，杨光元调经打办工作；9月，杨贵成、王德安、杨德富调特区纪委工作，任纪委常委，10月，调刘爱秀到特区纪委工作，任办公室秘书。

1984年9月26日，中共万山特区第三次代表大会选举王德安、刘政权、李梧顺、何芝茂、陈湘保、周本旺、徐昌登、张天保、杨贵成、杨德富、廖克文等11人为中共万山特区第三届纪律检查委员会委员。27日上午，中共万山特区第三届纪律检查委员会举行第一次全委会，选举何芝茂、陈湘保、王德安、杨贵成、杨德富5人为中共万山特区第三届纪律检查委员会常委，何芝茂为书记，陈湘保为副书记。此届中共万山特区委纪律检查委员会升格为副县级的中共万山特区纪律检查委员会。

1986年8月，经特区党委常委会研究，任命刘泽新为万山特区纪委副书记。同年11月，地委免去何芝茂兼任特区纪委书记职务，是年，万山特区纪委机构编制人数9人，配备专职人员7人，其中，副处级1人，专职副书记2人，委员5人。

1987年7月，地委任命刘先和为特区党委副书记、特区纪委书记。

1987年9月20日，中共万山特区第四届纪律检查委员会第一次全委会，选举刘先和、刘泽新、杨宗银、王德安、杨光元等5人为常委，刘先和为书记，刘泽新、杨宗银为副书记。

1987年12月，万山特区成立万山特区监察局，受特区人民政府和上级行政监察机关双重领导，核定行政编制数5人，其中领导职数2人(一正一副)，特区人大常委会任命裴长林为监察局局长。

1988年3月14日，万山特区监察局印章正式启用，特区人民政府任命陈宗华为监察局副局长。5月，调王世坤、张昌裕、杨再清到监察局工作。12月，监察局局长裴长林调贵州汞矿工作。

1989年，严若明、汤才建、王贵权、王红桃等先后调监察局工作。

1990年，特区纪委从行政企事业各部门选调9人，其中党员4人、共青团员2人，有中专及中专学历以上的7人，评有专业技术职称的2人，平均年龄33岁。特区监察局在人员基本配齐的情况下，设立监察股、审理股、举报信访股和局办公室。汤才见任监察局办公室副主任，严若明任监察局举报信访股副股长，杨再清任监察局审理股副股长，王世坤任监察局监察股股长、王贵权任监察局监察股副股长。

1990年10月，中共万山特区委员会批转万山特区纪委监察局《关于在部分基层党组织和工作部门设置纪检组织和派驻专职纪检、监察员的报告》，设立特区机关纪委，纪委书记由特区机关党委副书记兼任主管纪检工作，委员由3人至5人组成。机关纪委受特区纪委和机关党委的双重领导，纪检业务以特区纪委领导为主，专职和兼职的纪检、监察员受纪委、监察局和派驻单位的双重领导。设立派驻专职纪检、监察员的单位有特区公安局、特区工商局、特区教育局、特区商业局、特区粮食局、特区农经委；明确兼职纪检、监察员的单位有高楼坪乡、下溪乡、黄道乡、敖寨乡、万山镇、特区人事局、特区财政局、特区供销社、特区卫生局。派驻人员的工资福利、办公用品、后勤保障等由所在单位负责,派驻各部门的专职纪检、监察员所需编制,原则上在各部门现有编制中解决;派驻专职人员的配备工作由组织部、人事部门负责。其余未明确规定要设置派驻专兼职纪检、监察员的单位,其纪检、监察职能可按支部的分工或由本单位主管人事干部的人员负责。

1991年4月,为提高办案的效率和质量,在全区四乡一镇党委和特直机关纪委成立案件审理小组。各乡镇案件审理小组由各乡镇党委书记、副书记(兼纪检员)、组织宣传员组成,万山镇组长:姚亚宇,成员:杨银昌、黄龙国;敖寨乡组长:毛加海,成员:杨光元、陈小昌;下溪乡组长:蒲光昧,成员:刘荣胜、张绍和;黄道乡组长:刘元芝,成员:杨秀方、饶桂兰;高楼坪乡组长:刘发章,成员:卢华国、杨克金。特直机关纪委案件审理小组由特直纪委书记、监察局长、纪检员组成,组长:杨再清,成员:刘洪登、杨仁兴。

1991年10月,任命汤才见为特区监察局办公室主任,王贵权为特区监察局审理股股长,王世坤为特区监察局监察股股长,严若明为特区监察局信访股股长。

1992年2月,特区党委任命蒲光木为纪律检查室主任,杨光达为控告申诉室主任,封贵安为正股级秘书,聘任陆选贵为纪委办公室副主任(正股级),12月,任命黄龙国为副局级纪检员,12月底,特区纪委实有干部职工13人(刘泽新、杨宗银、罗洪信、王德安、蒲光木、杨光元、杨光达、陆选贵、黄义强、黄龙国、方德英、封贵安、邵宗凤)。

1992年9月,王世坤调特区文化局工作,12月底,监察局实有干部职工8人(刘洪登、吴水林、汤才建、王贵权、严若明、张昌裕、王红桃、杨礼江)。

1992年9月8日,成立高楼坪乡、敖寨乡、下溪乡、黄道乡、万山镇、公安局纪律检查委员会,各纪律检查委员会定行政编制1人,领导职数1人,设委员2人。

1993年6月,中共万山特区纪委、万山特区监察局合署办公,合署后行政编制24人,特区纪委党委职数为5人,监察局党员正副局长进纪委班子,局长为副书记,副局长为常委。

1995年3月,任命王贵权为特区纪委纪检监察室副主任,刘荣国为特区纪委廉政建设室主任,刘水源为宣教室主任,陆选贵为特区纪委副局级纪检员。

1996年9月19日,万山特区委员会印发《关于在机构改革中机关纪委、监察机构设置的意见》,设立党组并对下属单位实行集中统一领导的部门,由特区纪检监察机关派驻纪检组、监察室,设专职纪检组组长,共16个部门:特区政府办、特区人民法院、特区人民检察院、特区计划贸易局、特区教育局、特区农业办公室、特区工商局、特区财政局、特区国税局、特区地税局、特区人民银行、特区粮贸总公司、特区国土局、特区文化广播电视局、特区民政局、特区邮电局。特直机关设党委的,设立纪律检查委员会。即特直机关党委、公安局党委(同时设监察室)。下设纪检、监察机构,配备专职纪检员或纪检、监察员的部门、单位21个:特区委组织部、特区委宣传部、特区委政法委、特区人大办、特区政协办、特区民族事务管理局、特区审计局、特区建设局、特区司法局、特区卫生局、特区人事劳动局、特区交通局、特区供销联社、特区民族中学、农特区业技术开发服务中心、特区林业技术开发服务中心、特区水利电力技术开发服中心、特区气象局、特区工商银行、特区建设银行、特区轻工局。各级纪委书记由同级党委副书记一级的干部担任,派驻和内设纪检组组长应由本部门副职一级的干部担任;下设纪检、监察机构的部门所配的专职纪检员、监察员，根据工作需要和干部的德才情况，可配置本部门副职或股级干部。纪检、监察机构均实行合署办公，一个机构、两块牌子，履行两种职能，并实行同级党委（党组）、行政部门与上级纪检、监察机关双重领导的体制。

1996年9月8日，万山特区纪委监察局内设8个职能室：办公室、监察综合室、宣教研究室、党风廉政建设室（党委反腐倡廉领导小组办公室、政府纠风办）、执法监察室、纪检监察室、案件审理室、信访室（监察局举报中心），行政编制15名、事业编制1人。

1997年4月，王德安退休，5月，罗仁相调特区纪委工作。

1998年，有编制17名，实有14人。2月，刘荣国任特区纪委副书记，邵宗凤任纪委委员、常委、审理室主任，梁巨云任特区监察局副局长、办公室主任（兼），刘水源任宣教室主任，陆选贵任廉政室主任，汤才见任执法室主任，黄龙国任信访室主任。

1999年，万山特区纪委监察局实有15人，提拔干部3人、新调进1人、内部轮岗3人。5月，梁巨云任万山特区监察局局长，刘泽祥任办公室主任，罗仁相任纪检监察室主任。

2001年，特区党委出台《关于万山特区党政机构改革的实施意见》（万特委办〔2001〕21号），明确万山特区纪委监察局内设9个职能科室：办公室、监察综合室、宣教研究室、党风廉政建设室（党委反腐倡廉领导小组办公室）、执法监察室、纪检监察室、案件审理室、信访室（监察局举报中心）、纠正部门和行业不正之风室。共有行政编制16名、机关后勤服务人员事业编制2名。派驻纪检监察员编制实行单列，由特区纪委统一使用，总编制6名（含直属机关纪委）。

2002年，机构改革后，特区纪委监察局机关共有编制18名，其中行政编制16名、机关后勤服务人员事业编制2名，设书记1名、副书记2名、监察局局长1名（由副书记兼任），监察局副局长1名、正副主任9名，实有13人。9个单位（特区人民法院、特区人民检察院、特区农办、特区教育局、特区水电局、特区人事劳动社保局、特区电信局、特区国税局、特区地税局）设派驻机构，共设7名兼职、2名专职纪检组组长。四乡一镇党委、直属机关党委、公安局党委设有纪委、监察室，配齐7名纪委书记，公安局配备1名监察室专职纪检员。

2002年10月16日，特区纪委常委会会议讨论决定，同意万山矿区社区服务管理局设立纪律检查委员会，为副科级机构，领导职数1名，人员编制内部解决。

2003年，调整充实纪检监察队伍，特区纪委监察局干部职工增加到16名，党风廉政建设室升格为正科级单位，除8个基层纪委外，在13个单位设置纪检员岗位，并加强纪检监察信访网络建设，全区有三级信访兼职人员52名。是年4月，杨成、杨超分配到特区纪委监察局工作。7月，杨劲松、吴峰、杨顺昌同志调入特区纪委监察局工作。

2005年，调整充实4名委局班子成员；配齐5个乡（镇）纪委书记、副书记，配备5个乡（镇）监察室主任；全区纪检监察系统交流干部11人，其中系统内7人、系统外4人。新聘4名特邀监察员。

2006年，13个特直部门设置纪检组，并明确纪检组组长进入所在部门领导班子。明确3名非领导职数，其中正科级纪检员1名，副科级纪检员2名。

2007年，调整充实纪检监察申诉复议领导小组，组长：张静，成员：夏珍、杨顺昌、蒲流。

2008年3月，袁仁东、毛权民调入纪委工作。为加大组织建设力度，制定《派驻机构统一管理的实施方案(试行)》和《各乡镇纪委、派驻机构考核管理办法》。认真开展干部“上挂下派”和培训工作,上挂方面,从万山镇抽派1名干部到宣教室上挂学习,下派方面,根据特区委有关要求,由特区委组织部抽派监察局副局长姬黄河到下溪乡挂任乡党委副书记,抽派办公室袁仁东到下溪乡桂花村挂任村党支部副书记。

2009年,落实中纪委〔2009〕9、10号文件精神,撤销派驻各部门的纪检机构,统一新组建4个派驻纪检组,在铜仁地区率先探索实施县级派驻纪检监察机构统一管理模式。

2010年,成立万山特区举报中心(非公有制经济发展侵权投诉中心),为特区纪委监察局直属副科级事业单位,核定事业编制6名,配主任1名,副主任1名(正股级)。

2011年,完成乡镇(办事处)纪委和区纪委换届选举工作,一大批年轻干部充实进入纪检监察干部队伍,提拔4名正科级纪检干部,任命为派驻纪检监察一、二、三、四组组长。

2012年,为确保派驻机构统管工作有序推进,成立以区委副书记任组长的派驻机构统管工作领导小组,制定派驻纪检监察机构统一管理实施方案,新组建的四个派出纪工委(监察分局)核定编制28名。设立铜仁市万山区绩效考核办公室,为正科级事业单位,核定事业编制6人,配主任1名、副主任2名。增设内部机构案件督查管理室,配主任1名。提拔正科级干部3人(1人交流),提拔交流副科级干部7人,乡镇(街道)纪检监察干部考察提拔及交流14人。

2013年,提拔干部4人,调入干部6人,引进人才2人,交流2人,乡镇纪委书记全部配齐。

2014年,提拔任用干部7名,其中,正科级2名,副科级5名,同时交流3名纪检监察干部到科局和乡镇(街道)任职。会同组织部门调整6个乡镇(街道)纪(工)委书记,选拔1名乡纪委副书记;对委局1名派驻纪检监察干部因受贿和泄密给予党内严重警告处分,并调离出纪检监察系统。根据上级机构改革总体要求,拟定委局机构改革方案,对委局11个内设机构进行考察和选拔人选。

2015年,会同组织部门调整充实6名乡镇(街道)纪(工)委书记,在委局机关新提拔2名干部,从外单位选调5名干部到委局机关工作。

2016年,由区纪委会同区组织部门先后对10个乡镇(街道)纪(工)委书记、副书记进行全面调整。结合区县纪委换届,调整充实3名委局班子成员,实现新老交接;结合乡镇换届配齐10个乡镇(街道)纪(工)委书记,配备9个乡镇(街道)纪(工)委副书记和监察室主任;3个科局新增监察室主任3名;委局机关新进干部5人,交流7人,其中系统内4人、系统外3人。

2017年,委局机关新提拔干部6名,交流提拔3名,交流任职2名,从外单位选调4名干部到委局机关工作,1名干部选调到贵安新区工作,新招录参公事业人员1名,干部队伍结构得到优化;新增6个派驻部门纪检组组长。12月,按照监察体制改革试点工作时间表、路线图,通过对区人民检察院涉转隶人员开展谈心谈话、家庭走访、档案审核和资格审查等工作,转隶人员7人,增设3个纪检监察室,实现转隶人员和委局机关合署办公。

2018年1月,依法选举产生区监察委员会班子,区纪委与区监委牌子同挂一处,实行合署办公。按照《铜仁市纪委市监委机关内设机构指导意见》设置纪委监委机关内设机构,分别设置:办公室(宣传调研法规室、案件申诉复查复议办公室)、干部室(纪检监察干部监督室)、党风政风监督室、信访室、案件监督管理室、第一纪检监察室、第二纪检监察室、第三纪检监察室、第四纪检监察室(重大责任事故调查办公室)、案件审理室10个内设机构。同时,撤销原有的4家派出纪工委监察分局和34家派驻纪检组。通过新设、调整、合并等方式,重新设置区纪委区监委派驻纪检监察组6个。在原有干部总数的基础上,划转派驻纪检组干部编制36个,其中行政31个,事业5个,划转22人,转隶7人,选调2人,新增干部31人,实有人员共82人。

2019年,全区纪检监察干部提拔9人、事业调任行政4人、交流6人、划转5人。以选调、招录、遴选、人才引进、调任等形式进入区、乡两级纪检监察机构的人员14人,及时补充纪检监察新力量。挂牌设立派出乡镇监察办公室,乡镇(街道)监察办公室与乡镇(街道)纪委(纪工委)合署办公,实行“一套机构、两个名称”,受派出监察机关领导,并向其负责。在区人民医院设立纪委,向全区派出11个乡镇(街道)监察办公室,聘请10名特邀监察员,组建留置专业看护队伍24人。

2020年,提拔纪检监察干部4人,到省市纪检监察机关交流任职3人,交流到区内其他部门任职5人。区委印发《关于深化中共铜仁市万山区纪委铜仁市万山区监委派驻机构改革的实施意见》(万党办发〔2020〕22号)文件,10月30日召开派驻机构改革推进会,会后,6个派驻纪检监察组分别到66个派驻部门举行挂牌仪式。

2021年,择优调入年轻干部4人,人才引进1人,事业单位招考2人,交流科级干部10人,提拔副科级领导干部6人、正科级领导干部2人,事业调任领导干部1人,提拔同职级重要岗位1人。通过干部新老搭配、交叉配备的方式,内部调整工作岗位16人,新增2个内设科室(宣传调研法规室、执纪执法保障中心)。

2022年,推荐提拔一名区纪委副书记到市纪委任职副县级室主任,推荐考察区纪委副书记1人,区纪委常委人选2人,区监委委员人选2人,提拔使用机关室主任4名、派驻纪检监察组副组长3名,副科级纪检监察专员2人,区属学校纪委书记人选2人,从优秀乡镇纪委副书记中提拔2名任职乡镇纪委书记。从优秀的乡镇纪委书记中提拔1名任职乡镇人大主任,2名任政法委书记,从优秀干部中提拔1人到乡镇任职纪委书记,提拔1人到乡镇任职人大工委主席,转任1人到区林业局任班子成员,提拔1人到法院任职政治部主任。晋升三级主任科员4人。事业单位晋升7级职员7人,晋升8级职员9人,完成19名九级管理职员的聘岗工作。

第二节 干部监督管理

纪检监察机关作为管党治党的政治机关,作为党内监督和国家监察专责机关,是纪律部队,担负特殊使命和重大责任。正人先正己,正己首正心。万山区纪委区监委站在党要管党、全面从严治党的高度,把维护队伍纯洁作为纪检监察事业的“生命线”来坚守,把“打铁的人”锤炼成“铁打的人”,不断强化对干部的严教、严管,立规矩、划红线,规范内部管理,加强日常监督,从制度层面规范工作程序,严防“灯下黑”。

1988年,特区纪委将每周一、六作为政治学习和组织生活会时间,深入学习贯彻中共十三大、十三届三中全会和中纪委二、三次全会精神,通过学习讨论,联系实际,反复讨论改革开放与从严治党的关系。3月,制定下发《中共中央纪律检查委员会关于对党员干部加强党内纪律监督的若干规定》,

使党内监督工作有章可循。10月，委机关实行岗位责任制，对纪委工作任务及要求、纪委正副书记、纪检工作人员、审理工作人员、办公室主任、秘书工作人员、信访工作人员的职责进行明确要求。

1989年，印发《特区行政监察局各股室人员职责和局工作制度》，对办公室人员、监察股人员、审理股人员工作职责进行明确，对单位工作秩序、文件资料保管、保密制度、上下班纪律等进行明确要求。

1990年，特区纪委监察局继续完善政治学习制度、组织生活制度、各种岗位责任制度、纪委常委及成员工作职责制度等。6月，特区监察局下发文件，对行政监察机关对象及主要任务进行明晰。

1991年，特区纪委印发纪检系统工作目标管理考评办法。对评出的总成绩前三名进行表彰和奖励。委机关继续实行岗位责任制，对纪委工作任务及要求、纪委正副书记、纪检工作人员、审理工作人员、办公室主任、秘书工作人员、信访工作人员的职责进行明确要求。

1992年，配备四乡一镇纪委书记。举办四乡一镇、特直纪委纪委、特区公安局纪委书记、特区纪委委员及特直有关部门专兼职纪检监察干部或分管领导、特区纪检监察机关干部培训班，进一步完善政治学习制度、岗位责任制、考勤制度、纪委常委及委员工作职责制度等。印发《万山特区纪检系统工作目标管理考评办法》。

1995年，特区纪委转发中纪办发(1995)2号文件《关于中共中央纪委、监察部机关工作人员不准接受可能对公正执行公务有影响的宴请和不准参加用公款支付的营业性场所娱乐活动的具体规定》，要求委部机关全体工作人员严格遵守具体规定。对四乡一镇、特直机关纪委、特区公安局纪委、监察室及委局机关各室推行目标管理考评制度，目标管理工作向制度化、科学化、规范化方向迈进。

1996年，制订《纪检监察工作目标管理考评办法》，对全区纪检监察工作，纪检监察干部实行目标管理考核考评。

1997年，制订万山特区纪委、监察局职位说明书，对每个工作岗位概述、标准进行明确要求。

1998年，出台《关于搞好纪检监察全面工作的奖惩规定》，对1998年度办案及各室基础业务工作推行激励机制，以争取财政奖金和以收缴违纪金额返回款为奖励基金，以办案外勤补助为惩罚金。

1999年，制订特邀监察员工作安排意见，充分发挥参谋作用。

2000年10月，万山特区纪委监察局坚持勤俭节约、反对铺张浪费的原则，出台财务、车辆管理及接待制度，制订下发《关于搞好纪检监察全面工作的奖惩规定》。

2001年，以开展“三讲”回头看为契机，加强全区纪检监察系统干部教育管理和考核。

2002年，开展为期2个月的特区纪检监察机关作风教育整顿活动，着力整顿纪检监察系统党员干部思想作风、学风、工作作风、领导作风和生活作风方面存在的问题。

2004年6月，制订《目标管理考核工作》，工作考核目标分为共性目标和业务目标，考核结果作为表彰先进的主要依据。

2005年，出台《关于对纪检监察各项工作实行奖惩的具体规定》，在内部各科室针对业务等工作实行奖励机制。

2006年，以开展党员先进性教育活动为契机，在委局机关开展“做党的忠诚卫士、做群众贴心人”主题实践活动。

2008年，特区委出台《关于对特区纪委、监察局派驻纪检监察机构实行统一管理的方案(试行)》，将派驻机构由特区纪委、监察局和驻在部门双重领导改为由特区纪委、监察局直接领导，特区纪委、监察局对派驻机构业务工作、干部工作和行政后勤工作等实行统一管理。

2009年，特区纪委监察局建立健全管理运行机制，印发《万山特区纪委监察局机关内部事务管理规定（试行）》《万山特区纪委监察局与特区纪委委员工作联系通报制度》《万山特区纪检监察干部监督管理若干规定》，促进纪检监察工作制度化、规范化、程序化。

2010年，为进一步完善强化管理的内部监督制约机制、调动工作积极性的激励机制及提高纪检监察干部的综合素质，建立完善《万山特区纪委监察局机关内部事务管理规定》。

2011年，为加强委局机关内部管理，修订完善《万山特区纪检监察干部监督管理若干规定》等7个方面的内部管理规章制度，及时明确班子成员分工，合理调整干部职工岗位，实行科室工作每周、每月通报制度。推行"半天关门工作法"，促使干部走出机关深入发展一线和干群之中搞好服务。推行"三个尽量"（除非特别急件，文件尽量晚上阅处；除非特别需要，文稿尽量晚上拟写；除非特别事项，会议尽量晚上召开）工作法，确保必要的工作时间，缓解人少事多的矛盾。

2012年，修改完善加强对派出纪检监察机构业务工作、干部管理等办法，制订纪工委（监察分局）工作职责及相关制度10余项。

2013年，出台《万山区纪委监察局关于加强派出纪检监察机构业务工作管理办法（暂行）》《关于加强纪检监察派出机构干部管理办法（暂行）》《关于纪检监察派出机构对部门实施监督的办法（暂行）》等办法。明确纪工委书记、副书记，监察分局局长、副局长工作职责，完善纪工委监察分局会议制度、失职责任追究制度等内部管理制度。

2015年，制订完善常委会议事规则、派出（驻）机构统一管理办法、关于建立健全乡（镇）纪委向区纪委报告工作制度的意见（试行）、乡镇纪委书记副书记提名考察办法（试行）、铜仁市万山区纪检监察派出（驻）机构落实监督责任实施意见（试行）、派驻纪检组工作职责和纪检监察干部内部管理等16项制度；同时，出台纪检监察干部目标考核细则，对纪检监察干部进行量化考核，严格兑现奖惩，对排名靠后三位的各扣发绩效奖金500元，前三位各奖励500元，对获2014年度优秀工作者委局机关7名纪检监察干部各奖励800元。

2016年，重申纪检监察干部外出报批报备和请销假制度等工作纪律要求，进一步严明执纪审查纪律，严禁泄露秘密、在监督执纪中谋取不正当利益，在纪检监察系统率先把纪律立起来、严起来，全年全区纪检监察系统，1人因违反工作纪律和廉洁纪律被给予党内警告处分，1人因违反工作纪律被立案调查，通报批评20人，书面检讨3人，诫勉谈话7人，提醒谈话1人。同时，出台委局机关干部和民生监督组绩效考核细则，对纪检监察干部进行量化考核，严格兑现奖惩。

2017年，根据《中国共产党纪律检查机关监督执纪工作规则》，以及各科室职能职责，修订完善各科室工作制度，印发《委局机关2017年干部绩效管理考核办法》，对8名纪检监察干部进行提醒谈话，内部通报10人，诫勉谈话1人，党内警告处分2人。

2018年，认真开展当好党内政治生态"护林员"主题教育，"三严三实"专题教育活动和"两学一做"学习教育等，出台《万山区纪检监察系统重点整顿十类突出问题》《纪检监察干部"八小时外"行为规范》等规章制度，强化纪检监察干部日常监管和"八小时外"监督，对纪检监察系统干部违纪问题，坚决不护短、不袒护。一年来，印发内部通报4期，6人被通报批评，1名乡镇纪委书记被提醒谈话。

2019年，区纪委区监委结合万山实际制订《铜仁市万山区纪检监察干部队伍建设年工作实施方案》，将工作任务细化分解为5个方面36项，逐项列清单、定措施、设时限，责任到岗到人，各项任务有序推进。创新干部职工"正负清单"纪实考核制度，从纪检监察干部学习、工作、考试情况等6个方面，列出正面清单；就工作纪律、执行力、服务群众等10个方面，列出负面清单，对纪检监察干部实行量化考核管理，并采取"一月一汇总、一月一公示"的方式，对干部个人正负清单进行张榜公开"晾晒"、集中对比"赛马"，贵州新闻联播、省、市纪委网站对万山区纪委区监委创新推行的正负清单考核制度进行宣传报道。

2020年，制定印发《万山区纪检监察机关能力建设三年规划(2019—2021)》，从政治能力提升、信息化建设、执纪执法保障及人才"双千"工程等方面开展干部能力提升年活动，继续推行纪检监察干部"正负清单"纪实考核制度。

2021年，制定下发《万山区纪委区监委绩效目标管理考核办法》《万山区纪委区监委机关工作人员考勤制度》《纪检监察干部外出报备制度》，加强纪检监察干部日常监督、"八小时"外监督。全年，对工作不实的开展批评教育2人、提醒谈话4人，对不适合从事纪检监察工作的2人进行组织调整。组织147人次参加体检，召开老干部座谈会1次，慰问生病干部职工6人，开展政治家访23人次，开展谈心谈话128人次。

2022年，从严从实狠抓自身建设，着力加强干部，特别是年轻干部的监督管理。邀请全区纪检监察系统年轻干部列席区纪委会、理论学习中心组学习会。严格落实省纪委监委内部"小巡视"反馈问题整改。全年，共受理纪检监察干部问题线索4条，涉及乡镇(街道)纪(工)委书记3人，区委巡察干部1人。了结方式处置问题线索3条，提醒谈话2人，党纪政务处分1人。组织133人次参加体检，慰问退休和生病干部职工11人次，开展政治家访26人次，开展谈心谈话166人次。

第三节　干部能力建设

执纪者必先守纪，律人者必先律己。万山区(特区)纪委监委(监察局)着力加强自身建设，坚持政治素质、业务能力双过硬标准，通过外派培训、专题培训、研讨交流等方式，加强对纪检监察干部的全员培训，为深入推进党风廉政建设和反腐败斗争提供坚强组织保证，赢得人民群众的充分信任。

1989年，在纪检队伍自身建设方面，一是注重提高纪检干部的政治素质，组织学习《人民日报》"4·26"社论，中央领导同志的重要讲话和中纪委的有关文件。二是抓全区纪检干部业务培训，集中全区18名专兼职纪检员和分管纪检工作的支部书记进行为期6天的培训。安排4人次到省、地参加业务培训，坚持每周用半天时间组织在家纪检干部进行业务学习。三是逐步建立健全规章制度，制定纪委常委及委员工作职责。

1990年，特区纪委采取集中与自学相结合、以会代训等形式，组织纪检干部学习中纪委〔90〕1、2、3号文件及《党的纪检业务文件选编》等文选，对纪检机关、特区机关和各基层的专兼职纪检干部、部分分管纪检工作的支部书记等25人，进行纪检、信访、审理、法律等方面知识的业务培训，派出6名纪检干部,参加地区纪委举办的纪检业务培训班。

1991年,特区纪委加强纪检队伍自身建设,每星期进行一次政治理论和业务学习,并按编制配备好纪检干部,搞好组织建设。选派2人分期参加铜仁地区纪委组织到深圳考察学习,还聘请各乡镇、特直各部门部分同志为党风信息联络员。

1992年,坚持每周二、五进行学习,学习行政监察基础知识、《中华人民共和国行政监察条例》以及党的方针、政策及有关文件,并参加党史知识、法律知识、《中华人民共和国行政监察条例》等知识的考试。

1992年3月,特区直属机关纪委获得铜仁地区纪检工作先进集体表彰。

1993年,举办纪检监察干部培训班,对四乡一镇、特区公安局纪委书记、特区纪委委员及特直有关部门专兼职纪检监察干部等进行业务培训。进一步完善政治学习制度、岗位责任制、考勤制度、纪委常委及成员工作职责制度等。

1994年,坚持一周一次政治学习,认真学习党的路线、方针、政策,国家有关法律、法规。重点学习中纪委三次、四次全会精神和江泽民的讲话,《邓小平文选》第三卷,中共十四届四中全会精神等。配齐乡镇及公安局纪委书记和监察室主任,举办一年一度的四乡一镇、特直机关纪委、特区公安局纪委书记、特区纪委委员及特直有关部门专兼职纪检监察干部培训班,使参训人员进一步掌握调查取证、案件审理、办案程序等业务知识。选派纪检监察干部参加省纪委组织的浙大纪检监察业务研讨班。

1995年3月25日,特区纪委、监察局对1994年度在纪检监察工作中作出显著成绩的特区纪委办公室、党风廉政建设室、特区公安局纪委、高楼坪乡纪委等先进集体,以及罗洪信、黄龙国、王贵权、邵宗凤、杨再清、杨顺友、卢华国等先进个人进行表彰。

1996年,特区纪委、监察局对1995年度在纪检监察工作中作出显著成绩的先进集体和先进个人进行表彰。基层纪检监察工作先进集体第一名:特区公安局纪委、监察室,第二名:敖寨乡纪委、监察室,第三名:高楼坪乡纪委、监察室;机关先进集体名单第一名:办公室,第二名:宣教室、信访室,第三名:监察综合室;先进个人:王德安、黄龙国、汤才见、陈通海、李荣忠、卢华国。全年,坚持周二、五学习制度,采取以会代训和选派人员到外地培训等形式先后培训基层纪委书记两期,参加中央、省、地区举办的培训班3人次。

1997年,组织全体纪检监察干部认真学习中共十四届六中全会精神,重点学习中纪委八次全会公报和江泽民总书记在八次全会上的讲话精神。组织广大纪检监察干部认真学习《中国共产党领导干部廉洁自律若干准则(试行)》《中国共产党纪律处分条件(试行)》《中华人民共和国行政监察法》等有关业务知识,召开四乡一镇、特直纪委、特区公安局纪委书记、特区纪委委员、特邀监察员、特直各部门专兼职纪检监察干部或分管领导,特区纪检监察机关全体干部参加全区纪检监察工作会议,并进行业务培训。

1998年,一是坚持每周政治学习,组织全体纪检监察干部认真学习中纪委全会和江泽民总书记重要讲话精神,省地纪检监察工作会议精神。二是组织广大纪检监察干部认真学好《中国共产党党员领导干部廉洁从政若干准则》《中国共产党员纪律处分条例》《中华人民共和国行政监察法》等有关业务知识。三是对全体纪检监察干部进行业务培训，着力提高纪检监察干部业务知识。四是进一步完善各项制度，如学习、考勤制度、办案奖惩制度、常委分工包干制度等。

1999年，支持干部参加自学、函授班学习，1人参加地委党校"中青班"学习，1人参加党校函授学习。举办为期1周的全区纪检监察干部培训班1期，参加培训的专（兼）职干部共计22人。

2000年，特区纪委班子及班子成员，认真开展以"讲学习、讲政治、讲正气"为主要内容的"三讲"教育，班子成员认真学习了28篇原文原著，写读书笔记和学习心得共131篇13万余字，通过"自己查、群众提、上级点、互相帮"，紧密联系班子及个人的工作思想作风，结合向群众征询到的意见，查摆领导班子及班子成员在党性党风方面存在的突出问题的具体原因和由此带来的危害，班子及成员先后对剖析材料进行多次修改，基本找准、抓住存在的突出问题。在交流思想、开展批评过程中，班子成员之间进行多次交心谈心，沟通思想增强团结。3月，特区纪委组织对全区59名专（兼）职纪检监察干部进行业务知识培训。

2001年，通过开展"三讲"教育，"三个代表"重要思想学习教育活动，特区纪委领导班子和广大纪检监察干部思想政治素质进一步提高，作风明显转变，纪律明显增强。同时，结合机构改革，调整内设机构，优化人员结构，强化纪律检查职能，加强系统内部干部的教育、管理、轮岗交流，纪检监察干部的知识结构、年龄结构、业务素质得到进一步改善，中央关于纪委书记由同级党委副书记担任的决定得到全面落实。

2002年3月25日至26日，对全区50多名专（兼）职纪检监察干部进行业务知识培训。

2003年，为提高纪检监察干部的执纪执法水平，进行业务培训一次，做到《纪检监察干部业务教材》人手1套，在全区纪检监察系统兴起学习贯彻"三个代表"重要思想新高潮活动，干部职工学原著、学理论，联系实际，深入基层，大兴调查研究之风，撰写调研文章7篇，其中《当前严重损害群众切身利益问题的现状、特点及对策研究》被万山特区纪委推荐至中纪委、监察部。

2004年，认真组织纪检监察干部学习"两个条例"及中共十六届四中全会等党的路线、方针、政策，坚持学习例会制度，组织集中业务学习测试3次，全年共有15人参加各种理论培训34次，纪检监察干部结合工作实际撰写心得体会、调研文章20余篇，为确保办案和领导用车需要，党委、政府在财力紧张的情况下，拨出19万多元专款，为纪委购买1台轿车，硬件建设得到加强，提高了纪检监察机关适应时代需要的能力。

2005年，为提升干部职工执纪执法水平，安排4期8人参加中纪委培训班，安排1期1人参加省纪委培训班。纪委监察局集中对全特区6名新任和29名在任基层纪检监察干部进行业务培训。特区纪委监察局被铜仁地区纪委监察局表彰为"查办大案特别奖""优化服务发展经济工作"先进集体。特区纪委自办业务培训班，6名新任和29名在任基层纪委书记、纪检组组长参加学习，安排5期9人参加上级机关组织的业务培训。

2006年，为提升干部职工执纪执法水平，安排3期10人参加中纪委培训班，安排1期2人参加省纪委培训班，参加地区纪委培训20人次。纪委监察局举办纪检监察业务培训1期，受训40人。同时还组织全区纪检监察干部参加全国"红船杯"学习《中国共产党章程》知识竞答。深入推进反腐倡廉宣传教育，提高广大党员干部的拒腐防变能力。表彰委机关"文明科室"：办公室、信访室；"文明个人”:杨超、杨清林、杨成;“文明家庭”:罗仁相、杨顺昌、吴锋、樊勇。

2007年,根据中央、省、地委、特区委关于反腐倡廉工作的安排部署,围绕“加强作风建设,促进廉洁从政”和“六个一”开展教育活动。举办“加强作风建设,促进廉洁从政”知识抢答赛,向全区副科级以上领导干部赠送“廉政日志”等活动。全区纪检监察机关和广大纪检监察干部立足实际,通过开展自学、支部学习、纪委理论学习会议、开辟专栏园地、撰写读书笔记、心得体会研讨文章等形式,认真学习贯彻中共十七大精神,共撰写读书笔记20余万字,心得体会文章100余篇。举办万山特区中共十七大精神学习班,组织5个学习宣传调研组,分赴5个乡镇进行为期一周的中共十七大精神巡回宣讲。

2008年,抽派5人到中纪委参加培训学习,抽派各乡镇纪委书记参加全省乡镇纪委书记培训。开展“做党的忠诚卫士、当群众的贴心人”主题实践活动,对纪检监察干部严格教育、严格管理、严格监督,并组织乡镇纪委书记、部门纪检组组长外出考察学习。

2008年4月3日,万山特区纪委监察局认真组织实施2007年度纪检监察工作考核目标各项任务,被铜仁地区纪委监察局授予完成目标奖。

2009年,以深入学习实践科学发展观活动为契机,继续开展“做党的忠诚卫士、当群众的贴心人”主题实践活动,加强纪检监察干部自身建设。开展“上挂下派”和培训工作。从其他部门抽派5名干部到特区纪监察局学习,并选派1名干部到地区监察局上挂学习,选派1名领导干部到省纪委信访学习。

2010年,积极开展“读书思廉·修德”活动,全面学习党的理论知识、《党政领导干部选拔任用工作责任追究办法》《党政领导干部选拔任用工作有关事项报告办法》和《中国共产党党员领导干部廉洁从政若干准则》等,并进行现场测试。

2011年,在委局机关全体干部职工中开展剖析查找“等、推、庸”问题为主题的“书记谈心谈话”活动。

2013年,开展纪检监察干部“查查看看”活动,要求纪检监察干部主动“照镜子、正衣冠”,查查看看自己身子进了纪检系统,心性是否还在这个系统之外;查查看看自己工作岗位进了“城区”,工作习性是否还在“特区”;根据“技高一筹”履职需要,查查看看自身能力本事比人强在哪里。主动邀请党代表、人大代表、政协委员、纪委委员列席区纪委常委会重要议题,充分发挥“两代表两委员”参与反腐倡廉建设作用。

2015年,以开展“三严三实”专题教育为契机,切实做好“转观念、转作风、抓落实”专项活动。在委局内部开展学习型机关,为干部职工购买党纪法规、纪检监察业务知识等相关书籍124本,并选派9名同志分赴北戴河、杭州等地参加综合业务培训,选派3名年轻骨干到市纪委跟班学习。

2016年4月15日,举办全区纪检监察系统“两学一做”学习教育,以演讲、竞答、测试的形式进行。知识竞答赛区纪委机关代表一队获得团体一等奖,第一纪工委和纪委机关代表二队分别获得团体二、三等奖;区文广局纪检组组长龙金永获得演讲比赛一等奖,区扶贫办纪检组组长罗桂梅、谢桥办事处纪检干部田甜分别获得演讲比赛二、三等奖;大赛还评选出团体优秀奖3名、演讲优秀奖3名。8月22日至23日,举办全区纪检监察干部业务培训班,对全体纪检监察干部进行培训;选派7名纪检监察干部到市纪委参加培训。

2017年4月8日至9日,举办全区纪检监察干部业务培训班,98名纪检监察干部参加培训。选派纪检监察干部3名到香港参加培训、3名到中国政法大学参加培训、3名到浙江大学培训、3名到清华大学培训，在中国井冈山干部学院举办一期纪检监察干部提升综合素质研修班，49名纪检监察干部参加培训。

2018年，选派优秀业务骨干参加中央、省、市举办的各类业务培训。同时，每月组织纪检监察干部至少集中培训1次，重点学习《中华人民共和国监察法》和新修订的《中国共产党纪律处分条例》及其他党纪法规，实现干部培训全覆盖，使每一名纪检监察干部综合素质得到提升。

2019年，组织收看中央纪委制作纪检监察干部培训系列课程视频培训21场630余人次，推荐干部参加中央、省、市业务培训55人次，选派8人到省、市上挂学习和办案。开展全区纪检监察干部大比武活动，围绕“讲忠诚、勇担当、显本色”这一主题，紧扣监督执纪问责、监督调查处置的首要职责，组织全区纪检监察干部分类开展笔录制作、建议书制作、审理业务知识、巡视巡察业务知识、知识竞赛、演讲等6项比赛，组队参加全市业务演讲比赛获第三名、笔录制作比赛获第二名。

2020年，共组织干部开展集中学习活动8次，培训会2次，推荐干部外出培训10人次，联合区委党校开展干部专题培训52人次，推荐干部上挂学习7人次，组织开展干部党性教育活动1次，评选“杨荣式”好干部10人，创建“杨荣式”先锋岗10个。

2021年，专题培训纪检监察干部153人次，选派15名年轻干部到省、市纪委上挂学习、跟班锻炼，从乡镇抽调8名干部到委机关跟班学习，推荐36名干部到中央、省、市参加专题培训，推荐3名优秀年轻干部参加区委党校举办的中青年干部培训班；组织88名纪检监察干部参加法宣在线学法和考试，组织90名纪检监察干部参加铜仁市2021年度地方性考试。

2022年，以推动纪检监察系统“提质增效年”为契机，着力加强干部，特别是年轻干部能力建设。一是用好红色教育基地，引导单位纪检监察干部领悟革命精神。清明节，组织60名纪检监察干部到困牛山革命教育基地参观学习，通过回忆革命先烈事迹，勉励干部砥砺前行，奋发有为。二是利用法宣在线、党员干部网络学习平台，组织全体干部按时保质完成学习要求，法宣在线三个季度参考率均达100%，年度考核均为合格及以上，《习近平谈治国理政》第四卷导读专栏学习率达100%。三是多举措开展教育培训工作。全年，共组织纪检监察干部41人次参加中央纪委国家监委、省市纪委市监委组织的线上线下培训，先后举办全区纪检监察干部业务培训班3期，共计培训1000余人次，邀请省级领导专家来万授课和本单位业务能手上台讲课，着力解决工作中遇到的难点问题，扎实推进纪检监察干部能力素质提升，切实提升纪检监察干部监督执纪和审查调查水平。参加市级组织“法律法规学习月集中学习暨清风讲堂”培训班145人次。针对年轻干部成长制定出台《万山区2022年度纪检监察干部培训方案》《万山区纪委区监委关于加强对年轻干部教育监督管理实施方案》。

第五章　党风廉政建设

党风问题关系党的生死存亡，加强党风廉政建设是巩固党的执政地位的迫切需要，是保持共产党员先进性的关键环节，是维护良好发展环境、促进经济社会高质量发展的重要保障。万山区（特区）纪检监察机构自成立以来，坚持把党风廉政建设放在重要位置，在加强党员干部思想建设、规范领导干部行为上下功夫，切实加强制度建设和党员干部教育管理，不断推进党风廉政建设和反腐败工作。

第一节　党风廉政建设责任制

1980年11月，中共万山特区委纪律检查委员会恢复，协助特区党委开展党风廉政和反腐败工作。

1982年，中共铜仁地委组织部任命：孙玉峰任中共万山特区委纪律检查委员会书记；梁玉岱任中共万山特区委纪律检查委员会副书记。5月，根据万山特区各社（镇）第二届党代表大会选举结果，经特区党委常委会会议研究，决定：刘远芝任高楼坪公社组织、纪律检查、青年保卫委员；陈先福任黄道公社副书记，分管组织、纪律检查工作；杨树昌任敖寨公社组织、纪律检查、保卫委员；刘荣德任下溪公社副书记，分管组织、纪律检查、管委会工作；杨再华任万山镇副书记，分管组织、纪律检查工作。万山特区纪律检查系统初步建立，开始履行党风和反腐败工作职能职责。

1985年，特区纪委协助特区党委主要开展了三个方面党风工作。一是根据特区整党办的安排和纪委的实际情况，完成所安排学习内容。二是协助特区党委搞好整党工作，查处3起群众反映强烈、影响较大的经济案件，狠刹买空卖空、倒卖汽车等方面的不正之风。三是协助特区党委抓党风，开展党风大检查。5月下旬至11月下旬，相继开展2次党风大检查。通过检查，在全区29个单位中，党风好的单位有25个，占比86%；中等的单位有4个，占比86%；在全区149个党支部中，党风好的支部有58个，占比39%；中等的85个，占比57%；差的有6个，占比4%。

1986年，根据党中央提出端正党风“一要坚决，二要持久”的方针，特区纪委协助特区党委抓党风，开展2次党风大检查工作。在特区131个党支部，其中，制定党风规划的党支部有21个，年内党风根本好转的党支部有47个。

1987年，协助特区党委建立党风责任制，制定支部党风月报制度、党员领导干部党风汇报制度和违纪案件交办制度。这几项制度不仅督促各级党组织按期对照检查党风党纪，发现好的典型给予表扬和鼓励,对存在的问题能及时发现和解决,为特区党风相应决策提供了依据。

1988年,根据《地区纪委关于开展党风检查的通知》(地纪发〔1988〕5号)文件精神,围绕治理经济环境、整顿经济秩序、全面深化改革,以及执行党的纪律、为政清廉、坚持民主集中制等要求。一是特区党委、特区纪委先后召开党员思想政治工作会议,举办《党章》《准则》及中共十三大精神知识竞赛和副科局级以上党政干部及村党支部书记培训班,制定加强党内监督六条规定等。二是新建冶炼厂、食用菌厂、万山场、黄家寨汞矿等项目,特区人民政府区长杨崇德现场办公,为新办企业解决贷款资金390万余元。三是明确特区五大班子对高楼坪侗族乡、下溪侗族乡、黄道侗族乡、敖寨侗族乡、万山镇实行承包联系责任制,指导帮助烟农解决种植烤烟困难,发展烤烟种植。全年全特区烤烟收入千元以上的有27户,上缴烤烟税收4万多元。

1989年,特区纪委多措并举,加强党风廉政建设,一是向全特区各级党组织发出通知,组织全体党员认真学习《中纪委关于严明党的纪律维护党的团结统一的通知》文件,在政治上和行动上坚持和党中央保持一致,立场坚定,旗帜鲜明地反对动乱、严守纪律,坚守岗位,做稳定局势模范,全年特区没有发生违反党的政治纪律和宣传纪律问题。二是万山特区四届二次纪委全会(扩大)召开,传达学习全省纪检工作廉政制度建设会议精神,对《关于保持党政机关廉洁的规定》和《中共万山特区纪委常委及委员的工作职责》进行修改。三是特区党委、特区人民政府、特区人大常委会、特区政协制定廉政建设制度。四是特区纪委联合特区委组织部、特区委宣传部、特区委党校等单位举办培训班,对科局级党员干部、党支部书记组织学习培训,参训人数100人。五是特区纪委采取"抓两头、带中间"方法,以通报和简报等形式,对全特区党员开展正面典型教育,全年编发简报6起,对特区工商局干部刘胜荣、特区公安干警刘元踢等6名党员干部的先进事迹进行学习。

1990年,召开中共万山特区四届五次全委会,特区党委委员、特区候补委员及特区纪委委员出席会议。特区纪委、特区监察局先后向特区党委、特区人民政府呈报建立健全廉政制度和实行"两公开一监督"制度的请示,以及《关于在部分基层党组织和工作部门设置纪检组织和派驻专职纪检、监察员的报告》,并获特区党委和特区人民政府批准同意。特区纪委采取集中与自学相结合、以会代训等形式,对特区纪检机关、特区直机关和各基层专职、兼职纪检干部、部分分管纪检工作的党支部书记开展纪检、信访、审理、法律等业务知识培训,参训人员25人。

1991年,全特区实行目标管理责任制,特区纪委会同有关部门制定考核标准,对年度党风工作按照目标管理标准进行考核评比。在特区人民法院、特区民政局、特区商业局、特区供销联社实行"两公开一监督"制度试点,并纳入党风工作检查内容。特区党委、特区纪委组织开展党风工作检查,检查方法:一是听取党支部书记汇报;二是查看党支部组织生活会原始记录;三是召开群众座谈会,采取集中和个别谈话。

1992年,开展党员党风党纪教育,具体措施为:一是抓电化教育。对机关,利用党团活动日、采取分批、分片的形式,集中收看电视录像,观看人数达600余人;对农村,特区纪委和特区委组织部门利用电教设备,在乡镇巡回放映电视录像10场,观影党员、群众共1000余人。二是利用党课开展党性教育,举办学习培训班。全特区直机关上党课(大课)2次,参训1000余人次,其中党员、科局级干部、纪检员300余人次。三是利用典型案例开展警示教育。特区纪委通过印发案例文件、典型案例通报等形式，对反面典型公开揭露。四是选派党员干部参加铜仁地区“七一”建党知识竞赛，全特区有20余人荣获一、二、三等奖。五是特区纪委会同特区委组织部开展评先选优，全年共评选先进党组织7个、优秀共产党员54人。

1993年，特区党委、特区人民政府印发《关于加强党风廉政建设的暂行规定》，全面推行“两公开一监督”制度，主要内容：凡招工、调资、征兵、职称评定、农转非、毕业生分配、计划生育指标发放等张榜公布，接受群众监督；对掌管人、财、物及负有审批权的部门和岗位，在内部实行权力分解；严禁党政机关及工作人员经商办企业；严禁党政机关及工作人员赠送现金和有价证券；严禁部门单位在各种经济活动中向党政机关及工作人员赠送现金和有价证券，在经济交往中所得回扣费、服务费全部上交；罚没收入一律上交同级财政，实行收支两条线；严禁乱收费；副局级以上干部不得安排亲属在同一单位掌管人、财、物；严禁以营利为目的强行服务；基本建设要公开招标；严禁赌博或嫖娼卖淫；严禁用公款请客送礼、大吃大喝和参与高消费娱乐活动。

1994年，根据《对照领导干部廉洁自律规定开好专题民主生活的通知》文件精神，特区纪委和特区委组织部派人参加各乡镇党委、特区直党委(党组)、总支、支部召开的党内专题民主生活会。全区50个单位先后召开专题民主生活会，参会人数160余人，其中，副县级以上干部23人、副科(局)级干部135人。特区纪委利用闭路电视网络和党员培训班，播放《被金钱腐蚀的灵魂》《方城之误》等17部45场电教片，共8750余人次收看。

1995年，特区纪委会同有关部门开展形式多样党风党纪教育，具体为：一是邀请特区党委及特区纪委主要领导作“党风党纪、廉政建设报告会”2场，参会人数208人次。二是组织干部职工764人聆听云南35208部队英模报告团作“讲理想、讲奉献”专场报告。三是播放党风廉政电教片45场次，观影党员干部8000余人次。四是区纪委监察局机关干部职工参加党风党纪百题知识竞赛，获鼓励奖；撰写理论文章1篇，获全省纪检监察系统二等奖；印发反面典型材料一期；制作电视专题片《卫士的足迹》一部。五是举办“四乡一镇”纪委书记、特区直纪委书记、特区公安局纪委书记、特区纪委委员及特区直有关部门专兼职纪检监察干部培训班。六是对“四乡一镇”纪委、特区直机关纪委、特区公安局纪委、监察室及特区纪检监察机关各室进行目标管理考评。

1996年，特区纪委派人参加全特区64个单位专题民主生活会。按照中纪委要求，全特区21个基层站所负责人中有19人参加自律检查；在规定时间内，全特区有18家企业召开领导干部专题民主生活会，24名企业负责人进行自律检查。

1997年，进一步深化党风党纪工作，倡导艰苦朴素、勤俭节约观念，特区党委书记饶正海在全特区领导干部会上要求各级各部门，做到“五个管住”：一是管住嘴，坚决刹住吃喝风；二是管住腿，有小车的单位，要严格派车制度；三是管住话，注重通话时间以及住宅电话的安装，费用必须按照政府的有关规定执行；四是管住会，可开可不可的会议坚决不开；五是管住手，不准利用纪念活动和各种会议滥发礼品、纪念品，不准滥发补贴、津贴等。

1998年，特区党委书记饶正海在全特区领导干部会议和部门会议上作《明确任务突出重点强化措施把反腐败工作不断引向深入》讲话，特区纪委书记杨均成作《以中共十五大精神为指导，以反腐败三项工作为重点，切实推进全区反腐倡廉工作深入持久地开展》讲话，明确反腐败斗争的重要性、必要性、紧迫性，重点强调“三机清理、公款接待、精简会议”等方面的问题。

1999年，特区党委和特区纪委主要负责人分别在全区领导干部会议和全特区纪检监察工作会议上提出新的工作要求，强调党员领导干部民主生活会制度，是党内政治生活中的一项重要制度，是解决领导班子自身矛盾，加强党内监督，提高领导干部思想水平和党性修养的有效途径。全特区63个党委（党组）召开民主生活会，提出批评意见136条，提出合理化建议71条，落实整改措施50条。全特区5个乡镇和67个科局单位全部制定《党风廉政建设责任制》及实施细则。

2000年，在全特区县级领导班子、领导干部中开展以“讲学习、讲政治、讲正气”为主要内容的“三讲”教育，进一步规范党性党风教育。

2001年，特区党委印发《2001年度党风廉政建设目标量化考核实施细则》，并下发至特区各单位，把党风廉政建设列为重要工作日程。

2002年，制定《关于重申和明确党风廉政建设和反腐败工作责任部门的通知》，重申和明确各部门党风廉政建设和反腐败工作重点。

2003年，在中共万山特区委第八届委员会第三次全会上，审议通过《中共万山特区委员会关于进一步加强党风廉政建设和反腐败工作的决定（草案）》，特区委明确22个单位为党风廉政建设和反腐败工作牵头单位，确定24个责任人，把35项任务分解到各单位。特区党委书记时晓军与16个基层党委（党组）签订党风廉政建设责任状，特区人民政府区长王开禄与17个责任部门签订责任状；特区直属机关党委与47个党支部签订责任状；各乡镇党委、乡镇人民政府制定《党风廉政建设责任制实施细则》，与责任部门签订责任状，把责任分解到各站、股、室和村级组织。

2004年，特区党委、特区人民政府把党风廉政建设纳入评先创优“一票否决制”考核。年初，对全特区党风廉政建设和反腐败工作进行安排部署，特区党委书记、特区人民政府区长与5个乡镇党委、乡镇人民政府签订责任状，特区党委书记与8个基层党委（党组）签订责任状，特区党委、特区人民政府分管领导与分管部门签订责任状，部门（乡镇）内部签订责任状累计达2463份。制定党风廉政建设考核目标，将党风廉政建设任务分解为33项，具体落实到24个责任部门组织实施。

2005年，召开全区党风廉政建设和反腐败工作会议，全面部署2005年党风廉政建设和反腐败工作任务，分解党风廉政建设和构建惩防体系任务，明确25个牵头单位，28名牵头责任人，34个协办单位和完成时限，完善任务的督办和报告制度。全年督查2次10个单位，向地委、行署报告工作1次，责任部门集中向特区党委汇报工作1次。全特区累计签订党风廉政建设责任状2134份；对特区72个部门、238名科级干部落实责任制进行考核，其中，评优9人、表彰先进单位10个。

2006年，召开全特区党风廉政建设和反腐败工作会议，全面部署2006年党风廉政建设和反腐败工作任务，分解党风廉政建设和构建惩防体系任务。全年开展督查2次，特区党委、特区纪委听取责任部门工作汇报1次；对特区72个部门、5个乡镇履行党风廉政建设责任制情况进行检查；评选表彰先进单位10个。制定《万山特区关于加强农村基层党风廉政建设的决定》，建立特区县级领导干部农村基层党风廉政建设联系点制度。

2007年，印发《万山特区2007年党风廉政建设工作要点》《万山特区2007年党风廉政建设和反腐败工作任务分解表》《万山特区2007年建立健全教育、制度、监督并重的惩治和预防腐败体系任务分解表》,对责任落实进行监督,惩防腐败体系逐步规范和完善。

2008年,围绕特区党委、特区人民政府重大决策、重要部署及“十件实事”开展监督检查,提出督查整改建议14条。出台《派驻机构统一管理实施方案(试行)》《各乡镇纪委、派驻机构考核管理办法》。修改完善党员领导干部报告个人重大事项、述职述廉、诫勉谈话、任前廉政谈话、函询、收入申报等制度。实行干部集资建房用地监管制度、城建规划审批制度和买卖房屋监督制度。

2009年,印发《万山特区2009年党风廉政建设工作要点》,分解党风廉政建设任务,签订党风廉政建设责任状。对上年度党风廉政建设26个先进单位进行表彰;开展惩防体系建设调研和工作督查,积极推进惩防纲要贯彻落实。

2010年,全面落实党风廉政建设责任制,抓好责任分解、责任考核、责任追究三个环节,按照“谁主管、谁负责”的原则,将全区反腐倡廉任务分解为45项,落实到20个牵头单位,明确10名县级责任领导和29名责任人,指定24个协办单位,层层签订责任状。全年特区党委常委会、特区人民政府常务会议研究反腐倡廉工作41次,特区党委领导批示反腐倡廉工作21件次,部署重要工作任务5次,督办案件3件。

2011年,实行责任分解,将全特区反腐倡廉任务分解成8个大项和32个小项,明确9名县级责任领导和20名科级责任领导,指定20个责任牵头单位,责任明确到人。对5个乡镇和65个区直部门领导干部落实上年度党风廉政建设责任制情况进行考核检查,评选出优秀单位15个。对全特区党风廉政建设责任制落实不力的4个单位进行通报,责令限期整改。全年专题研究反腐倡廉工作29次,区(特区)委书记汤志平部署和批示工作37次,督办事项3件。

2012年,年初与全区各单位主要负责人签订领导干部勤政廉政承诺书。开展党风廉政建设工作督查,发出督查通报3期,发出纪律检查建议书1份,对落实党风廉政建设责任制工作评价为好的9个单位进行全区通报表扬,对综合评价为“较差”的7个单位进行通报并扣分。

2013年,按规定要求,在开展党风廉政建设日常工作的同时,积极探索加强同级监督的制度建设,研究出台《区委区人民政府领导班子成员向区委常委会报告党风廉政建设责任制落实情况工作制度(试行)》,并建议1名区委、区人民政府领导班子成员向区委常委会报告党风廉政建设责任制落实情况。

2014年,万山区纪委协助区委抓好全区党风廉政建设责任制工作,印发《2014年万山区党风廉政建设责任制工作要点》,将38项党风廉政建设和反腐败等工作任务以责任制形式,分解落实到25个牵头单位和42个协办单位。万山区委印发《关于贯彻落实党风廉政建设责任制党委主体责任和纪委监督责任的实施意见》,召开全区各级党委(党组)落实党风廉政建设主体责任和各级纪(工)委落实党风廉政建设监督责任部署会议,并开展责任约谈和监督检查。

2015年,按照《铜仁市万山区2015年党风廉政建设工作要点》,将党风廉政建设和反腐败工作任务细化分解,具体落实到每位县级领导和各单位各部门主要负责人,实行一级抓一级,层层抓落实。印发《关于开展落实党风廉政建设“两个责任”谈话工作的通知》,按通知要求全面开展分层分级约谈;针对全区各级各部门党风廉政建设的难点,对提醒谈话、函询、质询、诫勉谈话等内容进行不同的安排和设置,督促领导干部在党风廉政建设和反腐败工作方面做到“守土有责、守土尽责”。

2016年,坚持把党风廉政建设纳入区委理论学习中心组学习及党员干部教育培训计划;协助区委与相关单位党委(党组)签订党风廉政建设责任书72份,将党风廉政建设考核纳入年终目标绩效考核。强化监督执纪问责,全年各级纪检监察机关给予党纪政纪处分140人。其中,乡科级干部38人,一般干部59人,其他人员43人。

2017年,根据《万山区关于贯彻落实党风廉政建设责任制党委主体责任和纪委监督责任的实施意见》《万山区党风廉政建设主体责任和监督责任清单(试行)》等文件精神,压紧压实各级党委(党组)管党治党主体责任。按照"三转"要求,有序推进"转职能、转方式、转作风"。贯彻落实《中国共产党党内监督条例》,把监督关口前移,敢于动真碰硬,形成无缝衔接责任链,实现党内监督全覆盖。贯彻执行《中国共产党问责条例》,坚持有权就有责,有责就担当,失责必追究的问责原则,以问题线索为导向,围绕全面从严治党开展问责追责,守好廉政底线。

2018年,印发《关于开展党风廉政建设"两个责任"分级约谈工作的通知》,逐级压紧压实党风廉政建设主体责任和监管责任,全年共约谈11049人次。其中,约谈县处级干部84人次,约谈乡科级干部2004人次,实现约谈提醒全覆盖。印发《万山区2018年度落实党风廉政建设责任制考核内容》《关于在全区实施履行党风廉政建设"两个责任"记实管理的通知》,检查87家部门,发现问题38个,督促整改问题38个。

2019年,开展全面从严治党主体责任分级约谈,采取一级约谈一级、分级分层分类"一对一"约谈,全区各级各部门累计完成约谈11179人次。其中,约谈县处级干部106人次,约谈乡科级干部2493人次,约谈股级干部1246人次,约谈一般干部7334人次,实现约谈全覆盖。制定《铜仁市万山区开展区直部门政治生态分析研判工作的实施方案》,对全区12家区直单位开展政治生态分析研判,查摆问题166个,分析原因57条,制定整改措施194条。

2020年,开展党内政治监督监管,对全区各级各部门落实"两个维护"、党内政治生活、巡视巡察问题整改和主体责任进行监督检查,落实政治生态分析研判工作,建立政治监督活页和廉政档案,加强巡察工作上下联动,压紧压实全区各级党委(党组)全面从严治党主体责任。

2021年,制定《万山区纪委书记与下一级党委(党组)书记政治监督谈话方案》,围绕换届纪律、安全生产等重点工作,对全区11名乡镇(街道)党(工)委书记开展政治监督谈话。开展全面从严治党分级约谈,全年共开展2轮次分级约谈,约谈11168人次。其中,县处级领导干部78人次,乡科级领导干部1635人次,股级干部1128人次,一般干部8327人次,实现分级约谈全覆盖。对全区各级党组(党委)学习贯彻《中共中央关于加强"一把手"和领导班子监督的意见》进行监督检查,发现7个区直单位未按要求传达学习《中共中央关于加强"一把手"和领导班子监督的意见》,并督促完成整改。

2022年,推进全面从严治党,开展对"一把手"落实全面从严治党主体责任、执行民主集中制、依规依法履职用权等监督检查。召开全区述责述廉大会,乡镇(街道)、区直部门、区企事业单位党政"一把手"向区委常委扩大会议述责述廉,其中,11名乡镇(街道)党(政)"一把手"就上年度全面从严治党和党风廉政建设工作作现场述责述廉,其他区直部门、区企事业单位作书面述责述廉。对乡镇(街道)和区直部门政治生态开展综合性分析研判,实现全区77个单位政治生态分析研判全覆盖,市委反馈上年度万山区政治生态为"向上向好"等次。对市级党内政治生态分析研判反馈意见涉及万山区问题和区级党内政治生态分析研判发现问题整改完成情况开展监督检查，全年党内政治生态分析研判反馈问题共计625个，推动问题整改614个，正在整改11个。全区运用“四种形态”229人，第一至第四种形态分别为133人、67人、23人、6人，分别占比58.1%、29.3%、10%、2.6%，其中，运用第一种形态同比提高107.8个百分点。全年共处置“一把手”问题线索16件，立案1件，给予党纪政务处分1人；对3个单位党政“一把手”履行主体责任不力进行追责问责。

第二节　政治监督

1985年，开展党内政治监督。一是召开特区党委三届三次全委扩大会，学习中央有关整党文件，听取干部对特区党委的意见；要求特区委组织部对未健全基层党组织摸底，提出意见尽快健全完善；根据地委整党指导小组指示精神，成立万山特区整党指导小组和整党办公室。二是特区纪委传达学习中发〔1985〕1号文件、中发〔1984〕27号文件、胡耀邦在贵州省干部会议上的讲话和地纪委〔1985〕2号文件，进一步加强纪律检查工作、“经打”工作、端正党风、纠正不正之风、加强教育、依法办事、处理人民来信来访等方面的工作力度。三是强化追责问责工作。

1986年，根据中纪委《关于整顿纪律的通知》要求，特区党委书记杨崇德在党员大会上作了专门部署：一是通过学习文件和党的组织生活形式，运用批评和自我批评的武器，进行自我教育，自觉检查和互相教育；二是对整顿纪律情况进行检查，在全区范围内建立健全劳动纪律和劳动考勤制度。

1987年，严格执行党的纪律，建立和健全党内监督制度和人民监督制度，使各级领导干部得到有效的监督。一是特区纪委坚持把党性教育作为工作重点，配合宣传、组织部门和特直机关党委举办干部培训班2期，受训42人；上党课4次，受教育党员1100人次；放映党性、党纪教育录像17场，受教育党员干部职工6000余人次；举行党风形势报告教育1次，受教育300余人次；将特区商业局总支作为党性教育的试点。二是按照中发〔1987〕1号、2号、3号、4号文件和中纪发〔1987〕1号通知精神，特区纪委对部分党总支和党支部的组织生活会情况进行抽查，并对抽查情况进行分析和评价。三是根据地区纪委〔1987〕4号文件要求，特区纪委采取自查和抽查相结合的形式，对全区党风进行检查。重点抽查5个党支部，特区纪委直接抽查特区人民医院和一个村党支部。四是严肃执行党的纪律，认真抓好惩防教育。全年共立案查处各种违纪案件11件，结案11件。其中，开除党籍6人，警告2人。留党察看2年1人，留党察看2年、行政开除留用察看1年1人，销案1人。

1988年，强化党内监督，发挥整体效能作用，保证党的组织、党员，尤其是党员领导干部严格按照党章和《中国共产党廉洁自律准则》规定的原则办事，清廉为政，防止党内各种不良倾向发生。一是特区纪委内部加强监督，制定岗位责任制，在政治上和劳动纪律上互相监督，坚持召开民主生活会，开展批评和自我批评。二是代特区党委制定《关于加强党内监督的规定》，下发到特区各级党组织，使党内监督工作有章可循。三是代特区党委制定支部党风季报制度，建立党员领导干部党风汇报制度和违纪案件交办制度。全年查处党员违纪案4起4人，其中，留党察看1人，党内警告2人，通报批评1人。

1989年，按照特区党委的统一安排，一是特区纪委会同特区委宣传部、特区委组织部、特区委党校联合举办特直机关党支部书记、专兼职纪检员、局级党员干部培训班，对中共中央总书记江泽民在国庆四十周年大会上的讲话精神进行学习。二是在中纪委发出《关于严明党的纪律维护党的团结统一的通知》后，特区纪委向全特区各级党组织发出通知，要求全体党员认真学习，在政治上和行动上坚持同党中央保持一致，立场坚定、旗帜鲜明地反对动乱，严守纪律，坚守岗位，做稳定局势的模范，在万山特区不允许有违反党规党纪行为发生，一经发现，从严惩处。三是特区党委、特区人民政府专门召开全特区干部职工大会，宣讲监察部发布《关于国家机关人员有贪污贿赂行为的必须在限期内主动交代问题的通告》。在全特区税收、财务、物价三大检查动员大会上，特区人民政府区长、特区监察局局长再次宣讲"通告"内容。

1990年，组织学习中共十三届六中全会《中共中央关于加强党同人民群众联系的决定》及中纪委、省委、省纪委、地委贯彻执行中央"决定"的实施意见。

1991年，组织全区各支部学习《中共中央关于制定国民经济和社会发展十年规划和"八五"计划的建设》、江泽民总书记"七一"讲话、《江泽民在中央党建理论研究班的讲话》、《关于党内政治生活若干准则》等文章、文件，认真贯彻十三届七中全会和江泽民总书记"七一"讲话精神。各支部召开专题会议，在党员干部会上进行讨论。成立万山特区社会主义思想教育工作领导小组，抽调党政干部组成5个社教工作队，到各乡镇开展社会主义思想教育工作。

1992年，学习贯彻省发〔1991〕38号和省纪〔1991〕16号文件，以及邓小平南方谈话精神。

1993年，特区纪委发文要求，特区各乡镇党委、特直党总支、机关党支部组织广大党员、干部、职工学习江泽民总书记在中纪委二次全会上的重要讲话和中纪委二次全会精神，同时利用特区党委、特区人民政府会议和工作督查抓好贯彻落实。全年受理政纪处分案件11件14人。

1994年，按照中办发〔1994〕6号文件和中纪委、中央政法委两个电话会议精神，以及省办发〔1994〕27号文件和地区纪委、地区监察局案件会议精神，抓好腐败案件查处。全年查处案件14件16人，其中党纪处理6件6人、政纪处理8件10人，分别给予开除公职、撤职、记大过、警告等处分，挽回经济损失1.1万元。

1995年，特区党委批转特区纪委《关于万山特区一九九五年反腐败斗争工作实施意见》（特通字〔1995〕3号）文件，一是要求认真学习江泽民总书记在中纪委五次全会上的重要讲话，以及中纪委五次全会和省纪委四次全会精神；二是在深入上下功夫，加大反腐败斗争三项工作的力度；三是继续纠正部门和行业不正之风；四是开好专题民主生活会，进行自查自纠；五是坚持不懈地进行党风廉政教育，不断提高广大党员干部遵守和维护纪律的自觉性。全年查处政纪案件19件21人。其中，自动离职2人，取消工作籍1人，辞退1人，撤职1人，降级3人，记大过1人，记过1人，警告6人，批评教育4人，延长解除原处分考察期一年1人。

1996年，按照中央、省、地部署的反腐败斗争各项任务，万山特区反腐败斗争取得新的进展和成果：一是副局级以上领导干部对照"两个五条规定"及特区的补充规定进行自查自纠，廉洁自律意识进一步增强；二是案件查处工作取得新的进展；三是对群众反映强烈的用公款吃喝玩乐、部门行业乱收费等问题进行专项治理，不正之风得到遏制。全年政纪处分14人，其中，行政撤职处分1人，降级处分1人，记大过处分3人，记过处分2人，警告处分7人。

1997年，特区纪委召开全体干部职工会议，学习中共十五大精神，推动党风廉政和反腐败工作的落实。特区纪委书记杨均成特别强调：一是重点学习好江泽民总书记在中国共产党第十五次全国代表大会上的报告；二是紧密联系实际，以中共十五大精神为指针，提高纪检监察干部的政治素质和业务素质，抓好党风廉政建设；三是加强对有关单位学习十五大精神的督导。全年政纪处分21人，其中，开除公职1人，降级2人，记大过1人，记过9人，警告8人。

1998年，按照特纪通〔1998〕9号文件精神对特区四乡一镇、公检法司、交通、工商、农业、水电等单位民主集中制开展专项检查。检查小组先在各单位召开班子成员座谈会，然后分别交谈；还找乡镇机关及工作部门的部分职工听取个人意见，最后集中向被检查单位通报检查情况，并提出整改意见。检查小组最后向特区纪委和特区委组织部提出三点建议：一是下溪侗族乡领导班子在适当时候进行岗位调换；二是特区水电、特区农业、特区交通、特区工商的党组织要选派得力干部充实；三是特区公检法司党组(党委)要加强支部凝聚力建设。

1999年，特区纪委监察局将学习邓小平理论、贯彻中共十五大精神作为一项重要政治任务进行安排部署。一是利用每周二、周五政治学习时间开展学习；二是结合工作实际，认真开展专题发言，交流心得体会。加强监督执纪问责，全年共14名干部受到开除公职、辞退、记过、警告等政纪处分。

2000年，在县级领导班子和领导干部中开展以“讲学习、讲政治、讲正气”为主要内容的党性党风教育活动，贯彻中共十五大精神和中央的部署，深入学习邓小平理论。全年政纪处分16人。其中，记大过1人，记过1人，警告14人。

2001年，全特区开展“三个代表”重要思想学习教育活动，乡镇一级为第一批，特区直部门及派驻乡镇单位为第二批，村一级班子为第三批，每批3个月。活动中，坚持把握重点，注重突出特色，收到良好效果，基本上达到了“干部受教育，农民得实惠”的目标。全年政纪处分6人，其中，撤职1人，降级1人，记过1人，警告3人。

2002年，召开特区七届七次党委全委扩大会议，安排部署全面贯彻中共十六大精神和全特区当前各项工作，特区党委书记时晓军和特区党委副书记王开禄作了讲话。全年政纪处分6人，其中，开除公职1人，撤职2人，降级1人，记大过1人，警告1人；党纪政纪处分3人。

2003年，全面开展党风廉政建设和反腐败工作，以“三个代表”重要思想为指导，坚持标本兼治、综合治理，狠抓领导干部廉洁自律规定落实，加大查办违法违纪案件，深化纠正部门和行业不正之风工作，强化制度建设，积极探索从源头上预防和治理腐败方法与措施。全年政纪处分5人，其中，行政警告3人，记大过1人，开除公职1人。为国家挽回直接经济损失21.1324万元。

2004年，全面落实党内监督管理，按照“四大纪律、八项要求”并对照胡锦涛总书记在中央纪委三次全会上提出的党员干部中存在的“十种表现”，特区纪委联合特区委组织部于8月5日至9月15日抽查35个单位执行“四大纪律、八项要求”和学习贯彻《中国共产党党内监督条例》情况，全特区235名科级干部在民主生活会上作述职述廉，开展批评与自我批评。在特区党委常委会、特区人大常委会党组、特区人民政府党组、特区政协党组的民主生活会上，29名县级干部均按照地区纪委、地委组织部的要求，对照“四大纪律、八项要求”“十种表现”“八个反对、八个坚持”开展批评与自我批评。全年政纪处分7人，受双重处分1人。其中，科局级干部1人，一般干部6人。挽回经济损失38万余元。

2005年，全面贯彻执行《中国共产党党内监督条例》，实行党代表常任制，特区党委和特区纪委分别报告工作情况，接受党代表的常年监督。对执行“四大纪律、八项要求”情况进行检查。共抽查5个单位执行情况，对全特区违反组织人事纪律1人，给予行政警告处分，违反经济工作纪律3人，分别给予留党察看处分、党内严重警告处分和党内警告处分。

2006年，落实《中国共产党党内监督条例(试行)》，切实加强党内监督工作，将“四大纪律、八项要求”“七个不允许”列为民主生活会自查内容。26名县级干部和16名乡镇领导干部在民主生活会上进行自查述廉。全年立案8件。其中，大案1件，典型案件1件，一般案件6件。涉及违纪人员10人。其中，乡科级干部1人，一般干部9人。累计办案8件，办结8件，为国家挽回经济损失2万余元。

2007年，根据中央、省委、地委关于开展作风教育整顿活动的要求，万山特区65个单位、56个党支部、1152名机关领导干部参与为期5个月的机关作风教育整顿活动，参学率达99.8%，完成集中学习读书笔记1200万字以上，学习心得2304篇。活动围绕“思想作风、学习作风、工作作风、领导作风、生活作风”等五个主要方面和倡导“八个方面的良好风气”等内容开展教育和整顿。全年立案8件，其中，大案2件，典型案件1件，一般案件5件。涉及违纪人员8人，均为一般干部，累计办案8件，办结8件，为国家挽回经济损失9万余元。

2008年，强化党员干部监督管理和党性教育，认真贯彻落实中共十七大精神和中共十七届中央纪委二次全会精神，主要围绕特区党委、特区人民政府重大决策、重大部署及“十件实事”开展监督检查，提出督查整改建议14条。在5.12汶川地震发生后，特区干部职工踊跃捐款捐物，交纳“特殊党费”。全年政纪处分10人，涉及科局级非领导1人，一般干部7人，其他人员2人；贪污2人，失职3人，违反组织纪律1人，徇私枉法2人，其他类2人。

2009年，组织全特区各级党组织和机关党员干部学习中纪委、省纪委三次全会精神，以及党内监督条例、党政领导干部问责暂行规定、治理工程建设领域突出问题等党内法规。严格执行中央提出的“四大纪律八项要求”和“五不准”等领导干部廉洁自律的各项规定，领导干部拒收礼金2.2万元。全年政纪处分3人。其中，记过2人，撤职1人。为国家挽回经济损失29.557万余元。

2010年，开展特区直部门执行党的纪律、落实廉政建设任务及社会维稳监督检查，全年开展48次检查和调研活动，发出通报22期，对34个单位进行通报批评。全年政纪处分5人。其中，警告1人，记大过1人，开除3人，为国家挽回直接经济损失70余万元。

2011年，召开万山特区第九届党委第五次全体扩大会议，审议和通过《中共万山特区纪律检查委员会工作报告(讨论稿)》。全面贯彻中央、省、地反腐倡廉建设系列部署要求，落实《2008—2012年惩防腐败体系建设实施纲要工作规划》，严格执行党风廉政建设责任制，严肃纠正损害群众利益的不正之风，解决涉及领导干部廉洁自律的突出问题，查处违纪违法案件。全年受政纪处分7人。其中，开除公职3人，撤职1件1人，降级3件3人，为国家挽回经济损失1628.585万元。

2012年，开展重点政策、重点项目落实情况监督检查，对全区各级各部门落实国发2号文件、武陵山片区区域发展与扶贫攻坚规划情况开展专项督查5次，下发督查通报5期。出台《万山区纪检监察干部联系政府领导工作制度》，对政府班子成员“一对一”开展纪检监察，减少工作盲区，提升服务质量。全年纪检监察干部列席各种会议60余次，督办事项20余件，督办落实领导指示件10件。全年政纪处分9人,党纪政纪双重处分3人,为国家挽回经济损失45万余元。

2013年,对中共十八大精神、习近平总书记重要批示指示精神、国发2号文件、武陵山片区扶贫攻坚规划、省委关于支持万山资源枯竭型城市转型发展的意见贯彻落实情况开展监督检查4次。全年政纪处分8人;通过查办案件,为国家挽回经济损失100万余元,特别是查办的鱼塘中学校务会成员私分贫困寄宿生生活补助款案和谢桥街道唐家寨村党支部换届选举拉票贿选案引起较大反响,6名涉案人员被移送司法机关处理。案件查办工作严格执行依纪依法安全文明办案有关规定,全年没有发生安全事故。

2014年,制定《全面推进全区纪检监察机关“三转”工作实施纲要》,细化“三转”工作任务,确保“三转”工作有章可循;整合内设机构4个,突出案件职能,增设纪检监察二、三、四室,增加办案人员3名,建立健全纪检监察全员办案协调机制;强化主业,清理退出与纪检监察主业无关的议事协调机构73个,保留16个。全年政纪处分6人,为国家挽回经济损失300余万元,其比较典型的案件有区水务局受贿窝案、大坪侗族土家族苗族乡民政办冯某某贪污案等。

2015年,贯彻落实中共十八届四中全会和习近平总书记系列重要讲话精神,按照中央纪委五次全会和十一届省纪委四次全会,一届市纪委五次全会精神及区委相关要求和部署,紧紧围绕中央、省、市提出的工作目标任务,落实全面从严治党要求和规矩挺在前面,聚焦主业,强化“监督执纪问责”,狠抓压力传导和责任追究,推动主体责任落实。全年政纪处分12人,其中8人系双重处分。落实“查办案件以上级纪委领导为主”要求,线索处置和案件查办在向同级党委报告的同时向市纪委报告,无私藏、瞒报线索现象。

2016年,开展“两学一做”学习教育,组织全区纪检监察干部深入系统学、结合实际学,督促纪检监察干部尊崇《中国共产党章程》,在全面从严治党中找准职责定位,增强政治定力、坚定目标方向,当好党的纪律的坚定拥护者、模范执行者、有力监督者。全年政务处分37人。其中,开除公职2人,撤职1人,降级2人,记过3人,警告29人。党纪政务双重处分2人。

2017年,开展“两学一做”学习教育,把学习中共十九大精神和习近平总书记参加中共十九大贵州代表团讨论时的重要讲话精神列为主要学习内容。加强对党的路线、方针、政策及中央、省委、市委和区委重大决策部署贯彻执行情况的监督检查,坚决纠正和查处上有政策、下有对策,有令不行、有禁不止等违反政治纪律和政治规矩的问题,推动各项决策部署在万山落地生根、开花结果。对违反政治纪律的1名领导干部进行立案审查,并给予开除党籍处分,其涉嫌违法问题移交司法机关依法处理;对执行区委决策部署不力的28名党员干部进行问责处理。全年受政务处分14人,免予政务处分1人。其中,开除公职1人,降级1人,记大过1人,警告11人。受党纪政务双重处分1人。

2018年,加强对党内政治生活状况和党的路线、方针、政策执行情况、落实中共十九大精神、习近平总书记在贵州省代表团重要讲话精神,特别是习近平总书记对万山的重要批示精神及中央及省委、市委和区委贯彻落实情况的监督检查,加强对防范化解重大风险,精准脱贫和落实中央环保督察、省委反馈问题环保督察的整改落实情况的监督检查,坚决查处执行不坚决不全面不到位,搞上有政策、下有对策,做选择、搞变通等问题。全年受政务处分29人。其中,开除公职4人,撤职1人,降级5人,记过6人,警告13人。党纪政务双重处分7人。

2019年，对全区各级各部门落实中央、省、市重要会议精神和重大决策部署，党风廉政建设“两个责任”推进等情况开展监督检查，发现问题47个并督促完成整改。对各级党组织贯彻落实中央、省、市重要决策部署及党风廉政建设“两个责任”等情况开展监督检查，累计完成全面从严治党主体责任约谈1.2万余人次，实现约谈“全覆盖”。全年政务处分10人。其中，开除公职2人，撤职1人，记大过2人，记过3人，警告2人。党纪政务双重处分4人。

2020年，深入贯彻中共十九届五中全会，十九届中央纪委四次全会、十二届省纪委四次全会、二届市纪委五次全会精神，充分发挥“监督保障执行，促进完善发展”作用，强化政治监督，做实日常监督。万山区纪委区监委各派驻纪检监察组分别对联系单位贯彻情况集中开展“回头看”，抽查区直部门46个、乡镇1个，发现问题3个（其中共性问题1个），提出整改意见3条，督促整改问题3个。全年政务处分13人。其中，开除公职4人，撤职5人，记过1人，警告3人。党纪政务双重处分8人。

2021年，围绕习近平总书记视察贵州重要讲话精神、习近平总书记对贵州对铜仁对万山重要指示批示精神，习近平总书记“七一”重要讲话精神，习近平总书记对行业领域、专项工作的重要指示精神落实情况开展监督检查。万山区纪委区监委履行监督第一职责，采取纪律监督、监察监督、巡察监督、派驻监督“四位一体”的监督模式，统筹6个派驻纪检监察组、11个乡镇（街道）纪（工）委、企事业单位纪委认真履行监督职责，全年对77个党委（党组）开展监督检查，发现并督促整改问题3个。全年政务处分23人，免予政务处分1人。其中，开除公职2人，撤职11人，降级1人，记大过1人，记过1人，警告7人。党纪政务双重处分7人。

2022年，围绕习近平总书记视察贵州重要讲话精神，习近平总书记对贵州对铜仁对万山重要指示批示精神，习近平总书记对行业领域、专项工作的重要指示精神跟进监督、精准监督，发现问题13个，对3个单位党组书记进行谈话提醒，对2个单位分管副职分别进行约谈和提醒谈话。围绕省纪委省监委明确的“4+2”专项监督，严肃查处贯彻落实新国发2号文件精神、政府债务风险防范化解、落实中央八项规定精神、巩固拓展脱贫攻坚成果同乡村振兴有效衔接和围绕“四新”主攻“四化”、统计造假不收手不收敛问题背后的腐败和作风问题，推动“国之大者”落地见效。共发现“4+2”专项监督问题169个，党纪政纪处分26人，诫勉13人，谈话提醒（提醒谈话）44人，约谈3人，批评教育14人。

第三节　领导干部廉洁自律

1985年，转发中共铜仁地区纪律检查委员会《关于党政机关干部不要领取双份奖金通知》（地纪通知字〔1985〕第8号），规范领导干部兼职领筹问题。

1986年，特区党委副书记、特区纪委书记何芝茂针对党员思想情况上党课2次，加强党员的党性、党风、党纪教育。印发《关于坚决制止婚丧嫁娶大操大办的规定》（万纪发〔1986〕10号），对党员干部的行为进行规范和约束。

1987年，组织全体纪检干部学习中纪委和省地纪委有关文件和通报，认真分析和研究特区存在的一些倾向性不正之风。一是向各单位转发上级纪委的有关文件和通报，并结合实际情况作出不准利用婚丧嫁娶大操大办、不准用公款请客送礼、共产党员不得参与封建迷信和宗派活动、嫁娶活动不准动用公车等规定；要求各单位领导做好教育疏导工作，并采取相应措施，刹住以往婚丧嫁娶大操大办歪风。是年，国庆节前后，全区共有16对青年男女婚礼由大办转为从简。二是向各单位转发上级纪委《关于严禁共产党员参与赌博的通知》，要求共产党员，特别是党员领导干部绝不允许参与赌博活动，否则一律从严惩处，直至开除党籍；要求各级、各部门、各单位党组织都要加强党员教育工作，否则要追究该党组织和领导人的责任。

1988年，特区纪委开展正反两方面教育，一是转发《铜仁地区交通局正确处理下级送礼做到清廉从政的简报》《陆中华、罗时承、刘国强三位同志拒贿拒礼的通报》《严重官僚主义必须坚决反对》《党员领导干部犯严重官僚主义失职错误党纪处分暂行规定》《对参与嫖娼卖淫活动的共产党员及有关责任者党纪处分的暂行规定》等，提出每个共产党员要同各种消极腐败现象作坚决的斗争。二是开展领导干部违规经商办企业监督检查。是年，特区县级以上党政干部(包括离退休干部)没有出现违反经商办企业、官倒、哄抬物价、以权谋私的情况，也没有发生腐败问题，发挥带头贯彻学习中央意见和指示精神、带头维护党和国家利益，抵制不正之风的示范。

1989年，按规定要求，全面执行领导干部廉洁奉公规定，一是在特区纪委的建议下，特区党委、特区人大、特区政府、特区政协制定以廉政建设为主要内容的自约制度。二是转发地区纪委《关于重申严禁党员干部在婚嫁丧葬中大操大办索收财礼的通知》(特纪通知字〔1989〕4号)文件，要求各级党组织认真学习并贯彻落实。三是转发省、地纪委严禁和处理党员参与赌博活动的文件的通知(特纪通知字〔1989〕5号)文件，要求各级党组织认真学习并贯彻落实。

1990年，特区党委、特区人民政府根据中共十三届四中全会精神，制定《关于近期做八件群众关心的事的决定》，通过检查：一是刹住请客送礼风；二是小车控购措施得力，管理制度日趋完善；三是接待费用标准降低；四是会议就餐的惯例被取消；五是刹住铺张浪费的歪风；六是查处一批违纪违法的党员和干部，七是清理职工拖欠、挪用公款成绩显著；八是制止干部职工违章建私房的歪风。

1991年，特区委召开全特区干部职工思想政治工作经验交流会，总结经验：一是单位党政领导重视，常抓不懈；二是建立健全各项规章制度，做到有章可循；三是领导和党员带头遵纪守法；四是与职工交朋友，以情感人；五是把思想政治工作贯穿于各项工作中，为经济、为生产服务。

1993年，根据地区纪委要求，按照《关于党政机关县(处)级以上领导干部廉洁自律“五条规定”的实施意见》精神，对全区县级干部廉洁自律情况进行调查，未发现违法违纪问题。

1994年，根据《关于对照领导干部廉洁自律规定开好专题民主生活的通知》文件精神，特区纪委、特区委组织部派人参加各乡镇党委、特直各党委、党组、总支、支部召开的党内专题民主生活会。特区纪委、特区委组织部召集有关方面负责人对特区副县级以上干部就廉政工作等方面的情况座谈和征求意见。特区党委常委、特区委组织部部长秦大慧将征求的六个方面的意见和建议做了通报。

1995年，全面执行中央廉洁自律的“五条规定”和“补充规定”，重点对象为特区党政机关县级以上干部，并涵盖特区直部门、特区企事业、乡镇科局级干部等，即：一是科局级领导干部应参照“五条规定”“补充规定”进行自查自纠；二是国有企业、事业单位领导干部应按照中纪委提出《四条规定》进行对照检查；三是乡镇领导干部和基层站所负责人，要从万山实际出发，根据不准违反财经纪律、不准优亲厚友、不准乱摊派、不准利用职务吃拿卡要、不准违章违纪建私房、不准参与和支持封建迷信和宗族宗派活动、不准徇情枉法等6个方面开展对照检查。

1996年，特区人民政府党组分别对照“新老五条”以及1995年和1996年的“补充规定”进行自律检查，研究出台六条廉政规定，即：1.实行辖区内接待费清单运作制度；2.政府必须带头执行国家关于保护野生动物的有关规定，在特区范围内的公务活动一律禁止安排蛇、蛙类等省级以上野生保护动物作菜肴；3.严格控制用公款支付娱乐性活动；4.规范政府领导班子（含党组成员）外出公务活动开支报销程序、时间等；5.严格执行房改政策和1994年中纪委五条规定，“不准用公款为个人超标准装修住房”；6.不准拖欠公款。

1997年，认真贯彻落实省委办公厅《关于党和国家机关工作人员在国内交往中收受礼品实行登记制度的补充规定》《关于贯彻实施〈关于领导干部报告个人重大事项的规定〉的通知》文件精神。

1998年，按照地区纪委、地委组织部的具体要求，按时完成副局级以上领导干部勤政务实，廉洁自律检查工作，全区53个党组、总支、支部，7个基层党委全部召开专题民主生活会。

1999年，贯彻执行《中国共产党党员领导干部廉洁从政的若干准则（试行）》，认真落实制止奢侈浪费行为的中央八项规定。执行领导干部重大事项报告制度、礼品登记制度和收入申报制度。以“讲学习、讲政治、讲正气”为主要内容，对照检查执行廉政准则，党风廉政建设责任制和制止奢侈浪费八条规定的情况，认真开展批评和自我批评，解决领导干部在党性党纪和廉政方面存在的突出问题。

2000年，印发《关于严肃查处违纪驾车肇事干部的紧急通知》，规范万山特区全体干部职工行为。

2001年，开展“三个代表”重要思想学习教育活动，认真执行中纪委六次全会提出的领导干部廉洁自律“六项规定”和中纪委五次全会提出的“三不准”。狠抓“四项制度”的落实，对礼品登记进行全面清理，对领导干部的配偶、子女及离退休干部的从业情况进行登记。

2002年，全面落实领导班子和领导干部民主生活会制度，按时召开全特区各级各部门领导班子和领导干部民主生活会，把廉洁自律作为重要内容在民主生活会上进行对照检查，对领导班子和领导干部查摆的问题制订整改措施，按规定和要求进行整改，并制定和完善廉洁自律相关制度，领导干部普遍强化廉洁自律意识，从政行为进一步规范。

2003年，制定规范领导干部从政行为的规定和方案《关于严禁副科级以上领导干部在子女升学、迁居等事宜中操办酒席的补充规定》《关于进一步规范公务接待工作的通知》《关于严禁公车私用有关问题的补充规定》《关于清理领导干部核报通讯话费的紧急通知》及《领导干部核报通讯话费实施方案》。制定了公款接待制度，规范公务接待和单位钱物管理。

2004年，建立领导干部《家庭财产申报制度》《礼品登记制度》《述廉制度》等制度，规定领导干部每半年报告一次收入情况，每年定期述职述廉，规范礼品登记。制止大吃大喝、大操大办、赌博、公车私用、以权谋私等行为，落实“三纠两落实”工作。根据中纪委、中组部《关于严肃查处党员和干部参与赌博的通知》精神及省地的统一部署，万山特区成立禁赌领导机构，出台狠刹赌博顽风政策措施，推出并严格执行“五个严禁”“三个一律”“九个从严”举措。

2005年，规范完善禁酒令，印发《万山特区公务接待工作有关问题的补充规定》，颁布实施《万山特区党风廉政建设责任制一票否决权制度》《关于加强财务管理的规定》《关于禁止借子女升学大操大办，收敛钱财的通知》。全年县级领导干部上交拒收礼金462元，退还拒收礼品价值780元；严禁干部“跑官要官”，在干部选拔任用中对168名副科级后备干部进行集中理论测试，建立后备干部数据库。

2006年，抓实廉洁纪律制度贯彻执行，重点对“四大纪律、八项要求”和“七个不允许”执行情况进行监督；加强党员干部出国（境）管理。年内4名干部因公出国（境）并报告出境活动情况；出台“禁酒令”，制订下发《关于严禁干部职工违规操办酒席的通知》，拟订《万山特区党内监督制度》《万山特区关于建立健全教育、制度、监督并重的惩治和预防腐败体系建议实施意见》，从制度上规范干部的从政行为。

2007年，强化干部的教育和管理，对全特区新调整的126名科级干部、26名新提拔科级干部进行任前谈话，累计谈话146人次。开设干部教育培训班，特区党委书记王开禄在100余名新提拔的科级干部警示教育培训班上提出“民本、诚信、公正、尚廉、服务”等理念，特区党委常委、特区纪委书记王贵军就新时期新阶段反腐倡廉工作作了专项辅导。

2008年，完善党员领导干部个人重大事项报告、述职述廉、诫勉谈话、任前廉政谈话、函询、收入申报等制度，在特区科级以上领导干部全面执行。对干部集资建房实行严格的用地监控制度、城建规划审批制度和买卖房屋监督制度。对国有企业执行“七个不准”和“三重一大”制度进行专项检查，督促国有企业领导人员和管理人员廉洁从业。

2009年，组织全特区各级党组织和机关党员干部学习中纪委、省纪委三次全会精神，以及党内监督条例、党政领导干部问责暂行规定、治理工程建设领域突出问题等党内法规。严格执行中央提出的“四大纪律八项要求”和“五不准”等领导干部廉洁自律的各项规定，全年领导干部拒收礼金2.2万元。

2010年，采用下发文件、邮寄廉政贺卡、发送廉政短信等方式，提醒领导干部坚守廉洁底线，自觉抵制“红包”和公款互相宴请等奢侈浪费行为；严格执行外出学习考察培训审批制度；严禁借学习考察名义实行公款旅游；严禁领导干部违规驾驶公车；严肃查处乱发津补贴单位1个；及时启动社会团体、国有及国有控股企业“小金库”专项治理活动；专项清查干部在编不在岗；全年开展廉政谈话135人，特区纪委书记和特区委组织部部长约谈267人，述职述廉249人，打招呼谈话11人，诫勉谈话9人，党内警告2人，党内严重警告3人，开除党籍2人，开除公职3人，行政记大过1人，行政警告1人。

2011年，深入开展对领导干部执行廉洁从政各项规定的专项检查，制定《万山特区党员干部勤政廉政警示提醒制度（试行）》，提醒领导干部坚守廉洁底线。开展领导干部任前廉政谈话90人，打招呼谈话2人，领导干部述职述廉330人，打招呼谈话11人，特区纪委书记约谈下级党政主要负责人7人，诫勉谈话4人。

2012年，全区9个乡（镇、办事处）党政主要领导和区直部门负责人向区委、区纪委签订勤政廉政承诺书81份。区委书记汤志平和区人民政府区长张吉刚对新提拔的科级干部进行廉政教育培训。

2013年，制定《万山区2013年度警示教育工作方案》，开展反腐倡廉宣传教育活动。组织党政“一把手”参加警示教育活动，集中收看警示教育片《蜕变与悔悟》；铜仁市委常委、市纪委书记郭智敏为全区县级、科级党政“一把手”作廉政教育专题讲座。组织全区乡（镇、办事处）和区直部门党政“一把手”及重点部门关键岗位人员140余人到市党风廉政警示教育基地和铜仁监狱参观。对8名科级领导干部在思想作风、学风、工作作风、生活作风、领导作风等方面出现的苗头性、倾向性问题进行警示提醒。

2014年，在全区党员干部中组织开展以“廉洁自律、勤政为民”为主题的党风廉政警示教育“四个一”活动，向全区党员干部发放警示教育读本535本，组织各级各部门开展“四个一”警示教育活动，受教育干部达5200余人次。

2015年，印发《万山区开展领导干部亲属经商办企业投资入股承揽工程等进行专项清理工作方案》，对全区50多家单位领导干部经商办企业情况进行调查，未发现违规情况。

2016年，结合干部教育活动，开展党员领导干部廉政专题教育。以“领导干部”为抓手，经常性开展警示教育活动。利用宣布处分决定同步开展警示教育，释放越往后执纪越严的信号，做到不越“雷池”，不碰底线，达到处理一人教育一批的目的。

2017年，通过组织全区党员领导干部旁听涉案公职人员现场审判，接受“零距离”警示教育；通过宣读处分决定和清退违纪资金，同步开展警示教育；深入剖析政法、教育、水务等系统发生的腐败案例，在区内媒体进行曝光，形成惩处一个、震慑一批、教育一片的警示教育效果。

2018年，全区各级各部门利用班子会、干部职工会，结合“两学一做”学习教育，及时传达学习中央、省、市关于意识形态工作的文件和会议精神。明确“一把手”及班子成员抓意识形态工作责任，明确班子成员抓分管领域意识形态工作职责。

2019年，开展干部队伍建设和“不忘初心、牢记使命”主题教育，聚焦党员干部思想政治建设、能力素质建设、担当斗争精神等方面查摆问题，全区各级各部门共检视问题21个，党员干部自查发现问题330个。

2020年，抓案件查办，聚焦中共十八大以来不收敛、不收手、问题线索反映集中、群众反映强烈，政治问题和经济问题相互交织的腐败案件，严肃查处违纪违法问题。四种形态运用113人次。其中，第一种形态42人次，占比37.1%；第二种形态52人次，占比46%；第三种形态12人次，占比10.6%；第四种形态7人次，占比6.2%。

2021年，按照市委办公室《铜仁市开展违规收送名贵特产和礼品礼金问题专项整治“回头看”实施方案》及市纪委《关于开展党员干部和公职人员违规饮酒常态化监督检查工作的通知》(铜纪办发〔2021〕14号)文件精神，督促全区各级各部门党员干部和公职人员认真开展自查自纠。全年共收到11人主动上缴礼品礼金(折合人民币2.07万元)，查处党员和公职人员酒驾醉驾问题23人，党纪处分10人，政务处分2人。落实省纪委省监委办公厅《关于对严禁擅自以庆祝名义从事商业谋利活动专项工作情况开展监督的通知》、省纪委省监委党风政风监督室《关于严肃换届纪律加强换届风气监督任务清单》、市纪委办公室《重要工作提示函》要求，成立8个监督检查组，督促全区各级各部门切实履行主体责任，开展自查自纠工作。结合“协同式”监督，对全区领导干部进行提醒教育，全年未发现万山区领导干部中有违规经商办企业、投资入股兼职取酬情况。

2022年，联合区交警部门采取集中行动、交叉检查、夜查、重要时间节点和重点时段、路段必查等方式查处酒驾醉驾违纪违法行为，对发生酒驾醉驾违纪违法问题的党员、干部、公职人员，严格按照“六个一律”进行严肃处理。累计发现酒驾醉驾问题线索47条，移送15条，办理4条，立案28件，党纪政务处分27人。对万山区9个单位在2022年春节期间开具的发票情况进行核查，暂未发现违规违纪问题。回复党风廉政意见函3813人次,对56人次出具暂缓或否定性意见。

第四节 廉政档案

1999年,特区党委、特区人民政府拨专款4000元购买档案柜和档案袋,以便规范建立正副乡科(局)级干部廉政档案。全特区230名副乡科(局)级干部民主生活会上的自查材料已全部归档。

2010年,探索推行领导干部廉政档案电子动态管理模式,对全区县级领导干部廉政档案信息进行录入。

2011年,完成全区27名县级领导干部廉政档案的建设工作。

2013年,区纪委与区委组织部联合行文,印发《关于建立健全科级领导干部廉政档案的通知》,对全区科级领导干部报告个人有关事项和填写廉政档案材料工作进行安排部署。

2014年,完成全区36名县级领导干部廉政档案的建设工作。

2020年,根据《市纪委办公室关于印发〈关于在区(县)纪委监委建立县管干部廉政档案工作方案(试行)〉的通知》(铜纪办发〔2020〕28号)文件要求,万山区纪委印发《万山区纪委区监委建立区管干部廉政档案工作方案(试行)》文件,组织开展区管干部廉政档案建设部署培训会,摸清全区应建廉政档案的人员数量,收集整理干部基本信息、廉政情况综述、问题线索处置情况、党风廉政意见回复情况、民主生活会说明情况等廉政档案材料,建立850名科级领导干部廉政档案。

2021年,根据《市纪委办公室关于印发〈关于在区(县)纪委监委建立县管干部廉政档案工作方案(试行)〉的通知》《万山区纪委区监委建立区管干部廉政档案工作方案(试行)》文件精神,通过收集整理干部基本信息、廉政情况综述、问题线索处置情况、党风廉政意见回复情况、民主生活会说明情况等廉政档案材料,完善873名科级领导干部廉政档案。

2022年,根据市纪委相关文件精神,通过收集整理干部基本信息、廉政情况综述、问题线索处置情况、党风廉政意见回复情况、民主生活会说明情况等廉政档案材料,为干部选拔任用、出国出境和评先选优等工作出具廉政回复意见提供参考。区纪委区监委完善科级领导干部纸质版和电子版廉政档案864人。

第五节 农村基层党风廉政建设

农村基层党风廉政建设是指乡(镇)、村(居)两级党政组织和党员、干部党风和廉政建设。加强党风廉政建设是农村党的建设重要组成部分,是提高农村基层党组织战斗力、凝聚力和创造力,巩固党在农村执政基础的客观需要,是落实党的农村方针政策,维护广大农民群众根本利益的重要保障。九十年代初期后,随着乡镇纪检机构建立,农村基层党风廉政廉政建设逐步走向规范。至2014年乡镇(街道)民生监督派驻组建立,农村基层党风廉政建设职能转变为民生监督。

2004年,开展征用农民土地补偿情况监督检查。在万麻公路征地拆迁中实行“乡村丈量土地,交通核实造册,特区会计局审核把关,特区工商银行现场发放”运行管理机制,改变过去层层签发的土地征用补偿费发放办法，堵塞克扣、虚报等腐败行为发生，节约资金12万元。

2005年，万山特区在全省率先推行村党支部书记、村委会主任“一人兼”、村“两委”委员交叉任职和撤并村工作，对合并后的村实行定编、定员、定岗。通过“两推一选”产生了新一届村“两委”班子的村干部67名，委员50名，其中“一人兼”率达100%，委员交叉任职率为78.46%。

2006年，认真贯彻中央《关于加强农村基层党风廉政建设的决定》，对全区农村基层党风廉政建设的现状进行调查研究，根据中央、省、地要求，结合万山实际，拟订《万山特区关于加强农村基层党风廉政建设的决定》并送审，建立县级领导干部农村基层党风廉政建设联系点等措施。根据《万山特区村级组织规范化建设暂行办法》《万山特区村干部基本养老保险暂行办法》《万山特区农村集体经济组织会计核算代理记账暂行办法》《万山特区关于加强村级财务管理化解不良债务的意见》等规定，强化村级民主决策、民主管理和民主监督，促进和谐农村建设。

2007年，印发《万山特区关于加强农村基层党风廉政建设的意见》，成立领导小组，建立联席会议制度，建立乡联系示范村，做到点上示范、面上推广。特区纪委内部实行任务分解制度，把农村基层党风廉政建设既分解到部门、乡镇，又分解到纪委内部科室，把具体任务落实到干部职工人头。

2008年，探索新形势下加强农村基层党风廉政建设的新方法、新途径，实现“两个率先、两个创新”，即率先在农村配备纪检员、率先在非公企业中配备或派驻纪检员，在全区所有行政村实行村级事务“契约化管理”和“村干部承诺质询制”。开展廉政文化进农村，建立和完善《村规民约》《村民会议议事规则》《村务公开制度》《村级民主制度建设规定》等规章制度，认落实村民“一事一议”制度。涉及重大事项和决策，召开村民代表会议和“村两委会”联席会议，按照民主集中制原则实行“一事一议”，防止由“一把手”个人或少数人说了算。

2009年，根据上级纪委有关会议精神，调整农村党风廉政建设组织机构，完善联席会议制度，印发《万山特区农村党风廉政建设的实施意见》《万山特区党风廉政建设责任制专项检查方案》《万山特区党风廉政建设目标管理工作考核办法》，将党风廉政建设目标责任细化到单位到人，做到目标、任务和责任“三落实”。继续推行村级事务“契约化管理”和“村干部承诺质询制”模式，把涉及法律、法规、政策规定及村规民约纳入契约管理，构建干部群众双向约束、双向规范、双向监督的村务管理机制。定期召开情况协调会议和乡镇纪委书记例会，及时掌握情况和研究解决有关问题。组织召开农村党风廉政建设责任落实情况汇报会，总结分析工作中好做法、好经验。

2010年，全面规范党风廉政建设工作机制，将党风廉政建设向乡村基层全面延伸，严格执行“村财乡管”制度、村务公开、村民质询评议等制度，规范公开程序，完善公开内容，推进村务公开民主管理。加强涉农优惠政策落实监督检查，通过“一折通”发放惠农补贴资金1667.78万元，落实农村危房改造资金19.5万元，查处2名农村基层干部挪用公款，收缴涉案资金5.7万元。加强农村“三资”监管，健全“三资”管理制度，从源头上预防村集体资产资源流失。

2011年，贯彻落实农村基层干部廉洁履行职责若干规定、省“四要十不准”规定和地区“村干部十不准”规定贯彻落实，有序推进农村基层党风廉政建设。

2012年，对各乡(镇、办事处)干部廉洁履职情况开展专项检查，提出整改建议30条。对全区各乡(镇、办事处)落实党风廉政建设责任制进行督导检查。查处涉农案件3件，查缴涉农资金8.83万元。在全区推行建立村(居)务监督委员会试点，每个乡(镇、办事处)明确试点村(社区)1个，共选举产生村(居)务监督委员会9个，其中，监督委员会主任9名，监督委员18名。开展农村集体“三项”清理，促使村级财务管理步入规范化和制度化。

2013年，全面加强乡村基层党风廉政建设，各乡镇(街道)纪(工)委对村(居)“两委”班子成员开展“廉洁务实履职、严守换届纪律”主题约谈，对30名农村党员给予警示提醒谈话。严肃查办乡村基层干部违纪违法案件，全年共查处8名村干部、2名农村党员贪污、受贿、拉票贿选、妨碍公务、违反计划生育政策案件，分别给予党纪政纪处分。全区全面铺开村(居)务监督委员会建设，由区纪委常委带队对村(居)务监督委员会选举工作进行指导。

2014年，印发《万山区村官监管“筑墙工程”建设实施方案》《关于严禁村(居)干部在当地承揽承建工程项目的暂行规定》，规范村(居)干部行为。对全区255名村(居)务监督委员会干部进行履职能力培培训，加大村(居)党务村务公开，推进廉政文化进村。

第六节　专项整治工作

一、打击经济领域重要犯罪活动

1983年，全力以赴打击经济领域中的严重犯罪行为。万山特区全年共立案查处23人。其中，判处有期徒刑4人，免予起诉5人，党纪政纪处分10人，降级1人，撤职1人，开除1人，移送上级部门处置1人。共收回各种赃款3.954万元。

1985年，特区党委根据中央有关打击经济犯罪的文件和铜仁地区相关文件精神，明确由特区党委书记杨崇德和特区党委副书记、纪委书记何芝茂抓打击经济犯罪工作，并安排3名特区党委常委和1名特区人民政府副区长协助抓，为打经办充实3名工作人员。全年共立案查处26件30人(其中汞矿14件14人)；移交检察院4人，经检察院审理后逮捕2人，免予起诉2人；受党纪处分5人(其中汞矿3人)，政纪处分5人，批评教育16人(其中汞矿10人)，共收回各种赃款12.7118万元(其中汞矿4.0949万元)。

1986年，遵照邓小平关于“抓精神文明建设，抓党风，社会风气好转，就是要从具体案件抓起”的指示，万山特区持续开展打击经济领域重要犯罪活动，全年共查处经济案件25件28人(含汞矿6件6人)，结案率达83.3%；依法逮捕11人，政纪处分3人，批评教育12人，病故1人，销案1人；追回赃款36.8473万元；对挪用公款、借款、短款的47人下发追款通知书，追回29.0422万元。

二、清理纠治违规建房分房

1983年，贯彻落实《关于贵州省党政机关和企、事业干部职工建房住房控制标准及对超标准住房处理的试行办法》文件精神，一是重点检查纠治《关于党内政治生活若干准则》公布之后发生超标准建房分房问题；二是对超标准住房的处理，既要坚持原则，严肃对待，又要实事求是，合情合理；三是要求各单位密切协作，切实负责扣回加收的房租；夫妻双方，由其职务高的一方单位扣回房租；四是对极少数超住而又拒不接受处理的，要进行组织处理，然后再继续按文件要求执行；五是要求各级领导负责执行，如果单位的领导不坚持原则，软弱涣散，采取姑息迁就态度，要追究其领导责任。

1985年，特区委印发《关于转发〈中共铜仁地委、铜仁地区行署、铜仁地区纪委关于坚决制止和查处非法买卖土地和私建房屋倒卖牟取暴利的决定〉的通知》（特区发〔1985〕31号）文件，对各级各部门非法买卖土地和私建房屋倒卖行为进行查处：一是要求凡属特区委管理的党员干部有非法买卖土地和私建房倒卖谋利的，以及群众中反应强烈、影响很恶劣的，给予严肃查处。二是要求各乡镇在制止和查处非法买卖土地和私建房倒卖牟取暴利的同时，要对滥占承包地建房的问题和征用土地的安置补偿费进行清理，按规定作处理。

1986年，根据土地管理的有关政策规定，成立万山特区清理乱占耕地领导小组，领导小组由特区党委办、特区农工部、特区农牧局、特区城建局、特区纪委、特区公安局、特区人民检察、特区人民法院、四乡一镇等单位抽调14名干部组成，开展全区占耕地建私房情况整治工作。

1987年，印发《关于贵州省党政机关和企、事业干部职工建房住房控制标准及对超标准住房处理试行办法的通知》（特纪通知字〔1987〕5号）文件，一是要求全特区各级党政机关和企事业要继续贯彻中纪委《公开信》精神，坚决执行黔府办〔1983〕50号文件精神。二是要求有关职能不能切实履职，计委要审批各单位的建房计划，建设银行要对计划外项目加强管理，人民银行和财政部门要对不合理的开支进行干预，基建部门要审查设计项目和建筑标准，土地管理部门要严格把好土地征拨关。三是要求各级党政机关和企、事业单位在9月底以前，按照中纪委《公开信》精神和黔府〔1984〕76号、黔府办〔1983〕50号文件规定，对本单位建房、分房和住房情况进行清查，并主动进行清理和纠正，不允许矛盾上交。

1989年，根据国家土地管理局、监察部《关于严肃查处国家行政机关工作人员越权批地、违法占地建私房的通知》要求，开展监督检查。一是对行政机关工作人员建私房的用地申请、审批手续，是否违反规划、是否超占面积等情况进行清理、核查，清理核查的结果要向群众公布。二是对行政机关工作人员利用职权，为亲属谋取地理位置优越的土地建造私房从事经营活动的，或者为自己建造私房用于出租等经营活动和借口出售旧房以高价出售土地的，必须严肃处理，情节恶劣的，坚决收回其建房用地。三是对借口“改革土地使用制度”，擅自将集体土地划为宅基地，出售或出租给行政机关工作人员用以建私房的，应当宣布无效，由土地管理部门责令退还占用的土地，并对有关的责任人给予行政处分。

1990年，传达学习《中共贵州省纪委贵州省监察厅关于党政干部“三违”占地建私房的纪律处分意见》文件精神。一是对特区政协修建领导干部宿舍几个问题进行纠正：对扩大建筑面积超标部分，按省政府的有关规定加收房租；对住房内所安装的吊灯、壁灯和地板胶不能化为私有，对未购的电热器不能再购置，其200元款应作公用经费使用。二是对特区人民政府修建领导干部宿舍几个问题进行纠正：1.对挪用省政府奖励增收致富4万元奖金为领导干部建宿舍，给予批评教育；2.奖金予以归还，用于发展生产或公共事业；3.住房超出规定标准部分，按省政府的有关规定加收房租。

1991年，特区党委、特区人民政府对干部职工“三违”（违法、违章、违纪）建私房进行查处，全区清理干部职工建私房51户，总面积41070亩，其中合法用地7户，违章44户（科局干部3户、一般干部41户），处理14户。

1994年，印发《关于开展在房改中干部违纪专项举报的通知》，鼓励广大群众以口头、书面、电话等形式进行举报。在检查党政机关县(处)级以上干部违纪购房和用公款超标准装修住房发现，特区党委、特区人民政府依据省人民政府的有关房改政策，结合万山特区财政困难，干部经济承受力低的实际，就购房的价格略低于规定的标准，住房面积没有超过规定的标准，没有用公款装修住房，不存在用公款超标准装修住房的情况。

1995年，特区党委印发《关于万山特区1995年反腐败斗争工作实施意见》，要求继续落实中央廉洁自律"五条规定"和认真落实1995年提出的"补充规定"：不准违反规定参加集资建房，不准违反规定建私房等。

1996年，根据省办发〔1996〕10号文件精神，特区纪委、特区房改等职能机构成立"万山特区清房领导小组办公室"，在全特区干部职工中开展现有住房清理工作，并对全特区89个单位1644人(其中县级干部23人)的调查摸底情况进行通报，对违反规定的8个单位10个问题提出自纠要求及整改措施。

1997年，根据《关于干部职工自建私房、集资建房、购买公房审批程序的规定》(铜地纪〔1997〕15号)和《关于改建、扩建、装修住房的暂行规定》(铜地监字〔1997〕4号)文件精神，开展住房自查自纠工作。

1998年，开展住房改革监督检查，特区城镇住房制度改革情况正常，不存在违反规定突击分房、低价出售公有住房，超标准购房，公房私租，利用职权多占房，以房谋私的违法违纪行为。

2003年，按照上级要求和结合万山实际，开展"党政机关违规建楼堂馆所、党政干部违规建私房"情况和"超编超标准配备使用小汽车"监督检查，特区纪委监察局对查出的问题按要求处理。

2004年，开展住房领域问题整治，落实干部筹资建房申报审批制度，防止领导干部在建私房中以权谋私行为的发生。

2005年，规范招标拍卖、政府采购、集资建房工作，全特区未发现违反纪律和规定的问题。

三、拖欠公款和用公款谋私利专项清理

1984年，为贯彻执行中纪委关于《坚决纠正干部职工借用拖欠公款的歪风》文件精神，特区纪委印发《关于归还干部职工借用拖欠公款的决定》(特纪发〔1984〕33号)文件，对干部职工归还公款时间、方式、还款计划以及不执行文件精神的处理措施均作详细的规定。

1985年，全特区共有1419名干部拖欠公款(包括汞矿、一勘)，金额23.42万元，已归还21.374万元，占比91.3%。全特区有保管员和营业员66人短款，金额共计6.14万元，已退赔2.80万元，占比45.6%。各单位对财务账目进行清理，部分单位建立财务管理制度。

1991年，针对特区商业、特区供销系统职工严重短欠款数达31万余元的情况，特区纪委会同有关部门提出处理意见和措施，并派员协助清收。特区纪委领导多次到特区商业、特区供销系统调研指导，办短欠款干部、职工培训班，宣传党的路线方针政策，调动干部职工还款的积极性和主动性。全年全区商业、供销系统共有27人还清欠款，未还清的人员均作出还款计划，定期归还。

1995年，特区监察局与特区审计局、特区财政局联合下发《关于催收机关干部、职工拖欠公款有关规定的紧急通知》，组建2个检查组，重点对借用公款现象较为严重的特区水电局、特区乡企局、特

区教育局、特区畜牧局、特区农业局、特区林业局、特区广电局等9个单位和执行通知较差的单位在有线电视上进行曝光。

1996年，根据特区党政联席会议关于清收特区行政事业单位干部职工拖欠公款的意见，成立以特区纪委书记杨均成为组长的清收干部职工拖欠公款领导小组，成员单位有特区人民检察院、特区人民法院、特区财政局、特区审计局、特区监察局的部分领导，出台5条清收干部职工拖欠公款具体规定。

1997年，继续在全特区开展清理干部、职工拖欠公款。

1998年，清理党政机关、财政拨款事业单位公款安装住宅电话165部，移动电话14部，BP机27个，全部办理过户手续，收取过户费17.39万元。

2004年，成立清理工作领导小组，印发万党办发〔2004〕40号文件，对清理工作具体部署，共清理单位74家，县级干部29人，科级干部332人，干部职工1313人，追缴公款21万元。在清理用公款、国有土地建门面营利工作中，清理用公款购买土地6.805亩，资金总额2.722万元；清理用公款购建门面79.88平方米，购建资金2.53万元，门面出租收入5760元/年，收入交财政后返还单位支持办公。未发现利用门面收入发放福利、分红等现象。

四、"茅台酒乱象"专项治理

2018年，印发《关于开展领导干部违规插手参与茅台酒经营和违规收送使用茅台酒问题专项清查的通知》(万专治办〔2018〕1号)和《关于深入开展领导干部利用茅台酒谋取私利问题专项整治的工作方案》(万党办字〔2018〕37号)文件，全区49名县级干部、793名科级干部、4464名一般干部参与自查清理，万山区党政机关封存茅台酒522瓶，其他酒类458瓶。

2019年，结合中央、省委巡视反馈问题整改工作，持续深化领导干部利用茅台酒谋取私利问题专项整治，查处案件2件,党纪处分2人,查收茅台酒5瓶。

2020年，持续深化领导干部利用茅台酒谋取私利问题专项整治，查处案件2件,党纪政纪处分2人,查收茅台酒10瓶。

2021年，按照市委办公室《铜仁市开展违规收送名贵特产和礼品礼金问题专项整治"回头看"实施方案》文件精神，督促全区各级各部门党员干部和公职人员开展自查自纠，全年共收到2人主动上缴飞天茅台酒4瓶。

2022年，开展领导干部利用茅台酒谋取私利问题专项整治，全年未发现利用茅台酒谋取私利问题。

五、公路"三乱"治理

1995年，特区人民政府召开特区交警、特区公安、特区交通、特区纪委、特区监察、特区林业等单位负责人联席会议，特区人民政府副区长殷明俊主持并传达了有关治理公路"三乱"的文件，决定撤掉未经省政府批准的检查站7个。其中，下溪侗族乡2个，敖寨侗族乡2个，黄道侗族乡1个，酱油厂1个，四坑学校旁1个。

1996年，由特区交通部门牵头，对1995年已宣布撤除的7个公路站卡进行检查，除个别站卡经特区人民政府同意临时设杆外，其余的已不再反复。

1997年，敖寨侗族乡公路上出现乱设卡点现象，特区纪委监察局采取有力措施进行坚决整治：一是利用广播及有线电视予以公开曝光；二是将公路上乱设卡点当场撤除；三是责成责任人作出深刻检讨，勒令今后不能再出现乱设卡点现象，否则将对有关责任人作出从严惩处。

1999年，巩固治理公路"三乱"工作，坚持对易生、多发公路"三乱"的高楼坪侗族乡老山口、黄道侗族乡大榜进行重点监控，没有发生公路"三乱"反弹。

2004年，特区纪委坚持对易生、多发公路"三乱"的高楼坪乡老山口、黄道乡大榜进行重点监控，防止问题反弹，强化对乡村公路监督检查。特区交通局及时制止在下溪乡洋堡田村设置临时检查站，并责成当场撤出。对上路执法部门，特区纪委则加强教育，规范执法行为。

2005年，巩固治理公路"三乱"工作，坚持对易生、多发公路"三乱"的高楼坪侗族乡老山口、黄道侗族乡大榜进行重点监控，强化对乡村公路的监督检查，没有发生公路"三乱"的反弹现象。

2006年，开展公路"三乱"治理，坚持对易发、多发公路"三乱"的高楼坪侗族乡老山口、黄道侗族乡大榜等区内主要交通干道进行重点监控，规范各有关部门道路执法行为。

2009年，巩固治理公路"三乱"工作成果，一是认真做好宣传工作，在显著位置公布治理公路"三乱"投诉电话，在重要道路和各执法机构发放治理公路"三乱"宣传资料；二是建立交通系统公路快速反应机制，加强对治理工作的动态管理，维护好群众的利益；三是建立治理公路"三乱"联席会议制度，加强巡察，治理公路"三乱"工作力度，防止公路"三乱"问题反弹。

2010年，全年出动执法车辆16台次和执法人员116人次，治理公路"三乱"工作。

2011年，特区监察局会同特区交通局、特区公安局于春节期间开展为期1个月公路"三乱"专项检查，未发现公路"三乱"问题。

2012年，开展公路"三乱"专项检查和清理评比达标表彰活动，未发现违规问题。

六、经济责任审计

1991年，对特区10个行政事业单位实行定期审计，着重检查各单位内部控制制度的执行情况，及时纠正了一些单位存在的制度不健全、会计核算不合规、会计监督职能未到位和会计、出纳由一人担任等问题。

1995年，根据《关于副局级以上领导干部实行重大事项报告制度的暂行规定》和《关于对副局级以上领导干部进行离任经济责任审计的暂行规定》文件精神，对特区计生局、特区畜牧局、特区教育局等7个部门的财务收支情况进行审计，共查出违纪金额18.13万元，收缴上交特区财政9700元。

2000年，开展财务收支审计，对老山口新区管委会、特区广播有线电视站、特区政府办财务收支情况进行审计，共查处违纪违规资金4.78万元，审计处理收缴财政3000元。

2002年，启动经济责任审计工作，制定出相关工作制度，规范经济责任审计五部门职责及工作运行机制，审计覆盖面逐年扩大，审计对象涵盖特区党政部门和特区乡镇，建立任前、任中、离任审计监督制度。对特区政府办、特区人事局、特区教育局、特区农办、特区水利局、特区人民医院6个部门6

名负责人经济责任情况进行首次审计，共查出违纪违规资金168万元。

2003年，开展领导干部任期经济责任审计，对特区计生、特区交通、特区文广等7个工作部门的“一把手”进行了离任审计，共查出违纪违规资金35万元；查实侵占公款问题一起，收缴财政2.4万元；处理归还侵占挪用资金15万元，政纪立案查处2案2人。

2004年，开展领导干部任期经济责任审计，对特区教育局、特区水利局、特区计经局、特区残联、敖寨乡、黄道乡、下溪乡7个单位的主要责任人进行审计，共查处违纪违规资金128万元。

2005年，开展领导干部任期经济责任审计，对提拔、调任、转任、轮岗的领导干部，实行“先审后任”制度，共对10个部门主要负责人进行经济责任审计，共查出违纪违法资金464万元。

2006年，召开经济责任审计领导小组会1次、经济责任审计联席会1次。完成特区党委、特区人民政府委托交办经济责任审计任务8项，涉及科局级干部8人。其中，乡(镇)书记1人，乡(镇)长3人，部门领导4人。查出违规金额53万元，管理不规范金额512万元。组织部门根据审计结果，平级安排领导干部4人(科级)。

2007年，召开经济责任审计领导小组2次，经济责任审计联席会1次，完成特区党委、特区人民政府交办的经济责任审计任务3项，其中涉及科局级干部3人，部门领导3人，查出违纪金额8.6万元。

2008年，严格执行领导干部任期经济责任审计制度，对特区计生、特区水利、特区疾控、黄道乡4个部门主要负责人任期经济情况进行审计，查出违纪违规资金69万元，查出“小金库”2个。

2009年，开展关键部门主要领导干部经济责任审计，审计领导干部5名 。

2010年，特区进行机构整合，对特区原粮食局、特区原畜牧局、万山镇人民政府3个部门主要负责人任期经济责任情况审计，共查出违规资金和管理不规范资金151万元，审计处理收缴财政2.15万元，责成归还挪用资金4.11万元，责成自行调账和整改资金141万元。

2011年，严格执行经济责任审计制度，督促审计部门对11名科级领导干部和3个乡镇党政主要领导进行任期经济责任捆绑式审计，查出违规和管理不规范金额158万元。

2012年，稳步推进经济责任审计工作，安排审计项目5个(2个乡镇、2个部门和1个国有企业)，完成4个单位的审计工作。

2013年，开展领导干部任期经济责任审计，对大坪侗族土家族苗族乡、万山镇主要领导与特区水务局、区自来水公司主要负责人共6名科级领导干部任期经济责任审计，查处违规资金107.55万元，管理不规范资金411.76万元，收缴财政资金4.6万元，责成自行上缴财政资金107.55万元。

2014年，开展领导干部任期经济责任审计，对谢桥街道、茶店街道、鱼塘侗族苗族乡党政主要领导，进行任期经济责任同步审计；对区卫生局、区计生局、区安监局主要负责人进行任期经济责任审计，发现被审计单位存在“三公”经费超标，报账不及时等问题，已责成被审计单位整改。

2015年，全面推行领导干部任期经济责任审计，召开经济责任联席会议，印发《万山区党政领导经济责任审计实施办法》，制定乡镇(街道)党政主要领导五年轮审工作计划，同步对所在乡镇(街道)村(居、社区)班子开展经济责任审计，探索经济责任审计新路子。完成黄道侗族乡、高楼坪侗族乡党政主要负责人、区工业和商务局主要负责人、区残联主要负责人任期经济责任审计，共查处违规资金153万元，管理不规范资金215万元。

2016年，开展领导干部任期经济责任审计，对下溪侗族乡、大坪侗族土家族苗族乡党政主要负责人及乡原党政主要领导，区教育局、区林业局、市交通学校、区总工会主要负责人进行任期经济责任审计。

2017年，开展领导干部任期经济责任审计，对敖寨侗族 乡、万山镇原党政主要领导任期经济责任继续审计；区民族中学、区旅发委原主要负责人2名科级干部进行任期经济责任审计；查出违规资金242.04万元，管理不规范资金940.78万元。

2018年，开展领导干部任期经济责任审计，对茶店街道、大坪侗族土家族苗族乡原党政主要负责人，区残联、区农牧科技局主要负责人进行经济责任审计。

2019年，开展领导干部任期经济责任审计，对鱼塘侗族土家族苗族乡党政主要负责人职务期间经济责任审计，查出问题金额321.15万元。向区纪委区监委移送问题线索2条。

2020年，开展领导干部任期经济责任审计，对黄道侗族乡人民政府、区市场监督管理局3名领导人员开展经济责任审计，查出问题20个，移送区财政局线索1条，移送区纪委区监委线索1条，上报区委审计委员会审计情况1篇，提出建议9条，督促被审计单位建立健全规章制度1个。

2021年，实施经济责任审计项目2个，涉及仁山街道办事处和区人力资源和社会保障局领导3人，出具审计报告2份，审计共查出问题41个，提出审计建议10条，查出问题金额1984万元，移送纪检监察机关处理案件问题线索8件，移送相关部门处理事项3个。

2022年，实施经济责任审计项目2个涉及3名领导干部，即万山区谢桥街道原党政主要领导经济责任审计（2名领导干部）和万山区自然资源局原主要领导经济责任审计（1名领导干部），出具审计报告2份、审计结果报告2份。审计计查出问题62个，查出违规资金233.25万元、管理不规范金额35867.38万元、损失浪费金额85.11万元，向纪检监察部门移送事项、线索13件，向相关主管部门移送事项2件，提出审计建议9条。

七、生态环保专项整治

1992年，特区监察局与特区环保局联合，开展取缔土法炼汞突击活动工作，取缔土炉灶58座，收缴炉具178件。

1994年，根据《关于1994年贵州省环境保护执法大检查工作安排的通知》和铜仁地区行署明传电报通知精神，特区人民政府组织环保执法大检查，分别对重点单位贵州汞矿、岩屋坪分矿、特区化工厂、特区冶炼厂和城区进行大检查，对较差的单位提出批评教育，并限期整改。

1995年，在特区人民政府组织领导下，对贵州汞矿重点污染源的3家企业和特直有关8个科局进行全面检查。对拒不向环保部门申报排放污染物数量、种类、浓度的“瑞宝铁合金厂”罚款2800元，依法申请法院强制执行。对拖欠排污费的贵州汞矿，促使补交1万元排污费。

1996年，根据贵州省人民政府《关于取缔关闭或停止土法炼汞等生产企业的通知》精神，特区纪委会同特区环保局、特区计经委、特区乡企局、特区工商局拆除土炉灶19座，取缔个体土法炼汞16户。

1997年，配合特区环保局对辖区内土法炼汞进行清查，取缔土炉灶5座。

1998年，配合特区环保局对非法从事土法炼汞，严重污染和破坏环境的行为进行严厉打击，依法取缔土法炼汞9户，立案查处环境违法案件11件。

1999年，配合特区环保局取缔土法炼汞点3处，并在现场对群众进行宣传教育。

2000年，特区人民政府与铜仁地区行署签订2000年至2002年环境目标责任书，特区纪委围绕此项工作开展生态环保监督检查。

2001年，特区监察局会同特区环保局、特区公安局、特区计贸局、特区乡企局等13个部门，先后开展5次以查处土法炼汞为主的专项执法行动，共出动执法人员49人次，车辆9台次，对扰民严重，群众反映强烈的环境违法行为进行查处。依法取缔农村土法炼汞灶炉76座（按规定断电、断水、毁炉、平场），并对从事土法炼汞活动的环境违法行为当事人给予行政处罚。

2002年，国家环境保护总局每年对万山特区红菱汞业公司、矿产公司、红晶汞业公司进行检查，特区纪委督促特区环保局自查自纠，做好检查准备工作。

2003年，特区人民政府与铜仁地区行署续签2003年至2005年环境目标责任书。特区纪委督促环保部门开展环境影响评价，对区内新建、改建、扩建工程和对境内有影响的项目依法进行评价，并每年开展整治违法排污企业。

2004年，开展环保重点污染治理，关闭万山特区所辖4个土法炼汞点，并实行重罚，共处罚金4.48万元。

2005年，开展环保重点污染源治理，全特区环境污染问题得妥善处理，全年共查处土法炼汞点5个，下发15份限期改正通知书，拆除土法炼汞炉灶35座，扣押水银61公斤，销毁木桶23个，销毁铁锅28口，拆除简易工棚5个，共处罚款8万余元。督促3家铁合金企业与环保治理公司签订烟尘治理合同，投入治理资金240万余元，其中恒兴铁合金公司的精炼炉车间投入50万余元，配备一套除尘设施，经铜 仁地区环境监察站监测，除尘率达到72.8%。

2006年，全年对境内10家地级重点污染企业下达限期治理通知；对3个城区居民饮用水源点进行4次以上的安全隐患检查；配合省、地环保局现场对进口汞进行验收、登记、监督。

2007年，开展环保问题矛盾化解，实行特区政法领导和乡镇领导联系企业周边村组制度，成功处理夜郎村铺前片区、小湾村鸡公田片区群众要求恒兴铁合金厂对污染补偿诉求，张家山工业小区一公里范围内污染补偿等问题，兑现群众健康补贴费6万元。

2008年，开展环保违法监督检查，重点围绕企业违法排污，开展执法监督，全年联合环保部门进行专项执法6次。

2009年，万山特区监察局与特区环保局联合开展环境执法6次，累计排查企业64家，查处土法炼汞点2个，依法取缔土法炼汞炉灶12座。依法责令吉昌、万泰2家电解锰厂存在的问题进行整改，并要求相关部门、企业签订减排责任状，减少环境污染源。如万山红星汞业公司对生产设备进行升级环保技改后，每月减少用煤量60吨，二氧化碳排放减少3.84吨。

2010年，开展节能减排、环境保护等专项督查，对一企业因违法排污行为下达监察建议书，责令停产整顿，并处罚金2万元。特区监察局会同特区环保部门，拆除一企业擅自新建的1条氯化汞生产线和2条氯化汞触媒生产线。

2011年，特区监察局配合特区环保局，开展严厉打击土法炼汞环保专项行动，累计查处土法炼汞点40个，现场拆除捣毁土法炼汞炉灶386座，行政处罚1人，罚款2万元。

2012年，开展环境保护政策措施落实情况督促检查，严厉打击和查处土法炼汞活动。对全区土法炼汞进行排查15次，共查处土法炼汞点9处，捣毁土法炼汞炉灶37座。

2013年，区监察局会同区发改局、区工贸局、区财政局、区环保局、区审计局等部门对“十二五”以来节能减排资金管理使用情况区开展专项执法监察，督促相关部门淘汰落后产能项目3个。开展打击和查处土法炼汞活动，共查处土法炼汞点12处，捣毁土法炼汞炉灶60余座，没收毛汞200余公斤、废氯化汞触媒28.68吨和含汞电解泥21.63吨。

2014年，根据《万山区“六个一律”环保“利剑”执法专项行动工作方案》，配合相关部门对高楼坪、茶店、敖寨、谢桥等重点乡（街道）土法炼汞高发区域巡查50次，查处“土法炼汞”点15个，出动执法车65台次，执法人员176人次，捣毁土炉灶116座，没收毛汞322.01公斤、原料30.96吨、燃料煤5.15吨。处罚金额8万元，行政处罚6人，移送司法机关处理2人。对区内汞化工、电解锰、铁合金等重点企业进行检查监管，督促企业进行污染整治工作，对企业的生产和环保设施运行状况进行检查，累计检查企业123家，下发限期整改通知48份。

2015年，万山区监察局联合区环保局开展环境管理专项执法检查。一是对区内汞化工、电解锰、铁合金等重点企业进行检查，督促企业进行污染整治，对企业的生产和环保设施运行状况进行检查，累计检查企业323家，下发限期整改通知52份。二是对高楼坪、茶店、敖寨、谢桥等重点乡（街道）土法炼汞高发区域巡查30次，查处“土法炼汞”点16个，出动执法车47台次，执法人员72人次，捣毁土炉灶56座，没收毛汞17.55公斤，含汞废物107.3公斤，办理行政处罚案件3件，处罚金额3万元。

2016年，开展环境违法专项整治，督促区环保局依法打击环境违法行为。一是对高楼坪、茶店、敖寨、谢桥等重点乡（街道）土法炼汞高发区域巡查12次，出动执法车12台次，执法人员72人次。二是对企业不正常使用污染防治设施，偷排、偷放，非法处置危险废物等依法查处，建立环境监察监测协同机制，实施网格化环境监管，采取随机抽取检查对象、随机选派执法人员方式开展，共出动执法人员514人次，检查企业207家次，下达执法文书39份，立案处罚15家，罚款金额69万元，移送司法机关2起，行政拘留1人。

2017年，开展环境违法专项整治，督促区环保局严厉打击环境违法行为，累计出动执法人员410人次，对区内各涉污企业进行监管，督促企业进行污染整治，对企业的生产和环保设施运行状况进行检查，累计检查企业195家次，下达责令整改通知书84份，立案处罚51家。对5家违反环保法律法规涉及未批先建、久拖不验、违反固体废物管理制度等环境违法行为的企业及个人立案查处，总计处罚金103.38万元。

2018年，开展环境违法专项整治，督促区环保局加大监察执法力度，加强污染源监督检查。共出动执法人员651人次，检查排污企业298家次，下发《责令改正违法行为决定书》67份，对环境违法行为立案查处27件，其中，查封扣押案件4件，停产限产案件3件，移交公安机关3件，下达行政处罚决定书27份，共处罚金额201.22万元。

2019年，开展环境违法专项整治，督促市生态环境局万山分局加大环境执法力度，全年对企业进行现场检查523家次，共出动执法人员712人次。下达执法文书95份，累计查处所有类型处罚案件

21件，其中一般行政处罚案件19件，配套案件2件（其中按日计罚案件1件，处罚金3.5万元；查封扣押案件数1件，查封扣押废旧铅酸蓄电池7.2吨）。

2020年，开展环境违法专项整治，督促市生态环境局万山分局对涉重涉危企业监督管理。一是开展"铜仁市生态环境突出问题从严排查监督"专项行动，集中力量对城市污水处理溢流直排、垃圾填埋场渗漏液污染、涉汞、涉锰行业全面严格排查。二是完成固定污染源排污许可清理整顿和2020年排污许可发证登记工作。三是加大环境执法力度，严厉打击环境违法行为。全年累计出动执法人员500余人次，累计检查企业400余家，下达《责令改正违法行为决定书》等执法文书60份，对环境违法行为进行立案查处20件，共处罚金50万余元。

2021年，开展环境违法专项治理，督促市生态环境局万山分局开展水、土、大气环境质量监测和固废治理，全年共出动执法人员1000余人次，检查企业550余家次，累计立案查处35件；下达《铜仁市生态环境局行政处罚决定书》33份，共处罚金278万元；办理查封案件2件，下达《铜仁市生态环境局查封决定书》2份。

2022年，开展环境违法专项治理，督促市生态环境局万山分局开展生态环境整治。一是围绕生态环境重点指标开展大气环境质量监测和水环境质量监测。万山区环境空气质量监测天数363天，环境空气质量优良率为95.3%。万山区1个县级集中式饮用水水源地水质、12个千人以上集中式饮用水水质、2个省控水质断面水质均达到国家饮用水Ⅲ级标准以上，达标率为100。二是围绕防治污染攻坚开展蓝天保卫战、碧水保卫战、净土保卫战和固废治理攻坚战。检查中心城区及周边砂石场、搅拌站40余家次，出动执法人员80余人次，出动执法车辆40余辆次；共出动巡查50余人次，不定期对沿岸溢流口开展水质监测；督促指导万山区8家（不含医疗废物）持有危险废物经营许可证企业及时建立危险废物转移台账，完成固体废物信息化管理全覆盖，全年跨省转入危险废物共计约5258.3吨；万山区医疗废物共计106.7吨，处置率达100%。三是围绕生态环境执法，开展环境执法监管和信访投诉处理。累计出动执法人员700余人次，开展现场执法检查企业400余家次，累计查办案件14起，共处罚金60余万元；共受理环境信访案件17起，其中大气污染投诉9起，禽畜养殖污染投诉3起，固体废物投诉3起，其他投诉类2件，办结率为100%。铜仁市生态环境局万山分局荣获"全省2021年生态环境保护执法大练兵表现突出集体"称号，分局张毅荣获表现突出个人。

第七节　党内监督检查

1987年，特区纪委参加特区党委、特区人武部党委，乡镇党委和部分特区直部门党组民主生活会9次。与特区委组织部、特区委直属党委对五大班子领导干部参加双重组织生活会的情况进行检查。并派人参加特区林业、特区商业、特区公安、特区农牧等党支部民主生活。协助特区党委建立抓党风责任制，制定支部党风月报制度，党员领导干部党风汇报制度和违纪案件交办制度，督促各级党组织按期对照检查党风党纪，发现好的典型给予表扬和鼓励，对于存在的问题也能及时发现及时解决，为特区党委党风相应决策提供依据。

1988年，特区纪委在内部加强监督，制定岗位责任制，在政治上和劳动纪律上互相监督，坚持召开民主生活会，开展批评与自我批评，全体纪检人员定期汇报学习和工作情况，互相交流思想。代特区委制定《关于加强党内监督的规定》并下发特区各级党组织执行。

1991年，按照有关规定，要求各级党组织按期开好组织生活会，召开民主生活会。特区纪委会同组织部门参加特区党委、特区人大党组、特区人民政府党组、特区政协党组和乡镇党委半年一次的民主生活会，不定期地对基层党组织的组织生活情况进行抽查，并通报有关情况。

1993年，按照上级有关精神，在特区党委领导下，完成特区纪委和特区监察局合署办公的改革，在制度机制上加强了党内监督。

1996年，加强和健全党内监督：一是强化广大党员特别是各级领导干部的监督意识，党内监督就其实质来说，是从人民利益出发，按照全面从严治党的要求，进行自我约束和自我完善。二是重点抓好领导干部的监督，强化领导集体内部的监督作用，干部权力越大，责任就越大，监督要更严格。三是完善制度，强化监督制约机制，加强党风制度建设。四是拓宽监督渠道，发挥人民群众监督作用。

1999年，特区党委书记饶正海、特区纪委书记杨均成分别在全特区领导干部会议和全特区纪检监察工作会议上作提出新的更高要求，强调党员领导干部民主生活会制度，是党内政治生活中的一项重要制度，是加强党内监督，提高领导干部思想水平和党性修养的有效途径。全特区63个党委党组召开民主生活会，共提出批评意见136条，提出合理化建议71条，落实整改措施50条。全特区5个乡镇和67个科局单位全部制定《党风廉政建设责任制》及实施细则。

2004年，加强纪律约谈工作，对苗头性倾向及时打招呼，特区质监局等6部门未及时落实治理经济软环境措施被诫勉谈话，36名试用期满干部任前接受廉政教育谈话，诫勉谈话6人次，跟踪督办落实谈话要求20人次。

2005年，贯彻执行《中国共产党党内监督条例》，实行党代表常任制，特区党委和特区纪委分别报告工作情况，接受党代表的常年监督。切实加强对领导干部民主生活会的指导和监督，将“四大纪律、八项要求”“七个不允许”列为民主生活会自查内容。严格执行“三项谈话制度”。全年实施任前谈话35人，诫勉谈话7人。特区纪委负责人约谈乡镇党政负责人5人次，特区委组织部部长约谈乡镇党政负责人5人次，督办落实整改措施5件。4名县级干部参加上级党组织派遣学习培训。扎实开展巡视工作，全年对特区党委办、特区民政局、特区财政局、特区人民医院、特区民族中学5个单位，履行党风廉政建设职责情况、廉洁自律情况和执行党的路线方针政策等情况进行巡视，转变部门领导干部作风、改进工作。

2006年，加强对领导干部民主生活会的指导和监督。将“四大纪律、八项要求”“七个不允许”列为民主生活会自查内容。在对特区人民医院院长、特区疾控中心主任、特区物价局长进行的专项检查中，发现特区人民医院院长违纪收受现金4000元，处以党内警告处分；发现特区疾控中心主任提高狂犬疫苗收费标准，并将收费作为补贴私分，违规套取艾滋病预防经费，予以纠正并进行诫勉；对特区物价局长违反价格规定，审批同意提高狂犬疫苗执行标准予以诫勉谈话。规范领导干部廉政档案，发挥档案资料对拟任干部廉政审查作用。

2007年，制定和完善党内监督十项制度，强化监督机制建设；全特区28名县级干部、368名科级干部在5月下旬专题民主生活会上进行作风分析和述廉报告，在换届中342名科级以上干部向干部会、全委会进行述职；特区党委、特区人民政府有关领导和特区纪委、特区委组织部领导于5月下旬分别指导65个单位的专题民主生活会。信访处置3名科级领导干部案件；特区纪委、特区委组织部主要领导对换届后乡镇10名党政主要领导进行约谈，特区党委书记王开禄对负有整脏治乱职责的特区城管局局长进行诫勉谈话。对国有企业特区自来水公司进行党风廉政建设巡视，提出巡视工作建议5条。

2008年，修改完善党员领导干部报告个人重大事项、述职述廉、诫勉谈话、任前廉政谈话、函询、收入申报等制度。实行干部集资建房用地监管制度、城建规划审批制度和买卖房屋监督制度。

2009年，开展学习实践科学发展观活动，组织特区第二、三批参加科学发展观学习的单位党员干部学习党的基本理论、路线、方针等，重温入党誓词，强化党的为民服务宗旨，提升责任意识，增强党性修养，锤炼实践能力。加强组织人事纪律监督，参与特区组织人事部门干部选拔任用干部监督13人次，任前谈话13人次。

2010年，开展党风廉政建设监督检查，对全特区各级各部门在执行党的纪律、落实廉政建设任务及社会维稳方面开展48次督查和调研活动，根据督查结果情况，发出通报22期。

2011年，开展领导干部执行廉洁从政各项规定专项检查，制定《万山特区党员干部勤政廉政警示提醒制度（试行）》，提醒领导干部坚守廉洁底线。开展领导干部任前廉政谈话90人，打招呼谈话2人，领导干部述职述廉330人，打招呼谈话11人，区纪委书记约谈下级党政主要负责人7人，诫勉谈话4人。

2012年，印发《万山区纪委常委与科级领导干部经常性约谈工作制度》，由区纪委常委根据联系分工，对各乡镇（办事处）、区直部门班子成员进行定期或不定期约谈，帮助谈话对象找出工作中的不足，对谈话对象在思想作风中表现出的不良倾向进行约谈劝诫。全年开展约谈150人次，发出勤政廉政警示提醒书2份，实现约谈全覆盖。

2013年，开展党员领导干部“八小时外”工作生活情况监督检查，全年监督检查5次，印发1期督查通报。对全区8名科级领导干部在思想作风、学习作风、工作作风、生活作风、领导作风等方面出现的苗头性、倾向性问题及时进行警示提醒，发出提醒书8份，要求被提醒人对所提醒事项限期整改落实。

2014年，开展“一岗双责”、作风效能之责、“四风”之责监督检查，寻找“问责”事项、挖掘“问责”线索，向相关部门发出书面征求问责事项函8份。对因工作落实不力、干部责任心不强的单位和个人予以诫勉谈话，全年诫勉谈话20人，提醒谈话2人，通报批评7个单位涉及干部8人。

2015年，开展“三严三实”专题教育和“转观念、转作风、抓落实”专项活动，督促全区各级各部门党政一把手落实“第一责任人”职责，履行主体责任。协助区委“五人小组”开展区管干部党风廉政建设约谈工作、督促指导区直部门、各乡镇（街道）开展党风廉政建设约谈工作，健全落实党风廉政建设“两个责任”约谈工作机制，化解党风廉政建设突出问题和风险隐患。

2016年，协助区委与相关单位党委（党组）签订党风廉政建设责任书72份，将党风廉政建设考核纳入年终目标绩效考核内容，向区绩效考核部门通报党纪政纪处分情况，督促全区各级党委（党组）履行主体责任。督促全区党委（党组）主要负责人履行全面从严治党“第一责任人”职责，履行“一岗双责”，抓实职责范围内的党风廉政建设各项工作。

2017年，全区各级纪检监察机关强化党内监督履职，把讲政治、守纪律放在首位，督促和引导广大党员领导干部恪守政治纪律和政治规矩。一是在政治上与以习近平总书记为核心的党中央保持高度一致。二是在纪律上把政治纪律和政治规矩摆在首位。三是在宣传上把营造良好舆论氛围作为最大政治任务。

2018年，健全党内监督机制，强化自我监督，自觉接受党内和社会监督，加强纪检监察队伍自身建设，提升纪检监察干部工作水平和业务能力。

2019年，根据《中国共产党纪律检查机关监督执纪工作规则》《关于建立及早发现违反政治纪律政治规矩问题线索和快速查处机制的实施意见》等文件要求，对民主集中制、“三重一大”议事决策、民主生活会等党内政治生活制度执行情况的监督检查，查纠政治生活不认真不严肃，执行党内有关制度搞形式走过场等突出问题。

2020年，按照市纪委市监委《关于印发〈关于开展严格执行制度规定严肃党内政治生活专项监督检查的工作方案〉的通知》要求，区纪委区监委对全区党委（党组）及其领导班子成员、乡科级副职以上（含乡科级副职）党员干部，对2019年以来执行严肃党内政治生活制度规定情况进行监督检查，共检查党组织64个，发现问题3个，并及时将发现的问题反馈给所在党组织，提出整改建议3条。

2021年，发挥党内监督主导作用，推动党内监督与其他监督贯通协调，同国家机关监督、民主监督、司法监督、群众监督、舆论监督贯通融合。建立“室组地”联动监督及联合办案协调配合机制，制定《上一级纪委书记与下一级党委（党组）书记政治监督谈话方案》，开展“下沉式调研监督”。围绕换届纪律、安全生产等重点工作，对11名下级党组织“一把手”开展政治监督谈话。全面推行派驻机构“协同式”监督，在各区直部门开展主题“坐班”监督706次，参加“三重一大”专题会议245次，发现问题并督促整改55个，下发提示函1份，纠正、否决不符合规定的决定决议1条，发挥“派”的权威与“驻”的优势。

第八节　党务公开

2011年，按照中央、省、地《关于党的基层组织实行党务公开的意见》文件精神，探索推进党务公开的有效途径和方法，充实党的基层组织党务公开内容，完善党务公开程序，规范党务公开方式、时限等，党务公开工作贯穿于党内事务酝酿、决策、实施全过程。全年明确党务公开示范点党组织24个，开展党务公开300余期，落实党务公开率达100%。

2012年，印发年度党务公开工作要点，调整充实区委常委联系党务公开联系点，建立乡镇（街道）党委书记基层党组织党务公开联系点，对党务公开工作进行监督检查，推进基层党务公开工作发展，全年各基层党组织实施党务公开总数达280次，点题公开达200次，上报党务公开信息51期，加大了党务公开的宣传力度。

2013年，万山区探索与实践村“1+X”（党）务公开，即“1”是指在村（居）办公地点制定永久性固定党务村务公开栏；“X”是指将工作需要、群众关注的重大事项等通过“村（党）务发言人”发布和网上公开，以及在村前寨口、公路沿线、干群连心室，以张榜公布等方式进行公开。拓宽党务村务公开形式，完善村级民主监督机制。

2014年，印发《铜仁市万山区试行“村务（党务）发言人”制度实施方案》文件，推行村（党）务发言人制度，使村（党）务公开由墙上贴”变为“嘴上说”、“墙上贴”和“网上晒”相结合，把村务党务置于阳光下，提高了工作透明度，推进了基层民主。全区85个村（居）召开村级发布会389次，决策重大事项252件，解决大小问题2300余个，化解上访矛盾108起，宣讲惠民政策10万余人次。

第九节　绩效管理与考核

绩效考核是运用科学方法、标准和程序，对政府部门（包括党政机关和人民团体）的业绩、成就和实际工作做出尽可能客观的评价，旨在提高政府公共管理和公共服务能力，是持续改进和提高政府绩效的一种行之有效的管理措施。万山区绩效考核办公室成立于2012年3月，设在区纪委区监察局，2014年6月划转至万山区委办，其间履行全区绩效考核与管理职责。

2012年3月，成立铜仁市万山区绩效考核办公室，为正科级事业单位，核定事业编制6人，配主任1名、副主任2名。增设内部机构案件督查管理室，配主任1名。印发《万山区2012年绩效管理考核办法》，制定绩效考核奖惩措施，做到指标量化、责任落实、工作措施三到位。开展专项督查12次，对转型工业园区40个重点工程项目、谢桥新区14个重点工程项目进行督查督办。完成9个乡（镇、办事处）和60个区直部门、24个垂管部门的年度绩效目标考核，对获奖单位予以表彰。

2013年，调整充实万山区机关作风和效能建设领导小组，印发《万山区2013年绩效管理考核办法》，将全区绩效考核单位划分为7个类别，将9个乡（镇、办事处）、7个县级机关及其办公室、16个党群部门、13个政务和社会发展部门、15个经济发展和管理部门、9个执纪执法部门、24个垂管部门纳入年度绩效考核。乡（镇、办事处）人口和计划生育、“多彩贵州·桃源铜仁”文明行动、“干群连心·同步小康”、招商引资由区直主管部门单位考核。年度考核实行100分制。其中，经济社会发展、部门业务各占总分值70%，其他工作占总分值20%，绩效考核领导小组评价、社会公认度评价各占总分值的5%，并设特别贡献和创新工作加分项目。采取平时督查、年终考核、绩效考核领导小组评价和社会公认度评价四种形式进行考核。乡（镇、办事处）类，设一等奖3名、二等奖4名、三等奖2名；县级机关及其办公室类、党群部门类、政务和社会发展部门类、经济发展和管理部门类、执纪执法部门类分别按单位总数的30%、50%、20%确定一、二、三等奖；全区78所中小学校（含幼儿园、职校）及校（园）长由区教育局组织考核，按照30%、50%、20%比例设置一、二、三等奖，按一等奖4000元/人、二等奖3500元/人、三等奖3000元/人的标准拨付到单位；获一、二、三等奖垂管部门，按3万元、2万元、1万元给予一次性奖励。

2014年，成立万山区2014年度绩效管理考核工作领导小组，印发《万山区2014年绩效管理考核办法》，根据单位工作性质、职能职责原则和干部管理权限，考核对象分为6个类别，将全区9个乡镇（街道）、17个党群部门、15个政务和社会发展部门、17个经济发展和管理部门、10个执法部门、19个垂管部门纳入年度绩效考核。年度考核实行100分制，其中，经济社会发展、部门业务各占总分值的65%，其他工作占总分值的30%，绩效考核领导小组评价占总分值的2%，社会公认度评价占总分值的3%。考核方式采取平时督查和年终集中考核相结合的方式进行。区委督查室、区人民政府督查室、区绩效办和相关业务主管部门对被考核单位进行随机抽查，对未按要求完成相关业务工作的予以通报并扣分。设立绩效考核特别贡献奖和工作创新奖，对获特别贡献奖的单位在其年度绩效考核总成绩中加0.5分，对获工作创新奖的单位在其年度绩效考核总成绩中加0.2分。年度绩效考核由区绩效考核工作领导小组统一组织，各考核组对被考核单位年度工作完成情况进行综合考核。乡镇(街道)类，设一等奖3名、二等奖4名、三等奖2名；党群部门类、政务和社会发展部门类、经济发展和管理部门类、执法部门类分别按单位总数的30%、50%、20%确定一、二、三等奖。区教育局组织考核学校，按学校总数30%、50%、20%确定一、二、三等奖。按一等奖12000元/人、二等奖11000元/人、三等奖10000元/人标准拨付到单位；获一、二、三等次的垂管部门，分别按3万元、2万元、1万元给予一次性奖励。

万山区党群部门2013年度绩效目标管理考核得分情况表

表5-9-1　　　　单位:分

单位名称	社会公认度测评得分	业务工作考核得分	领导小组评分	贡献工作和创新工作加分	其他工作得分	平时扣分	总分	排名
区委组织部	4.4462	70.0000	4.4667	0.28	20.0000	0	99.1929	1
区委宣传部	4.3228	70.0000	4.4250	0.22	20.0000	0	98.9678	2
区委统战部	4.3892	70.0000	4.2583	0.16	20.0000	0	98.8075	3
区委政法委	4.2662	70.0000	4.2583	0.27	20.0000	-0.1	98.6945	4
区委离退局	4.3680	70.0000	4.1250	0.13	20.0000	0	98.6230	5
区直机关工委	4.3399	70.0000	4.1667	0.06	20.0000	0	98.5666	6
区妇联	4.2563	70.0000	4.2083	0.06	20.0000	0	98.5246	7
区总工会	4.2878	70.0000	4.1583	—	20.0000	0	98.4461	8
区委编办	4.2728	70.0000	4.0833	0.07	20.0000	0	98.4261	9
区委党校	4.2891	70.0000	4.0583	—	20.0000	0	98.3474	10
团区委	4.2545	70.0000	4.0333	—	20.0000	0	98.2878	11
区工商联	4.1782	70.0000	3.9833	0.07	20.0000	0	98.2315	12
区残联	4.1926	70.0000	3.9916	—	20.0000	0	98.1842	13
区红十字会	4.0275	70.0000	3.8416	—	20.0000	0	97.8691	14
区科协	4.1388	70.0000	3.9250	—	20.0000	-0.5	97.5638	15
区委党史研究室	4.2631	67.0000	3.9000	0.05	20.0000	-0.2	95.0131	16

万山区执纪执法部门2013年度绩效目标管理考核得分情况表

表5-9-2 单位:分

单位名称	社会公认度测评得分	业务工作考核得分	领导小组评分	贡献工作和创新工作加分	其他工作得分	平时扣分	总分	排名
区纪委监察局	4.4444	70.0000	4.4833	0.4200	20.0000	0	99.3477	1
区审计局	4.3847	70.0000	4.4167	0.3300	20.0000	0	99.1314	2
区司法局	4.2347	70.0000	4.1583	0.4200	20.0000	-0.2	98.6130	3
区人民法院	4.3549	70.0000	4.1667	—	20.0000	0	98.5216	4
区人民检察院	4.3636	70.0000	4.1000	—	20.0000	0	98.4636	5
区卫生监督所	4.2313	70.0000	4.0000	—	20.0000	0	98.2313	6
区环保局	4.2199	70.0000	4.0667	—	20.0000	-0.2	98.0866	7
区安监局	4.1494	70.0000	3.9833	—	20.0000	-0.1	98.0327	8
市公安局万山分局	4.1723	70.0000	4.0833	—	20.0000	-0.9	97.3556	9

万山区乡、镇、街道2013年度绩效目标管理考核得分情况表

表5-9-3 单位:分

单位名称	社会公认度测评得分	业务工作考核得分	领导小组评分	贡献工作和创新工作加分	其他工作得分	平时扣分	总分	排名
谢桥街道	4.3593	70.0000	4.6000	0.22	20.0000	0	99.1793	1
敖寨乡	4.3255	70.0000	4.4333	0.22	20.0000	0	98.9788	2
万山镇	4.4423	70.0000	4.4250	0.17	20.0000	-0.1	98.9373	3
黄道乡	4.2440	70.0000	4.3667	0.320	20.0000	-0.1	98.8307	4
下溪乡	4.2803	70.0000	4.3917	0.2	20.0000	-0.4	98.4720	5
茶店街道	4.2856	70.0000	4.0583	0.09	20.0000	-0.2	98.2339	6
高楼坪乡	4.2463	70.0000	3.6167	—	20.0000	0	97.8630	7
大坪乡	4.1744	70.0000	4.0750	—	20.0000	-0.5	97.7494	8
鱼塘乡	4.0221	67.8000	4.1000	—	20.0000	0	95.9221	9

万山区四大办2014年度绩效管理考核综合得分情况表

表5-9-4　　单位:分

单位名称	集中测评得分	业务工作得分	领导小组评分	贡献工作和创新工作加分	其他工作得分	平时扣分	总分	等次
区委办	2.6538	65	2.0000	—	30	—	99.6538	二等奖
区政府办	2.6477	65	2.0000	—	30	—	99.6477	二等奖
区政协办	2.6423	65	2.0000	—	30	—	99.6423	二等奖
区人大办	2.6365	65	2.0000	—	30	0.1	99.5365	二等奖

万山区政务和社会发展部门2014年度绩效管理考核综合得分情况表

表5-9-5　　单位:分

序号	单位名称	集中测评得分	业务工作得分	领导小组评分	贡献工作和创新工作加分	其他工作得分	平时扣分	总分	等次
1	区教育局	2.5452	65	1.9000	0.5	30	0.1	99.8452	一等奖
2	区民族和宗教事务局	2.5645	65	1.7429	0.5	30	—	99.8074	
3	市第八中学	2.5344	65	1.7857	0.2	30	—	99.5201	
4	区人力资源和社会保障局	2.5690	65	1.8143	0.2	30	0.1	99.4833	
5	区民族中学	2.5196	65	1.9000	—	30	—	99.4196	二等奖
6	市交通学校	2.4697	65	1.7714	—	30	—	99.2411	
7	万山矿区社区服务管理局	2.4803	65	1.7143	—	30	0.1	99.0946	
8	区疾控中心	2.5038	65	1.6571	—	30	0.1	99.0609	
9	区文体广电新闻出版局	2.4987	65	1.7714	—	30	0.3	98.9701	
10	区档案局	2.4077	65	1.4429	—	30	0.1	98.7506	
11	区卫生和计划生育局	2.5253	65	1.7000	—	30	0.5	98.7253	
12	区民政局	2.4816	65	1.9000	0.2	30	0.9	98.6816	三等奖
13	区人民医院	2.4707	64.4	1.5286	—	30	—	98.3993	
14	区政务服务中心	2.5510	64	1.7714	—	30	—	98.3224	

万山区党群部门2014年度绩效管理考核综合得分情况表

表5-9-6　　　　单位:分

序号	单位名称	集中测评得分	业务工作得分	领导小组评分	贡献工作和创新工作加分	其他工作得分	平时扣分	总分	等次
1	区委组织部	2.6442	65	1.9857	0.5	30	—	100.1299	一等奖
2	区委统战部	2.6077	65	1.9857	0.5	30	—	100.0934	
3	区纪委监察局	2.6052	65	1.9857	0.2	30	0.1	99.6909	
4	区委宣传部	2.5942	65	1.9857	0.2	30	0.1	99.6799	
5	区妇联	2.5471	65	1.5714	0.5	30	—	99.6185	
6	区委离退局	2.5819	65	1.9714	—	30	—	99.5533	二等奖
7	区直机关工委	2.6129	65	1.7714	—	30	—	99.3843	
8	区委政法委	2.6019	65	1.8143	0.2	30	0.3	99.3162	
9	区委编办	2.5519	65	1.7286	—	30	—	99.2805	
10	区残联	2.5861	65	1.6857	—	30	—	99.2718	
11	团区委	2.5981	65	1.6571	—	30	—	99.2552	
12	区总工会	2.5739	65	1.7571	—	30	0.2	99.1310	
13	区委党校	2.5723	65	1.6286	—	30	0.1	99.1009	
14	区工商联	2.5234	65	1.6714	—	30	0.1	99.0948	
15	区委党史研究室	2.5490	65	1.5571	—	30	0.1	99.0061	三等奖
16	区红十字会	2.4439	65	1.5286	—	30	—	98.9725	
17	区科协	2.5032	65	1.5571	—	30	0.2	98.8603	

万山区执法部门2014年度绩效管理考核综合得分情况表

表5-9-7　　　　单位:分

序号	单位名称	集中测评得分	业务工作得分	领导小组评分	贡献工作和创新工作加分	其他工作得分	平时扣分	总分	等次
1	区审计局	2.6000	65	1.8000	0.5	30	—	99.9	一等奖
2	市公安局万山分局	2.5386	65	1.7143	0.5	30	0.1	99.6529	
3	区司法局	2.5557	65	1.7571	—	30	—	99.3128	
4	区人民法院	2.5736	65	1.6857	—	30	—	99.2593	二等奖
5	区人民检察院	2.6038	65	1.7143	—	30	0.1	99.2181	
6	区卫生监督局	2.5311	65	1.6714	—	30	0.1	99.1025	
7	区安监局	2.4829	65	1.7571	—	30	0.2	99.0400	
8	区市场监督管理局	2.5113	65	1.7143	—	30	0.3	98.9256	
9	区环保局	2.4675	64	1.6857	—	30	0.3	97.8532	三等奖

万山区经济发展和管理部门2014年度绩效管理考核综合得分情况表

表5-9-8　单位:分

序号	单位名称	集中测评得分	业务工作得分	领导小组评分	贡献工作和创新工作加分	其他工作得分	平时、其他扣分	总分	等次
1	区发展和改革局	2.6165	65	1.9857	0.5	30	—	100.1022	一等奖
2	区工业和商务局	2.5577	65	1.9286	0.5	30	—	99.9863	
3	区扶贫办	2.6250	65	1.9000	0.2	30	—	99.7250	
4	区财政局	2.6423	65	1.8571		30	—	99.4994	
5	区林业局	2.6094	65	1.6857	0.2	30	0.1	99.3951	
6	区统计局	2.5396	65	1.6286	0.2	30	—	99.3682	二等奖
7	区投资促进局	2.5529	65	1.6857	—	30	0.2	99.0386	
8	区供销合作联社	2.4835	65	1.5286	—	30	0.1	98.9121	
9	区科学技术服务中心	2.4873	64.8	1.4571	0.2	30	0.1	98.8444	
10	区农牧科技局	2.5321	64.9	1.5714	—	30	0.2	98.8035	
11	市国土资源局万山分局	2.4153	65	1.6286	—	30	0.6	98.4439	
12	区交通运输局	2.5196	65	1.6571	—	30	0.8	98.3767	
13	万山经济开发区	2.4994	65.0	1.5143	—	30	0.9	98.1137	
14	区水务局	2.3906	65	1.4286	—	30	1.1	97.7192	不定等次
15	区住房和城乡建设局	2.4232	64	1.3571	—	30	1.8	95.9803	

万山区乡镇、街道2014年度绩效管理考核综合得分情况表

表5-9-9　单位:分

序号	单位名称	集中测评得分	业务工作得分	领导小组评分	贡献工作和创新工作加分	其他工作得分	平时、其他扣分	总分	等次
1	万山镇	2.6106	65	2.0000	0.5	30	0.2	99.9106	一等奖
2	敖寨乡	2.5856	65	2.0000	0.2	30	0.2	99.5856	
3	谢桥街道	2.6269	65	1.9714	—	30	0.4	99.1983	
4	下溪乡	2.5519	65	1.8429	0.5	30	0.7	99.1948	二等奖
5	高楼坪乡	2.5631	65	1.7857	0.5	30	0.8	99.0488	
6	黄道乡	2.5981	64.8	1.9286	—	30	0.5	98.8267	
7	鱼塘乡	2.5291	65	1.8000	—	30	0.7	98.6291	
8	茶店街道	2.5650	64.5	1.9286	—	30	0.6	98.3936	三等奖
9	大坪乡	2.5633	63.9	1.7857	—	30	0.5	97.7490	

第六章　作风建设

作风建设是党的建设的重要组成部分，是保持党的先进性和纯洁性的重要体现，涉及党执政兴国的各个领域，包括思想作风、学习风气、领导作风、工作作风、生活作风方面的建设，是党员干部和国家公职人员以及行使公权力人员的必修课，是推进党的建设新的伟大工程的必然要求，是党永远立于不败之地的重要保证。作风建设重点在于领导机关和领导干部以身作则、率先垂范。

第一节　纠正不正之风

纠风工作是党委和政府的一项重要工作，从“纠正行业不正之风”，到“纠正部门和行业不正之风”，再到“纠正损害群众利益的不正之风”，其外延不断扩大，内涵不断丰富。强化纠风工作，是深入开展党风廉政建设的一项重要任务，是加强党风廉政建设，密切联系群众的需要，是促进依法行政，依法治国和以德治国的需要，是反腐倡廉、保证社会稳定的需要。切实纠正损害群众利益的不正之风，对于促进改革开放、经济发展和社会稳定具有十分重要的意义。

一、纠正部门和行业不正之风

对群众反映强烈的部门与行业不正之风进行专项治理，是反腐倡廉工作格局中的重要内容，是查处发生在群众身边腐败问题的重要手段，是维护党和政府形象的重要措施。通过开展专项治理，有力遏制了不正之风在一些行业、领域易发多发势头，推动解决人民群众反映强烈的突出问题，受到人民群众普遍认可。

1985年，根据国发〔1985〕36、国发〔1985〕37号文件和中纪委〔1984〕27号文件以及铜仁地区相关会议精神，特区党委书记杨崇德对纠正新的不正之风工作作安排。特区纪委牵头，抽调特区工商、特区税务、特区物价、特区审计、特区财政等单位24人成立5个清理小组，分别对套购国家紧缺物资、转手倒卖、乱涨物价、乱发奖金和实物、行贿受贿、买空卖空、乱放录像等方面的问题进行清理。截至1985年4月底，清理单位15个，清查个人2人。收回加价款和罚没款及其他款4.0056万元。其中，收回汽车加价部分款1.099万元，罚没款1500元，行贿受贿款1.39万元，补征1984年税款1.0093万元，乱提价款3573元。

1986年，特区党委组织学习中办〔1986〕57号文件，并对六股歪风进行对照检查，并整改；以案件查办促作风整治，特区纪委通过抓重点，把群众反映大、性质恶劣的问题作为突破口，纠正、查处特区烟草局开假运单提取手续费1600元和特区土坪粮管所所长倒卖物资收取差价两起案子。

1987年，特区纪委通过印发书面通知或打电话等方式，纠正单位公款请客招待问题。

1990年，特区党委、特区人民政府根据中共十三届四中全会精神，作出《关于近期做八件群众关心的事的决定》，落实成效明显：刹住请客送礼风；小车控购措施得力，管理制度日趋完善；接待费用降低；会议就餐惯例被取消；刹住铺张浪费歪风；查处一批违纪违法党员和干部；清理职工拖欠、挪用公款成绩显著；刹住干部职工违章建私房歪风。

1991年，特区人民政府区长许伟忠、特区监察局局长刘洪登，在全特区"三干"会和财务物价税收大检查会上部署纠正行业不正之风工作，参会人数达200余人。2月23日，成立"政府系统纠正行业不正之风办公室"，特区人民政府、特区监察局先后下发文件，要求：一是政府系统及四乡一镇共34个单位报送本部门纠行风工作人员及领导名单，并召开干部职工会议；二是各部门根据纠正行业不正之风办公室通知的内容进行自查自纠，不能自己处理的违纪违法问题移交有关部门处理；三是限期改正；四是对特区商业局、特区农业局、特区乡企局、特区供销社、特区教育局、特区人民医院、特区粮食局等部门进行抽查。特区粮食局制定"五要五不要"规章制度，并开展为群众做实事：一是取消饲料公司职工每人每月买50千克优质价廉内部饲料优惠；二是粮食局职工一律与外单位一样，杂粮搭配粮食；三是取消米厂自己处理碎米而交饲料公司处理；四是在粮食调价问题上，全局职工没有一人超前购粮；五是调整作息时间，方便干部职工购粮。

1992年，对特区农业局、特区畜牧局、特区供销社、特区水电局、特区工商局、特区土管局、特区林业局、特区科委、特区农机局、特区粮食局、特区教育局等部门纠正行业不正之风进行抽查。通过抽查：各部门纠正行业不正之风制度进一步健全和完善，旧的不适应工作制度作了废除或修改，订制新的制度和措施；各部门纠正行业不正之风的机构大多数都已建立，并配备工作人员；各部门的以权谋私、吃拿卡要、贪污挪用、行贿受贿、公款吃喝、请客送礼比1991年大大减少；各部门领导对纠正行业不正之风工作有了进一步认识、把纠风工作摆在重要位置意识；各部门通过开展纠风工作，提高干部、职工廉政、勤政思想，增强职业道德和服务意识和遵纪守法。参加自查和抽查的政府系统单位共41个，立案4起。其中，贪污2起，涉及金额1.5元；受贿1起，涉及金额3300元；挪用1起，涉及金额1.2万元。

1993年，中共万山特区第四届委员会在特区党委会议室举行第二次全委会，会议贯彻落实党的十三大报告和邓小平南方谈话精神。印发《党的工作目标管理责任制和考评办法》《整顿机关工作作风的决定》《切实加强党的基层组织建设的意见》。针对特区部分单位和部门存在的一些倾向性问题，根据国发〔1993〕17号文件精神，制订《万山特区1993年纠正行风工作意见》。

1994年，开展行风整顿，特区成立清理党政机关及其工作人员利用职权无偿占用企业钱物领导小组。通过清理，全特区没有无偿占用企业钱物及用公款大肆挥霍、浪费、送礼和出国（境）旅游等现象。

1995年，转发《关于中共中央纪委、监察部机关工作人员不准接受可能对公正执行公务有影响的宴请和不准参加用公款支付的营业性场所娱乐活动的具体规定》（中纪办发〔1995〕2号文件）和《关于党政机关县(处)级以上领导干部违反规定乘坐超标准小汽车和使用军警车号牌的处理意见》(省纪发〔1995〕13号文件),要求各级各部门遵照执行。特区监察局与特区统计局重点对上年度乡镇企业统计年报中销售收入、缴纳税金、农村出生人口数进行检查,检查单位12个,并提出处理建议。对上年度坡改田资金开展检查,通过检查,用在坡改田方面的资金和粮食基本上如数发到参加工程点施工农户手中,没有重报虚报完成面积情况,没有超标准提留工程管理费的情况,没有贪污私分经费的情况,没有优亲厚友情况。针对存在的村财务收支混乱,将坡改田资金作为办公经费或招待费等情况,建议由直接拨发钱物的单位(农经委)严格要求村级组织建立必要的财会制度,定期向群众公布收支账目。

1996年,对特区硅铁厂等5家企业实行挂牌保护,牌子上明文写道:企业不应交的钱,有权拒付。由特区财政部门牵头,采取“自查+重点抽查”的方式开展预算外资金清查工作。自查有问题单位24户,自查违纪资金25.9563万元。抽调特区审计局、特区监察局等部门23名干部,组成9个小组对全特区42个单位开展检查。对查出特区防疫站、特区城建管理监察大队、特区农机局、特区司法局、特区人民检察院、特区卫生局、特区林业局、特区水电局、特区人民法院、万山镇、下溪侗族乡、黄道侗族乡等12个单位存在的问题提出处置意见。

1997年,认真落实江泽民总书记关于“大力精简一切会议,压缩不必要的会议经费和时间”的指示精神,万山特区党委、特区人民政府、特区纪委将原定召开三天的“三会”(全特区领导干部会议、纠风工作会议、纪检监察工作会议)压缩到一天半,节约会议经费几千元。

1998年,由特区纪委牵头,与特区财政局、特区审计局等三家单位组成检查组,对全特区党政机关厉行节约、制止奢侈浪费行为进行专项检查,检查重点为严格控制新建和装修办公楼;严格控制各种会议;严格控制各种庆典活动;严禁用公款大吃大喝、挥霍浪费;严格控制用公款安装住宅电话或购买移动电话;严格控制各种检查,禁止形式主义的评比和达标活动;严格按规定配备和更换小汽车;严格管理公费出国(境)等八个方面。根据地区纠风工作会议精神,在特区12个窗口行业和部门开展“抓党风、纠行风、树新风”活动,提出各行业的纠风重点和治理目标,并对各行业的纠风重点和治理目标开展监督检查。

1999年,贯彻落实全国纠正医药购销中不正之风电视电话会议精神,要求特区卫生局每月核查药材公司药品销售情况,采取定期和不定期跟踪检查各医疗机构执行情况。开展农业生产资料经营市场专项整治,全特区没有发现假种子、假化肥、假农药坑害农民事件。由特区纪委牵头,与特区财政局、特区审计局等3家单位组成检查组,对全特区党政机关厉行节约、制止奢侈浪费行为进行专项检查,重点在严格控制新建和装修办公楼;严格控制各种会议;严格控制各种庆典活动;严禁用公款大吃大喝、挥霍浪费;严格控制用公款安装住宅电话或购买移动电话;严格控制各种检查,禁止形式主义的评比和达标活动;严格按规定配备和更换小汽车;严格管理公费出国(境)等八个方面开展监督检查。根据监察部监发〔1999〕2号文件及地区粮食流通体制改革情况执法工作安排,特区粮改工作顺利完成。

2000年,对全特区21所学校收费情况开展专项检查,查处违规收费4项,涉及金额6万余元,清退给学生3200元,提出监察建议3条,采纳3条,制止和纠正问题4个。

2001年，出台措施，禁止在村级招待下乡干部，取消村组招待费。

2002年，制定《关于重申和明确党风廉政建设和腐败工作责任部门的通知》，将民主评议行风、部门和行业作风进行监督检查，监督重点为纠正医药购销中不正之风作。

2003年，出台文件，整治大吃大喝、滥发钱物行为，并制定公款接待制度，将这项工作纳入党风廉政建设的考核内容；"五一"国际劳动节期间，对公车私用情况进行明察暗访，未发现违纪违规问题。

2004年，开展领导干部执行"四大纪律、八项要求"情况专项检查。开展清理"白条"签单欠账吃喝歪风专项治理工作，建立规范接待工作制度，制止公款大吃大喝歪风，整治单位签单签混乱作风。各乡镇、部分特区直科局针对生活接待费用较高问题，办起廉政食堂，减轻基层负担；特区接待办成立后，年内节约接待经费30万余元。"五一"国际劳动节期间，特区纪委组织特区交警、特区文广等部门组成巡察组在公共娱乐场所、交通要道开展公车使用情况进行检查，查处违规使用公车7辆，由特区纪委书记对单位负责人进行诫勉谈话，并提出廉政建议，要求7部门健全公车管理制度。是年"十一"国庆节期间，12个区直部门使用公车实行申报，并建立八小时外公车使用申报制度。特区一医通过建立个人廉政档案，规范廉洁从医行为。

2005年，开展"七个不允许"和"两个纠正"执行情况监督检查。元旦、春节期间对领导干部廉洁自律情况和禁止奢侈浪费行为进行专项检查；对操办酒席进行严格审批监控；分别于春节、国庆和11月初开展3次禁赌巡查工作，没有发现领导干部违规涉赌；年内8名干部因公出国(境)并报告出境情况，4名领导干部护照实行集中管理。开展国家工作人员、国有企业负责人投资入股矿山清理工作。走访检查锰矿探采点7个，汞矿探采点2个，铅锌探矿点1个，采石场13个，没有国家机关工作人员和国有企业负责人投资入股情况存在。建立健全和完善医德医风考核、激励和惩戒等管理制度，实行"五挂钩"奖惩激励机制，规范和解决医务人员廉洁行医行为。

2006年，开展"四大纪律、八项要求"和"七个不允许"执行情况监督检查。元旦、春节期间对领导干部遵守廉洁自律规定情况和禁止奢侈浪费行为进行专项检查，节后一名领导干部上交拒收礼金2000元；对操办酒席进严格审批监控，颁布"禁酒令"。对春节后万山城区娱乐场所进行突出检查，检查5家娱乐点和32个单位，未发现领导干部违规涉赌；在治理党员干部违反规定收送现金、有价证券和支付凭证等问题中，查处3名医务人员收受现金、回扣8000余元，给予2人党内警告处分，1人行政警告处分；加强党员干部出国(境)管理，年内4名干部因公出国(境)并报告出境情况；开展公车私用专项检查，在"五一"国际劳动节长假公车私用检查中，查处公车私用8辆，收缴公车私用费1000元，对被处罚单位负责人予以打招呼谈话。贯彻落实铜署发〔2006〕39号文件精神，全特区已杜绝开设重点班的情况。纠正医药购销和医疗服务中不正之风，对列入省药品采购范围内的药品和大型医疗设备、耗材纳入跟标采购，金额为122.06万元。建立健全和完善医德医风考核，激励和惩戒等管理制度，实行"五挂钩"奖惩激励机制，有效规范和解决医务人员廉洁行医行为。开展非法行医专项整治，共检查医疗机构150户次，取缔非法行医7起，查处医疗违法行为45起，收缴并销毁过期药品60种240盒(瓶)，器材20个，取缔非法医疗广告5起，共计罚款9000元。以特区公安部门牵头，特区建设、特区运管、特区监察、特区纠风等联合，开展针对无牌无证机动车辆的专项整治，集中打击"黑车"非法营运，共查获无牌无证车辆132台，督促办牌办证84辆。

2007年，召开特区财政、特区审计、特区发改等部门专项会议，对2003—2006年“低保资金”“易地扶贫搬迁”“农田水利”3项专项资金管理使用情况进行检查，涉及专项资金1583.09万元，对工程项目资金久拖不结等问题提出整改建议。2007年，查处1名乡镇干部贿选，予以党内警告处分；制止3个单位外出考察学习要求；领导干部拒收礼金1.5万元；加强公务话费管理，审批建房114户，审批公务配车8辆；开展元旦、春节、国庆节期间制奢和公车使用情况检查，处罚公车私用5辆5人。万山特区医疗卫生系统贯彻落实省、地、特区人民政府有关会议精神，实行《临床用药制度》《药品人员轮换制度》《药品验收入库质量保证制度》《医药价格和住院补偿制度》《住院费用一日清单制度》等，从药品质量、医疗器械管理方面加强卫生系统管理。

2008年，在元旦、春节、清明、“五一”国际劳动节、中秋、“十一”国庆节等节假日期间，开展禁止操办“升学宴”“乔迁酒”等专项治理工作，对5名学生家长操办升学宴酒给予批评教育，查处一起违规操办乔迁酒席行为。党员干部外出参观考察、学习培训实行报批制，全年共拒批5起外出学习考察申请。强化对医疗卫生系统、医药购销领域监督，县级以上公立医院实现100%网上采购，采购金额140.9万元。查处收受现金违纪违规行为及贪污案件，2名干警受党纪政纪处分，1名副科级干部被诫勉谈话，1名干部被开除公职。

2009年，严格执行中共中央“四大纪律八项要求”和“五不准”等领导干部廉洁自律规定，领导干部拒收礼金2.2万元，全部上缴特区纪委廉政账户。开展减轻中小学生负担督查，落实“两免一补”政策，减轻学生和家长负担。推行“双备案、四建档、月季报、三督查、三公示、事后验收、责任追究”七项制度，确保涉农专项资金、社保资金、住房公积金、扶贫资金、民政救灾资金等专款专用和资金安全。联合相关部门加强整顿、规范和净化药品市场秩序，全年出动车辆38台次、执法人员114人次，查获不合格药品64批次，货值金额5029元。

2010年，出台《万山特区人民政府投资项目变更管理办法》，会同相关部门，采取定期检查与随机抽查方式先后9次对特区43个中央新增投资项目进行专项督查，全特区2008年以来政府投资以及使用国有资金50万元以上项目52个，总投资39826.36万元，进行5次全面排查和18次重点督查，发现问题18个，已整改18个。在春节、“五一”国际劳动节等法定日，采用下发文件、邮寄廉政贺卡、发送廉政短信等方式，提醒领导干部坚守廉洁底线，自觉抵制“红包”和公款互相宴请等奢侈浪费行为。全年共12名干部将礼品礼金7.4万元上交特区纪委，并转入特区财政作相应处理。严格执行外出学习考察培训审批制度，全年审批外出学习考察培训51件次，严禁借学习考察名义实行公款旅游。建立完善单位公务车辆管理制度，科学规范车辆采购、配置、使用等问题，审批部门按控制标准采购车辆12辆，处置2名科级干部公车私用行为。严肃查处乱发津补贴单位1个，收缴所发津贴2.3万元，处分2人。

2011年，出台《万山特区党政机关、事业单位公务用车配备使用管理办法(试行)》，严格控制车辆配置和运费用支出，全年审批采购车辆4辆，购置经费57.44万元，车辆运行费用828.2万元；开展公务用车专项治理，发现违规车辆25辆涉及21个单位，按相关程序处理；国庆期间对6个单位违规使用公务车情况进行通报，并对3个单位公车私用现象进行处罚。督促特区人力资源和社会保障局、特区财政局对全特区就业专项资金支出情况进行监督检查，全特区就业专项资金1008万元，支出701.4万元，结余306.6万元。清退超标准安置城镇失业人员9名，解除违规"顶岗"人员3名。督促特区所属医院对307种基本药物全部实行网上集中采购，完成采购金额67.9万元，降价额10.19万元，降低幅度为15%。严格执行"双备案""四建档"等7项监管制度，对惠农补贴、抗旱救灾资金、农村低保、农村危房改造等涉农项目进行监督检查。全年共监管项目118项，涉及资金11173.46万元，资金累计到位9716.78万元，累计拨付6941.51万元。强化日常监管，重点督促兑现涉农补贴1129.27万元，下拨实施抗旱资金188.6万元，发放农村低保资金414.63万元，投入农村危房改造资金1262.65万元。

2012年，构建群众监督平台，运用广播、电视、报刊、网络等载体，向社会全面公开贵州省"四要十不准"和问责办法，设立"干部服务我不满意"投诉电话。

2013年，开展预防和惩治卫生行业腐败专项治理工作。对全区卫生行业系统预防和惩治卫生行业专项治理工作进行全面督查，督促整改问题7个，立案查处2人。针对农村中小学校接连发生弄虚作假套取学生营养午餐专项资金案件问题，区纪委监察局、区教育局剖析案件原因，创新监管方式，对农村中小学营养午餐实施远端监管。是年10月，在召开的全国农村义务教育学生营养改善计划2013年秋季视频调度会上，万山区就实施营养午餐远端监管等工作在主会场作交流发言。市委政策研究室《决策与调研》第20期全文刊发万山区实施营养午餐远端监管模式解析，在全市范围予以推广，得到市政府主要领导高度评价。

2014年，对民生保障资金、冬春救助资金，"营养午餐"资金、春季农资打假等民生项目进行再监督再检查，春节期间督促相关部门为900名农民工追回475万元工资，查处农资产品违法行为6起，立案6件，结案6件，罚款1400元。

二、机关作风建设与民主评议行风

机关作风建设与民主评议是纠风工作的重要内容，深入开展民主评议活动，是发扬民主、建设政治文明、构建和谐社会的重要体现。民主评议政风行风不仅为人民群众行使民主权利提供了渠道，而且把群众监督、舆论监督、党内监督和国家专门机关监督等多种形式紧密结合起来，实现政风行风建设的有机融合。

1986年，对纪律整顿情况进行检查，党委班子不团结的因素得到一定程度的克服，工作中不够协调的问题也得到初步解决，建立健全劳动纪律和劳动考勤制度。

1987年，万山特区工商银行五对青年男女婚事新办，国庆期间办婚礼不请客、不收礼，在全特区进行通报表扬。

1988年，转发《铜仁地区交通局正确处理下级送礼，做到清廉从政的简报》《陆中华、罗时承、刘国强三位同志拒贿拒礼的通报》《严重官僚主义必须坚决反对》《党员领导干部犯严重官僚主义失职错误党纪处分的暂行规定》《对参与嫖娼、卖淫活动的共产党员及有关责任者党纪处分的暂行规定》等，规范党员干部的行为。

1989年，特区纪委要求各级党组织抓好以廉政为重要内容的党风教育，采取抓两头、带中间的方法，以通报和简报的形式，对全特区党员进行正反两方面的典型教育。

1990年，特区纪委配合特区党委、特区委组织部按照制度规定抓"三会一课"落实，并按照上级纪委要求，学习贯彻上级纪委的文件和正反两方面的典型材料；利用各种大小会议、培训班等形式宣传党风党纪知识，进行正面引导；播放党风党纪教育录像片；自编简报和通报各2期发至各基层党组织。

1991年，开展机关作风全面整顿，严肃整治纪律，坚持社会主义信念；加强组织纪律性，提高工作效率；强调劳动纪律，树立勤政为民形象；严格财经纪律，杜绝违反财经制度现象；清除各种腐败，保持机关清正廉洁。具体工作措施要求：一是组织干部职工学习《反对自由主义》《江泽民总书在庆祝中国共产党成立七十周年大会上的讲话》等文章；二是对本单位财经开支、行业不正之风、职业道德工作作风、生活作风等方面开展自查自纠；三是建立学习制度、工作制度和考勤制度。

1992年，开展机关作风建设，特区农业局、特区工商局、特区供销联社、特区畜牧局重视制度制定和执行。特区农业局制定日常工作管理制度、卫生公约、财务管理制度、职工学习制度、社会治安等五项制度。特区供销联社在承包合同上注明，短款300元以内的，2个月内还清，不然就停职处理。特区工商局每月工商管理费做到月清月结。

1993年，特区纪委与特区公检法、特区审计、特区物价、特区工商、特区税务、特区“三查办”等部门联合，在全特区党各级部门开展党员党性教育和行政工作人员勤政为民、廉洁奉公教育。

1994年，特区纪委与特区党委办、特区政府办、特区直属机关党委联合，在特区电影院召开特区直机关全体党员、非党副局级以上领导干部及万山镇机关全体党员整顿机关作风动员大会。特区党委书记邓应明在动员大会上指出整顿机关作风主要是整顿“五多一低”，即纪律松弛得多、得过且过的多、不团结的现象多、参与赌博的多、乱捞油水的多、办事效率低。通过狠刹“五风”，即涣散风、混日风、扯皮风、赌博风、腐化风，实现“五个明显”：组织纪律性明显增强、工作效率明显提高、扯皮明显下降、赌博明显减少、腐化明显遏制。

1995年，强化全特区纪检监察系统监督管理，对万山镇纪委、高楼坪侗族乡纪委、黄道侗族乡纪委、敖寨侗族乡纪委、下溪侗族乡纪委、公安局纪委、监察室及特区纪委监察机关各室推行目标管理考评制度、政治和业务学习制度，岗位责任制度、考勤制度、纪委常委及成员工作制度等。

1997年，开展党风行风建设，在特区税务、特区供电、特区交通、特区公安、特区农业、特区金融、特区建设、特区卫生、特区烟草、特区邮电、特区工商等11个窗口行业开展“抓党风、纠行风、树新风”活动，提出行业纠风重点和治理目标。

1998年，印发《关于成立万山特区民主评议行风领导小组和选聘评议组长、副组长、评议代表的通知》（万纪通〔1998〕03号）文件，由特区党委副书记刘先文任民主评议行风领导小组组长，特区纪委书记杨均成、特区人民政府常务副区长杨频、特区人大常委会副主任杨通来、特区政协副主席、特区统战部部长焦健任副组长。工商系统评议组组长为特区人大常委会副主任杨通来，供电系统评议组组长为特区政协副主席、特区统战部部长焦健。

1999年，制定《关于在全区国税、地税、邮政、电信、卫生系统开展民主评议行风的实施方案》，不断加强全特区行风建设。成立民主评议行风领导小组和协调领导小组，对评议代表颁发聘书和代表证。评议代表提出问题14条，建议19条。

2003年，开展教育系统评议行风，加强教学管理、师德师风、经费管理等方制度建设。纠正1起（辆）贷款购车行为，责令卖车返还贷款；纠正公费旅游2批，查处1起公费旅游案件；全年共有2名科级干部受到党纪处分。出台《关于严禁副科级以上领导干部在子女升学、迁居等事宜中操办酒席的补充规定》《关于进一步规范公务接待工作的通知》《关于严禁公车私用有关问题的补充规定》《关于清理领导干部核报通讯话费的紧急通知》《领导干部核报通讯话费实施方案》等，规范领导干部廉洁从政行为。全年有1名副科级干部因子女升学操办酒席被诫勉谈话；有2辆公车在县级铜仁市私用被地区纪委曝光、处理。

2004年，重点在特区电信、特区移动、特区环保等三个系统开展民主评议行风工作，聘请5名行风评议代表，累计发放社会问卷调查表300余份，走访群众83人次，暗访企业12户，集中向被评系统反馈意见和建议17条。

2005年，特区各部门各行业以贯彻执行《中华人民共和国行政许可法》《全面推进依法行政实施纲要》为契机，以解决群众反映的突出问题为重点，坚持把纠正不正之风寓于部门和行业作风建设中，开展创建“文明基层站所”活动。在31个重点部门开展的政风行风群众满意度测评中，排名末三位的单位均处于“一般”等次，没有出现较差现象，排名末三位的单位负责人、主管人员均受到诫勉谈话或组织处理，落实整改措施。按照上级要求，重点在特区交通、特区文体广电两个系统开展民主评议行风工作，通过发放社会问卷调查表、走访社会各界人士、召开座谈会、悬挂意见箱等形式，共收集到被评部门意见和建议54条，其中交通系统26条，文广系统28条，被评部门对群众反映的热点、难点问题，明确整改责任，落实整改措施。在政风行风测评中，教育系统群众满意度排名第一，按照创建教育示范县9条标准，申报地区“教育收费示范县”。

2006年，积极参与干部的任用监督，深入治理“跑官要官”不正之风，对领导干部在换届中遵守组织人事纪律情况进行监督，对44名提任干部进行廉政审查，在区党代表资格审查中，因不廉政审下2名党代表候选人。认真清理国家工作人员和国有企业负责人投资入股非煤矿山工作，对全特区12个小矿山和采石场进行清理整顿，没有发现干部入股现象。

2007年，开展政风行风满意度测评，发放各类测评表247份，收回243份，其中领导类测评表43份，其他类200份，共收集到意见和建议45条，梳理40条，涉及到“服务类”15个部门，测评成绩均在70分以上，占被评部门的71.4%，涉及“综合管理类”19个部门，测评成绩均为70分以上，占被评部门的95%。

2008年，在特区有线电视台开通《政风行风热线》栏目，把与广大群众生产生活密切相关的部门、行业“一把手”请到热线栏目，通过热线接受群众投诉、咨询，有效解决了广大群众最关心、关注的热点难点问题。全年共解决群众投诉5件，反馈率100%，此项工作《铜仁日报》以《万山政风行风热线搭建干群桥梁》为标题在头版刊登。加强部门行风建设，邀请48名行评代表对农业等7个部门进行行风评议，提出意见和建议76条，并督促相关部门逐条进行整改，7个被评部门在第一期办实事活动中，累计自筹资金20万余元，为社会各界办理各类实事13件。

2009年，对万山特区上年度各部门政风行风满意测评的结果进行梳理、汇总，并以书面材料逐一反馈意见和建议33条，责令限期整改。万山特区机关作风纳入考评范围，全特区党群系统和政府系统75个单位及5个乡镇参加机关集中满意度测评。

2010年，开展基层站所民主评议行风工作，开通政风行风热线，解答群众来信来访10件次。

2011年，开展清理评比达标表彰活动，未发现违规现象。开展政风行风工作，积极收集群众反映的热点难点问题，协助特区人民政府区长按时参加全省“阳光946”线上解答。组织100名干部参加全省网上民主评议和满意度测评工作，组织23个基层站所抓好民主评议行风工作，发放社会问卷表690份，收回634份，收集意见或建议147条，落实整改12条，建立完善相关制度37个，评定优秀站所10个，合格13个，及时解决处理群众来信来访3件，帮助群众追回单位和个人欠款1.9万元。

2012年，对各乡(镇、办事处)和区直各部门落实机关作风情况明查暗访20次，发现存在“庸、懒、散”等方面的问题12起，下发督查通报16期，对24个单位予以全区通报批评，对13名干部职工予以全区通报批评。认真开展乡镇站所民主评议工作和政风行风热线工作。组织36个基层站所开展民主评议工作；针对群众关注的热点难点问题，组织相关部门参加线上解答，完成18期线上解答工作。

2013年，将干部作风建设作为重点工作来抓，建立特区委局班子成员分月带队督查制度，加大监督检查频度，拓展监督检查深度，完成基层站所民主评议行风活动。认真开展站(股、室)长(主任)大评议活动，对24个部门的62名站(股、室)长进行评议，组织完成17期政风行风热线线上解答。

2014年，加强公款吃喝督查，定期深入各类酒店、娱乐场所对公款大吃大喝等情况进行倒查和现场督查，对12个单位15笔“大额”餐饮发票和2个单位“娱乐”发票的消费情况进行调查核实，对2个单位的主要负责人实施提醒谈话。

2015年，加强作风建设，聚焦“四风”突出问题，围绕违规公款吃喝、公款旅游、违规发放津补贴、违规配备使用公务车、违规收送礼品、违规操办酒席等“四风”问题领域，从特区财政局、特区审计局、特区卫生局、特区粮食局、特区公安局、特区市场监管局等部门抽调精干力量，组成“四风”督查组，对全区存在的“四风”、“庸懒散慢浮”等突出问题开展定期或不定期的监督检查，查处违反中央八项规定精神问题37个，处理46人，其中，党纪政纪处分22人，诫勉谈话15人，提醒谈话2人，书面检讨4人，通报批评3人，撰写专题检查报告10篇。

2016年，开展机关干部为官不为、慢作为、乱作为作风问题整顿，作风督查11次，问责处理干部45人。以“钉钉子”的精神继续开展“慵懒散漫浮”整治、“两转一抓”主题教育活动，着力整治干部工作中出现的“畏难病”“推诿病”“懒惰病”等作风病，严肃查处以形式主义、官僚主义方式对待区委区政府决策部署，把贯彻落实区委区政府决策部署仅仅当作口号等突出问题。深入推进干部管理“贴标·亮牌”和“任务派遣单”工作制度执行，提升干部执行力和落实力，有效解决办事效率低下和拖拉、精神不振、为官不为等问题。

2017年，开展作风建设专项整治“庸懒散慢浮”等问题，明察暗访12次，督查部门单位180个，通报批评2人，通报单位3家，诫勉谈话3人；狠抓“四风”问题整治，对“四风”问题检查8次，检查机关单位300个次，检查公车340台次，宾馆酒店14家次，景区景点15次，查处“四风”问题12个，问责处理13人(其中，党纪政纪处分9人，诫勉谈话4人)。

2018年，开展作风整顿检查37次，检查机关单位180个次，查处违反中央八项规定精神问题19起21人，党纪政纪处分16人，封存茅台酒530瓶、其他酒类458瓶，整治违规收受茅台酒1人。

2019年，制定《关于对“5321”帮扶干部、“第一书记”和驻村干部进村入户开展工作的督查方案》，开展专项督查8次，走访村寨211次、群众1280余户、提醒谈话7人、诫勉谈话2人，通报党组1个、

“5321”帮扶干部18人；印发《整治形式主义官僚主义、层层加重基层负担、文山会海突出、督查检查考核过多过频问题专项工作方案的通知》，全区发文数量、会议召开数量、督查检查考核次数分别同期减少31.5%、32.3%、50.9%。

2020年，印发《万山区脱贫攻坚监督检查工作方案》，实行区纪委区监委班子成员分片督导制度，通过实地走访、查阅资料、受理群众举报等形式对全区驻村干部（第一书记）、下派干部、“5321”帮扶干部帮扶工作落实情况开展监督检查。全年开展脱贫攻坚督查暗访95次，发现问题131个，提出对策建议131条，督促完成问题整改131个，累计问责36人，其中提醒谈话34人，诫勉谈话2人。

2021年，按照“四位一体”监督模式，围绕“一台账两清单”，采取“四不两直”工作法到区政务服务窗口开展监督检查16次，发现并督促整改为民服务有差距、审批流程进度缓慢等8个问题。聚焦生态环保、财税商贸、金融投资、国有企业等资源资金资产密集领域，通过日常监督与督促自查有机结合，廉政谈心谈话与列席相关单位“三重一大”党组会议同步并举等形式，对财贸系统及生态环境保护开展专项监督检查95次，下发工作提示函7份，提出工作建议8条，提醒谈话2人。

2022年，开展治理“两拖欠”专项行动，发现问题17个，制发工作提示3份，提醒谈话6人，诫勉谈话3人，通报批评3人，并案处理1人。开展面向社会购买服务方式长期租用车辆专项清理工作，发现问题12个，督促整改12个。开展防汛抗旱监督检查工作，制发工作方案2份，发现问题10个，党内严重警告1人。督促责任部门通过转租、加强管理和技术指导等方式盘活大棚资产，发现并督促整改问题40个，下发工作提示2份，盘活闲置蔬菜大棚16个79.75亩。对各乡镇（街道）和各行业主管部门安全生产责任落实情况开展监督检查，发现并督促整改问题29个，立案6件6人，诫勉谈话11人，提醒谈话6人。对民生领域损害群众利益、涉黑涉恶腐败和“保护伞”等3大类13项问题开展专项整治工作，查处漠视侵害群众利益问题40个，立案28件28人，党纪政务处分23人。

三、“三个开刀”专项整治行动

“三个开刀”即在党政机关向“不找熟人办不成事”开刀，在司法系统向“有理有据得不到公开结果”开刀，在乡村两级向“没有关系得不到公平对待”开刀。在党的群众路线教育实践活动中，万山区紧跟市委部署，开展“三个开刀”专项整治行动，以“壮士断腕”的决心向自身作风问题动“刀子”，赢得群众一致认可。

2015年，将“三个开刀”专项行动督查纳入《关于对全区“四风”专项整治情况进行监督检查的方案》，对“三个开刀”专项行动开展常态化督查。在玉铜公路万山段醒目位置，制作宣传标语，宣传深入开展“三个开刀”相关内容，同时在宣传标语上向社会公布举报电话及来信举报地址。在各乡镇（街道）、村（居）社区醒目位置制作宣传板、公开举报电话及来信举报地址。全年接到群众来电举报3件次，来信举报2件次，调查核实2件次，调查处理3件次。

2016年，出台《万山区作风效能建设发展环境建设问责办法》，印发《关于在全区开展整治“庸懒散慢浮”突出解决办事效率低下问题的实施方案》，在区直部门、乡村寨、万山网、万山区纪委监察局网站显眼位置公布“三个开刀”和违规办酒席举报电话，畅通群众举报渠道。全年整治“为官不为乱作为”28起，其中诫勉谈话18人，党纪政纪处分10人，点名道姓通报6期。

2017年，万山区始终把干部作风作为全面从严治党切入口，开展“三个开刀”暨“慵懒散漫”专项整治。一是组建暗访组，对党政机关和司法执法部门进行暗访，采取办事体验、个别访谈等方式，了解干部履职情况、服务态度、办事效率等，重点查找机关部门门难进、脸难看、话难听、事难办，吃拿卡要，乱收费、乱罚款、乱摊派，以权谋私等问题；二是结合信访案件查找司法系统办人情案、关系案、金钱案等问题；三是建立专项整治行动举报平台，查找乡村、社区落实惠民政策、便民利民服务等方面办事不公，优亲厚友，谋取私利，矛盾纠纷化解不公正、不及时，群众诉求长期得不到解决等问题；四是对发现的突出问题，严字当头，依法、依纪、依规处理，并将处理结果在全区通报、媒体曝光，形成整治高压态势。全年开展“三个开刀”暨作风效能督查12次，督查单位120家次，批评教育24人，通报单位3个，查处优亲厚友案3件，纪律处分3人。

2018年，持续开展“三个开刀”专项整治活动，深究“四风”顽疾，细查“四风”变异。全年开展作风整顿37次，检查机关单位180个次。

2019年，开展窗口行业作风整治专项行动发现问题50个，提出整改措施96条，建立工作机制10项，万山区行业作风专项整治工作得到铜仁市委常委、市纪委书记、市监委主任蒋兴勇的肯定。

第二节　纠治“四风”

中共十八大后，按照中共中央安排部署，万山区全面落实中央八项规定精神及省市区实施细则精神，对“四风”顽疾开展全面整治，切实转变机关党员干部作风。

2012年，严肃整治干部“节日病”，收缴礼金2.6万元；重申严禁党员干部违规操办酒席、严禁干部职工违规驾驶公车、严禁干部职工参与赌博的纪律要求，查处4起领导干部违规驾驶公车、公车私用行为，给予全区通报、诫勉谈话、停职检查处理；签订禁止操办“升学酒”承诺书99份；制止3名干部职工违规操办酒席。

2013年，对党员领导干部“八小时外”工作生活情况开展5次监督检查，发出督查通报1期。对违规使用公车、公款大吃大喝行为开展专项督查。组织党风廉政建设监督员、公安、交警、新闻媒体等对区内酒店、娱乐场所及公车管理使用情况开展明察暗访36次。对1名领导干部违规驾驶公车予以停职检查和通报批评，收缴公车违规使用费1000元，查处公车肇事案1起。

2014年，利用公安交警“天网监控工程”、上路设卡点和到单位现场督查等方式，对公车私用进行倒查和现场督查，共开展督查13次，排查车辆378辆，其中通报3起公车私用行为，收缴公车违规使用费300元，对1名公车私用的驾驶员予以解聘。定期到各类酒店、娱乐场所对公款大吃大喝等情况进行倒查和现场督查，对12个单位15笔大额餐饮发票和2个单位娱乐发票的消费情况进行调查核实，对2个单位的主要负责人实施提醒谈话。

2015年，围绕违规公款吃喝、公款旅游、违规发放津补贴、违规配备使用公务车、违规收送礼品、违规操办酒席等“四风”问题领域，从财政、审计、卫生、食品、公安、市场监管等部门抽调精干力量，组成“四风”督查组，对全区存在的“四风”、“庸懒散慢浮”等突出问题开展定期或不定期的监督检查，全年共督查18次，查处违反中央八项规定问题数37个，处理46人，其中，党纪政纪处分22人，诫勉谈话

15人，提醒谈话2人，书面检讨4人，通报批评3人，撰写专题检查报告10篇。

2016年，严格执行中央八项规定、省委和市委十项规定精神，重点审查违反中央八项规定精神问题，核查单位报销金额上千元发票28张，对存在超标准和超范围公务接待的单位负责人进行诫勉谈话，核查单位公务车辆78台次；对滥发津贴补贴、奖金及过节费进行专项清理，清退违规发放的津贴补贴55万余元，并全部上缴财政；进一步引导和规范农村(社区)操办酒席，查处违规操办酒席3起，给予党纪政纪处分3人，现场劝停操办酒席11起。

2017年，落实中央八项规定精神和省市十项规定精神，开展"三公"经费检查、购买消费白酒专项清理、超额购买服装、违规兼职取酬、违规操办酒席等专项治理。查处违规操办酒席4起，党纪政纪处理2人，诫勉谈话2人；查处违规饮酒问题2起，党纪政纪处分2人；"三公"经费检查清退违纪资金3.2万元，纪律处分1人，诫勉谈话4人；共清退超额购买服装费151万元。发挥公开曝光违纪行为"晒台"作用，推动通报曝光制度向基层延伸，让违纪者无处遁形，让广大党员干部"吃透"中央八项规定精神和相关党规党纪内容。全年印发通报14期，集中点名道姓通报曝光15起违反中央八项规定精神典型案例。

2018年，从整治"节日腐败"入手，盯节假时间节点，运用大数据纠治违反中央八项规定精神"四风"行为。元旦、春节、清明期间，全区成立作风督查组，运用公安"天网"系统和借助税务发票管理系统，严查公车私用、公款旅游、公款吃喝等现象。紧盯"四风"新变化新问题，整合特区税务、特区工商、特区审计、特区媒体等力量，不定期开展作风专项整治行动，先后对各级指挥部违规发放津补贴、加班费进行清理，开展违规操办酒席和"为官不为"专项治理，开展违规收受礼品礼金、违规发放津补贴及"吃空饷"、违规公款吃喝问题"回头看"、开展领导干部利用茅台酒牟取私利专项整治。

2019年，开展规范津贴补贴、办公用房、公务接待等专项整治行动，查处违反中央八项规定精神问题12起12人，党纪政纪处分10人，组织处理2人，通报曝光典型问题4批次7起7人，清退违规津补贴资金7万余元。开展"四风"问题督查检查22次，检查机关单位341次，检查公车256台，宾馆酒店81家，景区景点46次。开展公务加油卡、"私车公养"和公务用车管理问题专项整治工作，清查公车215辆、加油卡219张，督促整改问题9个，党纪处理1人，涉案金额1.84万元。开展对党中央关于解决形式主义突出问题为基层减负政策举措落实情况监督，共查处形式主义、官僚主义相关问题6起，党纪政纪处分2人，组织处理4人，通报曝光典型问题2批次4起4人。

2020年，开展形式主义、官僚主义专项整治，把查处违反中央八项规定精神突出问题作为执纪监督工作重点。统筹指挥区乡上下联动和部门横向协作，节假日期间开展明察暗访，推动重要节日节点监督检查规范化、常态化。全年共派出检查组16个，检查机关单位146次、公车258台、宾馆酒店会所超市农家乐56家、景区(景点)21个、高速路口5次。查处违反中央八项规定精神问题3起3人，通报曝光3批4起4人，查处形式主义、官僚主义问题5起5人。

2021年，开展落实中央八项规定精神情况检查，节假日期间共派出检查组44个，出动163人次，检查机关单位368次，公车111辆，宾馆、酒店、会所、超市、农家乐14家，景区(景点)14个，高速路口7个，机关食堂7个，疫情防控点61个。通过开展规范津贴补贴、办公用房、公务接待、收送礼品礼金、为基层减负、餐饮浪费、"吃公函"、"私车公养"、公车管理等方面开展专项监督检查，全年共查处违反中央八项规定精神问题6起6人，党纪政纪处分6起6人，通报曝光2批次3起3人，清查公车201辆，督促整改问题5个。

2022年，开展落实中央八项规定精神情况检查，共查处违反中央八项规定精神问题22起，党纪政务处分12件12人，批评教育和处理10人；查处作风不严不实的形式主义和官僚主义等“四风”问题21起，给予党纪政务处分11人，诫勉谈话6人，提醒谈话（谈话提醒）4人；对各级各部门节假日和重大会议期间应急值守情况开展监督检查266次，发现问题5个，责令整改5个，批评教育1人。

第三节　整治行业乱收费歪风

1993年，特区纪委、特区监察局下发《关于清理各种行政事业收费和罚没款的通知》，会同特区财政局、特区物价局集中清理，对28项不合理收费项目予以取消。会同特区物价局、特区工商局等有关部门进行一次清查：全区57个单位开展自查，查处乱收费单位15个，收缴不合理费用2万余元。

1994年，开展减轻农民负担监督检查，经检查，没有增加农民负担收费项目的情况。机关与所办经济实体脱钩问题，经检查，特区已各部门均已全部与实体经济脱钩。由特区监察、特区财政、特区物价等部门派员组建三个清理小组，对特区教育局、特区人事局、特区计经委、特区土管局、特区邮电局、特区公安局、特区人民法院和乡镇等20个单位自立项目自收费问题进行清理和检查，发现未办收费证有4个，未使用财政统一收费收据有7个。通过整纠，特区人民政府下文取消不合理项目10项；特区物价局取消不合理项目12项；特区财政局、特区监察局共同下文取消不合理项目6项。查处特区工商局经检队收取罚没款一笔2500元，实行自收自支未上缴财政。特区科委在评定职称时擅自收费6700元，就不合理收费方面向特区人民政府写出专题报告进行处理。

1995年，开展邮电服务收费清理，对特区邮电局上年度在电报、电话、邮政、信函、快件等方面的收费进行检查，涉及金额24万元，特区邮电局存在提高标准收费和乱收费问题，查处违纪资金1.0049万元。

1996年，开展减轻农民负担检查，特区认真贯彻落实中央〔1995〕6号、15号和省办发〔1996〕15号文件精神，没有涉及农民负担的各种行政事业性收费、集资、摊派情况，中央、省、地明文宣布取消的收费项目，没有继续执行的情况和重新反弹的情况。

1997年，全面开展部门收费清理，特区纪委监察局针对全区40多个部门近130个收费项目，对照上级明令取消的收费项目文件认真开展调查，报经特区党委、特区人民政府批准，取消20个乱收费项目。对实行挂牌保护的特区硅铁厂等5家企业跟踪检查，对企业乱收费、乱摊派、乱罚款部门及为难企业开展全面整治，并取得实效。印发《关于从1997年起全面推行农民负担三项管理制度的报告》（特府办〔1997〕30号）文件，是年4月，农民承担的费用和劳务由乡镇政府提出，经乡镇人民代表大会批准，再上报特区农民负担监督管理办公室审批。是年12月，要求各乡镇将财务报表报特区农民负担监督管理办公室审核。

1996年，对特区中小学义务教育阶段年秋季入学收费进行清查，检查学校10所，人员3109人，被检查收费总额36.08万元，代收费4.32万元，自立收费2.25万元，扩大标准收费有50元，中央、省明令取消项目收费6700元,实际清退给学生9800元。

1997年,特区纪委、特区监察局明确一名特区纪委副书记牵头,组织信访室、纪检室、执法室、纠风办组成日常巡回办公小组,以就地办公方式,查处乱摊派、乱罚款、乱收费等问题。

1998年,特区纪委监察局派员对挂牌的5家国有企业跟踪调查,建立不合理涉企收费约束机制。

1999年,开展减轻农民负担工作,取消乡镇政府收取的农村用电管理费项目,将农村电价由1.8元/千瓦时降至1元/千瓦时;取消农村精神文明建设费,为农村减负2.4万元。开展对中小学乱收费检查,收缴违规违纪金近万元。

2000年,特区“百日打假”检查组在老山口路段查获贵州省黔西县烟草公司运往湖南龙山烟厂的5车烤烟,数量1000担(每担50千克)。

2001年,出台措施,禁止平摊农业特产税、屠宰税;禁止一起要农民出钱出物出力的升级活动;禁止平摊一切没有法律法规依据的行政事业性收费;禁止面向农民集资;禁止强行以资代劳;禁止用非法手段向农民收款收物。

2002年,落实12个行政村推行“涉农收费”公示挂牌制度,对涉农收费标准、依据、范围进行公开。

2003年,开展治理教育乱收费,纠正医药购销中的不正之风。由特区行风办牵头同,与特区财政局、特区物价局、特区教育局组成联合检查组,对2000年以来的教育收费情况进行全面检查,纠正违规收费项目5项,涉及违规收费金额60万余元;取消两基费,为学生减负8万元,现场清退给学生1.2万元;挤占学生书本费结余乱发奖金、福利等问题,共13所中小学校、幼儿园受到查处,追缴违纪款上缴特区财政16万元,公开电视曝光1件1人,追究有关学校负责人党纪政纪责任3件3人。对全区医疗单位、诊所和药品零售店进行清理整顿,对药品价格和医疗收费进行专项检查,降低药品虚高定价和医疗服务收费5000余元,公立医院常用药品价格和医疗服务收费实行公示上墙,各零售药店药品价格实行物价审核、价格标示,各乡卫生院、特区两家医院推行“一日清单制”。开展减轻农民负担检查,清理涉农收费项目33项,农村税费改革实现“减轻、规范、稳定”目标,达到“三个确保”要求。通过对农村电价的清理,实现农村与城镇“同网同价”,农村用电从原来的每千瓦时0.80元降至0.403元,年均为农民减轻用电负担160万元。按照特区“强工兴区”的发展要求,对20户企业实行挂牌重点保护,检查发现国税部门在参加地区举办的“国税杯”篮球赛向企业收取1000元不等的赞助费,发现后及时纠正。

2004年,开展预防和治理教育乱收费,万山特区党委、特区人民政府首次把学校教育经费纳入财政预算管理,解决中小学因办公经费不足而截留学生书本费“顽症”。全区中小学自觉清退学生书本费结余7.4万元。在秋季实行全区中小学义务教育“一费制”办法,推行八项监督管理措施,制止教育乱收费行为。加大对药品招标采购的跟踪管理与监督,特区一医、二医药品跟标采购品种达432种,金额为61.24万元,跟标采购率为51.83%,建立健全和完善医德医风考核、激励和惩戒等管理制度,解决医药购销中给予、收受回扣和医疗服务中“开单提成”等问题。协同特区物价部门对全区四乡卫生院和特区一医、二医的医疗和药品价格实行专项检查,清理违规收费金额20万余元。开展涉农收费项目全面清查,未发现有乱收费或提高标准收费问题。特区党委、特区人民政府贯彻落实中央、省委1号文件精神,降低农业税一个百分点,取消除烟叶以外的农业特产税,落实粮食收购补助优惠政策,为农民减轻经济负担28.13万元。对建筑领域拖欠工程款和拖欠民工工资情况进行专项检查，督促建设单位制定偿还拖欠工程款计划，涉及金额66万多元。

2005年，成立治理教育乱收费领导机构，建立联席会议制度，严查违反国家政策规定乱收费、乱开支，共查处违规收费行为2起，清退违规金额2.6万元，纠正全区违规收费1项，涉及金额16万元；继续实行“八项监督管理措施”。调整充实药品集中招标采购领导小组和药事委员会，专设药剂科，明确专人采购，并完善相应采购制度及手续，按时向上呈报月报表，全年药品跟标采购品种达497种，金额为104.2万元。开展涉农收费专项治理，重点检查基层站所针对农民各种乱收费和强制服务性收费，制止乱收费问题发生。根据铜地监通〔2005〕04号文件精神，特区监察局与特区人口与计划生育局联合开展专项执法检查，通过下发监察建议书，对万山矿区社区管理局计生办不严格统一使用贵州省社会抚养费专用票据，用白发票收取计生对象户1.32万元行为进行处罚，违规款全部上交国库，负责人被通报批评和诫勉谈话，直接责任人被调离。

2006年，特区纠风办、特区物价局等部门组成联合检查组，对全区各中小学贯彻“一费制”情况和“两免一补”政策兑现落实情况进行专项检查。实施农村义务教育经费保障机制改革，拨付配套资金1.84万元；开展价格服务进校园，推进价格监督关口前移，统一规范收费行为。加大农村税费改革监督检查力度，巩固取消农业税和落实“三补贴”政策，兑现“三补贴”政策直接减轻农民负担39.96万元；针对基层站所各种收费行为进行专项治理，防止乱收费问题；开展严厉打击哄抬农资价格，制售假劣农资坑农害农专项活动，发放识别假劣化肥、农药、种子等宣传资料6500多份，组织农业、质监等部门技术人员142人次，检查农资生产加工企业储存单位53家，查处违法经营3起，查封并销毁过期化肥3吨，不合格农药200余件；查处制售假劣农资坑农害农行为2起，涉及违规金额2600元。与特区财政局、特区发改局、特区审计局联合印发《关于对扶贫资金管理使用情况开展监督检查的实施方案》（万特监〔2006〕2号），对特区农办2004年至2006年的426.39万元扶贫专项资金管理和使用情况开展监督检查，未发现截留、虚报冒领和贪污等违纪违法问题，查出扶贫专款的管理费超支14.12万元，检查组向特区农办提出加强扶贫资金财务管理、从严控制开支等建议。

2007年，由特区纠风办联合特区物价局、特区教育局、特区审计局、特区财政局等部门，利用春秋开学，对全区中小学教育乱收费情况进行专项治理。成立专项巡察组，在全区25所中小学巡察，其中明察21所，暗访4所，未发现违规收费，没有出现教育乱收费反弹现象，全区农村中小学学生义务教育实现全免费。

2008年，扎实开展教育收费专项治理，实现区内所有九年义务制教育学生全免费。开展减轻涉农负担监督，推进价格服务进农家，建立基层价格监督站5个，接待群众3000余人次，深入农户1200户，广泛宣传农资化肥、农村用水、用电、医疗服务和药品价格以及各项涉农收费项目，维护正常的农资市场经营秩序。极开展假劣农资制售行为，共出动相关执法人员177人次，检查经营户190户，立案查处8起，结案8起，查处违规种子203.5千克、农药12千克，扣押肥料10袋，查处损害农民利益案件3件。纪检监察干部在抗御雪凝灾害期间，共参与发放救灾款物监督检查11次，实行救灾款物发放月报制；在灾后重建工作中，对经地区财政下拨救灾和灾后重建资金1468.11万元，上级部门直接下拨救灾和灾后重建资金295.96万元，社会捐款12.939万元，特区财政安排救灾和灾后重建资金

661.55万元及有关救灾物资发放情况进行监督检查。

2009年，全面推行教育收费申报制度和教育收费公示制度，联合特区物价局、特区审计局、特区财政局、特区教育局等部门在全特区范围开展教育收费检查，没有发现教育乱收费现象。

2010年，开展教育乱收费专项治理工作，及时清退某中学违规收取补课费2.06万元。开展食品药品为期4个月的专项检查，检查涉药单位48家，查获过期失效等假劣药品23批次，价值207.85万元，并查处药品违法案件2件，下发处罚决定书2份。

2011年，督促特区物价局、特区教育局、特区财政局开展教育乱收费专项治理，清退学生饮水费、校服费、资料费19.98万元。

2012年，开展新农村养老保险政策执行情况专项检查，及时纠正部分地方收取“保卡费”及“流量费”违规行为。

2013年，开展救助救济资金、城乡低保资金、城乡医疗资金管理情况及“元旦春节期间一次性生活补贴”、受灾困难群众冬春生活救助(物资)发放情况督查，未发现违纪违规现象。

2014年，开展家电下乡补贴、能繁母猪补贴和农村危房改造资金兑现情况大排查，发现问题721个，涉及问题资金360万余元，立案6件，结案6件，党纪政纪处分2人，移送司法机关4件4人。

2015年，开展惠农补贴、抗旱救灾资金、农村低保、农村危房改造资金、社保资金、住房公积金资金、救灾救济资金、“营养午餐”、生均公用经费、住宿生活补助等资金管理使用情况及“微型企业”、“水土保持”、农村危房改造等涉农项目专项监督检查，采取一季度一专项检查，保障民生事务资金安全。

2016年，采取“4+N”专项监督模式，按照“见人、见项目、见资金”要求，先后开展农村家庭生活用煤补贴资金、计划生育社会抚养费管理使用与计划生育家庭“四项制度”、信贷扶贫项目资金、精准扶贫和乡镇卫生院基本药物零差价，农村饮水安全项目资金和“雨露计划”等7次专项监察。

第七章　源头预防与治理腐败

从源头上预防和治理腐败简称治本抓源头工作，是对深化改革、创新制度、推进从源头上预防和治理腐败过程的概括，是中国共产党对反腐倡廉规律认识的深化和经验总结，是建立健全惩治和预防腐败体系的核心内容，是经济社会发展的需要。深入推进治本抓源头工作，坚持以改革统揽预防腐败为重点，把反腐败寓于各项重要改革措施之中，用发展的思路和改革的办法解决导致腐败现象发生的深层次问题，不断发挥制度在预防和治理腐败方面的保证作用。

第一节　行政审批制度改革

推进行政审批制度改革，规范行政审批行为，有利于建立结构合理、配置科学、程序严密、制约有效的权力运行机制，有利于增强行政审批的透明度，便于公民、法人和其他社会组织对行政机关及其工作人员进行监督，是从源头上预防和解决腐败问题的一项重大举措。

2003年，对43个部门自查上报的398个行政审批项目进行了审核，取消13项不符合政企分开、政事分开原则项目，5项改为政府备案。

2004年，共清理行政审批项目345项。其中，审批64项，审核88项，核准89项，许可72项，备案32项，对照行政审批的有关规定，结合万山实际，经请示特区人民政府同意，取消行政审批项目1批3项，取消率为0.9%。同时建立了行政审批跟踪检查制度，对招商引资项目实行“会审制度”。

2005年，建立《万山特区行政机关实施行政许可过错责任追究制度》，各有关职能部门根据单位性质、业务范围、工作职责、许可项目进行清理与自查，共保留许可项目72个，全年取消和调整项目35个，建章立制93件。

2006年，建立科学投资体制，通过审批方式批复项目17个，通过备案的项目5个。

2007年，完善政府投资监管制度3项，批复项目27个，备案项目10个；建立特区政务服务中心、行政投诉中心，受理投诉事件530件，办结率为100%。

2008年，对行政执法单位涉及行政许可、审批、备案、服务等354项进行了重新审核清理，保留208项。受理审批服务事项1536件，办结1506件，办结率98.05%。

2009年，优化审批程序、简化审批手续、压缩审批时限，全年共受理行政审批事项1434件，办结1405件；全程为企业代办服务2件，办结率100%；受理行政投诉9件，协调处理100%。

2010年，开展行政审批及公共服务项目清理，全区具有行政审批权的部门28个，已初步核查各类行政服务项目257项。其中，行政许可类项目111项，非行政许可类审批项目87项，公共服务项目59项。

2011年，开展行政审批项目清理，保留县级行政审批项目187项，公众服务项目44项，取消项目9项。

2012年，开展全区行政审批及公众服务项目清理，保留行政审批及公众服务项目223项，其中行政许可114项，非行政许可66项，公众服务43项。行政审批比上年减少64项。其中，合并25项，市级上收8项，取消1项，转公共服务项目3项，压缩率达28.7%。

2013年，开展行政审批项目清理，保留区级行政审批项目96项、公共服务项目62项。督促区政务服务中心规范化建设，全面落实"两集中、两到位"，对不宜进驻政务服务中心审批事项进行清理。

第二节　干部人事制度改革

深化干部人事制度改革，是完善社会主义市场经济体制的迫切需要，是推进政治体制改革、建设社会主义政治文明的重大举措，是防止和纠正用人上的不正之风的治本之策，是建设高素质干部队伍，加强党的执政能力建设和先进性建设的必然要求。

1978年，中共十一届三中全会以后，特区党委在干部的选拔任用上，坚持革命化、年轻化、知识化、专业化的方针和德才兼备的原则，在选拔任用干部的制度、程序和方法上进行过一些探索和改革。

1980年，特区开展第一次科学技术人员职称评定工作，特区有各类专业技术人员214人，贵州汞矿有437人，有色地质一队有177人。

1984年，特区党政领导班子换届，班子成员配备一定比例少数民族、妇女和非党干部。进入党政领导班子的干部人选，开始实行民主推荐，组织考察，上级党委研究决定，然后按照《中国共产党章程》和《中华人民共和国宪法》的有关规定，召开代表大会，采取差额或等额选举办法和无记名投票方式选举产生。特区党委根据上级要求，建立后备干部人才库，把有培养发展前途的年轻干部作为党政领导班子的后备干部，并采取委任重要职务，送省、地党校学习和到沿海发达地区挂职锻炼等途径进行培养。

1988年，进行职称改革，特区、贵州汞矿、有色地质一勘队分别建立专业技术职称改革领导小组和办公室，建立各系列评审委员会。特区建立评审委员会有教育、卫生、工程、农业、畜牧。初级职称由县级评审（教育系列中级可由县级评审），中级或中级以上需报地区或省级评审委员会评审。晋升中级、高级按指标数报评。

1991年，特区人大常委会讨论特区人民政府提名的干部任免问题，开始实行票决制。

1993年，国家颁布《国家公务员暂行条例》，同年5月根据贵州省推行公务员试点办公室通知要求，特区行政机关工作人员准备参加全省公务员知识考试，考试合格后进入公务员行列。

1994年，大力宣传学习《国家公务员暂行条例》，进行公务员骨干培训和举办学历未达标的党政机关工作人员电视中专班学历培训。

1995年，举行全区行政机关事业单位618名工作人员参加国家公务员知识竞赛活动。

1996年，全区实施和参照试行国家公务员制度的特直机关38个，乡镇5个，在编在岗行政人员424人，过渡387人，暂缓过渡28人，不予过渡9人。

1997年，特区组织检查验收小组，按照《贵州省实施和参照试行国家公务员制度检查验收评分式》规定的内容检查验收，参加过渡的38个单位和四乡一镇全部验收合格。

1998年，实行科局领导干部离岗休养制，即不成文的规定：凡男年满55岁，女年满53岁以上科局领导干部实行离岗休养。对72名应过渡为国家公务员（党政机关工作者）尚未过渡的人员统一进行公务员资格考试。

1999年，特区党委实行领导干部任前公示制和试用期制，对新提拔干部一律进行公示和实行试用期一年。为尚未办理过渡手续的30名公务员办理过渡手续。

2001年，特区党委研究干部任免实行投票表决制，避免"一言堂"个人说了算的弊病。

2002年，实行干部考察预告制和差额考察制，印发《关于加强对乡科级领导干部监督与管理的意见》，对领导干部的谈话、打招呼、函询、诫勉、年度总结报告、重大事项报告等进行了规范，对领导干部试行反向测评法。实行男年满55岁、女年满53岁以上科局领导干部实行离岗休养，破除领导干部终身制。首次实行公务员公开招考，为特区党委办、特区政府办、特区纪委、特区委宣传部、特区人民检察院、特区人事劳动与社会保障局、特区计生局、特区司法局公开招考录用国家公务员13人。

2003年，贯彻《党政领导干部选拔任用工作条例》，在二级班子调整中，积极参与对干部选拔任用的考察考评工作；通过指导各乡（镇）、特区各工作部门的民主生活会，为组织人事部门选拔任用干部提供真实客观的依据。对特区林业局局长、特区交通局副局长、特区教育局副局长三个职位领导干部实行对外公开招考。

2004年，特区党委印发《任免部分科级领导干部试行全委会投票表决制》和《规范干部人事制度管理若干问题的意见》，全面推行全委会票决干部制度，干部考试制度，干部谈话、诫勉等制度。通过各项制度的实施，进一步规范了全区干部人事管理工作，使干部调动、任免、补员等工作逐步走上规范化轨道。全年共进行干部任免票决66人次，考察干部全部发出考察预告，提拔干部实行任前公示，没有发生违反干部人事管理制度的行为。年内对5名领导干部进行任期经济责任审计，共查出各类违纪违规金额66万元。全面推行实施评聘分离机制，凡是具备中、高级职称晋升条件人员可以先晋升专业技术职务，待单位有空岗再聘任并享受聘任岗位待遇。

2005年，全特区人事制度改革涉及74个事业单位，共1055人。经过竞聘上岗947人（其中专业技术人员899人、管理人员48人），签订聘用合同947份，通过公平竞争，落聘108人。实行科级干部及后备干部理论考试制度，建立和完善《民主推荐制度》《民主决策制度》《民主评议制度》《定期汇报制度》《谈话制度》等。全特区事业单位试行人员聘用制工作全面铺开。

2006年，围绕特区、乡（镇）换届开展工作，副科级以上干部任免实行票决117人次，考察预告76人、任前公示30人、试用3人。设立投诉电话2部，受理5宗投诉，查处5宗。全特区公开招考国家公务员和事业单位工作人员21人（其中招考国家公务员12人，事业单位9人）。

2007年，对特区乡镇领导班子中2名科级领导干部因工作职责履行不到位，造成一定工作影响和损失进行诫勉谈话；全年对副科级以上干部票决任免160人次，实行考察预告43人，任前公示37人，实行试用期29人，设立投诉电话2部。

2008年，以贯彻落实《党政领导干部选拔任用工作条例》为重点，加强对干部选任的监督，对拟提拔的66名干部，由纪检监察机关严格审核把关，对3名干部提出暂缓任用的建议。

2009年，以贯彻落实《干部任用条例》为重点，创新开展"科学规范和有效监督特区党委书记用人试点"工作，发放调查问卷100余份，群众满意率达85%，提出问题4个，提出意见和建议19条。全年实行差额和全委差额票决方式选拔任用干部5名，对38名调整干部进行个别谈话，审核6名拟提拔干部，实行考察预告7人，差额考察6人。对关键部门的主要5名领导干部进行经济责任审计，审结3项。

2010年，继续实施"科学规范和有效监督特区党委书记用人试点"工作，面向区内公开选拔领导干部5名。在政府机构改革中，党群部门和政府部门之间交流干部19名，政府部门之间交流17名，党群和政府部门"一把手"轮岗交流25名，提拔使用科级干部30名。

2011年，推进干部人事制度改革，建立健全干部选任监督机制、干部选拔任用评价机制，严格执行干部监督工作联席会议制度、干部监督信息沟通办法、干部任前实绩公示制、责任审计制等8项监督制度。根据省委巡视组意见，督促人社部门及时处理了3起用人不当的问题。

2012年，继续推行全委会成员推荐、"9+6"模式推荐、基层党组织集体推荐、"两公开四差额"推荐等方式提名推荐干部，扩大干部初始提名范围，试行全委会成员和四大班子成员推荐提名正科级领导干部制度，对万山镇党委书记等11个正科级重要岗位人选进行全委会成员推荐，40余人参与初始提名。推进二级班子集中调整配备。对所有区直单位进行任期考察，并根据二级领导班子缺额情况，以"优化结构、完善功能、促进工作"为目标，对乡（镇、办事处）和区直部门空缺职位进行调整配备。完善公开选拔制度，制定《公开选拔科级领导干部工作方案》，面向社会公开选拔5个科级领导职位。

第三节 财政制度改革

财政体制改革的目标是建立统一完整、法治规范、公开透明、运行高效，有利于优化资源配置、维护市场统一、促进社会公平、实现国家长治久安的可持续的现代财政制度。

1978年至1983年，四社一镇收支由特区财政统一编制预决算，实行"统收统支"的管理形式。

1984年，特区各乡镇实行"定收定支，收支包干，结余留用，超支不补，一年一定，超收部分按五五分成"管理办法，特区和乡镇"分灶吃饭"。

1985年，实行"划分税种，核定收支，分级包干，一定五年不变"的税改管理体制，乡镇继续实行"分灶吃饭"。

1991年，特区农业局吸取单位原财务制度混乱的教训，加强财务制度管理，建立各站、股室独立核算包干使用制度，建立报销审批制度、物资保管制度。

1992年，特区各乡镇实行"定收定支，收支包干，结余留用，超短收抵支，一年一定，超收部分按五五分成”的管理办法，特区和乡镇“分灶吃饭”。

1993年，特区党委、特区人民政府印发《关于加强党风廉政建设的暂行规定》文件，规定特区公安、特区税务、特区工商、特区物价、特区审计、特区计生、特区土管、特区环保、特区林业等掌握罚没权的部门和单位，罚没收入一律实行收支两条线。罚没收入一律上交同级财政，严禁罚没收入与个人奖金或单位福利挂钩，严禁自收自支，违者，按违纪论处。确因工作需要增加开支的，由单位申报，特区财政审批，特区人民政府批准。罚没收入实行三联单制，被罚对象、罚没执行单位、财政各执一联，以便查证。没有三联单的，被罚者可以拒绝缴纳。

1994年，实行“收支两条线”管理，将罚没收入作为整治乱收费重点来抓，配合特区财政部门加强对行政性收费监督，凡搞账外账或不入账，逃避监督者，一经查处，从严从重处理。

1995年，贯彻落实省办发〔1994〕33号文件明确的清理乱收费、公款出国出境旅游、党政机关无偿占用企业钱物以及与所办经济实体脱钩和行政性收费、罚没收入实行收支“两条线”等八项工作。为了使坡改梯资金能如数地到参加工程的农户手中，特区纪委建议由直接拨发钱物的单位(农经委)严格要求村级组织建立必要的财会制度，定期向群众公布收支账目。

1996年，由特区财政局牵头，特区审计局、特区监察局等部门，组建5个小组对13个部门的预算外资金进行监督检查，纠正了一些乱开支的情况，使全区计划外收费的管理使用纳入“乡收县管、财政监督”的轨道。

1997年，印发《关于从1997年起全面推行农民负担三项管理制度的报告》(特府办〔1997〕30号)文件，农民承担费用和劳务预决算制度和农民负担费用支出审计制度在第二年正式推行。

1998年，特区39个具有行政事业性收费和罚没收入的单位全部实行收支两条线规定(含法院、检察院、公安局、工商局)，不存在自己收费和罚款项目。纠正擅自提高标准的收费项目12个，涉及金额5万元。

1999年，特区人民政府印发《万山特区乡镇财政管理体制实施方案》，基本原则是划分收支范围，核定收支基数，递增上解或递减补贴，歉收超支或超支自负，自求平衡。召开“收支两条线”管理工作，并从特区纪检、特区审计、特区财政、特区物价、特区地税抽调10名干部组建5个检查组，对特区公安局、特区人民法院、特区人民检察院、特区工商局、特区城建局、特区教育局、特区卫生局、特区环保局、特区农业局、特区民政局、特区劳动局、特区国土局、特区技术监督局、特区计生局等重点部门进行检查，发现上述部门有15万元的预算外收入没有上缴财政专户，违纪金额达3万多元。

2003年，开展行政、事业单位银行账户清理，取消了17个单位多头开设的24个户头，协同有关部门对12个重点单位进行“收支两条线”专项检查，收缴“小金库”违规资金10万余元。

2004年，全区47个单位和部门纳入财政预算专户管理。年内预算外资金收入277.21万元，一般预算支出216.12万元，收入与上年同期相比增长8.6%，支出与上年同期相比增加13.4%，会计核算中心严格按照“收支两条线”的管理规定，将全区行政事业单位的非税收入全部纳入“收支两条线”管理，减少了“小金库”现象的发生。经特区党委、特区人民政府同意确定特区公安局、特区人民检察院、特区人民法院、特区司法局、特区计生局5个部门为2004年编制部门预算的试点单位，通过对试点部门的人员、编制经费需求、年度收支情况等进行全面摸底、调查，提高预算资金使用效益。

2005年，全区行政事业单位非税收入全部纳入“收支两条线”管理，启动会计集中核算向国库集中支付的转移工作；9个部门推行部门编制预算；针对乡（镇）、村级管理推行“乡财区管”“村财乡管”的改革；会计核算中心严格按照“收支两条线”管理规定，实行分级管理，会计局统一报账核算，同时加强对各类票据的监管。

2006年，全区13个部门推行部门编制预算；针对乡（镇）、村级管理推行“乡财区管”“村财乡管”的改革；会计核算中心严格按照“收支两条线”管理规定，实行分级管理、会计局统一报账核算。

2007年，全区51个单位纳入预算外资金管理。

2008年，全面实行财政管理“收支两条线”制度，规范政府采购工作。

2009年，实行“收支两条线”管理，完善国库单一账户体系，全区纳入预算外资金专户管理的单位共有52个。全区对非税收入纳入“收支两条线”管理的金额达240万元。共查处“小金库”4个，违纪金额14.147万余元。

2010年，严格执行“收支一条线”制度，启动非税收入管理改革试点单位5个。

2011年，严格执行“收支两条线”制度，全区完成非税收入5880万元，上缴国库5806万元，上缴财政专户74万元。

2012年，强化部门预算项目库滚动管理，深化政府非税收入和国库集中支付改革，将预算外管理的非税收入纳入预算管理，全区62个行政事业单位纳入非税收入管理，非税收入完成4072万元，同比增长105.97%，占一般预算收入的53.47%。

2013年，全面推行分税制财政体制改革，加大国库集中支付改革力度，开展财政性资金支出绩效评价工作，与国家有关财政性资金支出绩效评价工作同步实施。

2014年，从严控制“三公”经费支出，全面开展预决算公开工作，规范财政资金支付管理。

2015年，从严控制“三公”经费支出，全面开展预决算公开工作，规范财政资金支付管理，优化支付流程和提高支付效率。

第四节　治理商业贿赂

治理商业贿赂是指经营者在市场交易活动中，以秘密给付财物或其他好处为手段，以争取交易机会和交易条件的不正当竞争行为，是贿赂的一种形式。有效治理商业贿赂是维护市场交易秩序、健全完善市场经济体制的要求，是推动经济发展的现实需要，是深入开展反腐倡廉工作的重要内容。

2006年，根据中共中央办公厅、国务院办公厅《关于治理商业贿赂专项工作的意见》（中办发〔2006〕9号）文件精神，成立治理商业贿赂工作领导小组；拟订适合万山特区区情且操作性强的治理商业贿赂专项工作实施方案，把治理商业贿赂专项工作列为特区2006年度考核内容。全年共受理商业贿赂案件4件，结案4件，受党政纪处分3件3人，免予刑事处分1件1人，涉案金额2.2万余元。

2007年，按照《关于加强国家工作人员违纪违法犯罪案件办理情况信息沟通工作的规定》，与特区公安局、特区人民检察、特区人民法院、特区司法局等执法部门协调配合，对相应案件采取相应法律措施，全年查处商业贿赂案件1件，经济类案件4件。

2008年,特区监察局与特区工商局、特区卫生局、特区物价局等10多个单位有针对性地开展联合执法、调查摸底专项行动。

2009年,重点围绕工程建设、土地出让、产权交易、医药购销、资源开发与经销、政府采购和贷款发放等领域开展商业贿赂治理,全年查办商业贿赂案2件。

2010年,立案查处商业贿赂案件3件,涉案人员6人,追缴违纪金额18.55万元,为国家挽回经济损失41.154万元。

2011年,开展商业贿赂治理,立案查处商业贿赂案件3件3人,涉案金额36.9万元。

2012年,开展商业贿赂治理,查处商业贿赂案件,对3名领导干部及1名工作人员违规采购行为进行严肃查处,并给予党政纪处分。

第五节 政务、村务、厂务公开

政务公开是行政机关全面推进决策、执行、管理、服务、结果全过程公开,旨在让人民群众了解知情,使一些行政行为在社会的监督下进行。厂务公开就是把企业重大决策、生产经营管理的重要事项、涉及职工切身利益的事项与企业领导班子建设和党风廉政建设密切相关的问题,根据有关法规和制度,通过职代会、公开栏等形式,向广大职工公开并接受职工监督的过程。村务公开是指村民委员会把处理本村涉及国家、集体和群众利益的事务,通过公开栏等形式,按程序告知全体村民,并由村民参与管理、监督的民主行为。

1999年,特区监察局与特区民政、特区工会、特区人事局密切配合,在全特区44个行政村、1个企业(自来水公司)推行村务公开和厂务公开,同时对重点部门、重点行业、四乡一镇的政务公开工作进行经常性督促、检查和指导。2004年,22个国有、集体企业单位成立厂务公开领导小组和监督小组,全区57所学校、医院,全部开展了校(院)务公开工作。2个非公有制企业试行厂务公开工作,建立村务公开协调(领导)小组和监督小组44个,财务公开、点题公开均已开展,建立固定村(居)务公开栏44个。

2005年,全特区23个行政机关、10个事业单位和35所学校、5家医院(卫生院),以及公用事业单位都全面推行了政务公开和办事公开,公开率达100%。对检查成绩达不到80分的行政事业单位,提出批评并限期整改;4个国有企业和2个乡镇企业,都推行厂务公开;村务公开工作稳步进行,44个村都建立了领导机构和监督机构,财务公开、点题公开均按季开展,建立固定公开栏49块,公开率达100%。

2006年,全特区23个行政机关、10个事业单位和35所学校、5家医院(卫生院),推行政务公开和办事公开,公开率达100%。15个国有企业和12个乡镇企业推行厂务公开;17个村都建立领导机构和监督机构,设立固定公开栏44块。

2007年,开展政务公开、厂务公开、村务公开等三项公务公开,全特区共建政务公开栏46块;“回音壁”46块;设举报电话46个;投诉箱46个;公开详细目录的乡镇5个,特区各工作部门48个,公用事业单位5个;国有企业19个,开展厂务公开19个,开展率100%;集体企业7个,公开7个,公开率

100%。其余学校、医院、非公有制及新建企业公开率也达到100%。全特区始终坚持每季度公开一次以上，特殊情况及时公开，共公开80期。

2008年，全面推行政务、村务和厂务公开，此项工作在《铜仁日报》以《万山围绕群众关注热点实行“三务公开”》为标题刊登发表。

2009年，深化政务公开、厂务公开、校务公开、村务公开，重点对人民群众关心和关系人民群众切身利益的政策法规等事项进行公开，拓展政务公开内容，切实保障群众的知情权、参与权和监督权；建立和完善政务公开工作制度以及评议、考核、责任追究等制度，促进政府信息公开条例的有效实施。全区共开展政务公开80余个，厂务公开16个，校务公开47个，院务公开5个，村务公开17个，聘请乡村监督员19人，建立村级财务监督小组17个，设立乡镇“回音壁”5块，设立投诉信箱5个。

2010年，严格执行政务、厂务、村务“三务公开”制度，逐步推进电子政务工作。

2011年，严格执行政务、厂务、村务“三务公开”制度，逐步推进电子政务工作。

2012年，完善党务村务公开和民主管理制度，全区9个乡镇办事处全部推行政务、党务公开，84个村(居)委会实行村务、党务公开，村务、党务公开总数达280次，点题公开达200次。

2013年，区纪委联合区委组织部、区民政局下发《万山区村级党务村务公开工作“1+X”公开模式实施方案》，全面推行农村党务、政务、村务公开“1+X”公开模式。按照“群众关注什么，就公开什么”的原则，将村级党务村务公开内容延伸到人口密集的自然村寨、人员集中及人流量较大的村前寨口、公路沿线等场所予以公开。

第六节　公共资源交易监督

公共资源交易监督是政府行政管理体制改革的一项重要内容，是建设服务型政府的重要举措，旨在创新监管体制，规范交易行为，切实解决公共资源交易过程中存在的突出问题，维护社会公共利益和市场参与各方利益，打造公开、公平、公正和诚实守信的阳光交易平台。

2003年，对土地市场秩序进行调查摸底调查，开展经营性土地使用权招标拍卖挂牌出让的前期工作。

2004年，年内对经营性土地使用权挂牌公告3宗，拟出让土地总面积2.4公顷，已揭牌2宗，收取履约保证金30万元，通过全程监督，防止违规操作。

2005年，印发《关于万山特区国有企业产权制度改革的工作意见(试行)》，规范改制程序、资产处置程序。

2006年，全特区企业(含国有工业企业、集体企业)共28户，已进行产权制度改革的2户，改制面达7.14%。其中国有企业16户，已改制1户，改制面达6.3%；集体企业12户，已改制1户，改制面达8.3%。集中处置国有资产7起，以拍卖、竞卖两种方式出让，出让资金20万元，增加34万元，增值170%。

2007年，由特区监察局牵头，特区国土局、特区安监局配合，按照《国务院关于深化改革土地管理决定》《国务院关于加强土地调控有关问题的通知》《关于进一步开展查处违法违规案件专项行动的通知》《万山特区开展规范矿产资源秩序勘查开发实施方案》文件要求，对全特区“建筑用地、交通用地”“非法采矿”等情况进行调查，调查结果表明，建筑用地3.19公顷，交通用地13.697公顷，采空区地质灾害抢险搬迁项目用地面积5.6914公顷，其中耕地18.5975公顷，立案查处违法用地行为6宗，面积1.574公顷，共罚款14.96万元，对全特区35家企业进行清查，未发现国家干部和工作人员入股行为。

2008年，开展对矿产资源开发秩序和土地市场及环境保护法律法规、政策规定落实情况监督检查工作，对国有土地使用权出让情况进行专项清理和检查。

2009年，变价报废处置办公用品、机械设备9起，处置价4万元；拍卖处置车辆4辆，处置金额5万元。

2010年，执行经营性土地使用权制度，对1宗经营性土地使用权进行挂牌出让，面积124654平方米，出让资金998万元；执行产权交易市场制度，全年划转国有资产7宗，价值2213万元，房屋2宗，轿车5辆；处置报废办公用品、器械设备9起，回收价值4万元；拍卖处置轿车4辆，价值5万元。加强没收木材公开拍卖监督，为财政增收10.5279万元。

2011年，开展“三项清理”工作，对土地出让、征收情况进行清理，全区2008年至2010年单宗200平方米用地33宗，其中，挂牌出让土地16宗，面积61.18公顷；欠缴土地2宗，价款489.17万元。对探矿权、采矿权招标拍卖挂牌执行情况进行清理，全区设置探矿权和采矿权26家，其中：金属矿山企业8家，非金属矿山企业12家，探矿权6家。执行土地出让制度，完成挂牌出让国有建设用地使用权面积22.4083公顷，成交价2070万元。执行产权交易市场制度，全年处置9项划转、报损、报废、变价国有资产172万元，收回残价3000元。

2012年，执行经营性土地使用权和探矿权、采矿权出让制度：以招拍挂方式出让矿业权的一律进场交易、公示；申请在先方式出让探矿权和采矿权以协议方式出让的，一律进场交易、公示。

2013年，督促相关部门对国有建设用地使用情况开展专项清理，发现征而未供土地28宗，面积33.34公顷；供而未用土地6宗，面积53.84公顷，对所涉问题分别制定整改措施加以整改。督促国土部门依法关闭非法开采砂石厂13家。

第七节　廉政风险防控

廉政风险防控是构建惩治和预防腐败体系的重要举措，是规范权力运行，有效防止权力失去制约，建设法治政府的客观要求，是促进干部队伍作风建设的现实需要，是扎牢不能腐的铁笼，推进预防腐败工作的有力抓手。

2011年，认真开展廉政风险防范管理工作，采取“一图一查三会”形式查找廉政风险点，并通过“一卡一网二专栏”广泛接受社会监督。

2012年，全面开展“一查二卡三防控四承诺”工作，督促各级各部门干部认真查找个人的廉政风险点和定好风险等级，根据风险点制作廉政风险提醒卡和廉政风险监督卡，制定有效防范措施。

2013年，继续推行“一查二卡三防控四承诺”廉政风险防控措施，督促各级各部门对新招录、调入、岗位调整人员开展风险防控，完善防控制度，堵塞廉政风险漏洞。

2014年，协助区委开展惩治和预防腐败体系建设工作，印发《万山区贯彻落实〈建立健全惩治和预防腐败体系2013—2017年工作规划〉的实施意见》。

2015年，区委常委会听取查办和预防职务犯罪工作汇报，指出全区各级各部门，要坚持“标本兼治、综合治理、惩防并举、注重预防”的方针，扎实推进惩治和预防腐败体系建设，努力从源头上防止腐败，议定：全区各级各部门要切实承担起党风廉政建设“两个责任”；区纪委、区人民检察院要加大对民生领域违纪违法案件查处力度。

2018年，开展廉政风险点排查，对全区腐败易发多发领域、岗位和环节开展排查，将工程项目多、资金管控、拨付权力大的特区发改、特区财政、特区住建、特区交通等23家重点单位纳入首批介入式预防单位，建立廉政防控清单，开展介入式预防。由区纪委书记集中约谈提醒相关部门主要负责人及重点岗位股(室)负责人，由区纪委区监委组建招投标跟踪核查组、资金拨付核查组、审计项目复查组，采取“项目承包见业主、资金拨付核进度、审计项目复抽查”方式进行监督监察。

2019年，区纪委从全区23个重点单位中选择黄道乡、区教育局作为开展介入式预防工作试点单位，通过调阅查看相关资料，发现问题25个。对存在违纪违规苗头性、倾向性问题的5人进行谈话提醒，对工作推动不力1人进行诫勉谈话、1名领导干部进行批评教育、责令检查。对“薄改”工程项目6名施工班组项目推进度缓慢问题，联合区教育局党组进行集中约谈、督促整改。

2020年，印发《关于深入推进违纪违法案件“一案一整改”工作方案》，明确各级党委(党组)管党治党主体责任和各级党委(党组)书记作为开展整改的“第一责任人”，并将“一案一整改”工作纳入全区各级党组织年度党风廉政建设目标考核内容，确保违纪违法案件“一案一整改”工作扎实有序推进。对具有代表性、典型性、经常发生、性质恶劣、重处分的案件，督促违纪违法发案地方或单位党委(党组)开展“三会两书两公开”“一案一整改”工作，领导班子成员对照案情查摆问题和责任，把自己摆进去，发挥“查处一案、警示一批、教育一片、整改一方”的作用。

2021年，印发《关于开展全区重点工程建设项目历史遗留问题处置化解专项监督检查工作的实施方案》，成立8个监督检查组，全区政府性投资53个重点项目历史遗留问题开展监督检查，发现问题25个，督促问题整改25个。制定下发《关于开展万山区部分政府性投资项目手续完成情况专项监督检查工作的实施方案》，成立7个监督检查组，对全区37个政府性投资项目开展监督检查，发现问题9个，督促整改问题9个。

2022年，开展全面从严治党主体责任分级约谈，以约谈倒逼责任落实，压紧压实政治责任，发挥教育提醒功能。全区各级各部门按照干部管理权限，采取一级约谈一级，分级分层分类“一对一”开展约谈，完成约谈5657人，其中，县处级44人，乡科级804人，股级1123人，一般干部3686人，实现分级约谈“全覆盖”。

第八节 特约(邀)监察员

特邀监察员是行政监察机关根据工作需要,在国家行政机关、企业、事业单位、社会团体中聘请的兼职监察人员,特约监察员是监察委员会根据工作需要,按照一定程序优选聘请,以兼职形式履行监督、咨询等相关职责的公信人士。

1995年,根据行政监察工作需要,特区监察局聘请8名民主党派、社会各界人为特区首批特邀监察员。

1996年,特邀监察员参加全特区领导干部工作会议,特区党委书记邓应明要求做好切实抓好领导干部的廉洁自律工作,认真查处大案要案,继续纠正部门和行业不正之风。

1998年,特邀监察员刘荣毫9个月共接待群众来信来访79人次,大多数现场答复;下村收集情况9条;给乡纪委工作提建议6条。

1999年,按照"合理、适度"的原则,紧紧围绕党风廉政建设和反腐败斗争工作,组织特邀监察员参加中小学乱收费检查工作;领导干部廉洁自律监察工作;建设工程项目执法监察工作;"抓、纠、树"检查及民主评议行风工作等4工作。

2004年,聘请4名特邀监察员,通过组织巡察、检查,为有关单位和部门提出各种整改意见数十条,如:特区水利局针对巡视中发现的职工队伍中存在的"吃、拿、卡、要"行为,制定切实可行的下乡六项纪律。

2019年,从全区相关行业聘任特约监察员10名,即龚永珍、王芳、刘洪芝、张恩荣、杨喜花、吴文钊、罗焕楠、姚小兰、刘泽利、张文娟,聘期5年。

万山区监察委员会第一届特约监察员一览表

表7-7-1

序号	姓名	性别	出生年月	政治面貌	民族	工作单位及职务	类别	推荐单位
1	龚永珍	女	1972.7	农工党员	苗族	万山区医院护理部主任	民主党派	统战部
2	王 芳	女	1978.12	群众	侗族	万山区医疗保障局副局长	无党派人士	统战部
3	刘洪芝	男	1973.1	九三社员	侗族	交通学校高级教师	政协委员	政协办
4	张恩荣	男	1975.11	民革党员	土家族	贵州芳瑞堂生物科技有限公司总经理	企业代表	工贸局
5	杨喜花	女	1977.10	中共党员	侗族	万山区人民医院党建办主任	专家学者	组织部
6	吴文钊	男	1980.10	中共党员	苗族	万山区融媒体中心记者部主任	机关人员	组织部
7	罗焕楠	男	1993.1	中共党员	苗族	丹都街道汪家社区党支部书记	旺家社区	总工会
8	姚小兰	女	1978.1	中共党员	侗族	谢桥街道冲广坪社区居委会主任	区人大代表	人大办
9	刘泽利	男	1972.8	中共党员	侗族	万山交警大队工作人员	社会团体	文 联
10	张文娟	女	1985.4	中共党员	汉族	宣传部外宣办主任	新闻媒体	宣传部

2020年，邀请9名特约监察员列席会议4次，参加活动5次，收集建议26条。

2021年，邀请7名特约监察员走进机关，通过实地参观，近距离感受纪检监察干部的日常工作和机关文化氛围。组织特约监察员参与“百姓问廉”“列席区纪委全会”等大型集中活动。

2022年，根据《万山区监察委员会特约监察员聘请工作方案》，从区人大代表、区政协委员、区机关部门、民主党派、无党派人士、社会团体、企事业单位、新闻媒体、专家学者和基层一线10个类别中推荐选举特约监察员10名，即刘远学、杨晓敏、刘晓君、姚怡、黄瑞、周俊文、柳红梅、杨通才、刘泽利、马礼，聘期5年。

万山区监察委员会第二届特约监察员一览表

表7-7-2

序号	姓名	性别	出生年月	政治面貌	民族	工作单位及职务	类别	推荐单位
1	刘远学	男	1974.12	中共党员	侗族	万山区委党史研究室主任	人大代表	人大办
2	杨晓敏	男	1967.4	中共党员	侗族	万山区融媒体中心总编辑	新闻媒体	宣传部
3	刘晓君	女	1978.11	群众	侗族	万山区司法局副局长	无党派人士	统战部
4	姚　怡	女	1978.4	农工党	土家族	万山区妇女联合会副主席	民主党派	统战部
5	黄　瑞	女	1991.4	群众	土家族	万山区文联副主席	政协委员	政协办
6	周俊文	男	1992.9	中共党员	汉族	万山区党员干部现代远程教育中心一级科员	机关部门人员	组织部
7	柳红梅	女	1975.4	群众	土家族	万山区教育局教研室主任	专家学者	组织部
8	杨通才	男	1980.10	中共党员	侗族	万山区总工会服务职工中心主任	社会团体	总工会
9	刘泽利	男	1972.8	中共党员	侗族	万山交警大队工勤人员	基层一线	文联
10	马　礼	男	1988.1	中共预备党员	侗族	贵州电商云铜仁市梵农产销服务有限公司（总经理）	企业代表	工贸局

第九节　规范政府采购制度

政府采购不仅是指具体的采购过程，而且是采购政策、采购程序、采购过程及采购管理的总称，是一种对公共采购管理的制度，是国家财政的重要组成部分。政府采购制度对于政府日常工作的正常推行、公共服务设施的建设及特定社会经济政策目标的实现具有重要意义，也是纪检监察机关反腐倡廉的重要举措。

2003年，正式启动政府集中采购工作，年内进行集中采购3次，首次为教育系统集中采购教学仪器、实验设备，节约资金1.2万元。

2004年，监督政府采购36次，实际支出资金265.6万元，节约资金46.7万元，节约资金占预算资金的14.95%。

2005年，逐步扩大采购项目，调整采购标准，把建设项目中包工不包料的设备、工程材料纳入政府采购；行政事业单位使用财政性资金全面开展采购工作。全年共开展政府采购44期。其中，公开招标采购18期，邀请招标采购10期，竞争性谈判1期，询价采购15期。计划采购资金447.64万元，实际采购资金400.08万元，节约资金47.56万元，资金节约率为10.62%。

2006年，全区行政事业单位使用财政性资金全面开展采购工作，全年计划采购资金511.3万元，实际采购资金408.39万元，节约资金102.91万元，资金节约率为20.13%。

2007年，全区采购44期，采购预算资金624.64万元，实际采购金额565.83万元，节约资金58.81万元，资金节约率9.42%。

2008年，继续深化财政管理体制改革，"收支两条线"管理改革稳步推进，政府采购工作得到进一步规范。

2009年，全区各行政事业单位采购物资153次，计划采购金额1015万元，实际采购金额909万元，节约资金106万元，节约率10.44%。

2010年，继续规范政府采购制度，全年有关行政事业单位采购物资153次，计划采购资金1015万元，实际采购资金910万元，节约资金105万元，节约率为10.34%。

2011年，严格执行政府采购制度，完成采购资金709.82万元，节约资金90.95万元，节约率为11.36%。

2012年，区人民政府制印发《关于进一步加强和规范政府采购的意见》(万府〔2012〕58号)文件，推进政府采购信息公开，健全政府采购招标及内部监督制约机制。全年共完成采购任务66次。其中，询价采购55次，公开招(邀)标10次，竞争性谈判1次。

第八章　执法与效能监察

执法监察是监察机关针对监察对象在履行职责方面贯彻执行党的路线方针政策、党内法规和国家法律、行政法规及政府的决定、命令的情况进行的监察活动。效能监察是指监察机关以提高行政效能为目的，对国家行政管理活动中的行为、能力、运转状态、效率、效果、效益等方面的监督活动。执法监察和效能监察是行政监察机关的经常性工作，是行政监察的重要内容，它们既相互联系又各有侧重，在政府的领导下统一推进，旨在通过加强行政监察工作，保证政令畅通，促进廉政建设，改善行政管理，提高行政效能。

第一节　行政执法监察

1989年，万山特区纪委、特区监察局共对39个执法部门开展"收支两条线"管理执法监察，完善17个规章制度，纠正擅自收费项目8个，金额7万余元，指出不符合票据单位10个，收缴违纪资金27.7万元。

1990年，制定《关于建立健全廉政规定》和实行"两公开一监督"规定。

1991年，特区监察局对特区公安局下属的四乡一镇派出所进行专项检查后提出：1.建议公安系统各工作机构建立健全罚没款的上缴、保存、建账及有关制度，堵塞制度漏洞；加强和健全"治安管理处罚裁决书"的使用制度；3.自觉接受财政监督，罚没款的收入必须开具收缴罚没款物的收据；4.加强执法人员的业务培训。

1992年，对特区工商局、特区林业局、特区土管局的执法情况开展监督检查。对特区林业局提出监察建议2条，即：1.补办设立木材检查站（含过去无文件依据的）手续，及时上报省人民政府批准；2.没有手续的，按照林业部38号文件规定（尚未经省人民政府批准的或确认的木材检查站，要认真清理，该撤销的坚决撤销）执行。对特区工商局提出监察建议2条，即：1.对当事人杨发刚追究行政责任，限期追回营业执照；2.加强对干部职工法制、政策观念的学习和教育。对特区土管局提出监察建议2条，即：1.加强上下信息反馈；2.开展《中华人民共和国土地管理法》宣传。

1993年，特区纪委和特区监察局合署办公，开展四项执法监察：一是夏季农副产品的收购，针对存在的问题，向特区政府和粮食部门提出要提前准备好资金，采取办法控制多头收购的建议。二是全区减轻农民负担工作，党委政府行文取消10项涉及负担收费，并原则上通过了需要修改的九项涉农负担收费，全区共减轻农民负担5万余元。三是全民所有制工业企业执行《中华人民共国全民所有制工业企业法》和《全民所有制工业企业转换经营机制条例》工作，发现特区酒厂、特区煤场、特区酱油厂在贯彻执行《中华人民共国全民所有制工业企业法》和《全民所有制工业企业转换经营机制条例》的总体情况良好，存在的问题主要体现在《转换经营机制条例》第二十九条企业自负盈亏责任方面执行不到位。四是烤烟购销工作，针对发现的问题，建议烟草公司加强对烟站工作人员的思想政治工作，提高职业道德水平。

1994年，特区人民政府组织特区监察局、特区财政局、特区物价局等部门派员参加3个清理小组，对特区教育局、特区人事局、特区计经委、特区土管局、特区邮电局、特区公安局、特区人民法院和乡镇等20个单位的自立项目自收费问题进行清理和检查，发现未办收费证的4个，未使用财政统一收费收据的7个。通过清理，特区人民政府下文取消不合理项目10项，特区物价局取消不合理项目12项，特区财政局、特区监察局共同下文取消不合理项目6项。

1995年，开展黄道供销社外销化肥问题、特区城管大队乱收费问题、特区邮电局擅自提高标准收费和乱收费问题、乡企局统计数据造假问题、农民负担问题、坡改梯资金、特区化工厂等执法监察。

1996年，对特区硅铁厂开展执法监察，在全区开展减轻农民负担、预算外资金管理、建设工程项目、统计法规执行、计划外生育证收费、征兵和民转公等执法检查。

1997年，开展建设工程项目、挂牌保护工业企业及减轻农民负担工作执法监察。

1998年，开展建设工程项目、金融系统、减轻国有企业负担、扶贫资金的使用及效益执法监察、中小学入学收费及减轻农民负担等执法监察。

1999年，根据监察部监发〔1999〕2号文件，成立粮改执法监察领导小组，建立粮食工作行政首长责任制。查获非法购运案5起，没收粮食6吨，收缴金额9100元。

2001年，开展农村教育附加费管理使用、社会保障资金、建筑工程招标、有形建筑市场规范、环境保护、扶贫资金及国债资金使用执法监察，未发现问题。

2002年，整治部门“三乱”行为，对全区国有、集体、私营企业推行收费登记制度，并实行挂牌管理。

2003年，对2000年以来的公路建设资金和2002年至2003年的国债项目资金进行专项执法检查，履行监督职能；对土地市场秩序进行调查摸底，开展经营性土地使用权招标拍卖挂牌出让的前期工作。

2008年，特区监察局与特区物价局、特区经贸局等部门联合对辖区内成品油和电力价格开展执法检查，并对特区党代表、特区人大代表提出“自来水公司在抢灾维修水管过程收费过高”的意见进行调查处理。

2009年，制定下发规范政府会议管理办法等10余个规范性文件，降低行政成本，提高行政效率。

2014年，区纪委监察局、区人民检察院、区法制办组成联合检查组，对全区行政执法情况开展专项监督检查。督查组围绕规范建设标准、规范审批服务事项、加快推进“两集中两到位”、规范运行、创新服务方式、推行阳光政务等六个方面，通过实地查看、听取汇报、资料查阅等方式对区政务服务规范化建设推进情况进行监督检查。通过督查发现，区政务服务中心制度健全、管理规范、运行正常，圆满完成各项工作目标任务，但仍存在入驻部门数量不够、部分进驻部门授权不充分、网上审批服务滞后、AB岗制度未能落实等问题，督查组针对存在的问题提出整改意见和建议10余条。

第二节 安全生产责任监督检查

2004年，开展安全生产执法监察7次，协助有关部门进行安全责任调查处理5次。

2005年，全区发生事故4起，死亡5人(其中交通死亡1人，建筑工地死亡1人，石灰窑致人窒息死亡2人，采石场坠落死亡1人)。特区监察局在4起事故调查中履行职责，督促各部门落实安全生产监督措施。

2006年，全区发生事故10起，死亡2人。特区监察局在10起事故调查中充分履行职责，督促各部门落实各项安全生产监督措施。

2008年，开展“百日安全整治行动”，与特区安监、特区经贸局、特区公安局等部门组成联合督察组，对各部门、单位、厂矿和场所进行监督检查。

2009年，开展安全生产法律法规执行情况监督检查。一是对非煤矿矿山、危险化学品、道路交通、建筑施工、人员密集场所、水利、电力、特种设备、农业机械、景区、学校等安全生产进行监督检查。二是抓好节日期间值班工作，坚持领导带班制度和安全生产事故报告制度，确保节日前后安全生产安全稳定。三是查处安全生产责任事故，对发生安全事故，积极配合相关部门查明事故原因，提出整改意见，做好善后和家属安抚工作。全年共发生各类生产安全事故10起，死亡2人，受伤10人，直接经济损失38.92万元。

2010年，开展安全大检查8次，调查处理安全生产事故4起(死亡人数3人)。

2011年，加强安全生产责任事故追究监督，督促并参与5次安全生产责任制执行情况监督检查，参与3起安全生产事故调查处理，未发现事故背后腐败问题。

2013年，参与对安全生产事故进行调查处理，对3家企业依法进行处理，并处罚款36万元，对4起安全生产责任事故涉及的7名责任人进行问责。

2014年，根据市安全生产明察暗访组检查万山区安全生产工作反馈的六个方面问题和意见，对特区消防、特区安监、特区质监、特区住建、特区城管等相关职能部门落实整改情况进行再监督再检查。到区生态移民建设项目、宏达液化气储配站、乐购超市、佰祥清洁能源有限公司等企业，就相关行业监管部门是否督促企业落实问题整改、企业是否整改进行监督检查，提出建议4条，督促监管部门落实问题整改13个。

第三节 招投标监督

1993年，特区党委、特区人民政府印发《关于加强党风廉政建设的暂行规定》文件，规定基本建设实行公开招标制，国家、集体单位的基本建设工程实施前，必须统一招标，张榜公布。工程发包，必须坚持集体审批，明确建筑规模、建筑质量、建筑工期、投资总额和平(立)方单价及总额预算等，个人收受承包单位或个人财物者，按受贿论处。

1995年，根据《关于严格建设工程招标投标纪律的规定》(省纪发〔1995〕11号)文件精神，对万山特区建设工程招标投标管理工作提出四点要求：一是所有新建、扩建、改建、技术改造、建筑装饰装修等工程，应严格按招投标程序和规定的投资额范围实行招标或议标；二是对招标工作提出6点要求；三是每年年底或次年年初，由纪检监察机关会同建设部门对建设工程招(议)标工作进行一次监察，并作为对建设主管部门年度工作考核的重要内容；四是对建设单位不按招(议)标程序确定施工企业而擅自开工的工程项目，由建设主管部门对有关单位采取必要的措施并予以纠正。

1996年，对近两年在建及新开工的建设工程项目开展监督检查。

1997年，按照省、地纪委有关文件要求，对特区邮电局职工宿舍楼的招标投标开展监督检查，没有发现该工程项目存在贪污、挪用、行贿、受贿等现象。

1998年，按照省、地区纪委有关文件要求，对教育部门的工程招投标工作进行监督检查。

2003年，落实建设工程招标投标，对3个工程项目进行全程监控，涉及资金120多万元。

2004年，对18个招投标工程进行全程监督，各有关业务部门10万元以下的议标工程也都纳入了执法监督范畴；推行廉政保证金制度，全年共收取保证金2.95万元。

2005年，充实和调整万山特区招投标领导小组，建立和规范工程招标投标活动规章制度，推行工程廉政合同制度和建设工程重大事项报告制度，并纳入党风廉政建设考评内容，全年实施的8个工程项目724.58万元的招投标过程中没有一起为个人和亲友谋取私利的案件发生。

2006年，实施建设领域招投标监督21项次，涉及建设资金2170万元，并继续推行“三介入、三同步和双合同制”“332”监督管理机制，有效促进全区建设领域公平、公正发展。

2007年，参与招投标工程监督20项次，涉及建设资金2728.52万元；按规划完成旧房拆迁92户，面积8775.89平方米，兑现补偿拆迁资金469.46万元。

2009年，开展土地专项监督，加强对土地使用权出让情况的监督检查，督促有关部门全面落实工业用地和经营性用地招标拍卖挂牌出让制度，要求工业用地和经营性用地出让必须以招标拍卖挂牌方式确定土地使用者和土地价格。

2011年，严格执行建筑市场规范建设和招投标制度，完成招投标活动21项，未发现违规现象。

2012年，为加快谢桥体育馆、游泳馆工程性设备采购招标工作的监督，保证在招投标过程中的公平、公正、合规、合法性，确保第一届市运会如期召开，全程参与监督和指导“两馆”工程性设备采购质量、程序及安装工作。

2013年，对老年公寓、规范化医院等20余个项目的招投标进行监督检查，提出工作建议12条。查处招投标投诉举报2件，对区人民政府采购中心1名工作人员不作为、乱作为行为予以全区通报批评，并进行岗位调整。

2014年，会同发改、财政、审计、住建招标办等单位，对小云南水库建设项目、公租房建设项目、S103郭家至黄道公路提级改造项目重点环节监督，完善信息发布、资格审查、评标、定标及中标结果公示、备案管理等规定。

第四节　行政效能建设与监察

2003年，特区教育局、特区工商局开展效能监察试点，促进试点单位工作作风的转变。

2004年，全区推行效能监察工作，对特区公安局、特区民政局、特区建设局、特区国土局、特区人事局共五个部门开展效能监察。

2005年，推进政府职能转变和管理创新，开展行政效能投诉、受理工作，解决一些机关和部门作风不实、效率低下、办事推诿、资料浪费等问题。通过设立举报投诉电话、举报箱和聘请行政效能监察、社会监督员等方式，接受社会监督。

2006年，组织特区工商局、特区国土局、特区房产局、特区建设局、特区公安局、特区交通局、特区卫生局、特区环保局、特区民政局部分窗口服务职能集中进驻特区政务中心，受理行政效能投诉工作等，解决机关和部门作风不实、效率低下、办事推诿、资料浪费等问题；通过设立举报投诉电话、举报箱和聘请行政效能监察、投资软环境社会监督员等方式，接受社会监督。

2008年，建立完善领导接待日制度，拓宽投诉渠道，开展效能建设、建立和完善岗位责任制、绩效考评制等配套制度。

2009年，组建11个由特区四大县级班子主要领导和特区委常委任组长的机关作风和效能督查组，开展整治“庸、懒、散、拖”歪风。

2011年，印发《万山特区作风效能建设和发展环境建设问责办法(试行)》《万山区2011年度目标管理考核办法》《关于进一步提高执行力和落实力推进工作提速增效的意见》等文件和规定，推进干部作风建设，推动全区各级各部门工作整体提速增效；建立特区纪委监察局班子成员带队开展作风暗访督查工作制度，对暗访情况查一次通报一次，并对“督查人”和“被查人”实行实名通报和图文通报；推行“监督检查事项征求意见办法”，组织开展专项督查13次，开展明察暗访16次，发现并解决影响机关作风和效能行为14起；发出《机关作风效能建设督查通报12期》《纪检监察工作专报》3期，通报批评单位4个，公开道歉1人，通报批评25人，诫勉谈话4人；对22个区党群部门、34个政府部门、15个区垂管部门和6个乡镇进行全区机关作风效能建设集中测评，运用测评结果实行奖惩。

2012年，组织督查人员采取随机或集中检查方式，深入乡(镇、办事处)和部门对其办事公开制、岗位责任制、服务承诺制、一次性告知制、首问责任制、限时办结制、联合审批制、效能告诫制、绩效考核制、责任追究制等制度落实情况进行监督检查，共开展明察暗访23次，受访部门和乡镇56个，检查内容共计12项次，发现并督促整改问题26个；对不按时报送材料、工作失误、不认真履行工作职责和工作效率低的15个单位和9名工作人员予以全区通报批评。

2013年，开展机关作风和效能建设督查173次，参与部门“三重一大”会议80次，提出意见建议66条；对部门重点工作重大项目落实情况开展督查130余次。

2014年，开展作风效能明察暗访54次，发出督查通报19期，发现问题22个；对46个单位的69名干部违反中央八项规定行为的予以全区实名通报批评，予以诫勉谈话24人，提醒谈话37人，责令5名干部作书面检查，查收廉政责任金7788元。

第五节　行政审批电子监察

2010年，建立行政审批电子监察系统办公室，全年受理审批服务事项569件，办结率100%。

2011年，区人民政府投入75.38万元资金，建立区行政审批电子监察系统，按照“一市两区”行政服务中心合署办公的要求，完成前期工作。

2012年，发挥电子监察系统监督作用，加强对窗口部门的监督，区行政服务中心全年共受理行政审批1.64万件，办结1.64万件，办结率为100%。乡（镇、办事处）便民服务中心受理行政审批2.37万件，办结2.36万件，办结率99.58%。

2014年，开展电子监察系统监督，加强对窗口部门的监督，及时指出存在的问题，提出改进的具体意见，并严厉查处各类行政不作为、乱作为问题。

第六节　投资软环境治理

1995年，特区党委、特区人民政府把经济增长的着力点放在发展非公有制经济方面，印发《关于加快全区个体私营经济发展的意见》。

1997年，特区党委、特区人民政府对老山口新区规划定位为全特区政治、经济、文化中心，先后印发《关于开发老山口新区的若干规定》和《关于老山口新区招商引资优惠政策的通知》。

1998年，先后印发《万山特区1998至2000年非公有制经济发展规划》和《关于进一步优化投资环境，做好招商引资工作，促进全区经济发展的若干规定》。

2000年，印发《关于优化经济环境做好招商引资工作促进特区经济发展若干规定》。

2002年，根据地区提出的“强工兴区、优农稳区、旅游活区”和“城镇建设、招商引资、大项目带动”战略发展为重点，不断改善投资环境，初步形成以铁合金、汞化工、电解锰为主的三大支柱产业。

2004年，万山特区投资软环境专项整治工作主要采取“确保四个到位、坚持五查五纠、强化六种意识、整治七种行为”等方法与措施；对政府投资项目进行监督，涉及资金523万元。

2005年，特区党委、特区人民政府印发《2005年投资软环境建设实施方案》《万山特区优化经济发展环境的意见》，开展金融生态环境整治，共清理不良贷款34户36笔，占清收总额的74%；特区近40个窗口部门和行业落实首问责任制、限时办结制、过错责任追究制等10多项便民制度；对境内重点企业进行挂牌保护和实行副县级以上领导干部联系制度，防止“三乱”和“吃、拿、卡、要”行为发生；特区纪检监察、特区经贸等相关部门按季度定期到各类企业和个体工商户中去开展调研，解决影响投资环境问题；建立特区经济发展软环境投诉中心，开通“环境与行风热线”栏目，共受理举报投诉信息20余条，全部得到处理。

2006年，特区党委、特区人民政府调整充实投资软环境建设领导小组，印发《万山特区行政机关及其公务员行政问责暂行规定》，特区近40个窗口部门和行业落实首问责任制、限时办结制、服务承诺制等10余项便民制度；继续对境内重点企业进行挂牌和实行副县级以上领导干部联系制度，防止“三乱”

和“吃、拿、卡、要”行为发生；建立政务服务中心和行政投诉中心，实行“一站式”办公，简化审批程序手续；开通“行风热线”栏目新模式，年底对各单位行风热线工作情况进行考核评比，并纳入党风廉政建设及岗位目标的考核体系。

2007年，特区党委办、特区政府办联合下发《万山特区开展厂矿企业周边环境秩序专项整治活动方案》，规范企业周边法治环境；实行政法领导和乡镇领导联系企业周边村组制度，对煽动和操纵村民、居民无理阻工、堵路、破坏企业设备和强揽工程，强买强卖从中牟取利益等不法行为进行整治。

2008年，开展非有公制企业党风廉政建设，在非公有制企业中配备或派驻纪检员，即对非公有制企业支部具备条件的，在支部内直接选举产生，对不具备条件的，由特直机关工委抽派部门党支部中熟悉党务工作、协调能力强的党员到非公有制企业支部任纪检员，主要职责是搞好协调服务，协助非公有制企业支部抓好党风廉政建设工作，引导非公有制企业进一步贯彻落实好党的路线、方针、政策，促进非公有制企业廉洁、高效运行，延伸党的纪检监督网络，保障党员的合法权利，切实做好廉政文化进企业，维护企业的合法生产经营权益，促进非公有制企业的健康、快速发展。

2009年，开展优化投资软环境治理，对非经营性政府投资项目推行“代建制”，共完善政府投资监管制度3项，审批项11个，备案项目4个。

2010年，开展优化投资软环境治理，建立非公有制经济发展侵权投诉中心，负责受理对影响投资环境情况的投诉举报；为福建商人张某在高楼坪侗族乡创办的砖厂化解长达一年之久的厂房搬迁补偿、村民协议等矛盾纠纷；强化企业周边环境专项治理，排查各类矛盾120件，成功化解了115件；在万山镇和高楼坪侗族乡先行试点，集中整治“强拉强运、强买强卖、强揽工程”等突出问题，全区悬挂宣传标语30幅，出动宣传车20余台次，电视连续滚动播报1个月，张贴《政府通告》60幅，专项督查8次，排查处理问题11个，行政拘留破坏村级公路违法行为2人。

2011年，推进投资体制改革，全区审批项目7个，备案项目26个。

2012年，加强投资体制改革监督，大力推选非经营性政府投资项目“代建制”，严格控制项目投资成本；完成2个乡镇、2个部门和1个国有企业的经济责任审计工作，未发现违规违纪行为。

2013年，开展企业走访调研，对谢桥新区建设中存在的困难和问题进行深刻剖析，形成纪检专报《热建设中的冷思考》报区委、区人民政府主要领导；推行招商引资项目“全程代办制”，企业在办理手续时由特区投资促进局安排人员陪同或代理企业办理，特区纪检监察机关对整个办理过程实施监督。全年走访企业调研，督促相关部门帮助企业妥善解决问题21个。

2014年，印发《万山区关于进一步优化经济发展环境的暂行规定》，为企业协调解决矛盾纠纷18起。

2015年，开民优化投资软环境治理，以“依法行政、提高行政效能、规范行政行为”为主题，印发《万山区关于进一步优化发展环境暂行规定》。

2016年，开展优化投资软环境治理，建立“一个项目、一名领导、一个班子、一抓到底”项目推进机制。

2017年，督促区投资促进局优化服务，健全机制，不断提升营商环境建设：一是制定代办服务机制、跟踪服务机制、问题解决机制、投诉处理机制；二是以“客商满意”为代办工作的落脚点，派专人全程陪同一站式办证，开展保姆式服务，对代办中遇到的困难和需要协调解决的事项，请相关领导亲自协调或采取召开协调会的方式立马解决;三是实行首问责任制,坚决打击办证过程中"吃、拿、卡、要"现象。

2018年,实施重大签约项目审批"绿色通道"制度,并联审批,特事特办,急事快办;打击建筑施工领域强揽工程、强拉强运、强行阻工等"三强"行为,保证项目有序推进;将《贵州省外来投资服务和保障条例》写入人大工作报告,在全区"两会"期间进行宣传学习。

2019年,多部门联动,成立"放管服"协调小组,特设"营商环境组",负责协调推进营商环境建设过程中的问题。全年受理代办事项62件,办结率100%;提供电话服务124余次,提供企业上门服务90余次。

2020年,启动二届区委第九轮巡察暨营商环境专项巡察,对全区19个党组织开展营商环境专项巡察;印发《万山区深化窗口单位作风效能建设专项整治工作实施方案》,成立6个专项整治监督检查小组,重点监督检查作风及服务、制度建设、政务服务改革、平台建设等方面,督促整改问题15个。

2021年,开展营商环境专项整治,按照"四位一体"监督模式,围绕"一台账两清单",采取"四不两直"工作法深入政务服务窗口开展监督检查16次,发现并督促整改为民服务有差距、审批流程进度缓等8个问题。

2022年,开展营商环境专项监督检查,印发工作方案和工作提示,开展联合督查2次,发现问题38个,对12个部门主要领导共计16人进行约谈,谈话提醒1人。万山区"贵人服务"工作得到《贵州省人民政府办公厅关于对2021年落实有关重大政策措施推动高质量发展实干成效明显地方予以督查激励的通报》表扬,《万山区"三零"服务打造优质营商环境》获贵州改革工作动态推广。

第九章　反腐倡廉宣传教育

反腐倡廉宣传教育是党的思想政治工作的重要组成部分，是反腐倡廉的基础性工作，是有效预防腐败的重要手段。万山区纪检监察机关历届领导班子一贯重视党风廉政建设和反腐败工作的宣传教育工作，并根据各个历史时期反腐败工作的形势和任务，利用多种载体并通过多种形式开展宣传教育工作，着力解决党员，特别是领导干部在党性党风党纪方面存在的突出问题，使广大党员牢固树立正确的人生观、价值观，增强廉政意识，提高拒腐防变能力，保证各个时期各项工作任务的完成。

第一节　反腐倡廉宣传与警示教育

反腐倡廉宣传与党员干部警示教育是构建惩治和预防腐败体系的基础性工作，是从源头上防治腐败的重要举措。加强反腐倡廉宣传与开展党员干部警示教育是纪检监察机关的一项重要的任务。万山区（特区）各级纪检监察机关充分认识反腐倡廉宣传教育的重要性和必要性，坚持以党的基本理论方针政策为统领，把握规律，注重实效，常抓不懈，扎实推进反腐倡廉宣传教育工作深入开展。

1985年，特区纪委为加强财务管理，对财务、供销、银行等单位先后进行170多人次的文明经商、加强财务管理、财经纪律等方面的教育。通过对党员的教育和违纪案件的查处，违纪案件比1984年下降28.6%。

1986年，特区党委副书记、纪委书记何芝茂针对党员的思想实际情况，加强对党员党性、党风、党纪的教育工作。在党员大会上，上党课2次，受教育人数达1600余人次。4月和9月，特区纪委分别印发《最高人民法院、最高人民检察院关于〈准确应用法律打击经济犯罪〉》的宣传手册300份和贵州省纪委书记刘汉桢在全省“经打”工作座谈会上的讲话材料150份发至各单位。向部分单位干部职工开展法制和财经纪律教育3次，受教育人数达300余人次。

1987年，坚持把党性教育作为工作重点，把商业局党总支部作为党性教育的试点，在抓点的同时，注意点面结合，常抓不懈，对党性教育开展得好的单位以会议和通报的形式给予表扬，对差的单位予以批评，使党性教育工作受到各级党组织的重视。会同宣传、组织部门和特直属机关党委举办干部培训班两期，受训42人。对特直机关的广大党员进行一次党风形势报告教育，受教育面达300余人。全年，纪委书记上党课4次，受教育党员共计1100人次，放映党性、党纪教育录像17场，受教育的党员干部职工共计6000余人次。

1988年，在特区党委召开的思想政治工作会议上，纪委书记刘先和就万山的党风形势进行通报，并向全体党员提出建设一个好的党风要求。特区纪委以举办学习班和培训班的形式，对部分党员中层干部、农村支书和农村党员进行党风党纪教育，受教育党员938名。

1989年，在4月召开的特直机关党员大会上，纪委书记刘先和结合万山各级党组织和广大党员的实际情况，要求各级党组织抓好廉政为重要内容的党风建设，教育广大党员严守党纪国法，克己奉公，为群众作好表率。在6月召开的特区党建工作和干部教育会议上，纪委书记刘先和以“强化党纪观念，抓紧廉政建设”为题，就党纪的主要内容和抓廉政建设的重要意义以及措施作讲话，以通报和简报的形式，对全特区党员进行正反两方面的典型教育。

1990年，特区纪委在全特区党员干部中开展警示教育，组织全特区各部门各单位党员和入党积极分子播放观看《党规党法电视教育片》和《越轨行动》等警示教育片，全年，观看录像的党员干部达500余人次。

1991年，重点进行以《中国共产党章程》《中国共产党廉洁自律准则》和中纪委下发的几个条例为内容的纪律规范教育和开展向覃光松学习活动，并下发《关于在全特区共产党员中开展党的纪律教育活动的通知》，要求各级党组织在认真组织学习《中国共产党章程》《中国共产党廉洁自律准则》，以及中纪委近几年来颁发的共产党员违法违纪党纪处分的四个文件的六大规定。全年，特区纪委会同特区党委有关部门，举办各种形式的学习班和培训班，培训内容主要有《关于社会主义若干问题学习纲要》《中国共产党章程》《中国共产党廉洁自律准则》及党的基本知识，党风党纪和廉政建设等方面知识，共轮训党员科局级干部197人次，农村支部书记、党员、村主任计57人，农村党员1345人，纪委领导亲自授课5次，全特区96.5%的党员受到培训。特区纪委还组织各部门各单位广大党员观看《普通一官》《焦裕禄》《烈火金刚》《纪委书记》《九间棚》《二二特大挟持案》等电影、电视片，并要求以支部为单位组织党员讨论，写心得体会及总结，全特区观看人数达4000余人次。

1992年，重点抓电化教育，对特直机关党员，利用党团活动日，采取分批、分片的形式集中收看电视录像、内容侧重于典型案例和党规党法教育，观看人数达600余人。利用电教设备在各乡镇巡回放映电视录像10场，观看录像的党员和入党积极分子1000余人、放映的录像片有《党规党法电视教育片》《党的基本知识系列片》和《勤劳致富的带头人》等。利用上党课举办学习班、培训班开展党风党纪教育。特直机关上党课(大课)2次，纪委领导主讲1次，参加听党课的达1000余人次。在学习班、培训班中万山纪委领导多次为党员讲课传授业务知识。参加学习、培训的党员和科局级干部、纪检员达300余人次。利用典型案例开展教育。注重选择那些性质严重、影响大、具有普遍教育意义的反面典型，通过发文件、发案例剖析、通报等形式、进行公开揭露，不仅对党员干部起到敲警钟的作用，同时也使广大群众看到共产党惩腐倡廉的决心。

1993年6月，特区纪检监察机关正式合署办公后，成立宣传教育研究室，安排专人负责此项工作，并会同特区有关部门积极开展一系列以党规党法为主要内容的反腐败、倡廉洁、守纪律的宣传教育活动。抓好电化教育和上好党课。同特区委组织部到各乡镇、各单位巡回播放或通过有线电视播放党风党纪电视教育片，播放达30余场次，观众达2000余人次，到四乡一镇上党课5次，举办党风廉政建设报告会2次，听众达1000余人次。

1994年，特区党委及纪委主要领导作“党风党纪，廉政建设报告会”2场，领导干部参加人数182人次。在全特区在职干部中，掀起“学理论、转变观念”的解放思想大讨论热潮，认真学习《毛泽东选集》部分章节、《邓小平文选》第三卷等重要文章。同时狠抓电化教育工作，全特区纪检监察机关会同特区委组织部在全特区开展“7月电化教育月”活动。利用闭路电视和党员培训的机会，播放电教片《方城之误》《有意无情》等17部电教片，共45场次，在农村、机关15个固定电教点有8750余人次收看。会同特区委政法委、特区委组织部、特区委宣传部等部门对全特区政法干警开展为期两个月的集中教育整顿工作，利用典型案例开展教育。

1995年，利用全特区党员、领导干部会议和部门会议，请特区党委及纪委主要领导作“党风党纪，廉政建设报告会”两场，领导干部参加208人次。结合全特区开展向新时期共产党的楷模孔繁森学习的活动，组织广大干部职工764人聆听云南35208部队英模报告团作“讲理想、讲奉献”的宣讲报告。建立党风廉政电教网，开展电化教育活动，播放电教片45场次，参加观看党员干部8000余人次。制作电视专题片《卫士的足迹》。

1996年，利用乡（镇）、村党员领导干部培训班，开展党员干部警示教育活动，特区纪委先后于7月和9月，派专人到下溪乡、高楼坪乡，参加乡村党员领导干部培训班，并作《强化公仆意识 遏制腐败现象》的专题讲座，培训人数共计134人。4月12日，组织全特区站股所以上领导干部417人，听取特区党委书记邓应明和特区纪委书记杨均成所作的反腐倡廉专题报告会，4月中旬，组织开展向新时代共产党员的楷模曹克明和领导干部的楷模孔繁森学习活动。播放电视录像开展警示教育，全年共播放电视录像《钱与权》《从法官到囚徒》《欢乐中的启迪》等68场次，受教育党员干部达3130余人次。

1997年，特区党委书记邓应明以《富有成效地开展反腐败斗争》为题，给全特区科级以上领导干部做廉政报告，强调反腐败斗争的重要性和紧迫性；特区纪委书记杨均成以《抓落实、重实效、锲而不舍地开展反腐败斗争》为题，通报全特区近年来开展反腐败斗争情况并部署下步工作，同时，进行勤政廉政教育，增强广大干部全心全意为人民服务的公仆意识。特区纪委与特直党委联合编发《重点学习材料编目介绍》，把《中国共产党纪律处分条规（试行）》《中国共产党廉洁自律准则》《江泽民同志重要讲话》纳入各支部必学材料，印发下去，为各支部开展党课教育提供引导。开展《党规党纪条规手册》学习活动，发放手册344本。发挥电化教育网络作用，开展电化教育工作。全年放映电教片70余场次，播放电教片21盘，参加收视的人数达8950人次。

1998年，特区纪委书记杨均成以贯彻地区纪检监察会议精神，部署1998年反腐败工作为契机，开展党员干部廉政教育，强化党员干部的公仆意识，受教育党员领导干部达256人次。特区纪委组织开展以《中国共产党章程》《中国共产党纪律处分条规（试行）》《中国共产党廉洁自律准则》《中华人民共和国行政监察法》等为主要内容的党风廉政、法律法规学习活动。在全特区科级领导干部培训班、党员干部理论学习培训班上组织讲授廉政教育课，受教育党员干部达176人次。利用特区广播有线站播放《三风劲吹呈活力》党员干部教育电教片，全年播放电教片60余场次，受教育党员干部达1608人次。

1999年，组织开展以《中国共产党章程》《中国共产党纪律处分条规（试行）》《中华人民共和国行政监察法》为主要内容的党风党纪教育,共播放党员电教片68场次,观众达1608人次。

2000年,开展党员领导干部勤政廉政教育,全年培训教育科级以上党员领导干部247人次。结合全特区"三讲"教育,以《胡长清典型案件警示录》《生死抉择》《邓小平论党员领导干部廉洁自律》《胡长清案件警示教育材料》《党风廉政法律法规选编》等书籍资料在广大党员干部中开展警示教育,全年共发放书籍417本,播放党员电教片71场,放映电影3场,受教育党员干部达5760人次。在万山镇、高楼坪乡党员培训会上,针对性地对《中国共产党纪律处分条例》进行宣讲,参加党员及入党积极分子共计117人次。

2001年,组织全特区党员干部认真学习党的路线方针政策,学习党规党纪必读篇目,宣传勤政廉政正面典型事迹。在开展警示教育活动中,全特区各级各部门通过中心组学习、座谈讨论等形式,对影片《生死抉择》、专题片《胡长清案件警示录》等进行广泛座谈交流。围绕邓小平中国特色社会主义理论、江泽民"三个代表"重要思想,以及党纪党规、行政法规等知识开展竞赛活动,提高党员干部政治理论和知法、守法、用法的自觉性。组织1800余名党员干部,观看警示教育片29场次、科教片20场次,干部廉政教育普及率92%以上。

2002年,采取以会代训的方式,对提拔的副科级以上领导干部和后备干部进行警示教育。特区纪委联合特区委组织部、宣传部,在全特区巡回播放警示教育片76场,干部受教育面达95%。

2003年,特区纪委会同组织部、宣传部、党校等单位,对乡、村、科局级领导干部分期进行系列培训,时间长达3个月,党委常委一班人亲自授课,党委副书记、纪委书记刘先银围绕党风廉政建设和反腐败工作分别作专题讲座,纪委宣教室组织参训人员观看《廉政启示录》《贪者戒》等电教片。

2004年,购买《绝路》等VCD光碟警示教育片,组织全特区党员干部开展廉政警示教育活动,全年共举办各类型廉政警示教育活动11次40余场,发放宣教学习资料1600余(本)份,举行各类座谈会60余次。教育党员干部3000余人次。编排文艺节目《红包》,深入各乡镇演出。

2005年,为营造良好廉政宣传社会氛围,特区纪委筹集4万元专项经费用于廉政文化宣传,以丰富宣传手段,创新宣传平台,建立联席会议制度,营造"大宣教"工作格局。以"五珍惜""十个一"等活动为载体,着力体现宣教效果。全年开展各类廉政教育活动90余场,1300余名党员干部受到教育。在《建立健全教育、制度监督并重的惩治和预防腐败体系实施纲要》的学习活动中,发放学习资料近600份,50多个单位组织开展辅导讲座,全特区1500余名党员干部参加"两个纲要"知识测试。全特区有20名领导干部家属被评为廉内助。对区内30个部门制作的廉政板报进行集中展览。

2006年,为营造良好廉政宣传社会氛围,特区纪委筹集4万元专项经费用于廉政文化宣传,营造"大宣教"工作格局。以学习贯彻《中国共产党章程》,遵守"四大纪律、廉洁从政""六个一"等活动为载体,着力体现宣教效果。为强化宣传效果,在媒体上增设"学党章谈体会""廉政之声"等专题。

2007年,全特区纪检监察机关和广大纪检监察干部立足实际,通过开展自学、支部学习、理论学习会议、开辟专栏园地、撰写读书笔记、心得体会研讨文章等形式,认真学习贯彻中共十七大精神。全年全特区各级纪检监察干部共撰写读书笔记20余万字,心得体会文章100余篇。11月,举办万山特区中共十七大精神学习班,来自全特区党政系统400名副科级以上干部集中学习中共十七大报告和中共十七大通过的《中国共产党章程(修正案)》,并认真交流学习体会,同时组织5个学习宣传调研组，分赴5个乡镇进行为期一周的中共十七大精神巡回宣讲。全年重点对新调整的126名科级干部，26名新提任干部进行任前谈话。特区委党委书记王开禄在全特区新任领导干部警示教育培训班上提出"民本理念""诚信理念""公正理念""尚廉理念""服务理念"等五个理念的具体要求，特区委常委、纪委书记王贵军就新时期新阶段反腐倡廉工作作专项辅导，全特区各级领导干部认真学习贯彻省、地委党风廉政建设和反腐败工作会议精神，累计学习笔记1200万字以上，学习心得2304篇。

2008年，以学习贯彻中共十七大、中纪委、省纪委二次全会为主线，以树立正确的权力观、地位观、利益观为根本，以"做勤廉表率，促科学发展"为主题，突出"大宣教"工作亮点，深入开展反腐倡廉宣传教育活动。充分发挥媒体作用与组织、宣传、党校等部门联合在各乡镇各部门积极开展"百名书记讲百堂廉政党课"活动，全特区50多个单位基层党政"一把手"、支部书记讲廉政党课100余场，讲廉政党课面达100%，党员干部撰写心得体会文章400多篇。重点对党员干部利用职权受贿、执法犯法贪污公款、弄虚作假贪污公款、嫖娼、贪污公款及公款旅游等严重违法违纪典型案件的宣传警示教育。全特区各单位共集中组织党员干部学习40余次，在党校开展辅导讲党课4次，播放《赌之害》等电教片60余场次，4000多名党员干部受到教育，并加强警示教育基地建设，组织100多名县级领导、科级领导干部到特区警示教育基地和铜仁五监狱进行参观，并开展服刑人员现身说法教育，充分发挥"查处一案，教育一片"的效果。同时，通过领导干部上"廉课"、看"廉片"、唱"廉歌"、读"廉信"、赠"廉书"等教育，增强广大干部转变作风的自觉性，努力做到"为民、务实、清廉"。

2009年，开展庆祝中华人民共和国成立60周年廉政文化建设系列活动。以庆祝中华人民共和国成立60周年为契机，在利用党课、培训班、报告会等传统教育手段的基础上，多部门联合开展庆祝中华人民共和国成立60周年反腐倡廉宣传活动。投入2.5万元建立青少年廉政文化教育基地1个。

2010年，全年把廉政教育列入"忠实践行宗旨·勤政廉政为民"主题实践活动的重要内容，切实加强党员干部的党性党风党纪教育，依托三大平台，加强反腐倡廉建设宣传，发挥《万山视窗》报、电视台和政府网三个平台的作用，加强与有关媒体的沟通联系，宣传全特区党风廉政建设和反腐败工作成效，开辟廉政宣传教育新载体，扩大宣传覆盖面，建立万山廉政网页，开设"纪检新闻""政策法规""政风行风"等8个栏目，重点发布反腐倡廉工作。同时，聘请3名廉政网评论员，收集社会热点问题，有针对性地撰写评论文章加强正面舆论引导。开展"三项教育"，增强党员干部廉洁自律意识，组织开展以"案件警示"教育、重点系统和重点岗位廉政教育、正反典型教育为主要内容的"三项教育"。全年购买《中国共产党党员领导干部廉洁从政若干准则》专用学习书籍700余册，发放资料5000份，确保科级以上干部人手一册，组织开展2次《中国共产党党员领导干部廉洁从政若干准则》专项督查，各级党组织举办廉政培训会20期，集中学习200余次，其中对27名县级领导干部、265名科级干部、其他干部1767人进行现场测试，参与率98%，使1万余名党员干部群众受到教育。探索"规定+自选"反腐倡廉教育模式，增强党员干部党性修养。运用读书思廉、宣讲崇廉、警示促廉、典型引廉等多种形式，全年分5期组织开展全特区科级领导干部参加清华大学领导能力提升远程教育培训，增强教育培训的针对性和实效性。全年共组织各乡镇和特直部门党政主要负责人及副县级以上领导干部100人，在特区人民法院参加庭审旁听警示教育活动，参观铜仁市法院警示教育基地，观看《自由的日子》

《远山的红叶》等警示教育片，使党员干部时刻警钟长鸣。

2011年，按照"教育在先、预防靠前"要求，开展廉政教育活动、理想信念教育、党的优良传统活动。不断提高党员领导干部的廉洁自律意识。根据中央《关于开展建党90周年红色革命教育活动的通知》要求，各级各部门组织党员干部赴全国红色革命示范教育基地参观学习32批次，400余名党员接受红色革命再教育和洗礼。开展警示教育、党纪政纪条规教育和岗位廉政教育。配合地纪委开展铜仁地区反腐倡廉警示教育报告会暨图片巡回展，组织全特区副科级以上领导干部接受警示教育，并要求各级党政机关主要负责人撰写心得体会120篇。12月24日，组织对新区管委会、工业园区管委会和谢桥办事处相关人员开展专题警示教育活动，并签订廉政承诺书120余份。联合组织部门组织全特区160名入党积极分子对《中国共产党党内监督条例》《中国共产党党员领导干部廉洁从政若干准则》《中国共产党纪律处分条例》等进行系统培训学习，进一步提高对党纪政纪条规的认识。开展岗位廉政教育活动，针对重点领域、重点环节、重点人群等进行岗位廉政风险教育，全特区开展廉政宣讲10次，播放警示教育片80余场次。为重点部门和领导干部征订发放《党风廉政建设》《中国监察》《中国纪检监察报》《中华人民共和国行政监察法》《廉政日志》相关书刊549份及购买廉政光碟30套。为农家书屋、村党员活动室发放纪检书刊300余册，着力增强党员干部拒腐防变能力。加强换届纪律宣传教育，充分利用电视台、网站、报刊、手机等广泛宣传"5个严禁""17个不准""5个一律"要求，累计向干部群众发送严肃换届纪律短信3.8万条次，发放学习资料1.12万份，作专题宣讲230场次，1500余人参加测试。

2012年，开展示范教育、警示教育、党纪法规教育、岗位廉政教育等活动，进一步促使领导干部加强党性修养，自觉遵守廉洁自律各项规定，增强自身拒腐防变的能力，扎实推进广大干部勤政廉政。对全区300余名基层党代表，转正党员及入党积极分子进行党纪法规教育培训。10月9日，区委书记汤志平和区人民政府区长张吉刚亲自授课对2011年来新提拔的科级干部进行廉政教育培训，着力提高科级干部的廉洁从政意识。开展各类廉政宣讲10余场次，播放廉政教育片50余场次，发放廉政资料300余册。开辟廉政教育专栏，在区电视台、政府门户网站、报纸等媒体开辟专栏，组织全区9个乡镇(办事处)和16个重点部门主要领导开展"勤政廉政大家谈"活动，通过领导谈勤政廉政的形式，不断增强教育的针对性和说服力。在7个案发单位开展案件警示教育，用发生在本单位的违纪案件警示本单位的干部职工，用身边案例教育身边人，使发案单位每一位干部职工亲身感受法纪的威严，并深刻体会到要倍加珍惜自己的岗位，倍加珍惜自己的人生和前途，树立正确的权力观、地位观、利益观，自觉抵制歪风邪气，筑牢拒腐防变的思想防线。

2013年，制定《万山区2013年度警示教育工作方案》，印发《万山区2013年廉政文化宣传月活动实施方案》，开展反腐倡廉宣传教育活动。组织党政"一把手"警示教育活动，集中收看警示教育片《蜕变与悔悟》。邀请市委常委、纪委书记郭智敏到万山为全区县级领导及科级党政"一把手"作廉政教育专题讲座。组织全区科级党政"一把手"及重点部门关键岗位人员140余人到市党风廉政警示教育基地和铜仁监狱参观，在铜仁监狱听两位职务犯罪服刑人员现身说法。积极开展岗位廉政教育、廉政约谈、法纪廉政教育、理论征文、廉政知识测试等活动。区委常委、纪委书记吴廷友到乡镇开展岗位廉政教育培训；委局机关、派出纪工委(监察分局)相关纪检监察干部到交通、住建、国土、卫生、供电等重点部门开展岗位廉政教育培训20次。及时调整区纪委常委与科级领导经常性普遍约谈分工，对科级领导干部约谈基本实现全覆盖。各乡(镇、办事处)纪委对村(居)“两委”班子成员开展以“廉洁务实履职、严守换届纪律”为主题的约谈工作，乡镇纪委对村(居)班子成员约谈基本实现全覆盖，制定出台《万山区法纪廉政教育进项目进工地实施办法(试行)》，会同区人民检察院对保障性住房建设、职校搬迁项目、规范化医院项目、国土治理项目等项目建设单位负责人及项目管理人员进行约谈和警示提醒，发放廉政告知书800余份，签订廉洁项目承诺书300余份。对130余名新提拔干部进行廉政知识测试。严格实行党风廉政建设责任制。在认真开展党风廉政建设日常工作的同时，积极探索加强同级监督的办法，研究出台《区委区人民政府领导班子成员向区委常委会报告党风廉政建设责任制落实情况工作制度(试行)》，并建议一名区委区人民政府领导班子成员向区委常委会报告党风廉政建设责任制落实情况。组织召开《关于实行党风廉政建设责任制的规定》立法后评估座谈会。

2014年，实施廉政教育“浸润计划”，全方位、多形式、多渠道开展廉政教育，在全区党员干部中组织开展以“廉洁自律、勤政为民”为主题的党风廉政警示教育“四个一”活动，向全区党员干部发放警示教育读本535本，组织各级各部门开展“四个一”警示教育活动，受教育干部达5200余人，筑牢其拒腐防变的思想道德防线。优化发展环境，制定出台《万山区关于进一步优化经济发展环境的暂行规定》，认真受理反诉举报，为企业协调解决矛盾纠纷18起。强化村干部管理，建设村干部监管“筑墙工程”。制定下发《万山区村官监管“筑墙工程”建设实施方案》和《关于严禁村(居)干部在当地承揽承建工程项目的暂行规定》，进一步规范村干部行为，不断筑牢群众利益被频频侵害的“防火墙”，隔断村干部向群众伸出的“黑手”，促进村(居)干部廉洁履职、规范履职、高效履职。对255名村(居)务监督委员会成员进行履职能力培训，对当选的430余名第九届村支“两委”成员进行党风廉政、道德修养等专题培训教育2次。把反腐倡廉宣传教育深入乡镇、部门开展廉政警示宣讲活动，利用身边人身边事现身说法，制作典型警示教育片1部，到相关部门宣讲、播放20余场次。组织开展《贪食“群蝇”终自毁》警示教育片的巡播工作，共计发放光盘210张，76个区直部门、9个乡镇(街道)、85个村(社区)、972个村民组约5万名干部群众进行观看。

2015年，以党性党纪党风教育为重点，深化党风廉政建设宣传教育。充分运用电视、网站、微信、社区以及单位的LED显示屏等深入开展廉政公益广告展播等活动。在全区开展原创廉政短信、廉政格言和家风家训征集工作，向市纪委报送廉政漫画5幅、廉政公益广告1个、廉政动漫作品1件、海报作品1幅、文字作品7篇，家风小故事10个。利用大型廉政高炮广告、LED显示屏、道路护栏、路灯灯箱、公交站台、文化宣传栏、公益广告牌等载体加大党风廉政建设户外宣传力度，设置廉政高炮广告26块、喷绘宣传广告50幅，制作隔离护栏宣传广告牌102块，协调协助完成市、区电视台党风廉政宣传电视新闻8期。组织党员干部集中观看党风廉政警示教育专题片《贪腐末路》。发放《违纪违法领导干部忏悔录》230多册，开展党风廉政警示教育课3场。利用《万山时讯》手机报平台设置图说廉政栏目，推送廉政教育30期;向全区党员领导干部发送廉政短信11条4830人次，组织完成区委书记廉政在线访谈现场直播工作。

2016年，结合“两学一做”学习教育，把反腐倡廉宣传教育融入党委宣传工作格局，突出政治导向、强化思想引领，扎实开展反腐败斗争形势任务和党规党纪宣传教育。对全区副科级以上领导干部经常性开展党纪法规教育培训、廉政知识测试。在宣布处分决定时同步开展警示教育，组织党员干部旁听典型案件庭审，以身边的典型案例教育身边的人。组织全区党员干部观看反腐败警示教育专题片《永远在路上》。全年，组织各类党风廉政警示教育活动20余场次，向全区党员领导干部发送廉政短信30余条，发放廉政家书2300余份，廉政书籍5000余册，受教育提醒党员干部达2万余人次。

2017年，把反腐倡廉宣传教育融入党委宣传工作格局，突出政治导向、强化思想引领，扎实开展党规党纪宣传教育。一年来，开展专题宣讲46场次，上廉政党课18场次。一是注重廉政文化教育。充分发挥以文化人、以廉育人作用，在全区推进廉政文化教育，为全区党风廉政建设和反腐败工作营造浓厚文化氛围。深入挖掘身边正面勤廉典型人物，教育和引导广大党员干部以勤廉人物为标杆，廉洁自律、勤政为民，评选出区级勤廉人物2名，向市级推送勤廉人物2名。以网站、电视、微信、报刊、短信等平台为依托，着力打造廉政建设全媒体宣传阵地，大力宣传反腐败新形势，凝聚反腐倡廉人心力量。二是精心制作“一把手话廉政”专题栏目。组织重点单位“一把手”接受记者访谈，让“一把手”谈廉政、践承诺、履职责。在“万山清风”媒体平台上，开设不同主题栏目对党规党纪进行深度解读，大力宣传纪检监察机关监督执纪问责工作的举措成效，传递万山区反腐倡廉正能量、好声音。三是注重廉政警示教育。充分用好身边典型案例，发挥警示教育作用。组织全区党员领导干部旁听涉案公职人员现场审判，接受“零距离”警示教育，通过宣读处分决定和清退违纪资金，同步开展警示教育，深入剖析政法、教育、水务等系统发生的腐败案例，在区内媒体进行曝光，形成惩处一个、震慑一批、教育一片的警示教育效果。全年，组织开展各类警示教育活动30余场次，受教育党员干部2万余人次。

2018年，共组织召开2次扶贫领域警示教育活动、1次全区领导干部警示教育大会、新时代学习大讲堂第十期前沿知识《中国共产党纪律处分条例》专题讲座等。组织开展专项警示教育。5月，举办全省扶贫领域形式主义官僚主义突出问题专项警示教育展，于6月，开展全市扶贫领域形式主义官僚主义突出问题乡镇巡回教育展。全年，共开展扶贫领域警示教育展12场次，2000余名党员干部受到教育，为决战决胜脱贫攻坚提供坚强作风保障。

2019年，共下发提醒工作函15份、开展督促检查9次、开展专题民主生活会2次、上党风廉政课7次、开展警示教育展18次、5000余名党员干部受到警示教育。查找廉洁风险点49个、下发监察建议书18次、督促案发单位制定和完善制度57个，着力营造不敢腐、不能腐、不想腐的良好氛围。充分用好身边典型案例，发挥警示教育作用。组织全区党员领导干部3次旁听涉案公职人员现场审判，接受“零距离”警示教育。针对全年查处的所有违纪违法案件，以召开党员大会、职工大会或专题民主生活会等形式，在宣布处分决定时同步开展警示教育，对案件进行剖析，认真分析研究，针对性补齐机制漏洞，用身边的典型事例教育身边人，让震慑发力生效。半年来，立案查处的31起违纪违法案件召开警示教育大会31场次，2100余名党员干部接受教育，达到惩处一个、震慑一批、教育一片的警示教育效果。

2020年，通过开展集中警示教育大会、现场警示教育大会等方式，抓住“关键少数”开展警示教育，切实增强党员领导干部勤政廉政意识，提高拒腐防变能力。常态化开展教育提醒，紧扣节点，以下发文件、通报典型案例等方式，提醒广大党员干部牢牢守住纪律“底线”。全年，共下发专项通知6次，通报违反中央八项规定精神、侵害群众利益的不正之风和腐败问题典型案例5起5人，召开警示教育大会2场次，召开扶贫领域警示教育大会11场次。

2021年，设立宣教室，明确职责分工，从巡察办抽调1名有一定写作基础的干部负责信息编写、日常事务等工作，从其他单位抽调1名有一定写作基础的干部负责镜头、网评等工作，构建万山纪检监察宣传工作专人办专事的良好格局。拍摄警示教育片1部，在全区召开的警示教育大会期间集中观看警示教育片，累计观看达200余人次。发放警示教育读本500余册。通过网站、微信等方式通报曝光干部违纪情况9次。举办民生领域警示教育展11场次。结合党史学习教育，引导全区各级党组织将警示教育融入理论学习中心组重要学习内容，全区各单位结合实际开展警示教育活动93场次。9月7日，铜仁市万山区第二届人大常委会第四十五次会议听取区监察委员会关于开展廉政教育工作情况的报告。

2022年，通过各种喜闻乐见的新媒体形式，让廉政教育深入人心，宣传到位。一是于中秋节、国庆节前在微信公众号上发布《致广大党员干部家属的一封廉洁家书》，向全区各级各部门发放70余份《致广大党员干部及其家属的一封信》。二是拍摄正风肃纪反腐视频素材7期，拍摄活动视频3期，制作拍摄廉洁微电影《一正一负 走出不同人生》、廉政歌曲《剑客初心》MV、录制微党课《扣好廉洁从政“第一粒扣子”》。三是联合区妇联、区委组织部、区文联开展“清廉促家风·喜迎二十大”主题教育，15个家庭集体诵读《茶廉赋》和《清廉家风》诗歌，弘扬清风正气，区纪委区监委主要领导作廉政教育讲座，让干部及其家庭现场加接受廉政教育，筑牢思想防线。四是组织新提拔领导干部及其家属到铜仁市党风廉政教育基地接受警示教育，从一个个鲜活的案例中得到深刻的教育和警示。五是联合各相关内设部门组织召开“喜迎党的二十大 忠诚担当扬正气”主题活动。六是联合区妇联组织开展全区关键岗位年轻领导干部及其家属廉洁教育活动，在活动中，集中通报年轻干部严重违纪违法案件，组织观看《远离家庭式腐败》警示教育片。七是联合铜仁市公安局万山分局交警大队开展“珍爱生命·拒绝酒驾”宣传教育活动，发放宣传册200余份，开展130余人参加的酒驾醉驾知识测试活动1次，并签订《拒绝酒驾承诺书》130余份。八是在全区11个乡镇（街道）开展群众身边腐败和不正之风典型案例展，覆盖1000余人。

第二节　纪检监察信息

做好纪检监察信息宣传工作，及时传递正风反腐工作动态，对于弘扬全面从严治党正能量，深入推进党风廉政建设和反腐败斗争，从源头上预防和治理腐败，增强党员干部拒腐防变起到很大作用。同时，充分运用新媒体资源，利用纪检监察网站及微信公众号持续加大信息宣传力度，扩大廉政文化宣传的覆盖面和影响力。

1989年，自编简报6期。

1990年，自编简报和通报各2期发至各基层党组织，对全特区广大党员进行正反两方面的典型教育。

1991年，为加强特区党风信息工作，及时了解全特区各工作部门党风党纪状况，万特区纪委于3月在全特区各多(镇)、特直各支部聘请25名党员作为党风信息联络员。全年共出党风信息6期21篇，征订1992年《贵州党风》杂志216份，与上一年同期相比上升16.1%。

1993年，积极办好《党风信息》。全年共出4期16条。纪律检查工作简报1期、反腐倡廉简报1期。全特区共征订《贵州党风》170份，普及率达到114%。

1994年，全年共出《党风信息》10期33篇，纪检监察通报4期，还积极组织征订《贵州党风》，全特区共征订《贵州党风》192份，征订《中国监察》45份。组织撰写调研论文4篇，其中一篇被铜仁地区纪委评为优秀论文。

1995年，积极认真办好《党风信息》12期34条，纪检监察通报5期，撰写先进典型材料1篇，被省纪委评为二等奖，积极组织征订《贵州党风》，全特区共征订200份，征订《中国监察》52份。撰写先进典型材料1篇，荣获省纪委优秀文章二等奖，发反面典型材料1期。

1996年，以原邮电局局长邓德高廉洁奉公事迹为万山特区反腐败的先进人物进行宣传，1996年7月17日事迹文章发表于《贵州日报》。编发简报《特区清理检查预算外资金工作已按布置有序开展》《我区预算外资金清查自查工作结束现已转入重点检查阶段》。积极开展调研论文的撰写活动，特区公安局纪委书记陈通海以《真抓实干服务公安建设》为题，对公安系统的勤政廉政建设进行调查研究，论文发表于1996年1月《贵州党风廉政》。全年共在省级刊物上发表文章4篇。

1997年，完成《我区民族乡村经济发展的立足点及对党风廉政建设的影响》《反腐重在动真格》两篇调研文章。反映纪检监察工作方面的文章共发表5篇，其中《铜仁日报》发表4篇，《贵州党风廉政》1篇。

1998年，委局机关总结行文推广先进典型单位及先进个人材料2期，并发出反面典型通报1期。撰写《少数民族地区县城经济发展与党风廉政建设》《三风劲吹呈活力》《对高楼坪乡基层支部党风廉政建设状况调查研究》调研课题。对高楼坪乡基层支部党风廉政建设状况进行调查研究，撰写调查研究报告1篇，为特区党委抓基层党建工作起到参考作用。

1999年，加大调研和信息工作力度，为党风廉政建设和反腐败斗争提供较好的决策依据。

2002年，特区党委对党风廉政宣传教育高度重视，采取多渠道、多形式，大力宣传中共十三届四中全会以来，万山特区党风廉政建设和反腐败斗争所取得的成效，大力宣传勤政廉政先进典型，营造党风廉政建设的良好舆论氛围。全年被省、地以上刊物采用有关党风廉政建设和反腐败工作各种信息18条。

2003年，大兴调查研究之风，撰写调研文章7篇，其中《当前严重损害群众切身利益问题的现状、特点及对策研究》被推荐至中纪委、监察部，纪检监察队伍的政治素质和业务素质不断得到提高，充分发挥纪检监察的职能作用，赢得党委、政府和人民群众的肯定。

2004年，报送各类简报信息26期50余篇，组织全特区党员干部撰写学习“一法两条例”心得体会100余篇，完成《中国监察》杂志征订任务57份。组织撰写上报调研理论文章6篇，其中获地区理论研讨会入选奖2篇。

2005年，积极开展党风廉政建设调研活动，撰写发表调研文章5篇。在《铜仁论坛》发表纪检监察信息2篇、上报调研信息30篇、被地级以上媒体采用的各类新闻报道39篇次。

2006年,积极开展党风廉政建设调研活动,撰写、发表调研文章6篇,上报调研信息38篇,被地级以上媒体采用的各类新闻报道19篇。

2007年,印发信息简报170期200篇,在《铜仁日报》刊发信息4篇、《铜仁地区作风教育简报》采用6篇;在特区电视台报道20期,铜仁电视台采用8期;撰写理论研讨文章1篇。

2008年,上报内部信息资料以及报纸杂志、新闻媒体宣传报道的数量和质量有新的突破,充实人力,出台外宣工作奖励办法。反映党风廉政建设的调研、信息在《党风廉政建设》《中国纪检监察报》、《贵州日报》《劳动时报》《法制生活报》、贵州省人民广播电台等中央省地刊物和电台及网站采用100余篇,被国家级采用5篇,为反腐倡廉建设营造良好氛围。

2009年,多渠道加强反腐倡廉宣传教育。积极开展报刊、广播、电视、网络、简报等宣传形式,广泛宣传全特区反腐倡廉工作,切实加强对广大党员干部的廉洁自律教育,有效增强反腐倡廉宣传的辐射力和感染力。同时,实行宣传报道奖励办法,提高全特区通讯员的写作热情。一年来,全特区采写纪检监察信息80余篇,被地级以上媒体采用稿件64篇。其中,《中国纪检监察报》3篇,《党风廉政建设》内刊1篇,《中国监察》杂志1篇,《贵州日报》3篇,《铜仁日报》16篇,《铜仁论坛》2篇,《今日铜仁》6篇,中国共产党新闻网3篇,贵州省政府网站14篇,贵州基层党建网2篇,铜仁综合门户网7篇,地纪委内部信息采用6篇。

2010年,完成《万山纪检监察信息》14期62篇和《信息快报》17篇,被地级以上媒体刊登60篇次。其中,《中国纪检监察报》采用2篇,《党风廉政建设》1篇,《中纪委研究》2篇,《地纪委信息》8篇,《人民网》1篇,《贵州省人民政府网》7篇,《铜仁日报》27篇,地区电台及各级网络采用30篇次。

2011年,加大信息上报力度,完成《万山特区纪检监察信息》25期90篇和《信息快报》16篇,被地级以上媒体刊登59篇次。其中:《中央纪检监察要情专报》1篇、《贵州日报》1篇、《人民网》12篇、《中国广播网》1篇、《贵州省纪检监察信息》6篇、贵州省人民政府网14篇、《铜仁地区纪检监察信息》5篇、《铜仁日报》22篇。

2012年,加大信息上报力度,及时向上反馈工作开展情况,并利用报刊、电台、网站等形式,加强党风廉政建设的宣传力度,在广大党员干部和群众中积极营造反腐倡廉的良好氛围。上报《万山纪检监察信息》37期80篇、《信息快报》17期,被市级以上各类媒体采用30篇次。

2013年,组织撰写理论文章42篇,择优上报4篇,获市纪委优秀论文1篇。铜仁市委政策研究室《决策与调研》第20期全文刊发万山区实施营养午餐远端监管模式解析,在全市范围予以推广,得到铜仁市政府主要领导高度评价。

2014年,加强宣传报道力度,相关工作被《贵州日报》采用3篇,《铜仁日报》采用41篇,贵州省纪委监察厅网站采用3篇,铜仁市纪委网站采用56篇,其他网络媒体采用315篇。

2015年,充分通过区内外各种媒体加强对万山区反腐倡廉建设工作特色、亮点、典型案例等的报道,市级以上新闻媒体刊发信息稿件155篇(条),其中,国家级媒体14篇(条),省级媒体26篇(条),市级媒体115条篇(在《中国纪检监察》上刊登1篇,《贵州日报》3篇,《铜仁日报》28篇)。利用“微万山”“万山清风”等微信公众号发布廉政信息26期。

2016年，开通举报电话、网站、微信公众号，用好网络监督曝光平台，激发群众参与对“四风”等问题监督的积极性。

2017年，万山纪委网站发布党风廉政信息784篇、微信公众号发布党风廉政信息132期，在电视台和报刊等媒体发布党风廉政建设新闻稿件245篇，节假日通过手机短信向党员领导干部发送廉政信息1万余篇。

2018年，切实加强区纪委区监委网站、微信公众号等意识形态阵地建设和管理，做好宣传工作。一年来，万山区纪检监察工作信息在中纪委网站刊登4篇、省纪委网站刊登12篇、市纪委网站刊登95篇、其他媒体刊登65篇、牢牢地把意识形态和宣传工作抓在手上，充分发挥纪检信息工作的宣传警示教育作用，传播万山党风廉政建设和反腐败工作的好声音、好经验和好做法。

2019年，贵州新闻联播、省、市纪委网站对万山区创新推行的正负清单考核制度进行宣传报道。将党风廉政建设宣传教育与“互联网+”有机结合，利用“万山清风”微信公众号和网站，持续转载推送理论知识、政策法规、廉政动态等。并通过文字、图片、视频等多种形式，宣传党风廉政建设工作和纪检监察工作动态，利用本级网站共发布稿件285篇、微信公众号66期。

2020年，区纪委网站刊发信息562篇，微信公众号发布信息260篇，中纪委网站、《贵州日报》、省纪委网站、市纪委网站刊载万山区工作信息300余篇，牢牢地把意识形态和宣传工作抓在手上，传播万山党风廉政建设和反腐败工作的好声音、好经验和好做法。

2021年，全区党风廉政新闻宣传稿件被各类媒体采用512篇，在中纪委网站、贵州日报、省纪委监委网站、市纪委市监委网站刊载万山区纪检监察信息60余篇。

2022年，全区纪检监察机关向上报送信息、镜头、网评、综合采用等稿件532篇；全区党风廉政新闻宣传稿件被各类媒体采用613篇，其中，中央纪委国家监委网站4篇，中国纪检监察杂志2篇，省纪委省监委网站采用38篇，《贵州日报》采用18篇，天眼新闻采用24篇，《铜仁日报》37篇；在铜仁万山微信公众号、万山区纪委区监委网站上刊发活动、会议新闻稿100余期，向各级媒体传播万山纪检监察“好声音”。

第三节　信息化建设

纪检监察工作信息化建设，是利用现代信息网络技术拓展反腐倡廉工作领域的新途径，是纪检监察工作思想观念和工作方式与时俱进的具体体现。对于扩大反腐倡廉宣传教育的覆盖面和影响力、实现对重大事项和重要工作的实时监督检查、畅通人民群众诉求和监督渠道、搭建社会各界参与反腐败斗争的平台、加强内外工作交流和信息沟通、促进纪检监察工作的科学化、现代化具有重要意义。万山区纪检监察机关信息化建设随着中央、省、市信息化建设要求稳步推进，形成纪检监察业务与现代信息技术深度融合，推动纪检监察工作向数据化、精细化方向发展，推动监督执纪问责和监督调查处置更加科学、严密、高效。

2018年，根据省纪委要求，由第四纪检监察(扶贫与民生监督室)牵头，安装运行贵州省扶贫民生领域监督系统，依靠现代信息技术将民生资金发放和监管纳入信息化管理中，确保民生资金在阳光下安全、透明、高效运行。

2018年10月，为确保被谈话人的人身安全，将谈话室设置在案件监督管理室，并按需购买便携式审讯系统、执法仪等。根据上级要求，要进一步加大硬件防撞安全设施的投入，特购买软包桌、椅子、凳子，确保安全设施到位，防止意外事件的发生。同年，对行政中心二楼会议室进行升级，购买音响配件等改装视频会议设备。

2019年10月，市纪委市监委下拨12万元检举举报平台配置经费，区纪委区监委接通纪检监察内网，并按照系统部署所需设备采购清单，对扫描仪、高拍仪、电脑等硬件设备进行采购，完成来访接待系统的部署。在11个乡镇(街道)和6个派驻纪检监察组部署基层版综合业务系统，落实信息安全等级保护第三级的相关要求，完成检举举报平台接入电子政务外网建设方案。区纪委信访室完成检举举报平台建设。根据省纪委办公厅有关要求，开展纪检监察涉密局域网分级保护建设，投入资金163万元。通过涉密信息系统分级保护测评，投入使用。11月，区纪委区监委成立信息化工作领导小组，由区委常委、区纪委书记、区监委主任任组长，区纪委区监委其他领导班子成员任副组长，各室、组、办负责人为小组成员，领导小组下设办公室在委机关办公室。制定《涉密信息系统安全和保密工作规章制度汇编》，完善机房出入管理制度、涉密电脑管理制度并严格落实相关运行管理措施。

2020年5月，安装完成进出入区纪委区监委机关办公大楼的门禁系统，并将干部职工考勤签到融入系统中，既营造干部职工安全的工作环境，又实现考勤管理的信息数字化。7月，区纪委区监委按照涉密局域网建设和保密工作要求建设机房。升级后区纪委区监委内网设置22个接入端口，覆盖委机关各室、组，配备专用机房1间，服务器2台，已接入计算机终端22台，均为国产电脑。积极与市纪委信息保障中心对接，争取10个市纪委内网邮箱账号(500元/个)，对各部门涉密计算机配备涉密打印机数量进行规划，共采购涉密专用打印机6台，安装于巡察办、办公室、党风室、干部室、信访室、民生室等部门。为第一至三纪检监察室购买办案专用手机6台。年8月，根据市纪委信访室《关于做好检举举报平台设施设备规范化建设工作的通知》，按照全省检举举报平台应用部署工作计划，2020年对铜仁市万山区纪委区监委信访举报来访接待场所实施规范化建设，省纪委省监委下达的补助资金10万元用于确保来访接待场所标准化建设项目顺利推进。10月，区纪委建成信访办公室1个，含登记、接访大厅、安检、候谈区域功能的68平方米接待场所1个，按照标准配齐电话、传真、计算机、视频监控、安检等设施设备，实现信访投诉网上处理、网上信访办理。12月，吸纳1名计算机专业人员，明确负责信息化建设工作。

2021年6月，根据省纪委办公厅《关于推进涉密视频会议系统建设的通知》及省纪委省监委信息化工作领导小组办公室《关于加快推进全省纪检监察信息化重点项目的通知》要求，确定万山区环保监测大楼三楼会议室为涉密视频会议系统会场，6月底前已完成涉密视频会议系统建设工作，并严格按照《涉密视频会议系统建设规范》做好会场装修。与省纪委省监委进行全省联调3次，与市纪委市监委进行全市联调2次，画面和声音均正常。9月，按照《中央纪委国家监委信息化工作规划(2018—2022年)》，依托国家电子政务外网构建中央、省、地(市)、县(区)、乡镇五级纪检监察机构的非密工作网，及纪检监察外网，能够满足上下级纪检监察机关之间、纪检监察机关与其他机关之间的信息共享和业务协同需求，主要检举举报平台“12388”电话举报受理系统、平台基层版系统、外部信息传输等业务，为各级纪检监察机关提供网络支撑，正在实施软件部分，结合实际情况，区纪委区监委办公楼本部、派驻组及乡镇要使用监察外网的终端电脑的数量，共生成28个USB-KEY。已完成安可设备替代24台，分别替代Win7、Win8系统，其中涉密终端已替代22台、涉密服务器已替代2台。纪检监察内网已接入17个单位，其中派驻纪检监察组6个，巡察办5个。配备审查调查装备共89台，其中配备专用手机6台、专用笔记本电脑22台、便携式打印机26台、复印机6台、数码录音笔4支、照相机1台、执法记录仪17台、2台便携式同录设备、电子设备存储柜2台、金属探测仪3台。

2022年，将纪检监察内网成功升级为机密级、外网成功接入全市"056"监管平台，进一步加固保密安全防线，建成数字档案馆。

第四节 一案一整改

"一案一整改"推动以案促改，是持续深化标本兼治、一体推进不敢腐、不能腐、不想腐的有力抓手，是充分发挥监督保障执行、促进完善发展作用的创新实践。

2018年，围绕当年查处的教育系统、林业系统典型案例，通过"三会两书两公开"形式开展好警示教育，全力做好查办案件"后半篇"文章。对全区查办的23件案件进行"一案一整改"，对48名受处分人员宣布处分决定并同步开展警示教育，受教育达2300余人次，对13名已受处分人员开展回访教育，受教育人数达1460余人次。

2019年，进一步加大"一案一整改"力度，召开"一案一整改"暨警示教育大会34次，制作完善《万山区"一案一整改"工作流程图》，对工作开展的内容、要求、步骤、措施、时限等作出具体安排，对案发单位负责人、当事人及审查调查组等工作职责作出明确分工，建立"一案一整改"案件管理台账，实施分类处理、销号管理，确保人人有责任、事事有人抓、件件有亮点。

2020年，全力推进"一案一整改"，筑牢"不能腐"的堤坝。共对全区6起违纪违法案件开展"一案一整改"工作，区委印发《关于深入推进违纪违法案件"一案一整改"工作方案》，压紧压实各级党委（党组）管党治党主体责任，明确各级党委（党组）书记作为开展整改的"第一责任人"，并将"一案一整改"工作纳入全区各级党组织年度党风廉政建设目标考核内容，确保违纪违法案件"一案一整改"工作扎实有序推进。对具有代表性、典型性、经常发生、性质恶劣、重处分的案件，督促违纪违法发案地方或单位党委（党组）开展以"三会两书两公开"为主要内容的"一案一整改"工作，要求领导班子成员要对照案情查摆自己的问题和责任，把自己摆进去，充分发挥"查处一案、警示一批、教育一片、整改一方"的作用，让"一案一整改"成为党组织落实管党治党责任的重要抓手。

2021年，严格按照《万山区"一案一整改"工作流程图》，持续压紧压实各级党委（党组）管党治党主体责任，共对全区7件违纪违法案例开展"一案一整改"，对案发单位主要负责人、当事人及审查调查组等工作职责作出明确分工，确保人人有责任、事事有人抓、件件有亮点。同步将"一案一整改"工作纳入全区各级党组织党风廉政建设年度目标考核内容，倒逼发案单位补齐制度短板，堵塞监管漏洞，达到以案促改、以案促建、以案促治的政治效果、纪法效果和社会效果。

2022年，持续推进"一案一整改"工作，区纪委区监委对查处的6个典型案例开展"一案一整改"，涉及乡科级干部4人，一般党员干部3人，召开警示教育大会6场，226人接受警示教育。督促全区相关部门单位对27个典型案例开展"议案一整改"，修订完善制度3个，新建制度3个。

第五节　惩防体系建设

2005年1月，中央颁布《建立健全教育、制度、监督并重的惩治和预防腐败体系实施纲要》（中发〔2003〕3号）（简称《实施纲要》）文件后，全特区各级党组织开展形式多样的学习宣传活动。是年12月，特区党委印发《万山特区建立健全教育、制度、监督并重的惩治和预防腐败体系任务分解方案》（万党办发〔2005〕95号）文件，对全特区惩治和预防腐败体系建设进行安排部署，对《实施纲要》各项任务进行分解落实，明确任务，压实责任。是年，特区纪委举办《实施纲要》专题辅导培训班。

2006年，在调研、探索、实践的基础上，特区党委印发《关于贯彻落实〈建立健全教育、制度、监督并重的惩治和预防腐败体系实施纲要〉实施办法》（万委〔2006〕56号）文件，对全特区惩治和预防腐败体系任务进行全面部署落实，对任务进一步予以明确细化。向基层党组织发放《实施纲要》辅导材料、学习读本等书籍200余册，宣传资料1800余份。

2007年，特区党委印发《万山特区2007年党风廉政建设和反腐败各项任务分解表》（万党办发〔2007〕48号）文件及《万山特区2007年建立健全教育、制度、监督并重的惩治和预防腐败体系任务分解表》对各项任务分解下发各部门执行。11月，对责任落实进行监督，责任制工作不断得到加强和深化，进一步落实《实施纲要》各项任务，惩防腐败体系逐步规范和完善。

2008年8月，特区党委印发《关于贯彻落实〈建立健全惩治和预防腐败体系2008—2012年工作规划〉的实施意见》（万党办发〔2008〕26号），对全特区2008年至2012年惩治和预防腐败体系建设工作作出全面安排部署。成立贯彻落实《建立健全惩治和预防腐败体系2008—2012年工作规划》领导小组，领导小组办公室设在纪委，由王贵军兼任办公室主任。

2009年，中纪委印发《中共中央关于推进惩治和预防腐败体系建设的检查办法（试行）》文件后，特区党委及时召开会议对全特区惩治和预防腐败体系建设的检查工作进行安排部署，总结经验，迎接地委检查组检查。

2010年4月，特区党委印发《万山特区2010年惩治和预防腐败体系建设工作要点》，对全特区2010年惩治和预防腐败体系建设工作作出具体安排部署。明确提出2010年的主要任务是：以实行规范化为抓手，以强化机制制度建设为主线，紧紧抓住腐败易发多发的重点领域和关键环节，建立起思想道德教育的长效机制，反腐倡廉的制度体系，权力运行的监控机制，构建起惩防体系的基本框架。为确保任务落实，特区党委、特区人民政府将惩防体系建设任务分解为4个大项40个小项，落实到16个责任单位和42个协办单位，明确24个责任人和12名县级责任领导，层层建立责任体系。

2011年，特区党委按照中纪委印发的《关于认真贯彻落实党风廉政建设责任制形成惩治和预防腐败体系建设牵头单位和协办单位工作合力的意见》文件精神，结合万山实际，制定出台相关制度，对全特区党风廉政建设责任制牵头单位、协办单位职责进行明确。全年，制定出台《万山特区党员干部勤政廉政警示提醒制度（试行）》，提醒领导干部坚守廉洁底线。制定出台《万山特区党政机关、事业单位公务用车配备使用管理办法(试行)》,严格控制车辆配置和运费用支出。认真开展廉政风险防范管理工作,采取“一图一查三会”形式查找廉政风险点,并通过“一卡一网二专栏”广泛接受社会监督,扎实推进领导干部廉洁从政。

2012年,印发《万山区纪委常委与科级领导干部经常性普遍约谈工作制度》,由区纪委常委根据联系分工,对各乡镇(办事处)、区直部门班子及成员进行定期或不定期的约谈,帮助谈话对象找出工作中的不足,对谈话对象在思想作风中表现出的不良倾向进行约谈劝诫,进一步推动勤政廉政工作,促进党员领导干部廉洁从政。推动出台《万山区村干部管理办法》使村干部的教育、监督、管理工作走上制度化、规范化。

2013年,协助区委推进惩防体系建设。及时调整充实惩防体系建设工作领导小组,成立以区委书记任组长的惩防体系建设工作领导小组,领导小组办公室设在区纪委宣教室,负责日常工作。加强对惩防体系建设重点、难点问题调研,主动谋划惩防体系建设2013—2017年工作规划,着手起草2013—2017年工作规划实施意见。继续推行“一查二卡三防控四承诺”廉政风险防控工作。督促各级各部门对新招录、调入、岗位调整人员开展风险防控,完善规章制度、堵塞漏洞、制定防控措施。

2014年,抓好预防机制建设,协助区委抓好惩治和预防腐败体系建设工作,制发《万山区贯彻落实〈建立健全惩治和预防腐败体系2013—2017年工作规划〉的实施意见》,进一步强化廉政风险防控。对万山区委惩治和预防腐败体系建设工作领导小组进行调整,区委书记汤志平任组长,区委副书记、区人民政府区长张吉刚,区委常委、区委组织部部长郭德强,区委常委、区委政法委书记王春,区委常委、区委宣传部部长田勇,区委常委、区纪委书记袁继鸿任副组长。

2015年,进一步健全落实党风廉政建设“两个责任”约谈工作机制,紧扣全区党风廉政建设突出问题和风险问题,针对各级各部门党风廉政建设的差异性及反腐防控难点,对提醒谈话、函询、质询、诫勉谈话等内容进行不同的安排和设置,督促领导干部在党风廉政建设和反腐工作方面做到“守土有责、守土尽责”。印发《关于开展落实党风廉政建设“两个责任”谈话工作的通知》,进一步压实管党治党责任。

2016年,开展“两学一做”学习教育,把习近平总书记系列重要讲话作为思想武器和行动指南,组织全区纪检监察干部深入系统学、结合实际悟,督促纪检监察干部把尊崇党章内化于心、外化于行,在全面从严治党中找准职责定位,增强政治定力、坚定目标方向,当好党的纪律的坚定拥护者、模范执行者、有力监督者,深入推进党风廉政建设和反腐败斗争。对全区副科级以上领导干部经常性开展党纪法规教育培训、廉政知识测试。

2017年,按照《万山区关于贯彻落实党风廉政建设责任制党委主体责任和纪委监督责任的实施意见》《万山区党风廉政建设主体责任和监督责任清单(试行)》等文件规定,约谈各级党委(党组)主要负责人,压紧压实党委(党组)主要负责人管党治党主体责任,做到责任到人、压力到人、明责定责,把主体责任落到实处。按照“三转”要求,聚焦主责主业,聚心聚力种好“责任田”。贯彻落实《中国共产党党内监督条例》,把监督关口前移,敢于动真碰硬,形成环环相扣、无缝衔接的责任链,实现党内监督全覆盖、无死角。

第六节　满意度调查

为深入了解和把握全区党风廉政建设和反腐败工作开展情况，客观评估反腐败斗争的成效和形式，切实提高工作的针对性和有效性，为更好地履行监督执纪职能提供参考。

2000年，万山特区纪委采取社会问卷调查和明察暗访形式，首先对卫生医疗系统的行风建设进行广泛的调查了解，调查走访102人，开展社会问卷调查180人。共收集各种意见和建议86条，经整理归纳为16条，具体涉及卫生医疗系统的医德医风、服务质量、院务公开、制止乱收费、规范药品价格、提高收费透明度、加强药品质量管理、提高医务人员素质、加强内部管理和医院环境卫生等方面。特区卫生医疗系统根据调查提出的意见和建议，进行认真整改。根据整改的情况，于8月4日召开面对面评议大会，进行评议打分。万山特区整个卫生医疗系统，包括特区人民医院和防疫站行风建设均获良好等次。

2007年，在开展政风行风满意度测评工作中，发放各类测评表247份，收回243份，其中领导类测评表42份，其他类210份，共收集到意见和建议45条，梳理40条，涉及“窗口服务类”15个部门，测评成绩均在70分以上，占被评部门的71.4%，涉及“综合管理类”19个部门，测评成绩均为70分以上，占被评部门的95%，通过政风行风满意度测评，督促末位部门切实整改，有效地纠正行业中的不正之风，解决人民群众最关心、最直接、最切实的问题。

2009年，为进一步加快特区对外开放和经济社会发展的步伐，切实转变政府各职能部门的工作作风，提高公共服务部门的服务质量，加大社会监督力度。对上年度各部门政风行风满意测评的结果进行梳理、汇总，并以书面材料逐一反馈意见和建议33条，责令限期整改。同时，是年又把机关作风和效能建设纳入考评范围，全特区党群系统和政府系统75个单位及5个乡镇参加机关和效能建设集中满意度测评。

2010年，对党风廉政建设任务落实不及时的8个单位和对作风效能建设集中测评群众满意度偏低的7个单位进行通报，责令限期整改。

2011年，组织100名干部参加全省网上民主评议和满意度测评工作。组织23个基层站所抓好民主评议行风工作，发放社会问卷表690份，收回634份问卷表，收到建议147条，落实整改12条，建立完善相关制度37个，评定优秀站所10个，合格13个。

2015年，全省党风廉政建设群众满意度测评中，群众对全区反腐败工作满意率为90.73%，群众对万山区反腐败工作信心度为96.4%，综合分值排名全市第二。

2016年，全区纪检监察机关在区委和市纪委的领导下，坚决贯彻区委和上级纪委的要求部署，聚焦全面从严治党，把纪律和规矩挺在前面，严格监督执纪问责。在2016年度全省党风廉政建设群众满意度测评中，群众对全区反腐败工作满意率为94.34%，较上年提高3.61个百分点，位列全市第一；群众对万山区反腐败工作信心度为97.83%，较上年提高1.43个百分点，位列全市第一。

2017年，全区政治生态持续优化，社会风气向上向好，在2017年度全省党风廉政建设群众满意度测评中，群众对全区反腐败工作满意率为89.24%，综合分值排名全市第二。

2018年,全区党风廉政建设和反腐败工作取得新成效,政治生态持续优化,社会风气向上向好,反腐败压倒性态势持续巩固。在年度全省党风廉政建设群众满意度测评中,群众对全区反腐败工作满意率为90.53%,较上年提高1.29个百分点,高出全市2.26个百分点,综合分值排名全市第三。

2019年,全区持续深入推进全面从严治党向基层延伸,在全省党风廉政建设社会民意抽样调查中,群众对全区反腐败工作满意率为92.65%,综合分值排名全市第二。

2020年,在年度全省党风廉政建设社会民意抽样调查中,群众对全区反腐败工作满意率为93.57%,综合分值排名全市第四名。

2021年,在年度全省党风廉政建设社会民意抽样调查中,群众对全区反腐败工作满意率为94.5%,高于全省平均分值2.08分,综合分值排名全市第四。

2022年,全区各级纪检监察机关坚持以人民为中心,着力纠正群众身边不正之风和腐败问题,全力办好民生实事,增进人民福祉,以反腐败工作成效持续增强人民群众的获得感、满意度。在全省党风廉政建设社会民意抽样调查中,群众对全区党风廉政建设社会评价满意率为94.96%,综合分值排名全市第一。

第七节 “百姓问廉”活动

为面对面倾听民声、了解民情、收集民意,着力解决群众的操心事烦心事揪心事,自2018年起,连续4年举办“百姓问廉”活动,把监督“探头”延伸到基层。

2018年,区纪委区监委举办第一期“百姓问廉”电视问廉活动。从植树造林,到环境保护,再到干部作风,活动现场群众代表接连提问,紧扣“转变作风、关注民生、促进发展”主题。第一期被问廉对象为环保、教育、林业、教育等部门“一把手”,由村民代表、党代表、人大代表、政协委员、纪委委员等组成20人问廉考评团,对被问廉对象“答廉”情况进行“满意”测评。区纪委区监委第一期“百姓问廉”活动,收集各类问题和意见16个,活动现场“问廉”解决14个,督促整改2个。

2019年12月26日,区纪委区监委举办以“脱贫攻坚”为主题的《百姓问廉》电视访谈节目,面对面倾听群众呼声,积极回应群众诉求,着力管住基层干部“微权力”,整治基层“微腐败”,不断提升百姓获得感和幸福感,来自全区各乡镇(街道)的群众代表参与活动。电视访谈被问廉的对象为区扶贫办、区教育局、区医保局、区民政局等单位的主要或分管负责人。台下从村民、各级党代表、人大代表、政协委员、纪委委员中推选的28名群众代表作为问廉考评团,对被问廉对象“答廉”情况进行“满意”测评。对贫困户如何认定、易地扶贫搬迁、教育扶贫资助、居民医疗保险,这些与百姓息息相关的民生问题,现场的群众代表接连发问,辣味十足。

2020年8月18日,万山区纪委区监委围绕城市发展,聚焦百姓关注的热点难点问题开展“百姓问廉”电视访谈节目。“百姓问廉”活动邀请区人大代表、政协委员、特约监察员、纪委班子成员组建问廉考评团,邀请热心市民到节目现场,对生活中遇到的涉及城市发展问题和困难进行现场提问。万山区纪委区监委通过搭建群众参与的“百姓问廉、干部答廉、公示亮廉、群众评廉”互动监督平台,更好地让百姓参政议政,让部门履职尽责,做到诉求有人听、问题有人理、事情有人办、结果有人问,进一步密切党群干群关系。

2021年6月24日，万山区纪委区监委以“知廉明责促担当·护航发展高质量”为主题开展“百姓问廉”活动。“百姓问廉”活动邀请区特约监察员、人大代表等组建问廉考评团，并以“群众出题+干部答题”的方式进行，督促各级党组织和广大党员干部主动为群众办实事、解难题。区纪委区监委班子成员、被问廉单位主要负责人、各乡镇（街道）纪（工）委书记、特约监察员、人大代表及群众代表等90余人参加活动。

第八节　廉政文化建设

廉政文化建设是加强党风廉政建设和反腐败工作的重要举措，也是加强文明建设，构建和谐社会的重要内容，使党员干部筑牢思想防线，提高思想道德水准，发挥廉政文化的社会效应。

1988年6月26日，特区纪委与特区委组织部、特区委宣传部、特区委党校等单位举办1次党的知识抢答赛，内容有中共十三大文件、党史、党纪党规、党的建设等知识。赛前，几家单位联合汇编中共十三大文件和党的基本知识辅导材料印发到各基层和参赛队员，参赛单位有特直机关党委、汞矿党委和地质一总队党委，共有15个队。通过竞赛，广大党员，特别是参赛党员受到一次党的基本知识的深刻教育。

1991年，认真组织和参加党的知识竞赛活动。为搞好中国共产党成立70周年庆祝活动，4月积极参加全省“党风党纪知识百题竞赛”和特区的时事政治闭卷测试活动。六月份，会同万山特区委组织部、特区委宣传部、特区直属机关党委、纪委联合举办一次全区党风党纪、党的知识抢答赛，参赛支部28个，取得好的成绩。同时还参加特区庆祝建党七十周年的歌咏大赛。

1992年，组织全区党员干部参加铜仁地区“七一”党的知识竞赛活动，全区共3100余人参加党的知识竞赛活动，20余人分获一、二、三等奖。

1993年会同组织部门抓“七一”评先评优活动，共评出先进党支部8个，优秀共产党员44人。与特区宣传部、组织部、直属党委联合举办“七一”党的知识抢答赛，参赛支部达29个，受教育党员300余人次。会同宣传部、团委、特直党委举办反腐倡廉演讲竞赛活动，参赛人员162人，有6人分别获得一、二、三等奖。

1995年，组织党员干部参加中纪委党风党纪百题知识竞答，并获鼓励奖。

1996年，组织全特区干部职工1118人和部分农民党员、工人党员等共计125人参加“纪律条规知识竞赛”活动。

1997年，共办“反腐倡廉宣传专栏”13期。以组织“全特区迎接香港回归演讲赛”活动，在广大干部中进行爱党爱国教育，收效甚好。

1998年，在全特区组织近千人参加的《中华人民共和国行政监察法》知识的学习与竞赛活动。

2001年，为迎接中国共产党成立80周年，特区纪委举办一场党建知识现场抢答赛。通过广泛深入扎实的宣传教育，坚定广大干部群众开展党风廉政建设和反腐败的信心和决心。

2003年，牵头组织开展全特区党员干部职工党的知识竞赛和党员干部“艰苦奋斗廉洁从政”教育及知识测试活动，并开设一期党风廉政建设和反腐败工作成效图片展专栏，加强对干部职工的廉政教育。

2004年，张贴永久性、临时性标语40余幅，组织全特区1336名党员干部参加学习"两个条例"知识竞赛活动，参赛率达92%。

2005年，为强化宣传效果，对区内30个部门制作的廉政板报进行集中展览。年内通过组织有关部门在矿区社区开展10余场廉政宣传教育活动，有效地推进全特区廉政教育进社区活动。

2006年，年内举办"廉政颂文艺"晚会，开展"学党章，知荣辱"演讲赛等廉政教育活动110余场，4500余名党员、群众受到教育，在学习贯彻《中国共产党章程》中，60多个单位组织开展辅导课160次，全特区各单位共组织廉政歌曲比赛40场，6000余人参加，1500余名党员干部参加以家庭助廉为主题的党纪党规知识答题活动。

2007年，根据中央、省委、地委、特区委关于反腐倡廉工作的安排部署，开展以"加强作风建设，促进廉洁从政"和"六个一"为主题的教育活动。年内举办"清风颂"文艺晚会、喜庆中共十七大反腐倡廉大型成果展、"加强作风建设，促进廉洁从政"知识抢答赛、向全特区副科级以上领导干部赠送"廉政日志"等活动。使广大党员干部增强自律和他律意识，筑牢思想道德防线。

2008年，在《万山红》季刊上，设立《反腐倡廉》专栏，特区电视台开辟以开展创建"廉政文化墙"、举办"雅趣杯"钓鱼比赛、"小手牵大手、清风进万家"中小学生劝廉树廉作文大赛、"廉政公益广告"等评展活动，对反腐倡廉各项工作和典型事例进行深入宣传，在"扬正气，促和谐"廉政公益广告创作评选活动中，特区纪委参选的《剪除腐败》《失望的母亲》《建设美好家园》等作品分别获得铜仁地区一、二等奖。组织广大党员干部积极学习抗冻赈灾英雄李彬先进事迹和梁雨润、张建国、杨正超、牛玉儒等先进人物，广泛开展学习"勤廉兼优"先进典型的活动。树立地税局副局长谭仕国、黄道乡龙江村支部书记刘泽鹏、敖寨乡两河口村优秀共产党员杨秀华、高楼坪乡夜郎村优秀共产党员罗康金等先进典型，并在《铜仁日报》、铜仁地区电视台等媒体上进行宣传报道。以庆祝"改革开放暨纪律检查机关恢复重建30周年反腐倡廉"活动为契机，举办"凉都清风"廉政文艺作品创作大赛及颁奖晚会，内容包括书法、美术、小品、曲艺、动画、漫画、诗歌(散文)、相声、歌舞、文学等，共收集到各乡镇、各部门参赛作品200余件(个)，对获奖优秀作品还举办颁奖晚会，广泛地进行展演，其中"廉政作文大赛"在《中国纪检监察报》发表。全年开展"廉政文化·新农村建设"联谊文艺会演进社区、下基层活动，全年共组织开展廉政文化演出活动20多场次。

2009年，以庆祝中华人民共和国成立60周年为契机，在利用党课、培训班、报告会等传统教育手段的基础上，多部门联合开展"庆祝中华人民共和国成立60周年"反腐倡廉大型书法、美术、摄影作品评展活动、"反腐倡廉·从我做起"万人签名活动、"共和国廉政之路"主题研讨活动、"情系民生·廉洁勤政"演讲比赛、"清廉风尚·和谐万山"辉煌颂文艺晚会、"廉政文化·新农村建设"联谊文艺会演、"青少年廉洁文化教育中心"示范建设、"清廉村风·和谐家园"创建活动等，这些活动吸引上万群众的参与和观看，收到廉政书画160幅，收存精品40余幅，征集廉政理论文章200余篇，印发反腐倡廉倡议书8000余份，开辟廉政宣传专栏80多期，绘制、书写廉政漫画80多幅、格言警句100多条，开展廉政文化演出活动20多场次。在深化廉政文化"六进"活动的基础上，拓展开展"思想教育、熏陶教育、警示教育、阵地教育”等4项教育活动，积极开展向“王瑛、牛玉儒、张云泉、丁晓兵”等先进模范人物学习的正面引导教育活动，以及利用陈良宇、宋平顺、卢万里等反面典型警示警诫教育广大党员干部，通过案例教育，着力解决党员干部在党性党风党纪方面存在的突出问题，促使领导干部提高党性修养水平，筑牢拒腐防变的思想道德防线，以党风廉政建设和反腐败斗争的新成效取信于民，为改革发展稳定提供坚强保证。组织开展党员干部教育培训56次，1746人次受教育，农村中小学校廉政教育活动10余次，组织召开180名领导干部配偶“家庭助廉座谈会”，开展为期2个月的广场廉政电影活动，发放科级领导干部“廉洁家庭”行为公约倡议书300份，并表彰5名“廉内助”、5户“廉洁家庭”。

2010年，开展廉政文化“六进”活动，丰富廉政教育内容，开展廉政文化进机关活动，将“廉政标语、廉政提示、廉政漫画”等制成镜框100余幅，悬挂在办公大楼走廊、文化墙等醒目位置上，起到警示教育作用。进学校，纷纷举办廉洁文化漫画赛和廉政知识演讲赛，收集各类参赛作品130幅，评选出优秀作品50幅。进农村，充分利用村级远程教育和农家书屋宣传平台开展廉政教育，积极营造浓厚的反腐倡廉氛围。进企业，悬挂警示横幅30条，张贴警示标语500条，发放廉政知识资料3000份，把廉政文化所蕴含的诚信、守法、清廉等内容渗透到企业文化中，有效提升企业文化品位。

2011年，结合庆祝中国共产党成立90周年活动，深入开展廉政文化“六进”活动。

2012年，进一步深入开展廉政文化“六进”活动，积极督促指导民政、文广、妇联、机关工委等部门开展申报省级廉政文化示范点工作。同时，组织一支16人的民间戏曲队和快板队参加铜仁市纪委监察局组织的反腐倡廉曲艺大赛，其中原创群口快板《青年湖畔“傻支书”》节目荣获铜仁市“优化发展环境，促进提速转型”反腐倡廉曲艺大赛优秀奖，进一步加强万山区廉政文化建设。同时，也引导全区干部职工牢固树立秉公用权、廉洁从政的价值理念，增强全区党员干部廉洁从政的意识。

2013年，充分发挥党员干部家属的教育监督力量，给全区科级干部家属致“廉政家书”500余份，并通过区内媒体向科级干部家属致公开信，达到预防教育目的。

2014年，开展对工程建设项目的法纪廉政教育。先后开展对经开区公租房、基础建设项目、保障性住房建设等工程项目的法纪廉政教育，向3个工程项目的招标代理公司、投标企业下发《廉政守法告知书》，组织施工、建设单位签订《廉洁项目承诺书》增强风险防范。向新提拔的科级领导干部的家属发送“廉政书信”100余份，筑牢家庭廉洁防线。

2015年，深入推进廉政文化活动。在廉政文化“六进六增”的基础上，出台廉政教育八进方案，积极开展廉政文化进医院、进园区的“八进八增”活动，创建市级示范点高楼坪夜郎村，创建区级示范点万山区供电局、高楼坪林海村、万山经开区、区民族中学，区人民医院的示范点仍在创建中。

2016年，在重要时间节点，及时发布廉政信息，制作廉政广告，营造清廉氛围。

2017年，在冲广坪社区、万山人民医院开展廉政文化宣传活动，将廉政文化以群众喜闻乐见的方式展现在广大居民群众眼前。创作推出《十天村官》《情与纪之间》等反腐倡廉小品，其中《情与纪之间》获得中共铜仁市纪律检查委员会、中共铜仁市委宣传部9月举办的铜仁市反腐倡廉小品大赛“二等奖”。订制5万余册廉政书籍发放给全区党员干部，传播党纪党规知识，引导广大党员干部增强文化自信，坚定理想信念，增强党性修养，严守纪律底线。积极开展廉政文化“八进”活动，营造崇廉尚洁的良好氛围。

2018年，大力开展《中华人民共和国监察法》、新修订的《中国共产党纪律处分条例》专题宣传宣讲，发放《中华人民共和国监察法》及新修订的《中国共产党纪律处分条例》4000余册，制作户外宣传广告50块，利用LED电子显示屏刊发《中华人民共和国监察法》相关内容、条款200余条次，引导纪检监察机关和纪检监察干部带头学好、用好、落实好监察法，引导全区各级公职人员依法履职、秉公用权、廉洁从政从业。

2019年，以廉政文化进机关、进校园、进家庭、进社区、进医院等"八进"活动为平台，广泛培育廉政文化之花，在全区形成"问廉、学廉、爱廉、敬廉、崇廉"的良好社会风尚。

2020年，从纪律宣传、廉政党课、警示教育、红色教育、清廉家风、清风故事、百姓问廉等方面入手，充分利用纪委网站和微信、文化走廊、宣传栏、电视问廉、户外广告等媒介资源，将廉政文化宣传到机关、校园、医院、企业等，让党员干部群众沐浴"廉政细雨"，潜移默化中接受廉政文化熏陶。在城区公交站台广告灯箱投放廉政宣传标语15幅。

2021年，在城区广告牌及公交站台投放廉政宣传标语270余幅，开展"百姓问廉"活动1次。

2022年，印发《万山区贯彻落实〈贵州省贯彻落实《关于加强新时代廉洁文化建设的意见》的实施方案〉和〈推进清廉万山建设行动计划〉》的责任清单通知，建立全区廉洁文化人才库，全面加强廉洁文化建设。制作中秋节、国庆节相关的户外公益宣传海报，并在全区户外LED屏上展播，在11个乡镇(街道)建设基层廉洁文化点示范点。向市纪委市监委报送廉洁故事3个、廉洁书法2幅、廉洁画作4幅、廉洁标志1个，明确廉洁文化人才6名。拍摄正风肃纪反腐视频素材7期，拍摄活动视频3期，制作拍摄廉洁微电影《一正一负 走出不同人生》、廉政歌曲《剑客初心》MV，录制微党课《扣好廉洁从政"第一粒扣子"》等。

第十章　信访举报

纪检监察信访举报工作，是纪检监察机关通过接收群众来信、接待群众来访、接听举报电话等方式，受理对党员、党组织及监察对象的检举控告以及被处分人员的申诉，按照纪检监察机关的职能和规定的程序处理解决信访举报问题工作，是纪检监察机关获得案件线索的重要来源，也是展现纪检监察机关形象的重要"窗口"，万山区（特区）纪检监察组建以来，认真履行信访举报工作职责，通过建立健全信访举报制度，规范信访举报工作程序，不断畅通群众信访举报渠道，在服务改革发展、稳定大局和党的中心工作，密切党和人民群众的血肉联系，推动全区（特区）党风廉政建设和反腐败斗争中发挥了重要作用。

第一节　信访举报制度建设

万山区（特区）纪检监察机关历来重视信访举报工作的制度化建设和规范化管理，通过不断建立健全信访举报工作管理制度化和规范化，促进信访举报工作依规依纪依法开展。

1993年9月，万山特区纪委印发《中共万山特区纪委1993—1995年信访工作目标管理规划》，对全特区四乡一镇纪委、特直机关纪委、公安局纪委实行信访工作目标管理。

1995年，万山特区纪委监察局下发《关于对参赌人员进行专项举报的通知》。

1996年3月20日，特区纪委副书记王德安主持召开会议，严若明、黄龙国2人参会，讨论1996年信访目标管理考评办法相关事宜，研究制定《万山特区纪委1996年信访目标管理考评办法》。

1997年5月，为解决集体上访的各类问题，特区纪委出台《关于解决集体上访及信访老户的规定》。及时核查重要举报线索，解决好群众反映的热点问题，维护人民群众的切身利益。8月，制定《关于开展违纪违法专项举报的通知》，其主要内容是有无向中小学生乱收费、乱摊派、乱集资的行为，有无向农民乱收费、乱罚款、乱摊派、乱集资和收费打白条的行为。

1999年，制定《万山特区纪委监察局关于施行领导轮流接待群众来访制度的通知》《关于在全特区范围内对违反规定用公款购置使用通信工具开展专项举报的通知》《关于在全特区范围内的违反"收支两条线"规定设立专项举报的通知》。为认真贯彻落实中纪委三次全会和省纪委二次全会以及《特府专议〔1999〕21号纪要》精神，加大反腐败斗争力度，从源头治理腐败，加强对预算外资金的监督和管理，纠正和查处预算外资金管理中存在的违反"收支两条线"规定的违法违纪行为。

6月10日，特区纪委监察局制定下发《关于在全特区范围内对违反“收支两条线”规定设立专项举报的通知》（万纪通〔1999〕6号）文件，明确信访室为受理专项举报的部门。9月10日，撰写了《加强纪检监察信访工作初探》，对近几年来纪检监察工作取得的成果进行汇报，总结纪检监察信访工作存在的问题，同时，提出对下一步纪检监察信访工作的思考。

2000年3月，根据中共中央关于反腐败斗争的部署和中纪委十五届四次全会精神按地区纪委的统一安排和部署，为开展好全特区党风廉政建设和反腐败斗争，万山特区纪委监察局下发《中共万山特区纪委万山特区监察局关于搞好纪检监察全面工作的奖惩规定》（万纪发〔2000〕3号）文件，对2000年度办案和各室基础业务工作推行激励机制。

2002年2月，为发挥信访举报对党员领导干部的监督、教育和保护作用。信访室、监察局举报中心制定《万山特区纪委信访室二OO二年信访举报工作意见》。3月27日，在特区纪委培训会上，中共特区党委常委、纪委书记杨均成对全特区纪检监察信访举报工作提出七点要求：一是进一步搞好制度建设。二是采取多种形式拓宽信访渠道，增加案件线索。三是做好信访信息工作。四是开展专项举报工作。五是做好信访保密工作。六是加强自身建设。七是主动与有关部门搞好协调。7月20日，特区纪委下发《关于认真做好纪检监察信访举报有关问题调研的通知》（万纪通〔2002〕20号）文件，在特区“四乡一镇”纪委开展信访举报调研活动。8月9日，特区纪委出台《关于对重要信访案件办理和报结的有关规定》（万纪〔2002〕21号）文件，对重要信访案件结案实行“三审一回函制度”。10月11日，特区纪委出台《关于认真做好迎接十六大召开信访稳定工作的通知》（特纪信〔2002〕1号）文件，及时解决信访问题，化解矛盾，维护稳定，为中共十六大召开创造良好的社会政治环境。

2003年2月，制定《2003年全特区纪检监察信访举报工作安排》。5月16日，特区纪委印发《关于转发国家信访局〈关于进一步做好防控非典型肺炎工作减少群众越级上访的紧急通知〉的通知》（万纪〔2003〕16号），加大解决群众信访问题的力度，正确处理防控非典型肺炎工作和正常工作的关系，进一步增强自我防护意识，落实预防工作措施，加强联系，及时沟通信息。7月28日，根据中共铜仁地区纪委《关于认真做好近期信访接待工作的通知》（地纪信〔2003〕07号）通知要求，做好群众思想工作。8月5日，特区纪委印发《关于转发中共中央纪委〈关于加强纪检监察基层信访举报工作的意见〉的通知》（万纪〔2003〕31号）文件要求，建立健全信访举报工作制度，加强基础建设，正确对待和妥善处理群众信访举报，畅通、拓宽信访举报渠道。8月29日，特区基层纪检监察信访举报网络已经形成，特区21个基层纪委（派驻纪检组）、四乡一镇15个居委会成立信访举报领导小组及办事机构，乡村两级有专兼职信访干部和监督员55人。9月3日，地纪委下发《关于印发〈信访室内部工作及监督制约制度〉和〈关于署实名举报办理意见〉的试行办法的通知》（地纪信〔2003〕08号）文件，要求处理群众来信来访，确保查办信访问题落到实处，加强信访举报工作的规范管理。

2004年3月，特区纪委印发《关于成立治理经济发展软环境信访举报投诉中心领导小组的通知》（万纪〔2004〕9号）文件，领导小组办公室设在信访室，夏珍负责日常工作。11月12日，信访室草拟了《关于传达贯彻地区纪检监察信访工作会议精神的情况汇报》，11月8日，特区纪委组织全体干部职工传达学习中纪委办公厅《关于认真贯彻会议精神，落实中央处理信访突出问题及群体性事件联席会议任务部署的通知》文件精神、省纪委领导沈中、韩先平讲话和铜仁地区纪委副书记李泽民《关于践行“三个代表”重要思想，切实做好新形势下信访举报工作》的讲话精神。12月17日，信访室专题学习《关于学习贯彻〈张惠新同志在全国纪检监察信访举报工作座谈会上的讲话〉的情况报告》，统一思想，提高认识，依纪依法规范特区纪检监察信访举报工作。

2005年3月，特区纪委全体干部职工对国务院新修订的《信访条例》进行全文学习，3月7日，开展关于贯彻执行《信访条例》的学习讨论活动。4月18日，制定了《关于学习贯彻〈关于认真贯彻落实中央处理信访突出问题及群体性事件联席会议第二阶段任务部署的通知〉的情况报告》。9月21日，制定《关于规范信访举报办事公开的调查报告》，信访举报办事公开应明确四个内容：统一公开内容、完善公开形式、建立公开责任制、把握公开时机。信访举报办事公开把握四个环节：信访受理环节、案件调查环节、案件处理环节、案件回访环节。

2006年3月，制定《万山纪委信访工作推出“六有”、“四个一”、“五个不收”举措》。“六有”即整体有部署，工作有制度，制度有检查，年终有总结，年度有考核，干部有奖惩。“四个一”即一张笑脸相迎、一把椅子让座、一杯热茶待客、一句问候暖心。“五个不收”即事实不清不收、证据不足不收、定性不准不收、处理不当不收、手续不完备不收。5月17日，制定下发《中共万山特区纪律检查委员会关于贯彻中共贵州省委办公厅 贵州省人民政府办公厅〈关于采取有力措施迅速遏制我省群众到省进京非正常上访势头的紧急通知〉的通知》（以下简称《紧急通知》），一是及时把文件精神传真到四乡一镇、万山矿区社区服务管理局（简称“社管局”）纪委、纪检组传达贯彻落实；二是建立健全各项规章制度，成立上访摸底调查小组，加强信息网络联系制度，要求各村（居）委会必须经常与乡镇党委、政府联系，及时反馈情况，确保信息畅通；三是严格执行值班制度和领导接待日制度，坚持24小时值班，做到责任明确，责任到人；四是积极推行信访举报工作办事公开制度，充分发挥基层信访网络优势；五是拟定信访举报办事公开有关实施办法及相关办事公开制度；六是将四乡一镇、矿区社区服务管理局、纪检组排查情况上报。5月19日，特区纪委组织全体党员干部职工对《紧急通知》进行传达学习。采取落实措施，一是各乡镇纪委、特区各部门纪检组（监察室）结合本地实际，周密安排部署，及时遏制到省进京非正常上访势头。5月22日，特区纪委制定《关于印发〈万山特区纪检监察机关全面推行信访举报办理公示制度实施办法〉的通知》（万纪发〔2006〕20号）文件，对符合条件的信访举报，其办理过程和办理结果一般应予以公示，对信访办理公示情况实行定期报告和检查考核制度。信访室作《关于传达贯彻中共贵州省委办公厅 贵州省人民政府办公厅〈关于采取有力措施迅速遏制我省群众到省进京非正常上访势头的紧急通知〉的情况报告》。5月25日，特区纪委建立健全了基层纪检监察信访举报网络，22个纪委（派驻纪检组）四乡一镇和社管局15个居委会成立信访举报领导小组办事机构，乡村两级有专（兼）职信访干部和监督员21人，形成县、乡、村三级信访网络。为畅通群众客商投诉举报渠道，进一步加强部门作风建设，万山推出“行风热线”栏目新模式。6月23日，信访室开展了调查研究，作了《浅谈基层信访工作存在的问题及对策》的报告，针对基层信访工作存在的问题及原因分析、新形势下搞好基层信访工作的对策进行阐述。7月24日，根据铜仁地区纪委信访室要求，特区纪委信访室开展了调查研究，作了《万山特区农村信访工作存在的问题及对策》的报告，对当前全特区农村信访反映的基本问题、产生农村信访问题的根本原因、今后工作中化解农村信访问题的对策进行阐述,从源头上解决农村的信访问题,从而维护农村的社会稳定。8月31日,特区纪委信访室开展了调查研究,作《基层纪检监察信访工作要主动贴近群众》报告,结合农村信访工作中存在的问题和困难,研究对策,化解矛盾,维护社会稳定。11月6日,特区纪委信访室制定《万山九项措施促使信访举报工作》,建立基层信访联络员登记表。

基层信访联络员登记情况表

表10-1

姓 名	乡镇(村)	所任职务
杨 春	万山镇	镇纪委书记
刘洪田	老街居委会	党支部书记(主任)
刘友娣	新街居委会	党支部书记(主任)
吴平亚	解放街居委会	党支部书记(主任)
杨胜顺	下溪乡	乡纪委书记
蒲光早	米贡山村	党支部书记(村主任)
吴克和	兴隆村	党支部书记(村主任)
杨秀进	桂花村	党支部书记(村主任)
姚茂桥	高楼坪乡	乡纪委书记
杨再林	青年湖村	党支部书记(村主任)
姚源孝	赶场坝村	党支部书记(村主任)
陈朝富	老山口村	党支部书记(村主任)
刘福章	大树林村	党支部书记(村主任)
梁巨宽	小湾村	支部书记(村主任)
刘祖兴	夜郎谷村	党支部副书记
姚登富	敖寨乡	乡纪委书记
姚源会	两河口村	党支部书记(村主任)
杨通余	腾龙山村	党支部书记(村主任)
毛照新	中华山村	党支部书记(村主任)
杨清林	黄道乡	乡纪委书记
蒲召月	长兴村	党支部书记(村主任)
罗仁清	丹阳村	党支部书记(村主任)
刘洪权	临湘村	党支部书记(村主任)
刘远炳	红星村	党支部书记(村主任)
刘泽鹏	龙江村	党支部书记(村主任)

2003年至2006年先后制定出台《信访人员岗位责任制》《纪检监察信访举报工作职责》《信访工作人员守则》《信访工作保密制度》《信访转办制度》《信访催办制度》《接待来访制度》《信访立卷归档制度》《信访案件查办制度》《信访复信回访制度》《信访登记制度》《信访处理制度》《信访办事公开告知制度》《信访办事公开程序制度》《信访办事公开工作人员职责制度》《信访办事公开监督制度》《信访举报申诉人承诺制度》《信访受理承诺制度》等18项制度。

2007年，各乡镇相继设立信访接待室，15个村办公楼设立专门信访接待室，并实行每天都有一名人员值班，随时接待群众信访。

2007年3月，根据中共中央纪委办公厅《关于认真贯彻落实全国排查化解矛盾纠纷工作电视电话会议任务部署的通知》(中纪办发〔2007〕4号)文件要求，特区纪委结合实际，制定《关于排查化解矛盾纠纷工作的实施方案》(万纪〔2007〕21号)文件。下发《关于成立排查化解矛盾纠纷工作领导小组的通知》(万纪〔2007〕22号)文件，成立排查化解矛盾纠纷工作领导小组，组长为特区委常委、纪委书记王贵军，副组长是纪委副书记、监察局局长张静，纪委副书记邵宗凤，成员有纪委常委、信访室主任夏珍，纪委常委、执法室主任杨顺昌，办公室主任孙江云，纠风室负责人杨超，领导小组下设办公室，由夏珍负责日常工作。6月7日，特区纪委信访室在开展机关作风教育整顿活动中深入开展“六不让”(在处理信访业务时，不让领导交办事项在自己手里延误、不让传递的信访批件在自己手里减速、不让办理的信访案件在自己手中积压、不让来访群众在自己这里受冷落、不让正常的信访渠道在自己这里受阻塞、不让单位的形象在自己身上受影响)活动，并总结《万山纪委深入开展“六不让”活动努力打造和谐信访环境》。6月22日，特区纪委信访室总结《万山特区纪委监察局关于矛盾纠纷排查化解情况的报告》，对基本概况，具体措施进行总结报告。7月20日，特区纪委下发《关于健全完善纪检监察信访工作长效机制的通知》(万纪〔2007〕25号)文件，要求各乡镇纪委，特直各工作部门纪委(纪检组)加强对信访工作的领导，认真搞好对照检查，健全完善信访长效机制。

2007年7月，特区纪委在三角岩居委会举办信访知识、治安管理、处罚知识、人民调解知识、禁毒知识等为主要内容的法制培训班，受培训居民达320余人。8月13日，按照省纪委在贵阳召开的全省纪检监察信访举报工作座谈会要求，参会人员撰写会议精神汇报提纲，向万山特区纪委常委作专题汇报，同时组织全体纪检监察干部学习传达省纪委书记王正福、副书记杨贵新，特别是中央信访室主任徐槟的讲话精神。10月18日，特区纪委、城建局、自来水公司组成下访工作队，深入基层、社区，以“行风热线”为载体，接待群众来访，现场解答群众咨询、受理群众举报。活动中，向群众解释澄清问题31个，承诺限时办结事项5项，发放各类宣传资料520余份，公开各类工作制度8项。10月31日，特区纪委信访室总结《浅议加强基层信访工作的重要性》，做好人民群众来信来访工作，按照《信访条例》规定，进一步加强和开展好基层信访工作。

2008年，逐步健全和完善县、乡、村三级基层信访网络，全特区5个乡镇17个行政村6个居委会建立信访领导小组，配备19名专职村级纪检委员和信访联络员。建立纪委主要领导接待日制度，成立下访工作队，深入广泛地开展“走村串户解民忧”活动，工作队深入厂矿、企业、学校、医院、村组、农户听取群众诉求，把矛盾化解在基层。2月，信访室梳理《万山特区纪委、监察局2008年信访举报工作要点》。5月15日，信访室对重信重访案件工作进行排查和梳理，并作《关于开展重信重访情况的报告》。7月10日，特区纪委、监察局下发《关于切实做好2008年下半年信访举报工作的通知》（万纪〔2008〕28号）文件，提出安排意见：加强领导，明确责任，认真做好领导班子成员接访工作；突出重点，狠抓落实，深入开展矛盾纠纷排查化解和重信重访工作；强化措施，务求实效，加大协调解决信访问题工作力度；夯实基础，健全制度，不断提高处理信访问题的能力和水平。8月14日，特区委常委、纪委书记王贵军深入下溪乡现场办公，办理群众反映的信访问题。11月14日，特区纪委信访室作出《关于二00八年度党风廉政建设责任任务信访工作处理情况的报告》，对信访情况进行总结，对存在问题进行分析。

2009年3月，特区纪委下发《关于纪检监察领导干部定期接待群众来访工作的安排意见》，推动领导干部定期接待群众来访工作规范化、制度化。3月5日，特区纪委下发《关于纪检监察领导干部2009年下访工作的安排意见》，畅通与群众交流、沟通的渠道。3月18日，特区纪委下发《关于调整信访举报工作领导小组的通知》（万纪〔2009〕03号）文件，成立特区纪委监察局信访举报工作领导小组，组长为王贵军，副组长为张静、邵宗凤，成员有夏珍、杨劲松、杨顺昌、黄义强、李子健、杨成。领导小组办公室设在纪委信访室，办公室主任由夏珍兼任。3月23日，特区纪委信访室梳理《万山特区纪委监察局2009年信访举报工作要点》。5月19日，特区纪委制定《关于切实加强纪检监察信访举报网络建设工作的实施方案》（万纪〔2009〕11号）文件，在全特区、乡镇、村组建立以"有信访机构、有接访人员、有接访场所、有接访制度"为主要内容的"三级信访网络"。7月15日，特区纪委下发《关于印发〈关于开展"信访积案清理化解年"活动的工作方案〉的通知》文件，集中开展信访积案清理化解年活动，下大力气集中清理化解案情复杂、久拖未决的疑难信访问题。

2008年1月至2009年6月，没有群体性事件发生，非正常上访的情况主要集中在原贵州汞矿、农村土地征用、土地权属纠纷、车辆运营和军队复转退等人员中发生，涉及非正常上访41件（次），共585人次。

2010年1月，特区纪委监察局制定下发《关于开展纪检监察信访工作督查的通知》（万纪〔2010〕17号）文件，对督查工作进行具体的安排部署。3月，制定《万山特区加强纪检监察信访举报网络建设工作的实施方案》（万纪〔2010〕2号）文件，在特区、乡镇、村（居）、组建以"有信访机构、有接访人员、有接访场所、有接访制度"为主要内容的"四级信访网络"。4月，制定下发《关于印发〈关于认真组织开展排查农村基层干部信访问题专项活动的实施意见〉的通知》（万纪〔2010〕8号）文件，进一步加强全特区纪检监察基层信访举报工作，及时排查化解信访突出问题。同时下发《关于成立认真组织开展排查农村基层干部信访问题专项活动领导小组的通知》（万纪〔2010〕7号）文件，成立组织开展排查农村基层干部信访问题专项活动领导小组，组长王贵军，副组长邵宗凤，成员有夏珍、杨顺昌、黄义强、李子健、张昌裕。领导小组办公室设在纪委信访室，由夏珍负责日常工作。4月8日，信访室撰写《关于开展群体性事件、非正常上访及应对工作情况调研报告》。6月25日，信访室撰写《影响农村和谐稳定的纪检信访突出问题及对策》的调研报告，对影响特区和谐稳定的信访突出问题及原因进行调研分析，拟定对策措施，加大处理农村信访问题的力度。8月2日至6日，特区纪委监察局对各乡镇纪委，特直各部门纪委（纪检组）信访工作开展一次全面督查，信访室撰写《万山特区纪委监察局关于开展纪检监察信访工作督查的情况报告》，各单位均健全来信来访登记制、领导接待制、限时办结制等信访举报工作制度。11月,制定下发《万山特区纪委信访工作警醒诫勉制度》(包括《警醒诫勉谈话通知书》《警醒诫勉谈话记录》等8个配套表格),建立警醒诫勉制度,警醒诫勉制度包括警示提醒、质询诫勉、责令纠错三项基本制度,对党员干部进行及时提醒、监督和保护。

2010年,制定《信访事项督办制度》《首问负责制度》《矛盾纠纷排查调处工作季度例会制度》《矛盾纠纷预测预警制度》《矛盾纠纷排查制度》《矛盾纠纷受理登记制度》《矛盾纠纷督查督办制度》《矛盾纠纷定期回访制度》《矛盾纠纷排查化解台账表》《重信重访统计表》,完善《信访工作保密制度》《信访处理制度》《信访案件查办制度》《纪检监察信访举报工作办事公开制度》等14项制度。

2011年3月,特区纪委监察局下发《关于认真组织开展"四访四查"专项活动的通知》文件,附《万山特区纪委监察机关开展"四访四查"专项活动工作情况统计表》。决定成立万山特区"四访四查"专项活动领导小组,开展"四访四查"专项活动。4月18日,特区纪委下发《关于成立信访积案化解工作领导小组的通知》(万纪〔2011〕12号)文件,成立万山特区纪委监察局信访积案化解工作领导小组,开展信访积案化解工作。

2012年2月,区纪委信访室梳理《万山区纪委监察局2012年信访举报工作要点》。2月17日,区纪委监察局下发《关于开展信访效能督查工作的通知》文件,强化信访工作责任,切实转变工作作风,成立信访效能督查工作领导小组,开展信访效能督查工作。同年,还制定《万山区纪委监察局机关实名举报信访保密和保护举报人工作制度》。

2013年,按照《铜仁市纪检监察机关信访举报案件办结审查暂行办法》文件要求,对信访举报案件工作进行规范管理。

2014年2月,制定出台《领导干部问题线索管理规定》,规定办理范围和程序、管理纪律。信访室根据纪委信访相关法规,制作《如何向纪检监察机关举报你知道吗》的宣传册,印刷4000份发放到各乡镇群众手中,提高群众对纪委信访举报内容的知晓率。

2015年12月,贯彻落实《关于印发〈贵州省纪检监察机关信访举报转送件办理工作实施办法〉的通知》(黔纪办发〔2015〕22号)文件,进一步规范全区信访举报件办理,完善信访举报签收回执制度,抓好信访举报件的签收回执,做到件件有着落。

2015年,全区纪检信访工作严格按《铜仁市纪委监察局信访举报工作规程》和《关于依纪依法规范纪检监察信访举报工作的若干意见》的要求,按照"分级负责、归口办理"和"谁主管,谁负责"的原则,逐步建立健全台账管理,对移送的信访举报件建立反馈制度,对交办、转办的重要举报件建立档案并加强督办催办。

2016年5月,万山区纪委监察局总结《铜仁市万山区纪委监察局关于贯彻落实全省纪检信访举报工作座谈会精神情况》。一是拟订信访工作实施意见;二是规范信访件台账登记工作;三是加强信访信息分析;四是把握"四种形态",做好纪检信访工作;五是配合领导班子做好换届信访举报工作。信访室制定《铜仁市万山区纪委监察局关于进一步加强信访举报工作的实施意见》。

2017年5月,区纪委按照中纪委印发《关于认真学习贯彻全国纪检监察信访举报工作会议精神的通知》文件要求,于5月12日,组织召开全区纪检监察干部专题会议,乡镇(街道)纪(工)委书记、各派驻部门纪检组长、各派出纪工委监察分局、纪委监察局全体干部等58人参加会议,对该文件进行全文传达，区委常委、区纪委书记袁继鸿对下一步纪检监察信访工作做安排部署，要求加大信访宣传力度，畅通信访渠道。一是要加强宣传，扩大群众知情权。通过万山区纪检监察网、“万山清风”微信平台等平台，向社会公布信访举报电话、网络举报等多种举报方式，扩大群众知情权，引导群众依法、逐级、有序行使监督权。二是畅通信访举报渠道，明确专人负责区纪委信访举报系统、举报信箱和举报电话，实行24小时值班制度，确保信访举报渠道畅通。9月1日，省纪委《中共贵州省纪委关于印发〈贵州省纪律检查机关贯彻〈中国共产党纪律检查机关监督执纪工作规则（试行）实施办法〉的通知》（黔纪发〔2017〕10号）。9月7日，根据市纪委信访室《关于报送信访举报信息化调研材料等工作的通知》，区纪委信访室就信访举报工作信息化建设进行深入的调研，并总结《铜仁市万山区纪委关于信访信息化建设工作调研报告》。12月28日，市纪委信访室《关于开展反映基层涉黑腐败问题举报情况分析的通知》，信访室分析并报送市纪委信访室《万山区反映基层涉黑腐败问题举报》，2017年1月至12月，受理1起基层涉黑腐败问题举报。

2018年12月，学习贯彻省纪委省监委《关于印发〈贵州省纪委省监委关于开展澄清正名工作的指导意见〉的通知》文件精神。

2019年初，制定《中共万山区纪律检查委员会 万山区监察委员会领导干部定期接访制度》，制度规定领导干部定期接访的原则与要求、领导干部定期接访的对象与范围。3月，区纪委制定《关于2019年重大活动和突出风险点期间来访接待工作应急处置预案》（万纪办发〔2019〕2号），为维护全国“两会”、庆祝中华人民共和国成立70周年和澳门回归20周年、第二届“一带一路”国际合作高峰论坛等重大活动和突出风险点期间来访接待工作顺利开展，成立万山区纪委区监委2019年重大活动和突出风险点期间来访接待应急处置工作领导小组，区委常委、区纪委书记、区监委主任邹远志为组长，区纪委副书记、区监委副主任刘勇，区纪委副书记、区监委副主任杨政久，区纪委常委、区监委委员冉光权，区纪委常委、区监委委员、干部（监督）室主任袁仁荣，区纪委常委、办公室主任符宁亮；区监委委员吴丹任副组长，各科室主任（负责人）为成员，领导小组下设调度办公室在区纪委信访室，杨政久兼任调度办公室主任，牟朝飞、袁文湘、杨琴负责来访接待日常工作。7月26日，区纪委制定《关于印发〈万山区纪委区监委关于进一步加强信访接待场所规范化建设的实施方案〉的通知》（万纪办发〔2019〕26号），规范接待场所，全区纪检监察机关信访接待场所要实行独立办公，安装醒目办公室门牌，配备配齐硬件设施，并在办公场所附近安装一个群众举报箱，区级信访接待场所安置监控等设备。建立《进京访问题隐患人员名单排查梳理登记台账》，及时化解问题隐患，减少多年访、多头访、多层访、越级访、重复访等。严格按照《纪检监察机关接受信访举报统计表》填录要求进行数据统计，保证信访举报统计报表数据的完整性。

2020年3月，在区纪委区监委2020年第十三次委员扩大会议上，由区纪委副书记、区监委副主任吴瑾对《纪检监察机关处理检举控告工作规则》进行传达学习。4月12日，市纪委市监委下发《关于印发学习贯彻〈纪检监察机关处理检举控告工作规则〉活动方案》，推动《纪检监察机关处理检举控告工作规则》各项规定落到实处。4月30日，区纪委区监委召开全区纪检监察干部大会，把《纪检监察机关处理检举控告工作规则》作为年度全员培训的重点内容。

2021年4月，在区纪委区监委举办的纪检监察干部2021年度读书班上，信访室主任牟朝飞利用课件具体讲解《坚守职责定位 推进新时代信访举报工作高质量发展》。4月28日，区纪委印发《中共铜仁市万山区纪律检查委员会2021年信访重大风险点化解工作方案》，成立万山区纪委区监委2021年信访重大风险点化解工作领导小组，归纳重大风险点，制定化解措施，提出工作要求。

2022年，以全区纪检监察机关开展纪检监察工作“提质增效年”为契机，出台《深入推进区纪委区监委领导班子成员带信下访暨重复举报治理工作方案》《关于“做好信访举报工作·喜迎党的二十大”工作方案》等，重点抓好重复举报件工作。

第二节　信访举报平台建设

1996年1月，根据中共万山特区纪委《一九九六年纪检监察举报信访工作安排意见》第六条，关于对形势的发展和需要及上级纪检监察对信访工作的要求，建议万山特区纪委常委研究在信访室安装举报专用电话1台，1996年7月首次出现电话举报。

2010年8月，根据地区纪委《关于建立开通纪检监察网上举报的通知》，在万山综合门户网站设有纪委书记信箱受理网络举报。

2011年4月，特区纪委按照中纪委《关于加强和规范纪检监察网络举报工作的意见(试行)》文件要求，进一步规范网络举报秩序，受理和办理好网络举报工作。

2015年10月，按照市纪委全会的精神，安装并开通“12388”信访举报电话举报平台。10月至11月，根据中纪委和省纪委的工作要求，安装新版纪检监察信访信息系统。进一步畅通信访举报渠道，实现中央、省、市、县四级纪委纪检监察信访管理系统的网络全覆盖。

2016年1月，根据中央纪委信访室工作安排，全省纪检监察信访信息管理系统进行升级改造。10月17日，万山区监督执纪问责信息管理系统升级，在贵州省纪检监察信息网首页“监督执纪问责系统客户端”栏目下载监督执纪问责信息管理系统专用浏览器进行安装升级。10月31日，根据《关于认真抓好监督执纪问责信息管理系统信访举报子系统视频教程学习培训工作的通知》要求，万山区纪委信访室在监督执纪问责信息管理系统主页面正下方“培训资料下载”窗口，点击进入“信访举报子系统”下载10项内容，具体包括1个简明使用手册和9个视频(客户端安装和设置、系统登录、信访受理、信访办理、信访批示、公文管理、查询、统计、汇总功能)。信访室工作人员集中学习使用手册，并在内网打开贵州纪检监察信息网下载安装暴风影音播放器，观看安装、设置等9个操作视频。

2017年8月，根据中央纪委统一部署，全省“12388”网络举报系统进行升级改造。进一步拓宽信访举报渠道，借助信息手段，建立健全信、访、网、电“四位一体”信访举报网络，在“12388”网站、万山区政府网站、万山清风网等开通信访举报服务，打造移动举报平台，提高群众信访举报的便捷性和多样性。

2019年1月，根据省纪委《关于进一步规范12388举报网站建设管理的通知》要求，区纪委对“12388”举报网站进行自查整改。10月，市纪委市监委下拨12万元检举举报平台配置经费，区纪委接通纪检监察内网，并按照系统部署所需设备采购清单，对扫描仪、高拍仪、电脑等硬件设备进行采购,完成来访接待系统的部署。在11个乡镇(街道)和6个派驻纪检监察组部署基层版综合业务系统,落实信息安全等级保护第三级的相关要求,完成检举举报平台接入电子政务外网建设方案。区纪委信访室完成检举举报平台建设。

2020年8月,根据市纪委信访室《关于做好检举举报平台设施设备规范化建设工作的通知》,按照全省检举举报平台应用部署工作计划,是年对万山区纪委区监委信访举报来访接待场所实施规范化建设,省纪委省监委下达的补助资金10万元用于确保来访接待场所标准化建设项目顺利推进。是年10月,区纪委建成含信访办理、投诉处理、网上信访办理功能的15平方米信访办公室1个,含登记、接访大厅、安检、候谈区域功能的68平方米接待场所1个,按照标准配齐电话、传真、计算机、视频监控、安检等设施设备。实现信访投诉网上处理、网上信访办理。建成的接访场所合理划分为安检、导访登记处、候访室、接访室、物品存放等五个区域,科学区划,条理分明,来访群众有序办事心情舒畅,信访工作效率大大提升。

2020年10月,根据市纪委市监委信访室《关于启用检举举报平台基层版的通知》,省纪委省监委已完成全省检举举报平台基层版用户单位机构的新建并完成联合调试,正式启用检举举报平台基层版。

2021年7月,开展新版办理子平台的试运行工作,按要求,新建机构、用户账号并赋权限,登录新版办理子平台,测试能否正常使用,安装新版办理子平台扫描仪、高拍仪的插件,试运行平台扫描仪、高拍仪,在新版办理子平台签收市级转到区(县)的信访件,并按照正式流程(审批流程、办件流程)进行办理,使用以前的信访件对新版办理子平台所有模块进行全方面测试。8月2日,检举举报平台新版办理子平台在贵州省全省上线,替换旧的办理子平台。是年,万山区纪委区监委已建成信、访、网、电、箱、微"六位一体"信访举报受理平台,专门设立信访接待窗口,在窗口制作宣传栏,将万山区纪委区监委信访举报须知上墙,宣传信访举报受理范围、举报渠道等事项,在纪委大楼外墙设置举报箱并公布信访举报电话。同时,在万山区纪委区监委官网"万山清风"网上公布来访、来信、网络举报地址及举报电话。在全区11个乡镇(街道)范围内成立群众信访接待室、设置举报箱(意见箱)、设立村级信访接访点,并公布信访举报电话。实现"线上"与"线下"相结合的信访举报宣传。

第三节 信访举报受理

信访室根据群众反映问题的性质、指向性、可查性等,对信访举报线索进行筛选、甄别和提炼,对不同的问题线索合理提出转办分流意见,及时准确移送、转交相关部门办理,确保不积压、不丢失、不泄漏。严格办理时限和办理质量,采取发函、听取汇报、审阅案卷、检查督促等方式,按时对转交办信访举报件的完成情况进行督办,确保信访举报件按期办结,做到件件有登记、事事有记录。

1973年7月,万山特区设立中共万山特区委纪律检查委员会。在平反历史冤假错案方面,至1990年底,共为172人平反,其中撤销党内处分8人。受理党员违纪案74件,结案74件,受处理党员70人。其中,开除党籍22人,留党察看20人,党内严重警告18人,批评教育8人,销案2人;人民群众来信共554件,来访100余人次,全部得到处理。

1982年，共接待人民群众来访110人次。收到申诉、控诉和上级有关部门转来的信件72封2件。

1984年，受理信访举报39件次。

1985年，受理群众信访举报59件，办结59件，其中来信26件，来访33件。信访反映主要问题包含贪污、林地纠纷、计划生育问题、乱搞男女关系、冒名顶替考试、奖金分配等。

1986年，受理群众信访举报52件，办结50件，其中来信40件，来访12件。信访反映主要问题包含贪污、干部不作为、干部打人、违规发放奖金、土地纠纷、乱搞男女关系、违规公费入学、违规开除留用干部、乱发奖金、违规招录等。1986年11月8日因干部调动纠正问题向溆浦县纪委发函1封。

1987年，受理群众信访举报56件，其中来信41件，来访15件。属纪检业务范围22件，业务范围外34件。以权牟私2件，贪污2件，违反计划生育政策12件，党纪申诉6件。初访率100%，办结率100%，结案率100%，没有重复访和越级信访。

1988年，受理信访举报52件，办结52件，其中来信38件，来访14件。

1989年，受理信访举报85件，办结85件，其中来信68件，来访17件。属检举控告的19件，转非纪检部门办理的66件。地纪委交办的信访案件均结案。

1990年，共受理信访举报73件，其中检举控告67件，申诉5件，业务范围外1件，重复件16件。从信访举报渠道情况看，来信25件，来访42件，省纪委来信转办1件，地区纪委来信转办1件，铜仁地区监察局来信转办3件，区政协来信转办1件。检举控告信访件反映主要问题包含违反财经纪律7件、以权牟私4件、违规录用1件、滥用职权3件、玩忽职守10件、贪污13件、受贿6件、故意伤害7件、报复陷害6件、非法拘禁2件、违规公款消费1件、挪用公款4件、弄虚作假1件、教唆指使打人1件、违反计划生育政策1件。

1991年，受理信访举报40件次，其中检举控告34件，申诉6件。含重复件2件，立案查处4件。从信访举报渠道情况看，来信14件，来访18件，铜仁地区监察局来信转办2件，特区人民政府来信转办件1件、特区政协党组书记来信转办件2件、特区委书记李凝坤交办件1件、特区人民检察院来信转办件2件。检举控告信访件反映主要问题包含违反财经纪律5件、以权谋私5件、滥用职权5件、贪污1件、受贿1件、故意伤害3件、报复陷害1件、弄虚作假3件、不作为2件、冒名顶替考试2件、侵害群众利益3件、徇私舞弊1件、作风问题2件。

1992年，受理群众信访举报71件，来信43件，来访28件，其中特区纪委领导接待来访17人，控告申诉室立案11件，结案11件，结案率100%。

1993年，受理信访举报74件，全部为检举控告。从信访举报渠道情况看，来信50件，来访24件。信访件立案11件，结案11件，结案率100%。领导办信访情况：阅批来信48件，接待来访13件，查处案件15件，解决问题12件。信访件反映主要问题包含人事纪律1件、违反财经纪律29件、官僚主义渎职1件、打击报复1件、其他42件。涉及党员干部职级情况：全区涉及县处级干部2件、机关干部39件、企业干部11件、乡镇(村)干部22件。

1994年，受理信访举报50件，全部为检举控告，涉及党员28人、涉及监察对象43人。从信访举报渠道情况看，来信38件，来访10件，地区纪委来信转办件2件。信访件反映主要问题包含违反财经纪律13件、贪污7件、贿赂1件、侵占2件、其他经济类4件、违反政治纪律2件、失职渎职1件、诬告陷害5件、其他侵权类9件、其他6件。涉及党员干部职级情况:全区涉及科局级17件、一般干部25件、村干部6件、其他人员2件。

1995年,受理信访举报37件,全部为检举控告,其中匿名信访举报件21件,涉及党员11人,涉及监察对象29人。从信访举报渠道情况看,来信31件,来访6件。信访件反映主要问题包含违反财经纪律10件,侵占1件,其他经济类2件,违反政治纪律8件、赌博1件,其他侵权类5件,腐化堕落道德败坏1件,违反计生政策4件,其他5件。涉及党员干部职级情况:全区涉及副县级1件,科局级16件,一般干部12件,村干部1件,其他人员7件。领导办信访情况:阅批来信31件,接待来访3件,办理信访案件15件,解决信访问题25件。信访立案情况:督办数4件,自办数10件,参与办案数5件,移送立案数5件,一查到底数10件,收回赃款数2300元。信访信息情况:提供案件线索数8件,情况反映10件,摘报2篇,简报5篇,呈阅数3篇。专项举报开展情况:开展项数1项,收到举报数1件,举报属实数1件。

1996年,受理信访举报69件,全部为检举控告,涉及党员36人,涉及监察对象58人。从信访举报渠道情况看,来信48件,来访18件,电话举报3次。信访件反映主要问题包含违反财经纪律22件,贪污2件次,侵占1件,其他经济类1件,违反政治纪律14件,赌博3件,其他侵权类11件,腐化堕落道德败坏4件,诬告陷害1件,其他10件。涉及党员干部职级情况:全区涉及副县级1件、科局级20件、一般干部35件、其他人员13件。信访办理情况:立案21件,结案21件,结案率100%,其中自办案件14件,与1995年同期相比上升40%,优质结案率达93%,办结47件次,办结率97%,余下1件由于各种因素未办结,参与本单位办理别的案件2件。积极参加地区纪委信访室开展的五个一活动。

1997年,受理信访举报55件,全部为检举控告,涉及党员33人、涉及监察对象45人。从信访举报渠道情况看,来信35件,来访18件,电话举报2次。信访件反映主要问题包含违反财经纪律15件,贪污1件,贿赂2件,其他经济类6件,违反政治纪律6件,其他侵权类9件,腐化堕落道德败坏2件,违反计划生育政策3件,其他11件。涉及党员干部职级情况:乡科级干部20件,一般干部24件,其他人员11件。信访办理情况:办结55件,办结率100%,与1996年同期相比减少14件次,下降20%。立案8件,结案8件,结案率100%,其中优质结案7件,优质结案率达87.5%。地区纪委交办1件。

1998年,受理信访举报43件,全部为检举控告,涉及党员33人,涉及监察对象39人。从信访举报渠道情况看,来信32件,来访10件,电话举报1次。信访件反映主要问题包含政治类4件、其他类20件、违反计划生育政策1件、挪用公款3件、贪污2件、贿赂1件、打击报复1件、欺压群众5件、违反住房规定1件、违反税收金融法规1件、违反规定从事营业活动1件、在经济活动中造成损失2件、索取收受财物礼品1件。涉及党员干部职级情况:县处级干部1人、乡科级干部22件、一般干部16件、其他人员4件。涉及的单位有政府机关22人,党务机关1人,检察机关4人,企业单位7人,事业单位7人,其他人员2人。信访办理情况:办结42件,办结率97.7%,立案6件,结案6件,结案率100%。信访案件在3个月内办结率达100%,立案查处的重要信访案件优质结案率为100%。参与查办党政纪案件5件,自办党纪案件2件。8月25日至9月25日开展1次对公、检、法、工商、电力部门在纠行风工作中的专项举报。信访举报的特点是反映乡科级干部各类问题比重大,占全年信访的51.2%,热点、难点问题的反映较强烈。

1999年,受理信访举报35件,全部为检举控告,涉及党员19人、涉及监察对象27人。从信访举报渠道情况看,来信21件,来访12件,电话举报2次。信访件反映主要问题包含欺压群众7件、严重违反社会主义道德2件、其他类19件、违反财税金融政策法规1件、打击报复1件、贪污2件、挪用公款1件、违反规定从事营业活动1件、政治类1件。涉及党员干部职级情况:县处级干部1人、乡科级干部12件、一般干部19件、其他人员3件。涉及的单位有党务机关1人,政府机关19人,检察机关5人,农村3人,事业单位2人,审判机关1人,企业4人。信访办理情况:初信初访办结率97.2%,立案4件,结案4件,结案率100%。本年未收到上级交办案件,转来的信件均按照要求如实如数办结,解决信访问题30个,为群众办实事10件,开展专项举报活动1次。

2000年,受理信访举报47件,全部为检举控告,涉及党员28人、涉及监察对象34人。从信访举报渠道情况看,来信34件,来访11件,电话举报2件。信访件反映主要问题包含组织人事类3件、贪污贿赂2件、违反财税金融政策法规2件、其他经济问题17件、欺压群众5件、严重违反社会主义道德1件,违反计划生育政策4件、其他检控类13件。涉及党员干部职级情况:乡科级干部16件、一般干部20件、其他人员11件。信访办理情况:办结47件,办结率100%。立案11件,结案11件,结案率100%。信访举报的特点是署名信增多,反映经济类的问题比重较大,反映热难点问题也较突出,反映乡科级干部的问题与去年同期相比上升33.4%。

2001年,受理信访举报43件,与上年同期相比下降9%,全部为检举控告,署名举报26件,匿名举报17件,涉及党员20人、涉及监察对象28人。从信访举报渠道情况看,来信27件,来访15件,电话举报1件。信访件反映主要问题包含政治类2件、贪污贿赂1件、索取收受财物礼品2件、挪用公款1件、其他经济问题13件、欺压群众5件、严重违反社会主义道德2件,违反计划生育政策1件、其他检控类16件。涉及党员干部职级情况:乡科级干部19件、一般干部15件、其他人员9件。信访办理情况:办结43件,办结率100%。立案3件,结案3件,结案率100%。受理转办件13件,办结13件,办结率100%。挽回经济损失2500元,为群众收回不合理的收费1200元。澄清保护干部5人。开展干部培训1期,培训人数23人。

2002年1月16日,地区纪委副书记、地区监察局局长罗润生一行4人到万山检查指导工作,对2001年度万山纪委监察信访室工作进行量化考评,信访工作得分92分。

2002年,受理信访举报32件,与上年同期相比下降25.6%,全部为检举控告,涉及党员15人、涉及监察对象14人。从信访举报渠道情况看,来信29件,来访2件(集体访2批76人),电话举报1件。信访件反映主要问题包含组织人事类1件、打击报复1件、欺压群众1件、其他经济问题7件、违反计划生育政策2件、其他检控类20件。涉及党员干部职级情况:县处级1件、乡科级干部7件、一般干部9件、其他人员15件。信访办理情况:办结32件,办结率100%。立案4件,结案4件,结案率100%。受理转办件14件,办结14件,办结率100%。多次参与本委查办案件,挽回经济损失12万余元。对副科级干部实行诫勉谈话打招呼教育1人。

2003年,受理信访举报19件,与上年同期相比下降40.6%,全部为检举控告,涉及党员3人、涉及监察对象3人。从信访举报渠道情况看,来信13件,来访5件,电话举报1件。信访件反映主要问题包含组织人事类1件、其他经济类6件、违反社会管理秩序类1件、其他检控类11件。涉及党员干部职级情况:县处级1人、乡科级干部4人、一般干部3人、其他人员6人。信访办理情况:初信初访14件,办结14件,办结率100%,信访立案9件,结案9件,结案率100%,提供案件线索2件(转立案)。受理转办件5件,办结5件,办结率100%,为群众解决疑难问题、办实事2件,挽回经济损失3万余元。全特区对副科级以上干部实行诫勉谈话打招呼教育17人。其中,谈话17人,澄清问题保护干部6人,批评教育11人。

2004年,受理信访举报21件次,署名举报15件,匿名举报6件,涉及党员3人、涉及监察对象3人。从信访举报渠道情况看,来信13件,来访7件,电话举报1件。信访件反映主要问题包含其他经济类5件,严重违反社会主义道德类1件,其他检控类15件。涉及党员干部职级情况:乡科级干部4人、一般干部3人、其他人员14人。初信初访12件,办结12件,提供案件线索1件(转纪检室立案),信访转办9件,信访立案6件。其中,领导交办4件,处分党员5人。对副科级以上领导干部实行诫勉谈话打招呼20人。其中,谈话20人,澄清问题保护干部5人,批评教育15人。特区纪检监察领导共接待群众来访23批,31人次。是年6月,利用赶集日,通过咨询台、现场解答、流动宣传等形式深入社区、街道、居委会开展信访举报法律法规宣传教育活动,共发放宣传资料1000余份,现场解答群众法律法规咨询30余人次。

2005年,受理信访举报32件,署名举报25件,匿名举报7件。从信访举报渠道情况看,来信22件,来访8件,电话举报2件。信访件反映主要问题包含其他检控类23件,业务范围外的9件。涉及党员干部职级情况:乡科级干部1人、一般干部2人、其他人员20人。初信初访9件,办结9件,提供案件线索1件(转立案),信访转办17件,信访立案8件,其中:领导交办5件,处分党员5人。对副科级以上领导干部实行诫勉谈话打招呼7人,其中:谈话7人,澄清问题保护干部6人,批评教育6人,挽回经济损失2.1万余元。特区纪检监察领导共接待群众来访27批,41人次。

2006年,受理信访举报18件,与上年同期相比下降56.3%,署名举报14件,匿名举报4件。从信访举报渠道情况看,来信12件,来访5件,电话举报1件。信访件反映主要问题包含其他检控类17件,业务范围外1件。涉及党员干部职级情况:乡科级干部3人、一般干部4人、其他人员10人。初信初访16件,办结16件,信访转办9件,处分党员3人,为群众解决疑难问题、办实事1件,挽回经济损失8646元。特区纪检监察领导共接待群众来访12批,21人次。4月19日,开展信访举报工作专题培训1期,培训人数48人。

2007年,受理信访举报23件,与上年同期相比上升27.7%,署名举报10件,匿名举报11件。从信访举报渠道情况看,来信13件,来访5件,电话举报5件。信访件反映主要问题包含其他检控类21件,业务范围外2件。涉及党员干部职级情况:乡科级干部2人、一般干部8人、其他人员11人。初信初访21件,办结21件,地纪委信访室交办1件,办结1件。信访立案4件,处分党员5人。为群众解决疑难问题、办实事3件。特区纪检监察领导共接待群众来访10批,18人次。共排查各类矛盾纠纷52件,化解52件(乡镇),化解率达100%。采取诫勉谈话,发信访通知书等形式结和澄清一些信访问题,共发放信访通知书7份,对副科级以上领导干部实行诫勉谈话打招呼12人,其中,谈话7人,澄清问题保护干部7人,批评教育8人。主要领导带队,组织相关部门负责人有针对性地解决群众反映的热点、难点问题,共下访9次,接待群众来访56人次。

2008年,受理信访举报24件,与上年同期相比上升4.3%,署名举报14件,匿名举报10件。从信访举报渠道情况看,来信17件,来访4件,电话举报3件。信访件反映主要问题包含其他检控类20件,业务范围外4件。涉及党员干部职级情况:乡科级干部4人、一般干部2人、其他人员14人。初信初访24件,办结24件,地纪委信访室交办1件,办结1件。信访立案10件,处分党员4人。特区纪检监察领导共接待群众来访7批,16人次。共排查各类矛盾纠纷49件,化解49件(乡镇),化解率达100%。采取诫勉谈话,发信访通知书等形式澄清了一些信访问题,共发放信访通知书2份,对副科级以上领导干部实行诫勉谈话打招呼6人,澄清问题保护干部6人,批评教育6人。主要领导带队,组织相关部门负责人有针对性地解决群众反映的热点、难点问题,共下访21次,接待群众来访32人次,协调解决资金4万多元。

2009年,受理本级信访举报件19件,与上年同期相比下降20.8%,署名举报11件,匿名举报8件。从信访举报渠道情况看,来信14件,来访1件,电话举报4件。信访件反映主要问题包含贪污贿赂行为2件,违反财经纪律行为1件,失职渎职行为1件,侵犯党员权利公民权利行为1件,妨害社会管理秩序行为1件,其他检控类12件,业务范围外1件。涉及党员干部职级情况:乡科级干部2人、一般干部4人、其他人员12人。初信初访22件,办结22件,地纪委信访室交办1件,办结1件,转办11件,办结9件,特区领导交办1件,办结1件。信访立案4件,处分党员6人。特区纪检监察领导共接待群众来访6批,18人次。共排查各类矛盾纠纷29件,化解29件(乡镇),化解率达100%。采取诫勉谈话,发信访通知书等形式结和澄清一些信访问题,共发放信访通知书3份,询问谈话20人,对副科级以上领导干部实行诫勉谈话打招呼5人,批评教育5人,建立信访监督档案2个。

2010年,受理信访举报36件。本级受理20件,与上年同期相比上升5%,署名举报11件,匿名举报9件。从信访举报渠道情况看,来信15件,来访5件。信访件反映主要问题包含贪污贿赂行为2件,严重违反社会主义道德行为2件,妨害社会管理秩序行为1件,侵犯党员权利公民权利行为1件,妨害社会管理秩序行为1件,违反财经纪律1件,侵犯党员权利公民权利行为1件,其他检控类13件。涉及党员干部职级情况:乡科级干部6人、一般干部1人、其他人员13人。地纪委信访室转办16件,办结16件。初信初访36件,办结36件,信访立案7件,转案件室立案1件,处分党员4人。采取打招呼谈话,发信访通知书等形式澄清了一些信访问题,共发放信访通知书3份,对副科级以上领导干部实行打招呼谈话11人,批评教育11人。1月至11月开展排查农村基层干部信访问题专项活动查处违纪违法案件2件,党政纪处分2人,排查化解矛盾纠纷3个。

2011年,受理本级信访举报件23件,与上年同期相比上升15%,署名举报17件,匿名举报6件。从信访举报渠道情况看,来信16件,来访6件,电话举报1件。信访件反映主要问题包含违反组织人事纪律行为3件,贪污贿赂行为8件,其他检控类12件。涉及党员干部职级情况:乡科级干部3人、一般干部3人、其他人员17人。全年纪检监察机关直接查办信访案件16件,立案1件,处分党员9人。对副科级以上领导干部实行打招呼谈话4人,批评教育4人。开展"四访四查"专项活动,全年委局领导接访31人次;组织干部下访101人次;接访群众267人次,排查矛盾纠纷22件,化解矛盾纠纷22件;走访企业6个,查找问题2个,协调解决问题2个;开展暗访21次,暗访机关单位36个次,发现问题并整改问题10个;巡防工程项目66个次,发现问题7个,整改问题8人。

2012年,受理本级信访举报件23件,署名举报14件,匿名举报9件。从信访举报渠道情况看,来信14件,来访7件,电话举报2件。信访件反映主要问题包含违反组织人事纪律行为1件,贪污贿赂行为5件,违反廉洁自律规定行为3件,违反财经纪律2件,妨害社会管理秩序行为1件,其他检控类10件,业务范围外1件。涉及党员干部职级情况:乡科级干部4人、一般干部6人、其他人员12人。初查核实信访件23件,办结23件,转立案5件,市纪委交办23件,办结21件,2件作信访存查。对副科级以上领导干部实行打招呼谈话2人,批评教育2人。开展信访效能督查71次,信访积案为零。

2013年,受理本级信访举报件38件,署名举报22件,匿名举报16件。从信访举报渠道情况看,来信24件,来访12件,电话举报2件。信访件反映主要问题包含失职渎职行为4件,贪污贿赂行为14件,违反财经纪律2件,妨害社会管理秩序行为4件,其他检控类14件。涉及党员干部职级情况:乡科级干部8人、一般干部4人、其他人员26人。初查核实信访件38件,办结38件,办结率100%,转立案5件,市纪委交办26件,办结26件,办结率100%。

2014年,受理信访106件,办结101件次,其中转立案件10件。在受理的106件信访件中,市纪委信访室转办40件,结案38件;市纪委领导签批转办7件,办结7件;上级领导接访交办6件,办结6件;市群众工作中心转来3件,办结3件;省委巡视组转来4件,办结4件;来电来访10件,办结10件;本级来信36件,办结33件。

2015年,受理信访件139件,本级受理75件,省、市纪委转交办64件。其中含业务范围外21件,重复访21件。在受理的信访件中,来访28件,来电15件,网络举报26件,来信70件。办结139件,办结率100%,办结的信访件中转立案15件,涉嫌违法移送司法部门2人,免职1人,通报批评1人,批评教育8人。自办信访案件71件(21件重复访),转办、交办68件。根据领导安排,对万山区2015年第二季度矛盾纠纷信访问题涉及纪委的5件进行督办,办结。对省委巡视组第一、二、三轮集中交办的群众信访事项涉及纪委领导包办的16件案件进行督办,报结。

2016年,受理信访件224件,其中本级受理151件,上级转交办73件。检举控告198件,业务范围外26件。重复件54件(上级转办41件),转立案7件。从信、访、网、电等信访举报渠道看,全区受理来信35件,来访96件,网络举报66件,电话举报27件。检举控告涉及党员干部职级情况:乡科级73件,一般干部16件,农村人员92件,企事业单位13件,其他人4件。检举控告涉及反映问题类型:违反廉洁纪律57件,违反工作纪律39件,违反群众纪律53件,违反生活纪律1件,违反组织纪律24件,职务违法犯罪行为24件。信访室自办信访件27件,为纪检监察室提供案件线索7件。解决群众多年来重复反映问题,成功化解重复件5件。

2017年,受理信访件169件,其中本级受理128件,上级转交办41件。检举控告157件,业务外12件。在受理的信访件中重复件37件(上级转办12件),转立案3件。从信、访、网、电等信访举报渠道看,全区受理来信26件,来访70件,网络举报54件,电话举报19件。检举控告涉及党员干部职级情况:乡科级41件,一般干部24件,农村人员78件,企事业单位11件,其他人员3件。检举控告涉及反映问题类型:违反廉洁纪律28件,违反工作纪律96件,违反群众纪律10件,违反生活纪律2件,违反组织纪律15件,职务违法犯罪行为6件。

2018年,受理群众信访举报143件,已办结。其中,检举控告109件,业务范围外34件,重复举报21件。本级受理57件,上级转交办件86件。从信、访、网、电等信访举报渠道看,全区受理来信50件,来访58件,网络举报10件,电话举报25件。全区涉及乡科级42件,一般干部19件,农村人员35件,企事业单位13件。检举控告涉及反映问题类型:违反组织纪律1件,违反廉洁纪律43件,违反群众纪律9件,违反工作纪律47件,违反生活纪律1件,职务违法犯罪行为8件(次),反映违反工作纪律位居首位。

2019年,受理群众信访举报134件,同比下降6.29%。其中,检举控告127件,业务范围外7件,重复举报35件。本级受理群众信访举报59件,受理上级转交办件75件。从信、访、网、电等信访举报渠道看,全区受理来信63件,来访55件,网络举报8件,电话举报8件。检举控告涉及党员干部职级情况:乡科级68件,一般干部8件,农村人员39件,企事业单位3件,其他人员9件。

2020年,受理群众信访举报153件,同比上升6.62%。其中,检举控告126件,业务范围外27件,重复举报46件。本级受理群众信访举报76件,受理上级转交办件77件。从信、访、网、电等信访举报渠道看,全区受理来信61件,来访15件,网络举报57件,电话举报20件。检举控告涉及党员干部职级情况:乡科级53件,一般干部25件,农村人员27件,企事业单位16件,其他人员5件。检举控告涉及反映问题类型:违反廉洁纪律18件,违反工作纪律20件,违反群众纪律39件,违反生活纪律4件,违反组织纪律2件,职务违法犯罪行为43件。

2021年12月,全区受理群众信访举报158件,其中,检举控告121件,业务范围外37件,重复举报41件。本级受理群众信访举报89件,受理上级转交办件69件。从信、访、网、电等信访举报渠道看,全区受理来信66件,来访33件,网络举报42件,电话举报17件。检举控告涉及党员干部职级情况:乡科级68件,一般干部18件,农村人员29件,企事业单位6件。检举控告涉及反映问题类型:违反廉洁纪律10件,违反工作纪律19件,违反群众纪律37件,违反生活纪律5件,违反组织纪律3件,职务违法犯罪行为47件。

2022年,全区共受理群众信访举报147件,比上年同期减少11件,同比下降6.96%,其中,检举控告92件,业务范围外55件;重复举报25件。本级受理群众信访举报76件,受理上级转交办件71件。从信、访、网、电等信访举报渠道看,全区受理来信67件,来访9件,网络举报67件,电话举报2件,其他3件。检举控告涉及党员干部职级情况:乡科级31件,一般干部19件,农村人员25件,企事业单位7件,其他人员9件。检举控告涉及反映问题类型:违反廉洁纪律6件,违反工作纪律13件,违反群众纪律19件,违反生活纪律1件,违反组织纪律4件,职务违法犯罪行为15件,违反政治纪律34件。

第四节　非公有制经济投诉

2010年4月初,特区纪委监察局成立促进非公有制经济发展工作领导小组,由特区纪委副书记、监察局局长张静任组长,科室主任为成员。领导小组下设办公室,明确专人办公。下发《关于认真抓好促进非公有制经济发展牵头目标任务落实的通知》和《万山特区纪委监察局促进非公有制经济发展牵头工作目标任务分解表》。拟定《万山特区非公有制发展投诉中心工作制度(暂行)》,挂牌成立非公有制经济发展侵权投诉中心，并设立侵权投诉举报电话和邮箱，在特区人民政府网站、效能建设网站、《万山红》报纸、特区电视台进行公布，切实畅通投诉渠道。4月27日，特区纪委信访室梳理《万山纪委“四措并举”为非公有制经济发展保驾护航》，一是加强组织领导，强化责任落实；二是畅通投诉渠道，完善投诉机制；三是开展纠风治乱，减轻企业负担；四是提高服务质量，优化政务环境。

2011年3月，根据《铜仁地区纪委监察局2011年信访举报及非公有制经济发展侵权投诉工作要点》，结合特区实际，万山特区纪委监察局制定《万山特区纪委监察局2011年信访举报和非公有制经济发展侵权投诉工作要点》。

2011年3月，特区纪委监察局制定《万山特区纪委监察局非公有制经济发展投诉中心投诉处理暂行办法》。

2012年2月，万山区非公有制经济发展侵权投诉中心先后制定《万山区非公有制经济发展侵权投诉中心投诉处理暂行办法》《万山区纪检监察机关办理非公有制经济组织和个人实名举报告知制度》附《万山区纪检监察机关办理实名举报受理告知书》《万山区非公有制经济侵权投诉中心举报电话的公告》。

2012年，建立全区非公有制经济数据库，全区非公有制经济实体共2419个，其中私营企业194个，从业人员2472人，注册资金67225万元；个体户2225个，从业人员3041人，注册资金7377.04万元。扎实开展工业园区环境整治工作，共排查出矛盾纠纷22起，协调有关部门成功调处12起，打击强揽工程事件1起，强拉强运事件2起。深入非公企业，帮助排忧解难，广泛公布投诉举报电话，制作200余张《万山区机关作风效能建设及环境建设投诉卡》发放给非公企业和个体户。共受理非公企业举报4件(次)，初查核实4件(次)，初查核实率100%，转本委局立案调查2件，转乡纪委立案调查1件，为国家挽回经济损失11600元，为非公企业挽回经济损失20000元。

2013年，摸底全区非公有制经济组织，全区非公有制经济组织共2585户，其中民营企业378户、个体工商户2209户，注册资金分别为13.8亿元、0.73亿元，从业人员8439人。深入非公有制企业，帮助排忧解难，制作260余张《万山区机关作风效能建设及环境建设投诉卡》发放给企业，了解企业在落户、证件办理等过程中存在的问题21个，帮助解决问题21个。深入企业、园区、项目建设地解决存在的矛盾纠纷及隐患，共排查出矛盾纠纷13件，成功调处13件。扎实开展“三强”(强揽工程、强拉强运、强行阻工)行为整治，组织乡(镇、办事处)、区直相关部门在交通要道、村前寨口、项目工地等醒目位置悬挂宣传标语124幅和张贴打击“三强”行为通告8900余份。向群众开展普法宣传活动5次，发放宣传资料3万余份，16000余名群众参与活动。共召开村支“两委”会议55次，群众会议89次，走访党员群众241人次。全年共查处3起“三强”行为。严格执行涉企检查审批备案制度，全年共审批涉企检查51份。

2014年优化发展环境，制定出台《万山区关于进一步优化经济发展环境的暂行规定》，受理反诉举报，为企业解决矛盾纠纷18起。

2015年，对15个重点项目(企业)开展走访，对反映的交通学校排污工程缓慢、保温材料厂阻工、义务商品城与道路施工纠纷等问题调查核实，有效化解矛盾纠纷4起。

2016年，对15个重点项目(企业)开展走访，协调解决矛盾纠纷3起。

2017年，万山区纪委信访室受理非公有制企业侵权投诉26件，其中，来信举报16件，来访举报2件，来电举报2件，网络举报6件。信访室组织调解13件，移交部门调解13件。信访人意见和非公有制企业调解意见均为满意。

2018年，万山区纪委信访室受理非公有制企业侵权投诉18件，其中，来信举报14件，来电举报3件，网络举报1件。信访室组织调解7件，移交部门调解10件，走法律途径1件。信访人意见和非公有制企业调解意见均为满意。

第五节　“三访”活动

2011年8月，特区纪委监察局印发《关于成立万山特区纪检监察系统集中开展领导干部“三访”(接访、走访、回访)活动领导小组的通知》(万纪〔2011〕35号)《关于印发〈万山特区纪检监察系统集中开展领导干部“接访、走访、回访”活动方案〉的通知》(万纪〔2011〕36号)文件，成立万山特区纪检监察系统集中开展领导干部接访、走访、回访活动领导小组，于2011年8月至10月开展“三访”活动，从特区财政中安排“三访”活动专项经费100万元，保障活动正常开展。同时，制定印发《万山特区纪委监察局开展领导干部集中“接访、走访、回访”活动轮流接访排查表》，领导接访按排班表依次进行。

2011年，制定《“三访”活动领导接访制度》。9月16日，特区纪委监察局下发《关于切实提高“三访”活动中接访件办结质量的通知》(万纪〔2011〕52号)附《万山特区纪检监察系统“三访”活动接访件办理情况呈报单》《万山特区纪检监察系统“三访”活动接访件办理情况回访单》，认真贯彻落实全省纪检监察系统集中开展领导干部“三访”活动工作推进暨转段动员电视电话会议精神。9月19日，特区纪委监察局下发《关于对“三访”活动接访办理件进行责任分解的通知》(万纪〔2011〕42号)，将接访件办理工作进行责任分解，并签订分解责任书。12月20日，区纪委监察局制定下发《关于扎实推进全区“三访”活动的通知》(万纪〔2011〕52号)。区各级纪检监察机关实行主要领导每天轮流接访制，每天安排一个接访领导、两个协访领导、一个记录人员，按照谁接访谁负责，谁主管谁负责和“归口办理”的原则，分解到部门和干部。将全区6个乡镇办事处全部进行划分，使委局机关领导干部都具体明确联系指导一个乡镇办事处，委局机关干部从主要领导到各科室负责人，个个都有“三访”联系任务，实现全覆盖、无疏漏。针对在接访中群众反映强烈的热点、难点问题分解由特区委、政府班子成员和人大、政协主要领导共15人进行包案，分解至相关单位，并与相关单位责任领导签订责任书25份，实行领导包案制度，2011年共召开在座谈会2次，发放问卷调查表36份，走访群众102人次，通过梳理汇总群众建议7条。2011年8月至10月开展“三访”活动期间，共接待49件次，办结49件，办结率100%。发放《督办通知单》44份，回复44份。接待群众84人次，其中，特区纪委共接待24件次，办结24件，办结率100%；乡镇(办事处)共接访25件次，办结25件，办结率100%；接地区纪委转办件8件，办结7件，办结率87%。接访的49件中反映较为突出的问题涉及国土资源方面的有11件；困难补助、大病救助等民政方面的有3件；拖欠工程款方面的4件；社会治安方面的有1件；水利林业方面的有7件；城乡建设方面的有4件；环境污染方面的有1件；其他方面18件，均已回访。其中，满意41件，基本满意6件，不满意2件。

2012年2月，区纪委下发《关于切实抓好"三访"活动制度建设工作的通知》(万纪〔2012〕7号)文件，建立完善"三访"活动工作机制、制度。4月10日，区纪委监察局下发《关于切实做好深化"三访"活动有关工作的通知》(万纪〔2012〕35号)文件、《关于印发〈万山区纪检监察机关开展领导干部"接访、走访、回访"活动方案〉的通知》(万纪〔2012〕26号)文件，扎实推进全区"三访"活动制度化、常态化建设。自2012年4月开始开展"接访、走访、回访"活动。

2012年4月，区纪委下发《中共铜仁市万山区纪委 铜仁市万山区监察局领导接访公告》，区纪检监察机关领导班子成员挂牌接待群众来访。制定《万山区纪检监察领导接访制度》。下发《万山区纪检监察机关开展领导干部"三访"活动宣传报道作方案》。通过利用电视、报刊、网站等主流媒体对集中开展"三访"活动进行大力宣传报道，提高群众知晓率。4月20日，区纪委监察局下发《中共铜仁市万山区纪委 万山区监察局关于深化"三访"活动中实行领导干部包案的通知》(万纪〔2012〕33号)文件，全区纪检监察机关领导干部深化"三访"活动实行包案责任制。4月27日，区纪委监察局下发《关于成立万山区纪检监察机关开展领导干部接访、走访、回访活动领导小组的通知》(万纪〔2012〕30号)文件，成立万山区纪检监察机关开展领导干部接访、走访、回访活动领导小组，确保"三访"活动扎实、有序开展。

2012年，深化"三访"活动以来，全区共接访23件，办结23件，办结率100%，接访群众41人次，接市转办件23件，办结21件，2件作信访存查。开展再走访、再回访活动以来，共接待5件18人，办结3件。开展"大走访、化积案、消隐患"专项行动以来，共化解矛盾纠纷19起，与群众交心谈心185人次，稳控重点人员5人。

2013年2月，区纪委监察局下发《关于成立万山区纪检监察机关"三访"常态化工作领导小组的通知》(万纪〔2013〕30号)文件，成立万山区纪检监察机关"三访"常态化工作领导小组。制定《万山区纪委监察局"三访"常态化工作领导干部定期接访方案》《万山区纪委监察局2013年度领导干部定期接访值日表》，全年全区共受理"三访"件7件(其中市纪委转办领导包案3件)，走访7件7人，办结回访7件，办结率达100%，群众满意5件，满意率71.4%，不满意2件。

2018年，区纪委区监委班子成员参与接访5次10人次，带信下访68人次，调研走访6人次，回访31人次。"千名纪检监察干部访千村进万家"活动走访4859人次，发现问题13个。

2019年，区纪委区监委班子成员参与接访次数9次，接访人次12次。带信下访85人次，调研走访8人次，执纪回访36人次。"千名纪检监察干部访千村进万家"活动走访数6120人次，发现问题数20个。

2020年，全区纪检监察干部共走访村寨102个，走访群众1744户2950人，接访人数70人，收到群众诉求433条，现场答复384条，现场处置办理34条，带回交办15条，现场答复384条，发现问题线索3条，立案2件2人，党政纪处分2人。

2021年，区纪委区监委班子成员带领全区各级纪检监察干部走访群众2003户3367人，接访人数571人，发现问题312个，其中现场办结300件，转主管部门处置12件，排查化解矛盾纠纷12件，领导干部参与接访18人次，包案12件，带信下访69件，为群众办实事119件。

2022年，区纪委区监委班子成员以上率下，带领全区各级纪检监察干部，紧扣巩固拓展脱贫攻坚成果同乡村振兴有效衔接,深入一线走访、面对面接访、带信下访。累计走访群众2215户3656人,接访人数501人,发现并督促整改问题3个大类155个,转主管部门处置16件,排查化解矛盾纠纷22件,领导干部参与接访11人次,包案21件,带信下访45件,为群众办实事120余件,协调解决基层基础设施建设、产业发展相关经费45.5万元。

第十一章　审查调查

万山区纪委区监委坚定不移履行全面从严治党主体责任，旗帜鲜明惩治腐败，持之以恒正风肃纪，切实加强执纪与执法、司法部门的组织协调，形成惩治腐败高压态势和整体合力，高质量推动全区党风廉政建设和反腐败工作深入开展，以高度的政治责任感和使命感，认真履行职责，切实抓好审查调查工作。

第一节　反腐败协调领导小组及工作制度

一、反腐败工作协调小组

2002年3月25日，根据中共万山特区委员会《中共万山特区委员会关于调整万山特区反腐败协调领导小组成员的通知》，调整反腐败工作协调领导小组：反腐败工作协调领导小组组长饶正海（特区党委书记、政府区长），副组长王开禄（特区党委副书记）、杨均成（特区党委常委、纪委书记），成员为刘婕（特区政府副区长）、杨胜雄（特区党委常委、组织部部长）、罗洪信（特区党委常委、宣传部部长）、王亮海（特区人民法院院长）、杨彬（特区人民检察院副检察长）、梁巨云（特区纪委副书记、监察局局长）、刘保庭（特区公安局局长）、田景明（特区委组织部副部长、人事劳动局局长）、陈祥和（特区财政局局长）。领导小组下设办公室，办公室设在特区纪委，梁巨云兼任办公室主任，由张静负责日常工作。

2010年11月，根据《关于成立万山特区国土资源领域腐败问题治理工作协调小组的通知》（万纪〔2010〕30号）文件，万山特区纪委、万山特区人民检察院、万山特区监察局、万山特区国土资源局成立万山特区国土资源领域腐败问题治理工作协调小组，协调小组组长由特区纪委副书记、监察局局长杨胜金担任，副组长成员由特区人民检察院党组成员、副检察长兰勇、特区国土资源局党组书记、局长彭健担任。指导协调全特区国土资源领域腐败问题治理工作。

2013年1月5日，万山区委办公室印发《关于调整万山区反腐败工作协调领导小组的通知》，调整反腐败工作协调领导小组并将领导小组办公室下设在案件监督管理室。反腐败工作协调领导小组组长吴廷友（区委常委、区纪委书记），副组长郑敏（区委常委、区委组织部部长）、王春（区委常委、区委政法委书记、区公安局局长），成员为陈波（区人民法院院长）、田国强（区人民检察院检察长）、杨劲松（区纪委副书记）、袁再和（区财政局局长）、郑小英（区审计局局长）、毛权民（区纪委常委、纪检监察室主任)。领导小组下设办公室,办公室设在区纪委案件监督管理室,由许佰成负责日常工作。

2013年4月26日,万山区委办公室印发《关于调整充实万山区反腐败工作协调领导小组成员的通知》,调整充实反腐败工作协调领导小组成员:反腐败工作协调领导小组组长吴廷友(区委常委、区纪委书记),副组长陈波(区人民法院院长)、田国强(区人民检察院检察长)、杨劲松(区纪委副书记、监察局局长),成员杨超(区委组织部常务副部长)、彭钟权(区委政法委副书记)、杨勇斌(区人民法院副院长)、兰勇(区人民检察院副检察长)、刘勇(区人事和劳动社会保障局局长)、郑小英(区审计局局长)、刘开著(区公安局党委副书记、副局长)、冉光权(区纪委常委、区监察局副局长)、毛权民(区纪委常委、纪检监察室主任),反腐败协调小组办公室设在案件监督管理室,冉光权兼任办公室主任,许佰成负责日常工作。

2013年4月26日,经区委研究决定,制定《中共铜仁市万山区委反腐败协调小组工作规则》,进一步完善全区反腐败领导体制和工作机制。

2014年6月3日,中共铜仁市万山区委印发《关于调整区委反腐败协调小组的通知》(万委〔2014〕18号)文件,调整区委反腐败协调小组:文件明确袁继鸿(区委常委、区纪委书记)任组长,田国强(区人民检察院检察长)、龙章云(区人民法院院长)、杨劲松(区纪委副书记、监察局局长)为副组长,杨超(区委组织部常务副部长)、韩忠平(区委政法委副书记、综治办主任)、刘勇(区委组织部副部长、人力资源和社会保障局局长)、冉光权(区纪委常委、监察局副局长)、兰勇(区人民检察院副检察长)、杨勇斌(区人民法院副院长)、刘开著(市公安局万山分局副局长)、郑小英(区审计局局长),反腐败协调小组办公室设在案件监督管理室,由冉光权兼任办公室主任,负责日常工作。

2015年,区委印发《关于调整区委反腐败协调小组的通知》,文件明确袁继鸿(区委常委、区纪委书记)任组长,龙章云(区人民法院院长)、田国强(区人民检察院检察长)、杨劲松(区纪委副书记、监察局局长)为副组长,冉光权(区纪委常委、监察局副局长)兼任办公室主任。

2019年1月16日,中共铜仁市万山区委反腐败协调小组向万山区委呈送《关于调整区委反腐败协调小组成员单位及办公室成员的请示》(万纪呈〔2019〕7号)获批,调整邹远志(区委常委、区纪委书记)为反腐败协调小组组长,王春(区委常委、区委政法委书记、区公安局局长)、王颖(区委常委、区委组织部部长)、张永琴(区人民法院院长)、罗勇(区人民检察院检察长)为副组长,成员为:刘勇、杨政久、彭钟权、杨顺久、刘远见、兰勇、刘开著、秦雪梅、吴丹。区委反腐败协调领导小组办公室下设在区纪委案件监督管理室,负责日常相关工作。区纪委副书记、区监委副主任杨政久兼任办公室主任,区纪委案件监督管理室杨景、蒲静负责日常工作,自此以后,领导小组组成人员及办公室组成人员如有变动,由相应岗位的人员自然递补(以后调整不再行文)。

二、工作规则

2005年,中央纪委制定《关于纪委协助党委组织协调反腐败工作的规定(试行)》(中纪发〔2005〕10号)文件,规定纪委在同级党委的领导下,按照同级党委和上级纪委的总体部署和要求,协助同级党委研究、部署、协调、督促检查反腐败各项工作。

2014年7月印发《中共铜仁市万山区委反腐败协调小组工作规则》,较为完善地对反腐败协调工作进行规范。明确协调小组履行工作职责:1.协调处理贯彻落实中央、省、市和全区反腐败工作部署和查办案件的重大问题;2.研究落实中央、省、市和区委领导对查办重要、复杂案件批示的措施;3.协调查处涉及党政领导干部重要、复杂的违纪违法案件;4.协调解决各执纪执法机关协同查办案件工作中的重大疑难问题;5.督促检查有关部门承担反腐败工作任务的落实情况;6.向区委报告组织协调事项完成情况;7.其他需要组织协调处理的事项。

协调小组成员单位实行重要案件线索报告制度及相关情况通报制度,受理区管干部线索移交的成员单位应及时对线索依纪依法进行审查处理,及时将处理意见和结果书面汇报协调小组办公室,由协调小组办公室负责报送协调小组组长、副组长阅批。1.协调小组成员单位有关办案工作简报、摘报、专报等,应及时送协调小组办公室;2.协调小组成员单位间移交的区管干部案件,或协调小组协调查办的其他重要复杂案件,需向社会公开宣传报道的,应事先通报协调小组办公室和原移交机关;3.检察机关、公安机关对协调小组协调查办的重要案件,或对有关部门移交的区管干部案件,经侦查认定的违法事实与原调查移交机关在案件性质、违法事实等方面发生较大变化的,或对涉案人员采取取保候审等措施时,应及时通报协调小组办公室和原移交机关;4.区人民法院对审判协调小组成员单位移交的区管干部职务犯罪案件,经审理认定的犯罪事实、量刑与起诉机关起诉意见发生较大变化的,应及时向协调小组办公室通报;5.对协调小组协调或成员单位间移交的区管干部案件(线索)或其他重要案件,办案单位或接收单位应定期向协调小组办公室通报查办进展情况。

协调小组成员单位实行重要案件及线索相互移交移送制度。各成员单位将所发现和掌握的区管干部违纪违法案件线索,应及时以公文的形式移送协调小组办公室,由办公室严密保管,统一协调处理。在线索移交过程中,应遵守保密工作纪律,实行专人递送、专人管理。

三、反腐败协调工作开展情况

加强与反腐败协调小组成员单位的联系,充分发挥组织协调职能,开展线索相互移送,达成资源共享。

1991年,共召开监督部门联席会议3次,牵头和协同监察、检察、公安等部门办案8件,进一步发挥监督部门的整体效能。

1993年,由特区纪委、特区监察局牵头召开由特区审计局、特区物价局、特区税务局、特区人民检察院、特区人民法院、特区公安局、特区工商局等执法执纪部门参加的监督部门联席会议,对反腐败斗争现状进行全面分析,并于9月下旬落实中共中央、中央纪委关于开展反腐败斗争工作部署的实施意见。

2013年4月26日,在区纪委会议室召开反腐败协调小组第一次会议,由组长吴廷友带领学习《中共铜仁市万山区委反腐败协调小组工作规则》文件,对反腐败协调领导小组下一步的工作作了安排。

2013年8月6日,在区纪委会议室召开了反腐败协调小组第二次会议,讨论鱼塘中学私分贫困寄宿生生活补助款和设立“小金库”案的相关情况和探讨其他案件的疑难问题,并对反腐败协调领导小组下一步的工作作了安排。

2013年,在区委反腐败协调领导小组的精心组织下,区纪委监察局联合区人民检察院、区审计局顺利侦破鱼塘中学私设"小金库"、私分贫困寄宿生生活补助款、套取营养午餐资金案,大坪乡干部舒某贪污新农合资金携款潜逃案,黄道乡国土所临聘人员黄某套取征地补偿款案。9名涉案人员先后被移送司法机关处理,取得良好的法纪效果和社会效果。

2014年,收到公检法移送案件共5件。

2015年,组织召开加强反腐协作配合,进一步规范案件查办工作的反腐败协调小组专题会。根据中共中央《关于在查办党员和国家工作人员涉嫌违纪违法犯罪案件中加强协作配合的意见》的文件要求,修订完善《中共铜仁市万山区委反腐败协调小组工作规则》。共召开反腐败协调小组会议5次,收到公检法移送案件共7件,共相互移送案件线索10起14人。

2019年5月10日,召开全区反腐败协调小组会议,对当前针对反腐败协调小组运行机制不畅、线索移送不规范等问题进行研究。同时,对如何抓好当前扫黑除恶专项斗争、国际追逃追赃各项工作做了安排和部署。6月5日,再次召开反腐败协调小组会议,讨论案件有关进展情况。区公安局移送区纪委区监委问题线索8件,其中立案6件,了结2件,党纪政务处分5人。区人民检察院移送问题线索4件,立案1件,了结1件,根据干部管理权限转碧江区纪委处置1件,转大龙纪工委处置1件。

2020年6月30日,召开全区反腐败协调小组会议,对当前针对反腐败协调小组工作中存在的问题进行研究。同时,对如何抓好当前贪污腐败、脱贫攻坚、扫黑除恶、追逃追赃、优化营商环境等各项工作作了安排和部署。7月17日,区纪委区监委印发《中共铜仁市万山区委反腐败协调小组国际追逃追赃工作办公室2020年工作要点》。

2021年,充分发挥反腐败协调小组职能职责,不断强化问题线索双向移送,万山区纪委区监委向司法机关移送案件线索2起,司法机关及审计部门向万山区纪委区监委移送案件线索7起,查处受到刑事处罚后给予党纪政务处分案件7件7人,移送检察机关5件5人。

2022年,充分发挥反腐败协调小组职能职责,不断强化问题线索双向移送,万山区纪委区监委向司法机关移送案件线索2起,司法机关及审计部门向万山区纪委区监委移送案件线索55起,查处受到刑事处罚后给予党纪政务处分案件8件8人,移送检察机关3件3人。

第二节　查处违纪违法案件

查处违纪违法案件是纪检监察机关的重要任务和常规工作,是严肃党纪政纪的中心环节,是维护党规党纪、端正党风的重要方法,是震慑腐败、营造"不敢腐"的有效的手段。

1973年7月26日,设立中共万山特区委纪律检查委员会。至1990年底平反历史上冤假错案172人,其中撤销党内处分8人。查处党员违纪案件,受理党员违纪案74件,结案74件,结案率100%。受处理党员70人,其中,开除党籍22人,留党察看20人,党内严重警告18人,批评教育8人,销案2人。同时,对少数受过党内处分的党员的申述,按照有关文件,及时受理,认真进行复查复议,使犯错误的党员得到公正、恰当的处理,维护党纪的严肃性。

从1982年起,纪委开展打击经济领域中严重犯罪活动的斗争,至1986年,经济立案102件,全部结案。其中:依法逮捕11人,其余受到党纪政纪处分和批评教育,销案1人。同时,对挪用公款、借款、短款的单位和人员进行追款,历年共追回赃款、短款等达90万元。1987年后,经济犯罪案交由监察部门受理。

1986年,共查处党员违纪案件28起,结案25起,结案率89.3%。处理党员25人。其中,受开除党籍、开除工作籍留用一年处分1人,开除党籍4人,留党察看6人,党内严重警告2人,党内警告12人。

1987年,共查处各种违纪案件11起11人,全部结案。其中,开除党籍6人,警告处分2人,留党察看两年处分1人,留党察看两年、行政开除留用一年处分的1人,销案1人。

1988年,共受理党员违纪案件2起2人,基层党委受理党员违纪案件2起2人,4起4人均已结案。其中,留党察看1人,党内警告2人,通报批评1人。受处分党员中,区(局)级干部2人,一般党员2人。

1989年,共受理各种违纪案件30件。其中,立案主办9件(结案6件),联办8件(结案7件),转办13件(结案10件)。

1990年,共立案查处党内违纪案件11件,结案11件,结案率100%。受处分党员11人,免予党纪处分给党内通报批评处理1人。受党纪处分的11人中,党内警告4人,党内严重警告2人,留党察看一年2人,开除党籍3人。受处分党员类别为:科局级党员领导干部3人,一般党员干部2人,一般党员5人。

1991年,共立案查处党内违纪案件11件13人,结案6件6人,结案率54.5%。其中违反组织劳动人事纪律1件2人,失职1件1人,违反财经纪律1件1人,违反计生政策1件1人,贪污公款2件2人,受贿1件1人,违反社会主义道德,乱搞两性关系1件1人,其他(非法拘禁、侮辱人格)3件4人。受党纪处分4人,其中开除党籍1人,留党察看一年1人,党内严重警告2人,另外受党内通报批评教育2人。

1992年,立案4件,结案3件,受记过处分1人,建议处分1人,移送司法机关处理1人,销案1件。

1993年,共受理党纪案件9件(11人),审结8件,结案率为89%。受到党纪处分9人,免予处分1人。其中经济违纪案件2件,严重官僚主义失职案2件,腐化堕落、道德败坏1件、盗窃1件,其他案2件。开除党籍处分1人,留党察看处分3人,党内严重警告处分3人,党内警告处分2人,同时受政纪处分8人。受理政纪案件13件(16人),其中,参与拐卖人口1件、工作失职2件、酗酒闹事1件、出售黄色画像1件、挪用公款、贪污3件、受贿1件、违反计生政策1件,其他3件。

1994年,共初查核实违法违纪案件21件23人,其中一般干部19件21人,科局级干部1件1人,其他人员1件1人。党纪8件8人,政纪13件15人。其中,违反财经纪律12件14人,违反计划生育政策2件2人,违反社会主义道德1件1人,弄虚作假1件1人,工作失职1件1人,贪污1件1人,侵犯人权1件1人,其他2件2人。

1995年,共初查案件28件,其中大案4件,典型案件3件,一般案件21件。立案23件(含上年度遗留1件),结案22件,结案率为95.7%。其中,党纪案件3件6人、政纪案件19件21人,违纪人员中,涉及乡科级干部5人、一般干部19人,其他人员4人。给予党纪处理的情况是,留党察看一年处分1人,严重警告处分1人,警告处分3人,批评教育1人;给予政纪处理情况是,自动离职处理2人,取消工作籍1人,辞退处理1人,撤职1人,降级3人,记大过1人,记过1人,警告6人,批评教育4人,延长解除原处分考察期一年处理1人。通过查处种类违法违纪案件，为国家挽回经济损失1.5万元。

1996年，初步核查34件，决定对23件进行立案查处，其中党纪立案12件13人，政纪立案11件13人，结案23件，结案率为100%。在这些案件中，大案4件，典型案件5件，一般案件14件，4人受到党内通报批评，9人受到党纪处分，13人受到行政处分。其中，党纪处理：开除党籍1人，留党察看一年处分1人，党内严重警告处分3人，受党内警告处分5人。政纪处理：受到行政撤职处分1人，降级处分1人，记大过处分3人，记过处分2人，警告处分7人。其中受双重处分1人。在这些受处分的人中，涉及科局级干部3人，一般干部19人。通过查处，为国家挽回经济损失5.7万元。

1997年，初查核实各类案件25件。立案查处违犯党纪、政纪案件11件，其中，特区纪委监察局自办案件5件，基层纪检监察机关办案6件，典型案件3件，一般案件8件。开除党籍处分2人，降工资一级处分2人，行政记过处分1人，行政警告处分1人。通过查处经济违纪案件为国家和集中挽回经济损失2.7万余元。

1998年，立案19件，涉及违纪人员22人，其中乡科级干部13人，一般干部9人。在立案19件案件中，发生在“三机关一部门”的案件12件。通过办案，为国家和集体挽回直接经济损失29万余元。

1999年，共初查核实35件，涉及党员19人，监察对象27人，其中涉及县处级干部1人，乡科(局)级干部12人，一般干部19人，其他3人。信访立案4件，办结4件，办结率100%，全特区立案18件，办结18件。党纪案件8件8人，8人受党纪处分，其中科局级党员6人，一般党员2人，错误性质是工作失职的3件3人，贪污公款2件3人，赌博1件1人，违犯交通法规1件1人，其他1件1人。党内警告处分2人，党内严重警告处分1人，党内通报批评1人；政纪案件10件14人，11人受到行政处分，均为一般干部，错误性质是违反劳动纪律2件2人，侵反人权3件4人，贪污公款2件2人，工作失职2件2人，开除工作籍2人，辞退1人，行政记过处分3人，行政警告处分3人。

2000年，以查办“三机关一部门”和副科级以上领导干部违纪违法案件为重点，以查处经济案件为突破口，加大查办案件工作力度。全年共初查核实47件，办结47件，办结率为100%。其中转立案18件，办结18件(高楼坪乡纪委立案5件，办结5件)，结案率达100%。14人受党纪处分，其中，科局级党员6人、一般党员8人。错误性质是贪污公款3件5人、受贿1件1人、工作失职2件2人、挪用公款1件1人、赌博2件2人、侵权1件1人、违反社会管理秩序1件1人、违反财经纪律1件1人。开除党籍1人、留党察看两年处分1人、留党察看一年处分2人、党内严重警告处分2人、党内警告处分5人、通报批评3人。17人受政纪处分(一案多人2件、受双重处分1件)，其中，一般干部16人，工人1人。错误性质是违反财经纪律1件1人、赌博2件10人、贪污公款2件2人、工作失职2人、违反计划生育政策1件1人。处分档次是：行政记大过处分1人、行政记过处分1人、行政警告处分14人。为国家和集体挽回经济损失16.3万元。

2001年，初查核实43件，其中，转立案11件，结案10件结案率达90.9%。11件案件中，经济类4件4人，失职类4件5人，违反社会管理秩序类1件1人，组织人事类1件2人，侵权类1件1人。受党纪处分8人(副局级干部1人，一般干部7人)，其中2人受双重处分。通过查办案件，为国家和集体挽回经济损失6万余元。同时还澄清一些举报失实问题，保护一批干部合法权益，纠正并兑现1997年以来受处分的9名人员未按规定降资问题。

2002年,共立案4件,结案4件,受党纪处分5人,其中科局级党员1人,一般党员4人。其错误性质是贪污公款2人,违反组织人事纪律1人,违反计划生育政策2人。处分档次是党内警告2人,留党察看一年处分1人,开除党籍1人,党内通报批评1人。受政纪处分3人,其中一般干部2人,副局级干部1人。错误性质是违反组织人事纪律2人,违反计划生育政策1人。处分档次是行政撤职1人,行政降级1人,开除公职1人,其中受双重处分2人。受理不服党纪、政纪的申诉案件1件,维持原处分决定各1人。共回访教育受党政纪处分人员7人,恢复中共正式党员权利5人,解除行政处分4人。

2003年,共立案8件。其中经济类7件,失职类1件。属大案4件,一般案件4件。结案8件,结案率为100%。其中党纪处分3件3人(正科级党员2人,一般党员1人;开除党籍1人,党内警告2人;受贿1人,违反财经纪律1人,公费旅游1人),政纪处分5件5人(工作失职1件1人,贪污公款1件1人,挪用公款2件2人,盗窃1件1人;行政警告3件3人,记大过1件1人,开除工作籍1件1人),为国家挽回直接经济损失21.1324万元。注重对受处分人员的"回访"教育,按照政策规定,解除8人的行政处分,恢复党员权利5人。

2004年,立案9件,其中属经济类6件,违反社会主义道德1件,失职类1件,其他类1件。结案8件11人,其中党纪处分4件5人,属科局级干部2人,政纪处分6件7人(同一案件中受党纪处分1人;双重处分1件1人),属科局级干部1人。通过查办案件为国家挽回经济损失38万余元。

2005年,立案9件。其中,经济类5件,组织人事类1件,违反社会主义道德类1件,工作失职类1件,其他类1件。其中,大案5件,典型案件3件,一般案件1件;涉及违纪人员10人,其中,乡科级干部5人,一般干部5人。为国家挽回经济损失22万余元。

2006年,立案8件。其中,经济类4件,侵权类1件,工作失职类2件,其他类1件;其中,大案1件,典型案件1件,一般案件6件;涉及违纪人员10人,其中乡科级干部1人,一般干部9人。为国家挽回经济损失2万余元。

2007年,立案8件。其中,违反组织人事纪律类1件,经济类案件5件,其他类2件。其中,大案2件,典型案件1件,一般案件5件;涉及违纪人员8人均为一般干部,为国家挽回经济损失9万余元。

2008年,立案11件,结案11件(移送司法2件),其中,大案3件,典型案1件,一般案7件,为国家挽回经济损失14万余元。

2009年,立案9件(大案4件、一般案5件),结案9件,涉及科级干部2人,一般干部6人,农村党员1人,为国家挽回经济损失29.557万余元。

2010年,立案10件。其中,大案9件,典型案件1件;处分违纪违法人员10人。其中,涉及科局级干部6人,一般干部2人,其他人员2人,为国家挽回直接经济损失70万余元。

2011年,立案11件,结案11件,涉及违纪违规人员11人(科级党员领导干部6人),党政纪处分11人(双重处分7件7人),为国家挽回经济损失1628.585万元。

2012年,立案17件,结案17件;受党纪政纪处分28人(乡科级干部7人,一般干部13人,其他人员8人),其中党纪处分22人,政纪处分9人,党纪政纪双重处分3人,为国家挽回经济损失45万余元。

2013年,立案20件,立案涉及人数32人。其中,涉及乡科级干部10人,涉及一般干部12人,涉及其他人员10人。结案19件,给予党纪政务处分27人。其中,党纪处分19人(警告7人,严重警告7

人，留党察看4人，开除党籍1人）；政务处分8人（警告6人，记过1人，降级1人）。移送检察机关5人，刑事处理后被纪检监察机关给予党纪政务处分1人。

2014年，立案23件，立案涉及人数29人。其中，涉及乡科级干部12人，涉及一般干部8人，涉及其他人员9人。结案18件，给予党纪政务处分23人。其中，党纪处分18人（警告2人，严重警告6人，留党察看7人，开除党籍3人）；政务处分6人（警告4人，撤职1人，开除1人）。其中党纪政务双重处分1人。移送检察机关4人，刑事处理后被纪检监察机关给予党纪政务处分5人。

2015年，立案70件，立案涉及人数83人。其中，涉及乡科级干部22人，涉及一般干部31人，涉及其他人员30人。结案66件，给予党纪政务处分82人次。其中，党纪处分57人（警告30人，严重警告13人，撤销党内职务1人，留党察看6人，开除党籍7人）；政务处分25人（警告9人，记过1人，降级3人，撤职3人，开除9人）。其中党纪政务双重处分10人。移送检察机关3人，刑事处理后被纪检监察机关给予党纪政务处分11人。

2016年，立案123件，立案涉及人数143人。其中，涉及乡科级干部40人，涉及一般干部59人，涉及其他人员44人。结案119件，给予党纪政务处分140人。其中，党纪处分105人（警告81人，严重警告13人，撤销党内职务2人，留党察看1人，开除党籍8人）；政务处分37人（警告29人，记过3人，降级2人，撤职1人，开除2人）。其中党纪政务双重处分2人。移送检察机关2人，刑事处理后被纪检监察机关给予党纪政务处分3人。

2017年，立案102件，立案涉及人数105人。其中:涉及乡科级干部4人，涉及一般干部19人，涉及其他人员82人。结案116件，给予党纪政务处分119人。其中，党纪处分106人（警告88人，严重警告7人，撤销党内职务1人，留党察看4人，开除党籍6人）；政务处分14人（警告11人，记大过1人，降级1人，开除1人）。其中党纪政务双重处分1人。免予政务处分1人。采取组织措施2人。移送检察机关1人，刑事处理后被纪检监察机关给予党纪政务处分4人。

2018年，立案102件，立案涉及人数125人。其中，涉及乡科级干部26人，涉及一般干部34人，涉及其他人员65人。结案108件，给予党纪政务处分110人。其中，党纪处分88人（警告51人，严重警告20人，撤销党内职务1人，留党察看6人，开除党籍10人）；政务处分29人（警告13人，记过6人，降级5人，撤职1人，开除4人）。其中党纪政务双重处分7人，免予党纪处分6人。采取留置措施3人。刑事处理后被纪检监察机关给予党纪政务处分8人。

2019年，立案118件，立案涉及人数120人。其中，涉及乡科级干部25人，涉及一般干部10人，涉及其他人员85人。结案118件，给予党纪政务处分111人。其中，党纪处分105人（警告69人，严重警告16人，撤销党内职务4人，留党察看10人，开除党籍6人）；受政务处分10人（警告2人，记过3人，记大过2人，撤职1人，开除2人）。其中受党纪政务双重处分4人，免予党纪处分5人。立案后采取组织措施6人。采取留置措施1人。移送检察机关1人，刑事处理后被纪检监察机关给予党纪政务处分3人。

2020年，立案108件，立案涉及人数106人。其中，涉及乡科级干部32人，涉及一般干部17人，涉及其他人员57人。结案104件，给予党纪政务处分101人。其中，党纪处分96人（警告65人，严重警告9人，撤销党内职务3人，留党察看2人，开除党籍17人）；政务处分13人（警告3人，记过1人，撤职

5人,开除4人)。其中党纪政务受双重处分8人,免予党纪处分1人。采取留置措施4人。移送检察机关2人,刑事处理后被纪检监察机关给予党纪政务处分11人。

2021年,立案73件,立案涉及人数73人。其中,涉及乡科级干部16人,涉及一般干部19人,涉及其他人员38人。结案73件,给予党纪政务处分65人。其中,党纪处分49人(警告23人,严重警告14人,留党察看3人,撤销党内职务1人,开除党籍8人);政务处分23人(警告7人,记过1人,记大过1人,降级1人,撤职11人,开除公职2人)。其中党纪政务双重处分7人。立案后采取组织措施5人。采取留置措施6人。移送检察机关5人,刑事处理后被纪检监察机关给予党纪政务处分7人。

2022年,立案105件,立案涉及人数105人。其中,涉及乡科级干部21人,涉及一般干部9人,涉及其他人员75人。结案102件,给予党纪政务处分94人。其中,党纪处分84人(警告41人,严重警告21人,留党察看2人,撤销党内职务7人,开除党籍13人);政务处分22人(警告3人,记过3人,记大过1人,撤职13人,开除公职2人);受党纪政务双重处分12人。立案后采取组织措施7人,采取留置措施6人。移送检察机关3人,刑事处理被纪检监察机关给予党纪政务处分8人。

第十二章　案件审理与复议复查(复审复核)

案件审理工作是纪检监察工作的重要组成部分,案件审理工作是在审查调查结束后对违纪违法案件进行的审核工作,审理工作既是审查调查工作的继续,也是对审查调查工作审核把关的重要环节。对应当给予党纪政务处分的违纪违法案件进行审理,是纪检监察工作的一项重要的经常性工作,是处理违纪违法案件的必经程序。

万山区纪检监察机关案件审理部门成立以来,认真开展申诉复议复查(复审复核)工作,根据查、审、申分离原则,该项工作由其他部门负责,做好申诉复议复查(复审复核)工作,确保所办案件经得起历史的检验,切实维护纪法的严肃性和审查调查对象的合法权益。

第一节　案件审理机构及工作要求

一、案件审理机构设置及基本职责

(一)案件审理机构设置

1985年1月,设立案件审理科。

1987年12月,成立万山特区监察局,内设审理股。

1989年8月,科改室,案件审理科改为案件审理室。

1993年6月,中共万山特区纪律检查委员会、万山特区监察局合署办公,内设案件审理室。至此,案件审理室作为区(特区)纪委监委(监察局)内设科室延续至今。

区纪委区监委(监察局)案件审理科(股、室)长(负责人、主任)一览表

(1984年9月至2022年12月)

表12-1-1

序号	姓名	性别	民族	任职时间
1	杨贵成	男	侗族	1985年1月至1987年8月
2	刘洪登	男	侗族	1987年9月至1989年1月
3	王德安	男	苗族	1990年5月至1993年6月
4	罗洪信	男	侗族	1993年6月至1996年7月
5	刘荣国	男	侗族	1996年7月至1997年3月

续表12-1-1

序号	姓名	性别	民族	任职时间
6	梁巨云	男	侗族	1997年3月至1998年2月
7	邵宗凤	女	苗族	1998年2月至2003年4月
8	杨　成	女	土家族	2003年4月至2015年8月
9	潘　懿	女	土家族	2015年8月至2019年1月
10	刘　恒	男	侗族	2019年1月至2020年5月
11	李戈甫	男	土家族	2020年5月至2022年12月

(二)基本职责

根据《党的纪律检查机关案件审理工作条例》《关于审理党员违纪案件工作程序的规定》《监察机关审理政纪案件的暂行办法》等有关法律法规,案件审理工作的基本职责有11项:1.审理本级纪检监察机关批准或作出处分决定的案件;2.审理需要呈报上级党委、纪检监察机关,同级党委政府审批的案件;3.审理虽然不属于本级监察机关直接行政处分权限之内,但由本级监察机关直接立案调查,提出行政处分建议案件;4.审理申诉案件;5.审理征求意见的案件(这类案件一般有三种情况即下级纪检监察机关征求意见的案件、本级纪检监察检查部门的案件、本级信访部门征求意见的案件);6审理下级纪委呈报的备案案件;7.审理本级纪检监察机关领导交办的其他案件;8.审理下级纪委对同级党委处理案件的决定有不同意见,请求予以复议、复查的案件;9.对下级纪检监察机关的案件审理工作督查和业务指导;10.制定相关的审理制度;11.编写典型案例,进行党风廉政教育。

随着机构改革和部门职能的调整,关于第4项审理申诉案件的工作职责已调整至信访室;关于第11项编写典型案例,进行党风廉政教育的工作职责已调整至宣教室。

二、案件审理的含义、原则及基本要求

(一)案件审理的含义

纪检监察工作中的案件审理是区纪检监察机关的案件审理室或专兼职案件审理人员对调查结束的违犯党纪、政纪的案件,在作出正式处理决定之前,按照规定的程序,遵循一定的原则,根据案件审理的基本要求,对案件在事实上、证据上、定性上、处理上以及办案程序上等方面所作的审核处理工作。这是一项严肃的政治工作,是纪检监察机关办理案件的必经程序和重要环节。它包含两方面内容:一是纪检监察机关审批案件前,案件审理部门对案件所作的审核工作;二是纪检监察机关审批案件后,对案件进行的审查、作出处分决定和对处分决定执行的工作。

(二)案件审理的原则

1.实事求是原则

实事求是的原则是指在案件审理的每一个阶段,必须注意从不同案件的客观实际出发,对客观存在的违纪行为要全面、客观、准确地予以反映,要按照有关规定对案件进行公正恰当的定性处理。

案件审理工作必须做到以客观事实作为定案的基础、以查证属实的证据作为案件事实的依据,准确认定案件性质,恰当量纪,有错必纠。

2.惩处和教育相结合原则

惩处和教育相结合是指纪检监察机关在惩罚处理违法违纪人员的同时,注重对违法违纪人员进行教育。这一原则是我党惩前毖后、治病救人的方针在纪检监察工作中的具体体现。如果只惩处不教育,惩处就失去了意义;如果只教育不惩处,姑息迁就,就失去了纪律的严肃性,教育也起不到应有的作用。在工作实践中,具体应注意以下几点:(1)对违犯纪律的党员和监察对象,必须以错误事实为依据,以党和国家的方针、政策和法律、法规以及党纪政纪条规为准绳,给予恰当的处理。(2)坚持在案件审理的过程中进行教育。(3)挑选部分处理过的典型案例,对广大党员和监察对象进行纪律教育。

3.严肃慎重、区别对待原则

严肃是指纪检监察机关在处理违犯党纪政纪的党员、党组织和监察对象时,要严格按照《中国共产党章程》《中国共产党纪律处分条例》,国家的法律、法规党纪政纪条规办理。慎重是指在处理具体案件的时候,要谨慎从事,不要轻率地作出决定,避免一切可以避免的违纪。区别对待是指在弄清案件事实的基础上,具体问题具体分析。根据不同案件的具体情况,依据受审查人员违纪行为的性质、情节、危害、认错态度以及一贯表现等,根据党和国家的路线、方针、政策和法律、法规以及党纪政纪条规,作出恰当的处理。

4.纪律面前人人平等原则

纪律面前人人平等的原则是指党的纪律对一切党员都适用,行政纪律对所有的监察对象都适用,没有任何例外;在党的纪律面前,一切党员和监察对象都必须无条件地遵守党纪政纪,党员和监察对象既受到纪律的约束,同时也受纪律对其民主权利的保护;在工作中,案件审理部门的专兼职人员在审理案件时,要严格按照有关规定办理,不能因受审查人的地位、身份、职务、民族、财产等不同而有所区别;对任何党员和监察对象的申诉或者申辩都一视同仁。

5.民主集中制原则

民主集中制的原则是党和国家最根本的组织制度和原则,也是纪检监察机关的组织制度和工作原则。区纪委区监委(监察局)在案件审理工作中,坚持审理部门的集体审议制度;在对案件作出处理决定时,要经过区纪委常委会会议或区监察局局长办公会议集体讨论,实行少数服从多数的原则,不能个人或少数人决定或批准对党员、党组织或监察对象的处理;在执行纪律的时候,要坚持下级服从上级的原则。

6.保障党员和监察对象合法权利原则

保障党员和监察对象的权利,是依据《中国共产党章程》《中国共产党党员权利保障条例》《中央纪律检查委员会关于处理检举、控告和申诉的若干规定》《中华人民共和国监察法》《监察机关处理不服行政处分申诉的办法》等法律法规规定来实现的。区纪委区监委(监察局)在工作中主要体现在以下几方面:(1)在党组织决定对党员的处分时,一般情况下,被调查人有权参加会议并进行申辩。(2)处分决定所依据的事实材料和处分决定必须与受处分人见面,听取本人说明情况和申辩。(3)党员和监察对象对处分决定或审查决定不服的,有权提出请求和申诉。⑷在审理过程中,一般情况下,审理部门均派人和受审查人员谈话,直接听取本人的意见。⑸切实做好处分决定的宣布、送达和执行工作。⑹受审查人员认为办案人员和本案有某种关系,可能影响对案件公正处理的,有权申请办案人员回避。⑺完善解除行政处分和恢复党员权利公示制度。

(三)案件审理工作的基本要求

纪检监察机关是政治机关,是党和国家监督专责机关。案件审理部门作为纪检监察机关的"关口""出口"和"窗口",必须准确把握职责定位,切实履行政治责任,不断增强政治敏锐性和政治鉴别力,把讲政治摆在首位,贯穿于案件审理工作的始终,善于从大局和政治高度审视、分析、把握问题的本质和特点,做到"见人见事见案"。案件审理工作是纪检监察机关专门活动之一,也是纪检监察机关的基本职能之一;它是对调查案件的活动及其结论的再审查,是查处案件工作最后一道"工序",是保证案件质量的必然要求,担负整个案件查处的把关定向,在整个纪检监察工作中处于重要位置。因此,区纪委区监委(监察局)案件审理必须做到"事实清楚、证据确凿、定性准确、处理恰当、手续完备、程序合法(规)"的二十四字的基本要求。

1.事实清楚。事实清楚是前提,包含的内容:(1)审查结论所依据的事实必须能真实地、客观地再现事物的本来面貌,所认定的事实必须符合客观实际;(2)审查结论所依据的违纪事实必须能够反映违纪事实发生、发展的全过程,包括错误发生的时间、地点、情节、手段、主客观原因、造成的后果,以及有关人员的责任等;(3)审查结论所依据的违纪事实必须能够准确地概括出违纪人员究竟犯了哪些错误,每一条错误究竟错在什么地方。

事实清楚应注意以下问题:一要看错误事实是否能作为处理的依据;二要看错误事实发生的全过程是否清楚,是否符合实际;三要看错误事实中有关人员的责任是否已经区分清楚;四要处理好材料之间的关系,即:(1)审查调查报告、处分决定应与证据材料相统一,所认定的错误事实,必须有足够的证据来证实;(2)错误事实所依据的证据材料之间,对错误事实的认定应该是一致的,没有矛盾的,如果有矛盾,也要得到合理的排除;(3)审查调查报告、处分决定和本人意见之间不一致的地方,应有足够的证据来证明。

2.证据确凿。证据确凿是基础,包含的内容:⑴证据必须真实;⑵证据必须与案件有内在的联系;(3)证据必须充分;(4)证据之间不能有矛盾。审查证据是否确凿,应按照中央纪委印发的《关于查处党员违纪案件中收集、鉴别、使用证据的具体规定》和监察部《监察机关调查处理政纪案件办法》等纪检监察法规的要求去做,对于涉嫌职务犯罪的案件证据材料必须符合《中华人民共和国刑事诉讼法》等法律规定证据证明标准,并注意以下几个问题:一是审查所取得的证据是否合法;二是审查证据是否与案件事实有联系;三是审查证据的真实性;四是审查证据之间是否有矛盾。

3.定性准确。定性准确是关键,认定问题的性质,必须在事实清楚、证据确凿的基础上,以《中国共产党章程》《关于党内政治生活的若干准则》等党的方针政策和国家的法律法规为准绳进行具体分析,对其错误性质作出准确的认定。在定性的实践工作时,要特别注意两个问题:一是定性要有依据:(1)党章、准则和党纪、政纪条规。这是定性的主要依据。⑵国家的法律、法规。(3)党的路线、方针、政策标准。二是所定错误性质要符合违纪构成条件,即违纪客体、违纪客观方面、违纪主体、违纪主观方面四个构成要件同时具备。

4.处理恰当。处理恰当是目的,在事实清楚、证据确凿、定性准确的基础上,依照党纪、政纪给予违纪单位或个人以轻重适度、恰如其分的裁定和处理。从关系上讲,事实清楚、证据确凿、定性准确是处理恰当的前提,而处理恰当又是事实清楚、证据确凿、定性准确的结果,也是案件审理工作的最终目的。处理恰当应注意以下三个问题:一是要符合党纪、政纪案件的处理标准;二是要综合分析违纪案件的各种具体情况,在严格掌握党纪条规的处理幅度前提下,考虑处理的影响以及对比其他类似案件的处理结果来进行综合平衡,防止处理结果出现畸轻畸重。三是要把握好纪律处分具体运用问题。如“从轻”“减轻”“从重”“加重”“合并处理”“比照处理”“免予处分”“不予处分”等。

5.手续完备。手续完备是要求,是指对违犯党纪、政纪的案件进行调查处理时,要按照违纪案件程序性法规所规定的方法和步骤办理。手续完备包含的内容:一是调查处理违纪案件的程序是由《中国共产党纪律检查机关案件检查工作条例》《党的纪律检查机关案件审理工作条例》《中共中央纪律检查委员会关于审理党员违纪案件工作程序的规定》《中华人民共和国行政监察法》《监察机关调查处理政纪案件办法》《监察部关于监察机关直接行使处分权的程序问题的通知》《中华人民共和国监察法》《中华人民共和国监察法实施条例》《中华人民共和国刑事诉讼法》等程序性条规加以明确的。二是在办理违纪案件过程中,必须按照法定的程序进行审理。处理案件要严格按照《中国共产党章程》规定的手续办理,按照处分党员或党组织的批准权限审批。手续完备应做到以下两点:一是审查案件在调查过程中的手续是否齐全,是否都已经过受理检举控告、初步核查、立案、审查调查、违纪违法事实材料和本人见面、形成审查调查报告、移送审理等程序。二是案件在审理过程中要按照规定的程序办理。

6.程序合法(规)。程序合规是保证,是指对违反党纪、政纪、涉嫌职务犯罪的案件进行处理时,要严格依据法律规定进行。它是在案件审理工作“二十字”基本要求的基础上新增的一项要求。强调“程序合法”,就是要克服重实体轻程序的倾向,做到实体与程序并重,严格按照规定的定性依据、量纪标准和审理程序审理案件,促使每个程序的提起、展开和终结在法定的时限内进行。2019年1月1日施行的《中国共产党纪律检查机关监督执纪工作规则》第五十三条将程序合法改为程序合规,旨在要求办案人员不仅有法定的程序意识,还必须有依纪依法文明办案的理念,严格执行法律、法规和党内法规规定的办案程序,杜绝以权代法、以手续代程序、以结果代过程,增强规范意识,减少随意性,保证查处案件严格按照程序进行,并对办案程序的执行情况进行监督,对于明显违反办案程序的现象应当及时发现和纠正。

三、案件审理的程序和违纪处理种类及权限

(一)案件审理程序

案件的审理程序是指纪检监察机关的案件审理部门,对区纪检监察机关调查结束的案件和下级纪检监察机关呈报审批的案件,按照审理工作的原则和要求,对案件的事实、证据、定性、处理以及办案手续方面进行审核,提出审理部门的意见,提请区纪委常委会会议或区监察局局长办公会议审查批准和执行监督的程序。主要程序:

1.案件的受理

受理，是指纪检监察机关的案件审理部门接到有关单位或部门呈报或移送的违犯党纪、政纪案件之后，对案卷材料进行初步审核，判断该案是否符合审理条件的工作程序。

2.案件的审核

案件的审核，是指承办人在确定移送或呈报的案件符合受理条件后，通过审阅案卷材料、补充调查、与受审查人谈话等方式，对案件的事实、证据、定性、处理进行审核，提出意见，将案件提交集体审议的工作程序。

3.案件的审议

案件的审议，又称集体审议。广义的集体审议包括违纪党员所在支部的审议、案件审理部门的审议、审批机关的审议。狭义的集体审议是指承办人在对案件进行审核后，案件审理部门根据承办人的汇报，集体讨论，审核案件事实、证据、定性、处理，并提出审理部门意见的工作程序。案件审理部门集体审议的主要程序是：

⑴由案件审理部门的负责同志确定召开审理会议进行集体审议的时间；

⑵审理会议由案件审理部门负责同志主持，并安排专人做好集体审议记录；

⑶案件承办人根据汇报提纲如实、清楚地汇报案情和审理意见；

⑷参加审议的人员开展讨论，各自发表对错误事实、定性和处理意见的看法和意见；

⑸会议主持人根据民主集中制的原则，综合集体审议的意见，提出案件审理部门结论性的意见。

4.案件的审批

违纪案件的批准程序是指案件审理部门对案件审理结束以后，区纪委常委会会议或区监察委委务会议（区监察局局长办公会议）根据案件的事实、证据、性质，依据党和国家的方针政策、法律法规和党纪政纪条规，对案件作出处理决定的工作程序。审理部门报送区纪委常委会会议或者区监察委委务会议（区监察局局长办公会议）的案件，应符合下列条件：作为处分依据的错误事实已经审查清楚；案件的证据确实、充分；审理部门已提出结论性的处理意见。

区纪委常委会会议或区监察委委务会议（区监察局局长办公会议）按照民主集中制的原则，对案件进行充分的讨论，对审理部门的意见作出同意、更改、否定或者需要继续调查补正的决定。审理部门按照会议的决定或要求办理必要的手续。对需要补充调查的案件，应尽快按照会议提出的问题和要求，由审理部门或检查部门、报案单位调查取证，待问题查清后，再重新提交区纪委常委会会议或区监察委委务会议（区监察局局长办公会会议）审查决定。

5.执行程序

案件审理中的执行程序是指党的组织、政府及其主管部门、纪检监察机关对违犯党纪政纪的人员，按照规定的程序将批准生效的处分决定或审查结论付诸实施的过程。

案件经区纪委常委会会议或区监察机关委务会议（区监察局局长办公会会议）作出决定后，案件审理部门按照党纪处分的批准权限和行政处分权限，办理如下手续：

(1)违犯党纪案件

①对由本级纪检机关批准的违纪案件，案件审理部门负责起草批复，经本级纪检机关的领导签

发后,印发给呈报案件的单位宣布执行。

②由本级纪检机关直接作出处分决定的案件,由案件审理部门起草处分决定及通知,一并报本级纪检机关领导签发后,印发给下级党委、纪委。

③上级纪委直接做出的对犯错误党员的处分决定,可以由该级纪委直接宣布,也可以委托有关党组织宣布执行。有关党组织做出的对犯错误党员的处分决定,呈报上级党委或纪委审批的,上级党委或纪委批准后,由呈报单位党组织宣布执行。

④受处分党员所在党组织,在接到上级党委、纪委对该党员处分的批复或通知后,应在一个月内向受处分党员本人宣布,将处分决定送给本人一份,并在适当范围内宣布。

⑤对需报同级党委或上级党委、纪委审批的案件,由案件审理部门负责起草案件呈报审批的请示,经本级纪检机关领导签发后,连同有关材料一并上报审批。

⑥对给予党纪处分或免予党纪处分的案件,结案后,应将处分决定、错误事实调查报告、上级批复、本人检讨及本人对处分决定的意见,按干部管理权限,抄送有关组织部门。

⑦对由本级纪委批复或直接作出处分决定的案件,其中需要向上级党委、纪委或同级党委备案的,由案件审理部门将有关材料报上级党委、纪委或同级党委备案。

(2)违反政纪(政务)案件

①对须经本级监察机关同意的案件,案件审理部门负责起草批复,经监察机关的领导签发后,印发给呈报案件的单位宣布执行。

②由本级监察机关直接作出行政处分的监察决定或监察建议的案件,由案件审理部门起草处理决定书或监察建议书,印发给受处分人所在的(或归属的)有关部门宣布执行。

③对需报经本级政府、上级监察机关同意的案件,由案件审理部门负责起草案件呈报的请示,经本级监察机关领导签发后,连同有关材料一并上报。

④送达。监察决定书和监察建议书可以由监察机关直接送达有关部门、单位和人员,也可以留置送达、邮寄送达,或者委托其他监察机关、主管部门代为送达。送达监察决定书和监察建议书,必须有送达回证,由受送达人在送达回证上记明收到日期、签名或者盖章。

⑤有关部门和人员在收到监察决定或监察建议次日起30日内应当将执行、采纳的情况通报监察机关。

6.结案

案件办理完结后,由承办人按照规定立卷归档。

(二)实施纪律处分的依据和种类

1.实施处分的依据

(1)实施党纪处分的依据

实施党纪处分的依据有《中国共产党章程》《中国共产党纪律处分条例》《中国共产党党员领导干部廉洁从政若干准则》《中央纪委关于共产党员在经济方面的违法违纪党纪处分的若干规定》《中央纪委关于共产党员违反社会主义道德党纪处分的若干规定(试行)》《关于受刑罚处罚的共产党员的党籍处理问题的解答》《党员领导干部犯严重官僚主义失职错误党纪处分的暂行规定》等以及中央、

省、市、区发布的一些文件。《中国共产党章程》是最根本的党内法规，是管党治党的总规矩、总依据。

(2)实施政纪(政务)处分的依据

《国务院关于国家行政机关工作人员的奖惩暂行规定》《国家行政机关工作人员贪污贿赂行政处分暂行规定》《国家行政机关工作人员贪污贿赂行政处分暂行规定实施细则》《中华人民共和国行政监察法》《中华人民共和国公务员法》《行政机关公务员处分条例》《事业单位工作人员处分暂行规定》《中华人民共和国监察法》《公职人员政务处分暂行规定》《中华人民共和国公职人员政务处分法》《贵州省纪委、贵州省监察厅关于共产党员国家工作人员参与色情、淫秽、赌博、吸毒、贩毒活动的党纪政纪处分暂行规定》《贵州省教育乱收费行为党纪政纪处分暂行规定》等。

2.实施纪律处分的种类

(1)党纪处分的种类

根据规定，对党员个人的纪律处分种类1952年有劝告、警告、撤销工作、留党察看、开除党籍五种；1957年至今有警告、严重警告、撤销党内职务、留党察看、开除党籍五种。

对于违犯党的纪律的党组织，上级党组织给予责令作出检查或者进行通报批评；对于严重违犯党的纪律的党组织，上一级党的委员会在查明核实后，纪律处理措施为改组、解散两种。

(2)政纪(务)处分的种类

政纪(务)处分的种类在不同时期有所不同。从2000年后至今有警告、记过、记大过、降级、撤职、开除六种。

根据《事业单位人事管理条例》第二十九条规定，对事业单位工作人员的处分种类，包括警告、记过、降低岗位等级或者撤职、开除等四种。

组织处理主要有批评教育、通报批评、调离、降职、责令辞职、免职等形式。

(三)违纪处理权限

1966年以前，万山区归属权限在铜仁县与玉屏县之间变动，故1966年之前关于批准权限制度参考铜仁县、玉屏县。

1983年7月，中共中央纪律检查委员会(以下简称“中央纪委”)制定《中央纪委关于处分违犯党纪的党员批准权限的具体规定》(中纪发〔1983〕12号)，对违犯党纪的党员和党组织纪律处分的批准权限作了如下规定：

①给党的地方各级委员会委员、候补委员以警告、严重警告处分，报上一级党的纪律检查委员会批准，然后由这一级纪律检查委员会报同级党委备案。

②给予地、市以下纪律检查委员会的书记、副书记、常委给予撤销党内职务、留党察看、开除党籍处分，报上一级纪律检查委员会审核，由这一级纪律检查委员会报同级党委批准。

③受留党察看处分的党员，经过留党察看，事实证明他已改正了错误，由支部大会作出恢复他的党员权利的决定，报党的基层委员会或上一级党的纪律检查委员会批准；本人坚持错误不改，应当开除党籍时，根据他的现任职务履行批准手续。

④对于党员和党的组织的处分，如处分不当，需要改变，或者处分错了，需要取消的，改变或取消处分，由原决定和批准处分的组织办理。原决定和批准处分的组织如已撤销，由本人现在的组

织办理。

⑤党组不再决定和批准对党员的党纪处分。机关党委(支部)在作出决定时,应征求党组的意见。

1987年3月,中央纪委对《关于处分违犯党纪的党员批准权限的具体规定》做了部分修改(未涉及县级党员干部处分权限变更事项)。1999年9月,中共贵州省纪律检查委员会(以下简称"省纪委")制定《中共贵州省纪委关于处分违犯党纪党员批准权限的规定》(省纪发〔1999〕11号),对县(市、区、特区)就处分违犯党纪党员批准权限作如下规定:

1.给予特区委委员、候补委员警告、严重警告处分,由市纪委批准,报市委报备;给予撤销党内职务、留党察看、开除党籍处分,报市委批准。其中,给予特区党委书记撤销党内职务、留党察看、开除党籍处分,报省纪委备案。

2.给予乡、镇、街道办事处党委委员警告、严重警告处分,由特区纪委批准,报特区委备案;给予撤销党内职务、留党察看、开除党籍处分,报特区委批准。

3.给予地方各级党的纪律检查委员会委员撤销党内职务、留党察看、开除党籍处分,由本人所在委员会全体会议三分之二以上多数决定,报告同级党委,同时报上一级纪律检查委员会批准,特殊情况下,可以先由本人所在的委员会常务委员会作出处理决定,报告同级党委,并报上一级纪律检查委员会批准,待召开委员会全体会议时予以追认。

4.给予特区纪委书记、副书记、常委警告、严重警告处分,由地纪委批准,报地委备案;给予撤销党内职务、留党察看、开除党籍处分,由地委批准。给予特区纪委委员警告、严重警告处分,由特区纪委批准,报特区委和地纪委备案;给予撤销党内职务、留党察看、开除党籍处分,由地纪委批准,报地委备案。

5.给予特区直属党政机关、人民团体、事业单位和乡、镇的正、副科级干部警告、严重警告处分,由特区纪委批准,报特区委备案;给予撤销党内职务、留党察看、开除党籍处分,由特区委批准,报地纪委备案。

6.给予特区直属党政机关、人民团体、事业单位正副股长、所长、站长警告、严重警告处分,由特区直属机关党委批准,报特区纪委备案;给予撤销党内职务、留党察看、开除党籍处分,由特区纪委批准,报特区委备案。

7.设立党委、纪委的特区直属党政机关、人民团体、事业单位、给予正、副股长、所长、站长警告、严重警告处分,由本单位党委或纪委批准,报特区纪委备案;给予撤销党内职务、留党察看、开除党籍处分,由特区纪委批准,报特区委备案。

8.给予乡、镇和街道办事处所属机关正副股长、所长、站长警告、严重警告处分,由乡、镇和办事处党委批准,报特区纪委备案;给予撤销党内职务、留党察看、开除党籍处分,由特区纪委批准,报特区委备案。

9.给予地方各级党政机关、人民团体、企事业单位和城镇、农村居民中其他党员的党纪处分,由基层党委、纪委或直属机关党委、纪委(纪工委)按以下权限批准:⑴开除党籍处分,由县级以上党委(工委)或纪委批准。⑵警告、严重警告、撤销党内职务、留党察看处分,由基层党委或纪委批准。

2012年11月14日，中共十八大修订的《中国共产党章程》对党员的纪律处分权限明确："对党员的纪律处分，必须经支部大会讨论决定，报党的基层委员会批准；如果涉及的问题比较重要或复杂，或给党员以开除党籍的处分，应分别不同情况，报县级或县级以上党的纪律检查委员会审查批准。在特殊情况下，县级和县级以上各级党的委员会和纪律检查委员会有权直接决定给党员以纪律处分。"

四、审理人才和制度建设

自万山区(特区)纪律检查委员会设立审理部门以来，审理部门都非常重视人才的培养与制度的建设，审理工作的专业性及复杂性，要求审理部门的全体成员必须保持持续学习的状态，学习好、贯彻好党的各项方针政策，才能以高水平的专业素质能力处理好审理工作，历年来审理室组织审理干部学习的情况如下。

2006年，组织学习《建立健全教育、制度监督并重的惩治和预防腐败体系实施纲要》，将其作为当前和今后一段时期案件审理工作的指导性文件。组织学习《中国共产党党内监督条例(试行)》《中国共产党纪律处分条例》《中国共产党党员保障条例》等条例，审理干部加强自身业务学习，进一步熟悉纪检监察机关案件审理工作的概念、地位、范围、基本原则、基本要求、基本程序等业务知识，不断提高执纪办案水平和案件办理工作能力。

2007年，组织认真贯彻落实《关于纪检监察机关严格依纪依法办案的意见》要求，保证办案工作依纪依法进行，全面了解查办案件的情况，克服"书面审理"局限性，确保案件质量，做好处分、处理决定的宣布及执行工作。

2008年，审理室与组织部门联合举办《行政机关公务员处分条例》培训班，组织认真学习《中国共产党纪律处分条例》《中国共产党党内监督条例》《纪检监察机关案件审理常用法规汇编》等党纪法规，并严格执行《党的纪律检查机关案件审理工作条例》相关规定，提升审理干部业务能力。

2009年，审理室按照省纪委《关于认真组织学习〈中共中央纪委关于进一步加强和规范办案工作的意见〉的通知》精神，把学习《中共中央纪委关于进一步加强和规范办案工作的意见》与实际工作结合起来。

2010年，组织认真贯彻学习新修改的《中华人民共和国行政监察法》，以及省纪委新编制的《纪检监察工作常用法规汇编》，进一步增强审理干部的责任意识，提高依法行政能力。

2011年，组织贯彻学习中央纪委下发的《关于进一步加强和改进新形势下纪检机关案件审理工作的意见》，并制定《关于学习贯彻落实〈关于进一步加强和改进新形势下纪检机关案件审理工作的意见〉的实施方案》，把中央纪委关于加强和改进案件审理工作的新要求贯彻落实到实际工作中的各个环节。组织学习《行政机关公务员处分条例》《中华人民共和国行政复议法》《中华人民共和国行政诉讼法》和中央纪委《关于严格禁止利用职务上的便利谋取不正当利益的若干规定》等相关党纪法规，提高案件审理质量与审案效率。

2012年，组织进一步学习中央纪委《关于进一步加强和改进新形势下纪检机关案件审理工作的意见》监察部《关于进一步加强和改进监察机关行政复议和行政应诉工作的意见》和《事业单位工作人员处分暂行规定》等规定。组织认真学习并严格按照《中华人民共和国行政监察法》《中华人民共和国行政监察法实施条例》等党纪法规,稳步开展执纪监督工作。

2013年,组织认真学习邓小平理论、"三个代表"重要思想以及中共十八大会议精神,及时贯彻落实学习《中共中央政治局关于改进工作作风、密切联系群众的八项规定》《关于严禁公款购买印制寄送贺年卡等物品的通知》《关于进一步规范党政领导干部在企业兼职(任职)问题的意见》等规定,要求审理干部严格把握问责尺度,提高实务操作能力。审理室干部参加清华大学远程教育依法行政专题培训。

2014年,组织认真学习《关于禁止在历史建筑、公园等公共资源中设立私人会所的暂行规定》《中共中央办公厅 国务院办公厅关于严禁党政机关到风景名胜区开会的通知》《关于厉行节约反对食品浪费的意见》等政策性文件,全面履行案件审理工作职责,推进案件审理工作再上新台阶。积极探索创新完善纪检监察机关案件审理工作的制度和方法,维护党纪政纪的严肃性,确保党纪政纪处分执行到位,加强受处分党员干部的帮教管理工作,切实做好受处分人员的管理和思想转化工作。

2015年,组织认真学习新修订的《中国共产党纪律处分条例》《中国共产党廉洁自律准则》《行政机关公务员处分条例》《中华人民共和国行政复议法》等党纪法规,不断更新充实学习内容,提高案件审理质量和审案效率。

2016年,组织认真学习中央、省、市、县党风廉政建设和反腐败会议精神,拟定案件审理工作年度计划和工作要点,明确工作目标任务。深入学习新修订的《中国共产党纪律处分条例》《中国共产党廉洁自律准则》《中国共产党党内监督条例》《行政机关公务员处分条例》《中华人民共和国行政复议法》等法律法规,更好地运用到工作实践中。

2017年,审理室要求审理干部加强政治理论、法律法规等业务知识学习,参与专业知识,认真学习新修订的《中国共产党章程》《中国共产党纪律检查机关监督执纪工作规则(试行)》《事业单位工作人员处分暂行规定》《中华人民共和国行政监察法》《党政机关公务用车管理办法》《贵州省公务活动全面禁酒的规定》等党纪法规及相关政策,不断提高自身的业务素质和工作能力,更好地适应案件审理工作要求。

2018年,组织认真学习新修订的《中国共产党纪律处分条例》《贵州省纪委监委业务工作程序规范》《贵州省监察机关调查措施使用规范》《中华人民共和国监察法》《党组讨论和决定党员处分事项工作程序规定(试行)》等党纪法规,不断更新知识储备,提高案件审理质量与审案效率。审理室干部通过参与省市纪委组织的培训会及"两委"组织的相关学习、测试,对办案实体、程序等进行内部培训,严格对照案件文书规范,案件卷宗标准及要求,进一步做好案件资料的归档工作。

2019年,组织深入学习《中华人民共和国监察法》《中国共产党纪律处分条例》《关于加强和改进案件审理工作的意见》《中共贵州省纪委贵州省监委机关监督执纪执法工作规范》《关于严禁领导干部利用茅台酒谋取私利的规定》《贵州省党员领导干部利用茅台酒谋取私利行为纪律处分规定》等党纪法规及政策,要求审理干部积极参加各类培训,增强自身素质,不断加强政治理论和业务学习,提高适用党纪法规的水平,严格按照"二十四字"方针进行审理把关各个环节,注重案件质量。

2020年,组织深入学习《中华人民共和国公职人员政务处分法》《纪检监察机关处理检举控告工作规则》《中国共产党地方组织选举工作条例》等党纪法规，选派审理室负责人李戈甫参加全省纪检监察系统执纪审查培训会，案件审理室人员理论知识和业务能力得到进一步提高，并有李戈甫、潘懿入选全市案件审理人才库。制定《铜仁市万山区纪委区监委案件质量考核办法（试行）》，通过以案参评、以案带训的方式，提升案件质量水平和干部业务能力。

2021年，组织深入学习《中华人民共和国监察法实施条例》《中国共产党纪律检查委员会工作条例》。为推进审理工作高质量发展，培养纪法兼修的"专才"，案件审理室进行了人员大调整，硕士研究生学历法学专业的游沙、本科学历法学专业的黄竟逸调整进入审理室工作。案件审理室李戈甫两次参加省纪委监委组织的审理业务培训，审理室全体干部参加市纪委市监委组织的审理业务培训。李戈甫被市委授予"铜仁市纪检监察系统先进工作者"，获得"全市十佳审理干部"称号；潘懿获得全市纪检监察审理调研文章三等奖。

2022年，学习中共二十大精神，学习《中国共产党处分违纪党员批准权限和程序规定》《事业单位领导人员管理规定》等。推进审理工作高质量发展，落实上级纪委监委的要求，选派干部到市纪委市监委案件审理室跟班学习，帮助乡镇（街道）纪（工）委培训纪检干部5人次。审理室干部参加省纪委监委组织的培训2次3人。

第二节　案件审理

区纪检监察机关案件审理工作的主要任务是审查处理全区党员、党组织和监察对象违纪违法涉嫌职务犯罪案件，实事求是地核对违纪违法事实材料，审核鉴别证据，根据党纪、政纪条规以及党的路线、方针、政策和国家的法律法规，分析认定案件的性质，按照《中国共产党章程》《中国共产党纪律处分条例》《中华人民共和国行政监察法》《中华人民共和国公职人员政务处分法》等规定，正确地处理违纪违法案件。

一、审理情况

（一）区（特区）纪委监委（监察局）自办案件情况

1982年，开除党籍2人，留党察看2人，撤销党内职务2人，警告处分1人。

1983年，移交司法部门处理3人，行政处分4人，党内处分6人。

1984年，受理审查经济案件14件，受理审查各种违纪案件7件，其中受党纪处分4人，开除党籍2人，留党察看2人，党内通报批评2人，批评教育1人。

1985年，受理党纪案3件3人。

1986年，受理党纪案14件15人。

1987年，受理党纪案8件8人。

1988年，受理党纪案6件6人。

1989年，受理党纪案6件6人。

1990年，受理党纪案6件7人。

1991年,受理党纪案4件4人。

1992年,受理党纪案6件6人。

1993年,受理党纪政纪案9件9人,受政纪处分6件7人,受双重处分1人。

1994年,受理党政纪案件10件10人,受党纪处分2件2人,受政纪处分8件8人。

1995年,受理党政纪案件16件17人,受党纪处分3件4人,受政纪处分14件15人,2人受双重处分。

1996年,受理党政纪案件14件15人,受党纪处分8件8人,受政纪处分6件7人。

1997年,受理党政纪案件24件,受党纪处分7人,其中开除党籍2人,党内严重警告2人,党内警告2人,通报批评1人;受政纪处分19人,开除工作籍1人,行政降工资一级2人,行政记大过1人,行政记过9人,行政警告6人。

1998年,受党政纪处分20件,受党纪处分12件,其中留党察看1人,党内严重警告4人,党内警告5人;政纪案件7件,开除工作籍1人,行政撤职1人,行政降级2人,行政记大过1人,行政记过2人。2人免予党纪处分。

1999年,受理党政纪案件23件,党纪案件5件,其中党内严重警告3人,党内警告2人;政纪案件16件,其中开除工作籍2人,行政记过6人,行政警告8人。免予党纪处分3人。

2000年,受理党政纪案件11件,党纪案件2件,其中党内严重警告1人,党内警告1人;政务案件7件,其中开除工作籍1人,行政记大过1人,行政记过1人,行政警告4人。免予党纪处分2人。

2001年,受理党政纪案件8件,其中党纪案件4件,开除党籍1人,留党察看1人,党内警告2人;政务案件5件,行政撤职1人,行政记过1人,行政警告3人。受双重处分1人。

2002年,受理党政纪案件8件,其中党纪案件4件,开除党籍1人,留党察看1人,党内严重警告2人;政务案件6件,开除工作籍1人,行政撤职2人,行政降级2人,行政记大过1人。

2003年,受理党政纪案件7件,其中党纪案件3件,开除党籍1人,党内警告2人;政务案件4件,开除工作籍1人,行政记大过1人,行政警告2人。

2004年,受理党政纪案件11件,其中党纪案件5件,撤销党内职务1人,党内严重警告1人,党内警告3人;政务案件5件,开除工作籍1人,行政降级1人,行政记过1人,行政警告2人。免予政务处分1人。

2005年,受理党政纪案件9件,其中党纪案件5件,留党察看2人,党内严重警告1人,党内警告2人;政纪案件4件,行政记大过1人,行政记过2人,行政警告1人。

2006年,受理党政纪案件8件,其中党纪案件1件,党内警告1人;政纪案件7件,行政记大过1人,行政警告6人。

2007年,受理党政纪案件9件,其中党纪案件4件,开除党籍1人,党内严重警告1人,党内警告2人;政纪案件6件,开除工作籍2人,行政记过2人,行政警告2人。受双重处分1人。

2008年,受理党政纪案件6件,其中党纪案件3件,留党察看1人,撤销党内职务1人,党内严重警告1人;政纪案件3件,开除工作籍3人。

2009年,受理党政纪案件8件,其中党纪案件5件,党内严重警告2人,党内警告3人;政务案件3

件，行政撤职1人，行政记过2人。

2010年，受理党政纪案件10件，其中党纪案件7件，开除党籍2人，党内严重警告3人，党内警告2人；政纪案件5件，开除工作籍3人，行政记大过1人，行政警告1人。

2011年，受理党政纪案件9件，其中党纪案件9件，开除党籍3人，留党察看1人，党内严重警告3人，党内警告2人；政纪案件7件，开除工作籍3人，行政撤职1人，行政降级3人。受双重处分7人。

2012年，受理党政纪案件14件，其中党纪案件9件，开除党籍1人，留党察看3人，撤销党内职务2人，党内严重警告2人，党内警告1人；政纪案件8件，行政撤职4人，行政记大过1人，行政记过2人，行政警告1人。受双重处分3人。

2013年，受理党政纪案件22件，其中党纪案件13件，留党察看6人，党内严重警告3人，党内警告4人；政纪案件10件，开除工作籍1人，行政撤职1人，行政降级1人，行政记过1人，行政警告6人。受双重处分1人。

2014年，受理党政纪案件23件，其中党纪案件19件，开除党籍8人，留党察看3人，党内严重警告5人，党内警告3人；政纪案件9件，开除工作籍5人，行政警告4人。受双重处分5人。

2015年，受理党政纪案件60件，其中党纪案件48件，开除党籍10人，留党察看4人，撤销党内职务1人，党内严重警告12人，党内警告21人；政纪案件17件，开除工作籍4人，行政撤职3人，行政降级3人，行政记过1人，行政警告6人。受双重处分5人。

2016年，受理党政纪案件104件，其中党纪案件75件，开除党籍5人，留党察看3人，撤销党内职务2人，党内严重警告7人，党内警告58人；政纪案件32件，开除工作籍2人，行政撤职2人，行政降级3人，行政记过2人，行政警告23人。受双重处分4人，免予党政纪处分1人。

2017年，受理党政纪案件20件，其中党纪案件15件，开除党籍5人，留党察看1人，党内严重警告1人，党内警告8人；政纪案件7件，开除工作籍2人，行政警告5人。受双重处分2人。

2018年，受理党纪政务案件63件，其中党纪案件65件，开除党籍7人，留党察看3人，严重警告7人，警告25人；政务案件23件，开除工作籍3人，行政降级4人，行政记过6人，行政警告10人。受双重处分4人。

2019年，受理党纪政务案件58件，其中党纪案件47件，开除党籍3人，留党察看4人，撤销党内职务1人，严重警告8人，党内警告31人；政务案件10件，开除工作籍2人，行政撤职1人，行政记大过2人，行政记过3人，行政警告2人。受双重处分4人，免予党政纪处分5人。涉嫌犯罪移送司法1人。

2020年，受理党纪政务案件69件，其中党纪案件62件，开除党籍12人，留党察看1人，撤销党内职务2人，党内严重警告8人，党内警告39人；政务案件13件，开除公职4人，行政撤职5人，行政记过1人，行政警告3人。受双重处分8人，移送司法1人，不予处分1人。

2021年，受理党纪政务案件44件，其中党纪案件36件，开除党籍3人，留党察看2人，撤销党内职务1人，警告9人；政务案件18件，开除公职3人，降级1人，记过1人，记大过1人，警告1人。受双重处分8人，移送司法4人，免予政务处分1人。

2022年，受理党纪政务案件60件，其中党纪案件32件，开除党籍2人，留党察看1人，党内严重警告13人，党内警告15人，延长预备期1人；政务案件10件，撤职3人，记过4人，警告1人；受双重处分

14人,移送司法3人。

(二)"乡案区审"数据统计及制度执行(协审)

2005年,特区纪委监察局为提高乡镇纪委、相关科局单位执纪执法水平,确保办案质量,制定《关于对基层纪委、派驻纪检组所办案件由特区纪委审理室集中审理的规定》,从2005年起,将乡镇纪委、部门纪检组和派驻纪检机构审查调查的党、政纪案件交由特区纪委审理室审理。

2009年,铜仁地区纪委监察局推行《关于党纪政纪案件实行协助审理的暂行办法》通知,要求凡地、区(市、特区)直单位纪检组(纪委)监察室,乡镇纪委监察在案件调查结束后,需追究党员、行政监察对象违纪责任的,在提出初步处理意见后,均应分别呈报地、区(市、特区)纪委监察局案件审理室协助审理,未经地、区(市、特区)纪委监察局案件审理室协审的案件一律不得结案的要求,区纪委对乡镇办理案件,开始实行"乡案区审"制度,对乡镇案件进行审核把关,确保案件质量,切实维护党纪政纪的严肃性和权威性,不断提高基层执纪能力和水平。

2022年,为规范乡镇(街道)违纪案件审理程序,区纪委印发了《乡镇(街道)办理的违纪案件报送协助审理暂行办法》,确定了全区乡镇(街道)党(工)委立案审查的违纪案件,实行"乡案区审"。

1998年,审理乡镇党纪案件2件。

1999年,审理乡镇党纪案件1件。

2000年,审理乡镇党纪案件16件。

2001年,审理乡镇党纪案件1件。

2002年,审理乡镇党纪案件1件。

2003年,审理乡镇党纪案件1件。

2006年,审理乡镇党纪案件2件。

2007年,审理乡镇党纪案件1件。

2008年,审理乡镇党纪案件2件。

2009年,协助审理乡镇党纪案件1件。

2011年,协助审理乡镇党纪案件2件。

2012年,协助审理乡镇党纪案件15件。

2013年,协助审理乡镇党纪案件9件。

2014年,协助审理乡镇党纪案件3件。

2015年,协助审理乡镇党纪案件35件。

2016年,协助审理乡镇党纪案件26件。

2017年,协助审理乡镇党纪案件90件。

2018年,协助审理乡镇党纪案件43件。

2019年,协助审理乡镇党纪案件62件。

2020年,协助审理乡镇党纪案件35件。

2021年,协助审理乡镇党纪案件29件。

2022年,协助审理乡镇党纪案件42件。

第三节　案件复议复查(复审复核)

对申诉案件开展复议复查(复审复核)工作是《中国共产党章程》和《中华人民共和国监察法》赋予纪检监察机关的一项重要职责，是纪检监察机关查处案件内部监督制约机制的重要组成部分，也是维护党纪、政纪严肃性和保障申诉人合法权利的一项重要工作。区纪检监察机关组建初期，就十分重视党组织、党员和行政监察对象对所受党纪、政纪处分或其他处理不服提出的申诉，进行认真的复查复议和处理。党员、党组织对所受党纪处分不服的申诉，由批准处分的党的委员会或纪律检查委员会承办。各级党组织收到党纪申诉时需要复议复查的，按照党的纪律检查机关案件审理工作的有关规定办理。不需要复议复查的，由承办的纪律检查机关或有关党组织对申诉人说明理由，做好工作。同时，被处分人对政纪处分不服时，自其收到处分之日起三十日内可提出申诉，处分作出机关收到政纪申诉时，需要复审复核的，按照政纪处分相关程序进行复审、复核。长期以来，受理申诉案件的规定由处分的监察机关负责。

一、甄别平反

(一)原案处理时间：中华人民共和国成立以后至“文化大革命”(1949年10月1日至1966年5月15日)。

(二)原案处理时间：“文化大革命”期间(1966年5月16日至1976年10月5日)

1984年受理复查案件56件56人，复查处理结果：维持原处分10件10人，减轻、取消原处分6人，其中恢复党籍13人，其他处分9人。

二、申诉复查

1973年7月26日，设立中共万山特区委纪律检查委员会至1990年底撤销党内处分8人。

1987年，受理党纪申诉6件。

1999年，复审复议政纪案件1件1人，变更行政处分1件1人。

2000年，接到党员申诉案件1件1人，复审1件1人并撤销原处分决定。

2002年12月受理申诉案件1件，办结时间2003年1月17日，办结结果：维持原处分决定。

2003年10月受理申诉案件1件，办结时间2004年3月15日，办结结果：维持原处分决定。2004年8月30日特区纪委、监察局召开了纪检监察申诉复查工作会议，对中纪委、省纪委和地纪委纪检监察申诉复查工作会议精神进行认真学习和传达，并进行了精心组织部署。

2004年9月8日，特区纪委制定了《中共万山特区纪委万山特区监察局关于成立纪检监察申诉复查领导小组的通知》(万纪〔2014〕23号)。成立了以特区纪委副书记、监察局局长张静任组长，特区纪委常委、信访室主任夏珍，执法室主任杨顺昌为成员的纪检监察申诉复查领导小组，领导小组办公室设在特区纪检监察信访室，夏珍兼任办公室主任，并负责日常工作。

2004年共收到1件申诉案件，类别为党纪申诉，复议认为：原处分决定认定的错误事实清楚，证据确凿,维持原处分决定。

2007年9月3日,中共万山特区纪律检查委员会文件《中共万山特区纪委万山特区监察局关于调整充实纪检监察申诉复查领导小组的通知》(万纪〔2007〕26号),调整充实纪检监察申诉复查领导小组,成立了以特区纪委副书记、监察局局长张静任组长,特区纪委常委、信访室主任夏珍,特区纪委常委、执法室主任杨顺昌,特区纪检监察案件室工作人员蒲流为成员的纪检监察申诉复查领导小组,领导小组办公室设在特区纪检监察信访室,夏珍兼任办公室主任,并负责日常工作。

2008年,收到1件申诉复查案件1件,类别为政纪申诉,复议认为:原处分认定的事实清楚,证据确凿,定性准确,引用条规恰当,维持原处分决定。

2011年11月14日,根据万山特区纪委申诉复查办公室《万山特区纪委监察局2011年申诉复查工作总结》,2011年制定完善了领导审批、回避、集体审议、复查协审、组织协调等制度。2011年申诉复查案件为零。

2011年,万山特区纪委申诉复查办公室作了调研报告:《坚持依纪依法办案促进和谐社会建设》。

2013年,申诉复查案件1件,类别为党纪处分申诉,复议认为:原处分认定的事实清楚,证据确凿,定性和运用条规准确,处分恰当,维持原处分决定。

2019年,收到来访申诉1件,复议认为原处分决定认定的错误事实清楚,证据确凿,维持原处分决定。

在办理申诉案件过程中,区纪委区监委摒弃"疑错从轻"的观念,牢固树立"疑错从无"的原则,坚持当事人只要有百分之一的理由,就做百分之百的工作,对每个事实、证据都是精雕细研、认真鉴别。将"法无明文规定不为罪"的法理思想贯穿于申诉复查全过程,建立健全内部"自纠错"机制,对事实不清、证据不足的案件绝不勉强定案,对已经错误定案处理的坚决予以纠正。

第四节 "回访"教育

开展对受处分党员干部回访教育,是纪检监察机关发挥教育职能的直接体现,是全面贯彻"惩前毖后,治病救人"原则的一项重要举措,其目的是充分体现惩处与教育相结合,帮助犯错误的党员干部提高认识、转变思想、改正错误,增强其遵纪守法的自觉性和主动性,促进其放下包袱全身心投入工作,共筑"不敢腐、不能腐、不想腐"体制机制,维护好风清气正的政治生态。

2009年,为认真贯彻落实《建立健全教育、制度、监督并重的惩治与预防腐败体系实施纲要》和"惩前毖后、治病救人"方针,坚持"以人为本、惩教结合"的原则,制定《万山特区纪委回访教育工作措施》,及时了解掌握受党纪(政纪)处分人员的思想动态,帮助他们正确认识和改正错误,规范回访教育方法,增强回访教育成果要求回访教育的对象为上一年受到特区各级纪检监察机关给予的党政纪处分人员或行政主管部门给予的政纪处分人员。实施处分的机关可根据具体情况,确定重点回访对象和一般回访对象;回访时,回访人员不得少于两人。采用定期和不定期相结合的方式开展回访教育,对受留党察看一年以下(包括留党察看一年)处分,在受处分后回访教育一次;对留党察看两年处分的,在受处分后每年回访教育一次;对受行政记大过以下(包括行政记大过)处分的,在行政处分解除期间内回访教育一次；对受行政降级和撤职处分的，在行政解除期内回访教育一次。并根据受处分人的不同特点，可采取直接找受处分人本人回访、到受处分人单位回访、到受处分人家中回访、委托回访、信函回访等方式，与受处分人进行思想交流，了解其思想转化情况。2020年10月，贵州省纪委、贵州省委组织部联合印发了《贵州省受处理党员教育和回访工作暂行办法》，规范和统一了教育和回访工作，规定了“教育”是指党委（党组）、组织人事部门对其管理的受处理党员开展的日常教育工作，“回访”是指纪检监察机关（机构）针对其作出的处理或处分决定的党员开展的思想教育工作。

从查阅到的资料记载，各年度开展“回访”教育的情况具体如下。

1998年，回访受党政纪处分人员8人，通过向受处分人员的单位领导、群众了解、座谈和对受处分人员的回访教育，了解到受处分人员大都能够吸取教训，正确对待所犯错误，努力工作，尽管有个别人员对组织处分存在意见，但在工作中还是遵纪守法，并表示愿意痛改前非，重新做人。

1999年，回访受党政纪处分人员6人。

2000年，回访受党政纪处分人员6人，通过回访，大多数人员认识到组织上的处理认识是深刻的，都表示将吸取教训，不辜负党组织的教育。

2001年，回访受党政纪处分5人，恢复中共正式党员权利2人，通过回访教育，使受处分人员体会到了党和政府的温暖。

2002年，回访受党政纪处分人员8人。恢复中共正式党员权利5人，其中科（局）级党员4人，一般党员1人。通过回访，使他们在思想上得以放下包袱，轻装上阵，积极工作。

2003年，上半年回访党政纪处分人员3人。

2005年，回访受党政纪处分人员4人，解除行政处分2人。

2006年，回访受党政纪处分人员6人，根据他们表现情况，按期恢复党员权利1人，解除行政处分5人。

2007年，回访受党政纪处分人员9人，按期恢复党员权利1人，解除行政处分8人。

2008年，回访受党政纪处分3人，解除行政处分2人。

2009年，年初拟订《万山特区纪委回访教育工作措施》，建立回访教育工作档案。利用回访反馈的信息，总结经验，对审理的案件进行评价，为今后加强和改进回访教育工作起到了积极的促进作用，回访受党政纪处分人员6人，解除行政处分4人，恢复党员权利1人。

2010年，回访受党政纪处分人员6人次，解除行政处分4人，恢复党员权利1人。

2011年，回访受党政纪处分人员2人，解除行政处分1人。

2012年，回访受党政纪处分人员2人，按期解除行政处分1人。

2013年，回访受处分人员15人次，解除行政处分3人，恢复中共正式党员权利2人。继续开展宣布处分决定警示教育，在12个案发单位开展警示教育12次，并提出相应整改建议。

2014年，开展对受处分人员的回访教育活动，回访受处分人员12人次，解除行政处分9人，恢复党员权利1人。

2015年，开展对受处分人员的回访教育活动，回访受处分人员7人次，恢复党员权利3人，开展专项警示教育7次,受教育人数123人。

2016年,回访受处分人员20人次,解除政纪处分15人。

2017年,回访受处分人员25人次,解除政纪处分12人。

2018年,回访受处分人员13人次,受教育人数达1460余人次。

2019年,回访受处分人员12人次,解除行政处分10人,恢复党员权利25人。

2020年,回访受党政纪处分人员8人次。

2021年,回访受处分人员32人次。

2022年,回访受处分人员16人次。

第十三章 案件监督管理

万山区纪委区监委案件监督管理室根据中央纪委《纪检监察机关案件监督管理规则》中明确的五大职能，始终坚持以更严的要求和更高的标准为领导决策提供数据支撑、为审查调查安全工作提供监督保障，始终牢牢把控审查调查安全大局，时刻绷紧安全弦，保持如履薄冰、如临深渊的谦虚谨慎，做到善始善终、善作善成、履职尽责，确保全区审查调查工作“双安全”“零事故”。

第一节 案件监督管理机构设置及职能

一、案件监督管理室的历史沿革及机构的设置

1973年7月，中共万山特区委设立纪律检查委员会，直至2012年11月，万山特区纪委相继增设纪检、监察科室，但未设置专门的案件监督管理科室。案件监督监察的部署、案件线索管理、查办案件组织协调、案件督促办理及统计分析等由办公室负责。

1985年1月，设立纪律检查科，直至1993年6月，案件监督检查工作的部署、案件线索管理、查办案件组织协调、案件督促办理及统计分析等由纪律检查科负责。1989年8月，纪律检查科更改为纪律检查室。

1993年6月，万山特区纪委和万山特区监察局合署办公后，在内设科室中设立纪检监察室，履行党的纪律检查和政府行政监察两种职能，承担纪检和监察案件管理的双重任务，案件监督检查工作的部署、案件线索管理、查办案件组织协调、案件督促办理及统计分析等由纪检监察室负责。

2012年12月，根据《铜仁市万山区机构编制委员会办公室关于中共铜仁市万山区纪律检查委员会增设案件督查室的通知》（万机编办〔2012〕157号），增设案件督查管理室，配主任1名。

2013年11月，万山区纪委明确一名工作人员从事案件督查管理工作。

2014年3月，根据《铜仁市万山区机构编制委员会办公室关于规范中共铜仁市万山区纪律检查委员会内设机构的通知》（万机编办〔2014〕19号），正式将案件督查管理室规范调整为案件监督管理室。

2014年12月，刘茜负责案件监督管理室工作，2015年5月至2016年8月，杨爱虹任案件监督管理室主任；2016年8月至2018年8月，杨睿负责案件监督管理室工作；2018年9月至2019年4月，杨景负责案件监督管理室工作；2019年5月至2022年12月，杨景任案件监督管理室主任。

二、案件监督管理室职能

2012年1月19日,《中国共产党纪律检查机关案件监督管理工作规则(试行)》颁布实施,进一步规范案件监督管理工作。同时,明确案件监督管理五项职能职责:1.对重要案件线索进行集中管理;2.对查办案件的相关工作进行组织协调;3.对依纪依法安全文明办案情况进行监督检查;4.对上级交办和领导批办的案件及相关事项进行督促办理;5.对查办案件及其有关的专项工作情况进行统计分析。

2014年12月,根据《中共铜仁市万山区委办公室 铜仁市万山区人民政府办公室关于印发中共铜仁市万山区纪律检查委员会(监察局)职能配置内设机构和人员编制规定的通知》(万党办发〔2014〕126号),明确案件监督管理室工作内容:负责对区管干部问题线索进行集中管理,并分送相关纪检监察室,负责办理区管干部及乡镇(街道)党政主要负责人任职前回复区委组织部意见工作;按照查办腐败案件以上级纪委领导为主的要求,统一受理下级纪检监察机关线索处置和案件查办报告,分送相关纪检监察室,负责向市纪委报送案件线索处置和案件查办的有关情况;负责查办案件相关工作的组织协调,建立跨县域、跨部门协作办案机制,归口管理与有关部门的联系协调事项,负责综合协调国(境)内追逃防逃相关工作;负责对依纪依法安全文明办案情况进行监督检查,对委局机关办案场所的安全保卫、保密工作进行监督检查,落实办案安全工作责任制,配合联系乡镇(街道)、部门的纪检监察室做好办案安全事故调查和责任追究;督促查办领导批办、交办案件及办理相关事项;负责对查办案件及其相关专项工作情况进行统计分析案例剖析;指导全区纪检监察系统的案件监督管理工作;负责对移送司法机关的案件跟踪协调;负责本室干部日常管理和监督,承办领导交办的其他事项。

三、规章制度建设

案件监督管理室成立以来,先后制定完善《铜仁市万山区纪检监察机关纪律审查和监察调查工作电子监控系统管理规定》《铜仁市万山区纪检监察机关纪律审查和监察调查工作监控室值班人员工作职责》《纪检监察机关办案人员回避制度》《万山区纪检监察机关纪律审查和监察调查工作纪检监察室(调查组)驻点期间工作职责》《铜仁市万山区纪检监察机关办案工作点看护人员工作职责》《铜仁市万山区纪检监察机关纪律审查和监察调查谈话室重大突发事件应急处置预案》《铜仁市万山区纪检监察机关工作人员工作保密守则》《铜仁市万山区纪检监察机关纪律审查谈话室医疗卫生保障制度》《纪律审查和监察调查工作保密规定》《铜仁市万山区纪检监察机关谈话室(询问室)看护人员工作守则》《铜仁市万山区纪检监察机关纪律审查和监察调查谈话室管理使用办法》,遵照相关规章制度,严格指导和监督谈话室使用规范等11项制度。

第二节 线索管理

一、线索管理相关制度与规定

问题线索是纪律审查工作的重要基础。加强和规范反映领导干部问题线索管理,抓住纪律审查工作的关键和要害。彻底清理纪检监察机关所掌握的反映领导干部问题线索,有利于防止线索失管、失控、有案不查甚至以线索谋私等问题,切实贯彻有案必查、有腐必惩的要求。

问题线索的来源渠道:一是检举控告类信访举报,包含群众来信、来访、网络举报、电话举报、上级转交办等;二是巡视巡察中发现并移交的问题线索;三是监督检查审查调查中发现的问题线索;四是公检法机关移送的问题线索;五是其他渠道移交的问题线索,如审计部门审计发现并移交的问题线索等。

2013年4月18日,万山区纪委监察局制定《贵州省铜仁市万山区纪委监察局关于实行案件线索统一管理的若干规定(试行)》,对案件线索管理过程中的受理、登记、排查、审批、转办、催办、初查、反馈、备案等环节做出规范,基本做到制度健全,渠道畅通,运行稳定。同年,建立《初核案件工作制度》,对批示初步核实的案件线索,调查组认为不够立案的,必须经书记办公会集体把关,审核同意后才能结案反馈,切实提高案件线索调查质量,解决初核案件质量把关不严、重视不够的问题。

2015年,万山区纪委修订完善《领导干部问题线索管理规定》,建立《万山区领导干部问题线索登记台账》,对问题线索受理、集中排查、集体研究的范围、程序和方法继续实行集中管理、规范办理、规范运作。

2017年1月8日,中国共产党第十八届中央纪律检查委员会第七次全体会议通过的《中国共产党纪律检查机关监督执纪工作规则(试行)》和2019年7月16日《纪检监察机关监督执法工作规定》实施后,同级党委管理干部重要案件线索正式由案件监督管理室统一管理,对区管干部线索管理规范化、制度化,同时要做好案件线索保密工作,规范完善运行流畅、科学规范的运行规程。《中国共产党纪律检查机关监督执纪工作规则(试行)》第三章线索处置的第十六条规定:承办部门应当结合问题线索所涉及地区、部门、单位总体情况,综合分析,按照谈话函询、初步核实、暂存待查、予以了结四类方式进行处置。

2018年9月5日省纪委省监委制定《贵州省纪委省监委机关问题线索分办与处置工作办法(试行)》(黔纪办发〔2018〕48号),2018年10月24日铜仁市纪委市监委制定《铜仁市纪委市监委机关问题线索分办与处置工作制度(试行)》(铜纪办发〔2018〕45号),均明确案管室受理信访室、党风室、巡视巡察机构、纪检监察室移送的,审计机关、行政执法机关、司法机关等单位移交以及上级纪委监委交办的、领导批办的问题线索。万山区纪委区监委制定《万山区纪委区监委机关问题线索分办与处置工作办法(试行)》,进一步规范区纪委区监委机关问题线索分办与处置工作,提升工作效率。

二、线索的管理与处置

从2013年起，万山区纪检监察机关按照中央、省、市纪委对案件线索管理的规定，切实负起集中管理问题线索的职责，对各部门移送线索进行分办，按程序移送承办部门，实现问题线索集中管理、动态更新和定期汇总。

2013年，案件监督管理室共分办38起问题线索，涉及2单位、49人，其中县处级2个（谢桥新区管委会），乡科级18人，一般干部16人，其他人员15人。公检法机关移送1件，监督监察中发现7件，上级转交办8件，审查调查中发现1件，信访举报20件，其他问题线索来源1件。

2014年，案件监督管理室共分办33起问题线索，涉及1单位、38人，其中县处级1个（万山区人民法院），乡科级17人，一般干部9人，其他人员12人。公检法机关移送1件，监督监察中发现3件，上级转交办10件，审查调查中发现5件，信访举报19件，其他问题线索来源1件。

2015年，案件监督管理室共分办75起问题线索，涉及人数88人，其中乡科级26人，一般干部28人，其他人员34人。公检法机关移送7件，监督监察中发现29件，上级转交办12件，审查调查中发现5件，信访举报20件，其他问题线索来源2件。

2016年，案件监督管理室共分办198起问题线索，涉及人数218人，其中乡科级95人，一般干部69人，其他人员54人。公检法机关移送9件，监督监察中发现96件，上级转交办39件，审查调查中发现2件，信访举报43件，巡视巡察中发现1件，其他问题线索来源8件。

2017年，案件监督管理室共分办211起问题线索，涉及人数215人，其中乡科级95人，一般干部69人，其他人员54人。公检法机关移送2件，监督检查中发现130件，上级转交办33件，审查调查中发现5件，信访举报32件，其他问题线索来源9件。

2018年，案件监督管理室共分办156起问题线索。中央巡视第四巡视组转交问题线索17件（含重复件2件），省委巡视第九巡视组转交问题线索35件，省委巡视第十一组转交问题线索11件，市委纪委监委转交问题线索9件，区委巡察办移交问题线索24件，公安机关移送问题线索5件，区人民法院移送问题线索4件，区林业局移送问题线索4件，其他问题线索47件。

2019年，案件监督管理室共分办162起问题线索。市委巡察组移交问题线索5件，市纪委扫黑办移交问题线索6件，市纪委干部监督室移交问题线索5件，市纪委市监委移交问题线索3件，区委移交问题线索1件，区委组织部移送问题线索1件，区扫黑办移送问题线索45件，市公安局万山分局移送问题线索8件，区人民检察院移送问题线索3件，区委巡察办移送问题线索25件，第四纪检监察室移送问题线索15件，第一纪检监察室移送问题线索3件，信访室移送问题线索5件，碧江区纪委区监委移送问题线索2件，区审计局移送问题线索2件，其他问题线索33件。

2020年，案件监督管理室共分办108起问题线索。市纪委市监委转交问题线索8件，市公安局万山分局扫黑办移送问题线索4件，碧江区公检法系统移送问题线索4件，碧江区纪委移送问题线索4件，区委巡察办移送问题线索10件，区交通运输局移交问题线索1件，区审计局移送问题线索2件，印江县公安局移送问题线索1件，玉屏侗族自治县人民法院移送问题线索2件，区委书记信访转交问题线索1件，区扫黑办移送问题线索3件，信访室移交问题线索8件，问题线索备案17件，其他问题线索

43件。

2021年,案件监督管理室共分办143起问题线索(其中备案问题线索26件)。市纪委转办7件,市巡察转办1件,市公安局转办1件,碧江区纪委移送11件,碧江区人民检察院移送1件,碧江区公安局移送1件,江口县公安局移送1件,玉屏侗族自治县公安局移送1件,松桃苗族自治县纪委移送3件,区委巡视巡察中发现10件,监督检查中发现7件,审查调查中发现18件,审计中发现6件,区信访室移送26件,区保密局移送1件,区公安局移送31件,区教育局移送1件,区人民法院移送4件,区审计局移送1件,区委组织部移送3件,区政法队伍教育整顿办公室移送5件(其中2件为自查主动交代),区扫黑除恶办公室移送1件,区司法局移送1件,谢桥街道移送1件。

2022年,案件监督管理室共分办160起问题线索(其中备案问题线索27件)。碧江区纪委移送3件、松桃苗族自治县纪委移送2件、审查调查中发现27件、公检法移送42件、鱼塘乡纪委移送2件、信访举报10件、沿河土家族自治县纪委1件、审计中发现13件、内蒙古自治区五原县人民法院移送1件、玉屏侗族自治县纪委移送1件、区应急管理局移送1件、市委巡视巡察中发现5件、区委组织部移送2件、第三纪检监察室移送1件、第一纪检监察室备案3件、区委巡视巡察中发现10件、第四纪检监察室备案1件、中共铜仁市教育局党组移交1件、监督检查中发现10件、上级交办19件、铜仁市土地违法违规问题整改工作领导小组办公室移送1件、指定管辖3件、区财政局移送1件。

第三节 办案安全

一、设置审查调查安全员

贵州省纪委省监委办公厅于2018年11月2日印发《〈贵州省纪检监察机关留置场所管理监督职责分工实施办法(试行)〉等三项制度的通知》,为认真贯彻落实该文件精神,构建万山区纪委区监委审查调查安全闭合环路,推动万山区纪委区监委新时代纪检监察机关审查调查安全工作高质量发展,建立万山区纪委区监委审查调查安全员队伍。审查调查安全员分为安全联络员和安全监督员。万山区纪委区监委安全联络员自2018年至2021年底,由案件监督管理室主任杨景担任。各乡镇(街道)纪委(纪工委)安全联络员为各乡镇(街道)纪委(纪工委)书记担任,同时各审查调查组在办理具体线索初核时,另明确一名安全监督员,负责整个线索初核及办结阶段的安全监督工作。审查调查安全员名单正式确定、变更后七日内,书面将本辖区最新安全员信息库层报省级纪检监察机关备案。审查调查安全员选拔工作遵循人员相对固定、专业原则。审查调查安全员必须是本级纪检监察机关的正式工作人员。

(一)审查调查安全联络员工作职责。审查调查安全联络员是在上级安全联络员和本级纪委监委的领导、组织和安排下,上传下达中央纪委和国家监委、省纪委省监委关于审查调查安全的政策、方针、指示和安排;指导、组织和安排本辖区、本单位审查调查安全监督员依规依纪依法开展审查调查安全监督工作;参加审查调查安全工作监督检查、调片检查和调研工作;按规定向上级报告本辖区、本单位的审查调查安全工作;参与本辖区、本部门安全事故的调查、处置、上报工作。建立和维护本辖区、本单位安全员信息数据库;完成上级安全联络员和本级纪委监委领导安排的其他审查调查安全相关事项。

（二）审查调查安全监督员工作职责。审查调查安全监督员主要协助相关部门（组）负责人、审查调查组组长做好审查调查安全工作，承担专案组安全工作的上传下达、审查调查安全日常管理、督促落实审查调查各环节的安全规定和要求、开展审查调查安全工作检查并督促整改，汇总报告专案组审查调查安全工作情况、安全监督工作日志填写及其他与安全工作相关的任务。

二、留置看护队伍建设

2014年，万山区纪委区监委建立了60余人的办案看护人才库。

2015年8月，万山区纪委与区人民武装部联合组建一支由退伍军人组建的看护队伍并对看护人员进行专题授课，通过现场模拟的方式，让看护人员进一步熟悉看护工作的纪律和要求，掌握看护工作的实务操作，有效提高万山区案件看护队伍的综合素质和业务水平。

2018年，万山区纪委区监委组织留置看护队伍进行消防、医疗、应急演练，并开展看护队伍的应急能力、火灾防范、急诊急救知识培训，更好地掌握突发事故处置工作流程，提高看护队伍应对突发事件的水平，强化防范被审查调查对象自杀、自残、逃匿等突发事故的处理能力。

中共十九大后，为深化国家监察体制改革，在全国逐步组建国家、省、市、县监察委员会。同时明确，“推进反腐败国家立法”“用留置取代‘两规’措施”。中央纪委副书记肖培在中共十九大报告解读专题发布会上表示，以留置取代“两规”措施，是用法治思维、法治方式惩治腐败。根据2019年省纪委省监委下发的《贵州省建设留置专业看护队伍的指导意见》及市监委下发的《铜仁市建设留置专业看护队伍的实施意见》（铜监改发〔2019〕1号）要求，2019年3月13日，万山区纪委第十一次常委会会议研究，决定招聘专业看护人员24名，其中男性16名、女性8名。由纪委监委牵头，铜仁市公安局万山分局、区财政局、区编委办等部门负责对接招聘事宜的实施，是年4月18日向社会发布招聘信息。截至2019年6月9日，经过资格初审、体能测评、笔试、面试、体检、政审、公示、录用审批的程序，万山区纪委区监委拟招聘的24名看护人员已全部招聘到位，同时还有效解决万山区专业看护队伍专业化、长期化、规范化的问题。留置看护队伍队员日常考评参照《铜仁市公安局万山分局警务辅助人员绩效考核实施办法（试行）》（万公通〔2020〕42号）执行。留置看护队员装备、执勤服由公安机关统一发放。留置看护队伍未执行看护任务时，由监所管理部门管理，执行看护任务期间，由市监委留置所对看护队伍进行管理、培训、教育。特巡警大队通过看护队长了解其他看护人员思想状况，大队及时进行心理谈话或岗位调整。另外，特巡警大队每季度集中开展一次大练兵活动，重点培训思想政治和警务技能。其工资待遇由铜仁市公安局万山分局代管，纳入区财政预算，工资由基本工资、绩效工资和工龄工资组成，每月约2600元，并为正式聘用人员缴纳“三险一金”。留置专业看护队伍执行任务实行“一事一调”制度，执行留置看护任务时由区公安机关及时调度组建看护专班，由公安民警带队按要求执行看护任务。

2020年，与市公安局万山区分局对接，调用专业看护人员执行留置看护任务4次。

2021年，与市公安局万山区分局对接，调用区纪委招聘的专业看护人员执行留置任务6次。

2022年，与市公安局万山区分局对接，调用区纪委招聘的专业看护人员执行留置任务6批次

200余人次。

三、审查调查安全业务培训

1986年4月和9月，印发《准确应用法律打击经济犯罪》的册子300份和刘汉桢在全省经打工作座谈会上的讲话材料150份发至各单位进行宣传和教育，把查处案件和党性教育结合起来，做到边查处案件，边进行党纪法规教育，受教育面达300余人次，起到"查处一案，教育一片"的作用。

1989年，组织全局监察干部学习《国家机关人员有贪污贿赂行为的必须在限期内主动交代问题》的通告，将全文抄写在街头宣传栏内，印发至各单位广泛宣传贯彻，激发广大干部群众揭发、检举腐败现象和不正之风的积极性。

1990年，组织干部学习中纪委〔90〕1、2、3号文件及《党的纪检业务·文件选编》等文选，采取集中与自学相结合和以会代训等形式，对纪检机关、特区机关和各基层的专兼职纪检干部、部分分管纪检工作的支部书记进行纪检、信访、审理、法律等方面知识的业务培训，参训人员25人。11月，派出6名纪检干部，参加铜仁地区纪委举办的纪检业务培训班。

1996年，组织全特区副乡（科）级以上领导干部开展学习《党纪政纪条规知识手册》，组织全区干部职工参加条规知识竞赛活动，全区1118人参加竞赛。采取以会代训和送人到外地培训等形式，先后培训基层纪委书记2期，同时参加中央、省、地举办的培训班3人次，大大地提高干部业务能力和政策水平。

1997年，组织广大纪检监察干部认真学习《中国共产党领导干部廉洁自律若干准则(试行)》《中国共产党纪律处分条件(试行)》《中华人民共和国行政监察法》等有关业务知识，组织四乡一镇、特直机关纪委、公安局纪委、特区纪委委员、特邀监察员、特直各部门专兼职纪检监察干部或分领导、特区纪检监察机关全体干部召开全区纪检监察工作会议，并进行业务培训。

2000年3月25日至27日，组织全区59名专（兼）职纪检监察干部进行业务知识培训。

2003年，实行"全员办案制"和"领导牵头办案制"，并制定对一线办案人员的经济奖励规定，有力地提高办案水平和办案能力，全年没有发生冤假错案和安全事故，充分发挥案件查处在反腐倡廉工作中的职能作用。年内进行一次业务培训，人手发放一套《纪检监察干部业务教材》，纪检监察队伍业务素质不断得到提高。

2009年6月，组织全体纪检监察干部参加万山特区纪检监察案件检查工作业务培训会，会上要求坚决贯彻落实中央纪委、监察部《关于纪检监察机关严格依纪依法办案的意见》《关于进一步加强规范和办案工作的意见》等规范性文件，并强调依纪依法办案、安全文明办案等工作的重要性。

2015年，万山区纪委积极组织办案人员学习法律法规和案件检查业务知识，组织召开纪律审查业务培训会3次，参加人员100多人次，对所办案件进行分析讨论，寻找查办案件过程中蕴含的规律，在学习和探索中不断改进办案方法，不断积累有益的办案经验，不断提高查办案件工作的效率和质量，促进基层纪委办案工作。

2018年5月，万山区纪委区监委组织全区纪检监察干部开展医疗紧急事故演练，由区人民医院急诊科医生结合审查调查安全工作开展实际对心肺复苏、心肌梗死、骨折等医疗急救知识进行现场教学，并邀请铜仁市消防支队官兵为万山区纪检监察干部讲解干粉灭火器、消防水枪等消防器材使用的相关知识，并围绕办案区面积小、空间相对密闭等特点，在火灾发生时如何自救和逃生进行演练，进一步提高纪检监察干部应对突发事件的处置能力。2018年11月29日，万山区纪委区监委组织全区纪检监察干部召开全区审查调查安全工作会议。

2019年7月，组织全区纪检监察干部进行审查调查安全工作业务培训并举办“万山区纪委区监委笔录制作比赛”。同年，开展医疗消防应急演练1次。

2020年9月11日，万山区纪委区监委召开审查调查安全工作会，会上对审查调查安全工作进行安排部署，并邀请万山区人民医院和消防大队专家进行医疗急救知识讲解及消防安全培训。2020年12月23日，全区纪检监察干部培开展训，并举办全区纪检监察干部“笔录制作比赛”。

2021年4月29日，组织全区纪检监察干部开展审查调查安全工作业务培训。2021年7月4日，召开全区审查调查安全工作会。

2022年，组织全区纪检监察干部及留置专业看护人员进行消防急救应急演练培训，开展办案安全知识测试1次，62人参与。

四、完善办案安全制度

根据办案工作需要，万山区纪委区监委不断探索建立完善办案安全各项制度。

2010年5月11日，万山特区纪委印发《关于印发〈万山特区纪委监察局关于依纪依法安全文明办案的暂行规定〉的通知》（万纪〔2010〕11号）文件，凡初核了解案件，必须到案件管理室备案，加盖“万山特区纪委监察局备案专用章”后，经有关领导审批，方可进行初核了解。

2012年，明确监管职责指定专人负责管理谈话室，制定《谈话室管理办法》。

2013年，区纪委监察局制定《办案人员工作纪律制度》《谈话室谈话制度》《谈话室管理制度》《谈话室监控制度》《谈话室看护制度》《谈话室饮食及医疗制度》《谈话室防火安全制度》《暂扣涉案物品管理制度》等安全文明办案管理制度。

2013年7月10日，区纪委召开干部职工会议，传达学习王岐山关于加强办案安全工作的重要批示精神，区委常委、区纪委书记吴廷友就贯彻落实批示精神提出五点要求：一是认真学习领会批示精神，进一步增强安全文明办案工作的责任感和使命感；二是对办案安全工作存在的问题进行认真排查，及时整改落实；三是要进一步完善谈话室管理实施细则；四是开通办案医疗紧急救助“绿色通道”；五是区纪委与办案人员签订安全文明办案责任状。进一步规范受理、初核、立案、调查、审理等办案流程，有效防止错案、冤案发生。

2013年10月24日，区纪委召开干部职工会议，传达学习中央纪委办公厅《关于部分地区办案安全工作情况的通报》（中纪办通报第12期）。

2014年，制定《依纪依法安全文明办案实施办法》《谈话室看护值班人员工作制度》等制度和办法，做到办案安全工作有章可循；制订《中共铜仁市万山区纪委办案安全工作责任状》《关于建立谈话室管理职责和制度的通知》、《铜仁市万山区纪委监察局办案安全管理责任制》等制度和办法，明确各个岗位职责，在开展办案工作时，层层签订责任状，明确工作责任，层层抓好落实。

2015年,修订完善《铜仁市万山区依纪依法安全办案工作实施办法的通知》印发至全区各级纪检监察机关,牢固树立办案工作人员法律法规的意识,切实把依纪依法的要求贯穿于查办案件的各个环节,杜绝违规查办案件,确保办案程序合法合规。同年,区纪委书记与各纪工委书记、乡镇纪委书记、各派驻纪检组组长签订《2015年度万山区纪检监察机关查办案件安全工作责任状》,夯实各级纪检监察组织的办案安全责任。

2016年,将《铜仁市万山区纪检监察机关纪律审查谈话室重大突发事件应急处置预案》《铜仁市万山区纪检监察机关纪律审查谈话室医疗卫生保障制度》等11项制度上墙。学习《关于印发〈贵州省乡(镇)纪委教育谈话室使用管理暂行办法〉的通知》(黔纪办发〔2016〕6号),规范乡(镇)纪委(民生监督组)教育谈话室的使用管理,推进执纪审查工作。

2018年,万山区纪委区监委制定《铜仁市万山区依纪依法安全文明办案工作实施办法》,加强全区纪检监察机关案件查办工作,提高办案工作水平,促进依纪依法安全文明办案。万山区纪委区监委主要领导与审查调查部门负责人、乡镇(街道)纪委(纪工委)书记共签订23份《万山区纪检监察机关审查调查安全责任状》。2018年11月26日,根据省纪委办公厅《关于建立全省审查调查安全员队伍的通知》,严格配备政治素质高、责任心强、审查调查业务熟练、安全监管能力强,从事纪检监察工作满2年且正式在编的纪检监察干部担任安全员。

2019年,万山区纪委区监委共组织召开审查调查安全工作会议3次,学习有关文件10余次。先后完善《审查调查安全防范制度》《谈话室管理使用办法》《办案人员回避制度》《纪律审查和监察调查工作保密规定》等,严格审批程序、规范调查流程,促进审查调查工作标准化、规范化、制度化建设。招聘专业看护人员24名,有效解决万山区在执行留置任务或谈话期间看护队伍的专业化、规范化、长期化的问题。2019年1月10日,区纪委区监委与区人民医院制定《万山区纪委区监委审查调查工作医疗保障办法》文件,设立"医疗保障工作小组",与区人民医院建立医疗"绿色通道",进一步加强医疗保障和安全责任防范。2019年6月28日,制定《关于防范化解审查调查安全隐患风险点工作实施方案》《关于防范化解执纪监察办案场所发生火灾、逃跑、非法侵入和谈话对象自残、自杀等安全风险工作实施方案》文件,深入开展防范化解重大风险工作。2019年8月20日,制定《万山区纪检监察机关审查调查安全责任制》《万山区纪检监察机关审查调查安全事故应急处置预案(试行)》《万山区乡镇(街道)纪(工)委(派出监察办公室)审查调查安全工作考核办法(试行)》文件,加强全区各级纪检监察机关审查调查安全工作。2019年11月制定《中共铜仁市万山区纪律检查委员会涉密信息系统安全和保密工作规章制度汇编》,明确信息部门工作职能和管理规范,包含涉密人员管理制度、机房安全制度、信息安全保密管理制度等,切实做到"按制度办事,用制度管人"。万山区纪委区监委主要领导与审查调查部门负责人、乡镇(街道)纪委(纪工委)书记共签订23份《万山区纪检监察机关审查调查安全责任状》。

2020年2月4日,万山区纪委区监委案件监督管理室印发《铜仁市万山区纪检监察机关"走读式"谈话场所应对新型冠状病毒感染肺炎疫情防控和应急处置方案》,进一步加强万山区纪检监察机关"走读式"谈话场所应对新型冠状病毒感染肺炎疫情防控和应急处置工作,确保"走读式"谈话工作安全。2020年7月,万山区纪委与区人民医院联合行文,印发《关于调整铜仁市万山区纪检监察机关审查调查医疗保障工作小组人员的通知》，进一步充实和完善审查调查医疗保障工作小组人员，完善执纪审查调查医疗“绿色通道”。万山区纪委区监委主要领导与审查调查部门负责人、乡镇（街道）纪委（纪工委）书记共签订24份《万山区纪检监察机关审查调查安全责任状》。2020年7月9日，万山区纪委区监委与万山区医保局签订《医保信息查询保障协议》。2020年12月10日，万山区纪委区监委制定《万山区纪委区监委审查调查突发事件应急处置预案》，增强审查调查过程中的突发事件处置能力，切实保障区纪委区监委谈话场所安全。

2021年，万山区纪委区监委制定下发《万山区纪检监察机关审查调查安全工作考核办法（试行）》，严格落实“走读式”谈话安全保障措施，开展“走读式”谈话174次。万山区纪委区监委主要领导与各审查调查部门负责人、乡镇（街道）纪委（纪工委）书记共签订26份《万山区纪检监察机关审查调查安全责任状》。

2022年，万山区纪委区监委制定下发《万山区纪检监察机关审查调查安全工作考核办法（试行）》，严格落实“走读式”谈话安全保障措施，开展“走读式”谈话121次，共使用各类审查调查措施674次。

五、硬件设施配备

2012年6月6日，根据市纪委印发《关于印发〈铜仁市县级纪检监察机关谈话用房建设标准（试行）〉的通知》（铜纪发〔2012〕38号）文件精神，加强和规范查办案件谈话用房建设。

2012年12月，区纪委将原有一间办公室改装成为谈话室。室内安装空调，配备有必要的消防设施以及备用电源或应急照明装置。为完善谈话室必要的办公设备，购置办公桌椅1套、办公沙发1张、办案资料存放专用密集柜1个、办公数码相机1台。通过近两年来的使用，万山区纪委谈话室装修设计合理、使用方便，监控设备运行正常，达到同步录音录像的效果，为依纪依法安全文明办案提供硬件保障。

2015年9月，万山区纪委从原来老城区行政中心搬迁至谢桥第二行政中心，投资约9万元建设标准谈话室。建立高清摄像系统、软包谈话室2间，内有独立的卫生间，监控视线全面覆盖，无死角、无盲区。应急措施到位，应急通道畅通，消防设施配备齐全，同时为办案人员购置2套笔记本电脑、便携式彩色打印机，提高查办案件的效率和安全性。根据中共贵州省纪委办公厅《关于加强民生监督组谈话室建设确保纪律审查安全的通知》（黔纪办发〔2015〕21号）文件精神，结合万山区实际，区纪委于12月18日制定实施方案，拟定在9个乡镇（街道）新建民生监督谈话室各1个。

2016年3月，在全区9个乡镇（街道）纪委（纪工委）新建谈话室，按统一标准进行“软包装”并投入使用。

2017年8月，高标准新建区级标准谈话室4间，办案室4间，建筑面积200余平方米，投入70余万元。新购置固定式同步录音录像设备4套、便携式同步录音录像设备2台、谈话室内配备高清摄像头16个、火灾烟雾报警器4个等办案必备的设施设备，新安装应急照明灯、空调，配备灭火器、换气装置，同时对墙体、门、卫生间、桌椅等进行软包装，并请专业公司对谈话室进行除甲醛处理。

2018年11月，万山区纪委区监委谈话室正式投入使用。

2019年，配备审查调查装备共89台(支)。其中，配备专用手机6台、专用笔记本电脑22台、便携式打印机26台，复印机6台，数码录音笔4支，照相机1台，执法记录仪17台，便携式同步录音录像设备2台，电子设备存储柜2个，金属探测仪3台。

2022年，对谈话室拾音器进行维修，提高录音效果。

六、日常监督检查

2015年8月，按照省、市要求在全区开展党风廉政建设集中专项整治活动，由案件监督管理室拟定，《中共铜仁市万山区委办公室关于印发万山区党风廉政建设集中专项整治区管干部约谈工作方案》，8月至10月，区委成立5人小组等约谈小组，认真筛选问题线索，全区各级党委对81名党员领导干部进行约谈，涉及乡科级干部12人，一般干部69人。其中对63名一般干部作批评教育，12名乡科级干部及6名一般干部作诫勉谈话处理，拟立案2件，涉及乡科级干部1名、一般干部4名。

2017年5月16日，市纪委转发省纪委《关于对执纪审查安全工作进行督查的通知》的通知，由省纪委案件监督管理室牵头，通过实地查看、查阅资料、查看台账、调取监控和座谈等方式开展督查工作。

2018年，区纪委区监委谈话室使用52次，保存谈话视频52份。2019年，全区谈话室使用54次，其中区本级使用35次，乡镇(街道)纪委(纪工委)使用19次。2020年全区谈话室使用57次，其中区本级使用47次，乡镇(街道)纪委(纪工委)10次。2021年使用谈话室205次，委机关使用谈话室188次，乡镇(街道)纪委(纪工委)使用谈话室17次。其中，一类谈话58次，二类谈话69次，三类谈话78次。其他借用谈话室109次。

2018年，对区本级办案区和全区乡镇(街道)教育谈话室通过实地检查、查阅案卷资料、调看录音录像、查看谈话室使用“七表一须知”及相关台账等方式进行监督检查共34次。

2019年，对区本级办案区和全区乡镇(街道)教育谈话室通过实地检查、查阅案卷资料、调看录音录像、查看谈话室使用“七表一须知”及相关台账等方式进行监督检查共94次。

2020年，对区本级办案区和全区乡镇(街道)教育谈话室通过实地检查、查阅案卷资料、调看录音录像、查看谈话室使用“七表一须知”及相关台账等方式进行监督检查共110次，并对监督检查发现问题整改落实情况开展“回头看”。对本级和辖区内11个乡镇(街道)纪委(纪工委)开展审查调查安全监督检查工作80余次，对检查中存在的问题均现场进行反馈，并要求限期整改，同时建立审查调查安全台账，逐一整改、逐一销号，确保审查调查工作“双安全”“零事故”。

2021年，对区本级办案区和全区乡镇(街道)教育谈话室通过实地检查、查阅案卷资料、调看录音录像、查看谈话室使用“四表一单”及相关台账等方式进行监督检查共208次，并对监督检查发现问题整改落实情况开展“回头看”。加强对审查调查措施使用审批手续、使用权限等情况的监督检查，共使用各类审查调查措施480次。全区各级纪检监察机关共使用谈话室205次。经现场纠正、回放视频、查阅资料等方式，对“走读式”谈话开展情况进行监督检查，2021年共上报发现问题159个，印发工作提示函5份、通报文件4次。

2022年，坚持定期检查与随机检查相结合、专项检查与综合检查相结合的原则，通过实地查看设施、调取监控录像、查阅工作资料等方式，常态化开展审查调查安全工作监督检查，共发现上报审查调查安全问题72个，制发办案安全整改通知单13份。加强对措施使用审批手续、使用权限等情况监督检查，共使用各类审查调查措施674次。

第四节　干部廉洁自律审查

万山区严格按照中央、省、市纪委市监委关于进一步规范纪检监察机关领导干部廉洁自律情况审查工作要求，建立规范统一的工作程序，明确责任人员和工作职责，严格执行廉洁自律审查的范围、内容、程序及时限要求，强化参与审查的纪检监察室、党风政风监督室等部门之间的协调配合，层层审核把关，特殊情况下，及时召开专题会议研究决定，根据上级文件规定，按照干部管理权限受理同级党委（或下一级党委）管理干部的廉洁自律审查工作，包括评先评优、出国（境）、提拔任职（转正）等廉洁自律情况。同时，廉洁自律审查工作严守工作纪律、保密纪律，严控知悉范围，不得受理以个人名义查询的廉洁自律审查，所涉及的个人必须回避，不得经办、审核有关审查事项，确保审查工作规范开展。

2015年，共出具干部廉洁自律审查复函34批次34人次。2016年，共出具干部廉洁自律审查复函38批次1367人次。2017年，共出具干部廉洁自律审查复函87批次1698人次。2018年，共出具干部廉洁自律审查复函93批次3168人次。2019年，共出具干部廉洁自律审查复函116批次2528人次。2020年，共出具干部廉洁自律审查复函159批次2311人次。2021年，共出具干部廉洁自律审查复函245批次6234人次。2022年，共出具干部廉洁自律审查复函243批3813人。对于干部廉洁自律审查，案件监督管理室通过严格核查后均及时回复，协助有关单位顺利开展干部提拔、晋升职级、评先选优等相关工作。

第十四章　民生监督

民生监督是指通过机制创新，整合派驻机构和乡镇纪检监督力量，以乡镇为单位组建民生监督组，强化基层监督力量，突出监督主业，以专项监察、专项行动、专项整治等工作为抓手，就民生政策、民生项目资金等落实情况及群众反映强烈的突出问题开展监督检查，严肃查处发生在群众身边的腐败和不正之风问题，让“民情”“民意”成为反腐倡廉建设的“风向标”和“晴雨表”。民生监督工作在维护好和实现好万山区广大人民群众利益上，在决战脱贫攻坚、决胜全面小康中发挥重要的作用。

第一节　民生监督管理

一、民生监督的职责及领导机构

2014年以来，贵州省纪委针对民生领域腐败案件多发，基层纪检监察机关职能弱化、监督不力的情况，整合县级纪检监察派驻机构和乡镇纪委资源力量设立民生监督组，加强民生政策落实情况的监督检查，主动发现问题线索，查处案件，推进基层纪检监察体制机制改革，强化纪检监察机关的监督责任。

2014年3月，贵州省纪委统一部署推广毕节市建立民生项目特派组的改革探索经验。根据《中共铜仁市委办公室铜仁市人民政府办公室关于印发关于设立铜仁市乡镇（街道）民生项目监督特派组的实施意见的通知》（铜党办发〔2014〕33号）精神，万山区2014年5月15日制定印发《关于设立铜仁市万山区乡镇（街道）民生项目监督特派组的实施方案》（万党办发〔2014〕51号），按照“区管理、乡镇（街道）设立”和纪工委联系乡镇（街道）相对应的原则，在万山区以乡镇（街道）为单位设立9个特派组，由万山区第一至第四纪工委书记分别担任第一至第九民生项目监督特派组组长。9个特派组属万山区纪委监察局管理的正科级常设机构，负责其所在乡镇（街道）的民生项目监督工作。特派组每组核定编制4个，其中：设置组长1名（正科级），由联系该乡镇（街道）的派出纪工委书记兼任，即：第一、第二民生项目监督特派组组长由区派出第一纪工委书记兼任，第三、第四、第五民生项目监督特派组组长由区派出第二纪工委书记兼任，第六、第七民生项目监督特派组组长由区派出第三纪工委书记兼任，第八、第九民生项目监督特派组组长由区派出第四纪工委书记兼任；设置副组长1名（副科级），由乡镇（街道）党（工）委副书记、纪（工）委书记兼任；设置特派员2名，其中1名由乡镇（街道）纪（工）委副书记（监察室主任)兼任,另1名由区派出纪工委、监察分局干部兼任。

民生监督特派组在区纪委监察局授权的职权范围内,采取听取专题汇报、列席相关会议、召开座谈会议、开展走访和个别谈心、组织民主测评和问卷调查、查阅相关资料等多种方式开展工作,主要工作职责是:监督检查中央、省、市和区重大决策部署特别是民生政策的贯彻执行情况。对乡镇(街道)党(工)委、政府(办事处)的工作进行巡查。向万山区纪委、监察局报告乡镇(街道)领导班子及其成员违纪问题等重大事项。查办乡镇(街道)股级及以下党员干部和行政监察对象违纪案件。根据工作安排调配区派出纪工委、监察分局及所管辖乡镇(街道)的纪检监察力量开展工作。承办上级纪检监察机关交办的其他工作。

2014年10月,区财政局拨款150余万元购置民生特派直通车9辆,建立民生项目监督电子查询平台9个,统一制作制度牌和公示栏72块,制作民生特派专用工作包100个、工作证300个,统一民生监督员服装。建立派出纪工委监察分局、民生特派组、乡镇(街道)纪(工)委、村(居)务监督委员会"四位一体"的民生项目监督机制。区纪委监察局综合室负责组织开展全区民生监督工作。

2014年12月18日,《关于印发中共铜仁市万山区纪律检查委员会(监察局)职能配备内设机构和人员编制规定的通知》(万党办发〔2014〕126号)设立第四纪检监察室,区纪委监察局明确由第四纪检监察室负责组织开展民生监督工作。

2022年,民生监督工作职能职责划转到区纪委区监委党风政风监督室。

二、民生监督(特派)组人员的配置

2014年5月,铜仁市万山区纪委监察局对辖区内的9个乡镇(街道)民生项目监督特派组人员进行配置。2015年4月,根据省纪委、市纪委安排,铜仁市万山区第×民生项目监督特派组更名为铜仁市万山区纪委监察局××乡镇(街道)民生监督组,该称谓一直沿用至监察体制改革时期,区监察局撤销及区监察委员会挂牌成立后,区纪委监察局民生监督组又更名为"铜仁市万山区纪委区监委××乡镇(街道)民生监督组",该称谓直至2021年一直在沿用,人员随着工作需要不定期进行调整。具体情况如下:

(一)2014年5月至2015年4月

1.第一民生项目监督特派组(设在谢桥街道)

组　长:蒲光荣(区纪委派出第一纪工委书记)

副组长:陆霓俊(谢桥街道党工委副书记、纪工委书记)

特派员:蒲　涛(区监察局派出第一监察分局副局长)

　　　　艾昌群(谢桥街道纪工委副书记)

2.第二民生项目监督特派组(设在茶店街道)

组　长:蒲光荣(区纪委派出第一纪工委书记)

副组长:王　尧(茶店街道党工委副书记、纪工委书记,2014年5月至2015年1月)

特派员:蒲　涛(区监察局派出第一监察分局副局长)

　　　　吴姝慧(茶店街道纪工委副书记)

3.第三民生项目监督特派组(设在敖寨乡)

组 长:吴 锋(区纪委派出第二纪工委书记)

副组长:姚 凯(敖寨乡党委副书记、纪委书记,2014年5月至2015年1月)

特派员:吴 芳(区监察局派出第二监察分局副局长)

张 阳(敖寨乡纪委副书记,2014年5月至2014年7月)

4.第四民生项目监督特派组(设在下溪乡)

组 长:吴 锋(区纪委派出第二纪工委书记)

副组长:姚 科(下溪乡党委副书记、纪委书记,2014年5月至2014年10月)

刘泽水(下溪乡党委副书记、纪委书记,2014年10月至2015年4月)

特派员:吴 芳(区监察局派出第二监察分局副局长)

杨 超(下溪乡纪委副书记)

5.第五民生项目监督特派组(设在黄道乡)

组 长:吴 锋(区纪委派出第二纪工委书记)

特派员:吴 芳(区监察局派出第二监察分局副局长)

梁建毛(黄道乡纪委副书记)

6.第六民生项目监督特派组(设在万山镇)

组 长:姬黄河(区纪委派出第三纪工委书记)

副组长:姚旭华(万山镇党委副书记、纪委书记,2014年5月至2015年1月)

特派员:孙国彪(区监察局派出第三监察分局副局长)

何 斌(万山镇纪委副书记)

7.第七民生项目监督特派组(设在高楼坪乡)

组 长:姬黄河(区纪委派出第三纪工委书记)

副组长:杨顺宏(高楼坪乡党委副书记、纪委书记,2014年5月至2014年11月)

杨松飞(高楼坪乡党委副书记、纪委书记,2014年11月至2015年4月)

特派员:孙国彪(区监察局派出第三监察分局副局长)

卢华成(高楼坪乡纪委副书记)

8.第八民生项目监督特派组(设在鱼塘乡)

组 长:姚登富(区纪委派出第四纪工委书记)

副组长:刘德清(鱼塘乡党委副书记、纪委书记,2014年5月至2015年1月)

特派员:付其芹(区监察局派出第四监察分局副局长)

潘 懿(鱼塘乡纪委副书记)

9.第九民生项目监督特派组(设在大坪乡)

组 长:姚登富(区纪委派出第四纪工委书记)

副组长:杨少华(大坪乡党委副书记、纪委书记,2014年5月至2015年1月)

特派员:付其芹(区监察局派出第四监察分局副局长)

冯运纯(大坪乡纪委副书记)

(二)2015年4月至2018年7月(2018年1月监委挂牌成立)

1.谢桥街道民生监督组

组　长:蒲光荣(区纪委派出第一纪工委书记)

副组长:周化林(谢桥街道党工委副书记、纪工委书记,2015年5月至2015年12月)

刘妹莲(谢桥街道党工委副书记、纪工委书记,2016年1月至2016年8月)

杨爱虹(谢桥街道党工委委员、纪工委书记,2016年8月至2018年7月)

监督员:蒲　涛(区监察局派出第一监察分局副局长,2015年4月至2015年8月)

胡春木(区监察局派出第一监察分局副局长,2015年10月至2018年7月)

杨　猛(谢桥街道纪工委副书记,2016年8月至2018年7月)

2.仁山街道民生监督组

组　长:蒲光荣(区纪委派出第一纪工委书记)

副组长:陈　磊(仁山街道党工委委员、纪工委书记,2016年8月至2017年9月)

林峻森(仁山街道党工委委员、纪工委书记,2017年9月至2018年2月)

监督员:蒲　涛(区监察局派出第一监察分局副局长,2015年4月至2015年8月)

胡春木(区监察局派出第一监察分局副局长,2015年10月至2018年7月)

蒲新有(区仁山街道纪工委副书记,2017年6月至2018年7月)

3.茶店街道民生监督组

组　长:蒲光荣(区纪委派出第一纪工委书记)

副组长:韩　磊(茶店街道党工委副书记、纪工委书记,2015年4月至2016年7月)

张艳华(茶店街道党工委委员、纪工委书记,2016年7月至2018年7月)

监督员:蒲　涛(区监察局派出第一监察分局副局长,2015年4月至2015年8月)

胡春木(区监察局派出第一监察分局副局长,2015年10月至2018年7月)

吴姝慧(茶店街道纪工委副书记,2015年4月至2016年4月)

安艳丽(茶店街道纪工委副书记,2016年4月至2018年7月)

4.敖寨乡民生监督组

组　长:吴　锋(区纪委派出第二纪工委书记)

副组长:杨洪海(敖寨乡党委副书记、纪委书记,2015年4月至2016年7月)

吴远勇(敖寨乡党委委员、纪委书记,2016年7月至2018年7月)

监督员:吴　芳(区监察局派出第二监察分局副局长,2015年4月至2015年8月)

袁再军(区监察局派出第二纪工委副书记,2015年8月至2018年7月)

姚　瑞(敖寨乡纪委副书记,2015年6月至2016年8月)

彭　凯(敖寨乡纪委副书记,2016年8月至2016年12月)

杨　敏(敖寨乡纪委副书记,2016年12月至2018年1月)

5.下溪乡民生监督组

组　长:吴　锋(区纪委派出第二纪工委书记)

副组长:刘泽水(下溪乡党委副书记、纪委书记,2015年4月至2015年7月)

王　乾(下溪乡党委副书记、纪委书记,2015年7月至2016年7月)

罗金林(下溪乡党委委员、纪委书记,2016年7月至2018年7月)

监督员:吴　芳(区监察局派出第二监察分局副局长,2015年4月至2015年8月)

袁再军(区监察局派出第二纪工委副书记,2015年8月至2018年7月)

吴　敏(下溪乡纪委副书记,2015年10月至2016年5月)

戴贤静(区下溪乡纪委副书记,2016年5月至2018年7月)

6.黄道乡民生监督组

组　长:吴　锋(区纪委派出第二纪工委书记)

副组长:蒲红平(黄道乡党委副书记、纪委书记,2015年4月至2016年7月)

罗　雄(黄道乡党委委员、纪委书记,2016年7月至2018年7月)

监督员:吴　芳(区监察局派出第二监察分局副局长,2015年4月至2015年8月)

袁再军(区监察局派出第二纪工委副书记,2015年8月至2018年7月)

梁建毛(黄道乡纪委副书记,2015年4月至2016年3月)

骆福强(黄道乡纪委副书记,2016年8月至2017年6月)

7.万山镇民生监督组

组　长:姬黄河(区纪委派出第三纪工委书记)

副组长:姚友平(万山镇党委副书记、纪委书记,2015年4月至2016年7月)

韩　磊(万山镇党委委员、纪委书记,2016年7月至2018年7月)

监督员:孙国彪(区监察局派出第三监察分局副局长,2015年4月至2015年8月)

杨　琳(区监察局派出第三监察分局副局长,2015年9月至2018年7月)

何　斌(万山镇纪委副书记,2015年4月至2015年11月)

刘翠华(万山镇纪委副书记,2016年8月至2018年7月)

8.高楼坪乡民生监督组

组　长:姬黄河(区纪委派出第三纪工委书记)

副组长:杨松飞(高楼坪乡党委副书记、纪委书记,2015年4月至2016年3月)

杨秀钢(高楼坪乡党委副书记、纪委书记,2016年3月至2016年7月)

杨水红(高楼坪乡党委委员、纪委书记,2016年7月至2018年7月)

监督员:孙国彪(区监察局派出第三监察分局副局长,2015年4月至2015年8月)

杨　琳(区监察局派出第三监察分局副局长,2015年9月至2018年7月)

王维良(高楼坪乡纪委副书记,2015年8月至2018年7月)

9.鱼塘乡民生监督组

组　长:姚登富(区纪委派出第四纪工委书记,2015年4月至2015年7月)

孙江云(区纪委派出第四纪工委书记,2015年8月至2018年7月)

副组长:陈绍奇(鱼塘乡党委副书记、纪委书记,2015年4月至2016年7月)

饶维圣(鱼塘乡党委委员、纪委书记,2016年7月至2018年7月)

监督员:付其芹(区监察局派出第四监察分局副局长,2015年4月至2015年8月)

文小问(区监察局派出第四监察分局副局长,2015年9月至2018年7月)

杜　君(鱼塘乡纪委副书记)

10.大坪乡民生监督组

组　长:姚登富(区纪委派出第四纪工委书记,2015年4月至2015年7月)

孙江云(区纪委派出第四纪工委书记,2015年8月至2018年7月)

副组长:杨月明(大坪乡党委副书记、纪委书记,2015年4月至2015年12月)

舒秀明(大坪乡党委委员、纪委书记,2016年7月至2018年7月)

监督员:付其芹(区监察局派出第四监察分局副局长,2015年4月至2015年8月)

文小问(区监察局派出第四监察分局副局长,2015年9月至2018年7月)

冯运纯(大坪乡纪委副书记,2015年4月至2016年7月)

钟　丽(大坪乡纪委副书记,2016年8月至2018年7月)

(三)2018年7月至2020年9月

监察体制改革后,区纪委派出纪工委、区监察局派出监察分局撤销,成立6个派驻纪检监察组。2018年7月30日,明确由派驻纪检监察组联系乡镇(街道),调整之后各民生监督组人员构成如下:

1.谢桥街道民生监督组

组　长:刘兴刚(区纪委区监委派驻第六纪检监察组组长)

副组长:杨爱虹(谢桥街道党工委委员、纪工委书记,2018年7月至2019年2月)

李双龙(谢桥街道党工委委员、纪工委书记,2019年9月至2020年9月)

监督员:陈济中(区纪委区监委派驻第六纪检监察组副科级长干部)

杨　猛(谢桥街道纪工委副书记,2018年7月至2020年9月)

2.仁山街道民生监督组

组　长:刘兴刚(区纪委区监委派驻第六纪检监察组组长)

副组长:袁再军(仁山街道党工委委员、纪工委书记,2019年7月至2020年9月)

监督员:陈济中(区纪委区监委派驻第六纪检监察组副科级长干部)

蒲新有(仁山街道纪工委副书记,2018年7月至2019年3月)

刘小花(仁山街道工作人员,2018年12月至2020年9月)

3.丹都街道民生监督组

组　长:刘兴刚(区纪委区监委派驻第六纪检监察组组长)

副组长:向仲敏(丹都街道党工委委员、纪工委书记,2018年12月至2020年9月)

监督员:陈济中(区纪委区监委派驻第六纪检监察组副科级长干部)

张　琪(丹都街道专职监察员,2019年9月至2020年9月)

4.茶店街道民生监督组

组　长:何　斌(区纪委区监委派驻第五纪检监察组组长)

副组长:张艳华(茶店街道党工委委员、纪工委书记,2018年7月至2019年1月)

杨　睿(茶店街道党工委委员、纪工委书记,2019年1月至2020年9月)

监督员:杨小琼(区纪委区监委派驻第五纪检监察组副科级长干部)

安艳丽(茶店街道纪工委副书记,2018年7月至2020年4月)

肖　令(茶店街道专职监察员,2020年4月至2020年9月)

5.敖寨乡民生监督组

组　长:杨　睿(区纪委区监委派驻第三纪检监察组负责人,2018年7月至2019年1月)

胡景亮(区纪委区监委派驻第三纪检监察组组长,2019年5月至2020年9月)

副组长:吴远勇(敖寨乡党委委员、纪委书记,2018年7月至2019年1月)

徐启荣(区敖寨乡党委委员、纪委书记,2019年2月至2020年9月)

监督员:余福军(区纪委区监委派驻第三纪检监察组副组长,2018年7月至2020年4月)

罗　雄(区纪委监委派驻第三纪检监察组副科长级专职纪检监察员,2020年4月至2020年9月)

刘明洋(敖寨乡纪委副书记,2019年7月至2020年9月)

6.下溪乡民生监督组

组　长:杨　睿(区纪委区监委派驻第三纪检监察组负责人,2018年7月至2019年1月)

胡景亮(区纪委区监委派驻第三纪检监察组组长,2019年5月至2020年9月)

副组长:罗金林(下溪乡党委委员、纪委书记,2018年7月至2019年12月)

罗仁华(下溪乡党委委员、纪委书记,2020年4月至2020年9月)

监督员:余福军(区纪委区监委派驻第三纪检监察组副组长,2018年7月至2020年4月)

罗　雄(区纪委监委派驻第三纪检监察组副科长级专职纪检监察员,2020年4月至2020年9月)

戴贤静(下溪乡纪委副书记,2018年7月至2019年2月)

邹　通(下溪乡纪委副书记,2019年12月至2020年9月)

7.黄道乡民生监督组

组　长:付其芹(区纪委区监委派驻第一纪检监察组组长)

副组长:罗　雄(黄道乡党委委员、纪委书记,2018年7月至2020年4月)

余福军(黄道乡党委委员、纪委书记,2020年4月至2020年9月)

监督员:蒲召云(区纪委区监委派驻第一纪检监察组副科长级专职纪检监察员)

陈　伟(黄道乡纪委副书记,2020年8月至2020年9月)

8.万山镇民生监督组

组　长:付其芹(区纪委区监委派驻第一纪检监察组组长)

副组长:韩　磊(万山镇党委委员、纪委书记,2018年7月至2019年8月)

袁文湘(万山镇党委委员、纪委书记,2019年10月至2020年9月)

监督员:蒲　涛(区纪委区监委派驻第一纪检监察组副组长)

刘翠华(万山镇纪委副书记,2018年7月至2019年10月)

侯加文(万山镇纪委副书记,2019年10月至2020年9月)

9.高楼坪乡民生监督组

组　长:何　斌(区纪委区监委派驻第五纪检监察组组长)

副组长:杨水红(高楼坪乡党委委员、纪委书记,2018年7月至2020年4月)

张　举(高楼坪乡党委委员、纪委书记,2020年4月至2020年9月)

监督员:卢华成(区纪委区监委派驻第五纪检监察组副科级长干部)

王维良(高楼坪乡纪委副书记,2018年7月至2018年11月)

罗雨来(高楼坪乡监察员,2019年9月至2020年9月)

10.鱼塘乡民生监督组

组　长:罗仁良(区纪委区监委派驻第二纪检监察组负责人)

副组长:饶维圣(鱼塘乡党委委员、纪委书记,2018年7月至2019年5月)

吴　巍(鱼塘乡党委委员、纪委书记,2019年7月至2020年9月)

监督员:吴　芳(区纪委区监委派驻第二纪检监察组副组长)

杜　君(鱼塘乡纪委副书记)

11.大坪乡民生监督组

组　长:陈汉斌(区纪委区监委派驻第四纪检监察组组长)

副组长:舒秀明(大坪乡党委委员、纪委书记,2018年7月至2019年2月)

杨胜江(大坪乡党委委员、纪委书记,2019年5月至2020年9月)

监督员:李艳萍(区纪委区监委派驻第四纪检监察组副科长级专职纪检监察员)

钟　丽(大坪乡纪委副书记,2018年4月至2018年12月)

杨　英(大坪乡纪委副书记,2019年8月至2020年9月)

(四)2020年9月至2021年12月

2020年9月,区纪委区监委派驻纪检监察组不再联系乡镇(街道),民生监督组工作方式和人员再一次调整,乡镇(街道)民生监督组组长不再由派驻纪检监察组成员担任,明确由乡镇(街道)纪(工)委书记、监察办公室主任兼任。联系乡镇(街道)民生监督工作分别由第一、二、三纪检监察室负责,第一纪检监察室联系丹都街道、仁山街道、谢桥街道、大坪乡,第二纪检监察室联系茶店街道、鱼塘乡、高楼坪乡,第三纪检监察室联系万山镇、敖寨乡、下溪乡、黄道乡。2021年7月以后,由第三纪检监察室联系谢桥街道、万山镇、高楼坪乡、黄道乡、敖寨乡、下溪乡,第四纪检监察室联系丹都街道、仁山街道、茶店街道、大坪乡、鱼塘乡。调整后的11个民生监督组人员组成情况为:

1.谢桥街道民生监督组

组　长:李双龙(谢桥街道党工委委员、纪工委书记、监察办公室主任)

监督员:杨　猛(谢桥街道纪工委副书记、监察办公室副主任)

汪桂如(谢桥街道专职纪检监察员,2021年11月至2021年12月)

2.仁山街道民生监督组

组　长:袁再军(仁山街道党工委委员、纪工委书记、监察办公室主任)

监督员:刘小花(仁山街道工作人员)

3.丹都街道民生监督组

组　长:向仲敏(丹都街道党工委委员、纪工委书记、监察办公室主任)

监督员:张　琪(丹都街道专职纪检监察员)

4.茶店街道民生监督组

组　长:杨　睿(茶店街道党工委委员、纪工委书记、监察办公室主任)

监督员:肖　令(茶店街道专职纪检监察员)

5.敖寨乡民生监督组

组　长:徐启荣(敖寨乡党委委员、纪委书记、监察办公室主任)

监督员:刘明洋(敖寨乡纪委副书记、监察办公室副主任)

6.下溪乡民生监督组

组　长:罗仁华(下溪乡党委委员、纪委书记、监察办公室主任,2020年9月至2021年7月)

邹　通(下溪乡党委委员、纪委书记、监察办公室主任,2021年7月至2021年12月)

监督员:邹　通(下溪乡纪委副书记、监察办公室副主任,2020年9月至2021年7月)

彭　超(下溪乡纪委副书记、监察办公室副主任,2021年7月至2021年12月)

7.黄道乡民生监督组

组　长:余福军(黄道乡党委委员、纪委书记、监察办公室主任)

监督员:陈　伟(黄道乡纪委副书记,2020年9月至2021年7月)

向情文(黄道乡纪委副书记,2021年7月至2021年12月)

陈　智(黄道乡纪委委员,2021年7月至2021年12月)

8.万山镇民生监督组

组　长:袁文湘(万山镇党委委员、纪委书记、监察办公室主任,2020年9月至2021年7月)

兰仕傢(万山镇党委委员、纪委书记、监察办公室主任,2021年7月至2021年12月)

监督员:侯加文(万山镇纪委副书记、监察办公室副主任)

欧　丽(万山镇纪委委员)

9.高楼坪乡民生监督组

组　长:张　举(高楼坪乡党委委员、纪委书记、监察办公室主任,2020年9月至2021年7月)

王　超(高楼坪乡党委委员、纪委书记、监察办公室主任,2021年7月至2021年12月)

监督员:罗雨来(高楼坪乡监察员,2020年9月至2021年6月)

张　亮(高楼坪乡纪委副书记,2021年8月至2021年12月)

10.鱼塘乡民生监督组

组　长:吴　巍(鱼塘乡党委委员、纪委书记、监察办公室主任,2020年9月至2021年6月)

张运发(鱼塘乡党委委员、纪委书记、监察办公室主任,2021年6月至2021年12月)

监督员:杜　君(鱼塘乡纪委副书记、监察办公室副主任)

袁小萍(万山区鱼塘乡纪委委员)

11.大坪乡民生监督组

组　长:杨胜江(大坪乡党委委员、纪委书记、监察办公室主任)

监督员:杨　英(大坪乡纪委副书记)

三、民生领域监督执纪问责

2014年,通过在全区开展家电下乡补贴、能繁母猪补贴和农村危房改造资金兑现情况专项监察工作为起点,当年即发现民生领域问题99件,立案6件,党纪政务处分2人,涉及问题资金360余万元,制发监察建议书1份。

2015年,按照《万山区民生领域整治铸廉三年行动方案》等文件要求,万山区纪委监察局以维护民生和民利作为工作的出发点和落脚点,紧紧围绕民生政策落实、安全使用民生项目资金的情况,查找项目申报和审批、资金拨付和发放、项目实施和验收等环节中的突出问题,严肃查处截留、挪用、挤占、套取、骗取、虚报、贪污民生资金和监管中的索贿受贿及吃、拿、卡、要等行为,落实民生项目资金监管机制和制度。通过开展农村危房改造资金、学生资助金、民政资金、微企和水土保持项目、新农村建设工作经费专项监察等工作,发现民生领域问题196件,立案43件,党纪政务处分58人,问责领导干部3人,涉案金额79万元,制发监察建议书9份。

2016年,依托"五位一体"民生监督载体,采取"4+N"专项监察模式,按照"见人、见项目、见资金"的要求,坚持以维护民生,保障民生为中心,以抓"规范"、抓"提升"为着力点,通过开展农村家庭生活用煤补贴资金、计划生育社会抚养费管理使用与计划生育家庭"四项制度"、信贷扶贫项目资金、精准扶贫、乡镇卫生院基本药物零差价、农村饮水安全项目、"雨露计划"专项监察,脱贫攻坚监督检查等工作,发现民生领域问题129个,立案97件,党纪政务处分116人,问责领导干部12人,涉案金额634.62万元,制发监察建议书8份。黄道乡大榜村委会私分救灾款2万元案件,10月22日在中纪委、中央电视台综合频道8集大型反腐电视专题片《永远在路上》(第六集《拍蝇惩贪》)中作为典型案例播出。

2017年,紧紧围绕民生资金、项目,开展农村和城市居民最低生活保障资金、农户科学储粮专项投资政策、"一事一议"财政奖补资金、易地扶贫搬迁项目、农村新型经济实体运行管理情况专项监察、"访村寨、重监督、助攻坚"、"护民生、促脱贫"专项行动和脱贫攻坚监督检查等工作,发现民生领域问题122个,立案90件,党政纪处分94人,问责领导干部28人,涉及金额239.94万元,制发监察建议书3份。

2018年,对照《铜仁市扶贫领域整治蝇贪三年行动2018—2020年工作方案》和《万山区扶贫领域整治蝇贪三年行动2018—2020年工作方案》要求,紧紧围绕扶贫领域监督执纪问责工作相关要求,在全区开展农村种植产业扶贫项目、农村"组组通"项目、农村贫困人口大病专项救治和城乡医疗救助、农村养殖产业扶贫项目和农村危房改造专项监察,脱贫攻坚监督检查,扶贫领域腐败和不正之风专项治理,"访村寨、重监督、助攻坚"专项行动,扫黑除恶专项斗争监督执纪问责等工作,发现民生领域问题线索91件，立案93件，党纪政务处分94人，问责领导干部45人，涉及资金546.47万元，制发监察建议书2份。

2019年，开展涉林扶贫项目、易地扶贫搬迁和财政补助资金“一折通”专项监察，脱贫攻坚监督检查，“百名纪检监察干部访村入户”活动，“五个专项治理”“五个示范”创建、专项整治漠视侵害群众利益问题、扫黑除恶专项斗争、专项整治对黄赌毒和黑恶势力听之任之、失职失责甚至包庇纵容、充当“保护伞”、重大责任事故调查等工作，发现民生领域问题80个，立案80件，党纪政务处分75人，问责领导干部26人，涉及资金333.35万元，制发监察建议书1份。

2020年3月，万山区纪委区监委制定印发《关于在全区纪检监察机关中开展做“杨荣式”好干部深入大走访活动的实施方案》，向江口县纪检干部杨荣—“抗疫英雄”学习（杨荣，男，土家族，中共党员，1966年5月出生，1989年7月参加工作，曾任贵州省江口县纪委县监委专职纪检监察员。2020年2月21日，杨荣因连续奋战在疫情防控一线，突发疾病，经抢救无效，不幸去世。2020年4月，贵州省委追授杨荣“全省优秀共产党员”称号），开展做“杨荣式”好干部大走访活动，重点进行农民专业合作社（公司）扶贫民生项目和农村饮水安全专项监察，巩固和深化漠视侵害群众利益问题，脱贫攻坚监督检查，“五个示范”创建工作，扫黑除恶专项斗争“打伞破网”及重大责任事故调查等工作，发现民生领域问题58件，立案58件58人，党纪政务处分59人，问责领导干部16人，涉案金额82.88万元，制发监察建议书、纪律检查建议书12份。2020年7月9日，中央电视台新闻频道《朝闻天下》栏目报道了万山区纪检监察机关“精准监督保障脱贫攻坚、聚焦饮水工程让老百姓喝上放心水”的先进事迹。

2021年，紧紧围绕脱贫攻坚成效巩固拓展同乡村振兴有效衔接这条主线，以“访村寨、重监督、助振兴”专项行动，“四个不摘”政策落实情况专项监察，易地扶贫搬迁后续扶持、城乡居民养老保险、生活饮水安全、乡村振兴帮扶责任落实情况、巩固拓展脱贫攻坚成果同乡村振兴有效衔接专项监督检查，集体“三资”达到一定规模的村（社区）党组织书记、主任“提级监督”试点工作，集中整治群众身边腐败和不正之风，政法队伍教育整顿，扫黑除恶等工作为抓手开展监督执纪问责，共发现问题40件，立案39件39人，党纪政务处分37人，涉案金额105.99万元，制发监察建议书3份。

2022年，主要围绕“四新”主攻“四化”推进情况，通过开展巩固拓展脱贫攻坚成果同乡村振兴有效衔接专项监督、整治群众身边腐败和作风问题、常态化开展扫黑除恶专项斗争和日常监督，重点查处乡村振兴重点项目、村集体“三资”管理、征地拆迁、教育医疗和养老社保等领域漠视侵害群众利益的违纪违法问题。全年共查处问题40件，批评教育和帮助处理51人，党纪政务处分23人。

第二节 民生监督平台建设

2014年以来，根据省、市纪委的要求，建立9个民生项目监督查询平台，该平台整合医疗卫生、住房、养老、林业、畜牧、民政等31项民生数据资源，将资金（项目）落实、使用、发放和管理情况进行公开，将惠民惠农资金晒在阳光下，及时发现和查处基层“微腐败”问题的一项重要举措。同时，每个乡镇（街道）纪（工）委明确专人管理该平台。

2015年，将涉及民生领域的项目资金落实情况及时录入民生项目监督查询平台，以公开透明的方式向广大人民群众公示，接受群众监督。同时建立民生项目两级备案管理制度，规范民生项目备案管理台账，实行乡镇（街道）站股所到乡镇（街道）纪（工）委备案，乡镇（街道）纪（工）委将备案情况梳理报区纪委备案管理。

2018年，省纪委监委牵头主推，委托广州市宇云科技信息有限公司研发贵州省扶贫民生领域监督系统，依靠现代信息技术将民生资金发放和监管纳入信息化管理中，确保民生资金在阳光下安全、透明、高效运行。2018年度，对贵州省扶贫民生领域监督系统线上比对问题数据进行线下核实，发现万山镇、鱼塘乡、茶店街道、谢桥街道等4个乡镇（街道）城乡低保补助金问题线索4件，立案4件，党纪政务处分4人，涉案金额1.85万元。

2019年，开展贵州省扶贫民生领域监督系统线上比对问题数据进行线下核实，发现敖寨乡、大坪乡、鱼塘乡、茶店街道、谢桥街道等5个乡（街道）养老保险补助金和农村低保问题线索6件，立案6件，党纪政务处分4人、延长预备期一年1人、免予纪律处分1人，涉案金额2.65万元。

2020年，开展贵州省扶贫民生领域监督系统线上比对问题数据进行线下核实，发现违规问题12个，提醒谈话8人，追缴违规资金1.30万元。

2021年，贵州省民生监督系统大数据平台反馈预警问题数据878条，其中涉及万山区预警问题数据590条，经线下核实，发现违规问题9个，清退违规受益对象9人，追缴违规资金6766元。追责问责3人，其中诫勉谈话1人，提醒谈话3人。另外288条预警问题涉及跨区域搬迁群众，由石阡县、思南县、印江土家族自治县纪委监委负责核实、清退违规受益对象、追缴违规资金及追责问责，万山区纪委区监委负责将核实结果录入系统。

2022年，贵州省民生监督系统业务平台（2.0版）完成“大数据监督”功能模块开发，“大数据监督”模块将贵州省民生监督系统比对发现的预警异常数据及其线下核实结果同步导入业务平台，系统自动识别核实发现的违规数据，将其纳入违规问题后续处置台账。每月需录入“民生领域监督执纪问责工作台账”“安全生产责任事故情况台账”“三类问题案件登记台账”，2022年共录入立案数28件。

第三节　专项监察和专项治理

一、专项监察工作

2014年下半年，在全区开始开展专项监察和专项治理工作，重点以家电下乡补贴、能繁母猪补贴和农村危房改造资金兑现情况等2项进行专项监察，发现问题87件，立案5件，党纪政务处分7人，涉案资金1.46万元。

2015年，对农村危房改造项目、学生资助金监管情况、民政资金、微型企业补助资金和水土保持项目资金管理使用情况、新农村建设工作组工作经费使用情况等5项进行专项监察，发现问题81件，立案23件，党纪政务处分33人，问责领导干部3人，涉案资金65.04万元。

2016年，针对农村家庭生活用煤补贴资金、计划生育社会抚养费管理使用与计划生育家庭“四项制度”、信贷扶贫项目资金、精准扶贫、乡镇卫生院基本药物零差价、农村饮水安全项目和“雨露计划”等7项群众反映强烈的民生问题,组织纪检干部进村入户进行专项监察,发现问题83件,立案64件,党纪政务处分68人,涉案金额347.65万元。

2017年,对农户科学储粮专项投资政策、农村和城市居民最低生活保障资金、“一事一议”财政奖补资金、易地扶贫搬迁项目、农村新型经济实体运行管理进行专项监察及专项监察“回头看”,发现问题92件,立案64件,党纪政务处分64人,问责领导干部28人,涉案金额172.24万元。

2018年,开展农村种植产业扶贫项目、农村“组组通”项目、农村贫困人口大病专项救治和城乡医疗救助、农村养殖产业扶贫项目和农村危房改造等5项专项监察,发现问题45件,立案43件47人,党纪政务处分44人,问责领导干部8人,涉案金额108.3万元。

2019年,开展涉林扶贫民生项目、易地扶贫搬迁和财政涉农补贴资金“一折通”等2项专项监察,发现问题18件,立案14件,党纪政务处分14人,问责领导干部2人,涉案金额28.17万元。

2020年,开展全区农民专业合作社(公司)扶贫项目和农村饮水安全等2项专项监察,共发现问题37个,立案6件,党纪政纪处分5人,涉案金额1500元。

2021年,紧紧围绕巩固拓展脱贫攻坚成果同乡村振兴有效衔接这条主线,对“四个不摘”政策落实情况进行专项监察,共发现问题51个,督查整改51个。

2022年,主要围绕“5433”帮扶责任落实情况、蔬菜大棚发挥效益情况、易地扶贫搬迁后续扶持政策落实情况、巩固拓展脱贫攻坚成果同乡村振兴有效衔接以及群众身边腐败和不正之风问题专项整治等开展专项监督和专项监察,共发现问题119个,立案13件13人,党政纪处分13件13人。

二、扫黑除恶专项斗争监督执纪问责

2018年1月,中共中央、国务院发出《关于开展扫黑除恶专项斗争的通知》,万山区纪委区监委在全区开展一场保障人民安居乐业、社会安定有序、国家长治久安,进一步巩固党的执政基础的专项斗争为主题的扫黑除恶行动。扫黑除恶专项斗争聚焦涉黑涉恶问题突出的重点地区、重点行业、重点领域,把打击锋芒始终对准群众反映最强烈、群众最深恶痛绝的各类黑恶势力违法犯罪。2018年2月,中央纪委发出《关于在扫黑除恶专项斗争中强化监督执纪问责的意见》,要求各级纪检监察机关要立足职责定位,坚持把扫黑除恶同反腐败斗争和基层“拍蝇”结合起来,重点查处发生在群众身边的党员干部和其他行使公权力的公职人员涉黑涉恶腐败问题、党员干部和其他行使公权力的公职人员充当黑恶势力“保护伞”问题、地方党委和政府、政法机关、相关职能部门及其他工作人员推动扫黑除恶专项斗争工作不力问题(简称“三类问题”)。4月,为贯彻落实中央、省、市关于在扫黑除恶专项斗争中强化监督执纪问责的相关文件精神,区纪委区监委研究制定《关于在扫黑除恶专项斗争中强化监督执纪问责的实施细则》,成立区纪委区监委扫黑除恶专项斗争强化监督执纪问责工作领导小组。组长是区委常委、区纪委书记、监委主任,副组长是2名区纪委副书记、监察委副主任,成员有区纪委常委、监察委委员,区巡察办主任,第二、三、四、六、七纪检监察室负责人、宣传调研法规室主任、案件检查信息中心主任、党风室主任、审理室负责人、信访室主任共16名工作人员。重点对近三年来全区纪检监察机关查处的民生领域案件和2013年以来本级来电、来信、来访信访件454件和上级转、交办信访件284件进行梳理排查。排查研判重点围绕党员及公职人员是否存在在扶贫领域采取强迫、威胁、欺骗、利诱等手段，插手基层事务、操纵换届选举、破坏生产经营秩序、阻碍项目建设，放纵包庇黑恶势力、充当“保护伞”等问题，通过排查研判未发现存在涉黑涉恶及背后充当“保护伞”问题。同时，将扫黑除恶专项斗争监督执纪问责与巡察、专项监察、“访村寨、重监督、助脱贫”专项行动等工作有机结合起来，通过明察暗访、随机走访、定点接访、个别交谈、集体座谈等方式，拓展发现问题的来源渠道，未发现涉黑涉恶“三类问题”。

2019年3月，区纪委区监委研究制定《扫黑除恶专项斗争“破网打伞”工作方案》和《万山区纪委区监委关于对黄赌毒和黑恶势力听之任之、失职失责甚至包庇纵容、充当“保护伞”问题专项整治实施方案》，深挖黑恶势力“关系网”“保护伞”，并对黄赌毒和黑恶势力听之任之、失职失责甚至包庇纵容、充当“保护伞”问题进行专项整治。共收集扫黑除恶各类问题73条，办结72条，按“一案一档”要求，完善材料归档工作。同时，针对扫黑除恶专项斗争工作推动不力问题，提醒谈话11人，通报乡镇（街道）党（工）委及党组4个，诫勉谈话2人，党纪政务处分1人。

2020年，建立扫黑除恶长效机制，实现“线索清仓、案件清零”目标。万山区纪委区监委成立以区纪委副书记、监委副主任为组长的专案组，具体办理扫黑除恶“关系网”“保护伞”案件，并先后9次召开案件专题研判会，发起扫黑除恶“打伞破网”最后冲刺。全面完成2019年以来81条问题线索办理及复查复核工作，涉黑涉恶“三类问题”累计立案15件15人，党纪政务处分14人，免予纪律处分1人。向万山区人民法院、铜仁市公安局万山分局送达纪律检查建议书各1份。

2021年，按照上级安排，把常态化惩治涉黑涉恶腐败和保护伞同政法队伍教育整顿执纪问责相结合，同反腐败斗争、基层“拍蝇”相结合，继续加强与区委政法委、扫黑办的协作配合，与政法机关协调联动、同向发力，用足用好线索双向移送反馈、会商通报、逐案筛查等协同作战机制，合力推动“打伞破网”工作。是年，受理涉黑涉恶“三类”问题线索4条，诫勉谈话1人，提醒谈话1人，立案2件2人，党纪政纪处分2人。同时，完成2019年以来85条线索案卷资料的归档及2件涉黑案件倒查工作。

2022年，常态化开展扫黑除恶专项斗争，持续巩固扫黑除恶专项斗争及政法教育整顿成果，通过对信息网络、自然资源、交通运输、工程建设四大领域专项整治情况以及教育、医疗、金融放贷及市场流通重点行业整治情况开展监督检查，发现并督促整改问题6个，约谈1人，提醒谈话1人，未发现行业领域内“关系网”“保护伞”等问题。同时，受理涉黑涉恶“三类”问题线索1条，立案3件3人，党纪政务处分3人。

三、责任事故调查处理

2019年3月20日，《中共铜仁市万山区委 铜仁市万山区人民政府关于铜仁市万山区区级机构改革的实施意见》（万党发〔2019〕1号），明确第四纪检监察室（重点责任事故调查办公室）主要职责包括承担机关参与调查的事故、事件中涉及的监督对象违纪违法犯罪行为和需要问责情形的调查处理工作。2019年6月，万山区纪委区监委印发《纪检监察机关加强安全生产领域监督执纪问责工作责任分解方案》（万纪办发〔2019〕12号），针对事故事件暴露出的安全生产领域责任不落实、隐患排查不彻底、执法不严格等突出问题，加强监督执纪问责，督促推动各乡镇（街道）和行业监管部门、生产企业切实履行好安全生产政治责任。8月，调查处理高楼坪乡老山口居委会1起万山供电局工人高空作业触电坠落死亡的安全责任事故，通报批评领导干部2人。

2020年6月，分别调查处置大坪乡白果村，丹都街道旗屯村黄基屯组与鱼塘乡槐花村吊井组交界处2起森林火灾安全责任事故，通报批评领导干部3人，向万山区自然资源局送达监察建议书1份。

2021年，按照“管行业必须管安全”的要求，督促各乡镇（街道）和行业监管部门切实提高政治站位，深入学习贯彻习近平总书记关于安全生产的重要指示批示精神，把安全生产工作放在首要位置，从严从实从细抓好各项工作，严格防范安全生产风险，坚决遏制重大生产安全事故。5月23日，丹都教育文化公园骏龙府1号楼孔桩开挖发生物体打击事故，致1人死亡，追责问责1人（诫勉谈话）。12月8日，谢桥新区金街路段管网施工因沟壁坍塌造成1人死亡，根据领导安排，区纪委区监委派驻第三纪检监察组副科长级专职纪检监察员罗雄作为安全生产事故调查组成员参与调查。

2022年，印发《万山区安全生产工作专项监督检查工作方案》，严格执行铜仁市纪委关于转发《关于开展安全生产责任落实情况专项监督的通知》要求，强化对全区各单位安全生产责任落实情况监督，倒逼主体责任、监管责任、属地责任的有效落实。是年，发现并督促整改问题29个，立案6件6人，党纪政务处分6人，诫勉16人，通报批评4人，批评教育4人，谈话提醒10人，约谈7人。

四、漠视侵害群众利益问题专项整治

2019年9月30日，万山区纪委区监委制定《铜仁市万山区在“不忘初心、牢记使命”主题教育中专项整治漠视侵害群众利益问题工作方案》，将专项整治漠视侵害群众利益问题纳入“不忘初心、牢记使命”主题教育进行重点落实，通过聚焦扶贫领域腐败和作风问题；教育医疗、环境保护、食品药品安全等民生领域侵害群众利益问题；发生在群众身边的不正之风问题和“微腐败”问题和聚焦统计造假问题。在主题教育期间集中力量开展整治“对群众关心的利益问题漠然处之、空头承诺、推诿扯皮以及办事不公、侵害群众利益”的问题，着力解决群众最关心最直接最现实的利益问题。万山区专项整治漠视侵害群众问题工作清单共涉及单位39个（其中牵头单位32个，配合单位7个），梳理问题清单134条，全部完成整治，并建立长效机制7个。专项整治漠视侵害群众利益问题期间，发现漠视侵害群众利益问题16件，立案16件，党纪政务处分17人，涉及资金109.86万元。

2020年7月3日，《铜仁市万山区巩固和深化漠视侵害群众利益问题工作方案》（万委办函〔2020〕6号）明确巩固深化专项整治工作内容，对2019年专项整治开展“回头看”。第四纪检监察室和相关派驻纪检监察组通过电话回访、实地抽查等方式，对2019年已整治完成的134个问题整治效果、群众满意度、长效机制建立等情况进行“回头看”，未发现问题整治不到位、问题反弹等情况。同时继续开展重点领域漠视侵害群众利益问题专项整治，按照中共铜仁市委（铜委办函〔2020〕37号文件）指出的5个大类15个具体问题，制定出44项整改措施。2020年底，15个具体问题全部完成整改。

2021年，根据上级安排，结合党史学习教育，对2019年漠视侵害群众利益问题专项整治梳理的134个问题再次进行“回头看”，未发现反弹问题。7月16日印发《万山区纪委区监委深入开展集中

整治群众身边腐败和不正之风的实施方案》，围绕群众普遍关注、反映强烈和反复出现的问题开展整治，共发现问题13个，督促整改问题13个。

第四节　“五个示范”创建

“五个示范创建”是指创建民生监督示范、村务监督示范、乡镇民生监管示范、村（居）民生监管示范、部门民生监管示范。

2018年，印发《铜仁市万山区扶贫领域整治蝇贪三年行动2018—2020年工作方案》，明确2018—2020年，在全区扶贫领域开展整治蝇贪三年行动，按照“3456”工作思路（深化三项行动、用好四把利剑、创建五个示范、强化六项工作），将事关扶贫领域的人、财、物、权、责、事全部纳入监督视野，着力打造扶贫政策、项目、资金的民生监督升级版，实现扶贫领域纪律审查和国家监察全覆盖，打通脱贫攻坚“最后一公里”，明确在2020年实现扶贫领域正风反腐由治标为主向标本兼治根本转变。方案明确“五个示范”创建内容，即：一是创建民生监督示范。配齐配强民生监督组，每组不得少于5人，明确好组长、副组长、组员，解决好有人办事问题；完善场所、设施、设备、装备、后勤保障，解决好有条件开展监督问题；建立健全工作制度、资料台账、工作规程，解决好有章可循和有迹可考问题；围绕监督抓培训，提升监督素质和能力；立足减存量、遏增量，坚持标本兼治，严格民生监督组考勤考绩，锻造忠诚坚定、担当尽责、遵纪守法、清正廉洁的民生监督铁军。二是创建村务监督示范。各民生监督组要加强村（居）务监督委员会工作的指导与管理，每年开展1期教育培训，落实好村（居）务监督组长、组员的工作报酬，配备好村（居）务监督组的工作场地及设施设备，建立村（居）务监督“五小”运行机制，围绕开展“小监督”、发现“小苗头”、提出“小建议”、督改“小问题”、维护“小利益”，细化村（居）务监督职能职责，布置年度、季度工作目标任务，按月调度考评发现问题情况和监督效果，将工作报酬与监督成效挂钩，推动实现对村级自治组织的全面监督，有效解决“最后一公里”的末梢监督。三是创建乡镇民生监管示范。督促乡镇（街道）建立健全执行好扶贫攻坚政策执行、项目建设和资金使用的制度体系；加强乡镇教育谈话室的管理使用，解决好扶贫领域苗头性、倾向性问题；创建执行乡村两级站长、所长、校长、院长、村长、社长（各类专业合作社）“六小长”微权力清单制度，对其依规用权、秉公用权、廉洁用权情况进行明察暗访，严查曝光相关违纪违法行为；每年对包村干部、驻村干部和村干部开展脱贫攻坚情况进行“三述一评”，即在村民代表大会上进行述德述责述廉、现场接受村民代表质询与评议，将评议结果与其绩效考核、评先选优和提拔使用挂钩。四是创建村（居）民生监管示范。发挥好基层党支部在村级自治组织和村级事务中的核心领导作用，对“三重一大”事项坚持经支部大会讨论决定；完善村级自治组织任期和年度工作向村民代表大会报告制度，健全村级事务民主决策相关规定，规范村级事务公开公示管理办法，切实提高村级自治组织的民主议事决策能力和及时公开公示村级事务的自觉性。五是创建部门民生监管示范。按照建立健全脱贫攻坚责任主体行政决策、行政执行、行政监督等监管制度体系，建立权力清单、责任清单和问题清单，完善资金项目廉政档案，制订年度扶贫攻坚自查自纠方案和系统党风廉政教育计划，实行“三述三评”考核评价办法，2018年督促已开展专项监察的主责部门搞好规范化监管,以后每开展一项专项监察,就督促规范一个部门行政监管。

2018年,紧紧围绕“扶贫领域整治蝇贪三年行动”目标任务,分步骤在全区开展“五个示范创建”。全年完成11个民生监督组人员、办公场所、后勤保障等配备、制度建设和考勤考核工作,民生监督示范创建全面完成;以乡镇(街道)为单位,完成谢桥街道、仁山街道2个乡镇民生监管示范创建;督促已开展专项监察的区扶贫办、区交通局、区农业农村局、区住建局、区医保局等5个主责部门做好规范化工作。同时,督促各乡镇(街道)梳理规范制作站(股、办、所、院、校等)、村(居、合作社)微权力清单制度、权责清单、权力清单运行流程图。

2019年,按照“五个示范”巩固提升及创建相关要求,区自然资源局、区扶贫办、区医疗保障局3个部门完成部门民生监管示范创建;谢桥街道龙门坳村和冲广坪社区、万山镇犀牛井社区、黄道乡黄溪村和锁溪村、鱼塘乡鱼塘村和登峰村、茶店街道横山村和白岩村、丹都街道挞扒洞社区和旗屯村、敖寨乡中华山村和两河口村、高楼坪乡青年湖村和老山口居委会、仁山街道木杉河社区和贵苑社区、大坪乡苏湾村和川硐村、下溪乡兴隆村和官田村21个村(居)完成村务监督示范及村(居)民生监管示范创建工作。同时,全区乡、村两级完善权责清单、监管制度、台账,村(居)务监督委员会有专门的办公室,有机构名称,有基本的办公设备,大部分村(居)务监督委员会已配齐3人,职能职责均已上墙。各乡镇(街道)严格执行“一月一例会一培训”制度,村(居)务监督委员会的监督履职能力进一步增强。村务监督委员会运用“五小”监督模式全年开展小监督156次、发现小苗头2条、提出小建议29条、督改小问题46个、回应小诉求21条。其中,发现问题立案2件,党纪政务处分2人,涉及资金4200元。

2020年,为全面完成“五个示范”创建,2020年3月6日制定《万山区2020年深化民生监督(管)“五个示范”创建提升监督质效工作实施方案》,对乡镇民生监督监管、部门民生监管和村级民生监督监管等工作提出目标、明确责任,确保“五个示范”创建取得实效。是年,全区民生监督示范创建进一步完善,11个乡镇(街道)民生监管示范创建得到进一步巩固提升;100个行政村居(社区)完成村务监督示范及村(居)民生监管示范创建;区自然资源局、区扶贫办、区医疗保障局、区农业农村局、区教育局、区人社局、区水务局、区住建局、区民政局9个区直民生部门示范创建进一步规范,部门民生监管示范创建全面达标。

第十五章　脱贫攻坚与监督执纪

中华人民共和国成立以来，党中央、国务院高度重视减贫扶贫工作，出台实施一系列中长期扶贫规划，从救济式扶贫到开发式扶贫再到精准扶贫，探索出一条符合中国国情的农村扶贫脱贫道路，为全面建成小康社会奠定坚实基础。全区（特区）纪检监察机关和纪检监察干部切实提高政治站位、扛起使命担当，立足职责定位、坚持问题导向，全力参与和保障脱贫攻坚重大决策部署贯彻落实。

中共十八大以后，针对脱贫攻坚领域容易滋生各类腐败问题，万山区各级纪检监察机关紧扣大扶贫战略行动，加大监督执纪问责力度，找准职责定位，精准发力，严肃查处扶贫领域腐败和作风问题，严厉整治扶贫领域形式主义、官僚主义、弄虚作假等问题，以过硬作风护航脱贫攻坚，为全区贫困人口的脱贫出列作出贡献。

第一节　扶贫驻村帮扶工作

20世纪90年代，国务院印发《国家“八七”扶贫攻坚计划》文件后，万山特区纪委监察局机关按照特区委、特区人民政府的工作安排，先后组织干部职工到联系的万山镇老街村、三角岩社区、高楼坪水眼坪村开展联系帮扶工作，协调物资解决贫困问题。

2001年，国务院出台《中国农村扶贫开发纲要（2001—2010年）》后，按照特区委、特区人民政府的安排，特区纪委监察局派出工作人员，参与乡镇定点帮扶，开展结对帮扶工作，选派党性原则强、踏实肯干、熟悉农业农村工作的纪检监察干部分别担任扶贫工作队队长、驻村第一书记、驻村干部等职务，到联系村驻村开展帮扶工作，为联系村群众办好事和实事，排民忧、解民难，得到群众拥护和好评。至2022年底，先后联系和帮扶下溪侗族乡桂花村、报溪村和高楼坪侗族乡羊尾舟村、小湾村。

2007年5月，选派特区纪委监察局姬黄河到下溪乡桂花村（含报溪、洋保田、田龙、铁门）开展扶贫驻村工作，任扶贫工作队队长，驻村1年时间，联系协调特区有关部门，投入资金20万元，为桂花村加强公路、水利等基础设施建设，修建“上洋洞”通组路1条。

2011年5月，选派特区纪委监察局袁仁荣到下溪乡桂花村（含洋保田、田龙）担任驻村第一书记。驻村期间，一是强化村级组织建设，加强沟通协调，开展支部班子交心谈心活动，促进村级班子合力、合心、合拍。新建村级便民利民党务政务综合服务站，购置沙发、办公桌椅及电脑等办公设备。规范各项规章制度设立“明白墙”，进一步丰富和细化党务、村务公开内容，群众关心的热点和难点问题做到及时公开，让群众做到心中有数。二是加强村级基础设施建设。在道路交通方面，协调资金150万元硬化洋保田至田湾通村公路6公里，受益群众1000余人，工程于2012年4月3日正式启动。协调资金18万元硬化秧田坡组、柏木坪组通组公路1000米，新修通组公路1条，新建便民桥4座。在水利建设方面，新修水渠1800米，解决50亩良田的灌溉问题；协调资金3万余元对田龙老井进行改造，解决两个村民组200余群众人畜饮水难题；协调资金1.2万元解决田龙教学点学生的安全饮水问题。在文化娱乐上，协调项目资金10万余元，修建村级篮球场1个，丰富群众文化娱乐生活。在农业发展方面，协调100亩坡改梯项目工程，积极推进“村民致富”工程，新扶持种养大户6户，建成生猪养殖示范基地1个。在房屋建设方面，投入资金180万余元新建住房15户和实施农村危房改造项目98户，新修农村垃圾池4个，推进新农村建设步伐。地质灾害治理方面，协调资金270万元治理一处地质灾害工程，可保1个自然村寨28户共120余名群众生命财产安全，同时新增良田15亩。3年共为联系村协调资金500万余元，全村完成社会固定资产投入700万余元，实现人均受益5800余元，交通、水利、房屋等基础设施建设得到改善，全村各项事业得到健康发展。三是强化帮扶措施，通过走访、座谈、个别谈话等形式，逐一解决桂花村实际存在14个困难和问题。走访群众320余户1100余人次，办理大小实事40余件，化解矛盾8起，走访慰问党员和困难群众及计生对象48人次。特别是受持续旱灾影响和多方面原因，为桂花村30户困难群众无偿领到一头仔猪。按照“五有两评”要求，驻村干部与联系村签订基层组织建设、矛盾纠纷排处、安全隐患排查和计划生育责任状，制作“便民利民服务卡”，发放到每家每户。

2012年8月，因驻村帮扶工作成绩突出，在六盘水市召开的全省“四帮四促”推进会上，袁仁荣以《行在农村察民情驻在农家解民忧》为题作经验交流发言。

2014年3月，选派区纪委监察局陈延安到下溪乡桂花村（含洋报田、田龙）开展驻村帮扶工作，走访民情，绘制民情地图。因纪检监察机构改革，绩效办划转至区委办，2014年7月，调整蒲涛到下溪乡桂花村驻村。其间，协调资金1万余元，帮助田龙五组修建饮用水池1口。

2015年3月，选派区纪委监察局陆俊勇到下溪乡报溪村任驻村第一书记。驻村期间，一是建立完善党（村）务公开，积极推行“1+X”党（村）务公开模式。凡涉及村里大小事务和群众所关心的热点和难点问题，均在村党务公开栏、“干群连心室”和各村民组进行张榜公布，不断提高知晓率，广泛接受群众监督。一个季度召开一次党务村务发布会。上半年“党务村务”发布会，向村民公开上半年党务、村务进展情况以及驻村工作组开展工作情况，重点向村民宣传解答危房改造政策和新农合医疗保险报销的有关要求、程序事项。走访慰问特困老党员，为他们申请生活困难救助金及送上慰问金共计4200元。围绕“干群连心·同步小康”开展驻村帮扶工作，深入各村民组调查摸底，走访群众1300余人次，发放“干群连心卡”1300余张。二是为村里谋发展，办好事做实事。入户收集村情民意，落实精准扶贫摸底调查工作，确定91户扶贫对象，共254人。召集村干部、党员、村民组长、村民代表召开低保增减评议会，减掉不符合享受低保条件11人，新增符合享受低保条件3人，做到“应保尽保”，享受低保138户共208人。落实好“一事一议”中的文塘坳、彭家冲、石榴山三个村民组的“通组联户路”硬化，联户路1500米，公路300米。组织召开危房改造评议会，在群众无异议的情况下，评议出10户危房改造户。推进“三联三帮”活动，建立区纪委监察局每个党员干部联系帮扶一户困难户，建立32名党员联系32户困难户；帮助解决问题、做好事实事34件，为9名特困村民申请生活困难救助金共计1.84万元；为村里协调安全饮水项目资金共计21万元，解决下场溪、长冲元、下报溪3个村民组饮水问题；为长冲元、杉木溪葡萄种植园协调解决葡萄种植用水问题，项目资金30万余元；为下报溪组通往杉木溪组一垮塌路段，协调维修公路堡坎资金5万元；积极为村里化解矛盾纠纷，实实在在为村民办实事好事，为村里建设发展，共计投入57.84万余元。

2016年3月，选派区纪委监察局文小同到高楼坪乡羊尾舟村任驻村第一书记，开展驻村帮扶工作。其间，帮助解决羊尾舟村一直以来想完成的排洪沟渠建设问题，完成村里“最后一公里”安全饮水问题，建起村集体经济。为贫困户向铜仁市民政局申请3万元扶持资金和60床棉被；向区工业和商务局申请1万元扶贫资金；向区电子商务产业发展促进局申请1万元扶贫资金，推进羊尾舟村2016年度脱贫工作。

2017年8月，区纪委监察局（含巡察办）共下派干部（包村包组干部）24人，参与“5321”帮扶干部（包户干部）共89人，结对帮扶296户精准贫困户，推动脱贫攻坚各项工作任务落实落地，切实帮助群众解决实际困难和问题。

2017年9月，选派区纪委监察局宋伟到高楼坪乡羊尾舟村任驻村第一书记，开展脱贫攻坚驻村帮扶工作。

2018年，高楼坪乡羊尾舟村驻村工作组贯彻落实中央、省委、市委和区委关于打赢脱贫攻坚战的决策部署，围绕抓党建促脱贫攻坚，切实帮助群众解决实际困难和问题，在推进脱贫攻坚工作中发挥重要作用。一是驻村工作组采取召开村“三委”、党员、群众代表会及入户听取党员干部、群众、致富能人、种养能手、困难户等不同层次的村民代表的意见建议，梳理问题，明晰工作思路。共走访群众1000余人次，看望困难党员90余次、留守儿童20余次。二是组织村支“两委”和党员开展“三会一课”，提高其政治素质和理论水平，强化他们宗旨观念和责任。三是帮助村里制定管理规章制度，明确村“三委”（党支部委员会、村委会和村务监督委员会）干部工作职责，为村支“两委”及群众书写各类申请报告20余份，解决工作经费8万元，水泥60吨，水管1200米，使羊尾舟村各项工作有序开展。四是帮助72户精准扶贫户办理和咨询精准扶贫卡，使其及时享受教育及医疗扶贫政策，兑现健康扶贫资金、贫困学生教育扶贫资金。经过排查，全村6周岁至16周岁村民，无一人因贫失学。五是为易地搬迁人员做好服务工作，顺利完成4户15人精准扶贫户搬迁工作。六是针对无劳动能力、大病及重残等特殊人群进行大走访，共为他们送去大米300袋、食用油300桶、慰问金等其他生活物资。七是围绕“一达标两不愁三保障”（收入达标，不愁吃不愁穿，住房、医疗、教育有保障）及“三率一度”（漏评率，错退率，综合贫困发生率和群众满意度）开展排查整改工作。开展群众会、院坝会20余场，宣传党和国家惠农政策，为所有群众送去生活用品。组织人员对全村7个村民组进行环境卫生整治，开展“最美儿媳”“最美卫生户”评比等活动。2018年7月18日，万山区迎接国家第三方检查组验收，以“零问题”顺利通过验收。八是与村支“两委”对59户低保户和五保户进行排查，排查出18户低保违规人员，让低保资金落到实处。九是成立羊尾舟村众诚绿色农民专业合作社，发展“一户一亩”菜园，种植西红柿、丝瓜、紫菜薹、芹菜等蔬菜。

2019年，贯彻落实中央、省委、市委和区委关于继续扎实开展脱贫攻坚工作，巩固脱贫攻坚成果的工作安排部署。一是实行村“三委”日常值班制度，为群众办事，提高群众的认可度。为促进村集体经济的发展，由羊尾舟村支部书记牵头，开展大棚蔬菜种植，向市、区残联申报项目资金，获6万元帮扶资金，同时，还获得苏州高新区的对口帮扶资金3万元，用于羊尾舟村基础设施建设。二是开展脱贫攻坚后续巩固提升工作。按照“一达标两不愁三保障”的标准，对全村70户精准扶贫户进行排查，协助贫困户办理2019年度的合作医疗缴纳工作；协助4名省外就读的贫困户子女办理省级教育补贴，通知省内就读的34名义务教育阶段学生按照要求办理相关教育补贴手续。做好易地搬迁对象旧房拆除的思想工作和搬迁后续服务工作，让搬迁户真正能够“住得进，留得下”，避免出现回迁现象。三是“5321”帮扶干部每周走访贫困户，帮助全村70户贫困户在社会扶贫网注册，以扩大寻求帮助平台，进一步巩固干群关系。四是对56户107人低保户、五保户进行摸底调查。配合乡党委政府和区民政部门全年共计取消14户22人低保五保人员。共走访慰问困难群众400余人次，看望困难党员和留守儿童共计50余次，发放慰问金1.8万元。区纪委区监委协调办公经费3万元，用于解决羊尾舟村日常办公开支；协调1.5万元，用于垃圾清运工作；协调万山区书法家协会到羊尾舟村开展2019年度“幸福年·送春联”活动；协调水务局解决清理羊尾舟村排洪渠两旁土地碎石，以便退租撂荒土地，解决群众复垦的历史遗留问题；协调资金19.5万元用于蔡家组和黑湾组片区修建文化娱乐广场。

2020年，贯彻落实中央、省委、市委和区委关于扎实开展巩固脱贫攻坚成果的工作安排部署。一是7月至8月，开展羊尾舟村党支部选举工作。二是按照区委巡察办的要求，对羊尾舟村2019年度的巡察结果进行整改。三是号召群众开展大棚蔬菜种植。四是把苏州高新区对口帮扶的3万元资金用于羊尾舟村格楼寨组连户路改造以及塘湾片区水井维修。五是对全村70户精准扶贫户进行排查，协助70户建档立卡贫困户办理完成年度合作医疗缴纳工作。六是协助4名省外就读的贫困户子女办理省级教育补贴，省内就读的38名学前教育、义务教育和高中职阶段学生办理相关教育补贴的相关手续。七是区纪委区监委协调办公经费1.4万元、区扶贫办协调资金4万元，用于解决羊尾舟村日常工作开支。八是多方筹措资金，发放2019年度大棚蔬菜基地土地流转费用；退租大棚蔬菜基地撂荒土地，以便群众复垦。九是在格楼寨组艾门片区引进养猪场2个。十是完成修建蔡家组和黑湾组片区文化娱乐广场。帮助格楼寨组17户群众修建高位水池，改善群众饮水条件。十一是对生活困难群众进行摸底调查，研究决定取消2人低保，新增6户12人享受农村低保，上报乡党委政府予以处理。十二是组织村“三委”干部、村民小组长、党小组长、人大代表和入党积极分子在羊尾舟村村头村尾两处设岗，开展新冠肺炎防控检查工作。

2021年5月，选派区纪委区监委卢华成、万兆田、胡春木到高楼坪乡小湾村驻村，开展巩固脱贫攻坚成果同乡村振兴有效衔接工作，卢华成任驻村第一书记，万兆田、胡春木任驻村干部。通过“三会一课”、党史学习教育等活动，驻村工作队员与村支部党员到红色基地重温入党誓词，带头开展警示教育等活动，按照党史学习教育的总要求，认真组织开展组织生活会。帮助整顿软弱涣散工作，使其按期摘掉软弱涣散之帽。围绕“一达标两不愁三保障”开展脱贫攻坚巩固成果与乡村振兴工作，做好每月走访排查预警问题，认真分析研判。大力宣传疫情防控知识，分片包户排查返乡人员，核实动员村民700余人进行新冠肺炎疫苗接种。同年10月协调配合完成中共小湾村党支部换届工作，选举产生小湾村第十一届支部委员会；12月完成村委会换届工作。同年5月，选派区委巡察办孙国彪到茶店街道茶店居委会任驻居第一书记，开展巩固脱贫攻坚成果同乡村振兴有效衔接工作。10月，调整张绍彬到茶店街道茶店居委会开展驻居工作。

2021年8月，根据“三转”（转职能、转作风、转方式）工作要求，区纪委区监委除驻村第一书记和驻村干部有结对帮扶工作外，其余纪检监察干部解除帮扶脱贫巩固对象。

2022年，开展巩固脱贫攻坚成果同乡村振兴有效衔接工作，组织党员学习习近平总书记系列重要讲话精神、中共十九届六中全会精神，新国发2号文件精神及中共中央1号文件精神，贵州省第十三次党代会精神，中共二十大精神，开展为民办实事11次，特别是在面对特大干旱、森林防火、疫情防控工作上充分发挥党员模范带头作用。按月开展脱贫攻坚防贫预警工作，确保巩固拓展脱贫攻坚成果工作。协助村合作社经营好50亩蔬菜大棚。争取项目帮扶资金32万元，新建小湾村党群活动服务中心，改善村级阵地建设；争取16万元及4800米水管为小湾片区安装饮水水管，保障500余群众的饮水安全；安装200余米农村公路安全防护栏，确保村民出行安全；完成26户卫生厕所改建，改善村民居住环境。由于特大干旱，为水眼坪片区送水2400余吨。排查处理矛盾纠纷16起，保障小湾村社会和谐稳定。

万山区（特区）纪委区监委（监察局）驻村帮扶干部一览表

表15-1-1

序号	姓名	职务	驻村地点	驻村时间	驻村担任职务
1	姬黄河	万山特区监察局副局长	下溪乡桂花村	2007年5月至2008年5月	扶贫工作队队长
2	袁仁荣	万山区纪委监察局监察综合室主任	下溪乡桂花村	2011年5月至2014年3月	驻村第一书记
3	陈延安	万山区纪委监察局绩效办干部	下溪乡桂花村	2014年3月至2014年7月	驻村干部
4	蒲　涛	万山区派出第一监察分局副局长	下溪乡桂花村	2014年7月至2015年3月	驻村干部
5	陆俊勇	万山区纪委案件检查信息中心干部	下溪乡报溪村	2015年3月至2016年3月	驻村第一书记
6	文小间	万山区派出第一监察分局副局长	高楼坪乡羊尾舟村	2016年3月至2017年9月	驻村第一书记
7	宋　伟	万山区纪委案件信息中心副科级长干部	高楼坪乡羊尾舟村	2017年9月至2021年5月	驻村第一书记
8	卢华成	万山区纪委案件信息中心副科级长干部	高楼坪乡小湾村	2021年5月至2022年12月	驻村第一书记
9	孙国彪	万山区委巡察办副主任	茶店街道茶店居委会	2021年5月至2021年10月	驻村第一书记
10	张绍彬	万山区委巡察办服务中心干部	茶店街道茶店居委会	2021年10月至2022年12月	驻村干部
11	胡春木	万山区纪委案件信息中心副科级长干部	高楼坪乡小湾村	2021年5月至2022年12月	驻村干部
12	万兆田	派驻第六纪检监察组副科长级专职 纪检监察员、副组长	高楼坪乡小湾村	2021年5月至2022年4月	驻村干部

万山区纪委区监委(监察局)脱贫攻坚下派干部一览表

表15-1-2

序号	姓名	性别	政治面貌	派出单位职务	下派地点	下派时间
1	宋　伟	男	中共党员	副科长级干部	高楼坪乡羊尾舟村	2017年9月至2021年5月
2	万兆田	男	中共党员	保留正科长级	高楼坪乡新庄村	2017年8月至2021年2月
3	杨小琼	女	中共党员	副科长级干部	丹都街道旗屯村	2017年8月至2021年2月
4	陈济中	男	中共党员	副科长级干部	大坪乡清塘村	2017年8月至2021年2月
5	吴克灿	男	中共党员	副科长级干部	大坪乡黄花村	2017年8月至2021年2月
6	张运发	男	中共党员	副科长级干部	鱼塘乡鱼塘村	2017年8月至2021年2月
7	蒲　涛	男	中共党员	副科级干部	下溪乡官田村	2017年8月至2021年2月
8	文小问	男	中共党员	副科长级干部	黄道乡大榜村	2017年9月至2021年2月
9	陈武警	男	中共党员	第三纪检监察室主任	黄道乡马黄村	2017年8月至2020年2月
10	喻诗勇	男	中共党员	副科长级干部	谢桥街道龙门坳村	2020年2月至2021年2月
11	胡春木	男	中共党员	副科长级干部	高楼坪乡羊尾舟村、黄道乡马黄村	2017年8月至2021年2月
12	王　军	男	群众	工作人员	高楼坪乡羊尾舟村	2020年2月至2021年2月
13	梁成库	男	中共党员	副科长级干部	鱼塘乡鱼塘村	2017年8月至2021年2月
14	翟晓晓	男	中共党员	巡察办副主任	高楼坪乡青年湖村	2017年8月至2021年2月
15	卢华成	男	中共党员	副科长级干部	高楼坪乡羊尾舟村	2017年8月至2021年2月
16	杨晓恒	男	中共党员	副科长级干部	下溪乡桂花村	2017年8月至2020年2月
17	吴　滕	男	中共党员	工作人员	下溪乡桂花村	2017年8月至2021年2月
18	陆俊勇	男	中共党员	工作人员	下溪乡青龙村	2017年8月至2021年2月
19	谭　琳	男	群众	工作人员	高楼坪乡羊尾舟村	2017年8月至2021年2月
20	袁文湘	男	中共党员	工作人员	下溪乡瓦田村	2017年8月至2019年7月
21	吴天虎	男	中共党员	工作人员	下溪乡瓦田村	2019年12月至2021年2月
22	龙思克	男	群众	工作人员	高楼坪乡羊尾舟村、下溪乡桂花村	2017年8月至2021年2月
23	樊　勇	男	群众	工作人员	高楼坪乡羊尾舟村	2020年2月至2021年2月
24	黄　涛	男	中共党员	工作人员	鱼塘乡云山村	2017年8月至2021年2月

万山区纪委区监委“5321”帮扶干部(包户干部)一览表

表15-1-3

序号	姓名	性别	政治面貌	职务	帮扶对象		
					乡村	村民组	户名
1	袁继鸿 陈 琪 邹远志	男	中共党员	区委常委 区纪委书记 区监委主任	下溪乡报溪村	克仁寨组	杨胜娇
						克仁寨组	杨胜江
						钟家坡组	姚爱娣
						下场溪组	吴从水
						长冲元组	姚源录
2	刘 勇	男	中共党员	区纪委副书记 监委副主任	高楼坪乡羊尾舟村	蔡家组	尹玉兰
						蔡家组	蔡明元
						蔡家组	蔡明亮
3	杨政久 肖 旺	男	中共党员	区纪委副书记 监委副主任	高楼坪乡羊尾舟村	破马冲组	梁伦积
						破马冲组	梁伦厚
						寄马冲组	张先权
4	杨昌贵	男	中共党员	区纪委副书记 监委副主任	下溪乡瓦田村	田湾组	贾德云
						田湾组	贾德堂
						张家组	张绍安
						张家组	张关保
						张家组	张应贵
5	袁仁荣	男	中共党员	区纪委常委 监委委员	高楼坪乡羊尾舟村	吊楼脚组	梁伦金
						吊楼脚组	梁老毛
						吊楼脚组	梁成树
6	冉光权 张 志	男	中共党员	区纪委常委 监委委员	高楼坪乡羊尾舟村	寄马冲组	张美周
						寄马冲组	张久月
						寄马冲组	张承开
7	卢菊凤	女	中共党员	区纪委常委 监委委员	高楼坪乡羊尾舟村	寄马冲组	张先凤
	代小琴	女	中共党员	区案件检查信息中心干部		寄马冲组	张先来
						寄马冲组	张先权
8	刘 斌	男	中共党员	第一纪检监察室主任	高楼坪乡羊尾舟村	寄马冲组	张伦
9	蒙志国	男	中共党员	干部室主任	高楼坪乡羊尾舟村	吊楼脚组	梁松树
						吊楼脚组	黄孟花
10	刘 恒	男	中共党员	审理室主任	高楼坪乡羊尾舟村	黑湾组	吴昌木
						黑湾组	吴克春

续表15-1-3

序号	姓名	性别	政治面貌	职务	帮扶对象		
					乡村	村民组	户名
11	符宁亮	男	中共党员	区纪委常委 办公室主任	高楼坪乡羊尾舟村	黑湾组	罗元英
						吊楼脚组	梁巨连
12	罗　锋	男	群众	副科长级干部	大坪乡清塘村	桃树坳组	杨仕东
						桃树坳组	杨代木
						大山坳组	杨兰妹
13	杨　琳	女	中共党员	党风政风监督室主任	高楼坪乡羊尾舟村	吊楼脚组	梁伦桃
14	杨　景	男	中共党员	案件管理室主任	高楼坪乡羊尾舟村	蔡家组	龙厚清
15	牟朝飞	男	中共党员	信访室主任	黄道乡丹阳村	李家湾组	罗仁进
						李家湾组	罗仁江
						高寨引组	罗仁细
						新屋场组	陈春兰
16	饶维圣	男	中共党员	第二纪检监察室主任	鱼塘乡大龙村	青年组	张新兵
						张海屯组	张金城
						雄鸡屯组	丁冬英
						腊柒组	肖宗权
						腊柒组	肖宗祥
						腊柒组	肖乃和
						腊柒组	肖宗万
						枞木湾组	吴克佑
17	朱继华	男	中共党员	第四纪检监察室主任	大坪乡龙门村	龙门江组	舒旺兴
						矮板沟组	石祖武
						龙门江组	舒秀峰
						矮板沟组	石天明
						矮板沟组	石锡汉
18	杨　超	男	群众	区纪委监委干部	大坪乡清塘村	干溪组	杨建军
						干溪组	高德明
						盐井组	秦胜发

续表15-1-3

序号	姓名	性别	政治面貌	职务	帮扶对象		
					乡村	村民组	户名
19	袁　磊	男	中共党员	区纪委监委干部	大坪乡清塘村	蚂蝗田组	吴志华
						蚂蝗田组	吴仕宾
						蚂蝗田组	吴玉清
						蚂蝗田组	吴启新
						蚂蝗田组	吴黑苟
20	李戈甫	男	群众	区纪委监委干部	大坪乡清塘村	六麻田组	姚玉生
						六麻田组	吴从江
						六麻田组	姚云田
						六麻田组	吴远国
21	杨　静	女	中共党员	区纪委监委干部	高楼坪乡羊尾舟村	寄马冲	张先凤
22	杨瑞清	男	中共党员	区纪委监委干部	大坪乡大坪村	屯湾组	刘梅香
						屯湾组	周其伍
23	付其芹	男	中共党员	派驻第一纪检监察组副科长级专职纪检监察员、组长	仁山街道塘边村	大院子组	刘金凤
						小院子组	饶明昌
						小院子组	桂仙梅
24	胡景亮	男	中共党员	派驻第三纪检监察组副科长级专职纪检监察员、组长	鱼塘乡登峰村	元基屯四组	陈水木
						元基屯五组	陈云高
						元基屯五组	陈绪金
						元基屯三组	陈玉和
25	陈汉斌	男	中共党员	派驻第四纪检监察组副科长级专职纪检监察员、组长	高楼坪乡羊尾舟村	寄马冲组	张先来
						吊楼脚组	梁冬云
26	何　斌	男	中共党员	派驻第五纪检监察组副科长级专职纪检监察员、组长	鱼塘乡大龙村 鱼塘乡高峰村	张海屯组	张发成
						张海屯组	张见元
						土地坳组	张　凯
27	刘兴刚	男	中共党员	派驻第六纪检监察组副科长级专职纪检监察员、组长	高楼坪乡羊尾舟村	寄马冲组	张克军
						寄马冲组	张承悦
28	吴　巍	男	中党党员	区纪委副科级干部	高楼坪乡羊尾舟村	寄马冲组	龙家文

续表15-1-3

序号	姓名	性别	政治面貌	职务	帮扶对象		
					乡村	村民组	户名
29	蒲　涛	男	中共党员	派驻第一纪检监察组副科长级专职纪检监察员、副组长	下溪乡官田村	马头山组	吴先才
						马头山组	吴林红
						界上组	蒲花狗
						界上组	蒲召八
						田坪组	杨天美
						油菜湾组	吴小英
						官田组	杨厚启
30	吴　芳	女	中共党员	派驻第二纪检监察组副科长级专职纪检监察员、副组长	敖寨乡两河口村	下格寨组	杨胜清
						下格寨组	杨昌余
						枧溪组	杨昌仁
						枧溪组	杨田昌
31	余福军	男	中共党员	派驻第三纪检监察组副科长级专职纪检监察员、副组长	大坪乡清塘村	香炉山组	杨孟平
						香炉山组	杨志发
						香炉山组	敖和平
						香炉山组	杨铁牛
						香炉山组	姚玉连
32	王　乾	男	中共党员	派驻第五纪检监察组副科长级专职纪检监察员、副组长	鱼塘乡金盆村	田龙组	龙晓妹
						白岩山组	李银和
						白岩山组	李秋发
33	万兆田	男	中共党员	派驻第六纪检监察组副科长级专职纪检监察员、副组长	高楼坪乡新庄村	黄水屯组	吴祥彬
						山背组	罗号南
						鸭林寨组	姚元超
						鸭林寨组	姚庚申
						大山组	罗洪芹
34	李艳萍	女	中共党员	派驻第四纪检监察组副科长级专职纪检监察员	大坪乡大冲村	黄腊组	代友发
						黄腊组	代小保
						黄腊组	代成妹
						黄腊组	代　涛
						黄腊组	代进保

续表15-1-3

序号	姓名	性别	政治面貌	职务	帮扶对象		
					乡村	村民组	户名
35	杨雪	女	中共党员	派驻第三纪检监察组副科长级专职纪检监察员	大坪乡龙门村	龙元组	张德应
						龙元组	张家梦
						龙元组	张木清
						龙元组	张忠华
						龙元组	张志华
						龙元组	张大银
						龙元组	姚元芝
36	蒲召云	男	中共党员	派驻第一纪检监察组副科长级 专职纪检监察员	鱼塘乡文基村	姜坡组	杨见平
						姜坡组	康成江
						姜坡组	康　鹏
37	邹骏	男	中共党员	派驻第三纪检监察组副科长级干部	鱼塘乡云山村	谭家寨组	张细昌
						谭家寨组	张绪元
						谭家寨组	张长海
38	梁成库	男	中共党员	派驻第二纪检监察组副科长级干部	鱼塘乡鱼塘村	小院子组	胡平香
						平溪河组	桂新华
49	吴群雁	女	中共党员	派驻第二纪检组副科长级干部	鱼塘乡新龙村	樊家组	樊爱枝
						樊家组	樊学昌
						樊家组	樊学顺
40	姚冬霞	女	中共党员	派驻第二纪检监察组副科长级纪检监察员	高楼坪乡羊尾舟村	格楼寨组	张有利
41	胡珍	女	中共党员	干部室干部	高楼坪乡羊尾舟村	格楼寨组	张仁亮
42	吴金华	女	中共党员	派驻第一纪检监察组副科长级干部	敖寨乡洋世界村	蒿菜坪组	蒲照水
						蒿菜坪组	杨细林
						蒿菜坪组	蒲锡光
						舒家坡组	姚林花
43	杨小琼	女	中共党员	派驻第五纪检监察组副科长级纪检监察员	鱼塘乡旗屯村	三角岩组	陈汉银
						三角岩组	陈朝顺
						三角岩组	石桃仙
						三角岩组	陈汉六

续表15-1-3

序号	姓名	性别	政治面貌	职务	帮扶对象		
					乡村	村民组	户名
44	陈济中	男	中共党员	派驻第六纪检监察组副科长级纪检监察员	大坪乡柴山村	下坪组	张冬海
						下坪组	杨天德
						下坪组	姚本发
						竹山组	张　磊
45	喻诗勇	男	中共党员	案件检查信息中心副科长级干部	高楼坪乡羊尾舟村	黑湾组	谢玉花
46	李双龙	男	中共党员	案件检查信息中心副科长级干部	高楼坪乡羊尾舟村	格楼寨组	张有木
						黑湾组	吴昌银
47	袁再军	男	中共党员	案件检查信息中心副科长级干部	高楼坪乡羊尾舟村	寄马冲组	张先儒
48	刘　茜	女	中共党员	举报中心(非公有制经济发展侵权投诉中心)干部	高楼坪乡羊尾舟村	格楼寨组	张仁祥
49	谭　琳	男	群众	举报中心(非公有制经济发展侵权投诉中心)干部	高楼坪乡羊尾舟村	黑湾组	吴先涛
50	杨　琴	女	群众	举报中心(非公有制经济发展侵权投诉中心)干部	下溪乡瓦田村	柳木组	蒲光勇
						柳木组	蒲光荣
						柳木组	蒲正永
						柳木组	蒲光维
51	陈兴华	男	中共党员	案件检查信息中心正科长级干部	大坪乡大坪村	屯湾组	李　维
						凉水井组	杨秀培
						街上组	鄢守桥
52	潘　懿	女	中共党员	案件检查信息中心副科长级干部	高楼坪乡羊尾舟村	寄马冲组	张克双
53	胡春木	男	中共党员	案件检查信息中心副科长级干部	高楼坪乡羊尾舟村	蔡家组	吴克长
54	宋　伟	男	中共党员	案件检查信息中心副科长级干部	高楼坪乡羊尾舟村	吊楼脚组	梁巨黑
						黑湾组	吴必毫
55	卢华成	男	中共党员	案件检查信息中心副科长级干部	高楼坪乡羊尾舟村	破马冲组	梁成军
					高楼坪乡林海村	毛笔山组	杨秀斌
56	陆　倩	女	中共党员	案件检查信息中心副科长级干部	高楼坪乡羊尾舟村	吊楼脚组	吴梅英
57	杨晓恒	男	中共党员	案件检查信息中心副科长级干部	下溪乡桂花村	黄土冲组	杨洪明
						黄土冲组	杨顺兰
						下洋洞组	吴先家
						秧田坡组	袁仁秋
						秧田坡组	袁仁财
						黄土冲组	杨序苟
						白木坪组	杨秀福

续表15-1-3

序号	姓名	性别	政治面貌	职务	帮扶对象		
					乡村	村民组	户名
58	戴贤静	女	中共党员	派驻第二纪检监察组副科长级纪检监察员	下溪乡桂花村	黄土冲一组	杨仕明
						下洋洞组	吴先松
						下洋洞组	吴克有
						柏木坪二组	杨小军
59	文小问	男	中共党员	案件检查信息中心副科长级干部	黄道乡大榜村	苏木组	姚方木
						荀楼溪组	杨代水
						荀楼溪组	杨代昌
						苏木组	吴志清
						苏木组	唐光全
60	吴克灿	男	中共党员	案件检查信息中心副科长级干部	大坪乡黄花村	竹林洼组	杨石树
						竹林洼组	杨召双
						长冲组	杨秀云
61	张运发	男	中共党员	案件检查信息中心副科长级干部	鱼塘乡鱼塘村	店上组	陈世海
						白屯组	胡长平
62	陆俊勇	男	中共党员	案件检查信息中心干部	下溪乡青龙村	十二组	刘元富
						十二组	刘元贵
					下溪乡报溪村	钟家坡组	杨东昌
						克仁寨组	杨秀燕
						下报溪组	杨胜忠
						杉木溪组	张仁聘
						杉木溪组	杨顺锡
63	吴　滕	男	中共党员	区纪委工作人员	下溪乡桂花村	黄土冲二组	杨顺贵
						黄土冲一组	杨愿有
						黄土冲一组	杨顺炳
						黄土冲二组	杨天勇
						黄土冲二组	杨顺忠
						黄土冲二组	杨友生
						黄土冲一组	杨顺全
						黄土冲二组	杨小毛

续表15-1-3

序号	姓名	性别	政治面貌	职务	帮扶对象		
					乡村	村民组	户名
64	田丹丹	女	中共党员	案件检查信息中心干部	高楼坪乡羊尾舟村	老院子组	梁巨定
65	陈孟文	男	群众	案件检查信息中心干部	高楼坪乡羊尾舟村	老院子组	梁伦钊
66	郃再英	女	中共党员	案件检查信息中心干部	高楼坪乡羊尾舟村	寄马冲组	张承亮
67	龙思克	男	群众	案件检查信息中心干部	高楼坪乡羊尾舟村	吊楼脚组	吴金花
68	陈红启	男	中共党员	案件检查信息中心干部	仁山街道挞扒洞社区	黑冲组	蒋茂学
						黑冲组	蒋政权
69	黄　涛	男	中共党员	案件检查信息中心干部	鱼塘乡云山村	青菜沟组	龙捌妹
						老云山组	郑贵余
						青菜沟组	姚元华
						谭家寨组	张美同
						野牛山组	郑茂才
						青菜沟组	龙运福
70	张著定	男	中共党员	案件检查信息中心干部	敖寨乡洋世界村	桐木坪人组	杨能启
							杨厚昌
							杨光成
71	杨光亮	男	中共党员	派驻第二纪检监察组副组长	大坪乡清塘村	蚂蝗田组	吴东发
						蚂蝗田组	吴又生
						蚂蝗田组	吴兴江
						蚂蝗田组	吴玉明
						蚂蝗田组	谭国英
						谢家组	谢延志
72	罗仁华	男	中共党员	派驻第三纪检监察组副组长	大坪乡清塘村	砚瓦组	杨再捌
						砚瓦组	杨德清
						砚瓦组	杨政华
						砚瓦组	杨再坤
						砚瓦组	杨秀忠
						砚瓦组	杨政江

续表15-1-3

序号	姓名	性 别	政治面貌	职 务	帮扶对象		
					乡 村	村民组	户 名
73	罗 雄	男	中共党员	派驻第三纪检监察组副科长级专职纪检监察员	黄道乡锁溪村	庙边组	肖德洋
						庙边组	肖宗永
						庙边组	刘青玉
						庙边组	曹小玲
						庙边组	肖来弟
						庙边组	肖和平
						庙边组	彭再芹
74	罗水华	男	中共党员	派驻第四纪检监察组副科长级纪检监察员	高楼坪乡新庄村	茨董上组	姚茂珍
						白虎园组	吴泽良
						六化园组	吴朝栋
						大山组	罗洪烈
75	王振华	男	中共党员	案件检查信息中心副科长级干部	大坪乡大坪村	屯湾组	李长成
						屯湾组	周红琴
						屯湾组	周其伍
						凉水井组	杨秀培
76	吴克玖	男	中共党员	区委巡察办主任	高楼坪乡羊尾舟村	黑湾组	吴克运
						黑湾组	吴克桃
						老院子组	梁成柱
77	蒲光荣	男	中共党员	区委第一巡察组组长	高楼坪乡羊尾舟村	吊楼脚组	梁巨亮
						蔡家组	蔡元洁
78	吴 锋	男	中共党员	区委第二巡察组组长	高楼坪乡羊尾舟村	寄马冲组	杨兰芝
						格楼寨组	张仁成
						格楼寨组	梁招弟
79	姬黄河	男	中共党员	区委第三巡察组组长	高楼坪乡羊尾舟村	格楼寨组	吴元花
						吊楼脚组	梁伦祥
						格楼寨组	张有海
80	孙江云	男	中共党员	区委第四巡察组组长	高楼坪乡羊尾舟村	格楼寨组	张有书
						格楼寨组	张家卫

续表15-1-3

序号	姓名	性别	政治面貌	职务	帮扶对象		
					乡村	村民组	户名
81	孙国彪	男	中共党员	区委巡察办副主任	大坪乡清塘村	砚瓦组	杨胜海
						砚瓦组	杨江平
						砚瓦组	杨国华
						砚瓦组	杨学书
						砚瓦组	杨政明
82	刘　群	女	中共党员	区委巡察办副主任	茶店街道垢溪村	大桥组	刘绍云
						大桥组	刘用坤
						大桥组	徐春成
						大桥组	徐云成
83	吴远勇	男	中共党员	区委巡察组副科长级巡察专员	敖寨乡两河口村	上格寨组	姚元县
						下格寨组	杨胜江
						下格寨组	杨胜平
						黄泥塘组	黄春菊
						界上溪组	杨春昌
						石头寨组	杨秀起
						罗家坪组	卢丫妹
84	翟晓晓	男	中共党员	区委巡察办副主任	高楼坪乡青年湖村	经家园组	杨金花
						土地坳组	杨　斌
						刘家组	刘洪令
						井湾组	向　银
						张家组	姚细妹
85	张　举	男	中共党员	区委巡察组副科长级巡察专员	高楼坪乡新庄村	鸭林寨组	姚元富
						鸭林寨组	姚本多
						鸭林寨组	田代荣
86	杨　芸	男	群众	区委巡察服务中心干部	鱼塘乡团山村	对门寨组	王土发
						对门寨组	王土平
						老屋场组	龙银菊
						老屋场组	穆树花
87	邹　兵	男	群众	区委巡察服务中心干部	鱼塘乡新龙村	罗家组	罗见军
88	罗维奇	女	中共党员	区委巡察服务中心干部	高楼坪乡青年湖村 高楼坪乡关庄村	井湾组	向沙沙
						坡脚三组	龙永环
						徐家垅组	姚元来
						徐家垅组	姚元均
						徐家垅组	姚国清

第二节　脱贫攻坚领域监督执纪问责

一、脱贫攻坚领域监督执纪问责

2016年，按照习近平总书记系列重要讲话精神，坚决落实关于加强扶贫领域监督执纪问责工作部署要求，万山区纪委区监委紧紧围绕“大扶贫”战略，以信贷扶贫项目资金、精准扶贫、乡镇卫生院基本药物零差价、农村饮水安全项目和“雨露计划”等专项监察为抓手，大力开展对扶贫领域的监督执纪问责工作，共发现扶贫领域问题48个，立案48件，党纪政务处分55人，问责领导干部4人，涉及资金137.76万元，为全区脱贫攻坚提供纪律保障。

2017年，通过开展“护民生、促脱贫”监督执纪问责专项行动，“访村寨、重监督、助攻坚”专项行动，农村和城市居民最低生活保障资金、农户科学储粮专项投资政策、“一事一议”财政奖补资金、易地扶贫搬迁项目、农村新型经济实体运行管理情况专项监察等工作，严肃查处扶贫领域的不正之风和腐败问题，督促各级各部门强化责任担当，履行脱贫攻坚主体责任，保障中央、省委、市委及区委关于脱贫攻坚的决策部署落地落实。发现扶贫领域问题77个，立案77件，党纪政务处分76人，问责党政领导干部27人，涉及资金212.89万元。同时，诫勉谈话处理驻村帮扶不力干部3人。

2018年，按照“四个不摘”要求，结合“访村寨、重监督、助攻坚”专项行动，对农村种植产业扶贫项目、农村“组组通”项目、农村贫困人口大病专项救治和城乡医疗救助、农村养殖产业扶贫项目、农村危房改造等工作开展专项监察，开展扶贫领域腐败和不正之风专项治理，发现扶贫领域问题61个，立案61件，党纪政务处分61人，问责党政领导干部32人，涉及资金117.01万元。同时，诫勉谈话处理驻村帮扶不力干部12人，巩固提升脱贫攻坚成效。

2019年，通过开展“百名纪检监察干部访村入户”活动，涉林扶贫民生项目专项监察、易地扶贫搬迁和财政涉农资金“一折通”专项监察，“五个专项治理”（驻村帮扶不扎实专项治理、政策落实不到位专项治理、东西部协作有差距专项治理、攻坚打法不精准专项治理、脱贫攻坚资金管理不规范专项治理）监督执纪及中央、省、市巡视巡察反馈问题，审计反馈问题等整改落实情况监督检查，发现扶贫领域问题49个，立案49件，党纪政务处分45人，问责党政领导干部8人，涉及资金168.4万元。全年，围绕驻村帮扶责任开展专项督查8次，走访村寨211次、群众1280余户、提醒谈话7人、诫勉谈话2人、通报党组1个、通报“5321”帮扶干部18人。

2020年，以做“杨荣式”好干部大走访，农民专业合作社（公司）扶贫项目、农村饮水安全专项监察，“五个示范”创建及脱贫攻坚分片督导等为抓手，针对脱贫攻坚重点领域、部门开展监督执纪，共发现问题15件，立案15件15人，党纪政务处分17人，问责干部3人，涉案金额36.22万元。同时，开展驻村帮扶作风专项督查95次，发现问题131个，督促完成问题整改131个，追责问责36人，其中提醒谈话34人、诫勉谈话2人。

2021年，围绕巩固拓展脱贫攻坚成果同乡村振兴有效衔接，以“访村寨、重监督、助振兴”专项行动，“四个不摘”政策落实情况专项监察，易地扶贫搬迁后续扶持、城乡居民养老保险、生活饮水安全、乡村振兴帮扶责任落实情况、巩固拓展脱贫攻坚成果同乡村振兴有效衔接专项监督检查，集体“三资”达到一定规模的村(社区)党组织书记、主任“提级监督”试点工作,集中整治群众身边腐败和不正之风等工作为抓手开展监督执纪问责,发现问题6件,立案6件6人,党纪政务处分7人,涉案金额4.41万元。

2022年,万山区纪委区监委按照省纪委省监委、市纪委市监委安排部署,通过开展巩固拓展脱贫攻坚成果同乡村振兴有效衔接专项监督,重点监督落实防止返贫动态监测和帮扶机制工作情况、“四个不摘”政策执行情况、农村饮水保障情况、促进脱贫人口就业增收、易地扶贫搬迁后续扶持、乡村振兴重点项目和莞铜协作项目建设、乡村建设、农村产业发展、农村人居环境整治、乡风文明建设10项工作,着力发现问题、督改问题,严肃查处群众身边的腐败和作风问题,共发现问题41个,完成整改37个。同时,对涉嫌违纪违法问题严肃追责问责,共立案30件30人,给予党纪政务处分24人,延长预备期半年1人,批评教育1人,诫勉5人,谈话提醒(提醒谈话)23人。

二、“访村寨、重监督、助攻坚”专项行动

2016年12月26日至2017年3月15日,按照省、市纪委“访村寨、重监督、助攻坚”专项行动工作要求,成立了专项行动工作领导小组,由区委常委、区纪委书记袁继鸿任组长,区纪委副书记、监察局局长刘勇任副组长,区纪委监察局班子成员杨政久、冉光权、袁仁荣、符宁亮、卢菊凤、杨萍等为成员。采取委班子成员包片负责、带信下访、集中接访、分级走访等方式进村入户,与群众面对面交谈,深入开展“访村寨、重监督、助攻坚”专项行动,对群众反映强烈的突出问题,集中开展大排查、大监督、大整治,了解掌握扶贫政策落实情况,助推各项扶贫政策落地落实,切实有效化解基层矛盾。本轮专项行动共走访村寨65个,走访643户2529人,接访177人,发现问题66个,现场办结65件,转立案1件,党纪政务处分1人。按照领导包办、内设机构督办、下级承办等方式,分级负责、分类处置梳理的信访件163件,其中办结159件,转立案4件,党纪政务处分4人,涉案金额7.81万元。

为深入学习贯彻落实中共十九大精神、习近平总书记关于脱贫攻坚系列重要讲话精神、中央和省市关于脱贫攻坚的重大决策部署,区纪委区监委将“访村寨、重监督、助攻坚”专项行动与脱贫攻坚监督检查、专项监察和巡察等工作结合起来,2017年11月20日至2018年1月10日开展了第二轮“访村寨、重监督、助攻坚”专项行动。按照“主动走访、不打招呼、不得由乡村干部陪同入户”的要求,紧紧围绕开展“七访七问”主题实践活动(即访乡村党组织,问惠民政策贯彻落实情况;访干部群众,问十九大精神知晓情况;访项目实施业主,问扶贫项目资金使用和管理情况;访重点贫困户,问群众利益是否受到侵害情况;访民生监督员,问开展专项监察发现问题线索情况;访举报信访人,问信访诉求办理结果及是否满意情况;访受党政纪处分对象,问对党章党规党纪掌握情况),重点走访贫困村和贫困户,特别针对2017年计划出列贫困村和脱贫人口,着力发现扶贫领域腐败和不正之风问题,并用群众听得懂的语言,有针对性地在所到乡、村宣传好中共十九大精神。本轮专项行动共走访村寨68个,走访2334户5642人,接访538人,发现问题113个,现场办结113件。梳理信访件18件,办结18件。

2018年4月15日至6月10日,区纪委区监委领导班子成员各自深入联系的乡镇(街道),采取主动暗访、不打招呼和在村委会、乡镇集市开展接访等方式,开展第三轮“访村寨、重监督、助攻坚”专项行动。依托村务监督委员会遍访所辖乡镇所有贫困户，通过“五访五查”（即访村民群众，查乡村干部廉洁和作风情况；访项目实施业主，查项目建设资金监管情况；访重点贫困户，查惠民政策兑现情况和“四要五严禁”执行情况；访村监委成员，查报酬落实、工作开展及有无村霸寨霸情况；访信访举报人，查相关信访诉求办理情况），重点整治在脱贫攻坚工作中贪污挪用、截留私分、优亲厚友、虚报冒领、雁过拔毛、强占掠夺等突出问题。本轮专项行动走访村寨69个，走访2030户4942人，接访65人，发现问题13个，现场办结11件，转立案2件，党纪政务处分2人，涉案金额1900元。梳理信访件34件，办结34件。

2019年，以“百名纪检监察干部访村入户”活动为载体开展“访村寨、重监督、助攻坚”专项行动，把走访活动作为纪检监察干部贴近群众、服务基层的重要机会，通过“五访五查”深入了解当前基层群众所需所盼，推动基层矛盾化解和突出问题解决。同时，严肃查处群众信访集中、反映强烈的脱贫攻坚、环境保护、惠民项目资金落实、村霸黑恶势力等突出问题以及各级党员干部不作为、慢作为、乱作为等作风问题。该轮活动走访村寨100个，走访5440户7885人，接访260人，发现问题20个，其中现场办结18件，转立案2件，党纪政务处分2人，涉案金额1.5万元。梳理信访件33件，其中办结31件，立案2件，党纪政务处分2人，涉案金额30万元。

2020年，以做“杨荣式”好干部深入大走访活动为载体开展“访村寨、重监督、助攻坚”专项行动，进村入户，与群众面对面交谈，通过“六访六查”（即访疫情防控责任落实、查政策措施执行效果；访村民群众、查乡村干部廉洁和作风情况；访项目实施业主、查项目建设资金监管情况；访重点贫困户、查惠民政策兑现情况和“四要五严禁”执行情况；访村（居）务监督委员会、查报酬落实、工作开展及有无村霸寨霸情况；访信访举报人、查相关信访诉求办理情况），及时解决群众操心事、烦心事、揪心事，对脱贫攻坚政策疑问等能够现场回答解决的，一律当场进行了回应解答，对于当场不能解决的问题，统一进行汇总登记，分层分类建账，明确落实责任人和销号日期，并根据实际情况进行回访，确保群众诉求得到及时有效落实。大走访活动共走访村寨102个，走访2041户3500人，接访70人，反映诉求532个，其中现场办结515件，转主管部门处置15件，转立案2件，党纪政务处分2人，涉案金额2000元。梳理信访件30件，办结30件。

2021年，以开展党史学习教育和“牢记殷切嘱托、忠诚干净担当、喜迎建党百年”专题教育为契机，突出“护民生、办实事、促振兴”主题，持续强化政治监督，围绕巩固脱贫攻坚成果和乡村振兴重点项目、重大民生项目、“四个不摘”政策落实、易地扶贫搬迁后续扶持“五个体系”建设等重点内容，结合“我为群众办实事”实践活动，在全区广泛开展“访村寨、重监督、助振兴”专项行动，为中国共产党成立100周年营造和谐稳定的社会氛围，为巩固拓展脱贫攻坚成果，推动乡村振兴战略全面实施提供纪律保障。此次专项行动，共走访项目100个，发现问题8个，整改解决问题8个。走访村寨86个，走访2003户3367人，反映诉求312个，其中现场办结300件，带回交办处置12件。

2022年，常态化开展“访村寨、重监督、助振兴”专项行动，聚焦乡村振兴重点项目和莞铜协作项目建设，每位委领导选取2个至3个重点项目开展调研式监督检查，重点检查项目立项、批复、招投标、资金使用等情况，着力发现并纠治未批先建、先建后补、盲目举债建“形象工程”“政绩工程”等问题，督促解决乡村振兴重点项目和莞铜协作项目建设拖欠工程款，影响项目实施进度等问题。此次专项行动，共走访项目12个，发现并督促整改问题12个。同时，走访村寨94个，走访1040户1286人，反映诉求163个，其中现场办结146件，带回交办处置17件，发现问题线索14件，立案14件14人，党纪处分12人，延长预备党员预备期2人。

三、扶贫领域腐败和不正之风专项治理

2018年5月至7月，为深入贯彻落实习近平总书记扶贫开发重要战略思想，紧紧围绕服务和保障脱贫攻坚大局，坚决贯彻执行中央、省、市关于打赢脱贫攻坚战的决策部署，认真对照《铜仁市扶贫领域整治蝇贪三年行动2018—2020年工作方案》和《万山区扶贫领域整治蝇贪三年行动2018—2020年工作方案》要求，对急功近利、盲目决策、虚报浮夸、搞业绩注水、数据造假；对有关扶贫政策落实不力，甚至走偏变形；责任压实不到位，扶贫资金使用、项目审批、工程建设等监管不到位，项目推进缓慢，项目可行性研究不够，出现“开工容易收工难”或是设施建好就闲置、项目交付就成摆设等形象和项目实施不依规矩，工程质量堪忧；以人民为中心的发展思想坚持不够好，对产业扶贫利益联结工作抓得不紧、督促不严，利益联结经常断链、群众利益受损；落实惠民政策优亲厚友、雁过拔毛、徇私舞弊，私分贫困户补助金，将扶贫资金长期存于个人银行账户问题；在脱贫攻坚中贫困识别、帮扶措施、脱贫退出不精准，整改问题不力、脱贫成效不明显、群众认可度较低，深入基层不够、底数不清、情况不明、发挥作用不大等不严不实的其他问题等5个方面进行重点整治。2019年至2020年，扶贫领域腐败和不正之风专项治理也叫脱贫攻坚领域监督执纪问责工作，因前面已对相关工作进行阐述，在此不再另作说明。

第十六章　巡视巡察监督

巡视巡察是中共中央全面从严治党的重大举措，是党内监督战略性制度安排。开展巡视巡察工作是强化党内监督、严肃党的纪律、改进党的作风的现实需要，是全力巩固党风廉政建设成果、推动全面从严治党的重要保障。万山区自开展巡察工作以来，各巡察机构坚守政治站位，主动履职尽责，强化巡察队伍建设，将巡察作为履行全面从严治党抓手，查找政治问题、履职问题、腐败问题和作风问题，推动全区各级党组织和党员干部遵规守纪、干事创业，以实际行动衷心拥护“两个确立”、忠诚践行“两个维护”，使巡察监督利剑和作用发挥不断彰显。

第一节　巡察监督机构设置

一、巡察领导机构

根据《中国共产党巡视工作条例》《中共贵州省委巡视工作实施办法》《中共铜仁市委巡察工作实施办法（试行）》等规定，为加强对巡察工作的组织领导，2016年8月11日，经区委常委会研究，决定成立巡察工作领导小组，明确区委常委、区纪委书记袁继鸿任组长，区委常委、区委组织部部长丁廷坤任副组长，刘勇、刘桂春、郑小英为成员。12月12日，由于人事变动，区委决定调整充实区委巡察工作领导小组，明确区委常委、区纪委书记袁继鸿任组长，区委常委、组织部部长、统战部部长张勇任副组长，刘勇、刘桂春、杨政久、郑小英为成员。

2017年12月19日，区委调整充实巡察工作领导小组，明确区委常委、区纪委书记陈琪任组长，区委常委、组织部部长、统战部部长王颖任副组长，杨顺久、杨政久、吴克玖为成员。

2018年8月2日，根据中共贵州省委常委、省纪委书记夏红民要求，为切实加强对巡察工作领导，中共万山区委对区巡察工作领导小组作出调整，明确区委书记田玉军任组长，区委常委、区纪委书记、区监委主任陈琪任常务副组长，区委常委、区委组织部部长、区委统战部部长王颖任副组长，刘勇、杨顺久、吴克玖、郑小英为成员。10月，明确区委书记田玉军任组长，区委常委、区纪委书记邹远志任常务副组长，区委常委、区委组织部部长、区委统战部部长王颖任副组长，刘勇、杨顺久、吴克玖为成员。

2019年7月20日，区委调整充实区委巡察工作领导小组，明确市人大常委会副主任、区委书记田玉军任组长，区委常委、区纪委书记、区监委主任邹远志任常务副组长，区委常委、区委组织部部长、区委统战部部长王颖任副组长，刘勇、唐峰、吴克玖为成员。12月，明确市人大常委会副主任、区委书记田玉军任组长，区委常委、区纪委书记、区监委主任邹远志任常务副组长，区委常委、区委组织部部长、区委统战部部长王颖任副组长，肖旺、唐峰、吴克玖为成员。

2021年3月30日，区委调整充实区委巡察工作领导小组，明确市政协副主席、区委书记田艳任组长，区委常委、区纪委书记、区监委主任邹远志任常务副组长，区委常委、区委组织部部长、区委党校校长、区直属机关工委书记王颖任副组长，肖旺、唐峰、吴克玖为成员。9月，明确市委常委、区委书记田艳任组长，区委常委、区纪委书记、区监委主任胡定钦任常务副组长，区委组织部部长、区委党校校长、区直属机关工委书记唐宏刚任副组长，肖旺、杨超、吴克玖为成员。10月，明确市委常委、区委书记田艳任组长，区委常委、区纪委书记、区监委主任胡定钦任常务副组长，区委组织部部长、区委党校校长、区直属机关工委书记唐宏刚任副组长，肖旺、杨超、刘恒为成员。

2022年7月5日，区委调整充实区委巡察工作领导小组，明确市委常委、区委书记田艳任组长，区委常委、区纪委书记、区监委主任胡定钦任常务副组长，区委组织部部长、区委党校校长、区直属机关工委书记杨素昌任副组长，肖旺、杨超、刘恒为成员。9月，明确市委常委、区委书记田艳任组长，区委常委、区纪委书记、区监委主任胡定钦任常务副组长，区委组织部部长、区委党校校长、区直属机关工委书记杨素昌任副组长，杨昌贵、杨超、刘恒为成员。

中共铜仁市万山区委巡察工作领导小组

（2016年8月至2022年12月）

组　　长	袁继鸿（土家族）	2016年8月至2017年9月
	陈　琪（土家族）	2017年12月至2018年8月
	田玉军	2018年8月至2021年3月
	田　艳（女，土家族）	2021年3月至2022年12月
常务副组长	陈　琪（土家族）	2018年8月至2018年9月
	邹远志（侗族）	2018年10月至2021年6月
	胡定钦（仡佬族）	2021年9月至2022年12月
副 组 长	丁廷坤（仡佬族）	2016年8月至2016年12月
	张　勇（土家族）	2016年12月至2017年12月
	王　颖（女，土家族）	2017年12月至2021年9月
	唐宏刚（土家族）	2021年9月至2022年7月
	杨素昌（土家族）	2022年7月至2022年12月
成　　员	刘　勇（侗族）	2016年8月至2017年12月
		2018年8月至2019年12月
	刘桂春（女，侗族）	2016年8月至2017年12月
	郑小英（女）	2016年8月至2017年12月

	2018年8月至2018年10月
杨政久(土家族)	2016年12月至2018年8月
杨顺久(侗族)	2017年12月至2019年5月
吴克玖(侗族)	2017年12月至2021年10月
唐　峰(土家族)	2019年7月至2021年9月
肖　旺(苗族)	2019年12月至2022年9月
杨　超(侗族)	2021年9月至2022年12月
刘　恒(侗族)	2021年10月至2022年12月
杨昌贵(侗族)	2022年9月至2022年12月

二、巡察工作机构

(一)区委巡察办设置及人员组成

2017年2月17日,根据市委常委第60次会议精神和《中共铜仁市委巡察工作实施办法(试行)》有关规定,万山区机构编制委员会印发《铜仁市万山区机构编制委员会关于设立中国共产党铜仁市万山区委员会巡察工作领导小组办公室的通知》(万机编〔2017〕1号),设立中国共产党铜仁市万山区委员会巡察工作领导小组办公室在区纪委,为区委工作部门,负责区委巡察工作领导小组日常工作。人员编制单列,设行政编制2名,即:主任1名(正科级)、副主任1名(副科级)。2月28日,根据《关于符宁亮等同志任免职的通知》(万干任〔2017〕17号),区委任命龙金永为区委巡察工作领导小组办公室副主任。3月4日,根据《关于肖丽琴等同志任免职的通知》(万干任〔2017〕20号),区委任命吴克玖为区委巡察工作领导小组办公室主任。

2018年6月4日,根据《关于蒲光荣等人任免职的通知》(万干任〔2018〕48号),孙国彪任区委巡察工作领导小组办公室副主任。

2019年1月31日,根据《关于田世广等同志任免职的通知》(万干任〔2019〕10号),吴远勇、翟晓晓任区委巡察工作领导小组办公室副主任。9月12日,根据《关于刘群同志工作调动的通知》(万组干调〔2019〕18号),刘群为区委巡察工作领导小组办公室工作员。

2021年4月23日,根据《关于刘开著等同志免职的通知》(万干任〔2021〕17号),免去翟晓晓区委巡察工作领导小组办公室副主任职务。7月17日,根据《关于吴天龙等同志任免职的通知》(万干任〔2021〕78号),张举任区委巡察工作领导小组办公室副主任。9月30日,根据《关于印发〈中共铜仁市万山区委巡察工作领导小组办公室职能配置、内设机构和人员编制规定〉的通知》(万委办字〔2021〕19号),区委巡察办设主任1名,副主任2名。10月,根据《关于陈鹏飞等同志任免职的通知》(万干任〔2021〕131号),免去吴克玖区委巡察工作领导小组办公室主任职务,免去吴远勇、张举区委巡察工作领导小组办公室副主任职务,刘恒任区委巡察工作领导小组办公室主任,刘群任区委巡察工作领导小组办公室副主任。

中共铜仁市万山区委巡察工作领导小组办公室

（2017年2月至2022年12月）

主　任	吴克玖（侗族）	2017年3月至2021年10月
	刘　恒（侗族）	2021年10月至2022年12月
副主任	龙金永（女，苗族）	2017年2月至2018年2月
	孙国彪（土家族）	2018年6月至2022年12月
	吴远勇（侗族）	2019年1月至2021年10月
	翟晓晓	2019年1月至2021年4月
	张　举（侗族）	2021年7月至2021年10月
	刘　群（女）	2021年10月至2022年12月

（二）区委巡察组设置及人员组成

2018年4月26日，为加强中共铜仁市万山区委的巡察工作力度，根据《铜仁市机构编制委员会办公室关于设立中共铜仁市万山区委巡察组的批复》（铜机编办〔2018〕114号）精神，设立4个万山区委巡察组，4个巡察组分别为中共铜仁市万山区委第一巡察组至第四巡察组，行政编制共4名，各巡察组行政编制1名，各组各设组长1名（正科级）。6月4日，根据《关于蒲光荣等人任免职的通知》（万干任〔2018〕48号），蒲光荣任第一组组长，吴锋任第二组组长，姬黄河任第三组组长，孙江云任第四组组长。

2021年5月31日，根据《关于周化林等同志任免职的通知》（万干任〔2021〕33号），免去第三巡察组组长姬黄河、第四巡察组组长孙江云职务，由杨群飞任第三巡察组组长。7月17日，根据《关于吴天龙等同志任免职的通知》（万干任〔2021〕78号），蒙志国任第四巡察组组长。9月30日，根据《关于印发〈中共铜仁市万山区委巡察工作领导小组办公室职能配置、内设机构和人员编制规定〉的通知》（万委办字〔2021〕19号），区委巡察组设正科级巡察专员4名，副科级巡察专员4名。10月，根据《关于陈鹏飞等同志任免职的通知》（万干任〔2021〕131号），区委任命吴远勇、张举、孙雪飞为区委巡察组副科长级巡察专员。

2022年4月28日，根据《关于刘斌等同志任免职的通知》（万干任〔2022〕35号），免去吴远勇中共铜仁市万山区委巡察组副科长级巡察专员职务。7月22日，根据《关于刘文彬等同志任免职的通知》（万干任〔2022〕61号），袁再军任中共铜仁市万山区委巡察组副科长级巡察专员。8月23日，根据《关于李艳萍等同志任免职的通知》（万干任〔2022〕68号），罗水华任中共铜仁市万山区委巡察组副科长级巡察专员。12月23日，根据《关于冯兵等同志任免职的通知》（万干任〔2022〕133号），免去袁再军中共铜仁市万山区委巡察组副科长级巡察专员职务。

1.区委巡察组（常设巡察组）（2021年10月撤销）

第一巡察组

组　长	蒲光荣（侗族）	2018年6月至2021年10月

第二巡察组

组　长　吴　锋(侗族)　2018年6月至2021年10月

第三巡察组

组　长　姬黄河　2018年6月至2021年5月

杨群飞(女,侗族)　2021年5月至2021年10月

第四巡察组

组　长　孙江云(侗族)　2018年6月至2021年5月

蒙志国(土家族)　2021年7月至2021年10月

2.区委巡察组(巡察专员)(2021年10月改设)

正科长级巡察专员　蒲光荣(侗族)　2021年10月至2022年12月

吴　锋(侗族)　2021年10月至2022年12月

杨群飞(女,侗族)　2021年10月至2022年12月

蒙志国(土家族)　2021年10月至2022年12月

副科长级巡察专员　吴远勇(侗族)　2021年10月至2022年4月

张　举(侗族)　2021年10月至2022年12月

孙雪飞(女)　2021年10月至2022年12月

袁再军(侗族)　2022年7月至2022年12月

罗水华(侗族)　2022年8月至2022年12月

第二节　巡察制度建设

2018年11月,制定《中共铜仁市万山区委巡察工作实施办法》《中共铜仁市万山区委巡察工作领导小组职责》《中共铜仁市万山区委巡察工作领导小组办公室职责》《中共铜仁市万山区委巡察组组长(副组长)职责》《中共铜仁市万山区委巡察成果运用督查督办暂行办法》《中共铜仁市万山区委巡察干部教育培训工作制度》《中共铜仁市万山区委巡察工作考核评价制度》《中共铜仁市万山区委巡察约谈制度》《中共铜仁市万山区委巡察工作督促整改工作制度》《中共铜仁市万山区委巡察整改报告审核把关制度》《中共铜仁市万山区委巡察报告问题底稿制度》《中共铜仁市万山区委巡察工作请示报告制度》《中共铜仁市万山区委巡察工作责任制和责任追究制度》《中共铜仁市万山区委巡察工作重要事项报备制度》《中共铜仁市万山区委巡察工作协作机制》《中共铜仁市万山区委巡察反馈意见移交事项移交问题线索督查督办制度》《中共铜仁市万山区委巡察问题线索办理情况通报制度》《中共铜仁市万山区委书记听取巡察汇报情况报备制度》《中共铜仁市万山区委巡察工作保密制度》《中共铜仁市万山区委巡察工作档案管理制度》《中共铜仁市万山区委巡察工作人员管理制度》《中共铜仁市万山区委巡察工作人员学习制度》《中共铜仁市万山区委巡察工作请销假管理制度》《中共铜仁市万山区委巡察信息宣传制度》《中共铜仁市万山区委巡察工作周五汇报制度》25项制度。

2021年10月,制定《关于建立健全区委巡察机构与区人大机关有关部门协作配合机制的意见》

《关于对区委巡察组作风纪律情况开展后评估的规定(试行)》《关于建立健全区委巡察机构与区财政局协作配合机制的意见》《关于建立健全区委巡察机构与区纪委区监委有关部门协作配合机制的意见》《关于建立健全区委巡察机构与区民政局协作配合机制的意见》《关于建立区委巡察机构与区审计局协作配合机制的意见》《关于建立健全区委巡察机构与区统计局协作配合机制的意见》《关于建立健全区委巡察机构与区委编办协作配合机制的意见》《关于建立健全区委巡察机构与区委宣传部协作配合机制的意见》《关于建立区委巡察机构与区委组织部协作配合机制的意见》《关于建立健全区委巡察机构与区信访局协作配合机制的意见》《关于建立健全区委巡察机构与区委政法委协作配合机制的意见》《区委巡察办服务保障区委巡察工作领导小组工作内容及流程》《中共铜仁市万山区委巡察组组长负责制实施办法(试行)》《中共铜仁市万山区委巡察整改成效评估办法(试行)》14项制度。

2022年11月,修订《中共铜仁市万山区委巡察工作领导小组工作规则》《中共铜仁市万山区委巡察工作领导小组办公室工作规则》《中共铜仁市万山区委巡察组工作规则》,制定《中共铜仁市万山区委巡察组临时党支部工作管理办法(试行)》《万山区委巡察机构保密工作规定(试行)》《关于规范对村(社区)党组织分类开展巡察的实施意见(试行)》。

第三节 巡视巡察工作

根据省委、市委和区委对巡视巡察工作的安排部署,对省级巡视、市级巡察和区级巡察发现并反馈问题及问题线索,万山区委巡察领导小组及办公室、巡察组及时研判和督促解决,形成问题震慑,纵深推进全面从严治党工作深入开展。

一、省级巡视

2018年8月11日至9月10日,省委第三轮第九巡视组巡视铜仁反馈涉及万山问题48个,48个问题全部完成整改。

2018年10月28日至11月26日,省委第四轮第十一巡视组巡视万山反馈问题27个,完成整改24个,正在整改3个。

2021年3月6日至4月28日,省委第十一轮巡视第五巡视组对铜仁开展巡视“回头看”反馈涉及万山问题43个,完成整改37个,正在整改6个。

2021年10月14日至11月23日,省委第十三轮第三巡视组巡视铜仁“四化+招商引资”,涉及万山问题134个,完成整改127个,正在整改7个。

2021年10月8日至11月24日,省委第十巡视组就涉粮问题对省物资储备局开展专项巡视,并对铜仁开展延伸巡视,涉及万山区问题8个,问题全部完成整改。

2021年10月9日至11月6日,省委巡视工作领导小组授权二届市委涉粮问题专项巡察组,以省委专项巡视机动组名义对万山区开展涉粮问题延伸巡视,反馈问题8个,问题全部完成整改。

二、市级巡察

(一)二届市委第四轮巡察

1.巡察时间:2018年9月至2018年12月

巡察对象:万山经开区

巡察机构:市委第三巡察组

组　　长:肖 娟

副 组 长:袁世宣

发现问题38个,问题整改38个。

2.巡察对象:万山矿区社区服务管理局

巡察机构:市委第六专项巡察组

组　　长:陈德进

副 组 长:龙国华

发现问题38个,问题整改38个。

(二)铜仁市省市联动巡视巡察

巡察时间:2018年10月至2018年12月

巡察对象:万山区农牧科技局

巡察机构:市委第一联动巡察组

组　　长:王建芝

副 组 长:许桂英

发现问题46个,问题整改44个。

(三)二届市委第六轮巡察

巡察时间:2019年8月至2019年11月

巡察对象:贯彻落实习近平总书记对万山转型发展重要批示精神涉及的相关单位、万山区委党校

巡察机构:市委第七巡察组

组　　长:吴洪权

副 组 长:邹龙兴

发现问题13个,问题整改11个。

三、区级巡察

按照巡察工作要求,自2016年9月组建巡察组开展巡察工作以来,二届区委巡察组先后开展11轮常规巡察和4轮专项巡察,覆盖全区172个党组织,发现问题3008个,已整改2975个,巡察整改率为98.90%,形成问题线索136件,办结136件,立案26件30人,给予党纪政务处分29人,移送司法2人,新建及完善制度400余个,追回资金1200万余元。2022年3月19日,三届区委第一轮巡察启动,截至2022年12月,开展三轮常规巡察,在全区巡察40个党组织中,发现问题369个,已整改159个,形成问题线索10件,办结3件,立案2件2人,党纪政纪处分1人。

(一)二届区委巡察

1.二届区委第一轮巡察

2016年9月1日,二届区委第一轮巡察启动,成立2个巡察组,对区环保局、区文广局、区自来水公司、区供销联社、区民宗局、区市场监督管理局共6个单位党组织开展巡察。

巡察时间:2016年9月1日至11月28日

第一巡察组

组　长　杨政久

副组长　蒲光荣

成　员　胡春木　何　勇　张钟明　罗　华

巡察对象:区环保局、区文广局、区自来水公司

第二巡察组

组　长　袁仁荣

副组长　吴　锋

成　员　袁再军　陈武警　黄　镇　雷　蕾

巡察对象:区供销联社、区民宗局、区市场监督管理局

此轮巡察,两个巡察组共发现问题30个,已整改30个,移交问题线索31件,办结31件,移交检察机关1件。

2.二届区委第二轮巡察

2017年2月20日,二届区委第二轮巡察启动,成立5个巡察组,对区水务局、区教育局、区财政局、万山镇、区审计局、仁山街道、区交通运输局、谢桥街道、区住房和城乡建设局、高楼坪侗族乡共10个单位党组织开展巡察。

巡察时间:2017年2月20日至4月21日

第一巡察组

组　　长　杨克金

常务副组长　兰　勇

副 组 长　蒲　涛

成　　员　吴　巍　张仲明　杨　娅

巡察对象:区水务局、区教育局

第二巡察组

组　　长　杨泽武

常务副组长　吴　丹

副 组 长　罗仁良

成　　员　何　斌　饶　慧　杨　箐

巡察对象:区财政局、万山镇

第三巡察组

组　　　长　何祥猛(区政协党组成员、副主席)

常务副组长　卢菊凤

副　组　长　孙国彪

成　　　员　罗　峰　张　俊　李艳萍

巡察对象:区审计局、仁山街道

第四巡察组

组　　　长　肖丽琴

常务副组长　孙江云

副　组　长　刘　斌

成　　　员　蒲金保　罗世珍　雷　蕾

巡察对象:区交通运输局、谢桥街道

第五巡察组

组　　　长　向国珍

常务副组长　姬黄河

副　组　长　潘大贵

成　　　员　陈武警　肖子花　胡　浩

巡察对象:区住房和城乡建设局、高楼坪侗族乡

此轮巡察,五个巡察组共发现问题140个,整改140个,移交问题线索17件,办结17件,党纪政纪处分4人,移交司法1人。

3.二届区委第三轮巡察(脱贫攻坚专项巡察)

2017年9月11日,二届区委第三轮巡察(脱贫攻坚专项巡察)启动,成立4个巡察组,对茶店街道、敖寨侗族乡、下溪侗族乡、仁山街道、谢桥街道、黄道侗族乡、高楼坪侗族乡、鱼塘侗族苗族乡、大坪侗族土家族苗族乡共9个乡镇(街道)党(工)委开展巡察。

巡察时间:2017年9月11日至12月20日

专项巡察组

组　　　长　杨泽武

副　组　长　蒲光荣　吴　锋　姬黄河　孙江云

第一巡察小组

组　　　长　蒲光荣

副　组　长　刘泽祥

成　　　员　吴远勇　罗金林　张艳华　何　斌　蒲召云　付其芹　罗桂梅　杨　雪

冉晓燕　杨　敏　戴娴静　安艳丽

巡察对象:茶店街道、敖寨侗族乡、下溪侗族乡

第二巡察小组

组　　长　吴　锋

副 组 长　杨爱虹

成　　员　陈　磊　罗　雄　柳　亮　孙国彪　吴　屏　罗　锋　杨胜明　吴金华
　　　　　李　杰　李艳萍　杨　猛　田　甜　蒲新有　黄　烈

巡察对象:仁山街道、谢桥街道、黄道侗族乡

第三巡察小组

组　　长　姬黄河

副 组 长　韩 磊

成　　员　杨水红　杨　琳　王　乾　吴　芳　田红春　廖　峰　马　磊　欧　丽　王维良

巡察对象:万山镇、高楼坪侗族乡

第四巡察小组

组　　长　孙江云

副 组 长　饶维圣

成　　员　舒秀明　刘水平　吴克灿　吴群雁　罗仁良　袁　磊　郁　阳　彭　涛
　　　　　杨　娅　杨　浩　杜　君　汪桂如

巡察对象:鱼塘侗族苗族乡、大坪侗族土家族苗族乡

此轮巡察,四个巡察组共发现问题159个,整改159个,移交问题线索13件,办结13件,党纪政务处分7人。

4.二届区委第四轮巡察

2018年3月24日,二届区委第四轮巡察启动,成立5个巡察组,对区计生和卫生局(含区疾控中心、区卫生监督局、区妇幼保健中心、区农村合作医疗管理局)、区计生协会、区委统战部、区工商联(统战工商联联合支部)、区科学技术协会、区人力资源和社会保障局、区总工会、中国共产主义青年团万山区委员会、区妇女联合会(团委妇联联合支部)、区民政局、区水库和生态移民局、区红十字会(生态移民局与红十字联合支部)、区残联、区人民法院、铜仁市公安局万山分局(含区公安交通管理局及各乡镇街道派出所)、区司法局共16个单位党组织开展巡察。

巡察时间:2018年3月24日至6月30日

第一巡察组

组　　长　杨克金

常务副组长　蒲光荣

副 组 长　李艳萍

成　　员　罗　锋　徐历颖　刘祖超

巡 察 对 象　区计生和卫生局(含区疾控中心、区卫生监督局、区妇幼保健中心、区农村合作医疗管理局)、区计生协会

第二巡察组

组　　长　杨泽武

常务副组长　吴　锋

副 组 长　余福军

成　　员　袁　磊　潘自恩　周　鹃

巡察对象　区委统战部、区工商联(统战工商联联合支部)、区科学技术协会、区人力资源和社会保障局

第三巡察组

组　　长　向国珍

常务副组长　姬黄河

副 组 长　何　斌

成　　员　陆　倩　李戈甫　马亚迪

巡察对象:区总工会、共青团万山区委、区妇联(团委妇联联合支部)、区民政局

第四巡察组

组　　长　肖丽琴

常务副组长　孙江云

副 组 长　张　波

成　　员　王　乾　杨　超　罗晓娟

巡察对象:区水库和生态移民局、区红十字会(生态移民局与红十字联合支部)、区残联

第五巡察组

组　　长　刘水平

常务副组长　陈兴华

副 组 长　柳　亮

成　　员　刘　恒　杨秀忠　熊青凤

巡察对象:区人民法院、市公安局万山分局(含区公安交通管理局及各乡镇街道派出所)、区司法局

此轮巡察,五个巡察组共发现问题233个,整改230个,移交问题线索27件,办结27件,党纪政纪处分2人。

5.二届区委第五轮巡察

2018年9月30日,第五轮巡察工作启动,成立4个巡察组,对区农牧科技局(含科技服务中心)、区投资促进局、区电商局、区扶贫办、区旅发委、区工业和商贸局、区林业局(含林业派出所)、区发展和改革局、区人民医院、区环保局、区教育局、谢桥街道共12个单位党组织开展巡察。

巡察时间:2018年9月30日至2019年1月23日

第一巡察组

组　　长　蒲光荣

副 组 长　刘开鸿

成　　员　杨天奎　彭万明　陆俊勇

巡察对象：区农牧科技局（含科技服务中心）、区投资促进局、区电商局

第二巡察组

组　　长　吴　锋

副 组 长　胡春木

成　　员　李　杰　冯　俊　孙雪飞

巡察对象：区扶贫办、区旅发委、区工业和商贸局

第三巡察组

组　　长　姬黄河

副 组 长　张　波

成　员　袁再军　陈通岩　杨光清

巡察对象：区林业局（含林业派出所）、区发展和改革局、区人民医院

第四巡察组

组　　长　孙江云

副 组 长　文小问

成　　员　周　娟　彭　涛　牟晓华

巡察对象：区环保局、区教育局、谢桥街道

此轮巡察，四个巡察组共发现问题138个，整改137个，移交问题线索1件，办结1件。

6.二届区委第六轮巡察

2019年3月1日，二届区委第六轮巡察启动，成立8个巡察组，对茶店街道及所辖垢溪村、老屋场村、尤鱼铺村、白岩村、茶店村、梅花村、茶店居委会、红岩村、横山村、大元村；敖寨乡及所辖两河口村、中华山村、瓮背村、洋世界村、杨家寨村、岩屋坪居委会、敖寨居委会；黄道乡及所辖大榜村、力坳村、白屋场村、田坪村、丹阳村、黄溪村、黄道居委会、龙江村、锁溪村、马黄村、长坳村、鱼塘乡、新龙村、江屯村、文基村、金盆村、登峰村、鱼塘村、大龙村、牛场坡村、槐花村、云山村、团山村、高峰村；下溪乡及所辖青龙村、官田村、瓦田村、兴隆村、桂花村、铁门村、报溪村、下溪居委会；大坪乡及所辖清塘村、川硐村、苏湾村、柴山村、黄花村、大坪村、龙门村、白果村、铜锣村、地慢村、大冲村、瓮岩村；区发改局、区财政局、区教育局、区民政局70个单位党组织开展巡察。

巡察时间：2019年3月1日至2019年7月30日

（1）常规巡察组

第一巡察组

组　　长　蒲光荣

副 组 长　周进忠

成　　员　彭湾湾　杨光清　袁文湘　胡明超

巡察对象：茶店街道及所辖垢溪村、老屋场村、尤鱼铺村、白岩村、茶店村、梅花村、茶店居委会、红岩村、横山村、大元村

第二巡察组

组　　长　罗世力

副 组 长　吴成松

成　　员　韩克峰　熊青凤　张美均　徐历颖

巡察对象:敖寨侗族乡及所辖两河口村、中华山村、瓮背村、洋世界村、杨家寨村、岩屋坪居委会、敖寨居委会

第三巡察组

组　　长　田红春

副 组 长　张　波

成　　员　袁再军　黄　慧　冷坚华　尹建德

巡察对象:黄道侗族及所辖大榜村、力坳村、白屋场村、田坪村、丹阳村、黄溪村、黄道居委会、龙江村、锁溪村、马黄村、长坳村

第四巡察组

组　　长　孙江云

副 组 长　向仲敏

成　　员　张　举　牟晓华　李　敏　杨喜花

巡察对象:鱼塘侗族苗族乡及所辖新龙村、江屯村、文基村、金盆村、登峰村、鱼塘村、大龙村、牛场坡村、槐花村、云山村、团山村、高峰村

第五巡察组

组　　长　黄晓慧

副 组 长　胡春木

成　　员　吴　涛　王　琴　孙雪飞　王　倩

巡察对象:下溪侗族乡及所辖青龙村、官田村、瓦田村、兴隆村、桂花村、铁门村、报溪村、下溪居委会

第六巡察组

组　　长　杨　超

副 组 长　文小问

成　　员　吴　屏　陈丽萍　杨秀忠　郭　芳

巡察对象:大坪侗族土家族苗族乡及所辖清塘村、川硐村、苏湾村、柴山村、黄花村、大坪村、龙门村、白果村、铜锣村、地慢村、大冲村、瓮岩村

(2)交叉巡察组(印江县委巡察组到万山区开展巡察)

第一巡察组

组　　长　刘文忠

副 组 长　向前伟

巡察专员　叶　鸿

成　　员　田　芳　陈　林　张海燕

巡察对象:区发展和改革局、区财政局

第二巡察组

组　　长　代　彬

副 组 长　张　才

巡察专员　祝　静

成　　员　田　燚　张迎春　田景富

巡察对象:区教育局、区民政局

此轮巡察,六个常规巡察组和两个交叉巡察组共发现问题1286个,已整改1284个,移交问题线索19件,办结19件,党纪政纪处分4人。

7.二届区委第七轮巡察

2019年8月23日,二届区委第七轮巡察启动,成立4个巡察组,对市第十六中学;万山镇及所辖解放街社区、麻音塘社区、三角岩社区、土坪社区、犀牛井社区、同心社区;市第八中学;谢桥街道及所辖城南驿社区、冲广坪社区、石竹社区、谢桥社区、牙溪村、瓦屋坪村、龙门坳村;市交通职业技术学校;仁山街道及所辖唐家寨社区、贵苑社区、木杉河社区(原谢桥中心社区)、开天村、塘边村;高楼坪乡及所辖高楼坪机关居委会、老山口居委会、高楼坪村、大树林村、夜郎村、兴中村、龙田村、小湾村、羊尾舟村、关庄村、青年湖村、赶场坝村、林海村、新庄村共35个单位党组织开展巡察。

巡察时间:2019年8月23日至2019年12月20日

第一巡察组

组　　长　蒲光荣

副 组 长　秦信敏

成　　员　袁文湘　罗世珍　肖子花

巡察对象:市第十六中学、万山镇及所辖解放街社区、麻音塘社区、三角岩社区、土坪社区、犀牛井社区、同心社区

第二巡察组

组　　长　吴　锋

副 组 长　姚登新

成　　员　胡春木　孙雪飞　肖　鸿

巡察对象:市第八中学、谢桥街道及所辖城南驿社区、冲广坪社区、石竹社区、谢桥社区、牙溪村、瓦屋坪村、龙门坳村

第三巡察组

组　　长　姬黄河

副 组 长　姚旭华

成　　员　张　举　邹　兵　郭　芳

巡察对象:市交通学校、仁山街道及所辖唐家寨社区、贵苑社区、木杉河社区(原谢桥中心社区)、

开天村、塘边村

第四巡察组

组　　长　孙江云

副 组 长　文小问

成　　员　陈丽萍　刘江琴　王　琴

巡察对象:高楼坪侗族乡及所辖高楼坪机关居委会、老山口居委会、高楼坪村、大树林村、夜郎村、兴中村、龙田村、小湾村、羊尾舟村、关庄村、青年湖村、赶场坝村,林海村、新庄村

此轮巡察,四个巡察组共发现问题427个,已整改422个,移交问题线索12件,办结12件,党纪政纪处分7人。

8.二届区委第八轮巡察

2020年4月8日,二届区委第八轮巡察启动,成立4个巡察组,对区委办、区人大办、区政府办、区政协办、区委宣传部(含文联)、区委政法委、铜仁市公安局万山分局、区城市管理局、区机关事务中心、区开源投资集团有限公司(含金开经济开发有限责任公司、开源投资集团鑫源城市建设开发有限责任公司、开源投资集团广源置业有限责任公司、开源投资集团远信达文化传媒旅游有限责任公司、开源投资集团飞达拆迁服务有限公司、开源投资集团万荣房地产开发有限责任公司、佳禾商贸有限公司),丹都街道及所辖河坪社区、龙生社区、丹苑社区、旺家社区、挞扒洞社区、楚溪社区、龙都社区、旗屯村、大坡村共21个单位党组织开展巡察。

巡察时间:2020年4月8日至2020年8月6日

第一巡察组

组　　长　蒲光荣

副 组 长　秦信敏

成　　员　蒙志国　肖　鸿　汪　敏　吴成玉

巡察对象:区人大办、区委政法委、区开源投资集团有限公司(含金开经济开发有限责任公司、开源投资集团鑫源城市建设开发有限责任公司、开源投资集团广源置业有限责任公司、开源投资集团远信达文化传媒旅游有限责任公司、开源投资集团飞达拆迁服务有限公司、开源投资集团万荣房地产开发有限责任公司、佳禾商贸有限公司)

第二巡察组

组　　长　吴　锋

副 组 长　罗西武

成　　员　蒲　静　陆　倩　夏　伟

巡察对象:区委办、区委宣传部(含文联)、区城市管理局

第三巡察组

组　　长　姬黄河

副 组 长　姚旭华

成　　员　郁　阳　杨　琴　邹　兵

巡察对象：市公安局万山分局、丹都街道、河坪社区、龙生社区、丹苑社区、旺家社区、挞扒洞社区、楚溪社区、龙都社区、旗屯村、大坡村

第四巡察组

组　　长　孙江云

副 组 长　姚冬霞

成　　员　杨丽莎　王　琴　罗桂梅

巡察对象：区政府办、区政协办、区机关事务中心

此轮巡察，四个巡察组共发现问题172个，已整改162个，移交问题线索7件，办结7件，党纪政纪处分1人。

9.二届区委第九轮巡察暨营商环境专项巡察

2020年9月2日，二届区委第九轮巡察启动，成立4个常规巡察组和1个专项巡察组，对区自然资源局（含下属事业单位）、区应急管理局（含下属事业单位）、区直属机关工委、区信访局、区委编办、区党史研究室、区统计局、区督查督办局、区档案馆、区人民政府政务服务中心、区长寿湖国家湿地公园管理局、区医疗保障局、区退役军人事务局、区融媒体中心、区投资促进局、区发展和改革局、区工业和商务局、区住房和城乡建设局、区交通运输局、区水务局、区农业农村局、区民政局、区教育局、区供销合作联社、区人力资源和社会保障局、区文体广电旅游局、区自然资源局、区人民政府政务服务中心、区审计局，鱼塘乡团山村、金盆村，大坪乡清塘村、大冲村共33个单位党组织开展巡察。

巡察时间：2020年9月2日至2020年12月10日

（1）常规巡察组

第一巡察组

组　　长　蒲光荣

副 组 长　王　乾

成　　员　肖　鸿　王　西　麻国俊

巡察对象　区自然资源局（含下属事业单位）、区督查督办局、区退役军人事务局

第二巡察组

组　　长　吴　锋

副 组 长　胡春木

成　　员　陆　倩　夏　伟　刘　锋

巡察对象：区信访局、区委编办、区委党史研究室、区融媒体中心

第三巡察组

组　　长　姬黄河

副 组 长　姚旭华

成　　员　赵　祉　陈　伟　邹　兵

巡察对象：区统计局、区档案馆、区长寿湖国家湿地公园管理局、区直属机关工委

第四巡察组

组　　长　孙江云

副 组 长　罗　扬

成　　员　文小问　刘祖超　沈海琳

巡察对象:区应急管理局(含下属事业单位)、区人民政府政务服务中心、区医疗保障局

(2)营商环境专项巡察组

组　　长　孙国彪

副 组 长　蒲　涛

成　　员　吴远勇　冉　娴　尹建德

巡察对象:区投资促进局、区发展和改革局、区工业和商务局、区住房和城乡建设局、区交通运输局、区水务局、区农业农村局、区民政局、区教育局、区供销合作联社、区人力资源和社会保障局、区文体广电旅游局、区自然资源局、区政务服务中心、区审计局,鱼塘侗族苗族乡团山村、金盆村,大坪侗族土家族苗族乡清塘村、大冲村。

此轮巡察,三个常规巡察组和一个营商环境专项巡察组共发现问题215个,整改215个,移交问题线索1件,已办结1件,党纪政纪处分1人。

10.习近平总书记对万山转型发展重要批示精神贯彻落实情况专项巡察

2020年12月11日,习近平总书记对万山转型发展重要批示精神贯彻落实情况专项巡察启动,成立1个专项巡察组,对28个区直单位党组织和11个乡镇(街道)党(工)委开展专项巡察。

巡察时间:2020年12月11日至2021年1月25日

专项巡察组

组　　长　张小辉

副 组 长　陈兴华　桂　蓉

成　　员　万兆田　吴金华　刘元良　罗世珍　饶　惠　蒲桂敏　王　琇　张美均
　　　　　邓明鹏　罗晶晶　田　海　吴成玉

巡察对象:区委办、区政府办、区委宣传部、区委政法委、区委党校、万山矿区社区服务管理局、万山经济开发区党工委、区发展和改革局、区工业和商务局、区财政局、区人力资源和社会保障局、区扶贫办、市生态环保局万山分局、区卫生健康局、区交通运输局、区住房和城乡建设局、区自然资源局、区水务局、区农业农村局、区城市管理局、区文体广电旅游局、区投资促进局、区市场监督管理局、区教育局、开源投资集团有限责任公司、区民政局、区督查督办局、区供销联社共28个区直单位党组织和谢桥街道、仁山街道、丹都街道、茶店街道、万山镇、高楼坪侗族乡、鱼塘侗族苗族乡、大坪侗族土家族苗族乡、黄道侗族乡、敖寨侗族乡、下溪侗族乡共11个乡镇(街道)党(工)委。此轮专项巡察,共发现问题17个,整改14个。

11.二届区委第十轮巡察

2021年3月17日,二届区委第十轮巡察启动,成立4个巡察组,对区人民检察院、区住房和城乡建设局、区水务局、区扶贫办、区农业农村局、区民宗局、区卫生健康局、区总工会、茶店街道横山村、高楼

坪侗族乡兴中村、黄道侗族乡马黄村、敖寨侗族乡两河口村共12个党组织开展巡察“回头看”,其中,上下联动单位为区住房和城乡建设局、区水务局、区扶贫办、区农业农村局、区民宗局、区卫生健康局、区总工会共7个单位党组织。

巡察时间:2021年3月17日至2021年8月10日

第一巡察组

组　　长　蒲光荣

副 组 长　卢华成

成　　员　肖　鸿　罗维奇　钟佳芸

巡察对象　区人民检察院、区卫生健康局、横山村

第二巡察组

组　　长　吴　锋

副 组 长　胡春木

成　　员　杨　懿　孙雪飞　王　琇

巡察对象:区扶贫办、区住房和城乡建设局、兴中村

第三巡察组

组　　长　姬黄河

副 组 长　陆　倩

成　　员　杨少君　刘冬妹　邹　兵

巡察对象　区水务局、区民宗局、马黄村

第四巡察组

组　　长　孙江云

副 组 长　文小问

成　　员　蒲金保　熊青凤　毛燕飞

巡察对象　区总工会、区农业农村局、两河口村

此轮巡察,四个巡察组共发现问题93个,整改86个,移交问题线索3件,已办结3件。

12.二届区委第十一轮巡察

2021年8月31日,二届区委第十一轮巡察启动,成立4个巡察组,对区人民法院、区人力资源和社会保障局、区交通运输局、仁山街道塘边村、高楼坪侗族乡林海村、大坪侗族土家族苗族乡瓮岩村党组织开展巡察。

巡察时间:2021年8月31日至2021年10月20日

第一巡察组

组　　长　任永洪

副 组 长　王泽洪

成　　员　吴　兰　何守彪　张永忠　黄　文

巡察对象:区人民法院

第二巡察组

组　　长　任　刚

副 组 长　陈绍奇

成　　员　王　鹏　任永红　伍成坤　杨小妹

巡察对象:区人力资源和社会保障局

第三巡察组

组　　长　孙光军

副 组 长　董　俊

成　　员　余　江　吴成军　罗　强　徐　琴

巡察对象　区交通运输局

第四巡察组

组　　长　刘清照

副 组 长　陈　友

成　　员　覃仁陶　张　冲　李　勇　杨　芸

巡察对象:塘边村、林海村、瓮岩村

此轮巡察,四个巡察组共发现问题88个,整改86个,移交问题线索4件,已办结4件,党纪政纪处分3人。

13.全区涉粮问题专项巡察

2021年10月9日,全区涉粮问题专项巡察启动,成立1个专项巡察组,对区发展和改革局开展涉粮问题专项巡察,同步对区财政局、区市场监督管理局、区农业农村局、区水务局、区自然资源局、市生态环境局万山分局共6个涉粮单位和区粮油收储有限公司开展巡察。

巡察时间:2021年10月9日至2021年11月19日

专项巡察组

组　　长　龙向东

副 组 长　徐　林

成　　员　邓　智　张毅勇　张　涛　杨世令　刘红艳　滕　丝

巡察对象:区发展和改革局、区财政局、区市场监督管理局、区农业农村局、区水务局、区自然资源局、市生态环境局万山分局、区粮油收储有限公司

此轮涉粮专项巡察,共发现问题10个,整改10个,移交问题线索2件,已办结2件。

(二)三届区委巡察

1.三届区委第一轮巡察

2022年3月19日,三届区委第一轮巡察启动,成立3个巡察组,对仁山街道所辖木杉河社区、仁山社区、塘边村、开天村,万山镇及其所辖解放街社区、麻音塘社区、三角岩社区、土坪社区、犀牛井社区、同心社区,敖寨侗族乡及其所辖敖寨居委会、岩屋坪居委会、瓮背村、杨家寨村、两河口村、洋世界村、中华山村共19个党组织开展巡察。另,市委巡察组对仁山街道及所辖贵苑社区、唐家寨社区共3

个党组织开展提级巡察。

巡察时间:2022年3月19日至2022年5月19日

第一巡察组

组　　长　蒲光荣

副 组 长　姬黄河

成　　员　张　举　杜　君　曾世雄　熊青凤　雍　俊　杨环华　孙　瑜

巡察对象:万山镇及所辖解放街社区、麻音塘社区、三角岩社区、土坪社区、犀牛井社区、同心社区

第二巡察组

组　　长　吴　锋

副 组 长　蒙志国

成　　员　孙雪飞　文小问　张绍彬　冉　娴　赵　祉　胡　桃　陈祥建

巡察对象:敖寨侗族乡及所辖敖寨居委会、岩屋坪社区、瓮背村、杨家寨村、洋世界村、中华山村、两河口村

第三巡察组

组　　长　杨群飞

副 组 长　孙江云

成　　员　吴远勇　崔　静　蒲金保　史　毅

巡察对象: 木杉河社区、仁山社区、开天村、塘边村

此轮巡察,三个巡察组共发现问题182个,整改159个,移交问题线索6件,已办结3件,党纪政纪处分1人。

2.三届区委第二轮巡察

2022年8月16日,三届区委第二轮巡察启动,成立4个巡察组,对区妇联、团区委、区委党史研究室、区工商联、区红十字会、区科协、区残联、区文联,下溪侗族乡及所辖下溪居委会、兴隆村、青龙村、官田村、瓦田村、桂花村、铁门村、报溪村、田龙村共18个党组织开展巡察。

巡察时间:2022年8月16日至2022年10月20日

第一巡察组

组　　长　吴　锋

副 组 长　袁再军

成　　员　付其芹　吴　芳　陈汉斌　杜　君　熊青凤　陈祥建

巡察对象:区工商联、区文联、区委党史研究室

第二巡察组

组　　长　姬黄河

副 组 长　邹　兵

成　　员　何　斌　毛燕飞　杨环华

巡察对象:区红十字会、区科协

第三巡察组

组　　长　杨群飞

副 组 长　杨柳青

成　　员　吴　芳　胡景亮　陈汉斌　曾世雄　崔　静　张绍彬

巡察对象：区妇联、团区委、区残联

第四巡察组

组　　长　蒲光荣

副 组 长　喻诗勇　孙雪飞

成　　员　邹　通　雍　俊　向思明　文小问　冉　娴　赵　祉　胡　桃
　　　　　孙　瑜　杨夏樱子

巡察对象：下溪侗族乡及所辖下溪居委会、兴隆村、青龙村、官田村、瓦田村、桂花村、铁门村、报溪村、田龙村

此轮巡察，四个巡察组共发现问题187个，移交问题线索4件，已办结1件。

3.三届区委第三轮巡察

2022年11月28日，三届区委第三轮巡察启动，成立3个巡察组，对区直机关工委、区老年大学、市第八中学共3个单位（党组织）开展巡察。

巡察时间：2022年11月28日至2022年12月31日

第一巡察组

组　　长　杨群飞

副 组 长　袁再军

成　　员　雍　俊　姬黄河　崔　静　曾世雄　杨环华

巡察对象：区直机关工委

第二巡察组

组　　长　吴　锋

副 组 长　向思明

成　　员　冉　娴　吴　芳　熊青凤　陈祥建

巡察对象：区老年大学

第三巡察组

组　　长　蒲光荣

副 组 长　孙雪飞

成　　员　文小问　孙江云　杨夏樱子　赵　祉　孙　瑜

巡察对象：市第八中学

此轮巡察，三个巡察组共发现问题40个，移交问题线索2件。

第四节 巡察整改措施

自启动巡察工作以来，各巡察机构坚持标本兼治，加强巡视巡察反馈问题整改，以整改成效推动改革，促进发展。一是落实“五步骤”压实问题整改责任。对巡察发现反馈问题，通过梳理问题清单、反馈问题意见、移交问题线索、明确整改时限、督促问题整改五个步骤，建立完整巡察问题整改链，推动问题逐一整改、对账销号。严格落实被巡察单位党组织巡察整改主体责任和主要负责人整改第一责任人责任，对问题整改报告真实性予以签字确认，适时向党内和社会公开，接受监督。截至2021年12月，二届区委巡察发现问题3008个，整改2975个，巡察整改率为98.90%，形成问题线索136件，办结136件，立案26件30人，给予党纪政纪处分29人，移送检察机关2人，新建完善制度400余个，追回资金1200万余元。截止2022年12月，三届区委巡察发现问题369个，整改159个，形成问题线索10件，办结3件，立案2件2人，党纪政务处分1人。二是多举措贯通融合推动问题整改。建立“三个清单”，即问题清单、任务清单、责任清单，实行备案督办、快查快办、销号管理，将巡察反馈意见抄送区纪委区监委、区委组织部，形成整改监督合力。被巡察单位整改方案和问题整改报区纪委区监委、区委组织部、区委巡察组联审，坚持“五个一律”标准，即对党委（党组）未研究整改方案及整改报告的一律不通过、整改方案未明确整改时限的一律不通过、反馈的问题未举一反三的一律不通过、巡察整改报告蜻蜓点水、缺项漏项的一律不通过、未召开民主生活会对巡察反馈问题进行剖析的一律不通过，坚持“优先办、承诺制、短平快”原则，确保巡察反馈问题快查快办。三是严要求强化监督问责形成震慑。树立巡察反馈问责整改导向，对履职不力责任主体，采取批评教育、约谈诫勉、组织处理、纪律处分等措施给予问责。将巡察发现问题并处理情况纳入干部个人年度考核，组织人事部门在领导班子调整、干部选拔任用，听取巡察办和相关巡察组意见，彰显巡察利剑，形成问题震慑，实现推动改革，促进发展。

第五节 巡察人才储备与建设

万山区自组建巡察机构以来，先后在全区各级各部门选取党务、审计、财务、税务等干部，对巡察人才库作调整充实；设置巡察服务中心，配置巡察人员编制，保障全区巡察工作有序开展。

一、巡察人才库

（一）2018年3月22日，区委巡察工作领导小组会议研究，建立巡察人才库，巡察组长库20人，巡察干部人才库102人。

组长库（副组长） 杨克金 杨泽武 向国珍 肖丽琴 刘水平（区人大常委会）
何祥猛 刘桂春 刘　勇（区纪委） 杨政久 冉光权 袁仁荣 卢菊凤
吴　丹 蒲光荣 吴　锋 姬黄河 孙江云 潘大贵 兰　勇 刘　斌

干部库　杨爱虹　陈　磊　张艳华　饶维圣　舒秀明　韩　磊　杨水红　罗　雄　吴远勇
罗金林　杨胜江　袁再军　罗仁良　向仲敏　胡春木　杨　琳　陈汉斌　杨　睿
刘　恒　向　娅　陆俊勇　潘　懿　田丹丹　吴　巍　杨　琳　蒲召云　杨　雪
付其芹　吴金华　吴　芳　吴群雁　吴克灿　刘水平　罗桂梅　袁　磊　罗　锋
李戈甫　杨　超　张　俊　黄　镇　饶　惠　蒲金保　肖子花　杨秀忠　袁再忠
周　鸿　杨　华　蒲　涛　龙　妍　张　猛　杨细领　李　惠　马亚迪　郑小英
张　波　罗　华　雷　蕾　冉晓燕　肖　飘　杨　娅　胡　浩　万兆田　刘泽祥
何　勇　陈武警　何　勇　田永鑫　康　楷　彭万明　杨　菁　李艳萍　覃　敏
刘远康　刘祖超　周　鹃　熊青凤　柳　亮　陈济中　陈兴华　田红春　黄　琴
杨胜明　杨政简　邹　骏　潘自恩　王　乾　孙国彪　梁成库　刘花平　王　丹
何　斌　罗世珍　郁　阳　廖　峰　吴　屏　刘开鸿　李　杰　彭　涛　韩克峰
徐历颖　罗晓娟

（二）2019年12月4日，根据夏红民有关批示精神，对巡察人才库作出调整，调整后巡察组长库12人、巡察干部库93人。

组长库　杨克金　杨泽武　向国珍　肖丽琴　刘水平（区人大常委会）　何祥猛
刘桂春　刘　勇　冉光权　袁仁荣　兰　勇　刘　斌

干部库　蒲金保　肖子花　杨秀忠　袁　磊　罗　锋　李戈甫　杨　超　杨胜江　袁再军
陆　倩　罗仁良　向仲敏　胡春木　杨　琳　陈汉斌　杨　睿　刘　恒　陆俊勇
潘　懿　田丹丹　吴　巍　吴　腾　刘兴刚　陈孟文　蒲　静　余福军　周茂淋
杨小琼　卢华成　张运发　牟晓华　文小问　万兆田　刘泽祥　何　勇　陈武警
田永鑫　杨爱虹　饶维圣　韩　磊　杨水红　罗　雄　罗金林　蒲召云　杨　雪
吴金华　吴　芳　吴群雁　吴克灿　刘水平（区民宗局）　罗桂梅　周　鸿　杨　华
龙　妍　张　猛　杨细领　李　惠　马亚迪　张　波　雷　蕾　肖　飘　杨　娅
胡　浩　康　楷　彭万明　杨　菁　李艳萍　覃　敏　刘远康　周　鹃　熊青凤
柳　亮　孙雪飞　陈兴华　田红春　黄　琴　杨政简　王　乾　梁成库　刘花平
王　丹　何　斌　廖　峰　刘开鸿　李　杰　彭　涛　韩克锋　徐历颖　罗晓娟
冯　俊　饶　惠　张　俊　杨天奎

（三）2021年12月3日，区委巡察工作领导小组会议对巡察人才库作出调整，调整后巡察组长库13人、巡察干部库103人。

组长库　杨克金　杨泽武　肖丽琴　刘桂春　向国珍　冉光权　袁仁荣　吴克玖
刘　斌　兰　勇　刘　勇　姬黄河　孙江云

干部库　罗　扬　万兆田　陈兴华　罗　锋　李戈甫　杨　超　袁文湘　吴　巍
蒲　涛　吴金华　蒲召云　吴　芳　吴群雁　袁再军　梁成库　饶维圣
陈汉斌　吴克灿　李艳萍　田丹丹　何　斌　杨小琼　刘兴刚　姚冬霞
陆　倩　卢华成　胡春木　文小问　潘　懿　杨　琴　陈孟文　陆俊勇

吴　滕　彭　涛　田红春　杨水红　刘泽祥　何　勇　田永鑫　罗桂梅
杨　琳　牟晓华　韩　磊　蒲　静　罗金林　杨丽沙　向仲敏　柳　亮
杨　睿　张运发　罗仁良　杨胜江　余福军　陈　伟　姚登新　罗晓娟
张　俊　周俊文　蒲金保　杨秀忠　秦信敏　王　西　周　鸿　刘江琴
汪　敏　陈明涛　刘开鸿　徐历颖　郭　芳　王　琇　杨天奎　夏　伟
黄　琴　肖子花　杨细领　饶　惠　姚旭华　田　勇　麻国俊　沈海琳
彭万明　杨　菁　覃　敏　刘远康　周　鹃　熊青凤　冯　俊　王　琴
赵　祉　杨　懿　廖　峰　康　楷　张　波　雷　蕾　肖　飘　杨　娅
胡　浩　陈丽萍　侯　旭　刘　锋　钟佳芸　刘东妹　毛燕飞

(四)2022年3月4日,区委巡察工作领导小组会议对巡察人才库作出调整,调整后巡察组长库24人、巡察干部库176人。

组长库　杨克金　刘桂春　冉光权　袁仁荣　吴克玖　刘　斌　刘　勇　姬黄河　孙江云
王　芳　柳　亮　罗仁良　罗仕华　牟朝飞　蒲　涛　杨光亮　罗仁华　李艳萍
杨正飞　吴成稳　刘世跃　沈建斌　田　勇　费友明

干部库　罗　扬　万兆田　陈兴华　李戈甫　杨　超　袁文湘　吴　巍　蒲　涛　吴金华
蒲召云　吴　芳　吴群雁　袁再军　梁成库　饶维圣　陈汉斌　吴克灿　李艳萍
田丹丹　何　斌　杨小琼　刘兴刚　姚冬霞　陆　倩　卢华成　胡春木　文小问
潘　懿　陈孟文　陆俊勇　吴　腾　彭　涛　田红春　杨水红　田永鑫　罗桂梅
杨　琳　牟晓华　韩　磊　罗金林　杨丽沙　向仲敏　柳　亮　杨　睿　张运发
罗仁良　杨胜江　余福军　陈　伟　姚登新　罗晓娟　张　俊　周俊文　蒲金保
杨秀忠　秦信敏　王　西　周　鸿　刘江琴　汪　敏　刘开鸿　徐历颖　郭　芳
王　琇　杨天奎　夏　伟　黄　琴　肖子花　杨细领　饶　惠　姚旭华　田　勇
麻国俊　沈海琳　彭万明　杨　菁　覃　敏　周　鹃　冯　俊　王　琴　赵　祉
杨　懿　廖　峰　康　楷　张　波　雷　蕾　杨　娅　陈丽萍　侯　旭　刘　锋
钟佳芸　刘东妹　毛燕飞　洪莎莎　付辉辉　饶　杨　肖　磊　姚艳云　杜进波
杨柳青　姚海兰　杨　静　黄竟逸　王　艺　刘　茜　谭　琳　刘文彬　王振华
喻诗勇　郜再英　代小琴　黄　涛　成　超　邹小云　晏亚洲　游　沙　戴贤静
宋　伟　姚　杰　陈　庆　黎　丽　姚元池　熊先文　覃旭峰　雍　俊　唐智飞
黄烈峻　姬　璐　张　程　吴承庚　牟　奕　陈　英　龙本德　田如军　何娅飞
黄　慧　郭洁娜　吴仕平　石春丽　刘远学　龙玉华　陈德武　罗文昆　唐大波
娄小敏　姚应松　崔　静　蒋秀群　杨志强　罗怡凌　张　迪　姚顺华　吴周明
唐宜勇　杨秀成　田　甜　杨丰瑞　吴成召　吴　通　吴谋智　徐一帆　宁　蓉
吴先洋　兰士像　张文杰　姜维仕　邹　通　谭　礼　曾　辉　董为芝　石万友
汪子龙　滕沙沙　梁冬妮　陈　敏　杨昌海

二、巡察服务中心

2019年4月12日，为提高巡察工作服务保障能力，区委机构编制委员会印发《中共铜仁市万山区委机构编制委员会办公室关于设立铜仁市万山区巡察服务中心的通知》(万机编办〔2019〕19号)，设立铜仁市万山区巡察服务中心(正股级全额预算管理事业单位)，核定事业编制6名。9月，根据《关于杨芸同志工作调动的通知》(万组干调〔2019〕17号)、《关于简妮莎同志工作调动的通知》(万组干调〔2019〕19号)、《关于聘用杨幸子等九位同志为事业单位工作人员的通知》(万人社干聘〔2019〕9号)，杨芸、简妮莎、杨幸子为巡察服务中心工作员。

2020年4月15日，根据《中共铜仁市万山区委机构编制委员会办公室关于增加铜仁市万山区巡察服务中心事业编制的通知》(万机编办〔2020〕13号)，增加铜仁市万山区巡察服务中心事业编制5名。11月10日，根据《关于冉娴同志工作调动的通知》(万组干调〔2020〕48号)，冉娴为巡察服务中心工作员。12月24日，根据《关于邹兵同志工作调动的通知》(万组干调〔2020〕61号)，邹兵为巡察服务中心工作员。

2021年3月29日，根据《关于任健等同志工作调动的通知》(万组干调〔2021〕18号)，罗维奇为巡察服务中心工作员。8月31日，根据《关于张绍彬同志工作调动的通知》(万组干调〔2021〕35号)，张绍彬为巡察服务中心工作员。

2022年4月1日，根据《关于聘用杨华芳等五十一位同志为事业单位工作人员的通知》(万人社干聘〔2022〕5号)，吴秋鸿为巡察服务中心工作员。

万山区巡察服务中心

(2019年4月至2022年12月)

工作人员	杨　芸(侗族)	2019年9月至2022年12月
	简妮莎(女，苗族)	2019年9月至2022年12月
	杨幸子(女，苗族)	2019年9月至2022年12月
	冉　娴(女，土家族)	2020年11月至2022年12月
	邹　兵	2020年12月至2022年12月
	罗维奇(女，侗族)	2021年3月至2022年12月
	张绍彬(侗族)	2021年8月至2022年12月
	吴秋鸿(女，苗族)	2022年4月至2022年12月

第十七章 党群工作

党组织是根据党章，按照民主集中制组织起来的统一整体，党支部是党的基层组织中最基本的单位，发挥党在社会基层组织中的战斗堡垒和先锋模范作用，是党的全部工作和战斗力的基础。在宣传党的路线、方针、政策和决议，教育、管理、监督党员和组织、宣传、凝聚、服务群众方面发挥着重要的作用。历年来，万山区纪委区监委党支部紧紧围绕抓党建促发展，抓党建促业务，抓党建带队建。始终发挥党建引领作用，促进工会、妇女、离退休等群团组织的发展，调动各方积极因素，维护职工和妇女的合法权益，促进和提高全体干部职工参政议政能力。

第一节 党组织设置

一、党总支成立前的组织情况

1982年8月，建立特区纪委党小组，隶属特区党委机关支部，是年实有3名党员，分别是孙玉峰、梁玉岱、陈湘保。

1985年4月28日，召开党员大会，成立中共万山特区纪律检查委员会支部委员会，选举产生支部委员会班子，陈湘保任支部书记、杨宗银任组织委员兼纪检委员、王德安任宣传委员。共8名党员，其中，家属党员1名，分别是陈湘保、杨宗银、王德安、杨光元、杨贵成、杨胜读、刘爱秀、杨光元的家属吴玖妹。

1986年，共有9名党员，其中家属党员1名，预备党员1名，支委成员3人。

1987年8月8日，召开支部党员大会改选支委班子，刘泽新任支部书记，杨宗银、王德安继续担任支委委员。

1990年8月11日，经特直发〔1990〕31号文件批复，同意将中共万山特区审计局支部委员会分为：万山特区审计局支部委员会和万山特区监察局支部。指定监察局支部由陈宗华召集选举支部领导。1990年9月10日，经特直发〔1990〕37号文件批复，刘洪登为中共特区监察局党支部书记。万山特区监察局有党员4人。

1990年，万山特区纪委机关有正式党员9人，其中女党员1人，少数民族党员8人，副县级党员1人，正局级党员2人，副局级党员5人，科员党员1人。58岁以上2人。经支部大会讨论研究决定，支部书记不由纪委书记、副书记担任。选举信访室主任杨光元担任支部书记，杨光达、陆选贵为支委委员。

1992年，蒲光木任党支部书记，杨光达、陆选贵为支委委员。

1993年8月27日，进行党支部换届选举，应到会有选举权13人，实到会有选举权12人，以差额方式选举产生中共万山特区纪律检查委员会支部新一届委员会，蒲光木、杨光达、向国珍3人当选为委员。当日召开第一次支委会并进行分工，蒲光木任支部书记，杨光达任组织委员兼纪检委员，向国珍任宣传委员兼青年委员。

1994年11月16日，召开支部党员大会增补严若明为支委委员，是年，共有党员12名。

1995年12月12日，召开支部党员大会增补吴水林为支委委员，经1996年1月9日万山特区直属机关工委审批同意，担任支部书记。是年，共有党员14名。

1996年12月23日，进行党支部换届选举，以差额方式选举产生中共万山特区纪委支部新一届委员会，吴水林、梁巨云、黄龙国3人当选为委员。是日，召开第一次支委会并进行分工，吴水林任支部书记，黄龙国任组织委员兼纪检委员，梁巨云任宣传委员兼青年委员。是年，共有党员15人，县团级党员1人，乡科级党员10人，一般党员干部4人，大专以上学历5人。

1998年6月8日，召开支部党员大会，选举邵宗凤、刘泽祥、罗仁相为支部委员，邵宗凤为支部书记。

2002年3月12日，进行党支部换届，产生新一届支部委员会，邵宗凤任支部书记，夏珍任组织委员，黄义强任宣传委员。

2005年8月2日，进行支部换届选举，罗仁相任支部书记，杨清林任组织委员兼纪检委员，吴锋任宣传委员兼统战委员。是年，共有党员20人，其中正式党员18人，预备党员2人，女党员6人，少数民族党员19人，离岗退休党员5人，大专以上文化15人。

2006年11月，罗仁相调特区信访局后，邵宗凤任万山特区纪委监察局机关党支部书记。

2007年4月，姬黄河调特区纪委监察局后，支部改选，姬黄河任支部书记，袁仁东任组织委员，杨成任纪检委员。是年，支部实有党员19人。

2008年，支部实有党员20人。

2009年，支部实有党员21人。

2010年，支部实有党员22人。

2011年5月26日，支部进行换届选举，姚茂桥任机关党支部书记，罗泽亭任党支部副书记，陈济中任组织委员。是年，实有党员人数23人。

2012年11月30日，万直通〔2012〕2号文件明确“中国共产党万山特区纪委监察局支部委员会”更名为“中国共产党铜仁市万山区纪委机关支部委员会”。是年，实有党员人数26人。

2012年10月至2014年8月，罗泽亭任万山区纪委机关党支部书记，陈汉斌任支部副书记，许伯成任宣传委员，杨成任纪检委员。

2014年8月至2017年6月，冉光权任纪委监察局机关党支部书记，袁仁荣任支部副书记，杨爱虹任组织委员，蒙志国任宣传委员，吴芳任纪检委员。

2016年9月29日，因支委委员杨爱虹、吴芳工作调动，经万直复〔2016〕106号文件批复，同意增补向仲敏、陆俊勇2人为支委委员。

二、党总支成立后的组织情况

2017年6月8日，经万直复〔2017〕52号文件批复，同意撤销中共铜仁市万山区纪律检查委员会机关支部委员会，成立“中共铜仁市万山区纪律检查委员会总支部委员会”，总支部下设“中共铜仁市万山区纪律检查委员会总支部委员会第一支部委员会”和“中共铜仁市万山区纪律检查委员会总支部委员会第二支部委员会”。是年，2个党支部实有党员48人，其中预备党员1人、离退休党员8人。

2017年6月20日，中共铜仁市万山区纪委机关支部委员会召开支部党员大会，选举总支部及下设的两个支部新一届支部委员。大会应到会有选举权党员46名，实到会有选举权党员38名。其中，第一支部应到会有选举权党员24名，实到会有选举权党员20名；第二支部应到会有选举权党员22名，实到会有选举权党员18名。根据《中国共产党章程》(以下简称“党章”)规定，采取无记名投票的方式和差额选举办法，选举向仲敏、李双龙、符宁亮、喻诗勇、蒙志国为总支部新一届支委会委员；刘恒、杨睿、陆倩、胡珍、蒙志国为第一支部新一届支委会委员；龙金永、向仲敏、杨琳、杨胜江、陆俊勇为第二支部新一届支委会委员。6月20日，新当选的总支部及下设支部支委会委员分别召开第一次会议，分别选举书记和副书记，并对支委成员进行分工，具体情况：选举符宁亮为总支部书记，蒙志国为总支部副书记，按照分工，向仲敏为总支部组织委员，喻诗勇为总支部宣传委员，李双龙为总支部纪检委员。选举蒙志国为第一支部书记，选举杨睿为第一支部副书记；按照分工，胡珍为第一支部组织委员，陆倩为第一支部宣传委员，刘恒为第一支部纪检委员。选举向仲敏为第二支部书记，选举龙金永为第二支部副书记；按照分工，陆俊勇为第二支部组织委员，杨胜江为第二支部宣传委员，杨琳为第二支部纪检委员。

2019年1月25日，因脱贫攻坚工作人员调整，中共铜仁市万山区纪律检查委员会总支第二支部召开支部党员大会补选委员，选举新的支部委员会委员。大会应到会有选举权党员40人，实到会有选举权党员33名。根据党章规定，采取无记名投票方式和等额选举的办法，选举文小问、付其芹、杨胜江、吴滕、陆俊勇为新的委员会委员。1月25日，新当选的委员召开第一次委员会会议，选举陆俊勇为书记，付其芹为副书记，按照分工，文小问为组织委员，杨胜江为宣传委员，吴滕为纪检委员。

2019年3月4日，经万直复〔2019〕63号文件批复，同意成立中共铜仁市万山区委巡察办支部委员会。4月8日，中共铜仁市万山区委巡察办支部委员会召开支部大会，选举新一届支委委员。大会应到会有选举权党员9名，实到会有选举权党员9名。根据党章规定，采取无记名投票的方式和差额选举办法，选举翟晓晓、吴远勇、郤再英为新一届支委会委员。当日，新当选的支委委员召开第一次会议，选举翟晓晓为书记，按照分工，吴远勇为组织委员，郤再英为宣传委员。

根据党支部标准化建设要求，2020年6月30日，中共铜仁市万山区委巡察办支部委员会召开支部党员大会改选支部书记，应到会有选举权党员11名，实到会有选举权党员10名。根据党章规定，采取无记名投票等额选举方式，选举吴克玖为党支部书记，翟晓晓为支部副书记。

2020年6月19日，中共铜仁市万山区纪律检查委员会总支部委员会召开总支部党员大会进行换届，选举新一届总支部委员会委员。应到会有选举权党员61名，实到会有选举权的党员50名。根据党章规定，采取无记名投票差额选举方式，选举刘勇、刘恒、张志、陆俊勇、姚冬霞为新一届总支部委员会委员。6月19日，新当选的总支部委员会委员召开第一次会议选举刘勇为党总支部书记，刘恒为总支部副书记，并进行分工，陆俊勇担任总支部组织委员，姚冬霞担任宣传委员，张志担任支部纪检委员。选举结果经万直复〔2020〕176号文件批复同意。

2020年6月19日，中共铜仁市万山区纪律检查委员会总支第一支部委员会召开支部党员大会进行换届，选举新一届支部委员会委员。应到会有选举权党员29名，实到会有选举权的党员24名。根据党章规定，采取无记名投票差额选举方式，选举田丹丹、刘恒、牟朝飞、陈武警、蒙志国为新一届的支部委员会委员。6月19日，新当选的支部委员会委员召开第一次会议，选举刘恒为支部书记，蒙志国为支部副书记，并进行分工，牟朝飞任支部组织委员，田丹丹任支部宣传委员，陈武警任支部纪检委员。

2020年6月19日，中共铜仁市万山区纪律检查委员会总支第二支部委员会召开支部党员大会进行换届，选举新一届支部委员会委员。应到会有选举权党员32名，实到会有选举权党员26名。根据党章规定，采取无记名投票差额选举方式，选举张志、吴谋智、杨琳、吴滕、蒲涛为新一届的支部委员会委员。6月19日，新当选的支部委员会委员召开第一次会议选举张志为支部书记，杨琳为支部副书记，并进行分工，吴滕担任支部组织委员，吴谋智担任宣传委员，蒲涛担任支部纪检委员。

2021年9月7日，经万直复〔2021〕423号文件批复，同意成立中共铜仁市万山区纪律检查委员会总支部第三支部委员会(以下简称第三支部)。2021年9月28日召开第三支部党员大会，选举新一届支部委员会委员。应到会有选举权党员21名，实到会有选举权党员18名。根据党章规定，采取无记名投票差额选举方式，选举肖旺、王艺、邹小云、喻诗勇、戴贤静为新一届支部委员会委员。9月28日，新当选支部委员会委员召开第一次会议选举肖旺为支部书记，喻诗勇为支部副书记，并进行分工，戴贤静任支部组织委员，王艺任支部宣传委员，邹小云任支部纪检委员。选举结果经万直复〔2021〕443号文件批复同意。

2021年11月16日，因成立党总支第三支部，以及人员调整，召开第一支部党员大会补选委员4名，大会应到有选举权党员20名，实到会有选举权党员17名，根据党章规定，采取无记名投票差额选举方式，选举杨光亮、陆倩、罗仁华、袁仁荣为新的委员会委员。经万直复〔2021〕481号文件批复，同意袁仁荣任支部书记、罗仁华任支部副书记，杨光亮任组织委员，刘文彬任宣传委员，陆倩任纪检委员。

2021年11月16日，因成立党总支第三支部，以及人员调整，召开第二支部党员大会补选委员3名，大会应到有选举权党员21名，实到会有选举权党员17名，根据党章规定，采取无记名投票差额选举方式，选举田丹丹、成超、宋伟为新的委员会委员。经万直复〔2021〕481号文件批复，同意蒲涛任支部副书记，宋伟任组织委员，田丹丹任宣传委员，成超任纪检委员。

是年，机关三个党支部共72名党员，其中，男党员49人，女党员23人，在职党员65人，离退休党员7人。第一党支部24人，第二党支部25人，第三党支部23人。

2022年2月24日召开万山区纪委党总支党员大会，补选委员会委员5名。应到会有选举权党员62名，实到会有选举权党员56名。根据《中国共产党章程》规定，采取无记名投票差额选举方式，选举李枫、杨昌贵、杨幸子、胡景亮、罗水华为总支部委员会委员。2月24日，总支部委员会委员召开总支部委员会会议选举杨昌贵为总支部书记、姚冬霞为总支部副书记，并进行分工，陆俊勇任组织委员，杨幸子任宣传委员，胡景亮任纪检委员，罗水华任统战委员，李枫任青年委员。选举结果经万直复〔2022〕58号文件批复同意。

2022年9月21日，召开第一支部党员大会，增补选举支部委员会委员2名。应到会有选举权党员23名，实到会有选举权党员19名。根据《中国共产党章程》规定，采取无记名投票差额选举方式，补选吴新月、简妮莎为第一支部委员会委员。9月21日，第一支部委员会召开支部委员会会议，补选举支部副书记1名。应到会有选举权的支委委员5名，实到会有选举权的支委委员4名。根据《中国共产党章程》规定，采取无记名投票等额选举方式，补选杨光亮为第一支部委员会副书记，会上进行职责分工，简妮莎担任支部组织委员，吴新月担任宣传委员。选举结果经万直复〔2022〕337号文件批复同意。

2022年9月26日，中共铜仁市万山区纪律检查委员会总支部第三支部委员会(以下简称第三支部)召开党员大会，补选举支部委员会委员3名。应到会有选举权党员26名，实到会有选举权党员21名。根据《中国共产党章程》规定，采取无记名投票差额选举方式，补选举代小琴、姚冬霞、黄竟逸为第三支部委员会委员。9月26日，第三支部委员会委员召开支部委员会会议，补选举支部书记1名。应到有选举权的支委委员5名，实到会有选举权的支委委员5名。根据《中国共产党章程》规定，采取无记名投票等额选举方式，选举姚冬霞为第三支部委员会书记，会上进行职责分工，黄竟逸担任支部组织委员，代小琴担任宣传委员。选举结果经万直复〔2022〕353号文件批复同意。

是年，万山区纪委区监委机关党总支下设4个党支部，党员人数共89人，其中在职党员82人，退休党员7人，男党员59人，女党员30人。发展对象2人，入党积极分子1人。第一党支部共24名党员，第二党支部共25名党员，第三党支部共25名党员。巡察办党支部共15名党员，4个党支部下设7个党小组。党总支班子成员设7名，即总支部书记、副书记、组织委员、宣传委员、纪检委员、统战委员、青年委员，总支部书记由区纪委副书记担任。下属4个党支部班子成员均为5名，即支部书记、副书记、组织委员、宣传委员、纪检委员。

三、机关党建主要活动

1985年，开展整党学习教育，第一阶段是整党学习，第二阶段是对照检查。组织党员学习关于整党的文件精神、领导讲话、党章、中共十二届四中全会精神、《党员必读》《反对自由主义》《关于党内政治生活的若干准则》等资料。对是否符合党员进行重新排查登记，经研究决定，万山特区纪委党员全部符合条件并进行登记。推选杨贵成作为特区直属机关党委的党代会代表。

1986年，学习中共十二届六中全会和中央纪委第八次会议精神。抓好“两个文明”建设。6月16日，讨论杨光达为预备党员事项，应到8名党员，实到6名党员一致同意杨光达为中共预备党员。

1987年，学习贯彻中共十三大精神、第十一届中央纪委第三次全体会议公报。每周一、周六为政治、业务学习和组织生活，学习《中国共产党章程》、《关于党内政治生活的若干准则》等。开展党性、党纪、党风教育。评选刘泽新作为优秀党员上报特区机关党委表彰。推选王德安为特区党代表候选人。6月20日，召开党员大会研究讨论杨光达预备党员转正事项，应到8名党员，实到7名党员一致同意杨光达按期转为中共正式党员。

1988年，深入学习中共十三大、十三届三中全会和中纪委二次、三次全会精神。以每周一、周六政治学习和组织生活分题分段地学习讨论，开展党性、党风、党纪教育，提高党员素质。

1989年，学习贯彻中共十三届四、五中全会和江泽民总书记在中华人民共和国成立四十周年大会上的讲话精神。抓党风党纪教育。组织党员认真学习《关于严明党的纪律维护党的团结统一的通知》，全体党员坚定立场，严守纪律，在政治上和行动上坚持与党中央保持一致，没有党员参与动乱。

1990年，学习贯彻中共十三届四、五、六中全会精神及中央领导的讲话精神。抓党员的政治、业务学习。学习雷锋、焦裕禄的先进事迹。参加马克思主义理论学习培训班的学习和考试。全年共组织学习会议15次。开展密切联系群众活动，万山特区纪委联系万山镇，万山特区监察局联系水眼坪村。抽调3批6人到乡(镇)工作，深入万山镇土坪、老街村及特区酒厂、酱油厂等掌握农户、工人生活情况，帮助解决困难，给予经济救济。同时，到洪灾一线参与抢险救灾。评选杨宗银作为出席全省纪检系统工作者表彰大会。

1991年，学习贯彻中共十三届七中全会精神，加强党风党纪教育和廉政建设，重点学习党章、《关于党内政治生活的若干准则》《中共中央关于制定国民经济和社会发展十年规划和“八五”计划的建设》《中华人民共和国行政监察条例》等，以及向优秀纪检干部覃光松学习。

1992年，学习贯彻中共十四大精神、新党章、邓小平南方谈话精神等。开展党风党纪教育，“一查二学”活动。4月13日召开党员大会，应到12名党员，实到9人，同意接收邵宗凤为中共预备党员，报万山特区直属机关工委审批同意(特直发21号)。“七一”开展支部象棋赛，拱猪赛活动。评选陆选贵作为优秀党员报特直机关党委表彰。王德安被评为优秀纪检干部，被中共贵州省纪委表彰。评议刘元方、王德安、封贵安为年度优秀党员。

1993年，学习贯彻中共十四大精神和邓小平建设有中国特色社会主义理论、中纪委二次全会公报精神等。端正党风，惩治腐败，抓好党风党纪教育和廉政建设，举办“反腐倡廉”演讲竞赛教育活动。学习落实换届选举纪律。对照中央关于党政领导干部廉洁自律五条规定，即“十一个不准”进行自查，召开专题民主生活会。推选蒲光木作为出席万山特区党代会代表候选人。评选黄龙国作为优秀党员上报特直机关党委表彰。特直发〔1993〕07号批准邵宗凤按期转为中共正式党员。确定王贵权为入党积极分子，报特直机关党委。评议严若明、王德安、邵宗凤、罗洪信为年度优秀党员。

1994年，学习贯彻中共十四届五中全会、中央纪委四次全会精神。开展党员电化教育，观看电视录像片进行教育。对照领导干部廉洁自律“五条规定”召开支部组织生活会。把整顿机关作风和“解放思想大讨论”相结合，教育党员干部。11月16日，召开支部大会增补严若明为支部委员，报万山特区直属机关党委审批同意。12月12日，召开支部党员大会，讨论同意接收王贵权为中共预备党员，同时，推选罗洪信出席省纪委、监察厅表彰的先进个人大会。评议严若明、黄龙国为万山特区纪委党支部优秀党员。

1995年，学习贯彻落实中共十四届五中全会、中央纪委五次全会精神。加强党员思想政治教育，号召党员干部带头讲政治，带头争先创优，向新时期共产党员楷模孔繁森学习。组织党员干部抗洪抢险救灾。关心党员干部，帮助调解家庭矛盾纠纷和解决困难，为2名职工维修住房。积极参与农村工作，协助联系万山镇老街村开展工作。3月11日，张昌裕向党组织递交入党申请书。在党支部年度组织生活会上评议王德安、王贵权、黄龙国、邵宗凤为年度优秀共产党员。

1996年，学习贯彻中共十四届五中、六中全会和中央纪委六次全会精神。制定每星期二、星期五为支部党员学习时间。向纪检监察干部楷模曹克明学习。评议罗洪信、黄龙国、梁巨云为万山特区纪委支部年度优秀共产党员。

1997年，学习贯彻中共十四届六中全会、十五大和中央纪委八次、九次全会精神。开展党纪政纪教育，组织党员干部学习《中国共产党纪律处分条例(试行)》《中国共产党党员领导干部廉洁从政若干准则(试行)》《中华人民共和国行政监察法》等。为迎接香港回归进行爱党爱国教育和《党规党纪条规手册》等学习。

1998年，开展党纪政纪法规学习，组织党员干部学习《中国共产党纪律处分条例(试行)》《中国共产党党员领导干部廉洁从政若干准则(试行)》《中华人民共和国行政监察法》等。

1999年，学习贯彻落实中共十五大、中央纪委第三次全体会议精神。以“讲学习、讲政治、讲正气”抓党员的党性党风党纪教育。开展党员领导干部廉洁自律专题民主生活会。

2000年，贯彻落实中共十五大和十五届三中、四中全会精神。开展“三讲”教育，利用成克杰、胡长清等重大典型案例对党员干部进行警示教育。评议梁巨云、黄龙国为年度优秀党员。

2001年，贯彻落实中共十五届六中全会、省委八届八次全会及铜仁地区纪检监察工作会议精神。开展“三个代表”重要思想学习教育和作风教育整顿，到万山镇老街村、万山镇小学为民办实事3件，解决实际困难和问题2个。对照“八个坚持、八个反对”要求和开展“三讲”教育“回头看”活动，加强自身建设。学习郭秀明、江洋湖等模范人物先进事迹，增强党员干部党性觉悟和宗旨观念。参加庆祝中国共产党成立80周年歌唱比赛。2月27日，召开支部党员大会讨论接收吴志明为中共预备党员，报万山特区直属机关工委审批同意。“七一”推选刘泽祥为优秀共产党员上报万山特区直属机关工委。评议杨均成、刘泽祥为年度优秀共产党员。

2002年，学习贯彻落实江泽民总书记“5·31”重要讲话和中共十五届六中全会、中共十六大、中央纪委七次全会、省纪委六次全会及省第九次党代会、铜仁地区纪检监察工作会议精神。以整顿机关工作作风为契机，抓全体党员干部的党风、党纪、勤政、廉政教育。全年共组织党员干部学习100余次，主要学习《中共中央关于加强和改进党的作风建设的决定》，中共十五届五中、六中全会精神和纪检监察业务知识。3月12日，进行党支部换届，产生新一届支部委员会，邵宗凤任支部书记，夏珍任组织委员，黄义强任宣传委员；同时讨论吴志明按期转为中共正式党员，报万山特区直属机关工委审批同意。按照“坚持标准、保证质量、改善条件、慎重发展”的方针，《中国共产党发展党员工作细则(试行)》以及关于做好发展党员“一示二审”工作意见，有计划地发展党员。对申请入党的积极分子，建立党员联系人制度。确定刘洪森、张昌裕为入党积极分子。认真落实“三会一课”制度，整顿机关工作作风期间，召开民主生活会。党员按时足额交纳党费，签订《党风廉政建设责任制书》。开展“讲学习、比奉献”等活动，涌现出爱岗敬业、默默奉献的罗仁相，加班加点忘我工作的王贵权。“七一”评选罗仁相为优秀共产党员，邵宗凤为优秀党务工作者。

2003年，一是开展思想政治工作。认真贯彻执行党的路线、方针、政策和党组织的决议。有计划地组织党员学习教育，按规定半年向全体党员和直属党委报告工作。组织党员加强政治理论学习，按照中共中央《关于加强和改进思想政治工作的若干意见》要求，确保每周半天学习时间，学习马列主义、毛泽东思想、邓小平理论、“三个代表”重要思想学习纲要、中共十六大新党章、上级纪委有关文件精神和业务知识。采取书记会、常委会、科室主任会、党员干部职工会，多层次、多角度学习和讨论。《“三个代表”重要思想学习纲要》人手1册，把学习与查找自身存在的“五风”，即思想作风、工作作风、学风、领导作风、生活作风和党风廉政建设学习相结合，各自撰写2篇至3篇心得体会，共撰写读书笔记200余篇，心得体会65篇。二是加强班子建设。党支部班子健全，严格执行民主集中制原则，班子成员有团结协作精神，支委成员实行党建工作责任制，按时召开民主生活会，开展活动经费有保障。三是组织生活工作。支部党员大会、支委会按时召开，刘先银书记亲自上党课，党支部按要求开展批评与自我批评组织生活会。四是民主评议党员工作。民主评议党员有计划，有小结，其评议标准是地纪委目标考核办法与特直党委的目标考核相结合进行评议，2003年度支部党员全部合格，评选优秀党员2名，并进行表彰。五是发展党员工作。是年，接收张昌裕为中共预备党员，发展积极分子1名，并填写《入党积极分子考察写实》。六是党费收缴工作。党员按期按比例足额交纳党费，全年共上缴党费2414.4元。七是党风及党内监督工作。党员认真履行党员义务，在工作、生活中严格遵守党纪国法及有关条规，廉洁奉公，没有发现违法违纪党员，召开民主生活会做到会前广泛征求群众意见，会上敢于开展批评和自我批评，会后及时如实向上级党组织报告，关心退休党员。严格执行领导干部个人重大事项报告制度、礼品登记制度。八是精神文明建设工作。组织党员、干部学习党的路线、方针、政策及国家法律、法规，树立正确的世界观、人生观、价值观，积极开展“创先争优”和“送温暖，献爱心”活动。为下溪、黄道发生火灾，共捐赠1060元，衣服78件。

2004年，坚持以邓小平理论和“三个代表”重要思想为指导，认真学习贯彻中共十六大和十六届三中、四中全会，中央纪委三、四次全会，省纪委三、四次全会精神，紧紧围绕全特区“三个重点、三个带动”发展战略，围绕全面建设小康社会奋斗目标，按照“为民、务实、清廉”要求，“坚持党要管党和从严治党”方针。一是加强党的思想建设，抓好党员、干部思想教育。制订学习计划，坚持学习制度，有步骤地开展一系列学习活动，并将学习活动作为党员干部年终评先选优的条件之一。学习《中国共产党章程》《中共中央关于加强党的执政能力建设的决定》《中国共产党党内监督条例(试行)》及党的各项方针、政策和郑培民、梁雨润、张建国、牛玉儒等先进事迹，参观反腐倡廉案例图片展，收看反腐败录音报告等。主要采取集中学习、自学和专题研究讨论相结合的方式，通过观看录像、听报告会、参观学习等方法。把学习与查找自身存在的“五风”，即思想作风、工作作风、学风、领导作风、生活作风和党风廉政建设学习相结合，增强党的观念，坚定党的信念，牢记党的宗旨，保持党员队伍的先进性和纯洁性，确保“三个代表”重要思想、一法四条例学习取得实效。组织集中学习15次，进行知识测试3次，党员干部共撰写读书笔记200余篇，心得体会45篇。二是加强党的组织建设，做好入党积极分子的教育和预备党员转正工作。9月27日，讨论同意张昌裕按期转为中共正式党员，同时培养2名入党积极分子。对新党员进行宣誓和交心座谈，使新党员进一步表述如何做一名合格党员，教育老党员，激发入党积极分子。三是加强党的作风建设，深入群众，为群众办实事。按照“为民、务实、清廉"要求,成立党风廉政建设领导小组、治理赌博领导小组和人口与计划生育领导小组。支部书记与党员签订党风廉政建设责任状,赌博责任状,计划生育责任状。支部成员分工明确,坚持集体和个人分工相结合的制度。开展"献爱心"活动,为患病的肖寒同学捐助1300元。支持配合联系村搞好春耕生产和"三秋"工作,专题研究联系村扶贫工作3次,到联系村开展工作20天,帮助联系村解决农业生产等方面困难,为老街村龙塘坪组协调解决饮水问题。全年共协调支持基层经费达6000余元。对出现家庭矛盾的党员干部,予以密切关注,主动沟通交流,统一认识,理顺情绪,让干部心情愉快地投入工作。坚持"三会一课"和民主集中制的组织原则,按时召开民主生活会,做到会前广泛征求群众意见,会中认真开展批评与自我批评,相互分析原因,总结经验教训,真正达到同志间互通感情,增进中共解,消除隔阂,促进团结,共同提高的目的。严格执行四大纪律和八项要求。开展社会公德、职业道德、家庭美德教育活动,不断提高党员干部和职工的思想道德和科学文化素质,自觉遵守"爱国守法、文明诚信、团结友善、勤俭自强、敬业奉献"的精神。2004年,在全体党员干部的努力下,被直属机关党委评为党建目标先进单位。

2005年,按照中央部署和特区党委安排,以"标准更高、要求更严、效果更好"要求,扎实推进保持共产党员先进性教育活动。成立中共万山特区纪委党支部保持共产党员先进性教育活动领导小组,刘先银任组长,领导小组下设办公室,邵宗凤兼任办公室主任,杨清林负责办公室各项日常工作,办公室下设资料组、宣传组、督查组。制定《万山特区纪委党支部关于开展保持共产党员先进性教育活动工作方案》。组织学习邓小平理论、"三个代表"重要思想,举办委局机关保持共产党员先进性教育活动形势报告会、上党课以及开展革命传统教育,进一步提高机关全体党员对开展保持共产党员先进性教育活动重要性的认识,取得良好的学习教育效果。全体党员参加集中学习40学时以上,每个干部完成读书笔记2万余字,心得体会2篇以上,政治思想觉悟有明显进步。5月20日,召开支部党员大会,讨论接收杨成、杨超为中共预备党员。5月21日,组织15名党员和2名入党积极分子到湖南省芷江县凯旋门参观学习革命旧址。认真开展"做党的忠诚卫士,当群众的贴心人"主题实践活动。积极为群众做好事、办实事,为困难群众和党员捐款捐物折合人民币共计2万余元。召开现场清退会1次,清退金额1180元,为有关部门挽回经济损失7000元,为个体户追回打印费1200余元。

2006年,坚持以邓小平理论和"三个代表"重要思想为指导,认真学习贯彻中共十六大和十六届三中、四中、五中、六中全会,中纪委历次全会,国务院第四次廉政工作会议,省纪委历次全会精神及中央、省、地和特区委关于开展保持共产党员先进性教育活动精神,紧紧围绕特区委、特区人民政府的各项方针、政策,按照"为民、务实、清廉"要求,"坚持党要管党和从严治党"方针。首先加强学习,提高自身素质,强化自身建设。机关采取多种形式狠抓干部特别是党员领导干部的学习不放松。一是营造学习氛围,充分利用横幅、简报、专栏、学习园地等形式营造教育声势,活跃学习氛围,使全体党员在浓厚的学习氛围中自觉接受教育熏陶。二是丰富学习内容,在集中学习过程中,充分发挥每个党员的主观能动性,认真撰写心得体会,组织开展集中交流学习讨论,明确中心发言人,由中心发言人组织每个党员结合各自的工作和思想实际,进行交流发言,将单一的"说教式"学习改变为"互动式"学习,丰富学习形式。三是在学习过程中,坚持将集中学习、个人自学与开展科室主任上党课、领导班子成员讲理论、党员讨论交流思想"等专题学习相结合,注重"要我学"变为"我要学"。党员干部认真撰写读书笔记27篇3万字以上，每名党员撰写心得体会3篇，发表相关党建信息18篇。其次精心组织部署，着力解决群众关心的热点难点问题。一是强化服务意识，实行“四个规范”，即规范办事程序，规范办事范围，规范办事纪律，规范办事语言。推出首问责任制，服务承诺制和限时办结制等30多项制度。二是推行委局班子成员赶场天接待日制度，直接受理群众投诉。三是在电视上开通《互不干涉与行风热线》栏目，向社会公开受理范围、时间、方式、服务宗旨、办事时限，同时从特区人大代表、政协委员和社会群众中聘请10名原则性强、敢于碰硬、敢于负责的监督员专门监督热线栏目的落实情况。自栏目建立后，共受理群众、客商、部门投诉60多件次，办结率达100%，其中查实损害投资软环境和群众利益10件，涉及金额13万余元，清退3.5万元，清欠8万元，上缴财政1.53万元。再次以开展保持共产党员先进性教育活动为契机，深入开展“做党的忠诚卫士，当群众的贴心人”主题实践活动，具体强化“四看十思”。党支部为三角岩困难职工自发捐款6000余元；为一企业追收恶意拖欠款8140元；为老山口村现场解决办公经费1000元，走访慰问吴洪林等3户老党员、老村干，并向3户贫困党员送去3床棉被、3件棉衣和600元慰问金；为万山镇老街居委会和新街居委会各解决先进性教育活动经费500元；针对“5181”项目黄道乡丹阳村渠道工程拖欠农民工工资问题，经实地调查，最终使拖欠时间长达5年之久的5.2万元工程款回到农民工手中。经谈话教育，使某公司负责人主动上门偿还拖欠长达两年之久的打印费1200元。最后是内强素质、外塑形象，倾力打造团结、勤奋、务实的纪检监察队伍新形象。一是抓党员干部交心谈心。利用党员学习会、党员座谈会，与党员沟通思想，交心谈心，认真了解他们对单位、工作、同事的看法及生活上存在的困难和问题，做到发现问题及时解决。同时，有针对性地帮助思想上存在明显问题的党员，使他们提高认识，修正错误。二是抓党员干部自我分析评议。主要表现为四方面，即“真准深像”。三是抓党员关系融洽。开展“先进个人、文明科室、优秀党员、文明家庭”等评选活动，增强同志间的相互学习，取长补短，增进了解，加强团结，促进工作。5月19日，召开支部党员大会，同意杨成、杨超按期转为中共正式党员。

2007年，深入学习宣传贯彻中共十七大精神。围绕“思想作风、学风、工作作风、领导作风、生活作风”五个主要方面和倡导“八个方面的良好风气”等内容开展作风教育整顿。开展党员领导干部“加强作风建设、促进廉洁从政”主题教育活动。以作风建设为主题开展党员领导干部专题民主生活会。

2008年1月，全体纪检监察干部响应特区党委、特区人民政府的号召，向特区受雪灾群众开展送温暖献爱心活动，干部职工捐款金额共420元。2月2日，天寒地冻，特区常委、纪委书记王贵军一行4人共走访慰问11户离退休干部。春节将至，特区纪委副书记、监察局局长张静一行4人，冒着严寒，踏着凝冻来到三角岩社区走访慰问受灾群众，把党和政府的亲切关怀和温暖送给人民群众。共走访群众137户，慰问特困户8户，给孤寡老人送水15户，给特困户送米10公斤、油2.5公斤、蜡烛500支。学习抗凝冻赈灾英雄纪检监察干部李彬的先进事迹。4月，围绕“迎奥运、讲文明、树新风、促和谐”，以创建“优良作风、优质服务、优美环境”机关及建设“忠诚、廉洁、高效”公务员队伍为目标，开展“创文明满意机关，做人民满意公务员”主题实践活动。9月12日，王贵军率民政局、下溪乡主要负责人及委局工作人员组成慰问小组，携带月饼、水果和慰问金，对下溪乡低保、五保、优抚对象、特困党员和其他因灾因病因残造成生活困难特困户等进行走访慰问。12月24日王贵军率纪检监察支部党员到联系点下溪乡米贡山村开展党员结对帮扶困难党员群众，送去“一帮一扶”助资金1600元，慰问5户贫困户。

2009年，学习贯彻实践科学发展观。春节期间，纪委书记王贵军走访慰问4名困难群众，纪委副书记、监察局局长张静走访慰问3名困难群众。3月23日召开学习实践科学发展观活动动员会，会上宣读活动《实施方案》，成立机关学习实践活动领导小组，制定《专题辅导讲座提纲》，活动日程安排，制作活动展板，学习部分《科学发展观摘编》，特区委检查指导组第一组组长徐元顺一行3人到会指导。深入三角岩社区对群众基本生活情况进行摸底调查。5月，王贵军指导观音塘社区抓好禁毒工作，送去500元现金。8月27日，到张家湾社区慰问贫困大学生黄灵敏，送去2000元资助金。深入解放街社区进行指导，送去500元帮扶金。国庆期间，王贵军带领单位干部职工深入社区了解情况，走访慰问部分老党员、老干部，送去慰问品。

2010年，学习贯彻《中国共产党党员领导干部廉洁从政若干准则》《随省委书记走村进寨“六记六思”》，学习“全国优秀共产党员”郭明义先进事迹，学习他坚定信念的政治品质，恪尽职守的敬业精神和心系群众的高尚情操，克己奉公的优良品德。开展“三个建设”和“四帮四促”，“创建文明机关 做人民满意公务员”“忠诚践行宗旨、勤政廉政为民”教育活动。到特区兴隆锰业公司、兴隆村、青龙村宣传党的理论政策，帮助厘清发展思路，解决实际困难。与下溪乡开展支部联建活动，从办公经费中挤出1万元用于支持下溪乡联系村开展“四帮四促”活动，为民办实事做好事。王贵军到兴隆村开展确定联系贫困户14户46人，化解矛盾纠纷，接访群众20余人次。推选中共十八大代表候选人，省十一次党代会代表候选人，铜仁市第一次党代会代表。

2011年1月1日，特区进入低温凝冻天气，为解决受灾困难群众生活问题，帮助灾区群众搞好生产自救。特区纪委监察局机关积极开展向灾区群众捐助活动，纪检监察干部积极捐款捐物，筹集资金，给一线灾民送去实实在在的温暖，让他们渡过雪凝难关。特区纪委监察局发放帮扶资金1.1万元和200公斤大米。1月18日，特区委常委、纪委书记吴廷友一行4人，冒着严寒，踏着大雪，先后走访慰问从纪检监察战线上退休的6名老干部，送去2400元慰问金和生活慰问品，把党的关怀和全体纪检监察干部的新春祝福送到他们心中。为进一步推进创先争优活动，丰富“三个建设年”活动内涵，开展党务公开和党员承诺制工作，结合党员各自工作岗位，认真填写承诺事项，公开作出承诺，将承诺书在公开栏内进行公示，广泛接受监督。3月26日，万山特区纪委副书记、监察局长杨胜金一行5人，深入谢桥办事处挞扒洞村开展“四帮四促”活动，从有限的办公经费中挤出1.4余元，有效解决该村塔寨组302人的饮水安全问题。5月13日，特区纪委监察局成立“百名干部下基层、四帮四促助发展”活动领导小组。以“送政策、理思路、办实事、促发展”为主题，紧紧围绕作风建设年活动的相关要求，进一步加强和改进新形势下群众工作。为贯彻落实好特区党委、特区人民政府关于联系社区工作的部署和要求，纪委监察局联系三角岩社区第八居民小组59户156人。其中，退休职工26人，抚恤人员2人，一次性安置11人，城镇低保16人，困难户29户，在职人员1人。

2012年1月11日，万山区委常委、纪委书记吴廷友一行8人，冒严寒，顶风雪，先后走访离(退)休老干部及遗孀19户。1月17日上午，区纪委副书记、监察局长杨胜金一行人走访慰问委局机关退休老干部;下午吴廷友走访慰问联系村下溪乡桂花村的困难老党员,为他们送去生活慰问品,把党的关怀和政府的新春祝福送到他们心中。6月29日,为庆祝中国共产党成立91周年,区纪委与市纪委在高楼坪乡黄家寨开展一场以"铭党恩、促党建"为主题的联谊活动,100余名党员参加。市纪委副书记、监察局局长彭远斌出席联谊活动并作重要讲话,市纪委副书记蔡光莲等市纪委领导出席联谊活动。区委副书记、区人民政府区长张吉刚,区人大常委会主任李孟辉,区委常委、纪委书记吴廷友参加联谊活动。是年,区纪委监察局以深入开展"百名干部下基层、四帮四助促发展"、双千结对帮扶、支部联建等活动,让党员干部在实践中坚持尊重群众、贴近群众、深入群众,增进与群众的感情。为联系村下溪乡桂花村协调资金600余万元,完成全村社会固定资产投入800余万元,实现人均受益6000余元,办理大小实事60余件,帮扶工作取得明显成效,工作事迹和经验得到省、市充分肯定。

2013年,学习贯彻落实中共十八大,十八届二中、三中全会,中央、省、市纪委全会精神和习近平总书记在党的群众路线教育实践活动上的讲话精神。认真落实中央八项规定、省市"十项规定"和纪委"转作风、转职能、转方式"精神。学习《中国共产党纪律处分条例》《中华人民共和国行政监察法》等党纪政纪法规,不断提高党员的思想政治、业务水平和服务水平。6月2日至3日,组队参加全市"学习党章、廉洁奉公"廉政知识竞赛活动,荣获三等奖。

2014年,组织党员参加第二批党的群众路线教育实践活动,按照"照镜子、正衣冠、洗洗澡、治治病"的总要求,集中解决"四风"问题。认真学习落实习近平总书记关于党的群众路线教育实践活动的系列讲话精神,学习新党章、《论群众路线—重要论述摘要》、文朝荣的先进事迹,观看《苏联亡党亡国20年祭—俄罗斯人在诉说》等,并撰写心得体会,增强党员党性教育和宗旨意识。

2015年,区纪委监察局机关支部以科学发展观为指导,加强党的执政能力建设和先进性建设为重点,以"三严三实"教育为契机,以开展"三联三帮·助推同步小康"活动为主线,紧紧围绕职能抓党建、抓好党建促发展,求真务实,锐意创新,全面推进党的思想建设、组织建设、作风建设、制度建设和反腐倡廉建设,为推进全区转型崛起、跨越发展,同步小康提供坚强有力的组织保证。一是以建设"学习型支部"为切入点,打牢党员干部的政治基础。支部始终把党员干部学习教育作为加强党的思想建设、推动党建和业务工作的重要手段。制定下发《万山区纪委监察局委局机关建设学习型机关实施方案》,召开动员部署会议,为每位党员干部购买4本图书,就做好学习型机关建设作出详细全面安排。全年,共开展"三严三实"专题研讨3次;举办综合业务培训2次;选派18名纪检监察干部参加中央、省、市纪委举办的各类培训,选派3名年轻骨干到市纪委跟班学习,为干部职工购买党纪法规、纪检监察业务知识等相关书籍124本,为干部"加油充电"。二是以干部"贴标·亮牌"管理为立足点,加强干部作风建设。在积极开展"庸懒散慢浮"作风专项整治基础上,要求党员干部转观念、转作风、抓落实。下半年,以推进干部"贴标·亮牌"管理为立足点,切实加强干部作风建设。要求全体党员严格对照新《中国共产党党员领导干部廉洁从政若干准则》《中国共产党纪律处分条例》要求,认真总结检查各自在学风、思想作风、纪律作风、工作作风、生活作风等方面表现,进行全面深刻自我剖析、查摆问题、寻找差距,并提出具体整改措施。对1名党员干部因办案泄密问题给予严重警告处分;对3名干部因"不作为"进行提醒谈话;对11名干部因上班迟到进行通报批评。三是以队伍建设为目标,做好党员发展和管理工作。按照"党管干部"的原则,对干部实行严格要求、严格教育、严格管理、严格监督，确保所有党员都能参加组织生活。按照“坚持标准、保证质量、改善结构、慎重发展”的方针，强化发展党员对象培养，严格履行入党手续，不断改善党员队伍结构，注重发展年轻干部，为党组织输送新鲜血液，不断壮大党员干部队伍。培养积极分子1名，接收新党员1名，按期转为正式党员1名。注重开展“双培”活动，把党员培养成业务骨干，把业务骨干培养成党员，在工作中积极发挥党员先锋模范作用，注重在日常工作中发现先进典型。四是以“三联三帮”活动为载体，做好联系村帮扶工作。选派一名研究生党员陆俊勇到下溪乡报溪村任驻村第一书记。按照《关于印发〈万山区直机关工委关于实施“三联三帮·助推同步小康”工作方案〉的通知》要求，积极与下溪乡报溪村党支部开展联建工作，组织党员干部经常性到报溪开展帮扶工作。党支部32名党员干部共为报溪村办实事28件，其中，争取项目6个，项目资金51.16万元；帮扶产业带头人16户，解决资金20.82万元；帮扶困难户16户，解决问题150个，走访慰问32人，发放慰问金2万多元；帮扶计生户8户，解决资金2500元。

2016年，学习贯彻中共十八届六中全会精神，以开展“两学一做”学习教育为契机，以“三联三帮·助推同步小康”活动、“四讲四有”专题研讨为主线，紧紧围绕职能抓党建、抓好党建促发展，推动全面从严治党向基层延伸，为建设现代化魅力新万山提供有力的纪律保障。一是以“两学一做”学习教育为切入点，打牢党员干部的政治基础。制定《万山区纪委监察局委局机关“两学一做”学习教育实施方案》，召开动员部署会议，定期开展“四讲四有”专题研讨，每位党员干部积极撰写发言稿和心得体会。共开展“四讲四有”专题研讨4次；举办综合业务培训2次；选派27名纪检监察干部参加中央、省、市纪委举办的各类培训，选派2名年轻骨干到市纪委跟班学习，为干部职工购买党纪法规、纪检监察业务知识等相关书籍200余本，增强党员干部执纪监督能力。二是加强干部作风建设。在继续开展“庸懒散慢浮”作风专项整治的基础上，要求全体党员检查各自在学风、思想作风、纪律作风、工作作风、生活作风等方面的表现，切实加强干部作风建设。对2名党员干部因“不作为”进行提醒谈话；对7名干部因上班迟到、超期未结案现象进行通报批评，书面检查3人。三是以队伍自身建设为立足点，做好发展党员和管理工作。对党员干部实行严格要求、严格教育、严格管理、严格监督，确保所有党员都参加组织生活。在工作中积极发挥党员先锋模范作用，注重日常工作中发现先进典型，“七一”2名党员得到区委和区直属机关工委表彰。按照“坚持标准、保证质量、改善结构、慎重发展”的方针，注重发展年轻干部，严格履行入党手续，为党组织输送新鲜血液。培养入党积极分子1名，培养发展对象1名，按期转正1名，因工作需要增选支委委员2名。四是深化推进“三联三帮”活动，做好联系村帮扶工作。以“精准扶贫帮扶活动”为载体，按照《关于印发〈万山区直机关工委关于实施“三联三帮·助推同步小康”工作方案〉的通知》要求，与高楼坪乡羊尾舟村党支部开展联建工作，实施结对帮扶工作，派出1名党员干部驻村开展精准扶贫帮扶工作，36名党员干部开展“5321”结对帮扶，经常性到羊尾舟开展帮扶工作。全体党员干部共为羊尾舟村办实事142件，争取大项目3个，项目资金600万余元；帮扶建档立卡精准扶贫户60户175人，解决问题121个，走访慰问200余人次，协调资金15万元，为60户精准扶贫户注入入股资金。解决大米、油、棉被等物资价值2万余元。

2017年，坚持以马列主义、毛泽东思想、邓小平理论、“三个代表”重要思想、科学发展观为指导，学习党的路线、方针、政策及中共十八届历次全会、十九大精神以及中央、省市历次纪委全会精神，全面加强党的思想建设、组织建设和作风建设，全体党员干部学思践悟、忠诚干净、担当作为，积极发挥党支部的战斗堡垒作用，为建设现代化魅力新万山提供纪律保障。一是突出政治理论武装，推进学习型机关党组织建设。把党员干部学习教育作为加强党的思想建设、推动党建和业务工作的重要手段，强化思想理论学习，学习中共十八届历次全会和习近平总书记系列重要讲话精神。教育和引导党员坚定理想信念，坚守共产党人精神追求，用中国特色社会主义理论武装头脑。通过专家授课、专题辅导、集中学习、撰写体会、交流心得等方式，不断强化理论武装，提高党员的政治素养和理论水平。二是开展专项教育活动，营造积极向上的机关氛围。开展“两学一做”学习教育，广泛听取意见、撰写心得，通过学习教育活动，全体党员在政治思想、作为担当上都有进一步提升。学习教育活动期间，全体党员干部共入户走访730余人次，召开各类座谈会、讨论会20余次，征求意见建议50余条，梳理出“四风”方面、不严不实方面的突出问题100余个，撰写整改报告、心得体会220余篇。开展“四风”“庸懒散慢浮”“两转一抓”“贴标亮牌”等专项整治，全面提升学习教育活动的效果。认真落实“三会一课”制度，按时召开专题民主生活会和组织生活会，完善学习、工作和加强党建等制度措施，促进机关党的建设。三是强化队伍建设，严格教育管理监督党员干部。把党员培养成业务骨干，把业务骨干培养成党员，在工作中积极发挥党员先锋模范作用。四是做好党费收缴和管理工作。根据区委组织部和区直属机关工委要求，对党费收缴标准进行核定、清理排查，对少缴、漏缴情况进行梳理，开展党费排查补缴工作，清理补交2008年来不足党费9610元。

2018年，以习近平新时代中国特色社会主义思想为统领，全力抓好思想建设。一是打造政治过硬机关。教育和引导机关全体党员增强“四个意识”，坚定“四个自信”，做到“两个维护”。组织党员干部认真学习中共十九大精神、习近平总书记在贵州代表团重要讲话精神，特别是习近平总书记对万山的重要批示精神。二是打造学习型机关。深入推进“两学一做”学习教育常态化制度化。制定《2018年度万山区纪委学习型机关建设实施方案》，召开动员部署会议，为73名党员干部购买《中华人民共和国监察法》《中国共产党纪律处分条例》《习近平总书记系列重要讲话读本》等学习读本，对做好学习型机关建设作出详细全面安排，开展“打铁必须自身硬”专题研讨4次。三是打造服务型机关。全体党员围绕决胜脱贫攻坚履职尽责，按照区委、区人民政府决策部署，全力帮扶高楼坪乡羊尾舟村决胜脱贫攻坚。以开展各种活动为载体，全体党员干部深入羊尾舟村开展结对脱贫帮扶工作，为联系村争取项目13个，项目资金41万余元；帮扶精准扶贫建档立卡户45户，解决问题200多个，走访慰问贫困户1000余人次，发放慰问金及物资20万多元，确保羊尾舟村顺利通过国务院第三方评估验收的好成绩。四是以建设规范化支部为抓手，全力抓好组织建设。党总支部严格按照党章规定，指导下设2个支部做好发展党员工作。充分利用发展党员大会和入党宣誓对全体党员进行党性思想教育。完成2名预备党员转正，发展入党积极分子3名，发展对象1名。对党员组织关系进行全面摸底排查，转入党员34人，转出党员5人。深入开展党员信教摸底排查工作，区纪委无党员信仰宗教情况。党员按时交纳党费，2018年收缴党费1.3万元，上交区直属机关工作委员会党费1.3万元。严格执行“三会一课”制度，按照科室功能，工作职责，便于开展党员活动原则，下设2个支部均已设立党小组。第一支部设立3个党小组，每个党小组11人。第二支部设立3个党小组，每个党小组不超过15人。11月26日至28日召开“作风整顿和效能建设专题组织生活会”，全体党员对照检查，查摆问题，加强作风整改，提高效能和服务水平。党总支班子团结协作，组织凝聚力、战斗力进一步增强，形成干事业的良好环境和氛围。

2019年，全体党员以习近平新时代中国特色社会主义思想为指导，以加强党的执政能力建设和先进性建设为重点，以开展“不忘初心、牢记使命”主题教育为契机，以巩固“脱贫攻坚”帮扶为主线，围绕职能抓党建、抓好党建促发展，全面推进党的思想建设、组织建设、纪律建设、作风建设、制度建设和反腐倡廉建设，当好党内政治生态护林员，为构建风清气正的万山添砖加瓦。一是强化政治理论学习，筑牢党员干部的思想政治基础。突出学懂弄通习近平总书记作出的重要指示批示精神，全面学习贯彻省委十二届六次全会、市委二届八次全会精神，扎实开展“不忘初心、牢记使命”主题教育，聚焦党的政治建设、思想建设、作风建设等方面存在的突出问题抓好专项整治，增强“四个意识”、坚定“四个自信”、做到“两个维护”。通过“三会一课”制度和“不忘初心、牢记使命”主题教育，以会议、党课、网络平台、参观教育活动等多种方式对党员干部进行教育管理，学习习近平新时代中国特色社会主义思想和中共十九大相关理论政策知识。组织学习《习近平新时代中国特色社会主义思想学习纲要》《习近平关于“不忘初心、牢记使命”重要论述摘编》《习近平关于严明党的纪律和规矩论述摘编》《“不忘初心、牢记使命”优秀共产党员先进事迹选编》《中华人民共和国监察法》等党纪法规，使党员干部理论学习有收获。全年共学习12场次，党课4次，参观教育活动4次，开展先进典型事迹报告1次，“不忘初心、牢记使命”知识测试1次，纪检监察干部应知应会知识测试1次，纪检监察系统知识技能大比武1次，向纪检监察身边的先进典型学习，向文伟红、安永恩看齐学习，让党员干部在思想教育上受洗礼。为加强党员学习的自主性和积极性，党员使用铜仁市智慧党建一体化网络平台和“学习强国”App学习全覆盖，每月对学习情况进行统计更新公示，鼓励鞭策党员在网络上学习形成你追我赶的学习氛围。为做好党员教育管理，在铜仁市智慧党建一体化网络平台每月进行8次管理维护完善，共管理维护96次。结合“不忘初心、牢记使命”主题教育，全体党员干部对照“七个方面”的问题，深入细致地检视问题，共查摆问题65个，建好问题清单整改台账，整改完成65个。确保主题教育问题整改得好，落实得好，取得实效。二是落实全面从严治党，突出支部标准化建设。按照2019年支部规范化建设要求，投入1.1万元进行建设。完成党员活动有阵地、有场所、有制度，形成“基本组织建设标准化”“基本队伍建设标准化”“基本制度执行规范化”“基本任务落实规范化”“基本保障配套规范化”。发展党员工作严格按照2015年12月印发的《贵州省发展党员工作规程(试行)》相关规定执行和区委组织部、区直机关工委的相关要求进行。2019年，接收入党申请书1份；确定1人为入党积极分子，完成1人参加入党积极分子培训，发展党员稳步进行。认真做好党组织关系转接，转出党组织关系15人次，转入10人次，并同步在“全国党员管理信息系统”“铜仁市智慧党建云”“学习强国”三个网络平台上完成转入转出工作。按照《铜仁市党员党费收缴使用管理办法(试行)》以及区委组织部、机关工委关于进一步规范做好党员党费收缴使用管理的通知要求收缴党费，以每名党员每年1月的工资为基础进行核算，确定每位党员每月党费交纳标准。对收取的党费按照每个季度存入区直机关工委在工商银行开设的党费专用账号。全年收取的党费按时上交存入区直机关工委党费专户账号，换取收据凭证留存归档。对2013年以来党费收缴、使用和管理情况进行自查，所收党费均全部及时上缴区直机关工委，单位或个人无截留党费或将党费挪作他用等现象发生。每月认真开展党员信教情况排查,并及时把排查情况向机关工委报告。开展“点灯亮灯”暨“灯下黑”专项整治。三是深入推进“5321”结对帮扶,巩固提升脱贫攻坚工作成效。选派优秀科级干部担任驻村第一书记,对羊尾舟村71户建档立卡贫困户选好5321结对帮扶干部。脱贫攻坚至巩固提升阶段,在区纪委支持与协调下,投入羊尾舟村资金如下:入股大棚蔬菜12万元,区电商局1万元,市民政局3万元,区工业和商务局1万元,支持一户一亩菜园7万元,支持蔡家黑湾组产业路3万元,交通局协调连户路3万元,支持通往黄道乡项目费用4万元,区财政局2万元,区扶贫办3万元,支持办公经费7.5万元,区残联协调项目资金6万元,协调广源公司水泥60吨,水务局水管1200米,协调各单位维修水井3个。

2020年,机关党建工作首先抓好思想政治建设,进一步筑牢全面从严治党思想基础。采取中心组理论学习、班子扩大会议学习、专题研讨学习、支部会议学习、个人自主学习等形式,深入学习贯彻习近平新时代中国特色社会主义思想、中共十九大及十九届五中全会、十九届中央纪委四次全会、十二届省纪委四次全会、二届市纪委五次全会和二届区纪委五次全会精神,原原本本学习习近平总书记关于严明党的纪律规矩论述和对贵州、对万山的批示精神,《习近平谈治国理政》第三卷、《中国共产党章程》《中国共产党纪律处分条例》《中华人民共和国监察法》《新时代党的意识形态工作的指导纲领》等书籍和篇目。学习践行杨荣先进事迹,印发万山区纪委《学习杨荣同志先进事迹,深化“两转一抓”活动方案》,督促全区各级纪检监察干部,对标对表杨荣先进事迹,把自己摆进去、把职责摆进去、把工作摆进去,围绕“六个是否”查找自己在“两转一抓”方面存在的不足,不断深化“两转一抓”主题活动,通过学习讨论明思路、批评和自我批评找差距,立行立改正作风。参加铜仁市纪委学习杨荣先进事迹演讲赛并获二等奖。其次是全力抓好组织建设,深入推进党支部标准化规范化。完成2名预备党员转正,接收4名预备党员,完成培训1名发展对象,发展入党积极分子2名,完成培训2名入党积极分子,接收1份入党申请书。转入党员8人,转出党员10人,不存在失联党员和流动党员情况,每一名党员都有明确的来源地和落脚地,都能及时参加组织生活。全年收取70名党员党费共19595.93元,全部上交区直属机关工作委员会。区直机关工委返还2019年党费5613.9元。严格按照党章和党内政治生活的若干准则等制度规范执行民主集中制,重大问题集体决策、集体研究,认真落实“三会一课”、民主生活会和组织生活会、谈心谈话、民主评议党员和主题党日等制度。召开党员大会24次,支部委员会24次,党小组会72次,党课8次,党员活动日24次,党员理想信念党性教育活动2次。第二党支部标准化规范化建设验收达标出列,第一党支部标准化规范化建设于2019年已达标出列,至此区纪委总支下设2个支部已全部达标出列。最后是扎实巩固提升脱贫攻坚成效,深入推进结对帮扶。区纪委选派优秀科级干部担任驻村第一书记,对羊尾舟村71户建档立卡贫困户选配好“5321”结对帮扶干部。下派21名优秀党员干部到各乡镇开展脱贫攻坚巩固提升。在区纪委支持与协调下,投入羊尾舟村资金如下:协调解决办公经费5.4万元,用于羊尾舟村开展日常工作;走访看望困难老党员、贫困群众,留守儿童等,发放慰问金1.8万元;完成格楼寨组连户路改善问题;跟进格楼寨组养猪场项目进度,促进项目落地生根;帮助格楼寨组17户群众修建高位水池,改善群众饮水条件;协助做好羊尾舟村的疫情防控工作。确保脱贫攻坚工作责任到位、工作到位、落实到位。

2021年,机关党建一是强化政治理论学习。结合党史学习教育,通过区纪委区监委理论中心组、支委会、党员大会、党员活动日、铜仁智慧党建云、铜仁组工微信公众号、“学习强国”等线上线下形式，组织党员认真学习贯彻习近平新时代中国特色社会主义思想和习近平总书记视察贵州重要讲话精神、在党史学习教育动员大会、在庆祝中国共产党成立100周年大会的重要讲话精神以及中央指定的学习材料《中国共产党简史》、习近平《论中国共产党历史》、《毛泽东邓小平江泽民胡锦涛关于中国共产党历史论述摘编》、《习近平新时代中国特色社会主义思想学习问答》以及《党的十九大以来贵州省查处违纪违法党员干部案件警示录》。线上组织党员开展党史知识答题和线下进行“省委党史学习教育知识测试160题”。组织党员到周逸群故居开展党史学习教育1次。开展党史学习教育专题组织生活会1次。组织党员干部观看抗美援朝爱国影片《长津湖》。理论学习中心组专题学习12次，专题调研5次，专题宣讲4次，培训1次，专题党课4次，警示教育1次，专题组织生活会1次，专题民主生活会1次，党员大会11次。二是办实事守初心。紧紧围绕“学党史、悟思想、办实事、开新局”，紧密结合聚焦监督执纪执法的主责主业，在工作细微处下功夫、在为民服务上守初心，切实推动党史学习教育成果的转化，积极彰显纪检监察人的担当作为。把“我为群众办实事”实践活动作为党史学习教育的根本落脚点，围绕方便群众出行、农产品找销路、教育、医疗、就业、安全饮水、济困帮扶、志愿服务等内容，把党史学习教育与民生监督有机结合，用心用情用力切实解决群众“急难愁盼”问题，办成一批好事实事，取得一定成果。在职党员65人共为群众办实事67件，办结率100%。其中，聚焦与本部门职责紧密相连的群众“急难愁盼”实事21件，聚焦本单位帮扶联系的社区和村群众“急难愁盼”实事24件，聚焦调研走访和信访收集到的群众“急难愁盼”实事18件，聚焦在职党员所在社区群众“急难愁盼”实事4件。同时，组织在职党员65人到唐家寨社区、冲广坪社区、木杉河社区、仁山社区、楚溪社区5个社区报到，为群众服务。三是做好党总支标准化规范化建设。严格按照《区直机关2021年党支部标准化规范化建设达标工作方案》（万直通〔2021〕6号）的通知要求，对支部进行标准化规范化建设，重新建设党员活动阵地。6月，通过区级对支部进行标准化规范化建设验收。7月，党总支被评为“全区先进基层党组织”。顺利完成“基层党建巩固年”重点任务，推进基层党建质量提升三年行动圆满收官。四是落实好“三会一课”制度，召开总支部会议13次，党课1次。第一支部支委会12次，党员大会6次，党小组会24次，党课4次，党员活动日12次。第二支部支委会12次，党员大会4次，党小组会24次，党课4次，党员活动日12次。9月28日，成立第三支部，召开支委会3次，党员大会1次，党课1次，党员活动日3次。将每月第一个星期五作为“主题党日”活动日。每月一主题，相继共开展集中学习、走访慰问帮扶群众、志愿服务、观看抗美援朝影片《长津湖》等活动。严格按照党章、《贵州省发展党员工作规程（试行）》等规定做好发展党员工作。培养入党积极分子1名，完成发展对象1名，预备党员转正6名。全年共转入党员18人，转出党员17人，不存在失联党员和流动党员情况，每名党员都有明确的来源地和落脚地，都能及时参加组织生活。共收取72名党员党费共21223.2元，全部上交存入区直属机关工作委员会党费专户。全年党建活动支出15872元，其中慰问金7400元，到周逸群故居开展党史学习教育380元，党员活动室建设8092元。在庆祝中国共产党成立100周年之际，推荐表彰11名优秀共产党员，其中1人是市级优秀共产党员。推选出席中共万山区第三次党员大会代表候选人推荐人选1人。推选出席中共铜仁市第三次党员大会代表候选人推荐人选1人。推选出席中共贵州省第十三次、中央二十次党员大会代表候选人推荐人选3人。完成3名党员档案调查核实认定工作。开展“光荣在党50年”活动，走访慰问困难老党员4人及50年党龄党员3人，送去慰问金3500元，走访慰问新冠肺炎疫情防控斗争工作一线基层党员1人，送去慰问金500元。

2022年，机关党建主要围绕：一是强化理论学习，坚定不移抓政治建设。党总支始终以党的政治建设为统领，坚持“第一议题”抓学习，打造学习型机关，结合党史学习教育常态化长效化，运用“理论学习中心组+党支部”学习模式，坚持集中研讨学、讲授学、个人自学相结合；坚持线上和线下学，通过“学习强国App”“铜仁智慧党建平台”“铜仁组工微信公众号”“万山清风微信公众号”等线上学习。重点学习贯彻习近平新时代中国特色社会主义思想、新国发2号文件、中共十九届六中全会、中共二十大精神、中央纪委全会以及省市区会议精神，《中国共产党纪律检查委员会工作条例》《中华人民共和国监察法实施条例》《中华人民共和国监察官法》《中华人民共和国公职人员政务处分条例》《中国共产党纪律处分条例》《中国共产党党内监督条例》《中国共产党党员教育管理工作条例》《中国共产党支部工作条例(试行)》《贵州省纪委监委监督执纪工作规范》《纪检监察实务一本通》等内容。组织党员干部参与“万山清风”微信公众号纪检监察知识“每日一学”测试285期，“理论学习中心组+党支部”集中学习60余次，连续集中培训3天1次，学习效果测试6场。在职党员接受教育培训均达到56学时以上，最多达300学时，超过普通党员32学时，基层党组织书记及班子成员56学时的规定标准。清明节组织党员干部赴石阡困牛山战斗遗址开展党性党史体验教育活动1次。组织党员参加贵州省党员干部网络学院培训，参与中共二十大精神答题活动。观看以“时代楷模”黄大发为原型的电视剧《高山清渠》，向时代楷模学习，把对党忠诚融入血脉，把“两个维护”注入灵魂，进一步提高党员干部政治站位，增强指导实践和推动工作的能力，为锻造政治过硬，本领高强的纪检监察队伍提供坚强保障。二是强化党建业务双融合，凝心聚力抓“示范建设”。按照“一年打基础，二年上台阶，三年能突破”的工作思路，党总支始终坚持“抓党建、带队建、促业务”，把模范机关建设和创建党建特色品牌建设有机结合，按照党建工作有力、业务工作一流、作风形象良好、先进典型示范四大板块和形象标识、价值内涵、管理体系、活动载体、社会影响五大板块16项标准进行建设，不断推进机关党组织建设，促进党建与业务工作深度融合，求真务实，注重实效。践行党的群众路线，组织79名在职党员到谢桥、仁山、丹都街道的冲广坪、唐家寨、木杉河、仁山、楚溪、丹苑6个社区报到，为社区群众办好事实事156件。巩固党支部标准化规范化建设，开展党支部标准化规范化动态管理“回头看”。按照基本组织设置标准化、基本队伍建设标准化、基本制度执行规范化、基本任务落实规范化、基本保障配套规范化五大板块36项标准进行建设。按照有场所、有设施、有标志、有党旗、有书报、有制度的“六有”标准，更新完善党员活动室。1月，万山区纪委党总支接受铜仁市委组织部对支部标准化规范化建设验收，顺利达标通过。至此，党总支及下属四个党支部标准化规范化建设全部验收合格，顺利达标。2019年，第一党支部验收达标，2020年，第二党支部和巡察办党支部验收达标，2021年，第三党支部及党总支验收达标。为加强审查调查组和巡察组党员教育管理，出台《中共铜仁市万山区委巡察组临时党支部工作管理办法(试行)》，共成立临时党支部11个。在优化升级党支部标准化规范化建设的基础上，模范机关建设取得中共一定成效，完成向区直机关工委申报模范机关。三是强化标准规范管理，全力抓好固本强基建设。牢固树立“抓好党建是本职、不抓党建是失职、抓不好党建是不称职”的观念，扎实开展党建质效大提升年行动，推进思想建设、组织建设、作风建设、纪律建设和文化建设，将机关党建工作融入纪检监察工作全过程各领域，以机关党建引领发展，以工作业绩彰显党建成效。明确专职党务工作者1人,兼职党务工作人员37人,预备党员转正5名,发展对象1名,完成入党政治审查2名,培养入党积极分子1名,完成党员身份认定12名,转入党员11人,转出党员9人。全年共收取91名党员党费28354.13元,均按时上交存入区直机关工委党费专户,不存在贪污挪用等问题。元旦春节前走访慰问4名困难党员和3名老党员,送去慰问金3700元。认真落实"三会一课"和党员活动日制度,共召开支委会60次,党员大会24次,党课16节,党员活动日48次。完成录制"党课开讲啦"视频1期。召开2021年度组织生活会及民主评议党员。推选中共贵州省第十三次、中共二十大代表大会人选。进行党务排查,清理党务外包、党务宣传、党务人员等党务工作不规范,不合规情况。补选党总支、第一党支部、第三党支部委员、支部书记。4月,把区委巡察办党支部纳入万山区纪委总支管理。10月起每月报告党代表开展工作情况,上报工作开展情况3期。

四、机关党建活动的成绩

1998年,邵宗凤被万山特区直属党委评为优秀共产党员。

1998年,特区纪委党支部被特区机关党委评为先进党支部。

2002年,特区纪委党支部被特区机关党委评为先进党支部。

2002年,邵宗凤被特区直属机关党委评为优秀党务工作者。

2003年,刘泽祥被特区党委表彰为优秀共产党员,刘先银为优秀党务工作者。

2004年,吴志明被特区党委表彰为"党风廉政建设先进个人""优秀共产党员"。

2004年、2005年、2006年,特区纪委党支部连续被特区机关党委评为先进党支部。

2006年,万山特区纪委监察局表彰罗仁相、孙江云为优秀共产党员。

2016年7月,区纪委党支部被中共铜仁市万山区直属机关工作委员会评为"先进基层党组织"。

2016年7月,蒙志国被中共铜仁市万山区委员会授予"全区优秀共产党员"荣誉称号。

2021年7月,在庆祝中国共产党成立100周年时,区纪委党总支被中共铜仁市万山区委员会授予"全区先进基层党组织"荣誉称号。

2021年7月,在庆祝中国共产党成立100周年时,吴滕被中共铜仁市委员会授予"全市优秀共产党员"荣誉称号。

2021年7月,在庆祝中国共产党成立100周年时,胡定钦被中共铜仁市委员会授予"全市优秀党务工作者"荣誉称号。

2022年12月26日,万山区纪委区监委机关荣获全区"让党放心、让人民满意模范机关"创建工作先进单位。

第二节 党史学习教育

2021年3月22日,万山区纪委区监委党史学习教育动员大会召开,深入学习贯彻习近平总书记视察贵州的重要讲话精神,及时跟进落实中央、省、市、区关于党史学习教育的安排部署。2021年3月22日,区纪委区监委制定印发《万山区纪委区监委关于开展党史学习教育的实施方案》,成立以区纪委区监委主要负责人为组长、其他班子成员任副组长，各室组负责人为成员的党史学习教育领导小组，下设办公室，负责党史学习教育日常工作。

自开展党史学习教育以来，区纪委区监委为委机关全体党员干部发放《习近平新时代中国特色社会主义思想学习问答》《毛泽东邓小平江泽民胡锦涛关于中国共产党历史论述摘编》《论中国共产党历史》《中国共产党简史》等学习教材80余套。通过铜仁智慧党建云、“学习强国”、“铜仁组工”等线上形式，引导党员干部认真开展自学。同时，围绕专题学习新民主主义革命时期历史、社会主义革命和建设时期历史、改革开放时期历史、中共十八大以来历史、习近平总书记“七一”讲话、深刻学习领会伟大抗美援朝、十九届六中全会精神等专题，开展集中学习研讨会12次。班子成员领学相关文件或会议精神，并带头开展研讨发言，部分乡镇(街道)纪(工)委及室组负责人围绕学习主题开展研讨发言，谈认识、谈体会。区纪委区监委领导班子到村和分管部门宣讲习近平总书记视察贵州重要讲话精神、习近平总书记“七一”重要讲话精神等24次，开展“察民情访民意”、乡村振兴和基层纪检监察工作、村(社区)“两委”换届工作、疫情防控工作等专题调研16次。自党史学习教育开展以来，区纪委区监委党员干部牢牢把握“学史明理、学史增信、学史崇德、学史力行”的目标要求，积极践行“我为群众办实事”活动，把“我为群众办实事”实践活动作为党史学习教育的根本落脚点。围绕方便群众出行、农产品找销路、教育、医疗、就业、安全饮水、济困帮扶、志愿服务等内容，把党史学习教育与民生监督有机结合，用心用情用力切实解决群众“急难愁盼”的问题，办成一批好事实事，取得一定成果。班子成员率先垂范，为群众办实事12件，在职党员共62人，共为群众办实事67件，办结率100%。其中，聚焦与本部门职责紧密相连的群众“急难愁盼”实事21件，聚焦本单位帮扶联系的社区和村群众“急难愁盼”实事24件，聚焦调研走访和信访收集到的群众“急难愁盼”实事18件，聚焦在职党员所在社区群众“急难愁盼”实事4件。特别是区委常委、区纪委书记、区监委主任胡定钦通过自己积极协调市、区有关部门，让群众最关心最关注的“万下公路”重大民生工程项目复工，得到群众高度赞扬。

区纪委区监委将党史学习教育融入支部活动中，共开展支部活动12次。2021年4月16日，区纪委区监委全体党员来到周逸群陈列馆，学习周逸群烈士投身革命的光辉事迹，现场开展党史学习教育。8月17日，先后召开万山区纪委区监委第一、第二、第三党支部党史学习教育专题组织生活会。会上，第一支部班子查摆问题8个，第二支部班子查摆问题7个，第三支部班子查摆问题6个，党员共查摆问题450个。会后，制定中共整改方案和个人整改清单，已对问题全部整改完毕。2021年10月15日，区纪委区监委党总支组织60余名党员到百盛商业广场电影院观看爱国题材电影《长津湖》。2021年12月24日，区纪委区监委机关第一党支部与下溪乡报溪村党支部联建暨“主题党日”活动，围绕“树立党员旗帜共建支部堡垒”的主题，组织支部党员重温入党誓词、颁发“政治生日”贺卡、走访慰问困难党员家庭和贫困户。组织机关党员到石阡县困牛山战斗遗址开展党史学习教育，胡定钦率队先后到“红二、红六”军团总指挥部旧址，“红二、红六”军团总指挥部旧址陈列馆，困牛山战斗遗址等地进行参观学习，委机关党员代表认真聆听讲解，重温红色故事，深切体会红军烈士对党忠诚、理想坚定、无惧牺牲、赤诚为民的政治品格。

区纪委区监委将警示教育融入日常学习中，通过开展集中学习，到区人民法院参加庭审旁听活动等形式开展警示教育4次。同时，督促全区各级各部门开展警示教育，通过集中学习、召开群众身边腐败和不正之风典型案例警示教育大会、到警示教育基地开展集中学习等80余次。为全区各级各部门发放《党的十九大以来贵州省查处违纪违法党员干部案例警示录》等警示教育读本500余册。

在2021年度党史学习教育专题民主生活会上，区纪委区监委围绕“以习近平新时代中国特色社会主义思想为指导，深入学习贯彻中共十九届六中全会精神，大力弘扬伟大建党精神，坚持和发展党的百年奋斗历史经验，坚定历史自信，践行时代使命，厚植为民情怀，勇于担当作为，团结带领人民群众走好新的赶考之路”的主题，紧密联系思想、学习和工作实际，深入查摆班子和个人存在问题，进行党性分析，严肃认真开展批评和自我批评。会上，书面通报《区纪委区监委2020年度民主生活会整改落实情况报告》《区纪委区监委会前征求意见情况的报告》《区纪委区监委党史学习教育专题民主生活会会前筹备情况报告》。会上查摆出班子成员14个问题，班子成员个人90个问题，会后，通过制定整改清单和整改方案，班子成员和班子个人的问题已全部整改。

2021年8月17日，先后召开万山区纪委区监委第一、第二党支部党史学习教育专题组织生活会。会上，第一支部班子查摆问题8个，第二支部班子查摆问题7个，党员共查摆问题450个，会后，制定整改方案和个人整改清单，已对问题全部整改完毕。

第三节　工会、妇女组织和老干部工作

一、工会组织工作

（一）组织建设

1978年，中国工会第九次大会和省总六大后，特区委指示，扩大建立基层工会组织。1987年12月，特区监察局成立。由于当时工会会员总数没有25人以上，未能建立单独的基层工会组织，按行政隶属关系，特区纪委监察局工会会员参加特区委和特区人民政府所在基层工会活动。其间，工会活动的特点是以为困难干部职工排忧解难和有针对性地解决一些实际问题为主，同时开展一些有益于职工身心健康的活动来调动干部职工的积极性。

2002年9月20日，万山特区纪委监察局工会委员会成立，召开大会选举夏珍为特区纪委工会委员会主席，张昌裕为工会委员会组织委员兼财务委员，黄义强任工会委员会宣传委员。

2013年12月，夏珍不再担任工会主任，选举杨爱虹为工会主席。

2014年8月，选举龙旭为工会主席。

2015年12月，龙旭调离纪委监察局后，选举袁仁荣为工会主席。

2013年至2022年12月，区纪委区监委（监察局）先后担任过财务委员的有杨成、王乾、杨胜江、陈孟文。

（二）工会经费来源

2018年2月，贵州省总工会印发“关于《贵州省基层工会经费收支管理实施细则（暂行）》的通知”（以下简称《通知》），根据《通知》精神，区纪委监察局工会经费收支管理进行规范，明确基层工会经费收入来源为：

1.会费。工会会员依照规定向所在基层工会缴纳的会费。拨缴经费。单位按职工工资总额比例

向工会拨缴经费中的留成部分。

2.上级工会补助。拨付给基层工会的补助款项。

3.行政补助。所在单位工会组织给予的各项经费补助。

4.事业收入。基层工会独立核算的所属事业单位上缴的收入和非独立核算的附属事业单位的事业收入。

5.其他收入。接受捐赠收入和利息收入等。

(三)会员福利待遇

《通知》对工会会员享受的福利待遇及发放标准进行明确:

一是逢国家规定的法定节日(元旦、春节、清明、“五一”国际劳动节、端午、中秋、国庆)开展的慰问活动,原则上以实物发放为主。其中,春节慰问价值总额不超过500元;其他法定节日人均不超过200元。每位会员全年(包括生日慰问)福利价值年均总额不超过2000元。

二是工会会员生日当月,工会组织可用工会经费发放不超过300元的生日蛋糕等慰问品,或发放指定蛋糕店的蛋糕券。

三是会员退休离岗,可以给予一次性不超过500元的慰问品。

四是会员符合政策的结婚、生育,可以给予不超过500元的慰问品(金);生病住院,不动手术的给予不超过500元的慰问品(金),需动手术的给予不超过1000元的慰问品(金)。会员去世时,可以给予不超过2000元的慰问品(金);其直系亲属去世时,可以给予不超过1000元的慰问品(金),并可按当地风俗习惯以工会的名义购买花圈等,直系亲属指会员本人的配偶、父母和子女。

五是工会开展文体活动,可以单位名义租用场地;参加上级工会组织的体育比赛,如有需要可为参赛人员购买运动服装(人均不超过500元),每人每两年限购一次,参加县以上各级总工会举办的大型文体比赛的参赛人员当年可增购一次;获得名次的可按参与人数的三分之一以内给予适当奖励,不得设置参与奖、优秀奖和鼓励奖等;开展各类文体活动按规定开支伙食补助费、夜餐费,也可现金补助,发放标准不超过当地伙食标准。

六是基层工会使用职工福利费等组织职工开展疗休养活动,应优先选择工会系统劳动模范疗休养基地和各级工会疗休养基地开展疗休养活动,范围限于省内,时间不超过5天(含往返),往返按一天计算,每年组织疗休养人数不超过本单位人数的五分之一,经费按当地培训费标准管理。

七是基层工会(不含党政机关、事业单位和国有企业工会)可对兼职工会干部(含兼职财务人员)发放补贴。单位职工会员人数500人以下的,每人每月不超过300元;单位职工会员人数500人以上1000人以下的,每人每月不超过400元;单位职工会员人数1000人以上的,每人每月不超过500元。

(四)工会经费管理

2019年1月,铜仁市总工会印发《关于基层工会经费管理使用中有关问题的解答》,就全市基层工会组织在管理使用工会经费中普遍反映的有关问题作出解答。

1.关于工会预算编制。工会预算由预算收入和预算支出组成,基层工会应将规定范围内的各项收支全部纳入预算,按照“统筹兼顾,保证重点;量入为出,收支平衡;真实合法,精细高效”的原则编制本工会组织年度预算,年度收支预算(含调整预算)须经同级工会委员会和工会经费审查委员会

(或经审委员)审查同意,并报上级主管工会批准。工会预算批准后,严格按批准的预算执行。严禁无预算、超预算使用工会经费,确因单位工作需要调整年度预算的,在每年11月底前调整结束,调整预算的编制审批程序与年初预算编制审批程序一致,原则上一年只能调整一次。基层工会的年度预算编制在上级主管工会统一组织安排下进行。

2.关于单位行政经费补助工会经费不足的问题。根据《中华人民共和国工会法》《基层工会经费收支管理办法》等有关规定,基层工会所在单位可以依法对工会组织给予经费补助,列入基层工会年度收支预算。在编制年度工会预算时,需申请单位行政经费补助的,应以确保单位行政基本运转为前提,以规定的基层工会支出项目限额标准为基础,按"服务职工,量力而行,勤俭节约"的原则予以行政经费补助,原则上每年按基层工会会员人均不超过1600元补助,行政补助经费应当是本单位既有基本支出的一般公用经费,不得动用有专门用途的专项资金弥补工会经费。当维持本单位行政基本运转的公用经费不足,无力补助工会经费时,应压缩工会相关活动项目和支出标准,以实现工会年度预算平衡,不得因补助工会经费后造成单位正常运转困难;不得将与工会工作无关的经费以行政补助名义纳入工会账户使用;行政事业单位不得在行政经费补助工会经费后向同级财政申请追加公用经费。

在办理行政经费补助工会时,由基层工会组织提出年度行政补助经费申请,经单位财务部门审核,并报单位党委(党组)或未设党委(党组)的行政办公会议集体研究同意后,将行政补助经费列入当年工会预算。原则上一年只补助一次,在编制年度工会预算时确定。

3.关于离退休职工能否享受工会福利待遇的有关问题。按照《中华人民共和国工会法》《中国工会章程》等规定,离退休人员虽然在工会仍保留会籍,但个人不再交纳会费,离退休人员的离退休费不纳入单位职工工资总额提取经费,因此离退休人员不再享受工会经费列支的福利待遇。职工离退休后由单位老干科(办公室)等专门机构负责服务,按《中共铜仁市委办公室、铜仁市人民政府办公室关于进一步加强和改进离退休干部工作的通知》(铜党办发〔2018〕28号)文件相关规定开展走访慰问和落实生活待遇。

2020年1月14日,区纪委区监委班子2020年第3次全体会议研究解决工会活动所需经费的相关审查。

(五)工会活动

2002年12月,万山特区纪委监察局机关工会成立后,积极开展有益于会员身心健康的活动。

1.思想政治教育。特区纪委监察局机关工会围绕万山区中心工作和纪委监察局工作任务,并结合本工会特点,组织开展党的基本理论、基本路线、基本纲领、基本政策学习教育活动,以马克思列宁主义、毛泽东思想、"三个代表"重要思想、科学发展观和习近平新时代中国特色社会主义思想为指导,争做文明标兵、先进职工等活动,同时,利用"廉政大讲堂"、廉政宣传教育活动等平台,邀请知名专家教授讲座、有关领导以及青年干部上微型课、组织理论学习讨论交流等方式,不断提高中共职工们的理论知识水平,拓宽中共工会会员的思想和视野。通过对纪检监察干部的思想工作、组织开展文明创建活动,进一步统一思想、凝聚力量、陶冶情操,为推动全区党风廉政建设和反腐败工作再上新的台阶作出不懈努力。

2.文体活动。区纪检监察工会从成立以来，每年都会开展有益于干部职工身心健康的文体活动，特别是近年来，各类活动更规范、更能激起干部职工参与的积极性。2019年8月，组织工会会员参加首届“车厘子杯”职工篮球赛。2020年7月，组织工会会员参加万山区第三届“丹都杯”职工篮球赛，区纪委区监委男子队获“道德风尚奖”……2021年7月，组织工会会员参加万山区第四届“丹都杯”职工篮球联谊赛，区纪委区监委女子队获“最佳组织奖”。

3.慰问活动。2019年，开展走访慰问5次，发放慰问金3000元。2020年，开展走访慰问5次，发放慰问金4000元。2021年，开展走访慰问12次，发放慰问金8000元。2022年，开展走访慰问8次，发放慰问金6000元。

4.医疗互助活动。2018年1月3日，为切实帮助在职职工中的工会会员减轻医疗负担，增强抵御风险的能力，万山区总工会印发《关于开展第二期职工医疗互助行动有关事项的通知》，要求各基层工会务必于2018年1月20日之前，将本单位职工会员缴纳的互助保障资金（注：财政供养的在职在岗职工每人每年自筹100元）存入万山区职工医疗互助专户。同时，明确职工医疗互助补助的具体保障范围为：“不分具体病种，依据职工个人负担的住院费用和大病门诊额度，以社保报销凭据（含大病保险报销凭据）[即城镇职工基本医疗保险费用手工结算核准拨付通知]为依据，按社保核定个人负担部分补助；个人负担的住院费用在5000元以下（含5000元），按60%给予补助；个人负担的住院费用在5000元以上至1万元（含1万元）的，按照70%给予补助；个人负担的住院费用在1万元以上的，按照80%给予补助；最高限额不超过10万元，也就是职工在一个互助期内一次或多次住院累计补助不超过10万元。”

5.关心职工健康。从2021年起，区纪委区监委机关工会每年都组织在职的工会会员和退休干部进行健康体检，参加体检的纪检干部114人。2022年参加体检人数是103人。

二、妇女组织工作

1.区纪委区监委妇女组织工作情况。妇女组织工作又称女工工作，它是工会工作的一个重要组成部分。区委纪委、区监察委成立初期，女职工较少，对女职工无“特殊”政策，也未建立独立的组织机构。

随着纪检监察机关女职工逐渐增加，比例越来越大，设立专门的妇女工作机构的条件已经具备，特别是2002年12月纪委工会成立后，由工会代管妇女工作。主要任务：一是计划生育；二是执行并落实国务院《女职工劳动保护规定》；三是妇女权利维护及女职工中的其他事宜。

2016年，区纪委区监委任命杨琳为妇委会主任。

2.妇女工作开展。2017年3月8日，组织开展中共“万山区纪委区监委工会春游暨‘三八’妇女节”活动，通过踏青春游、沐浴春光，激发干部职工的朝气活力，进一步丰富干部职工的业余生活。

2017年3月8日，区纪委区监委干部姚冬霞被万山区妇联授予“三八红旗手”荣誉称号。

2020年3月，区纪委区监委干部杨小琼被万山区妇联授予“三八红旗手”荣誉称号。是年，区纪委任命姚冬霞担任妇委会主任。

2021年3月，区纪委区监委干部吴群雁被万山区妇联授予“三八红旗手”荣誉称号。3月8日，组织参加“万山区‘三八’国际劳动妇女节111周年维权知识竞赛暨表彰大会”。

2022年3月8日，举办以“纪检巾帼心向党铿锵绽放她力量”为主题的“三八”国际妇女节活动。活动包含猜谜语、萝卜蹲、两人三足、你画我猜等多个项目，展现中共新时代纪检监察女将的巾帼风采，增强中共团结协作、勇于战斗的团队精神，进一步紧密中共同事情谊、丰富中共文化生活。

三、老干部工作

历年来，万山区纪委区监委领导班子高度重视老干部工作，每届班子分别明确一名委班子成员具体分管老干部工作，委主要领导率先垂范，每年分别利用中秋、重阳、春节等传统节日，开展对老干部走访慰问工作。同时，邀请退休老干部列席一系列的重要会议，请他们就如何开展监督工作建言献策，并邀请老干部到一些重点项目点，进行现场观摩监督。

为确保老干部的身体健康，单位还组织老干部开展健康体检工作。截至2022年12月底，万山区纪委区监委机关共有老干部9人，分别是王德安、汤才建、黄龙国、严若明、王贵权、陆选贵、夏珍、杨顺昌、李子健。

第十八章　乡镇(街道)纪检监察

中华人民共国成立后,万山区及谢桥区、茶店区开始逐步设置相应纪检监察机构,配置兼职或专职纪检监察干部。1992年,启动建镇并乡撤区工作,根据《省人民政府关于铜仁市建镇并乡撤区行政区域变更的批复》(黔府通〔1992〕42号),1992年3月,撤销铜仁市(县级)谢桥区和茶店区及所辖11个乡,合并组建乡镇(办事处),即:谢桥办事处、茶店镇、鱼塘侗族苗族乡、大坪侗族土家族苗族乡,1992年7月,设立乡镇(办事处)纪委,并任命纪委书记。万山特区1个镇和4个乡行政区划不变,1992年9月,设立乡镇纪委,12月,任命万山镇、高楼坪侗族乡、黄道侗族乡、下溪侗族乡纪委书记。从1993年2月起,各乡镇先后召开"建镇并乡撤区"后党代会,选举产生万山特区各乡镇纪律检查委员会、铜仁市各乡镇纪律检查委员会。在同级党委和上级纪委的双重领导下,履行对辖区内党组织、党员领导干部和一般党员进行党的纪律监督和检查,承担党风廉政建设和反腐败职责。2011年1月,根据贵州省政府批复文件,谢桥办事处由铜仁市(县级)划转万山特区管辖,谢桥办事处纪委为万山特区纪委派出机构。2011年11月,中共铜仁地委根据国务院《关于同意贵州省撤销铜仁地区设立铜仁市的批复》(国函〔2011〕131号),撤销万山特区设立万山区,铜仁市(县级)茶店镇、鱼塘侗族苗族乡、大坪侗族土家族苗族乡划转万山区,辖区所设纪检监察机构受万山区纪委监察局领导。2013年7月,根据黔府函〔2013〕124号、铜府函〔2013〕142号文件及万党常议〔2013〕12号纪要,撤销茶店镇设立茶店街道办事处、撤销谢桥办事处设置谢桥街道办事处,辖区所设纪委更名为纪工委,为万山区纪委派出机构。2016年7月,经贵州省人民政府、铜仁市人民政府批准,从万山区谢桥街道析置村(社区)成立仁山街道,2016年8月设立仁山街道纪工委;2018年11月,根据《铜仁市人民政府关于同意万山区行政区划调整的批复》,从万山区仁山街道、茶店街道、鱼塘乡析置村(社区)成立丹都街道,2018年12月设立丹都街道纪工委。2019年8月,国家监察体制改革向乡镇(街道)延伸,设立万山区监察委员会派出乡镇(街道)监察办公室,与乡镇(街道)纪(工)委合署办公,实行"两块牌子、一套人员"管理体制,履行纪检监察职能。

第一节　谢桥街道（办事处）纪检监察

一、机构设置

1992年3月，根据省、地、市（县级）安排，撤销谢桥、寨桂、石竹侗族土家族苗族乡，合并建立谢桥办事处（科局级）。1992年7月，成立中共铜仁市谢桥办事处纪律检查委员会，任命龙晓为办事处纪委书记。2011年1月，根据贵州省政府批复，铜仁市（县级）谢桥办事处划归万山特区管辖，中共铜仁市谢桥办事处纪律检查委员会更名为中共万山特区谢桥办事处纪律检查委员会。

2013年7月，根据万党常议〔2013〕12号纪要，撤销中共万山区谢桥办事处纪律检查委员会，成立中共万山区谢桥街道纪律检查工作委员会。

2019年8月，设立万山区监察委员会派出谢桥街道监察办公室，与街道纪工委合署办公，履行纪检监察职能。

中共万山区（特区、铜仁市）谢桥办事处纪律检查委员会

（1992年7月至2013年7月）

书　　记	龙　晓（女，苗族）	1992年7月至1995年12月
	杨通文（土家族）	1995年12月至1998年7月
	詹全生（土家族）	1998年8月至2001年10月
	赵翠莲（女，苗族）	2001年10月至2003年3月
	覃远华	2003年3月至2006年8月
	程小勇（土家族）	2006年8月至2009年12月
	李红旗（土家族）	2009年12月至2012年4月
	秦雪梅（女）	2012年5月至2013年7月
副书记	艾昌群（侗族）	2008年11月至2013年7月
委　　员	龙　晓（女，苗族）	1993年6月至1995年12月
	杨通文（土家族）	1995年12月至1998年7月
	詹全生（土家族）	1998年8月至2001年10月
	赵翠莲（女，苗族）	2001年10月至2003年3月
	覃远华	2003年3月至2006年8月
	程小勇（土家族）	2006年8月至2009年12月
	艾昌群（侗族）	2008年11月至2013年7月
	李红旗（土家族）	2009年12月至2012年4月
	秦雪梅（女）	2012年5月至2013年7月

中共万山区谢桥街道纪律检查工作委员会

（2013年7月至2022年12月）

书　记	秦雪梅(女)	2013年7月至2013年11月
	陆霓俊(侗族)	2014年7月至2015年7月
	周化林(侗族)	2015年8月至2015年12月
	刘妹莲(女,侗族)	2015年12月至2016年7月
	杨爱虹(土家族)	2016年8月至2019年2月
	李双龙(苗族)	2019年9月至2022年12月
副书记	艾昌群(侗族)	2013年7月至2015年4月
	杨　猛(苗族)	2015年8月至2022年12月
委　员	艾昌群(侗族)	2013年7月至2015年4月
	秦雪梅(女)	2013年7月至2013年11月
	陆霓俊(侗族)	2014年7月至2015年7月
	周化林(侗族)	2015年8月至2015年12月
	林峻森(苗族)	2015年8月至2016年7月
	刘妹莲(女,侗族)	2015年12月至2016年7月
	杨　猛(苗族)	2015年8月至2022年12月
	蒲新有(侗族)	2016年2月至2017年6月
	李双龙(苗族)	2019年9月至2022年12月

谢桥街道办事处监察室

（2015年8月至2017年6月）

主　任	林峻森(苗族)	2015年8月至2016年7月
	蒲新有(侗族)	2016年2月至2017年6月

万山区监察委员会派出谢桥街道监察办公室

（2019年8月至2022年12月）

主　任	李双龙(苗族)	2019年10月至2022年12月
副主任	杨　猛(苗族)	2019年11月至2022年12月
专职监察员	田　甜(女,苗族)	2019年9月至2019年12月
	肖　丽(女)	2019年9月至2021年5月
	汪桂如(女,侗族)	2021年5月至2022年12月

二、主要工作

(一)党风廉政建设

谢桥街道纪工委按照《中国共产党章程》规定,协助党工委推进全面从严治党、加强党风廉政建设和反腐败工作,监督同级党委履行全面从严治党主体责任,确保党的路线方针政策和中央、省委、市委、区委决策部署得到贯彻落实。

1993年,谢桥办事处纪委协助党委认真学习中共十四大精神和邓小平南方讲话及江泽民总书记“七一”讲话精神,协助党委贯彻落实党的反腐倡廉精神,提高党员、干部整体素质,采取召开机关党支部书记和机关负责人会议、机关党员干部会、骨干培训会、书写标语、放电影录像、出黑板墙报等形式,开展党风廉政建设宣传。强化基层党组织建设,开展党员民主评议,辖区31个党支部635名党员参加,优秀党员82名,占党员总数12.91%;合格党员553名,占党员总数的87.09%,无基本合格和不合格党员。清理机关乱收费、乱罚款、乱摊派“三乱”现象,纠正机关行业不正之风。

2003年,以中共十六大精神为指针,学习贯彻江泽民总书记2002年“5·31”讲话精神。在作风建设方面,以落实党风廉政建设责任制为重点,促进领导干部廉洁自律,推动党风、政风和社会风气根本好转;在制度建设方面,建立健全民主集中制具体制度,规范领导班子成员行为,全面推行目标责任制,建立用制度管理和规范干部行为机制,使办事处工作有章可循;在协调部门关系方面,加强与特区公安、特区司法、特区信用、特区粮食等部门沟通,推进工作。

2004年,办事处党风廉政建设和反腐败工作以邓小平理论和“三个代表”重要思想为指导,认真贯彻胡锦涛总书记提出的“为民、务实、清廉”要求,把抓好党员、领导干部廉洁自律工作列入党委、行政重要议事日程,与其他工作同部署、同检查、同落实,形成党政一把手负总责、分管领导具体负责工作机制。印发《关于对党风廉政建设各项工作任务进行分解细化的通知》《二〇〇四年党风廉政建设责任制量化考核方案细则》,与41个单位签订《党风廉政建设责任状》、47名副股级以上干部签订《廉洁自律承诺书》。从严教育管理领导干部配偶、子女及身边工作人员,追究领导干部放任、纵容配偶、子女等违纪行为违纪责任,落实领导干部配偶、子女从业有关规定。开展整治“形象工程”“政绩工程”,严格控制各种名目达标评比活动。在12个村(居)委会设置意见箱,收集群众意见。严格执行领导干部不准收受与其职权有关的单位、个人现金、有价证券和支付凭证规定,严禁干部职工“吃、拿、卡、要”,严肃查处借节假日和婚丧喜庆等敛财。查处领导干部利用职权违反规定和插手建设工程招标、投标、经营性土地使用权出让,房地产开发与经营等市场经济活动。

2005年,利用会议和每月一次集中,组织党员干部学习中央1号文件《中共中央、国务院关于进一步加强农村工作提高农业综合生产能力若干政策的意见》、新修订的《中华人民共和国宪法》《中华人民共和国行政许可法》和《中国共产党纪律处分条例》《中国共产党党内监督条例》等,以先进典型人物为榜样,开展示范教育,营造党风廉政建设和反腐败工作氛围。办事处纪委牵头,会同办事处分管领导对处财政、处计生、处民政、处国土、处建管等部门收费情况开展监督检查,未发现乱收费问题。成立谢桥办事处涉农价格和收费工作监督站,监督办事处退耕还林还草粮食补贴和粮食直补,督促检查村务公开和财务公开,清查唐家寨村民组财务问题。

2006年,传达学习国务院廉政建设工作电视电话会议及省、地、市纪检工作会议精神,印发《党风廉政建设和反腐败工作实施方案》,与全体职工签订党风廉政建设责任书,将党风廉政工作分解至站、办、所及村(居)。严格执行中纪委"五个不许"和市委廉政领导小组"十不准"等廉洁从政有关规定。开展机关效能回访活动,向相关人员发放政风建设建议意见征求表,听取意见建议,改进工作。开展行政检查、行政处罚抽样检查活动,发放廉政监督卡,及时掌握执法人员日常工作中表现。成立行风监督和企业商业贿赂专项工作领导小组,印发《开展行风监督和企业商业贿赂专项工作实施方案》《自查自纠工作通知》,明确治理重点,分"动员部署、查找问题、分析整改、总结提高"四个阶段,逐步推进治贿工作。按照团结改进"两风"、增进"两情"要求,加强机关效能建设,推进依法行政。开展治理中小学教育乱收费,监督检查办事处辖区学校收费执行情况,严肃处理石竹中心完小擅自提高收费标准行为,清退违纪资金4100余元,并责令学校负责人写出书面检查,规范收费行为。

2015年,细化《街道党工委班子、党工委第一责任人及班子成员党风廉政建设和反腐败工作职责》,建立完善党风廉政建设和反腐败工作程序和保障机制,强化落实"一岗双责",明确分管领导分管责任和直接责任,提高党工委履行主体责任能力。与村(社区)、职能站所签订《2015年度党风廉政建设责任书》180余份,细化《谢桥街道党工委党风廉政建设目标任务》,任务目标明确到岗到人,把完成目标任务纳入绩效考核内容。转职能,转方式,转作风,对街道纪工委工作职能清理规范,退出各种达标评比活动领导小组,把精力集中到执纪、监督、问责工作,实现"转职能、转方式、转作风",回归纪检主责主业。加强党风廉政建设和组织协调反腐败工作,对党的路线方针政策、惠农政策、惠农资金兑现监督检查,确保群众权益不受侵犯。建立完善信访举报制度,拓宽群众维权渠道。督促检查各职能站所落实惩治和预防腐败工作,加强党内监督及执纪问责力度,严格办案,遏制腐败蔓延势头。开展公车私用、公款大吃大喝、违规操办酒席等监督检查7次,完善村级民主监督管理,推进村(社区)党风廉政建设。全年查处办结民生项目案件2件。

2016年,坚持学习常态化,利用党工委会议、干部职工大会、支部"三会一课"、农村党员干部现代远程教育等载体,学习《中国共产党章程》、习近平总书记系列重要讲话精神、中央八项规定精神和省委市委"十项规定"及反腐败工作精神。对干部会风、作风等采取定期或不定期检查,对参会迟到、早退、不遵守会议纪律等通报和"贴标·亮牌"。开展干部作风检查10次,书面通报5人,组织提醒谈话2次,推进干部"慵懒散漫浮"作风整治。细化党风廉政建设主体责任、监督责任、"一岗双责"目标任务,提高党工委履行主体责任能力。开展整治违规变相发放手机费、宽带费等现象;规范谢桥街道党员干部职工和村(居)民操办酒席,在村(社区)张贴宣传海报60余张,出动宣传车6次;开展干部违规收受红包、违规经商办企业、投资入股和承揽工程"四个专项整治",全体干部职工签订不违规经商办企业承诺书120余份;发放换届"九严禁"宣传卡片600张,组织党员干部观看换届警示教育片4次,开展专题警示教育大会3次;常态化开展中央八项规定精神落实、"三个开刀"工作自查,形成月报告制度,严防公车私用、公款大吃大喝等现象发生。开展"两个责任"约谈,约谈干部54人。全年,立案25件,结案25件,党纪政纪处分25人,涉案金额154.33万元。

2017年,开展党风廉政教育,以会议、支部"三会一课"、农村党员干部现代远程教育等为载体,学习宣传中央八项规定精神和省委市委"十项规定"及党风廉政建设和反腐败工作精神,提高党风廉政主体责任和监督责任履职能力。对干部会风会纪、上下班考勤、工作作风等加强监管，开展干部作风检查10次，书面通报1次3人。开展重点项目督查1次，通报干部2人。配合区巡察组对谢桥街道党工委开展巡察。成立谢桥街道清查办公室，开展整治清查超额购买服装现象和公款消费高档白酒等问题；整治清查历年来国家公职人员借用国家资金、工程借款，清收借款142.70万元。规范谢桥街道干部职工和居民操办酒席，张贴宣传海报70余张，出动宣传车10次。常态化开展中央八项规定精神落实、“三个开刀”工作自查，形成月报告制度。开展“两个责任”集中约谈，约谈干部37人；开展“一对一”约谈4次，约谈干部4人。全年立案3件，结案3件。

2018年，学习习近平总书记系列重要讲话精神和《中国共产党章程》以及中央八项规定、省委市委“十项规定”、省市区党风廉政建设和反腐败工作精神。开展干部作风检查7次，重点项目督查6次。细化党风廉政建设主体责任、监督责任和“一岗双责”目标任务，开展超额购买服装、公款消费购买高档白酒集中专项整治，规范谢桥街道党员干部职工及村(居)民操办酒席，张贴宣传海报60余张，出动宣传车11次。常态化开展“三个开刀”工作自查，实行月报告制度，严防公车私用、公款吃喝等现象。利用会议、LED显示屏、“微谢桥”公众号等平台学习宣传《中华人民共和国监察法》，扎实推进脱贫攻坚作风年建设年、扫黑除恶监督执纪问责。开展“两个责任”集中约谈2次，约谈干部106人次。全年立案3件，结案3件。

2019年，召开全面从严治党和纪检监察工作会议6次，出台《办公物资管理制度》《关于实行“三级”连带责任制的规定》《会议工作制度》《机关食堂管理制度》《谢桥街道办事处公车使用管理制度》《谢桥街道重点工作责任倒逼制度》等；抓住重要节日节点，对贯彻落实中央八项规定、纠正“四风”和机关日常管理制度落实和执行情况监督检查，加强干部日常监督管理。开展干部作风检查6次，书面通报1次3人，“贴黄标·亮黄牌”3人。开展重点项目督查5次，推进干部“慵懒散漫浮”作风整治。对形式主义、官僚主义6个方面26个问题开展集中整治并执纪问责，增强党员干部责任意识、担当意识和纪律意识。协助街道党工委抓好党风廉政建设。制定《谢桥街道2019年度党风廉政建设主体责任和监督责任清单》《中共铜仁市万山区谢桥街道工作委员会落实党风廉政建设责任制问题清单》《2019年谢桥街道落实党风廉政建设“一人一单”》，细化党风廉政建设主体责任和监督责任。街道党工委书记与党工委班子成员、村(社区)党支部书记签订2019年党风廉政建设责任书22份。开展党风廉政建设“两个责任”分级约谈，约谈干部110人。其中，科级干部22人次，股级干部36人次，一般干部52人次。全年立案5件，结案5件，党纪处分4人，免处1人。

2020年，召开研究全面从严治党和纪检监察工作会议5次，专题听取党工委班子成员党风廉政建设工作汇报1次，制订《谢桥街道2020年度党风廉政建设主体责任和监督责任清单》《中共铜仁市万山区谢桥街道工作委员会落实党风廉政建设责任制问题清单》，细化党风廉政建设主体责任和监督责任。开展干部作风检查7次，书面通报1次，批评教育、提醒谈话7人次。开展重点驻村帮扶督查检查4次，书面通报2次17人。召开警示教育通报会8次，通报典型案例15起，以身边事警示教育身边人。巩固拓展落实中央八项规定精神成果，纠治“四风”，营造风清气正政治生态。开展党风廉政建设“两个责任”分级约谈，约谈干部178人次。其中，科级干部32人次，股级干部44人次，一般干部102人次。全年立案5件，党纪处分5人。

2021年,落实党风廉政建设,召开全面从严治党工作会议8次,专题听取党工委班子成员开展党风廉政建设工作汇报1次,强化党风廉政建设党工委主体责任和纪工委监督责任落实,抓好村(社区)换届选举作风建设。通报违反中央八项规定精神等典型案例8起,开展节假日监督检查6次。督促街道各职能站所严格执行经费管理、办公用房、公务接待等规定。开展违规发放津贴补贴、违规操办"升学宴"、违规使用公务用车和加油卡、领导干部利用茅台酒牟取私利等专项整治5次,党员干部和公职人员签订不收受红包礼金、不操办和参与"升学宴"等承诺书240份,排查党员干部和公职人员74人。其中,财政补助临聘人员9人,村"三委"干部38人。开展干部作监督检查8次。开展"两个责任"分级约谈2次,约谈干部172人次。其中,科级干部32人次,股级干部44人次,一般干部100人次。全年立案4件,党纪处分3人,免处理1人。

2022年,开展干部约谈,约谈机关及社区党支部书记12人次、街道各站(所、办、室、中心、分局)负责人14人次。对"四新"主攻"四化"和招商引资专项巡视巡察反馈4个问题做好督促整改。在元旦、春节、清明、"五一"国际劳动节等重要时间节点开展廉政集中谈话7次,约谈党员干部500余人次,主动交心谈心、约谈80人次。对街道、各村(社区)学习宣讲中共二十大、省第十三次党代会等精神情况开展监督检查2次。对街道党工委会议议定事项落实情况开展监督检查9次。开展疫情防控监督检查11次,督促整改问题12个,谈心谈话疫情防控一线工作人员14人次。通报中央八项规定精神典型案例20余起,下发工作提示或廉政提醒5条。组成明察暗访工作组开展明察暗访、监督检查次7次。开展公务用车管理使用专项监督检查5次,自查发现问题1个,签订廉政承诺书141份。规范党员干部婚宴报备2起。开展公职人员和党员干部酒驾醉驾问题集中整治,签订拒绝酒驾承诺书110份、通报酒驾醉驾典型案例10起,立案查处酒驾1起,党内警告处分1人。对各村(社区)干部、包组干部到岗及抗旱工作等开展监督检查8次。开展廉政意见选人用人、评先评优回复13批次25人次,出具暂缓或否定性意见3人次。严把廉政审核关,根据干部管理权限,摸清廉政"家底",协助动态更新15名领导干部廉政档案内容。开展全面从严治党分级约谈1次,共约谈干部75人。其中,科级干部18人次,股级干部15人次,一般干部42人次。全年立案3件,给予党纪政务处分2人。

(二)信访受理

1993年,受理群众来信85件,来访81件,全部办结。

2004年,受理群众来信来访16件16人。

2015年,受理信访案件4件,办结4件。

2016年,办结区转办信访件5件,接访群众12批次。

2017年,受理信访件7件,转谈话提醒4次。

2018年,受理信访件4件,转谈话提醒4次。

2019年,受理群众来信来访3件,办结3件。

2020年,受理信访件3件,办结3件。

2021年,受理信访件3件,办结3件。

2022年,受理信访件7件,办结7件。

(三)民生监督

2014年,成立谢桥街道民生监督特派组,加强对民生项目监督。开展城乡低保、家电下乡补贴、贫困中小学生补贴和学校营养午餐专项监察,走访村小5所,走访群众130余次。

2015年,发挥民生特派组及村(居)务监督委员会监管职能,健全长效机制,保障群众合法权益。开展对城乡低保、民政救济等监督检查,查处办结案件2件;核查14家微型企业补贴及水土保持项目资金,责令企业对问题整改。

2016年,开展专项监察7次,发现问题29个,立案15件,其中:对计划生育抚养费管理、使用与计划生育家庭“四项制度”专项监察,发现问题6个,涉及金额3.75万元,立案2件,党政纪处分2人,集体谈话8人,整改问题6个;对铜(仁)大(龙)高速拆迁补偿资金专项监察,发现问题2个,涉及金额19.17万元,整改问题2个;对个体户及企业2013年至2015年度信贷扶贫项目资金专项监察,发现问题2个,涉及金额155万元,取消3户信贷扶贫贴息资质;对辖区8个村(社区)精准扶贫工作专项监察,发现问题4个,取消精准扶贫建档立卡户25户;对农村饮水安全工程(2013年至2015年)专项监察,发现并整改问题14个,立案2件,结案2件,党纪政务处分2人;对残疾人无障碍补助资金专项监察,发现并督促整改问题1个;对“雨露计划”项目专项监察,发现问题1个,立案1件。开展国家公职人员、村(社区)干部及亲属享受非普惠制惠民政策清理,公布国家公职人员、村(社区)干部及亲属享受非普惠制惠民政策情况,强化国家公职人员、村(社区)干部“四要五严禁”意识。

2017年,组建以区纪委第一纪工委书记任民生监督组组长,街道纪工委书记任民生监督组副组长,街道纪工委干部为成员的民生监督组,强化民生项目监管;完成辖区7个村(居)务监督委员会选举。开展专项监察5次,其中:城市和农村低保资金专项监察,发现问题2个,立案2件;对科学储粮彩钢仓专项监察,发现并督促整改问题10个;对“一事一议”(2014年—2016年)项目资金专项监察,发现并督促整改问题2个;对农村危房改造(2015年至2016年)、信贷扶贫、农村饮水安全、微型企业扶持和基本药物“零差价”专项监察,发现并整改问题1个;对谢桥街道、仁山街道易地扶贫搬迁专项监察,发现并督促整改问题3个。利用LED显示屏播放民生监督宣传标语2条,在醒目位置悬挂民生监督宣传标语7条。通过开展接访、设置咨询台、摆放展板、发放宣传资料、联系卡等方式,广泛宣传民生项目监督工作,拓宽案件线索渠道。在冲广坪社区开展“五老”巡视试点,对村(居)务进行监督和巡视,落实村务公开,接受群众监督。

2018年,建立民生监督查询平台,每月更新民生项目资金,让群众及时知晓受益惠民帮扶政策,接受群众监督;利用LED显示屏滚动播放民生监督宣传标语27条,在街道、村(社区)醒目位置悬挂民生监督宣传标语12条,让群众了解民生项目监督工作;设置咨询台、摆放展板、发放政策资料、联系卡,提高群众民生项目监督知晓率。开展农村种植产业扶贫项目、农村公路“组组通”项目专项监察,发现问题2个,立案2件,党纪政务处分3人。

2019年,开展易地扶贫搬迁专项检查和“一卡通”财政涉农补贴资金、林业项目专项监察。采用民生资金监督系统数据比对,核实民生问题线索65条,对谢桥街道违规领取死亡人员领取养老金问题线索核实,立案1件1人。开展“访村寨、重监督、助攻坚”专项行动,聚焦重点问题和关键环节。开展民生监督宣传,制作宣传标语3幅,利用LED显示屏滚动播放民生监督宣传标语11条。

2020年,聚焦民生领域,采取民生监督组+街道纪工委+村(社区)监委会“三级联动”模式,开展农民专业合作社(公司)扶贫民生项目、农村饮水安全项目专项监察,查看农民专业合作社(公司)扶贫民生项目49个,涉及资金148万元;查看农村饮水工程6个,涉及金额318.31万元。开展边缘户、脱贫不稳定户、贫困户监督检查3次,通报批评20人。开展“杨荣式”干部大走访,走访群众200户430余人“访村寨、重监督、助脱贫”走访100人次。

2021年,乡纪委会同乡综治办、乡民政办等开展民生监督宣传2次,制作以“监督、保障、执行”等为主题的宣传标语6幅。按照上级纪委监委统一安排部署,开展扶贫民生等领域专项监察。街道纪工委对易地扶贫安置点监督检查5次,督促整改问题3个;开展“四个不摘”政策落实情况专项监察,针对部分帮扶干部未按照区委、区人民政府要求落实帮扶措施,下发整改函30余份;开展残疾人燃油补助专项监察,发现问题线索3个,立案1起;实地走访查看扶贫项目5个;开展“访村寨、重监督、促振兴”专项行动,走访村(社区)7个,走访群众200余户400余人。

2022年,以入户走访、电话访谈等方式,开展易地扶贫搬迁安置点、蔬菜大棚项目专项监察,走访群众200余户、电话访谈群众510余户,发现问题3个。组织村(居)监督委员会开展农村厕所革命反馈问题等监督检查5次,发现问题35个,完成整改34个,正在整改1条。开展抗旱救灾、森林防火、信访、“债转投”等重点工作监督检查10次,督促整改人畜饮水项目建设问题6个,化解信访问题2个;督促“债转投”工作,完成划债484万元、城南郡房源“债转投”认购任务完成16套、全款房6套。开展农村自建房屋安全隐患排查、月卫片执法、农村违规建房等监督检查6次,完成2名村干部农村违规建房工作中履职不力问题线索初核。持续开展“访村寨、重监督、助攻坚”专项行动,走访群众200户250余人,化解纠纷5起。

(四)警示教育

2005年,以王怀忠、李铁成、马招德等《中国监察》期刊中通报贪腐人物和警示教育片《绝路》铜仁地委原书记卢万里受贿案为反面教材,警示教育街道及村(居)党员干部规范用权,自觉做到廉洁从政。

2006年,组织党员干部收看贵州卫视公共频道《廉政经纬》节目,观看《忏悔录》《职责与犯罪》《立党为公执政为民先进事迹报告》等电视教育片,教育引导广大党员干部坚定理想信念、明辨是非,筑牢思想道德和党纪国法防线。

2011年至2014年,利用会议、标语、板报、宣传栏、播放电教片等形式,组织开展反腐倡廉宣传教育;组织党员干部观看警示教育片,学习警示教育读本等。

2015年,开展正反典型宣传教育,组织党员干部观看《贪食“群蝇”终自毁》等,教育引导党员干部从反面典型案例及取教训。

2016年,开展警示教育1次;组织学习换届纪律,发放换届“九严禁”宣传卡片600张,组织党员干部观看《湖南衡阳破坏选举案》《四川南充换届贿选案》《镜鉴》等换届教育警示片4次,开展专题警示教育会3次。

2017年,通报违反中央八项规定及省市“十项规定”精神等典型案例;通过LED显示屏、廉政文化墙、出租车载显示屏等宣传廉政文化,营造崇廉尚廉氛围;组织街道全体党员干部职工、村(社区)“三委”干部举办扶贫领域警示教育展2次。

2018年，召开警示教育大会2次，组织街道全体干部职工、村（社区）“三委”干部观看扶贫领域警示教育展2次。

2019年，以身边事警示教育身边人，召开警示教育通报会5次，点名道姓公开通报曝光省、市、区查处群众身边不正之风和形式主义、官僚主义典型案例20起，引导党员干部筑牢思想防线、不越纪律红线，自觉抵制腐败行为。组织党员干部、驻村干部、第一书记、村（社区）“三委”干部举办扶贫领域警示教育展2次。

2020年，街道召开警示教育通报会8次，通报省、市、区群众身边不正之风和形式主义、官僚主义问题的典型案例25起。

2021年，街道召开警示教育通报会8次，通报群众身边的不正之风和形式主义、官僚主义问题、违反中央八项规定精神等典型案例20起；开展节前廉政集中谈话5次，举办扶贫领域警示教育展1次、群众身边不正之风和典型案例警示教育展1次，教育党员干部反对“四风”，警钟长鸣。

2022年，召开街道办事处警示教育会1次，开展群众身边腐败和作风问题警示教育展1次，通报典型案例40起。

三、村（居）务监督委员会

石竹社区

主　任	姜文书（土家族）	2013年12月至2017年4月
	杨建国（侗族）	2017年5月至2021年12月
	周鲜花（女，侗族）	2022年1月至2022年12月
委　员	杨政银（土家族）	2013年12月至2017年4月
	黄前民（土家族）	2015年？月至2017年4月
	何　昌（苗族）	2017年5月至2021年12月
	王应权（侗族）	2017年5月至2018年10月
	杨建国（侗族）	2022年1月至2022年12月
	曾　玲（女，苗族）	2022年1月至2022年12月

瓦屋坪村

主　任	向启超（土家族）	2013年12月至2017年4月
	李代圆（苗族）	2017年5月至2021年12月
	向启未（土家族）	2022年1月至2022年12月
委　员	瞿政贵（苗族）	2013年12月至2017年4月
	李代普（苗族）	2013年12月至2017年4月
	万家福（侗族）	2017年5月至2021年12月

	瞿　峰(苗族)	2017年5月至2021年12月
	向仁涛(土家族)	2022年1月至2022年12月
	向红羽(土家族)	2022年1月至2022年12月

谢桥社区

主　任	蒋兴发(侗族)	2013年12月至2017年4月
	张茂奎(侗族)	2017年5月至2021年12月
	钟　广(侗族)	2022年1月至2022年12月
委　员	陈国平	2013年12月至2017年4月
	刘世发(侗族)	2013年12月至2017年4月
	雷继泽(畲族)	2017年5月至2021年12月
	杨华珍(女,侗族)	2017年5月至2022年12月
	黄成五(土家族)	2022年1月至2022年12月

龙门坳村

主　任	刘八芳(土家族)	2012年10月至2020年1月
	刘　伟(侗族)	2022年1月至2022年12月
委　员	刘开富(侗族)	2014年1月至2017年4月
	赵莹桃(女,侗族)	2012年10月至2017年4月
	喻国胜	2017年5月至2021年12月
	刘海树(侗族)	2017年5月至2021年12月
	刘清涛(侗族)	2022年1月至2022年12月

牙溪村

主　任	张世远(侗族)	2014年1月至2017年4月
	张水清(侗族)	2017年5月至2021年12月
	瞿金菊(女,苗族)	2022年1月至2022年12月
委　员	张兴泉(侗族)	2013年12月至2017年4月
	王泽松(侗族)	2013年12月至2021年12月
	张兴良(侗族)	2017年5月至2021年12月
	王　方(侗族)	2022年1月至2022年12月

冲广坪社区

主　任	鲁政新	2013年12月至2017年4月
	田茂文(苗族)	2017年5月至2021年12月

	徐娣英(女,侗族)	2022年1月至2022年12月
委　员	彭秀平(侗族)	2015年5月至2021年12月
	邓建新	2017年5月至2021年12月
	刘金梅(女)	2022年1月至2022年12月
	舒华芬(女,侗族)	2022年1月至2022年12月

城南驿社区

主　任	杨光涛(侗族)	2022年1月至2022年12月
委　员	曾　艳(女,侗族)	2022年1月至2022年12月
	杨正芬(女,侗族)	2022年1月至2022年12月

挞扒洞村

主　任	蒋德水(侗族)	2014年1月至2016年12月
委　员	蒋世豪(侗族)	2014年1月至2016年12月
	喻建军	2014年1月至2016年12月

楚溪社区

主　任	廖文汉(苗族)	2014年1月至2016年12月
委　员	田如富(土家族)	2014年1月至2016年12月
	喻国远(土家族)	2014年1月至2016年12月

唐家寨社区

主　任	唐长林(苗族)	2014年1月至2016年12月
委　员	包顺余	2014年1月至2016年12月
	聂益军	2014年1月至2016年12月

谢桥中心社区

主　任	廖如保(苗族)	2013年6月至2016年12月
委　员	李伟运(苗族)	2014年1月至2016年12月
	杨再文(土家族)	2013年6月至2016年12月
	田　进	2017年5月至2018年1月

第二节　仁山街道纪检监察

一、机构设置

2016年7月,从万山区谢桥街道析置唐家寨社区、楚溪社区、挞扒洞村,设置仁山街道。2016年8月,成立中共万山区仁山街道纪律检查工作委员会,任命陈磊为街道纪工委书记。

2018年11月,从万山区仁山街道析置挞扒洞社区、楚溪社区(除罗家湾组)到丹都街道;谢桥街道析置中心社区,茶店街道析置开天村、塘边村(除尖坡组)到仁山街道。

2019年8月,设立万山区监察委员会派出仁山街道监察办公室,与街道纪工委合署办公,履行纪检监察职能。

中共万山区仁山街道纪律检查工作委员会

(2016年7月至2022年12月)

书　　记	谢　凯(苗族)	2016年7月至2016年8月
	陈　磊(土家族)	2016年8月至2017年9月
	林峻森(苗族)	2017年9月至2018年2月
	袁再军(侗族)	2019年7月至2022年7月
	刘文彬(苗族)	2022年7月至2022年12月
副 书 记	蒲新有(侗族)	2017年6月至2019年3月
委　　员	谢　凯(苗族)	2016年7月至2016年8月
	陈　磊(土家族)	2016年8月至2017年9月
	黄　烈(土家族)	2017年6月至2021年7月
	林峻森(苗族)	2017年9月至2018年2月
	蒲新有(侗族)	2017年6月至2019年3月
	袁再军(侗族)	2019年7月至2022年7月
	刘文彬(苗族)	2022年7月至2022年12月

万山区监察委员会派出仁山街道监察办公室

(2019年8月至2022年12月)

主　　任	袁再军(侗族)	2019年10月至2022年7月
	刘文彬(苗族)	2022年7月至2022年12月
专职监察员	刘小花(女)	2022年4月至2022年12月

二、主要工作

(一)党风廉政建设

仁山街道纪工委按照《中国共产党章程》等规定,协助街道党工委推进全面从严治党、加强党风廉政建设和反腐败工作,监督同级党工委履行全面从严治党主体责任,确保党的路线方针政策和中央、省委、市委、区委重大决策部署得到贯彻落实。

2017年,街道纪工委协助党委加强党风廉政建设和组织协调反腐败工作,督促检查相关部门落实惩治和预防腐败任务。加大对党的路线、方针、政策执行情况监督检查。对惠农项目监督检查。建立完善信访举报制度,拓宽群众维权渠道。利用会议、党支"三会一课"、农村党员干部现代远程教育等载体,学习宣传党章和习近平总书记系列重要讲话精神;学习中央八项规定精神、省委市委"十项规定"和区委有关文件精神。组织开展警示教育和先进模范先进事迹学习。通过LED显示屏、廉政文化墙等方式宣传廉政文化。规范仁山街道干部职工和辖区村(居)民操办酒席,在社区张贴宣传海报12张,开展宣传10余次,违规操办酒席零发生。把反腐倡廉作为常态化工作抓落实,每月开展中央八项规定精神落实情况、"三个开刀"工作自查。全年办理案件3件,处分3人。

2018年,组织学习贯彻习近平总书记系列重要讲话精神,贯彻落实中共十八大、十九大精神,召开街道党工委领导班子专题民主生活会1次。开展党风廉政教育,街道党工委书记定期听取街道班子成员履行"一岗双责"情况汇报,推进"两学一做"学习教育常态化。以"三会一课""党员活动日"为载体,组织开展党风廉政建设思想教育。落实党风廉政建设党工委主体责任和纪工委监督责任,制定实施责任追究制度,建立健全党风廉政建设检查考核机制。调整充实仁山街道党风廉政建设工作领导小组,印发《仁山街道党风廉政建设主体责任和监督责任清单(试行)》,明确街道领导班子成员责任。半年召开1次党工委扩大会议,专题研究党风廉政建设工作。严肃工作纪律,重点对街道党员干部工作8小时内监督检查。制定《仁山街道作风整顿和效能建设专项活动实施方案》,严格执行《中国共产党廉洁自律准则》和中央八项规定,全年发出通报7期,开展提醒谈话6人,通报干部46人次,与年终绩效考核挂钩。落实"一岗双责",年初听取1次分管站所及联系社区党风廉政建设汇报,半年进行1次党风廉政建设检查分析和廉政谈话、落实主体责任约谈,年终开展1次党风廉政建设主体责任制检查,半年进行1次。全年开展"分级约谈"2次,约谈95人次。全年办理案件1件,处分1人。

2019年,落实好"三会一课""党员活动日"等,学习习近平总书记系列重要讲话精神、《中国共产党廉洁自律准则》、《中国共产党纪律处分条例》、《关于党内政治生活的若干准则》,党工委中心组理论学习10次,全体干部集中学习中央八项规定、省市区相关规定精神5次,开展党风廉政教育10次。将党风廉政建设融入"不忘初心、牢记使命"主题教育,开展先进典型教育、警示教育和廉政谈话。全年开展"两个责任"分级约谈2次,开展专项监察2次,发出通报17期。加强作风建设,开展对违规经商办企业等进行专项整治。全年办理案件1件,处分1人。

2020年,制定《仁山街道2020年度党风廉政建设主体责任和监督责任清单》《仁山街道2020年度党风廉政建设问题清单》,召开党风廉政建设和反腐败工作会议2次,履行"一岗双责"主体责任。全年开展节假日节点监督检查7次,开展节前廉政提醒集中约谈7次。对脱贫攻坚、疫情防控、农村集体经济、安全饮水工程等监督检查发出督查通报10期,督促整改问题30个,提醒谈话18

人,其中:街道一般干部5人、社区干部2人。运用监督执纪“四种形态”,对有“苗头性”“倾向性”问题党员干部,给予批评教育、谈话提醒;对违规违纪人员严肃查处,全年立案2件,给予党纪处分2人。开展巡察整改“回头看”,对唐家寨社区、贵苑社区、木杉河社区、开天村、塘边村开展政治巡察,督促反馈问题整改,是年3月涉及仁山街道5个村(社区)43个问题全部整改。全年办理案件2件,处分2人。

2021年,抓党内政治生态分析研判问题整改,组织开展节前正风肃纪集中约谈7次,开展村集体“三资”提级监督试点,印发《关于深入开展塘边村党支部书记、主任“提级监督”试点工作方案》,6月10日启动塘边村党支部书记、村委会主任“提级监督”试点工作。开展换届纪律监督,仁山街道纪工委召开会议6次,走村入户宣传25次,对村干部开展换届纪律谈话6次22人。对仁山街道2017年至2021年环保督察反馈问题开展监督检查,涉及环保问题10个,完成整改10个;对仁山街道疫情防控开展监督检查,发出督查通报2期,督促整改问题2个。全年办理案件3件,处分3人。

2022年,围绕巩固拓展脱贫攻坚成果同乡村振兴有效衔接、统计造假不收敛不收手问题、防范化解政府债务风险、围绕“四新”主攻“四化”、贯彻落实新国发2号文件精神、贯彻落实中央八项规定精神、农村乱占耕地建房、农村厕所革命、向社会购买服务方式长期租用车辆和酒驾醉驾问题等开展专项监督。严格按照“一对一约谈”方式,结合领导干部工作职责和岗位风险开展分级约谈,约谈65人次。对金启学案规范开展“一案一整改”工作,达到了以案促改、以案促治、以案促建作用。开展党员干部酒驾醉驾问题整治1次,督促全体党员干部签订《拒绝酒驾承诺书》120余份。开展专项监督检查20余次,发现问题15个,督促整改问题15个,对“5433”帮扶干部履职不力问题发出通报1期,通报12人次,提醒谈话6人次。全年办理案件5件,处分5人。

(二)信访受理

2017年,受理群众来信来访7件,办结7件。

2018年,受理区纪委信访转办3件,做信访了结3件。

2019年,受理群众来信来访5件。其中,区纪委转办3件,脱贫攻坚成效提升专项巡察第二巡察组转办1件,本级群众来信来访1件,均已全部办结。

2020年,受理群众来信来访5件。其中,区纪委转办3件,本级群众来信来访2件,均已全部办结。

2021年,受理群众来信来访2件。其中,上级部门转办1件,本级群众来信来访1件,均已全部办结。

2022年,受理群众来信来访4件。其中,上级部门转办2件,本级群众来信来访2件,均已全部办结。

(三)民生监督

2017年,开展专项监察4次,即:对城市和农村低保专项监察,共走访4个社区19个居民小组低保对象204户346人,发现问题1个,立案1件;对科学储粮彩钢仓项目专项监察,核查2个村5个村民组25户,发现问题6个,整改6个;对2014年度至2016年度“一事一议”挞扒洞社区8个项目、楚溪社区1个项目专项监察,发现问题1个,转交区纪委调查处理;对万山区长寿村多彩种养殖农民专业合作社、万山区长寿村珍禽发展有限公司、仁山街道挞扒洞社区集体经济蝴蝶谷、仁山街道河坪小区集体经济洗车场、万山区胜利农业有限公司等农村新经济实体专项监察,未发现违规违纪问题。

2018年,开展专项监察4次,即对谢桥街道2015年精品水果建设项目、谢桥街道挞扒洞村300亩核桃建设项目、谢桥街道挞扒洞村100亩精品水果建设项目(多彩种养殖农民专业合作社)专项监察,发现问题1个,立案1件,处分1人;开展第三轮“访村寨、重监督、助攻坚”专项行动,发现问题7个,整改7个;对2015年度至2017年度农村贫困人口大病专项救治和城乡医疗救助、农村危房改造专项监察,经查:城乡医疗救助开展专项监察工作共涉及169人次、未发现违纪违规问题,农村危房改造17户补助资金26万元、未发现违纪违规问题;对2014年至2018年养殖项目专项监察,涉及8户奖补扶持资金71万元,未发现违纪违规问题。

2019年,开展专项监察2次,发现利用民生监督系统核实资金发放问题3个,其中:开展退耕还林工程、公益林生态效益补偿资金、建档立卡生态护林员补助、林业技术推广与科技示范项目涉林资金专项监察,涉及农户2475户45.52万元,未发现违规违纪问题;开展易地扶贫搬迁和财政涉农补贴资金“一折通”专项监察,未发现违规违纪问题。开展农村养老金发放监督检查,发现问题3个,清退资金3740元。

2020年,开展专项监察2次,即对农村集体经济16个农民专业合作社(公司)扶贫民生项目(资金5万元、涉及扶贫公司1个),2017年至2020年财政扶持的万山区开天种植专业合作社(80万元)、万山区开天村蒋稳种养殖农民专业合作社(12万元)、万山区鸿胜养殖农民专业合作社(5万元)、万山区阿英种养殖农民专业合作社(80万元)专项监察,未发现违规违纪问题;对开天村田坝上寨片区2017年农村饮水安全巩固提升工程、开天村龚家坡组2017年农村饮水安全巩固提升工程专项监察,涉及资金86万元,项目受益人口755人,发现问题1个,已责令整改。开展“访村寨、重监督、助攻坚”专项行动2次,走访群众72户,接到群众反映问题3个,已责令整改。开展“五个示范”创建,设立村(居)务监督委员会,各村(居)务监督委员会每月召开例会1次,全年召开培训会1次。区纪委派驻第六纪检监察组4人与街道纪工委2人组建民生监督示范组,安排独立办公室,配置电脑、文件柜、打印机等办公设备,建立民生监督制度,设置举报箱。

2021年,开展“访村寨、重监督、助振兴”专项行动,走访4个村(社区)75户,发现问题2个,已督促整改。开展脱贫巩固同乡村振兴衔接“四个不摘”监督检查7次,检查扶贫项目8个,走访贫困户37户,发现问题2个,发督查通报1期;开展易地扶贫搬迁后续扶持工作监督检查,发现问题1个,发督查通报1期。开展城乡居民养老保险金发放监督检查,未发现相关问题。

2022年,街道纪工委聚焦民生问题,重点围绕安全生产、教育医疗、养老社保等常态化工作和文明城市创建、60岁以上老人疫苗接种等民生工作,全面履行监督职责。对工作落实不认真,采取通报、约谈等方式,及时提醒纠正,推动干部职工干实事、求实效。全年日常监督中发出督查通报3期,通报6人次,预防提醒谈话5人次,提醒谈话9人次,诫勉谈话2人次,立案1件1人,结案1件1人。

(四)警示教育

2017年,组织街道干部职工、社区“三委”开展扶贫领域案例警示教育2次。

2018年,采取观看铜仁市扶贫领域典型案例展、通报扶贫领域典型案例等,组织召开2次扶贫领域案例警示教育大会,街道干部职工、社区“三委”、驻村帮扶干部、群众代表120人参加。

2019年,组织党员干部职工学习《铜仁净苑》典型案例、观看《一抓到底正风肃纪——秦岭违建别墅整治始末》警示教育专题片;组织党员干部、驻村干部、驻村第一书记、村支“两委”干部开展扶贫领域警示教育典型案例展2次,开展主题教育警示教育大会1次。

2020年,开展扶贫领域案例警示教育典型案例展2次,开展党风廉政警示教育1次。

2021年,召开群众身边腐败和不正之风典型案例警示教育大会,街道全体干部、村(社区)"三委"、驻村干部100人参加。

2022年,常态化开展警示教育,先后在春节、端午、"五一"等重大节日前夕开展警示教育6次,及时通报统计领域造假、酒驾醉驾、《铜仁市整治群众身边腐败和作风问题典型案例读本》等典型案例10余起,组织街道干部职工、村(社区)"三委"、驻村干部100余人开展群众身边腐败和不正之风典型案例展。

三、村(居)务监督委员会

贵苑社区

主　任	沈海军(苗族)	2017年5月至2019年6月
	滕　蓉(女)	2019年11月至2020年4月
	吴长龙(侗族)	2020年5月至2020年10月
	罗仁平	2021年1月至2022年1月
	滕树云(侗族,女)	2022年1月至2022年12月
委　员	沈应发(苗族)	2018年9月至2019年10月
	陈代军	2017年5月至2019年5月
	刘基稳	2017年5月至2018年8月
	刘利芳(侗族)	2019年11月至2022年1月
		2022年8月至2022年12月
	李声珍(女)	2019年11月至2021年12月
	柳燕红(女,土家族)	2021年12月至2022年12月
	罗仁平	2022年1月至2022年3月

唐家寨社区

主　任	唐长林(苗族)	2016年7月至2019年4月
	邓和贵	2019年11月至2022年1月
	邓长江	2022年1月至2022年12月
委　员	聂益军	2016年7月至2017年4月
	向可鹏(土家族)	2017年5月至2019年10月
	田　峰(土家族)	2017年5月至2019年10月
	包子龙	2019年11月至2022年12月
	邱开颜	2019年11月至2022年12月

木杉河社区

主　任	廖如保（苗族）	2019年1月至2022年1月
	龙　斐（苗族）	2022年1月至2022年12月
委　员	田　进	2019年1月至2020年3月
	杨再文（女，土家族）	2019年1月至2022年1月
	喻加宽	2019年1月至2022年1月
	姚　珊（仡佬族）	2022年1月至2022年12月
	喻再跃（侗族）	2022年1月至2022年12月

仁山社区

主　任	徐银珍（侗族）	2022年1月至2022年12月
委　员	蒋　玲（苗族）	2022年1月至2022年4月
	唐秀珍（苗族）	2022年1月至2022年12月

开天村

主　任	彭明云（侗族）	2018年11月至2022年12月
委　员	张佰苟（侗族）	2018年11月至2022年12月
	蒋明岗（土家族）	2018年11月至2021年12月
	杨思岑（土家族）	2022年1月至2022年12月

塘边村

主　任	何昌树（苗族）	2018年11月至2020年4月
	饶望恒（侗族）	2022年1月至2022年12月
委　员	钟世见（侗族）	2018年11月至2022年1月
	饶明仲（土家族）	2018年11月至2022年1月
	饶望勇（土家族）	2022年1月至2022年12月
	钟金福（侗族）	2022年1月至2022年12月

第三节　丹都街道纪检监察

一、机构设置

2018年11月，从仁山街道析置挞扒洞社区、楚溪社区（除罗家湾），茶店街道析置塘边村尖坡组、红岩村黄连溪组，鱼塘乡析置旗屯村、大坡村，设置丹都街道。2018年12月，成立中共万山区丹都街道纪律检查工作委员会，任命向仲敏为街道纪工委书记。

2019年8月，设立万山区监察委员会派出丹都街道监察办公室，与街道纪工委合署办公，履行纪检监察职能。

中共万山区丹都街道纪律检查工作委员会

（2018年12月至2022年12月）

书　　记　　向仲敏(土家族)　　2018年12月至2022年12月

万山区监察委员会派出丹都街道监察办公室

（2019年8月至2022年12月）

主　　任　　向仲敏(土家族)　　2019年10月至2022年12月
专职监察员　张　琪(女,侗族)　2019年9月至2022年12月
　　　　　　肖学勇　　　　　　2022年7月至2022年12月

二、主要工作

(一)党风廉政建设

2019年,制定《丹都街道2019年度党风廉政建设主体责任和监督责任清单》《丹都街道2019年度党风廉政建设问题清单》,街道站办所结合岗位风险点制定《2019年党风廉政建设二级清单》。出台《丹都街道干部管理规章制度》,组织开展党风廉政建设“两个责任”分级约谈1次,约谈干部120余人。利用街道党工委会、理论中心组学习、干部职工大会等集中学习党纪党规、法律法规;严格执行上下班签到制度,定期或不定期对干部职工上下班监督检查,对违纪干部通报和“贴标·亮牌”;开展干部作风检查10次,节假日检查5次,开展项目督查6次,对干部约谈4次;签订不违规操办和参与升学宴谢师宴承诺书。开展领导干部利用名贵特产类特殊资源谋取私利问题专项整治。制定《丹都街道纪工委在扫黑除恶专项斗争中强化执纪监督督察工作的实施方案》,紧盯涉黑涉恶问题突出行业领域,排查问题线索,强化执纪问责,严查黑恶势力“关系网”和“保护伞”。2019年,抓违纪案件查办,立案7件,结案7件,处理党员干部7人。其中,党内严重警告处分1人,党内警告处分6人。

2020年,细化《丹都街道干部管理规章制度》,开展干部作风检查10次、节假日期间检查6次、重点项目督查8次,对干部提醒谈话7次,下发通报5期,建立项目廉政档案1份。开展节假日前正风肃纪集中约谈及重点岗位人员约谈6次。开展农村、城市社区、城乡接合部、交通卡口新冠疫情防控排查管控监督执纪,立案1件,给予警告处分1人;围绕脱贫攻坚领域短板弱项,开展脱贫攻坚成效巩固及“回头看”监督检查,发现问题50余个,问题全部整改;紧盯主体责任落实及帮扶干部到岗到位等问题,采取进村入户核实、查阅台账资料等,未发现纪律松弛、作风散漫等问题;开展纪工委内部监督执纪,对查实存在落实政治责任、执行政治纪律和政治规矩、领导班子运行和队伍建设、聚焦主责主业履行监督责任、反对“四风”和加强作风建设五个方面问题共计17条,制定《万山区纪检监察系统内部督查丹都街道纪工委反馈意见整改方案》,明确整改时限和具体责任人,建立问题整改台账,全面完成整改。2020年,对违反政治纪律和政治规矩及各项纪律案件查处,共立案3件。其中,违反政

治纪律1件,结案3件,给予警告处分2人,开除党籍1人。

2021年,围绕"一把手"履行"主体责任"、班子成员和领导干部履行"一岗双责",制定责任清单,查找廉政风险点,建立"问题清单";传达学习《中共中央组织部民政局关于进一步严肃村"两委"换届工作纪律的通知》,走村入户宣传村(社区)换届25次,微信转发换届"十严禁""十不准"10次,到村(社区)开展换届调研摸底1次,对村(社区)干部开展换届纪律集中谈话2次,开展换届工作督查2次,约谈村干部2人。开展干部作风检查12次,节假日期间检查4次;重点项目督查1次,建立1个项目廉政档案;下发督查通报4期,下发督查专报4期,通报批评干部19人;"一对一"约谈街道干部8人、村干部2人;诫勉谈话2人;责令书面检讨1人。开展违规收送礼品礼金专项整治,清理排查156人,其中:党员干部和公职人员60人、财政补助临聘人员12人、村"三委"干部84人。组织填报铜仁市党员干部和公职人员违规收送名贵特产和礼品礼金情况"报告表"和签订承诺书156份,未发现违规收送名贵特产和礼品礼金问题。根据二届万山区委第八轮巡察和落实习近平总书记批示精神专项巡察反馈涉及丹都街道问题共计54个。其中,第八轮巡察反馈问题52个,落实习近平总书记批示精神专项巡察反馈问题2个,按照"一问题一整改"原则,全部完成整改,规范建立整改档案12卷。2021年,立案5件,结案5件,给予党内严重警告处分2人,开除党籍处分2人,政务撤职处分1人。

2022年,协助党工委履行党风廉政建设,抓好反腐倡廉工作。年初围绕"一把手"履行"主体责任"情况、班子成员和领导干部履行"一岗双责"情况,制定《责任清单》,传达学习《关于一体推进不敢腐不能腐不想腐的指导意见》。召开元旦、春节、清明、"五一"国际劳动节等节前廉政集中约谈7次,提醒700余人,通报中央八项规定精神典型案例20余起,开展节假日期间监督检查7次,开展重点项目督查2次,落实党工委议定事项开展综合督查2次,下发督查通报1期。针对重点工作、重要岗位、重点人员,开展主动交心谈心、工作提醒性约谈30余人次。2022年,立案2件,结案2件,给予党内警告处分2人。

(二)信访受理

2019年,接待群众来信来访10人次,受理信访举报1件,办结1件。

2020年,接待群众来信来访3人次,受理信访举报3件,办结3件。

2021年,受理信访件5件。其中,区纪委转办信访件4件,全部办结并回复;本级受理群众经济纠纷信访件1件,已作信访了结。配合丹都街道党工委处置征地拆迁、农民工讨薪等矛盾纠纷信访问题12件。

2022年,接待群众来访8人次,受理信访举报1件,办结1件。

(三)民生监督

2019年,开展林业生态、易地扶贫搬迁、财政涉农补贴资金"一折通"等专项监察,发现线索2条,立案2件。创建民生监督示范点2个,开展"小监督"27次,督改"小问题11个",提出"小建议"1条。

2020年,开展民生监督专项监察2次,对2016年以来的农民专业合作社(公司)扶贫民生专项资金开展了专项监察,涉及资金244.39万元,合作社8家;对2018年以来农村安全饮水安全工程项目开展专项监察,涉及资金70.46万元,民生项目4个,未发现违纪违规线索。规范化创建民生监督示范点2个,组织村(社区)监督委员会开展监督10余次,发现问题43个,现场整改35个,收集小问题28个,现场答复28个,收集小建议31条,发挥村(居)务监督委员会"探头""前哨"作用。

2021年,围绕脱贫攻坚巩固同乡村振兴有效衔接"3+1"保障及"四个不摘"开展监督检查,检查发现问题21个,整改21个,发通报1期;围绕易地搬迁"五个体系"建设开展日常监督检查,发现问题4个,下发督查通报1期,督促相关责任人整改1个,督促职能站所向上级部门专题报告3个;通过数据比对、重点走访等,开展城乡居民养老保险监督检查,发现问题8个,督促整改8个,追回资金792元,约谈重点岗位人员2人;对2017年以来中央、省、市、区环保督察反馈涉及丹都辖区10个问题整改专项督查,全部督促整改到位。开展"访村寨、重监督、助振兴"专项行动,对丹都街道辖区村(社区)群众开展走访,走访村(社区)9个,走访群众140余户。

2022年,按照《万山区纪委区监委2022年巩固拓展脱贫攻坚成果同乡村振兴有效衔接集中监督工作方案》《工作提示》等安排部署,围绕"5433"帮扶干部是否按照区委区政府要求走访帮扶到位、帮扶是否尽职尽责及上级部门督查反馈问题整改等开展监督检查。对丹都街道4个大棚蔬菜项目及乡村振兴重点项目和莞铜协作项目开展监督检查,发现问题6个,完成整改6个。围绕化肥、农药、种子等农资产品发放、惠农资金发放、田土撂荒、大棚荒废等重点,深入旗屯村、大坡村开展专项督查10余次,发现问题8个,现场整改8个。开展"访村寨、重监督、助振兴"专项行动,对辖区9个村(居)群众开展走访,共走访群众160余户,收到群众反映问题线索6条,经查证后对1名社区干部进行立案审查,并给予党内警告处分。

(四)警示教育

2019年,通报扶贫领域典型案例,用身边案例开展警醒教育,组织开展警示教育大会5次,受教育人数达400余人次。

2020年,开展扶贫领域警示教育"五进"及"一案一整改",开展警示教育4次,受教育400余人次。

2021年,开展警示教育5次,组织街道全体干部、村(社区)主要负责人集中观看换届选举警示教育电影1次,通报省、市、区查处的群众身边的不正之风和形式主义、官僚主义以及违反中央八项规定精神典型案例17个。

2022年,开展铜仁市群众身边腐败和不正之风典型案例警示教育,组织街道全体党员干部、村(居)主要负责人开展警示教育3次,受教育450余人次。

三、村(居)务监督委员会

楚溪社区

主　任	喻加宽(苗族)	2019年1月至2019年3月
	廖如田(苗族)	2021年1月至2021年12月
	廖碧锦(苗族)	2022年1月至2022年12月
委　员	刘　华(女,侗族)	2019年1月至2021年12月
	朱目丰(苗族)	2019年1月至2019年10月
	唐秀彪(苗族)	2021年1月至2022年12月

	廖如梦(苗族)	2022年1月至2022年12月

挞扒洞社区

主　任	蒋德水	2019年1月至2021年12月
	喻　信(侗族)	2022年1月至2022年12月
委　员	蒋世帮	2019年1月至2021年12月
	喻国昌(苗族)	2019年1月至2019年3月
	杨慧贞(侗族)	2022年1月至2022年12月
	蒋　磊(侗族)	2022年1月至2022年12月

旗屯村

主　任	杨　飞(街上组,侗族)	2019年1月至2021年12月
	杨　飞(桑树坪组)	2022年1月至2022年12月
委　员	杨　峰(侗族)	2019年1月至2021年12月
	曾国旗(苗族)	2019年1月至2021年12月
	毛艳萍(女,侗族)	2022年1月至2022年12月
	曾　兰(女,侗族)	2022年1月至2022年12月

大坡村

主　任	黄世建(土家族)	2019年1月至2021年12月
	涂春莲(女)	2022年1月至2022年12月
委　员	周俊平(侗族)	2019年1月至2021年12月
	张　军(侗族)	2019年1月至2022年12月
	张开国(侗族)	2019年1月至2020年12月
	周平生(侗族)	2022年1月至2022年12月

旺家社区

主　任	任达兵(土家族)	2020年7月至2021年12月
	吴先政(苗族)	2022年1月至2022年12月
委　员	谢　凯(侗族)	2020年7月至2020年7月
	赵　琴(女)	2020年7月至2020年11月
	杨　凤(女,侗族)	2020年9月至2021年12月
	任达兵(土家族)	2020年7月至2022年4月
	覃礼录	2022年7月至2022年12月

	赵晓燕(女,苗族)	2022年7月至2022年12月

龙生社区

主　任	文翠苗(女)	2020年9月至2021年12月
	王　杰	2022年1月至2022年12月
委　员	杨复平(女,土家族)	2020年9月至2022年4月
	袁红霞(女,土家族)	2020年9月至2021年12月
	李　静(女,仡佬族)	2022年9月至2022年12月
	任　艳(女)	2022年9月至2022年12月

龙都社区

主　任	游洪坤	2020年7月至2021年12月
	吴绍明(苗族)	2022年1月至2022年12月
委　员	安仕恒	2020年7月至2022年12月
	向　磊	2020年7月至2021年12月

丹苑社区

主　任	张辞飞	2020年11月至2021年12月
	向国柱(土家族)	2022年1月至2022年12月
委　员	胡德汉(侗族)	2020年11月至2021年12月
	沈中洪(苗族)	2020年11月至2021年12月
	马　丹(女)	2022年1月至2022年12月

河坪社区

主　任	杨通斌(侗族)	2020年7月至2020年8月
	任　琼(女)	2022年1月至2022年12月
委　员	安卫军	2020年7月至2021年12月
	穆和平(土家族)	2020年7月至2021年12月
	王永辉(苗族)	2022年1月至2022年12月
	蒲祖海(苗族)	2022年1月至2022年12月

第四节　茶店街道(镇)纪检监察

一、机构设置

1992年3月，按照省、地、市(县级)“建镇并乡撤区”安排，撤销茶店乡和尤鱼铺乡，合并组建茶店镇(科局级)。1992年7月，成立中共铜仁市茶店镇纪律检查委员会，任命姚元和为镇纪委书记。

1993年2月，召开茶店镇第一次党代会，选举产生中共铜仁市茶店镇纪律检查委员会，每届任期三年至2001年底；2002年1月换届后，镇纪委每届任期为五年，与同级党委任期一致。

2011年11月，铜仁市(县级)茶店镇划归万山区管辖，中共铜仁市茶店镇纪律检查委员会更名为中共万山区茶店镇纪律检查委员会。

2013年7月，撤销茶店镇设立茶店街道办事处，中共万山区茶店镇纪律检查委员会更名为中共万山区茶店街道纪律检查工作委员会。

2019年8月，设立万山区监察委员会派出茶店街道监察办公室，与街道纪工委合署办公，履行纪检监察职能。

中共万山区(铜仁市)茶店镇纪律检查委员会

(1992年7月至2013年7月)

书　记	姚元和(侗族)	1992年7月至1998年11月
	杨再文(土家族)	1998年11月至2001年10月
	覃远华(侗族)	2001年10月至2003年3月
	杨宣传(侗族)	2003年3月至2006年8月
	宋　宇(土家族)	2006年8月至2009年12月
	杨政久(土家族)	2009年12月至2011年8月
	杨洪波(土家族)	2011年8月至2012年6月
	王　尧(苗族)	2013年1月至2013年7月
副书记	罗水华(侗族)	2011年8月至2012年8月
	王　涛(土家族)	2012年10月至2013年7月
委　员	姚元和(侗族)	1992年7月至1998年11月
	张长福(侗族)	1993年2月至1999年1月
	杨富昌(侗族)	1993年2月至1999年1月
	杨再文(土家族)	1998年11月至2001年10月
	杨春发(侗族)	1999年1月至2002年1月
	陈先长(苗族)	1999年1月至2002年1月
	覃远华(苗族)	2001年10月至2003年3月

	杨宣传(侗族)	2003年3月至2006年8月
	彭明旺(侗族)	2003年3月至2011年8月
	黄冬花(女,侗族)	2003年3月至2006年9月
	宋　宇(土家族)	2006年8月至2009年12月
	杨政新(侗族)	2006年9月至2011年8月
	杨政久(土家族)	2009年12月至2011年8月
	罗水华(侗族)	2011年8月至2012年8月
	王　涛(土家族)	2011年8月至2012年10月
	杨洪波(土家族)	2011年8月至2012年6月
	王　尧(苗族)	2013年1月至2013年7月

中共万山区茶店街道纪律检查工作委员会

(2013年7月至2022年12月)

书　　记	王　尧(苗族)	2013年7月至2015年1月
	韩　磊(仡佬族)	2015年4月至2016年7月
	张艳华(土家族)	2016年7月至2019年1月
	杨　睿(苗族)	2019年1月至2022年12月
副书记	王　涛(土家族)	2013年7月至2013年9月
	吴姝慧(女,苗族)	2013年12月至2016年4月
	安艳丽(女,土家族)	2016年4月至2020年4月
委　　员	王　尧(苗族)	2013年7月至2015年1月
	王　涛(土家族)	2013年7月至2013年9月
	吴姝慧(女,苗族)	2013年12月至2016年4月
	韩　磊(仡佬族)	2015年4月至2016年7月
	安艳丽(女,土家族)	2016年4月至2020年4月
	张艳华(土家族)	2016年7月至2019年1月
	杨　睿(苗族)	2019年1月至2022年12月
	杨胜宁(侗族)	2016年4月至2018年7月
	蒋梦军(土家族)	2018年7月至2020年4月

茶店街道办事处监察室

(2015年8月至2019年7月)

主　　任	安艳丽(女,土家族)	2015年8月至2019年7月

万山区监察委员会派出茶店街道监察办公室

（2019年8月至2022年12月）

主　　任	杨睿(苗族)	2019年10月至2022年12月
副 主 任	安艳丽(女,土家族)	2019年9月至2020年4月
专职监察员	肖　令(侗族)	2019年9月至2022年12月

二、主要工作

(一)党风廉政建设

茶店街道纪工委按照《中国共产党章程》规定,协助茶店街道党工委推进全面从严治党、加强党风廉政建设和反腐败工作,监督同级党委履行全面从严治党主体责任,确保党的路线方针政策和中央、省委、市委、区委重大决策部署得到贯彻落实。

1992年,镇纪委注重加强党纪、党风和廉政教育,组织党员学习党纪党规,增强其纪律意识。

1993年,成立镇反腐倡廉领导小组,出台党风廉政建设规定,并开展撤并建后干部职工拖欠公款公物自查清理。

1994年,根据《关于对群众举报全市中小学乱收费问题专项检查的通知》,对茶店中小学乱收费情况进行清理。

1995年至1996年,组织干部职工学习关于严禁在元旦、春节等节假日期间用公款请客送礼、滥发钱物、大吃大喝、铺张浪费等文件,开展自查自纠工作。

2010年,突出学习廉政准则争做勤廉表率主题,以重点岗位廉政教育为主线,把握六个环节,即划分岗位类别、清理岗位职权、查找岗位风险、设计教育内容、落实教育措施、建立长效机制,把开展重点岗位廉政教育列入重要议事日程,成立岗位廉政教育工作领导小组,制定《关于开展岗位廉政教育活动的实施方案》,对涉及人事、财务、执法、审批等重点部门的重点岗位的党员、干部开展廉政教育,加强风险防范管理;把岗位廉政教育纳入党风廉政建设责任制,作为年终考核内容和干部考核依据,与目标管理考核相挂钩;开展重点岗位廉政教育,将理想信念和宗旨意识教育、勤政廉政和依法行政教育、党政纪条规和国家法律法规教育、科学发展观教育作为岗位廉政教育重要内容,对机关干部重点突出"加强党性修养、坚持廉洁从政"教育,对基层单位突出"廉洁从业、依法经营、服务群众"教育,对重点岗位党员干部重点突出"明确岗位职责、提高工作效率"教育。

2011年,根据铜仁市(县级)《关于在全市党员干部中深入开展反腐倡廉示范教育、警示教育活动的意见》,成立反腐倡廉示范教育、警示教育活动领导小组,制定《关于开展反腐倡廉预防职务犯罪警示教育、示范教育活动的实施方案》,对市委下发文件和领导讲话精神进行学习,对开展反腐倡廉警示教育活动进行研究部署,扎实开展反腐倡廉示范教育、警示教育。

2012年至2017年,抓党风廉政建设责任制落实和履行监督执纪职能,定期深入站所、村(居)督促检查,采取听取工作汇报、查阅资料、看统计表、翻阅组织生活会记录等方式,及时掌握党风廉政建设情况，对发现问题及时提醒，督促整改。坚持惩防结合、预防为主方针，紧紧抓住“教育、自纠、规范、查处”四个环节，把农村土地政策和惠民政策落实情况作为检查重点，解决强农惠农资金管理使用中突出问题，推动强农惠农政策落实和强农惠农资金规范管理。推进“党务、政务、村务”公开，调整镇“三务公开”领导小组。规范“三务”公开场所、内容和形式，推进“三务”公开制度化、规范化。加强党风廉政教育，组织学习换届纪律“九严禁”，发放换届纪律“九严禁”资料2000余份，推送换届纪律短信1000余条，受理换届信访举报3起，办结3起。

2018年，学习贯彻《中国共产党章程》《中国共产党问责条例》《中国共产党纪律处分条例》等，强化党规党纪教育，解决个别干部职工观念淡薄和组织涣散问题；开展廉洁教育，举办党风廉政建设专题讲座。

2019年，开展理想信念、宗旨观念、党员纯洁性和从政道德教育，展示反腐倡廉建设成果。推进廉政单位、廉洁村(居)创建。在街道打造廉政(洁)单位、廉洁村(居)，并授予牌匾，推动党风廉政教育。落实监督执纪“四种形态”，落实《关于领导干部报告个人有关事项的规定》，受理区纪委信访室转办信访举报3件，开展专项监察2次，立案5件(涉及民生领域4件，其他1件)，结案2件，党政纪处分2人。

2020年，街道纪工委履行职能职责，推进党风廉政建设和反腐败工作。强化作风建设，成立新冠肺炎疫情防控监督小组，开展监督检查24次，发现问题10个，发出督查通报3期，督促完成整改。专题传达学习中央八项规定精神、省委市委“十项规定”精神，坚持依纪依法安全文明规范办案，全年立案3件，结案3件，党政纪处分5人。其中，办理区纪委信访室转办信访举报1件次，立案1件，结案1件，党纪政纪处分1人。

2021年，年初签订2021年茶店街道党风廉政建设责任书，明确街道党工委书记为党风廉政主体责任第一责任人、街道党工委班子成员承担职责范围内党风廉政建设领导责任，细化党风廉政建设各责任单位和部门责任，推进“三重一大”“末位表态”等制度机制落到实处。认真学习《关于新形势下党内政治生活的若干准则》《中国共产党党内监督条例》《中国共产党问责条例》。街道党工委书记上讲廉政党课1次，党员干部100余人参加。规范党员干部婚丧嫁娶报备，开展婚丧嫁娶宴席大操大办整治，发现问题5个，通报批评3人，制止滥办酒席3起；开展整治形式主义和官僚主义及“慵、懒、散、慢、浮”专项整治，发出通报2期，建议调整工作岗位2人；开展利用茅台酒谋取私利乱象整治；开展餐饮浪费专项整治，出台《机关食堂用餐管理制度》。

2022年，通过学习，强化“书记第一责任人”，党工委委员“一岗双责”。全年组织开展习近平新时代中国特色社会主义思想、习近平总书记关于全面从严治党的重要论述、十九届六次全会、中共二十大、省第十三次党代会精神，将《关于新形势下党内政治生活的若干准则》《党委(党组)落实全面从严治党主体责任规定》《中国共产党党内监督条例》等纳入党工委中心组学习计划并组织学习。切实推进党史学习教育常态化制度化，切实增强“四个自信”。强化学习监督，对街道开展学习习近平总书记对贵州指示批示精神等方面开展督查4次，提出建议2个，参与街道党工委中心组学习7次，党工委会议37次，提出调整学习内容意见3个，确保做到增强“四个意识”、坚定“四个自信”、做到“两个维护”，衷心拥护“两个确立”。2022年，街道纪工委精准把握运用监督执纪“四种形态”，其中运用第一种形态问责党员干部7人，立案5件，结案5件。

（二）民生监督

2014年，成立民生监督特派组，对茶店中小学校教育收费、贫困生补贴发放和学校营养午餐开展专项监察，走访学校3所，走访群众80余次。

2015年至2016年，对2014年至2016年“一事一议”连户路项目、通组公路项目、太阳能路灯项目、文化广场项目开展专项监察，核查项目50个，涉及资金482.62万元。开展农户科学储粮专项监察。

2017年，对茶店街道2013年以来农村和城市居民低保开展专项监察，发现问题3个，立案2件。

2018年，根据区纪委监察局《万山区农村种植扶贫项目资金专项监察工作的方案》《铜仁市万山区农村“组组通”公路项目建设专项监察方案》，对茶店街道2014年以来公路建设、农村危房改造、村贫困人口大病专项救治及农村种植扶贫4个项目开展专项监察，即：公路建设项目，实施“组组通”公路项目24个，总里程99.2公里，涉及金额7161.06万元，查看项目15个，里程59公里；农村危房改造384户，涉及资金389.7万元，发现问题4个，立案1件；农村贫困人口大病专项救治，实施农村贫困人口大病专项救治和城乡医疗救助2490余人次，涉及资金826万余元；农村种植扶贫完成项目29个，涉及资金476.10万元。其中，林业项目20个167.83万元，其他项目9个308.27万元，发现问题11个，立案3件。全年立案7件，涉及民生领域6件，其他1件，追回违纪资金19.62万元。

2019年，根据《铜仁市万山区涉林扶贫项目专项监察方案》《铜仁市万山区易地扶贫搬迁和财政涉农补贴资金“一折通”专项监察方案》，对茶店街道2019年第一季度退耕还林工程（资金104.63万元）、生态效益补偿项目和易地扶贫搬迁和财政涉农补贴资金“一折通”4类扶贫项目进行专项监察，发现退耕还林问题1个，涉及资金3.37万元，已责成林业站整改；发现易地扶贫搬迁和财政涉农补贴资金“一折通”问题2个，责成街道扶贫站整改。开展“访村寨、重监督、助攻坚”专项行动，整治官僚主义形式主义等突出问题，推进扫黑除恶专项斗争监督执纪，完成省委第六巡视组脱贫攻坚“回头看”专项巡视涉及茶店街道反馈问题整改。

2020年，采取民生监督组+街道纪工委+社区监委会“三级联动”模式，为村（居）务监督委员会设立规范化的办公室，完成“五个示范”创建。全年开展专项监督检查七大项，即对脱贫攻坚农民专业合作社（公司）开展专项监督检查，核查项目29个，涉及资金1433.39万元；对脱贫攻坚“一达标两不愁三保障”、饮水安全开展专项监督检查，发现问题50余个，完成整改50个；对农站所生产物资筹备、调度和农资质量开展专项监督检查，提出整改建议1条；对贫困户就业开展专项监督检查，约谈人社中心干部、村（居）支部书记13人次，发出督查通报3期；对易地扶贫搬迁旧房拆除和复垦复绿开展专项督查，发出通报2期；对督查检查反馈问题整改开展专项督查，诫勉谈话2人，提醒谈话4人，发通报4期；对驻村干部（第一书记）、下派干部、“5321”帮扶干部开展脱贫攻坚纪律作风开展监督检查，发出通报15期，通报批评30余人次，向帮扶部门去函2封。开展“杨荣式”“六访六查”大走访，10个村（居）走访群众211户268人，处理问题线索151条。

2021年，开展漠视群众利益整治，发现问题3个，通报3人；人饮专项督查，发现问题4个，整改3个，移交问题线索1个；环保专项督查，发现问题4个，整改3个；“访、重、助”走访200余人次，发现问题8个，通报3人，整改5个；疫情防控督查，发现问题3个，整改3个；产业督查10次，发现问题2个，整改2个;整治群众身边腐败和不正之风,对农村饮水、食品药品安全、组组通、安全生产、生活垃圾处理5项专项督查4次,发现问题4个;对扫黑除恶监督检查3次,发现问题1个,整改1个;政法队伍专项整治督查2次。开展低保和退耕还林补贴自查和延伸茶店街道残疾人燃油补贴督查,涉及120余人次,发现问题2类5个;大病补助督查1次10人,帮助2户家庭落实大病救助金;公益性岗位补贴督查1次20人,发现问题1个,涉及金额4000元;对辖区10个村(居)党支部"三会一课"制度执行和落实情况督查,发督查通报1期,集中约谈10名村(居)党支部书记1次。

2022年,开展巩固脱贫攻坚成果同乡村振兴有效衔接专项监督检查共涉及400余户次,发出督查通报6期,通报批评24人;对脱贫不稳定户、边缘易致贫户,以及因病因灾意外事故等刚性支出较大或者收入大幅缩减导致基本生活出现困难的"三类对象"动态监测监督检查。通过实地走访和抽查检查。共抽查检查10次共30余户,发现问题2个,整改2个;农村人饮监督检查8次,发现问题1个,完成整改1个。联合水务站开展人饮水源点环境督查1次,发现问题2个,完成整改2个;就业培训、公益性岗位安置督查2次,发现问题2个,辞退公益性岗位安置1人,完成整改1个;农民工工资化解督查5次;易地扶贫搬迁后续扶持专项监督检查3次,涉及46户208人,发现问题4个;村级项目(大棚)专项督查,发现问题3个,完成整改3个。督查项目账务6个,发现问题线索2个;督查乡村振兴示范点建设5次,提出意见建议1个;督查辖区疫情防控、疫苗接种,提醒谈话10人,通报批评3人,发现问题10个,整改完成10个。"打非治违"(安全生产)工作,发现问题10个,发放工作提示函2份,工作建议2条,谈话提醒1人,建议交流岗位1人。开展四新四化、债务风险防范化解、防汛抗旱、春耕备种、森林防火等工作督查,发现问题12个,督促整改问题12个。开展粮食安全监督检查,发现问题4个,完成整改4个,提出意见建议3条。开展厕所革命和统计造假工作专项监察,发现问题3个,完成整改3个。开展合作医疗、养老保险和低保督查,共计入户100余户,发现问题8个,完成整改8个,约谈1人,通报1人。

(三)信访受理

2012年,受理群众来信来访3件3人。

2013年,受理群众来信来访4件4人。

2014年,受理群众来信来访2件2人。

2015年,受理信访件4件,办结4件。

2016年,办结区转办信访件5件,接访群众5批次。

2017年,受理信访件5件,转谈话提醒4件。

2018年,受理信访件4件,转谈话提醒4件。

2019年,受理群众来信来访4件,办结4件。

2020年,受理信访件3件,办结3件。

2021年,受理信访件2件,办结2件。

2022年,受理信访件3件,办结3件。

(四)警示教育

2012年,开设警示教育专栏、开展廉政格言警句征集、组织参观廉政教育基地和观看警示教育片、组织撰写警示教育心得等，营造清正廉洁氛围。

2013年，利用会议、标语、板报、宣传栏、播放警示教育电教片等，开展反腐倡廉宣传教育活动。

2014年，组织党员干部观看警示教育片，组织学习警示教育读本等，开展经常性警示教育。

2015年，通报典型案例，开展岗位廉政教育，全年开展警示教育12次。

2016年，结合街道村（居）换届选举，组织观看《湖南衡阳破坏选举案》《四川南充换届贿选案》《镜鉴》等。全年召开警示教育大会1次。

2017年，组织观看《镜鉴》专题警示教育片8次，1000余人次参加。

2018年，召开党员干部大会，通报《2018年正风肃纪典型问题及案件通报和违法违纪典型案件》。

2019年，全年召开警示教育大会3次。

2020年，传达学习区党风廉政警示教育大会精神，召开党风廉政警示教育大会3次，开展全市扶贫领域典型案例展进街道3次，教育引导党员干部严守各项纪律。

2021年，召开警示教育大会2次，增强党员干部党风廉政和作风建设自觉性。

2022年，传达学习区党风廉政警示教育大会精神，组织党员干部到铜仁市党风廉政教育基地参观学习1次，召开党风廉政警示教育大会2次，开展全市扶贫领域典型案例展1次，教育引导党员干部严守各项纪律。

三、村（居）务监督委员会

2012年，茶店镇开天村作为区级村务监督试点，建立村务监督委员会，随后全面铺开。2014年，全街道6个行政村、1个居委会均建立村（居）务监督委员会。

尤鱼铺村

主　任	王德怀（苗族）	2014年5月至2021年12月
	唐绍军（苗族）	2022年1月至2022年12月
委　员	陈汉新（侗族）	2014年5月至2017年5月
	潘　燕（女，侗族）	2014年5月至2017年5月
	唐仁政（苗族）	2017年5月至2021年12月
	赵永贵（侗族）	2017年5月至2020年5月
	唐志（苗族）	2022年1月至2022年12月
	蒋秀为（土家族）	2022年1月至2022年12月

白岩村

主　任	杨胜应（侗族）	2017年5月至2021年12月
	杨　涛（侗族）	2022年1月至2022年12月

委　员	杨秀建(侗族)	2017年5月至2020年5月
	陈海堂(侗族)	2017年5月至2020年5月
	陈　永(苗族)	2020年5月至2021年3月
	潘　情(侗族)	2022年1月至2022年12月
	陈　平(苗族)	2022年1月至2022年12月

茶店居委会

主　任	谢秀成(瑶族)	2014年5月至2016年5月
	唐　毅(苗族)	2016年5月至2017年7月
	杨建宝(侗族)	2017年7月至2021年12月
	唐秀海(苗族)	2022年1月至2022年12月
委　员	唐红建(苗族)	2014年5月至2016年5月
	刘　琴(女,侗族)	2014年5月至2016年12月
	杨建军(侗族)	2017年7月至2021年12月
	杨　欢(女,侗族)	2020年6月至2022年12月
	杨建宝(侗族)	2022年1月至2022年12月

茶店村

主　任	杨再进(侗族)	2014年7月至2021年12月
	陶秀水(侗族)	2022年1月至2022年12月
委　员	陶通良(侗族)	2017年7月至2021年12月
	陶光元(侗族)	2017年7月至2022年12月
	瞿　涛(土家族)	2022年1月至2022年12月

梅花村

主　任	杨昌明(侗族)	2017年5月至2021年12月
	杨胜青(侗族)	2020年12月至2021年12月
	杨　涛(侗族)	2022年1月至2022年12月
委　员	郑茂林(侗族)	2017年5月至2018年1月
	杨胜青(侗族)	2017年5月至2020年11月
	向泽光(侗族)	2020年11月至2021年12月
	杨胜华(侗族)	2020年11月至2021年12月
	杨胜青(侗族)	2022年1月至2022年12月
	张　处(侗族)	2022年1月至2022年12月

横山村

主　任	杨胜科(侗族)	2017年5月至2021年12月
	王志华(苗族)	2022年1月至2022年12月
委　员	王贵南(苗族)	2017年5月至2021年12月
	杨胜江(侗族)	2017年月5至2022年12月
	杨越超(侗族)	2022年1月至2022年12月

大元村

主　任	向洪富(侗族)	2014年5月至2016年12月
	周　勇(侗族)	2017年6月至2022年12月
委　员	詹配林(土家族)	2017年6月至2021年12月
	杨建花(女,侗族)	2017年6月至2021年12月
	唐再胜(苗族)	2022年1月至2022年12月
	胡建军(侗族)	2022年1月至2022年12月

红岩村

主　任	张开国(侗族)	2017年4月至2019年7月
	饶有国(土家族)	2020年2月至2021年12月
	杨昌建(侗族)	2022年1月至2022年12月
委　员	田金平(女,土家族)	2017年2月至2021年12月
	陈铁汉(侗族)	2017年2月至2021年12月
	饶有国(土家族)	2022年1月至2022年12月
	郑国华(侗族)	2022年1月至2022年12月

垢溪村

主　任	张应树(侗族)	2014年5月至2018年7月
	谢　渊(侗族)	2018年1月至2021年7月
	舒兴林(瑶族)	2022年1月至2022年12月
委　员	杨双凤(女,侗族)	2014年5月至2017年5月
	向　美(女,侗族)	2014年5月至2017年5月
	马　丹(女,侗族)	2019年1月至2021年10月
	张芬芝(女,侗族)	2019年1月至2021年1月
	徐永新(土家族)	2022年1月至2022年10月
	谢绍汉(侗族)	2022年1月至2022年12月

老屋场村

主　任	刘世德(侗族)	2014年5月至2016年7月
	刘必光(侗族)	2016年7月至2021年2月
	刘昌斌(侗族)	2022年1月至2022年12月
委　员	瞿发生(土家族)	2014年5月至2016年7月
	刘昌河(侗族)	2014年5月至2016年7月
	刘世钧(侗族)	2016年7月至2021年2月
	瞿会成(土家族)	2016年7月至2021年2月
	刘　静(侗族)	2022年1月至2022年12月
	刘俊荣(女,侗族)	2022年1月至2022年12月

开天村

主　任	蒋　稳(土家族)	2012年9月至2016年7月
委　员	杨　龄(侗族)	2012年9月年2016年7月
	杨慧贞(侗族)	2012年9月至2016年7月

第五节　万山镇纪检监察

一、机构设置

1992年8月,中共万山特区委常务委员会研究,决定成立万山镇纪委。1992年9月,中共万山特区万山镇纪律检查委员会正式成立,同年12月任命刘忠为镇纪委书记。

1993年2月,召开万山镇第六次党代会,选举产生中共万山特区万山镇纪律检查委员会,每届任期三年至2001年10月;2001年10月换届后,镇纪委每届任期为五年,与同级党委任期一致。

2011年11月,正式撤万山特区设万山区,中共万山特区万山镇纪律检查委员会更名为中共万山区万山镇纪律检查委员会。

2016年8月,召开特区改区后万山镇第二次党代会,选举产生中共万山区万山镇第二届纪律检查委员会。

2019年8月,设立万山区监察委员会派出万山镇监察办公室,与镇纪委合署办公,履行纪检监察职能。

中共万山区(特区)万山镇纪律检查委员会

(1992年9月至2022年12月)

书　记	刘　忠(侗族)	1992年12月至1993年2月
	李荣忠	1993年2月至1995年12月

	刘　忠(侗族)	1995年12月至2001年10月
	刘远会(侗族)	2002年10月至2003年5月
	邹凤书(侗族)	2003年5月至2004年10月
	杨　春(侗族)	2006年8月至2009年12月
	王　刚(侗族)	2011年9月至2013年4月
	姚旭华(苗族)	2013年6月至2015年1月
	姚友平(侗族)	2015年4月至2016年7月
	韩　磊(仡佬族)	2016年7月至2019年8月
	袁文湘(侗族)	2019年10月至2021年7月
	兰士傢(苗族)	2021年7月至2022年12月
副书记	何　斌(土家族)	2011年9月至2015年11月
	刘翠华(女,侗族)	2016年8月至2019年10月
	侯加文(土家族)	2019年10月至2022年12月
委　员	李荣忠	1993年2月至1996年1月
	姚祖辉(侗族)	1993年2月至1996年1月
	陈太富(侗族)	1993年2月至1996年1月
	张　静(女,土家族)	1996年1月至1999年1月
	吴长远(侗族)	1999年1月至2006年5月
	侯冬月(女,侗族)	1999年1月至2006年5月
	刘腊秀(女,侗族)	2006年8月至2011年9月
	杨　莉(女,侗族)	2006年8月至2011年9月
	罗三英(女,侗族)	2006年8月至2011年9月
	李丽雄(侗族)	2011年9月至2016年8月
	孙松江	2016年8月至2021年8月
	袁少强	2016年8月至2021年8月
	陈　刚(侗族)	2016年8月至2021年8月
	张　琴(女,土家族)	2021年8月至2022年12月
	商学勇(仡佬族)	2021年8月至2022年12月
	欧　丽(女,侗族)	2021年8月至2022年12月

万山镇监察室

(2000年9月至2016年8月)

主　任	杨莉(女,侗族)	2005年7月至2011年9月
	孙松江	2015年10月至2016年8月

万山区监察委员会派出万山镇监察办公室

（2019年8月至2021年12月）

主　　任	袁文湘（侗族）	2019年10月至2021年7月
	兰士傢（苗族）	2021年7月至2021年12月
副 主 任	侯加文（土家族）	2019年11月至2022年12月
专职监察员	欧丽（女，侗族）	2019年9月至2022年6月
	王　进（侗族）	2022年7月至2022年12月

二、主要工作

（一）党风廉政建设

万山镇纪委按照《中国共产党章程》规定，协助镇党委推进全面从严治党、加强党风廉政建设和反腐败工作，监督同级党委履行全面从严治党主体责任，确保党的路线方针政策和中央、省委、市委、县委重大决策部署得到贯彻落实。

1992年至1993年，镇纪委注重加强党纪、党风和廉政教育，组织党员学习党纪党规，增强其纪律意识。

1994年，镇纪委坚持党风检查制度，加强调查研究，定期对镇属各单位党风党纪状况进行调查了解，会同分管组织工作的领导和干部，对基层党组织、党员干部贯彻民主集中制和执行党的路线、方针、政策及遵纪守法情况进行监督检查，发现问题及时提出对策和解决办法。开展党风党纪教育，组织党员学习《中国共产党章程》《中国共产党廉洁自律准则》和中央纪委下发的党纪条例等，增强全镇党员党性党纪观念。

1995年，镇纪委学习江泽民总书记重要讲话精神和中共十四届中央纪委五次全会以及中共贵州省纪委四次全会精神，认识加强党的建设和党风廉政建设的重要性和紧迫性，明确纪检监察机关在加强党的建设中所肩负的历史责任，积极投入反腐败斗争。组织党员学习纪检工作条例，参加学习受教育党员达315人次，要求全镇属党政干部学习领会党政机关领导干部廉洁自律“五个规定”，模范执行党和国家政策、法律法规，做到勤政廉政。严肃查处以权谋私、索贿受贿、贪赃枉法、执法犯法、违反财经纪律等违纪违法案件，配合上级纪检监察部门案件查处，做好群众来信来访工作，纠正乱收费、乱罚款、向农民乱摊派等不正之风。加强制度建设，强化制约监督机制，确保党委、政府重大决策得到贯彻落实。

1996年，在全镇党员干部中开展党规党纪、党的基本路线和勤政廉政教育，组织党员干部学习纪检监察工作条例，学习中共十四届中央纪委五次、六次、七次全会精神，组织观看党风廉政建设电视系列录像。建立“两公开”、“一监督”、党风廉政建设、干部管理、党员干部“十不准”等制度。开展党风廉政建设检查，定期对镇属各单位党风廉政建设工作进行检查，听取群众对本部门党风廉政建设工作评议，发现问题及时处理。针对乱收费、乱罚款、乱摊派“三乱”现象和群众反映强烈问题，组织开展执法监察，清理出乱收费单位2个，并将乱收费资金按有关政策规定作出处理。在镇机关大院内设置纪检监察举报箱，对来访群众热情接待，全年受理信访件8件。其中，来信5件，来访3件，办结8件。

1997年至1998年，在全镇党员干部中开展党风政纪、党的基本路线和勤政廉政教育，组织12次学习《中国共产党纪律处分条例(试行)》《中华人民共和国行政监察法》等条例和有关法规，参加党员干部350人次；组织观看党风廉政建设电视系列录像，参加观看党员干部158人次。对乱收费问题进行清理，清理出乱收费单位1个、不合理收费2000元，已作出清退处理。两年受理群众信访举报件7件，其中：来信4件、来访3件，办结7件。

1999年至2001年，镇纪委坚持党风廉政建设检查制度，协助镇党委加强调查研究，会同分管党组织工作的领导和干部对基层党组织和党员干部，贯彻执行党的民主集中制和党的路线、方针、政策以及遵纪守法情况进行监督检查，重点抓好村(居)党支部、村委会和各站、所、股工作人员廉洁自律，抓好群众反映突出问题整治，按“二十字”办案要求和党纪法规对严重违纪问题严肃处理。抓好《中国共产党章程》《中国共产党廉洁自律准则》教育、党风党纪教育、勤政廉政教育等，为党员干部筑起拒腐防变长城。

2002年至2003年，镇党委与各口分管领导、下属站、股、所签订党风廉政建设责任书，镇纪委实行定期和不定期对责任书所列事项进行检查考核，并向镇党委作专题汇报，督促其相关单位部门工作开展和按时保质完成任务。在党员和干部职工中开展党风廉政建设教育，加大对民政、司法、扶贫资金发放和农业项目督察和监管力度。按照《党政领导干部选拔任用工作暂行条例》规定，对选拔任用干部，镇纪委实事求是出具意见证明是否符合任用条件。切实纠正行业“乱收费”不正之风，将万山镇小学不合规收取5750元学生电脑上机费，退还学生或家长。

2004年，成立“学习贯彻党章遵守四大纪律廉洁从政”教育活动领导小组，印发《关于开展“学习贯彻党章遵守四大纪律廉洁从政”活动实施方案》，开展“集中学习党章”活动，增强党员干部党性，严肃党纪和提高工作效率。是年，还组织“七个一”活动，即举办一次专题辅导报告会、组织一次集中学习、撰写一篇体会文章、开展一次专题讨论、召开一次座谈会、举行一次知识竞赛、举办一场文艺演出。

2005年，印发《关于对2005年党风廉政建设和反腐败各项任务进行责任分解的通知》，开展《中国共产党党员领导干部廉洁从政若干准则》、“四大纪律、八项要求”、“七个不允许”专项检查，开展制止奢侈浪费和遵守执行“禁酒令”专项检查，纠正集资建房问题不正之风，开展公车使用专项检查。推进从源头上预防和治理腐败工作，建立健全监督制约机制，落实党风廉政建设责任制和党风廉政建设宣传工作。

2006年，成立万山镇治理违规操办酒席工作领导小组，在全镇范围内开展干部职工违规操办酒席专项整治。印发《万山镇关于开展“整顿机关作风，创建服务型机关”活动实施方案》，推进依法办事、行为规范、运转协调、民主文明、清正廉洁、务实高效的新型机关建设。对2006年度纪检监察目标考核，内容有党风廉政建设工作、源头治理工作、查办案件、执法监察、纠正部门和行业不正之风工作、自身建设工作，共50分，镇纪委自查得分49分。镇纪委开展治理商业贿赂专项工作，对8个单位进行3次督查;举办1次培训班、1次讲座;督促8家行政、企事业单位自查自纠,涉及人数27人,对薄弱环节建立4个规章制度,围绕“六个重点领域”和“九个重要方面”建立3项规章制度。组织全镇党员干部观看《绝路》《绝不留情》《胡长清违纪案》等警示教育片,以卢万里案例开展警示教育活动,提高党员干部抗腐拒变的能力;每周五集中学习“两个条例”和党风廉政有关规定和要求,增强党员干部廉洁从政意识。2002年至2006年,受理群众来信来访和上级转办件21件,初查核实21件,转立案1件,开除党纪处分1人,收缴违纪经费2万余元。

2007年,制定《万山镇2007年党风廉政建设和反腐败工作要点》《建立健全教育、制度、监督并重的惩治和预防腐败体系实施纲要》,全年工作重点是:纠正损害群众利益的不正之风,加强监督检查,落实党风廉政建设责任制和廉洁自律规定。发扬求真务实精神,执行党风廉政建设责任制,对各项规定和反腐倡廉任务落实情况自查和监督检查。执行“四大纪律八项要求”和廉洁自律规定,不允许对领导干部亲属搞特殊照顾和谋取不正当利益提供方便。查处违反规定收送现金、有价证券和支付凭证及“跑官要官”等问题,树立“群众利益无小事”政治立场。治理教育乱收费,查办党员领导干部滥用职权、贪污贿赂、腐化堕落、失职渎职案件和查办贪污、挤占、挪用专项资金案件,开展治理商业贿赂专项工作,建立防止商业贿赂长效机制。贯彻执行《中国共产党党内监督条例(试行)》,完善监督机制,对民主生活会、述职述廉、诫勉谈话和领导干部重大事项报告制度执行情况以及领导干部作风状况监督检查。对党风廉政建设、反腐败、信访举报、查办违纪违法案件等进行目标考核,总评分为100分,镇纪委自评88分。全年公开政务内容4期。全年受理群众来信来访件3件,初查核实3件,通过核实:1件属于民事纠纷,2件属于干部工作责任心不强、工作不主动。对民事纠纷问题镇纪委积极与司法、法治等部门联系,已妥善处理,对群众反映工作不实、责任心不强的2名干部进行批评教育、诫勉谈话、责令整改。

2008年,印发《万山镇2008年党风廉政建设和反腐败工作要点》《2008年万山镇农村基层党风廉政建设工作要点》,把政府支农惠农政策、社会各界支持新农村建设项目、新农村建设资金及其使用情况、农村集体资金和资源处置情况及时纳入公开内容。围绕支农惠农落实情况开展监督检查。镇纪委到学校、企业、社区和居民家中,对实施“两免一补”,土地征用、税费收缴、环境保护、行政执法、救灾救助等进行明察暗访,没有发现有损害群众利益事件发生。镇纪委督促十八坑锰粉厂易地搬迁,帮助2户协调污染补偿款3200元,帮助3户贫困户、重灾户争取救济款1200元和补助费4100元。全年受理群众来信来访和上级转办件6件,初查核实6件,转立案2件,行政记过处分1人,党内警告处分1人,收缴违纪资金4100元。镇、社区共开设党风廉政宣传栏21期,选登漫画、书法、名人名言12条(幅),书写宣传标语17幅,动员党员干部开展廉政文艺活动,组织500余名党员干部观看特区“清风颂”廉政文艺晚会,组织党员干部观看警示教育片《赌之害》和先进典型教育片《先进集体、先进工作者》《清水无香》,观看人数达270余人次。镇纪委牵头成立督查组,深入社区、站所进行督查,对上班聊天、上网玩游戏的3名干部进行批评教育,对不注重团结、不积极工作的4名社区干部给予诫勉谈话。

2009年,镇纪委建立涉农专项资金管理台账,每月向特区纪委纠风室上报《涉农专项资金情况统计表》,定期在政务公开栏公示涉农资金发放情况,接受群众监督。开展“清廉村风·和谐家园”廉政文化进社区活动，共开设党风廉政宣传栏22期，展示廉政格言警句、反腐倡廉漫画、公益广告、知识竞答题等63条（幅），组织各党支部开展党风廉政建设知识竞赛1次。

2010年，印发《关于认真学习贯彻〈中国共产党党员领导干部廉洁从政若干准则〉的通知》《万山镇学习贯彻〈中国共产党党员领导干部廉洁从政若干准则〉实施方案的通知》《万山镇学习贯彻〈中国共产党党员领导干部廉洁从政若干准则〉的实施方案》，把学习宣传、查纠整改、整章建制贯穿始终，促进党员领导干部廉洁从政。利用宣传栏、宣传标语等方式宣传《中国共产党党员领导干部廉洁从政若干准则》，出宣传栏1期，悬挂宣传标语2幅，出台《万山镇重要情况通报和报告制度》《万山镇领导干部述职述廉制度》《万山镇对党员领导干部进行谈话和诫勉的制度》。是年3月，印发《万山镇2010党风廉政建设和反腐败工作要点》，对党风廉政建设和反腐败工作任务进行详细分解，并分别与分管领导、党支部、站、股、所负责人签订34份《责任状》。

2011年，利用宣传栏、廉政文化墙、社区小报等载体开辟专栏，宣传廉政文化。张家湾社区成功申报为全省廉政文化“六进六增”示范点。严肃查处党员干部违纪案件，先后立案查处党员、干部违法违纪案件3件。其中，违反财经纪律案件1件，涉案金额7.5万元；贪污案件1件，涉案金额4100元；

贿赂案件1件。根据规定分别对3名涉案人员给予党内严重警告处分、行政记过处分和党内警告处分，并将涉案资金全部依法追回。

2012年，印发《万山镇党风廉政建设和反腐败工作要点》《万山镇党风廉政建设和反腐败主要工作任务分解》，把工作任务分解到镇党政班子成员和相关站、股、所干部，明确工作目标，制定措施，加强监督检查。与分管领导、党支部和各、站、股所负责人签订党风廉政建设责任状。是年9月，土坪社区通过居民大会选举产生社区监督委员会，推进社区居民自治、民主管理。镇纪委立案调查镇政府一名干部在任原老街村出纳期间，伙同村支部书记、村委会主任、支部副书记非法侵占村集体办公经费一案。对当事人分别作出留党察看和开除党籍处分。

2013年，举办“推进社会网格化管理暨七一廉政党课”讲座，组织社区全体党员干部、入党积极分子90余人参加党课学习。出台《万山镇、居干部改进工作作风暂行办法》，规定干部职工必须做到“五个严禁”“三个一律”，细化对干部廉洁从政要求，将领导干部“八小时外”活动情况纳入作风监督范围。制定完善《社区“两委”班子及成员年度目标考核细则》《社区干部评议制度》《镇纪委书记与基层站所、社区负责人谈话制度》《社区干部任期和离任经济责任审计制度》等。加强对社区干部管理。组织社区干部学习《农村基层干部廉洁履行职责若干规定（试行）》《村（居）干部十不准》。制作60余张“十不准”廉洁从政卡片，编制100余册《廉政警示教育读本》发放到镇、社区干部，增强廉洁意识，提高拒腐防变能力。

2014年，制定《2014年纪检监察工作要点》，加强机关作风建设，对上班迟到、早退和玩游戏、网购、聊天、打麻将等不遵守工作纪律干部职工进行问责处理；加大对工作推诿扯皮、敷衍塞责、落实不力、进度滞后等干部职工问责力度；加大对工作方法简单、态度生硬、“吃拿卡要”等影响发展干部职工问责力度。组织实施社区党（居）务“1+X”公开模式，对涉及群众利益的重大问题、强农惠农政策、救灾救济款物发放、民生项目建设、“三资”管理等进行公示公开。印发《万山镇2014年党风廉政建设责任制工作要点》，制定《万山镇2014年党政领导干部党风廉政建设和反腐败工作职责分解表》《万山镇2014年党风廉政建设责任制各项任务分解表》,开展以整治“漂浮玩乐风”“打牌赌博风”“违规办酒风”等刹风整纪活动,着力整治“中梗阻”“吃拿卡要”“冷硬横推”“庸懒散慢奢”等问题。是年9月,印发《关于在教育实践活动中深化“四风”突出问题专项整治的实施方案》,对“十三个问题”进行专项整治,制作《万山镇党委领导班子“四风”整改清单》,镇领导班子成员自查自纠并作书面整改。

2015年,制定《2015年万山镇纪检监察工作要点》《万山镇2015年度惩治和预防腐败体系建设工作任务分解表》,签订党风廉政建设“一岗双责”承诺书。开展干部“贴标·亮牌”,整治“庸、懒、散、慢、浮”等,对1名干部进行亮黄牌处理,并在全镇干部大会上进行通报。镇纪委组织全镇干部学习党纪国法、廉政法规、各级纪委查办案件通报16次,组织观看警示教育电视纪录片4次,在镇公示牌上公示案件通报和区委区政府督查通报22次。开展纪律督查24次,对15名干部进行通报批评。调查处理案件2起,党政纪处分2人。

2016年,签订《党风廉政建设责任书》,完善党风廉洁建设责任追究机制,明确分包责任,开展“两个责任”约谈,全年对干部职工约谈100人次。组织党员干部观看《镜鉴——衡阳、南充违反换届纪律案件警示录》《永远在路上》等警示教育片和《严肃换届纪律文件选编》《铜仁市违反组织人事纪律典型案例选编》,用身边案例教育党员干部,与党员干部签订换届纪律承诺书,发放《换届纪律知识宣传册》200余份。建立廉政文化长廊,制作宣传标语20余条,在镇、社区办公楼张贴廉洁警示语、漫画10余幅,发放民生监督宣传活动资料1000余份。出台《万山镇落实工作任务派遣单制度干部监督管理实施细则》,从28个方面对干部职工作风进行规范,出台《万山镇规范群众操办酒席和制止滥办酒席实施方案》,签订承诺书100余份,张贴公告200余张,80户居民主动按程序申报操办酒席。全年开展专项监察5次,发现问题7个,其中,计划生育社会抚养费管理使用与计划生育家庭“四项制度”发现问题4个、信贷扶贫项目资金发现问题1个、精准扶贫发现问题1个、微型企业补助资金“回头看”发现问题1个,转立案7件,查办案件7件。

2017年,开展低保金、农户科学储粮、“一事一议”财政奖补、农村危房改造“回头看”、环境卫生5次专项监察,发现问题9个,立案9件,涉案金额10万余元。协助党工委贯彻落实党风廉政建设责任制,落实本辖区党风廉政建设责任“一岗双责”。逐级开展约谈,镇党委书记约谈镇党委班子成员,镇党委班子成员约谈分管站、股、所人员及联系社区干部,形成层层抓落实,人人遵廉守洁的氛围。

2018年,开展城市低保资金专项监察,监察范围为2013年至2016年期间城市低保资金,共核实2410户5053人,发现问题9个,转立案6件,结案6件。深入开展“访村寨、重监督、助攻坚”专项行动,深入社区,创新工作方式方法,为居民群众解决实实在在问题。开展项目廉政档案建设,按照“决策程序符合规范、招投标程序符合规定、建设质量符合标准、工程验收符合要求、干部履职公正透明、案件查处事实清楚”要求,制定《朱砂古镇城市风貌改造项目监督检查工作方案》,并对辖区内项目廉政档案建立情况进行量化考评,倒逼建档工作落实。

2019年,镇党委与镇党委班子成员签订党风廉政建设责任书,完善党风廉政建设责任追究机制,明确包保责任,班子成员包社区、管站所、督干部。开展津补贴、违规列支“三公”经费专项整治,开展巩固拓展落实中央八项规定精神成果、“四风”问题自查自纠。开展万山镇领导干部违规插手参与茅台酒经营问题专项清查行动。组织全镇干部职工填写领导干部插手参与茅台酒经营情况第二次报告表，对干部插手参与茅台酒情况进行全面清查，接受检查与监督。出台《关于扫黑除恶专项斗争中强化执纪监督问责工作方案》，推动扫黑除恶专项斗争向社区延伸。开展专项督查行动，采取随机走访、暗访形式，发现在扫黑除恶专项斗争中不作为、慢作为等问题，并督促进行整改。

2020年，开展作风效能督查，整治“庸、懒、散、慢、浮”，镇党委决策部署到哪里，镇纪检监督检查就跟进到哪里。自新冠肺炎疫情发生以来，到疫情防控点参与执勤监测，累计值守12次；开展疫情防控物资发放、人员到岗到位监督检查，累计督查35次，发现问题3个。开展“四风”纠治，镇纪委联合万山派出所开展突击检查2次，对干部职工、党员饮酒驾驶等违法行为启动快速审查调查机制。配合区纪委内部督查组进驻万山镇开展内部督查，对督查组反馈的11个问题，全部完成整改。开展农民专业合作社专项监察，发现问题1个，按要求责令整改。全年立案3件，结案3件，收缴清退违纪资金1900元。

2021年，开展落实全面从严治党“两个责任”分级约谈和“一对一”个别约谈，上半年，约谈36人次。开展新冠肺炎疫情防控监督检查、疫苗接种工作监督检查60余次。开展农村乱占耕地建房、值班值守、安全生产、会风会纪执行情况等监督检查30余次。开展“访村寨、重监督、助振兴”专项行动，采取随机抽查、暗访等对群众诉求和反映问题回访，走访44人次，推动解决问题2个。开展镇、社区干部作风及换届风气问题整治，立案1件，党纪处分1人；违反值班值守纪律问题通报1人；违反会议纪律通报2人；办理上级转交信访件1件。

2022年，开展落实全面从严治党分级约谈和个别“主动约谈”，约谈51人次。开展疫情防控常态化监督检查46次。开展低保年度核查及养老保险专项监督检查2次，开展“访村寨、重监督、助振兴”专项行动，走访6个社区28户80人，收集群众意见15条。开展干部职工到岗到位情况、下班后电源关闭情况督查2次。镇纪委共收到上级转办问题线索6件6人，已全部核实完毕并给出相应处置建议。立案2件2人，已全部结案；给予党内警告处分1人，给予与留党察看二年处分1人，诫勉谈话1人，谈话提醒2人。

（二）信访受理

2012年，受理本级群众来信来访1件；反映村干部1件。

2013年，受理本级群众来信来访2件；反映村干部2件。

2014年，受理本级群众来信来访3件；反映村干部3件。

2015年，受理本级群众来信来访7件；反映社区干部7件。

2016年，受理本级群众来信来访10件；反映社区干部5件，其他5件。

2017年，受理本级群众来信来访8件；反映社区干部3件，其他5件。

2018年，受理本级群众来信来访16件；反映社区干部4件，其他12件。

2019年，受理本级群众来信来访4件；反映社区干部1件，其他3件。

2020年，受理本级群众来信来访2件；其他2件。

2021年，受理群众来信来访2件，其中：本级受理1件、上级交办1件；反映政府干部1件，其他1件。

2022年，受理群众来访4件，其中：本级受理2件、上级交办2件。

（三）民生监督

2014年，成立民生监督特派组，加强对民生项目监督。开展中小学校教育收费、贫困生补贴发放和学校营养午餐专项监察，走访学校3所，走访群众80余次。

2015年，召开全镇干部职工大会，学习传达“民生铸廉三年行动”会议精神，制定《万山镇“民生铸廉三年行动”计划》，发挥民生监督组职能，在全镇内开展民生项目专项督查，将群众反映情况调查清楚并回复。

2016年，印发《万山镇民生监督工作“雨露计划”专项监察方案》，成立民生项目专项监察工作领导小组，对全镇7个社区2013年以来“雨露计划·圆梦行动”和“雨露计划·助学工程”开展专项监察，万山镇辖区享受“雨露计划”学生29人次，其中“雨露计划·圆梦行动”1人、“雨露计划·助学工程”26人，资金2.39万元，未发现问题；开展微型企业补助资金专项监察，全镇7个社区36家，每家补助5万元，共发放180万元，发现问题1个，涉及金额20万元。

2017年，开展城市最低生活保障、农户科学储粮、“一事一议”财政奖补、农村危房改造和环境卫生等专项监察(无易地扶贫搬迁)，发现问题9个，转立案9件，涉案金额10万余元，其中，城市低保核实2410户5053人，发现问题5个，转立案5件(其中转谢桥街道立案1件)，问题资金3.84万元，收缴违规违纪资金3.29万元；农户科学储粮65户，涉及资金2.6万元，未发现问题；“一事一议”财政奖补项目18个，涉及资金119.2万元，未发现问题；农村危房改造48户，涉及资金33.7万元，未发现问题；环境卫生方面，全镇环境卫生保洁履职发现问题线索3个，转立案2件，造成4.60万元国家资金流失。

2018年，开展危房改造、农村医疗救助、7类13种大病财政兜底及城市低保专项监察，其中：城市低保核实2410户5053人，发现问题9个，转立案6件，结案6件。

2019年，开展涉林扶贫民生项目、财政涉农补贴“一折通”专项监察，开展“访村寨、重监督、助攻坚”专行行动，整治形式主义、官僚主义等突出问题，维护群众利益，推进扫黑除恶专项斗争。

2020年，聚焦民生领域，采取民生监督组+镇纪委+社区监委会“三级联动”模式开展民生项目监察，开展新冠肺炎疫情防控、“杨荣式”大走访100余次，发现问题10余个，全部完成整改。开展“访村寨、重监督、助脱贫”专项行动，走访30人次。

2021年，开展“访村寨、重监督、助振兴”专项行动，采取随机走访、暗访等形式，走访6个社区130余人次，推动解决问题9个。

2022年，开展城市低保及养老保险专项督查2次，开展“访村寨、重监督、助振兴”专项行动，走访6个社区28户80人，收集群众建议15条，全部反馈至相关部门进行整改落实。

(四)警示教育

2006年至2013年，利用会议、标语、板报、宣传栏、播放电教片等形式，组织开展反腐倡廉宣传教育，组织党员、入党积极分子观看《贪婪霸道自掘坟墓》《玩火者必自焚》警示教育片。

2014年，通过组织党员干部观看警示教育片、学习警示教育读本等，开展经常性警示教育。

2015年，组织全镇干部学习各级纪委查办案件通报16次，组织观看警示教育片4次，在镇一楼公示牌公示案件通报和区委区政府督查通报22次。

2016年，组织党员干部观看《镜鉴——衡阳、南充违反换届纪律案件警示录》《永远在路上》《铜仁市违反组织人事纪律典型案例选编》，用身边鲜活案例教育党员干部。在镇、社区办公楼张贴廉洁警示语、漫画10余幅，提高党员干部廉洁从政意识。

2017年，组织镇、社区两级干部到县警示教育基地接受教育1次；开展扶贫领域警示教育2次。

2018年，组织镇、社区干部开展警示教育2次。

2019年，组织镇全体干部职工观看警示教育片，做到警钟长鸣。

2020年，开展党风廉政建设警示教育10余次，开展“两个责任”分级约谈干部100余人。

2021年，组织镇党员干部、社区干部50人，赴铜仁市纪委市监委党风廉政建设警示教育基地接受警示教育，重温入党誓词。

2022年，组织镇及社区干部40余人，在镇办公大楼一楼大厅参观学习群众身边腐败和不正之风案例展，对党员干部进行警示再教育。

三、社区居务监督委员会

2012年，万山镇土坪社区作为区级居务监督试点，建立社区居务监督委员会，随后全面铺开。2014年，万山镇7个社区均建立居务监督委员会。2016年11月，张家湾社区与解放街社区合并，组建新的解放街社区。

犀牛井社区

主　任	何玉香(苗族)	2014年5月至2019年5月
	郑永红(女，苗族)	2019年6月至2021年3月
	杨秀珍(女，土家族)	2021年4月至2021年12月
	杨万花(女，土家族)	2022年1月至2022年12月
委　员	雷新祥	2014年5月至2017年4月
	杨德贵(回族)	2014年5月至2017年4月
	刘金平(男)	2017年5月至2021年12月
	刘三妹(女，侗族)	2017年5月至2021年12月
	胡小鹏	2022年7月至2022年10月
	杨秀珍(女，土家族)	2022年12月至2022年12月

麻音塘社区

主　任	刘开本(侗族)	2014年1月至2017年4月
	万良俊(侗族)	2017年5月至2018年12月
	杨金昌(侗族)	2019年1月至2020年6月
	陆　军	2020年7月至2021年12月
	雷　丽(土家族)	2022年1月至2022年12月
委　员	杨京昌(侗族)	2014年1月至2018年12月

	李秀华(女,苗族)	2014年1月至2016年12月
	刘开本(侗族)	2017年5月至2018年12月
	周德昌	2019年1月至2020年6月
	袁再华	2019年1月至2020年6月
	徐木生(侗族)	2020年7月至2022年12月
	吴中华(苗族)	2020年7月至2021年12月
	曾吉弟(女)	2022年1月至2022年12月

解放街社区

主　任	杨凤仙(女,苗族)	2014年1月至2017年5月
	李晓康	2017年5月至2021年12月
	杨兰芳(侗族)	2022年1月至2022年12月
委　员	杨玉芬(女,侗族)	2014年1月至2017年5月
	杨凤仙(女,苗族)	2017年5月至2021年12月
	陆远成	2017年5月至2021年12月
	杨玉芬(女,侗族)	2022年1月至2022年12月
	杨　振(侗族)	2022年1月至2022年12月

同心社区

主　任	杨再云(土家族)	2014年5月至2021年12月
	石　霞(女)	2022年1月至2022年4月
	李　瑞	2022年12月至2022年12月
委　员	邓　军	2014年5月至2016年12月
	杨　华(侗族)	2014年5月至2016年12月
	刘小会(女)	2017年5月至2021年12月
	黎　英(女,布依族)	2017年5月至2021年12月
	杨桂兰(土家族)	2022年1月至2022年12月
	刘开洪	2022年1月至2022年12月

三角岩社区

主　任	杨光南(侗族)	2014年1月至2021年12月
	杨　丹(女,苗族)	2022年1月至2022年12月
委　员	游仁昌	2014年1月至2021年3月
	黎佐仙(女)	2014年1月至2017年5月

	姚伦敞(侗族)	2017年5月至2021年12月
	杨小凤(女,侗族)	2022年1月至2022年12月
	龙燕妮(女,苗族)	2022年1月至2022年6月

土坪社区

主　　任	唐秀月	2012年9月至2016年12月
	梁贤书(侗族)	2016年12月至2017年5月
	刘洪善(侗族)	2017年5月至2020年6月
	陈　萍(女,侗族)	2020年7月至2021年12月
	佀英杰	2022年1月至2022年12月
委　　员	杨荷英(女)	2012年9月至2016年12月
	陈再海(侗族)	2012年9月至2017年5月
	王湘云	2017年5月至2022年12月
	陈再烟(侗族)	2017年5月至2021年12月
	陈　萍(女,侗族)	2022年1月至2022年12月

张家湾社区

主　　任	龙明齐	2014年1月至2016年10月
委　　员	罗金莲	2014年1月至2016年10月
	杜洪星	2014年1月至2016年10月

第六节　鱼塘侗族苗族乡纪检监察

一、机构设置

1992年3月,按照省、地、市(县级)“建镇并乡撤区”安排,撤销老羊坪侗族苗族乡、牛场坡侗族乡、黑岩侗族苗族乡,合并建立鱼塘侗族苗族乡(科局级)。1992年7月,成立中共铜仁市鱼塘侗族苗族乡纪律检查委员会,任命陈通平为乡纪委书记。

1993年2月,召开鱼塘侗族苗族乡第一次党代会,选举产生中共铜仁市鱼塘侗族苗族乡纪律检查委员会,每届任期三年至2001年底;2002年1月换届后,乡纪委每届任期为五年,与同级党委任期一致。

2011年11月,铜仁市(县级)鱼塘侗族苗族乡划归万山区管辖,中共铜仁市鱼塘侗族苗族乡纪律检查委员会更名为中共万山区鱼塘侗族苗族乡纪律检查委员会。

2016年8月,召开划归万山区后鱼塘侗族苗族乡第二次党代会,选举产生中共万山区鱼塘侗族苗族乡第二届纪律检查委员会。

2019年8月,设立万山区监察委员会派出鱼塘侗族苗族乡监察办公室,与乡纪委合署办公,履行纪检监察职能。

中共万山区(铜仁市)鱼塘侗族苗族乡纪律检查委员会

（1992年7月至2022年12月）

书　记	陈通平(侗族)	1992年7月至1993年2月
	杨通水(侗族)	1993年2月至1998年8月
	赵翠莲(女)	1998年8月至2001年10月
	潘碧花(女,侗族)	2001年10月至2006年8月
	刘胜良(侗族)	2006年8月至2011年8月
	杨奇峰(侗族)	2011年8月至2012年6月
	刘德清(侗族)	2013年1月至2015年1月
	陈绍奇(侗族)	2015年4月至2016年7月
	饶维圣(土家族)	2016年7月至2019年5月
	吴　巍(土家族)	2019年7月至2021年5月
	张运发(侗族)	2021年6月至2022年11月
副书记	许佰成	2011年8月至2012年9月
	潘　懿(女,侗族)	2012年10月至2015年4月
	杜　君(女,侗族)	2015年8月至2021年12月
委　员	杨通水(侗族)	1993年2月至1998年8月
	沈中和(侗族)	1993年2月至1996年2月
	聂熙发(侗族)	1993年2月至1996年2月
	赵翠莲(女)	1998年8月至2001年10月
	张开国(侗族)	1996年2月至2001年10月
	桂承新(回族)	1996年2月至1998年8月
	潘碧花(女,侗族)	2001年10月至2006年8月
	龚荣华	2002年1月至2011年8月
	彭智华(侗族)	2002年1月至2006年8月
	刘胜良(侗族)	2006年8月至2011年8月
	姚贵平(女,侗族)	2006年9月至2011年8月
	石　俊(苗族)	2006年9月至2011年8月
	杨奇峰(侗族)	2011年8月至2012年6月
	许佰成	2011年8月至2012年9月
	杨国斌(侗族)	2011年8月至2013年4月
	潘　懿(女,侗族)	2012年10月至2015年4月

刘德清(侗族)	2013年1月至2015年1月
陈绍奇(侗族)	2015年4月至2016年7月
杜　君(女,侗族)	2015年10月至2022年10月
饶维圣(土家族)	2016年7月至2019年5月
杨　浩(侗族)	2016年8月至2020年6月
饶望银(土家族)	2016年8月至2021年8月
刘芬方	2016年8月至2021年12月
吴　巍(土家族)	2019年7月至2021年5月
张运发(侗族)	2021年5月至2022年11月
肖　媚(女)	2021年8月至2021年12月
袁小萍(女,侗族)	2021年8月至2022年12月
吴　涛	2022年9月至2022年12月
舒琪雯(女,侗族)	2022年11月至2022年12月

鱼塘侗族苗族乡监察室

(2015年8月至2016年8月)

主　任	杨　浩(侗族)	2015年8月至2016年8月

万山区监察委员会派出鱼塘侗族苗族乡监察办公室

(2019年8月至2022年12月)

主　任	吴　巍(土家族)	2019年10月至2021年6月
	张运发(侗族)	2021年6月至2022年11月
副主任	杜　君(女,侗族)	2019年11月至2022年10月
专职监察员	袁小萍(女,侗族)	2021年9月至2022年12月
	吴　涛	2022年9月至2022年12月
	舒琪雯(女,侗族)	2022年11月至2022年12月

二、主要工作

(一)党风廉政建设

1992年至1995年,落实中共十四届中央纪委二次、三次、四次全会精神,全力以赴抓廉政勤政建设。利用大小会议、各类活动、标语、有线广播、图片展等多种形式,宣传和加强党风党纪教育,提高党员干部执法、执纪、廉政、勤政为民思想觉悟。

1999年,成立乡党风廉政建设领导小组,乡党委书记任组长,政府乡长、人大主席、乡纪委书记任副组长,按照市纪通〔1993〕03号文件精神,乡纪委以清理通信工具为突破口,全乡清理配置BP机22部,除乡党委书记、政府乡长、乡人大主席3部为科级正职领导按规定由单位购买外,其他人员配置BP机均由个人承担。对乡政府食堂实施招标承包,规定食堂利润限额,制定《接待制度》《陪客制度》等,做到菜单公开,严格伙食标准、陪客人数、饭菜价格等,减少开支。开展制止少数干部利用救灾资金优亲厚友、贪污、挪用、私分等问题。

2000年至2002年,乡纪委采取多种形式开展党风党纪、廉政勤政教育,按照市委(县级)、市纪委工作要求,全乡组织召开民主生活会。开展“三个代表”重要思想学习教育,收集群众意见331条,乡党委梳理48条,乡党委班子成员按照“先班子、后个人”顺序,开展批评与自我批评,剖析错误、缺点和不足,班子和个人分别撰写对照检查材料,形成整改方案和整改措施,全面完成问题整改。全乡先后查处违法违纪案件18件,其中被开除公职2人、受党纪处分15人,为农民减轻负担20多万元。

2002年至2003年,贯彻落实中共十六大精神,全乡围绕创建“五好”乡镇,一手抓经济发展、一手抓党风廉政及民主法制建设,把全乡党员干部思想和行动统一到经济建设上来。开展以“五珍惜”为主题党风廉政建设和“五查五看”活动,严格执行“四大纪律、八项要求”。

2004年,抓党员干部廉洁自律,重点督察领导干部利用职权违反规定、干预和插手建设工程招标投标、经营性使用权等,经督察乡级领导干部没有收受任何管辖范围内单位、个人的现金和有价证券;没有到单位报销个人或配偶、子女费用以及为个人和亲人谋取私利等问题。抓奢侈浪费、公车私用整治,经查没有发现利用公款进行高消费和大吃大喝,全乡所有接待及公务一律在政府食堂用简餐;乡科级干部没有私自驾驶公车。实行政务、村务公开,公开内容经乡、村分管领导审签后公示,并交乡纪委存档,全乡推进政务、村务公开16个。

2006年至2011年,乡纪委组织党员干部学习廉政知识和党纪法规,乡党委书记主讲廉政党课,全乡先后开展以“学党章、守纪律、知荣辱”“树新风正气,促廉洁从政”“坚持廉政勤政,促进科学发展”“加强党性修养,弘扬良好正气”“遵守廉政准则,带动风清气正”等为主题廉政教育,增强广大党员干部责任意识和自律意识。开展中小学校收费、私设“小金库”、农村危房改造资金管理和使用、民政救济、抗旱救灾款物发放、公益林补助、计划生育收费、农村新型合作医疗等涉农资金专项监督检查,取消不符合低保政策51户、危房改造21户;查处套取合作医疗经费3起,涉及资金3000多元;查实截留贪污退耕还林补助资金近10万元,将责任人移送检查机关;查实私设“小金库”2起,涉及资金7000元;查处乱收费1.4万元,清退资金1万元。对2名党性不强、作风不实的村干部实行待岗处理,对6名乡干部给予3个月待岗处理,对9名乡村干部诫勉谈话。查处违纪党员15名,其中,开除党籍3名,留党察看、党内警告、党内严重警告、撤销党内职务、行政降级各1名,作待岗处理7名,收缴违纪金额6.3万元。

2012年,调整充实乡党风廉政建设责任制工作领导小组,印发《关于开展鱼塘乡2012年廉政风险防控机制建设工作的通知》《鱼塘乡2012年党风廉政建设工作要点》《鱼塘乡2012年纪检监察工作要点》,对党风廉政建设责任目标细化分解,与各站股所及村(居)党支部签订党风廉政建设目标责任书。开展党风党纪宣传专题培训会5次,组织全乡党员干部参加《中国共产党党员领导干部廉洁从政若干准则》及十七届中央纪委七次全会精神,利用农村党员干部现代远程教育,组织乡机关党员干部、各村(居)干部收看先进人物事迹等专题片。

2013年,利用乡党委班子会议、全乡干部职工大会等,学习贯彻《关于实行党风廉政建设责任制的规定》,印发《关于明确领导班子成员2013年度党风廉政建设工作职责的通知》,明确乡领导班子成员党风廉政建设责任,签订《党风廉政建设责任书》。对全乡村级公路硬化工程、生态移民搬迁工程、土地整理工程、高效农业示范园建设工程,落实《关于实行党风廉政建设责任制的规定》相关规定,开展监督检查和廉政谈话。

2014年,制定《鱼塘乡2014年党风廉政建设工作计划》《鱼塘乡2014年党风廉政建设责任制工作要点及工作任务分解表》,强化领导班子成员"一岗双责";规定每周一为集中考勤时间,组织干部职工学习党风廉政建设政策法规,加强干部职工廉政教育。采取"以会代训"和举办入党积极分子培训班等,加强农村党员干部廉政建设和反腐败教育。组织开展廉政教育60场次,参加党员干部500人次。围绕"为民、务实、清廉"主题,组织党员干部学习《中国共产党纪律处分条例》《中国共产党党员领导干部廉洁从政若干准则》等。组织开展提醒谈话6人,对村党支部书记诫勉谈话2人。乡党委半年召开一次党风廉政建设工作分析会,提出有针对性整改措施。

2015年,强化党风廉政建设"一岗双责"责任,把责任制纳入领导干部目标管理考核。调整充实党风廉政建设领导机构,定期组织召开专题会议,分析研究党风廉政建设工作。制定《鱼塘乡2015年党风廉政建设和反腐败工作实施方案》,明确党风廉政建设和反腐败工作指导思想、工作措施及具体要求。按照"谁主管,谁负责""管行业必须管行风"原则,制定《2015年党风廉政建设责任书》,签订党风廉政建设责任状80余份、干部纪律责任状70余份,对乡"三办三中心"主任和副主任约谈2次,约谈20余人;印发《2015年党风廉政建设工作目标责任制分解表》,将乡领导干部和"三办三中心"应承担党风廉政建设和反腐败工作责任细化量化。

2016年,调整充实党风廉政建设工作领导小组,签订《党风廉政建设责任制责任书》,将任务细化分解到站、所、村。印发《关于加强党风廉政建设和反腐败工作的实施意见》,出台"三推两选一目标"选人用人机制、涉农财政补贴资金"一折通"等制度,初步形成用制度管权、按制度办事、靠制度管人管物等监管机制。实行"村财乡管"制度,落实村级合同、资金、账目和公章"四监管"制度;加大村务、财务公开力度,逐步推行党务公开;开展廉政风险防范管理,将排查出10个廉政风险点及相应防范措施公示,建立廉政风险防范预警机制;开展行风评议及述职述廉,加强对中层干部监督管理,按照"六廉"标准建立乡科级干部廉政档案,对信访举报反映干部思想作风、廉洁自律等一般性问题干部职工进行约谈,约谈14人次,达到"以谈促廉"目的。

2017年,建立健全党风廉政责任机制,贯彻落实《万山区党风廉政建设党委主体责任和纪委监督责任实施意见》,签订党风廉政建设责任状13份。强化脱贫攻坚监督,深化干部作风建设,成立乡党委政府督查室,对脱贫攻坚工作督导38次,印发专项通报38期。脱贫攻坚关键期,乡纪委协助乡党委对副乡级以上干部15人进行党风廉政集体约谈,乡纪委对乡扶贫站、乡民政办、乡生态移民办、乡危改办等16名工作人员单独约谈。加强扶贫产业项目监管和扶贫干部作风建设,乡纪委与乡督查室对作风漂浮、工作不力28名干部进行问责。其中,诫勉谈话5名,通报批评23名。

2018年,贯彻落实《万山区党风廉政建设党委主体责任和纪委监督责任实施意见》,班子成员实行“签字背书”，签订党风廉政建设责任状13份。乡党委对党政领导班子成员、站所负责人及一般干部70人进行党风廉政集体约谈，乡纪委对乡扶贫站、乡民政办、乡生态移民办、乡危改办、鱼塘财政分局等15名工作人员单独约谈。乡纪委与乡督查室对脱贫攻坚作风开展监督检查，对作风漂浮、工作不力97名干部进行问责，通报批评97人。

2019年，开展党风廉政建设“两个责任”分级约谈2次，协助乡党委对副科级以上干部党风廉政集体约谈28人次，对鱼塘财政分局等工作人员单独约谈。开展巩固拓展落实中央八项规定精神成果、“四风”问题自查自纠工作，开展党员干部经商办企业、投资入股、兼职取酬等问题专项整治，全体干部签订不违规经商办企业、投资入股和兼职取酬承诺书69份。开展领导干部利用名贵特产类特殊资源谋取私利问题专项整治。查处党员违规操办及参加“升学宴”“谢师宴”2起。开展“不忘初心、牢记使命”主题教育，增强抵制“四风”自觉性，坚守廉洁自律底线。

2020年，乡纪委协助乡党委对党政领导班子成员和站所负责人35人开展全面从严治党主体责任分级约谈，乡纪委、乡督查室强化对鱼塘乡干部职工工作作风、工作成效监督检查，对作风漂浮、执行不力6名干部问责，全乡通报批评32人。加强廉洁自律监督审查，把提醒约谈、民主生活会、违纪处理等个人材料放入干部档案，为特岗教师转正、公职人员入党、职工职称评定、评优评模、干部提拔等出具廉洁自律情况材料71份。开展“一案一整改”，传达学习《关于重申严禁党员干部和国家公职人员违规操办及参加“升学宴”“谢师宴”的通知》，签订不违规操办和参加“升学宴”“谢师宴”《廉洁自律承诺书》106份，开展全面从严治党主体责任分级约谈干部80余人。监督检查新冠肺炎疫情防控和“六稳六保”工作，对各村新冠肺炎疫情防控值班值守及群防群控督查，发现问题7个，对履职不力、工作失职、值班值守未到岗等人员进行问责，其中，免职1人、诫勉谈话2人、谈话提醒3人、全乡通报25人。开展制止餐饮浪费、违法占地建房等督查，协助区纪委建立16名乡科级干部廉政档案。

2021年，乡纪委强化巩固脱贫攻坚成果同乡村振兴有效衔接督查，对驻村干部到岗监督15次，发出督查通报12期，对脱贫监测、“四个不摘”等问题督促整改。开展“升学宴”“谢师宴”预防提醒，共签订廉洁自律承诺书95份，协助乡党委开展全面从严治党主体责任分级约谈干部105人。开展乡村养殖业畜禽粪污排放督查，查处相关问题及时整改。通过对信访举报梳理，受理问题线索6条，已全部办结。对监督检查和群众反映“苗头性”问题及时开展提醒谈话，提醒谈话12人。全年鱼塘乡纪委办理涉纪案件4件，党纪处分4人。

2022年，乡纪委联合乡党建办开展督促驻村第一书记、驻村干部和“5433”帮扶干部巩固拓展脱贫攻坚同乡村振兴有效衔接督查31次，发现部分驻村第一书记、驻村干部未按时上班，部分“5433”帮扶干部未按照要求规范开展工作，对驻村第一书记、驻村干已口头责令整改8次，谈话提醒1人。给予全乡通报批评9人，约谈干部5人。乡纪委全年立案5件，办结5件。全乡党员干部和公职人员签订拒绝酒驾承诺书90余份，乡纪委、乡道路安全办公室会同乡派出所开展酒驾醉驾路查10余次。召开村务监督委员会工作培训会2次、工作例会5次。各村(居)务监督委员会在开展日常监督中发现问题39个，督促整改39个。

(二)信访受理

1992年至1995年，受理群众来信来访29件。

1999年,受理群众来信来访10件,转立案8件,转给予批评教育5人、党内警告1人。

2000年至2002年,受理群众来信来访26件。

2002年至2003年,受理群众来信来访70件,解决问题60件,转立案6件,查处5件。

2004年,受理群众来信来访20件,解决问题18个,转案件线索3个,转立案查处3件。

2006年至2011年,受理群众来信来访63件。其中,铜仁市纪委转交办17件,转立案查处9件。

2011年,受理群众来信来访6件,其中反映村干部1件。

2013年,受理群众来信来访3件,其中反映村干部3件。

2015年,受理群众来信来访5件,其中反映村干部4件。

2016年,受理群众来信来访15件,其中反映村干部7件,

2017年,受理群众来信来访14件。其中,反映村干部3件,退休教师1件,乡政府干部2件。

2018年,受理群众来信来访10件。其中,反映村干部3件,反映乡政府干部2件。

2019年,受理群众来信来访8件。其中,本级受理7件,市纪委转交办1件;反映村干部2件,政府干部1件。

2020年,受理群众来信来访8件。其中,本级受理7件,省纪委转交办1件;反映村干部2件。

2021年,受理群众来信来访9件。其中,本级受理5件,区纪委转交办4件;反映村干部2件,政府干部1件。

2022年,受理群众来信来访12件。其中,本级受理2件,区纪委转交办10件;反映村干部5件。

(三)民生监督

2014年,成立民生监督特派组,加强对民生项目的监督。开展中小学校收费、涉农收费、医药购销、安全生产、粮食直补、城乡低保、救灾救济、合作医疗报销、民生项目专项监察。

2015年,乡纪委协助乡党委对民生项目工程监督检查,做好党务、村务公开,接受群众监督,保障群众合法权益。开展退耕还林、人饮工程、城乡低保、养老保险、高龄补贴、军烈优抚、临时救助等专项监察,转立案5件,给予7名违纪党员干部纪律处分,其中,党内警告5人、留党察看1人。查处村干部违规操办酒席1件,通报批评村干部8人“,贴黄标·亮黄牌”4人。

2016年,围绕计划生育抚养费、计划生育家庭“四项制度”关怀、精准扶贫、人饮工程及“雨露计划”等开展专项监察,发现问题21个,转立案11件,结案11件,党纪政纪处分12人,涉案金额19.41万元,其中:计划生育社会抚养费和“四项制度”关怀,发现问题6个,转立案3件,党纪政纪处分4人,谈话提醒1人;信贷扶贫发现问题3个;精准扶贫发现问题线索4个,转立案2件,党纪政纪处分2人,谈话提醒2人;农村饮水安全发现问题4个,谈话提醒1人;新型农村合作医疗报销,发现问题线索3个,谈话提醒1人“;雨露计划”项目助学214人,涉及资金15.61万元,通过入户走访和电话核实170人。

2017年,开展专项监察5次,即:城市和农村低保资金专项监察,发现问题66个,涉案资金4.44万元,转立案3件,收缴违规资金5000元;2013年至2015年农户科学储粮专项监察,涉及“农户科学储粮彩钢仓”718套、资金20.44万元,入户调查372户;“一事一议”财政奖补专项监察,发现问题线索2个,转立案1件;易地扶贫搬迁专项监察,发现问题9个,转立案1件;农村新型经济实体运行管理专项监察,实地查看农村经济实体项目16个,涉及资金1501.33万元,发现问题2个,责令其整改。

2018年,开展专项监察4次,即农村种植产业扶贫专项监察,查看林业项目60个,涉及资金720.9万元;非林业项目29个,涉及资金660.29万元;乡村"组组通"专项监察,走访"组组通"公路项目58条157.73千米,涉及项目资金9710.2万元;农村危房改造专项监察,调查核实项目675户、入户核实418户、电话核实135户;城乡低保、种植项目、危房改造、养殖项目等专项监察,查处民生案件5件,给予党内警告处分5人。建立民生监督查询平台,开展"访村寨、重监督、助攻坚"专项行动,回应群众诉求。

2019年,开展林业生态、易地扶贫搬迁及"一卡通"财政涉农补贴专项监察,经查全乡12个村183个村组公益林款26.93万元,发现问题12个,立案3件,处分3人;易地扶贫搬迁、"一折通"财政涉农补贴,发现问题5个,责令其整改。

2020年,开展财政专项扶贫资金合作社(公司)、饮水安全工程专项监察,经查财政专项扶贫资金的合作社(公司),发现问题线索2个,诫勉谈话1人;2018年至2020年饮水安全工程项目22个,涉及资金445.21万元,发现问题8个。创建"五个示范"村10个,开展新冠肺炎疫情防控监督执纪、"杨荣式"大走访60余次,发现问题7个,免职1人,诫勉谈话2人,谈话提醒3人,给予全乡通报25人。

2021年,开展城乡低保、残疾人燃油补贴、养老金专项监察,发现8人违规领取居民养老保险金1.07万元,督促乡社会服务中心全数追回。坚持开展"访村寨、重监督、助振兴"专项行动,走访9个行政村185户185人。

2022年,开展城乡低保、养老金专项监察,发现2人违规领取养老金5105元,立案4人,已督促乡社会服务中心全数追回。

(四)警示教育

乡纪委重视党风廉政建设警示教育工作,每年开展形式多样警示教育。

2000年至2002年,乡纪委组织干部职工观看《胡长清案件警示录》《成克杰严重受贿案件警示录》200多人次,全乡干部职工受到警示教育。

2004年,开展警示教育,组织干部职工收看《黑洞》《至高利益》《黑漩涡》《大江东去》等反腐倡廉电教片。

2008年,按照市委从源头上预防和解决腐败工作部署,乡纪委先后组织全乡干部观看《贪婪霸道》廉政警示教育影片。

2012年至2013年,利用会议、标语、板报、宣传栏、播放电教片等形式,有序开展反腐倡廉警示教育。

2014年,乡纪委开展警示教育2次,开展廉政警示教育"四个一"系列活动。组织党员干部观看警示教育片《贪食"群蝇"终自毁》,吸取片中张洪成等村干部贪污受贿教训。

2015年,开展党性党风党纪教育,组织党员干部观看警示教育片。

2016年,开展警示教育1次,组织党员干部职工观看《镜鉴》警示教育片,吸取"湖南衡阳破坏选举案""四川南充拉票受贿案"教训。

2017年,开展警示教育进农村,采取以案说法、案由剖析等方式,强化农村党员干部廉政教育。

2018年,召开警示教育大会2次,组织乡全体干部职工、村"三委"干部观看扶贫领域警示教育展

2次。

2019年，以身边事警示教育身边人，召开“一案一整改”警示教育通报会1次，开展扶贫领域警示教育典型案例展2次，组织全乡领导干部、村（居）“三委”及驻村干部，观看点名道姓公开通报曝光省、市、区查处群众身边不正之风和形式主义、官僚主义问题典型案例。

2020年，组织全体党员干部、村（居）“三委”干部，观看铜仁市纪委市监委通报扶贫领域25例典型案例展；召开鱼塘乡2020年扶贫领域警示教育大会，用全市扶贫领域典型案例警示教育身边人。

2021年，开展党风廉政警示教育6次，组织乡村（居）党员干部到市党风廉政教育基地，接受警示再教育。

2022年，开展群众身边腐败和不正之风典型案例警示教育展1次；开展酒驾醉驾警示教育4次，通报酒驾醉驾典型案例10起。

三、村（居）务监督委员会

旗屯村

主　任	杨　飞（侗族）	2012年9月至2019年1月
委　员	曾国旗（苗族）	2012年9月至2019年1月
	唐土喜（侗族）	2012年9月至2014年1月
	田代碧（土家族）	2014年1月至2017年10月
	杨　峰（侗族）	2017年10月至2019年1月

鱼塘村

主　任	徐承告（侗族）	2014年1月至2017年10月
	余化祥（侗族）	2017年10月至2021年12月
	桂红星（回族）	2022年1月至2022年12月
委　员	张发木（侗族）	2014年1月至2021年12月
	余化祥（侗族）	2014年1月至2017年10月
	桂和平（回族）	2017年10月至2021年12月
	桂　磊（回族）	2022年1月至2022年12月
	余化祥（侗族）	2022年1月至2022年12月

大龙村

主　任	聂见和（侗族）	2014年1月至2017年8月
	杨长平（侗族）	2017年8月至2022年12月
委　员	张小会（侗族）	2014年1月至2017年10月
	张连生（侗族）	2014年1月至2017年10月

	张见水(侗族)	2017年10月至2022年12月
	张照应(侗族)	2017年10月至2021年12月
	聂怡金(侗族)	2022年1月至2022年12月

牛场坡村

主　任	潘新华(侗族)	2014年1月至2021年12月
	黄勇军(土家族)	2022年1月至2022年12月
委　员	谢国山(侗族)	2014年1月至2017年10月
	代志洪(土家族)	2014年1月至2017年10月
	谭小红(侗族)	2017年10月至2021年12月
	黄顺昌(土家族)	2017年10月至2021年12月
	代志洪(土家族)	2022年1月至2022年12月
	潘自成(侗族)	2022年1月至2022年12月

文基村

主　任	康核妹(侗族)	2014年1月至2017年10月
	徐承见(侗族)	2014年10月至2020年5月
	杨　勇(侗族)	2022年1月至2022年12月
委　员	杨再佑(侗族)	2014年1月至2014年6月
	徐成见(土家族)	2014年1月至2017年10月
	杨　桤(侗族)	2017年10月至2022年12月
	杨玉平(侗族)	2017年10月至2022年12月

金盆村

主　任	刘子章(侗族)	2014年1月至2017年10月
	石显成(侗族)	2014年10月至2019年12月
	龙青松(苗族)	2022年1月至2022年12月
委　员	罗天运(侗族)	2014年1月至2021年12月
	舒志和(侗族)	2014年1月至2017年10月
	罗运黑(侗族)	2017年10月至2021年12月
	李元发(侗族)	2022年1月至2022年12月
	杨小华(侗族)	2022年1月至2022年12月

登峰村

主　任	陈永成(苗族)	2014年1月至2017年10月
	丁文标(侗族)	2014年10月至2021年12月
	陈绪明(苗族)	2022年1月至2022年12月
委　员	陈华刚(苗族)	2014年1月至2017年10月
	丁见发	2014年1月至2021年12月
	陈金发(苗族)	2017年10月至2021年12月
	丁再勇	2022年1月至2022年12月
	陈　云(苗族)	2022年1月至2022年12月

高峰村

主　任	杨仁华(侗族)	2014年1月至2017年10月
	潘木锦(侗族)	2014年10月至2021年12月
	罗　飚(侗族)	2022年1月至2022年12月
委　员	张水华(侗族)	2014年1月至2017年10月
	姚元亮(侗族)	2014年1月至2021年12月
	张细刚(侗族)	2017年10月至2020年2月
	张水发(侗族)	2017年10月至2021年12月
	杨贵生(侗族)	2020年5月至2021年4月
	姚　军(侗族)	2021年4月至2021年12月
	黄雪梅(女,土家族)	2022年1月至2022年12月
	张水发(侗族)	2022年1月至2022年12月

江屯村

主　任	向建和(侗族)	2014年1月至2017年10月
	毛德永(侗族)	2017年10月至2018年4月
	舒富昌(侗族)	2018年5月至2021年12月
	杨　振(侗族)	2022年1月至2022年12月
委　员	姚本贵(侗族)	2014年1月至2017年10月
	胡文斌(侗族)	2014年1月至2017年10月
	舒富昌(侗族)	2017年10月至2018年4月
	姚见六(侗族)	2017年10月至2021年12月
	骆寿先(女,侗族)	2018年5月至2021年12月
	姚见六(侗族)	2022年1月至2022年12月
	舒富昌(侗族)	2022年1月至2022年12月

云山村

主　任	丁金才	2014年1月至2021年12月
	杨刚平(女,侗族)	2022年1月至2022年12月
委　员	郑见平(侗族)	2014年1月至2017年10月
	张美东(侗族)	2014年1月至2017年10月
	杨继平(侗族)	2017年10月至2021年12月
	姚登科(侗族)	2017年10月至2021年12月
	姚茂胜(侗族)	2022年1月至2022年12月
	丁兴清	2022年1月至2022年12月

新龙村

主　任	杨昌玖(侗族)	2014年1月至2017年10月
	刘兴勇(侗族)	2017年10月至2019年7月
	石云志(苗族)	2019年8月至2021年12月
	石木堂(苗族)	2022年1月至2022年12月
委　员	刘兴昌(侗族)	2014年1月至2017年10月
	陈三秋(苗族)	2014年1月至2017年10月
	刘和平(侗族)	2017年10月至2022年12月
	杨　玄(侗族)	2017年10月至2018年4月
	石云志(苗族)	2019年5月至2019年7月
	刘中华(侗族)	2019年11月至2021年12月
	石云志(苗族)	2022年1月至2022年12月

团山村

主　任	姚绪高(苗族)	2014年1月至2017年10月
	聂发文(苗族)	2017年10月至2019年5月
	王金云	2022年1月至2022年12月
委　员	姚灯捌(侗族)	2014年1月至2017年10月
	王金树(侗族)	2014年1月至2021年12月
	姚木清(侗族)	2017年10月至2019年5月
	龙永红(侗族)	2022年1月至2022年12月
	雷英福(瑶族)	2022年1月至2022年12月

大坡村

主　任	黄世建(土家族)	2017年10月至2019年1月

委　员　周俊平(侗族)　2017年10月至2019年1月
张　军(侗族)　2017年10月至2019年1月

槐花村

主　任　张　羽(侗族)　2017年10月至2021年12月
陈　雪(女,土家族)　2022年1月至2022年12月

委　员　杨世权(侗族)　2017年10月至2018年11月
潘木兵(侗族)　2017年10月至2021年12月
徐国子(侗族)　2018年12月至2021年12月
徐　磊(土家族)　2022年1月至2022年12月
谢士华(侗族)　2022年1月至2022年12月

第七节　大坪侗族土家族苗族乡纪检监察

一、机构设置

1992年3月,省、地、市(县级)"建镇并乡撤区"安排,撤销大坪侗族乡、羊寨侗族土家族乡、兴旺场侗族苗族乡,合并建立大坪侗族土家族苗族乡(科局级)。1992年7月,成立中共铜仁市大坪侗族土家族苗族乡纪律检查委员会,任命吴从越为乡纪委书记。

1993年2月,召开大坪侗族土家族苗族乡第一次党代会,选举产生中共铜仁市大坪侗族土家族苗族乡纪律检查委员会,每届任期三年至2001年底;2002年1月换届后,乡纪委每届任期为五年,与同级党委任期一致。

2011年11月,铜仁市(县级)大坪侗族土家族苗族乡划归万山区管辖,中共铜仁市大坪侗族土家族苗族乡纪律检查委员会更名为中共万山区大坪侗族土家族苗族乡纪律检查委员会。

2016年8月,召开划归万山区后大坪侗族土家族苗族乡第二次党代会,选举产生中共万山区大坪侗族土家族苗族乡第二届纪律检查委员会。

2019年8月,设立万山区监察委员会派出大坪侗族土家族苗族乡监察办公室,与乡纪委合署办公,履行纪检监察职能。

中共万山区(铜仁市)大坪侗族土家族苗族乡纪律检查委员会

(1992年7月至2022年12月)

书　记　吴从越(侗族)　1992年7月至1993年2月
杨和平(侗族)　1993年2月至2001年10月
刘胜良(侗族)　2001年10月至2006年8月
杨群刚(侗族)　2006年8月至2011年8月
远红伟　2011年8月至2012年5月

	杨少华(侗族)	2013年1月至2015年1月
	杨月明(女,侗族)	2015年4月至2015年12月
	许佰成	2016年3月至2016年8月(挂职)
	舒秀明(土家族)	2016年7月至2019年2月
	杨胜江(侗族)	2019年5月至2021年4月
	唐智飞(苗族)	2022年4月2022年12月
副书记	罗运斌(侗族)	2012年11月至2013年9月
	杨双慧(女,土家族)	2013年9月至2014年3月
	冯运纯(侗族)	2014年2月至2016年7月
	钟　丽(女,侗族)	2016年8月至2018年12月
	杨　英(女,侗族)	2019年8月至2022年5月
	饶　琴(女,土家族)	2022年5月2022年12月
委　员	杨和平(侗族)	1993年2月至2001年10月
	陈太志(苗族)	1993年2月至1996年2月
	瞿永国(苗族)	1993年2月至1996年2月
	吴志平(苗族)	1996年2月至1998年9月
	谢万新(侗族)	1996年2月至1998年9月
		2006年9月至2011年8月
	沈启平(苗族)	1998年9月至2006年8月
	杨明昌(侗族)	1998年9月至2006年8月
	刘胜良(侗族)	2001年10月至2006年8月
	杨群刚(侗族)	2006年8月至2011年8月
	宋云会(侗族)	2006年9月至2011年8月
	远红伟	2011年8月至2012年5月
	陈　磊(土家族)	2011年8月至2012年8月
	吴远勇(侗族)	2011年8月至2012年10月
	罗运斌(侗族)	2012年11月至2013年9月
	杨少华(侗族)	2013年1月至2015年1月
	杨双慧(女,土家族)	2013年9月至2014年3月
	冯运纯(侗族)	2014年2月至2016年7月
	杨月明(女,侗族)	2015年4月至2015年12月
	许佰成	2016年3月至2016年8月
	钟　丽(女,侗族)	2016年8月至2018年12月
	舒秀明(土家族)	2016年7月至2019年2月
	杨胜江(侗族)	2019年5月至2021年4月

杨　英(女,侗族)	2019年8月至2022年4月
唐智飞(苗族)	2022年4月至2022年12月
饶　琴(女,土家族)	2022年5月至2022年12月
陈坤伦(苗族)	2022年3月至2022年12月

万山区监察委员会派出大坪侗族土家族苗族乡监察办公室

(2019年8月至2022年12月)

主　　任	杨胜江(侗族)	2019年10月至2022年4月
	唐智飞(苗族)	2021年4月至2022年12月
副 主 任	杨　英(女,侗族)	2019年11月至2022年5月
	饶　琴(女,土家族)	2022年5月至2022年12月

二、主要工作

(一)党风廉政建设

乡纪委按照《中国共产党章程》规定,协助乡党委推进全面从严治党、加强党风廉政建设和反腐败工作,监督同级党委履行全面从严治党主体责任,确保党的路线方针政策和中央、省委、市委、区委重大决策部署得到贯彻落实。

1992年至1995年,乡纪委履行"保护、惩处、监督、教育"职能,坚持"两手抓、两手都要硬"方针,加强党风廉政建设。按照铜仁市委及市纪委工作部署,先后制订廉洁守则"两公开一监督"等制度,按照制度内容,重点检查执法部门和主管人、财、物行政事业单位,解决群众反映强烈问题。按照乡党委安排,全乡抓"三查"工作,整顿机关工作作风,改变"说得多,办得少"机关衙门作风,对发现问题作出相应处理,增强干部的群众观念和公众意识。乡纪委把投身经济建设与发挥纪检工作职能结合起来,做到"保护改革者,鼓励探索者,帮助失误者,严惩腐败者",重点查处贪污受贿、滥用职权等违纪案件,先后查办案件10起,处理6起,其中,开除党籍1人,留党察看2人,政纪处分1人,在受处分党员中,国家干部5人、其他5人。

1996年至1998年,党风廉政建设方面,执行"两公开一监督"制度,严肃查处违纪案件,完成民主政治建设。按照"四个一"要求,充实、加强、整顿村级组织建设。在新形势下,始终坚持以党的基本路线和邓小平"三个标准"判断分析和处理问题。坚持凡重大问题,放在党委会议上研究,实行集体决策。按期召开民主生活会和民主评议党员会议,保持广大党员的先进性和纯洁性,增强党风廉政教育针对性、实效性,推进党风廉政建设工作。全乡查处党员干部违法违纪案件3起,党纪处分3人,政纪处分3人,其中,开除党籍1人,留党察看2人,受处分的副股级以上干部2人。

1999年,乡纪委协助乡党委坚持"两手抓,两手都要硬"方针,把党风廉政建设责任制落在实处,乡党委书记与乡党委班子成员协作配合,乡全体党员、干部积极参与,形成"齐抓共管"工作局面,改变以往纪委一家"孤军作战"现状。由于责任落实,措施过硬,发挥人民群众、人大代表和纪委监督作用,党风廉政建设工作得到全面加强。

2001年至2006年,为提升纪检监察干部政治素质和业务素质,乡纪委参加乡党委政治理论学习,专题学习中共十五届中央纪委七次会议精神和省纪委书记曹洪兴讲话精神,开展《党风廉政》《党建交流》《中国监察》先进事迹和典型案例,以及《中国共产党纪律处分条例》、《国家公务员暂行管理条例》、《中国共产党党员领导干部廉洁从政若干准则》、警示案例。年初,乡党委与站股所负责人和村(居)负责人签订党风廉政建设责任状35份。全年处理好相关信访问题。

2010年,抓党风廉政责任制落实,与各党支部签订责任书。完善学习制度、请销假制度、年终目标考核制度、财务管理制度,严防乡村干部公款吃喝奢侈浪费。开展站所负责人向服务对象述职评议,严格执行责任追究。推行政务村务公开,提升乡村事务决策、经费开支透明度,接受群众监督。

2013年,乡党委与乡属各站所、村(居)党支部签订《大坪乡2013年度党风廉政建设责任书》,落实乡领导干部“一岗双责”职责,履行分管站所党风廉政建设责任,全面落实党风廉政建设责任制。

2014年,学习中央、省、市、区纪委全会精神,研究部署大坪乡党风廉政建设和纪检监察工作,制定《2014年党风廉政建设工作责任制》《2014年纪检监察工作计划和工作措施》《万山区大坪乡2014年中小学营养午餐监督检查实施方案》,对全乡12所中小学营养午餐进行5次抽查,下发督查通报12份。制定《大坪乡建立健全惩治和预防腐败体系2013—2017年工作规划》,把任务分解明确到人,按责任主体签订责任书,开展5次督促检查。印发《大坪乡治理“走读”现象工作实施方案》,组织学习《关于进一步整治“会所中的歪风”的通知》,提高干部抵制“会所中的歪风”意识。开展“三个开刀”专项行动,通报“没有关系得不到公平对待”典型案例1例。开展低保评议、救济款物发放、学生营养午餐、重点工程建设等督查重点,监督低保资金591万元,监督民政救助资金发放30万余元、救济粮8万余斤,涉及农户2000余户。经核实,取消低保235人,调整低保档次12人,纠正公益林资金发放38万元。

2015年,制定《大坪乡整治干部“走读”现象实施方案》《公车使用登记管理制度》《干部绩效考核管理办法》,用规章制度规范党风廉政建设责任制贯彻落实。与村(居)、乡直各单位签订《大坪乡2015年党风廉政建设责任书》。开展民政救济救灾款物发放检查2次,专项检查1次,自查自纠1次;开展农村危房改造和中小学营养午餐专项检查各1次,提醒谈话10人,印发督查通报11期。对干部作风督查23次,查处上班时间网上看电影2起,“贴黄标·亮黄牌”2人,通报2起;查处上班迟到8人,发出通报8份;查处上班时间擅离职守1人次,发出通报1份。开展“两个责任”集中约谈3次,约谈干部126人。

2016年,贯彻落实中共十八大和十八届历次全会精神,坚持党要管党、从严治党要求,落实党风廉政建设“党委负主体责任、纪委负监督责任”,推进纪委“转职能、转方式、转作风”,干部纪律和规矩意识明显增强,干部作风明显好转,“四风”问题和腐败蔓延势头得到有效遏制。开展干部违规收受红包、违规经商办企业、投资入股和承揽工程“四个专项”整治,全体干部职工签订不违规经商办企业承诺书235份;开展“两个责任”约谈,约谈68人;发放换届“九严禁”宣传卡片1200张。乡纪委对有关部门收费情况进行监督检查。

2017年,利用乡党委会议、干部职工大会、党支部活动、远程教育等,学习贯彻中央八项规定精神、省委市委"十项规定"精神及省、市、区党风廉政建设和反腐败工作部署要求，加强党风廉政建设和组织协调反腐败工作，强化对党的路线方针政策执行情况、惠农政策执行、惠农资金兑现情况监督检查。开展超额购买服装、公款消费购买高档白酒集中专项整治，经查，大坪乡无超额购买服装现象和公款消费高档白酒问题。成立大坪乡清查办公室，对历年来国家公职人员借用国家资金、工程借款开展全面清查。规范干部职工和村(居)民操办酒席，在各村(居)张贴宣传海报268张，出动宣传车12次，常态化开展中央八项规定、"三个开刀"自查工作，形成月报告制度，整治公车私用、公款大吃大喝等顽疾。开展"两个责任"集中约谈，约谈干部69人；开展"一对一"约谈5次，约谈干部5人。开展干部作风检查23次，书面通报1次3人；开展重点项目督查16次，书面通报2次3人。

2018年，学习贯彻《中国共产党章程》、习近平总书记系列重要讲话精神、中央八项规定、省委市委"十项规定"精神、省市区有关党风廉政建设和反腐败工作文件和会议精神。规范党员干部职工和辖区村(居)民操办酒席，在各村(居)张贴宣传海报260张，出动宣传车12次。常态化开展中央八项规定、"三个开刀"自查工作。学习贯彻《中华人民共和国监察法》，推进脱贫攻坚作风年建设年、扫黑除恶监督执纪问责，实现对辖区内所有行使公权力公职人员监督全覆盖。开展"两个责任"约谈2次，约谈干部132人。对干部职工上下班进行检查，对参会迟到、早退、不遵守会议纪律的干部给予通报，开展干部作风检查14次，开展重点项目督查16次。

2019年，抓住国家法定节假日节点，对中央八项规定精神、纠正"四风"和机关日常管理制度落实和执行情况监督检查，开展干部作风检查12次，重点项目督查5次。开展大坪乡巩固拓展落实中央八项规定精神成果，纠治"四风"问题，开展形式主义、官僚主义6个方面26个问题集中整治。制定《大坪乡2019年度党风廉政建设主体责任和监督责任清单》，制作党风廉政建设主体责任和监督责任清单，签订《2019年党风廉政建设责任书》24份。开展"两个责任"分级约谈，约谈干部136人。

2020年，组织学习《中国共产党廉洁自律准则》《中国共产党纪律处分条例》《中国共产党第十九届中央纪律检查委员会第五次全体会议公报》。规范乡纪委办公(办案)场地建设，维修及新建教育谈话室1间、休息室1间、监控室1间，按照"七表一须知"由专人管理；新建扶贫民生领域警示教育室1间，设置民生监督专用办公室(办案区)1间。推进"五个示范"创建，建立"五小工作台账"，收集小问题8个、小建议16个，督促完成乡级问题整改26个。对重要文件及领导批示贯彻落实情况监督检查21件次，对干部日常到岗督查23次，法定节假日值班督查25次，向村级反馈作风问题18个，全部完成整改；对干部集中约谈7次，提醒谈话3人，诫勉谈话1人，发出通报24期；对新冠肺炎疫情防控监督检查45次，提出督办意见7条，通报5期；对乡村企业(合作社)复工复产督查25次；对脱贫攻坚巩固提升工作队督查39次、"5321"帮扶干部督查267批次，发现并督办问题整改849个；开展"两个责任"分级约谈2次，约谈乡干部68人。召开问题反馈及整改会议8次，开展干部职工党风廉政教育12次，

2021年，组织党员干部学习《中国共产党廉洁自律准则》《中国共产党纪律处分条例》《中华人民共和国公职人员政务处分法》。开展违规收送名贵特产和礼品礼金"回头看"和严禁操办及参加"升学宴""谢师宴"专项整治，签订《铜仁市党员干部和公职人员违规收送名贵特产和礼品礼金承诺书》和廉洁自律承诺书。围绕村(居)换届选举开展"两个责任"集中约谈，约谈干部137人，开展"一对一"

约谈6次,约谈干部43人。开展"'三资'提级监督",在苏湾村开展集体"三资"村党支部书记、村委会主任"提级监督"试点工作,为全面推进乡村振兴提供保障。

2022年,组织学习《中国共产党章程》《中国共产党纪律处分条例》《关于加强新时代廉洁文化建设的意见》《关于一体推进不敢腐不能腐不想腐的指导意见》,以及中央八项规定及其实施细则精神,中央、省、市、区廉政工作会议精神。常态化开展中央八项规定自查工作。开展警示教育,强化基层党员干部理想信念和廉洁从政教育;开展节前集中约谈5次;开展全面从严治党分级约谈,约谈干部63人;提醒谈话8人,谈话提醒2人,诫勉谈话1人,立案6件,结案7件。

(二)信访受理

2013年,受理本级群众来信来访8件。

2014年,受理群众来信来访11件。其中,本级受理7件,接区纪委转交办4件。

2015年,受理本级群众来信来访12件。

2016年,受理群众来信来访21件。其中,本级受理16件,上级转交办5件。

2017年,受理本级群众来信来访3件。

2018年,受理本级群众来信来访5件。

2019年,受理群众来信来访9件。其中,本级受理5件,上级转交办4件。

2020年,受理本级群众来信来访2件。

2021年,受理本级群众来信来访1件,办结1件。

2022年,受理本级群众来信来访6件,办结4件。

(三)民生监督

2014年,成立民生监督特派组,开展城乡低保、家电下乡补贴、贫困生补贴和学校营养午餐专项监察,走访群众254人次。印发《关于成立村级民生项目监督特派员工作的通知》,明确全乡各村(居)务监督委员会主任、委员共27名任村级民生项目监督特派员。

2015年,制定《大坪乡农村低保监督检查工作实施方案》,开展农村低保、民政救济等监督检查,查处案件8件。对全乡17家微型企业及水土保持项目开展专项监察,责令企业对问题立行立改。开展民政资金及救灾款物、畜牧良种补贴、计划生育奖励扶助、公益林补贴、农村危房改造和中小学营养午餐补助监督检查,其中,民政救济救灾款物发放检查2次,专项检查1次,自查自纠1次;抽查畜牧良种补贴和公益林资金发放500余户,开展农村危房改造和中小学营养午餐专项检查1次。

2016年,采取"4+N"民生监督模式,开展计划生育社会抚养费、无害化卫生厕所改造、信贷扶贫项目及精准扶贫、农村安全饮水、"雨露计划"专项监察,发现问题线索12个,初核转立案7件,党纪处分7人。

2017年,开展2013年至2017年城乡低保专项监察,核查2476户,涉及资金2139万元,发现问题72个,涉案资金9771万元,立案3件,收缴违纪资金9619万元;开展农户科学储粮专项监察,入户抽查416户,抽查率13%;开展"一事一议"财政奖补专项监察,发现问题4个,涉案资金2621万元,立案4件,收缴违纪资金3031万元。开展易地扶贫搬迁项目专项监察,发现问题2个。

2018年,开展2014年至2018年农村种植业扶贫项目专项监察,核查项目19个,涉及资金44015

万元，核查问题1个，涉案资金89万元，立案1件，收缴违纪资金1万元；开展农村公路“组组通”项目专项监察，核查通组公路44条39公里，涉及资金3647万元。

2019年，开展涉林涉农项目专项监察，发现违纪线索2个，立案2件；开展易地扶贫搬迁项目“一折通”专项监察及侵害群众权益集中整治，纠治损害群众权益不正之风。

2020年，采取民生监督组+乡纪委+村监委会“三级联动”模式，开展农民专业合作社（公司）扶贫民生项目、农村饮水安全项目专项监察，监察农民专业合作社扶贫民生项目46个。2020年5月4日地慢村、白果村遭受冰雹灾害，督促灾后重建物资发放3次，维修房屋督办5次。开展边缘户、脱贫不稳定户、脱贫户监督检查5次，通报批评2人。开展“杨荣式”干部大走访，走访群众268户530余人；开展“访村寨、重监督、助脱贫”专项行动，走访180人次。

2021年，开展“访村寨、重监督、助振兴”监督检查36次，查阅资料72份，实地走访12个村180户，发现问题46个，限期整改46个；对23家畜禽养殖企业、3个养猪场（清塘、龙门、瓮岩）实地检查，发现问题2个，责令现场整改；对农村安全饮水监督检查，走访9个村15个饮水工程，发现问题1个，督促整改；对惠民惠农领域“一折通”监督检查6次，走访群众53户，未发现问题线索；对全乡残疾人燃油补贴监督检查3次，走访群众48户53人，未发现问题线索。

2022年，开展“4+2”专项监督，实地走访221户，发现问题10个，督促整改10个。先后开展农村厕所改造、低保、养老金、林业、抗旱救灾、安全饮水项目等专项监察，监督发现问题线索2个，转立案1件，党纪处分1人。

（四）警示教育

2011年至2013年，利用会议、标语、板报、宣传栏、播放电教片等形式，开展反腐倡廉宣传教育，通过组织党员干部观看警示教育片、学习警示教育读本等，开展经常性警示教育，组织开展廉政文化进校园2次。

2014年，印发《大坪乡开展廉政警示教育“四个一”活动实施方案》，实行集中和分散相结合，对全体乡干部、村（居）“三委”开展警示教育。

2015年，邀请市纪委领导到大坪乡开展警示教育专题讲座，组织党员干部观看《贪食“群蝇”终自毁》等宣传教育片，全乡党员干部接受廉政教育洗礼。

2016年，通过宣布违纪干部纪律处分开展警示教育8次，接受警示教育党员群众达220人次。组织党员干部观看《湖南衡阳破坏选举案》《四川南充换届贿选案》《镜鉴》等警示教育片6次，召开警示教育大会5次。

2017年，通报违反中央八项规定精、省市“十项规定”及区委有关作风建设规定典型案例，组织乡党员干部职工、村“三委”干部参观扶贫领域警示教育展2次。

2018年，召开警示教育大会2次，组织乡党员干部职工、村“三委”干部参观扶贫领域警示教育展2次。

2019年，召开警示教育通报会7次，点名道姓公开通报曝光省、市、区查处群众身边不正之风和形式主义、官僚主义问题的典型案例18起；组织党员干部、驻村干部、驻村第一书记、村“三委”干部举办扶贫领域警示教育展2次。

2020年，学习省内外通报典型案例，组织案例剖析及警示教育5次。召开警示教育大会3次，受教育352人次。全年通报典型案例6次，观看警示教育片2次，组织党员干部、驻村干部、驻村第一书记、村“三委”举办扶贫领域警示教育展2次。

2021年，组织党员干部学习《党的十九大以来查处违纪违法党员干部案件警示录》及忏悔录，并开展案例剖析，推进警示教育入脑入心。

2022年，组织乡、村(居)两级干部开展群众身边腐败和不正之风典型案例展1次；组织党员干部前往铜仁市党风廉政教育基地接受廉政警示教育1次；组织全乡干部、村(居)“三委”、驻村第一书记、驻村干部开展警示教育大会2次，观看警示教育片及通报典型案例。

三、村(居)务监督委员会

大坪村

主　任	申五毛	2013年12月至2017年4月
	杨必章(侗族)	2017年5月至2021年12月
	田　屏(女，土家族)	2021年12月至2022年9月
委　员	吴德军(侗族)	2013年12月至2017年4月
	杨胜海(侗族)	2013年12月至2017年4月
	杨富贵(侗族)	2017年5月至2021年12月
	杨政席(侗族)	2017年5月至2021年12月
	陈代福(土家族)	2021年12月至2022年12月
	杨胜国(侗族)	2021年12月至2022年12月

瓮岩村

主　任	舒继牛(侗族)	2013年12月至2017年4月
	廖祖华	2017年5月至2021年12月
	杨　俊(侗族)	2021年12月至2022年10月
委　员	杨木军(侗族)	2013年12月至2017年4月
	柳红珍(女，土家族)	2013年12月至2017年4月
	廖军昌(苗族)	2017年5月至2018年2月
	舒继牛	2017年5月至2021年12月
	杨兴华(侗族)	2019年3月至2021年12月
	廖祖华	2021年12月至2022年12月
	王华军	2021年12月至2022年12月

清塘村

主　任	谢廷康(侗族)	2013年12月至2014年10月
	杨顺权(侗族)	2016年12月至2021年12月
	石才军(苗族)	2021年12月至2022年12月
委　员	吴仙菊(女,侗族)	2013年12月至2017年5月
	杨新昌(侗族)	2013年12月至2016年12月
	石来弟(女,苗族)	2016年12月至2021年12月
	吴玉明(侗族)	2016年12月至2021年12月
	杨　毛(侗族)	2021年12月至2022年12月
	吴玉明(苗族)	2021年12月至2022年12月

地慢村

主　任	杨建昌(侗族)	2013年12月至2019年9月
	杨明辉(侗族)	2021年12月至2022年12月
委　员	廖见成(苗族)	2013年12月至2017年4月
	杨油发(侗族)	2013年12月至2017年4月
	廖见国(苗族)	2017年5月至2021年12月
	舒秀林	2017年5月至2021年12月
	姚建芬(女,侗族)	2021年12月至2022年12月
	舒祥伟	2021年12月至2022年12月

白果村

主　任	柳吉塘(土家族)	2013年12月至2017年4月
	柳碧槐(土家族)	2021年12月至2022年12月
委　员	杨配配(侗族)	2013年12月至2017年4月
	廖选堂(苗族)	2013年12月至2017年4月
	穆孟学(土家族)	2016年12月至2021年12月
	柳红元(土家族)	2016年12月至2021年12月
	柳运愿(土家族)	2021年12月至2022年12月
	陆义艳(女)	2021年12月至2022年12月

大冲村

主　任	吴国顺(侗族)	2013年12月至2017年4月
	杨宗保(侗族)	2017年5月至2019年12月

	戴兴春(侗族)	2020年5月至2021年12月
	吴战成(侗族)	2021年12月至2022年12月
委　员	代同彬(土家族)	2013年12月至2017年4月
	杨栽毛(侗族)	2013年12月至2017年4月
	代芳军(土家族)	2017年5月至2019年11月
	代生芝(土家族)	2017年5月至2019年3月
	戴顺祥(土家族)	2020年2月至2020年9月
	杨　柳(侗族)	2020年2月至2021年12月
	戴兴春(土家族)	2020年2月至2020年4月
	杨余珍(女,侗族)	2021年2月至2021年12月
	杨祥平(侗族)	2021年12月至2022年12月
	代平建(土家族)	2021年12月至2022年12月

柴山村

主　任	周国顺(侗族)	2013年12月至2017年4月
	姚本和(侗族)	2017年5月至2021年12月
	杨绍前(侗族)	2021年12月至2022年12月
委　员	姚本和(侗族)	2013年12月至2016年12月
	杨秀忠(侗族)	2013年12月至2017年4月
	杨天前(侗族)	2017年5月至2021年12月
	徐真云(侗族)	2017年5月至2022年12月
	高水平(侗族)	2021年12月至2022年12月

川硐村

主　任	黄仕海(土家族)	2012年9月至2017年4月
	姚木清(侗族)	2017年5月至2021年12月
	胡正华(侗族)	2021年12月至2022年12月
委　员	姚荣兵(侗族)	2012年9月至2017年4月
	罗小林(女,侗族)	2012年9月至2017年4月
	吴启明(侗族)	2017年5月至2022年12月
	牟地和(土家族)	2017年5月至2022年12月

苏湾村

主　任	龙永政(侗族)	2013年12月至2021年12月

	杨海英(女,侗族)	2021年12月至2022年12月
委　员	杨绍军(侗族)	2013年12月至2016年11月
	吴元华(侗族)	2013年12月至2017年4月
	龙锦林(侗族)	2017年5月至2021年12月
	杨绍君(侗族)	2017年5月至2019年4月
	龙　书(侗族)	2021年12月至2022年12月
	吴孟琪(侗族)	2021年12月至2022年12月

龙门村

主　任	舒高昌	2013年12月至2021年12月
	舒祥明	2021年12月至2022年12月
委　员	杨军权(侗族)	2017年5月至2020年5月
	杨支梅(女,侗族)	2017年5月至2021年12月
	舒顺堂	2021年12月至2022年12月
	姜斌香(女,苗族)	2021年12月至2022年12月

铜锣村

主　任	杨秀清(侗族)	2017年5月至2020年5月
	申群书(侗族)	2021年4月至2021年12月
	陈再英(女)	2021年12月至2022年12月
委　员	穆记昌(土家族)	2017年5月至2021年12月
	申群书(侗族)	2017年5月至2020年3月
	王志文(侗族)	2021年4月至2022年12月
	申群书(侗族)	2021年12月至2022年12月

黄花村

主　任	郑世友(侗族)	2017年5月至2021年6月
	杨代科(侗族)	2021年12月至2022年12月
委　员	杨长水(侗族)	2017年5月至2021年12月
	曾金仙(女,苗族)	2017年5月至2021年12月
	潘建明(侗族)	2021年12月至2022年12月
	冯　前(侗族)	2021年12月至2022年12月

第八节　高楼坪侗族乡纪检监察

一、机构设置

1992年8月,中共万山特区委常务委员会研究,决定成立高楼坪侗族乡纪委。1992年9月,中共万山特区高楼坪侗族乡纪律检查委员会正式成立,同年12月任命刘平为乡纪委书记。

1993年2月,召开高楼坪侗族乡第六次党代会,选举产生中共万山特区高楼坪侗族乡纪律检查委员会,每届任期三年至2001年10月,2001年10月换届后,乡纪委每届任期为五年,与同级党委任期一致。

2011年11月,正式撤万山特区设万山区,中共万山特区高楼坪侗族乡纪律检查委员会更名为中共万山区高楼坪侗族乡纪律检查委员会。

2016年8月,召开撤特区建区后高楼坪侗族乡第二次党代会,选举产生中共万山区高楼坪侗族乡第二届纪律检查委员会。

2019年8月,设立万山区监察委员会派出高楼坪侗族乡监察办公室,与乡纪委合署办公,履行纪检监察职能。

中共万山区(特区)高楼坪侗族乡纪律检查委员会

(1992年9月至2022年12月)

书　记	刘　平(侗族)	1992年12月至1993年5月
	刘发章(侗族)	1994年7月至1998年1月
	吴培刚(侗族)	1998年2月至1998年11月
	张　静(女,土家族)	1998年11月至2000年1月
	吴　锋(侗族)	2001年10月至2003年7月
	黄晓慧(女,侗族)	2003年7月至2006年9月
	姚茂桥(侗族)	2006年9月至2008年12月
	杨　杰	2008年12月至2012年5月
	杨顺宏	2012年9月至2014年11月
	杨松飞(土家族)	2014年11月至2016年3月
	杨秀钢(侗族)	2016年3月至2016年7月
	杨水红(女,侗族)	2016年7月至2020年4月
	张　举(侗族)	2020年5月至2021年7月
	王　超	2021年7月至2022年8月
	陈　伟(仡佬族)	2022年8月至2022年12月
副书记	李细和	2009年11月至2012年10月

	卢华成(侗族)	2014年6月至2015年7月
	王维良(苗族)	2015年8月至2018年11月
	张　亮	2021年8月至2022年12月
委　员	刘　平(侗族)	1993年2月至1993年5月
	刘发章(侗族)	1994年7月至1998年1月
	吴培刚(侗族)	1998年2月至1998年11月
	张　静(女,土家族)	1998年11月至2000年1月
	吴　锋(侗族)	2001年10月至2003年7月
	黄晓慧(女,侗族)	2003年7月至2006年9月
	姚　明(侗族)	2005年7月至2008年11月
	姚茂桥(侗族)	2006年9月至2008年12月
	杨　杰	2008年12月至2012年5月
	李细和	2009年11月至2012年10月
	杨顺宏	2012年9月至2014年11月
	卢华成(侗族)	2013年9月至2015年7月
	杨松飞(土家族)	2014年11月至2016年3月
	王维良(苗族)	2015年8月至2018年11月
	张莲花(女,侗族)	2015年8月至2021年8月
	邱俊铭(侗族)	2015年8月至2021年8月
	滕建伟(侗族)	2015年8月至2021年8月
	杨秀钢(侗族)	2016年3月至2016年7月
	杨水红(女,侗族)	2016年7月至2020年4月
	张　举(侗族)	2020年5月至2021年7月
	王　超	2021年7月至2022年8月
	张　亮	2021年8月至2022年12月
	代生祥(土家族)	2021年8月至2022年12月
	唐元艳(女,苗族)	2021年8月至2022年12月
	成　栩(侗族)	2021年8月至2022年12月
	陈　伟(仡佬族)	2022年8月至2022年12月

高楼坪侗族乡监察室

(2005年7月至2016年7月)

主　任	姚　明(侗族)	2005年7月至2008年11月
	姚艳云(女,侗族)	2015年8月至2016年7月

万山区监察委员会派出高楼坪侗族乡监察办公室

(2019年8月至2022年12月)

主　　任	杨水红(女,侗族)	2019年10月至2020年4月
	张　举(侗族)	2020年5月至2021年7月
	王　超	2021年8月至2022年8月
	陈　伟(仡佬族)	2022年9月至2022年12月
专职监察员	罗雨来(女,土家族)	2019年9月至2021年6月

二、主要工作

(一)党风廉政建设

高楼坪侗族乡纪委按照《中国共产党章程》规定,协助党委推进全面从严治党、加强党风廉政建设和反腐败工作,监督同级党委履行全面从严治党主体责任,确保党的路线方针政策和中央、省委、市(地)委、区(特区)委重大决策部署得到贯彻落实。

1992年至1998年,乡纪委注重加强党纪、党风和廉政教育,组织全体党员、干部学习江泽民总书记重要讲话精神,学习党纪党规,增强纪律意识。开展党风廉政风宣传教育和反腐败斗争工作。抓好执法监察,深化专项治理,纠正和惩治部门和行业不正之风。

1999年至2001年,建立健全领导班子成员党风廉政建设责任制,完善领导班子廉政档案,乡纪委与乡领导班子成员签订党风廉政建设责任书。1999年8月,印发《高楼坪乡党风廉政建设责任制落实意见》,明确班子成员抓分管部门廉政建设责任制落实。在全乡推行政务公开、村务公开,依法查处影响较大的经济案件和及时查办群众反映强烈的信访案件。乡纪委自1999年与村(居)委会签订村务公开责任书,各村(居)委会每半年公开一次村务活动及财务收支,接受群众监督。全乡建立永久性村务公开栏9个、临时公开栏24个,设立政务公开栏14个,对全乡2个重点村推行政务公开。

2002年至2003年,乡党委书记与分管领导及站、股、所签订党风廉政建设责任书,开展定期和不定期检查考核。在党员和干部职工中开展党风廉政建设教育,开展民政、司法、扶贫资金发放和农业项目执法监察。开展年度党风廉政建设和反腐败斗争目标管理量化考核,内容有党风廉政建设、查办案件、纠正部门和行业不正之风等。

2004年,贯彻《中国共产党党内监督条例(试行)》《中国共产党纪律处分条例》,举办1次培训班和专题辅导讲座,组织“五个一”活动,即举办一次专题辅导报告会、组织一次集中学习、撰写一篇体会文章、开展一次专题讨论、召开一次座谈会等。

2005年,印发《2005年党风廉政建设和反腐败各项任务分解表》,内容为领导干部廉洁自律、查办违法违纪案件、纠正损害群众利益不正之风及执法监察等。推进从源头上预防和治理腐败工作,建立健全监督制约机制,落实党风廉政建设责任制和党风廉政建设宣传工作。印发《2005年度党风廉政建设和反腐败斗争工作目标管理考评办法》。5月,学习宣传贯彻《建立健全教育、制度、监督并重的惩治和预防腐败体系实施纲要》，并成立乡纪委书记任组长、其他站所负责人为成员领导小组，抓好全乡各基层单位、学校、部门党风廉政建设责任制落实。乡党委与各基层单位、学校、部门签订党风廉政建设责任状。

2006年，贯彻特区党风廉政建设工作会议，签订党风廉政建设责任状35份。开展干部职工婚丧嫁娶大操大办酒席专项整治、治理商业贿赂专项整治、教育乱收费专项整治，推行政务、村务、校务公开。

2007年，开展财政“吃空饷”人员自查。组织全乡党员、入党积极分子观看警示教育片1次，开展政务公开4期。受理群众来信来访件3件，初查核实3件，即1件属于民事纠纷，2件属于干部工作责任心不强、工作不主动。对民事纠纷问题，乡纪委责成司法、综治部门妥善处理，对群众反映工作不实、责任心不强2名干部，作出批评教育、诫勉谈话，责令整改。

2008年，制定党员领导干部党风廉政建设责任书，与站、所、学校、部门签订责任书45份。开展政务村务公开，将惠农政策、新农村建设资金项目及农村集体资金、资源处置纳入公开内容。开展支农惠农政策落实监督检查，对查出的问题及时整改。

2009年至2011年，签订党风廉政责任状105份。深入开展“三个建设年”，即作风建设年、环境建设年、项目建设年活动，推行村务公开。印发《关于认真学习贯彻〈中国共产党党员领导干部廉洁从政若干准则〉的通知》，加强党员干部学习，制定下发《高楼坪乡党风廉政建设和反腐败工作要点》，明确目标任务，制定工作措施，加强监督检查，确保各项工作任务落到实处。

2012年，抓农村党风廉政制度落实，规范农村集体资金、资产、资源管理，开展强农惠农政策落实监督检查，严肃查处涉农违纪违法问题。狠刹借乔迁新居、子女升学等事由大操大办酒席。开展党风廉政建设和反腐败宣传，利用宣传栏、廉政文化墙等，开展廉政宣传教育，把学习宣传、查纠整改、建章立制贯穿始终。

2013年，学习贯彻落实《中国共产党纪律处分条例》《中国共产党党内监督条例》等，开展廉政文化进机关、进村（居）、进校园、进企业、进农村、进家庭“六进”活动，制作廉政挂图14张，建廉政文化墙300平方米。加强党员干部党性、党风、党纪和廉洁从业教育，制作“十不准”廉洁从政卡片100余张，编制《廉政警示教育读本》100余册，发放到乡村（居）干部。全乡党员干部进一步增强廉洁意识，提高拒腐防变能力，筑起反腐倡廉思想防线。

2014年，开展党的群众路线教育实践活动督查。严格落实中央八项规定及省委市委“十项规定”精神、区委相关规定，建设廉洁服务政府。开展作风整治，对上班迟到早退、玩游戏、聊天网购、打麻将等问责处理；对工作推诿扯皮、敷衍塞责、落实不力、进度滞后等问责；加大对工作方法简单、态度生硬、“吃拿卡要”等影响发展问责。

2015年，强化组织领导，落实党风廉政建设“两个责任”。将党风廉政建设和反腐败工作与领导班子分管工作统筹衔接，与乡党政班子成员、中层干部、村（居）支部书记和村主任签订党风廉政建设“一岗双责”责任书。抓机关作风建设，对4名无故缺席会议和开会迟到村干部全乡通报并诫勉谈话，对1名未准时签到干部进行通报，对4名上班玩游戏、工作不在状态和3名被区纪委通报干部诫勉谈话，全年共对7名干部进行“贴黄标·亮黄牌”管理。充实纪检干部队伍，配备乡纪委副书记1名、乡监察室主任1名、乡纪委委员3名。

2016年,制定《乡村干部考核办法》《干部上下班考勤制度》,强化干部日常管理,采取定期或不定期监督检查,并实行通报和与绩效考核挂钩。开展“预防职务犯罪专题”讲座,组织学习40余次。开展计划生育社会抚养费管理使用与计划生育家庭“四项制度”、精准扶贫、信贷扶贫、农村饮水安全、乡卫生院基本药物零差价、“雨露计划”等专项监察6次,发现问题21个,转立案12件,结案12件,党政纪处分12人。

2017年,与各单位层层签订责任状,制定下发《高楼坪乡党风廉政建设和反腐败工作方案》,把党风廉政建设和反腐败工作纳入年度工作目标任务,明确领导班子成员党风廉政建设职责分工。制定《高楼坪乡“勤红脸勤出汗”干部绩效考核管理办法》《高楼坪乡“勤红脸勤出汗”村(居)干部考核办法》,强化干部日常管理,规范干部上下班工作纪律。采取定期不定期对干部工作纪律监督检查,并实行问题通报同绩效考核挂钩。坚持“狠抓勤抓,抓细抓实”,对违反相关规定干部予以查处曝光,对12名在精准扶贫理论知识考试中未合格乡村干部“贴标·亮牌”。

2018年,学习贯彻中共十九大和习近平总书记系列重要讲话精神,建立健全纪检工作机制,深化党风廉政、反腐败、机关效能建设。对2018年度党风廉政建设工作分解细化,明确牵头领导、责任单位及工作要求、完成时限,对任务完成情况实行动态监管。坚持民主集中制原则,全面执行“三重一大”,确保议事决策畅通、规范。按照“一岗双责”,乡党委书记约谈乡党委班子成员、乡党委班子成员约谈分管站所和联系村(居),约谈干部150余人次,签订党风廉政建设责任状28份。对辖区干部提拔、发展党员、特岗教师转正进行审查,并出具廉洁自律报告15份。开展农业产业、非洲猪瘟、驻村干部以及5个贫困村精准扶贫督查,发现问题10个,督促整改10个。

2019年,组织学习《中国共产党纪律处分条例》《中国共产党廉洁自律准则》《中华人民共和国监察法》《关于新形势下党内政治生活的若干准则》等党内法规,调整充实党风廉政建设责任制工作领导小组,建立乡党委统一领导、党政齐抓共管、纪委监督履职、站所协调配合工作机制,乡党委书记履行党风廉政主体责任,乡党委班子成员履行党风廉政“一岗双责”。制定《2019年党风廉政建设和反腐败工作计划》,签订党风廉政建设责任状,开展2次党风廉政建设“两个责任”分级约谈,约谈党政班子和副科级干部24人次,一般干部职工121人次。落实监察体制改革,建立高楼坪侗族乡监察办公室。开展落实巩固中央八项规定精神、“四风”问题自查自纠,对全乡14个村(居)开展专项核查,发现问题3个。切实履行监督责任,加强对“三重一大”制度执行情况监督检查。

2020年,对各村(居)党组织和党员干部学习贯彻中共十九届五中全会精神、落实党内政治生活开展监督检查12次,发现并督促整改问题2个。开展廉政谈心谈话,教育引导学习和严格执行廉洁自律各项规定。每月不定期对上班到岗开展督查,对国家法定节假日值班人员到岗实施督查,把提醒约谈、民主生活会、违纪处分等个人材料列入干部廉政档案,“两个责任”分级约谈200余人次。为特岗教师转正、公职人员入党、干部提拔等出具廉洁自律情况材料2份。开展整治漠视侵害群众利益问题排查2次,对村级及3个贵州至湖南跨省新冠肺炎疫情防控卡点督查31次,协助区纪委区监委开展对辖区万仁汽车复工复产督查。对全乡14个村(居)防控点进行检查,发现并现场整改问题3个;督查单位干部职工、村(居)干部值班值守10次。

2021年，加强干部作风建设，上廉政党课2次，不定期对工作纪律、阶段性工作和重点工作督促检查，利用干部职工大会开展正风肃纪集中约谈，国家法定节假日值班、疫情卡点值守人员到岗进行督查，以作风建设推动各项工作开展。通过采取“集中约谈”“一对一约谈”“分级分层分类约谈”，全年共计约谈干部职工63人次，通报批评干部4人次，促进领导干部严以用权、廉洁从政、高效办事。建立健全“不作为”惩处机制和问题线索移送机制，加大案件查办力度，全年处置各类问题线索8条，转立案审查调查1件，结案2件，给予党纪处分2人，诫勉谈话2人，谈话提醒2人。开展乡干部值班、村干部与驻村干部到岗督查6次，未按规定到岗干部作“贴黄标·亮黄牌”。对违规收送名贵特产和礼品礼金专项整治“回头看”，签订承诺书及填报整治情况报告表52份，未发现违规违纪问题。

2022年，调整充实以乡党委书记为组长的党风廉政建设工作领导小组。全年召开2次党委(扩大)会议，专题研究村(居)监委工作和党风廉政建设，听取乡纪委和各村(居)监委述职。制定《高楼坪乡2022年落实全面从严治党主体责任清单》，对工作任务进行细化分解，对标对表党风廉政建设主体责任目标，先后同9名乡领导班子成员、14名村(居)党支部书记签订党风廉政建设责任状。聚焦贯彻党中央、省委、市委、区委重大决策部署、落实国发2号文件、围绕“四新”促“四化”、严格遵守中央八项规定等重点，开展监督检查40余次，督促整改问题19个。上廉政党课2次，对班子成员及联系村(居)开展2次分级约谈和落实主体责任约谈，约谈乡科级领导14名、股级干部14名、一般工作人员36名、村(居)干部14名，累计约谈142人次。批评教育11人，通报批评12人，诫勉2人，立案4人。

(二)信访受理

2012年，受理群众来信来访1件。其中，市纪委转交办1件；反映村干部1件。

2013年，受理群众来信来访2件。其中，本级受理2件；反映村干部2件。

2014年，受理群众来信来访7件。其中，本级受理5件，市纪委转交办2件；反映村干部7件。

2015年，受理群众来信来访10件。其中，本级受理8件，市纪委转交办2件；反映村干部10件。

2016年，受理群众来信来访16件。其中，本级受理10件，市纪委转交办6件；反映村干部14件，乡政府干部2件。

2017年，受理群众来信来访19件。其中，本级受理13件，纪委转办1件，市纪委转办5件。

2018年，受理群众来信来访8件。其中，本级受理3件，区纪委转办1件，市纪委转办1件，省委巡视组转办3件。

2019年，受理群众来信来访10件。其中，本级受理5件，区委书记交办1件，市纪委转办2件，省委巡视组转办2件。

2020年，受理群众来信来访20件。其中，本级受理8件，市纪委转办8件，市纪委转省纪委转办3件，省纪委转办1件。

2021年，受理群众来信来访18件。其中，本级受理11件，市纪委转办4件，省纪委转办1件，中纪委转办2件。

2022年，受理群众来信来访12件。其中，本级受理5件，市纪委转办2件，省纪委转办3件，中纪委转办2件。

(三)民生监督

2014年,成立民生监督特派组,加强对民生项目监督。开展中小学校教育收费、贫困生补贴发放和学校营养午餐专项监察,走访村小学5所,走访群众130余人次。

2015年,严肃监督检查,确保民生资金项目落到实处。组织开展农村危房改造、中小学生营养午餐、水土保持治理项目、微型企业补助4次专项监察,查出问题4个,涉及补贴资金7万余元,其中中小学生营养午餐发现问题1个,为高楼坪大坪小学2013年秋季、2014年春节套取营养午餐资金7万余元,用于发放教师福利和奖金;微型企业补助发现问题3个,即4家微型企业补助实系2对夫妻申办存在套取财政补助资金、2家微型企业财政补助由他人代领或冒领、1户微型企业主反映申办财政补助中存在"吃、拿、卡、要"。

2016年,开展计划生育社会抚养费管理使用与计划生育家庭"四项制度"、精准扶贫、信贷扶贫、农村饮水安全项目资金、乡卫生院基本药物零差价、"雨露计划"等专项监察6次,发现问题21个,转立案12件,结案12件,党政纪处分12人。其中,违反群众纪律1件1人,违反财经纪律4件4人,违反工作纪律3件3人,失职4件4人,涉案金额30.57万元。开展民政专项资金、财政惠农补贴、"一事一议"财政奖补、农村合作医疗资金专项监察,其中,核实民政专项资金583.25万元,即农村低保资金358.07万元、优抚资金发放60万元、民政各类救助资金165.58万元;核实惠农补贴336.68万元,即退耕还林补贴116.73万元、农网补贴197.33万元、良种补贴22.62万元;核实"一事一议"财政奖补1亿元;核实新型农村合作医疗补偿221.9万元。

2017年,开展农村危房改造、中小学生营养午餐、水土保持治理项目、微型企业补助、城乡低保、计生"四项制度"关怀、精准扶贫、信贷扶贫等共13次专项监察,立案查处违规违纪案件5件4人。其中,2名站所干部受警告处分,2名村干部受警告处分。

2018年,利用民生监督平台对2013年至2017年新型农村合作医疗、城乡低保、农村危房改造、孤儿、特困供养家庭等数据比对监察,发现问题3个,整改3个。开展农村"组组通"公路项目专项监察2次,发现问题3个,整改3个。开展农村新型经济实体运行管理专项监察,发现问题2个,整改2个。

2019年,开展涉林扶贫民生项目专项监察3次,发现问题1个,整改1个。开展"访村寨、重监督、助攻坚"专项行动,走访群众100余户,发现问题13个,并全部整改。开展财政补助资金"一折通"专项监察5次,扫黑除恶专项斗争专项监察3次,专项整治黄赌毒和黑恶势力8次,专项整治漠视侵害群众利益12次,发现问题2个,并整改。

2020年,开展农民专业合作社(公司)扶贫民生项目和农村饮水安全专项监察,发现问题3个,整改3个;开展做"杨荣式"好干部大走访100余次,发现问题20余个,全部整改。巩固和深化漠视侵害群众利益问题排查20余次。开展农村安全饮水、边缘户、脱贫不稳定户、脱贫户督查13次,发现问题21个,全部整改。对13个村(居)蔬菜大棚和低保、新型农村合作医疗开展专项监察,规范涉农资金发放。开展廉政教育宣传,制作并发放"政策明白卡"1000余份、民生宣传资料2000余份、民生项目监督手册1500余册。

2021年,开展"访村寨、重监督、助攻坚"专项走访,对村民养老金和民政资金发放开展"回头看"4次。开展脱贫巩固"四个不摘"、农村饮水安全保障及残疾人燃油补贴等专项监察。

2022年,乡纪委组织召开村(居)监督委员会工作会议11次,乡党委专题调度村(居)监督委员会工作1次,各村(居)务监督委员发现问题17个。乡纪委开展土地撂荒监督检查2次,对辖区内撂荒耕地整治发现问题1个,整改1个。开展蔬菜大棚专项监督2次,发现问题4个,整改4个。开展惠民政策落实专项监督6次,发现问题2个,移交问题线索2个,立案2人。

(四)警示教育

乡纪委重视党风廉政建设警示教育工作,每年开展多形式廉政警示教育。

2004年,组织党员干部职工开展警示教育1次,

2006年至2013年,利用会议、标语、板报、宣传栏、播放电教片等,组织党员干部开展反腐倡廉警示教育。

2014年,组织党员干部观看警示教育片,学习警示教育读本等。

2015年,开展廉政宣传教育,利用LED电子显示屏滚动播放廉政漫画、廉政教育片、警示标语。

2016年,召开警示教育大会1次,组织党员干部职工观看《湖南衡阳破坏选举案》《四川南充换届贿选案》《镜鉴》《贪食"群蝇"终自毁》等警示教育片。

2017年,组织乡村干部到市警示教育基地,开展警示教育1次;组织乡、村(居)干部开展扶贫领域警示教育2次。

2018年,开展扶贫领域警示教育2次。

2019年,通报《铜仁净苑》期刊刊登警示案例1次,全年组织召开警示教育专题会议4次。

2020年,开展党风廉政警示教育6次。

2021年,开展警示教育1次,组织乡村(居)干部参观"群众身边腐败和不正之风"典型案例展;组织党员干部观看警示教育片《警钟长鸣》。

2022年,组织开展群众身边腐败和不正之风典型案例展1次。

三、村(居)务监督委员会

青年湖村

主　任	陆成桥(侗族)	2012年9月至2022年1月
	陆成永(侗族)	2022年2月至2022年12月
委　员	向水长(侗族)	2012年9月至2022年12月
	刘洪琼(侗族)	2012年9月至2022年1月
	刘洪平(侗族)	2022年2月至2022年12月

大树林村

主　任	杨　刚(侗族)	2014年1月至2016年12月
	杨　维(侗族)	2017年1月至2022年1月
	杨秀财(侗族)	2022年2月至2022年12月

委　员	罗　洪(侗族)	2014年1月至2016年12月
	杨　维(侗族)	2014年1月至2016年12月
	张绪岩(侗族)	2017年1月至2022年1月
	罗安云(侗族)	2017年1月至2022年1月
	杨　刚(侗族)	2022年2月至2022年12月
	陆白菊(女)	2022年2月至2022年12月

羊尾舟村

主　任	张成顺(侗族)	2014年1月至2016年12月
		2022年7月至2022年12月
	梁巨连(侗族)	2017年1月至2022年1月
委　员	梁巨连(侗族)	2014年1月至2016年12月
	梁巨文(侗族)	2014年1月至2016年12月
	蒋小双(女)	2017年1月至2022年1月
	张成顺(侗族)	2022年2月至2016年6月
	梁成龙(侗族)	2022年2月至2022年12月
	梁少华(侗族)	2022年7月至2022年12月

关庄村

主　任	徐东桥(侗族)	2014年1月至2016年12月
	杨　雷(侗族)	2017年1月至2022年1月
	杨秀文(侗族)	2022年2月至2022年12月
委　员	冯天亮(侗族)	2014年1月至2016年12月
	徐昌乐(侗族)	2014年1月至2016年12月
	杨　雷(侗族)	2022年2月至2022年12月
	冯召华(侗族)	2022年2月至2022年12月

夜郎村

主　任	刘祖银(侗族)	2014年1月至2016年12月
	张小进(侗族)	2017年1月至2022年1月
	刘　敏(侗族)	2022年2月至2022年12月
委　员	张小进(侗族)	2014年1月至2016年12月
	罗康金(侗族)	2014年1月—2016年12月
	刘祖军(侗族)	2017年1月至2022年1月
	张和林(侗族)	2017年1月至2018年7月
	张美容(侗族)	2022年10月至2022年12月

	刘德超(侗族)	2022年2月至2022年5月
	郭红武(侗族)	2022年2月至2022年12月

老山口居委会

主　任	杨通金(侗族)	2014年1月至2022年1月
	田　欣(侗族)	2022年1月2022年8月
委　员	贺永清(侗族)	2014年1月至2016年12月
		2022年2月至2022年8月
	田燕平(侗族)	2014年1月至2016年12月
	艾照华(侗族)	2017年1月至2021年12月
	田永昌(侗族)	2017年1月至2018年5月
	田儒超(侗族)	2022年2月至2022年12月

小湾村

主　任	吴万黑(侗族)	2014年1月至2016年12月
	吴剑锋(侗族)	2017年1月至2022年1月
	吴培明(侗族)	2022年2月至2022年12月
委　员	吴德然(侗族)	2014年1月至2022年1月
	杨兴志(侗族)	2014年1月至2022年1月
	吴从勋(侗族)	2022年2月至2022年12月
	杨兴志(侗族)	2022年2月至2022年12月

高楼坪村

主　任	刘祖炮(侗族)	2014年1月至2022年1月
	杨建华(侗族)	2012年2月至2022年12月
委　员	刘锡章(侗族)	2014年1月至2022年1月
	梁巨权(侗族)	2014年1月至2022年12月
	姚建平(侗族)	2022年2月至2022年12月

新庄村

主　任	姚元孝(侗族)	2014年1月至2022年1月
	吴文昌(侗族)	2022年2月至2022年12月
委　员	罗权佳(侗族)	2014年1月至2022年1月
	吴朝金(侗族)	2014年1月至2022年1月
	姚茂胜(侗族)	2022年2月至2022年12月

	吴兴祥(侗族)	2022年2月至2022年12月

赶场坝村

主　任	吴泽明(侗族)	2014年1月至2016年12月
	姚伦军(侗族)	2017年1月至2022年1月
	姚前发(侗族)	2022年2月至2022年12月
委　员	姚伦军(侗族)	2014年1月至2016年12月
		2022年2月至2022年12月
	姚劲松(侗族)	2014年1月至2016年12月
		2022年2月至2022年12月
	吴泽明(侗族)	2017年1月至2022年1月
	杨胜万(侗族)	2017年1月至2018年4月
	艾元合(侗族)	2018年6月至2022年1月

龙田村

主　任	杨德忠(侗族)	2014年1月至2016年12月
	吴之伦(侗族)	2017年1月至2022年1月
	刘德华(侗族)	2022年2月至2022年12月
委　员	杨召应(侗族)	2014年1月至2016年12月
	龙国林(侗族)	2014年1月至2016年12月
	杨代平(侗族)	2017年1月至2019年3月
	杨召领(侗族)	2017年1月至2022年12月
	吴万福(侗族)	2022年2月至2022年12月

高楼坪居委会

主　任	曾东升(侗族)	2014年1月至2016年12月
	杨光余(侗族)	2017年1月至2022年1月
	吴先锋(侗族)	2022年2月至2022年12月
委　员	杨光余(侗族)	2014年1月至2016年12月
	冯登元(侗族)	2014年1月至2022年1月
	曾东升(苗族)	2017年1月至2022年1月
	杨　芳(侗族)	2022年2月至2022年12月

林海村

主　任	成应桥(侗族)	2014年1月至2022年1月
	黄　敏(侗族)	2022年2月至2022年12月

委　员	吴成云(苗族)	2014年1月至2016年12月
	成应梅	2014年1月至2016年12月
	杨绪发(侗族)	2017年1月至2021年2月
	罗安云(侗族)	2017年1月至2022年1月
	卢大庆(侗族)	2021年6月至2022年1月
	卢大洋(侗族)	2022年2月至2022年12月
	郑水保(侗族)	2022年2月至2022年12月

兴中村

主　任	周权松(侗族)	2014年1月至2016年12月
	刘远刚(侗族)	2017年1月至2022年1月
	蒲新香(女)	2022年2月至2022年12月
委　员	刘远刚(侗族)	2014年1月至2016年12月
	刘水长(侗族)	2014年1月至2021年5月
	刘泽刚(侗族)	2017年1月至2022年1月
	刘　凡(侗族)	2022年2月至2022年12月
	周吉德(侗族)	2022年2月至2022年12月

第九节　黄道侗族乡纪检监察

一、机构设置

1992年8月，中共万山特区委常务委员会研究，决定成立黄道侗族乡纪委。1992年9月，中共万山特区黄道侗族乡纪律检查委员会正式成立，同年12月任命吴成龙为乡纪委书记。

1993年2月，召开黄道侗族乡第六次党代会，选举产生中共万山特区黄道侗族乡纪律检查委员会，每届任期三年至2001年底；2002年10月换届后，乡纪委每届任期为五年，与同级党委任期一致。

2011年11月，正式撤万山特区设万山区，中共万山特区黄道侗族乡纪律检查委员会更名为中共万山区黄道侗族乡纪律检查委员会。

2016年8月，召开撤特区建区后黄道侗族乡第二次党代会，选举产生中共万山区黄道侗族乡第二届纪律检查委员会。

2019年8月，设立万山区监察委员会派出黄道侗族乡监察办公室，与乡纪委合署办公，履行纪检监察职能。

中共万山区(特区)黄道侗族乡纪律检查委员会

(1992年9月至2021年12月)

书　记	吴成龙(侗族)	1992年12月至1998年11月
	刘　勇(侗族)	1998年11月至2002年1月
	韩忠平(侗族)	2003年11月至2006年2月
	刘祖辉(侗族)	2006年2月至2006年8月
	杨清林(侗族)	2006年8月至2010年7月
	王　刚(土家族)	2010年7月至2011年8月
	林　涛	2011年9月至2012年12月
	杨文静(女,土家族)	2013年4月至2014年7月
	蒲红平(侗族)	2015年4月至2016年7月
	罗　雄(侗族)	2016年7月至2020年4月
	余福军(蒙古族)	2020年4月至2021年2月
	田发明(侗族)	2022年3月至2022年12月
副书记	蒲召银(侗族)	2009年5月至2011年9月
	梁建毛(侗族)	2011年9月至2016年3月
	骆福强	2016年8月至2017年6月
	陈　伟(仡佬族)	2020年8月至2021年7月
	向情文(女,土家族)	2021年7月至2022年12月
委　员	吴成龙(侗族)	1993年2月至1998年11月
	罗世维(侗族)	1993年2月至2002年12月
	吴先树(侗族)	1993年2月至1998年11月
	刘　勇(侗族)	1998年11月至2002年1月
	肖维才(侗族)	1998年11月至2003年12月
	彭钟权(侗族)	1998年11月至2002年1月
	韩忠平(侗族)	2003年11月至2006年2月
	刘祖辉(侗族)	2006年2月至2006年8月
	杨清林(侗族)	2006年8月至2010年7月
	蒲召银(侗族)	2009年5月至2011年9月
	罗　彬	2009年7月至2010年8月
	王　刚(土家族)	2010年7月至2011年8月
	林　涛	2011年9月至2012年12月
	梁建毛(侗族)	2011年9月至2016年3月

杨文静(女,土家族)	2013年4月至2014年7月
冉茂江	2014年8月至2016年7月
蒲红平(侗族)	2015年4月至2016年7月
罗　雄(侗族)	2016年7月至2020年4月
骆福强	2016年8月至2017年6月
杨俊超	2016年8月至2018年12月
龙菲菲(女,侗族)	2016年8月至2021年12月
田　珊(女,土家族)	2016年8月至2016年12月
段洪玲(女)	2019年3月至2021年5月
余福军(蒙古族)	2020年4月至2021年2月
陈　伟(仡佬族)	2020年8月至2021年7月
陈　智(仡佬族)	2021年5月至2022年3月
向情文(女,土家族)	2021年7月至2022年12月
罗　慧(女,侗族)	2021年8月至2021年12月
田发明(侗族)	2022年3月至2022年12月
樊启龙(土家族)	2022年4月至2022年12月

黄道侗族乡监察室

(2005年7月至2019年7月)

主　　任	彭钟权(侗族)	2005年7月至2006年11月
	冉茂江	2015年9月至2016年7月

万山区监察委员会派出黄道侗族乡监察办公室

(2019年8月至2021年12月)

主　　任	罗　雄(侗族)	2019年10月至2020年5月
	余福军(蒙古族)	2020年5月至2021年12月
	田发明(侗族)	2022年3月至2022年12月
副 主 任	陈　伟(仡佬族)	2020年9月至2021年7月
	向情文(女,土家族)	2021年7月至2022年12月
专职监察员	段洪玲(女)	2019年9月至2021年5月
	陈　智(仡佬族)	2021年5月至2022年3月
	樊启龙(土家族)	2022年4月至2022年12月

二、主要工作

(一)党风廉政建设

黄道侗族乡纪委成立以来,按照《中国共产党章程》规定,协助乡党委推进全面从严治党、加强党风廉政建设和反腐败工作,监督同级党委履行全面从严治党主体责任,对乡党委和村级党组织的各项工作开展监督检查,对党员领导干部履行职责和行使权力情况进行监督,受理信访举报和查处违纪违法行为,确保党的路线方针政策和中央、省委、市委、区委重大决策部署得到贯彻落实。

1992年至1996年,加强党员干部党风廉政教育,组织党员干部学习党纪党规,提升纪律规矩意识。成立乡反腐倡廉领导小组,制定1993年乡党风廉政建设有关规则,开展干部职工拖欠公款公物清理,加强日常监督检查。根据万山特区《关于对全区中小学乱收费问题专项检查的通知》,对中小学收费进行清理整改,并加强日常监督管理。组织党员干部职工学习严禁元旦、春节等节假日公款请客送礼、滥发钱物、大吃大喝、铺张浪费等文件,在节假日前开展正风肃纪集中约谈。

1997年至2001年,根据《万山特区党政机关厉行节约制止浪费行为实施细则》,黄道乡开展严格控制新建和装修办公楼、会议庆典、公费接待、公款安装住宅电话、购买移动电话、配备小汽车及各种检查评比等自查清理整改,组织党员干部职工集中学习文件精神,加强日常监督管理。建立领导班子成员党风廉政建设责任制度,完善领导班子廉政档案。乡党委班子成员与乡纪委签订党风廉政建设责任书。乡纪委与各村(居)委会签订村务公开责任书,各村(居)每半年对村(居)务活动及财务收支公开一次,接受群众监督。

2002年至2006年,明确乡纪委书记十一条职能职责,重印《全乡党风廉政建设责任制实施细则》,依据实施细则,乡纪委对全乡党员干部开展日常监督检查。2004年,组织党员干部学习贯彻《中国共产党党内监督条例(试行)》《中国共产党纪律处分条例》,党员干部撰写学习心得体会,组织开展"两个条例"知识测试。2005年,制定《2005年党风廉政建设和反腐败各项任务分解表》《2005年度党风廉政建设和反腐败斗争工作目标管理考评办法》,落实党风廉政建设责任制和党风廉政建设宣传工作。制定《黄道乡2006年纪检监察工作安排意见》,签订党风廉政建设责任状50份。

2007年至2010年,制定《黄道乡2007年纪检监察工作要点》,开展财政"吃空饷"人员自查;制定《黄道乡党员领导干部党风廉政建设责任书》,与站股所及村(居)签订责任书60份,在国家法定节假日前开展正风肃纪集中约谈5次。2009年,推行村务"四议两公开",设立便民服务中心,实行首问责任制,签订党风廉政责任状32份。制定《黄道乡机关工作人员考勤制度》《黄道乡机关公务接待制度》《黄道乡公务用车管理制度》等,用制度管人、管事、管物。

2011年,组织学习《中国共产党章程》《中国共产党党员领导干部廉洁从政若干准则》等,领会新形势下反腐倡廉方针政策。落实廉政制度,开展任职廉政谈话、提醒谈话、诫勉谈话、分级约谈、廉政档案等制度落实,督促乡村干部履行"一岗双责"。制定反腐倡廉工作措施,开展党员干部反腐倡廉教育,开展农村集体"三资"清理,健全和完善"三资"管理体制和运行机制。实行党务、政务和村务公开,加强乡村干部监管。对节假日干部作风及财务进行监督检查,全年开展监督10次。

2012年,印发《2012年度乡领导班子党风廉政建设和反腐败工作职责分解方案》,将党风廉政建设责任分解细化，明确乡领导班子党风廉政建设和反腐败工作职责，签订党风廉政建设责任书。开展强农惠农政策落实监督检查，查处涉农违纪违法问题。加强财务监督和管理，完善“一事一议”制度，推动村级财务审签制度和村务公开制度执行。开通站所“阳光热线”，畅通群众诉求渠道。加强案件查办力度，开展村集体和事关村民利益民生项目监督。抓实农村基层党风廉政建设，规范农村集体资金、资产、资源管理，开展强农惠农政策落实监督检查，严肃查处涉农违纪违法问题。

2013年，加强党风廉政建设，组织学习《中国共产党党员领导干部廉洁从政若干准则》等，开展先进典型和组织纪律教育，增强党员干部责任意识和自律意识。开展“抓学习、强作风、促廉政”等廉政主题教育，增强党员干部廉洁从政意识。开展廉政文化“六进六增”，落实廉政承诺制度，与乡干部职工、村支“两委”签订廉洁自律承诺书50余份；查找岗位廉政风险点，依岗制定防控措施，全乡查找廉政风险点46条，制定防控措施16条。开展村(居)换届离任审计，全乡10个村和1个居委会按时完成“三资”清理和账务审计，无违反纪律问题。贯彻落实省市区《关于进一步加强乡镇纪检组织建设的实施意见》，配置乡纪检机构、人员、场所、设备，增选1名纪委副书记，制定乡纪委工作制度、党风廉政建设和反腐败工作组织协调制度，明确纪委工作职责，严格干部队伍管理，严肃查处线索问题，全年查处违纪党员干部5名。

2014年，根据《万山区2014年惩治和预防腐败体系建设工作要点》和《万山区2014年纪检监察工作要点》，开展理论学习，全年对党员干部廉政教育专题辅导10次。乡村干部结合岗位职责签订廉洁自律承诺书，查找岗位廉政风险点，依岗制定防控措施。全乡查找廉政风险点23条，制定防控措施16条并公示，接受群众监督。开展干部作风“三查”活动，即对乡村干部岗位履职、工作落实成效和群众满意程度督查问责，全年查处案件4件，办结4件，开除党籍1人，党内严重警告处分1人，留党察看2人，诫勉谈话4人。

2015年，加强党风廉政建设责任制工作领导，与各村(居)党支部签订《党风廉政建设目标责任书》，把党风廉政建设工作落实具体责任人，并对党风廉政建设责任制落实进行定期检查，强化监管责任，推进乡村(居)基层党组织全面从严治党。乡纪委及乡监察室对各站所干部职工不按时签到，上班玩游戏、吃零食、坐堆闲聊，不按规定佩戴工作牌上岗等进行督查，深挖问题线索和案件查办。全年查处案件7件，结案7件。其中，留党察看2人，开除党籍2人，党内警告3人。

2016年，组织学习《中国共产党廉洁自律准则》，强化党风廉政建设领导责任落实，全年专题召开研究党风廉政建设和反腐败工作会议4次，为全乡党员讲廉政课2次。乡党委书记履行党风廉政建设“第一责任人”责任，监督乡领导班子成员廉政勤政、执行党风廉政建设和落实党内监督责任制。严肃查处干部作风粗暴、欺压群众、奢侈浪费等问题。在各村设置举报电话收集案件线索，挖掘隐藏深层次问题。全年乡纪委查办案件5件，党内严重警告处分1人，党内警告处分4人。全年集中约谈和廉政提醒干部职工40余人，签订责任状，落实党风廉政主体责任和监管责任。乡党政领导班子成员没有发生违纪违法和被追究党风廉政建设责任情况。

2017年，坚持党要管党和从严治党，推进党风廉政建设和反腐败工作。按照“一岗双责”要求，签订《党风廉政建设目标责任书》28份，开展党风廉政教育，开展党性党风党纪和作风教育，督促党员领导干部严格遵守《中国共产党党员领导干部廉洁从政若干准则》《中国共产党廉洁自律准则》规定，落实个人有关事项报告制度,把日常教育和专题教育、正面反面典型教育相结合,利用报纸、电视、网络、手机短信平台等,在全乡开展党员干部理想信念、宗旨意识和廉洁从政教育。全年举办廉政专题讲座2次,开展党风廉政教育大会3次。严肃查处滥用职权、涉黑涉恶、拉票贿选、侵吞国家和集体资产问题,维护群众权益。全年查办案件7件,开除党籍1人,党内警告处分6人。

2018年,贯彻落实《贵州省落实党风廉政建设党委主体责任和纪委监督责任问责暂行办法》,对执行党的路线方针政策和履行党风廉政建设"两个责任"不力,发生严重"四风"和腐败问题单位和个人,严肃追究责任。坚持"一案双查",对违反党的政治纪律和政治规矩、组织纪律,顶风违纪党组织,综合运用批评教育、诫勉谈话、通报批评、组织处理、纪律处分等方式,追究领导责任和当事人责任、主体责任和监督责任。全年开展"两个责任"集中约谈2次,约谈乡干部186人次。乡党委书记上廉政党课2次。抓干部作风建设,开展督查8次,对违反工作纪律4名干部进行通报,提醒谈话8人、诫勉谈话1人,问责处分约谈4人,集中约谈2次。全年立案6件,处分党员干部4人,批评教育1人;其中查处违反中央八项规定精神案件1件,处分1人。

2019年,落实党风廉政建设责任,对领导干部党风廉政建设工作任务责任目标进行分解,明确乡党政领导班子成员党风廉政责任。全乡召开党风廉政建设会议2次,与各村(居)签订党风廉政建设责任状,加强乡属各部门负责人廉政教育,全年乡开展2次集中约谈,抓好党风廉政建设责任落实。全面落实中央八项规定精神,开展脱贫攻坚、扫黑除恶等监督执纪。全年开展明察暗访10余次,查处违纪违法问题7起,处分党员干部7人。

2020年,调整充实乡党风廉政建设工作领导小组,按照《万山区2020年度落实党风廉政建设责任制考核办法》,签订党风廉政建设主体责任目标责任书,对工作目标任务进行细化分解,拟定责任清单。乡党委主要负责人上廉政党课1次,受教育120余人;党委专题研究全面从严治党工作1次;开展节假日廉政集体约谈4次,森林防火集中约谈1次,提醒谈话5人;党风廉政"两个责任"分级约谈50余人。严肃追究相关人员责任,对脱贫攻坚反馈问题跟踪督办,限时整改。由乡纪委牵头,联合乡扶贫站、党政综合办等成立督查组,对各村第一书记(驻村干部)、下派干部到岗到位情况开展督查12次,发督查通报3期。全年完成11个村(居)监督检查,发现问题6个,全部完成整改。

2021年,全面执行《关于新形势下党内政治生活的若干准则》,落实"三会一课"、民主生活会、主题党日等制度,全年召开专题研讨党风廉政工作会议4次,签订廉政承诺书40份,签订《党员干部和公职人员不违规收送名贵特产承诺书》40份。开展国家法定节假日干部岗位值守、作风纪律监督检查,全年开展干部作风检查30余次,提醒谈话5名村干部,对1名村干部诫勉谈话,对6名村干部全乡通报批评。签订廉洁过节和不违规操办酒宴承诺书30份。开展提醒谈话7次,对"5433"帮扶干部结对帮扶14次监督检查。围绕公车私用、私车公养、违规收送名贵特产和礼品礼金等开展专项督查,未发现相关问题。成立督查组,开展新冠肺炎疫情防控、脱贫攻坚专项监督检查20余次,发现问题7个,督促整改问题7个。

2022年,切实履行党风廉政建设责任,召开党风廉政建设和反腐败工作专题会议2次,推进党风廉政建设责任落实;强化党内民主监督,落实重大事项报告等制度,严肃党内政治生活,强化党内监督。围绕全面从严治党目标任务,强化监督执问责,促进纪律作风好转。全年处置问题线索6个,立案6件，结案6件，办理信访件3件。其中，开除党籍1人，党内严重警告4人，党内警告1人。

（二）民生监督

2014年，成立民生特派组，开展2011年至2012年能繁母猪、农村危房改造、家电下乡补贴3项监察，对个体商家违规套取国家补贴款等问题，乡纪委督促上缴国家财政。对城乡低保、大病医疗救助、救灾救济、种粮补贴、良种补贴、能繁母猪补贴、农资综合直补、计生利益导向资金、退耕还林、农村危房改造、养老金、农村合作医疗报销等民生政策建立监督检查机制，及时将惠农资金足额发放到农户。实行党务、政务、村务、财务公开落实情况监督检查，将村级财务、廉政承诺、涉农收费、宅基地审批、农村低保资金发放等纳入公开内容，推进村级民主政治建设。

2015年，对村务及财务公开、村集体土地征用及出租、农村宅基地审批、计划生育、村干部报酬等开展督查，对查出的问题及时通报并督促整改，规范村务管理。

2016年，开展“懒馋散软慢”等问题整治，开展村务公开和财务公开检查，对种粮直补、农村低保、农村合作医疗大病救助、春荒冬令救灾救济等跟踪监督，全年开展监督检查9次。

2017年，持续开展侵害群众利益问题查处，开展基层干部损害群众利益问题专项治理，严肃查处侵占村集体“三资”、惠民补贴以及扶贫领域虚报冒领、挤占挪用、截留私分、挥霍浪费等问题，全年开展督查14次。

2018年，开展民生问题专项监察，持续开展侵害群众利益问题查处，开展基层干部损害群众利益问题专项治理。

2019年，开展涉林涉农资金问题专项监察，发现违纪线索1个，转立案1件。加强对易地扶贫搬迁、财政“一折通”等民生领域侵害群众利益集中整治。

2020年，开展民生监督“五个示范”创建，完成黄溪村、锁溪村2个民生监督示范点创建。开展大走访10余次，走访村寨10个，走访群众50余户，解决群众诉求45条。全年完成农民专业合作社（公司）扶贫民生项目55个专项监察，涉及10个村19个专业合作社；完成安全饮水项目专项监察8个，涉及8个村；转立案3件，处分党员干部3人。

2021年，开展巡察反馈问题整改监督。对生态环境、疫情防控、产业发展等进行督查，对查出的问题开列清单，落实整改“回头看”。

2022年，落实巩固脱贫攻坚成果、“四个不摘”政策落实、易地扶贫搬迁后续扶持、农村低保、村级“三资”管理、疫情防控等监督，全面履行“监督、执纪、问责”职责，严肃查处群众身边的“微腐败”和各种不正之风，推进全面从严治党向基层延伸。

（三）信访受理

2014年，受理群众来信来访件10件，办结10件。

2015年，受理和接区纪委转交办信访件3件，办结3件。

2016年，受理和接区纪委转交办信访件2件，办结2件。

2017年，受理和接区纪委转交办信访件2件，办结2件。

2018年，受理来信来访7件，办结7件。

2019年，受理和接区纪委转交办信访件2件，办结2件。

2020年,受理群众来信来访件2件,办结2件。

2021年,受理和接区纪委转交办信访件3件,办结3件。

2022年,受理和接区纪委转交办信访件3件,办结3件。

(四)警示教育

2011年,组织全乡党员干部观看警示教育片,以案说法、以案明纪。

2013年,乡内悬挂廉政警示牌32张,张贴廉政名言警句65幅,营造廉政文化教育氛围。

2014年,组织全乡党员干部通报铜仁市石阡县汤山镇窝案串案进行警示教育。

2015年,开设警示教育专栏,组织全乡党干部开展警示教育。

2016年,组织党员干部观看《湖南衡阳破坏选举案》《四川南充贿选案》等警示教育片。

2017年,组织全乡党干部开展典型案例警示教育2次。

2018年,全乡开展扶贫领域警示教育2次,乡纪委进村开展警示教育4次。

2019年,组织党员干部观看扶贫领域警示教育巡展。

2020年,召开全乡扶贫领域警示教育大会1次,受教育80余人次。

2021年,召开警示教育专题会2次,开展"一案一整改"警示教育1次。

2022年,组织全乡党员干部开展警示教育,通报酒驾醉驾警示案例。

三、村(居)务监督委员会

2012年,黄道侗族乡田坪村作为区级村务监督试点,建立村务监督委员会,随后全面铺开。2014年,黄道侗族乡10个行政村、1个居委会均建立村(居)务监督委员会。

丹阳村

主　任	刘洪恩(侗族)	2014年1月至2021年12月
	刘泽福(侗族)	2022年1月至2022年12月
委　员	罗洪和(侗族)	2014年1月至2016年12月
	罗洪有(侗族)	2014年1月至2021年12月
	肖维华(侗族)	2014年1月至2021年12月
	刘柒媛(女)	2022年1月至2022年12月
	罗泽来(侗族)	2022年1月至2022年12月

锁溪村

主　任	彭南海(侗族)	2014年1月至2016年12月
	姚本仕(侗族)	2017年1月至2021年9月
	刘海莲(女,侗族)	2022年1月至2022年12月
委　员	肖维进(侗族)	2014年1月至2016年12月

	姚元留(侗族)	2014年1月至2016年12月
	肖德锡	2017年1月至2022年12月
	彭钟堂	2017年1月至2021年12月
	吴先方(侗族)	2022年1月至2022年12月

龙江村

主　任	刘洪放(侗族)	2014年1月至2016年12月
	刘泽朋(侗族)	2017年1月至2021年12月
	刘　凯(侗族)	2022年1月至2022年12月
委　员	刘　文(侗族)	2014年1月至2016年12月
	刘泽明(侗族)	2014年1月至2016年12月
	刘洪放(侗族)	2017年1月至2021年12月
	刘洪良(侗族)	2017年1月至2021年12月
	刘　埂(侗族)	2022年1月至2022年12月
	余鸿霞(女)	2022年1月至2022年12月

马黄村

主　任	肖万胜(侗族)	2014年1月至2016年12月
	肖维春	2017年1月至2021年12月
	吴志长(侗族)	2022年1月至2022年12月
委　员	吴梦花(侗族,女)	2014年1月至2016年12月
	杨忠才(侗族)	2014年1月至2016年12月
	杨建平(侗族)	2014年1月至2016年12月
	杨序发(侗族)	2017年1月至2021年12月
	肖维妹(侗族)	2017年1月至2022年12月
	肖宗信(侗族)	2022年1月至2022年12月

黄溪村

主　任	罗洪恩	2014年1月至2016年12月
	杨秋香(侗族,女)	2017年1月至2021年12月
	罗泽水(侗族)	2022年1月至2022年12月
委　员	罗仁德(侗族)	2014年1月至2016年12月
	罗仁桃	2014年1月至2016年12月
	姚茂小(侗族)	2017年1月至2021年12月
	姚登贵(侗族)	2017年1月至2021年12月

	罗仁颂(侗族)	2022年1月至2022年7月
	罗洪田(侗族)	2022年7月至2022年12月

田坪村

主　任	刘洪群(侗族)	2012年9月至2014年12月
	刘洪琼(侗族)	2014年1月至2016年12月
	刘洪平(侗族)	2017年1月至2021年12月
	刘金龙(侗族)	2021年1月至2022年12月
委　员	刘洪方(侗族)	2012年9月至2014年12月
	刘远照(侗族)	2012年9月至2014年12月
	易炳兴(侗族)	2014年1月至2021年12月
	刘泽语(侗族)	2014年1月至2016年12月
	刘爱明(侗族)	2017年1月至2022年12月
	刘　燚(侗族)	2022年1月至2022年12月

长坳村

主　任	蒲海生(侗族)	2014年1月至2016年12月
	刘金模(侗族)	2017年1月至2021年12月
	肖维富(侗族)	2022年1月至2022年12月
委　员	罗仁定(侗族)	2014年1月至2016年12月
	蒲学周(侗族)	2014年1月至2021年12月
	肖之华(侗族)	2017年1月至2021年12月
	刘金模(侗族)	2022年1月至2022年12月

白屋场村

主　任	罗洪言(侗族)	2014年1月至2016年12月
	罗洪芹	2017年1月至2021年12月
	田兴文(侗族)	2022年1月至2022年12月
委　员	罗名和	2014年1月至2016年12月
	罗海光(侗族)	2014年1月至2016年12月
	罗洪言(侗族)	2017年1月至2021年12月
	罗洪坤(侗族)	2017年1月至2021年12月
	罗治安(侗族)	2022年1月至2022年12月
	万水银(女,侗族)	2022年1月至2022年12月

大榜村

主　　任	杨代炎(侗族)	2014年1月至-2016年12月
	杨火生(侗族)	2017年1月至2021年12月
	刘远学(侗族)	2022年1月至2022年12月
委　　员	罗　辉(侗族)	2014年1月至2016年12月
	刘远学(侗族)	2014年1月至2016年12月
	杨代松(侗族)	2017年1月至2022年12月
	罗仁松(侗族)	2017年1月至2022年12月

力坳村

主　　任	刘远军(侗族)	2014年1月至2016年12月
	张应良(侗族)	2017年1月至2021年12月
	杨元桃(女,侗族)	2022年1月至2022年12月
委　　员	罗洪渊(侗族)	2014年1月至2016年12月
	罗仁林	2014年1月至2016年12月
	罗仁明	2014年1月至2016年12月
	吴海生(侗族)	2017年1月至2021年12月
	罗仁元(侗族)	2017年1月至2021年12月
	刘小情(女,侗族)	2022年1月至2022年12月
	罗仁铁(侗族)	2022年1月至2022年12月

黄道居委会

主　　任	罗　翔(侗族)	2017年1月至2021年12月
	王　军	2022年1月至2022年7月
	刘　影(女,侗族)	2022年7月至2022年12月
委　　员	刘洪松(侗族)	2017年1月至2021年12月
	吴　俊(女)	2022年1月至2022年12月
	肖　倩(女,苗族)	2022年1月至2022年12月

第十节　敖寨侗族乡纪检监察

一、机构设置

1992年8月,中共万山特区委常务委员会研究,决定成立敖寨侗族乡纪委。1992年9月,中共万山特区敖寨侗族乡纪律检查委员会正式成立。

1993年2月,召开敖寨侗族乡第六次党代会,选举产生中共万山特区敖寨侗族乡纪律检查委员会,每届任期三年至2001年底;2002年1月换届后,乡纪委每届任期为五年,与同级党委任期一致。

2011年11月,正式撤万山特区设万山区,中共万山特区敖寨侗族乡纪律检查委员会更名为中共万山区敖寨乡纪律检查委员会。

2016年8月,召开特区改区后敖寨侗族乡第二次党代会,选举产生中共万山区敖寨侗族乡第二届纪律检查委员会。

2019年8月,设立万山区监察委员会派出敖寨乡监察办公室,与乡纪委合署办公,履行纪检监察职能。

中共万山区(特区)敖寨侗族乡纪律检查委员会

(1992年9月至2022年12月)

书　记	陈小昌(侗族)	1993年2月至1995年12月
	万家厚(侗族)	1995年12月至1998年11月
	杨　春(侗族)	1998年12月至2002年10月
	姚本连(侗族)	2003年6月至2006年8月
	姚登富(侗族)	2006年8月至2011年3月
	姚祖德(侗族)	2011年9月至2012年11月
	姚　凯(土家族)	2013年8月至2015年1月
	杨洪海(土家族)	2015年4月至2016年7月
	吴远勇(侗族)	2016年7月至2019年1月
	徐启荣(侗族)	2019年2月至2022年5月
	彭　超(土家族)	2022年7月至2022年12月
副书记	袁仁荣(侗族)	2009年3月至2012年2月
	张　阳(侗族)	2013年3月至2014年7月
	姚　瑞(女,侗族)	2015年6月至2016年8月
	彭　凯(侗族)	2016年8月至2016年12月
	杨　敏(女,侗族)	2017年2月至2018年1月
	刘明洋(侗族)	2019年11月至2021年12月
委　员	陈小昌(侗族)	1993年2月至1995年12月
	万家厚(侗族)	1995年12月至1998年11月
	杨　春(侗族)	1998年12月至2002年10月
	姚本连(侗族)	2003年6月至2006年8月
	姚登富(侗族)	2006年8月至2011年3月
	袁仁荣(侗族)	2009年3月至2012年2月
	姚祖德(侗族)	2011年9月至2012年11月

张　阳(侗族)　2013年3月至2014年7月
姚　凯(土家族)　2013年8月至2015年1月
姚　瑞(女,侗族)　2015年6月至2016年8月
杨洪海(土家族)　2015年4月至2016年7月
杨柳青(女,侗族)　2015年6月至2021年8月
吴远勇(侗族)　2016年7月至2019年1月
杨　敏(女,侗族)　2017年2月至2018年1月
张文娟(女,侗族)　2016年8月至2019年4月
彭　凯(侗族)　2016年8月至2022年12月
罗仁要(侗族)　2016年8月至2020年12月
徐启荣(侗族)　2019年2月至2022年5月
刘明洋(侗族)　2019年11月至2022年12月
陈　伟(仡佬族)　2021年8月至2022年12月
杨廷刚(侗族)　2021年8月至2022年12月
彭　超(土家族)　2022年7月至2022年12月

敖寨侗族乡监察室

(2005年7月至2016年8月)

主　任　姚祖德(侗族)　2005年7月至2006年8月
　　　　杨柳青(女,侗族)　2015年6月至2016年8月

万山区监察委员会派出敖寨侗族乡监察办公室

(2019年8月至2022年12月)

主　任　徐启荣(侗族)　2019年10月至2022年5月
　　　　彭　超(土家族)　2022年7月至2022年12月
副主任　刘明洋(侗族)　2019年11月至2022年3月

二、主要工作

(一)党风廉政建设

敖寨侗族乡纪委按照《中国共产党章程》规定,协助党委推进全面从严治党、加强党风廉政建设和反腐败工作,监督同级党委履行全面从严治党主体责任,确保党的路线方针政策和中央、省委、市委、区委重大决策部署得到贯彻落实。

1992年,敖寨侗族乡纪委注重加强党纪、党风和廉政教育,组织党员学习党纪党规,增强其纪律意识。

1993年,成立敖寨侗族乡反腐倡廉领导小组,出台党风廉政建设规定,并开展干部职工拖欠公款公物自查清理。

1994年,根据《关于对全区中小学乱收费问题专项检查的通知》,对敖寨侗族乡中小学收费情况进行清理。

1995年至1996年,组织干部职工学习严禁元旦、春节等节假日期间用公款请客送礼、滥发钱物、大吃大喝、铺张浪费等文件,并开展自查自纠工作。

1997年至1998年,根据《万山特区党政机关厉行节约制止浪费行为实施细则》,开展严格控制新建和装修办公楼、各种会议、各种庆典、接待费用、公款安装住宅电话、购买移动电话、配备小汽车、检查评比等自查清理。

1999年至2001年,建立健全领导班子成员党风廉政建设责任制度,完善领导班子廉政档案。与乡党委班子成员签订党风廉政建设责任书。1999年8月,印发《敖寨乡党风廉政建设责任制落实意见》,明确班子成员抓好分管部门、联系村(居)廉政建设责任制落实,贯彻落实制止奢侈浪费规定,组织全体党员干部开展"三个代表"重要思想学习教育,全面落实党风廉政建设责任制。在全乡推行政务、村务公开,依法查处影响较大经济案件和清查群众反映强烈信访案件。乡纪委从1999年起,与各村(居)委会签订村务公开责任书,各村(居)每半年对村务活动及财务收支公开一次,接受群众监督。全乡建立永久性村务公开栏7个、临时公开栏5个,设立政务公开栏7个,对全乡7个重点单位实行政务公开。

2002年至2003年,明确乡纪委书记十一条职能职责。印发《全乡党风廉政建设责任制实施细则》,共九章二十一条。年度党风廉政建设和反腐败斗争目标管理量化考核有党风廉政建设、查办案件、纠正部门和行业不正之风、按时完成区纪委监察局交办的其他事项共50分,乡纪委自查得分49分。

2004年,学习宣传贯彻《中国共产党党内监督条例(试行)》和《中国共产党纪律处分条例》,以"两个条例"为主要内容,观看一次《绝路》反腐倡廉电教片、举办一次培训班和专题辅导讲座、组织一次党纪条规知识测试。

2005年,印发《2005年党风廉政建设和反腐败各项任务分解表》,明确领导干部廉洁自律、查办违法违纪案件、纠正损害群众利益不正之风、执法监察、建立健全监督制约机制。印发《关于印发〈2005年度党风廉政建设和反腐败斗争工作目标管理考评办法〉的通知》,学习贯彻《建立健全教育、制度、监督并重的惩治和预防腐败体系实施纲要》,成立乡纪委书记任组长、乡站所负责人为成员的领导小组,与站、股、所、学校、村(居)签订党风廉政建设责任状,抓好全乡党风廉政建设责任制落实。

2006年,制定《敖寨乡2006年纪检监察工作安排意见》,签订党风廉政建设责任状35份。开展干部职工婚丧嫁娶大操大办酒席专项整治、治理商业贿赂专项整治和治理教育乱收费专项整治,推进政务、村务、校务公开。

2007年,制定《敖寨乡2007年纪检监察工作要点》,协助乡党委落实计划生育"双清"工作,开展财政“吃空饷”自查。

2008年，制定《敖寨乡党员领导干部党风廉政建设责任书》，与乡站、股、所和村(居)签订责任书45份。协助乡党委开展“小村并大村”工作，监督实施好财务、资产交接。

2009年，实施村务“四议两公开”，设立便民服务中心，由5个民生事务部门进驻，实行首问责任制。签订党风廉政责任状35份，推行村务公开，督查7个村(居)村务公开，全乡村务公开12期。

2010年，完善《敖寨乡机关工作人员考勤制度》《敖寨乡机关公务接待制度》《敖寨乡公务用车管理制度》《领导干部重大事项报告制度》《敖寨乡廉政谈话制度》等，印发《关于加强干部作风建设提高机关效率的意见》，形成用制度管人、用制度管事、用制度管物的管理机制。执行中共中央纪委《关于严格禁止利用职务上的便利谋取不正当利益的若干规定》，开展自查自纠。

2011年，召开会议研究部署乡党风廉政建设工作10次。制定《敖寨乡党风廉政建设工作实施意见》，将党风廉政建设与社会经济建设、政治文化建设、党的建设和民生建设相结合，全面落实乡年党风廉政建设和反腐败工作。完善谈话和诫勉制度，开展党政主要领导与村(居)干部谈话17人次。健全党风廉政建设责任制度，乡党委与村(居)签订党风廉政建设责任书7份。深入开展“三个建设年”，即:作风建设年、环境建设年、项目建设年活动。

2012年，印发《2012年农村党风廉政建设工作安排意见》，抓实农村党风廉政建设；加强村集体资金、资产、资源管理；加大对强农惠农政策落实情况的监督检查；查处涉农违纪违法问题。整治乔迁新居、子女升学等大操大办酒席风气。印发《2012年度乡领导班子党风廉政建设和反腐败工作职责分解方案》，明确乡领导班子五个方面党风廉政建设和反腐败工作职责。在乡综合办、国土所、农业服务中心、畜牧兽医站、财政所五个部门开展民主评议。

2013年，印发《乡党委党风廉政建设责任分工》，与村(居)签订党风廉政建设目标责任书，抓实责任目标落实。组织党员干部10次学习《中国共产党纪律处分条例》《中国共产党党内监督条例》，利用党委会、中心学习组学习《中国共产党章程》《中国共产党党员领导干部廉洁从政若干准则》《中国共产党纪律处分条例》等20次。开展廉政文化进机关、进社区、进校园、进企业、进农村、进家庭“六进”30次，开展党风廉政建设宣传教育月活动1次；开展公务接待专项检查1次，规范公务接待相关制度；开展中小学学生春季秋季入学收费专项检查，检查中学1所、小学8所，发现问题1个，整改1个。

2014年，完善《机关干部学习制度》《上班签到制度》《值班制度》《包村责任制度》等，整治干部工作作风，不定期开展明察暗访，采取教育引导、查处整改，全年批评教育3人、责令公开检讨3人，机关干部作风和工作氛围得到较大改观。开展党的群众路线教育实践活动督查，没有发现问题。严格执行中共中央八项规定，省委、市委“十项规定”及区委相关规定，建设廉政政府。开展财政“吃空饷”人员清理，制作廉政挂图10张，建设廉政文化墙200平方米。严格执行公务接待标准，加强对“廉政食堂”经营管理监督，全年督查5次。

2015年，调整充实党风廉政建设工作小组，加强对党风廉政建设责任制工作领导，落实《中国共产党党员领导干部廉洁从政若干准则》和中央八项规定。开展乡党委书记与乡党委班子成员、乡纪委书记与各站、股、所工作人员交心谈心，开展集中整治专项行动，发现个人突出问题3个、“两个责任”方面6个、“四风”方面1个，班子中突出问题2个。按照乡党委班子、机关干部、村“三委”班子三个层次开展廉政、发展、服务公开承诺,并在公开栏公示。开设廉政文化宣传专栏,张贴廉政格言警句,开展廉政文化进机关、进社区、进农村、进企业、进学校、进家庭。实施“贴标·亮牌”管理,严明工作纪律,开展“走读”整治、“小金库”清理、“红包”治理、办公用房清理等专项治理,未发现违纪问题。开展工程建设、公款送礼、公款吃喝、奢侈浪费等专项整治,组织财务监督检查,未发现问题。建立健全《上班工作制度》,以及周末和节假日轮班制度,全年开展明察暗访28次,查办1起违反工作纪律案件,在全乡通报批评;开展会风会纪专项整治,通报批评违反会风会纪3人,对村干部提醒谈话3人次,并责令作出书面检查。开展优化发展环境突出问题专项整治,集中整治“门难进、脸难看、事难办”等问题,查处服务承诺不兑现、办事拖拉推诿等。全年查办案件4件,其中:移交区纪委1件、乡纪委办结3件,开除党籍2人、事业警告1人,突破乡纪委“零”办案。

2016年,抓实党风廉政建设,严格执行规章制度,从源头上预防腐败。开展廉政文化宣传,在机关和各村公共服务中心开设廉政文化宣传专栏,张贴廉政格言警句,推动廉政文化进机关、进社区、进农村、进企业、进学校、进家庭。开展《万山区引导和规范全区农村(社区)村(居)民操办酒宴行为的管理办法(试行)》宣传。乡党委书记与乡党委班子成员,乡纪委书记与各站、股、所负责人廉政约谈2次。全乡办酒宴备案43起,劝阻违规酒席2起。全年查办案件8件,其中,协助区纪委监察局办理5件、乡纪委查办3件,开除党籍2人,党内警告4人,事业警告1人,行政降级1人。

2017年,制订《敖寨乡2017年度干部职工效能目标考核实施方案》《敖寨乡区直部门下派干部考核管理办法》《敖寨乡干部职工请销假制度》等制度。印发《敖寨乡严明工作纪律的通知》,开展纪律作风集中大整顿。定期或不定期对帮扶干部贫困户走访、政策宣传及扶贫项目落实等进行督查,严肃查处帮扶干部作风不实、帮扶工作不到位等。贯彻落实中央八项规定精神,落实《婚嫁喜庆宴席书面报备制度》《党政机关厉行节约反对浪费条例》《党政机关公务接待管理规定》,倡导文明节俭新风。与干部职工签订廉洁承诺书92份,乡党委书记为党员干部讲授廉政党课1次,各联系村领导到包靠村上廉政党课7次,组织全体干部职工和村(居)干部廉洁从政谈心谈话1次。

2018年,乡党委组织召开7次党委会,组织党委中心组理论学习5次,组织15次干部职工学习,专题学习习近平总书记系列重要讲话精神。印发《关于落实党风廉政建设党委主体责任、纪委监督责任的实施方案》《敖寨乡落实党风廉政建设责任清单“一人一单”》方案,抓好党风廉政建设责任分解和落实。遵照《党委班子成员履行“一岗双责”记实手册》要求,乡党委班子成员每月如实填写“一岗双责”履行情况,每两月查验一次履行“一岗双责”情况。组织全乡11名站、所负责人及村(居)“两委”负责人进行“三述”,开展1次党风廉政建设知识测试,召开党委会专题研究党风廉政建设工作,印发《敖寨乡关于落实党组织“两个责任”的通知》《敖寨乡落实党组织“两个责任”工作任务明细表》,对落实党委主体责任和纪委监督责任重点工作任务细化分解。落实提醒约谈和监督执纪,乡党委书记对班子成员集体约谈2次、对乡村干部集体约谈2次71人;乡纪委对干部提醒约谈2人次;乡党委班子成员对分管干部和联系村(居)干部约谈61人次。坚持用制度管权管事管人,完善《敖寨乡党委议事规则》《班子成员党风廉政建设责任制》等制度;排查重点岗位廉政风险点7个,对5个村2个居委会党风廉政建设全面考核,将考核结果作为村(居)年度奖惩、选拔任用依据。全年查办案件6件。利用微信、微博,宣传党章党规党纪等信息100余条,编发简报23期,撰写党风廉政建设论调研文章12篇,在中华山村、两河口村和乡机关等建成5个廉政文化示范点。

2019年，全面落实党风廉政建设管理机制，全年开展党风廉政建设“两个责任”分级约谈2次，约谈干部80人次，通报批评9人，提醒谈话2人，诫勉谈话2人。组织集中学习违反中央八项规定精神和形式主义、官僚主义典型问题通报20次。组织乡党员干部、驻村干部、第一书记、村支“两委”干部等90人，赴万山新时代爱国主义教育基地重温入党誓词，增强党性观念。全年查办案件6件，结案6件；协助区纪委区监委办案1件。

2020年，全年专题研究部署党风廉政建设和反腐败工作4次，制定《敖寨乡2020年度落实党风廉政建设责任清单》《2020年度领导班子党风廉政建设问题清单》，对党风廉政建设工作目标任务制成分解表，落实具体责任人。组织学习《党委（党组）落实全面从严治党主体责任规定》，每季度召开一次党风廉政建设和反腐败工作会议，每季度开展一次廉政党课，每逢节日组织一次廉政集中约谈。对村（居）主要负责人开展党风廉政交心谈话1次，乡党委班子成员到各联系村上廉政党课8次。乡党委书记开展落实全面从严治党主体责任分级约谈1次，约谈科级、股级和普通干部34人，落实全面从严治党，严明纪律规矩。开展“四风”“三个开刀”专项整治，对开会迟到、值班不在岗、脱贫攻坚不履职等4名乡村干部约谈提醒。开展领导干部利用茅台酒谋取私利问题专项整治，签订承诺书70份；开展违规操办和参加“升学宴”“谢师宴”提醒谈话，签订廉洁自律承诺书50余份。

2021年，与各村（居）签订党风廉政建设及反腐败责任状，制定《2021年敖寨乡党风廉政建设和全面从严治党工作计划》，全面学习贯彻习近平总书记系列重要讲话和重要指示批示精神。围绕新时代从严治党要求，落实管党治党主体责任，召开乡党风廉政建设和反腐败专题会12次、全面从严治党专题会8次，将党风廉政内容纳入党支部“三会一课”、主题党日活动学习，增强党员干部遵纪守法和廉洁自律意识。组织乡干部职工及村干部集中提醒约谈、上廉政课15次，集中谈话5次387人次。

2022年，召开敖寨乡党风建设和反腐败斗争专题会议2次，听取乡纪委就纪检工作和一体推进“三不腐”工作开展情况汇报，组织乡党委班子成员学习党风廉政建设应知应会知识。在重要节假日前组织全乡党员干部开展节前正风肃纪集中约谈和签订廉洁承诺书，全年共约谈200余人次，签订廉洁承诺书45份。落实2022年全面从严治党主体责任分级约谈，8月开展敖寨乡全面从严治党主体责任分级约谈，由乡党委主要领导约谈乡党委班子成员，班子成员约谈各站股所负责人，各站所负责人约谈一般工作人员，共约谈38人。12月14日，乡党委书记就深入学习贯彻中共二十大精神，全面落实党中央和省委、市委、区委全面从严治党部署要求，压实全面从严治党主体责任，对副科级以上干部、各村（居）党支部书记和各站所负责人30余人进行一次党风廉政建设集中约谈。

（二）信访受理

2012年，受理群众来信来访1件。其中，市纪委转交办1件；反映村干部1件。

2013年，受理本级群众来信来访2件；反映村干部2件。

2014年，受理群众来信来访3件。其中，本级受理3件，区纪委转交办1件；反映村干部3件。

2015年，受理群众来信来访5件。其中，本级受理5件，区纪委转交办1件；反映乡干部3件，反映普通党员2件。

2016年，受理群众来信来访11件。其中，本级受理10件，区纪委转交办2件；反映乡干部3件，反映村干部5件,反映普通党员3件。

2017年,受理群众来信来访12件。其中,本级受理12件,区纪委转交办2件;反映乡干部2件,反映村干部10件。

2018年,受理群众来信来访6件。其中,本级受理5件,区纪委转交办1件;反映乡干部1件,反映村干部15件。

2019年,受理群众来信来访8件。其中,本级受理7件,区巡察组转交办3件;反映乡干部1件,反映村干部7件。

2020年,受理群众来信来访3件。其中,本级受理2件,区纪委转交办1件;反映普通党员3件。

2021年,受理群众来信来访5件。其中,本级受理5件,区纪委转交办2件;反映普通党员3件。

2022年,受理本级群众来信来访1件,反映村干部有关问题。

(三)民生监督

2014年,成立民生监督特派组,加强对民生项目监督。开展中小学校教育收费、贫困生补贴发放和学校营养午餐专项监察,走访村小7所,走访群众110余次,未发现相关问题线索。

2015年,开展民生专项监察3次,即:对农村危房改造、学生资助、微型企业补助和水土保持项目等,核查发现2014年农村危房改造违纪违规线索1起,协助区纪委立案查办1起,党纪处分1人;核查全乡中小学学生资助金使用,未发现违纪违规问题;核查2012年至2014年申请微型企业24家,发现问题4个,全部整改;核查微型企业补助和水土保持项目,未发现问题线索。

2016年,开展计划生育社会抚养费、信贷扶贫、土地开发、农村饮水项目和"雨露计划"、农村饮水安全项目专项监察,其中,小额贴息贷款发现问题线索1条,立案1起,党纪处分1人;人饮工程发现问题线索1条,立案1件,党纪处分1人;农村土地开发项目,发现问题线索3条,立案3起,党纪处分3人;核查"雨露计划"走访群众200人次,未发现问题。

2017年,第一季度开展民政低保救助金专项监察,第二季度开展生态移民搬迁专项监察,第三季度开展医疗救助金专项监察,第四季度开展"一事一议"财政奖补专项监察,立案12件,其中:最低生活保障案件5件,信访案件2件,"一事一议"财政奖补案件3件,生态移民搬迁案件2件,诫勉谈话2人,批评教育1人,收缴违纪资金4482元。

2018年,采取"4+N"模式开展民生项目专项监察。第一季度开展2014年至2017年农村种植产业扶贫资金专项监察,项目共70个,涉及资金1448.3万元,没有发现问题线索;第二季度开展"组组通"项目专项监察,招投标、拨付款、物资发放、工程质量等,没有发现问题线索;第三季度开展2015年至2017年农村危房改造、民政救助等专项监察,发展问题线索1起;第四季度开展2014年至2017年低保救助金专项监察,发现问题线索2起;对发现的问题线索进行初核,立案3起,党纪处分3人,收缴违纪资金5.81万元。组织村务监督委员会对重点项目、涉农资金开展监督检查30余次,设置5个举报箱和张贴举报电话,对督查问题发出通报10期,并要求及时整改。

2019年,开展民生专项监察2次,即涉林扶贫民生项目、易地扶贫搬迁和财政涉农补贴"一折通"专项监察,设立信访举报平台,开展日常接访和访村入户走访。开展梅子溪水库移民搬迁、易地扶贫搬迁复绿、低保评议、春荒救济款等监督检查,发现问题线索1起,立案1起,党纪处分1人。深入开展

“访村寨、重监督、助攻坚”专项行动，围绕“扶贫资金管理使用不规范、驻村帮扶不扎实、脱贫攻坚政策落实不到位”等开展专项治理，发现问题线索2起，立案2起，党纪处分2人。着力整治官僚主义、形式主义等突出问题，维护群众权益。

2020年，对2016年以来涉及扶贫民生项目6个专业合作社（公司）扶贫民生项目开展专项监察，监察项目66个，涉及扶贫资金2239.77万元，发现问题线索2条，立案1起；对2018年至2020年农村饮水安全工程项目开展专项监察，监察项目5个，未发现问题。开展疫情防控值守监督检查37次，发现违纪问题线索1条，立案调查1人，党纪处分1人。

2021年，围绕“一台账两清单”及2017年以来中央、省、市环保督察反馈19类问题开展监督检查，督查乡属站、股、所5个，实地走访检查辖区8家畜禽养殖企业、2家排污企业；开展“访村寨、重监督、助振兴”专项行动，查阅资料45份，走访调查7个村131户，未发现违规违纪问题。对照《万山区专项整治漠视侵害群众利益问题工作台账》中涉及敖寨乡11个问题，对责任部门工作措施、工作台账进行督查，问题全部整改。对农村安全饮水开展监督检查，走访7个村（居）30个饮水工程点，发现问题1个，完成整改。针对惠民惠农领域私管代管、违规扣留扣押群众“一卡通”以及利用“一卡通”截留挪用、虚报冒领、骗取套取群众钱款，或优亲厚友、吃拿卡要等问题，开展监督检查3次，走访群众43户，检查相关部门6个。对2012年至2021年全乡残疾人燃油补贴开展监督检查2次，走访核查群众44户，未发现违规违纪问题。

2022年，乡纪委全年召开村（居）监督委员会工作例会10次，乡党委专题调度村（居）监督委员会工作2次，每月听取各村（居）监督委员会主任汇报民生监督工作，各村（居）务监督委员通过入户走访、群众接访，发现问题45个，其中涉及民生问题17个，经村（居）监督委员会督促已全部整改。开展春耕备耕和秋冬种工作监督检查，发现问题3个，整改3个。开展养老保险、高龄补贴等惠民政策落实监督检查，通过查阅资料及入户走访，发现问题8个，其中责令整改5个，提交问题线索3个。

（四）警示教育

乡纪委重视党风廉政建设和警示教育工作，每年开展多形式廉政警示教育。

2013年，组织党员干部观看典型违纪违法案件警示教育片2次，受教育120人次。

2014年，组织乡机关干部、村党支部和村委会共61名党员干部集中收看廉政中国警示录《巨贪镇长李丙春案》。在党的群众路线教育实践活动中开展经常性警示教育。

2015年，组织集中观看警示教育片，利用电子显示屏滚动播出廉政警句，全年开展警示教育12次。

2016年，组织党员干部开展警示教育1次，组织观看《湖南衡阳破坏选举案》《四川南充换届贿选案》《镜鉴》等警示教育片。

2017年，全年组织党员干部开展警示教育8次，组织全体干部职工观看《防患未然》《警钟长鸣》等警示教育片，开展扶贫领域警示教育2次。

2018年，组织党员干部开展警示教育2次。

2019年，编发廉洁自律提醒信息10次，通报典型案例10次，通报形式主义、官僚主义典型问题22次。

2020年,组织党员干部观看反腐倡廉警示教育片1次;开展扶贫领域警示教育展2次,乡党委书记现场讲解典型案例。

2021年,开展扶贫民生领域腐败警示教育展,受教育人数300余人。

2022年,组织开展群众身边腐败和不正之风典型案例警示教育展,全乡干部职工、村(居)“三委”、驻村第一书记和驻村干部80余人参加。

三、村(居)务监督委员会

中华山村

主　任	李云银(侗族)	2012年9月至2013年11月
	杨见昌(侗族)	2013年12月至2016年12月
	杨付昌(侗族)	2017年1月至2021年12月
	毛照新(侗族)	2022年2月至2022年12月
委　员	钟传兴(侗族)	2012年9月至2021年12月
	杨秀平(侗族)	2012年9月至2021年12月
	邓继磊(侗族)	2022年2月至2022年12月
	钟传兴(侗族)	2022年2月至2022年12月

两河口村

主　任	杨小昌(侗族)	2013年12月至2021年12月
	姚勇城(侗族)	2022年2月至2022年12月
委　员	杨昌恒(侗族)	2013年12月至2016年12月
	杨秀平(侗族)	2013年12月至2016年12月
	黄隆平(侗族)	2017年1月至2021年12月
	杨胜付(侗族)	2017年1月至2018年9月
	欧爱妹(侗族)	2022年2月至2022年12月
	黄隆全(侗族)	2022年2月至2022年12月

洋世界村

主　任	蒲光前(侗族)	2013年12月至2016年12月
	杨光卫(侗族)	2017年1月至2020年7月
	杨细敏(侗族)	2022年2月至2022年12月
委　员	杨政荣(侗族)	2013年12月至2016年12月
	杨通泽(侗族)	2013年12月至2016年12月
	杨顺青(侗族)	2017年1月至2021年12月

	杨通木(侗族)	2017年1月至2021年12月
	杨　康(侗族)	2022年2月至2022年12月
	段芙蓉(苗族,女)	2022年2月至2022年12月

瓮背村

主　　任	杨光润(侗族)	2013年12月至2016年12月
	杨举光(侗族)	2017年1月至2021年12月
	杨昌喜(侗族)	2022年2月至2022年12月
委　　员	杨换昌(侗族)	2013年12月至2016年12月
	杨胜先(侗族)	2017年1月至2020年7月
	蒲茶香(女,侗族)	2013年12月至2021年12月
	杨举光(侗族)	2022年2月至2022年12月
	杨　庭(侗族)	2022年2月至2022年8月
	杨胜亮(侗族)	2022年11月至2022年12月

杨家寨村

主　　任	万兆凤(侗族)	2013年12月至2016年12月
	杨胜着(侗族)	2013年12月至2016年12月
	熊文伍(侗族)	2022年2月至2022年12月
委　　员	杨光明(侗族)	2013年12月至2016年12月
	田昌培(侗族)	2013年12月至2016年12月
	杨胜军(侗族)	2013年12月至2016年12月
	杨胜发(侗族)	2013年12月至2016年12月
	杨光明(侗族)	2022年2月至2022年12月
	张永发(侗族)	2022年2月至2022年12月

岩屋坪居委会

主　　任	黄　鹰(侗族)	2013年12月至2016年12月
	张嗣发(侗族)	2017年1月至2019年5月
	杨　进(侗族)	2022年2月至2022年12月
委　　员	张元海(侗族)	2013年12月至2016年12月
	刘银平(女,侗族)	2013年12月至2021年12月
	黄　鹰(侗族)	2017年1月至2021年12月
	黄　鹰(侗族)	2022年2月至2022年12月
	杨　杰(侗族)	2022年2月至2022年12月

敖寨居委会

主　任	杨胜着(侗族)	2013年12月至2016年12月
	杨　林(侗族)	2017年1月至2021年12月
	杨　勇(侗族)	2022年2月至2022年12月
委　员	杨胜军(侗族)	2013年12月至2016年12月
	杨胜发(侗族)	2013年12月至2016年12月
	姚元帮(侗族)	2017年1月至2021年12月
	钟全送(侗族)	2017年1月至2021年12月
	杨　林(侗族)	2022年2月至2022年12月
	姚元帮(侗族)	2022年2月至2022年12月

第十一节　下溪侗族乡纪检监察

一、机构设置

1992年8月，中共万山特区委常务委员会研究，决定成立下溪侗族乡纪委。1992年9月，中共万山特区下溪侗族乡纪律检查委员会正式成立，同年12月任命杨顺昌为乡纪委书记。

1993年3月，召开下溪侗族乡第六次党代会，选举产生中共万山特区下溪侗族乡纪律检查委员会，每届任期三年至2001年底；2002年1月换届后，乡纪委每届任期为五年，与同级党委任期一致。

2011年11月，正式撤万山特区设万山区，中共万山特区下溪侗族乡纪律检查委员会更名为中共万山区下溪侗族乡纪律检查委员会。

2016年8月，召开撤特区建区后下溪侗族乡第二次党代会，选举产生中共万山区下溪侗族乡第二届纪律检查委员会。

2019年8月，设立万山区监察委员会派出下溪侗族乡监察办公室，与乡纪委合署办公，履行纪检监察职能。

中共万山区(特区)下溪侗族乡纪律检查委员会

(1992年9月至2022年12月)

书　记	杨顺昌(侗族)	1992年12月至1995年12月
	杨余昌(侗族)	1995年12月至1998年2月
	刘远会(侗族)	1998年2月至2001年10月
	杨胜金(侗族)	2001年10月至2002年1月
	姚本连(侗族)	2002年2月至2002年10月
	杨　春(侗族)	2002年10月至2006年8月

	杨胜顺(侗族)	2006年8月至2008年12月
	杨　超(侗族)	2008年12月至2011年8月
	杨顺宏	2011年9月至2012年12月
	姚　科(侗族)	2012年12月至2014年10月
	刘泽水(侗族)	2014年10月至2015年7月
	王　乾	2015年7月至2016年7月
	罗金林(侗族)	2016年7月至2019年12月
	罗仁华(侗族)	2020年4月至2021年7月
	邹　通(侗族)	2021年7月至2022年12月
副书记	蒲新有(侗族)	2009年4月至2011年6月
	姚元兴(侗族)	2011年9月至2012年11月
	肖　钏(侗族)	2012年11月至2013年3月
	杨　超(侗族)	2014年7月至2015年4月
	吴　敏(女,侗族)	2015年10月至2016年5月
	戴贤静(苗族)	2016年5月至2019年2月
	邹　通(侗族)	2019年12月至2021年7月
	彭　超(土家族)	2021年7月至2022年7月
委　员	杨顺昌(侗族)	1993年3月至1995年12月
	杨天银(侗族)	1993年3月至2011年8月
	杨余昌(侗族)	1993年3月至1998年2月
	刘远会(侗族)	1998年2月至2001年10月
	杨胜金(侗族)	2001年10月至2002年1月
	姚本连(侗族)	2002年2月至2002年10月
	杨　春(侗族)	2002年10月至2006年8月
	杨胜顺(侗族)	2006年8月至2008年12月
	杨　超(侗族)	2008年12月至2011年8月
	蒲新有(侗族)	2009年4月至2011年6月
	杨顺宏	2011年9月至2012年12月
	姚元兴(侗族)	2011年9月至2012年11月 2016年8月至2021年8月
	肖　钏(侗族)	2012年11月至2013年3月
	姚　科(侗族)	2012年12月至2014年10月
	杨　超(侗族)	2014年7月至2015年4月
	刘泽水(侗族)	2014年10月至2015年7月
	吴　敏(女,侗族)	2014年12月至2016年8月

戴贤静(女,苗族)	2014年12月至2019年2月
王　乾	2015年7月至2016年7月
罗金林(侗族)	2016年7月至2019年12月
姚　华(侗族)	2016年8月至2021年8月
吴　静(女,侗族)	2016年8月至2021年8月
邹　通(侗族)	2019年12月至2022年12月
罗仁华(侗族)	2020年4月至2021年7月
彭　超(土家族)	2021年7月至2022年7月
付智颖(侗族)	2021年8月至2022年12月
陈陪琳(侗族)	2021年8月至2022年12月
瞿正文(侗族)	2021年8月至2022年12月

下溪侗族乡监察室

(2005年7月至2019年7月)

主　　任	杨厚坤(侗族)	2005年7月至2006年11月
	姚冬霞(女,侗族)	2014年8月至2015年4月
	戴贤静(苗族)	2015年7月至2016年4月
纪检监察员	谭景军(土家族)	2017年6月至2019年7月

万山区监察委员会派出下溪侗族乡监察办公室

(2019年8月至2022年12月)

主　　任	罗金林(侗族)	2019年10月至2020年1月
	罗仁华(侗族)	2020年5月至2021年7月
	邹　通(侗族)	2021年7月至2021年12月
副 主 任	邹　通(侗族)	2020年1月至2021年7月
	彭　超(土家族)	2021年7月至2022年7月
专职监察员	毛燕飞(女)	2019年10月至2021年8月
	张件君(女,侗族)	2022年12月至2022年12月

二、主要工作

(一)党风廉政建设

下溪侗族乡纪委成立以来,按照《中国共产党章程》规定,协助乡党委推进全面从严治党、加强党风廉政建设和反腐败工作,监督同级党委履行全面从严治党主体责任,对乡党委和村级党组织各项工作开展监督检查，对党员领导干部履行职责和行使权力情况进行监督，受理信访举报和查处违规违纪问题。

1992年至1996年，下溪侗族乡纪委加强对党员干部党风廉政教育，组织党员干部学习党纪党规，提升纪律规矩意识。制定1993年党风廉政建设规定，开展干部职工拖欠公款公物自查清理，成立反腐倡廉领导小组，加强党员干部日常监督检查。根据万山区《关于对全区中小学乱收费问题专项检查的通知》，开展对中小学收费清理，对存在问题整改，并加强日常监管。组织党员干部职工学习严禁元旦、春节等节假日用公款请客送礼、滥发钱物、大吃大喝、铺张浪费等文件，开展自查自纠，在重要节假日前开展正风肃纪集中约谈。

1997年至2001年，根据《万山特区党政机关厉行节约制止浪费行为实施细则》，开展新建和装修办公楼、会议庆典、公费接待、公款安装住宅电话、购买移动电话、配备小汽车、检查评比等自查清理，对查出问题及时整改。组织党员干部职工集中学习党纪法规文件精神，加强日常监督管理。建立乡领导班子成员党风廉政建设责任制度，完善领导班子成员廉政档案。乡党委书记与乡党委班子成员签订党风廉政建设责任书，乡纪委书记与各村(居)委员会主任签订村务公开责任书，各村(居)委会每半年对村务活动及财务收支公开1次，接受群众监督。

2002年至2004年，下溪乡明确纪委书记十一条职能职责。2002年4月，印发《关于重新印发〈全乡党风廉政建设责任制实施细则〉》的通知，实施细则共九章二十一条，按照实施细则对全乡党员干部开展日常监督检查工作。组织党员干部学习贯彻《中国共产党党内监督条例(试行)》和《中国共产党纪律处分条例》，要求所有党员干部学习之后撰写心得体会，并进行学习测试。

2005年至2010年，制定《2005年党风廉政建设和反腐败各项任务分解表》，印发《2005年度党风廉政建设和反腐败斗争工作目标管理考评办法》，严格落实党风廉政建设责任制，抓实党风廉政建设宣传；制定《下溪乡2006年纪检监察工作安排意见》签订《党风廉政建设责任状》40份；制定《下溪乡2007年纪检监察工作要点》，开展财政“吃空饷”人员清理，加强对党员干部职工廉政教育；制定《下溪乡2008年党员领导干部党风廉政建设责任书》，与站股所、村(居)签订责任书50份，在国家法定节假日前开展正风肃纪集中约谈5次。设立便民服务中心，实行首问责任制，签订党风廉政责任状26份；制定《下溪乡2010年机关工作人员考勤制度》《下溪乡机关公务接待制度》《下溪乡公务用车管理制度》等。

2011年，制定《下溪侗族乡党风廉政建设工作实施意见》，把党风廉政建设与社会经济建设、政治文化建设、党的建设和民生工作相结合，统一部署、检查和考核，实行“一岗双责”，落实党风廉政建设和反腐败工作。建立乡党政主要领导与村(居)干部谈话制度，全年开展谈话15人次。

2012年，印发《2012年农村党风廉政建设工作安排意见》，抓好农村党风廉政责任制落实。加强农村集体资金、资产、资源管理，对强农惠农政策落实监督检查，查处涉农违纪违法问题。

2013年，组织党员干部学习贯彻《中国共产党党员领导干部廉洁从政若干准则》《农村基层干部廉洁履行职责若干规定(试行)》4次，全年在市区媒体上刊登廉政信息20余篇，开展作风效能明察暗访12次，下发效能通报2期，对6起“庸、懒、散、浮”党员干部进行约谈，对1名违纪干部予以辞退。印发《关于重申严禁党员干部职工违规操办酒席规定》，签订承诺书45份，纠正1起、制止1起违规操办酒席现象,谈话提醒党员干部3人。

2014年,印发《下溪乡党风廉政建设工作要点》《下溪乡2014年惩治和预防腐败体系建设工作要点》《下溪乡党风廉政建设"一岗双责"实施方案》《下溪乡2014年度党风廉政建设责任书》《下溪侗族族乡2014年党风廉政建设和反腐败工作任务分解表》,开展村(居)"三资"清理及乡、村(居)"没有关系得不到公平对待"开刀专项整治,查处党员干部1人,谈话提醒4人,诫勉谈话2人。2014年完成7个村(居)务监督委员会选举,各村(居)配监督委员会主任1名、监督委员会委员2名,全乡共计24名。

2015年,制定《2015年下溪乡党风廉政建设工作要点》《下溪乡2015年党风廉政建设分解表》。开展"两转一抓"系列主题活动和"整治庸懒散慢浮,解决办事效率低下"专项整治行动,约谈提醒乡干部5人次、村干部2人次。

2016年,制定《下溪侗族乡2016年党风廉政建设工作要点》《下溪乡2016年党风廉政建设任务分解表》,结合"两学一做"学习教育,开展党风廉政学习教育和责任落实。组织开展廉政专题讲座2次、党风廉政学习教育10余次。对违反工作纪律11名干部予以通报批评,对1名干部"贴黄标·亮黄牌"。党员干部和国家公职人员操办婚宴备案12次,节假日开展"四风"突出问题明察暗访4次,约谈乡村干部80余人次,乡村两级干部约谈全覆盖;对10名纪律意识不强、作风散漫干部提醒谈话,全年约谈干部11人。对2016年乡招商引资项目、政府投资类项目开展监督检查,建立项目廉政档案。

2017年,印发《下溪侗族乡2017年党风廉政建设工作要点》《下溪侗族乡2017年党风廉政建设任务分解表》,把党风廉政建设责任制分解细化到乡科级班子成员。开展定期与不定期督查、明察与暗访、信访举报与例行检查,对违反规定党员干部予以查处曝光。开展作风效能建设明察暗访10余次,对违反工作纪律18名干部予以通报批评,对2名干部"贴黄标·亮黄牌",对7名工作生活作风散漫干部及时提醒谈话,全年约谈干部13人。

2018年,全面落实从严治党主体责任和监督责任,查处群众身边不正之风和腐败问题。运用监督执纪"四种形态"中"第一种形态",对党员干部提醒谈话和批评教育59人(党委书记谈话55人,纪委谈话4人)。

2019年,乡纪委按照全面从严治党要求,落实"两个责任",强化监督执纪问责,坚持党风廉政建设和反腐败斗争,全乡立案5件,结案3件,党内警告处分2人,党内严重警告处分1人,收缴违纪资金2.1万元。对乡纪委谈话室进行改造,安装灭火器材,设置安全出口标志。为"五个示范"民生监督示范创建兴隆村、官田村各增设1个办公室,购买档案柜2个,办公桌椅3套。根据《下溪乡开展落实党风廉政建设"两个责任"约谈方案》,全年开展2次集中约谈,乡党委书记约谈乡党委班子成员和村(居)党支部书记,政府乡长约谈乡政府班子成员和村(居)委员会主任,乡党政班子成员约谈分管站所干部,乡纪委书记约谈村(居)务监督委员会主任、委员。国家法定节假日期间,对站股所和窗口部门岗位开展8次监督检查。为巩固脱贫攻坚成果,乡纪委开展扶贫领域监督检查6次,通报帮扶干部2人,约谈干部6人。2012年9月,官田村村务监督委员会进行选配试点,选举村监督委员会主任1名、委员2名。

2020年,乡纪委聚焦主责主业,履行纪委监督责任。每月召开例会开展党风廉政学习教育,强化责任担当意识。开展作风整治,对干部会风会纪、上班考勤、工作作风、节假日值班等监督检查,开展干部作风检查24次，对7名干部提醒谈话、1名干部诫勉谈话，通报13人。开展"集中约谈""一对一约谈""分级分层分类约谈"，约谈党员干部60人次，集中约谈乡村党员干部3次。

2021年，乡党委召开6次会议研究全面从严治党，9次对乡站、股、院、办、室及学校贯彻落实下溪乡党委政府安排部署进行监督检查，发出通报1次。开展换届纪律谈心谈话50余人次，组织开展廉政风险点自查1次。签订《党风廉政建设责任书》35份、《党员干部和公职人员不违规收送名贵特产承诺书》54份。开展分级约谈2次，约谈80余人次。开展干部作风检查60余次，对10名干部提醒谈话、24名干部全乡通报批评，发出通报11次。开展违规收送名贵特产和礼品礼金问题专项整治，签订承诺书100余份。完成乡纪委换届，提拔乡纪委副书记1名，选举乡纪委委员5名。组织乡纪委和村(居)监委学习培训5次。

2022年，乡党委召开党风廉政建设专题会议2次，制定下发《中共万山区下溪侗族乡落实全面从严治党主体责任清单》，认真学习贯彻《中共中央关于加强对"一把手"和领导班子监督的意见》及省委《关于一体推进不敢腐不能腐不想腐的指导意见》，开展工作部署落实监督检查8次，发出通报2期，通报3人。利用乡党委会议及乡全体干部职工会，在元旦、春节、清明、"五一"国际劳动节、国庆等重要时间节点开展廉政集中谈话10余次，举行群众身边腐败和不正之风典型案例展1次，开展全面从严治党主体责任分级约谈1次，召开党员酒驾醉驾专项整治警示教育大会5次，发出督查通报8期，通报20人次，提醒谈话11人，主动约谈5人，查处党员酒驾1起。新选举产生村(居)务监督委员会主任9名及委员18名，向区纪委监察委推荐乡监察办公室专职监察员2名，下文批复1名。

(二)信访受理

2013年，受理群众来信来访、电话举报(含上级交办)7件，办结7件。其中，做信访了结3件，转立案4件，诫勉谈话10人，为国家挽回直接经济损失1.74万元。

2014年，受理群众来信来访5件。其中，区纪委转交办3件，区委组织部转交办1件，网络反映1件；反映村干部4件，乡干部1件。

2015年，受理群众来信来访10件。其中，本级受理8件，市纪委转交办2件；反映村干部10件。

2016年，受理本级群众来信来访和接上级转交办信访17件，办结17件。

2017年，受理本级群众来信来访和接上级转交办信访5件，办结5件。

2018年，受理本级群众来信来访和接上级转交办信访5件，办结5件。

2019年，受理群众来信来访14件。其中，本级受理7件，区纪委转交办6件，区扫黑办转交办1件；反映村干部3件。

2020年，受理群众来信来访7件。其中，受理本级群众来访2件，群众来信4件，省纪委转交办1件；反映村干部1件，乡政府干部1件。

2021年，受理群众来信来访8件。其中，接群众反映2件，上级转交办6件；办结7件，转立案办理1件。

2022年，受理群众来信来访7件。其中，接群众反映2件，上级转交办5件；办结7件。

(三)民生监督

2014年，成立民生监督特派组，开展农村危房改造、家电下乡补贴、畜牧良种补贴3次专项监察。规范村级事务决策,通过走访座谈、列席村务会议、公布问题清单,对涉及村集体和村民权益项目全程监管。

2015年,对农村危房改造、中小学生资助金、微型企业补助和水土保持项目等开展专项监察,其中:核查2014年农村危房改造367户,发放资金258.18万元,未发放资金64.54万元,由中央下拨后足额发放,没有违纪违规问题;核查下溪中心完小2013年至2014年寄宿生生活补助资金36.50万元,发放22.50万元,其中14万元因没有寄宿生全额返还区教育局,2013年至2014年营养午餐补助资金64.13万元,已开支55.01万元,剩余9.12万元结存2015年学校账目;核查下溪民族中学2013年至2014年寄宿生生活补助资金33.13万元,发放33.13万元,营养午餐补助资金42.93万元,已开支40.49万元,剩余2.44万元结存2015年学校账目。经查,下溪民族中学有违规套取学生营养午餐、寄宿生生活补贴及学校公用经费等问题,初查后,予以立案。

2016年,开展计划生育、精准扶贫、信贷扶贫、药物零差价、农村饮水安全、雨露计划、冬令救助、旱厕改造专项监察,立案7件,结案6件,党内警告6人,行政处罚1人,行政记过1人,行政撤职1人,收缴违纪款1.39万元。

2017年,开展农村低保、精准扶贫、易地扶贫搬迁、“一事一议”财政奖补、养老金等专项监察,发现问题12个,立案11件,结案9件,处理党员干部9人。

2018年,开展民生专项监察5次,发现违纪线索5条,转立案5件,结案5件,其中,党内警告4人、开除党籍1人。开展大棚蔬菜产业、乡村公路“组组通”、农村危房改造、脱贫攻坚“五改一维一化”项目等督查32次,干部在岗督查20余次,通报干部20余次。

2019年,根据《铜仁市万山区涉林扶贫民生项目专项监察方案》,开展2012年以来涉林民生项目退耕还林工程、生态效益补偿金、建档立卡生态护林员补助、天然林资源保护、林业产业发展专项资金、造林补助6个项目专项监察,发现问题线索2条,转立案2件,结案2件。根据《铜仁市万山区易地扶贫搬迁和财政涉农补贴资金“一折通”专项监察工作方案》,开展易地扶贫搬迁和财政涉农补贴资金“一折通”专项监察,涉及乡农业服务中心、乡林业环保站、乡扶贫站、乡村规划站、乡民政办、乡计生站和乡水务站,紧盯“一折通”涉农资金到户,抓重点人群,进村入户全面核查。

2020年,开展脱贫成果巩固“摘帽不摘责任、摘帽不摘政策、摘帽不摘帮扶、摘帽不摘监管的”专项监察,对存在问题责令帮扶责任人完成整改。开展农民专业合作社(公司)扶贫民生项目专项监察。

2021年,开展“访村寨、重监督、助振兴”专项行动、脱贫成果巩固“四个不摘”、城乡养老保险金、残疾人燃油补贴等专项监察,实地走访调查7个村100余户和8家农村专业合作社,发现问题3个,整改3个,谈话提醒2人,追回违规资金7123元。开展新冠肺炎疫情防控、乡村振兴及生态环保等监督检查40余次,发现问题5个,督促整改5个,发督查通报1期,通报批评3人,谈话提醒1人。

2022年,根据区纪委区监委要求,开展“四新”主攻“四化”、防范债务化解、中央八项规定、疫情防控、春耕备耕、蔬菜大棚、农村厕所革命、巩固拓展脱贫攻坚成果同乡村振兴有效衔接等专项监督检查,开展监督检查工作50余次,发现问题21个,督促整改21个,发出督促通报1期,通报批评3人,立案4件,结案4件,追缴违纪资金3.952万元。

(四)警示教育

2009年,以集中培训、张贴标语、悬挂横幅等形式开展党风廉政警示教育。

2010年,组织党员干部开展警示教育。

2012年,开展警示教育,提高党员领导干部思想政治素质,推进党风廉政建设。

2013年,通报农村党员违纪典型案例,组织下溪乡干部观看警示教育图片展,制作警示标语、开设警示宣传栏、播放警示电教片,利用会议等通报典型案例。

2014年,开展警示教育2次,开展廉政警示教育"四个一"系列活动,组织党员干部观看警示教育片《贪食"群蝇"终自毁》。

2015年,以村党员活动室为阵地,有针对性地选择发生在铜仁市、万山区典型案例,对广大党员干部开展警示教育,增强党员干部"珍惜岗位、自省自律、清正廉洁"自觉性和责任感。

2016年,开展警示教育大会1次,组织党员干部观看《镜鉴》警示教育片,组织乡全体干部职工、村"三委"举办扶贫领域警示教育展2次。

2018年,召开警示教育大会2次,点名曝光群众身边不正之风和腐败典型案例25起。组织全体干部职工、村"三委"及驻村第一书记、驻村干部观看扶贫领域警示教育展2次。

2019年,组织全乡领导干部、村"三委"、驻村第一书记、驻村干部,开展扶贫领域警示教育典型案例展2次,通报省、市、区群众身边不正之风和形式主义、官僚主义典型案例20起。

2020年,召开"一案一整改"警示教育通报会1次,组织全体党员干部、村"三委"干部,观看铜仁市纪委市监委通报扶贫领域25起典型案例展,召开下溪乡2020年扶贫领域警示教育大会。

2021年,开展国家法定节假日廉政教育和廉政集中约谈,传达学习省、市、区违规违纪典型问题通报8次,组织观看廉政警示教育片3次,举办群众身边腐败和不正之风典型案例展活动1次。

2022年,开展国家法定节假日廉政教育和廉政集中约谈,传达学习省、市、区违规违纪典型问题通报20次,举办群众身边腐败和不正之风典型案例展1次。

三、村(居)务监督委员会

官田村

主　任	杨顺田(侗族)	2012年9月至2017年8月
	蒲光祥(侗族)	2017年8月至2022年2月
	蒲召成(侗族)	2022年2月至2022年12月
委　员	蒲光祥(侗族)	2012年9月至2017年8月
	蒲光国(侗族)	2016年7月至2018年10月
	滕召有(侗族)	2012年9月至2022年2月
	杨长生(侗族)	2022年2月至2022年12月
	蒲光早(侗族)	2022年2月至2022年12月

桂花村

主　任	杨序佳(侗族)	2013年12月至2017年8月
	吴长牛(侗族)	2017年8月至2019年5月
	杨秀信(侗族)	2022年2月至2022年12月
委　员	袁仁桃(侗族)	2013年12月至2017年8月
	袁仁牙(侗族)	2016年7月至2022年2月
	杨秀忠(侗族)	2013年12月至2022年2月
	吴长牛(侗族)	2022年2月至2022年12月
	黄　燕(女,侗族)	2022年2月至2022年12月

青龙村

主　任	刘荣庆(侗族)	2013年12月至2022年2月
	吴桂萍(女,侗族)	2022年2月至2022年12月
委　员	刘荣贵(侗族)	2013年12月至2022年2月
	欧安文(侗族)	2013年12月至2017年8月
	欧家保(侗族)	2016年7月至2019年5月
	欧家福(侗族)	2022年2月至2022年12月
	卢　燕(女,侗族)	2022年2月至2022年12月

瓦田村

主　任	时有华(侗族)	2013年12月至2022年2月
	吴长银(侗族)	2022年2月至2022年12月
委　员	吴先刚(侗族)	2013年12月至2022年2月
	杨贵芳(侗族)	2013年12月至2022年2月
	姚元林(侗族)	2022年2月至2022年12月
	袁仁勋(侗族)	2022年2月至2022年12月

铁门村

主　任	刘洪平(侗族)	2013年12月至2022年2月
	刘　军(侗族)	2022年2月至2022年12月
委　员	刘元庆(侗族)	2013年12月至2017年8月
	刘中华(侗族)	2013年12月至2017年8月
	刘元达(侗族)	2017年8月至2022年2月
	刘阳涛(侗族)	2017年8月至2022年12月
	刘洪平(侗族)	2022年2月至2022年12月

报溪村

主　　任	杨胜银(侗族)	2013年12月至2022年2月
	杨昌华(侗族)	2022年2月至2022年12月
委　　员	杨序送(侗族)	2013年12月至2017年8月
	杨胜军(侗族)	2013年12月至2017年8月
	杨　维(侗族)	2017年8月至2018年10月
	张有妹(侗族)	2017年8月至2022年12月
	杨好胜(侗族)	2022年2月至2022年12月

兴隆村

主　　任	刘泽堂(侗族)	2013年12月至2017年8月
	杨顺陆(侗族)	2017年8月至2022年2月
	姚源勇(侗族)	2022年2月至2022年12月
委　　员	陈代军(侗族)	2013年12月至2017年8月
	杨天义(侗族)	2013年12月至2017年8月
	吴克有(侗族)	2017年8月至2022年12月
	吴天军(侗族)	2017年8月至2022年2月
	杨顺陆(侗族)	2022年2月至2022年12月

田龙村

主　　任	杨长成(侗族)	2022年2月至2022年12月
委　　员	杨长木(侗族)	2022年2月至2022年12月
	袁仁见(侗族)	2022年2月至2022年12月

下溪居委会

主　　任	杨明铸(侗族)	2013年12月至2017年8月
	姚本铁(侗族)	2017年8月至2022年2月
	吴天华(侗族)	2022年2月至2022年12月
委　　员	姚本铁(侗族)	2013年12月至2022年12月
	张应喜(侗族)	2013年12月至2017年8月
	张吉金(侗族)	2017年12月至2019年9月
	杨昌富(侗族)	2017年8月至2022年12月

万山区乡镇(街道、办事处)纪(工)委书记名录

表18-11-1

序号	姓名	性别	出生年月	民族	籍贯	调入时间	所任职务	离任时间
1	龙　晓	女	1957年9月	苗族	贵州松桃	1992年7月	谢桥办事处党委委员 纪委书记	1995年12月
2	杨通文	男	1948年12月	土家族	贵州碧江	1995年12月	谢桥办事处党委委员 纪委书记	1998年7月
3	詹全生	男	1958年12月	土家族	贵州万山	1998年8月	谢桥办事处党委委员 纪委书记	2001年10月
4	赵翠莲	女	1966年4月	苗族	贵州万山	2001年10月	谢桥办事处党委委员 纪委书记	2003年3月
5	覃远华	男	1962年11月	汉族	贵州碧江	2003年3月	谢桥办事处党委委员 纪委书记	2006年8月
6	李红旗	男	1971年11月	土家族	贵州印江	2009年12月	谢桥办事处党委副书记 纪委书记	2012年4月
7	秦雪梅	女	1972年10月	汉族	贵州碧江	2012年5月	谢桥街道(办事处)党(工)委 副书记、纪(工)委书记	2013年11月
8	陆霓俊	男	1977年12月	侗族	贵州万山	2014年7月	谢桥街道党工委副书记 纪工委书记	2015年12月
9	周化林	男	1981年9月	侗族	贵州万山	2015年7月	谢桥街道党工委副书记 纪工委书记	2015年12月
10	刘妹莲	女	1979年10月	侗族	贵州万山	2015年12月	谢桥街道党工委副书记 纪工委书记	2016年8月
11	杨爱虹	男	1978年10月	土家族	贵州沿河	2016年8月	谢桥街道党工委委员 纪工委书记	2019年3月
12	李双龙	男	1980年5月	苗族	贵州万山	2019年9月	谢桥街道党工委委员 纪工委书记	—
13	谢　凯	男	1982年9月	苗族	贵州松桃	2016年7月	仁山街道党工委委员 纪工委书记	2016年8月
14	陈　磊	男	1983年5月	土家族	贵州万山	2016年8月	仁山街道党工委委员 纪工委书记	2017年9月
15	林峻森	男	1986年1月	苗族	贵州松桃	2017年9月	仁山街道党工委委员 纪工委书记	2018年2月
16	袁再军	男	1973年9月	侗族	贵州万山	2019年7月	仁山街道党工委委员 纪工委书记	2022年7月

续表18-11-1

序号	姓名	性别	出生年月	民族	籍 贯	调入时间	所任职务	离任时间
17	刘文彬	男	1990年2月	苗族	贵州思南	2022年7月	仁山街道党工委委员 纪工委书记	—
18	向仲敏	男	1983年3月	土家族	贵州万山	2018年12月	丹都街道党工委委员 纪工委书记	—
19	姚元和	男	1956年8月	侗族	贵州万山	1992年7月	茶店镇党委委员 纪委书记	1998年11月
20	杨再文	男	1956年12月	土家族	贵州万山	1998年11月	茶店镇党委委员 纪委书记	2001年1月
21	覃远华	男	1962年11月	汉族	贵州碧江	2001年1月	茶店镇党委委员 纪委书记	2003年3月
22	杨宣传	男	1969年7月	侗族	贵州铜仁	2003年3月	茶店镇党委委员 纪委书记	2006年8月
23	宋 宇	男	1974年6月	土家族	贵州松桃	2006年8月	茶店镇党委副书记 纪委书记	2009年12月
24	杨政久	男	1975年9月	土家族	贵州碧江	2009年12月	茶店镇党委副书记 纪委书记	2011年8月
25	杨洪波	男	1981年4月	土家族	贵州沿河	2011年8月	茶店镇党委副书记 纪委书记	2012年6月
26	王 尧	男	1978年11月	苗族	贵州万山	2013年1月	茶店镇(街道)党(工)委副书记、纪(工)委书记	2015年1月
27	韩 磊	男	1987年2月	仡佬族	贵州道真	2015年4月	茶店街道党工委副书记 纪工委书记	2016年7月
28	张艳华	男	1988年06	土家族	贵州碧江	2016年7月	茶店街道党工委委员 纪工委书记	2019年1月
29	杨 睿	男	1981年1月	苗族	贵州松桃	2019年1月	茶店街道党工委委员 纪工委书记	—
30	刘 忠	男	1961年7月	侗族	贵州万山	1992年12月	万山镇党委委员 纪委书记	2001年10月
31	李荣忠	男	1962年1月	汉族	贵州万山	1993年2月	万山镇党委委员 纪委书记	1995年12月
32	邹凤书	男	—	侗族	—	2003年5月	万山镇党委委员 纪委书记	2004年10月

续表18-11-1

序号	姓名	性别	出生年月	民族	籍 贯	调入时间	所任职务	离任时间
33	王　刚	男	1981年2月	土家族	重庆秀山	2012年8月	万山镇党委副书记 纪委书记	2013年4月
34	姚旭华	男	1972年1月	苗族	贵州万山	2013年6月	万山镇党委副书记 纪委书记	2015年1月
35	韩　磊	男	1987年2月	仡佬族	贵州道真	2016年7月	万山镇党委委员 纪委书记	2019年8月
36	袁文湘	男	1990年1月	侗族	贵州万山	2019年8月	万山镇党委委员 纪委书记	2021年7月
37	兰士傢	男	1991年4月	苗族	贵州石阡	2021年7月	万山镇党委委员 纪委书记	—
38	陈通平	男	1962年1月	汉族	贵州万山	1992年7月	鱼塘乡党委委员 纪委书记	1993年2月
39	杨通水	男	1951年11月	侗族	贵州万山	1993年2月	鱼塘乡党委委员 纪委书记	1998年8月
40	赵翠莲	女	1966年4月	苗族	贵州万山	1998年8月	鱼塘乡党委委员 纪委书记	2001年10月
41	潘碧花	女	1974年5月	侗族	贵州碧江	2001年10月	鱼塘乡党委委员 纪委书记	2006年8月
42	刘胜良	男	1962年12月	侗族	贵州万山	2006年8月	鱼塘乡党委委员 纪委书记	2011年8月
43	杨奇峰	男	1974年9月	侗族	贵州万山	2011年12月	鱼塘乡党委副书记 纪委书记	2012年6月
44	刘德清	男	1977年12月	侗族	贵州万山	2013年1月	鱼塘乡党委副书记 纪委书记	2015年1月
45	陈绍奇	男	1980年12月	侗族	贵州石阡	2015年4月	鱼塘乡党委副书记 纪委书记	2016年7月
46	饶维圣	男	1985年11月	土家族	贵州万山	2016年7月	鱼塘乡党委副书记 纪委书记	2019年5月
47	吴　巍	男	1989年7月	土家族	贵州沿河	2019年7月	鱼塘乡党委委员 纪委书记	2021年5月
48	张运发	男	1979年8月	侗族	贵州玉屏	2021年6月	鱼塘乡党委委员 纪委书记	2022年11月

续表18-11-1

序号	姓名	性别	出生年月	民族	籍 贯	调入时间	所任职务	离任时间
49	吴从越	男	1958年6月	侗族	贵州万山	1992年7月	大坪乡党委委员 纪委书记	1993年2月
50	杨和平	男	1953年11月	侗族	贵州万山	1993年3月	大坪乡党委委员 纪委书记	2001年3月
51	刘胜良	男	1962年12月	侗族	贵州万山	2001年6月	大坪乡党委委员 纪委书记	2006年5月
52	杨群刚	男	1974年1月	侗族	贵州万山	2006年8月	大坪乡党委副书记 纪委书记	2011年8月
53	远红伟	男	1982年9月	汉族	河南西化	2011年8月	大坪乡党委副书记 纪委书记	2012年6月
54	杨月明	女	1978年4月	侗族	贵州万山	2015年4月	大坪乡党委副书记 纪委书记	2016年1月
55	许佰成	男	1982年4月	汉族	贵州盘县	2016年3月	大坪乡党委副书记 纪委书记(挂职)	2016年8月
56	舒秀明	男	1973年9月	土家族	贵州碧江	2016年8月	大坪乡党委委员 纪委书记	2019年1月
57	杨胜江	男	1981年6月	侗族	贵州万山	2019年5月	大坪乡党委委员 纪委书记	2022年4月
58	唐智飞	男	1983年11月	苗族	贵州松桃	2022年4月	大坪乡党委委员 纪委书记	—
59	刘发章	男	1941年9月	侗族	贵州万山	1994年7月	高楼坪乡党委委员 纪委书记	1998年1月
60	张 静	女	1968年6月	土家族	贵州松桃	1998年11月	高楼坪乡党委委员 纪委书记	2000年1月
61	吴 锋	男	1972年6月	侗族	贵州万山	2001年10月	高楼坪乡党委委员 纪委书记	2003年7月
62	黄晓慧	女	1972年11月	侗族	贵州万山	2003年3月	高楼坪乡党委副书记 纪委书记	2006年9月
63	姚茂桥	男	1973年3月	侗族	贵州万山	2006年9月	高楼坪乡党委委员 纪委书记	2008年12月
64	杨 杰	男	1977年1月	汉族	湖南辰溪	2008年12月	高楼坪乡党委副书记 纪委书记	2012年5月

续表18-11-1

序号	姓名	性别	出生年月	民族	籍 贯	调入时间	所任职务	离任时间
65	杨顺宏	男	1983年6月	汉族	湖南洪江	2012年9月	高楼坪乡党委副书记 纪委书记	2014年11月
66	杨松飞	男	1984年6月	土家族	贵州沿河	2014年10月	高楼坪乡党委副书记 纪委书记	2016年3月
67	杨秀钢	男	1985年9月	侗族	贵州万山	2016年3月	高楼坪乡党委副书记 纪委书记	2016年7月
68	杨水红	女	1986年9月	侗族	贵州万山	2016年7月	高楼坪乡党委委员 纪委书记	2020年4月
69	张　举	男	1983年8月	侗族	贵州碧江	2020年5月	高楼坪乡党委委员 纪委书记	2021年7月
70	王　超	男	1984年1月	汉族	湖南双峰	2021年7月	高楼坪乡党委委员 纪委书记	2022年8月
71	陈　伟	男	1991年8月	仡佬族	贵州石阡	2022年8月	高楼坪乡党委委员 纪委书记	—
72	吴成龙	男	1961年12月	侗族	贵州万山	1992年12月	黄道乡党委委员 纪委书记	1998年11月
73	刘　勇	男	1968年12月	侗族	贵州岑巩	1998年11月	黄道乡党委委员 纪委书记	2002年1月
74	韩忠平	男	1969年12月	侗族	贵州黄平	2003年11月	黄道乡党委副书记 纪委书记	2006年2月
75	刘祖辉	男	1976年9月	侗族	贵州万山	2006年3月	黄道乡党委副书记 纪委书记	2006年8月
76	杨清林	男	1975年1月	侗族	贵州万山	2006年7月	黄道乡党委副书记 纪委书记	2010年7月
77	王　刚	男	1981年2月	土家族	重庆市秀山	2010年7月	黄道乡党委委员 纪委书记	2011年8月
78	林　涛	男	1982年7月	汉族	贵州余庆	2011年8月	黄道乡党委副书记 纪委书记	2012年12月
79	杨文静	女	1978年8月	土家族	贵州印江	2013年4月	黄道乡党委副书记 纪委书记	2014年7月
80	蒲红平	男	1985年9月	侗族	贵州万山	2015年4月	黄道乡党委副书记 纪委书记	2016年7月

续表18-11-1

序号	姓名	性别	出生年月	民族	籍 贯	调入时间	所任职务	离任时间
81	罗 雄	男	1973年9月	侗族	贵州万山	2016年8月	黄道乡党委委员 纪委书记	2020年4月
82	余福军	男	1985年9月	蒙古族	贵州思南	2020年4月	黄道乡党委委员 纪委书记	2022年2月
83	田发明	男	1985年5月	侗族	贵州玉屏	2022年3月	黄道乡党委委员 纪委书记	—
84	陈小昌	男	1944年4年	侗族	贵州万山	1993年2月	敖寨乡党委委员 纪委书记	1995年12月
85	万家厚	男	1956年1月	侗族	贵州万山	1995年12月	敖寨乡党委委员 纪委书记	1998年11月
86	姚本连	男	1963年2月	侗族	贵州万山	2003年6月	敖寨乡党委委员 纪委书记	2006年8月
87	姚登富	男	1971年9月	侗族	贵州万山	2006年8月	敖寨乡党委副书记 纪委书记	2011年3月
88	姚祖德	男	1976年4月	侗族	贵州万山	2011年9月	敖寨乡党委副书记 纪委书记	2012月11月
89	姚 凯	男	1980年2月	土家族	贵州松桃	2013年8月	敖寨乡党委副书记 纪委书记	2015年1月
90	吴远勇	男	1979年5月	侗族	贵州万山	2016年8月	敖寨乡党委委员 纪委书记	2019年1月
91	徐启荣	男	1986年12月	侗族	贵州碧江	2019年2月	敖寨乡党委委员 纪委书记	2022年5月
92	彭 超	男	1989年10月	土家族	贵州沿河	2022年7月	敖寨乡党委委员 纪委书记	—
93	杨顺昌	男	1959年11月	侗族	贵州万山	1992年12月	下溪乡党委委员 纪委书记	1995年12月
94	杨余昌	男	1947年5月	侗族	贵州万山	1995年12月	下溪乡党委委员 纪委书记	1998年2月
95	姚本连	男	1963年2月	侗族	贵州万山	2002年2月	下溪乡党委委员 纪委书记	2002年10月
96	杨胜顺	男	1972年12月	侗族	贵州万山	2006年8月	下溪乡党委副书记 纪委书记	2008年12月

序号	姓名	性别	出生年月	民族	籍 贯	调入时间	所任职务	离任时间
97	杨　超	男	1978年12月	侗族	贵州万山	2008年12月	下溪乡党委副书记 纪委书记	2011年8月
98	杨顺宏	男	1983年6月	汉族	湖南洪江	2011年9月	下溪乡党委副书记 纪委书记	2012年12月
99	姚　科	男	1981年10月	侗族	贵州万山	2012年12月	下溪乡党委副书记 纪委书记	2014年10月
100	刘泽水	男	1978年12月	侗族	贵州万山	2014年10月	下溪乡党委副书记 纪委书记	2015年7月
101	罗金林	男	1981年9月	侗族	贵州万山	2016年7月	下溪乡党委委员 纪委书记	2019年12月
102	罗仁华	男	1980年10月	侗族	贵州万山	2020年2月	下溪乡党委委员 纪委书记	2021年7月
103	邹　通	男	1989年3月	侗族	贵州岑巩	2021年7月	下溪乡党委委员 纪委书记	—

第十九章　驻万山正县级机构纪检监察

随着1949年11月万山乡解放和行政第六区的建立，万山汞矿由人民政府接手并经营管理至2001年，在51年时间里经历六个发展阶段，即公司合营万山汞矿公司、贵州汞矿厂、铜仁汞矿、湘黔汞矿公司、贵州省汞矿和贵州汞矿。为发挥汞矿资源在国民经济中重要作用，在20世纪50年代中华人民共和国成立初期，万山建立正县级国有汞矿企业，先后设立贵州汞矿党委和党的监察委、贵州地质一勘队党委和党的监察委、贵州冶金第十九井巷公司党委、贵州冶金建设公司党委，为贵州万山汞工业建设与发展作出应有贡献。中共十一届三中全会后，1980年5月贵州汞矿设置党的纪律检查委员会。2010年10月，贵州省委十届十次全会提出实施工业强省战略，2012年12月，根据贵州省人民政府批复，在原贵州汞矿工业旧址区域即万山镇及周边高楼坪侗族乡部分村组建立正县级贵州万山经济开发区，随后设立贵州万山经济开发区党工委、贵州万山经济开发区管委会和贵州万山经济开发区纪工委，配置相应工作机构和职能，稳步推进万山工业建设和发展。

第一节　贵州汞矿纪检监察

一、机构设置

(一)监察机构

1.监察领导机构。1956年3月5日，按照中央监察委要求和贵州省委指示，成立湘黔汞矿公司党的监察委员会。是年3月7日，公司党委推选宋继香(女)、姚金铸、郑德松、梁士贤、方国和、刘永祥、杨桂林7人组成监察委员会，公司党委委员宋继香兼任监察委书记。1957年11月，调整宋德祥、鞠茂贞(女)、杨秀英(女)进监察委，宋德祥任副书记，鞠茂贞(女)、杨秀英(女)任干事，随后调姚本和任监察委秘书。1958年10月22日，撤销湘黔汞矿公司建立贵州省汞矿，监察委员会与组织部、干部科合并办公，组成人员为陈永安、刘贻经、王锡英(女)、姚本和、华必兴5人，1958年12月陈永安任监察委员会副书记，姚本和任监察委秘书。1959年3月13日至15日，召开中共贵州省汞矿第一次党代会，选举王恩涛、秦霭堂、陈永安、裴仲凡、关德成、刘贻经、刘梦兰为党委监委委员，由陈永安任监察委员会副书记，1960年6月华必兴任监察委员会秘书，任职至1961年1月。1961年4月，召开中共贵州省汞矿第三次党代会，选举裴仲凡、陈永安、王锡英(女)、宋德宗、熊还柱为党委监委委员，由裴仲凡任监委书记、陈永安任监委副书记。1962年3月，陈永安任监察委员会书记，任职至1965年5月离岗休息。1962年5月，蒲照林任监察委干事，任职至1965年9月。1964年10月，杨桐江任监察委副书记，任职至1966年3月。1965年5月29日，贵州省汞矿更名为贵州汞矿，汞矿公司党的监察委员会继续保留，对相关任职领导和人员作调整。1965年5月，杨茂松任监察委副书记，任职至1967年10月。随后，调整谢子锡、黄伯媛、肖厚生3人任监察委干事。1966年4月，杨桐江任监察委员会书记，并任职至1967年5月。1969年7月，贵州汞矿监察委员会随同全国各级监察委员会机构自然撤销。1992年5月，根据国有企业体制改革安排，对矿党群和行政机构作整合调整，监察划转行政管理，成立审计监察部。根据贵汞劳人字〔1992〕第172号文件，聘任覃方军为贵州汞矿审计监察部副主任。1993年4月，按照中共贵州汞矿委员会《关于调整机关党群部门管理机构的通知》，设置纪检监察部。1993年，按照贵汞党字〔1993〕第006号文件，由裴长林任纪检监察部主任。1995年9月8日，根据国务院颁发《全民所有制工业企业转换经营机制条例》，机关部室改称为处（部）室，更名为纪检监察部。1995年，按照贵汞党字〔1995〕第022号文件，裴长林任贵州汞矿纪检监察部部长。

中共贵州（省）汞矿（湘黔汞矿公司）委员会监察委员会

（1956年3月至1967年10月）

书　记	宋继香（女）	1956年3月至1957年10月
	裴仲凡	1961年4月至1962年3月
	陈永安	1962年3月至1965年5月
	杨桐江	1966年4月至1967年5月
副书记	宋德祥	1957年11月至1958年10月
	陈永安	1958年12月至1962年3月
	杨桐江	1964年10月至1966年3月
	杨茂松	1965年5月至1967年10月
监察委员	宋继香（女）	1956年3月至1957年10月
	姚金铸	1956年3月至1957年10月
	郑德松	1956年3月至1957年10月
	梁士贤	1956年3月至1957年10月
	方国和	1956年3月至1957年10月
	刘永祥	1956年3月至1957年10月
	杨桂林	1956年3月至1957年10月
	宋德祥	1957年11月至1958年10月
	姚本和	1957年12月至1960年6月
	刘贻经	1958年10月至1960年4月
	王锡英（女）	1958年10月至1964年4月
	陈永安	1958年12月至1965年5月

华必兴　1960年6月至1961年1月
王恩涛　1959年3月至1960年4月
秦霭堂　1959年3月至1960年4月
裴仲凡　1959年3月至1962年3月
关德成　1959年3月至1960年4月
刘梦兰　1959年3月至1960年4月
宋德宗　1961年4月至1962年3月
熊还柱　1961年4月至1962年3月
杨桐江　1964年10月至1967年5月
杨茂松　1965年5月至1967年10月

2.监察内设机构。1989年8月，撤销贵州汞矿审计监察科，成立贵州汞矿审计科、监察科。1989年2月15日，根据贵汞干字〔1989〕024号文件，聘任裴长林为贵州汞矿监察科科长；是年8月31日，根据贵汞干字〔1989〕162号文件，聘任叶振清为贵州汞矿监察科副科长。

（二）纪检机构

1.纪检领导机构。中共十一届三中全会后，贵州汞矿党的纪律检查机构开始筹建，1980年5月23日，贵州汞矿党委全委会选举产生阎继裕、肖厚生、李思贤、宋希禹、姚宗保为中共贵州汞矿委员会纪律检查委员会委员，阎继裕任书记、肖厚生任副书记。1981年12月，根据贵州省冶金局党组文件，由龙智明任中共贵州汞矿委员会纪律检查委员会书记，刘洪善任中共贵州汞矿委员会纪律检查委员会委员。1983年4月，杨桂昇任中共贵州汞矿委员会纪律检查委员会书记。1984年8月，根据贵汞党组字〔1984〕25号文件，杨锦光任中共贵州汞矿委员会纪律检查委员会副书记。1984年12月，根据中国有色金属工业总公司贵阳公司党组文件，李杰任中共贵州汞矿委员会副书记兼纪委书记。1985年1月，根据贵汞党发字〔1985〕第3号文件，宋龙顺任中共贵州汞矿委员会纪律检查委员会副书记（正科职）。1985年3月，根据中国有色金属工业总公司贵阳公司党组文件，宋龙顺任中共贵州汞矿纪律检查委员会书记（副处级）。1988年8月，根据贵汞党发〔1988〕26号文件，宋龙顺兼任党委工作部主任（副处级）；黄式明任党委工作部正科职纪检员、刘洪善任党委工作部副科职纪检员。1990年5月22日至24日，召开中国共产党贵州汞矿第四次代表大会和中国共产党贵州汞矿第四届纪律检查委员会第一次全委会，选举白友芳、杨再裕、宋龙顺、徐文长、崔明久为中共贵州汞矿第四届纪律检查委员会委员，宋龙顺任书记、徐文长任副书记。1992年1月，按照中国有色金属工业总公司贵阳公司党组文件，宋龙顺任中共贵州汞矿委员会副书记兼纪委书记。1993年10月，裴长林任中共贵州汞矿第四届纪律检查委员会委员、副书记。1997年3月27日，根据贵色党〔1997〕16号文件，裴长林任中共贵州汞矿委员会委员、纪委书记，主持纪委全面工作，分管纪检监察处。1997年4月，贵州汞矿实施改革，重新设立纪检监察处，为纪检监察合署办公机构。按照贵汞党发〔1997〕第11号文件，冉光清任纪检监察处处长。1997年5月，增补冉光清、彭建树、陈学文为中共贵州汞矿纪律检查委员会委员。2001年9月，经国务院批准，贵州省政府对贵州汞矿实施政策性关闭破产。2002年5月，贵州汞矿纪律检查委员会和贵州汞矿监察委及其内设机构一并撤销。

中共贵州汞矿(委员会)纪律检查委员会

(1980年5月至2001年10月)

书　　记	阎继裕	1980年5月至1981年12月
	龙智明(苗族)	1981年12月至1983年4月
	杨桂昇	1983年4月至1984年12月
	李　杰	1984年12月至1985年3月
	宋龙顺	1985年3月至1997年3月
	裴长林	1997年3月至2001年10月
副 书 记	肖厚生	1980年5月至1984年8月
	杨锦光	1984年8月至1985年1月
	宋龙顺	1985年1月至1985年3月
	徐文长	1990年5月至1992年5月
	姜孝放	1992年5月至1993年9月
	裴长林	1993年10月至1997年2月
纪委委员	阎继裕	1980年5月至1981年12月
	肖厚生	1980年5月至1984年8月
	李思贤	1980年5月至1981年12月
	宋希禹	1980年5月至1981年12月
	姚宗保	1980年5月至1984年9月
	龙智明(苗族)	1981年12月至1983年4月
	刘洪善(侗族)	1981年12月至1986年9月
	杨桂昇	1983年4月至1984年12月
	杨锦光	1984年8月至1985年1月
	李　杰	1984年12月至1985年3月
	宋龙顺	1985年1月至1997年3月
	姜孝放	1992年5月至1993年9月
	徐文长	1990年5月至1992年5月
	白友芳	1990年5月至1992年
	杨再裕(侗族)	1990年5月至1997年11月
	崔明久	1990年5月至1995年10月
	裴长林	1993年10月至2001年10月
	冉光清	1997年5月至2001年10月
	彭建树	1997年5月至2001年10月

陈学文　　1997年5月至2001年10月

2.纪检内设机构。按照工作职能，至1985年，设立“一办两组”，即纪委办公室，案件检查组和案件审理组。1989年8月18日，按照贵汞党发〔1989〕25号文件，由刘洪善任纪委办公室主任（副科职）。1991年9月，贵汞党发〔1991〕049号文件，侯秀莲（女）任矿纪委办公室主任（副科职）、刘洪善任专职纪检员（副科职）。1992年5月，成立纪委办公室。根据贵汞党组干字〔1992〕第031号文件，姜孝放任贵州汞矿纪律检查委员会副书记兼纪委办公室主任。1997年4月，按照贵汞党发〔1997〕第11号文件，华小贵任纪检监察处副处长兼纪委办公室主任，任职至1997年11月。

二、主要工作

（一）1956年至1969年工作

开展肃反清理党员及职工队伍工作，在增产节约运动中开展党的监察工作，检查处理共产党员在精简机构、缩减人员编制、年终经费结算、购买物品等违反财经制度纪律等违规违纪，纯洁党员职工队伍。参加“整风”“三反”“四清”等政治运动，在运动中检查处理违反党纪案件，清洗党内不法分子，洗涤和巩固党的组织，增强党组织战斗力，提高党员政治思想觉悟和工作的积极性，促进汞矿生产发展，发挥党监察工作积极作用。

（二）1980年至1990年工作

1.健全工作制度机制，强化教育监督管理。矿纪委按照党委的统一部署，在全矿范围内，用一年多时间组织党员学习，翻印党纪法规发给党员自学，举办党员轮训班，全矿873名党员有838人先后参加轮训，占党员总数95.99%。一是抓学习，坚持开展经常性党性、党风、党纪教育，围绕中央的路线、方针、政策拟定教育内容，采取举办党员轮训班、上党课、播放党纪教育电视录像、复印党纪学习教育资料、转发典型案例等，开展对党员教育，增强广大党员的党性观念。1980年至1990年，全矿共举办党员教育轮训班134次，共6080人次；上党课1413次，共62131人次参加；放电视录像11场次。通过一系列党性、党风教育，涌现出一批如冶炼厂、矿小等先进党组织31个，优秀共产党员784人次和10名优秀党务工作者。二是抓机制，建立完善党风建设制度。建立“三会一课”制度，全矿上党课1413次，共62131人次参加；召开支部党员大会2156次，共109250人次参加；召开支委会2335次，共8283人次参加；召开党小组会9095次，共84298人次参加；建立矿党委领导班子双重民主生活会制度，全矿党委领导班子共参加“两级班子”民主生活会536次，参加“两级班子”成员会议2440人次，提出和反馈意见1400余条，大部分意见都得到解决；建立党风包保责任制，制定“四包”“三保”党风包保责任制，采取上包下保，实行一级抓一级，与经济责任制挂勾，对单位党风建设定期考核；建立党风定期检查制度，党小组每月一次、党总支（直属党支部）每季一次、全矿半年一次党风自检和大检查，为全矿党组织和党员考核制度；纪检工作例会制度，主要传达上级文件、交流工作经验、收集群众意见、安排部署工作、互通情况信息等，提高纪检干部政治业务素质，促进党风好转；建立案件查处分管负责机制，全矿实行案件查处分管责任制，案件从立案到结案由专人负责和领导把关，一般案件无积压，基本上防止因失误导致错案发生；建立党风信息网络反馈制，经常听取和收集群众反映党内不正之风、以权谋私等违纪线索，矿纪委派人到基层单位不定期调查核实，并给予处理，对有关单位党风问题予以通报，畅通党风信息传递。1985年贵阳有色金属工业公司党组对贵州汞矿作出"党风开始根本好转"评价；1986年被贵阳有色金属工业公司党组评为"党的卫士""党风建设先进单位"；1987年被贵阳有色金属工业公司党组、贵州省纪委评为"端正党风先进单位""党风建设先进集体"。

2.清理纠正不正之风，打击经济领域犯罪。在全矿开展打击各种经济违法犯罪活动，1982年至1986年，共立案83起，结案76起，结案率为91.57%，立案金额17.80万元，结案后追回12.53万元，占立案金额的70.35%。开展清理干部职工拖欠公款，由于贵州汞矿历史原因，干部及职工拖欠公款问题突出，至1984年9月，拖欠金额为15.32万元，拖欠人数为869人，其中，党员169人，占欠款总人数的19.45%，金额4.36万元，占欠款总数的28.44%，收回850余人拖欠公款13.51万元。

3.惩治贪污腐败，强化党风廉政建设。查处党内违纪案件，惩治贪污腐败，搞好党风廉政建设。开展反腐宣传教育，发动群众揭发检举，收到举报线索40起涉及40人，其中有干部12人，党员15人，查实21起，涉及金额2.33万元，结案处理5起，收回金额9487.4元。针对干部作风问题，贵州汞矿党委根据《关于机关工作人员必须保持廉洁的决定》（中色总公司党办字〔1988〕580号文件），坚持按"八坚持""八带头""八不准"规定，制定《贵州汞矿关于干部保持廉洁的十条决定》，针对吃喝久禁不止歪风，党政联合下发《关于严禁用公款招待宴请的规定》，明确接待用餐制度和违反处理办法，全矿查处党内违纪案件33起，涉及30人33人次，25人受到党的纪律处分。其中，开除党籍5人，留党察看3人，党内严重警告6人，警告6人，撤职3人，免除职务2人；其余5人给予通报批评。矿纪委重视并做好群众来信来访工作，从贵州汞矿纪委成立至1989年底，收到群众来信704件，接待群众来访1427人次。

4.整党"两案"审理，清理"三种人"核查。自1985年7月1日至1986年2月15日，历时7个半月。主要任务：统一思想、整顿作风、加强纪律、纯洁组织。按照三个阶段进行，即学习文件、对照检查、组织处理和党员登记，整党结束，给予党员缓登记半年3人，有错误待查暂缓登记2人，除名2人，给予党纪处分3人。1985年根据中共中央整党决定和中发〔1982〕86号、中发〔1984〕17号文件，贵州汞矿开展清理"三种人"核查，对全矿345名党员和非党干部在"文化大革命"中的表现进行摸底，对92名中层以上党员干部进行考察。

（三）1991年至2001年工作

伴随国有企业体制改革推进和汞矿资源逐步枯竭，贵州汞矿纪检监察主要工作为严格执行党风建设制度，发挥党员先锋模范和基层党组织战斗堡垒作用，抓实党性、党风、党纪教育；开展政治纪律和组织纪律及党的宗旨、纪律、警示教育，建全和完善党内监督制度，严肃党规党纪，实现全矿党员年违纪率（立案查处）不超过5%，并实现逐年降低；抓好"四包三保"工作，落实党风责任制度和廉政建设规定，严肃查处党内违纪案件；治理整顿扰乱经济秩序和破坏经济环境问题，查处党员干部受贿、要"回扣"、以权谋私、大吃大喝、失职渎职、嫖娼赌博等，党风廉政常抓不殆。

第二节　贵州冶金地质一队(贵州地质勘探公司第一勘探队)纪检监察

一、机构设置

1956年8月6日,经中共铜仁地委批复,中共重庆地质勘探公司六〇二队委员会成立,队党委会下设办公室和组织部、宣传部,同时,另设立中共六〇二队监察委员会。1979年7月16日至19日,中共贵州冶金地质一队第五次代表大会在万山基地队部召开,选举刘国仁、许德隆、贺运山、叶朝铭、车善凤(女)、唐时忠、代启才为中共贵州冶金地质一队纪律检查委员会委员,刘国仁任书记、许德隆任副书记。1983年10月8日,许德隆离任后,中共贵州冶金地质勘探公司委员会任命贺运山为副书记。1984年4月5日,刘国仁离任后,中共贵州冶金地质勘探公司委员会任命许德隆为书记,增补林海、叶朝铭、张秀全为中共贵州冶金地质一队委员会委员。1986年3月25日,许德隆离任后,中共贵州地质勘探公司委员会任命唐时忠为书记。1986年9月4日至6日,中共中国有色金属工业总公司贵州地质勘探公司第一勘探队第六次代表大会在万山基地队部召开,选举唐时忠、刘祖斌、贺运山、邹明养、伍希宣为中共贵州冶金地质一队纪律检查委员会委员,唐时忠任书记。1987年7月27日,中国有色金属工业总公司贵州地质勘探公司党组任命,增补邹积成、徐华顺2人第一勘探队纪委委员。1988年11月8日,中国有色金属工业总公司贵州地质勘探公司第一勘探队〔1988〕队发字第09号文件通知,设监察科,随后设监察室、监察审计室,为党群工作部门。1991年11月,经中国有色金属工业总公司贵州地质勘查局党组〔1991〕中色黔勘党字第23号文件批复,地质一勘队从万山特区基地转移到清镇市基地,其纪检监察机构随之搬迁至清镇市。

(一)领导机构

中共贵州冶金地质一队(委员会)纪律检查委员会

(1979年7月至1986年9月)

书　　记	刘国仁	1979年7月至1984年4月
	许德隆	1984年4月至1986年2月
	唐时忠	1986年3月至1986年9月
副 书 记	许德隆	1979年7月至1984年4月
	贺运山	1983年10月至1986年2月
委　　员	刘国仁	1979年7月至1984年4月
	许德隆	1979年7月至1984年4月
	贺运山	1979年7月至1983年9月
	叶朝铭	1979年7月至1983年3月
	车善凤(女)	1979年7月至1983年3月

	唐时忠	1979年7月至1983年3月
	代启才	1979年7月至1983年3月
	林　海	1984年4月至1986年2月
	叶朝铭	1984年4月至1986年2月
	张秀全	1984年4月至1986年2月

中共中国有色金属工业总公司贵州地质勘探公司第一勘探队纪律检查委员会

（1986年9月至1991年11月）

书　记	唐时忠	1986年9月至1991年11月
委　员	唐时忠	1986年9月至1991年11月
	刘祖斌(侗族)	1986年9月至1991年11月
	贺运山	1986年9月至1991年11月
	邹明养	1986年9月至1991年11月
	伍希宣	1986年9月至1991年11月
	邹积成	1987年7月至1991年11月
	徐华顺	1987年7月至1991年11月

（二）内设机构

贵州地质勘探公司第一勘探队监察科

科　长	代启才	1988年12月至1989年1月

贵州地质勘探公司第一勘探队监察室

监察员（正科级）	代启才	1989年2月至1990年4月
	陈光南	1990年5月至1991年2月

贵州地质勘探公司第一勘探队监察审计室

主　任	陈光南	1991年3月至1991年6月
	邹积成	1991年7月至1991年11月

二、主要工作

贵州地质勘查局一总队自建立以来，虽然机构设置及人员变更较大，但在上级党委、纪委的领导下，协助党委开展了以下工作。

（一）开展增产节约肃反清理。在党员干部、职工队伍中开展增产节约监察工作，检查处理共产党员在增产节约运动中对精简机构、缩减人员编制、经费结算、购买物品等违反财政制度，破坏财政纪律的错误行为等。通过增产节约肃反运动开展，进一步加强党员干部廉洁制度纪律意识，促进汞矿生产有序进行。

（二）履行政治运动监察职能。积极参加并开展党的"整风""三反""四清"及各项政治运动，履行党的纪检监察工作职能职责。在政治运动中，检查处理相应违反党纪案件，清除党内违纪违法分子，进一步纯洁党员干部队伍，巩固党组织的团结和统一，提升党组织战斗力，增强党员职工政治思想觉悟和工作积极性，促进汞矿地质勘探事业发展。

（三）强化纪检教育监督检查。按照党委统一部署，动员党员开展党纪法规学习，组织参加纪检监察业务学习轮训班，提升纪检监察干部政治素质和业务素质。清理纠正各种不正之风，打击经济领域违纪违法活动。惩治贪污腐败，抓好纪检信访，强化法纪制度反腐与群众监督相衔接，搞好党风和廉政建设，为国家矿业开发做出重大贡献。1990年7月，被中国有色金属工业总公司地质局授予"思想政治工作先进单位"称号；1991年12月，被地质部矿产部、国家计划委员会、人事部、中华全国总工会授予"全国地质勘查功勋单位"称号。

第三节　贵州万山经济开发区纪检监察

一、机构设置

2012年12月，根据《贵州省人民政府关于同意设立贵州万山经济开发区的批复》（黔府函〔2012〕338号），设立贵州万山经济开发区。2013年4月，按照《铜仁机构编制委员会办公室关于区县所属省级经济开发区管理机构有关问题的通知》（铜市机编〔2013〕69号）文件，核定贵州万山经济开发区纪工委、贵州万山经济开发区监察室机构和编制。2015年9月，根据《中共铜仁市委办公室铜仁市人民政府办公室关于印发〈区县省级经济开发区管理体制改革的指导意见〉的通知》（铜党办发〔2015〕54号），设立中国共产党贵州万山经济开发区工作委员会、贵州万山经济开发区管理委员会，为区委、区政府派出机构。同时，下设副县级中国共产党贵州万山经济开发区纪律检查工作委员会。2019年5月，根据《铜仁市开发区纪检监察体制改革工作实施方案》（铜监改办发〔2019〕2号），中国共产党贵州万山经济开发区纪律检查工作委员会变更为中国共产党贵州万山经济开发区纪检监察工作委员会，为铜仁市纪委市监委派出机构，贵州万山经济开发区监察室变更为中共贵州万山经济开发区纪检监察工委办公室，依法行使纪检监察职能。

2021年9月，根据《中共铜仁市万山区委办公室关于印发〈中共贵州万山经济开发区工作委员会、贵州万山经济开发区管理委员会职能配置内设机构和人员编制规定〉的通知》（万委办字〔2021〕20号），明确纪检监察机构按相关规定设置。

贵州万山经济开发区纪（律）检（监）察工作委员会，设纪（律）检（监）察工委编制3人至5人，设书记1名、副书记（正科长级）1名。内设办公室（监察室），科室领导职数1名。

(一)领导机构

中共贵州万山经济开发区纪律检查工作委员会

(2013年4月至2019年5月)

书　记	田必再(侗族)	2015年5月至2017年11月
	刘胜华(土家族)	2018年12月至2019年5月

中共贵州万山经济开发区纪检监察工作委员会

(2019年5月至2022年12月)

书　记	刘胜华(土家族)	2019年5月至2019年11月
	杨胜飞(侗族)	2020年4月至2022年12月
副书记	吴克玖(侗族)	2021年11月至2022年12月

(二)办事机构

贵州万山经济开发区监察室

主　任　杨雪花(女,侗族)　2014年10月至2015年9月

中共贵州万山经济开发区纪检监察工作委员会办公室

主　任　罗金林(侗族)　2021年6月至2022年12月

二、主要工作

根据《中国共产党章程》和其他党内法规,履行监督、执纪、问责职责;依照监察法和有关法律规定,履行监督、调查、处置职责,履行纪检监察纪工委主体责任与监督责任,扛起管党治党政治责任,扎实推进全面从严治党。

2014年,成立党风廉政建设工作领导小组,严格履行党风廉政"一岗双责"制。组织召开以党风廉政建设会议2次,参与学习干部职工60余人次,签订《党风廉政建设责任书》;开展"六个渠道"涉企问题办理,帮助企业解决问题25个;开展"一站式"服务,建立"一站式"审批机制及队伍,提高项目审批效率;落实市纪委、区纪委交办案件处置违纪案件1件,处理信访件2件,开展党风廉政建设监督检查6次,督查通报2期。

2015年,调整充实党风廉政建设工作领导小组,对2015年度党风廉政建设分解细化,明确牵头领导、责任单位、工作要求及完成时限,建立健全工作责任督查机制。开展集中廉政约谈2次,组织观

看《蜕变与悔悟》《“贪食”群蝇终自毁》等警示教育片，开展党风廉政教育专题学习8次，邀请市纪委、市园区办公室到经开区开展廉政文化座谈会2次。处理上级交办信访1件，开展效能督查16次，提出整改意见35条，查收个人作风纪律建设剖析材料21份，立案1件，给予记过处分1人。

2016年，调整充实党风廉政建设工作领导小组，对2016年度党风廉政建设工作进行分解细化，印发《开发区2016年党风廉政建设工作要点》。组织学习《廉洁自律准则》《纪律处分条例》《严肃换届纪律文件选编》等准则条例；组织党员干部观看《镜鉴》《警钟》《永远在路上》《打铁还需自身硬》等警示教育片，集中学习中共十八届六中全会精神、中央八项规定及《中国共产党章程》《中国共产党党员领导干部廉洁从政若干准则》《中华人民共和国安全生产法》等。开展廉政“两个责任”集中约谈2次，组织党风廉政教育专题学习10次，观看警示教育片4次，专题讲座1次，在万山东奇电气有限公司、贵州银泰铝业有限公司等建设廉政文化长廊200余米，到46家企业开展党风廉政宣传教育。强化监督执纪，协助上级督查部门完成项目台账督查落实情况40余次，通报18期，受区主要领导批示2次。

2017年，调整充实党风廉政建设工作领导小组，印发《经开区班子成员2017年党风廉政建设主体责任和监督责任清单》和《关于实施“三重一大”事项集体决策制度的通知》文件，开展上廉政党课1次，党工委专题理论学习反腐倡廉教育2次，利用党员固定活动日开展党风党纪教育1次，组织《中国共产党章程》《中国共产党廉洁自律准则》《中国共产党纪律处分条例》测试共92人次，组织党员干部集中观看《不可触碰的纪律红线》警示教育片1次，制作廉政文化展板2块，在帮扶联系村（赶场坝村）建设廉政文化墙110米，在经开区单位制作廉政宣传专栏4幅。

2018年，调整充实党风廉政建设工作领导小组，对2018年度党风廉政建设工作进行分解细化。组织学习《中国共产党廉洁自律准则》《中国共产党纪律处分条例》《严肃换届纪律文件选编》等，组织观看《永远在路上》《镜鉴》《榜样3》等警示教育片3次。开展廉政建设“两个责任”约谈会2次，党风廉政教育专题学习6次，专题讲座1次，开展廉政文化进园区1次，在单位醒目处悬挂廉政警句警示牌8块。开展为期1个月作风整顿和效能建设督查15次，纪律作风专项整治自查报告31篇。开展副科级以上干部廉政教育“交心谈心”16人次，对重点项目建设情况督查督办通报3期，对万仁新能源汽车、万山第三污水处理厂等重点建设项目进行监督管理。

2019年，调整充实经开区党风廉政建设工作领导小组，制定2019年党风廉政建设和反腐败工作计划，签订党风廉政建设责任状。强化监督执纪，深入企业开展扫黑除恶专项行动和领导干部利用名贵特产类特殊资源谋取私利问题专项整治行动11次，通报10次。针对市委第三巡察组反馈7大类38项问题，采取通报、约谈等限期整改，约谈科级以下干部6人。其中，科级干部4人，一般干部2人，通报批评1人，立案1起，党内警告处分1人。开展警示教育2场100余人次参加，召开《县委县政府“一把手”警示录》学习研讨会，集中观看《高墙内的官员们》《秦岭违建别墅整治始末》等警示教育片1次。创办《学思践悟》期刊印发12期，组织学习中央、省、市、区纪委案例通报56起，学习《警钟长鸣》刊物文章13篇。

2020年，开展疫情常态化防控及企业复工复产，累计发放疫情防控倡议书300余份，对园区企业复工复产情况进行抽查，累计发现问题10个，督促整改10个，提出工作建议10条。围绕脱贫攻坚领域短板弱项，开展脱贫攻坚成效巩固提升“回头看”监督检查，发现问题30余个，督促全部问题整改完毕;通过意见箱、走访群众等对经开区扶贫领域违纪问题线索进行收集,发现问题2个、整改2个。对照中央及省委环保督查“回头看”反馈万山经开区污水处理厂问题,督促相关部门完成7个问题整改。重点对辖区13家汞化工企业和朱砂行业进行检查,强化业务指导,建立工作台账,反馈问题7条,已整改7条。抓巡察整改落实,督促相关责任部门完成38个问题整改。督促整治管党治党“庸懒散慢浮推”问题1个,开展“两个责任”集中约谈80余人次,为14名科级领导干部建立廉政档案。

2021年,调整充实党风廉政建设工作领导小组,先后召开反腐倡廉建设部署会议和纪检监察专题会议4次,研究制定《贵州万山经济开发区2021年度党风廉政建设主体责任和监督责任清单》和《万山经开区作风建设“七个严禁”管理制度》。开展全面从严治党分级约谈2轮,约谈人数108人次。其中,县处级干部10人次,科级干部26人次,一般干部72人次。围绕“四新”主攻“四化”部署要求,成立专项监督检查工作组,对疫情防控工作进行专项检查,查出问题2个,整改2个;对“三边工程”项目督查3次,查出问题2个,整改2个;对“债转投”监督检查3次,发现问题1个,督查整改1个;开展脱贫攻坚与乡村振兴工作监督检查2次,发现问题2个,完成整改2个。提拔副科级干部1人,调整岗位1人,改非1人,调出2人,出具廉洁自律表现材料5份。开展名贵特产、收送礼品礼金、“吃公函”、“私车公养”等专项检查,检查6次,查出问题3个,整改问题3个。整治优化营商环境中“不作为、慢作为、乱作为”不正之风问题2个,谈话提醒2人。党工委班子带头上廉政党课2场次,在铜仁交通旅游广播开展“廉政大家谈”节目1次,召开经开区腐败低龄化警示教育大会1次、“一案一整改”警示教育大会1次,对新入职人员廉政教育谈话3人次,组织学习省、市、区违规违纪违法典型案例10余次,组织收看警示教育典型案例纪录片2次,刊发纪检监察信息8条,撰写市纪委市监委理论学习中心组学习研讨发言材料1篇、区委中心组学习研讨发言材料9篇,完善18名科级干部廉政档案。

2022年,坚持把落实全面从严治党作为首要政治任务,深入贯彻落实“6+6”工作思路,紧紧围绕“9+34”项重点工作监督职责,敢于较真碰硬,忠诚履职担当,先后制定并印发《万山经开区开展干部贴标·亮牌管理工作的实施方案》《万山经开区2022年度重点工作监督责任清单工作实施方案》《万山经开区党的二十大信访维稳安保监督检查工作方案》。全年召开研究部署党风廉政建设和反腐败工作专题会议2次、党风廉政建设工作会议1次、年轻干部警示教育大会1次、纪检监察工作会议15次,组织观看警示教育专题片《零容忍》第五集《永远在路上》1次,学习通报省市典型案例4次。参加市纪委市监委中心组集中学习1次,区委中心组集中学习10次,深入联系村宣讲4次,到学校宣讲1次;参加市委党校第三期培训学习1人次,参加全市纪检监察视频学习培训会2人次,参加市纪委市监委举办的“党性教育专题培训班”1人次,参加区委纪检监察系统培训3人次,参加经开区“庆七一·强党建”主题党日活动1次。完成纪检监察调研报告1篇,完善18名科级领导干部廉政档案;刊发纪检监察信息7条,出具干部廉洁自律材料13份,干部婚丧嫁娶酒席备案1起。围绕新型工业化、招商引资、疫情防控、“债转头投”等工作开展监督检查22次,查出问题17个,整改11个,发送纪检监察建议书6份,发送招商引资工作提示函1份,提醒谈话15人次,通报3次,发现问题线索1件,立案1起。

贵州万山经开区纪检监察干部一览表

表19-3-1

序号	姓名	性别	出生年月	民族	籍贯	调入时间	所任职务	离任时间
1	田必再	男	1974年1月	侗族	贵州万山	2015年5月	贵州省万山经开区党工委委员纪工委书记	2017年11月
2	刘胜华	男	1974年4月	土家族	贵州思南	2018年12月	贵州万山经开区党工委委员纪工委书记	2019年11月
3	杨胜飞	男	1976年1月	侗族	贵州碧江	2020年5月	贵州万山经开区党工委委员纪检监察工委书记	—
4	吴克玖	男	1974年7月	侗族	贵州万山	2021年11月	贵州万山经开区纪检监察工委副书记	—
5	杨雪花	女	1973年7月	侗族	贵州万山	2014年10月	贵州万山经济开发区监察室主任	2015年9月
6	罗金林	男	1981年9月	侗族	贵州万山	2021年6月	贵州万山经济开发区纪检监察工作委员会办公室主任	—
7	杨政简	男	1983年4月	侗族	贵州万山	2014年6月	贵州万山经济开发区监察室工作员	2019年6月

第二十章　人物与荣誉及特色亮点工作

第一节　人　物

一、人物传略

郭兴(1922—1999)男，中共党员，山东省东阿县人，抗日战争时期于晋鲁豫军区参加革命工作，先后参加过抗日战争、解放战争，1949年11月，随解放军第二野战军五兵团解放贵州，1950年，31岁的郭兴从遵义转业，到玉屏县任县委书记兼县大队政委，1951年3月兼任玉屏县纪律检查委员会书记，1952年5月，省工业厅接管公私合营万山汞矿，成立贵州汞矿厂，郭兴任汞矿厂政委(党委书记)。

1952年5月下旬，郭兴刚调入贵州汞矿厂，"三反""五反"运动转入思想建设、制度建设，随后，为广泛发动和鼓励群众参与"三反""五反"运动，凡农民工人及其一切群众可揭发检举政府机关(含事业单位和国营、公私合营企业)干部贪污、受贿、作风等行为，6月，在郭兴的主持下，"三反""五反"运动走上正轨，到8月上旬基本结束。从1952年1月至1952年10月，贵州汞矿厂参加"三反"运动的干部有56人，工人有481人，查出贪污分子19人，贪污数额共3.88亿元，其中1000万元以上的1人，100万至1000万元以下的有10人。"三反""五反"运动后，增产节约、艰苦奋斗、廉洁奉公、全心全意为人民服务的社会新风尚得到发扬。

1953年12月至1958年11月，郭兴先后担任贵州汞矿厂、省工业厅铜仁汞矿党委书记、湘黔汞矿公司党委书记兼公司经理。

郭兴任贵州汞矿厂党委书记期间，国家实施"一五"计划(1953—1957年)，进行工业化建设和社会主义"三大改造"是其主要内容，国家选择与苏联类似的工业化道路，将由自给自足的农业国转变为现代化的工业国，同时加快对农业、手工业和工商业社会主义改造，把私有经济纳入计划轨道，保证国家工业化建设。贵州汞矿厂是国家工业建设的重要单位，国家投入大量的人力物力支持汞矿建设，短短一年时间，汞矿职工由1952年的400余人增加至1953年3068人，职工收入逐渐增加，生活不断改善，生产方式方法也逐渐改变。

那时，矿区没通汽车，郭兴和矿长赵信符等矿级领导经常深入几十公里甚至几百公里以外的大硐喇、路腊、岩屋坪、晃县以及德江、印江、务川等汞矿检查工作，一去就是好几天，而且都是步行，一双鞋穿不了几天就坏了。有一次,其夫人宋继香发现丈夫的一双布鞋上捆着胶皮、草绳和小铁线,拿起来一看,布鞋成了“无底鞋”。据其女儿、居住在贵阳的宋玉屏回忆:我们小时候,很少看到父亲在家,他一年365天有300多天都到外出差,从路腊到新晃、从铜仁到德江,他总是风尘仆仆,为汞矿的发展奉献了青春年华。时任汞矿党委办公室主任、秘书、《贵州汞矿报》创办人、原贵州汞矿宣传科科长、《贵州汞矿报》创始人、83岁的黄汉扶于2016年4月回忆说:平时,在矿办很难看到郭兴,他常到基层检查工作、开会或出差,但他回来后,经常利用晚上和星期天、休息日加班。干部科科长杨凤友、宣传科科长黄汉扶、人才科科长代轻奎、团委书记周健金、工会主席王婧云、宣传干事汪平,也常在办公室加班。郭兴和夫人宋继香都是南下干部,他俩育有儿女5个,宋继香在贵州汞矿厂和湘黔汞矿公司任组织科科长,他们有两个孩子在汞矿出生,孩子白天进托儿所,晚上宋继香带着孩子到办公室加班,孩子困了,一个放在木凳上睡,一个放在办公桌上睡,孩子就这样在大人的忙碌中慢慢长大。

郭兴关心职工生活,把抓职工福利工作放在首位,在土坪、三角岩、一坑(黑硐子)、岩屋坪、四坑等地大量新建“干打垒”房子(“干打垒”房子就是用木料作支架,竹子编篱笆,糊上纸筋黄泥,再在上面涂上一层石灰),使干部职工逐步离开矿洞、茅棚,迁入新居;1953年修建了汞矿电影院,1954年4月正式建立矿医院;在土坪和各分矿、坑口分别建起了职工食堂。职工文体活动蓬勃开展,生产上热火朝天。

郭兴既注重从生产一线提拔优秀的工人,也重视从转业军人和毕业的青年学生中培养干部。刘洪跃是黄道乡人,解放前就一直在黑硐子打砂,因家穷从没未上过学,万山刚解放,刘洪跃就当上汞矿工人,虽然没文化,但他思维活跃,工作经验丰富,管理能力强,被提拔为万山分场副场长;矿工文太喜、姚秀岩、陈光庭与刘洪跃一样,都是从农村到矿上当矿工,郭兴提拔文太喜担任副矿长、姚秀岩担任岩屋坪分场副场长,陈光庭任三坑坑长;王恩涛是南下干部,很有管理才能,郭兴提拔他任汞矿万山分场场长、汞矿人事主任、副经理、党委副书记;王衍瑞也是南下干部,郭兴提名他任汞矿厂基建筹备处副主任、副矿长、湘黔汞矿公司副经理;任命老红军陈永安为汞矿副书记。

郭兴尊重知识重视人才,他敢于力排众议,大胆起用民国时期担任过安顺职校校长、国民党中宣部副部长张廷修的女婿樊隆晖,任命他为工程师和生产技术科科长。1954年,樊隆晖莫名被判刑3年,郭兴多次向上级反映,最终樊隆晖无罪释放,并恢复名誉补发工资又“官复原职”。1953年,20岁的魏美庄从贵阳工业技术学校刚分配到汞矿当技术员,因长得丰满水灵,讲究时髦,背后常有人说她爱“臭美”,有“资产阶级小姐”思想,但魏美庄在工作上不怕苦,肯学习钻研,下矿井时把时髦装扮一脱,就换了工作服,戴上安全帽。有时候工作服过大过长,魏美庄就用稻草绳捆住腰身,在井下摸爬滚打,一年后,她设计出球磨机、空中索道,郭兴提拔她为生产技术科副科长,魏美庄后来成为一名人们称赞的高级工程师。郭兴还多次邀请多批苏联专家、捷克斯洛伐克专家到矿讲课、考察和当顾问,又从省冶金厅引来高级工程师范洪业和技师史福明等专家到矿工作。

1953年9月,国家提出过渡时期的总路线和总任务,郭兴每周都安排一个下午组织学习,以举办报告会的形式,深入各矿区、坑口宣传学习总路线,郭兴亲自给干部上课,办培训班。同时在全矿开展劳动竞赛,评选先进,极大地激发了工人干部职工的生产积极性。二坑机电车间技工史福明改进煤气灶上的蒸汽仓,提高了煤气的利用率;电工李建武将马达与鼓风机串联,节约皮线23圈,价值

630元；工人聂老告提出用青冈木筑炮的建议被采纳，使筑炮安全度提高很大。1954年，涌现出一大批“红旗班组”：采矿车间有黄绍芬、杨光荣、姚敏清等6个；运输车间有杨菊花等3个；冷风洞有田官儒等3个，张家湾工区有王庆祥、李丫头2个。1954年至1957年，杨光荣、陈文光、李建武、黄绍芳、姚林桥获省劳动模范称号；陈文清、李平修、吴强、朱立堂、陈德和、杨明珠、杨泽均、姚福祥、杨再发、王毛等获省先进生产者称号。到“一五”计划结束的1957年，汞矿生产总值达1292万元，比1952年增长6.6倍。

1956年1月6日，湘黔汞矿公司才成立几天，黑硐子一个仓库发生火灾，时任公司经理的郭兴和党委书记刘沛杰带着机关干部职工赶往火灾现场，郭兴和刘沛杰身先士卒，冲进仓库里，把一箱箱的物品搬出仓库外，事后才知：这些物品全是黄色炸药，大家想起来冒出了一身冷汗。

郭兴生活简朴。在汞矿的五年时间，虽然与家人生活在一起，但与家人聚少离多，每次从坑口和分矿回来，就在机关食堂和工人们一起吃饭，或者啃上几个红薯就到办公室工作，从没因各种借口叫食堂为自己开“小灶”。当年，矿里为工作购置了苏联产的两台小车，郭兴从没因自己是汞矿的“主要领导”而享受着“专车”，而是把小车用在接送矿里的技术人员、工程师和苏联地质专家，他到生产一线检查工作，基本都是步行，也是郭兴一贯的作风。

郭兴对子女要求也很严，从没以特权为己谋私利，他五个子女结婚，从不收受礼金，也从不请客办酒席，他唯一的祝贺就是儿女们结婚时买块手表，用意是希望他们“珍惜时间，好好学习工作”。据其女儿宋玉屏回忆：父亲唯一很“自私”的表现是：在三年自然困难时期，父亲到农村检查工作，一位老农在稻田里捉鱼，郭兴悄悄买了几条鱼，他怕在路上被人抢去，就到老农家里借了挑箩筐，上面盖上谷壳，挑着箩筐走了几十里山地回到家，几个月都见不到一点儿荤腥的一家人，看到有鱼吃了，那一晚高兴得睡不着觉。1957年，郭兴出席冶金部在北京召开的工作会议，会议期间，受到毛泽东主席等党和国家领导人的接见，1958年11月，郭兴调省冶金局任副局长，1973年任中共贵阳市委常委兼市革委会工交办副主任，1979年任中共贵阳市委常委、副市长兼市革委会经济委员会主任、党组书记。1982年任贵阳市人大常委会副主任。1988年1月离休，1999年12月去世。

蔡广书(1918—1999) 男，汉族，中共党员。山东省定陶县人，曾任中共万山区委第一任书记、中共玉屏县委组织部部长、中共玉屏县委纪律检查委员会副书记。

蔡广书于1942年5月参加工作，1944年5月加入中国共产党，历任战士、班长、排长、副指导员、四十六师一三八团三营机械连指导员，1949年5月随军南下，参加赣东北区的解放战争，同年11月，随二野五兵团从湖南省晃县进入贵州玉屏县，随即在玉屏转业。

1949年11月16日，蔡广书受中共玉屏县委的委派，任玉屏县第六区(万山区)区委书记，与被任命为万山区区长的吴海亮、组织委员吴景贤等8人接管万山；在万山宣读完任命文件后，蔡广书宣布对国民党旧职人员政策，要求他们回来，把粮食保管好，把文书档案保管好，听从人民政府安排，表现好的可以既往不咎；继续作恶的，决不姑息。由于万山匪情严重，因此他们又返回田坪。11月18日，蔡广书、吴海亮等人随解放军四连100多人赶到万山，一进入老街西门，就遭土匪袭击，两名战士牺牲。解放军把土匪打得鸡飞狗跳，土匪逃到大水溪的深山老林。

接管万山后，蔡广书组建了万山区机关党支部，有党员5名。在区委的领导下，万山人民开展了征粮、清匪反霸、减租、退押和土地改革等工作，并取得伟大胜利。

12月25日，蔡广书安排区政府成员韩国清、刘子安、陈银珊与解放军四连副连长刘宝洪带领1排去高楼坪征粮，刘宝洪得到消息说土匪要攻打万山城，就带领1排返回万山城，韩国清三人继续收粮，当收到4000公斤左右，从万山城方向传来密集枪声，韩国清和刘子安急回区政府增援，陈银珊留下继续征粮，蔡广书没见陈银珊回来，心里"咯噔"下，是不是陈银珊也"光荣"(牺牲)了？韩国清和刘子安解释说：今天挑粮来的农民多，我们怕耽误农民的时间，陈银珊留下继续收粮。蔡广书听这么一说，心里才放心。等晚上陈银珊回到区政府，蔡书记高兴地说道：回来就好、回来就好！

刚刚解放，蔡广书等人着手接管万山旧政权，旧政府里只有一名六十多岁的姓杨的炊事员，其他人员不知去向，文书档案大部分转走，仓库余下万余斤稻谷和几百斤豆子。区政府主要任务是发动群众、建立政权、宣传党的政策、打土匪、征粮支前、建立统一战线。为做好中心工作，区政府工作人员分为四组：万山、下溪、黄道、高楼坪。蔡广书、吴海亮负责全面工作，蔡广书重点负责发动群众、宣传党的政策、征粮支前、建立统一战线。

蔡广书每天在四个组巡回工作，宣讲党的"依靠贫农，团结中农，孤立富农，打倒地主"等政策，宣讲劳动人民为什么穷、地主为什么富的原因。由于政策深入人心，因此群众很快愿意主动和区政府干部接近、向政府靠拢。国民党区分部万山乡书记杨铨光、乡长刘连成、财粮干事苏廷干等旧政府人员也先后来政府报到；保警队长杨胙南向区政府交了一挺轻机枪、三支步枪和三四百发子弹。蔡广书亲自去找伪保警大队长、联保主任梁木堰，要他交枪，梁木堰不在家，蔡广书向他家人宣讲政策，其家人不得不交了枪。此后，一些旧军政人员也开始向政府主动缴械。全区收缴武器的工作也获得较大进展，先后收到轻机枪2挺，冲锋枪2支，步枪200多支，子弹千余发。

蔡广书在万山、下溪、黄道、高楼坪召开分保、甲长会议了解情况，按照政策建立农民协会、村民委员会，取消了旧的保甲制度。发动群众组织联防队，成立民兵组织，动员一切力量开展剿匪工作，力量大了，土匪无处躲藏。匪首肖宗淮被活捉，杨保服毒自尽，杨政国于1951年1月初被击毙。1951年3月，万山区政府在老街体育场召开的公审大会上，蔡广书对活捉肖宗淮立了大功的黄道乡李老金奖励一头水牛、一匹学生蓝布和一张大红奖状。

1951年，万山区开展群众诉苦活动，蔡广书组织穷苦群众控诉国民党政府和地主、恶霸、土匪对穷人的欺压和剥削，一场打土豪、斗地主恶霸、分土地的运动就开展起来。穷人翻了身，新生政权得到巩固，黄道、下溪等乡的工作也得到顺利开展，随后，进行土地改革，穷苦农民分得了土地，真正地做了主人。

1951年11月，蔡广书调离万山，任中共玉屏县委组织部部长；1952年10月，任中共玉屏县委纪律检查委员会副书记，到万山区和万山汞矿指导、协助开展"三反""五反"运动；1959年10月，任铜仁专署民政科科长；1961年8月，任中共玉屏县委组织部部长；1964年5月，在铜仁专区监察委员会工作，后调铜仁地区无线电厂工作；1973年11月，任铜仁地区工会办事处副主任；1983年离休，享受副厅级待遇,1999年8月去世,享年81岁。

陈永安(1915—1999年) 男,中共党员,贵州省沿河县乔家铺人,红军战士。1915年2月出生在沿河县乔家铺一个贫苦农民家里,小时候给别人家放牛和做长工。1934年5月中旬,贺龙、夏曦、关向应率领红三军团第七、九师进入沿河县境,陈永安参加了工农红军,并于5月31日参加过攻占县城后山的粽子顶战斗,后跟随贺龙长征、转战南北。先后在第二方面军新兵三支队、军卫部运输排、五师卫生部运输班、教导队卫生处运输班当战士、班长。1935年9月,陈永安在湖南大庸加入中国共产党,1938年8月在中国医科大学任通讯员、生产员和上士,1946年2月调张家口军区卫生部招待所任事务长,后任东北中国医科大学管理员、归建三大队供给股股长。

1950年4月,陈永安转业到松桃县粮食局任副局长;同年10月,陈永安调任万山汞矿任供销科科长,11月,玉屏县人民政府关闭了"玉屏益民股份有限公司",成立了公私合营万山汞矿公司,上级派姚泽先、陈永安、张云生3人接管玉屏益民股份有限公司和组建公私合营万山汞矿公司,姚泽先任经理,陈永安、张荣生任副经理。1952年,陈永安代表贵州汞矿厂,到分矿大硐喇汞矿进行民主改革;1955年1月进入省干校学习,结束后任矿总支书记、炸药库主任、岩屋坪分矿党总支书记。

1959年1月,陈永安任贵州省汞矿监委副书记,1962年3月至1965年5月,任贵州省汞矿监察委员会书记,在监委领导工作岗位上一干就是六年。

1963年4月下旬,贵州省汞矿在全面开展以阶级斗争为中心的社会主义教育运动(简称"社教"),陈永安协助中共贵州省汞矿党委组织报告员,在全矿分矿、坑口和单位向职工进行社会主义教育,全矿5258名职工中有4423人参加了"社会主义教育运动","社会主义教育运动"中发现问题2226个,其中属贪污盗窃的155个。

1963年5月,将"五反"工作纳入"四清"工作中,在贵州省汞矿全面展开,20日,中共贵州省汞矿党委成立"领导小组"并下设办公室,陈永安协助党委主抓具体工作,组织干部职工学习中共关于"五反"的有关文件精神,组织和训练专案队伍,查出5个盗窃大米集团(盗窃大米311公斤),发现运输科、供销科、一坑、二坑、福利科等12个单位的采购员、事务长采取收入不入账、开白条和涂改票据等手段套用单位资金,同时还大肆贪污现金和粮油票证。据1963年9月底统计,汞矿参加"五反"运动的职工达4577人,共查出117人有问题,其中贪污盗窃的97人,投机倒把的20人。

1964年4月,以冶金部路文浩为团长、省冶金厅郭石为副团长的"四清"工作团300多人进驻汞矿,全部接管中层以上班子的领导权,运动以阶级斗争为纲,发动群众检举揭发有贪污、盗窃、铺张、浪费及官僚主义的人和事,大搞"人人过关"。在这次运动中,矿党委书记王恩涛和一名副矿长遭逮捕后被判刑(1979年平反)。同年8月30日至9月1日,在中共铜仁地委召开的县委书记及分管财贸的副书记及有关方面负责人参加的会议上,贵州省汞矿被列为"四清"运动的重点单位。

在"四清"运动中,陈永安出于共产党人强烈的政治责任感和使命感,看到一些干部受到冲击和一些过"左"行为,于是勇敢地出来讲真话和反对一些过火的做法,有人就说他政治立场不坚定,对待

“坏人”心慈手软，是一个“老好人”。继任中共贵州汞矿党委书记的王持久担心“四清”运动会进一步冲击到陈永安，就悄悄劝其离职休养，这是为了更好地保护老红军而采取的一种措施。

1979年，65岁的陈永安离休，1982年，为了更好地照顾老红军的生活，贵州汞矿在土坪为其修建了一楼一底砖混结构的“红军楼”，说是“红军楼”，其实面积只有100平方米左右。1998年1月18日，贵州省副省长楼继伟代表省委和省人民政府到资源枯竭的贵州汞矿开展送温暖活动，得知陈永安与普通工人一样，月工资只有400多元，生活难以为继，楼继伟嘱咐贵州汞矿负责人说：老红军是革命功臣，是当今社会的宝贵财富，要关心、照顾好老红军的身体和生活，在现有的工资基础上，把他的工资增加到1500元。1999年4月，陈永安逝世，享年84岁。陈永安在万山工作期间，一直保持中国工农红军不怕牺牲、吃苦耐劳的光荣传统，为群众做出了表率。

杨劲松（1969—2021）男，侗族，万山区敖寨乡人，大学学历，1993年9月加入中国共产党。

1987年9月至1991年7月，在贵州师范大学政教系思想政治专业学习，1991年7月至1993年6月，任万山特区中学教师、校团委副书记；1993年6月至1998年1月，任万山特区团委副书记；1998年1月至2001年10月，任敖寨乡党委副书记；2001年10月至2003年6月，任高楼坪乡党委副书记，政协万山特区政协工委副主任。2003年6月至2006年11月，任万山特区纪委党风廉政室主任（正科级）。2006年11月至2010年11月，任万山特区纪委党风廉政室主任、纪委常委、2010年1至2015年4月，任万山特区和万山区纪委副书记、区监察局局长，2015年4月至2017年5月，调任铜仁职业技术学院任纪委副书记（副县级），2017年5月至2021年8月，铜仁市万山区委办副县级干部、四级调研员。在万山特区工作期间，历任万山特区第四、五届政协委员，万山特区第八届党代表。2021年8月，因病医治无效逝世，享年52岁。

杨劲松在党的培养和教导下，从一名人民教师做起，逐渐成长为一名优秀的党员领导干部。参加工作几十年以来，始终坚决贯彻执行党的路线、方针、政策，始终保持着人民勤务员的优秀品质，长期扎根基层，自觉服从组织安排，干一行，爱一行，工作上勤勤恳恳、任劳任怨，做出突出成绩。在万山特区中学任教期间，积极参与课教改革，推行时事政治教育与学校德育相结合，积极开展校园文化建设，校团委工作生动活泼。在共青团万山特区委工作期间，他依托党建带团建，大力整顿和加强农村基层团组织建设，开展了”青年文明号”和“青年人才工程”创建活动，培养农村青年带头人1200余人；创建的万山土坪粮站青年文明号被团中央授予“全国青年文明号”荣誉称号。在敖寨侗族乡党委工作期间，杨劲松分管政法、党建工作，农村社会秩序稳定，治安状况良好，各类案件发案率均居全特区末位，敖寨侗族乡获“治安模范乡”“无毒乡”称号，党建工作被授予”先进乡镇党委”称号。在高楼坪侗族乡工作期间，带头创建的“五个好”示范村郭家村、大坪村，是省、地、特区“五好”示范村。在从事纪检监察工作期间，他模范带头遵纪守法，熟悉纪检业务，工作作风扎实，谦虚谨慎，原则性强，严于律己；他对腐败疾恶如仇，敢于较真碰硬，不怕得罪人，敢啃硬骨头，有力地维护了党纪党规的尊严和权威；他为人师表，做事严谨，助人为乐，关心同事，传帮带作用发挥得很好，深受同事们的尊重和一致好评;他做到精准问责,对犯错误的同志能区别对待,以批评教育为主,做到“惩前毖后,治病救人”;他多次被特区党委表彰为“优秀党务工作者”,2011年6月荣获贵州省纪律检查委员会、贵州省监察厅“2006年—2011年纪检监察工作突出成绩嘉奖”。

作为一名党员领导干部,杨劲松有较强的事业心和政治责任感,始终以党的事业为重,几十年如一日,勤奋工作、鞠躬尽瘁。他一生两袖清风,胸怀坦荡,尊敬领导,团结同事,为人师表,关心干部,亲近邻里,情系百姓;他对单位的干部职工、家人亲属公道正派、严管厚爱,深受同事、家属以及亲友们的尊重和爱戴。

二、人物简历

(一)历任区(特区)纪委书记

席达(1920—2000) 男,汉族,中共党员。湖北省盐山县人,曾任玉屏县委书记,兼任中共玉屏县委纪委检查委员会书记,玉屏县第一任县长,兼任玉屏县大队队长。

主要经历:席达于1938年10月参加革命工作,1939年2月加入中国共产党,1939年1月后在冀连六支队警卫连任战士、司务长;1941年6月后在鲁西教三旅、纵一旅、中原野战军四十六师任会计、财政股长、总务科长、军械副科长;1949年11月任玉屏县县长兼县大队队长,当月15日,签署秘字第七号布告,划定万山乡、黄道乡为第六区,并委任吴海亮为第六区区长;1952年10月任中共玉屏县委书记兼任玉屏县委纪委检查委员会书记;1953年2月后,调任云南省东川矿务局供应处副处长、落雪矿副矿长、因民矿副矿长、汤丹矿副矿长、三零一队副队长、三零六队队长、地质勘察队队长;1958年9月后历任云南省会泽矿务局副矿长、党委副书记兼政治部主任、会泽铅锌矿矿长;1971年调昆明钢铁公司工作历任昆钢革委会生活后勤组组长、革委会副主任、昆钢集团公司副经理、党委常委;1983年11月离休,2000年11月去世,享年80岁。

孙玉峰(1926—2011) 男,汉族,山东省曹县人,初中学历,1946年4月加入中国共产党。

主要经历:1945年8月至1948年10月,在八路军某旅某团任通讯员、学员、区队长。1948年10月至1950年1月,在十八军某团某连任副指导员、五兵团后勤政治部指导员。1950年1月至1951年4月,在贵州中曹司兵工厂任保卫干事。1951年4月至1958年5月,在贵州省工业厅保卫任股长,遵义铁合金厂保卫科任科员。1958年5月至1962年8月,在贵州省冶金局勘探二队任副队长。1962年8月至1964年9月,在贵州汞矿邦洞煤矿任支部书记。1964年9月至1965年6月,在贵州汞矿保卫科任科长。1966年6月至1970年9月,在万山特区公安局任教导员。1970年9月至1981年3月，在万山特区党委办公室任副主任。1981年3月至1982年6月，任万山特区党委纪委副书记。1982年6月，经特区党委常委会研究同意，拟任万山特区委纪律检查委员会书记，报铜仁地委审批，同年8月，任万山特区委纪律检查委员会书记。

何芝茂(1933—2011) 男，汉族，贵州省沿河县人，初中学历，1954年12月加入中国共产党。

主要经历：1952年5月至12月，在沿河县甘溪区参加土改工作。1952年12月至1953年9月，在思南县供销联社工作。1953年9月至1955年6月，在思南县合朋区、大坝场区供销社工作。1955年6月至1957年8月，在思南县委审干办公室工作。1957年8月至1959年12月，在思南县档案馆任副馆长。1959年12月至1961年10月，在思南县文家店柏杨公社任书记。1961年10月至1970年2月，在思南县委组织部工作。1970年2月至1973年4月，在思南县革命委员会生产指挥部工作。1973年4月至1974年12月，在思南县财贸办公室任副书记。1974年12月至1984年4月，在思南县委任副书记(1975年至1982年，兼任思南县纪委书记)。1984年4月至1986年11月，在万山特区委任副书记、纪委书记。1986年11月至1993年3月，任万山特区政协第一、二届主席。1994年2月，经组织批准退休。

刘先和 男，曾用名刘仙和，1950年1月出生，湖南省冷水江市人，大专学历，1980年6月加入中国共产党。

主要经历：1968年12月，“上山下乡”于松桃苗族自治县正大公社。1971年10月至1987年6月，在松桃农机厂、农办、农工部工作，先后任秘书、副部长、部长等职。1987年8月至1990年3月，任万山特区党委副书记兼纪委书记。1990年3月至1991年5月，任中共铜仁市(县级)委副书记。1991年6月至1998年8月，在铜仁地委统战部、铜仁地委台湾工作办公室工作，任副部长、铜仁地委台湾工作办公室主任、地区工商联党组书记。1998年9月离岗休息，2010年1月，退休。

刘元方(1949—2019) 男，侗族，中共党员，万山区黄道乡人。

主要经历：1972年9月至1974年7月，铜仁师范学校普师专业学习。1974年9月至1983年8月，在万山特区人事劳动局工作，1984年1月至1984年8月，任万山特区劳动人事局副局长；1984年8月至1987年12月，任中共万山特区委组织部部长；1987年12月至1989年7月，任江口县纪委副书记；1989年7月至1990年3月，任江口县委常委、纪委书记；1990年3月至1993年3月，任中共万山特委常委、纪委书记；1993年3月至1995年6月，任中共万山特区委副书记、纪委书记；1995年6月至1997年12月，任中共万山特区委副书记；1997年12月，任中共玉屏县委副书记。2008年退休，2019年11月去世。

杨均成(1949—2019) 男，侗族，贵州省松桃县人，1974年10月加入中国共产党。

主要经历：1976年9月至1984年1月，任万山特区黄道人民公社管委会主任；1984年1月至1984年7月任万山特区万山镇党委书记；1984年7月至1987年8月任万山特区万山镇党委书记；1987年8月至1987年12月任万山特区万山镇党委书记、镇人民政府镇长；1988年1月至1992年12月任万山特区万山镇人民政府镇长；1992年12月至1995年3月任万山镇党委书记、镇人民政府镇长；1995年3月至1995年6月任万山特区万山镇党委书记、镇人大主席团主席；1995年6月至1995年8月任万山特区委常委、特区纪委书记，兼任万山镇党委书记、镇人大主席团主席；1995年8月至1996年1月任万山特区委常委、特区纪委书记，兼任万山镇人大主席团主席；1996年1月至2001年7月任万山特区委常委、特区纪委书记；2002年7月至2003年3月任万山特区政协副主席；2003年4月，任铜仁地区国土局党组成员、纪检组组长。2009年退休。

刘先银 男，1963年9月出生，玉屏侗族自治县田坪镇人，大学学历，1990年5月加入中国共产党。

主要经历：1980年9月至1983年7月，在铜仁农校农学专业学习。1983年8月至1986年2月，任玉屏县彰寨乡农牧站副站长(主持工作)。1986年3月至1988年8月，任玉屏县农业局土肥站技术员(助理农艺师)。1988年9月至1990年7月，在贵州省农业干部管理学院农经系学习(在职脱产)。1990年8月至2002年5月，在玉屏县纪委监察局工作，历任案件审理室副主任(主持工作)、审理室主任、纪委委员、纪委常委、纪委副书记、监察局局长。2002年7月至2003年1月，任中共万山特区委常委、特区纪委书记。2003年1月至2006年10月，任万山特区党委副书记、特区纪委书记(2003年9月至2005年12月，在贵州省委党校法律专业学习)。2006年10月至2010年3月，任铜仁市(县级)委常委、铜仁市(县级)纪委书记。2010年4月至2011年1月，任铜仁地区纪委委员、监察局副局长。2011年2月至2011年12月，任铜仁市(县级)政协党组书记、主席。2012年1月至2021年5月，任碧江区政协党组书记、主席。2021年6月，任碧江区政协二级巡视员。

王贵军 男，1970年4月出生，贵州省德江县人，研究生学历，1994年11月加入中国共产党。

主要经历：1988年9月至1992年8月，在贵州大学哲学系哲学专业学习。1992年8月至1994年5月，任贵州省德江县委党校教师。1994年5月至1999年1月，任德江县委党校函授站站长(1998年8月至1999年1月，借调到德江县政府办公室工作)。1999年1月至2002年8月，任德江县政府办公室副主任。2002年8月至2006年10月，任德江县桶井乡党委书记(2003年9月至2006年6月，在贵州省委党校政治学专业学习)。2006年10月至2010年12月，任万山特区党委常委、纪委书记(2007年2月至2007年7月,在贵州省委党校中青班学习)。2011年1月至2012年9月,任贵州大龙经济开发区管委会副主任。2012年9月至2015年6月,任贵州大龙经济开发区党工委委员、管委会副主任(2014年4月至2015年4月,挂职任江苏省苏州市太仓港经济技术开发区管委会副主任)。2015年6月至2016年4月,任贵州大龙经济开发区党工委委员、管委会副主任(分管常务工作)。2016年4月至2017年2月,任大龙经济开发区党工委副书记。2017年2月至2018年2月,任铜仁市中等职业学校党总支书记。2018年2月至2020年3月,任铜仁市城市开发投资集团有限公司党委副书记、董事、总经理。2020年3月至2020年11月,任铜仁市交通旅游开发投资集团有限公司党委书记、董事长。2020年11月至2021年6月,任贵州省梵净山投资控股集团有限公司党委书记、董事长,铜仁市国有资本运营有限责任公司董事长。2021年6月,任贵州省金融控股集团有限责任公司董事长办公室主任。

吴廷友 男,苗族,1976年11月出生,贵州省思南县人,研究生学历,1999年2月加入中国共产党。

主要经历:1994年9月至1997年7月,在遵义医学院卫生事业管理专业学习。1997年11月至2002年11月,任铜仁卫校办公室秘书、教师〔1998年2月至1999年2月,到松桃苗族自治县九江乡猫猫岩村开展党建扶贫;1999年3月至2002年6月,在中央党校行政管理专业学习(函授本科)〕。2002年11月至2007年3月,任铜仁地区行署信息中心科员、副主任科员(2002年11月至2003年11月,在铜仁地区行署督查室工作)。2007年3月至2008年10月,任铜仁地区行署信息中心网络管理科科长。2008年10月至2010年1月,任铜仁地委办公室秘书一科科长。2010年1月至2010年12月,任铜仁地委督查室专项查办科科长。2010年12月至2011年12月,任万山特区党委常委、特区纪委书记。2011年12月至2014年5月,任万山区委常委、区纪委书记〔2013年9月至2016年6月,到贵州省委党校公共管理专业学习(在职研究生)〕。2014年5月至2016年9月,任松桃苗族自治县委常委、县纪委书记。2016年9月至2018年6月,任松桃苗族自治县委常委,县人民政府党组副书记、副县长(分管政府常务工作)。2018年3月至2018年6月,任松桃苗族自治县委副书记,县人民政府党组副书记、副县长(分管政府常务工作)。2018年6月至2021年6月,任松桃苗族自治县委副书记。2021年6月至2021年7月,任松桃苗族自治县委副书记、县人民政府代理县长。2021年7月,任松桃苗族自治县委副书记、县人民政府县长。

袁继鸿 男,土家族,1968年9月出生,贵州省德江县人,研究生学历,1990年12月加入中国共产党。

主要经历:1991年7月至1992年11月,从中央民族大学毕业分配到铜仁地区民政局工作〔1991年11月至1992年11月,到铜仁市(县级)茶店镇开展“社教”工作,任队员〕。1992年11月至1994年3月,任铜仁地区殡葬管理所挂职副所长。1994年3月至1997年12月,任铜仁地区民政局副科级干部(1996年2月至1997年2月,到铜仁市茶店镇开展“党建扶贫”工作,任队员）。1997年12月至2002年3月，任铜仁地区监察局派驻铜仁地区民政局监察室副主任。2002年3月至2007年4月，任铜仁地区监察局派驻铜仁地区民政局监察室主任〔2002年6月至2003年7月，在松桃苗族自治县正大乡独树村开展“党建扶贫”工作，任组长；2004年6月，当选为铜仁地区民政局机关党委副书记；2004年9月至2007年10月，在贵州省委党校经济学研究生班（铜仁直属班）学习〕。2007年4月至2014年5月，任铜仁市机关工委地直纪工委书记〔2010年3月至2010年5月，到贵州省委党校中青2班学习；2007年3月至2018年3月，在万山特区下溪乡党委任副书记（挂职）〕。2014年5月至2017年9月，任铜仁市万山区委常委、区纪委书记。2017年9月，任贵州健康职业学院党委委员、纪委书记。

陈琪　男，侗族，1974年4月出生，贵州省沿河县人，研究生学历，1998年6月加入中国共产党。

主要经历：1994年9月至1996年7月，在贵州师范大学中文系现代文秘专业学习。1996年9月至1998年11月，任德江县煎茶镇政府工作员。1998年11月至1999年3月，任德江县政协办公室工作员。1999年3月至2004年2月，任德江县政协办公室秘书（2001年9月至2003年7月，在省委党校经济学专业学习）。2004年2月至2006年6月，任德江县委办公室秘书。2006年6月至2006年8月，任德江县政府办公室秘书。2006年8月至2007年9月，任德江县政府办公室常务股股长。2007年9月至2010年5月，任德江县政府办公室副主任。2010年5月至2013年3月，任德江县钱家土家族乡党委副书记、乡长。2013年3月至2014年9月，任德江县钱家土家族乡党委书记。2014年9月至2016年4月，任铜仁市委督查室主任。2016年4月至2017年12月，任铜仁市委副秘书长。2017年12月至2018年1月，任万山区委常委、纪委书记。2018年1月至2018年9月，任万山区委常委、纪委书记、监委主任。2018年9月至2021年7月，任印江自治县委副书记。2021年7月，任铜仁市委副秘书长、市信访局局长。

邹远志　男，侗族，1977年2月出生，贵州省玉屏县人，大学学历，1998年12月加入中国共产党。

主要经历：1994年10月至1996年8月，在黔东南民族行政管理学校乡镇企业经营管理专业学习。1996年8月至1997年4月，任玉屏县田坪镇乡镇企业管理站统计员。1997年4月至1998年3月，任玉屏县田坪镇党政办公室秘书。1998年3月至1999年1月，任玉屏县田坪镇党政办公室副主任。1999年1月至2000年8月，任玉屏县田坪镇党政办公室主任。2000年8月至2001年10月，任玉屏县田坪镇综治办主任（1996年4月至2001年6月，在贵州大学法律专业学习）。2001年10月至2006年3月，任玉屏县田坪镇党委委员、组织委员。2006年3月至2012年2月，任铜仁地区团委副书记、党组成员（2003年5月至2006年12月，在贵州大学法律专业学习）。2012年2月至2013年2月，任铜仁市团委副书记、党组成员。2013年2月至2016年4月，任铜仁市人民检察院党组成员、政治部主任。2016年4月至2018年9月，任铜仁市维稳办公室副主任。2018年9月至2019年1月，任万山区委常委、纪委书记。2019年1月至2021年6月，任万山区委常委、纪委书记、监委主任，三级调研员。2021年6月，任铜仁市中等职业学校党总支书记。

胡定钦 男，仡佬族，1969年3月出生，贵州省石阡县青阳乡人，大学学历，2000年11月加入中国共产党。

主要经历：1987年9月至1989年7月，在贵州政法管理干部学院法律专业学习。1989年9月至1989年11月，任石阡县人民检察院工作员。1989年11月至1992年9月，任石阡县人民检察院书记员。1992年9月至1995年7月，任石阡县人民检察院助理检察员〔1992年9月至1994年7月，在贵州广播电视大学行政管理专业学习(脱产大专)〕。1995年7月至2002年3月，任石阡县人民检察院检察员。2002年3月至2003年7月，任石阡县人民检察院反贪污贿赂局侦查科科长〔1999年9月至2002年7月，在贵州省委党校法律专业学习(函授本科)〕。2003年7月至2006年8月，任石阡县人民检察院副科级干部、侦查科科长〔2003年9月至2005年7月，在中央广播电视大学法学专业学习(函授本科)〕。2006年8月至2007年3月，任石阡县人民检察院反贪局副局长。2007年3月至2011年6月，任石阡县人民检察院党组成员、反贪局局长。2011年6月至2013年9月，任石阡县人民检察院副检察长、党组成员、反贪局局长。2013年9月至2016年2月，任石阡县人民检察院副检察长、党组副书记。2016年2月至2017年8月，任铜仁市纪委监察局第二纪检监察室主任。2017年8月至2018年1月，任松桃苗族自治县委常委、纪委书记。2018年1月至2021年6月，任松桃苗族自治县委常委、纪委书记、监委主任、三级调研员。2021年6月至2021年9月，任万山区委常委、区纪委书记、区监委副主任(代理主任)。2021年9月，任万山区委常委、区纪委书记、区监委主任、二级调研员。

(二)历任区(特区)纪委副书记、监察局局长、监委副主任

梁玉岱 男，汉族，1947年8月出生，湖南省涟源市人，高中学历，1969年9月加入中国共产党。

主要经历：1979年9月至1979年10月，任万山特区供销联社副主任。1979年10月1982年8月，任万山特区落实政策办主任；1982年8月至1984年2月，任万山特区纪律检查委员会副书记。1984年2月至1987年8月，任万山特区统战部部长。1987年8月至1993年9月，任万山特区人事局局长。1993年9月至2001年12月，任万山特区审计局党支部书记。2001年12月至2007年8月，任万山特区审计局主任科员(离岗退养)，2007年9月退休。

陈湘保(1943—2011) 男，湖南省邵阳市人，1968年1月加入中国共产党。

主要经历：1963年8月参加革命工作，1963年8月至1968年4月，在部队服役，任战士、材料员；1968年4月至1970年6月，在万山特区冶建公司工作；1970年6月至1978年6月，任万山特区公安局副股长；1978年6月至1981年5月，在特区战备办公室工作；1981年5月，调特区纪委工作；1984年2月至1987年8月，任万山特区纪委副书记；1987年4月至1991年8月，任万山特区委统战部部长；1991年8月至1995年3月，任万山特区政协副主席兼统战部部长；1995年3月至2003年3月，任政协万山特区任第一届委员会秘书长(兼)，政协万山特区二届、三届、四届委员会副主席。2003年6月退休，2011年9月去世。

杨宗银(1931—1994) 男，侗族，湖南省芷江县人，1956年9月加入中国共产党。

主要经历：1950年6月，参加中国人民解放军，在部队服役。在部队先后担任过班长、排长、连长、副营长等职，1978年由部队转业到万山镇任镇党委书记，1984年3月，调万山特区纪委任调研员。1987年9月至1991年8月，任万山特区纪律检查委员会副书记，1991年10月，退休回湖南芷江县，1994年去世。

刘泽新 男，侗族，1955年5月出生，万山区黄道乡人，大学学历，1978年4月加入中国共产党。

主要经历：1971年3月，上山下乡到万山特区黄道公社青溪大队青溪小队插队落户。1973年9月，就读铜仁师范学校。1975年9月至1978年7月，于万山特区黄道中学任教。1978年9月就读于铜仁师专英语科，任校团委副书记，校学生会副主席。1980年9月至1984年1月，任万山特区中学英语教师。1984年1月调入中共万山特区党委任秘书。1984年9月，在贵州省委党校理论班学习。1986年8月至1992年12月，任万山特区纪律检查委员会副书记，1992年12月后任万山特区农工商经贸总公司经理。2000年1月，任万山特区委统战部工作人员(主任科员)，2001年12月退休。

裴长林 男，汉族，1948年10月出生，湖南省长沙市人，1969年5月加入中国共产党。

主要经历：1983年4月至1984年3月，裴长林任中共万山特区人民检察院党组书记；1984年3月至1987年10月，任中共万山特区人民检察院党组书记、检察长；1988年1月至1988年12月，任万山特区监察局局长；1989年1月至1993年，任贵州汞矿干部科科长；1993年，裴长林任贵州汞矿纪监部主任；同年10月任中共贵州汞矿纪律检查委员会副书记。1995年至1996年2月任贵州汞矿纪检监察部部长。1997年3月至2001年10月，任中共贵州汞矿纪律检查委员会书记，分管监察工作；2001年12月至2008年7月，任万山矿区社区服务管理局托管服务中心主任，2008年8月退休。

王德安 男，苗族，1940年2月生，贵州省印江县天堂镇人，初中文化，1961年9月加入中国共产党。

主要经历：1959年12月至1979年10月，参加中国人民解放军，在部队服役。在部队任过班长、排长、连长、团司令部，军务参谋等职，1970年被选任师党代表。1979年10月至1984年4月，由部队转业到万山特区人民检察院，任特区人民检察院党组成员、检察员，分管法纪、监所工作。1984年4月至1984年9月，任万山特区人事局办公室负责人，分管内勤工作。1984年9月至1993年3月，任万山特区纪委常委，纪检室主任。1993年至1997年7月，任万山特区党委委员，万山特区政协委员，万山特区纪委常委，副书记。1997年7月退休。

刘洪登（1949—2014） 男，侗族，万山区黄道乡人，中专学历，1972年9月加入中国共产党。

主要经历：1970年3月至1971年9月，在铜仁地区农业学校财务专业学习。1971年9月至1975年7月，任万山特区万山镇团委副书记。1975年7月至1979年8月，任黄道侗族乡党委、乡人民政府办公室秘书、教育干事。1979年8月至1986年12月，任万山特区税务局副局长。1986年12月至1987年11月，任万山特区工商局副局长。1987年11月至1990年3月，任万山特区监察局副局长。1990年3月至1993年1月，任万山特区监察局局长。1993年1月至1996年6月，任万山特区纪委副书记、监察局局长。1996年6月至2001年11月，任万山特区民族宗教事务局局长。2001年11月至2003年6月，任中共万山特区宗教事务局党支部书记。2003年6月至2009年8月，任万山特区民族宗教事务局主任科员，2009年9月退休，2014年11月因病去世。

刘荣国 男，侗族，1955年5月出生，万山区下溪乡人，大专学历，1979年12月加入中国共产党。

主要经历：1977年4月至1980年1月，在解放军某部队服役。1980年1月至1981年4月，在下溪乡青龙村务农。1981年4月至1982年12月，任万山特区农业局办公室工作员。1982年12月至1986年8月，任万山特区纪律检查委员会工作员〔1984年9月至1986年8月，在铜仁地委党校党政专业学习（函授大专）〕。1986年8月至1990年3月，任万山特区高楼坪乡党委委员、政府副乡长。1990年3月至1993年6月，任万山特区政协文史委副主任。1993年6月至1994年10月，任万山特区纪律检查委员会副科级纪检员。1994年10月至1998年2月，任万山特区纪委党风廉政建设室主任。1998年2月至2002年1月，任万山特区纪委常委、副书记。2002年1月至2003年5月，任万山特区水利局专职支部书记、纪检组组长。2003年5月至2007年4月，任万山特区水利局党组副书记、专职纪检员（正科级）。2007年4月至2008年6月，任万山特区水利局副局长（正科级）。2008年6月至2010年8月，任万山特区水利局党组成员、副局长（正科级）。2010年8月至2015年5月，任万山特区水务局主任科员，2015年6月退休。

吴水林（1952—2018） 男，侗族，万山特区高楼坪乡人，大专学历，1976年3月加入中国共产党。

主要经历：1970年12月至1982年2月，在部队服役。1982年2月至1984年8月，任万山特区人民检察院、人事局工作人员。1984年8月至1987年12月，任万山特区委组织部、老干局副局级干事、副局长。1987年12月至1992年8月，任万山特区工商局纪检组组长、副教导员。1992年8月至1993年7月，任万山特区监察局副局长；1993年7月至1997年4月，任万山特区纪委常委、监察局副局长；1997年4月至1998年2月，任万山特区纪委副书记。1998年2月至1998年5月，任万山特区工商局教导员。1998年5月至2006年3月，任万山特区农机局局长。

梁巨云 男，侗族，1967年8月出生，万山区高楼坪乡人，大专学历，1990年5月加入中国共产党。

主要经历：1984年8月至1988年7月，在铜仁师范学校普师专业学习。1988年8月至1989年8月，任万山特区高楼坪乡铺前小学教师。1989年8月至1994年7月，任万山特区高楼坪乡小学教师。1994年7月至1995年4月，任万山特区纪委案件检查室科员。1995年4月至1997年3月，任万山特区纪委案件审理室科员〔1995年9月至1997年8月，在省委党校学习（函授大专）〕。1997年3月至1998年2月，任万山特区纪委案件审理室主任。1998年2月至1999年5月，任万山特区纪委办公室主任、常委、监察局副局长。1999年5月至2003年6月，任万山特区纪委副书记、监察局局长。2003年6月至2010年8月，任万山特区委组织部副部长，人事劳动和社会保障局党组副书记、局长(2006年3月至2006年4月,在铜仁地委党校全区第一期县级后备干部培训班学习)。2010年8月至2010年11月,任万山特区人民政府办公室党组书记、主任。2010年11月至2012年2月,任万山特区人民政府办公室党组书记、主任,应急管理办公室主任。2012年2月至2014年11月,任万山区民政局党组副书记、局长,老龄工作委员会办公室主任。2014年11月至2015年9月,任万山区民政局党组书记、局长,老龄工作委员会办公室主任。2015年9月至2019年6月,任万山区科学技术协会正科级干部(2016年1月,晋升副处级职级)。2019年6月,任万山区科学技术协会四级调研员。

张静 女,土家族,1968年6月出生,贵州省松桃县牛郎镇人,大学学历,1996年10月加入中国共产党。

主要经历:1987年11月至1992年11月,在成都军区某通讯站服役(代理排长)。1993年6月至1998年11月,任共青团万山特区万山镇委书记、万山镇党委宣传干事。1998年11月至2001年11月,任万山特区高楼坪侗族乡纪委书记(1995年9月至1999年6月,在贵州大学行管专业学习)。2001年11月至2002年11月,任万山特区纪委常委、监察局副局长。2003年1月至2003年6月,任万山特区纪委副书记、监察局副局长。2003年6月至2010年8月,任万山特区纪委副书记、监察局局长(2001年9月至2003年12月,在中央党校法律专业学习)。2010年8月至2012年2月,任万山特区卫生和食品药品监督管理局党组副书记、局长。2012年2月至2014年10月,任万山区卫生和食品药品监督管理局党组副书记、局长。2014年10月至2018年3月,任万山区食品药品监督管理局党组书记、局长。2018年3月至2020年8月,任万山区总工会党组书记、常务副主席。2020年8月,任万山区总工会四级调研员。

邵宗凤 女,苗族,1965年8月出生,贵州省思南县思林乡人,大专学历,1992年4月加入中国共产党。

主要经历:1985年9月至1988年7月,在铜仁师专中文专业学习。1988年8月至1990年9月,任思南县唐乔中学教师。1990年9月至1993年11月,任万山特区纪委科员。1993年11月至1998年1月,任万山特区纪委正股级秘书。1998年1月至2003年1月,任万山特区纪委常委、审理室主任。2003年1月至2010年9月,任万山特区纪委副书记。2010年9月至2012年2月,任万山特区机构编制委员会办公室主任、万山特区事业单位登记管理局局长。2012年2月至2014年11月,任万山区机构编制委员会办公室主任、万山区事业单位登记管理局局长。2014年11月至2017年5月,任万山区机构编制委员会办公室主任(2016年7月,晋升副处级职级)。2017年5月至2019年1月,任万山区机构编制委员会办公室主任科员。2019年1月至2019年6月,任万山区委机构编制委员会办公室主任科员。2019年6月至2020年7月,任万山区委机构编制委员会办公室四级调研员,2020年8月退休。

罗仁相　男，侗族，1966年3月生，贵州省万山区黄道乡人，大专学历，1992年6月加入中国共产党。

主要经历：1988年至1997年4月，万山特区黄道乡工商所工作。1997年4月，调万山特区纪委工作。1999年1月至2000年4月，任万山特区纪委党风廉政室主任。2003年1月，任万山特区纪委常委、纪检监察室主任；2003年6月至2006年11月，任万山特区纪委副书记；2007年4月至2011年12月，任万山特区信访局局长；2011年12月至2020年11月，任铜仁市万山区信访局局长。2020年11月，任政协铜仁市万山区副主席。

杨胜金　男，侗族，1971年11月出生，万山区敖寨乡人，大专学历，1997年7月加入中国共产党。

主要经历：1991年9月至1994年7月，在铜仁农校植物保护专业学习。1994年7月至1995年5月，任万山特区黄道乡农技站技术员。1995年5月至1998年4月，任万山特区黄道乡政府秘书，民政干事。1998年4月至2001年10月，任万山特区党委办信息督查科长。2001年10月至2002年1月，任万山特区下溪乡党委委员、纪委书记。2002年1月至2003年5月，任万山特区下溪乡党委副书记（1999年9月至2002年7月，在贵州省委党校经济管理专业学习）。2003年5月至2003年9月，任万山特区下溪乡党委副书记，主持乡人民政府工作。2003年9月至2006年8月，任万山特区下溪乡党委副书记、乡人民政府乡长。2006年8月至2007年3月，任万山特区司法局党组书记。2007年3月至2010年8月，任万山特区农业局党组书记、局长。2010年10月至2011年12月，任万山特区纪委副书记、监察局局长。2011年12月至2012年2月，任铜仁市万山区纪委副书记、监察局长。2012年2月至2013年1月，任万山区政府党组成员，纪委副书记、监察局局长。2013年1月至2015年2月，任万山区大坪乡党委书记。2015年2月至2015年7月，任万山区大坪乡党委书记、人大主席。2015年7月至2019年1月，任万山区市场监督管理局党组书记、局长。2019年1月至2019年7月，任万山区直属机关工委书记。2019年7月至2020年8月，任万山区直属机关工委常务副书记（正科长级）。2020年8月，任万山区总工会党组书记、常务副主席。

刘远学　男，侗族，1974年12月出生，万山区高楼坪乡人，大学学历，2003年12月加入中国共产党。

主要经历：1994年9月至1998年7月，在贵州农学院农业机械工程技术专业学习。2000年6月至2001年4月，任万山特区计划生育局聘请工作员。2001年4月至2001年10月，任万山特区农机局干部。2001年10月至2007年5月，任万山特区农业局助理工程师（2002年2月至2002年8月，经特区委组织部选派到敖寨乡洋世界村负责党建扶贫工作；2002年8月至2007年5月，借调到特区委组织部工作）。2007年5月至2007年12月，任万山特区党员干部现代远程教育中心工作员。

2007年12月至2008年9月，任万山特区党员干部现代远程教育中心综合股股长。2008年9月至2008年12月，任万山特区党员干部现代远程教育中心副主任。2008年12月至2011年4月，任万山特区党员干部现代远程教育中心主任。2011年4月至2012年2月，任万山特区委办公室副主任。2012年2月至2012年8月，任万山区委办公室副主任。2012年8月至2013年4月，任中共万山区委办公室副主任、督查室主任。2013年4月至2015年2月，任万山区委办公室副主任、督查室主任(正科级)。2015年2月至2015年4月，任万山区委办公室副主任。2015年3月至2016年7月，任万山区纪委常委、副书记。2016年7月至2020年3月，任万山区人大常委会信访室主任。2020年3月至2022年2月，任万山区人大常委会法制工委主任。2022年2月，任万山区委党史研究室主任。

刘勇　男，侗族，1969年10月出生，贵州省碧江区滑石乡人，大专学历，1989年11月加入中国共产党。

主要经历：1986年11月至1990年4月，在云南省玉溪市35014部队服役。1990年4月至2001年3月，任万山特区人事劳动局股长(1994年7月至1997年9月，在贵州大学行政管理专业学习)。2001年3月至2003年6月，任万山特区编委办副主任，事业单位登记管理局局长。2003年6月至2010年8月，任万山特区编委办主任，事业单位登记管理局局长。2010年8月至2012年2月，任万山特区委组织部副部长，万山特区人力资源和社会保障局党组副书记、局长。2012年2月至2014年10月，任万山区委组织部副部长，万山区人力资源和社会保障局党组副书记、局长。2014年10月至2015年8月，任万山区委组织部副部长，万山区人力资源和社会保障局党组书记、局长。2015年8月至2018年1月，任万山区纪委常委、副书记、监察局局长。2018年1月至2019年6月，任万山区纪委常委、副书记、监委会副主任。2019年6月至2021年10月，任万山区纪委常委、区纪委副书记、区监委副主任。2021年10月，任万山区纪委区监委四级调研员。

杨政久　男，侗族，1975年9月出生，贵州省碧江区和平乡人，大学学历，1999年10月加入中国共产党。

主要经历：1994年8月至1997年6月，在铜仁市农业校术学校水产专业学习。1997年12月至1999年1月，任铜仁市市中街道办事处畜牧站工作员(1998年5月至1998年12月，抽调铜仁市市中街道办事处地税所工作)。1999年1月至2001年1月，任铜仁市中办事处党政办工作员(2000年4月至2001年1月，抽调中共铜仁市委办公室工作)。2001年1月至2002年10月，任铜仁市委办公室工作员。2002年10月至2005年6月，任铜仁市委办公室信息科科长〔2002年9月至2005年1月，在贵州省委党校法律专业学习(函授本科)〕。2005年6月至2007年4月，任铜仁市委办公室督查科科长。2007年4月至2009年12月，任铜仁市委督查室主任。2010年1月至2011年8月，任铜仁市茶店镇党委副书记、纪委书记。2011年8月至2011年10月，任铜仁市茶店镇党委委员、人大主席。2011年11月至2012年10月，任万山区茶店镇党委委员、人大主席。2012年10月至2013年7月，任万山区茶店镇党委副书记、镇长。2013年7月至2016年7月，任万山区茶店街道党工委副书记，办事处主任。2016年7月至2018年1月，任万山区纪委副书记。2018年1月至2019年9月，任万山区纪委副书记、监委副主任。2019年9月，任铜仁市纪委市监委扶贫与民生监督检查室副主任。2022年9月，任铜仁市新能锰业(集团)有限责任公司党委委员、纪委书记。

肖旺　男，苗族，1983年2月出生，湖北省利川县文斗镇人，大学学历，2012年12月加入中国共产党。

主要经历：2003年9月至2007年7月，在贵州民族学院法学专业学习。2007年12月至2008年4月，任贵州省江口县人民检察院侦查监督科工作员。2008年4月至2009年12月，任江口县人民检察院侦查监督科书记员。2009年12月至2011年3月，任江口县人民检察院侦查监督科科员、助理检察员。2011年3月至2012年5月，任江口县人民检察院反贪局科员、助理检察员。2012年5月至2013年6月，任江口县人民检察院反贪局科员、检察员(2012年3月至2012年6月，挂职任德江县长堡乡科技副乡长)。2013年6月至2017年9月，任江口县人民检察院反贪污贿赂局副局长(2015年2月套改为二级检察官，2017年6月晋升为一级检察官)。2017年9月至2017年10月，任江口县人民检察院党组成员。2017年10月至2018年1月，任江口县人民检察院党组成员、副检察长、检察委员会委员。2018年1月至2018年3月，任江口县人民检察院正科级检察员、检察委员会委员。2018年3月至2018年9月，任江口县人民检察院正科级检察员。2018年9月至2018年11月，任江口县人民检察院正科级检察员，江口县委巡察工作领导小组办公室主任。2018年11月至2019年3月，任江口县纪委监委第三纪检监察室主任。2019年3月至2019年10月，任江口县纪律检查委员会委员、常委。2019年10月至2022年9月，任万山区纪委副书记、监委副主任。2022年9月，任铜仁市纪委市监委第五审查调查室主任。

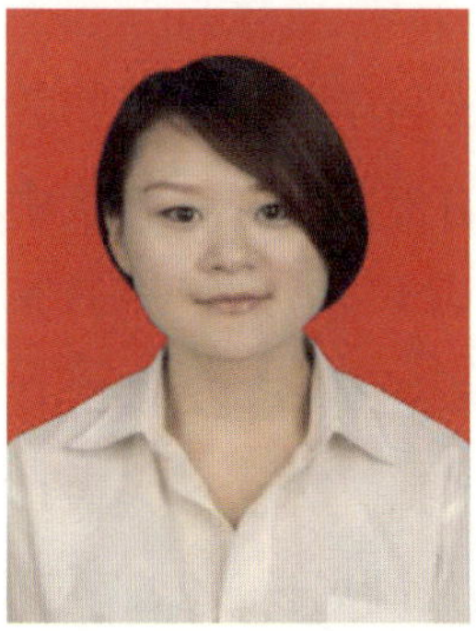

吴瑾　女，侗族，1982年12月出生，河南安阳人，大学学历，2005年6月加入中国共产党。

主要经历：2002年9月至2006年6月，在贵州师范大学法学院法学专业学习。2006年6月至2006年7月，在中共贵州省委组织部选调生培训班学习。2006年7月至2008年5月，任铜仁市灯塔办事处党政办工作员。2008年5月至2008年10月，任共青团贵州省铜仁地委办公室工作员。2008年10月至2010年11月，任共青团铜仁地委办公室副主任(主持工作)。2010年11月至2012年12月，任共青团铜仁地委办公室主任。2012年12月至2015年5月，任共青团铜仁市委办公室主任。2015年5月至2018年3月，任铜仁市交通运输局纪检组副组长、监察室主任。2018年3月至2019年10月，任铜仁市纪委市监委派驻第二纪检监察组办公室主任。2019年10月至2020年10月，任万山区纪委副书记、监委副主任(挂职)。2020年10月至2021年1月，任铜仁市纪委市监委派驻第二纪检监察组办公室主任。2021年1月至2021年7月，任铜仁市纪委市监委派驻第三纪检监察组副组长，

2021年7月，任贵州梵净山管理局党委委员、纪委书记。

杨昌贵　男，侗族，1978年9月出生，万山区敖寨乡人，大学本科学历，2003年1月加入中国共产党。

主要经历：1996年9月至1999年6月，在铜仁民族师范学校普师专业学习。

1999年8月至2006年2月，任万山特区敖寨乡民族中心完小教师(2001年8月至2003年6月，在贵州师范大学小学教育专业学习)。2006年2月至2006年12月，任万山特区质量技术监督检测所工作员。2006年12月至2011年12月，任万山特区质量技术监督检测所助理工程师(2004年3月至2007年1月，在贵州大学法学专业学习；2007年3月至2010年1月，在中国计量学院产品质量工程专业学习)。2011年12月至2012年3月，任万山特区质量技术监督检测所工程师。2012年3月至2012年12月，任万山区质量技术监督局稽查队副队长。2012年12月至2015年2月，任万山区质量技术监督局稽查队队长。2015年2月至2016年7月，任万山区食品药品监督管理局党组成员、副局长。2016年7月至2016年11月，任万山区下溪侗族乡党委副书记、政府乡长(提名)。2016年11月至2019年6月，任万山区下溪侗族乡党委副书记、政府乡长。2019年6月至2019年9月，任万山区下溪侗族乡党委副书记、政府乡长(主持乡党委全面工作)。2019年9月至2019年10月，任万山区下溪侗族乡党委书记、政府乡长、计生协会会长。2019年10月至2021年6月，任万山区下溪侗族乡党委书记、政府乡长、计生协会会长、一级主任科员。2021年6月至2021年9月，任万山区委办公室副主任(保留正科长级)、一级主任科员。2021年9月至2021年10月，任万山区纪委副书记、监委副主任(提名)、区委办副主任、一级主任科员。2021年10月，任万山区纪委副书记、监委副主任、一级主任科员。

刘斌　男，侗族，1979年8月出生，贵州省沿河县人，大学本科学历，2010年6月加入中国共产党。

主要经历：1999年9月至2002年7月，铜仁师范高等专科学校应用生物教育专业学习。2002年9月至2006年12月，任沿河土家族自治县官舟镇初级中学教师(2001年12月至2005年6月，贵州大学法律专业学习)。2006年12月至2008年3月，任万山特区人民检察院控申科工作员。2008年3月至2013年12月，任万山区人民检察院科员。2013年12月至2014年11月，任万山区人民检察院副主任科员。2014年11月至2017年6月，任万山区人民检察院反贪污贿赂局副局长。2017年6月至2019年5月，任万山区人民检察院反渎职侵权局局长。2019年5月至2021年6月，任万山区纪委区监委第一纪检监察室主任(保留正科长级)。2021年6月，任万山区监委委员、区纪委区监委第一纪检监察室主任(保留正科长级)。2022年4月，任万山区纪委常委、区监委委员；2022年12月，任万山区纪委副书记、铜仁市万山区监察委员会副主任。

（三）历任区（特区）纪委常委、监察局副局长、监委委员

杨光元（1929—1996） 男，侗族，万山特区敖寨乡人，初中学历，1955年10月加入中国共产党。

主要经历：1951年3至1953年12月，在敖寨乡工作；1954年3至1955年2月，在瓦屋粮站工作；1955年12月至1956年1月，在瓮慢乡信用社工作；1956年1月至1963年12月，在漾头区供销社工作。1964年1月至1974年12月，在漾头区法庭工作，任漾头区法庭庭长；1975年1月至1983年1月，任漾头公社党委书记。1983年2月至1984年9月，任万山特区供销社副主任。1984年10月至1987年3月，任万山特区委打经办副主任，1987年3月至1988年7月，任万山特区纪委办公室副主任；1988年7月至1988年9月，任万山特区纪委常委、办公室主任，1989年9月至1990年5月，任万山特区纪委常委、信访室主任；1990年5月至1991年12月，任万山特区纪委信访室主任，1996年5月去世。

陈宗华 男，汉族，贵州绥阳人，1955年9月出生，大专学历。1979年5月加入中国共产党。

主要经历：1974年2月至1976年11月，任铜仁县马岩乡插队知青。1976年11月至1980年3月，在解放军某部队服兵役。1980年3月至1981年2月，任铜仁地区外运车队工作员。1981年2月至1981年12月，任万山特区电影院工作员。1981年12月至1984年2月，任万山特区宣传部工作员。1984年2月至1985年9月，任万山特区统战部干事。1985年9月至1987年8月，在贵州省社会主义学院秘书专业学习。1987年8月至1989年12月，任万山特区人民政府办副主任。1989年12月至1990年8月，任万山特区监察局副局长。1990年8月至1992年7月，任铜仁地区监察局副主任科员。1992年7月至1993年5月，任铜仁地区监察局审理科科长。1993年5月至1995年8月，任铜仁地区纪委执法监察室副主任。1995年8月至1997年6月，任铜仁地区纪委执法监察室主任。1997年6月至2007年4月，任铜仁地委直属机关工委副书记、纪工委书记。2007年4月至2009年7月，任铜仁地委直属机关工委副书记。2009年7月至2012年2月，任铜仁地委直属机关工委副调研员。2012年，任铜仁市直属机关工委副调研员。

杨贵成 男，汉族，1950年3月出生，贵州省松桃苗族自治县牛郎镇人，大专学历，中共党员。

主要经历：1969年4月至1983年1月，先后在重庆、新疆吐鲁番中国人民解放军某部队后勤部，历任战士、副班长、班长、副排长、排长、政治指导员、管理员等职。1983年2月至1984年3月，转业至万山特区敖寨公社革命管理委员会任副主任。1984年3月至1990年5月，在中共万山特区纪律检查委员会任案件审理科长、常委；1987年9月至1989年7月在中共贵州省委党校纪检大

专班学习。1990年5月至2007年11月，在中国人民银行贵州省万山特区支行、玉屏侗族自治县支行，历任党组书记、金融监察室主任、副行长、行长职务。2007年11月退休。

蒲光木(1947—2015) 男，侗族，万山区下溪乡人，大专学历，1984年8月加入中国共产党。

主要经历：1972年9月至1974年7月，在铜仁师专中文专业学习。1974年8月至1986年6月，任贵州省万山特区下溪民族中学教师。1986年6月至1988年9月，任万山特区教育局办公室主任。1988年9月至1990年5月，任万山特区委组织部办公室工作员。1990年5月至1995年9月，任万山特区纪委常委、办公室主任。1995年9月至1998年5月，任万山特区教育局党组成员、副局长。1998年5月至2003年6月，任万山特区档案局局长。2003年6月，任万山特区档案局(档案馆)主任科员。2007年退休，2015年5月去世。

刘泽祥 男，侗族，1965年6月出生，万山区黄道乡人，大专学历，1990年7月加入中国共产党。

主要经历：1982年9月至1985年7月，在铜仁师范普师专业学习。1985年9月至1986年8月，任万山特区黄道乡小田坪小学教师。1986年8月至1995年10月，任万山特区黄道乡小学教师。1995年10月至1998年1月，任万山特区万山镇小学校长(1996年9月至1998年1月，借调到万山特区教育局工作)。1998年1月至1999年4月，任万山特区纪委工作员〔1994年7月至1998年6月，在贵州卫电师专汉语言文学专业学习(函授大专)〕。1999年4月至2003年8月，任万山特区纪委办公室主任。2003年1月至2003年7月任万山特区第八届纪律检查委员会常委，2003年8月至2006年3月，任万山特区交通局党组成员、纪检员(正科级)。2006年3月至2012年2月，任万山特区人民检察院党组成员、政工科长。2012年2月至2013年8月，任万山区人民检察院党组成员、政工科长。2013年8月至2016年7月，任万山区人民检察院党组成员、机关党委书记(保留正科级)。2016年7月至2017年9月，任万山区人民检察院机关党委书记(保留正科级)。2017年9月，任万山区人民检察院主任科员。

夏珍 女，土家族，1961年11月出生，贵州务川人，大专学历，1988年4月加入中国共产党。

主要经历：1981年3月至1984年10月，任万山特区医药公司工作人员。

1984年10月至1990年6月，任万山特区委办公室工作人员〔1988年8月至1990年6月，在铜仁地委党校经济管理专业中专班学习(脱产)〕。1990年6月至1992年9月，任万山特区保密局工作人员。1992年9月至1998年11月，任中共万山特区委办公室工作人员。1998年11月至2002年1月，任万山特区黄道乡党委副书记。2002年1月至2011年10月，任万山特区纪律检查委员会常委、信访室主任〔2003年4月至2006年4月，在中央广播电视大学行政管理专业大专班学习（函授）〕。2013年5月，任正科级纪检员。2016年12月退休。

杨顺昌　男，侗族，1959年11月出生，万山区下溪乡人，大专学历，1989年12月加入中国共产党。

主要经历：1976年3月至1980年1月，在北京某部队服役。1980年1月至1982年12月，任万山特区下溪乡粮站工作人员。1982年12月至1984年5月，任万山特区下溪乡乡镇企业办辅导会计。1984年5月至1989年7月，任万山特区下溪乡民政干事。1989年7月至1990年4月，任万山特区下溪乡副乡长。1990年4月至1992年12月，任万山特区敖寨侗族乡民政干事。1992年12月至1993年4月，任万山特区下溪乡党委工作人员。1993年4月至1995年12月，任万山特区下溪乡党委委员、纪委书记；1995年12月至1998年12月，任万山特区敖寨侗族乡党委委员、组织宣传员〔1994年7月至1997年7月，在贵州省委党校行政管理专业大专班学习（函授）〕。1998年12月至2003年7月，任万山特区下溪乡党委副书记、政协工委副主任。2003年7月至2006年11月，任万山特区纪律检查委员会执法室主任。2006年11月至2011年10月，任万山特区纪律检查委员会常委、执法室主任。2011年10月至2013年5月，任万山特区纪委监察局副主任科员。2013年5月至2019年12月，任正科级纪检员。2019年12月退休。

吴锋　男，侗族，1972年6月出生，万山区下溪乡人，大学学历，1992年7月加入中国共产党。

主要经历：1990年12月至1993年12月，任中国人民解放军某部队战士。1994年6月至1998年8月，任万山特区下溪乡综治办工作员、党政办秘书、组织干事（1995年9月至1998年7月，在贵州省委党校经济管理专业学习）。1998年8月至2001年10月，任万山特区高楼坪乡人武部副部长。2001年10月至2002年10月，任万山特区高楼坪乡纪委书记。2002年10月至2003年7月，任万山特区高楼坪乡党委副书记、纪委书记。2003年7月至2008年11月，任万山特区纪委宣教室主任（2002年7月至2004年12月，在中央党校法律专业学习）。2008年11月至2011年3月，任万山特区纪委常委、宣教室主任。2011年3月至2011年10月，任万山特区纪委常委、纪委监察局派驻纪检监察二组组长。2011年10月至2012年2月，任万山特区纪委监察局派驻纪检监察二组组长。2012年2月至2012年7月，任万山区纪委监察局派驻纪检监察二组组长。2012年7月至2018年5月，任万山区纪委派出第二纪工委书记。2018年5月至2021年10月，任万山区委第二巡察组组长；2021年10月，任万山区委巡察组正科长级巡察专员。

杨超　男，侗族，1978年12月出生，万山区敖寨乡人，大学学历，2005年5月加入中国共产党。

主要经历：1998年9月至2002年7月，在铜仁师专政史系思想政治专业学习。2002年9月至2002年12月，任万山特区高楼坪乡中学聘用教师。2002年12月至2004年8月，任万山特区纪委办事员。2004年8月至2008年12月，任万山特区纪委科员〔2005年3月至2007年7月，在贵州省委党校经管专业学习（函授本科）〕。2008年12月至2011年9月，任万山特区下溪乡党委副书记、纪委书记。2011年9月至2011年10月，任万山特区纪委党风廉政建设室主任。2011年10月至2011年12月，任万山特区纪委常委、廉政室主任。2011年12月至2012年2月，任万山区纪委常委、党风廉政建设室主任。2012年2月至2012年6月，任万山区纪委常委、党风廉政建设室主任。2012年6月至2013年1月，任万山区委统战部常务副部长、工商联党组书记，副主席（副会长）。2013年1月至2013年4月，任万山区委组织部常务副部长、统战部常务副部长，工商联党组书记、工商联（商会）副主席（副会长）。2013年4月至2015年7月，任万山区委组织部常务副部长。2015年7月至2017年12月，任万山区茶店街道党工委书记，计生协会会长。2017年12月至2020年3月，任万山区司法局主任科员。2020年3月至2021年7月，任万山区委组织部副部长、非公党工委书记、关工委秘书长（兼任）。2021年7月，任万山区委组织部常务副部长。

罗泽亭　男，侗族，1977年7月出生，万山区黄道乡人，大学学历，2005年7月加入中国共产党。

主要经历：1998年9月参加工作。2010年11月至2011年11月，任万山特区举报中心（非公有制经济发展侵权投诉中心）工作人员。2011年11月至2011年12月，任万山特区纪律检查委员会常委。2012年11月至2012年2月，任万山区纪律检查委员会常委。2012年2月至2014年11月，任万山区纪委常委、办公室（干部室）主任及机关支部书记。2014年11月至2016年3月，任万山区纪委常委、办公室主任、正科级纪检员。2016年3月至2016年6月，任万山区鱼塘侗族苗族乡党委委员，2016年6月至2020年5月，任万山区鱼塘侗族苗族乡党委委员、人大主席（2016年12月21日，当选为万山区第二届人民代表大会常务委员会委员）。2020年5月，任万山区人民代表大会常务委员会委员、监察和司法委员会主任委员。

姚茂桥（1973—2012）男，侗族，万山区敖寨乡人，大专学历，1995年6月加入中国共产党。

主要经历：1992年9月至1995年7月，在黔东南民管校学习。1995年9月至1998年6月，任万山特区下溪侗族乡党政办工作员、主任。1998年6月至2001年10月，任下溪侗族乡党政办主任（2001年7月至2001年10月，借调万山特区人事劳动和社会保障局工作）。2001年10月至2006年7月，任敖寨侗族乡党委委员、组织宣传委员〔2000年9月至2003年1月，在省委党校法律专业学习（函授大专）〕；2004年7月至2006年7月，抽调到中共特区委先进性教育活动办公室工作。2006年7月至2008年12月，任高楼坪乡党委委员、纪委书记。2008年12月至2011年10月，任万山特区纪委副科级干部。2011年10月至2011年12月，任万山特区纪委常委。2011年12月至2012年9月任万山区纪委常委。2012年9月因病去世。

毛权民　男，土家族，1983年4月出生，贵州省松桃苗族自治县甘龙镇人，中共党员，大学学历，2004年7月加入中国共产党。

主要经历：2002年9月至2005年6月，在贵州省警官职业学院公安管理专业学生（2003年9月至2005年6月，自学考试取得中国人民公安大学本科文凭）。

2005年6月至2005年8月，任松桃苗族自治县公安局蓼皋派出所见习生。2005年8月至2008年4月，任万山特区公安局工作员。2008年4月至2010年8月，任万山特区纪委监察局纪检监察室工作员。2010年8月至2011年10月，任万山特区纪委监察局纪检监察室负责人。2011年10月至2012年2月，任万山区纪委常委。2012年2月至2014年3月，任万山区纪委常委、纪检监察室主任。2014年3月至2014年11月，任万山区纪委常委、纪检监察一室主任。2014年11月至2016年10月，任万山区纪委常委、第一纪检监察室主任（正科级）（2014年10月至2016年6月，抽调省委巡视组工作）。2016年10月至2017年6月，任铜仁市纪委监察局第三纪检监察室正科级干部。2017年6月至2018年9月，任铜仁市纪委监察局第三纪检监察室副主任。2018年9月，任玉屏侗族自治县委常委、政法委书记。

冉光权　男，苗族，1977年12月出生，贵州省沿河土家族自治县黄土镇人，大学学历，1998年4月加入中国共产党。

主要经历：1993年9月至1997年6月，在贵州商业学校会计电算化专业学习。1997年11月至1999年3月，任沿河土家族自治县客田镇白鹤办事处工作员。1999年3月至2000年7月，任沿河土家族自治县客田镇白鹤办事处主任。2000年7月至2002年4月，任沿河土家族自治县客田镇白鹤办事处党支部书记。2002年4月至2005年1月，任沿河土家族自治县客田镇党委委员、宣传委员、统战委员（2002年9月至2005年1月，在贵州省委党校行政管理专业学习）。2005年1月至2010年9月，任沿河土家族自治县中寨乡党委副书记、纪委书记（2005年8月至2007年12月，在中央党校大学法律专业学习）。2010年9月至2013年1月，任沿河土家族自治县谯家镇党委委员、人大主席（2010年3月至2011年3月，挂职任沿河土家族自治县远教中心副主任；2011年4月至2012年3月，挂职铜仁市纪委行政效能监察室主任科员）。2013年1月至2013年4月，任万山区监察局副局长（保留正科级）。2013年4月至2018年1月，任万山区纪委常委、监察局副局长。2018年1月至2019年3月，任万山区纪委常委、监委会委员。2019年3月至2020年6月，任万山区应急管理局党组书记、局长。2020年6月至2021年7月，任万山区应急管理局党组书记、局长、四级调研员。2021年7月，任万山区发改局党组书记、局长、四级调研员。

袁仁荣 男，侗族，1974年10月出生，万山区下溪乡人，大专学历，1995年6月加入中国共产党。

主要经历：1995年9月至1998年7月，在贵州省畜牧学校饲料加工专业学习。1998年9月至2001年4月，在贵州省畜牧兽医学校工作，任神内贵州农业培训中心工作员。2001年4月至2003年10月，任万山特区下溪乡计生股干部。2003年10月至2006年7月，任万山特区下溪乡党政办负责人（2002年9月至2004年12月，在贵州省委党校经济管理专业学习）。2006年7月至2008年4月，任万山特区下溪乡党委委员，人武部部长。2008年4月至2012年2月，任万山特区敖寨乡副主任科员、乡纪委副书记（2009年12月至2012年2月，上挂万山区纪委党风廉政建设室工作）。2012年2月至2015年4月，任万山区纪委监察综合室主任（2011年3月至2014年6月，下派万山区下溪乡桂花村任第一党支部书记；2013年6月至2014年6月，挂任万山区下溪乡党委副书记）。2015年4月至2018年1月，任万山区纪委常委、干部室（干部监督室）主任，正科级纪检员。2018年1月至2019年7月，任万山区纪委常委、干部室（干部监督室）主任，监察委员会委员，正科级纪检员。2019年7月至2022年4月，任铜仁市万山区纪委常委、监委委员、正科级纪检员。2022年4月任铜仁市万山区监察委员会委员、正科级纪检员。

符宁亮 男，苗族，1985年9月出生，贵州省思南县人，大学学历，2009年8月加入中国共产党。

主要经历：2003年9月至2007年7月，在铜仁学院汉语言文学专业学习。

2007年11月至2009年6月，任万山特区环境保护事业局工作员。2009年6月至2011年3月，任万山特区环境保护事业局办公室主任。2011年3月至2011年9月，任万山特区人力资源和社会保障局办公室负责人。2011年9月至2011年11月，任万山特区人力资源和社会保障局办公室主任。2011年11月至2013年5月，任万山区人力资源和社会保障局办公室主任。2013年5月至2015年9月，任万山区劳动监察大队大队长。2015年9月至2015年10月，任万山区纪律检查委员会派出第四纪律检查工作委员会委员、副书记。2015年10月至2016年10月，任万山区纪律检查委员会派出第四纪律检查工作委员会委员、副书记，区监察局派出第四监察分局局长。2016年10月至2017年2月，任万山区纪律检查委员会常务委员会委员、派出第四纪律检查工作委员会委员、副书记，区监察局派出第四监察分局局长。2017年2月至2019年9月，任万山区纪律检查委员会常务委员会委员、办公室主任。2019年9月至2020年4月，任万山区纪律检查委员会常务委员会委员、监察委员会办公室（宣传调研法规室）主任。2020年4月至2022年11月，任万山区民政局党组成员、副局长；2022年11月，任万山区发改局党组成员。

卢菊凤　女，侗，1975年5月出生，万山区高楼坪乡人，大学学历，2002年9月加入中国共产党。

主要经历：1994年9月至1998年7月，在贵州师范大学体育教育专业学习。1998年9月至2000年6月，任万山特区高楼坪乡民族中学教师。2000年6月至2001年12月，任万山特区人民法院办事员。2001年12月至2007年4月，任万山特区人民法院科员。2007年4月至2010年3月，任万山特区人民法院书记官室主任、审判员。2010年3月至2011年4月，任万山特区人民法院行政庭庭长。2011年4月至2012年2月，任万山特区人民法院副科级审判员、行政庭庭长。2012年2月至2014年6月，任万山区人民法院副科级审判员、行政庭庭长、审判员。2014年6月至2015年2月，任万山区人民检察院副主任科员、检察员。2015年2月至2015年4月，任万山区人民检察院副主任科员、检委会委员。2015年4月至2016年3月，任万山区人民检察院副主任科员、检委会委员、民行科(含生态环境保护检察科)科长。2016年3月至2016年10月，任万山区人民检察院副主任科员、检委会委员、生态环境保护检察科科长。2016年10月至2018年4月，任万山区纪委常委、纪检监察一室主任。2018年1月至2019年2月，任万山区纪委常委、区监委委员、纪检监察一室主任。2019年2月，辞去公职。

张志　男，侗族，1978年11月出生，万山区高楼坪乡人，大学学历，2007年11月加入中国共产党。

主要经历：1996年9月至1999年7月，在铜仁地区农业学校农学专业学习。2002年7月至2004年12月，任万山特区国土局聘请工作员。2004年12月至2006年5月，任万山特区敖寨乡工作员。2006年至2007年12月，任万山特区敖寨乡社会事务办公室主任(2004年7月至2007年1月，在贵州大学农业技术专业学习)。2007年12月至2011年8月，任万山特区敖寨乡社会事务办公室主任(2008年9月至2011年1月，在贵州省委党校经济管理专业学习)。2011年8月至2012年2月，任万山特区敖寨乡党委委员，人武部部长。2012年2月至2014年2月，任万山区敖寨乡党委委员，人武部部长。2014年2月至2016年7月，任万山区民政局党组成员，万山区城乡社会救助管理局局长。2016年7月至2017年11月，任万山区仁山街道党工委委员，办事处副主任。2017年11月至2017年12月，任万山区大坪乡党委委员、提名人大主席。2017年12月至2019年3月，任万山区大坪乡党委委员、人大主席。2019年3月，任万山区纪委常委，监委委员(保留正科长级)。

吴克玖　男，侗族，1974年7月出生，万山区下溪乡人，大学本科学历，2001年5月加入中国共产党。

主要经历：1995年9月至1997年7月，贵州民族学院行政管理专业学习。1997年9月至1998年5月任万山特区敖寨乡计生股工作员。1998年5月至2001年5月，任敖寨乡民政股工作人员。2001年5月至2002年8月，任敖寨乡民政股股长。2002年8月至2004年1月，任万山特区民政局低保办工作员。2004年1月至2006年8月，任特区民政局低保办主任(2002年8月至2004年12月，在中央党校法律专业学习)。2006年8月至2008年6月，任特区民政局办公室主任。2008年6月至2011年11月，任特区民政局党组成员，万山特区城乡社会救助管理局局长。2011年11月至2012年9月，任万山区民政局党组成员，万山区城乡社会救助管理局局长。2012年9月至2017年2月，任万山区民政局党组成员、副局长。2017年2月至2021年6月，任中共万山区委巡察办主任。2021年5月至2021年10月，任万山区纪委常委、万山区委巡察办主任。2021年11月至2022年4月，任万山区纪委常委、中共贵州万山经济开发区纪检监察工委副书记。2022年4月，任中共贵州万山经济开发区纪检监察工委副书记。

刘恒 男，侗族，1983年8月出生，万山区大坪乡人，大学本科学历，2009年7月加入中国共产党。

主要经历：1999年9月至2002年6月，在铜仁民族师范英语专业学习。2003年9月至2007年10月，任铜仁市(县级)兴旺场中心完小教师。2007年10月至2011年8月，任铜仁市兴旺场中心完小一级教师(2006年3月至2010年1月在贵州师范学院外国语学院英语专业学习)。2011年8月至2012年3月任万山区大坪乡水务站工作员。2012年3月至2012年11月，任万山区大坪乡综合办负责人。2012年11月至2013年3月，任万山区下溪乡党委委员、组织委员。2013年3月至2015年9月，任下溪乡党委委员、组织委员、宣传委员、统战委员。2015年9月至2016年7月，任下溪乡政法委书记。2016年7月至2019年3月，任万山区纪委区监委党风政风监督室主任。2019年3月至2021年6月，任万山区纪委区监委案件审理室主任。2021年5月至2021年10月，任万山区纪委常委、监委委员、办公室(宣传调研法规室)主任。2021年10月至2021年12月，任万山区纪委常委、监察委员、中共万山区委巡察办主任。2021年12月至2022年12月，任万山区纪委常委、中共万山区委巡察办主任。

姚冬霞 女，侗族，1985年11月出生，万山区下溪乡人，大学本科学历，2005年6月加入中国共产党。

主要经历：2001年9月至2006年6月，在铜仁师范高等专科学校现代信息技术专业学习；2006年8月至2007年9月，在万山特区下溪乡人民政府任工作员(西部志愿者)；2007年11月至2010年11月，在万山特区下溪乡民族中学任教；2010年11月至2011年10月，在万山特区电视台担任记者、播音员；2011年10月至2015年4月，任万山区下溪乡党建办干部(2009年3月至2012年1月，在贵州师范大学汉语言文学专业学习)；2015年4月至2016年7月，在万山区纪委宣传调研法规室工作；2016年7月至2019年9月，任铜仁市万山区纪委区监委宣传调研法规室主任；2019年9月至2021年7月，任铜仁市万山区纪委区监委派驻纪检监察组副科长级专职纪检监察员；2021年7月至2022年4月，任铜仁市万山区纪委区监委干部室主任；2022年4月至2022年9月，任铜仁市万山区纪委常委、干部室主任；2022年9月任铜仁市万山区纪委常委。

刘洪森　男，侗族，1966年4月出生，万山区下溪乡人，大学学历。

主要经历：1981年9月至1984年7月，在铜仁师范普师专业学习。1984年9月至1984年10月，任万山特区下溪乡小学教师。1984年10月至1996年6月，任万山特区公安局侦察员〔1989年9月至1991年7月，在贵州省公安干院公安管理专业学习（脱产）〕。1996年6月至1998年10月，任万山特区公安局治安科科长。1998年10月至2002年1月，任万山特区环保局科员。2002年1月至2003年7月，任万山特区纪委纪检检察员〔1997年4月至2002年6月，在中国人民公安大学公安管理专业学习（自考本科）〕。2003年7月至2007年1月，任万山特区监察局副局长。2007年1月至2010年8月，任万山特区旅游事业局局长（2008年9月至12月，在中共铜仁党校第十六期中青年干部培训班学习）。2010年8月至2010年12月，任万山特区档案局（档案馆、地方志编纂委员会办公室）局长（馆长、主任）（2010年8月至11月，挂任山东省平度市旅游局副局长）。2010年12月至2011年12月，任万山特区安全生产监督管理局局长。2011年12月至2019年1月，任政协铜仁市万山区委员会副主席；2019年1月，任政协铜仁市万山区委员会四级调研员。

姬黄河　男，汉族，1968年7月出生，河南省上蔡县人，大学学历，1999年11月加入中国共产党。

主要经历：1984年9月至1987年7月，在铜仁民族师范学校普师专业学习。

1987年9月至1991年8月，任万山特区敖寨乡中心完小教师。1991年8月至1998年5月，任万山特区敖寨乡中学教师（1995年6月至1998年4月，在贵州教育学院数学专业学习）。1998年5月至2000年4月，任万山特区人民政府办公室秘书。2000年4月至2003年7月，任万山特区人民政府办公室综合科长。2003年7月至2007年3月，任万山特区人民政府办公室副科级秘书（2001年8月至2003年12月，在中央党校法律专业学习）。2007年3月至2011年3月，任万山特区监察局副局长。2011年3月至2012年2月，任万山特区监察局副局长，派驻纪检监察一组组长。2012年2月至2013年7月，任万山区纪委监察局派驻纪检监察一组组长。2013年7月至2018年5月，任万山区纪委派出第三纪工委书记。2018年5月至2021年5月，任万山区委第三巡察组组长。2021年5月，任万山区纪委区监委二级主任科员。

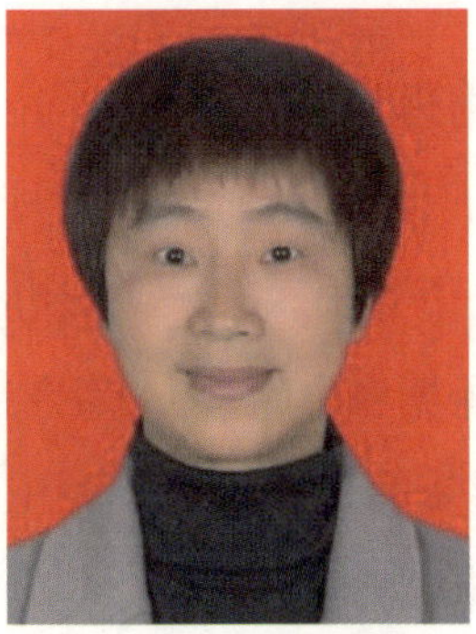

龙胜平　女，侗族，1967年1月出生，万山区人，大学学历。

主要经历：1988年9月至1990年7月，在贵州农学院畜牧兽医系牧草和饲料专业学习。1990年8月至1993年8月，任万山特区畜牧水产局饲草饲料站技术员（1998年12月被评为畜牧师）。1993年8月至1998年12月，任万山特区畜牧局水产局饲草饲料站助理畜牧师。1998年12月至2001年11月，任万山特区畜牧水产局饲草饲料站畜牧师。2001年11月至2003年2月，任万山特区畜牧水产局副局长。2003年2月至2007年3月，任万山特区畜牧水产事业局副局长〔2004年3月至2007年1月，在贵州大学法学专业学习（函授）〕。2007年3月至2010年8月，任万山特区人口和计划生育局副局长。2010年8月至2012年3月，任万山特区监察局副局长。2012年3月至2013年9月，任万山区监察局副局长。2013年9月至2013年11月，任万山矿山国家地质公园管理局副局长（副科级）。2013年11月，任万山矿山国家地质公园管理局副局长（正科级）。

龙旭 女，苗族，1982年3月出生，贵州省松桃苗族自治县人，大学学历。

主要经历：2000年9月至2003年7月，在贵州大学计算机及应用专业学习。2004年1月至2006年5月，任万山特区团委工作员。2006年5月至2011年12月，任万山特区团委科员〔2004年8月至2006年12月，在中央党校法律专业学习（函授本科）〕。2011年12月至2014年1月，任万山区黄道侗族乡人民政府副乡长（2012年5月至2013年5月，挂职任铜仁市扶贫办综合科副科长）。2014年1月至2015年11月，任万山区监察局副局长。2015年11月至2017年9月，任万山区人力资源和社会保障局副局长。2017年9月至2019年6月，任万山区人力资源和社会保障局主任科员。2019年6月，任万山区人力资源和社会保障局二级主任科员。

杨萍 女，仡佬族，1982年8月出生，贵州省石阡县人，大学学历。

主要经历：1998年9月至2001年7月，在铜仁地区卫生学校民族医士专业学习。2003年7月至2007年10月，任石阡县大坝乡计划生育办公室工作员。2007年10月至2012年7月，任石阡县大坝乡计划生育办公室科员（2008年3月至2012年1月，到贵州大学自学考试计算机科学与技术专业学习）。2012年7月至2014年9月，任万山区绩效办工作员。2014年9月至2014年10月，任万山区民生项目特派组综合管理办公室工作员。2014年11月至2015年11月，任万山区纪委派出第三纪工委综合室主任。2015年11月至2017年12月，任万山区监察局副局长。2017年12月，任万山区委办公室二级主任科员。2022年11月，任万山区供销合作联社理事会副主任。

吴巍 男，土家族，1989年7月出生，贵州省沿河土家族自治县人，大学本科学历，2017年3月加入中国共产党。

主要经历：2008年9月至2012年7月贵州师范大学物理学专业学习；2012年9月至2013年7月为铜仁市万山区民族中学教师；2013年7月至2014年5月为铜仁市第八中学教师；2014年5月至2019年7月任铜仁市万山区绩效考核办公室工作员；2019年7月至2021年5月任铜仁市万山区鱼塘乡党委委员、纪委书记；2021年5月至2022年4月任铜仁市万山区纪委区监委第三纪检监察室主任；2022年4月，任铜仁市万山区监察委员会委员、第三纪检监察室主任。

（四）贵州万山经济开发区历任纪工委书记

田必再　男，侗族，1974年10月出生，万山区敖寨乡人，在职研究生学历，1997年12月加入中国共产党。

主要经历：1992年9月至1995年7月，在铜仁民族师范普师专业学习。1995年7月至1996年9月，任万山特区敖寨乡小学教师。1996年9月至1999年1月，任万山特区敖寨乡党政办秘书。1999年1月至2000年6月，任特区敖寨乡人大副主席。2000年6月至2001年10月，任敖寨乡人大副主席、组织宣传委员（1998年9月至2001年6月，在省委党校法律专业学习）。2001年10月至2003年7月，任敖寨乡副乡长。2003年7月至2006年3月，任敖寨乡党委副书记、政协工委副主任。2006年3月至2006年7月，万山特区下溪乡党委副书记。2006年7月至2009年11月，万山特区黄道乡党委副书记、政府乡长（2004年3月至2009年1月，在贵州财经学院法学学习。2007年8月至2008年1月，挂任湖南省新晃县方家屯乡党委副书记。2009年8月至2009年10月，在铜仁地委党校第十八期中青班学习）。2009年11月至2012年2月，任下溪乡党委书记。2012年2月至2015年5月，任万山区发展和改革局局长。2015年5月至2015年12月，任贵州万山经济开发区党工委委员、纪工委书记、万山区发展和改革局党组书记、局长。2015年12月至2017年11月，任万山区人民政府党组成员、万山经济开发区党工委委员、纪工委书记、区发展和改革局党组书记、局长。2017年11月至2018年4月，任万山区人民政府副区长、发展和改革局局长。2018年4月至2021年6月，任万山区人民政府副区长。2021年6月，任中共铜仁市万山区委常委、区人民政府副区长，2022年9月，任贵州万山经开区党工委书记。

刘胜华　男，土家族，1974年5月出生，贵州省思南县瓮溪镇人，研究生学历，1998年1月加入中国共产党。

主要经历：1995年9月至1998年7月，在铜仁师范高等专科（以下简称“铜仁师专”）学校学习。1998年12月至2000年7月，任铜仁师专办公室工作员、科员。2000年7月至2005年5月，任中共铜仁地委政法委办公室科员（2001年1月至2002年1月，任贵州省印江土家族苗族自治县朗溪镇地直党建与扶贫工作队队员）。2005年5月至2008年12月，任铜仁地委政法委办公室副主任（2005年9月至2008年7月，在贵州省委党校经济学专业在职研究生班学习；2007年4月至2008年4月，挂任印江土家族苗族自治县峨岭镇党委副书记）。2008年12月至2009年12月，任铜仁地委政法委政治部干部科副科长。2009年12月至2013年11月，任铜仁地委政法委政治部干部科科长。2013年12月至2018年3月，任铜仁市水务局党组成员、纪检组组长。2018年3月至2018年12月，任铜仁市纪委市监委派驻第十四纪检监察组副县长级专职纪检监察员。2018年12月至2019年7月，任贵州万山经开区党工委委员、纪工委书记。2019年7月至2019年11月，任贵州万山经开区党工委委员、纪检监察工委书记。2019年11月至2021年12月，任铜仁高新区党工委委员、纪检监察工委书记。2021年12月，任铜仁市纪委常委、铜仁高新技术产业开发区党工委委员、纪检监察工委书记。

杨胜飞　男，侗族，1976年1月出生，贵州省碧江区坝黄镇人，大专学历，1999年10月加入中国共产党。

主要经历：1995年9月至1997年6月，在贵州省政法管理干部学院法律专业学习。1997年12月至2000年6月，任铜仁市（县级）坝黄镇国土所工作员（1999年6月至2000年6月，借调到铜仁市人民政府办公室工作）。2000年6月至2001年4月，任铜仁市人民政府办公室工作人员〔1999年9月至2002年6月，在省委党校法律专业学习（函授大专）〕。2001年4月至2004年6月，任铜仁市政府办秘书。2004年6月至2005年9月，任铜仁市人民政府办公室文书科副科长。2005年9月至2007年4月，任铜仁市政府法制办副主任（正股级）。2007年4月至2012年3月，任铜仁市人民政府法制办副主任（副科级）〔2007年8月至2007年9月，在铜仁市（县级）第十六期中青年干部培训班学习；2009年12月至2009年12月，在上海政法学院参加铜仁地区党政干部现代管理研修班（函授大专）学习〕。2012年3月至2013年4月，任碧江区人民政府法制办副主任（2010年1月，抽到大兴科技工业园区开展征地拆迁工作）。2013年4月至2014年7月，任铜仁市大兴新区管委会工作人员。2013年7月至2014年3月，任贵州大兴高新技术产业开发区（铜仁市大兴新区）监察室副主任（副科级）（2013年9月至2014年9月，兼任大兴镇大兴社区党支部副书记）。2014年3月至2014年4月，任铜仁市监察局贵州大兴高新技术产业开发区监察分局局长。2014年4月至2014年5月，任大兴高新技术产业开发区纪律工作委员会副书记、监察分局局长。2014年5月至2020年4月，任铜仁高新技术产业开发区纪工委副书记、监察分局局长。2020年4月，任贵州万山经济开发区党工委委员、纪检监察工委书记。

（五）贵州汞矿历任纪委书记

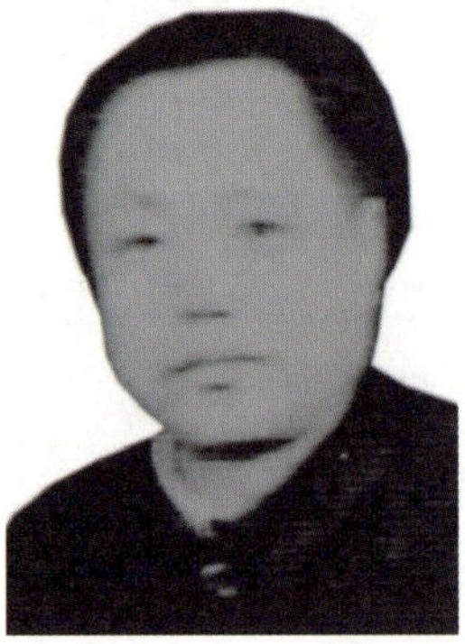

阎继裕（1928—2005）男，辽宁沈阳人，1946年2月加入中国共产党。

主要经历：1945年8月参加革命工作，历任吉林省额穆县城关区武装工作组组长、江西赣州市人民法院总务科长、审判员、民刑庭长、于都县法院院长、中南画眉坳钨矿办公室主任、团委书记，1957年1月调湘黔汞矿公司，先后任经理办公室主任、岩屋坪分矿副矿长、新晃电厂长、贵州汞矿大龙电厂长、四坑党支部书记、贵州汞矿职工子弟中学党支部书记，1966年6月至1966年8月，任万山特区文卫办公室负责人；1966年8月至1967年1月，任万山特区文化教育办公室主任；1969年6月任贵州汞矿政治部主任，1980年3月任贵州矿党委副书记、矿长；1980年5月，在中共贵州汞矿第四次党代会上，当选为中共贵州汞矿纪律检查委员会书记，1983年3月，阎继裕任贵州汞矿党委书记，1988年4月离休，2005年1月去世。

杨桂昇　男，汉族，1941年9月出生，中共党员，广东省龙川县人，1966年5月加入中国共产党。

主要经历：1964年7月毕业于贵州有色金属工业学校，是年8月分配到贵州汞矿工作，1964年8月至1973年3月，先后在汞矿机修厂任技术员、矿政治部干事（1967年3月至1970年初为“文化大革命”时期下放机修厂劳动），1973年4月至1977年9月，任共青团贵州汞矿委员会书记，1977年10月至1982年2月，任汞矿机修厂党总支书记，1982年3月至1984年4月，任汞矿企业整顿办公室主任；1983年5月至1984年12月，任中共贵州汞矿党委副书记兼贵州汞矿纪律检查委员会书记，1985年1月至1996年8月，任中共贵州汞矿党委书记，1996年9月，调贵阳铝镁设计院工作，2001年9月退休。

李杰　男，1936年5月出生，笔名江枫、戈飞，浙江省温州市瑞安市人，1979年12月加入中国共产党。

主要经历：1955年，李杰由浙江杭州毕业，分配到贵州铜仁汞矿工作，先任化学分析技术员，后较长时期担任贵州汞矿宣传科科长和《贵州汞矿报》编辑职务。1984年12月至1990年1月，任中共贵州汞矿党委副书记，1984年12月至1985年3月，任中共贵州汞矿副书记兼贵州汞矿纪委书记，1990年至1992年任贵州汞矿副矿长，1992年退休至老家浙江省瑞安定居。

宋龙顺　男，汉族，1946年10月出生，湖南省凤凰县人，1986年7月加入中国共产党。

主要经历：1955年，宋龙顺随父母从凤凰来到贵州汞矿，1960年9月至1966年7月，在贵州汞矿职工子弟中学读书，1968年高中毕业后在松桃县盘信区插队当知青，1970年9月至1971年9月，到贵州汞矿职工子弟中学任教师，1972年，在贵州汞矿政治部任干事，1973年任贵州矿保卫科科员，1978年2月至1979年8月，万山特区与贵州汞矿“政企合一”后，在万山特区公安局工作（1979年5月至1979年8月，到省公安厅培训）；1979年11月至1982年3月，任贵州汞矿保卫科副科长；1983年3月至1983年8月，任贵州汞矿办公室主任；1983年9月至1984年9月，在中南矿冶学院进修企业管理；1985年3月至1992年1月，任中共贵州汞矿纪委副书记；1992年2月至1995年任贵州汞矿党委副书记兼纪委书记；1996年3月至1997年2月，任中共贵州汞矿代理党委书记，1997年3月至2001年10月，任贵州汞矿矿长；2001年10月至2002年5月，任贵州省政府（一矿两厂）关闭破产清算组副组长，2002年5月至2006年，任贵阳铝厂正处级调研员，2006年10月退休。

三、人物表

铜仁市万山区纪委区监委机关干部职工一览表

（2022年12月）

表20-1-1

序号	姓 名	性 别	民 族	出生年月	现任职务
1	胡定钦	男	仡佬族	1969年3月	区委常委、纪委书记、监委主任
2	杨昌贵	男	侗族	1978年9月	区纪委副书记、监委副主任
3	刘 斌	男	土家族	1979年8月	区纪委副书记、监委副主任
4	张 志	男	侗族	1978年11月	区纪委常委、监委委员
5	刘 恒	男	侗族	1983年8月	区纪委常委、区委巡察办主任
6	姚冬霞	女	侗族	1985年11月	区纪委常委
7	袁仁荣	男	侗族	1974年10月	区监委委员、正科级纪检监察员
8	吴 巍	男	土家族	1989年7月	区监委委员、区纪委监委第三纪检监察室主任
9	刘 勇	男	侗族	1969年10月	区纪委监委四级调研员
10	蒲光荣	男	侗族	1972年8月	区委巡察组正科长级巡察专员
11	吴 锋	男	侗族	1972年6月	区委巡察组正科长级巡察专员
12	杨群飞	女	侗族	1980年8月	区委巡察组正科长级巡察专员
13	蒙志国	男	土家族	1978年5月	区委巡察组正科长级巡察专员
14	孙国彪	男	土家族	1977年8月	区委巡察办副主任
15	刘 群	女	汉族	1988年7月	区委巡察办副主任
16	李 枫	男	土家族	1993年1月	办公室主任
17	李 霞	女	汉族	1987年9月	干部室主任
18	杨 静	女	侗族	1984年9月	党风政风监督室负责人
19	杨 景	男	侗族	1988年1月	案件监督管理室主任
20	张 举	男	侗族	1983年8月	信访室负责人
21	李戈甫	男	土家族	1984年11月	审理室主任
22	杨 超	男	侗族	1985年2月	第一纪检监察室主任
23	方 磊	男	仡佬族	1990年5月	第二纪检监察室主任

续表20-1-1

序号	姓 名	性 别	民 族	出生年月	现任职务
24	朱继华	男	仡佬族	1975年10月	第四纪检监察室主任
25	杨幸子	女	苗族	1995年5月	宣传调研法规室负责人
26	付其芹	男	汉族	1978年2月	派驻第一纪检监察组组长
27	吴　芳	女	侗族	1984年2月	派驻第二纪检监察组组长
28	胡景亮	男	汉族	1978年4月	派驻第三纪检监察组组长
29	陈汉斌	男	侗族	1972年4月	派驻第四纪检监察组组长
30	何　斌	男	土家族	1978年12月	派驻第五纪检监察组组长
31	刘兴刚	男	侗族	1984年1月	派驻第六纪检监察组组长
32	蒲　涛	男	侗族	1979年10月	派驻第一纪检监察组副科长级专职纪检监察员、副组长
33	蒲召云	男	侗族	1975年10月	派驻第一纪检监察组副科长级专职纪检监察员
34	吴金华	女	侗族	1973年8月	派驻第一纪检监察副科长级干部
35	杨光亮	男	侗族	1981年2月	派驻第二纪检监察组副科长级专职纪检监察员、副组长
36	戴贤静	女	侗族	1988年11月	派驻第二纪检监察组副科长级专职纪检监察员
37	梁成库	男	侗族	1978年12月	派驻第二纪检监察组副科长级干部
38	罗　雄	男	侗族	1973年9月	派驻第三纪检监察组副科长级专职纪检监察员
39	李艳萍	女	侗族	1989年5月	派驻第四纪检监察组专职纪检监察员、副组长
40	袁文湘	男	侗族	1990年10月	派驻第四纪检监察组副科长级专职纪检监察员
41	刘水平	女	侗族	1976年10月	派驻第四纪检监察副科长级干部
42	饶维圣	男	土家族	1985年11月	派驻第五纪检监察组专职纪检监察员、副组长
43	杨小琼	女	侗族	1974年3月	派驻第五纪检监察组副科长级干部
44	陈孟珍	女	汉族	1994年8月	派驻五组副科长级专职纪检监察员
45	陈济中	男	侗族	1975年7月	派驻第六纪检监察组副科长级干部
46	吴群雁	女	侗族	1976年9月	区纪委监委第六纪检组副科长级纪检监察员
47	孙雪飞	女	汉族	1987年4月	区委巡察组副科长级巡察专员
48	罗水华	男	侗族	1974年10月	区委巡察组副科长级巡察专员
49	罗　锋	男	苗族	1967年9月	二级主任科员

续表20-1-1

序号	姓 名	性 别	民 族	出生年月	现任职务
50	姬黄河	男	汉族	1968年7月	二级主任科员
51	孙江云	男	侗族	1969年12月	二级主任科员
52	陈兴华	男	侗族	1978年3月	案件信息中心正科长级干部
53	胡春木	男	侗族	1980年2月	区案件信息中心副科长级干部
54	宋　伟	男	土家族	1984年5月	区案件信息中心副科长级干部
55	卢华成	男	侗族	1974年3月	区案件信息中心副科长级干部
56	陆　倩	女	布依族	1987年12月	区案件信息中心副科长级干部
57	王振华	男	土家族	1983年8月	区案件信息中心副科长级干部
58	吴克灿	男	侗族	1973年2月	区案件信息中心副科长级干部
59	文小问	男	土家族	1980年10月	区案件信息中心副科长级干部
60	陆俊勇	男	侗族	1983年2月	区案件信息中心干部
61	黄竟逸	女	侗族	1989年4月	区纪委监委干部
62	王　艺	女	土家族	1990年9月	区纪委监委干部
63	谭　琳	男	苗族	1989年2月	举报中心干部
64	杨　琴	女	土家族	1993年9月	举报中心干部
65	吴新月	女	侗族	1998年9月	举报中心干部
66	邰再英	女	苗族	1989年2月	区案件信息中心干部
67	田丹丹	女	土家族	1989年6月	区案件信息中心干部
68	陈孟文	男	侗族	1993年8月	区案件信息中心干部
69	代小琴	女	土家族	1989年9月	区案件信息中心干部
70	黄　涛	男	苗族	1987年8月	区案件信息中心干部
71	晏亚洲	男	土家族	1998年1月	区案件信息中心干部
72	游　沙	女	彝族	1995年4月	区案件信息中心干部
73	李奇兵	男	汉族	1999年6月	区案件信息中心干部
74	张　力	女	土家族	1994年5月	执纪执法保障中心干部
75	毛燕飞	女	汉族	1989年7月	执纪执法保障中心干部

续表20-1-1

序号	姓 名	性 别	民 族	出生年月	现任职务
76	杨　芸	男	侗族	1991年9月	区巡察服务中心干部
77	简妮莎	女	苗族	1989年4月	区巡察服务中心干部
78	冉　娴	女	土家族	1985年10月	区巡察服务中心干部
79	邹　兵	男	汉族	1990年2月	区巡察服务中心干部
80	罗维奇	女	侗族	1993年8月	区巡察服务中心干部
81	张绍彬	男	侗族	1990年1月	区巡察服务中心干部
82	吴秋鸿	女	苗族	1998年6月	区巡察服务中心干部
83	樊　勇	男	汉族	1969年12月	驾驶员
84	唐德勇	男	汉族	1970年9月	驾驶员
85	王　军	男	苗族	1965年8月	驾驶员
86	吴　滕	男	侗族	1989年9月	驾驶员
87	吴天虎	男	侗族	1986年5月	驾驶员
88	龙　文	男	苗族	1987年10月	驾驶员
89	邓中山	男	侗族	1992年2月	驾驶员

万山区乡镇(街道)纪检监察干部职工一览表

(2022年12月)

表20-1-2

序号	部门	姓名	性别	民族	出生年月	职务
1	丹都街道	向仲敏	男	土家族	1983年3月	党工委委员、纪工委书记、监察办公室主任
2		张　琪	女	侗族	1986年4月	专职监察员
3		肖学勇	男	汉族	1989年8月	专职监察员
4	仁山街道	刘文彬	男	苗族	1990年2月	党工委委员、纪工委书记
5		刘小花	女	汉族	1993年7月	专职监察员
6	谢桥街道	李双龙	男	苗族	1980年5月	党工委委员、纪工委书记、监察办公室主任
7		杨　猛	男	土家族	1978年6月	纪工委副书记、监察办公室副主任
8		汪桂如	女	侗族	1992年6月	专职监察员
9	茶店街道	杨　睿	男	苗族	1981年1月	党工委委员、纪工委书记、监察办公室主任
10		肖　令	男	侗族	1991年5月	专职监察员
11		吴子英	女	侗族	1987年6月	专职监察员
12	万山镇	兰士傢	男	苗族	1991年4月	党委委员、纪委书记、监察办公室主任
13		侯加文	男	土家族	1978年12月	纪委副书记、监察办公室副主任
14		王　进	男	侗族	1993年8月	专职监察员
15	高楼坪乡	陈　伟	男	仡佬族	1991年8月	党委委员、纪委书记、监察办公室主任
16		张　亮	男	汉族	1985年7月	纪委副书记、监察办公室副主任
17		周晓霞	女	土家族	1988年9月	专职监察员
18	大坪乡	唐智飞	男	苗族	1983年11月	党委委员、纪委书记、监察办公室主任
19		饶　琴	女	土家族	1990年12月	纪委副书记
20		陈坤伦	男	苗族	1994年12月	专职监察员
21		史　毅	男	仡佬族	1989年10月	专职监察员
22	鱼塘乡	袁小萍	女	侗族	1993年5月	纪检监察员
23		吴　涛	男	汉族	1975年3月	专职监察员
24		舒琪雯	女	侗族	1995年4月	专职监察员
25	黄道乡	田发明	男	侗族	1985年5月	党委委员、纪委书记
26		向情文	女	土家族	1994年9月	纪委副书记、监察办公室副主任
27		樊启龙	男	土家族	1991年11月	专职监察员
28	敖寨乡	彭　超	男	土家族	1989年10月	党委委员、纪委书记、监察办公室主任
29		饶　芳	女	侗族	1984年8月	专职监察员
30		满益波	男	仡佬族	1989年12月	专职监察员
31	下溪乡	邹　通	男	侗族	1989年3月	党委委员、纪委书记、监察办公室主任
32		张件君	女	侗族	1998年6月	专职监察员
33		杨　羿	男	苗族	1993年12月	专职监察员

万山区(特区)纪委监委(监察局)机关(含巡察机构)离任干部一览表(共116名)

表20-1-3

序号	姓名	性别	出生年月	民族	籍贯	所任职务	离任时间
1	孙玉峰	男	1926年6月	汉族	山东曹县	特区委纪律检查委员会书记	1984年8月
2	梁玉岱	男	1947年8月	汉族	湖南涟源	特区委纪律检查委员会副书记	1984年4月
3	何芝茂	男	1933年3月	汉族	贵州沿河	特区党委副书记,特区纪委书记	1986年12月
4	陈湘保	男	1943年5月	汉族	湖南邵阳	特区纪委副书记	1987年4月
5	刘先和	男	1950年1月	汉族	湖南冷水江	特区党委副书记兼纪委书记	1990年2月
6	刘元方	男	1949年	侗族	贵州万山	特区委副书记、特区纪委书记	1995年6月
7	杨宗银	男	1932年	侗族	湖南芷江	特区纪委副书记	1991年8月
8	王德安	男	1940年2月	苗族	贵州印江	特区纪委副书记	1997年4月
9	刘荣国	男	1956年8月	侗族	贵州万山	特区纪委副书记	2002年1月
10	裴长林	男	1948年10月	汉族	湖南长沙	特区监察局局长	1988年12月
11	杨均成	男	1949年4月	侗族	贵州松桃	特区委常委、纪委书记	2001年7月
12	刘先银	男	1963年9月	侗族	贵州玉屏	特区党委副书记、特区纪委书记	2006年9月
13	严若明	女	1944年8月	回族	湖南常德	信访室副主任	1996年11月
14	黄隆国	男	1943年11月	汉族	湖南新田	信访室主任	2003年12月
15	陆显贵	男	1947年3月	侗族	贵州万山	办公室主任	2009年4月
16	王贵权	男	1943年6月	侗族	贵州万山	纪检室副主任	2003年11月
17	刘洪登	男	1949年8月	侗族	贵州万山	特区纪委副书记、特区监察局局长	1996年6月
18	汤才见	男	1950年3月	汉族	贵州遵义	办公室主任	2002年6月
19	杨光元	男	1955年12月	侗族	贵州万山	特区纪委常委	1990年5月
20	刘泽新	男	1955年5月	侗族	贵州万山	特区纪委副书记	1991年11月
21	刘爱秀	女	1957年8月	侗族	贵州碧江	副科级纪检员	1990年5月
22	蒲光木	男	1947年4月	侗族	贵州万山	特区纪委常委、办公室主任	1995年9月
23	杨光达	男	1952年10月	侗族	贵州万山	纪律检查室主任	2003年7月
24	吴水林	男	1954年8月	侗族	贵州万山	特区纪委副书记、特区监察局副局长	1998年2月
25	王世坤	男	1959年10月	汉族	四川遂宁	特区监察局工作员	1992年8月
26	杨再清	男	1958年1月	侗族	贵州万山	特区监察局工作员	1993年1月
27	陈宗华	男	1955年9月	汉族	贵州绥阳	特区监察局副局长	1990年8月
28	杨礼江	男	1954年8月	侗族	贵州万山	特区监察局驾驶员	1994年9月
29	封贵安	男	1963年3月	汉族	湖南邵东	宣教室主任	1995年3月

续表20-1-3

序号	姓名	性别	出生年月	民族	籍贯	所任职务	离任时间
30	陈浣屏	女	1964年10月	苗族	贵州万山	特区纪委工作员	1997年3月
31	刘水源	男	1962年11月	侗族	贵州玉屏	宣教室主任	2002年1月
32	罗仁相	男	1966年3月	侗族	贵州万山	特区纪委副书记	2007年4月
33	吴成龙	男	1962年2月	侗族	贵州万山	执法监察室主任	2003年7月
34	刘泽祥	男	1965年7月	侗族	贵州万山	办公室主任	2003年8月
35	黄义强	男	1965年9月	侗族	贵州玉屏	宣教室主任	2010年8月
36	吴志明	男	1965年10月	侗族	贵州万山	纠风室主任	2006年3月
37	邵宗凤	女	1966年8月	苗族	贵州思南	特区纪委副书记	2010年9月
38	张　静	女	1968年6月	土家族	贵州松桃	区纪委副书记、监察局局长	2010年8月
39	夏　珍	女	1961年11月	土家族	贵州务川	正科级纪检员	2016年12月
40	张昌裕	女	1963年8月	汉族	贵州石阡	综合室负责人	2012年2月
41	刘洪森	男	1966年4月	侗族	贵州万山	纪委纪检检察员	2003年7月
42	袁仁东	男	1980年9月	侗族	贵州万山	副科级纪检员	2009年12月
43	杨　超	男	1978年12月	侗族	贵州万山	区纪委常委、党风廉政建设室主任	2012年6月
44	王贵军	男	1970年4月	土家族	贵州德江	特区党委常委、特区纪委书记	2011年1月
45	吴廷友	男	1976年11月	苗族	贵州思南	区委常委、区纪委书记	2014年5月
46	杨劲松	男	1969年4月	侗族	贵州万山	特区纪委副书记、监察局局长	2017年5月
47	冉光权	男	1977年12月	土家族	贵州沿河	区纪委常委、监察局副局长	2019年3月
48	罗泽亭	男	1977年7月	侗族	万山黄道	区纪委常委、办公室主任	2016年3月
49	毛权民	男	1983年4月	土家族	贵州松桃	区纪委常委、纪检监察室主任	2014年11月
50	姚茂桥	男	1973年3月	侗族	贵州万山	区纪委常委	2012年9月
51	杨顺昌	男	1959年11月	侗族	贵州万山	正科级纪检员	2019年12月
52	姚登富	男	1971年9月	侗族	贵州万山	派出第四纪工委书记	2015年8月
53	李子健	男	1962年12月	布依族	贵州独山	干部室主任	2015年3月
54	田红春	女	1972年4月	侗族	贵州万山	第一纪检组副组长	2012年9月
55	杨　成	女	1972年12月	土家族	重庆秀山	案件审理室主任	2015年8月
56	杨钊昌	男	1978年9月	侗族	贵州万山	绩效办副主任	2015年11月
57	蒲　流	男	1977年12月	侗族	万山下溪	党风廉政建设室主任	2014年1月
58	龙胜平	女	1967年1月	侗族	贵州万山	特区监察局副局长	2013年9月
59	罗世珍	男	1974年1月	侗族	贵州万山	派出第三纪工委副书记	2015年2月
60	邹贵生	男	1983年11月	汉族	湖南新化	宣传调研法规室负责人	2014年1月

续表20-1-3

序号	姓名	性别	出生年月	民族	籍贯	所任职务	离任时间
61	余福军	男	1985年9月	蒙古族	贵州思南	派驻第三纪检监察组副科长级专职纪检监察员、副组长	2020年4月
62	许佰成	男	1982年4月	汉族	贵州盘县	派出第二纪工委副书记	2018年5月
63	杨　萍	女	1982年8月	仡佬族	贵州石阡	监察局副局长	2017年12月
64	向　娅	女	1986年8月	土家族	贵州碧江	案件信息中心干部	2020年4月
65	陈延安	男	1981年9月	汉族	广西合浦	绩效办干部	2014年7月
66	袁继鸿	男	1968年9月	土家族	贵州德江	区委常委纪委书记	2017年9月
67	杨爱虹	男	1978年1月	土家族	贵州沿河	案件监督管理室主任	2016年8月
68	王　乾	男	1983年7月	汉族	湖南隆回	派驻第五纪检监察组副科长级专职纪检监察员、副组长	2021年10月
69	杨胜江	男	1981年6月	侗族	贵州万山	派出第一纪工委综合室主任	2018年9月
70	龙　旭	女	1982年3月	苗族	贵州松桃	监察局副局长	2015年11月
71	刘远学	男	1974年12月	侗族	贵州万山	纪委副书记	2016年7月
72	胡　珍	女	1986年5月	苗族	贵州松桃	干部室科员	2018年3月
73	袁再军	男	1973年9月	侗族	贵州万山	派出第二纪工委副书记	2019年7月
74	李双龙	男	1980年5月	苗族	贵州万山	派出第二监察分局副局长	2019年7月
75	杨　琳	女	1978年3月	侗族	贵州万山	派出第三监察分局副局长	2020年8月
76	罗仁良	男	1979年9月	侗族	贵州万山	派出第四纪工委副书记	2018年12月
77	向仲敏	男	1983年3月	土家族	湖南凤凰	派出第四纪工委综合室主任	2018年12月
78	符宁亮	男	1985年9月	苗族	贵州思南	区纪委常、办公室主任	2020年4月
79	杨　睿	男	1981年1月	苗族	贵州松桃	案件信息中心主任	2019年3月
80	吴令亚	男	1985年12月	苗族	贵州松桃	案件信息中心干部	2017年4月
81	杨晓恒	男	1987年1月	侗族	贵州万山	案件信息中心副科长级干部	2021年6月
82	杨政久	男	1975年9月	土家族	贵州碧江	区纪委副书记、区监委副主任	2019年9月
83	卢菊凤	女	1975年5月	侗族	贵州万山	区纪委常委、监委委员、第一纪检监察室主任	2019年2月
84	潘大贵	男	1986年7月	侗族	贵州万山	第二纪检监察室主任	2019年2月
85	陈　琪	男	1974年4月	土家族	贵州沿河	区委常委、区纪委书记、区监委主任	2018年9月
86	龙金永	女	1976年9月	苗族	贵州松桃	区委巡察办副主任	2018年2月
87	周茂淋	男	1992年9月	仡佬族	贵州石阡	案件信息中心干部	2020年8月
88	张著定	男	1984年3月	土家族	贵州松桃	案件信息中心干部	2020年4月
89	龙思克	男	1982年9月	苗族	贵州松桃	案件信息中心干部	2021年9月
90	邹远志	男	1977年2月	侗族	贵州玉屏	区委常委、纪委书记、监委主任	2021年6月
91	陈武警	男	1990年8月	苗族	贵州平塘	第三纪检监察室主任	2021年4月
92	袁　磊	男	1986年4月	土家族	湖南石门	区纪委监委干部	2021年2月

续表20-1-3

序号	姓名	性别	出生年月	民族	籍贯	所任职务	离任时间
93	陈红启	男	1988年10月	土家族	贵州沿河	区案件信息中心干部	2020年8月
94	蒲　静	女	1993年12月	侗族	贵州万山	区案件信息中心干部	2020年1月
95	柳　亮	男	1979年9月	土家族	贵州碧江	派驻第四纪检监察组副组长	2019年2月
96	杨　雪	女	1985年3月	侗族	贵州万山	派驻第三纪检监察组副科长级专职纪检监察员	2020年8月
97	翟晓晓	男	1986年2月	汉族	河北邯郸	巡察办副主任	2021年2月
98	王　超	男	1984年1月	汉族	湖南双峰	举报中心(非公有制经济发展侵权投诉中心)干部	2021年7月
99	张运发	男	1979年8月	侗族	贵州玉屏	区案件信息中心副科长级干部	2021年5月
100	刘玉蘅	女	1994年8月	侗族	贵州碧江	案件信息中心干部	2021年8月
101	吴谋智	男	1987年8月	苗族	贵州天柱	案件信息中心干部	2021年6月
102	兰士傢	男	1991年4月	苗族	贵州石阡	纪检监察室科员	2021年7月
103	杨瑞清	男	1986年6月	土家族	贵州沿河	第二纪检监察室主任	2021年9月
104	肖　旺	男	1983年2月	苗族	湖北利川文斗	区纪委副书记、监委副主任	2022年9月
105	吴克玖	男	1974年7月	侗族	贵州万山	区纪委常委、经开区纪工委副书记	2022年4月
106	万兆田	男	1973年9月	侗族	贵州万山	派驻第六纪检监察组副科长级专职纪检监察员、副组长	2022年4月
107	牟朝飞	男	1980年1月	苗族	贵州万山	信访室主任	2022年4月
108	杨　磊	男	1988年1月	苗族	贵州松桃	举报中心主任	2022年5月
109	刘　茜	女	1987年6月	苗族	贵州松桃	举报中心干部	2022年11月
110	刘文彬	男	1990年2月	苗族	贵州思南	举报中心干部 四级主任科员	2022年7月
111	潘　懿	女	1986年7月	侗族	贵州万山	区案件信息中心副科长级干部	2022年9月
112	罗仁华	男	1980年10月	侗族	贵州万山	派驻第三纪检监察组副科长级专职纪检监察员、副组长	2022年7月
113	邹　骏	男	1976年3月	汉族	贵州万山	派驻第三纪检监察组副科长级干部	2022年5月
114	成　超	男	1988年1月	汉族	贵州松桃	案件检查信息中心干部	2022年12月
115	邹小云	女	1985年10月	汉族	贵州玉屏	案件检查信息中心干部	2022年12月
116	彭　涛	男	1983年4月	仡佬族	贵州石阡	案件检查信息中心干部	2022年12月

第二节　荣　誉

万山区(特区)纪检监察机关成立以来,在上级党委和纪委领导下,始终围绕中心、服务大局,坚决贯彻全面从严治党、从严治政的方针政策,切实履行教育、监督、执纪、惩处职能,为万山建国初期汞工业建设、改革开放时期经济社会发展和撤特区建区后转型跨越发展发挥了重要作用,作出应有的贡献,并涌现了一大批成绩卓著的先进集体和先进个人,其所获奖牌与荣誉的背后凝聚着全区纪检监察干部的智慧和汗水,是新时代全区纪检监察干部纵深推进全面从严治党的精神丰碑。

一、先进集体

(一)省级

1999年6月1日,万山特区纪委监察局被中共贵州省纪律检查委员会评为“1999年度《贵州党风廉政》征订发行工作先进单位一等奖”。

(二)市(地)级

1.1992年3月15日,万山特区直属机关纪委被中共铜仁地区纪委评为“铜仁地区纪检工作先进集体”。

2.2000年3月1日,铜仁市(县级)鱼塘乡纪委被中共铜仁地区纪委、铜仁地区监察局评为“全区1999年度纪检监察工作先进集体”。

3.2001年2月15日,高楼坪乡纪委被中共铜仁地区纪委、铜仁地区监察局评为“全区纪检监察工作先进集体”、铜仁市(县级)谢桥办事处纪委评为“全区纪检监察工作先进集体”。

4.2002年3月1日,万山特区公安局纪委被中共铜仁地区纪委、铜仁地区人事局、铜仁地区监察局评为“全区纪检监察系统先进集体”。

5.2003年3月5日,万山特区纪委监察局被中共铜仁地区纪委、铜仁地区监察局评为“全区2002年度纪检监察工作优秀奖”。

6.2006年2月17日,万山特区纪委监察局“整体推进、重点突出,纪风工作取得明显成效”“加强经济责任审计,发挥警示教育作用”获中共铜仁地区纪委、铜仁地区监察局“全区2005年度纪检监察单项工作奖”表彰。

7.2007年2月9日,万山特区纪委监察局被中共铜仁地区纪委、铜仁地区人事局、铜仁地区监察局评为“2001年至2006年度全区纪检监察系统先进集体”。

8.2007年2月9日,万山特区纪委监察局被中共铜仁地区纪委、铜仁地区监察局评为“2006年度县(市、特区)纪检监察工作目标管理考核综合考评优秀奖”。

9.2008年4月3日,万山特区纪委监察局“发挥‘大宣教’优势,营造风清气正氛围”获铜仁地区纪委、铜仁地区监察局“县(市、特区)纪检监察特色工作奖”。

10.2008年12月26日,在铜仁地区纪委举办的全区“纪念改革开放暨党的纪律检查机关恢复重建30周年”系列活动中,万山特区纪委选送作品《剪除腐败》荣获“一等奖”;《失望的母亲》《共建美好家园》荣获“二等奖”。

11.2013年1月29日，万山区“强化绩效考核，助推园区和重大项目建设提速增效”获中共铜仁市纪委“全市2012年度区(县、自治县)纪检监察业务目标考核奖”。

12.2016年6月，万山区纪委监察局获中共铜仁市纪律检查委员会、中共铜仁市委宣传部、中共铜仁市委组织部“‘学党规、明党纪、作表率’党规党纪知识竞赛组织奖”。

13.2021年2月2日，市委印发《关于表彰全市纪检监察系统先进集体和先进工作者的决定》(铜委〔2021〕3号)，万山区纪检监察系统获“先进集体”表彰3个：

万山区纪委区监委　　万山区茶店街道纪工委

万山区纪委区监委党风政风监督室

(三)区(特区)级

1.2005年1月31日，万山区纪委获中共万山特区委、万山特区人民政府表彰“2004年度全面工作二等奖”。

2.2021年7月，万山区纪委党总支被中共铜仁市万山区委员会授予“全区先进基层党组织荣誉”称号。

二、先进个人

(一)省级

1.1989年12月30日，铜仁市(县级)茶店区纪检组周启隆获中共贵州省纪律检查委员会表彰为“优秀纪检工作者”。

2.1990年11月15日，万山特区监察局刘洪登获贵州省监察厅、贵州省人事厅表彰为“1990年度先进工作者”。

3.1991年1月18日，万山特区纪委杨宗银获中共贵州省纪律检查委员会表彰为“优秀纪检干部”。

4.1992年1月，万山特区纪委王德安获中共贵州省纪律检查委员会表彰为“全省纪检监察系统案件查处工作先进个人”。

5.1998年2月9日，万山特区纪委监察局王贵权获中共贵州省纪律检查委员会、贵州省监察厅表彰为“全省纪检监察系统案件查处工作先进个人”。

6.2011年6月24日，万山特区纪委监察局杨劲松获中共贵州省纪律检查委员会、贵州省监察厅“2006年—2011年纪检监察工作突出成绩嘉奖”；2016年6月，万山区纪委监察局杨劲松获中共贵州省纪律检查委员会、省监察厅“先进个人”表彰。

7.2019年9月，万山区纪委区监委杨景获中共贵州省纪律检查委员会、贵州省监察委员会、贵州省人力资源和社会保障厅授予“贵州省纪检监察系统先进工作者”称号。

8.2020年6月，杨昌贵被中共贵州省委员会授予“全省脱贫攻坚优秀共产党员”荣誉称号。

9.2022年12月，史毅被中央纪委国家监委新闻传播中心表彰为“优秀通讯员”。

(二)市(地)级

1.1988年9月29日，万山特区纪委刘爱秀获中共铜仁地区纪律检查委员会表彰为“纪检工作‘先进工作者’”。

2.1988年9月29日，万山特区纪委杨光达获中共铜仁地区纪律检查委员会表彰为“纪检工作‘先进工作者'"。

3.1992年2月，万山特区纪委邵宗凤获铜仁地区《行政监察法》知识竞赛领导小组"地区个人奖"。

4.1992年3月15日，万山特区纪委王德安获中共铜仁地区纪律检查委员会表彰为"纪检工作'先进个人'"。

5.2002年3月1日，万山特区纪委监察局张静获中共铜仁地区纪委、铜仁地区人事局、铜仁地区监察局表彰为"先进工作者"。

6.2007年2月9日，万山特区纪委纠风室吴志明获中共铜仁地区纪委、铜仁地区人事局、铜仁地区监察局表彰为"2001—2006年度全区纪检监察系统先进工作者"。

7.2008年12月25日，地区纪委监察局印发《关于表彰全区优秀纪检监察干部的决定》(铜地纪〔2008〕50号)，万山特区获"优秀纪检监察干部"表彰3名、铜仁市(县级)鱼塘乡纪委获"优秀纪检监察干部"表彰1名：

邵宗凤　万山特区纪委　　　　吴　锋　万山特区纪委

张　静　万山特区纪委监察局　　刘胜良　铜仁市(县级)鱼塘乡纪委

8.2010年6月30日，地委印发《关于命名地级"五好"基层党组织优秀乡镇(街道)党委书记、基层党组织书记、党务工作者和抗旱救灾先进基层党组织、优秀共产党员的决定》(铜党发〔2010〕10号)，万山特区纪检监察系统获"优秀党务工作者"表彰2名、铜仁市(县级)大坪乡纪委获"优秀党务工作者"表彰1名：

杨清林　万山特区黄道乡纪委　　杨群刚　铜仁市(县级)大坪乡纪委

姚登富　万山特区敖寨乡纪委

9.2015年4月1日，万山区纪委监察局蒙志国获中共铜仁市纪律检查委员表彰为"2014年度全市纪检监察信息工作先进个人"；2017年3月，万山区纪委监察局蒙志国获中共铜仁市纪律检查委员会、铜仁市监察局表彰为"2016年度优秀通讯员"；2019年7月26日，万山区纪委区监委蒙志国获铜仁市纪检监察系统"新时代最美纪检监察干部"荣誉称号。

10.2018年1月12日，万山区住房和城乡建设局纪检组陈汉斌理论文章《守住政治生态"绿水青山"》获中共铜仁市纪律检查委员会、铜仁市监察局评定为"2017年度廉政理论研究优秀成果奖"。

11.2020年3月25日，市纪委印发《全市纪检监察系统"杨荣式"先锋模范岗和"杨荣式"好干部的通报》(铜纪通〔2020〕7号)，万山区纪检监察系统获"'杨荣式'好干部"称号4名：

杨小琼(女)　万山区纪委区监委　　蒲光荣　万山区委第一巡察组

吴谋智　　　万山区纪委区监委　　李双龙　万山区谢桥街道纪工委、监察办公室

12.2021年2月，市委印发《关于表彰全市纪检监察系统先进集体和先进工作者的决定》(铜委〔2021〕3号)，万山区纪检监察系统获"先进工作者"表彰4名：

蒲光荣　万山区委第一巡察组　　　李双龙　万山区谢桥街道纪工委、监察办公室

李戈甫　万山区纪区监委　　　　　宋　伟　万山区纪委区监委

13.2021年8月12日，李戈甫获"铜仁纪检监察系统案件审理业务大比武'十佳审理干部'"称号。

14.2021年7月，胡定钦被中共铜仁市委员会授予"全市优秀党务工作者"荣誉称号。

15.2021年7月，吴滕被中共铜仁市委员会授予“全市优秀共产党员”荣誉称号。

（三）区（特区）级

1.2016年7月，蒙志国获中共铜仁市万山区委员会授予“优秀共产党员”称号；2017年4月28日，蒙志国获中共铜仁市万山区委员会、铜仁市万山区人民政府授予“铜仁市万山区先进工作者”荣誉称号。

2.2021年7月，敖寨乡纪委、监察办公室罗仁华被中共铜仁市万山区委员会授予“全区优秀共产党员”称号。

3.2021年7月29日，吴滕获中共铜仁市万山区委宣传部、铜仁市万山区退役军人事务局、万山区人民武装部政治工作科授予“万山区首届‘最美退役军人’”称号。

4.2022年4月，蒲光荣被中共铜仁市万山区委、铜仁市万山区人民政府授予“铜仁市万山区劳动模范”荣誉称号。

第三节　特色亮点工作

一、交流发言

注重惩防并举 坚持标本兼治
开创党风廉政建设和反腐败工作新局面

——全省纪检监察反腐倡廉工作经验交流材料

（2009年5月25日）

万山特区纪委　　万山特区监察局

近年来，万山特区党风廉政建设和反腐败斗争在特区委、政府的正确领导和地区纪委、监察局的业务指导下，深入贯彻上级关于反腐倡廉工作的安排部署，坚持标本兼治、综合治理、惩防并举、注重预防的方针，注重抓好党风廉政建设，加强作风效能建设，在班子成员的积极努力和广大干部群众的监督下，认真履行了纪检监察职能，切实解决了万山发展环境方面存在的突出问题，促进了全区政治、经济、文化和党建的全面发展。

一、创新活动载体，深入开展反腐倡廉宣传教育活动

以廉政文化“六进”活动载体，重点开展了思想教育、熏陶教育、警示教育、阵地教育等四项教育活动。自去年以来，在全区组织开展了“百名书记讲百堂廉政党课”100余场，讲廉政党课面达100%；组织党员干部利用党校基地和法院基地集中学习“勤廉兼优”典型李彬事迹40余次，及播放反腐倡廉教育电教片60余场次，使4000多名干部受益；组织开展了“廉政书法、树廉作文、公益广告”等作品创作评选活动，其中选送的2幅廉政公益广告作品获地区一、二等奖；举办了“凉都清风”文艺演出和“纪念党的纪律检查机关恢复重建30周年”系列文艺活动，再现了万山纪检监察干部的精神风貌。与此

同时，新闻宣传紧跟其后，共在地级以上刊物上发表100多篇新闻稿件，有7篇被《中国纪检监察报》等中央媒体采用，全力打造了万山的特色廉政教育。

二、健全工作机制，强化党风廉政建设责任落实

高度重视反腐倡廉工作，形成党政齐抓共管机制。加强领导，成立了以特区委书记为组长的党风廉政建设工作领导小组，纪委书记具体抓，成员单位配合抓的工作格局。按照"一岗双责"要求，建立健全了特区委常委领导党风廉政建设制度。与各乡镇及特直各部门签订了党风廉政建设责任书，对各单位执行责任制情况进行了严格的督查和考核，严肃追究违反责任制规定的工作人员。强化了领导干部廉洁自律工作，规范从政行为，提高立党为公、执政为民的本领。严格执行了廉政准则、若干规定各项法律法规。认真落实反腐倡廉工作的各项工作措施，提高领导干部廉洁自律意识，按照"两个条例"的要求，加强对领导干部行政权力的监督，建立健全了监督制约制度和机制，使全区范围内没有出现党员干部违纪违法案件。在党风廉政建设和反腐败工作中，认真贯彻落实了党风廉政建设责任制，并将责任制向村、社区、居委会、学校等基层单位延伸，突出体现了区委统一领导、党政齐抓共管的要求；突出体现了分管领导和部门单位的责任，突出体现了纪委的组织协调作用。积极开展了机关作风能效建设，加大了优化发展环境工作开展情况的监督考核力度。同时，创新农村党风廉政建设。率先在农村配备了纪检员、率先在非公企业中配备或派驻了纪检员，在村实行了村级事务"契约化管理"和"村干部承诺质询制"新模式。

三、延伸信访链，着力构建"大信访"格局

信访工作是党和政府体察社情民意、密切联系群众、接受社会监督的重要渠道。特区党委、特区人民政府始终重视信访工作，把信访工作纳入重要议事日程，明确提出"多项举措狠抓信访工作，确保社会稳定和谐发展"的工作宗旨，把信访工作与社会稳定有机地连在一起，安排部署了全区的信访工作，建立健全了信访工作的区、乡、村组织机构，信访网络体系和领导干部信访接待日等规章制度。把信访工作领导小组延伸建立到各村、社区、居委会，层层落实责任，并设立无职党员信访监督岗，聘请大学生"村官"纪检监察信访员，努力构建一张"信访监督"网。坚持信访信息报送制，即凡有重大上访信息要及时上报区里，将信访动态进行月通报、季分析、半年一总结，及时掌握上访苗头，力争把矛盾化解在当地，解决在基层。针对近年来工业发展、城镇建设等因素涉及的征地拆迁，引发了很多信访纠纷，万山领导干部主动下访，与群众耐心细致做工作，尽量维护群众利益，化解了矛盾纠纷。按照"小事不出村、大事不出区"的原则和"领导包案"的形式。近年来，万山纪检监察机关共受理群众来信来访电话举报63件(次)，办理63件，办结率达100%，达到了"件件有接待、事事有回音"的效果。同时，在认真做好信访基础上，注重上访与下访相结合，畅通群众信访举报渠道，受理群众来信来访，严厉惩治腐败现象。仅2008年，全区纪检监察机关共初核案件线索30件，转立案11件，其中大案3件、典型案1件、一般案7件，结案11件(移送司法2件)，为全区挽回经济损失14余万元，有力地惩治了腐败分子和腐败行为，取得了较好的社会效果。

四、纠正不正之风，提高工作效率

万山从开展机关作风整顿和效能提升活动入手，切实加大了纠正部门和行业不正之风工作力度，加强领导，综合治理。制定实施了机关作风整顿活动和效能提升活动的措施和规章制度，转变部

门行业的工作作风，进一步强化行政服务的规范管理。要求各执法执纪单位在执行公务时做到：服务热情周到，办事快捷高效，执法文明规范，司法公正公平。切实解决了有关单位存在的面难看、人难找，办事拖拉的问题，提高了机关工作作风。特区党委、特区人民政府制定实施了招商引资、民营经济奖励办法及优惠政策，强化政府服务职能，为招商引资发展民营经济创造了良好的环境。近年引进项目21个，其中亿元项目2个，为万山的经济发展发挥了主体的作用。也为民营经济的发展提供了良好的发展环境和优质的服务环境，增强了城区品位，为今后发展民营经济提供了方便。进一步推进村务公开制度和政务公开制度，接受群众监督，认真贯彻执行"一事一议"制度和村级财务管理制度。逐步完善村账代理制度，加强村级财务的审计工作，全区17个村没有出现加重群众负担及违章违规等现象。加强学校收费监督，所有中小学都严格执行"两免一补"政策，并不断完善贫困学生资助制度。特别是去年雪凝期间，围绕热点、难点问题，深入开展"治贪、治懒、治庸"作风建设主题活动，迅速战胜灾害、重建家园、恢复生产起到了不可估量的作用。

五、加强预防治理，遏制源头腐败

一是推进制度改革，落实方针政策。继续推进财政制度改革、人事制度改革等各项改革措施，严格财经纪律。认真落实中央《关于加强农村基层党风廉政建设意见》，严格监督强农惠农各项政策落实情况，如粮食直补、退耕还林等工作，全面实施"收支两条线管理"规定，取得了好的效果。二是自警自醒不放松。特别是在思想认识上同上级党委保持高度一致。切实加强机关干部职工作风建设，努力提高作风转变。一切从小事做起，警惕在思想意识上的腐败。强化群众监督和舆论监督工作，加强从源头上治理腐败问题。三是加强民主作风建设。建设透明政府，提高工作效率。把党风廉政建设和反腐败工作落到实处。在工作中，要注重班子团结和统一，坚持民主监督、民主管理和民主决策的原则。

六、创新监管模式，确保"三农"项目资金和中央新增投资项目落到实处

为确保强农惠农政策和中央新增项目落到实处，有效避免挤占、截留、转移、挪用及损失浪费行为发生，做到项目资金专款专用，发挥最大效益，惠泽于民。我区大胆尝试推行涉农项目资金和中央新增项目专项资金监督管理"双备案""四建档""月季报""三督查""三公示""责任追究""事后验收"七项制度，使涉农专项资金和中央新增投资项目监管工作逐步走上了规范化、制度化。一是强化专户管理和项目规范化管理，建立专项资金监督管理"双备案"制。二是加强对项目工程的跟踪管理，推行专项资金监督管理"四建档"制。三是及时了解专项资金使用情况，实行工程项目监管"月、季报"制。四是规范专项资金运行，确保专款专用，推行项目工程"三督查"制和联席会议制。五是确保专项资金的运行规范、安全有效，推行涉农项目"三公示"制。六是规范专项资金使用范围，建立专项资金监管责任制和"责任追究"制。七是加大对项目资金的监管力度，实行建设工程事后"事后验收"制。

七、创新体制改革，实践派驻机构管理新模式

针对派驻纪检监察机构长期受"双重"管理体制的束缚，致使力量分散、难以有效发挥职能作用的实际，我区不断创新纪检监察工作管理体制，走出了一条县级派驻纪检监察机构统一管理的新模式，取得了一定成效。一是创新机构设置，改革领导体制。统一将撤销派驻纪检机构的编制收归特

区纪委、监察局集中使用，而派驻部门及所属系统不再设置纪检组、监察室和专职纪检监察员。同时，取消派驻机构在业务、干部和行政后勤工作的“双重”管理为特区纪检监察部门直接领导。二是严格执行编制规定，择优选配干部。根据特区党政机关实际空编情况，酌情调剂解决。实行编制单列，并由特区机构编制管理部门予以明确。目前，我区除垂直部门、专用编制部门、机关工委保持原体制外，在其余特直部门混编派驻了纪检监察组4个，编制12个，每个组配备其正（副）科级的正（副）组长各1名、副科级纪检监察员1名。在干部择优选配上，注重把政治可靠、作风过硬、能力强、素质高的优秀年轻干部充实到派驻纪检监察组。三是明确职责权限，理顺工作关系。各纪检监察组直接在特区纪委、监察局授权范围内开展工作，履行和行使授予的相关职能与权力。纪检监察组与特区纪委、监察局之间是领导与被领导的关系，直接向其请示和报告工作，并接受特区纪委、监察局内设科室的业务指导；与特直部门是监督与被监督的关系，部门党政班子是党风廉政建设的责任主体。通过界定工作关系，逐步形成纪检监察工作主体与党风廉政建设责任主体既相对独立又相互协作的良好工作格局。四是建立健全运行机制，确保规范化管理。建立健全派驻机构包括业务管理、干部管理、后勤保障、党组织建设、联席会议制度等各项规章制度，逐步使派驻纪检监察工作从一开始就步入制度化、规范化、程序化运行轨道。目前，万山已将4个派驻纪检组设置于农业综合办公大楼集中办公，投入10余万元资金购置了办公设备，为各纪检组工段的开展打下了坚实基础。

总之，万山的党风廉政建设和反腐败工作取得了一定的成绩，我们在肯定成绩的同时也清醒地看到工作上仍存在一些薄弱环节，我们的领导干部思想还不够解放，创新意识不强，职能转变有时跟不上时代的要求，放下身子到基层调查研究党风廉政建设和反腐倡廉工作的少。今后我们要进一步加强纪检监察干部队伍的自身建设，提高思想政治理论和业务水平，找准工作的切入点，提高拒腐防变能力，加强党风廉政建设和反腐败工作的领导，积极探索和推进服务型政府建设力度，切实把反腐倡廉工作融入经济、政治、文化、社会和党的建设工作，为特区委、政府制定的各项工作目标顺利完成提供坚强保障。

人人吃午餐　惠泽千万家

——在全国农村义务教育学生营养改善计划2013年秋季视频调度会上的发言

（2013年10月17日）

贵州省铜仁市万山区委副书记　詹凤华

各位领导：

铜仁市万山区地处湘黔交界，面积840平方公里，总人口16万人。这里曾是中国最大的汞工业生产基地，被誉为“中国汞都”。近年来，我们按照“校校有食堂，人人吃午餐”的工作要求，以保证营养午餐安全和质量为抓手，扎实推进营养改善计划，让全区1.26万名农村中小学生从中受益。现将主要做法汇报如下：

一、“两个到位”让孩子吃得饱

（一）组织领导到位。区委、区政府高度重视，多次召开区委常委会、区政府常务会及专题会议研究部署营养午餐工作，成立了政府区长任组长的专项工作领导小组，制定了实施方案、应急预案和管理办法，明确各成员单位工作职责。同时，在区教育局设立学生营养办，核定事业编制4名，明确专人办公，负责全区营养改善工作。

（二）经费投入到位。区财政每天为每名学生追加1元钱，使每名学生的补助标准每天由3元提高至4元。投入资金150万元，回收对外承包的学校食堂，实现全区所有学校食堂公益性、零利润经营；投入资金1135万元，新建村级学校以上标准化食堂20个和边远农村非寄宿制学校爱心食堂4个，实现全区农村“校校有食堂”；争取到价值140万元的“春苗计划”食堂设备，改善了学生就餐条件；每年投入530万元，用于解决食堂工勤人员工资、提高就餐标准和水电气等。

二、“两项制度”让孩子吃得好

（一）实行“校财局管”。在区教育局核算中心建立统一专账，各学校设立专职或兼职财务人员，实行“校财局管”。学校与供货企业交易，报区学生营养办审核后，区教育局通过转账的方式将款项直接支付给供货企业。

（二）实行“四统”采购。按照“勤进快销、以销定进”的原则，对全区中小学校的粮、肉、油等大宗原材料实行“统招、统购、统配、统送”，规范食品保存，严防食品积压，建立“电话呼叫、原料到校”的便捷采购通道。粮油由区政府从区内及周边的直产、直销企业统一招标采购；肉类由各乡镇（街道）定点采购、定时配送、定期督查，明确专人负责，确保肉制品安全可控、质量过关、价格低廉；蔬菜由各学校从临近蔬菜基地采购，区农业部门对种植、管理、采收等环节进行严格监管。

三、“三道关口”让孩子吃得放心

（一）严把人员上岗关。坚持“先培训、后上岗，不培训、不上岗”的原则，每年组织一次校长和管理人员培训，每半年组织一次食堂从业人员体检和乙肝疫苗接种，每季度组织一次食品安全知识、食堂规范操作和烹调手艺培训，食堂工作人员培训率和持证上岗率均达100%，规范餐饮制作的每个环节，杜绝因食堂工作人员不负责任和操作不规范造成的食物中毒现象。

（二）严把远端监控关。对各学校营养午餐实行快捷、高效远端监管，让营养午餐的每个关键环节都在阳光下操作。各学校把食堂当日采购食材实样、采购物品清单、入库单、出库单、菜谱、出锅菜、学生用餐实景等摄制成图片或视频，通过“营养午餐远端监管QQ群”报区学生营养办专用管理平台。区学生营养办每天对上传的图片或视频进行检查，建立台账，并随机抽查学校膳食委员会成员代表，核实图片或视频的真实性，了解营养午餐质量满意度，及时发现问题并反馈学校，要求学校当日整改和说明。

（三）严把综合监督关。建立区卫生和食品药品监督管理局、教育局、质监局、监察局等部门联动监督机制，由区食安委牵头，采取定期与不定期检查、日常检查与专项督查、内部检查与外部检查、明察与暗访相结合的方式，进行全过程、全方位、常态化督促检查。建立人大代表、政协委员视察营养午餐制度，每年不定期组织人大代表、政协委员视察评议营养午餐实施效果。各学校建立由教师、学生、家长代表组成的学校膳食委员会，主动参与监督，确保学生食品安全和就餐质量。

下一步，我们将认真贯彻此次会议精神，进一步在特色化、精细化、规范化上下功夫，深入推进营养改善计划，不仅要让孩子吃得安全、吃得放心，更要让孩子吃得饱、吃得好。

行在农村察民情　驻在农家解民忧

——全省“四帮四促”工作推进会经验交流发言材料

（2012年8月16日）

铜仁市万山区纪委监察局驻村干部　袁仁荣

我叫袁仁荣，是铜仁市万山区纪委监察局驻下溪乡桂花村的一名干部。驻村以来，我行在农村察民情，驻在农家解民忧，把桂花村群众当亲人，把服务桂花村群众当事业，把桂花村的事当家事，扎实开展帮扶工作。在此，我把我的收获与体会与大家分享。

当你把群众当亲人，群众就会把你当“座上宾”。桂花村每个村民组，我每周至少要走访一次，切实掌握群众所难、所忧。对于力所能及的，我及时帮助化解；不能够办到的，及时向单位汇报，主动到有关部门协调，或者制定目标、措施逐步解决。我与桂花村签订了党建、综治维稳、安全生产、计划生育等工作责任状，制作“便民利民服务卡”发到每家每户。同时，把我的联系电话等基本情况在村务公开栏上公开。群众有什么困难或问题，只要一个电话，我会在第一时间赶到现场帮助解决或者协调解决。此举，拉近了与群众的距离，增进了与群众的感情。有一次，我接到群众电话，说是因修通组公路要占用田龙三组一户群众的土地，而被占地群众坚决不同意，还放出口风说若谁占用该地将和谁“大动干戈”。接到电话后，我心里很着急，怕老百姓真的打起来伤着谁都不好，更担心闹出人命，就及时赶到施工现场，当时双方正处于对峙状态，各执一词，争执不下。我通过摆事实、讲道理和耐心劝导，双方矛盾得到有效化解，施工得以正常进行。今年6月，我接到一村民组长电话，得知村里一名孤寡老人去世，家中特别困难，无钱安葬。接到电话后，我及时向单位领导汇报，争取了部分资金和240斤大米，亲自送到死者亲属手中，并组织群众按照当地习俗让去世老人入土为安。一年多的驻村帮扶工作，我深刻地体会到：你把群众放在心上，群众就会把你装在心里；你把群众当亲人，群众就会把你当座上宾。去年，仔猪价格偏高，部分村民买不起仔猪养不起猪。我积极向有关部门协调，30户困难群众无偿领到仔猪。到年底，“家家有猪杀”，春节期间“人人有噶（肉）吃”，全村群众过上了一个安乐祥和的春节。桂花村群众杀年猪的时候，也是我电话最多的时候。每天电话总是响个不停，大部分都是村里老百姓请我去逮猪尾巴、吃刨汤肉的。每当接到这样的电话，心里总是有一种暖暖的感动，也更增强了我为群众办事的决心和信心。

当你把服务群众当事业，你会从中享受更多快乐。接到驻村任务后，我非常珍惜这次难得与群众面对面接触、手拉手服务的机会，下决心静下心来，身驻、心驻、情驻。为尽快熟悉村情，我历经一个月时间调研，通过走访、座谈、个别谈话等形式，了解村情民意，查找出桂花村存在14个困难和问题，并帮助桂花村制定了发展规划。我积极参与村支“两委”召开的各类会议，经常与“两委”班子成员交心谈心。特别是针对村干部刚当选、业务不熟、工作处于磨合期的情况，多次组织村支“两委”班子进行集中学习和培训，促进班子合心、合拍、合力，树立村支“两委”的良好形象，提升村支“两委”凝聚力、战斗力和吸引力。还帮助桂花村建立了便民利民党务政务综合服务站，添置了沙发、桌椅及电脑等办公设备，规范各项规章制度。只要不下队，我就在村里值班。不管是穿着皮鞋来检查指导工作的，还是穿着草鞋来找我们办事的，我们都一视同仁，热情对待。远离城镇的喧嚣，享受农村的静逸，陶冶了我的情操。当8起矛盾纠纷得以化解，双方握手言和露出久违的笑颜；当40余件大小实事办结，群众满意而归，发自内心的感谢；当48名贫困党员、困难群众接过慰问金，生活有了暂时的着落而真诚的感动……每当这个时候，我会忘却身体上的疲惫，忘却不愉快的往事，这一刻，让我享受了人生中最美好的时光。如今，村里有了明白墙，丰富和细化了党务、村务公开内容，凡是群众关心的热点和难点问题均能及时公开。一位村里极有"发言权"的群众当面对我说，"曾经是我们的不对，对你们干部是天大的误会。"在服务群众中我找到了乐子。如今，群众的理解和赞许，已成为我快乐的重要来源。

当你把群众事当家事，群众自然会对你更亲。交通不便、信息不通、基础设施薄弱，严重制约着桂花村的发展。村民出行难、饮水难、生活难，一度是"老生常谈"。看到桂花村此情此景，我不禁想到：要是自家出行雨天晴天依然"全是泥和灰"？要是自家需要的东西拉不进来、自产的农产品运不出去？要是自家还天天喝着"天花水""牛脚窝水"？那是何等的不便啊？一番换位思考，我得出一个结论：只有把群众事当成家事，才能全心全意为群众服务。通过我和村支"两委"的努力争取，村里的基础设施建设得到有关部门大力支持。投资150万元硬化洋保田至田湾全长6公里通村公路。投资18万元硬化秧田坡、柏木坪等通组公路，新修通组公路1条，新建便民桥4座。投资4.2万元对田龙老井进行改造，解决了田龙教学点师生及周边群众安全饮水问题。投资10万余元修建村篮球场。投资180万余元新建住房15户、实施农村危房改造项目98户、新修农村垃圾池4个……驻村以来，累计为桂花村争取、协调资金500万余元，完成社会固定资产投入700万余元，人均受益6000余元。

一名村干部曾对我开玩笑说："哪天村寨上的狗不咬你了，对你摇头摆尾了，那你的工作就做到家了。"而今，桂花村的狗已经不咬我了，但需要我做的事还很多。比如，村里已经启动的产业结构调整将是下步工作的重点。我快乐地行进在驻村帮扶的路上，我将继续为桂花村的发展认认真真再做些像样的事。

二、亮点工作

（一）万山营养午餐"远端监管"获全国交流发言

2011年，国家在武陵山、乌蒙山区、滇桂黔石漠化区、滇西边境山区等14个集中连片特困地区启动实施了"农村义务教育学生营养改善计划"，这一惠民政策惠及万山区。同期，在国家每位学生每天补助3元的基础上，万山区在财政较为困难的前提下，为让山区孩子吃饱、吃好，利用本区财政资金，为每生每天再追加1元的膳食补助，推行"一荤两素一汤"的免费营养午餐。全区68所1.26万名农村初级中学学生和小学生享受到这样的待遇。

1.探索营养午餐监管模式

营养午餐是一项惠民工程，同时也是一块"唐僧肉"，监管不到位就会被不法之徒所蚕食，其特殊性决定了每一所开餐学校、学校开的每一餐都不能出问题。然而，营养午餐监管难、难监管的问题逐渐暴露：有人以炒粉、面条、炒饭充当"营养简餐"，有人优亲厚友和以次充好采购蔫白菜、烂辣椒、劣质米、面和下等猪、牛肉等食材赚取差价，甚至接连发生虚列学生姓名等弄虚作假套取资金的案件。万山区纪委监察局、万山区教育局经常开展明察暗访和专项检查，但还是事与愿违，“麻烦”依然接二连三发生。

为保证营养午餐的饭菜质量，保证4块钱的“营养”一分不少地进入孩子口中，同时彻底封堵资金监管暴露出来的问题，这些事提到了万山区委、区人民政府和区纪委监察局和相关单位领导人的议事日程上，监管部门的主要负责人“焦虑指数”与日俱增：怎样才能监管好这件关系到千家万户的民生（心）工程呢？

营养午餐是一个典型的“99+1=0”的命题。要杜绝这个“1”的出现，的确是个“大麻烦”。万山区纪委监察局在连续查处3起套取营养午餐资金案件的基础上，深感把“好午餐”办好绝非易事，要求办案人员及万山区教育局思考改进和加强营养午餐监管的办法措施，务必把惠民政策实实在在落到实处。

用传统监管营养午餐实施的整个过程，手段有限、力量不足，其最大问题在于不可能实现对每校每餐每个环节的监管。历经走访、调研和思索，万山区纪委监察局打破传统常规、缩小“监管端口”，充分利用“科技+制度”等手段的思路，逐渐在监管部门决策者脑海明晰起来，并把设想提上议事日程。

2.“科技+制度”实施远端监管

2013年8月，万山区纪委监察局和区教育局经过深入调研和广泛征求意见，设计出了“营养午餐远端监管模式”，并决定形成工作制度予以实施，其具有“远操作，近监管”的特点。

远端监管模式就是采用现代网络技术，在开餐学校和教育主管部门的营养办建立营养午餐远端监管的专门QQ群，实现监管方和学校的信息对接，学校与学校之间信息共享。即实施学生营养改善计划学校将食堂当日采购和使用的食材及食材采购、使用环节产生的相关票据凭证、加工的成品等，用数码相机拍摄成图片或用摄像机摄制成视频，通过网络集中传输到区教育局营养办远端监管QQ群，由工作人员进行浏览检查，并辅之以电话调查、账目核查、专项审计等工作措施实施监管，让其全程置于阳光下运行。

为了便于操作和规范监管，万山区纪委监察局和教育局制定了《万山区农村义务教育学生营养午餐远端监管工作方案（试行）》，对远端监管工作流程、上传图片所涉内容和尺寸规格、膳食委员会组成、举报电话和邮箱设置等，都作了硬性的统一规定。其主要工作流程为：学校拍摄图片—上传图片到区教育局营养办—营养办对学校上传图片进行浏览检查和电话核查—反馈意见给学校整改—乡镇纪委、营养办深入学校暗访检查——监察局、审计局和教育局联合审计。

操作流程对上传图片内容作出统一要求，规定主要上传采购入库、出库食材的实物图片，采购清单、出入库清单图片，菜谱公示和饭菜成品对比图片等，还对图片的排列顺序和大小尺寸模板作了统一要求。同时，要求监管工作流程、膳食委员会名单、菜谱、举报电话和邮箱在学校公示，接受社会人士、学生家长、用食学生等监督。

这个流程最大的特点就是只要一部相机（或手机）、一台电脑、一道网络链接，缩短了时空距离，整合出监管面广、零差错、快捷高效的监管模式，足不出户即可实现对全区实施营养午餐的学校有效监管。

3.“零投入”“全覆盖”监管高效

案例一:2013年10月11日,高楼坪乡中心完小上传的采购清单中,只有1人签字,区教育局营养办及时打电话责令核实采购情况,督促学校完善手续,纠正违规操作,杜绝了安全隐患。

案例二:大坪乡完小上传的采购清单图片显示,肉价为12.5元/斤,比其他学校高出0.5元。区教育局营养办通过电话回访核查,得知系供货人员私自提价,随即要求乡政府、学校与供货商洽谈,恢复市场价,整改要求次日便落实到位。

案例三:11月5日16时,万山区教育局营养办公室电脑屏上,下溪乡民族中学食堂采购的猪肉、白豆腐、青椒、豆豉等食材,从数量、单价、总价、入库时间、供货商、采购员、验收员,包括食材的新鲜程度,悉数跃入她的视野,在现场的人也看得清清楚楚。

万山区探索实施营养午餐远端监管模式后,在有网络覆盖的15所学校实施营养午餐远端监管,几乎没有额外投入一分钱和增加一个人,只是在区教育局营养办公室和开餐学校分别明确一至两位工作人员专门负责相关日常工作,基本实现“零投入”,这样既节约了时间,又节约了人力物力的,行政成本,其成果主要体现在以下几个方面:

广覆盖　消除监管盲区

从覆盖的地域看,传统的明察暗访监督方式很难横到边、纵到底,以点带面的抽查往往顾此失彼,留下许多监管盲区。全区开餐学校每学期共需开6800餐次,以人工监管,不可能实现校校监管、餐餐监管。一些学校以“物”代餐、缺油少肉,甚至“熄火歇餐”,根本无法知晓。实施远端监管后,所有联网的中小学校都纳入了QQ群管理体系,实现了“一对多”的监管,解决了过去“一对一”或“多对一”监管人手不足的难题。从覆盖的时段来看,实施远端监管的学校,每天营养午餐开办情况尽收眼底,随时可回放再现,解决了监督的持续性问题,让每个学校每天开餐的每个关键环节都置于“千里眼”之下,不留监督死角。

多方位　卡紧监管要害

从远端监管最初的制度设计开始,就坚持简便易行、有效管用的原则,尽量减少管理层级和操作自由度,努力从关键环节入手,管住要害部位。为此,重点遴选食材采购环节、验收环节、入库环节、出库环节、账目支出环节、公示环节作为图片反映的主要内容。从入库、出库图片看采购的原材料是否新鲜,签收的手续是否完善;从采购清单和出库清单图片看采购单价、数量是否合理,采购程序是否规范,采购货物是否等质等价,出入库数量是否吻合;从成品的图片看餐标是否达到要求,公示的菜谱和采购的原材料是否相符。远端监管就像一面多棱镜,随时扫描着几个关键环节,哪个环节出问题一目了然,既易查看,又易整改,更易追责。

高压力　提升监管实效

未实施远端监管前,由于监管难以普遍覆盖和一一到位,学校的压力不是很大,做好做坏一个样,特别是一些实施实地监管成本较高的偏远学校,开餐质量普遍不高。实施远端监管,把权力关进制度的笼子里,一张张小小的图片犹如一面面反光镜,让所有参与营养午餐的人员都时刻绷紧质量之弦、安全之弦,人人有压力,环环受监督,大大提升了监管实效。管理人员不敢心存侥幸,否则组织追责，人人诟病；食堂从业人员不敢有丝毫麻痹大意，否则，丢掉饭碗，颜面难保；供货商不敢提供劣质原料，否则，断送财源，千夫所指。各学校共享QQ群，时刻关注兄弟学校情况，看谁的食材更新鲜，看谁的午餐更营养，形成了良好的竞争氛围。如今，板栗炖鸭子、西红柿炒蛋、蘑菇炖鸡、牛肉炒芹菜等美味营养菜谱不时出现，改变了以往千篇一律的“猪肉+蔬菜”模式，有的学校还配发餐后水果，学生满意。

4.严肃惩处贪腐补漏洞

2013年4月，鱼塘中学私设“小金库”、套取营养午餐资金、领导班子私分“小金库”资金案发。

经查明，2012年3月至2013年4月期间，鱼塘中学经校务会成员商讨设立学校“小金库”，将原县级铜仁市教育局划拨的2011年春季学期该校522名贫困寄宿生生活补助款，共计26.1万元，以向教师借款的名义转入“小金库”。由于享受该笔补助资金的学生已毕业离校，致使该资金未能下发到学生手中。

旁听席上来至全区80多所中小学的校长专注聆听，个个表情凝重，唏嘘叹息。

自从区纪委查处鱼塘中学校领导班子私设“小金库”，贪污困难寄宿生补助款一案后，万山区教育局作为主管部门，因负有监管主体责任，局领导办被集体问责。为此，万山在全区就学生资助金、“营养午餐”补助资金、困难寄宿生资金等涉及学校、学生的民生资金进行了专项检查，吸取该案件的教训，进行整改规范，具体做法是：

一是实行“校财局管”，将学校的财务和资产集中到区教育局直接管理，在保障学校资金所有权、资金使用权和财务自主权不变的原则下，从源头上、制度上规范学校的会计工作秩序，优化收支结构，预防和制止学校财务收支中可能发生的违规违纪行为，进一步规范了学校“收”“支”“拨”“购”“督”等程序；

二是创新学生“营养午餐”监管方式，对学生“营养午餐”实施远端监管，这一创新举措，有效解决了“营养午餐”监管的大麻烦，该项创新工作也得到了教育部和省市有关部门的高度重视；

三是将补助给学生的各项资金，一律从财政直接打入享受资助的学生的银行卡，不再由学校来发放现金给学生，从而排除了学校截留克扣的可能，这一举措，既保障了学生的利益，也保障了学校领导、教师的安全。

5.成效显著引发各界关注

万山区“营养午餐”远端监管模式，引起了区外主流媒体的追踪报道，同时也得到社会各界高度关注。

10月16日《贵州新闻联播》对万山区推行“营养午餐远端监管模式”进行了近1分钟的报道；11月18日《贵州日报》《科教文卫社会新闻》版头条刊发了题为《铜仁市万山区有效破解营养午餐监管难——让每一分钱都‘吃’到学生嘴里》的报道；11月20日，《铜仁日报》以《“小创新”破解“大难题”》为题在头版头条对我区实施营养午餐远端监管模式进行报道，并配发点评文章；12月4日《贵州日报》《读者天地》版头条再次刊发了题为《让学生满意 让家长放心——万山实施农村义务教学生营养午餐远端监管模式纪实》的深度报道。

与此同时地，人民网、新华网、央广网、《光明日报》、凤凰网、教育部官网、西部开发网、搜狐网、腾讯网、新浪网、贵州省人民政府网、中国贵州网、金黔在线、当代先锋网、贵州省人民政府网、当代贵州以及铜仁市人民政府网、铜仁网等20余家媒体和网站也纷纷刊发转发转播文章、评论、视频，对"万山营养午餐模式"进行全方位、多层次的宣传报道。

营养午餐"远端监管"工作在得到社会各界高度关注后，也得到国家、省、市领导和有关部门的肯定和关怀。

10月25日，市纪委《信息快报》和《纠风信息》专题刊发《"小创新"破解"大难题"——万山区创新营养午餐远端监管新模式》。

在10月17日举行的全国农村义务教育学生营养改善计划2013年秋季视频调度会上，万山区作为全国县级单位唯一代表、中共万山区委副书记詹凤华就实施营养午餐作交流发言，其中实施远端监管模式是交流的重要内容之一，国家教育部财务司、全国学生营养办总结贵州省铜仁市万山区代表发言后指出；万山区的经验非常突出，"两个到位"让孩子吃得饱、"两项制度"让孩子吃得好、"三道关口"让孩子吃得放心，抓得准、抓住了关键、抓出了效果，非常有学习意义和借鉴价值。

此后，远端监管工作得到各界持续关注，被外界解读为"万山远端监管模式"。

10月30日，铜仁市人民政府副市长李树新在《市府资讯》第54期就万山区营养午餐工作在全国会议作交流发言专题信息作出批示，"以万山和碧江为点，可以考虑开一个现场会。此项工作要常抓不懈"。

11月12日，市委政策研究室《决策与调研》专题刊发《"小创新"破解"大难题"——万山区实施营养午餐远端监管模式解析》，并配发"勇于创新能干好事业"的编后语，供决策层参考和各单位学习借鉴。

11月以来，先后有湖南省芷江县教育局、贵州碧江区教育和麻江县教育局前来万山考察学习。

12月下旬，万山区召开全市农村中小学校营养午餐远端监管工作现场会。

（二）万山"1+X"党（村）务公开　开启村级民主监督新模式

2013年，万山区探索与实践村"1+X"（党）务公开模式，进一步增强了村级工作透明度，完善了民主监督机制，有效推进了农村党风廉政建设与美丽和谐新农村建设。即："1"是指在村（居）办公地点制定永久性固定党务村务公开栏；"X"是指将工作需要、群众关注的重大事项等通过"村（党）务发言人"发布和网上公开，以及在村前寨口、公路沿线、干群连心室、各村民组张榜公布等方式进行公开，使原来单一的党（村）务公开变为"墙上贴""嘴上说"和"网上晒"多种形式的立体公开，变定期公开为"适时公开"。

1.工作简介

（1）强化组织领导，推进"1+X"公开模式落实到位。村（党务）"1+X"公开模式和"村（党）务发言人"由各乡镇党委政府具体组织实施。成立了乡、镇、办事处"1+X"公开模式和"村（党）务发言人"工作领导小组，明确专人负责指导、抓落实。按照"先试点、后铺开、边试边改、逐步完善"原则，试行驻村干部任村务发言人，由乡镇包村领导负责督促、协调、指导。建立发言人、包村领导责任倒查机制，明确乡镇党委书记是村（党）务"1+X"公开模式工作第一责任人，村（党）务发言人是村（党）务发布会第一责任人，并将"1+X"公开模式工作开展情况、发言人工作开展与年度目标绩效考核、与驻村工作同安排、同督查、同考核,对因工作不力、群众意见大的,将根据职责和影响,追究相关责任人的责任,确保工作落实到位。目前,万山村村实现了村(党)务公开“七个有”目标,即有一个工作小组、有一个民主议事制度、有一个村(党)务监督小组、有一本记事簿、有一部举报电话、有一个意见箱、有若干个公开栏,促使万山村(党)务公开工作步入制度化、程序化、规范化道路。

(2)规范公开程序,确保党(村)务公开实效。每年至少对发言人进行2次培训,由乡镇(街道)党委负责,区纪委、组织部和民政局相关人员参与。加强对发言人进行管理,为其创造必要条件。发言人每季度至少发布1次,时间为每季度最后一周内;若遇紧急和急需发布的及时发布。按照“群众关注什么,就公开什么、就发布什么”的原则,坚持从实际出发,以群众最关心、最直接、最密切的热点和难点为重点,增强公开针对性、时效性。严格遵循“提出、审核、公开、反馈”四个步骤实施党务村务公开,回应群众关注。“1+X”公开模式的实施,不断强化了村干部服务意识、廉洁意识。

(3)创新监督方式,激活农村民主管理。采用“发言人”方式推进“1+X”公开模式,拓宽了民主监督渠道,进一步使党务村务规范化、制度化、常态化和透明化。运用“发言人制度”便民及时,使农村群众成了“记者”,群众手中的监督权得以发挥,充分调动了群众监督的主动性、积极性,变“要我”参与为“我要”参与。监督内容更加具体、监督途径更加多样、监督意识更加高。群众的知情权、参与权、监督权可以更有效发挥,形成了上级监督、同级监督、群众监督的整体格局,进一步维护群众利益,促进农村基层民主政治建设及社会和谐安定。

2.借鉴价值

一是强化农村基层权力运行的有效监督方式之一;二是群众乐于接受,及时便捷;三是公开覆盖范围广,知晓率高。

(三)项目劲吹“廉洁风”

1.内容摘要

近年来,工程领域腐败现象多发易发,“大楼建起来,干部倒下去”一再成为工程领域魔咒,腐败触目惊心:批地立项、征地拆迁及工程建设频频“孵”出怪胎,催生乱象;招投标领域“腐水”横流,串通围标的“暗道”深不可测。为防止类似问题的再次发生,万山区纪委监察局积极探索,建立了工程领域腐败防范长效机制。2013年,联合区人民检察院试推行法纪廉政教育进项目进工地活动,确保了将各项工程项目建成优质工程、阳光工程和廉洁工程,已取得了初步成效。活动开展以来,未发生一起工程领域违纪违法案件,从而从源头上有效预防和遏制了工程建设领域违规、违纪、违法行为的发生。

2.工作简介

一是实行廉政守法告知制度。廉政告知的对象是总投资500万元以上工程项目和50万元以上采购项目的建设单位、施工单位、监理单位、供应商、招标和采购代理机构负责人,对照《中华人民共和国建筑法》《中华人民共和国合同法》《中华人民共和国采购法》《中华人民共和国招标投标法》等国家的法律法规和廉政建设的有关规定进行廉政守法告知,提醒其依规守法经营、公平参与竞争。二是实行廉洁承诺制度。廉政守法告知结束后,项目建设、施工、监理单位、采购单位负责人签订《廉洁项目承诺书》,向区纪委监察局作出廉政承诺,切实执行建设工程项目廉政建设的有关规定,严格遵守法律法规，自觉接受监督，保质保量按进度完成工程项目。三是实行法纪教育制度。采取听廉政教育课、观看警示教育片、旁听庭审、反腐倡廉警示教育基地接受警示教育、当面约谈警示、书面提醒、向家属成员发送"助廉书"、利用纪委"手机短信平台"发送廉政短信等方式，对工程项目建设所涉人员及其他有利害关系的干部职工，进行职务犯罪预防教育，提高相关工作人员的法制意识和自我防范能力，时刻保持廉洁施工的思想。四是建立巡查监督制度。区纪委监察局、检察院成立了一个专项巡查小组，从工程招标开始介入，对容易产生腐败行为的不同环节实施全程跟踪监管。巡查小组定期或不定期深入工地现场，对建筑材料、施工现场进行巡查，防止以次充好、偷工减料等行为发生，通过实地巡查，做到及时发现问题，即时提出整改意见，以查保廉，以查促廉。

自活动开展以来，万山区进行党风廉政法纪知识宣传30次，张贴廉政宣传画2000余份，书写廉政标语1000多条，发放《廉政告知书》800余份，发送廉政短信200余条，发送《助廉书》300余份，召开廉政座谈会8次，签订《廉洁项目承诺书》300份，开展工程项目督查150余次。

3.借鉴价值

一是从源头上有效预防和遏制工程建设领域违规、违纪、违法行为的发生方式之一；二是维护招标投标领域的公平、公正、公开性，保证工程建设质量的方式之一；三是加大反腐倡廉宣传力度的方式之一。

(四)"五老巡视"遏制乡村"微腐败"

2017年4月27日，万山区纪委召开会议专题会议，研究2017年改革创新课题工作《探索"五老巡视"监管村务模式》，制定出台《关于在村(社区)开展"五老巡视"试点工作的实施方案》，正式在全区试点开展"五老巡视"工作。

万山区纪委结合实际，探索创新的"五老巡视"监管村务模式，为化解基础矛盾，遏制基础腐败，纠正群众身边不正之风，增强群众获得感发挥积极作用。

1.项目背景

改革开放以来，特别是中共十八大以来，随着国家惠民政策进一步落实，群众获得的实惠越来越多，幸福感也越来越强。但通过全区开展的民生铸廉行动情况来看，基层一些不和谐、不文明的现象依然存在，一些乡村干部吃拿卡要、优亲厚友、损害群众利益的行为仍时有发生。如何推动全面从严治党向基层延伸，如何回应群众期盼，如何构建和谐乡村、文明乡村，是我们当前的重要任务。

为进一步维护基层群众的权利和利益，加强村级民主监督，着力解决基层党员干部在作风纪律方面群众反映强烈的突出问题，构建和谐村落、文明社区，2017年，万山区纪委对基层党的建设工作进行了试点改革，在茶店街道尤鱼铺村和谢桥街道冲广坪社区开展"五老巡视"试点工作，并在全区其余近百个村(居)参照执行。

2.工作开展

(1)强化组织领导。成立以区委常委、纪委书记为组长，区纪委副书记为常务副组长，区纪委常委和区委巡察办主任为副组长，相关科室负责人为成员的领导小组，明确专人具体负责"五老巡视"综合事务。为推进"五老巡视"工作，区委常委、纪委书记多次对"五老巡视"工作提出指示和要求，区纪委副书记多次对两个试点工作开展情况进行了调研、指导，区纪委常委会多次专题研究了"五老巡视”工作。

(2)精心安排部署。通过走访调研，专题研究，万山区纪委监察局制定下发了《关于在全区建立村(居)务监督委员会的实施意见》《关于在村(社区)开展“五老巡视”试点工作的实施方案》，并及时召开村(居)务监督委员会换届暨“五老巡视”工作启动会，各乡镇(街道)党(工)委书记、纪(工)委书记，委局机关各室负责人参加会议，会议要求各乡镇(街道)要把村(居)务监督委员会和“五老巡视”工作摆上重要议事日程，党政主要负责人要亲自抓、负总责，为“五老巡视”工作开展创造条件。会后，各乡镇(街道)按照会议要求，及时召开了班子会和干部会，对该项工作进行了安排部署。

(3)选优配强队伍。严格按照《关于在村(社区)开展“五老巡视”试点工作的实施方案》要求，由村民代表单独或联合提出村民中的候选人，通过村(居)民代表会议选举产生，把具有良好的政治素养和工作作风，热心村(社区)事务和经济社会发展，把威信高、号召力强、思想觉悟较高的村(社区)老党员、老干部、老教师、老代表、老复员军人选配到“五老巡视”队伍中，确保当选人员具有较高素质，敢于监督、善于监督，实现村(居)巡视全覆盖。茶店街道尤鱼铺村已于5月17日选举产生了以老党员王德怀为组长的“五老巡视”组，谢桥街道冲广坪社区已于5月25日选举产生了以老党员、退休干部田茂文为组长的“五老巡视”组。

(4)强化工作保障。一是提高工作报酬。2012年，村(居)务监督委员会主任年报酬1200元，委员年报酬800元，报酬偏低。为提高“五老巡视”组工作主动性和积极性，村(居)务监委主任从年报酬千元提高至每月1000元，委员从年报酬800元提高到每月800元。二是配齐办公设备。“五老巡视”组设有专门办公室，并配备办公桌椅、电脑、沙发、文件柜等办公设备。谢桥街道还为冲广坪社区“五老巡视”组购买相机和报刊、资料等，安装空调，创建“五老之家”，进一步壮大了“五老”队伍。三是开展业务指导。乡镇(街道)纪(工)委把“五老巡视”工作纳入自身工作范围，重视、关心和支持“五老巡视”工作，对“五老巡视”组开展业务培训，定期听取他们的意见和建议，积极帮助他们解决实际困难和问题，使“五老巡视”组干有章法，做有动力，能监督、会监督。

3.主要成效

自“五老巡视”开展以来，谢桥街道冲广坪社区和茶店街道鱿鱼铺村作为“五老巡视”工作试点。截至2021年底，两个试点巡视组共走访群众2500余人次，发现问题线索20个，涉及民生资金6165元，劝停违规办酒席5起，调解矛盾纠纷11起，督促清退动员5次，追回问题资金6165元。其余80余个村(居)“五老巡视”组主动开展工作，积极作为，及时发现了100余个民生领域问题线索。

(1)积极宣传了惠民政策。“五老巡视”组通过上门拜访、田间地头走访、集中接访等形式，用朴实的语言与群众摆门子、话家常，并将他们学习掌握的农村低保、新型农村合作医疗、新型农村社会养老保险、高龄补贴、危房改造、精准扶贫等与群众切身利益的惠民政策逐项进行宣传讲解，让更多的老百姓对党和国家的惠农惠民政策有了更加透彻的了解和掌握。

(2)及时回应了群众诉求。“五老巡视”组在日常工作中，通过走访群众、电话受理、集中接待、设立意见箱等形式广泛收集群众意见，对老百姓反映的问题逐一进行登记，并对反映问题及时分类处理。“五老巡视”组通过积极回应群众诉求，千方百计解决群众难题，得到了群众的连连称赞。截至目前，两个试点“五老巡视”组共收到群众反映问题20个，解决18个，2个正在办理之中。

(3)有效促进了乡风文明。“五老巡视”组通过广泛传播党的路线方针政策、法律法规和社会主义核心价值体系,凝聚社会正能量,积极引导广大村民培育良好的乡风民风。一是积极化解矛盾纠纷。“五老巡视”组充分发挥自己资格老、威望高、经验足的优势,积极协助村(社区)开展矛盾纠纷化解,有效化解矛盾纠纷7起。玉铜松快速干道和万山森海旅游开发项目,鱿鱼铺村面临群众房屋拆迁、土地流转、房屋立面改造、3D绘画等众多问题,该村“五老巡视”组主动作为,深入一线开展土地纠纷调解工作,成功调处以上多起土地纠纷,推动了玉铜快速干道、森海汽车公园项目建设。二是规范农村办酒行为。“五老巡视”组成员积极宣传《万山区规范党员干部和国家公职人员操办酒席办法》和《万山区引导和规范全区农村(社区)村(居)民操办酒宴行为的管理办法(试行)》,详细解释什么酒宴能办、什么酒宴不能办、如何申报操办酒宴等事宜,引导群众严格按照规定操办酒宴,成功劝停违规办酒5起,赢得了群众的高度肯定。今年还对夏季高考的学生家庭进行了统计,开展了上门提醒打招呼,截至目前,未发现违规操办“升学酒”行为。

(4)有效看住了基层“微权力”。“五老巡视”组充分发挥村级“小纪委”的工作职责,协助街道纪工委对惠民政策的落实进行巡视监督,紧盯基层“微权力”。一是对农村养老保险进行巡视。为有效防止新型农村社会养老保险对象死亡后继续发放养老金现象,茶店办事处鱿鱼铺村“五老巡视”组积极作为,突出重点,对群众反映强烈的新型农村养老保险进行了专项巡视,发现5名死亡人员的新型农村社会养老保险金依然正常发放,追回新型农村养老保险金6165元。二是对民政救助救济款物进行巡视。为真正把救助救济发放到困难群众手中,防止出现“关系救济”和“平均救济”,鱿鱼铺村“五老巡视”组对民政救济款物进行巡视,共查出问题2起,对该村一村民组通过抓阄方式发放救济款进行了严肃批评,对一村民组长父亲领取救济款进行了批评教育和清退。三是对村(社区)财政收支进行巡视。村级财务管理问题一直是社会关注的话题,一些村干部弄虚作假、截留挪用,以致出现村官贪腐问题,备受群众诟病。为防止这些乱象的发生,让“村账”变成“明白账”,冲广坪社区“五老巡视”组对该社区财政收支情况进行了巡视,并提出了整改意见。

4.工作亮点

(1)发现了农村“微腐败”问题。如,2017年12月14日,被中央纪委监察部网站、中央新闻联播先后公开曝光的我区下溪乡政府在低保工作中失职问题。便缘起于下溪乡桂花村“五老巡视”组的开展的低保专项巡视工作。今年5月,下溪乡桂花村“五老巡视”组发现了本村刘光礼等8人去世后仍然享受低保金、养老金等问题,区纪委根据这一线索,开展专项监察行动,查处了全区农村低保、养老金存在的问题,共立案40件,问责29人,为国家挽回经济损失46万余元。

(2)“五老巡视”工作引起了媒体的关注。自“五老巡视”工作开展后,其工作情况先后在区内、区外各级媒体进行宣传报道。2017年9月,贵州省电视台“生活一直播”栏目,对万山区“五老巡视”工作进行了“铜仁万山‘五老巡视’打通基层监督‘最后一公里’”的专题报道,在社会上引起了反响。

5.赢群众点赞

通过开展民生铸廉行动,万山区纪委发现,部分乡村干部吃拿卡要、优亲厚友和损害群众利益的行为仍时有发生。为进一步维护基层群众的权利和利益,加强村级民主监督,着力解决基层党员干部在作风纪律方面群众反映强烈的突出问题,构建和谐村落、文明社区,万山区在试点成功的基础上，对全区95个村（居）全面推行“五老巡视”，打通监督“最后一公里”。

（1）严建管控标准。一是人员配置规范。由村民代表单独或联合提出村民中的候选人，通过村民代表会议选举产生，把具有良好政治素养和工作作风，热心村务和经济社会发展，威信高、号召力强、思想觉悟较高的村老党员、老干部、老教师、老代表、老复员军人等，选配到“五老巡视”队伍中，确保当选人员具有较高素质，敢于监督、善于监督。二是职责职能规范。工作职责主要是协助街道纪工委对惠民政策的落实进行巡视监督、积极宣传党的惠民政策、引导村民自觉遵守村规民约。三是机构名称统一规范。抢抓村务监督委员会换届契机，将全区95个村、居“五老巡视组”成员选进村务监督委员会，村务监督委员会和“五老巡视组”实行“两块机构，一套班子”合署办公。四是工资待遇统一标准。全区所有村、居务监督委员会主任每月报酬1000元，委员每月报酬800元，达到了工资待遇统一标准规范，进一步激发“五老巡视”队伍干事热情。

（2）聚焦服务群众。一是贴近群众。通过走访群众近10万余人次，向群众宣传讲解农村低保、新型农村合作医疗、新型农村社会养老保险、高龄补贴等涉、危房改造、精准扶贫等与群众切身利益的惠民政策，让更多的老百姓对党和国家的惠农惠民政策有了更加透彻的了解和掌握。二是回应群众。“五老巡视”组充分发挥自己熟悉村情民意优势，发现200余个民生领域问题线索，积极协助村开展矛盾纠纷化解。如玉铜松快速干道和万山森海旅游开发项目，鱿鱼铺村面临群众房屋拆迁、土地流转、房屋立面改造、3D绘画等问题，该村“五老巡视”组主动作为，深入一线开展土地纠纷调解工作，成功化解矛盾纠纷280起，推动了玉铜快速干道等项目建设。三是引导群众。“五老巡视”组成员积极宣传引导群众严格按照规定操办酒宴，成功劝停违规办酒35起，凝聚了社会正能量，积极引导广大村民培育良好乡风民风，赢得了群众的点赞。

（3）狠刹微权腐败。“五老巡视”协助街道纪工委对惠民政策的落实进行巡视监督，紧盯基层“微权力”。对农村养老保险进行巡视，有效防止新型农村社会养老保险对象死亡后继续发放养老金现象。如茶店办事处鱿鱼铺村“五老巡视”组积极作为，对群众反映强烈的新型农村养老保险进行了专项巡视，发现5名死亡人员的新型农村社会养老保险金依然正常发放，追回新型农村养老保险金6165元。对民政救助救济款物进行巡视，防止出现“关系救济”和“平均救济”等现象。同时对村财政收支进行巡视，让群众心中揣着“明白账”，切实提升群众认可度和满意度。

（五）万山创新“介入式预防”织密源头防腐墙

2018年，万山区纪委区监委创新实施廉政风险介入式预防制度，对全区项目工程的重点岗位、关键环节，实行防范在前、预警在先，规范项目建设，强化从源头上防止腐败。

1.背景意义

为加强对权力运行的制约监督，全面提升全区党员干部特别是领导干部和重点岗位负责人的岗位廉政风险防范能力，构建层层管理、重点防控、责任到人、自警自律的廉政风险防控体系。防止党员干部在工程项目的招投标环节，通过项目招投标过程中当事人双方、投标人之间、投标人与代理中介机构和评审专家串通，弄虚作假，围标串标，陪标骗标，抬高工程价格，刻意规避招投标的，擅自拆标、随意分段实施，规避招投标调研论证、科学预算等违规违法手段招投标，利用职务搞利益输送的违规违纪行为；防止业主单位和项目监理人员在工程计量统计中偏袒施工单位、计量出入大、变相计量、随意增加现场签证、改变设计、增加补充协议内容,为获取利益帮助施工单位重新报价等问题;防止审计机关与第三方审计机构串通,应该审减而不审减或审减不够,造成财政资金流失等问题。

2.工作范围和工作目标

(1)范围。开展廉政风险防控介入式预防工作的实施范围为:全区各级各部门,2018年重点防控部门是工程项目多,资金管控和拨付权力较大的23个重点单位。即:区住房和城乡建设局、区交通运输局、区水务局、区农牧科技局、区林业局、区卫生和计划生育局、区审计局、区教育局、区扶贫办、市国土资源局万山分局、区财政局、区环境保护局、经济开发区,各乡镇(街道)。

(2)目标。以腐败易发多发的领域、岗位和环节为重点,组建监察专班队伍,采取“项目承包见业主、资金拨付核进度、审计项目复抽查”的方式开展监督监察,充分运用监督执纪“四种形态”中的第一种形态,抓早抓小,防范在前,预警在先,构建不敢腐、不能腐、不想腐的长效机制。

3.工作步骤

(1)组建机构明确职责。成立招投标跟踪核查组、资金拨付核查组、审计项目复查组。

招投标跟踪核查组的职责是:对行业部门发包项目实际承建人过于集中的,将核查项目招投标过程中是否存在当事人双方、投标人之间、投标人与代理中介机构和评审专家串通,弄虚作假,围标串标,陪标骗标,抬高工程价格等行为;对国有资产处置或国有土地、矿产等资源拍卖过程中低价中标的,将核查是否存在国家公职人员泄露标的或拦标价格、出卖重要参数,内定中标方、吃拿卡要、获得利益等行为;对刻意规避招投标的,将核查是否擅自将大标拆解为小标、随意分段实施,规避招投标调研论证、科学预算等行为。

资金拨付核查组的职责:对存在超概算、追概算的工程项目,将核查业主单位和项目监理人员在工程计量统计中,是否存在偏袒施工单位、计量出入大、变相计量(如把土方改为石方计量)、随意增加现场签证、改变设计、增加补充协议内容,为获取利益帮助施工单位重新报价等行为;对虚报进度套取资金的项目,将核查业主单位与施工单位是否存在串通、虚增工程量、虚开发票骗取工程款以及超额拨付或提前借支工程款等行为;对故意拖延不拨付工程款的,将核查是否存在恶意延付、少付工程款寻求承包方不当得利等行为。

审计项目复查组职责:按照一定比例对审计部门已审计项目进行抽查复核,对复核发现有问题线索的,由区纪委、监察委组成专案组或聘请第三方进行复核,经复核查实应核减资金量大而未核减的,将核查审计部门与承建方、审计第三方是否存在利益输送及渎职失职行为。

(2)集中约谈打招呼。召开动员部署集中约谈会议,开展约谈提醒。约谈全区各乡镇(街道)党政主要负责人、区直相关部门主要负责人及重点岗位股(室)负责人,通过集中约谈提醒,打招呼在前,预防在先。

(3)抽查监督。招投标核查组、资金拨付核查组、审计项目复查组根据职责分工,每季度对23个重点单位2018年实施项目开展抽查监督。若发现问题线索,由区纪委、监察委倒查该单位前三年项目,合并立案查处。

(4)核查处置。根据招投标核查组、资金拨付核查组、审计项目复查组发现的问题线索,由区纪委、监察委组成专案组或聘请第三方进行初核。

4.主要做法

(1)集中约谈抓预警。运用监督执纪“四种形态”中的第一种形态,抓早抓小,防微杜渐,防范在前,预警在先,构建不敢腐、不能腐、不想腐的有效机制。3月20日,组织全区各乡镇党政主要负责人,区直相关部门主要负责人及重点岗位股室负责人召开集中约谈会议,进行早打招呼、早提醒,过集中约谈提醒,打招呼在前,预防在先;启动建立廉政风险防控清单开展介入式预防工作,安排部署介入式预防工作。

(2)建立机制明职责。出台建立廉政风险点防控清单开展介入式预防工作实施方案,明确将重点针对工程项目多、资金管控和拨付权力较大的23家单位开展介入式预防。组建招投标跟踪核查组、资金拨付核查组、审计项目复查组3个专案小组,每季度对相关单位实施项目是否存在弄虚作假、吃拿卡要、出卖重要参数、虚增工作量、渎职失职等10余个关键领域风险点进行全过程跟踪核查。

(3)重点防控强震慑。建立层层管理、重点防控、责任到人、自警自律的防范机制,采取“项目承包见业主、资金拨付核进度、审计项目复抽查”的方式进行监察和监督。对3个工作组发现的问题线索,组建专家组或聘请第三方进行初核,对涉嫌公权力滥用、失职渎职或存在利益输送等违纪违法行为的,进行立案查处,严格按照相关法律法规从重从严从快处理。

5.工作成效

自介入式预防工作开展以来,核查组以问题为导向,主动开展工作,积极作为,对项目工程的重点岗位、关键环节,实行防范在前、预警在先,规范项目建设,强化干部自律,介入式预防的震慑效果初步显现。

一是介入式预防震慑效果显现。核查组采取“项目承包见业主、资金拨付核进度、审计项目复抽查”的方式,结合实际,2018年全区纪检监察机关核查项目18个,涉及金额4.7余亿元,发现项目档案资料不规范等8类问题、问题线索4个,约谈相关责任人20人,共处理216人次,其中充分运用第一种形态,约谈函询、批评教育106人次,占总人次的49.1%;妥善运用第二种形态,给予轻处分、组织调整91人次,占总人次的42.1%;准确运营第三种形态,给予重处分、重大职务调整12人次,占总人次的5.6%;果断运用第四种形态,依法依纪处理严重违纪违法涉嫌犯罪的党员干部7人,占总人次的3.2%。

2019年1月至7月,全区纪检监察机关共处理124人次,其中第一种形态89人次、占71.8%、同比增幅39.1%;第二种形态26人次、占21%、同比增幅-3.7%;第三种形态8人次、占6.5%、同比增幅-20%;第四种形态1人次、占0.8%,同比增幅-50%。

第一种形态占比加大、增幅明显,第三、四种形态占比逐渐减小、减幅明显。“数据成效”的背后是万山区探索开展介入式预防工作,充分运用监督执纪“四种形态”的第一种形态,在“治未病”上下功夫,抓早抓小,防范在前,预警在先,由“惩治极少数”向“管住大多数”扩展,把惩前毖后、治病救人方针落到实处,不敢腐的震慑作用充分发挥,不能腐的防范效应初显。

二是干部廉洁意识得到增强。为进一步增强党员干部和职工的廉政风险防控意识,提升廉政风险防控能力,被核查单位高度重视介入式预防工作,以集中约谈、个别谈话等形式,加强领导干部廉政教育,干部廉洁意识显著增强。如区教育局约谈班子成员、各室负责人、各中小学、幼儿园校(园)

长等100余人;区交通以部门介入式预启动会为契机,加强领导干部廉政教育,全体干部纷纷表态,将积极配合核查组开展介入式预防工作。

三是扎紧了不能腐的"制度篱笆"。2018年3月13日,中共万山区委办公室、铜仁市万山区人民政府办公室印发了《关于印发建立廉政风险点防控清单开展介入式预防工作实施方案的通知》(万委办字〔2018〕10号);2019年5月10日中共万山区纪律检查委员会、铜仁市万山区监察委员会印发了关于《进一步深入开展介入式预防工作实施方案》,介入式预防工作方案的目的是推动廉政风险防控工作开展,重点是针对工程项目多、资金管控和拨付权力较大的单位开展介入式预防,这是完善惩治和预防腐败体系、扎紧"制度篱笆"、从源头防治腐败的重大举措,更是在构建不敢腐、不能腐、不想腐长效机制的创新尝试。

(六)监督执纪利剑护航脱贫攻坚

1.背景意义

2018年全省14个拟退出贫困区县将迎来国家第三方评估,万山能否顺利脱贫出列,对全市乃至全省脱贫攻坚步伐都具有重要意义。全区上下始终坚定不移学习宣传贯彻落实习近平新时代中国特色社会主义思想,深入贯彻落实习近平总书记对万山作出的重要批示精神,坚持以脱贫攻坚统揽全区经济社会发展全局,围绕"与全国同步全面建成小康社会"目标,全面落实党中央、国务院精准扶贫、精准脱贫基本方略,坚定"全党抓脱贫、突出抓产业,全区抓包扶、重点抓项目"思路,把最精干的力量向脱贫攻坚战场集结,把最优势的资源向脱贫攻坚领域汇聚,要求全区各级各部门切实增强紧迫感和使命感,集中精力、人力、财力向脱贫攻坚发起最后冲刺,确保脱贫出列工作只能成功不能失败。鉴于此,万山区各级纪检监察机关紧扣大扶贫战略行动,找准职责定位,精准发力,严肃查处扶贫领域腐败和作风问题,严厉整治扶贫领域形式主义、官僚主义、弄虚作假等问题,以过硬作风护航脱贫攻坚。

2.主要做法

(1)专项监察聚焦扶贫领域项目资金精准发力。针对脱贫攻坚监督工作面广量大的实际,实行"五位一体"的专项监察模式,采取"见人、见项目、见资金"的方式,围绕产业扶贫、"组组通"、易地扶贫搬迁等项目,紧盯"村集体经济、贫困户入股分红",重点对全区37个贫困村1572户贫困户6074贫困人口的利益联结机制落实情况、全区160余家专业合作社建设情况以及建有高山葡萄、蜜枣、香柚种植等595个农村种植产业扶贫项目开展专项监察,通过与民生项目、资金的具体实施人、受益人见面,摸清政策落地是虚是实,是否"缩水""打折";核查资金运行轨迹,看是否存在弄虚作假行为;实地走访查看项目落地情况,检查项目是否真实存在,经营状况是否正常等,对在脱贫攻坚工作中,弄虚作假、虚报套取、吃拿卡要、失职渎职等问题进行整治。一年来,共发现各类民生领域问题74个,立案76件83人,党纪政务处分41件45人,问责党政领导干部履行主体责任不力18人,涉及资金457.56万元,制发监察建议书2份。

(2)专项巡察聚焦扶贫领域攻坚责任精准发力。组建两个扶贫领域专项巡察组,以扶贫领域为中心,以问题为导向,紧盯扶贫领域涉及的乡镇(街道)以及区直部门党委(党组)、驻村第一书记、村党支部脱贫攻坚政治责任落实情况,紧盯落实惠农政策资金的重点领域、重点部门、重要环节,重点整治党的领导弱化，履行脱贫攻坚政治责任不力以及扶贫领域的形式主义、官僚主义等问题，对巡察中发现的“虚假脱贫、数字脱贫”，以及对扶贫工作不落实、发现问题不整改等情况，严肃查处，严肃追责问责。截至6月底，已对9个乡镇（街道）、16个区直部门2016年以来实施的扶贫项目开展专项巡察，发现问题线索13件，提出整改建议93条，问责处理干部5人。

(3)专班督查聚焦扶贫领域作风建设精准发力。组建4个专班督查组，围绕干部在脱贫攻坚中的作为、担当、执行等问题，紧盯扶贫一线干部履职尽责，紧盯帮扶成效，紧盯群众认可等环节开展专项督查。着力整治驻村干部到岗到位、值班值守、真蹲实驻、履职尽责方面的纪律作风问题；着力整治帮扶干部不严不实、沉不下身、静不了心、帮扶不到位等问题；对扶贫领域底数不清、思路不明、举措不力，执行脱贫攻坚政策走样变形等问题进行严肃查处。先后开展专项检查46次，发现履行岗位职责不到位，不作为、慢作为等问题13个，14人受到党政纪处分，提醒谈话12人，诫勉谈话15人，免职处理3人。

3.工作成效

通过督查检查，让帮扶干部群众关系实现大融合，贫困群众生活有了根本性的改变。一是有力地督促了各级党委和主要负责人把脱贫攻坚工作扛在肩上、抓在手上、落实到行动上，实实在在帮助解决贫困群众的实际困难，切实增强了群众的获得感和满意度，全区党风廉政群众满意度民意调查连续3年位居全市前列。二是融合了干群关系。所有干部全部扑到一线，跟群众打成一片，在爬坡上坎、攻坚克难中，凝聚了前所未有的干事合力，展现出前所未有的政治担当。在脱贫攻坚工作中，很多干部都没有周末、没有假期，牢牢坚守岗位，以村为家，以干部的辛苦指数换取了群众的幸福指数。三是顺利通过了国家的评估验收。2018年9月21日，贵州省人民政府印发《省人民政府关于桐梓等14个县（区）退出贫困县的通告》，万山通过国家第三方机构评估检查，综合贫困发生率为1.19%，错退率为0，漏评率为0，群众认可度为96.37%，正式获批退出贫困县。2019年，万山区39个贫困村出列，7642户、25662人脱贫，脱贫攻坚取得全面胜利，彻底撕掉了万山千百年来绝对贫困标签。

附　　录

一、区(特区)党代会、纪委全会等会上的纪委工作报告及讲话(选录)

中共万山特区委员会纪律检查委员会关于党的纪律检查工作报告

(一九八二年八月四日)

孙玉峰

各位代表:

我受中共万山特区委员会纪律检查委员会的委托,向大会作党的纪律检查工作报告,请审议。

党的十一届三中全会选举产生了中央纪律检查委员会。过去,我们党有纪律检查委员会,后来改称监察委员会。在林彪"四人帮"横行时期被取消了。而党的各级纪律检查委员会,是在林彪"四人帮"横行十多年把我们的党规、党法、党纪、党风糟塌得不象样子的情况下恢复起来的。正因为这个原因,党内党外对各级纪律检查委员会抱有很大期望,都殷切希望各级纪委成立之后马上做出几件顺应民心的事来。这是党内外群众对我们纪检部门的信任。因此我们纪检部门也决不能辜负人民群众的信任和期望,一定要在维护党风的前提下,伸张正气,打击歪风邪气,当好党委的参谋和助手。

特区委纪律检查委员会自1981年初组建以来,在特区党委直接领导下、地纪委具体指导下,贯彻执行《准则》、深入学习《决议》,在全区党内开展党风党纪的教育,深刻认识到"执政党的党风问题是关系到党的生死存亡的问题"。端正党风是摆在全党面前的一项重要任务,尤其在我们纪检部门对维护党风,搞好党纪应首当其冲作出表率。因此我们始终把贯彻执行《准则》、学习《决议》、纠正不正之风,与中央无条件地保持思想政治上的一致和搞好纪委自身建设作为一项重要任务来抓。一年多来,特区委纪律检查委员会做了以下几个方面工作。

一、关于党风党纪的教育

我党在长期的革命斗争实践中,总结了正反两个方面的经验教训,向全党公布了《关于党内政治生活的若干准则》和《关于建国以来党的若干历史问题的决议》。这对加强党和人民群众的联系,增强党内团结,全面恢复和发扬党的优良传统和作风,提高党的战斗力,治愈林彪"四人帮"给党造成的创伤,克服各种不良倾向,确保党的路线、方针、政策的贯彻执行具有深远和伟大的意义。因此我们在自身贯彻执行《准则》、学习好《决议》的基础上,与组织、宣传等部门相配合,在全区党员中先后进行了《准则》和《决议》的轮训学习，首先轮训科局以上党员干部，然后全面铺开。全区（包括汞矿、一勘队）有党员2583人，已训2203人，占党员总数的85.2%。通过轮训，收到了一定的效果。如党的基层组织生活制度多数已基本正常起来。有的还建立和坚持了“三会一课”制度，有些党的领导干部能以普通党员的身份参加支部、小组生活会，并带头谈思想，接受党员群众的监督。特区党委建立了民主生活会制度，定期交换思想，开展批评与自我批评。通过民主生活会，“家长制”“一言堂”等违背集体领导原则的现象基本克服。同时我区各级党组织的战斗堡垒作用和党员的先锋模范作用有所加强。去年特区直属机关和汞矿、一勘队共评选出1个先进党总支、22个先进党支部和157名优秀党员。我们的体会是只要我们加强组织建设，把学习《准则》《决议》提到议事日程上来，经常进行布置检查并督促执行，党的各级组织大胆管理，一抓到底，端正党风搞好党纪就一定能够做出成绩。

二、执行党的纪律的情况

中央（1981）5号文件中指出“端正党风是全党的大事，需要各级党委切实加强领导，一级抓一级，一抓到底做出成绩。”同时又提出了党内存在不正之风的八种表现。根据中央文件精神结合我区的实际情况，我们进行了认真的研究分析，认为中央提出不正之风的八种表现在我区各单位也不同程度的存在着。针对这种情况，1981年初，我们向全体党员发出了“认真贯彻执行《准则》，坚决纠正不正之风的意见”，全区党员通过传达、讨论，多数党员反映较好，认为既提出了问题，又提出了解决问题的办法。党员对党的《准则》有了较深刻的认识和理解，能自觉地执行《准则》，并能抵制不正之风，也敢于检举揭发坏人坏事。总之，收到了较好的效果。

在学习贯彻《准则》过程中，各级党组织和纪检部门，对那些影响极坏，群众反映强烈，不处理不足以平民愤的案件按轻重缓急一件件进行核实。在查处案件中，我们的指导思想是：不论是新党员还是老党员，也不论他职位多高，资格多老。只要是违反了《准则》，触犯了党规党法，都立案查处。同时对某些党员中存在自行其是、利用职权谋取私利的、违反经纪律的，打击报复等违纪行为，采取了通报批评和检查处理。经过教育，凡是能改正错误的就欢迎，对那些坚持错误甚至屡教不改的都绳之以纪律，直到开除他们的党籍。我们认为只有这样才能维护党规党纪的严肃性。

在查违纪案件的同时，我们还重视了群众的来信来访工作，以便从中发现问题和掌握情况。一年多来，我委和汞矿、一勘队纪委共接待群众来访513人次，收到申诉和控诉信250件。经研究决定立案查处21件，已结案10件，待查实的11件。结案10件中，开除党籍的2人，留党察看的5人，撤销党内职务的2人，党内警告2人，通报批评2人。通过对这些违纪案件的查处，打击了歪风邪气，伸张了正气，教育了广大党员和干部，使我区不正之风也有所收敛。

我们在查处违纪案件中，基本上做到了事前有请示，事后有报告，事事有回声，件件有着落。并坚持实事求是，深入调查研究，核对事实，作到事实清楚、证据确凿、定性准确、手续完备、处理恰当，基本达到了处理一个教育一片的效果。

三、打击经济领域中犯罪活动的情况

中发（1982）22号文件中指出“我们经济政治生活中还存在着一些阴暗方面。特别令人触目惊心的是，近两三年来，走私贩私、贪污受贿、投机诈骗、盗窃国家和集体财产等严重犯罪活动有了明显的增加，在少数地区，少数人员中还相当猖獗。”针对上述情况，党中央下了很大的决心，今年一月中央发出“紧急通知”。二月中央召开了广东、福建两省座谈会,批转了座谈会议纪要。三月全国人大常委会通过了《决定》。四月中央、国务院又作出了《关于打击经济领域中严重犯罪活动的决定》。在短短的四个月时间下发了四个文件,说明了这场斗争的重要性和必要性。因此,我们必须保持清醒的头脑。这场斗争是关系到我们党和国家盛衰兴亡,关系到我国社会主义现代化建设成败的斗争。我们决不能等闲视之。一定要遵照中央“紧急通知”的精神,对于走私贩私、投机诈骗、贪污受贿等严重的违法犯罪行为,必须抓住不放,雷厉风行地加以处理。对于干部中首先是负责干部中在经济上存在的严重问题,不许熟视无睹、知情不报,不许优柔寡断、姑息包庇。根据我区有些部门和单位暴露出来的问题,同样也严重存在着走私贩私、投机诈骗、贪污受贿等犯罪行为,特区党委决定成立“清查经济领域犯罪活动领导小组”,下设办公室,并抽调20余人参加办案工作。当前我区打击经济领域中严重犯罪活动的斗争在党委领导下正在顺利进行。全国人大常委会的《决定》和中央、国务院的《决定》公布以来,由于党委加强领导,采取多种形式的宣传教育和学习,基本上做到了家喻户晓、人人明白。在强大声势的震慑之下,促使一些经济上有严重问题的人坦白自首。5月1日前主动交代的有3人,其坦白侵吞国家资金2558.44元,收到了一定时效果。到目前为止已收回赃款5850.6元。

在打击经济领域里的犯罪活动中,我们认真贯彻执行了党的“坦白从宽、抗拒从严”的政策,对经济犯罪的毛家轩和郑文分别作出了处理。毛家轩同志坦白较好,退赃积极免予刑事处分;郑文同志态度不好,不主动交待问题,撤销行政职务,停止工作,交待问题。汞矿纪委在有关部门配合下,严肃处理了韩大宾等投机倒把一案,获得群众的好评。一勘队也查处了一起倒卖银元的案件,在群众中影响较好。随着打击经济领域犯罪活动的斗争向纵深发展,要求我们党的各级组织更要重调查研究,紧紧抓住这场斗争作为端正党风的突破口,把党风、民风和社会风气整顿好,使“三风”有个根本的好转。

目前段打击经济领域中犯罪活动,虽然取得了一定的成绩,但也存在一些问题。如有少数单位和部门的领导干部对经济领域里违法犯罪活动的严重性、危害性、危险性认识不足,加之片面吸取过去运动的经验教训,因而思想顾虑重重,领导不力、抓得不紧、行动不快。有的明知所属个别单位存在着严重的经济问题,至今拖延不决,仍不采取果断措施。这个问题不得不引起我们高度重视,如不改变这种状况,势必功亏一篑。各级都应振着精神,把打击经济领域里的犯罪活动的斗争进行到底。

四、今后的打算

党的三中全会以来,我区各级党的组织在抓端正党风方面做了不少工作,也处理了一些党员的违纪案件,党风有所好转,取得了一定的成绩,但是工作进展还不够快,有些单位不正之风还严重存在,尤其是经济领域中的不正之风还相当严重。因此,必须下大力气,花大功夫,采取更有力的措施,狠抓经济领域中的违法犯罪案件,要把那些党员干部中首先是负责干部中走私贩私、投机倒把、贪污受贿,把大量国家和集体财产窃为己有的严重违法犯罪行为作为今后纪检工作的重点。

随着打击经济领域犯罪活动斗争的深入发展,我们要进一步解决认识问题,有些同志对外实行开放,对内把经济搞活的政策产生了怀疑,担心这场斗争的发展会影响对外政策的执行,《中共中央、国务院关于打击经济领域中严重犯罪活动的决定》,对这个问题作了精辟的论述。认真学习和贯彻执行《决定》精神,对于我们坚持对外开放政策,对内把经济搞活,保证我国社会主义现代化建设事业的发展，是极为重要的。根据我区实际情况，今后仍需抓好以下几个方面的工作。

1.我区各级党的组织一定要深入学习中共中央(1982)17号文件，进一步提高思想认识，积极投入到这场腐蚀与反腐蚀的斗争中去，特别是那些至今还行动不快的单位，应立即行动起来，切实加强领导。同时要认真地抓好全国人大常委会《关于严惩严重破坏经济的罪犯的决定》和《中共中央、国务院关于打击经济领域中严重犯罪活动的决定》的学习宣传和教育工作。这两个《决定》和中央17号文件既从理论和实践上讲清了进行这场斗争的伟大意义，又明确指出了斗争的策略和政策，它是指导我们打击经济领域中犯罪活动斗争的有力武器。我区全体党员、干部和工人群众都要认真学习，深刻领会。只有从思想上真正解决对这场斗争的认识，才能自觉地把它作为今年的中心任务来抓，坚定不移地把这场斗争进行到底。各级党组织的领导同志对本部门的经济犯罪案件，要经常研究分析和排查，对自己抓的案件，应尽快查清和处理。对重大案件，各级负责同志要亲自组织力量，明确责任，负责到底，绝不允许互相推诿、优柔寡断、姑息包庇。否则就要追究这一级组织的责任。

2.加强纪委自身建设，目前我们人员少与担负的工作任务不相适应。我们时刻保持清醒的头脑，努力加强政治、业务学习，提高办案能力。按照《准则》要求，把党的纪律检查工作搞好。

3.各基层党委、总支、支部要建立健全党的纪律检查工作制度。要求党的各基层组织都要有一名委员负责党的纪律检查工作，定期检查党员过组织生活和执行纪律的情况。协助党的各级组织对党员进行遵守党纪国法的教育，党的各级组织要把《准则》作为经常性教育党员的教材。要受理党员和非党群众的申诉和控告，同违法乱纪行为作斗争。对于违犯纪律的党员，必须认真检查处理。

4.要树立正气，打击歪风邪气。按照省委的要求，每年“七一”前后在党内进行一次先进党支部和优秀共产党员的评比活动。对先进党支部和先进个人进行表彰。对违纪的党员要进行批评教育，严重的要给予纪律处分。党的各级组织，对党员的违纪案件，基层组织要认真负责查处，不要推诿，更不得将矛盾上交。

各位代表，一年多来，我区纪检工作虽然取得了一些成绩，这与特区党委的领导及有关部门配合是分不开的，但我们的纪检工作离党委和上级部门要求还相差很远，还有大量的工作要做，我们肩负的工作，任重而道远，但我们有决心有信心，决不辜负党和人民群众对我们的期望，为适应两个文明建设的需要，今后在加强纪委本身建设的同时，加强政治业务学习，提高办案能力，振奋精神，为我党的党风有根本的好转而努力奋斗。

中共万山特区纪律检查委员会 向中国共产党万山特区第三次代表大会的工作报告

（一九八四年九月二十四日）

何芝茂

各位代表:

我受中共万山特区第二届纪律检查委员会的委托,向本届代表大会报告工作。本届纪律检查委员会,自一九八二年八月由中共万山特区第二次代表大会选举产生以来至今已历时两年,现将两年来的工作情况、基本工作经验和今后工作的意见,向大会作如下报告,请予审议。

一、两年来的主要工作

特区纪委是在我党拨乱反正、开创新局面的形势下产生的,面临的主要任务是:纠正党内不正之风,尽快实现党风好转;开展打击经济领域内严重犯罪活动的斗争;加强纪委自身的建设;保证党的路线、方针、政策的贯彻执行。两年来,在特区党委和地纪委的领导下,紧紧围绕端正党风这项中心任务。主要做了以下几个方面的工作。

1.纠正不正之风,执行党的纪律的情况

胡耀邦同志在党的十二大报告中指出:党风问题是关系到执政党生死存亡的问题,纠正党内不正之风是摆在我们面前的首要工作,是义不容辞的责任,我们以这项工作为中心,在全区范围内狠抓党员的政治思想教育,严肃处理党员的违法乱纪行为,检查监督对《准则》的贯彻执行,维护党规党法。在这方面,我们坚持以教育为主,以预防为主的方针,对党员实行定期和不定能的轮训,学习马列主义、毛泽东思想,进行共产主义思想教育和党风党纪教育,提高党员的政治觉悟,自觉同中央保持一致,我们与宣传、组织等部门共举办了七十五期轮训班,受训党员三千七百八十三人次,其中,特区二十期二千二百九十九人次,汞矿四十四期一千零一人次,地质一队十一期四百八十三人次。通过轮训,收到了一定的效果,在纠正不正之风,查处各种违纪案件中,收到人民来信八十七件,接待人民来访一百四十人次,从中了解大量的情况,对纪检工作促进很大、受理审查各种案件三十四件,结案三十四件,其中,特区二十三件,汞矿八件,地质一队三件,结案率为100%。在结案的三十四件中,受党纪处分二十人,其中,开除党籍五人,留党察看二人,严重警告六人,警告七人;通报批评二人,受政纪处分十五人。为进一步提高党员干部的政治素质,增强鉴别能力,自觉抵制各种不良倾向,我们还经常将一些典型案例通报全体党员,使广大党员干部真正看到那些不按照《准则》办事、搞不正之风、以权谋私、违法乱纪的党员,不论是任何人,绝不允许搞特殊化,存在任何特殊党员都应当受到批评教育,坚决加以纠正和制止,直至给予应有的组织处理,才能真正护党规党法,切实保证各级党组织和广大党员在政治上同中央保持一致。在党委的领导下,今年还成立了纠正不正之风领导小组,对我区干部、职工借用拖欠公款、分房建房、农转非和招转调等方面的工作进行全面清理,经过三个多月的努力，已查清自《准则》下达以来，由农业户口转为非农业户口的三十七户九十二人，全部符合文件要求。干部职工拖欠公款人数一千五百零一人，欠款总数二十五万三千九百一九元，至今已归还九千一百五十二元，占欠款总数的3.6%，其中，特区欠款人数四百九十五人，欠款七万九千四百八十四元，已归还七千四百九十三元；地质一队欠款人数五十人，欠款四千六百六十二元，已归还九百五十九元；汞矿九百六十六人，欠款一十六万九千八百零八元，分文未归还。招转调和分房建房的清理工作也取得了一定的成绩，到目前为止，没有发现以权谋私的现象。

通过对党员的教育，对违纪案件的查处以及纠正各种不正之风工作，教育了广大党员干部，违纪案件逐渐下降，使我区的不正之风有所收敛，党风有了明显好转。

2.打击经济领域严重犯罪活动斗争的情况

经过机构改革，人员变动较大，特区党委根据斗争的需要和我区的实际情况，于今年四月重新组建了经打领导小组，并由特区纪委一名领导同志负责主持工作。两年中共立案审查五十四起，其中，特区二十五起，汞矿二十四起；地质一队五起，结案四十七起，占立案数的87%；贪污公款一十三万二千一百二十六元，已追回赃款及赃物折款共八万五千八百五十四元，占总数的6 5%；终决结案的三十八起，移交司法部门正在查处的五起，移交劳动人事部门处理的四起；查出万元以上的五起，五千元至一万元的一起，一千至五千元的九起，千元以下的九起。在终决结案的三十八起中，受刑事处分的六人，免予起诉的二人；受党纪处分的七人，其中，开除党籍二人，严重警告二人，警告三人；受政纪处分的十二人，免予处理的一人。通过这段斗争说明，经济犯罪活动在我区是比较猖獗的，今年查处的两起案件，都是一犯再犯，顶风作案的。因此，不能掉以轻心，应充分认识搞好这场斗争是关系到我国现代化设成败的大事，必须抓紧抓好，尤其对大要案件要及时查处，一抓到底，绝不能心慈手软。

遵照中央的两个“决定”和“九·五”会议精神，为进一步把打击经济领域里严重犯罪活动的斗争引向深入，根据我区的实际情况，今年五月召开了全区科局以上和汞矿坑口以上领导同志参加的经打工作会议，传达贯彻了有关经打工作的文件精神，部署了我区经打工作的任务和要求，各单位在会上交流了经验，统一了想，把高了认识，坚定了信心，为顺利开展这场斗争奠定更加坚实的基础。

两年来，通过经济案件的查处，有力地打击了我区经济犯罪分子的嚣张气焰，经济犯罪活动大大减少，给国家和人民的财产挽回了一定的损失。

3.几个方面的结合

在完成主要工作的同时，还担负着党委交办的其他任务，做了“文化大革命”中各种冤、假、错案和历史遗留问平反工作，要求落实政策的二百零七人，平反恢复和改轻处分的一百七十二人，还做了对“三种人”的核审工作。在纠正不正之风工作中，查处了一起在招干中的作弊行为，一人受到了行政记大过处分。在纠正干部突击离休、退休、子女顶替工作中，由于严格掌握政策，通过地区验收。没有发现违背上级文件规定的现象。在机构改革中，对干部的考察做了一定的工作，推荐一些年富力强符合干部四化的同志进入领导班子，使我区机构改革达到了上级求，并对退居二线的老干部，做了一定的思想政治工作，使他们愉快的服从组织的分配和安排，保证了改革工作的顺利进行。

二、存在的问题

纪检工作是一项政策性强，涉及面广的工作，要求纪检工作人员既要有坚强的党性，又要有一定的政策水平和业务水平，从我区纪检机构的情况来看，干部素质和人员编制都不能达到上级的要求，由于多方面的原因，存在如下问题：

一是纪检人员未配齐，纪检、审理、内勤等项工作都由于人员少无法实行明确分工，特别是来信来访工作没专人负责，更是与纪委的工作不相适应。

二是经打办的工作，人员少、变动大，不能适应当前工作的开展。

三是各乡(镇)以及基层单位的纪检员尚未配备，使纪检工作在基层没有发挥应有的作用，这些问题的存在，使纪检部门不能更好的发挥出职能作用，需要尽快改变和解决。

三、纪检工作的几点体会

由于十年内乱，党风遭到严重破坏，党内存在严重的思想不纯和组织不纯，粉碎"四人帮"以后，特别是党的十一届三中全会以后，为保证工作重点的转移，加速国民经济建设，党风党纪问题显得更加突出，在这新的历史条件下，纪检工作的首要课题就是研究如何端正党风，使纪检工作有所改进，有所发展。经过两年的实践，我们认为实现党风根本好转的关键是：

1.党委重视，带头抓党风

要使党风根本好转，党委必须加强对纪检工作的领导，充分认识抓好党风的重要意义，党委要带头抓党风，把抓党风工作列入党委的重要议事日程，党委一班人要以身作则，敢于抓领导班子和领导干部的问题，一级抓一级、层层负责。对那些坚持原则，敢于同违法乱纪行为作斗争的党员、干部，要给予支持，并作为今后考察干部的一个条件。认真贯彻落实端正党风的措施，定期检查党风党纪状况，搞好纪检机构的建设，积极支持纪检部门的工作，形成上下左右一起动手，全党抓党风的局面。

2.加强教育，以预防为主

两年中，我们查处了一些党员违纪案件，对纠正不正之风起了一定的作用，但是党风还没有根本好转，最根本的原因在于某些党员思想不纯、政治觉悟，有的不良现象还时常从我们队伍中的个别同志身上反映出来，甚至个别不求上进，精神空虚，对共产主义信念发生动摇，滋长了个人主义因素，因而对党员进行经常性的政治思想教育工作，以正面的东西抵制反面的东西，用真里去战胜谬误。采取以预防为主，这是促进党风好转的有效方法之一，基本做法是：(一)通过各形式组织党员学习马列主义、毛泽东思想，提高党员的共产主义觉悟；(二)及时了解党内思想动向，发现问题和违纪苗头，采取有针对性的预防措施，把问题解决在萌芽状态之中；(三)定期召开民主生活会，开展批评与自我批评；(四)通过典型案例在本单位进行生动、现实的教育；(五)表彰先进，宣传好人好事，扶正祛邪，造成党内的良好政治空气。

3.同中央保持一致，是党的政治纪律

坚持党的领导是实现社会主义现代化的关键，而党风问题是关系到党的生死存亡的问题。因此，能不能保证党的路线、方针、政策得到贯彻执行，在思想上、政治上同中央保持一致，是党风能不能根本好转、现代化能不能实现的大问题。党的十一届三中全会以来，我区各个方面都取得了较大的成绩，政治经济面貌大为改观，这都是认真贯彻执行党的路线、方针、政策，在政治上同中央保持一致的结果，但是也应看到我区的党风还没有根本好转，有的党组织软弱涣散、战斗力不强；有的党员和领导干部对本单位出现的问题不闻不问，官僚主义严重，甚至有的以权谋私，搞不正之风，对上级指示和决定置若罔闻，或者采取阳奉阴违的态度，另搞一套。这就是党风不正的表现之一，应当引起各级党组织和全体党员的高度重视，把纠正和查处这类不正之风，维护党的政治纪律当着自己的首要职责。对认识模糊、水平不高、说了错话、做了错事的，要批评教育，帮助改正。确实属于思想意识问题，应视其情节认真查处，把维护党的政治纪律放在首位。

4.搞好调查研究 坚持实事求是

实事求是是我党的思想路线，在新的历史时期，纪检工作情况复杂，政策性强，因而实事求是就显得更加重要。查处违纪案件的工作，要从党和人民的利益出发，向党负责，向被调查人负责。重调查研究，实事求是，不草率办案。对反映出来的问题要重证据，不偏听偏信，不轻信口供，不感情用事，查出的案件定性要准确，经得起历史检验，保证办案质量。

四、今后工作的打算

1.为搞好我区整党工作作准备

全面整党工作即将到来，这是一项极其严肃的政治任务，在党委的领导下，要认真调查研究党风党纪和党的思想组织状况，积极参加整党工作，总结整党经验。在整党中发挥其职能作用，把我区的整党工作搞得扎扎实实，达到预期目的，完成上级交给的整党任务。通过整党，使我区的党风有一个明显的好转，并逐渐向着好的趋势发展，使各级党组织真正成为被群众信赖的党组织。

2.彻底否定文化大革命，积极协助组织部门核查“三种人”的工作

“文化大革命”不是也不可能是任何意义上的革命或社会进步。它是在特定的历史条件下发生的政治斗争。无论从理论上或实践上都是完全错误的，应加以彻底否定，抓紧清理“三种人”。要做好调查研究，严格区分各类性质的错误，掌握好政策界限，真正的“三种人”是极少数，有的犯过这样或那样的错误，甚至极为严重的错误，只要他们认识错误，并真正改正了的，就应当受到欢迎和给予信任。但也应看到，历时十年的“文化大命”确实给一些人有可趁之机，他们利用“左”倾错误和派性作掩护，兴风作浪，推波助澜，做了一些危害党和人民的坏事，在党内是一种潜在的危险力量。对“三种人”不论是哪一派都必须彻底清理和严肃处理，把清理工作深入下去，一抓到底。

3.纠正各种不正之风

纠正不正之风同样是一项重要任务，必须按照文件规定继续对我区的分房建房、招转调，以及其方面的工作进行认真清理。对弄虚作假，以权谋私和对党对人民不负责任的严重官僚主义等方面的问题，要坚决给予纠正，严肃处理。认真查处各种违纪案件，争取在整党前刹住一些最突出、群众意见最大的不正之风。做到未整先改，为全面整党作准备，不能等待观望，干部职工拖欠公款的归还工作抓紧进行。根据中纪委和省、地纪委的文件精神，结合我区的实际情况，原则上年底前还清，各单位要检查工作的进展情况，对有款不还，态度不好，情节严重的，绝不能听之任之，除限期归还外，应视其情节酌情处理。

4.继续抓好对党员的教育培训工作

党的教育，要理论联系实际，常抓不懈。纪检干部把办案的过程变成宣传党的方针、政策的过程，变成做思想政治工作的过程，教育犯错误的同志认识错误、改正错误，提高办案效率和质量，要严格组织生活，教育广大党员、干部和群众，尽可能防止违纪事件的发生。通过思想教育，不断提高全

体党员的政治思想觉悟，坚定共产主义信念。

5.继续开展打击经济领域内严重犯罪活动的斗争

打击经济领域里严重犯罪活动的斗争，是新的历史时期阶级斗争的重要表现，是一项长期而艰巨的任务，应当高度重视，绝不能有松劲厌战情绪。经过两年的斗争，我区经打工作的成绩是显著的，但斗争的发展不平衡，“死角”“死面”还没有真正消除，要加强对过场斗争的领导，总结好前段斗争的经验，作出具体安排，克服心慈手软，打击不力的倾向，将斗争深入持久地开展下去。

6.加强纪检机构的建设

要使纪检人员的思想适应新的形势，工作适应新的要求，必须加强纪委自身的思想建设、业务建设，认真学习，不断加深对党的路线、方针、政策的理解，带头贯彻执行，努力提高纪检人员的思想政治觉悟，自觉同中央保持一致。纪检班子在革命化的基础上，应逐步达到干部四化的要求。要选拔好第三梯队，培养后备力量，努力学习业务知识，除自学外，纪委每周抽出一天时间集中学习业务，要举办一些业务培训班，聘请熟悉业务的同志上课和辅导，增强纪检干部的业务能力和政策水平，提高办案的质量和数量。纪检机关是维护党的纪律的专门机构，一个单位党风的好坏，纪委有着重要的责任。因此，纪委自身的建设如何，关系重大，尤其是要通过整党搞好自身整顿，把纪委建设成为敢于负责、大胆工作、组织纯洁、作风正派、业务熟练，是党和人民信赖的战斗集体。

各位代表，两年来，我区纪检工作取得了一些成绩，这与特区党委的领导及各部门的支持配合是分不开的，但我们的工作离党和上级纪检部门的要求还有差距，还有许多工作需要改进，有许多工作需要我们去做，特别是即将开始的整党工作，艰巨而光荣的任务摆在我们面前，我们不但要看到困难的一面，更要看到光明的一面、看到有利的一面。我们党的主流是好的，健康力量在党内是占主导地位的，完成这些任务有许多有利条件，我们相信，有党的正确领导，有广大党员和人民群众的热情支持，党风不正的状况一定能够得到根本改变，让我们团结一致、共同努力，为实现我区党风根本好转而奋斗！

中共万山特区纪律检查委员会工作报告

——一九八七年九月十七日在万山特区第四届党代会上

刘泽新

(一九八七年九月十七日)

各位代表,同志们:

自特区第三届党代会以来,特区纪委在维护党规党纪,对党员进行党性、党风、党纪教育,保证党的路线、方针、政策的贯彻执行等方面作了大量的工作。为促进党风好转,加强党的建设,保障改革开放和两个文明建设的顺利进行发挥了积极的作用。

现在,我就三年来纪委工作的主要情况和下一届纪委工作的重点向大会报告:

一、维护党的肌体健康,发挥“党的卫士”的职能作用

过去的三年,纪委主要开展了以下工作:

(一)查处党员违纪案件,打击严重经济犯罪活动。在特区党委和地纪委的领导下,我们密切配合各级党组织,按照中央“党要管党”、“从严治党”的指示精神,坚持教育为主和严格执行纪律相结合的方针,对严重违法乱纪的党员,进行了严肃的查处,三年中,纪委共立违纪案件五十一起,结案五十一起,结案率为百分之百,处理党员五十一人,其中,开除党籍十五人;留党察看二年十人;留党察看一年一人;撤销党内职务一人;党内严重警告六人;党内警告十六人;免予处分二人。

在打击严重经济犯罪活动中,纪委与打经办通力合作,配合公、检、法、审计、工商和税务有关部门,重点查处了那些数额大、破环性大、民愤大的案件。自一九八四年到一九八七年初,共立经济案件五十五起,纪委直接结案三十三起,移交政法部门二十二起,共查出贪污、诈骗、行贿等款项六十万零六千九百四十元,收回赃款(含赃物折价)五十万零四千九百一十五元,占贪污、诈骗、行贿总额的百 分之八十三点一九。其中,上缴财政二万八千二百七十六元,其余有关项按有关规定分别退回款属 单位。

实践证明:无论是查处党员违纪案件还是打击经济犯罪的斗争,都有力地维护了党的纪律,纯洁了党的组织,挽回了部分犯错误的同志,教育了广大党员和群众。

(二)顺乎民心,大力纠正不正之风。根据我区实际情况,我们在纠正不正之风的工作中,本着 有什么问题,就解决什么问题的指导思想,对我区较突出的不正之风进行了查处和纠正。在分房、建房、招工、调动工作方面,督促和协助有关部门,对党员参与弄虚作假和以权谋私的问 题,进行了清理。除个别遗留问题还待进一步查处外,绝大部分已经作了处理。

在干部经商、套购国家紧缺物资、投机倒把、乱发奖金、实物、行贿受贿和传播淫秽录像方面根据中办发(1985)57 号文件精神,配合政府有关职能部门和党委宣传门运行了全面的检查和清理,对违反 国家政策规定的行为作了处理和纠正。

在清理干部、职工拖欠公款方面,协助各有关单位收回二十一万三千七百四十元四角九分,占欠款总额(二十三万四千二百四十三元七角三分)的百分之九十一点二,同时还与打经办一道对短款错帐和挪用公款的有关人员发出追款通知书五十七份,追回各类款项二十九万元。

此外，我们针对近年来，在婚丧嫁娶活动中讲排场、比阔气、大操大办、动用公车和挪用公款请客送礼的不正之风有所滋长的情况，一方面转发了上级纪委的有关文件和通报，并作出了不准利用婚丧嫁娶大操大办，不准用公款请客送礼，共产党员不得参与封建迷信和宗派活动，嫁娶活动不能动用公车等规定。另一方面，当了解到一些单位准备用公款请客的情况后，及时发出通知制止了这种作法，使这几股歪风，在一定程度上有所收敛。

（三）深入开展党性教育，切实发挥监督作用。三年来，结合纠正不正之风，查处违纪案件，我们适时地抓了典型案件的通报，批评后进和表彰先进的工作。还配合宣传部、组织部门和直属党委举办党员干部培训班十二期、讲党课九次，放影党性、党风、党纪教育录像四次，受教育的党员、干部共计六千余人次。八五年，根据打击经济犯罪斗争形势的需要，纪委翻印了两高院关于《准确运用法律打击严重经济犯罪》的册子三百份，发到各单位进行宣传教育，对部分经济部门的职工进行财经纪律教 育、上法制课三次，受教育的职工达三百余人次。通过党性教育，广大党员干部进一步增强了党性，发挥了先锋模范作用。今年上半年，各支部书记在汇报党风状况时普遍反映，多数党员能够以身作 则、路踏实实地工作，有不少党员真正起到了先锋模范作用，成为群众的模范。三年中，我区评选出 先进党支部四十七个次，优秀党员三百三十人次。

在抓面上教育的同时，今年，我们还把商业局总支作为党性教育的试点，通过抓试点，进一步加强同基层党组织的联系，认真摸索新形势下党性教育的新经验、新途径。

为了较好地履行党内监督职责，我们主要做到：一是参加特区党委、人武部党委、乡镇党委和部分党组的民主生活会。最近，配合组织部、直属党委对五大班子党员领导干部参加双重组织生活的情况进行了检查，在一定范围内发了检查情况通报。二是检查直属机关各支部的组织生活情况，并派人参加部分支部的民主生活会，帮助解决存在问题。三是坚持每年二次的党风大检查。四是协助党委建立了抓党风责任制；制订了支部党风月报制度、党员领导干部党风汇报制度和违纪案件交办制度。五是认真接待来信来访。三年来纪委收到的检举、揭发、控告、申诉书、信共一百四十六件，已处理一百三十七件，处理率为百分之九十三点八四；接待来访一百一十四人次，处理率为百分之百。

（四）积极支持、保护改革，加强纪检队伍自身建设。在支持和保护改革方面，首先，及时查处了阻碍、破坏改革和钻改革空子的案件。这类案件，三年中共查处六起，其次，针对经济犯罪分子多数是钻单位财务制度不健全和管理不善的空子这一特点，督促和帮助发案单位建章立制、堵塞漏洞，并在有关会议上，对各单位提出相应的要求。第三，对在改革中坚持两个文明建设一起抓。党风正、效益好的单位和个人，通过会议通报等形式给予表彰，总结和推广他们的经验。第四，帮助企业挽回经济损失。除打经工作为国家、集体挽回了较大效额的经济损失外，今年，纪委多次出面，协助特区建材厂追回三笔款项，计四千三百元，

为了解改革的情况，倾听改革者的呼声和意见，为他们排忧解难。纪委把特区酒厂和建材厂作为改革联系点，此外，纪委还确定了两个职业道德教育试点和一个民主评议党员领导干部党风试 点单位。这项工作刚起步，尚处于摸索阶段，还有待于我们去做大量深入细致的工作。

为了使纪检工作适应客观形势的需要，我们注意了提高纪检干部的政治和业务素质，认真组织纪委全体工作人员学习马列主义理论、党和国家的方针政策、纪检业务知识和法律常识，抓了纪检干部的教育。三年中，举办了三期纪检干部培训班（其中有两次是以会代训），受培训人数为一百二十余 人次。

在过去的三年里，我区纪检工作虽然取得了一些成绩，但离党的要求还有很大的差距。从全 区党风方面存在的问题来看，少数党组织不能严格遵守组织生活制度；有的党员思想作风和工作作 风不扎实；有的支部党员与党员之间、党员与群众之间无原则的纠纷的情况时有发生，党员违法乱 纪的现象并没有杜绝。这些问题的存在，虽然在客观上存在着，一是纪检机构的设置和纪检干部的配备落实得不够好，各乡镇未设立纪检组，直属党委和机关各支部只配有兼职纪检员；二是纪委人员 少、任务重，影响纪检干部政治、业务的学习和素质的提高这两个突出问题，但与我们调查研究不够 深入、监督不够得力、指导不够具体，是有关系的。今后，我们将注意改进。

总的来看，我区的党风正在进一步向好，发展的势头是好的。对于前进中存在的问题和困难，我们相信，在党委的领导下，在区各级党组织和各位代表以及同志们的共同努力下，我们一定能够解决它、战胜它！

二、发扬成绩、改进作风，把我区的两个文明建设推向新的阶段

下面，对下一届纪委工作重点提出如下意见：

（一）明确指导思想。各级纪检组织要把保证党的十一届三中会会以来的路线的全面贯彻执行，把坚持四项基木原则，保护、促进改革开放、搞活的顺利进行，作为新时期纪检工作的基本指导思想，把继续支持和保护改革，作为纪检工作坚定不移的方针。党的十三大即将召开，全体纪检干部要认真学习贯彻十三大的精神，执行十三大的决议，切实保障政治体制改革的顺利进行。

（二）抓住工作重点。全区纪检干部要坚定地站在反对资产阶级自由化斗争的前列，把维护党的政治纪律作为自己的重要任务。

要经常主动地了解改革情况，与真心实意搞改革的同志交朋友，努力为他们排忧解难，使改革朝着正确的方向发展。要表彰好的典型，注意总结和推广先进经验，对借改革之名、行谋私之实和诬陷打击改革者的人和事要严肃查处。

要抓紧纠正不正之风和查处违纪案件的工作，要把纠正不正之风的重点，放在解决以权谋私和严重官僚主义的问题上，同时也要反对和纠正铺张浪费、弄虚作假、做表面文章、搞形式主义的歪风，反对纠正无视党的原则和纪律的自由主义、小团体主义、严重个人主义的行为和各种行业不正之风。 要制止党员干部在婚丧嫁娶中搞大操大办、封建迷信以及参与赌博的活动，对违反有关规定的党员，要 进行批评教育；对极个别见利忘义、借机收括民财，影很坏的，要给予纪律处分。对于非法卖地占地建房和乱砍滥伐的歪风，纪委要督促有关部门采取措施，坚决刹住。对参与的党员，要严肃处理。要 继续查处违纪案件，对新发生的案件，要抓紧查处，力争当年结案率在百分之九十以上。

要进一步贯彻教育为主的方针，把党性教育贯穿于纪检工作全过程。纪委要利用执纪办案的有利 条件，把教育和执纪统一起来，配合有关门，采取多种形式，对全区党员进行有针对性、有说服力的党性教育。

要切实发挥监督作用，抓好党内组织生活和民主集中制的贯彻执行。要坚持搞好来信来访，民主评议党员领导干部党风，一年一度的党风大检查等工作。

（三））抓好纪检队伍的建设。全区纪检干部要热爱纪检工作，增强责任心和事业心，在工作中，要严以律已、以身作则，起好模范带头作用。要敢于坚持原则，旗帜鲜明地反对各种不正之风，把“一身正气，两袖清风，刚直不阿，秉公执纪”作为自己的职业道德。为适应新形势，纪检干部要加强对马列主义基本理论、党的十三大的重要文件、改革的方针政策、业务知识和法律常识的学习，提高工作效率，提高办案质量，尽量避免或减少失误。纪委要根据工作需要，举办纪检干部培训班或学习讲座，努力提高全区纪检干部的政治、文化和业务素质。关于纪检机构的设置和纪检干部的配备问题，纪委要按照有关文件精神，配合组织部和有关党组织尽快解决好。

各位代表，同志们！我们决心在党委的领导下，继续努力工作，为端正党风、严肃党纪、振兴万山，作出新的贡献。

以上报告，请予审议。

中共万山特区纪律检查委员会工作报告

——一九九〇年五月二十六日在特区第五次党代会上

刘元方

各位代表：

我受本届纪委委托，向大会报告中共万山特区第四届纪律检查委员会的工作情况，并对下届纪委工作提出几点建议，请予审议。

一、三年来的主要工作

特区第四届纪律检查委员会，是特区第四届党代会选举产生的。三年来，在特区党委和上级纪委的领导下，在各方面都比较困难的情况下，认真学习了党的十三大文件精神，特别是党的十三届三中、四中、五中、六中全会精神和中纪委三次、四次、五次全会决议，认真贯彻执行了党中央提出的“治理、整顿、深化改革”的方针，始终坚持“一个中心、两个基本点”，旗帜鲜明地反对资产阶级自由化，协助党委认真抓了以廉政建设为重要内容的党风建设，积极主动地查处违纪案件，为保证党的路线方针政策的贯彻执行，为加强党的建设，确保治理整顿、深化改革在我区的顺利实施，做了大量工作。现概括起来，过去的三年，主要开展了以下几项工作：

(一)加强党员教育，提高党员素质

加强党员教育，是提高党员政治素质和促进党风不断好转的一项重要措施。三年来，在特区党委的领导下，纪委配合组织、宣传、党校、特直机关党委等部门共举办各种学习班、培训班五期，参加学习和培训的人数1080人次；上党课四次，听课党员1100人次；放映党性、党纪教育录相17场，受教育的党员、干部职工6000余人次；作党风形势报告1次，受教育面达300余人。除此之外，采取抓两头、带中间的办法，以通报和简报的形式，对全区党员进行了正反两方面的典型教育。三年中，纪委自编简报21期、通报13期，表扬了党员中的好人好事，批评了极少数党员的错误行为。八八年我们还与特区组织部、宣传部、党校等单位联合举办了一次有15个队参加的党的知识抢答赛，激发了广大党员学习党的基本知识的积极性。为了探索在新形势下党风党纪教育的新经验、新途径，八九年纪委把商业局总支作为试点，并不断总结经验、以点带面，为全区的党员教育工作起到了推动作用。

江总书记在国庆四十周年大会上的讲话发表后，按照特区党委的统一安排，纪委与特区其他部门联合举办了特直机关党支部书记、专兼职纪检员、局级党员干部培训班，进行了认真地学习和讨论。通过学习和讨论，大家对以江泽民同志为核心的新的中央领导集体和党的前途及事业充满了信心，加深了对改革开放、治理整顿和党建的重要意义的认识。

三年来，通过各种形式的党性、党纪教育，使全区广大党员进一步增强了党性观念，提高了党员素质，涌现出一批先进集体和优秀党员。三年中，全区评选出先进党支部52个次，优秀共产党员243人次。

(二)协助党委抓了以廉政建设为重要内容的党风建设

艰苦朴素，廉洁奉公是我们党的光荣传统。去年初，省委召开了全省纪检工作廉政制度建设会议后，纪委领导及时向特区党委作了汇报，并编写了传达提纲，发至各级党组织，在四月份召开的特直机关党员大会上，进行传达贯彻，随后组织人员起草了《关于保持党政机关廉洁的规定》。为了推动全区的廉政建设工作，五月初，召开了特区四届二次纪委全委（扩大）会议，重点对特区的廉政建设进行了研究，会议还建议特区几大班子制定以廉政建设为主要内容的制约制度，特区党委、人大、政府、政协采纳了纪委全委（扩大）会的建议，都制定了廉政制度。纪委还协助党委抓了三个廉政建设试点单位，全区的廉政建设取得了初步成效。

为了较好地履行党内监督职责，保证党的组织、党员，尤其是党员领导于部严格执行《党章》《准则》，防止党内各种不良倾向的发生。三年来，我们主要做到：一是参加特区党委、人武 部党委、乡镇党委和部分党组的民主生活会，配合有关部门对四大班子的党员领导干部参加双重组 织生活会的情况进行检查；二是检查直属机关各支部的组织生活情况，并派人参加部分支部的民主 生活会，帮助解决了一些问题；三是会同党委有关部门做好一年一次的党风大检查工作；四是协助党 委建立了抓党风责任制，制订了《关于加强党内监督的规定》《支部党风月报制度》《党员领导 干部党风汇报制度》和《违纪案件交办制度》等。

去年春夏之交，全国部分地区发生动乱，中纪委发出《关于严明党的纪律维护党的团结统一的通知》后，纪 委迅速向全区各级党组织发出通知，要求各支部立即组织全体党员认真学习，在政治上和行动上坚 决同党中央保持一致，立场坚定、旗帜鲜明地反对动乱，严守纪律、坚守岗位，做稳定局势的模范，不 允许有任何违反党规党法的行为发生，一经发现，从严惩处。由于各级党组织的高度重视，我区未发 现较大的违反党的政治纪律和宣传纪律的现象，为稳定全区局势打下了一定的基础。

（三）从严治党，严肃查处党员违纪案件

集中力量管好党纪，严肃查处党内违纪案件是纪检工作的中心环节。我区纪检工作在特区党委和地区纪委的领导下，始终坚持“党要管党、治党要严’的方针，在抓好以正面教育为主的同时，狠抓了对党内严重违法乱纪案件的查处，三年中，全区共立案查处党内违纪案件33件，结案32件，结案率为96.96%，其中：开除党籍的11人，留党察看两年的5人，留党察看一年的1人，党内严重警告的3人，党内警告的8人，批评教育的3人，销案的1人，查清待结的1人。受处分的党员中，区（局）级干部9人，一般党员干部7人，一般党员12人。

在查处党员违纪案件中，我们始终坚持了以事实为依据，以党纪国法为准绳，严格按“二十字方针”办事，并主动与各监督部门协作与配合，提高了办案的整体效能。 通过对党内违纪案件的查处，既惩治了腐败，又维护了党的纪律，纯洁了党的组织，教育了广大党员和群众，同时也表现了我党清除腐败、弘扬党风的决心与信心，有力地保证了全区深化改革的实 施和各项任务的完成。

与此同时，我们一直把党员和群众的来信来访作为联系群众、了解情况、接受群众监督的重要渠道，三年来，共收到人民群众检举、揭发、控告、申诉等书信172件，其中：属纪检业务范围的39件，转非纪检部门办理的133件；接待人民群众采访51人次，其中：属纪检业务范围的32人次，其他来访19人次，来信 来访的处理率均为百分之百。

（四）加强纪检队伍自身建设

党的纪检干部是党的卫士。随着改革的不断深入,对纪检干部的要求也将越来越高,为适应新形势的需要,三年来,我们在纪检队伍自身建设方面,主要抓了:1.思想建设。组织纪检干部认真学习了党的路线、方针、政策和国家的有关法律、法令等,特别是党的十三届四中全会、五中全会、六中全会精神以及邓小平、江泽民、李鹏同志的重要讲话,通过学习、讨论,普遍提高了大家的马列主义水平,增强了拒腐蚀和从严执纪的能力。去年春夏之交北京发生反革命暴乱期间,我们及时组 织学习了中央领导的重要讲话,统一思想,统一行动,使我区纪检干部经受住了严峻的政治考验。为了广泛征求群众意见,接受监督,纪委在召开民主生活会前,向特区各党总支、支部下发了征求意见通知书,虚心听取各方面的意见,增强纪检工作的透明度。2.业务建设。三年来,特区纪委根据上级 纪委的要求和特区党委的统一安排,采取了集中与分散、长期与短期相结合的形式,对机关和基层 的专兼职纪检员以及分管纪检工作的支部书记进行了有纪检、信访、审理、法律等方面的业务培 训,提高了纪检干部的业务水平。3.制度建设。为了使我们的工作有章可循,纳入制度化、规范化 的轨道,我们制定了政治学习制度、组织生活制度、各室岗位责任制、纪委常委及委员工作职责。 这些制度的建立,对提高纪检干部的责任感和工作效率都起到了积极的促进作用。4.配合党委组 织部门完成了纪委科改室的工作。

(五)积极支持和保护改革

支持和保护改革,是纪检机关的一项重要任务。自八七年来,特区纪委曾多次组织纪检干部深入到特区的一些单位,了解改革的情况、帮助解决实际问题。八八年三月当了解到特区车队自一月承包后,经常领不到客车票,影响客运正常进行而犯愁的情况后,立即与交通管理部门联系和向有关领导汇报,使问题很快就得到了解决。纪检部门支持和保护改革,颇受领导和群众的欢迎,有的企业的领导同志说,纪委的同志来了解情况,我们很欢迎,遇到看不准的问题,我们可以共同探讨,如果出现问题,也可以及时纠正,我们怕就怕事先不打招呼,到一定的时候算总帐。

三年来,我们依照《党章》赋予的职责,除努力完成本职工作外,还积极地完成了党委交给的其他任务,如形势教育、计划生育、“三查”工作、清理整顿公司、民主评议党员的联络指导、干部考察,清理干部职工建私房等工作。

三年来,我区纪检工作在特区党委、地纪委的领导下,由于各级党组织齐抓共管,全区共产党员的共同努力,取得了一定的成绩。但是,也还存在一些实际问题,如有时党内监督不够有力、党员教育形式比较单一,在执纪方面由于多方面的因素,有时有软弱状态,有的纪检干部有畏难情绪,不够安心本职工作等,都需要我们今后逐步去克服和解决。

二、对今后三年纪检工作的建议

中央关于进一步治理整顿、深化改革和关于密切党同人民群众联系的两个决定,是指导我们搞好党的纪检工作的纲领性文献。今后的三年,我们必须按照党的十三大精神,特别是十三届四中、五中、六中全会精神来开展工作,坚持一个中心、两个基本点,坚持治理整顿和深化改革,严明党纪、严惩腐败,维护党的集中统一,维护党的纪律,维护安定团结的大局,确保党的各项任务的顺利实施,努力把我区纪检工作提高到一个新的水平。

(一)继续抓好对中央四中、五中、六中全会精神的学习贯彻认真学习，深入贯彻落实中央四中、五中、六中全会精神，是当前和今后一个时期纪检工作的 一项极为重要的任务，必须集中精力，抓紧抓好。一是要在认真学习，深刻理解的基础上，用中央精 神统一各级领导和纪检干部的思想和行动，坚定抓好以廉政建设为重要内容的党风建设的信心；二 是要严明党的纪律特别是政治纪律，保证党的任务的实现；三是在特区党委的领导下，加强监督与检查，确保党的方针政策的实施；四是纪检干部要有计划地组织力量深入基层、深入生产建设第一线调查研究，切实转变工作作风，进一步改善党群、干群关系。

(二)严肃党纪，集中力量查处党内违纪案件

惩治腐败，严肃查处党内违纪案件，是贯彻中央四中、五中、六中全会精神的一项主要措施，是严肃党纪的中心环节。邓小平同志曾经指出："不惩治腐败，特别是党内的，确实有失败的危险。"因此各级党的组织和党的纪检机关要充分认识开展反腐败斗争的极端重要性，下决心改变在维护党纪方面存在的软弱状态，要坚定信心，敢于碰硬，集中精力、把握重点，不失时机地抓好案件查处工作，坚定不移地将反腐败斗争进行到底。

案件查处的重点应是那些，有令不行，有禁不止，对中央政策阳奉阴违、变相抵制，干扰和破坏治理整顿的案件；违反政治纪律，不听党组织教育，严重丧失政治立场，执意搞资产阶级自由化，破坏党的集中统一，破坏安定团结大局的党员违纪案件；搞权钱交易，以权谋私，贪污行贿受贿弄权勒索的案件；因严重官僚主义、失职渎职给国家、集体和人民群众利益造成重大损失的案件，奢侈浪费、腐化堕落的案件以及严重违反干部人事纪律，严重违反财经纪律等问题。

对于典型案件，要公开处理；对于党内的腐败分子，要坚决清除出党。要进一步加强与各监督执法部门的配合、协作。进一步健全各种制度、充分发挥各监督部门的整体效能。

(三)协助党委坚定不移地抓好党风建设

治理整顿和深化改革的深入发展，为搞好党风建设创造了良好的环境和条件。当 前，全党上下都很注重党风建设，特区党委按照从严治党的方针采取了有力指施，突出抓了几件群众 普遍关心的事。我们要抓住党风建设的好时机，协助党委把已经制定的惩治腐败、保持廉洁的措施 切实付诸实践，并经常地检查、督促，逐一落实，抓出成效。

党风建设要围绕党的"一个中心、两个基本点"的基本路线去进行，要贯彻"一要坚决、二要持久" 的方针。一是抓紧建立和完善各项廉政制度，并认真总结推广好廉政建设的好经验；二是严肃查处 党内违纪案件，坚决纠正和克服各种不正之风；三是督促各级领导干部带头转变作风，严于律、联系 群众、联系实际、努力工作、率先垂范；四是加强党内监督，会同组织部门有重点、有准备、有针对性地 参加下一级党组织的民主生活会，发现问题要及时反映，督促解决，防止走过场，提高民主生活会的 质量；五是要会同有关部门抓好党员的党风党纪教育，特别要重视抓好坚定共产主义信念，继承和发 扬党的"三大"作风和自力更生、艰苦奋斗等优良传统和作风，树立全心全意为人民服务的思想，形成一种多办实事、少说空话惩腐倡廉的良好环境，为我区的治理整顿和深化改革创造良好的条件。

(四)认真抓好纪检队伍的自身建设

加强纪检队伍的建设，是党的建设的一部分。首先，要抓好马列主义、毛泽东思想理论的学习和

党的路线方针政策的学习，进一步提高我区纪检干部的马列主义理论水平、政策水平，增强政治敏锐性和识别大是大非的能力。其次，要学好上级纪委的文件、条例、国家的政策、法律法令、经济管理知识和科学文化知识等，努力提高自身的业务能力，以适应新时期纪检工作的需要。第三，要加强组织建设。要遵循只能加强，不能削弱的原则，进一步抓好中纪发〔1988〕8号文件的贯彻，主动会同组织部门配备好纪检干部，从加强纪检工作和我区实际出发，应该恢复和建立纪检组的要分期分批有重点的派驻。第四，要加强作风建设，按照《中共中央、国务院关于组织党政机关干部下基层的通知》精神，纪检机关要进一步转变作，发扬党的密切联系群众的优良传统和作风，深入基层，多办实事，调查研究解决问题。

各位代表，中央四中、五中、六中全会对党的建设和纪检工作提出了更高的要求，纪检机关和纪检干部的责任更重大了；我们既要看到纪检工作在查处案件、实行监督、工作条件等方面存在不少困难，但也要看到全党抓党风的大气候正在逐步形成。我们坚信，有特区党委和上级纪委的正确领导，有全区各级党组织的齐抓共管和广大共产党员的努力奋斗，我区的纪检工作一定会出现一个崭新的局面。

中国共产党万山区纪律检查委员会
向万山特区第六次党代会的工作报告

刘元方

（1993年3月10日）

各位代表：

我受本届纪委的委托，向大会报告中共万山特区纪律检查委员会三年来的工作，请予审议。

一、三年来的主要工作回顾

中国共产党万山区第五次代表大会以来，我们在特区党委和地纪委的双重领导下，牢固树立纪检工作必须保证党的基本路线贯彻执行的指导思想，紧紧围绕经济建设这个中心，坚持党的四项基本原则，坚持改革开放，坚持从严治党的方针，认真履行保护、惩处、监督、教育的四项职能，大力加强我区的党风和廉政建设。特别是去年初以来，通过认真学习贯彻邓小平南方谈话和党的十四大文件精神，全区纪检干部的思想认识有了较大的提高。三年来，我区纪检工作在保证和促进特区的改革开放和经济建设的顺利进行方面发挥了重要作用，主要有以下几个方面：

1.支持和保护改革，为经济建设保驾护航

大力发展生产力是社会主义的根本任务，通过改革开放和发展生产是建设有中国特色的社会主义的客客要求。为了加速我区的改革开放和经济发展，我们始终将支持和保护改革开放，促进经济发展，作为纪检工作的出发点和归宿，并积极努力地探索为之服务的新途径新办法。

首先，我们认真组织了全体纪检干部学习中央和省地的有关文件、特别是邓小平南方谈话和省纪委制定的二十三条政策措施。通过学习，使大家进一步明确了只有抓住机遇，发展经济，才是硬道理，自觉地用“三个是否有利于”作为检验我们一切工作的标准。

二是深入经济主管部门、企事业单位调查研究。特区纪委多次派调查组深入特区冶炼厂、酒厂、化工厂、乡镇业等单位了解生产和经营情况，听取他们对党委政府以及监督部门的意见，并及时将情况和建议进行反馈。

三是明确违纪和非违纪的界线，保护党员干部的积极性。针对现行经济体制存在的某些弊端和政策上的不完善不配套的矛盾。我们在广泛调查研究、征求意见的基础上，联系实际，制定了八条规定，使广大干部进一步放开手脚，为搞活经济发挥了积极的作用。对广大党员、干部工作中出现的失误进行耐心帮助和提高，对于受到错告和误告的干部，在查清事实后予以澄清。三年来为5名被检举失实的同志澄清了是非。

2.从严治党，严肃查处党内违纪案件

集中力量管好党纪，严肃查处党内违纪案件，是纪检工作的中心环节。我区纪检工作在特区党委和地纪委的双重领导下，始终坚持党要管党，治党要严的方针。在认真抓好党员的正面教育的同时，着力抓了对党内违纪案件的查处工作。三年来，我区共立案查处党内违纪案件30件36人，结案

27件31人，结案率为90%。其中，开除党籍5人，留党察看一年处分的5人，撤职处分的1人，党内严重警告的8人，党内警告处分的6人，免予处分的6人，查清待结的3人，正在查处的2人。这些受处分的党员中，县团级干部2人，科局级党员干部9人，一般党员干部6人，一般党员8人。在经济方面违纪的党员6人，占整个受处分党员的24%，在查处党员违纪案件中，我们一方面，紧紧依靠各级党的组织，依靠群众，敢于排除阻力，冲破关系网，突破了一些难度较大的案件。另一方面，积极主动与各监督部门密切配合，各司其职，提高了办案的整体效能。与此同时，我们始终坚持实事求是的原则，严格按照事实清楚、证据确凿、定性准确、处理恰当、手续完备的要求办事，提高了办案效益和质量，使广大人民群众进一步看到了我们党惩腐倡廉、扶正祛邪的信心和决心。通过对党内违纪案件的查处，既惩治了腐败，维护了党的纪律，纯洁了党的组织，同时亦教育了广大党员和干部，有力地保证了我区深化改革和经济建设的顺利进行。

与此同时，为了拓宽案源，加强群众监督，深入揭露党内消极腐败现象，我们还进一步加强了信访工作，把认真接待人民群众的来信来访作为纪委的一项经常性工作来抓。通过信访途径，使我们获得了一批党员违纪案件的线索，同时进一步密切了党同人民群众的联系。三年来，我们共收到了人民群众检举、揭发、控告、申诉等书信240件，其中：属于纪检业务范围的71件，转有关部门的169件；共接待人民群众来访76人次，其中，属于纪检业务范围的32人次，其他来访44人次。来信来访的处理率为100%。

3.努力加强党风廉政建设，深入开展党风党纪教育

党的十三大报告指出，党风问题、党群关系问题，是关系到党的生死存亡的问题。几年来，特区党委十分重视党风廉政建设，成立了专门的廉政建设机构。特区纪检机关协助党委始终将此事作为党的重要工作来抓。重点抓了：积极配合有关部门清理纠正乱摊派、乱收费、乱罚款和吃拿卡要，弄权勒索等行业不正之风，对一些违法违纪的人和事进行了查处。加强了制度建设，帮助督促各级党的组织建立健全了一些党风廉政责任制，党风和廉政检查制度，民主生活制度和领导廉洁规范制度，同时还协助有关部门实行了“两公开一监督”制度。为了进一步提高我区党员队伍素质，使广大党员能经得起执政、改革开放和反和平演变的考验，在深入调查研究的基础上采取以预防为主，治本为主，配合有关部门抓了以《党章》《准则》和中纪委颁发的8个方面党纪处分条例条规为主要内容的学习。一九九〇年以来，纪检部门配合有关部门共举办各种类型的学习班、培训班11期，参加学习和培训人数达6509人次；上党课11次；听党课达4600人次；放映党风党纪教育录像18场，受教育的党员、干部职工达6200人次；作党风党纪形势报告7次，受教育1650人。组织全区3000多名党员、群众参加全省、全地区党风党纪知识竞赛活动并取得了好成绩。除此之外，我们还采取抓两头，带中间的办法，以通报和简报的形式，对全区党员进行正反两方面的典型教育。三年来，我们自编简报64期，通报7期，表扬党员中涌现出来的好人好事好风尚，批评了极少数党员的错误行为和不良倾向。通过党风党纪教育，广大党员党性观念进一步增强，党员素质进一步提高，涌现出一批先进集体和优秀党员。三年来，全区涌现出先进党支部37个，优秀共产党员168人。

4.努力加强纪检组的自身建设

随着党的工作重心的转移和改革开放的不断深入，加强党的纪检组织建设尤为重要。几年来，

我们在特区党委的领导和各级党组织的支持下,重点抓了纪检组织思想建设和组织建设。在思想建设方面,主要是学习文件,提高认识,转变观念,搞好服务,做出表率,主要学习了党的十三大、十四大文件,邓小平南方谈话,省纪委刘汉桢书记讲话以及中纪委颁发的8个方面党纪处分条规和案件检查、审理、控告申诉三个方面的程序性条例,以此来统一思想,规范行为,自觉地用"三个是否有利于"作为我们一切工作的标准,为经济建设、改革开放保驾护航,为两个文明建设作出新贡献。为开阔视野,进一步搞好观念更新,我们还派出纪检干部去省地党校学习理论,去广州深圳考察学习先进经验。

在组织建设方面,由于党委重视,有关部门、单位党组织的支持,我区先后建立了6个案件审理小组,6个纪委,配了专职纪委书记并按规定落实了待遇。目前,我区区乡两级纪检组织已经建立,纪检干部的年龄、文化结构基本合理,政治素质、业务素质在不断提高,整体力量不断壮大,为进一步加强我区党风党纪建设提供了组织保证。

由于我们注重了自身队伍的建设,严格要求纪检干部,以身作则,率先垂范,全区纪检干部中没有一个违法违纪,有3名纪检干部被评为优秀共产党员,受到特区和乡镇党委的表彰。有2名纪检干部被评为省地优秀纪检干部,分别受到两级纪委表彰。

过去的三年,经过全区各级党组织和广大共产党员的共同努力,我区的党风和廉政建设取得的成绩是显著的,广大党员是经得起考验的,党风的主流是好的。但是,我们必须看到,党内不正之风和消极腐败现象仍很严重。一些党员和党员领导干部"一手硬,一手软"的问题还没有很好的解决,监督工作还发挥得不够。要适应新形势,我们必须不断深化思想认识,改进工作作风,提高工作水平。

二、今后工作建议

坚定不移地贯彻党的基本路线,进一步解放思想,把握有利时机,加快改革开放和现代化建设步伐,夺取有中国特色社会主义事业更大胜利,是全党和全国各族人民的奋斗目标,新形势和新任务对纪检工作提出了更高的要求。我区纪检机关在今后相当一个时期内,要深入学习贯彻党的十四大精神,以建设有中国特色社会主义理论为指导,紧紧围绕经济建设这个中心,充分发挥纪检机关的职能作用,加强对贯彻党的路线方针政策和国家法律法规情况的监督检查,加强惩治腐败工作,加强党风廉政建设,加强党风党纪和勤政教育,坚定不移地为改革开放保驾护航,为维护我区的社会稳定和经济发展作好服务。我们建议应继续扎实地抓好以下几个方面工作:

1.加强学习,搞好服务,努力提高纪检工作水平

随着改革开放搞活和经济建设的不断深入发展,纪检工作面临的任务将越来越艰巨。要适应这一形势的需要,首先就必须加强学习,深化认识,提高工作水平。在当前和今后一个时期内,要重点学习好党的十四大报告、新党章和中纪委的工作报告,以及邓小平同志关于建设有中国特色社会主义理论,抓好建立和完善社会主义市场经济体制以及党建理论的学习。学习中,首先要领导带头,精读原文,列出专题,拿出贯彻措施。第二要联系实际,要进一步解放思想,换脑筋,抛弃"左"的、陈旧过时的观念、传统、习惯,强化改革开放意识、市场经济意识、为经济建设服务意识,牢固树立经济建设的成败同样事关党的生死存亡的观念。认真总结过去的经验教训,对的就坚持,不够的补上,错的

就纠正，毫不动摇地把服从服务于经济建设作为纪检工作中的中心任务。第三要坚决保证中央、省、地、特区各项加快改革开放、促进经济发展的方针政策的实施，为建立完善社会主义市场经济体制目标的实现创造良好的环境和条件。要牢牢掌握“三个有利于”的根本标准，在改革开放，发展经济的大局中找准纪检机关的位置，选准纪检工作与经济建设的最佳结合点。当前，纪检工作支持保护改革开放的重点，就是要紧紧围绕转换企业经营机制，转变政府职能，发展多种经济成份，培育市场体系，改革分配制度和保障制度这几个方面来展开，既要大胆支持党员干部按社会主义市场经济的客观规律办事，又要以科学的态度、冷静的头脑，防止和纠正转轨变形过程中可能出现的不正之风和消极腐败现象。第四要注意对新情况新问题的研究和处理，把实事求是与“三个有利于”、把原则性与灵活性有机地结合起来，正确处理好各种矛盾和问题，敢闯敢试，大胆探索，寻找更有效地服务于改革开放的路子，保证新旧体制转换的健康进行，努力将我区纪检工作提高到一个新的水平。

2.坚决惩治腐败，确保经济建设顺利进行。中纪委向党的十四大会议的工作报告中指出：“各级党委和纪委要牢固树立纪检工作必须保证党的基本路线的贯彻执行的指导思想，增强执行党的基本路线的自觉性和坚定性，增强以经济建设为中心的观念，使党风和廉政紧紧围绕这个中心来进行。”

过去的三年，我们虽然在惩腐倡廉，为经济建设保驾护航的工作中取得了一定的成绩，但我们应该清醒地看到随着改革开放的不断深入，我们还有一少部分共产党员尤其是党员领导干部经受不住严峻的考验，他们很容易在权钱交易面前丧失党性，在荣誉地位面前丧失原则，在金钱美色面前走向深渊，腐败现象严重影响着政治稳定、改革开放和经济发展。

违纪不究，腐败不除，广大群众建设有中国特色社会主义的积极性难以充分调动，建立和完善社会主义市场经济的目标难以实现，我区各项改革开放、发展经济的政策和措施也不可能顺利实施。因此，各级党组织必须牢固树立“两手抓，两手都要硬”的一贯指导思想，坚持从严治党的方针，始终把查处党内违纪案件作为严肃党纪的中心环节。坚决惩治腐败，重点是查处违背党的基本路线，反对四项基本原则，抵制和对抗改革开放方针、政策，干扰阻碍重大改革措施实施的案件。查处贪污盗窃，严重以权谋私，严重官僚主义失职和渎案件；查处道德败坏、腐化堕落等案件。要严明党的纪律，坚决清除党内的腐败分子。在惩治腐败的过程中，一方面，要着重查处领导机关、领导干部以及执法监督部门及其工作人员严重以权谋私、贪污受贿、腐化堕落等问题，下决心集中力量突破一批大要案件，要善于从严重违反党的政策和国家法律法规、企业严重污损、重大事故、失职渎职等问题入手，从严重不正之风和群众反映强烈的问题入手，发现和查处腐败行为。另一方面要注意正确掌握严肃党纪与促进经济发展，惩治腐败与保护改革积极性的关系，把问题放到“三个有利于”标准上来加以分析和权衡。力求做到惩腐不挫伤群众搞改革开放的积极性，保护改革开放的积极性，不掩盖消极腐败现象，分清是非，准确定性，准确执纪和量纪。

要加强信访举报工作，疏通群众监督渠道，切实保护举报人，认真查处诬告者。要坚持和完善监督部门联席会议、常委包案等一系列行之有效的查案制度。

3.加强党风和廉政建设

党风问题和廉政建设历来是人民群众所关注的重要问题，是关系到执政党生死存亡的大事。各级党委、政府、纪委必须当作一件大事来抓，切实加强对党风廉政建设工作的领导，认真落实好中央、省、地关于加强党风和廉政建设的各项决定和措施。真正把此项工作列入各级党委、政府工作的议事日程。纪检机关要继续在纠正部门和行业不正之风方面充分发挥职能作用,抓住群众关心的热点问题和倾向性问题。一个一个地进行专项治理,不断取得阶段性成果。各级党委、政府、纪委要定期或不定期地研究和检查本地区、本部门、本单位的党风和廉政工作情况,及时解决群众关心的热点问题。主要领导要亲自过问亲自抓落实,要以特区党政机关和党员领导干部为重点,坚决纠正官僚主义、形式主义、以权谋私、挥霍浪费以及在干部人事工作上的不正之风。坚决刹住赌博风,认真解决好部门和行业上吃拿卡要,弄权勒索等不正之风。

要继续加强党风和廉政勤政教育。纪检机关宣传教育的重点,是结合纪检工作实践,开展好对十四大精神、建设有中国特色的社会主义理论和党的基本路线的教育。要通过《党章》《准则》的学习,对党员进行党的宗旨、纲领、理想和传统作风的教育,要有针对性地开展艰苦奋斗、廉洁奉公、勤政为民教育,职业道德教育。要把党风党纪和廉政勤政同刹风整纪、执法监督、执法办案相结合,对有普遍意义的典型案件,要有选择地进行内部或公开通报,对廉政勤政的先进典型要大力宣传表彰,要注意宣传各级党委政府开展反腐败斗争的成效。

要进一步建立和完善各种有关党风和廉政建设制度。我区各级党组织在今后二年内都要建立党风目标责任、民主生活、廉政建设等制度,特别要注意抓好完善执法部门和直接掌管人、财、物岗位的内部制约机制,建立行为规范,把监督检查的"关口"往前移,继续扩大"两公开一监督"制度,走出一条靠教育、靠法制搞好党风和廉政建设、标本兼治、综合治理的路子,要加强党内监督,健全对领导干部自下而上、自上而下以及党委内部的监督制度,发挥职能部门监督、群众监督和舆论监督的作用,对侵犯党员民主权力,压制党员批评,进行打击报复或者诬告陷害的人和事,必须严肃查处。

4.以改革精神加强纪检队伍的自身建设

纪律是执行党的路线、方针、政策的可靠保证,加强纪检队伍的建设是加强党的建设的重要内容,纪检队伍只能加强,不能削弱。

加强纪检队伍的建设,首先,各级党委要加强对纪检工作的领导,积极支持纪检机关履行职责,从人力、物力、财力等方面提供工作条件,各级纪委要在同级党委和上级纪委的领导下,积极主动地开展工作,认真负责地履行职责,努力当好党委的参谋和助手。第二,为适应新形势新任务的要求,全区纪检机关和纪检干部要加强学习,要用邓小平同志建设有中国特色社会主义的理论武装头脑,运用马克思主义的立场、观点和方法研究新情况,解决新问题。要投身于经济建设和改革开的实践,学习社会主义市场经济理论和有关经济工作的知识,增长为经济建设和改革开放服务的才干。要模范地执行党的纪律和国家的法律法令,勤政廉政,做出表率、秉公执纪、刚正不阿。第三,要努力提高纪检队伍的业务素质。我区乡镇纪委班子今年已全部选举产生,对新进纪委工作的同志除有计划分期分批地选送一些到党校深造以外,还须在今年内对他们普遍进行一次业务培训。第四,特区纪委要加强对下级纪检机关的领导和指导,对其工作进行有效地监督和检查。下级纪委对党风和廉政建设中一些带有倾向性的问题和重大案件,要及时的报告同级党委和特区纪委。第五,按照党中央、国务院的决定,省地的布置和要求,在特区党委、特区人民政府的领导下,和监察机关一道,认真抓好我区纪委与监察合署办公的工作。进一步加化党的纪律检查和行政监察的职能。

各位代表:回顾过去,我们在为经济建设和改革开放保驾护航,为推进我区的党风和廉政建设等方面做了一些力所能及的工作,取得了一定的成绩。但是,距离党和人民的要求相差甚远,还需加倍努力,真抓实干。展望未来,党和人民赋予了我们艰巨而光荣的任务,建立和完善社会主义市场经济体制,不仅对我们是个新课题,也将为党的建设带来很多新问题,从这个意义上谈,党风和廉政建设的难度比过去加大了。但是,我们坚信,有党的基本路线的指引,有特区党委和上级纪委的领导,全区纪检机关和纪检干部,必将以对党和人民高度负责的精神,不畏艰难,敢于碰硬,兢兢业业,扎扎实实,紧紧围绕经济建设和改革开放,不断推进我区的党风和廉政建设,为保证党的方针政策的贯彻落实,为保证特区第六次党的代表大会确定的各项任务的顺利实现做出应有贡献。

标本兼治　狠抓落实
切实推进我区党风廉政建设和反腐败斗争深入持久地开展

——杨均成同志在全区领导干部会议暨纪检监察工作会议上的讲话

（1999年4月19日）

为切实推进我区党风廉政建设和反腐败斗争卓有成效地开展，为我区经济发展和社会稳定进步营造良好的环境，特区党委决定今天召开全区领导干部会议暨纪检监察工作会议，这次会议的主要任务是：高举邓小平理论的伟大旗帜，深入贯彻落实党的十五大、十五届三中全会和省第八次党代表大会精神，按照中央纪委三次全会、省纪委二次全会、地纪委会议的部署，回顾总结我区1998年党风廉政建设和反腐败斗争情况，研究部署1999年党风廉政建设和反腐败工作。

一、过去一年党风廉政建设和反腐败工作回顾

1998年，是我区经济建设取得显著成效的一年，也是我区党风廉政建设和反腐败工作全面跃上新台阶的一年。在这一年里，我区纪检监察工作，在特区党委和特区纪委的领导和指导下，坚持以邓小平理论为指导，认真贯彻落实党的十一大和省第八次党代会精神，以服从和服务于我区经济建设这个 中心，按照中央纪委二次全会和省纪委九次全会的部署，切实履行职责，加大力度，标本兼治、狠抓落实，为促进我区党风廉政建设和反腐败斗争的深入开展，进行了扎实的工作和不懈的努力，取得了以下明显的成效。

（一）以厉行节约、制止奢侈浪费为重点，领导干部廉洁自律工作取得了新成效

1.突出抓了对党政机关通信工具的清理，制止奢侈浪费各项规定逐步落实。一年来，党委、政府和特区纪委先后召开有关会议，传达贯彻江泽民总书记在中央纪委二次全会上的重要讲话精神和中央纪委、省委、省政府关于制止奢侈浪费行为的规定和部署，采取有力措施，推动清理通信工作的顺利开展。特区成立了清理通信工具工作领导小组，并有得力干部专人办公，实行清理任务与工资挂钩，圆满完成了全区清理通信工具工作任务，并促进了制止奢侈浪费行为和其他各项规定的落实。

全区共清理出党政机关、事业单位和具有行政管理职能的国有企业公费安装的住宅电话193台、移动电话13台、BP机23个，均按规定过户，共收回资金113720元。各级党政机关普遍实行会议审批制度、会议费预算包干制度，各类会议的数量、规模等得到控制。全区没有违规建房、出国考察以及各种形式主义的评比达标活动。

2.加强监督指导，提高了领导干部专题民主生活会的质量。为了加强对下级党组织专题民主生活会的指导，特区纪委、组织部联合下发了《关于认真开好一九九八年党员领导干部廉洁自律专题民主生活会的通知》，把“领导干部廉政准则”、中央关于制止奢侈浪费行为“八条规定”以及有关规定，作为党员领导干部专题民主生活会的重要内容开展自查自纠。为了切实加强督促和指导，特区党委常委领导分别参加了各乡镇的党委专题民主生活会，特区纪委常委、特区委组织部正副部长六人重点参加了部分特直机关党委（党组）专题民主生活会。全区75个副科级以上单位，有72个召开了专

题民主生活会,22名县(处)级干部、230名乡(科)级干部参加了专题民主生活会,分别占应参加人数的100%、95.8%。由于各级党委(党组)重视,纪检监察机关和组织部门加强督促,提高了专题民主生活会的质量。同时,还建立了特区副科以上领导干部个人收入申报、礼品登记制度,健全了正科级以上领导干部个人重大事项报告制度,以及国有企业向职代会报告业务招待费制度。

(二)加大力度查处了一批违法违纪案件

一年来,全区纪检监察机关以突破一批有影响的大案要案为重点,狠抓案件查办工作,有力地推动了反腐败斗争的深入开展。全年共受理群众来信来访及电话举报43件(次),初查核实43件,转立案19件,涉及违纪人员22人,其中,乡科级干部13人、一般干部9人。在立案的19件案件中,发生在"三机关一部门"案件有12件。通过办案,为国家和集体挽回直接经济损失29万余元。

(三)切实治理群众反映强烈的社会热点问题,纠正部门和行业不正之风取得了明显成效

一年来,特区纪检监察机关按照省、地纪委的部署,会同有关部门,对群众反映强烈的社会热点问题,认真开展了专项治理,使一些部门和行业不正之风得到有效遏制和纠正。

1.以工商、电力行业为"龙头",认真开展了"抓党风、纠行风、树新风"活动。按照地纪委、监察局、特区党委、特区人民政府的安排部署,特区纪委、监察局、纠风办下发了《关于在全区工商、电力系统开展民主评议行风的实施方案》,分别对群众反映强烈的热点、难点等问题采取上下联动、条块结合,进行面对面实事求是的评议,从而推进了工商、电力系统文明办公,做到了来有迎声、问有答声、走有送声。以此为契机,邮电系统以市话、投递、储蓄所等窗口为重点,认真治理以权谋私,吃、拿、卡、要等问题,从而带动了特区其它各窗口行业的行风建设。特区工商系统、邮电系统被地区纠风评为97—98年度"纠行风、树新风"先进集体。

2.坚持治理中小学乱收费,着力解决社会"热点"问题。特区纪委、监察局在开学初根据省、地的要求,规范了各学校收费标准,并派员督促检查,将中小学乱收费苗头消灭在萌芽状态之中。

3.切实抓好减轻农民负担工作。全区普遍建立和实行了农民负担预决算、审计和负担卡三项制度,农民负担均控制在2.5%以内。

4.切实减轻企业负担,为企业的改革和发展营造良好的外部环境。特区成立了减轻企业负担工作领导小组,特区纪委、监察局对原实行挂牌保护的企业进行跟踪调查,将减负工作落到实处。

5.对建筑领域进一步加大违法监察力度,严肃建设工程项目招投标纪律。特区执法监察对有关单位进行了检查,没有发发现违纪违规工程。

6.推行村务公开,落实民主监督。坚持"五规范(即内容规范、程序规范、形式规范、时间规范、管理规范)";一满意(即群众满意)的工作方针,重点抓了农民群众关心的热点和难点问题。

7.认真落实"收支两条线"的规定,清理了预算外资金,并加强了对预算外资金的管理。根据省纪委〔1998〕25号文件之规定,特区纪委转发了该文件,又组织了专门学习,在自查自纠的基础上,特区纪委组织专人对贯彻落实"收支两条线"的情况进行了检查,对违规资金5000余元进行了妥善处理。同时,配合财政清理预算外资金。通过检查,预算外资金都进了财政专户、使用合理 ,无乱使用票据情况发生。

此外,还组织力量对全区公路"三乱"情况、医药回扣情况进行了专项检查和执法监察,全区省送

和县、乡公路无站卡，继续保持了省道和县、乡公路无“三乱”的成绩；医药回扣虽没有上缴财政，但已上单位财会账，纪检监察机关对此作出了妥善处理。

（四）搞好宣传调研工作，加强了党风廉政教育

1.领导干部高度重视，在去年的全区领导干部会议上，特区党委、特区人民政府、纪委领导分别作了反腐倡廉动员报告，强调了在改革开放的新形势下，开展反腐败斗争的重要性和紧迫性，指出了弘扬艰苦奋斗精神，制止奢侈浪费，增强党性观念，确保党风端正的必要性，增强了各级领导干部全心全意为人民服务的公仆意识和纪律观念。

2.深入开展党纪法规的学习宣传活动。特区纪委、监察局组织党员干部学习《党纪处分条例》、《廉政准则》《监察法》，并写出心得体会。同时，组织了全区干部对《监察法》进行考试，将考试成绩与心得体会一并装入自己的廉政档案。全年播放党员电教片60场次，观众达1608人次。

3.进一步加大了调研和信息工作力度，为党风廉政建设和反腐败斗争提供了较好的决策依据。

一年来，全区各级纪检监察机关在党风廉政建设和反腐败斗争实践中，积极研究新情况，解决新问题，探索出一些成功的经验和作法。主要是：(1)加强了领导，进一步提高了对反腐败是关系党和国家生死存亡的严重政治斗争的认识，增强了深入开展党风廉政建设和反腐败斗争的政治责任感，纪委进一步加强了组织协调工作，各主管部门认真履行了职责，使反腐败领导体制和工作机制得到进一步落实。(2)在狠抓治标、严惩腐败分子的同时，又加强了思想政治教育，增强了党员干部的法纪观念。坚持惩处与教育相结合的方针，既查办了违法违纪案件，又通过广泛开展学习先进模范人物的事迹及剖析典型案例等多种形式的教育活动，提高了党员干部的拒腐防变能力，引导了广大党员、干部牢固树立正确的世界观、人生观和价值观。

一年来，我区党风廉政建设和反腐败斗争虽然取得了新的成效，但也要清醒地看到，腐败现象依然严重存在，有些方面蔓延的势头还没有得到遏制，奢侈浪费的现象在有的地方和单位还比较严重，违纪违法案件居高不下，部门和行业不正之风时有反弹。反腐败三项工作还存在一些问题：在领导干部廉洁自律方面，一些单位专题民主生活会质量不高，不能认真开展批评与自我批评，我们监督检查的力度也不够。在查案工作方面，少数地方和部门查处力度以及执纪不严的情况依然存在。在纠风工作方面，“谁的行业，谁主管”的方针落实不够好，专项治理的力度还不够大，纠风工作成果还不巩固。我们在肯定成绩的同时，又要高度重视存在的问题，采取切实有效的措施，认真地加以解决。

二、1999年党风廉政建设和反腐败的任务

1999年，是我们党和国家历史发展进程中具有特殊意义的一年，全国人民将欢庆中华人民共和国成立50周年，将迎接澳门回归祖国，我区社会经济发展将面临更加有利的外部环境和发展机遇。我们要按照党中央关于“统一思想、坚定信心，抓住机遇，知难而进，团结一致、艰苦奋斗”的方针，扎扎实实抓好党风廉政建设和反腐败工作，总体要求是：高举邓小平理论伟大旗帜，坚持以党的十五大精神为指针，按照江泽民总书记关于反腐败斗争多次重要讲话的要求，认真落实中央纪委三次全会、省纪委二次全会、地纪委会议部署的各项任务，围绕我区今年“三战”“三建”“四发展”“三确保”的经济建设格局，严厉惩治腐败分子，遏制腐败现象，加大从源头上预防和治理腐败的力度，为我区的改革开放和经济建设创造良好的社会政治环境。

按照党中央、中央纪委、省委、省纪委和地委、行署、地纪委的要求，1999年的党风廉政建设和反腐败工作任务是：

（一）领导干部廉洁自律工作

要继续贯彻执行《中国共产党党员领导干部廉洁从政的若干准则（试行）》，认真落实制止奢侈浪费行为的八项规定，着重抓好三项工作：1.党政机关召开的各类会议，不得组织与会人员到会议所在区域以外的其它风景名胜旅游。2.从严控制改建、扩建、新建或购买、装修办公楼和新建宾馆。对执行中央关于"从1997年起三年内原则上不准新建或购买办公楼""现有办公楼从1997年起三年内不准进行装修"等规定的情况，由责任制部门进行一次专项检查。3.严格管理公费出国（境）的工作，坚决制止用公款出国（境）旅游。党政机关及其所属单位不得组团出国（境），经批准出国（境）的党政干部，一律不准向下属单位和其他单位摊派费用。要严格执行公费出国（境）管理办法。

要巩固清理通信工具、控制会议和庆典活动，制止用公款吃喝玩乐等工作成果。要按照特区纪委、监察局的部署，抓好对违反规定用公款安装、配置通信工具及支付通话费的专项举报工作，对顶风违纪的要严肃处理。要继续执行会议审批制度，党政机关召开的会议一律不准发放和赠送礼品、纪念品，不得向企业、事业单位摊派会议经费，要进一步落实招持费在财务上单独列项的规定，严格实行招待费审批核算制度，坚持接待标准，实行定点接待，各部门、各单位每半年要将招待费使用情况公布一次，接受干部群众监督。

继续执行领导干部重大事项报告制度、礼品登记制度和收入申报制度。各部门要防止领导干部在婚丧嫁娶事宜中大操大办，借机敛财现象的回潮反弹，尤其要坚决查处党员干部借建房、搬迁住房、子妇升学、当兵等各种名目摆酒宴借机敛财，要按照党风廉政建设责任制的规定，一级抓一级，一级管一级，以良好的党风和政风，带动社会风气的好转。

领导干部廉洁自律专题民主生活会，要严格执行中央纪委、中央组织部《关于提高县以上党和国家机关党员领导干部专题民主生活会质量的意见》的规定，以"讲学习、讲政治、讲正气"为主要内容，对照检查执行廉政准则、党风廉政建设责任制和制止奢侈浪费八条规定的情况，认真开展批评和自我批评，解决领导干部在党性党纪和廉政方面存在的突出问题。各级党委（党组）要采取切实有力措施，提高专题民主生活会的质量，纪委要会同组织部门加强对专题民主生活会的指导、监督和检查。今年，全区的专题民主生活会要务必于6月中旬召开完毕。

事业单位、国有企业、集体企业以及公有产权占主导地位的企业的党员领导干部，也要对照廉政准则、党风廉政建设责任制和制止奢侈浪费八条规定，进行自查自纠。特别要检查住房方面，配偶、子女及亲属经商办企业方面和企业改制过程中的不廉洁行为。

（二）查办案件工作

查办违纪案件是从严治党、惩治腐败的中心环节，是衡量反腐败斗争成效的重要标志，是纪检监察机关的重要职责。各级纪检监察机关要强化办案职能，继续加大办案力度，以查办"三机关一部门"和县（处）级以上领导干部违纪违法案件为重点；特区纪委、监察局要以查办乡（科）级以上领导干部违纪违法案件为重点，集中力量查办一批有影响的重大案件，严厉惩处腐败分子。

要把查办违反政治纪律的案件放在重要位置，重点查处领导干部对党的路线、方针、政策和重大决策公开反对、拒不执行、阳奉阴违等严重违反政治纪律的行为。

要认真查办违反组织人事纪律的案件，对违反《党政领导干部选拔任用工作暂行条例》的行为，对买官、卖官、骗官的行为，要坚决查处，决不姑息。

要坚持查处司法、金融、建筑和扶贫开发领域中的案件，坚决查处贪污贿赂等经济案件以及领导干部玩忽职守造成重大损失的案件和虚报浮夸、弄虚作假的案件；坚决查处在企业改制过程中，企业领导干部和党政领导干部侵吞国有资产和集体资产的案件，以及失职渎职造成国有资产和集体资产流失的案件。

要重视查办发生在基层的违反党和群众工作纪律的案件，严肃查处以权谋私、与民争利、侵犯人民群众合法权益的问题；认真查办因胡作非为、欺压群众激化党群、干群关系，影响社会稳定的案件。

在查办涉及领导干部的案件中，要善于运用纪律处分和组织处理两种手段，认真执行区别对待的政策。对违纪违法而又拒不悔改的，必须从重处理；对虽有严重错误但能主动讲清问题，并配合组织查清其他人问题的，可以从轻和免予处分；对一般性错误的，要采取做政治思想工作的方法，给予批评教育；对群众反映强烈疑点很大，但一时难以给予纪律处分的，可先采取调离、免职等组织手段进行处理。

对腐败问题严重但长期没有查办重大案件的地方和部门，要找出问题的症结，组织力量加大力度解决，对有案不查或隐瞒重大案情的责任人，必须追究责任；对干预、阻扰案件查处工作庇护违纪违法嫌疑人的，必须严肃处理；对打击报复办案人员、检举揭发人员的，必须严厉惩处。

各级纪检监察机关要重视群众来信来访和举报，充分发挥群众参与腐败的积极性，丰富案件线索，要主动深入到改革开放和经济建设第一线，有针对性地采取检查、调研、执法监督等手段，发现案件线索，揭露违纪违法问题。

（三）纠正部门和行业不正之风工作

一要继续坚持纠建并举的方针和“谁主管、谁负责”的原则，各有关责任制部门要把纠风工作纳入部门和行业的管理，切实负起责任，常抓不懈。今年纠风工作的重点是继续抓好减轻农民负担、减轻企业负担工作，采取有力措施制止医药购销中的不正之风，深入开展对民政资金管理使用的专项检查，整顿地方税收管秩序，同时巩固治理公路“三乱”、中小学收费等成果。

减轻农民负担工作，要坚决执行党的十五届三中全会精神，认真落实农民合理负担一定三年不变的规定。贯彻落实省纪委《关于贯彻省委八届二次全会(决定)的意见》，监督检查农民负担预决算、监督卡和专项审计工作的落实情况，切实纠正借农产品收购之机代扣代收各种收费的行为。对因整顿农民负担而引发的恶性案件，必须坚决查处。减轻企业负担工作，要普遍执行收费许可证和企业交费登记制度，加强对已取消收费项目落实情况的监督检查。严禁借改制之机向企业乱收费；严禁行政事业单位凭借权力和垄断地位强制收费、交相收费；严禁将行政管理职能变为有偿服务或通过中介机构强制服务；严禁对企业进行法制法规规定以外的检查，依法进行的检查也要更加规范。对擅自出台向企业收费项目，增加企业负担的责任人，必须坚决处理。

制止医药购销中的不正之风。要根据中央的有关规定，结合医疗制度改革，进一步整顿药品生产经营秩序，加强对药品市场的监督检查，从严查处制售假冒伪劣药品和经营药品中给予、收受回扣的违纪违法行为；严格规范药品价格的折扣行为，严禁以变相折扣形式推销药品；积极实行医药分开核算、分别管理的制度，严禁医疗单位及其医务人员从药品购销中谋取私利。

民政资金管理使用的专项检查。要对近年来各种形式的救济、救灾款物的到位、管理和使用情况进行全面清理，要坚决查处贪污、挪用、挤占救济、救灾款物的行为，要坚持查处用救济、救灾款物吃喝玩乐、购买小轿车、修建机关办公楼、宿舍的行为，要严肃查处因失职渎职而长期拖欠、积压救济、救灾款物的行为，要建立和完善民政资金管理使用制度，乡镇要把民政款物使用情况作为村务公开、政务公开的重要内容，接受干部群众的监督。

整顿地方税收征管秩序。在巩固已取得成绩的基础上，会同公安、地税部门进一步加大工作力度，对各种法人偷漏税款的行为，要严肃处理，维护税法的严肃性，保证我区税收工作的正常开展。

二要继续推行民主评议行风制度。认真总结推广已取得的经验，在国税、地税、邮政、电信、卫生五个部门深入开展民主评议行风工作，加强这五个部门的行业作风建设和职业道德建设，积极推进创建文明行业活动。

我区已经建立了有形建筑市场，要进一步实行规范化管理，完善功能，按规定进行有形建筑市场公开招标。凡违反规定的，不论有无取私利，都要严肃处理。

三要继续推行村务公开、厂务公开和政务公开制度。村务公开，主管部门要在总结去年试点经验的基础上提出规范化的方案，认真作好安排。厂务公开，按省政府办公厅《关于国有企业实行厂务公开，进一步加强民主管理的试行意见》执行，特区经贸局和工会要做好试行工作的指导、总结和推广工作。政务公开，将选择2—3个乡(镇)作为试点，凡属直接涉及群众切身利益的事项，除属于国家规定保密的之外，都要向群众公开，接受群众的监督。

(四)要完成今年党风廉政建设和反腐败任务必须做好以下工作

第一，深入扎实地开展“讲学习、讲政治、讲正气”的教育。要按照党委的部署，重点在党政领导班子、领导干部中，以整风的精神开展以“三讲”为主要内容的党性党风党纪教育，认真解决存在的突出问题。通过教育，推动各级领导班子和领导干部坚定建设有中国特色社会主义信念，加强党的团结，密切联系群众，大力弘扬求真务实、言行一致的优良作风，做到思想上有明显提高，政治上有明显进步，作风上有明显转变，纪律上有明显增强。

第二，认真贯彻落实党中央、国务院《关于实行党风廉政建设责任制的规定》，省委、省政府关于《贵州省党风廉政建设责任制实施办法》和地纪委、行署出台的关于《〈铜仁地区党风廉政建设责任制实施办法〉的通知》。各级党委、政府及其职能部门领导班子和领导干部都应以高度的政治责任感，切实带头执行党风廉政建设责任制的规定，各级纪检监察机关要协助党委、政府加强对责任制执行情况的监督检查，对违反党风廉政建设责任制的行为，必须依照规定追究责任，对有关责任人给予纪律处分或组织处理。

第三，要加强对权力运用的监督和制约，认真履行党章关于党内监督的规定和党中央批准的关于加强党内监督的五项制度。特区纪委将派出巡视组对各乡(镇)和特直单位进行巡视。要采取措施和加强行政执法监察和效能监察。要把党内监督、法律监督、行政监督、群众监督以及舆论监督结合起来，使各种形式的监督形成合力。

第四，各地、各部门要积极探索通过改革从源并头上预防和治理腐败的途径。要研究经济体制转变过程中，在体制、法制、政策中存在哪些容易滋生腐败现象的漏洞和薄弱环节，要合理配置权力，强化权力制约，减少以权谋私的可能性。经通过深化改革，不断铲除滋生腐败的土壤。

第五，要进一步加强纪检监察干部队伍建设。首先，各级纪检监察机关要加强领导班子建设和建立健全各级基层纪委组织。领导干部要带头加强理论学习，提高理论素养，严格执行民主集中制，增强政治观念、群众观念，提高决策能力、领导水平和领导艺术。特直总支、支部要配备专(兼)职纪检员。其次，特区纪委要加强对基层纪委工作的指导，积极帮助他们解决工作中的问题，正确处理好业务工作与中心任务的关系。

第六，按照严格教育、严格管理、严格监督的要求，加强对纪检监察干部的思想政法教育，增强秉公执纪、廉洁自律、锐意进取，坚持不懈地同各种腐败现象作斗争的意识；加强对纪检监察干部的业务培训，不断提高执纪办案本领。各级党委、政府要积极为纪检监察机关开展工作创造条件，帮助他们解决实际困难，支持纪检监察履行职责。

同志们，1999年的党风廉政建设和反腐败工作任务更加繁重，要求更高。希望在新的一年里，全区纪检监察机关在党委、政府的领导下，高举邓小平理论伟大旗帜，扎实工作，开拓进取，以党风廉政建设和反腐败斗争新成效迎接建国50周年。

中共万山特区纪律检查委员会
向中共万山特区第八次党代表大会的工作报告

（2003年1月7日）

刘先银

各位代表，同志们：

在全党上下深入贯彻落实党的十六大精神之际，迎来了我区第八次党代表大会的胜利召开。现在，我受特区纪委常委会的委托，对上届纪委五年来的工作情况和今后工作的建议，向大会报告如下，请予审议。

一、五年来的工作回顾

党的十五大和特区第七次党代会以来的五年，在特区党委和上级纪委的领导下，我区纪律检查机关以邓小平理论和“三个代表”重要思想、党的基本路线为指导，以经济建设为中心，坚持从严治党的方针，按照上级的部署和要求，依靠各级党组织、广大党员和人民群众，围绕特区工作大局，充分发挥纪检监察合署办公的整体优势，认真履行纪检监察机关的教育、监督、保护、惩处职能，促进了党风廉政建设和反腐败斗争不断向纵深发展，取得了明显成效。

（一）廉洁自律工作不断深入，领导干部廉洁从政行为进一步规范

按照廉政准则和领导干部廉洁自律的有关规定，结合特区实际，有重点、有步骤地抓住突出问题进行专项清理，检查纠正违规行为。几年来，通过开展“三讲”教育，学习“三个代表”重要思想的活动以及民主生活会等形式，检查纠正了党员干部特别是党员领导干部在遵守廉洁自律规定方面存在的问题；纠正处理不符合规定配置的移动电话、住宅电话95部，收取过户费13万元全部上缴财政，出台实施了配置通信工具和话费管理的办法；规范了领导干部及其工作人员违反规定赠送和收受现金等问题；认真执行不准领导干部用公款配置住宅电脑的规定；及时纠正了乡（镇）干部的“走读”现象；严格执行了《党政领导干部选拔任用工作条例》的规定。廉洁自律工作的深入开展，使领导干部自律意识明显增强，廉洁从政行为进一步规范。

（二）加大案件查处力度，严肃惩处了腐败分子

查处各类违纪案件是维护党章、党规、党纪，严明纪律，端正党风，从严治党、治政的重要措施。根据中央纪委的指示精神，我区纪检监察机关在党委的统一领导下，加强与执纪执法机关的密切配合，坚持以查办党政领导机关、行政执法机关、司法机关、经济管理部门和副科级以上领导干部的违纪违法案件为重点，着重查处了贪污、受贿、贪赃枉法、腐化堕落和侵害群众利益以及严重违反组织人事纪律和计划生育政策的案件。在查办案件的同时，始终注重研究新形势下各类违纪违法案件的特点和规律，不断总结新方法，好经验。按照事实清楚、证据确凿、定性准确、处理恰当、手续完备的要求，加强案件检查和审理工作，提高了办案质量。认真剖析重大案件，着力建章立制，加强管理，堵塞漏洞。

1998年3月以来,全区纪检监察机关共受理群众来信来迈举报175件(次)。立案查处违纪违法案件69件,处分93人,其中科级干部29人。通过办案,为国家挽回直接经济损失70万余元,几年来,严肃查处了万山特区粮食局原局长袁某福等人私分公款案,万山特区教育局原副局长刘某芹、杨某成违反组织人事纪律案等一批严重违纪违法案件,震慑了腐败分子,教育了广大党员、干部,增强了人民群众反腐败的信心。与此同时,还注重发挥信访举报起的教育监督作用,严格执行"打招呼"制度,对有轻微违纪问题的干部,采取诫勉谈话等措施,教育了一批干部。对近几年查结案件处分决定的执行情况认真进行了监督检查,处分决定不落实的问题得到纠正。坚持实事求是的原则,为一部分干部澄清了举报失实的问题,保护了干部。

(三)切实纠正部门和行业不正之风,认真治理群众反映强烈的突出问题

几年来,各级各部门坚持标本兼治,纠建并举的方针和"谁主管、谁负责"的原则,针对群众反映强烈的突出问题,集中进行治理,取得了较好效果。在减轻农民负担方面,实行了预决算、监督卡、专项审计制度和涉农项目、收费价格公示制度,清理取消不合理的收费项目6项,农民年人均负担始终控制在中央提出的标准线以下。在减轻企业负担方面,取消不合理收费项目8项,降低收费标准24项,对七户重点企业实行挂牌保护,有效地遏制了向企业乱收费的行为。纠正医药购销中的不正之风,取缔无证经营药品单位2家,无证行医售药个体户9家,查获假劣和非法药品150个品种179个批号,查处虚假药品广告案件1件,对违反国家规定确定批零差率、擅自提高药品价格的问题进行了重点治理、纠正,在区内医院、卫生院推行了"住院费用一日清制度",严格实行医药分开核算。巩固治理公路"三乱"成果,撤除违规站卡2个,已按要求实现全区公路无"三乱"的目标。加大对中小学乱收费的治理力度,查处中小学违规收费19项,涉及金额达71万余元,均以清退、收缴等方式作出妥善处理,使教育收费行为逐步规范。在全区窗口行业单位、公共服务部门开展行风整顿活动,推行社会服务承诺制,从社会各界聘请民主评议行风代表,先后对工商、电力、国税、地税、邮政、电信、卫生、民政、城建、国土、质监等11个系统开展民主评议,促进了行业作风的好转,为特区软环境建设创造了条件。

同时,对国债资金、扶贫资金、教育费附加、社保资金管理使用、有形建筑市场的建立和执行《招标投标法》、粮食流通体制改革、退耕还林还草、粮食清仓查库、环境保护、经济社会统计、坡改梯工程等进行了执法监察。积极参与有关安全责任事故的调查处理和责任追究。几年来,共开展执法监察项目83项,纠正违规违纪资金60万元。

(四)不断加大治本力度,从源头上预防和治理腐败工作取得成效

各级各部门坚持标本兼治、综合治理,逐步加大治本力度,推进了从源头上预防和治理腐败的工作。落实了中央关于政法机关不准经商办企业的规定。实行建设工程招标投标,公开、公平、公正的机制逐步建立和完善。以推行政务公开、厂务公开、村务公开和开展领导干部任期经济责任审计为途径,加强了对领导干部行使权力行为的监督。推行行政审批制度改革,全区基本完成了项目清理。财政制度改革初见成效,全区"收支两条线"管理得到落实;开展了部门预算;启动了"会计结算中心";政府采购制度得到实施:清理了行政机关和事业单位的银行帐户和预算外资金,加强了资金监管。干部人事制度改革不断深入,实行了干部竞争上岗、考察预告、任前公示等制度,进一步提高

了领导干部选拔任用工作的透明度。同时,把党风廉政宣传教育作为从源头上预防和治理腐败的基础工作来抓,组织党员干部认真学习邓小平理论和“三个代表”重要思想,提高了广大党员干部的思想政治素质;通过评选表彰党风廉政建设先进集体和优秀领导干部进行示范教育,利用一些重大典型案例进行警示教育,提高了党员干部的廉洁自律意识,增强了拒腐防变能力。

(五)贯彻落实党风廉政建设责任制,形成党政齐抓共管、部门各负其责的良好局面

为了认真贯彻落实中央、省、地有关党风廉政建设责任制的规定,特区党委、特区人民政府制定出台了《万山特区党风廉政建设责任制实施办法》,成立了党风廉政建设责任制领导小组,细化分解了责任,对党风廉政建设实行了量化考核,增强了领导干部重视、抓好党风廉政建设工作的责任意识。在工作中,认真查找问题,总结经验,完善责任追究制度,有力地推动了我区党风廉政建设工作的健康发展。

(六)加强自身建设,不断提高整体素质

通过开展“三讲”教育,“三个代表”重要思想学习教育活动,特区纪委领导班子和广大纪检监察干部思想政治素质进一步提高,作风明显转变,纪律明显增强。同时,结合机构改革,调整了内设机构,优化了人员结构,强化了纪律检查职能,加强了系统内部干部的教育、管理、轮岗交流,纪检监察干部的知识结构、年龄结构、业务素质得到进一步改善,中央关于纪委书记由同级党委副书记担任的决定得到全面落实。

过去的五年,在特区党委和地区纪委的领导下,我区党风廉政建设和反腐败斗争取得一定的成绩,这些成绩的取得,得益于全区各族人民、广大党员、干部积极参与、支持,各级各部门的密切配合,是全体纪检监察干部共同努力的结果。在此,我代表上届纪委向关心和支持纪检监察工作的党员、干部和人民群众表示真诚的感谢!向战斗在各级纪检监察战线上的同志们表示亲切的问候!

五年来,反腐倡廉工作虽然取得了一定的成绩,但我们也清醒地看到,同上级党组织的要求和人民群众的期望还有不少的差距,面临的形势依然严峻。有些腐败现象仍然突出,甚至还在滋生蔓延;顶风违纪、“吃、拿、卡、要”、“好人主义”、乱摊派、乱收费、乱罚款现象依然存在;我们的工作抓得还不够有力等。对于这些问题,我们应高度重视,认真研究,切实加以解决,以更大的决心,更有力的措施,以新的成果取信于民。

二、主要体会

回顾特区第七次党代表大会以来的党风廉政建设和反腐败工作,主要体会有:

(一)必须坚持经济建设这个中心,服从和服务于改革发展稳定的大局

经济建设是全党全国的中心任务,反腐倡廉工作必须服从和服务于经济建设这个中心。几年来,我们始终把反腐倡廉工作放到全区工作大局中去把握,始终以富民兴万作为出发点和落脚点。坚持以纪律作保障,坚持改革创新,坚持“三个有利于”标准,既严肃查处干扰破坏改革、发展、稳定的违纪违法行为,又旗帜鲜明地支持、保护广大党员干部改革创新的积极性。从而有力地推动了我区党风廉政建设和反腐败斗争不断深入,促进了我区的经济发展,维护了我区的社会稳定。

(二)必须坚持反腐败三项工作格局,认真落实党风廉政建设责任制

为了贯彻落实党的十五大提出的“党委统一领导,党政齐抓共管,纪委组织协调,部门各负其责,

依靠群众支持和参与”的领导体制和工作要求，我们始终坚持“两手抓，两手都要硬”的方针，按照党风廉政建设责任制规定，把反腐败斗争同经济工作和其他业务工作一起部署、一起检查、一起落实、一起考核；各职能部门按责任分解，认真履行职责，纪检机关发挥好组织协调作用，加强监督检查，初步形成党政齐抓共管的局面，推动了我区反腐败工作的健康发展。

（三）必须坚持标本兼治，综合治理，从源头上预防和治理腐败

几年来，我们在认真抓好领导干部廉洁自律、查办违纪违法案件、纠正部门和行业不正之风三项工作的同时，针对容易滋生腐败现象的关键部位和薄弱环节，通过制度的改革与创新，从源头上预防和治理腐败。既治标，又治本。只有标本兼治，综合治理，才能有效遏制腐败。

（四）必须坚持宣传教育，建立健全各项制度，筑牢党员干部的思想道德防线

深入开展党风廉政建设和反腐败斗争，必须坚持不懈地对广大党员干部开展形式多样的思想政治教育、职业道德教育，同时要建立健全各项规章制度，完善监督制约机制。几年来，通过多种形式的宣传教育，多种渠道的管理和监督，使广大党员干部牢固树立了正确的世界观、人生观、价值观，正确对待自身的权力、地位和利益，筑牢思想道德防线，经受住了各种考验。

三、今后工作的建议

今后五年，面对新形势下党风廉政建设和反腐斗争所提出的新任务、高要求，我们要高举邓小平理论伟大旗帜，以“三个代表”重要思想为指导，坚持从严治党的方针，紧紧围绕改革、发展、稳定的大局，按照“八个坚持，八个反对”的要求，深入贯彻落实党的十六大和省第九次党代表大会精神，全面推进富民兴万事业，标本兼治，注重治本，与时俱进，开拓创新，不断推进党风廉政建设和反腐败工作的深入开展。

（一）加强监督检查，严肃政治纪律，保证党的路线、方针、政策的贯彻执行

贯彻党的路线、方针、政策，维护党的团结统一，完成党的任务，纪律严明是重要的保证。全区各级党组织和每个党员都必须遵守政治纪律，自觉同党中央保持高度一致，按照党章的要求，党委、纪委要加强对党组织和党员干部执行党的路线、方针政策和决议情况的监督检查，坚决维护党中央的权威，保证政令畅通。要认真贯彻落实党的十六大和省第九次代表大会精神。严肃查处那些搞当面一套、背后一套的两面派行为，编造、传播政治谣言及丑化党和国家形象的行为，公开发表反对党的基本理论、基本路线、基本纲领的行为以及参与各种非法组织和非法活动的行为。健全和完善监督制度和机制，加强对党员领导干部的管理和监督，努力做到领导干部的权力行使到哪里，监督就延伸到哪里，确保权利的正确使用。要建立和完善巡视制度。监督检查领导干部的廉政勤政行为以及在政治上是否清醒、用人是否公正、办事是否公道、作风是否正派、自身是否廉洁等等。全体党员干部特别是领导干部要严于律已，自觉接受监督，做清正廉洁的模范。

（二）加大反腐败工作力度，遏制消极腐败现象的滋生蔓延

领导干部廉洁自律工作，要进一步落实《廉政准则》，严格执行领导干部廉洁自律的各项规定。严格规范领导干部廉洁从政行为。

查办案件工作，要在党委的领导下，重点查办“三机关一部门”和副科级以上领导干部的违纪违法案件。特别是要集中力量查办大案、要案、典型案。在查案工作中，不管涉及到谁，都要一查到

底。要充分发挥反腐败协调小组的作用,加强与执纪执法机关的密切配合,形成反腐败合力。坚决查处严重违反政治纪律的案件,严肃查处假公济私、损公肥私、以权谋私、中饱私囊的案件,严肃查处贪污贿赂、徇私枉法、买官卖官、贿赂选举、严重失职渎职的案件,以及干扰改革开放和西部大开发、阻碍社会主义市场经济健康发展的案件。认真解决群众反映的热点、难点、焦点问题,严肃查处严重侵害国家、集体和群众利益的案件。在查处案件工作中,要认真分析研究其违纪违法的规律和特点,改进办案方法,提高办案水平,严格执行"三个有利于"标准,综合考虑政治、经济和社会因素,注重实际效果。

纠正部门和行业不正之风工作,要继续坚持纠建并举的方针和谁主管谁负责的原则,针对群众反映强烈的突出问题,集中力量进行专项治理。特别是对全区的投资软环境要进行重点整治,绝不允许乱收费、乱罚款、乱摊派以及违规加重农民负担、企业负担,要注重保护农民利益和非公有制业主的合法权益。继续开展行风整顿和民主评议行风工作,切实整顿机关作风,着力治理生、冷、顶、拖、推,吃、拿、卡、要、报问题,从严查处不给好处不办事,给了好处乱办事行为,促进部门和行业风气的根本好转,为招商引资、万山经济发展营造良好的政策环境、服务环境、诚信环境,树立良好的机关形象。围绕特区党委、特区人民政府的重大决策和重要经济建设项目的实施,积极开展执法监察工作。

(三)标本兼治,注重治本,从源头上预防和解决腐败

要围绕特区的经济建设,按照新时期的要求,把从源头上预防和治理腐败工作纳入各项重要决策和措施之中。要针对改革、发展、稳定中出现的突出问题,制定有效的对策,通过制度创新,健全和完善治本措施。要进一步改革财政制度、干部人事制度、行政审批制度,促进廉政勤政。重点抓好经营性土地使用权出让招标拍卖、建设工程项目公开招投标、政府采购、产权交易进入市场等四项制度的落实。进一步改革部门预算和国库集中收付制度,落实"收支两条线"管理的规定,巩固清理银行帐户和"小金库"工作的成果。深化干部人事制度的改革,认真监督落实领导干部推荐提名、考察考核、考察预告、任前公示等制度,严肃查处严重违反组织人事纪律的行为。推进领导干部任期经济责任审计工作。加强民主监督,巩固和完善政务公开、厂务公开和村务公开等制度。

(四)加强党风廉政建设的宣传教育,完善党风廉政建设制度,进一步提高党员干部拒腐防变的能力

各级各部门要把党风廉政建设的宣传教育纳入党的宣传工作的总体部署。特别是纪检监察机关要加强与有关职能部门的相互配合,形成宣传教育的合力。要认真抓好党的十六大和省第九次党代会精神的宣传贯彻落实工作,继续抓好邓小平理论和"三个代表"重要思想的学习教育。特别要针对党员干部在思想、工作、生活等方面的突出问题,开展思想政治教育、职业道德教育。抓好正面示范教育,弘扬正气,鞭策后进。认真剖析案例,运用反面典型开展警示教育。同时,加强"四自"教育,增强自律意识,进一步提高党员干部的拒腐防变能力。要不断完善党风廉政建设制度,为党风廉政建设和反腐败斗争提供制度保障。

(五)加强领导,深入开展党风廉政建设和反腐败斗争

反腐败斗争是全党的一项重大政治任务,是关系党和国家生死存亡的大事,各级党政领导班子

和领导干部要有清醒的认识，必须增强责任意识，忧患意识、执政意识，要按照党风廉政建设责任制的规定，履行各自在党风廉政建设和反腐败工作中的职责，党政领导班子的正职要切实负起总责。要坚持中央确定的“党委统一领导，党政齐抓共管，纪委组织协调，部门各负其责，依靠群众支持和参与”的领导体制和工作机制。要坚持“两手抓，两手都要硬”的方针，坚持把党风廉政建设和反腐败工作与物质文明建设、政治文明建设、精神文明建设和其他业务建设紧密结合，一起部署、一起落实、一起检查、一起考核。针对党风廉政建设责任制实施过程中遇到的问题，要完善各项配套制度。要加强监督检查，严格实行责任追究。

（六）适应新形势的需要，进一步加强纪检监察干部队伍建设

为适应新形势下的纪检监察工作的需要，必须建设一支政治坚强、公正清廉、纪律严明、业务精通、作风优良的纪检监察干部队伍。这就要求我们必须加强纪检监察干部的思想、政治、作风建设。组织全体纪检监察干部深入学习贯彻党的十六大和省第九次党代表大会精神，按照“三个代表”重要思想要求，加强党性修养，努力提高思想政治水平，做党和人民的忠诚卫士。要加强学习，转变观念，改进方法，总结经验，不断提高工作能力和业务水平，增强工作的预见性、针对性。要按照“八个坚持，八个反对”的要求，努力实践“三个代表”重要思想，深入实践，深入基层，增强事业心和责任感，敢于坚持真理，坚持原则，敢于碰硬，为群众办好事、办实事。纪委班子成员要解放思想，实事求是，改进工作作风和领导作风，不断提高驾驭复杂局势和宏观决策的能力。要进一步加强对纪检监察干部严格监督、严格管理，严肃工作纪律，尤其是办案纪律。要认真落实中央关于纪律检查机关对派出机构实行统一管理的要求，进一步加大纪检监察干部的推荐、选拔和交流力度，增强纪检监察干部队伍的活力。各级纪委应自觉接受各方面的监督。各级党委要按照党中央和省委的有关规定，切实加强对纪律检查机关的领导，支持纪律检查工作，关心、爱护纪检监察干部，帮助解决实际问题，为其开展工作创造条件。

各位代表，同志们！在新的历史时期，党的纪律检查机关肩负着光荣而艰巨的使命，我们要在党的十六大精神指导下，在特区党委的统一领导下，高举邓小平理论伟大旗帜，全面贯彻“三个代表”重要思想，以饱满的政治热情，与时俱进的思想观念，奋发有为的精神状态和真抓实干的工作作风，高标准、高质量地完成纪检监察的各项工作任务，不断取得党风廉政建设和反腐败斗争的新成果，使纪检监察机关更好地服务于中心工作，在建设政治文明、物质文明、精神文明中发挥更加积极的作用，为万山特区的经济社会发展作出积极的贡献！

谢谢大家。

中共万山特区纪律检查委员会
向中共万山特区第九次代表大会的工作报告

（2006年11月8日）

王贵军

各位代表，同志们：

现在，我受特区纪委常委会的委托，对八届纪委的工作情况和今后纪检监察工作的建议向大会报告，请予审议。

一、二○○三年以来的工作回顾

2003年以来，在特区委和上级纪委的坚强领导下，我区纪律检查机关以邓小平理论和“三个代表”重要思想为指导，认真贯彻党的十六届三中、四中和五中全会精神，紧紧围绕特区的发展要务，求真务实，真抓实干，加强惩治和预防腐败工作，全面推进党风廉政建设和反腐败工作，取得了明显成效。

（一）廉洁自律工作不断深入，领导干部廉洁从政行为进一步规范。

一是严格实行党风廉政建设“党委统一领导，党政齐抓共管，纪委组织协调，部门各负其责”的领导体制，认真落实谁主管、谁负责，谁牵头、谁负责，分级管理、分级负责的工作机制，切实抓好党风廉政建设责任制，并严格检查、严格考核、严格奖惩、严格兑现行评先选优“一票否决”。2003年以来共有34个单位和19名个人受到表彰，4名副科级以上领导干部受到责任追究，管理逐步规范，领导干部责任意识明显增强，党风廉政建设齐抓共管的局面开始形成；二是强化对各项廉洁自律规定贯彻落实情况的监督检查，及时纠正违规行为，查处违纪干部。几年来，共落实整改措施91项，诫勉谈话44人，处分16人，治理纠正干部职工拖欠公款20.9万元，制止违规驾驶公车、操办升学酒及操办乔迁酒等11起，着力把问题解决在萌芽状态，确保了政令的畅通，法规的落实；三是积极推行述廉、评廉、考廉制度，认真开展党风廉政巡视工作，促进干部勤政廉政，增强自律意识；四是力求从源头上预防和治理腐败，注重抓风头、抓源头、抓苗头，从强化教育、健全制度入手，多形式、多渠道实施廉政教育，坚持廉政党课教育，开展廉政法规知识测试，加强正反典型教育，案例剖析教育，同时，针对工作、管理中的薄弱环节，加强制度建设，共建立完善各项制度121项，有力地促进了管理的制度化、规范化、程序化。通过源头教育，领导干部廉洁自律意识明显增强，几年来，各级领导干部拒收礼金20万余元，上交礼金7万余元，拒收礼品价值2万元，拒收红包5个，拒绝宴请65人次，风清气正的从政氛围逐步形成。

（二）加大案件查处力度，严肃惩处腐败分子。

2003年以来，我区纪检监察机关共受理群众来信、来访和电话举报86件（次），转立案33件，其中大案13件，典型案件5件，一般案件15件；涉及违纪人员40人，其中乡科级干部12人，一般干部23人，其他人员5人；通过查办案件为国家挽回经济损失49万多元。重点查处了万山镇解放街原居委会李某某贪污低保金案，万山特区林业局刘某某等人私分公款案等一批严重违纪违法案件，震慑了腐败分子，教育了广大党员干部，增强了人民群众反腐败的信心。同时，通过信访调查，为17名大胆改革、勤奋工作因举报失实受而委屈的领导干部澄清了事实，有力地保护了他们的合法权益，获得了良好的社会效果。

（三）切实纠正部门和行业不正之风，认真治理群众反映强烈的突出问题。

几年来，共收缴纠正教育违规收费83万元，追究党政纪责任3件3人；“一费制”政策得到全面推行，中小学校因办公经费不足而截留学生书本费的“顽症”得到根本解决，目前已有2048人享受国家免费教科书政策，金额达10.54万元，减免杂费6987人，金额达40.2万元，已经达到了教育收费示范县的9条标准。认真治理和纠正医药购销和医疗服务中的不正之风，积极推行“一日清单制”；2003年组织开展了大检查，降低药品和医疗服务虚高定价收费0.5万元；2004年药品跟标采购品种达432种，金额61.24万元；2005年跟标采购品种达497种，金额为104.2万元；2006年在治理商业贿赂工作中，查处医疗购销中收受回扣案件2件，开单提成等问题得到了有效治理。为减轻农民负担，认真落实了减负“四项制度”，2003年清理涉农收费项目33项，实现了农村用电与城镇“同网同价”，农村用电从原来的每千瓦时0.8元降到了0.403元，全区农民年均减负160万元；坚持群众利益无小事理念，实行部门联动、齐抓共管，共纠正拖欠和克扣农民工工资总额30多万元。巩固治理公路“三乱”工作成效明显，有效地防止了公路“三乱”反弹。

（四）强化措施，整体推进执法监察工作。

2003年对3个重点工程项目进行了全程监控，涉及资金120万余元，会同有关部门对2000年至2003年的公路建设资金和国债项目资金进行了专项执法检查。2004年对18个招投标工程进行了全程监督，将有关部门10万元以下的议标工程也纳入监督范围；对2002年至2003年行政事业性收费罚款情况进行了专项检查，查出私设小金库2.7万元，擅立收费项目6800元，坐收坐支4万元等；对3宗经营性土地挂牌出让进行了监督。2005年对8个招投标工程进行了监督，涉及金额724.58万元，对民宗部门的28万元专项资金进行了全面检查，对全区社会抚养费管理使用情况开展了执法监察，查出违规资金1.32万元，并予以收缴。今年，对涉及2170万余元的21个重点项目进行了跟踪监督，同时组织相关部门对农办2004年至2006年426.39万元的扶贫资金进行专项监督检查，严防违纪违规行为的发生。几年来，共开展安全生产执法监察20余次，参加安全事故调查9起，同时还开展了招生、招考、征兵等执法监察活动。

（五）深化制度改革，从源头上预防和治理腐败工作取得成效。

几年来，通过努力，行政审批制度改革取得明显成效，共取消行政审批项目一批3项，现有的345项中属审批的64项，审核88项、核准89项、许可72项、备案32项，并制定了《万山特区行政机关实施行政许可过错责任追究制度》，推动设立了行政服务中心、行政投诉中心，服务质量和办事效率得到提高；财政管理制度改革走上了规范化，2003年取消了17个单位多开设的24个户头，收缴“小金库”10万余元，会计局成立后，47个单位和部门纳入了财政预算专户管理，2005年启动了会计集中核算向国库集中支付的转移工作，部门编制预算扩展到9个部门；干部人事制度改革力度加大，《党政领导干部选拔任用工作条例》得到认真贯彻执行，《干部任免票决制》《民主推荐制度》《民主决策制度》《民主评议制度》《谈话制度》以及考察预告、公示制度等逐步建立健全，几年来共对30名在任或离任部门负责人进行了经济责任审计，查出各类违纪违规金额685万元，实现了“先审后任”；在投资体制改革中，加大了对政府投资项目的监督力度，累计涉及资金1248万元，全部实行了公示制，减少了项目投资的风险；政府采购制度逐步完善，几年来共采购153期，计划采购资金1580.76万元，实际节约资金260.44万元；“三公开”工作得到了有效推进，23个行政机关、57个事业单位政务公开率达到100%，厂务公开、村务公开也不断改进和完善。今年来，为了加强对国有资产的管理，出台了国有资产拍卖制度，规范了程序，体现了监督，连续三次国有资产拍卖增值20万余元，有效防止了国有资产的流失。

（六）党风廉政宣传教育活动不断得到深入。

几年来，为了丰富宣传手段，创新宣传平台，特区纪委深入开展 了“艰苦奋斗、廉洁从政”宣传教育及知识测试活动，“两个条例”宣讲及知识竞赛活动，以“五珍惜”和“十个一”为载体的宣传活动，《惩防体系实施纲要》学习教育活动，学习贯彻党章活动和遵守“四大纪律、八项要求、七个不允许、廉洁从政”教育活动等，共发放理论教育资料1300余册，各种宣传学习资料3000余份；大力加强廉政文化建设，深入开展廉政文化进乡村、进社区、进学校等活动；组织干部职工特别是党员干部观看《廉政启示录》《绝路》等电教片10余部90余场次，举办各种培训班、辅导讲座140余场次，党政领导和纪委主要领导上廉政党课80余场次，领导干部带头撰写心得体会、理论调研文章300余篇，在地级以上媒体发表的反映全区党风廉政建设成果的通讯报道120余篇；通过建立联席会议等制度，大力弘扬了廉政文化建设，逐步形成了有效的“大宣教”格局。

（七）纪检监察干部队伍建设得到了加强。

几年来，特区纪委、监察局人员从12名增加到了16名，13个特直部门设置了纪检组组长岗位，并明确进入领导班子，基层纪检监察机构也得到了加强。近年来，我们采取“送出去、请进来”的办法，不断加大对纪检监察干部学习培训力度。纪检监察干部接受中纪委培训13人次，参加省纪委培训2人次，地纪委培训20人次，特区纪委举办培训班培训150人次。通过培训，纪检监察干部的执法执纪水平有了明显提高。

过去的几年，在特区委和上级纪委的领导下，我区党风廉政建设和反腐败斗争取得了一定的成绩，这些成绩的取得，得益于全区各族人民、广大党员干部积极参与支持和各级各部门的密切配合，也是全体纪检监察干部共同努力的结果。在此，我代表八届纪委常委会向关心和支持纪检监察工作的广大党员干部和人民群众表示真诚的感谢！向战斗在各级纪检监察战线上的同志们表示亲切的问候！

二、几年来的主要作法

1.始终把党风廉政建设和反腐败工作置于党委的统一领导之下，确保反腐倡廉领导体制和工作格局的形成。几年来，特区委、特区政府高度重视党风廉政建设和反腐败工作，特区委主要领导、分管领导都充分履行职责，不仅率先垂范、勤政廉政，更是以实际行动来体现反腐倡廉的坚定立场。特区委、特区政府的主要领导不仅出席一年一度的党风廉政建设和反腐败工作会议，而且同乡镇党委政府及特直有关部门签订责任状，并多次深入基层检查责任制的落实情况，对纪检监察机关在工作中遇到的重大疑难问题，做到亲自过问，亲自解决。特区政府每年都专门召开廉政工作会议，细化责任目标,部署反腐倡廉工作。各职能部门按责任分解要求,认真履行职责;纪检机关充分发挥组织协调作用,加强监督检查;广大群众更加积极主动地参与和支持党风廉政建设和反腐败工作,真正形成了"党委统一领导,党政齐抓共管,纪委组织协调,部门各负其责,依靠群众的支持和参与"的领导体制和工作机制。

2.与时俱进,坚持科学发展观,把党风廉政建设和反腐败工作置于经济社会发展的大环境中来思考。经济建设是全党全国的中心任务,"发展是执政兴国的第一要务",反腐倡廉工作绝不能游离于"发展"这个主题。全区党风廉政建设和反腐败工作,紧扣这一时代脉搏,在实际工作中,认真实践科学发展观,综合运用廉政教育、查办案件、民主评议、效能监察等反腐倡廉的各种有效手段,大力加强投资软环境建设,营造了一个良好的招商引资环境。2004年投资软环境建设工作获得了地委、行署一等奖的表彰。党风廉政建设和反腐败工作为全区经济社会的发展提供了有力的政治保障。

3.加强制度建设,标本兼治,努力构筑惩治和预防腐败体系。制度建设是社会管理的根本。努力形成用制度管人、用制度管事的机制,是构建惩防体系的核心内容。几年来,特区纪委始终把制度建设作为反腐倡廉的重要内容来抓,先后共建立完善各项制度121项,并通过对一系列制度的执行,增强了党员干部的廉洁自律意识,收到了显著的社会效果。

特区纪委在狠抓制度建设的同时,坚持了查办违法违纪案件不放松。为了增强惩治力度,制定了《关于加强国家工作人员违纪违法、犯罪案件办理情况信息沟通工作的规定》,与相关单位密切配合,不断形成惩治违法违纪行为的合力;同时还注重发挥查办案件的治本功能,通过办案发现漏洞,建章立制,强化督查整改,有效地避免了一些违法违纪行为的发生。纪检监察机关几年来通过办案和信访初查,对44名副科级以上领导干部进行了打招呼教育,批评教育27人,同时还澄清问题保护干部17人,较好地处理了保护、教育与惩处的关系,加快了惩防体系的建设。

4.着力解决影响群众切身利益的热点、难点问题,努力赢得广大人民群众对反腐倡廉工作的参与和支持。"群众利益无小事",只有把人民群众关心的、影响群众切身利益的问题解决好,反腐倡廉才能以实效取信于民。实际工作中,纪检监察机关充分发挥好组织协调作用,充分履行纪律检查和行政监察职能,尽可能地为群众办好事、办实事,让人民群众切身感受到党和政府反腐倡廉的决心和能力。几年来,特区纪委、监察局在特区委、特区政府和上级业务部门的领导下,结合先进性教育和各种专项整治活动,努力为群众排忧解难,赢得了人民群众的好评。先后就涉及对外来投资者的欠款、特直单位白条签单欠帐、企业环境污染及农民工工资兑现等人民群众关注、关心的热点问题及时开展了专项整治,及时解决了影响群众利益的实际问题,不仅净化了廉政环境,优化了投资环境,而且密切了党干群关系,赢得了群众对反腐倡廉等各项工作的支持。

几年来,我区的党风廉政建设和反腐败工作虽然取得了一定成绩,但也还存在不足,与上级的要求还有一定差距,主要表现在:一是惩治力度还有待加强,现实的警示教育说服力不强;二是制度建设还有待优化、健全,特别是廉洁自律、党内监督、源头治理等方面的制度可操作性不强;三是齐抓共管的局面还不够牢固,个别部门履行责任的自觉性不强;四是执法执纪部门的协作力度不够,合作机制还有待健全;五是廉政文化建设形式还不够丰富,深度还有待探索等等。对存在的这些不足,特区纪委在特区委和上级纪委的领导下,今后一定倍加努力予以改进。

三、今后五年的工作

今后五年，是我们构建和谐万山的关键时期，加强党风廉政建设和反腐败工作显得尤为重要和紧迫。我们一定要以邓小平理论和“三个代表”重要思想为指导，坚持以人为本，全面贯彻落实科学发展观，以改革统揽预防腐败的各项工作，继续推进惩治和预防腐败体系建设；各级各部门一定要统一思想，提高认识，积极主动地抓好本地本系统本部门的反腐倡廉工作，把党风廉政建设和反腐败工作与业务工作紧密结合，一起部署、一起落实，进一步形成齐抓共管的良好局面；纪检监察机关一定要按照胡锦涛总书记“围绕中心，服务大局，增强责任感、紧迫感，全面履行党章赋予的职责，按照建立健全教育、制度、监督并重的惩治和预防腐败体系的要求，把工作做得更好”的指示，在特区委、特区政府的统一领导下，充分履行纪律检查和行政监察职能，深入贯彻党的十六大和十六届三中、四中、五中、六中全会精神，进一步明确新形势下党的纪律检查和行政监察工作的重点和努力方向，以对党和人民高度负责的精神，切实开展好反腐倡廉各项工作。

（一）围绕中心，服务大局，为全面贯彻落实科学发展观提供坚强的政治保障。

实践证明，我区能够实现从“服务型”特区向“发展型”特区的历史性转变，一个决定性的因素就是特区委始终坚持以科学发展观统揽经济社会发展全局，扎实推进了“三个重点、三个带动”发展战略。“抢抓机遇、谋求发展”是我区全面贯彻落实科学发展观的第一要务。纪检监察工作必须更好地服从服务于这个大局，以更加务实、开拓的精神促进科学发展观的全面贯彻落实。实际工作中，广大纪检监察干部要不断深化对科学发展观的认识，深刻把握科学发展观的内涵和精神实质，深刻把握全面贯彻落实科学发展观的目标要求，正确处理和把握反腐倡廉工作与科学发展的关系，始终把服务科学发展、保障科学发展、促进科学发展作为纪检监察工作的重要任务。无论是工作部署、工作重点的确定和各项措施的实施，都要放在贯彻落实科学发展观的大背景下来把握，都要以保证科学发展观落实的实际效果来检验。纪检监察机关要更加自觉地深入经济建设领域，更加自觉地服务于改革开放，及时了解经济发展形势、经济政策措施和经济体制改革情况，进一步探索在建立完善社会主义市场经济体制过程中腐败现象产生的特点和规律，及时排除和解决党风廉政方面存在的妨碍科学发展观落实的突出问题。要围绕是否有利于发展这个关键，辨证地把握好惩处与保护两项职能，大张旗鼓地鼓励广大党员干部在发展的第一要务上有所作为、敢为人先。只有依法依纪惩处破坏改革发展的腐败分子，反腐败才有号召力，也才能促进科学发展观的正确贯彻落实；同时，也只有正确区分改革创新发展中的失误与腐败堕落的本质区别，才能从根本上营造积极向上的创造激情与氛围，使广大干部职工积极投身到改革发展的事业中去。纪检监察机关必须正确把握对与错、是与非的界线，努力从思想上、作风上、纪律上为科学发展观的贯彻落实提供坚强有力的政治保证。

（二）围绕“和谐”主题，切实抓好反腐倡廉几项重点工作。

党的十六届六中全会通过的《关于构建社会主义和谐社会若干重大问题的决定》已经把和谐与民主、富强、文明并列为中国特色社会主义建设的四大奋斗目标之一，这充分显示了我们党建设社会主义和谐社会的决心和信心。勿庸置疑，“政治清明”是社会主义和谐社会的题中之义，减少并消除一切与社会主义和谐社会不和谐的腐败现象，是纪检监察机关不可推卸的历史责任。今后的工作中，我们必须紧扣这一时代主题，切实开展好反腐倡廉的几项重点工作。

第一,加强党内监督。党章明确规定,要加强对党的领导机关和党员领导干部的监督,不断完善党内监督制度;每个党员都必须接受党内外群众的监督,不允许有任何不参加党的组织生活、不接受党内外群众监督的特殊党员;党组织要对党员进行教育、管理和监督,监督党员履行义务,监督党员干部和其他工作人员严格遵守国法政纪;纪律检查机关要对党员领导干部行使权力进行监督。历史和现实都表明,不受制约的权力必然导致腐败。曾经发生在万山个别单位和领导干部滥用权力,私分公款的现象,究其原因,除了当事人本身的腐朽思想作祟以外,一个重要因素就是缺乏对其权力的有效制约和监督。我们的权力是党和人民赋予的,只能用来为人民谋利益,而不能用来为个人或小团体谋私利。领导干部是人民公仆,一言一行必须受到党和人民监督。今后的工作中,我们必须认真贯彻《中国共产党党内监督条例(试行)》等重要党内法规,严格实行巡视制度、领导干部个人重大事项报告和经济责任审计等制度。要着力加强对领导干部行使权力的全方位、全过程监督,重点防范权力失控、决策失误、行为失范。要突出监督重点,着重加强对领导机关、领导干部的监督,加强对腐败多发易发部位和领域的监督,强化对干部选拔任用、财政资金使用、国有资产运营、土地使用权出让、行政审批权运用等方面的监督,确保权力正确行使。要完善监督机制,科学合理地配置权力,建立健全决策权、执行权、监督权既相互制约又相互协调的权力结构,形成结构合理、配置科学、程序严密、制约有效的权力运行机制,最大程度地减少权力"寻租"的机会。努力营造政治清明、权力透明、监督严明的执政环境,从政治上不断促进和谐社会的构建与繁荣。

第二,切实维护人民群众的根本利益。纪检监察机关要在实际工作中坚持把最广大人民的根本利益作为制定政策、开展工作的出发点和落脚点,要善于从政策取向上抓准最大多数人的共同利益与不同阶层的具体利益的结合点,正确反映并妥善处理不同阶层、不同方面群众的利益,特别是低收入弱势群体的利益,高度重视和维护人民群众最现实、最关心、最直接的利益,坚持反对和纠正各种损害群众利益的行为。我们要注意从人民群众反映最强烈的问题入手,切实解决损害群众切身利益的突出问题。纪检监察机关要积极协助有关部门,以解决群众上学、看病、食品药品安全、人居环境保护等方面的突出问题为重点,深入开展纠风专项治理工作。针对征收征用土地、城镇房屋拆迁、企业重组改制中损害群众利益以及拖欠农民工工资等问题,要在过去专项整治的基础上,进一步抓巩固、抓深入、抓提高,防止出现新的问题。要结合实际,组织有关部门采取有力措施,保证人民群众吃上放心食品和用药安全,让人民群众喝上干净的水、呼吸清洁的空气,促进环境友好型社会建设。要认真贯彻落实地委、行署和特区委、特区政府《关于优化经济发展环境的意见》,在积极开展纠风专项治理的同时,坚持纠建并举、综合治理,建立长效机制,加强预防,防止那些可能损害投资者、企业和群众切身利益的现象发生。

第三,努力从源头上预防和治理腐败。《实施纲要》明确提出:教育不扎实,制度不健全,监督不得力,仍然是腐败现象滋生蔓延的重要原因。因此,加强制度建设,努力从源头上预防和治理腐败是我们今后一定时期内反腐倡廉工作的重要内容。我们一定要按照中央的要求,认真贯彻《惩治和预防腐败体系实施纲要》,用发展的思路和改革的办法来解决较深层次的腐败问题。要始终坚持惩治和预防并举,贯彻从严治党方针,继续保持查办案件工作力度,认真查处大案要案,坚决维护党纪国法的严肃性。要以查办发生在领导机关和领导干部中违反党政纪的案件为重点,严肃查办领导干部滥用权力、贪污贿赂的案件，利用人事权、司法权、审批权谋取私利的案件；注意查办严重侵害群众利益的案件，坚决治理商业贿赂行为。要通过查办案件和综合运用执法监察等手段，发现管理和制度中的漏洞和缺陷，不断推进从源头上防治腐败的制度建设和创新，要把《实施纲要》提出的118项需要建立健全的反腐倡廉制度落到实处，努力预防各种腐败行为的发生。要在干部人事制度、行政审批制度、财政金融和投资体制等领域的改革进程中，抓住对权力运行的制约和监督这个重点，切实加强对领导机关和领导干部的监督，完善对重点环节和重点部位权力行使的监督，充分发挥各种监督形式的综合效能，确保改革运筹得当，权力正确行使，从而实现和谐的社会功能整合。

第四，加强廉政文化建设。加强思想道德教育历来都是我们共产党人队伍建设的一个重要法宝，只有通过长期有效的思想教育，把共产主义的理想、信念，把马克思主义的世界观、人生观、价值观，把立党为公、执政为民的观念深化到广大党员干部的灵魂深处，才能有效地发挥其自律功能。勤政、廉政教育作为党纪、党风教育的一个重要方面，不仅要注重成文法规的教育，更要注重非成文法规的廉洁意识教育，督促广大党员干部特别是领导干部加强党性修养，廉洁自律，反对和防止腐化堕落，常修为政之德、常思贪欲之害、常怀律己之心，自觉经受住发展社会主义市场经济和改革开放条件下长期执政的考验。

时代永远在向前发展，反腐倡廉教育的观念也必须发展更新，发展廉政文化，创新廉政理念不仅是整肃党纪、党风的问题，更是我们长期执政、构建和谐稳定社会的重要内容。《实施纲要》坚持与时俱进的思想，明确提出反腐倡廉教育必须面向全党全社会，充分反映了我们党对反腐倡廉规律性的认识达到了一个崭新的高度。实践表明：把反腐倡廉教育与职业道德、社会公德、家庭美德教育紧密结合起来，大力推动廉政文化建设进单位、进社区、进农村、进学校、进家庭，不仅深得人心，而且意义深远。我们要通过深入开展学习贯彻党章的教育，在党员干部中奠定坚实的思想基础，使广大党员干部以纯洁的党风、以“务实、清廉、高效”的工作作风来带动社会风气的改善，使全社会通过加强廉政文化建设，树立以廉为荣、以贪为耻的良好风尚，使人民群众特别是党员干部更好地受到廉政文化的熏陶，增强廉洁自律的自觉性，体现社会主义和谐社会应有的政治风貌。

（三）扩大党风廉政建设成果，加强基层党风廉政建设。

事实表明，我区的党风廉政建设成效是明显的，领导干部廉洁自律各项规定得到认真贯彻落实，党风廉政建设责任制得到有效贯彻，责任追究力度不断加大，党内监督关口前移，渠道拓宽，效果增强，党风廉政建设和反腐败工作的领导体制和工作机制已经形成。我们务必要珍惜这来之不易的成果，紧紧围绕改革发展的大局，不断巩固和深入加强党风廉政建设的各项措施。

中共中央、国务院《关于加强农村基层党风廉政建设的意见》明确指出，加强农村基层党风廉政建设，是构建社会主义和谐社会的重要举措，是推进社会主义新农村建设的有力保证。因此，我们必须引起高度重视，认真贯彻落实中央的部署和要求，把党风廉政建设迅速延伸到农村基层组织中去。我区自去年实行撤并村后，村支“两委”负责人实现了“一人兼”，在认真落实“三会三制”的情况下，村干部的素质有明显提高，管理更加民主，群众更加满意。但是也要看到，当前农村基层在党风政风方面还存在一些亟待解决的问题，农村基层党风廉政建设工作仍然比较薄弱，不能适应新农村建设的需要。今后的工作中，我们必须按照《实施纲要》的要求，结合农村基层实际，大力开展农村基层反腐倡廉教育，进一步加强以基层干部的监督、农村集体资金、资产和资源管理为重点的廉政制度建设，全面推进乡镇政务公开、村务公开和党务公开，认真抓好贯彻执行党的农村政策情况的监督检查，切实维护好群众的切身利益，努力培养出一大批廉洁奉公、勤政为民的优秀农村基层干部，筑牢党的根基，提高党在农村的执政能力，确保新农村建设取得实效，有力地促进和谐社会的构建。

（四）加强自身建设，着力铸就一支过得硬的纪检监察队伍。

纪检监察机关肩负着党风廉政建设和反腐败工作的重要职责，加强队伍建设不仅是时代的需要，更是历史使命的必然要求。因此，我们必须要有高度的政治敏锐性，着力搞好纪检监察队伍建设。纪委常委会要率先垂范，认真贯彻邓小平理论和“三个代表”重要思想，坚持民主集中制原则，讲团结、讲奉献，不断增强凝聚力、号召力和战斗力。要通过抓班子、带队伍，加强政治学习和业务培训，坚定理想信念，努力铸造一支忠于党的事业，政治坚强、纪律严明、作风过硬、业务精通的纪检监察队伍，以过硬的本领完成好党和人民交给我们的神圣使命，以优异的成绩来回报党和人民对我们的信任和鼓励。

各位代表、同志们，在全面实施“十一五”规划的新时期，党风廉政建设和反腐败工作任重而道远。党的纪律检查机关肩负着光荣而艰巨的使命，我们一定要在特区委和上级纪委的领导下，认真贯彻落实党的路线方针政策，开拓进取，扎实工作，以良好的精神风貌投身于反腐倡廉的实践，充分发挥组织协调作用，认真完成好各项工作任务，为构建和谐万山的宏伟事业作出积极的贡献。

谢谢大家！

深入推进党风廉政建设和反腐败工作
为实现全区转型跨越目标提供有力保证

——在中国共产党万山特区第十次代表大会上的报告

（2011年10月19日）

吴廷友

各位代表，同志们：

我代表中共万山特区纪律检查委员会，向大会报告工作，请予审议。

一、五年来工作回顾

五年来，特区纪检监察工作在地区纪委和特区委、政府的坚强领导下，坚持以邓小平理论、“三个代表”重要思想为指导，认真落实科学发展观，按照中央、省、地反腐倡廉建设的部署和要求，紧紧围绕特区中心工作，坚持标本兼治、综合治理、惩防并举、注重预防的方针，深入开展党风廉政建设和反腐败工作，为全区经济社会又好又快、更好更快发展提供了坚强的纪律支持和政治保证。

（一）认真落实党风廉政建设责任制。坚持把党风廉政建设放在工作的首位，狠抓责任制的落实。特别是近两年来，我们深刻反思少数领导干部出现贪污腐化问题的教训，认真分析经济社会转型时期特区反腐倡廉建设新情况、新特点，坚持以贯彻落实党风廉政建设责任制为龙头，紧紧抓住责任分解、责任考核、责任追究三个环节，促进党员领导干部自觉承担起反腐倡廉建设的政治职责、领导职责和主体职责，扎实推进教育、制度、监督、惩处、预防、纠风、改革为重点的惩治和预防腐败体系建设，确保党风廉政建设和反腐败工作在服务发展、服务干部、服务群众中取得成效。

（二）着力规范领导干部廉洁从政行为。深入开展对领导干部执行廉洁自律各项规定情况的监督检查，五年来，收缴乱发津补贴2.3万元，处分2人；认真治理领导干部违反规定收受礼品礼金等问题，将上交的32.18万元礼金转缴国库；对领导干部执行民主集中制、述职述廉、个人重大事项报告、八小时外社交娱乐活动进行了监督检查，对部分干部违规使用公车行为进行了纠正和批评教育；认真执行党内监督各项制度，实施打招呼谈话20人，诫勉谈话29人，纪委书记约谈42人次，促使党员领导干部廉洁从政。

（三）深入开展廉政教育活动。加强正面宣传引导和反面警示教育，提高党员干部拒腐防变的能力。一是认真开展廉政文化“六进”活动。通过创办廉政文化教育基地和廉政文化墙，举办廉政文化漫画赛、廉政知识演讲赛和“唱红歌”等廉政活动，促进廉政文化创建工作。二是积极开展警示教育。通过开展上廉政课、廉政知识宣讲、庭审旁听、观看警示教育片、发放《廉政准则》《廉政日志》等活动，营造“以廉为荣、以贪为耻”的良好社会氛围。三是开通廉政专题网页。利用网络平台加强反腐倡廉宣传教育，成立网络评论员队伍，加强正面舆论引导，确保舆情平稳平息。

（四）切实加强监督检查。扎实开展中央新增投资项目的监督检查和工程建设领域突出问题专项治理，发现并整改问题21个，出台《万山特区政府投资项目变更管理办法》和《万山特区政府投资项目和专项审计管理暂行办法》，有效遏制“低中高结”、“高估冒算”等腐败现象发生；加强对节能减排和环境保护工作的监督检查，对1家企业违法排污行为处罚金2万元，依法取缔非法排污企业1家，关闭搬迁1家，捣毁违法“土法炼汞”窝点7家；认真开展“三项”清理工作，督促相关部门清理征收欠缴土地出让金489.2万元；纠正制止土地违法行为为29起；参与38起安全事故调查处理的监督；加强对“十大民生工程”的监督检查，把资金管理、项目进度、项目效益作为监管重点，确保“十大民生工程”顺利实施。

（五）认真解决损害群众利益的突出问题。督促相关部门对惠农补贴发放、抗灾救灾、农村低保、农村危房改造、教育“两免一补”等工作落实情况进行认真检查，促进惠民政策的落实。督促职能部门帮助农民工追回企业拖欠工资13.1万元；查处坑农害农方面问题8个，涉及金额22.84万元；开展教育乱收费专项治理工作，清退农村中小学校违规收取补课费、住宿费和作业本费6.89万元；开展食品药品专项检查，查获过期失效等假劣药品169批次，查处药品违法案件13件，下发处罚决定书10份。

（六）始终保持查办违纪违规案件高压态势。五年来，共受理群众来信来访、电话举报、司法移送以及领导交办案件119件，初查核实119件，转立案41件，结案41件，查结率100%，给予党纪政纪处分42人。一是以党政机关和党员领导干部为重点，严肃查处以权谋私、贪污贿赂的案件，共查处案件14件14人；二是以规范财务管理为重点，严肃查办违反财经纪律的案件，共查处案件7件7人；三是以治理商业贿赂为重点，严查官商勾结、损害发展环境的案件，大力惩处国家工作人员在商业活动中利用职权索取和收受回扣及“好处费”的行为，共查处案件4件4人；四是以治理工程建设领域为重点，促进“廉政工程”建设，共查处工程建设领域案件6件6人，移送司法机关5件5人；五是以治理“小金库”为重点，防止国有资产流失，共查处“小金库”6个，收缴资金83.2万元。

（七）大力提升机关作风效能。扎实开展“庸、懒、散”治理工作，对干部作风和遵纪履职方面存在的突出问题，开展了经常性的明查暗访。对3名作风效能低下的科级领导干部实施诫勉谈话，对党群系统、政府系统和乡镇进行了机关作风效能建设民主集中测评。制定出台了《万山特区作风效能建设和发展环境建设问责办法（试行）》，对各单位作风建设和工作纪律执行情况进行了多次突击检查，对上班不在状态的一批干部进行了实名通报，起到了较好的警醒作用。

（八）扎实开展“三个建设年”等活动。针对“强拉强运、强买强卖、强揽工程”等突出问题，牵头开展“三强”整治工作，调处了一批矛盾纠纷，化解了一批苗头性群体事件。牵头开展“环境建设年”活动，经清理核查保留各类行政审批项目187项，减少9项，合并13项，查找并督促整改了一批影响发展环境的问题。认真开展“四访四查”和“三访”活动，督促解决群众反映的各类突出问题65个。

回顾五年来的工作，我们深刻体会到，反腐倡廉建设要不断取得新的成绩，必须坚持围绕中心、服务大局，时刻与党委政府同心同向，与中心工作同频共振、共同推进；必须坚持以人为本、服务群众，始终将实现好、维护好、发展好人民群众的根本利益作为所有工作的出发点和落脚点；必须坚持齐抓共管、整体推进，切实发挥党风廉政建设责任制的龙头作用，全面增强反腐倡廉建设的整体合力；必须坚持惩防并举、标本兼治，始终做到预防与惩治、治标与治本并重，在惩处少数腐败分子的同时，更加注重预防和治本工作；必须坚持抓班子带队伍，抓落实求创新，不断适应新形势新任务新要求。

各位代表、同志们,回顾过去五年的工作,全区党风廉政建设和反腐败工作取得了一定成绩。这些成绩的取得,离不开特区委、政府的坚强领导,离不开全区各级纪检监察机关和全体纪检监察干部的共同努力,更离不开广大干部群众的积极参与和支持。在此,我代表特区纪委向关心、支持纪检监察工作的各位领导、各位代表和广大干部群众致以崇高的敬意和衷心的感谢!

但是,我们也清醒地认识到,当前反腐败斗争的形势依然比较严峻,党风廉政建设和反腐败斗争任务依然艰巨,少数党员干部在工作作风和廉洁从政方面还不同程度地存在一些问题,对党员干部的教育、管理、监督仍然比较乏力,一些反腐倡廉制度执行还不够有力,一些损害群众切身利益的问题依然没有得到根本解决,机关干部作风效能建设成效还不尽人意,等等。对于这些问题,我们一定高度重视,认真研究,加快解决。

二、今后五年主要工作安排

今后五年,全区党风廉政建设和反腐败工作的总体要求是:坚持以邓小平理论和"三个代表"重要思想为指导,认真落实科学发展观,坚持反腐倡廉基本方针,认真贯彻执行"以人为本、执政为民"、"服务发展、服务干部、服务群众"理念,紧扣"加速发展、加快转型、推动跨越"主基调,紧紧围绕特区"产业发展原地转型、城市建设异地转型"工作的推进,更加注重预防监管,更加注重制度执行,更加注重工作实效,以更坚决的态度、更有力的措施、更扎实的工作,深入推进反腐倡廉建设,为实现转型跨越目标提供有力保证。

(一)着力在服务发展上取得更好成效

今后五年,是我区实施"两大转型"的关键时期,党风廉政建设和反腐败工作必须始终把保障、服务、促进转型发展作为重要任务,自觉服从转型大局,自觉紧贴转型大局,紧紧围绕转型发展需要,切实加强监督检查,大力维护发展环境,促使干部勤奋创业,努力在服务发展上取得更好成效。

——切实加强监督检查。督促各级各部门认真贯彻落实特区委、政府作出的重大决策部署,确保政令畅通,推进转型跨越。重点围绕实施工业强区、城镇化带动战略中的重大工程和重点项目,以及规范和节约用地、资源节约和环境保护、保障和改善民生等一系列重大决策部署的执行情况开展监督检查。坚决查处和纠正顶着不干、压着不办、拖着慢办等影响项目正常推进的行为。对有令不行、有禁不止,搞上有政策、下有对策,弄虚作假、敷衍应付的依纪依法追究责任,以严明的政治纪律促发展、保发展。积极探索监督检查有效对接中心工作、高效服务中心工作的体制机制,不断提高监督检查工作水平。

——大力维护发展环境。进一步规范行政审批和行政执法行为,全面推行网上审批,提高办事效率和服务水平。认真贯彻《政府信息公开条例》,加大政务信息公开,扩大公开范围和层次,规范公开内容和形式。重点推进财政预算决算、专项资金管理使用、工程建设招投标、土地使用权出让、产权交易、政府采购等领域的政府信息公开。加强企业周边环境治理,畅通环境建设投诉反映渠道,从严、从重、从快打击干扰和阻碍企业正常生产经营活动的行为,为招商引资、项目建设和加快发展营造良好环境。加大对工程建设、土地出让、政府采购等领域违规违纪行为的查处力度,维护好公开公平公正的市场竞争环境。

——进一步加强作风效能建设。推进干部思想作风、工作作风深刻转变,促进干部全身心投入工作,尽全力抓好发展,实现工作提速增效。加大明查暗访力度,认真落实问责规定,下大力气解决部分机关和干部中存在的不作为、慢作为、乱作为问题。大力加强效能建设,对重大项目、重点工作实行全程跟踪问效,及时反映工作情况,及时纠正存在的问题,推进重大项目、重点工作顺利实施。加强对领导干部作风情况的监督检查,旗帜鲜明反对消极腐败,对一些党员干部存在的不思进取、庸碌无为,患得患失、争名追利,自以为是、随心所欲,官气十足、脱离群众,贪图享受、铺张浪费等消极腐败行为实施问责问效和纪律处分。

(二)着力在服务干部上取得更好成效

按照省委关于惩防体系建设的新要求,充分发挥党风廉政建设责任制的龙头作用,努力构建"思想道德、预警防范、党纪国法"三道防线,从源头上预防腐败,为服务干部和促进干部干事创业创造良好环境,让干部不犯或少犯错误。

——切实加强教导管防。大力开展理想信念教育、党的优良传统和作风教育、反腐倡廉法规制度教育、道德修养教育,深入开展示范教育、警示教育、党纪政纪条规教育和岗位廉政教育,强化教育针对性和实效性。认真落实《党内监督条例》和《廉政准则》,严格执行党员领导干部述职述廉和党员领导干部报告个人有关事项制度,严格执行党员领导干部诫勉谈话、函询、质询、罢免或撤换等监督制度,加强对领导干部生活圈、社交圈的了解,深入开展廉政风险点排查防控。深化行政管理体制、干部人事制度、司法体制、财政管理体制、投资体制和国有资产管理体制改革,积极推行党务公开、政务公开、厂务公开、村务公开和公共事业单位办事公开制度,深化源头治腐工作。

——大力加强察帮诫劝。畅通群众信访反映渠道,加强对网络舆情信息的收集,加强对党员干部平常表现和生活情趣的掌握了解,加强对监督检查和专项治理情况的分析研究,注意发现查找干部存在的苗头性、倾向性问题。对干部在重大决策、重点工程项目、大额度资金使用、重要人事任免等方面可能出现的不廉洁行为,及时警示和提醒。对党员干部在政治思想、履行职责、工作作风、道德品质、勤政廉政等方面表现出的不良倾向,以及在改革创新、干事创业过程中出现的工作偏差,及时进行劝诫纠正。

——坚决实施惩处罚治。加大行政监察工作力度,充分运用执法监察、廉政监察、效能监察三大手段,认真落实《万山特区作风效能建设和发展环境建设问责办法(试行)》,督促各级各部门和党员干部认真落实岗位责任制、首问负责制、限时办结制等制度和规定,做到依法廉洁高效行政。进一步拓宽案源渠道,严肃查处各类严重违纪违法案件,始终保持惩治腐败的高压态势。加强对交通运输、水利建设、土地出让和招标投标、征地拆迁等重点领域和关键环节的监督检查及案件线索排查,切实解决项目审批、资金安排使用、物资采购、工程质量监理以及规避招标、虚假招标、转包和违法分包等方面存在的问题,深挖细查这些问题背后隐藏的腐败案件,决不让腐败分子逃脱党纪国法的惩处。坚持以查促教、以查促纠、以查促建,加强对典型案例的剖析,督促建章立制,引导党员干部从中吸取教训,强化查办案件的治本功能。在实际工作中,坚持宽严相济,注意把改革与发展中出现的失误与严重违纪违法区别开来,注意把处理人与教育人、挽救人结合起来,注意把加强对干部的监督与信任干部、激励干部结合起来,切实做到既严惩腐败分子,又保护干部的合法权益和干事创业的积极性。

(三)着力在服务群众上取得更好成效

坚持把维护民利、保障民生作为工作的出发点和落脚点，大力解决群众反映最强烈、最直接、最现实的突出问题，切实纠正损害群众利益的不正之风，以反腐倡廉的实际成效取信于民。

——加强对强农惠农政策落实情况的监督检查。加大对农村水利建设、农村危房改造、石漠化治理、特色生态农业、农民工培训等方面的项目和资金落实“双备案”、“四建档”等制度情况的监督检查力度。紧紧盯住项目资金到位、拨付、进度、公示等关键环节，防止发生截留、挤占、挪用现象。加大对粮食直补、良种补贴、农机具购置补贴、农资综合直补以及“家电下乡”、农村合作医疗、农村社会保障等政策落实情况的监督检查，重点检查涉农补贴申报、对象确定、金额公示等环节，加强流程监督管理，防止和纠正弄虚作假、虚报冒领、贪污侵占等问题，真正把党和政府改善民生的政策措施落到实处。

——加强对群众反映强烈的热点难点问题的监管。严格执行《农村基层干部廉洁履行职责若干规定（试行）》，完善村务公开和民主管理制度，加强乡镇纪检组织建设，加强村务监督管理，扎实推进农村党风廉政建设。加强对农村集体资金、资产、资源的监督管理，及时纠正农村土地征用、房屋拆迁中损害农民利益的问题，加大对拖欠、截留和挪用征地拆迁补偿费等行为的查处力度。深入治理教育收费、医药购销和医疗服务中的不正之风。加强对与群众生产生活密切相关的公共企事业单位的监管，严厉打击各种以权谋私行为，从严查处发生在群众身边的腐败案件。深入开展“三访”活动，继续抓好“小金库”治理、公车监管等工作，加强对干部操办酒席的监督管理，回应干部群众关切。

——加强党员干部与群众的血肉联系。加强对党的群众路线执行情况的监督检查，大力弘扬密切联系群众的优良作风。针对部分党员干部存在思想上淡忘群众、工作上远离群众、生活上冷漠群众的问题和倾向，将群众观点和群众立场教育作为党风廉政教育的重要内容，教育党员干部牢固树立宗旨意识、公仆意识，虚心向群众学习，热心为群众服务，诚心接受群众监督，拉近与群众的距离，密切与群众的联系，切实做到思想上尊重群众、感情上贴近群众、工作上依靠群众，预防和消除脱离群众的危险。加强纪检监察队伍建设，提高纪检监察干部工作水平和服务群众的本领，努力多为群众办好事、解难事。

各位代表、同志们，中国共产党万山特区第十次代表大会确立的转型跨越目标催人奋进，万山的前景灿烂美好。今后五年，我们将在特区委、政府的坚强领导下，以更高的标准要求自己，对党的事业无限忠诚，对干部群众关心爱护，与腐败现象坚决斗争，为实现转型跨越目标，推动全区经济社会又好又快、更好更快发展作出新的更大贡献！

不忘初心　砥砺前行
为全面建成现代化魅力新万山提供坚强纪律保障

——在中国共产党铜仁市万山区第二次代表大会上的报告

（2016年10月22日）

袁继鸿

各位代表，同志们：

现在，我代表中共铜仁市万山区纪律检查委员会，向大会报告工作，请予审议。

过去五年工作回顾

五年来，在区委和市纪委的领导下，认真贯彻落实党的十八大，十八届三中、四中、五中全会精神，按照中央、省委、市委和区委关于党风廉政建设和反腐败斗争的决策部署，全区纪检监察机关聚焦主业，实践把握运用监督执纪“四种形态”，深入推进作风建设，大力实施民生铸廉行动，始终保持惩治腐败高压态势，党风廉政建设和反腐败斗争取得了新成效。干部纪律和规矩意识明显增强，干部作风明显好转，“四风”问题和腐败蔓延势头得到有效遏制，政治生态持续向好，为全区经济社会转型发展提供了强有力的纪律保证。

一、以责明纪，保障发展更加有力

党风廉政建设主体责任和监督责任是党章赋予各级党委和纪委的重要职责，是深入推进党风廉政建设和反腐败斗争的“牛鼻子”，落实“全面从严治党”，主体责任是前提，监督责任是保障。区纪委认真贯彻十八届中纪委历次全会和省市纪委历次全会精神，一手抓谋划部署、一手抓督查落实，全面推进主体责任和监督责任落地生根。一是以守土尽责的精神落实主体责任。始终把党风廉政建设和反腐败斗争作为事关改革发展稳定全局的一项重大政治任务，坚持把党风廉政建设纳入党委中心组学习、党员干部培训计划。先后出台《万山区关于贯彻落实党风廉政建设责任制党委主体责任和纪委监督责任的实施意见》《万山区党风廉政建设主体责任和监督责任清单（试行）》等文件，初步构建了主体明确、监督到位、各负其责的工作格局和工作机制。五年来，区委常委会40余次专题研究党风廉政建设和反腐败工作，每年坚持层层签订党风廉政建设责任书，坚持区委常委带队检查考核党风廉政建设工作，层层落实责任、层层传导压力，推动各级党委（党组）履行主体责任。二是以敢于担当的精神落实监督责任。全区各级纪检监察机关按照“三转”要求，及时对参与的议事协调机构进行全面清理，聚焦主责主业，聚心聚力种好“责任田”，做党章的忠实捍卫者、坚定执行者。五年来，两次对委局机关内设机构进行了调整，整合了4个内设科室，增设了3个纪检监察室，清理退出牵头或参与的议事协调机构78个，在委局11个内设机构中突出办案职能的就有8个。机构调整后，责任更加明确、任务更加清晰、主业更加突出，监督力量更强。三是以坚决严厉的态度追究责任。动员千遍、不如问责一次，严格落实“有权就有责，有责就担当，失责必追究”的问责原则，开展了党风廉政建设突出问题专项整治行动，严厉整治管党治党不力、组织涣散、纪律松弛等问题。五年来，查处“一岗双责”落实不力问题135个，12个单位党委(党组)负责人和2名纪检组组长被问责，64名领导干部因落实“两个责任”不力受到责任追究。

二、以纪督政，干部作风更加务实

作风建设关乎人心向背，关乎党的生死存亡。全区各级纪检监察机关以落实中央八项规定、省市“十项规定”精神为抓手，对存在的作风问题扭住不放、一寸不让，一步一个脚印，以“钉钉子”精神扎实推进作风建设。一是深入开展党员干部遵守中央八项规定情况的监督检查。五年来，查处违规使用公车行为43起，纪律处分54人，收缴违规使用公车费用1万余元；查处违规公款吃喝9起、公款旅游5起、超标准超范围接待3起、滥发津补贴13起、违规购买高档烟酒4起，纪律处分32人，对违规违纪行为及时纠正整改。二是大力整治干部队伍作风。针对为官不为、慢作为、乱作为等微腐败问题，开展了“三个开刀”“干部贴标·亮牌”“作风效能问责”“庸懒散慢浮”“两转一抓”等作风建设整治活动，对机关干部作风进行了整顿，在全区上下形成了“不阳奉阴违、不打小报告、不传播小道消息”的良好风气，形成了“立说立行、马上就办、办就办好”的工作作风。五年来，共开展作风效能督查87次，问责处理干部270余人次。三是深入开展专项整治活动。集中开展了违规经商办企业、投资入股、承揽工程、打麻将、操办和参与酒宴、违规收费和收受红包、购物卡等问题的专项整治。五年来，查处16名党员干部存在入股、代办中介等问题，收缴违规发放福利60.1万元，查处违规操办酒席行为18起、纪律处分18人；对11名国家工作人员上班时间打麻将行为予以全区通报批评，纪律处分5人。

三、以廉铸魂，清廉氛围更加浓厚

持续推进廉政文化建设，以清廉理念引导和教育广大党员干部，铸就清廉之魂。一是实施党风廉政宣传教育“浸润计划”。大力推进廉政文化“八进八增”活动，广泛开展廉政宣传教育，对全区副科级以上领导干部经常性开展党纪法规教育培训、廉政知识测试、发送廉政家书、发放廉政书籍、编发廉政短信等活动，创建了省级廉政文化示范点1个，市级示范点1个，区级示范点5个，营造了崇廉尚洁的社会氛围。二是积极传播党风廉政建设好声音。注重党风廉政宣传报道工作，利用门户网站、高炮广告、手机微信等载体平台，在重要时间节点，及时发布廉政信息、制作廉政广告，营造清廉氛围。积极协调中央、省、市媒体记者到我区实地采访，宣传报道我区党风廉政建设和反腐败工作成果，传播廉政建设好声音。五年来，宣传报道工作取得了丰硕成果，在市级以上新闻媒体刊发信息稿件600余篇，其中一些好做法、好经验还被《新华每日电讯》、人民网、新华网、中纪委网站、中国纪检监察报等媒体采用。三是开展警示教育活动。以身边的典型案例教育身边的人，教育和引导广大党员干部在金钱、权力和利益面前挡得住诱惑、耐得住清贫、经得起考验，时刻把党的纪律记在心上，不踩“雷区”、不越“红线”。五年来，共开展各类党风廉政宣传教育活动120余场次，受教育党员干部达5万余人次。

四、以案为戒，政治生态更加净化

坚持有案必查、有腐必惩。始终保持查办违纪违规案件高压态势，以“零容忍”态度严惩腐败，着力营造良好的政治生态。一是畅通信访举报渠道。充分发挥纪检监察信访举报作用，对信访举报件的接收、登记、存储、流转和办理全程严格把关，按照“分级负责、归口办理”明确处理权限，严格处理程序。五年来，受理群众来信、来访、电话举报、司法移送以及领导交办的党员干部问题线索504件，转立案36

件，信访了结468件，信访办结率达100%。二是重拳惩治腐败。充分发挥查办案件震慑和警示效果，始终保持力度不减、尺度不松、节奏不变，严厉查处十八大后不收敛不收手，问题严重、群众反映强烈，现在重要岗位可能还要提拔使用的党员领导干部，以最坚决的态度减少腐败存量，以最果断的措施遏制腐败增量。五年来，共立案查处民生领域、工程领域和"四风"方面等违纪违规案件248件，党政纪处分256人，移送司法机关16人，挽回经济损失2000万余元。三是突出执纪特色。正确把握运用监督执纪"四种形态"，突出抓早抓小、惩前毖后、治病救人，坚决扭转不是"好同志"就是"阶下囚"的状况。扩大谈话、函询、诫勉范围，让有不良问题反映的党员干部讲清问题，认识错误，及时纠正，对反映失实的予以澄清了结，让干部放下思想包袱，轻装上阵。五年来，对81名有问题线索反映的党员领导干部进行约谈提醒，对违反廉洁自律规定的42名科级干部进行诫勉谈话，使党员干部主动向组织交代问题，主动上缴违纪违规资金86.5万元。

五、以民为本，民生监督更加惠民

民生大于天，民心重如地。全区围绕民生项目资金加强民生监督，把民生领域项目资金使用作为民生监督的重中之重，切实解决基层贪腐以及执法不公等问题，民生监督取得了显著成效。一是形成了"五位一体"的民生监督模式。有效整合区、乡纪检监督力量，主动发现问题，主动查处案件，完善监管机制。在全区以乡镇(街道)为单位设立了9个民生监督组，构建了由区纪委+派出纪工委+乡(镇)纪委+派驻纪检组+村务监督委员会的民生监督网络体系，形成了"五位一体"的民生监督模式，实现了民生监督全覆盖。二是查处了一批突出问题。通过开展民生领域专项监察，认真纠正损害群众利益的不正之风，对惠农补贴、农村低保、农村危房改造、救灾救济、"营养午餐"等涉农资金管理使用情况及"微型企业"、"水土保持"等涉农项目开展了专项监督检查，查处了发生在群众身边出现的吃拿卡要、虚报冒领、优亲厚友等一批突出问题，惩处了一批"小贪蝇腐"。三是维护了群众的利益。各民生监督组把发现问题、纪律审查作为民生监督的首要任务，把群众关注的热点难点作为开展民生监督的着力点，突出"系统抓、系统查、系统总结"，采取重点查、专项查、联动查的方式开展监督检查。通过严肃查处群众身边的不正之风和腐败问题，使群众有更多获得感，党风廉政建设群众满意度得到了大幅提升。截至目前，我区民生监督工作，共发现问题1165个，立案125件，党政纪处分111人，移送司法机关9人，涉案款物1000万余元，返还群众款物20万余元。

六、以改提效，改革成效更加凸显

纪律检查体制机制改革是全面深化改革的重要组成部分，是全面从严治党的"推进器"和"动力源"。全区纪检监察机关按照区委全面深化改革的部署和要求，紧紧围绕转职能、转方式、转作风，推进纪律检查体制机制改革。一是优化干部队伍结构。按照《党政领导干部选拔任用工作条例》等有关文件规定，采取提拔、交流、选调等方式充实人员力量，调整充实23名工作人员进入区纪委机关和派出纪工委，在委局机关47名纪检干部中，具有硕士研究生学历3人、大专以上学历36人，平均年龄34岁，实现了纪检监察干部年轻化、专业化，增强了执纪监督力量。二是推行纪检体制机制改革。制定出台了《推进乡镇纪检监察体制改革的实施方案》《万山区纪检监察派出(驻)机构监督管理办法(暂行)》，调整优化内设机构，基本实现派驻机构全覆盖，增强了乡镇(街道)纪检队伍力量。充分发挥纪检组"派"的权威和"驻"的优势，向34个区直部门派驻了纪检组，延伸了监督触角；乡镇(街道)纪(工)委人员的工资、年终考核由区纪委负责管理,实现乡镇纪检监察工作机制从双重管理向上级纪委管理为主转变、监督方式从内部监督向外部监督为主转变。三是加强内部管理。“正人先正己”,严防“灯下黑”,以全区开展的“庸懒散慢浮”专项整治、“贴标·亮牌”管理工作为抓手,强化纪检监察干部监督管理,制定完善纪委常委会议事规则,出台纪检监察干部目标考核细则,对纪检监察干部进行量化考核。制定出台了《铜仁市万山区纪检监察干部谈心谈话制度》,对反映纪检监察干部问题进行大排查、大约谈,强化纪检监察干部纪律意识和规矩意识。五年来,13名纪检干部因落实工作不力被提醒谈话,23名委局机关干部被通报批评,5名纪检干部被贴黄标·亮黄牌,2名纪检干部因违纪被调离纪检系统,2名纪检干部被立案查处。

回顾五年来的工作,深刻体会到,党风廉政建设和反腐败工作要不断取得新的成绩,必须坚持党的领导,紧紧抓住落实主体责任这个“牛鼻子”,盯住领导干部这个“关键少数”,发挥领导核心作用;必须坚持围绕中心、服务大局,把党风廉政建设与党委、政府的工作思路同心、目标同向、措施同步;必须坚持以人为本、服务群众,始终将实现好、维护好、发展好人民群众的根本利益作为所有工作的出发点和落脚点;必须坚持齐抓共管、整体推进,切实发挥党风廉政建设责任制的龙头作用,全面增强党风廉政建设的整体合力;必须坚持惩防并举、标本兼治,始终做到预防与惩治、治标与治本并重,在惩处少数腐败分子的同时,更加注重预防和治本工作。

各位代表、同志们,回顾过去五年的工作,全区党风廉政建设和反腐败工作取得了一定成绩。这些成绩的取得,离不开区委的正确领导,离不开各级各部门党委(党组)的辛劳和付出,离不开全体纪检监察干部的共同努力,更离不开广大干部群众的积极参与和支持。在此,我代表区纪委向关心、支持纪检监察工作的各位领导、各位代表和广大干部群众致以崇高的敬意和衷心的感谢!

但是,我们也清醒地认识到,当前党风廉政建设和反腐败斗争的形势依然严峻复杂,任务依然艰巨重大。

一是少数党员干部思想认识有差距。监督执纪“四种形态”大力推行以来,被纪检监察机关提醒谈话、诫勉谈话、立案调查、轻处分轻处理的党员干部人数增加,少数党员干部产生了“纪检监察部门动不动就问责”的疑惑,甚至有少数干部产生了“多干多错、少干少错、不干不错”的错误想法。二是少数党员干部讲规矩守纪律有差距。有的目无组织,心无法纪;有的仍然顶风作案,拒不收敛;有的心存侥幸,知纪犯纪。三是少数党员干部转变作风有差距。“四风”问题表面上有所收敛,但树倒根在,而且出现不少新“变异”。当前微信红包、电子预付卡等利用其隐蔽性极强的“送礼神器”逐渐浮出水面;有的不适应新常态、新要求,不习惯公车改革,仍然公车私用、私车公养;有的对遵规守纪打折扣、搞变通,不作为、不担当、不落实问题依然突出。这些问题虽然只存在于少数党员干部身上和少数部门之中,但与全面从严治党要求格格不入、背道而驰,对于这些问题,我们一定高度重视,从严抓好。

今后五年工作的思路和举措

今后五年,全区党风廉政建设和反腐败工作的总体思路是:坚持以邓小平理论、“三个代表”重要思想、科学发展观为指导,深入贯彻落实习近平总书记系列重要讲话和对万山的重要批示精神,深入贯彻落实中央、省、市纪委和区委的决策部署。围绕中心,服务大局,以党章为根本遵循,严格执行《中国共产党廉洁自律准则》《中国共产党纪律处分条例》和《中国共产党问责条例》等党内法规,坚决把党章的权威立起来,把纪律和规矩挺起来,构筑起全区各级党组织和党员干部的纪律和规矩防线。以贯彻落实中央八项规定和省市十项规定为切入点,对党员干部严格教育,严格要求,严格监督,着力加强全面从严治党制度建设,着力解决人民群众反映强烈的突出问题,为全面建成现代化魅力新万山提供有力的纪律保障。

一、严守党规党纪,践行全面从严治党要求

"欲知平直,则必准绳;欲知方圆,则必规矩",对于一个党员而言,纪律是高压线;对于一个政党而言,纪律是生命线,党内规矩是党的各级组织和全体党员必须遵守的行为规范和规则。认真落实从严治党、依规治党各项要求,必须坚持把尊崇党章放在首位,以党章为根本遵循,以党纪为基本准绳,严守纪律和规矩。一是践行好党章要求。党章规定了党的理想信念、服务宗旨、组织保障、行为规则和纪律约束,每一条都凝结着党的建设的历史经验,是共产党人的"原教旨",是制定党规党纪的总依据,是各级党组织和全体党员必须遵守的总规矩。督促各级党组织和纪检监察机关以党章为根本遵循,以党纪为基本准绳,提升全区党员干部在党言党、在党忧党、在党为党、在党爱党的境界和情怀,坚定政治信仰和政治定力,始终对党忠诚、向党负责,做良好政治生态的营造者、守卫者。二是把纪律和规矩挺在前面。纪律和规矩是我们党保持集中统一、保证令行禁止的"法宝",是维护良好政治生态的重要屏障。加强对各级党组织及党员干部遵循组织程序的监督,重大问题该请示的请示,该汇报的汇报;必须服从组织决定,遇到问题找组织、依靠组织;使规矩和纪律成为全区党员干部言行举止的"指南针",引导党员干部增强"看齐意识",以更严更高标准向党中央看齐、向党的理论和路线方针政策看齐,做政治上的明白人,在思想上政治上行动上与以习近平同志为总书记的党中央保持高度一致,坚决维护区委、区政府的权威,任何时候都绝不动摇。三是执行好党规党纪。自觉把《中国共产党廉洁自律准则》、《中国共产党纪律处分条例》和《中国共产党问责条例》内化为做人干事的基本遵循,自觉将党的政治纪律、组织纪律、廉洁纪律、群众纪律、工作纪律、生活纪律外化为行动标尺,确保在任何时候、任何地点、任何情况下,都能稳得住心神、管得住行动、守得住底线,做遵规守纪的表率。今明两年是区、乡、村(社区)三级换届之年,每个党员干部要自觉遵守换届纪律"九严禁"要求,严守纪律和规矩。各级纪检监察机关要坚决查处在换届选举中拉票贿选、跑官要官、买官卖官等行为。

二、深化宣传教育,筑牢全面从严治党思想防线

推进全面从严治党,要抓好思想教育这个全面从严治党的根本,不断增强党的自我净化、自我完善、自我革新能力,筑牢全面从严治党思想防线,提高拒腐防变能力。一是加强宣传工作。充分发挥广播、电视、报纸、网络等各种现代传媒的作用,广泛深入地开展宣传活动,唱响党风廉政建设好声音;充分利用廉政宣传栏、廉政文化示范点等载体,弘扬廉政文化,营造崇廉尚洁的社会氛围,让党员干部时时处处受到廉政文化的熏陶,从而自觉遵规守矩,筑牢拒腐防变的思想道德防线。二是重视家风教育。领导干部的家风,事关党风、事关政风、事关民风,不是个人小事、家庭私事。管不好家风,必然引领不了民风,最后就会败坏党风政风,就会毁了家庭,影响子女幸福。因此,各级党员干部要自觉摆正党性与亲情、家风与党风、家风与政风、家风与民风的关系,严管家属、子女和亲属,做到廉洁修身、廉洁齐家,以家风促政风带民风。三是加强干部警示教育。结合干部教育活动,开展党员领导干部廉政专题教育。以“领导干部”为抓手,经常性开展警示教育活动。利用身边事警示身边人,以案释纪强化廉政教育,促使干部敬畏法纪,增强纪律意识,做到清正廉洁。利用宣布处分决定同步开展警示教育,释放越往后执纪越严的信号,绷紧党员干部纪律之弦,做到不越“雷池”,不破底线,达到处理一人教育一批的目的。

三、健全完善制度,扎紧全面从严治党制度铁笼

全面从严治党,最根本的就是落实制度治党,坚持制度为本,以科学有效的制度规范约束全体党员干部,切实把权力关进制度的笼子里。一是健全廉政风险防控制度。“阳光是最好的防腐剂”,坚持让权力在规范、透明的轨道上运行,扎紧制度笼子,让权力在阳光下运行,形成不敢腐、不能腐、不想腐的体制机制。今后五年以规范权力运行为重点,结合行政审批制度改革和部门行业法规,加快推进和完善权责清单,进一步清权、确权、晒权、控权,解决“任性用权”“随意执法”等问题,切实加强对权力运行的日常监管和过程监管,凡是经济社会发展重大事项、群众普遍关注事项、涉及群众切身利益事项、容易发生腐败问题领域和环节的事项,都要做到及时公开,提高权力运行的透明度。对踩“红线”、越“底线”、闯“雷区”的,坚决严肃查处,不以问题小而姑息,不以违者众而放任。二是继续推行“双报告”制度。各乡镇(街道)党(工)委、区直各部门党委(党组)以及主要负责人,每年初向上级党委和纪委报告上一年度履行主体责任和第一责任人的情况,各乡镇(街道)纪(工)委和区直各部门纪检组向同级党委(党组)和上级纪委书面报告监督责任履行情况。三是继续推行党员干部约谈制度。党政主要负责同志与领导班子成员、下级党政主要负责同志,领导班子成员与分管联系部门主要负责同志,每年开展廉政谈话不少于两次,把廉政谈话作为党风廉政建设检查考核、领导干部“三述”、任职前教育的重要内容和必经程序;纪委(纪工委、纪检组)负责同志要结合党风廉政工作检查、巡察、专项检查等工作,对发现问题较早的党员干部,及时进行约谈提醒。

四、压紧压实责任,推动全面从严治党落地生根

全面从严治党,必须增强管党治党意识、落实管党治党责任。不明确责任、不落实责任、不追究责任,从严治党就无法落地生根。一是压紧压实主体责任。党组织负有全面从严治党的主体责任。党组织过硬,对党员干部教育、管理、监督有力,不仅有利于党员干部增强党章党规党纪意识,从灵魂深处与党同心同德,还可以不断增强自我净化、自我完善、自我革新、自我提高能力,保持共产党人的蓬勃朝气、昂扬锐气和浩然正气。如果党组织落实主体责任不力,教育不经常、管理不严格、监督不到位,党员干部身上各种各样的跑冒滴漏、跑风漏气,脱轨越界、脱纲离谱就难以避免,久而久之,就会突破思想防线、纪律底线、法律红线,滑向违法乱纪、贪污腐败的深渊。全区各级党组织必须深刻理解管党治党的主体责任是政治责任,更是历史责任,必须紧抓不放,严格按照《万山区党风廉政建设主体责任和监督责任清单(试行)》规定,切实担负起管党治党的主体责任,自觉做到守土有责、守土尽责。对于党组织功能弱化,没有很好地履行主体责任,没有认真贯彻党的路线方针政策,组织涣散、纪律松弛,落实全面从严治党主体责任不力的,按照《中国共产党问责条例》有关规定,严肃追责。二是压紧压实监督责任。落实监督责任是纪检监察机关必须担负的重大政治责任,这既是坚决遏制腐败蔓延势头的现实要求,也是保证党委主体责任落到实处的客观需要,更是聚焦纪检监察主责主业。全区各级纪检监察机关必须找准职责定位，聚焦聚焦再聚焦，围绕中心任务，始终坚持问题导向，把牢事前、事中、事后三个环节的监督，突出事前警示教育，盯住重点人、重点事，提高发现问题的精准度，改变以往“眉毛胡子一把抓”的老方法，紧紧盯住重点领域、重点行业、重点岗位，盯住“关键的少数”“少数的关键”，强化对党员干部的监督。三是压紧压实领导责任。党委（党组）主要负责人要切实履行全面从严治党“第一责任人”职责，主动担当，积极履责，切实做到重要工作亲自部署、重大问题亲自过问、重点环节亲自协调、重要案件亲自督办，履行好“第一责任人”的责任。班子成员要紧密结合分工，认真履行“一岗双责”，抓好职责范围内的党风廉政建设各项工作，形成齐抓共管、上下联动的工作机制。

五、加大纪律审查力度，推动全面从严治党不断深化

加大纪律审查力度，是全面从严治党的题中之义，也是全面深化改革的重要一环，纪律审查要围绕“六大纪律”，突出审查重点，把“四种形态”贯穿纪律审查始终，使纪律和规矩挺在法律前面。一是突出审查重点。保持高压态势不动摇，坚持惩治腐败力度不减、节奏不变、尺度不松的原则，紧盯重点领域和关键环节，严肃查处党员干部违规插手工程建设、土地转让、利益输送、以权谋私、贪污腐化、失职渎职、执法不公等案件。对十八大后不收敛、不收手的，严查重处，遏制腐败增量；对问题严重、群众反映强烈的，认真核查、及时处理，减少腐败存量；对现在重要岗位可能还要提拔使用的干部，将重点关注，多方面了解情况，提前做好问题线索排查，经核实存在严重违规违纪问题的，坚持原则、果断处置，防止带病提拔。二是坚持纪在法前。纪律审查要突出党纪特点，依据党章党规党纪进行，正确把握和运用好监督执纪“四种形态”，更多地运用警示教育、诫勉谈话、组织处理、纪律处分等方式开展执纪工作，真正使纪律成为管党治党的尺子、不可逾越的底线。对党员干部在重大决策、重点工程项目、大额资金使用、重要人事任免等方面可能出现的不廉洁行为，及时警示提醒；对党员干部在政治思想、履行职责、工作作风、道德品质、勤政廉政等方面表现出的不良倾向，以及在改革创新、干事创业过程中出现的工作偏差，及时进行劝诫纠正。在实际工作中，探索建立容错免责机制，激励干部干事创业，坚持宽严相济，注意把改革与发展中出现的失误与严重违纪违法区别开来，注意把处理人与教育人、挽救人结合起来，注意把加强对干部的监督与信任干部、激励干部结合起来，切实做到既严惩腐败分子，又保护干部的合法权益和干事创业的积极性。三是注重纪律审查效果。纪律审查不能不计代价、纪法不分。纪检机关不是党内的公检法，纪律审查要注重方式方法，注重时效，确保质量。把违反纪律的主要问题查清后，涉嫌犯罪的及时移送司法机关依法查处；针对一些能够作出党纪政纪处分或者组织处理的问题，要及时办理，不能放任自流，发挥纪律审查的警示作用，彰显纪律审查的综合效果。

六、深化民生监督，推动全面从严治党向基层延伸

“蝇”贪虽小，其害如虎。“小官”就在群众身边，其腐败行为损害的是老百姓切身利益，啃食的是群众获得感，挥霍的是基层群众对党委政府的信任。对此类问题，务必引起高度重视。一是看住微权力，推动全面从严治党向基层延伸。以开展民生领域铸廉行动为抓手，严查群众身边不正之风和腐败行为。严格执行《贵州省国家公职人员、村（社区）干部落实惠民政策行为规范（试行）》文件规定，认真贯彻落实“四要、五严禁”要求，进一步规范村（社区）干部用权行为。充分发挥民生监督组的作用，把损害群众利益的腐败问题作为重点工作任务，定期梳理和处置反映基层党员干部的问题线索，坚持零容忍、无死角，对基层“蝇腐”挖树刨根，一抓到底，发现一起，查处一起，寸步不让，不断厚植党的执政基础，让正风反腐给百姓带来获得感,推动全面从严治党向基层延伸。二是聚焦突出问题,提高民生监督精准度。坚决防止民生领域项目资金变成“唐僧肉”,坚决防止“民心工程”变成“伤心工程”,坚决防止“雪中送炭”变成“雪上加霜”。严厉整治侵害群众利益的不正之风和腐败问题,对虚报冒领、优亲厚友、雁过拔毛、贪污挪用的严肃查处。实行一案双查、责任倒查,严肃查处有关民生职能部门不履职或履职不力问题,倒逼职能部门落实主体责任,为脱贫攻坚工作提供坚强纪律保障。三是加强源头预防,维护群众利益。利用村(社区)换届之际,配齐配强村级监督力量,使村务监督委员会成为农村“小纪委”,发挥前哨作用,强化民生项目资金源头监督。提高村务监督委员会成员的工作报酬,充分调动其积极性,确保监督到位,监督有效。督促村(社区)加强村务公开,规范“三资”管理,及时公开财务收支以及各类惠农政策落实情况,引导和规范村民参与监督,防范基层干部贪腐行为的发生。

七、加强作风建设,推动全面从严治党迈上新台阶

作风建设永远在路上,永远没有休止符。今后五年,继续把抓作风作为全面从严治党的“先手棋”,坚持坚持再坚持,把作风建设一抓到底。一是坚持整治机关作风病。着力整治干部工作中出现的“畏难病”“推诿病”“懒惰病”等作风病,解决“门好进、脸好看、事难办”、推诿扯皮、“吃拿卡要”等行为。二是坚持整治“四风”。以中央八项规定和省市“十项规定”为突破口,坚决纠正“四风”,当前“四风”问题表面上有所收敛,但树倒根在,而且出现不少新“变异”,有的不适应新常态、新要求。全区各级纪检监察机关将继续受理、查处专门针对“四风”问题的举报,也要在审查其他案件过程中,拉长耳朵、瞪大眼睛,紧盯“四风”问题线索。三是用好巡察“利剑”。巡视工作是全面从严治党的利器,党的十八大以来,中央全面从严治党的力度越来越大,巡视工作作为党内监督的重要制度安排,发挥了重要作用,开展巡察工作是我们向党中央看齐的具体行动,更是全面从严治党向基层延伸的重要举措。今年对区环保局、民宗局等6家单位进行首轮巡察,今后将有计划、有步骤的对全区各级各部门党组织开展巡察,实现巡察全覆盖,用好用活巡察这把“利剑”,发现和解决基层党组织履行主体责任不力和党员干部存在的违纪违规问题,推动全面从严治党迈上新台阶。

八、打造执纪铁军,为推动全面从严治党提供组织保障

“打铁还需自身硬”“打铁”之人必须是“铁打”之人,打造一支“忠诚、干净、担当”的纪检监察干部队伍,是深入推进全面从严治党的重要保障。一是强化责任担当。监督执纪问责是党章赋予纪检监察机关的职责,各级纪检监察机关要持续深化“三转”,聚焦主业主责,切实把监督执纪问责的职责担起来。开展业务培训、岗位“大练兵”等活动,提高队伍素质,提升执纪能力。二是加强队伍建设。坚持好干部标准,把政治强、作风硬、德才兼备、敢于担当、热爱纪检监察事业的干部选拔进纪检队伍。确保区直部门派驻纪检组实现全覆盖,加强对派驻机构的管理和监督,发挥好“派”的权威和“驻”的优势,更好地彰显派驻监督的威慑力。同时加大纪检干部交流和遴选力度,优化纪检监察队伍结构。三是严格监督管理。信任不能代替监督,坚持严管就是厚爱。纪检干部更要主动接受监督,完善和健全内部监督制约机制,严格工作程序和业务流程,加强对重要岗位和关键环节的监督,对不作为、乱作为和不善作为的,要批评教育、组织调整,造成严重后果的要给予纪律处分。对执纪违纪、违规私存线索、以案谋私、跑风漏气的,发现一起严肃处理一起。以更高的标准和更严的纪律建设一支忠诚、干净、担当的纪检监察队伍,自觉维护纪检监察机关和纪检监察干部的良好形象。

各位代表、同志们，中国共产党铜仁市万山区第二次代表大会确立的目标催人奋进，发展的蓝图已绘就，展望未来，万山的明天更加灿烂美好。今后五年，我们将在区委和市纪委的领导下，以更高的标准要求自己，对党的事业无限忠诚，不忘初心、恪尽职守、勇于担当，为全面建成现代化魅力新万山作出新的贡献！

在万山区深化国家监察体制改革试点工作转隶大会上的讲话

（2017年12月18日）

陈 琪

同志们：

今天转隶大会的召开，标志着我区深化国家监察体制改革试点工作迈出重要一步，取得重大进展。首先，我代表区纪委对区人民检察院坚决拥护、全力支持我区深化国家监察体制改革试点工作表示衷心的感谢！对区人民检察院转隶干部的到来表示真诚的欢迎！借此机会，我讲四点意见。

一、提高政治站位，坚决拥护改革

深化国家监察体制改革是实现加强党对反腐败工作统一领导的必然要求，是实现对所有行使公权力的公职人员监察全覆盖的务实举措，是整合反腐败力量的关键手段，是运用法治思维和法治方式反腐的重要保障。深化国家监察体制改革的目标，就是建立党统一领导下的国家反腐败工作机构。实现这一目标，就要通过转隶，整合反腐败资源力量，成立各级监察委员会，有效解决行政监察范围过窄、反腐败力量分散等问题。北京、山西、浙江三个试点地区的改革经验告诉我们，国家监察体制改革能否顺利推进、取得实效，转隶是关键环节。中央政治局常委、中央纪委书记赵乐际同志在全国推开国家监察体制改革试点工作动员部署电视电话会议上强调，要牢牢把握关键环节，集中力量抓好转隶，完成监委组建挂牌，确保过渡期间各项工作有机衔接。完成转隶，首先是人的转隶，而人的转隶，关键是思想上的转隶。通过前一阶段的谈心谈话、调研走访，我们强烈的感受到，检察院涉改人员都是讲政治、顾大局的，都是有担当、可信赖的。针对检察机关涉改人员普遍关注的待遇问题，已经明确“检察官员额制待遇继续保留”，让大家吃了一颗“定心丸”。转隶干部要打消思想顾虑，强化身份认同，时刻审视自己思想认识是否与中央一致、工作理念是否与大家合拍、情感交流是否充分信任，及时校正思想偏差。要正确处理个人利益和国家利益关系，进一步提高政治站位和政治觉悟，以积极的心态认同改革、拥护改革，以务实的行动支持改革、参与改革，真正把“四个意识”体现在旗帜鲜明讲政治上、落实到全力支持配合改革的行动上来。

二、迅速转变角色，全力投身改革

从今天起，纪委同志和转隶人员就是一家人了。既然进了一家门、成了一家人，就要说一家话、办一家事。希望大家珍惜改革带来的机会，尽快熟悉新的工作流程、适应新的工作岗位、进入新的工作角色，逐步把业务精起来、把工作抓起来，努力构建覆盖全体公职人员的监督执纪问责体系，以更加饱满的热情和更加昂扬的斗志投入到反腐败工作中去。国家监察体制改革对于我们所有同志来说，都是一个全新的事物。监察委员会成立后，无论是工作性质还是办案模式都发生了变化，无论是对纪检干部还是检察干部都是一个全新的挑战，这就要求我们尽快加强业务学习，重点学习党章党规党纪、宪法法律法规及监督执纪问责、监督调查处置等方面业务知识，补齐能力短板，提升综合素质。特别是检察机关转隶人员要主动加强党章党规党纪的学习，纪检干部要主动加强宪法法律法规的学习，使自己成为既懂纪、又懂法，既能依纪监督、又能依法监察的纪检监察干部。

三、加强团结协作，结出改革成果

转隶干部和纪检干部要加强团结协作，增进理解配合，心往一处想，劲往一处使，结出改革成果。切实把纪检机关和检察机关的好传统、好作风融合在一起，传承下来、发扬光大。要加强调查研究，对存在的、可能遇到的重点难点问题进行专门研究，及时提出解决措施，做好转隶期间的工作衔接。这次转隶人员的临时安排，综合考虑了每位同志的工作特长、性格特点，进行合理调配、混合编成。要从体制改革全局出发，从工作的角度出发，加强沟通交流，互相帮助、相互关心、互相支持，真正实现思想、理念、人员、工作、感情的深度融合，真正做到合编、合心、合力。要积极研究推进机构整合、人员力量融合和工作流程磨合，加快建立完善新的工作制度、工作流程，尽早实现监察委员会正常平稳有效运转。

四、践行忠诚担当，锻造改革队伍

纪委是“党内监督专责机关”，监委是行使国家监察职能的专责机关。无论是纪委，还是监委，都肩负着党和人民的重托，承担着庄严神圣的使命。作为一名纪检监察干部，必须带头树牢“四个意识”，自觉以习近平新时代中国特色社会主义思想武装头脑、指导实践、推动工作，必须坚决维护习近平总书记的核心地位，必须自觉坚持以人民为中心的立场，始终做党和人民的忠诚卫士。必须始终保持“三种精神”。面对新时代党的建设总要求，没有担当精神，就无法扛起全面从严治党的重任；没有斗争精神，就无法夺取反腐败斗争压倒性的胜利；没有奉献精神，就无法坚守在路上、战斗在一线。我们一定要始终保持忠诚履职、实干尽责的担当精神，刚正不阿、无私无畏的斗争精神，爱岗敬业、无怨无悔的奉献精神，不忘初心、牢记使命、继续前进，忠诚履行党章和监察法赋予的职责。必须努力提升“三个能力”。首先，要努力提升政治能力。在政治机关从事政治工作，必须有相当的政治觉悟、政治素养和政治能力与之匹配。其次，要努力提升业务能力。监委成立后，无论是工作性质还是办案模式都发生了变化，无论是对纪检干部还是检察干部都是一个全新的挑战，工作的需要、岗位的适应，都要求我们在政策理论水平和执纪执法能力上要有大的提升。再次，要努力提升自律能力。打铁必须自身硬。要增强“执纪者必先守纪、监督者必受监督”的意识，坚持从严律己，从严自我约束，坚决反对以权谋私、以案谋私，绝不允许公器私用，用党和人民赋予的权力做交易。每一位纪检监察干部都要自觉接受并习惯在监督下工作和生活，自觉净化社交圈、生活圈、朋友圈，时刻警惕和防范形形色色的诱惑和“围猎”，永葆忠诚干净担当的良好形象，自觉做一名对党忠诚、让党放心、人民信赖的纪检监察干部。

习近平总书记在十九大报告中指出，“历史车轮滚滚向前，时代潮流浩浩荡荡。历史只会眷顾坚定者、奋进者、搏击者，而不会等待犹豫者、懈怠者、畏难者。”从今天开始，从检察院转隶过来的同志和纪检机关的全体同志，将进入一个全新的工作环境。新岗位、新气象、新起点、新精神，希望同志们不忘初心、牢记使命，珍惜奋斗时光、团结协作、心往一处想、尽往一处使、再创新的辉煌，用我们的忠诚担当和奋进搏击的足迹书写不悔人生，为建设新时代现代化魅力新万山作出更大贡献！

祝同志们开局良好，一切顺利！

谢谢大家。

监督保障促发展 激浊扬清谱新篇
坚定不移为高质量发展高质量转型保驾护航

——在中国共产党铜仁市万山区第三次代表大会上的工作报告

（2021年10月21日）

胡定钦

各位代表，同志们：

现在，我代表中国共产党铜仁市万山区第二届纪律检查委员会作工作报告，请予审查。

一、过去五年工作的回顾

区第二次党代会以来的五年，是全区经济社会发展克难攻坚、跨越赶超、成效卓著、华丽转型的五年，是全区党风廉政建设和反腐败工作聚焦重点、标本兼治、强力推进、全面巩固的五年。五年来，在市纪委和区委的坚强领导下，全区各级纪检监察机关聚焦主责主业，主动担当作为，充分发挥监督保障执行、促进完善发展作用，以猛药去疴的坚强决心、刮骨疗毒的坚毅勇气、磐石夯土的坚实举措，锲而不舍纠治“四风”，重拳出击惩治腐败，全区人民群众对党风廉政建设和反腐败工作满意度不断提升，全区政治生态整体向好、持续向好、越来越好的态势已经形成，全区纪检监察工作在抓具体、抓深入、抓规范、抓提升中迈出了新步伐、翻开了新篇章、开启了新征程。

（一）一以贯之强化政治监督，践行“两个维护”站位更高

一是狠抓主体责任落实“不打折”。严格按照党章要求，协助党委推进全面从严治党，履行监督职责。五年来，协助区委主要领导集体约谈区直部门党委（党组）书记41人次，问责党政领导干部履行主体责任不力45人，推动全面从严治党主体责任进一步落细落实。协助区委对各乡镇（街道）党（工）委落实主体责任和党风廉政建设情况进行检查考核，结合纪律监督、监察监督、派驻监督、巡察监督等渠道发现各地存在的具体问题，把脉问诊，推动整改。组织各乡镇（街道）和区直单位党委（党组）书记每年向区纪委全会述责述廉述德，充分发挥区纪委的监督作用。扎实开展全面从严治党分级约谈，累计约谈4万余人次，实现约谈“全覆盖”。

二是狠抓政治纪律监督“不放松”。把严明政治纪律和政治规矩作为首要职责，围绕履行管党治党政治责任，加强对全区各级党组织和党员干部的监督，坚决纠正和查处上有政策、下有对策，有令不行、有禁不止等违反政治纪律和政治规矩的问题，有效推动了各项决策部署在万山落地生根、开花结果。五年来，41名党员领导干部因管党治党不力被问责处理，查处违反政治纪律案件7件7人。开展换届风气专项监督检查和宣传教育93次，回复廉政意见函538批次10849人，严防干部“带病上岗”。

三是狠抓政治生态研判“不走样”。着力构建良好的政治生态环境，打造风清气正净地。从“四个意识”强不强、纪律执行好不好、党内生活严不严、政治文化纯不纯等10个方面对全区71家单位开展了政治生态分析研判，发现问题562个，提出综合性指导意见155条，推动全区政治生态整体实现

向上向好。对全区各级党委(党组)及其领导班子成员严格执行党内政治生活制度情况进行再监督再检查,共检查党组织64个,发现并督促整改问题73个。同时,按照“谁监督、谁建设”原则,不断推动监督关口前移,逐步建成完善了74家单位政治监督活页,及时准确掌握被监督党组织相关情况,为政治生态分析研判、巡视巡察监督等提供权威、准确的参考依据。

(二)一以贯之强化作风建设,服务发展大局力度更强

一是紧盯重要节点打好“突击战”。把纠“四风”与树新风作为一项重要政治任务,锲而不舍整治形式主义、官僚主义,持之以恒严查享乐主义、奢靡之风。统筹指挥区乡上下联动和部门横向协作,聚焦重要节点重点领域开展监督。五年来,在节假日期间共派出检查组162个,出动2519人次,检查机关单位1335次、景区(景点)81次、高速路口81次、机关食堂27次、公务用车1165次,查处“四风”问题12个,问责处理13人,党纪政务处分9人,诫勉谈话7人,点名道姓通报曝光15期32人。

二是紧盯发展大局打好“攻坚战”。万山区纪委成立四个专项监督检查组,围绕“四新”主攻“四化”各项目标任务开展监督检查18次,发现问题3个,护航全区强力推进新型工业化、新型城镇化、农业现代化、旅游产业化。以“三严三实”的作风决战脱贫攻坚决胜全面小康。五年来,开展各类脱贫攻坚监督检查580次,发现问题307个,累计问责党员干部210人,实现以作风攻坚护航脱贫攻坚。积极投身疫情防控阻击战,出动监督检查小组214个、出动人员529人次,累计问责党员干部64人。围绕落实“六稳”“六保”任务,紧盯群众就业、教育医疗、企业复工复产及优惠政策落实等情况跟进监督、精准监督,发现并督促整改问题131个,推动全区经济社会发展跑出“加速度”。持续优化营商环境专项整治,按照“四位一体”监督模式,采取“四不两直”工作法,深入政务服务窗口开展监督检查37次,发现问题50个,提出整改措施96条,不断推动我区营商环境持续向好。

三是紧盯顽瘴痼疾打好“持久战”。深入开展违规收送名贵特产和礼品礼金问题、违规发放津贴补贴、办公用房、公务接待等专项整治工作。五年来,累计给予党纪政务处分61人,通报曝光21期27人,封存茅台酒530瓶,其他酒类462瓶。聚焦全区各级党政机关、党员领导干部和公职人员等重点对象,坚决整治违规操办“升学宴”“谢师宴”“参军宴”等现象,坚决破除讲排场、比阔气、搞攀比等歪风陋习,开展监督检查113次,让“餐桌腐败”无处遁形,让勤俭节约蔚然成风。

(三)一以贯之强化执纪为民,群众幸福满意指数更高

一是坚持扫黑除恶专项斗争与政法队伍教育整顿相结合。扫黑除恶专项斗争成效显著,自扫黑除恶专项斗争开展以来,办理了涉黑涉恶“三类问题”线索85条,共立案15件15人,党纪政务处分14人,免予纪律处分1人,其中,查处“涉黑”案1个,涉及“保护伞”问题立案3件3人。同时,为巩固扫黑除恶专项斗争成果,形成常治与长效相结合,建立了2个长效机制。在政法队伍教育整顿执纪问责工作中,切实履行协同监督职责,受理问题线索23条,办结23条,立案11件11人,党纪政务处分9件9人,不断净化政法队伍土壤,持续提高政法队伍的纯洁性。

二是坚持综合整治和专项监察贯通。人民群众反对什么、痛恨什么,我们就坚决纠治和防范什么。从严查处教育医疗、养老社保、生态环保、城市管理、执法司法、服务群众等领域贪污侵占、巧取豪夺、吃拿卡要等腐败和作风问题。五年来,我们对全区农民专业合作社(公司)扶贫项目、农村饮水安全、“四个不摘”政策落实、民政资金管理使用等关键领域开展了针对性更强、综合施策更多、监督

力度更大的专项监察，打出了监督检查中的“重型炮弹”，通过开展专项监察，发现问题243个，立案127件，党纪政务处分127人，涉案金额308.84万元，监督保障了以前投入的扶贫资金资产安全有效，持续巩固脱贫攻坚成果。

三是坚持执纪为民与反腐惠民并举。五年来，我们运用全区11个乡镇（街道）民生监督监管、100个村（居）务监督监管及9个重点民生部门民生监管等“五个示范”创建成果，持续发挥“五老”监督优势，提升“微权力”监督质效。结合“五访五查”进村入户、“百名纪检监察干部”访村入户、做“杨荣式”好干部大走访等活动，聚焦农村产业扶贫项目、“组组通”项目、贫困人口大病专项救治和城乡医疗救助、涉农补贴资金“一折通”、危房改造和易地扶贫搬迁等有关惠民政策落实，严厉惩治“蝇贪蚁腐”。累计走访群众12488户24498人，接访群众1110人，发现问题747个，其中现场办结725件，转主管部门处置15件，转立案7件，党纪政务处分7人，梳理信访件115件，办结115件，不断厚植群众基础。

（四）一以贯之强化政治巡察，上下联动格局覆盖更广

一是高标准把握内涵定位。强化区委统揽，坚持问题导向，把准政治巡察职能定位，自觉把“两个维护”作为巡察工作的纲和魂。五年来，先后组织召开7次书记专题会、20次区委常委会、11次巡察工作领导小组会，听取巡察汇报、审议巡察报告、研究部署巡察工作，始终做到巡察工作同区委中心工作同安排、同部署、同落实。共开展11轮常规巡察和3轮专项巡察，覆盖全区172个党组织，发现问题2817个，已整改2756个，巡察整改率为97.83%，形成问题线索129件，办结123件，立案24件28人，给予党纪政务处分24人，移送司法机关2人，新建完善制度400余个，追回资金1200万余元，完成了本届任期内巡察全覆盖目标。

二是强举措聚焦提质增效。突出“三个聚焦”，持续在上下联动、贯通融合上下功夫，不断推动巡察工作向纵深发展、向基层延伸，努力当好全面从严治党的“前哨尖兵”。五年来，通过将巡察工作纳入区委年度工作要点，书记专题会研究议题，实现了区委承担主体责任、巡察机构具体实施、被巡察单位积极配合的工作格局。配合市委巡察机构对区住建局、区水务局、区扶贫办等7个单位开展了巡察“回头看”，推动巡察格局立体化发展。创新推出“七步四十二环节”的巡察工作模式，明晰了巡察领导小组、巡察办、巡察组三大主体工作责任，让巡察流程更加一目了然，有效指导了我区巡察工作规范化开展。

三是严要求做实巡察整改。坚持把做好巡察整改“后半篇文章”作为关键环节抓牢抓实。五年来，我们严格落实“双反馈双通报一公开”机制，持续探索“双报告三联审一公开”机制，创新施行“五个一律”巡察整改工作机制，严防选择整改、拖延整改，敷衍整改、虚假整改甚至拒不整改等情况。累计对被巡察党组织问题整改情况开展监督检查13次，下发整改工作提示函115份，追责问责1人次，巡察整改率达97.60%。同时，不断强化巡察发现问题线索的精准分类处理和及时移交查处，政治巡察的震慑、遏制、治本的“利剑”作用得到充分彰显。

（五）一以贯之强化改革创新，监督体系建设成效更显

一是在机构设置上层层递进。认真落实中央、省委、市委关于深化国家监察体制改革的统一部署和有关要求，有效推进改革试点各项工作。五年来，我们完成组建挂牌，依法选举产生了区监察委员会班子，与区纪委合署办公，实现对全区1.2万名行使公权力的公职人员监督全覆盖。持续深化推

进纪检监察三项改革，挂牌设立了11个派出乡镇（街道）监察办公室，2个企业纪委、1个学校纪委、1个医院纪委，进一步推动监督力量横向到边、纵向到底。严格按照时间节点稳步推进派驻机构改革，撤销了原有4个派出纪工委，撤销了34家区纪委派驻纪检组，不再保留铜仁市公安局万山分局纪委监察室。设立派驻纪检监察组6个，综合派驻到全区66个党和国家机关，并实行派驻纪检监察组组长、副组长兼任一个联系单位班子成员，进一步突出“派”的权威和“驻”的优势。

二是在“三转”落实上步步深入。持续深化“转职能、转方式、转作风”，立足“监督的再监督”“检查的再检查”职责定位，全面厘清全区各级纪检监察干部兼职和分工。明确各级纪检监察干部不再兼任与本职工作无关的职务，不再承担与监督执纪无关的工作。坚决把不该管的工作交还给主责部门，坚决从不该管的领域退出来，坚决杜绝专责不专和“明转暗不转”的现象，做到了协调不代替、牵头不包揽、参与不干预，使全区各级纪检监察干部能够完全聚焦主业主责，挺直了监督执纪的腰杆。

三是在纪法衔接上环环相扣。纪法贯通、法法衔接，是贯彻稳中求进基本工作方针的现实需要，也是监察体制改革的鲜明要求。五年来，面对纪委监委合署办公，既执纪又执法的新任务新要求，我们始终坚持纪法贯通、法法衔接，以法治思维和法治方式惩治腐败。通过创新内部运行机制，制定监督检查、审查调查工作运行规范，对信访举报受理、问题线索处置、初步核实、立案审查调查、审理和内部监督等流程再造，打通了业务运行“主动脉”。同时，加强外部协作机制建设，调整充实反腐败协调领导小组，加强与公检法、审计、银行等部门的协作配合，完善职务违法犯罪线索移送、执行留置安全监管看护以及“介入式”预防、移送起诉、被调查人移交等协作办法，用制度机制确保纪法贯通、法法衔接。

（六）一以贯之强化反腐倡廉，推进“三不”一体基调更严

一是强化“不敢腐”的纪法震慑。五年来，我们一以贯之保持反腐高压态势，精准有力消减存量，零容忍遏制增量，重点聚焦党的十八大以来不收敛、不收手，问题线索反映集中、群众反映强烈，政治问题和经济问题相互交织的腐败案件，开展执纪审查监察调查工作。受理信访举报428件（次），立案537件，给予党纪政务处分536人，其中乡科级干部117人、一般干部121人、其他人员298人，移送司法机关8人，不断巩固压倒性胜利态势。

二是筑牢“不能腐”的制度堤坝。制作完善《万山区“一案一整改”工作流程图》，对案发单位负责人、当事人及审查调查组等工作职责作出了明确分工，确保人人有责任、事事有人抓、件件有亮点。五年来，累计对全区22起违纪违法典型案件开展了“一案一整改”工作，召开“一案一整改”暨警示教育大会36次、专题民主生活会2次，查找廉洁风险点49个，下发工作提醒函20份，下发监察建议书18份，倒逼发案单位补齐制度短板与监管漏洞57个，切实做好案件查办“后半篇文章”，达到了以案促改、以案促建、以案促治的政治效果、纪法效果和社会效果。

三是厚植“不想腐”的思想自觉。从纪法宣传、廉政党课、警示教育、红色教育、清廉家风等方面入手。五年来，区纪委班子以上率下，带头为各级各部门上廉政党课46场次，举办违纪违法和扶贫领域警示教育展76场次，在城区广告牌及公交站台投放廉政宣传标语270余幅，开展“百姓问廉”活动4场次，召开全区警示教育大会7次，在自办媒体平台刊发纪检监察信息6000余条，在中纪委网站、《贵州日报》、省纪委网站、市纪委网站刊载我区纪检监察信息938条，着力打造了报刊杂志有版面、网络

媒体有阵地、电视新闻有声音、活动宣传有内容、警示教育有成效的党风廉政教育工作新格局,让党员干部自觉在工作生活中标明红线、划出底线。

(七)一以贯之强化铁军锻造,纪检监察队伍作风更硬

一是以政治建设"铸魂"。五年来,我们坚持以党的政治建设为统领,坚决防止重业务、轻政治的倾向,始终把学习贯彻习近平新时代中国特色社会主义思想、习近平总书记关于全面从严治党重要论述、视察贵州重要讲话和对万山的批示精神作为区纪委常委会第一议题,开展专题学习103次,推动党的创新理论走深走实。深入开展"两学一做"、"不忘初心、牢记使命"主题教育、党史学习教育,不断健全学习制度,丰富学习载体,采取理论中心组、班子扩大会议、专题研讨、支部会议等形式及时跟进学习,强化理论武装,进一步增强"四个意识"、坚定"四个自信"、做到"两个维护"。

二是以能力建设"锻钢"。始终把干部队伍能力建设作为一项重点工作来抓,制定印发《万山区纪检监察机关能力建设三年规划(2019—2021)》,着力从政治能力提升、信息化建设、执纪执法保障及人才"双千"工程等方面扎实提升干部能力。五年来,我们以班子成员带头授课的形式,开展了党风政风监督、巡察工作、信访举报、审查调查安全等方面业务培训26次。举办"我的业务我来讲"、笔录制作大赛、案件质量评审等大型活动5次。创建"杨荣式"先锋模范岗20个,评选"杨荣式"好干部27名。通过大力实施干部能力提升培训,着力提升纪检监察干部法治素养和业务能力,共推选出区级"双千工程"人才13名、市级"双千工程"人才5名,实现队伍建设更加专业化。

三是以作风建设"淬火"。信任不能代替监督,纪检监察机关更不是天然的"保险箱"。五年来,我们始终以更高的标准、更严的纪律要求自己。建立纪检监察干部廉政档案,深入推进"两转一抓"主题活动,创新推行《铜仁市万山区纪委区监委干部职工"正负清单"量化纪实考核办法》《铜仁市万山区纪检监察干部外出报告制度》等,形成用制度管人管事的有效机制。同时,把"政治家访"作为加强纪检监察干部日常监督管理的重要载体,把监督从"纪委大院"拓展到"家庭后院"。对涉及纪检监察干部的信访举报和违纪违法问题,坚决力查到底、绝不姑息,严防"灯下黑"。累计印发内部通报12期,通报批评纪检监察干部36人,诫勉谈话8人,被提醒谈话8人,党纪政务处分5人,调离纪检监察系统2人,以刀刃向内的实际行动践行了"执纪必先守纪,律人必先律己"的作风准则。

五年风雨兼程,五年砥砺奋进。五年来我区党风廉政建设和反腐败斗争取得的累累硕果,是区委统揽全局、坚强领导的结果,是全区各级、各部门高度重视、真抓实干的结果,是广大党员干部和人民群众鼎力支持、积极参与的结果,是全区各级纪检监察干部开拓进取、勇于实践的结果。在此,我谨代表区纪委常委会,向关心支持纪检监察工作的各级领导和广大干部群众表示最诚挚的敬意和最衷心的感谢!

在充分肯定成绩的同时,我们也清醒地认识到,当前全区党风廉政建设和反腐败斗争形势依然严峻复杂,全面从严治党的任务仍然十分艰巨,与全区高质量发展、高质量转型的目标相比,与人民群众的期望相比还有不少差距。一是政治监督依然存在短板弱项,对监督的内容和节点把握不准、方法不多,存在不会监督、不善监督的问题。二是"两个责任"落实仍不够到位,全面从严治党压力传导不够有力,特别是对"一把手"监督缺乏有效监督途径,无法发现所监督地区、单位"一把手"和领导班子的系统性、深层次问题。三是形式主义、官僚主义积弊尚未根除,落实中央八项规定精神不够彻

底,违反中央八项规定精神的情况在我区时有发生。四是一些干部干事创业激情不足,对工作拖沓敷衍,对群众冷硬横推,人民群众对党风廉政建设和反腐败满意度提升幅度不大等。对于这些问题,我们务必高度重视,通过靶向施策,逐项加以解决。

二、过去五年的工作体会

五年来,我们深入推进党风廉政建设和反腐败斗争,各项工作在坚持中深化,在深化中创新,取得了显著成效,积累了做好新形势下纪检监察工作的宝贵经验,概括起来主要有以下六点:

(一)坚持党的领导是首要。党的领导是中国特色社会主义制度的最大优势,是实现经济社会持续健康发展的根本政治保证。五年来,全区各级纪检监察机关牢记政治机关属性,始终坚持在党的领导下开展监督执纪问责工作,自觉执行请示报告制度,做到重要问题线索处置、政治生态分析研判、重大案件查办等情况及时向同级党委和上级纪委报告。特别是纪检监察体制改革以来,我们实现了由原来侧重"结果领导"转变为"全过程领导",向党委既报告结果、又报告过程,实现了全区各级纪检监察机关在党的领导下履职尽责、做好工作。实践证明,坚持党的领导,确保党委牢牢掌握反腐败工作的领导权是推动新时代纪检监察工作实现高质量发展的根本路径,也是我们做好纪检监察工作必须坚持的重大政治原则,我们只有以强烈的政治意识、严明的纪律要求、严谨的工作程序,把党的领导贯穿到纪检监察工作全过程、各方面,才能准确定位,才能大有作为。

(二)做到"两个维护"是核心。作为管党治党的重要力量,"两个维护"是新时代纪检监察机关肩负的特殊历史使命和重大政治责任。五年来,全区各级纪检监察机关把"两个维护"作为新时代强化政治监督的根本任务和具体行动,不断推动政治监督常态化、具体化,扎实抓好贯彻落实习近平总书记视察贵州重要讲话、对万山转型发展重要批示及巡视巡察指出问题的监督检查,把政治上蜕变、对党不忠诚不老实、阳奉阴违的两面人、两面派及时从党内辨别出来、清除出去,不让损害党中央权威和集中统一领导的现象在万山有任何市场。实践证明,只有在思想上衷心拥护核心、政治上坚决维护核心、组织上自觉服从核心、行动上主动看齐核心,坚持党中央重大决策部署到哪里、政治监督就跟进到哪里,做到党中央有号召,我们有行动,才能真正实现"两个维护"融入血脉、注入灵魂,当好党和人民的忠诚卫士。

(三)压实主体责任是关键。主体责任是党风廉政建设和反腐败斗争中统领全局的"纲"、做活全局的"眼"。五年来,我们坚持把主体责任落实作为管党治党的重要抓手,坚决扛起协助党委推进全面从严治党政治责任,牢固树立"不管党治党就是严重失职"的观念。通过区委统筹部署、带头示范,全区各级党组织勇于担当、抓好落实,推动形成了党委(党组)主体责任、书记第一责任人责任和纪委监督责任贯通联动、一体落实的管党治党工作合力,擦亮了万山干部"立说立行、马上就办、办就办好"的作风名片。实践证明,只有牵住主体责任这个"牛鼻子",坚持失责必问、问责必严,才能促使各级党委(党组)形成政治自觉,做到守土有责、守土尽责,把管党治党责任落到实处。

(四)准确研判形势是前提。正所谓:"形势决定任务",准确把握"国之大者",既是检验政治能力的"试金石",也是锻造政治能力的"磨刀石"。五年来,全区各级纪检监察机关不断提升政治判断力、政治领悟力、政治执行力,时刻关注党中央在关心什么、强调什么,精准把握主要矛盾和矛盾的主要方面,因时而变、因事而制、因势而谋、顺势而为。聚焦脱贫攻坚、统筹疫情防控和经济社会发展、打好三大攻坚战、做好“六稳”工作、落实“六保”任务等重大决策部署，精准调整监督策略、监督方向、监督方法、监督节奏，始终对国之大者心中有数，在把握大局、判明大势、抓住大事上看得明白、悟得透彻、做得扎实。实践证明，只有在“吃透上情、掌握下情、搞好结合”上狠下功夫，把党中央、省委、市委、区委要求同纪检监察工作实际结合起来，才能产生磅礴伟力，在面对重大斗争更加自觉坚定、义无反顾。

（五）始终执纪为民是根本。习近平总书记指出：“江山就是人民，人民就是江山。”五年来，我们坚持把提升人民群众获得感、幸福感和满意度作为开展监督执纪工作的出发点和落脚点，始终站在人民的立场上想问题、作决策、搞监督，深入推进纪检监察干部“访、重、助”专项行动，坚决查处侵害群众利益的不正之风和腐败问题，切实当好群众利益的“代言人”。我区党风廉政建设社会民意调查综合分值近年来始终高于全省平均分，排名全市前列，社会公众对领导重视反腐败程度、党风廉政建设工作成效、干部作风和廉洁从政情况等正向评价性指标持续攀升。实践证明，纪检监察工作只有根植于人民、服务于人民，坚决维护群众切身利益，才能赢得群众的信任和支持，获得最广泛、最可靠、最牢固的力量源泉。

（六）审查调查安全是底线。审查调查安全是纪检监察工作的生命线，确保审查调查安全，不是一般的操作问题、技术问题，而是严肃的政治问题。五年来，全区各级纪检监察机关牢固树立“没有安全就没有审查调查”“不依纪依法就违纪违法”的思想理念和底线思维，始终把“双安全”作为政治责任，贯穿审查调查全过程，确保审查调查进行到哪里，安全工作就延伸到哪里，实现了审查调查工作“零事故”。实践证明，只有坚持把审查调查与安全工作同安排、同部署、同考虑，时刻压紧压实审查调查安全政治责任，着力构建起全面高效的审查调查安全责任体系，才能实现以审查调查高质量助推纪检监察工作高质量。

三、今后五年的工作建议

未来五年，是推进乡村振兴的关键五年，是开启全面建设现代化新征程的第一个五年，是我区围绕“四新”主攻“四化”，奋力在新时代新征程上推动高质量发展、高质量转型的五年，深入推进全面从严治党，持续保持良好政治生态意义重大、使命光荣。做好今后五年党风廉政建设和反腐败工作的总体要求是：高举中国特色社会主义伟大旗帜，以习近平新时代中国特色社会主义思想为指导，深入贯彻落实党的十九大和十九届二中、三中、四中、五中全会精神，全面贯彻习近平总书记视察贵州重要讲话和对万山转型发展重要批示精神，增强“四个意识"、坚定“四个自信”、做到“两个维护”，坚持党中央集中统一领导，坚持以人民为中心，坚持稳中求进工作总基调，坚持“严”字当头，坚定不移推进全面从严治党，一体推进“三不腐”机制建设，不断巩固反腐败斗争压倒性胜利，持续深化纪检监察体制改革，扎实推进干部队伍法治化规范化建设，以确保党中央和省、市、区委决策部署有效落实为首要任务，更加充分发挥监督保障执行、促进完善发展作用，为推动新时代万山高质量发展、高质量转型提供坚强纪律保障。

（一）持之以恒加强政治监督。坚持政治建设为统领，深入学习习近平总书记关于全面从严治党的重要论述和重要指示批示精神，切实将学习成果转化为推动纪检监察工作高质量发展的理论武器。加强纪检监察机关监督检查部门、派驻纪检监察组、巡察机构之间的信息互通、监督互动。积极探索深化“四项监督”贯通融合、一体推进、同向发力的实现路径。突出抓好政治监督，严明政治纪律和政治规矩，对“七个有之”问题高度警觉，坚决清除对党不忠诚、阳奉阴违的两面人、两面派。切实发挥监督保障执行、促进完善发展作用，聚焦建设“五个美丽万山”和国家资源枯竭型城市转型发展创新区目标，围绕“四新”主攻“四化”、乡村振兴战略落地落实、社会事业全面协调发展、生态文明建设、治理体系和治理能力现代化等方面，跟进监督、精准监督，始终做到党中央决策部署和省委、市委、区委工作安排在哪儿，监督检查就跟进到哪儿，确保各项决策部署落到实处。

（二）持之以恒落实“两个责任”。不断完善纪律监督、监察监督、派驻监督、巡察监督“四项监督”统筹衔接机制，深入推进政治生态分析研判，对全区各级党组织深层“画像”、精准“把脉”，持续涵养全区良好政治生态。要聚焦全面从严治党“四责协同”机制，强化对全区各级党组织“一把手”和领导班子履职情况的监督，探索开展区纪委同下一级党委（党组）班子成员集体谈话、区纪委书记定期与各乡镇（街道）党（工）委书记谈话机制，持续推进下一级党委书记在上一级纪委全会述责述廉述德并接受评议，使监督和被监督成为自觉，着力破解对“一把手”和同级监督难题。要加强向党委的请示报告，严格履行各项报批程序和手续，将党对反腐败工作的统一领导具体化。

（三）持之以恒站稳人民立场。聚焦乡村振兴战略重要政策落实、重大项目实施、大额资金使用等情况开展专项监督检查，督促落实党中央各项惠民富民、共同富裕政策，确保涉“农”政策资金用在农村、用在农民身上。要紧盯前期脱贫攻坚投入的项目、资金管理运营情况，紧盯易地扶贫搬迁“五个体系建设”，推动巩固拓展脱贫攻坚成果同乡村振兴有效衔接。充分运用“三员合一”试点经验，真正推动监督覆盖到边、延伸到底，打通全面从严治党“监督末梢”。要加强村务监督委员会建设，巩固民生监督“五个示范”创建，强化村级民主监督，推动基层治理体系和治理能力现代化。持续巩固扫黑除恶专项斗争成果，常态化开展“打伞破网”工作，健全完善扫黑除恶专项斗争长效机制。让人民群众深刻感受到纪检监察就在身边、全面从严治党就在身边。

（四）持之以恒推进“三不”一体。准确把握“三不”相互之间的内在逻辑联系，认真分析研判党风廉政建设和反腐败工作中存在问题的特点、规律，积极适应新时代新阶段新要求，构建“三不”一体化推进的有效机制和制度环境，以更多制度性成果和更大治理成效巩固发展反腐败斗争压倒性胜利，推动全面从严治党取得更大战略性成果。坚持无禁区、全覆盖、零容忍，坚持重遏制、强高压、长震慑，坚持受贿行贿一起查，精准有力惩治腐败，重点查处十八大以来不收敛不收手，政治问题和经济问题交织的腐败案件，加大资源性腐败的查处力度，规范领导干部履职行为，斩断“围猎”和甘于被“围猎”的利益链，坚决破除权钱交易的关系网，牢牢守住惩治这个“后墙”和底线。要同步推进不能腐的制度建设、不想腐的思想教育，持续深化“三前移”机制，预防腐败低龄化。加强思想道德教育、纪法教育、廉洁教育，注重廉洁文化建设，督促树立良好家风。抓好“一案一整改”，常态化开展警示教育活动，做实做好查办案件“后半篇文章”，不断增强反腐败工作实效。要分类施治、分层施策，精准把握适用“四种形态”。要正确运用“三个区分开来”，用好容错纠错“度量衡”，处理好“严管”与“厚爱”的关系、“执纪”与“容错”的关系，不断激励干部担当作为，营造干事创业氛围。

（五）持之以恒纠治“四风”顽疾。把落实中央八项规定精神作为检验“两个维护”的重要标尺，坚持“严”的主基调，始终坚定坚决持之以恒正风肃纪，持续加强对中央八项规定精神落实情况的监督检查,坚持纠“四风”树新风并举,加大通报曝光力度,形成警示震慑,坚决防止反弹回潮,推动化风成俗,形成习惯。要坚持从讲政治高度深入整治形式主义、官僚主义问题,对有令不行有禁不止、推诿扯皮懒政怠政、表态多行动少落实差的行为坚决整治,严肃查处贯彻落实党中央及省、市、区委重大决策部署打折扣做选择搞变通、执行惠企惠民等政策分亲疏搞歧视徇私情、“新官不理旧账”等问题,特别是对搞“包装式”“洒水式”“一刀切”落实等现象精准施治,以有力监督促有效落实。要着力发现阻碍营商环境发展的深层次问题,切实解决当前营商环境中存在的作风突出问题。要持续为基层松绑减负,建立完善基层减负长效机制。督促教育引导党员干部弘扬伟大建党精神,传承党的光荣传统和优良作风。

(六)持之以恒巩固巡察成效。牢牢把握政治监督内涵,层层落实政治监督要求,围绕中心、服务大局,党中央重大决策部署到哪里、巡察监督就跟进到哪里。以高质量完成“一届党委任期内巡察全覆盖”为目标,坚持有形覆盖和有效覆盖相统一,综合运用常规巡察、专项巡察、联动巡察、提级巡察和巡察“回头看”等方式打好“组合拳”。坚持和完善区委统一领导、区委巡察工作领导小组统筹指挥,区委巡察机构具体组织实施的领导体制和工作机制,紧跟中央和省委、市委步伐,落实巡察上下联动具体措施和意见,构建我区政治巡察战略新格局。要持之以恒做好巡察整改“后半篇文章”,压实党委(党组)巡视巡察整改主体责任,加强对巡察整改和成果运用的监督,对敷衍整改、虚假整改的严肃问责、公开曝光,实现巡察、整改、治理有机贯通。要加快推进巡察信息化建设,推广运用数据管理系统,强化对信息数据的综合分析和成果共享,以信息化促进内部管理,推动巡察工作规范化。

(七)持之以恒提升改革效能。深化改革促进健全完善监督体系,以党内监督为主导,推动各类监督协调贯通,把监督融入区域治理、部门治理、行业治理、基层治理、单位治理之中,构建上下贯通、左右衔接、内外联动的“一盘棋”监督格局,以改革创新成效推动党和国家监督体系不断提质增效。要加强和完善监察执法与刑事司法衔接有关机制,坚持实体公正与程序合法并重,不断完善监察权运行机制,持续深化法规制度体系建设。要加强与司法机关、执法部门的沟通协作,支持司法机关、执法部门依法履职,促进监察执法与刑事司法的深层次融合,有效精准贯通规纪法、衔接纪法罪,进一步规范职务犯罪案件办理工作,不断提高纪检监察工作规范化法治化水平。要常态化开展案件质量评估评查,压实案件质量责任,依规依纪依法开展申诉复议复查,确保每一起案件都经得起历史、实践和人民的检验。

(八)持之以恒打造过硬铁军。始终把准纪检监察机关在新时代历史方位中的职责定位,找准在服务党和国家工作大局中的着力点,正确处理监督保障执行与促进完善发展两项职能职责的关系。持续加强纪检监察干部能力提升,强化政治业务深度融合,全面落实《中华人民共和国监察官法》,提升纪检监察队伍专业化水平。要分层分类开展全员培训,通过强化“上挂”锻炼、“下派”磨练、“新人”锤炼、轮岗历练,提升全区纪检监察干部理论素养和专业能力。要坚决落实纪检监察干部监督机构的监督责任,把纪检监察干部队伍教育管理监督工作抓到底、抓到位、抓到实处,严肃查处滥用职权、干预插手市场经济活动、司法活动等违纪违法问题,坚决防止家人、亲属利用纪检监察干部影响力谋私贪腐,努力打造一支政治素质高、忠诚干净担当、专业化能力强、敢于善于斗争的纪检监察铁军。

激浊扬清匡正气,继往开来启新程。各位代表、同志们,区第三次党代会开启了我区全面从严治党新征程,擘画了我区经济社会发展新蓝图。让我们更加紧密地团结在以习近平同志为核心的党中央周围,在区委的坚强领导下,以更加明晰的思路、更加坚定的步伐、更加过硬的作风,努力在推进全区党风廉政建设和反腐败斗争上有新的更大作为!

坚决贯彻党的二十大全面从严治党战略部署 为奋力开创美丽万山现代化建设新未来提供坚强保障

——在中国共产党铜仁市万山区第三届纪律检查委员会第三次全体会议上的工作报告

（2023年1月31日）

胡定钦

同志们：

我代表中共铜仁市万山区第三届纪律检查委员会常务委员会向第三次全体会议作工作报告，请予审议。

这次全会的主要任务是：以习近平新时代中国特色社会主义思想为指导，全面贯彻落实党的二十大精神，深入学习贯彻习近平总书记在二十届中央纪委二次全会上的重要讲话以及李希同志所作工作报告精神，总结2022年全区纪检监察工作，部署2023年重点任务。刚才，市委常委、区委书记田艳同志作了讲话，对深入贯彻落实中央纪委、省纪委、市纪委全会精神，坚定不移推进全面从严治党作出系统部署，对持续推动全区党风廉政建设和反腐败斗争向纵深发展提出明确要求。我们要深刻把握领会，坚决抓好落实。

一、2022年工作回顾

2022年是党和国家事业奋进新征程、续写新篇章的政治大年。全区纪检监察机关坚持以习近平新时代中国特色社会主义思想为指导，以“党的二十大精神大学习大落实”为主线，抢抓纪检监察工作高质量发展的战略机遇，在攻坚中勇毅奋进、在斗争中彰显担当、在创新中实现突破，全区党风廉政建设和反腐败斗争各项工作捷报频传、喜讯不断，呈现出全面发力、多点开花、齐头并进的良好局面。2022年全省党风廉政建设社会民意调查综合分值为94.96分，高出全省平均分2.4分，排名全省第五、全市第一，取得了历史最好成绩。

（一）深入学习贯彻党的二十大精神，以实际行动忠诚捍卫“两个确立”、坚决做到“两个维护”。把学习宣传贯彻党的二十大精神作为当前和今后一个时期的首要政治任务，高标准谋划、“一盘棋”推进，坚定不移把学习成果转化为在新时代新征程深入推进纪检监察工作高质量发展的实际成效。

——坚持高标准抓学习。第一时间组织召开全区纪检监察系统领导干部会议以及区纪委常委会会议，传达学习党的二十大精神，制定印发区纪委《关于认真学习宣传贯彻党的二十大精神的通知》，对深入学习宣传贯彻党的二十大精神作出全面部署。专门就“深入学习领悟、贯彻落实党的二十大精神”举行理论学习中心组集体（扩大）学习研讨会议3次，委机关各室组、各党支部利用线上线下多种方式同步跟进学、深入研讨学，探索形成了区纪委常委会领学、班子成员督学、党支部研学、党小组促学、党员自学“五学联动”的生动局面。

——坚持多维度抓宣传。区纪委区监委班子成员示范带领全区纪检监察干部深入基层开展党的二十大精神宣讲31次，推动党的创新理论在基层落地生根。认真落实意识形态工作责任制，充分发挥“网微端报刊”媒体平台优势，在区纪委区监委网站、微信公众号等平台开设“喜迎二十大、奋进新时代”“学报告、悟精神、谈体会”等专题专栏，及时转载中央、省、市主流媒体相关报道112篇，以文稿、镜头等方式，不间断宣传推送全区纪检监察干部的学习动态、学习体会，以及学习宣传贯彻的生动事迹和鲜活经验，持续营造学习贯彻浓厚氛围。

——坚持严要求抓结合。切实将党的二十大关于坚定不移全面从严治党、深入推进新时代党的建设新的伟大工程的战略部署同履行监督检查、审查调查、追责问责、追逃挽损等方面职责结合起来，同党风廉政建设和反腐败斗争的研究、宣传、法规制度建设等工作结合起来，同安排部署纪检监察今后一个时期工作结合起来。制定区纪委《贯彻落实党的二十大精神责任分解方案》，对政治监督、正风肃纪、反腐惩恶、自身建设等方面有计划、有针对性地拿出落实的具体措施，推动党的二十大精神在全区纪检监察系统实化细化、层层落实。

（二）围绕“国之大者”“省之大计”强化政治监督，监督保障执行、促进完善发展作用得到充分发挥。坚持大处着眼、小处着手，不断探索创新推进政治监督具体化、精准化、常态化的方式方法，保障“国之大者”“省之大计”和市委、区委的决策部署落地见效。

——聚焦“疫情要防住”主动既战又督。以高度的政治自觉、思想自觉、行动自觉服从区委安排，出任义乌城疫情防控指挥部指挥长，主动承担各类防疫管控工作任务，推动区域内管控的强度、筛查的广度、转运的速度、服务的温度得到全面提升。累计安全高效转运区域内重点人群281人，百分百解决封控区群众“急难愁盼”问题812个，区域内未发生任何负面舆情，连续6轮全员核酸检测结果均为阴性，连续6天未发现新增感染者，为全区乃至全市打赢疫情防控阻击战作出了积极贡献。同时既战更督，督促区级责任部门完成市级疫情防控督查问题整改160个，完成区级自查发现问题整改481个，追责问责10人。

——聚焦“经济要稳住”推动债务化解。坚决贯彻落实上级纪检监察机关关于严格财经纪律，促进防范和化解地方政府债务风险的决策部署，紧盯债务化解工作推进情况，强化监督检查、突出跟踪问效，发现问题17个，追责问责10人。联合人社、审计等部门成立根治欠薪问题核查专班、重点项目结算金额复核审计专班，对全区“三边工程”、“五改一化”建设项目以及重大城镇化基础设施建设进行审计复核，督促各项目业主单位审减金额5.03亿元，针对重点工程项目监督审减金额4.52亿元，用监督执纪的利剑为全区高质量发展、高质量转型“解绑”，为全区债务实现由“红”转“橙”提供了坚强纪律保障。

——聚焦“发展要安全”从严追责问责。紧盯全区安全生产重点对象、重点环节，制定下发《关于持续深化安全生产领域监督工作的实施方案》，对重点安全生产责任部门和各乡镇（街道）开展安全生产专项监督64次，发现并督促整改问题30个。对推动工作不力、履行职责不到位，造成严重后果或影响的严肃追责问责。2022年以来，安全生产领域共追责问责45人，立案6件6人，给予党纪政务处分4人，诫勉谈话16人，约谈7人，谈话提醒9人，批评教育3人，通报4起21人，以严的作风铁的纪律保障全区安全生产任务落实落细。

（三）坚持“三不腐”一体推进、综合发力，在敢于善于斗争中打赢了反腐败这场人心向背、决不能输的政治斗争。深刻把握“惩、治、防”辩证统一关系，推动“三不腐”各项措施在政策取向上相互配合、在实施过程中相互促进、在工作成效上相得益彰，努力取得更多制度性成果和更大治理成效。

——高压反腐减存量。坚持无禁区、全覆盖、零容忍，坚持重遏制、强高压、长震慑，强化问题线索处置研判，坚决防止线索流失或案子“没查透”。2022年，受理问题线索218件，同比增长84.74%；处置问题线索214件，同比增长74%；立案105件，同比增长43.8%，增长率排名全市第一；结案102件，同比增长39.7%。给予党纪政务处分94人，其中乡科级干部23人、一般干部9人、其他人员62人，移送检察机关3人，进一步巩固了全区反腐败斗争压倒性胜利态势。

——靶向发力遏增量。紧盯全区资金资源集中、财政金融投资富集的领域和环节，严肃查处基础设施建设、城镇化建设、乡村振兴中的重大工程建设背后的腐败行为。针对万山区木杉河工程建设项目存在的突出问题，联合公安部门成立了“1·06”专案组，严查该项目招投标、工程增减、款项拨付等关键环节中存在的腐败行为和不正之风。根据省纪委省监委工作安排，我委配合省纪委省监委远赴新疆乌鲁木齐、山东潍坊等地，对田玉军相关重要涉案人员采取了留置措施。目前，为我区挽回直接经济损失5000余万元，止损2.3亿元，审减4.52亿元，复审核减率56.1%。

——固本清源防变量。认真落实省纪委省监委《关于开展“一案一整改”工作的实施意见》，优化完善纪检监察室与派驻纪检监察组的联系指导工作机制，对全区6件典型案例开展“一案一整改”。针对监督检查、审查调查中发现的制度短板和机制漏洞，制发纪检监察建议书32份，推动建章立制。严格回复党员干部党风廉政意见3813人次，对56人提出了暂缓使用或不使用意见。协助区委制定《关于加强新时代廉洁文化建设的意见》，召开全区警示教育大会，在各乡镇(街道)开展民生领域警示教育展，累计受教育1200人次。联合区委组织部、区妇联、文联开展“清廉促家风·喜迎二十大”主题教育活动。在各级媒体平台发送党风廉政宣传新闻532篇，组织全区党政机关和企事业单位72个次1092人次，参观党风廉政教育基地40场次。制作拍摄廉洁微电影《一正一负走出不同人生》、廉政歌曲《剑客初心》MV，录制微党课《扣好廉洁从政“第一粒扣子”》，通过各种喜闻乐见的新媒体形式，让廉政教育深入人心，宣传到位。

(四)持之以恒纠“四风”树新风，向善向好的新风正气日益充盈。始终牢记“三个务必”，深刻把握作风建设地区性、行业性、阶段性特点，在常和长、严和实、深和细上下功夫，推进作风建设常态化长效化。

——持续巩固中央八项规定精神“堤坝”。发扬钉钉子精神，一锤接着一锤敲，一锤更比一锤硬，坚决防止产生“疲劳综合症”。紧盯“舌尖上的陋习”“节礼中的歪风”“车轮上的腐败”，把“节点”当“考点”。共查处违反中央八项规定精神问题22件，其中立案12件，给予党纪政务处分12件12人，诫勉谈话6件6人，谈话提醒2件2人，提醒谈话2件2人，持续释放了越往后执纪越严的强烈信号。

——靶向纠治形式主义官僚主义等四风“顽疾”。紧盯影响党中央、省委、市委及区委决策部署落实的形式主义、官僚主义问题，紧盯损害党的形象、群众反映强烈的享乐主义、奢靡之风，加大专项监督检查力度。共查处形式主义、官僚主义问题13起，享乐主义、奢靡之风问题8起，给予党纪政务处分11人，诫勉谈话6人，谈话提醒2人，提醒谈话2人，有效防止了旧弊死灰复燃、新弊变异成势。

——重点整治党员干部和公职人员酒驾醉驾突出的“地方病”。对顶风违纪违法发生酒驾醉驾问题的党员干部、公职人员，按照“六个一律”严肃查处，累计发现酒驾醉驾问题线索47条，立案查处24件，给予党纪政务处分27人，通报曝光2起2人。同时，坚持风腐同查，对2022年查处的酒驾醉驾案件逐人逐件逐案“过筛子”，发现并严肃处理了2起酒驾醉驾背后的作风和“四风”问题，酒驾醉驾突出的“地方病”得到有效根治。

（五）始终站稳“江山就是人民、人民就是江山”的政治立场，人民群众在全面从严治党中的获得感显著增强。一以贯之把监督的“放大镜”聚焦在群众普遍关注、反映强烈和反复出现的问题上，真刀真枪解决群众“急难愁盼”诉求，让人民群众切实感受到监督执纪执法为民的力度与温度。

——精准发挥村（居）务监督委员会“前哨”和“探头”作用。分批次、分片区对全区303名村（居）务监督委员会主任、委员开展了集中学习培训。建立党内监督、村（居）务监督、民生监督“三张清单”，印发监督工作指南和发现问题及后期处置流程图，为村（居）务监督委员履职尽责提供指引和遵循。按照地域相近、片区联动原则，对闲置蔬菜大棚开展“交叉检查”，累计检查大棚项目84个，发现并督促整改问题40个，下发工作提示2份，盘活闲置蔬菜大棚16个79.75亩，推动扶贫“死资产”变“活资本”。

——扎实开展“访村寨、重监督、助振兴”专项行动。紧扣巩固拓展脱贫攻坚成果同乡村振兴有效衔接，深入一线走访、面对面接访、带信下访。累计发现并督促整改问题3大类155个，协调解决基层基础设施建设、产业发展相关经费45.5万元。走访过程中充分发挥信访举报“连心桥”作用，引导群众如实依法举报，并优先受理、优先排查、优先办理、优先反馈，一大批疑难信访问题解决在群众家门口。2022年业务内信访举报、越级举报、重复举报件数同比下降7个百分点，确保了基层矛盾风险不积累、不扩散、不升级，使“问题发现在基层、解决在基层”成为常态。

——持续整治群众身边腐败和作风问题。以增强群众舌尖上的安全感、居住上的舒适感、就医上的获得感、就学上的幸福感、服务上的亲近感为工作目标，有效发挥“室组地”专责监督和相关职能部门行业监管的双重优势，促进监督、监管同向发力，实现系统施治与行业治理同步推进，推动解决困扰群众的操心事烦心事。共查处漠视侵害群众利益问题40个，立案28件28人，党纪政务处分23人，对涉黑涉恶“三类问题”线索立案3件3人，不断厚植了党的执政根基。

（六）深化上下联动，突出“三个聚焦”，政治巡察利剑高悬锋芒劲显。坚守巡察政治属性这一本质属性，聚焦“两个维护”这一根本任务，在巡察监督、整改、治理有机贯通、良性循环上狠下功夫，巡察工作的权威性、震慑性、推动性实现全面提升。

——坚持“巡察别人首先要武装好自己”。完善健全《中共铜仁市万山区委巡察工作领导小组工作规则》，出台《万山区委巡察组临时党支部工作管理办法（试行）》《巡察期间作风纪律日常管理制度（试行）》等内控制度机制8个。组织全体巡察干部参加各类教育培训134人次，在全区各级各部门中抽调18名优秀干部参加巡察工作，着力发挥巡察工作锻炼干部的“熔炉”作用。持续加强党的领导和纪律作风建设，提请召开区委书记专题会议2次、区委常委会会议15次，研究部署巡察工作。巡察工作领导小组常务副组长开展巡前巡中“一对一”约谈12次，召开巡察机构警示教育大会1次，先后7次对巡察组开展巡后纪律作风后评估，持续落实“一评一述一考”“3个一”机制，推动实现既要以更高的标准检视别人，更要以更高的标准提升自己。

——发挥巡察综合监督平台作用和联系群众纽带功能。与审计、财政、信访等职能部门深化对接沟通的及时性与信息共享的丰富性,累计收到相关部门巡前情况通报180条。市区同步启动第一至三轮巡察工作,接受市委第四巡察指导督导组为期1个月的“嵌入式”指导督导,发现问题369个,移交线索10件14人。出台《关于规范对村(社区)党组织分类开展巡察的实施意见(试行)》,切实打通巡察“最后一公里”。在2022年巡察的43个党组织中,村(社区)为28个,占比65%,受理群众信访举报69件次,协调兑现下溪乡群众矿山受益金68万余元。

——推动巡察问题整改和成果运用。出台《万山区有关单位支持配合巡察工作负面清单(试行)》《万山区委巡察整改成效评估办法》,对巡察整改方案、整改报告进行审核把关以及整改成效评估。开展市区两级“组办会商”、组办联审、巡察整改监督工作联席会议17次。向区委组织部、区委宣传部、区财政局等单位分类移交巡察发现问题,为深化改革、完善制度、促进发展提供参考。推动区委组织部成立整改工作督导小组,加强对党的建设及选人用人等问题的整改督导,并把巡察发现问题整改情况纳入基层党组织书记年度述职评议考核目标任务。针对第一轮巡察发现的城乡居民养老保险宣传落实不到位等普遍性、行业性问题,推动区人社局开展为期2个月的集中治理,以巡促改、以巡促建、以巡促治的实际成效不断提升。

(七)持续深化纪检监察体制改革,系统集成、协同高效的监督体系更加完善。按照“党统一领导、全面覆盖、权威高效”总要求,充分发挥党内监督和国家监察专责机关作用,促进各类监督力量整合、程序契合、工作融合,切实形成监督合力。

——着力加强党的全面领导。始终坚持党对纪检监察工作的绝对领导,严格落实请示报告相关制度,梳理规范全区各级纪检监察机关请示报告工作实施细则,坚持做到查办腐败案件以上级纪委监委领导为主,线索处置和案件查办情况在向同级党委报告的同时向上级纪委监委报告。2022年围绕监督检查、审查调查等具体工作,及时向市纪委市监委请示报告52次,向区委请示报告64次。其中,债务化解、乡村振兴、作风建设、疫情防控、围绕“四新”主攻“四化”等专项监督工作报告得到市纪委市监委以及区委主要领导肯定性批示11次。

——着力增强派驻监督效能。认真贯彻执行《纪检监察机关派驻机构工作规则》,区纪委常委会定期听取派驻机构述职汇报。全区6个派驻纪检监察组已全部入驻被监督单位办公,并以派驻机构为主体,统筹室组力量,加强横向联动。围绕“国之大者”“省之大计”以及市委、区委的各项决策部署,推行清单式、嵌入式、下沉式监督。累计参加“三重一大”班子会议321次,提出意见建议81条,纠正、否决不符合规定的决定决议18条,发现问题线索10件,发出纪检监察建议书45份、同比增长38%,督促驻在单位党委(党组)完善制度21个,“派”的权威和“驻”的优势更加凸显。

——着力推动各类监督贯通。统筹纪检监察监督资源和力量,建立“室组”联动监督、“室组地”联合办案机制。充分用好纪检监察室政治站位高、掌握信息全面、熟悉纪法政策和“打大仗”的经验;用细派驻纪检监察组了解案发单位政治生态及权力运行特点、掌握被审查调查人具体情况的优势;用实各乡镇(街道)纪(工)委统筹调度的人员、场所、资源多,了解基层情况的特点。累计开展“室组”联动监督32轮,“室组地”联合办案21次,有效解决了问题线索积压、案件办理质量不高、熟人社会不敢监督等问题,着力构建了内部贯通、左右衔接的监督工作格局。

（八）坚持严管与厚爱结合、激励与约束并重，推动实现纪检监察队伍锻铁成钢。从严从实狠抓自身建设，坚持以忠诚立德、以能力立身、以担当立行、以清廉立标，干部力量得到有力充实，整体结构得到不断优化，综合素质得到明显提升。

——政治建设入脑入心。区纪委常委会坚持以党的政治建设为引领，组织全体纪检监察党员干部到困牛山革命教育基地瞻仰学习，推进党史学习教育常态化长效化。始终把习近平新时代中国特色社会主义思想、习近平总书记关于全面从严治党的重要论述以及党的二十大关于全面从严治党的重大战略部署作为区纪委常委会第一议题学习38次。着力加强年轻干部教育监督管理，邀请全区纪检监察系统年轻干部列席区纪委常委、理论中心组学习会83人次。完成委机关党总支、各支部换届选举，优化调整委机关党支部设置，真正实现以党建带队建、以党建促业务。严格落实省纪委省监委内部"小巡视"反馈问题整改政治责任，结合实际制定《关于开展"七查七看"整改的工作方案》，督促全区各级纪检监察机关全面检视问题，深入剖析原因，主动上交"问题清单"，推动巡视整改工作改到位、改彻底、改出成效。

——能力建设走深走实。推进区纪委区监委"提质增效年"工作，开展审查调查、监督检查等十项提质增效行动，干部作风实现根本转变、业务效率实现大幅提升。制发《2022年度纪检监察干部培训方案》以及《区纪委区监委关于加强年轻干部教育监督管理实施方案》，推荐41人次参加中央纪委国家监委以及省、市纪委市监委组织的线上线下培训。先后举办全区纪检监察干部业务培训班3期，邀请省级领导专家来万授课和本单位业务能手上台讲课，累计432人次参与学习。完成万山区纪检监察志的编纂，实现了志书留史、资政、育人的目的。

——队伍建设有为有位。坚持念好"严""管""爱"三字诀，落实好干部标准，在监督检查、审查调查、疫情防控等工作一线考验干部、识别干部，大力推荐选拔敢于负责、勇于担当、善于作为、实绩突出的干部，营造了干事创业、担当尽责的浓厚氛围。累计推荐提拔副县级领导干部1人，推荐提拔正科级领导干部4人，提拔副科级领导干部11人，同级调任区纪委副书记、区纪委常委等重要岗位7人，从四级主任科员晋升三级主任科员4人，事业管理岗从八级职员晋升七级职员7人、从九级职员晋升八级职员9人，干部队伍活力得到充分激发。

在肯定成绩、总结经验的同时，我们也清醒地认识到，我区全面从严治党、党风廉政建设和反腐败斗争还远未到大功告成的时候。有的腐败分子"人还在"、有的腐败行为"事未了"、有的腐败问题"根未除"。腐败方式更加隐蔽多样，新型腐败、隐性腐败与传统腐败交织，重点领域、重要岗位腐败问题仍然值得高度警惕。享乐主义、奢靡之风隐形变异，形式主义、官僚主义积习难改，选择性执行、消极性执行、低效性执行、虚假性执行问题比较突出。有的纪检监察干部政治站位不高、斗争精神不足、斗争本领不强，日常监督软弱无力，政治监督大而化之，对执纪执法办案"不感兴趣"，请示报告不主动不及时，与高质量发展要求差距较大，等等。这些问题严重阻碍了纪检监察工作高质量发展的步伐，我们正在努力克服，并在加大力度解决。

二、深入学习贯彻党的二十大精神

党的二十大是在全党全国各族人民迈上全面建设社会主义现代化国家新征程、向第二个百年奋斗目标进军的关键时刻召开的一次十分重要的大会，在政治上、理论上、实践上取得了一系列重大成果，就新时代新征程党和国家事业发展制定了一系列大政方针。特别是党的二十大关于全面从严治党的战略部署，为做好新征程上纪检监察工作提供了根本指引和遵循。全区各级纪检监察机关要立足职能职责和工作实际，从战略和全局高度完整、准确、全面理解和把握党的二十大精神，更加自觉地把工作置于党和国家大局中谋划推进，把学习成果转化为推进纪检监察工作高质量发展的实际成效。

（一）牢牢把握学习宣传贯彻党的二十大精神这条主线，切实增强衷心拥护“两个确立”、忠诚践行“两个维护”自觉性坚定性。将学习宣传贯彻党的二十大精神列为领导班子成员履职“第一课”、纪委常委会“第一议题”、理论学习中心组“第一专题”、支部“第一党课”、各级各类培训“第一重点”。坚持把自己摆进去、把职责摆进去、把工作摆进去，围绕党的二十大提出的重大理论和实践问题，组织开展重点课题调研，把深入基层宣讲和下沉一线监督有机结合，力争实现在工作中深化学习，在学习中促进工作，切实将学习党的二十大精神体现在行动上，落实到成效上。

（二）牢牢把握坚持党中央集中统一领导是最高政治原则，聚焦新时代新征程党的使命任务强化政治监督。主动围绕中心、服务大局，紧密联系我国发展面临的新的战略机遇、新的战略任务、新的战略阶段、新的战略要求、新的战略环境，找准切入点和着力点。聚焦全面深化改革、有效防范化解风险挑战、保障和改善民生、扎实推进共同富裕、全面推进乡村振兴等重点任务跟进监督，及时发现、处置、通报违反纪律、落实责任和措施不力等问题，使现代化建设成果更多更公平惠及人民群众，保障党中央战略决策执行不偏向、不变通、不走样。

（三）牢牢把握坚持以严的基调强化正风肃纪的鲜明导向，推动作风建设纪律建设取得新成效。切实担负起协助党委抓党风的重要职责，把监督执行中央八项规定精神作为改进党风政风的一项经常性工作来抓，对享乐主义、奢靡之风露头就打，对形式主义、官僚主义重点纠治。坚持“以案看风”，严肃查处不正之风及其背后的腐败问题，坚决斩断由风及腐的链条。要推进作风建设常态化长效化，把查处“四风”问题更加紧密地同深化改革、完善制度、促进治理贯通起来，在常和长、严和实、深和细上下功夫，不断把作风建设引向深入。

（四）牢牢把握完善党的自我革命制度规范体系的重大任务，全面推进党的自我净化、自我完善、自我革新、自我提高。准确把握纪检监察机关在全面从严治党中的职责，积极发挥好在完善党和国家监督体系中的作用，推动完善党内监督体系以及纪检监察专责监督体系，健全党委（党组）全面监督、纪律检查机关专责监督、党的工作部门职能监督、党的基层组织日常监督、党员民主监督的工作格局。要推动纪检监察监督与人大监督、民主监督、行政监督、司法监督、审计监督、财会监督、统计监督、群众监督、舆论监督等各类监督贯通协同，健全党统一领导、全面覆盖、权威高效的监督体系。

（五）牢牢把握打铁必须自身硬的重要要求，锻造忠诚干净担当的纪检监察队伍。区纪委常委会要自觉接受区委的领导和监督，带动全系统严格执行党内法规制度和国家法律法规，严格内控机制，严守权力边界，确保纪检监察权力始终在法治轨道上规范运行。全区各级纪检监察干部要牢固树立法治意识、程序意识、证据意识，依规依纪依法开展监督执纪执法工作，不断练就敢于善于斗争的硬脊梁、铁肩膀、真本事，在服务保障大局中履职担当。

三、2023年工作安排

今年是贯彻党的二十大精神的开局之年，做好纪检监察工作意义重大。总体要求是：坚持以习近平新时代中国特色社会主义思想为指导，全面贯彻党的二十大精神，深刻领悟“两个确立”的决定性意义，增强“四个意识”、坚定“四个自信”、做到“两个维护”，按照二十届中央纪委二次全会、十三届省纪委二次全会、三届市纪委三次全会明确的目标要求，坚决贯彻坚定不移全面从严治党的战略部署，认真落实健全全面从严治党体系的任务要求，完善工作机制，形成有效载体，深入开展党风廉政建设和反腐败斗争，深入推进纪检监察工作高质量发展，着力推进以党的自我革命引领社会革命的区域实践，为新时代新征程奋力开创美丽万山现代化建设新未来提供坚强保障。

（一）推进政治监督具体化精准化常态化，不折不扣保障党的二十大战略部署落地见效。准确把握政治监督的理论和实践要求，持续探索完善做实做细政治监督的有效途径，更好发挥监督保障执行、促进完善发展作用。

——聚焦做到“两个维护”，监督内容具体化。深刻领悟“两个确立”的决定性意义，自觉担负起“两个维护”的重大政治责任，把贯彻落实党的二十大确定的目标任务作为重中之重强化政治监督，重点看党的二十大关于全面贯彻新发展理念、着力推动高质量发展、主动构建新发展格局等战略部署在我区落实了没有、落实得好不好；看党中央、省、市、区委提出的保障和改善民生、扎实推进共同富裕、统筹发展与安全、围绕“四新”主攻“四化”、高标准农田建设、“3+2”产业发展等重点任务、重点举措、重要政策、重要要求贯彻得怎么样；看属于全区各级各部门“争”“转”“干”的职责有没有担当起来。严肃查处做选择搞变通、不担当不作为、简单化乱作为等问题，确保党的二十大精神在万山贯彻不偏向、执行不变通、落实不走样，推动全区各级党组织和党员干部做“两个确立”的忠诚拥护者和“两个维护”的示范引领者。

——聚焦优化政治生态，监督靶向精准化。把营造风清气正的政治生态作为基础性工作，认真协助区委开展政治生态分析研判，深入查摆分析党风廉政建设方面存在的突出问题，提出整改整治建议，为区委履行全面从严治党政治责任提供有效载体、当好参谋助手。要坚决纠正政治偏差，严明政治纪律和政治规矩，严肃党内政治生活，及时发现、着力解决“七个有之”等违反党的政治纪律和政治规矩问题，严肃查处“政治骗子”，深入揭示同党离心离德的“两面人”、结党营私的“小团伙”、阳奉阴违的“伪忠诚”，使忠诚核心始终成为万山党员干部最鲜明的政治品格、万山政治生态最鲜明的政治底色。

——聚焦实现系统治理，监督方式常态化。坚持系统观念，深刻把握政治监督的内在规律，严格落实“一台账、两清单、双责任、双问责”监督机制，推动政治监督常在、形成常态。要结合职责任务，针对全区各级各部门建立政治监督个性清单和问题台账，为长期净化全区政治生态，开展提醒谈话，咬耳扯袖，红脸出汗，预警纠偏，提供科学研判依据。要善于透过现象看本质，准确发现问题背后的制度漏洞，有针对性地推动深化改革、完善制度、优化治理、高质量发展，构建“发现问题、严明纪法、整改纠偏、深化治理”的监督闭环，真正把监督制度优势转化为治理效能。

（二）推动完善党的自我革命制度规范体系，把监督制度优势更好转化为治理效能。充分发挥自我革命精神，坚持制度治党、依规治党、从严治党，推动监督体系各方面建设有机衔接、联动集成、协同协调，运用治理的理念、系统的观念、辩证的思维管党治党建设党。

——深化落实全面从严治党政治责任。督促全区各级党委(党组)深入贯彻《党委(党组)落实全面从严治党主体责任规定》，坚持把党风廉政建设与经济社会发展同部署、同落实、同检查、同考核，定期分析研判本单位、本地方、本领域党风廉政建设情况，确保责任落实全覆盖、压力传导不递减。特别是要督促各级党委(党组)“一把手”发挥好牵头抓总、统筹协调、组织推动、监督检查和示范带动的作用，认真履行第一责任人责任，对重要工作亲自部署、重大问题亲自过问、重点环节亲自协调、重要案件亲自督办。要督促其他班子成员认真履行“一岗双责”、严格遵守廉洁从政各项规定，不断提高党风廉政建设工作能力。

——持续推动“四项监督”统筹衔接。要加大“统”的力度，强化区纪委常委会的领导和统筹协调，建立“四项监督”协调机制，强化常态化沟通交流，疏堵点、接断点、补盲点，推动“四项监督”上下贯通、左右协同。要强化“接”的意识，纪律监督、监察监督、派驻监督、巡察监督在做好本职监督的同时，又要主动相互对接对，既要跑好自己的一棒，又要传好“接力棒”，打破各项监督之间的壁垒，实现监督职责的再强化、监督力量的再融合、监督效果的再提升。要抓准“切口”，紧紧围绕监督中发现问题、处置问题、整改问题等关键环节，加强与审计机关协调配合，用好审计监督成果，以信息畅通促进监督贯通，推动“四项监督”在职能作用上互助互补，在力量使用上统筹统管，在成果运用上共通共享，在工作衔接上协调协同，持续释放治理效能。

——精准规范用好问责利器。严格执行《中国共产党问责条例》，坚持“权责一致、错责相当”“集体决定、分清责任”的原则开展党内问责工作，督促各级党组织和党员领导干部切实把主体责任、监督责任和领导责任扛在肩上。要坚决防止问责泛化滥化简单化，把问责的板子打准打实，既让干部汲取教训，又不要干部彻底寒心。要坚持“三个区分开来”，落细落实《万山区纪委区监委关于全区党员干部和国家公职人员尽职免责实施意见》，综合运用好容错纠错、澄清正名、回访教育等举措，为担当者撑腰、为奋斗者鼓劲、为实干者护航，画出敢闯敢试的“保护线”，激活干事创业的“动力源”。

(三)巩固深化政治巡察，充分发挥党内监督利剑作用。深入贯彻落实党的二十大关于深化政治巡视部署要求，着力提升巡察监督的力度、强度和效果，推动巡察整改和成果运用，为全面从严治党向纵深发展、向基层延伸提供有力支撑。

——始终坚守政治巡察定位。坚持“从政治上看”的要求，透过各种不正之风和腐败行为看清其本质上的政治危害性。时刻牢记“国之大者”“省之大计”，把聚焦点、着力点放到督促全区各级党组织和党员干部深刻领悟“两个确立”的决定性意义，坚决做到“两个维护”上，始终坚持从工作看责任，从责任看政治，坚决防止就业务谈业务、就个案谈个案，没有抓住问题本质。要紧紧围绕党的二十大重大决策部署，深入基层了解党的路线方针政策贯彻到位没有、到底没有，查找和纠治对党中央决策部署不敬畏、不在乎、喊口号、装样子的错误表现，通过早发现、早治理，督促被巡察党组织和党员干部不断增强“两个维护”的政治定力和政治能力，推动坚持和加强党的全面领导。

——全面构建问题整改闭环。坚持问题导向和目标导向有机结合。在发现问题上，要紧盯“关键少数”特别是“一把手”履职律己情况，紧盯动摇党的执政根基、侵害群众利益的人和事，把握不同层级、不同领域的特点，深入揭示政治问题和腐败问题交织的廉洁风险隐患，深入查找共性的突出问题和深层次体制机制问题。在推动解决问题上,要注重压实被巡察党组织的主体责任,强化纪检监察机关和组织部门的日常监督责任,推动主管、监管职能部门和相关单位联动整改,完善巡察整改和成果运用机制,形成监督、整改、治理的良性循环。

——健全完善联动贯通体系。要完善巡察监督工作格局,横向上要加强各类监督贯通融合,推动巡察监督与纪律监督、监察监督、派驻监督统筹衔接,与组织、宣传、政法、审计、财政、统计、信访等监督协作配合,形成监督合力,提升监督质效;纵向上要强化巡察上下联动,按照市县联动巡察"六统筹""六联动"经验作法,对巡察轮次、对象和组织方式进行统筹安排,有计划开展联动巡察、交叉巡察、专项巡察等方式破解巡察难题,持续推动巡察向基层延伸,不断增强政治巡察的穿透力和震慑力。

(四)锲而不舍纠"四风"、久久为功树新风,持之以恒巩固中央八项规定精神堤坝。坚持党性党风党纪一起抓,精准施策、靶向出击、严厉整治,持续释放越往后执纪越严的强烈信号。

——瞄准顽瘴痼疾常抓不懈。深挖形式主义、官僚主义的根源,找准症结、精准纠治,坚决防止以形式主义反对形式主义、以官僚主义反对官僚主义。紧盯贯彻党中央重大决策部署不上心、不用力问题,纠治空喊口号、阳奉阴违、只表态不落实行为。紧盯对政策举措片面理解、机械执行、野蛮操作问题,纠治简单化、"一刀切"、层层加码行为。紧盯玩忽职守不作为问题,纠治推诿扯皮、敷衍塞责、消极应付、冷硬横推行为。紧盯任性用权乱作为问题,纠治不尊重规律、不尊重客观实际和群众需求随意决策、盲目决策、违规决策行为。紧盯权利观异化、政绩观扭曲、事业观偏差的问题,纠治"堆盆景"、搞"形象工程"、统计造假行为。紧盯文山会海、检查考核过多过频、"指尖上的形式主义"等,持续纠治增加基层负担问题。

——紧盯隐形变异露头就打。深入整治享乐主义、奢靡之风。紧盯违规收送礼品礼金、违规吃喝、铺张浪费、贪图享受、讲究排场等反复性顽固性问题,坚持从快从严处理、点名道姓通报曝光。紧盯"不吃本级吃下级""不吃公款吃老板""吃公函吃空函"等改头换面问题,加大查处问责力度。严肃查处以讲课费、咨询费、服务费等名义收送礼品礼金,以电子红包、快递物流方式"隔空送礼",以及隐藏在背后的享乐奢靡问题。深挖党员干部和公职人员酒驾醉驾背后的风腐问题,着力查处背后的利益交换、请托办事问题。健全风腐同查机制,统筹推进反"四风"、反腐败、反特权。积极探索运用大数据信息化手段加强预警纠治,持续加固中央八项规定精神堤坝。

——着眼新风正气纠树并举。深刻把握"四风"问题的地区性、行业性、阶段性特点,加强对下指导督导,教育党员干部以身作则、以上率下,自觉抵制"小节论""行业特殊论"等错误观点。要动真碰硬重点惩治"躺平式干部",严肃执纪问责,通过亮红牌、发警示,释放"是干部就不能这么混日子"的强烈信号,让"躺平式干部"心中有责、心中有畏,摒弃私心杂念、努力造福人民。要总结新时代作风建设成效经验,把纠治"四风"实践成果转化为制度规范,推动完善落实中央八项规定精神的具体措施。要坚持纠树并举、激浊扬清,开展时代新风宣传教育,弘扬党的优良传统作风,促进党员干部把好传统带进新征程、将好作风弘扬在新时代。

(五)一以贯之保持严的基调、严的措施、严的氛围,全面加强党的纪律建设。把党的纪律建设摆在更加突出位置,把严的要求贯彻到监督执纪全过程,既让铁纪"长牙"、发威,又让干部醒悟、知止,切实担负起维护党纪、协助党委加强党风建设的重要职责。

——突出运用“四种形态”的精准性。要坚持惩前毖后、治病救人的方针，抓早抓小、分类处置，充分运用第一种形态，更加注重谈话函询质量，精准把握运用各种形态。让那些犯错误甚至犯严重错误的党员干部，能主动向组织讲清楚问题；让那些游走在违纪边缘的党员干部受到警示，悬崖勒马、迷途知返；让更多的党员干部受到警醒，知敬畏、存戒惧、守底线。对执迷不悟、拒绝挽救、顽抗到底的，坚决依纪依法处理，通过惩治极少数、教育大多数，使党员干部不触碰法纪红线，不犯或少犯错误。

——增强日常监督执纪的及时性。坚持抓在日常、严在经常、执纪必严、违纪必究，发现苗头就及时提醒纠正，触犯纪律就立即严肃处理，决不允许因权势大而破规、因问题小而姑息、因违法众而放任。要督促指导发生重大违纪违法案件的相关单位党委（党组）召开专题民主生活会，举一反三，以案明纪。要坚决惩治跑官要官、买官卖官、拉票贿选等行为，严把政治关、廉洁关，规范审慎回复党风廉政意见，确保党的纪律始终成为带电的高压线。

——提升广大党员干部的免疫性。要广泛深入的经常性开展纪律教育，把党章党规党纪作为区委党校和全区各级党委（党组）理论学习中心组必修课，不断增强全区各级党员干部的纪律意识，使铁的纪律转化为党员干部的日常习惯和自觉遵循。要宣传好先进典型，发挥其教育引领作用，让党员干部学有榜样、行有示范、赶有目标。要分级分类、同级同类开展警示教育，用好身边人身边事和典型案例，使更多党员干部抛弃“看戏”心理，“见不贤而内自省”，真正从中汲取教训，防患于未然，不断提高自身免疫力。

（六）永远吹冲锋号，坚决打赢反腐败斗争攻坚战持久战。深化运用“全周期管理”理念，提高一体推进不敢腐、不能腐、不想腐能力和水平，做到三者同步、三者贯通、同向发力，进一步巩固和发展反腐败斗争压倒性胜利态势。

——强化“不敢腐”的震慑效应。始终保持零容忍震慑不变、高压惩治力量常在，着力查办大案要案，更加有力遏制增量、清除存量。要紧盯木杉河等重点工程项目背后露出的腐败问题，坚决惩治政治问题和经济问题交织的腐败，坚决防止领导干部成为利益集团和权势集团的代言人、代理人，坚决防止政商勾连破坏政治生态和经济发展环境。要紧盯重点行为，坚决查处损害和阻碍经济社会高质量发展的腐败问题，严惩政府债务、低效工程、烂尾工程背后的腐败及失职渎职问题。要紧盯重点领域，深化整治国有企业、金融、政法等权力集中、资金密集、资源富集领域的腐败，坚决纠治政府平台公司违规举债融资等乱象背后的违纪违法行为，坚决清理风险隐患大的行业性、系统性腐败。要紧盯重点对象，聚焦党的十八大以来不收敛、不收手，问题线索反映集中、群众反映强烈的领导干部，严肃查处领导干部配偶、子女及其配偶等亲属和身边工作人员利用影响力谋私贪腐问题，不断巩固拓展领导干部利用茅台酒谋取私利问题专项整治成果。要紧盯新型腐败和隐性腐败，开展离任人员利用影响力谋私贪腐专项整治，以及腐败低龄化低职化专项治理。

——完善“不能腐”的治理机制。坚持案件结案紧跟开展“一案一剖析”“一案一整改”，规范制发纪检监察建议书，督促指导案发单位对照典型案例中的共性和个性问题，深化问题整改、完善制度机制、堵塞漏洞、净化政治生态，确保腐败治理取得更大成效。要坚持受贿行贿一起查，重点查处多次行贿、巨额行贿、向多人行贿等行为，健全行贿人信息库，强化对行贿人的联合惩戒。要把赃款赃物追缴纳入案件质量评查重要内容，采取“一案一策”“因人施策”的精准打法，全力做好涉案财物追缴工作，决不让腐败分子及其亲友继续享受赃款“红利”。要完善防治腐败滋生蔓延的体制机制，强化对政策制定、决策程序、审批监管、执法司法等关键权力的制约和监督，减少权力对微观经济活动的不当干预。

——推进“不想腐”的思想建设。扎实推进“清廉万山”建设行动，依托铜仁市党风廉政教育基地，把警示教育与党性教育、政德教育、家风教育结合起来，做到常态开展廉洁教育、常态开展纪律教育、常态推进清廉建设、常态释放惩治震慑。要聚焦关键人、关键领域、关键岗位，针对违纪违法问题多发的区域和行业系统，通过编印警示录、拍摄专题片、开展案例巡回展、组织旁听庭审等方式，分级分类精准开展警示教育，实现以案释纪、以案释法。要贯彻落实好党中央《关于加强新时代廉洁文化建设的意见》，大力弘扬新时代廉洁文化，打造廉洁文化教育示范村。要制定纪检监察机关信息发布机制，及时、规范、严谨发布审查调查信息、违反中央八项规定精神问题通报、群众身边腐败和作风问题通报等重要信息，持续巩固“不想腐”的思想根基。

（七）更加关注群众反映强烈的突出问题，持续推动监督融入基层治理。做深做实基层监督，瞄准民生“小切口”，紧盯群众“身边事”，围绕民生热点痛点堵点持续“拍蝇”，努力让群众获得感成色更足、幸福感更可持续、安全感更有保障。

——构建基层治理监督体系。坚守监督专责，把做实基层监督作为推动全面从严治党向基层延伸的重要内容，充分发挥县区“一线指挥部”作用，明确县级主导、乡镇主抓、村级落实的责任链条，健全党委领导、纪委监督、县乡村抓落实的三级监督工作格局，推动基层“两个责任”同向发力、协同联动。要紧盯区里的权、乡里的情、村里的点，大力推行协作式、专班式监督模式，制定好监督下沉的责任清单和具体措施，增强监督工作的系统性、针对性和实效性。要构建“乡镇（街道）党（工）委负主体责任、纪（工）委负监督责任，相关站所负指导责任、村（社区）党组织负直接责任”的责任理体系，强化统筹、督促、指导、落实一体发力，夯实基层全面从严治党根基。

——完善基层监督闭环机制。要建立健全“县统筹抓乡促村”监督机制，充分发挥乡镇（街道）纪（工）委和村（居）务监督委员会力量，紧盯党中央决策部署、群众“急难愁盼”问题等开展监督检查。明确监督事项清单、协作监督清单、整改问题清单，将监督嵌入事前酝酿、事中讨论和事后执行全过程，做到监督内容具体化、项目化、可视化。要建立问题整改销号管理机制，积极用好纪检监察建议有力武器，对整改执行不坚决、日常管理不到位、工作履职不担当等问题，及时提出意见建议并对落实情况全过程跟踪问效，确保整改到位，充分发挥监督在基层治理中的基础性、保障性作用。

——提升突出问题治理效能。紧盯“重点人”“重点事”，全面梳理基层监督对象权力运行的关键点、内部管理的薄弱点、问题易发的风险点，注重从问题线索中发现背后隐藏的腐败和作风问题。要强化专项监察，围绕小微权力规范运行、村集体“三资”管理、安全生产、教育医疗、养老社保、民族救助等领域加大监督检查力度，重点查处基层贪污侵占、虚报冒领、截留挪用、吃拿卡要、优亲厚友等行为。要巩固深化扫黑除恶专项斗争和政法队伍教育整顿成果，推进“打网破伞”常态化，不断推进与政法机关协作机制建设。要深入分析群众信访举报，按照“群众点题、部门整治、纪委监督、社会参与”的思路,用心用情化解信访问题。要继续常态化推动治理“两拖欠”问题,持续优化营商环境,维护和净化基层政治生态。

(八)牢记打铁必须自身硬,锻造堪当新时代新征程重任的纪检监察铁军。坚持高标准、严要求,不断加强思想淬炼、政治历练、实践锻炼、专业训练,努力当好对党忠诚、为国奉献、为民造福的卫士。

——坚持政治过硬。扎实开展党中央部署的主题教育,坚持以习近平新时代中国特色社会主义思想武装头脑、指导实践、推动工作。认真贯彻加强和维护党中央集中统一领导的若干规定,严格执行重大事项请示报告制度。要发挥区纪委常委会表率作用,坚持和完善常委会集体学习制度,认真贯彻民主集中制,严格落实常委会议事决策规则和程序,带动全系统做遵规守纪的模范。要落实党建工作责任制,推动党支部标准化规范化建设,从严教育管理监督党员,增强纪检监察机关基层党组织政治功能和组织功能。要扎实抓好省纪委省监委内部“小巡视”反馈问题整改工作,对派驻纪检监察组监督联系单位进行部分调整,确保派驻监督更具成效。

——坚持本领过硬。要加强斗争历练,常态化开展学法学规,持续深化全员培训,以办理“木杉河专案”为契机,加强实战练兵,不断提高依规依纪依法履职能力。以开展“调查研究年”工作为载体,重点围绕推进监督检查、审查调查、巡察整改、清廉建设、监督贯通等核心业务,开展下沉式监督调研,把情况摸清、把问题找准、把解决问题的路径找对,促进纪检监察工作高质高效。要系统挖掘、整理、总结万山纪检监察历史,更好传承红色基因,汲取奋进力量,出版万山纪检监察志。要按照省、市纪委市监委统一安排,抓好监察官法及配套制度的贯彻实施,做好全区纪检监察系统监察官等级首次确定工作。

——坚持作风过硬。严格落实上级纪检监察机关关于从严管理纪检监察干部队伍的工作要求,把一体推进“三不腐”的理念贯穿自身建设,教育引导纪检监察干部树立严格自律的标杆形象。要强化内部监督和制约,完善回避、保密和过问干预案件登记备案等内控制度,健全自身权力运行机制和管理监督体系,确保执纪执法权正确行使。要加强党委对纪委监委的领导和监督,积极落实监委接受人大监督制度,主动接受社会各方面监督。对执纪违纪、执法违法现象零容忍,严肃查处以案谋私、串通包庇、跑风漏气等问题,坚决防止利用监督执纪执法权和职务影响力谋取私利,严防严治“灯下黑”。

同志们,奋进新时代、建功新征程。让我们紧密团结在以习近平同志为核心的党中央周围,坚定捍卫“两个确立”、坚决做到“两个维护”,全面贯彻落实党的二十大精神,坚定不移推进纪检监察工作高质量发展,坚定不移走好全面从严治党新的长征路,为奋力开创美丽万山现代化建设新未来提供坚强保障!

二、重要文件

玉屏县人民政府布告

秘字第七号

一九四九年十一月十五日

为便于政令推行，确立革命新秩序，兹划定原万山乡、黄道乡为第六区，并委任吴海亮为第六区区长。除令该员克日到职视事外，特此布告周知。

此布！

中共中央、国务院关于贵州省设市和特区问题的批复

中发(66)119号

贵州省委、人委、煤炭部、化工部、冶金部党委并西南局，中央国家机关各部门：

贵州省于1965年先后提出的都匀、安顺设市、遵义市扩大郊区和设六枝、盘县、水城、开阳、万山五个特区等问题，现答复如下：

一、同意在都匀、安顺两个县的城关区(镇)，分别设立都匀、安顺市，望即进行工作，待国务院全体会议通过后，再行公布。

二、同意设立六枝、盘县、水城、开阳、万山五个特区人民委员会，进行政企合一的试点。

六枝、盘县、水城三个特区人民委员会受煤炭工业部和省人民委员会的双重领导，有关企业工作以部领导为主，有关地方工作，以省领导为主。特区党的工作，实行以部党委领导为主、省委领导为辅的双重领导制度。

开阳特区人民委员会，受化学工业部和贵阳市的双重领导，有关企业工作以部领导为主，有关地方工作以市领导为主。特区党的工作，实行以部党委领导为主、贵阳市领导为辅的双重领导制度。

万山特区人民委员会，受冶金工业部和铜仁专署的双重领导，有关企业工作以部领导为主，有关地方工作以专署领导为主。特区党的工作，实行以部党委领导为主、铜仁地委领导为辅的双重领导制度。

以上五个特区政府的管辖范围，请贵州省人民委员会同有关部门商定，并报内务部备案。

三、同意将遵义县桃溪区所辖的八个公社划归遵义市领导。

四、同意将六枝县的县名恢复为郎岱县。

都匀、安顺设市，主要是为了对周围地区分散建设的工矿点进行跨区领导，促进工业建设。市的机构设置要力求精干，面向基层，切实为工农业生产建设服务。新设市和特区的建设，必须贯彻执行

“工农结合、城乡结合、有利生产、方便生活”的方针，发扬延安作风，学习大庆的革命精神，一律不搞大城市、大马路、楼馆堂所和高标准的民用建筑。设置政企合一的特区政府，是一个新问题，希望你们在实践中注意总结经验。

中共中央

国务院

一九六六年二月二十二日

贵州省人民委员会关于万山、开阳行政区划和交接工作的通知

省民字(66)第172号

安顺、铜仁专署、贵阳市，开阳、玉屏、铜仁县，万山、开阳特区人民委员会：

我省万山、开阳两个特区，已经中共中央、国务院于1966年2月22日批准成立，现将有关行政区划和交接工作通知如下：

一、行政区划

开阳特区行政区划(略)

万山特区行政区划为现属玉屏县万山区的高楼坪、黄道、新庄三个公社和现属铜仁县漾头区的敖寨公社。

二、有关交接工作

1.开阳特区的交接(略)

万山特区的交接，请铜仁专署专员房建平同志主持，会同玉屏、铜仁和万山特区人委办理。省粮食、商业、供销、税务等有关部门，亦请分别派员参加两个特区的交接工作。

2.凡划归特区领导的公社，其干部全部移交特区，区公所干部，按划出公社比例移交。

财贸、邮电等服务单位，原为矿区服务的，原则上全部移交，既为矿区又为农村服务的，根据便利生产，便利群众，经济合理的原则，有的可以移交，有的可以不移交，有的可以划分适当比例进行移交。

3.在交接过程中，对公共财产必须妥为保护，交接清楚，不准化公为私，不准隐瞒分散，不准浪费损失。

4.交接中的其他问题，由主持人会同交接双方协商处理。

三、在交接工作中，必须加强对干部和群众的政治思想教育，本着从全局出发，从有利于发展生产，有利于加强团结出发，互让互谅，互相支援，共同协商的精神，保证把交接工作做好。在交接之后，特区人民委员会更要加强对所属人民公社和生产队的领导，领导好当前以抗旱为中心的春耕生产运动，夺取今年农业丰收。厂矿企业应以积极主动的精神，做好支援农业生产工作。

四、全部交接工作必须在四月底以完成，特区人民委员会从5月1日起正式办公。完成交接之后，请特区人民委员会将总人口(其中农业人口若干)，土地面积连同行政区划图4份报省，以便转报国务院。

贵州省人民委员会

1966年4月9日

贵州省冶金工业局
关于建立中共贵州汞矿委员会纪律检查委员会的批复

贵冶党发(80)第090号

中共贵州汞矿委员会：

你们报来“关于成立中共贵州汞矿委员会纪律检查委员会的请示报告”收悉，经局党组一九八〇年五月十三日会议研究，同意：阎继裕、肖厚生、李思贤、宋希禹、姚宗保等五名同志为中共贵州汞矿委员会纪律检查委员会委员，组成中共贵州汞矿委员会纪律检查委员会；阎继裕同志兼任书记，肖厚生同志任付书记。

中共贵州省冶金局党组

一九八〇年五月廿十三日

省人民政府关于同意将铜仁市谢桥街道行政区域划归万山特区管辖的批复

黔府函〔2011〕3号

铜仁地区行政公署：

你署《关于将铜仁市谢桥办事处和茶店镇行政规划调整为万山特区管辖的请示》(铜署呈〔2010〕91号)及附件收悉。经研究决定，同意将铜仁市谢桥街道的谢桥、唐家寨、楚溪、龙门坳、石竹、瓦屋坪6个村和谢桥社区居委会划归万山特区管辖，将谢桥街道大坳村划归铜仁市环北街道管辖，铜仁市、万山特区行政区域界线做相应变更。请认真做好行政区划调整相关工作。

贵州省人民政府(公章)

二〇一一年一月五日

国务院关于同意贵州省撤销铜仁地区设立地级铜仁市的批复

国函〔2011〕131号

贵州省人民政府：

你省《关于撤销铜仁地区设立地级铜仁市的请示》（黔府呈〔2011〕26号）收悉。现批复如下：

一、同意撤销铜仁地区和县级铜仁市、万山特区，设立地级铜仁市，市人民政府驻新设立的碧江区花果山中路20号。

二、铜仁市设立碧江区。以原县级铜仁市（不含茶店镇、鱼塘乡、大坪乡）的行政区域为碧江区的行政区域。区人民政府驻市中街道环西路93号。

三、铜仁市设立万山区。以原万山特区和原县级铜仁市的茶店镇、鱼塘乡、大坪乡的行政区域为万山区的行政区域。区人民政府驻万山镇。

四、铜仁市辖江口县、石阡县、思南县、德江县、玉屏侗族自治县、印江土家族苗族自治县、沿河土家族自治县、松桃苗族自治县和新设立的碧江区、万山区。

上述行政区划调整涉及的各类机构要按照“精简、统一、效能”的原则设置，涉及的行政区域界线要按规定及时勘定，所需人员编制和经费由你省自行解决。要严格执行中央关于厉行节约的规定和国家土地管理法规政策，加大区域资源整合力度，优化总体布局，促进区域经济社会协调健康发展。

中华人民共和国国务院（章）

二〇一一年十月二十二日

铜仁市人民政府关于同意万山区茶店镇撤镇设街道办事处的批复

铜府函〔2013〕142号

万山区人民政府：

报来的《关于撤销万山区茶店镇建立万山区茶店街道办事处的请示》（万府呈〔2012〕183号）收悉，经转报省政府批准，现批复如下：

一、同意撤销万山区茶店镇建制，设置茶店街道办事处。

二、请你府认真做好行政区划调整相关工作，加大宣传力度，做好群众的思想维稳工作，确保撤镇设街道办事处工作平稳进行，促进当地经济社会全面发展。

三、市民政局要加强指导，推进万山区茶店镇撤镇设街道办事处工作顺利开展。

铜仁市人民政府（章）

2013年6月11日

铜仁市人民政府关于同意万山区谢桥街道行政区划调整的批复

铜府函〔2016〕149号

万山区人民政府：

你区《关于从谢桥街道析置出仁山街道的请示》(万府呈〔2016〕67号)收悉。按照《中华人民共和国地方各级人民代表大会和地方各级人民政府组织法》和《贵州省设置街道办事处暂行标准》规定，经研究，现批复如下：

一、同意从谢桥街道析置出仁山街道。

(一)调整后的谢桥街道辖原谢桥街道的谢桥社区、谢桥中心社区、冲广坪社区、牙溪村、石竹村、龙门坳村、瓦屋坪村83个村(居)民小组，国土面积77.06平方千米，谢桥街道驻地不变。

(二)从谢桥街道析置出的仁山街道辖原谢桥街道的唐家寨社区、楚溪社区、挞扒洞村20个村(居)民小组，国土面积26.63平方千米，仁山街道驻唐家寨社区。

二、行政区划调整后，万山区辖谢桥街道、仁山街道、茶店街道、万山镇、大坪侗族土家族苗族乡、鱼塘侗族苗族乡、黄道侗族乡、高楼坪侗族乡、敖寨侗族乡、下溪侗族乡，共3个街道、1个镇、6个乡(少数民族乡)。

三、你区在实施行政区划调整过程中要严格按照国务院“约法三章”要求，不新建政府性楼堂馆所、不增加财政供养人员、不增加“三公”经费。

四、请你区认真做好行政区划调整相关工作，加大区域资源整合力度，促进当地经济社会全面、健康、快速发展。

铜仁市人民政府(章)

2016年7月15日

铜仁市人民政府关于同意万山区行政区划调整的批复

铜府函〔2018〕177号

万山区人民政府：

你区《关于析置丹都街道区划调整工作的请示》（万府呈〔2018〕118号）收悉，按照《中华人民共和国地方各级人民代表大会和地方各级人民政府组织法》和《贵州省设置街道办事处暂行标准》规定，经研究，现批复如下：

一、同意万山区行政区划调整。

（一）谢桥街道中心社区析置给仁山街道；茶店街道开天村、塘边村析置给仁山街道，其中塘边村尖坡组析置给丹都街道，红岩村黄连溪组析置给丹都街道；仁山街道挞扒洞社区、楚溪社区（除罗家湾组）析置给丹都街道；鱼塘侗族苗族乡旗屯村、大坡村析置给丹都街道。

（二）调整后的谢桥街道辖谢桥社区、冲广坪社区、石竹社区、牙溪村、龙门坳村、瓦屋坪村6个社区（村）国土面积75.11平方千米，谢桥街道办事处驻地不变；茶店街道辖茶店居委会、茶店村、红岩村（除黄连溪组）、老屋场村、垢溪村、梅花村、横山村、大元村、尤鱼铺村、白岩村10个村（居），国土面积78.15平方千米，茶店街道办事处驻地不变；仁山街道辖贵苑社区、唐家寨社区、谢桥街道中心社区、开天村、塘边村（除尖坡组）、楚溪社区罗家湾组6个社区（村、组），国土面积26.38平方千米，仁山街道办事处驻地不变；鱼塘侗族苗族乡辖鱼塘村、槐花村、江屯村、牛场坡村、登峰村、金盆村、文基村、云山村、新龙村、大龙村、团山村、高峰村12个村，国土面积124.11平方千米，鱼塘侗族苗族乡政府驻地不变。

（三）析置出的丹都街道辖楚溪社区（除罗家湾组）、挞扒洞社区、旗屯村、大坡村、塘边村尖坡组、红岩村黄连溪组6个社区（村、组），国土面积41.68平方千米，丹都街道办事处驻楚溪大道106号。

二、行政区划调整后，万山区辖丹都街道、仁山街道、谢桥街道、茶店街道、万山镇、鱼塘侗族苗族乡、大坪侗族土家族苗族乡、高楼坪侗族乡、黄道侗族乡、敖寨侗族乡、下溪侗族乡，共4个街道、1个镇、6个乡（少数民族乡）。

三、你区在实施行政区划调整过程中要严格按照国务院“约法三章”要求，不新建政府性楼堂馆所、不增加财政供养人员、不增加“三公”经费。

四、请你区认真做好行政区划调整相关工作，加大区域资源整合力度，促进地方经济社会全面、健康、快速发展。

铜仁市人民政府

2018年11月14日

关于对特区纪委、监察局派驻纪检监察机构实行统一管理的工作方案(试行)

万党办发〔2008〕12号

为进一步加强党的执政能力建设,认真贯彻落实中央改革和完善党的纪检监察体制和工作机制,全面实行纪检监察机关对派驻机构统一管理的决定。按照中央纪委、省纪委的工作部署,结合我区实际,特制定本方案。

一、指导思想和总体要求

指导思想:以邓小平理论和"三个代表"重要思想为指导,认真贯彻十七大会议精神,按照《中国共产党党内监督条例(试行)》的有关规定,积极稳妥地推进对派驻机构实行统一管理工作,切实加强对试点部门及所属系统党政领导班子及其成员的监督,促进派驻部门及所属系统党风廉政建设和反腐败工作深入开展。

总体要求:

(一)改革现行领导体制和管理体制。将派驻机构由特区纪委、监察局和驻在部门双重领导改为由特区纪委、监察局直接领导,由特区纪委、监察局对派驻机构业务工作、干部工作和行政后勤工作等实行统一管理。

(二)改革派驻机构的设置形式。将分别派 驻在部门的纪检监察机构及行政编制集中使用,组建新的综合性派驻纪检监察组。派驻部门及所属系统不再设置纪检组、监察室和专职纪检监察员。

(三)强化监察职能。切实加强对派驻部门及所属系统党政领导班子及其成员的监督。

(四)确保工作成效。使派驻部门及所属系统的党风廉政建设和反腐败工作切实得到加强。

二、统一管理的范围派驻部门的划分

除垂直管理部门、专用编制部门、机关工委保持原有体制外,其余的特区委各部、委、局、办,特区政府各工作部门、议事机构、直属事业单位、群团组织、学校、医疗机构,混编派驻四个纪检监察组。名称分别为:中共万山特区纪律检查委员会派驻第一纪检组、万山特区监察局派驻第一监察组(简称纪检监察一组),纪检监察二组,纪检监察三组,纪检监察四组。

纪检监察一组所驻部门11个:

党委办、人大办、政府办、政协办、发展改革与经济贸易局、人事劳动和社会保障局、财政局、审计局、统计局、民宗局、建设局

办公地点:发展改革与经济贸易局

纪检监察二组所驻部门11个:

组织部、宣传部、政法委、统战部、编办、农办、交通局、水利局、农业局、林业局、粮食局

办公地点:农办

纪检监察三组所驻部门11个:

总工会、团委、妇联、残联、科协(科技局)、计生局、卫生局、教育局、工商联、物价局、民政局

办公地点:卫生局

纪检监察四组所驻部门21个:

档案局、供销社、商贸中心、接待办、党校、党史办(区志办)、畜牧兽医局、文体广播电视事业局、旅游事业局、环保事业局、政务服务中心(招商引资局、行政投诉中心)、房产事业局、社区服务管理局、安监局、城管局、合管局、疾控中心、人民医院、卫生监督所、职业技术学校、民族中学

办公地点:民政局

三、编制使用及人员配备问题

纪检监察一、二、三组人员编制各4名(行政编制3名,工勤编制1名);纪检监察四组人员编制10名(事业编制9名,工勤编制1名)。每组配组长1名,副组长1名,副科级纪检员1名。组长按正科级干部配备,副组长按副科级干部配备。

纪检监察一、二、三组所需9名行政编制除4名从原派驻部门行政编制中调剂解决外,其余5名行政编制根据特区党政群机关实际空编情况,酌情调剂。

四、干部管理和后勤保障

派驻机构实行统一管理后,其干部管理和后勤保障按以下方式实施:

根据中纪办发〔2005〕15号文件精神,参照省纪〔2001〕32号、黔党办发〔2005〕13号等相关文件规定,按照《党政领导干部选拔任用工作条例》和特区委有关干部管理规定开展干部选拔任用等工作。

(一)纪检监察组干部的选拔任免,参照省纪委有关纪检监察干部考察任免规定。纪检监察组科级干部的任用,由特区纪委商特区委组织部提名后,经特区委组织部与特区纪委共同考察,按程序呈报特区委任免。股级干部由特区纪委、监察局考察(核)任免后向特区委组织部备案。

(二)纪检监察组的干部及工勤人员调配、考录(聘)用,由特区纪委、监察局会同有关部门按照相关规定办理。

(三)纪检监察组的干部考核。纪检监察组科级干部履行职责和廉政勤政的情况由特区纪委商特区委组织部共同考核。其他干部及工勤人员的年度考核,由特区纪委、监察局负责。

(四)纪检监察组的干部交流。纪检监察组的干部要定期在特区纪委、监察局机关、各纪检监察组范围内交流和跨系统交流。科级干部交流,由特区纪委商特区委组织部提出意见,按程序报特区委审批。其他干部在纪检监察系统内交流的由特区纪委、监察局按照有关规定办理;跨系统交流的,由特区纪委商特区委组织部办理。

(五)纪检监察组干部的培训教育、考察学习由特区纪委、监察局统一安排,并报特区委审批。

(六)纪检监察组人员的党团组织关系转入特区纪委、监察局管理,并参加其党团组织活动。

(七)纪检监察组人员与特区纪委、监察局机关同职级人员待遇一样,其工资福利等,由特区纪委、监察局负责,由特区财政局按照有关规定如实核拨;交通工具、办公设施,人员经费、公用经费及业务费等由特区纪委、监察局预算,特区财政局按规定核拨;各纪检监察组经费拨入特区纪委、监察局行政账户,由特区纪委、监察局统一管理使用。各纪检监察组工作印章及机构牌匾由特区纪委、监察局统一制作。

五、组织领导

（一）对派驻机构实行统一管理，政策性强，牵涉面广，各有关部门要充分认识对派驻纪检监察机构统一管理工作的重大意义，把思想认识统一到中央的决定上来，切实加强领导，精心组织，认真实施，确保试点工作的顺利完成。

（二）纪检监察组组建后，特区纪委、监察局要及时研究制定各项工作的管理办法和制度，规范纪检监察组的工作。促使纪检监察组全面履行职责，确保所驻部门及所属系统的党风廉政建设和反腐败工作切实得到加强。

（三）实行管理的部门党政领导班子及其成员要适应统一管理后纪检监察工作的新体制，积极支持纪检监察组履行工作职责，自觉主动地接受监督。要切实对本部门及所属系统的党风廉政建设和反腐败工作负起全面领导责任，结合实际，制定实行统一管理体制后本部门及所属系统的党风廉政建设和反腐败工作的具体措施，进一步加强党风廉政建设和反腐败工作。

（四）纪检监察组按照统一管理后的各项规定认真履行职责，切实加强所驻部门及所属系统党政领导班子及其成员的监督，同时要积极协助所驻部门党政领导班子组织协调党风廉政建设和反腐败工作。要充分发挥主观能动性，处理好监督检查与协助的关系。要与时俱进、开拓创新，注重研究新情况、新问题，积极探索新体制下履行职责的工作方法。纪检监察组的干部要在接受特区纪委、监察局监督的同时，自觉接受所驻部门及所属系统领导干部和群众的监督。

实施中出现的问题，由特区纪委、监察局研究并报特区委同意后答复。

中共万山特区纪律检查委员会 万山特区监察局 派驻纪检监察组工作规则(试行)

第一章 总则

第一条　对派驻纪检监察机构实行统一管理后,为加强对特区纪委、监察局派驻纪检监察组的领导和管理,保证纪检监察组正确履行职责,充分发挥作用,推进所驻部门及所属系统党风廉政建设和反腐败工作。根据《关于对特区纪委、监察局派驻纪检监察机构实行统一管理的工作方案》,制定本规则。

第二条　纪检监察组是特区纪委、监察局的派出机构,在特区纪委常委会的直接领导下开展工作,履行纪检、监察两项职能,代表特区纪委、监察局依照党章和行政监察法及有关法规加强对所驻部门及所属系统党政领导班子及其成员的监督,协助所驻部门党政领导班子组织协调本部门及所属系统的反腐倡廉工作,保证党的路线、方针、政策和国家法律法规的贯彻执行,并向特区纪委、监察局负责。

第二章 纪检监察组的职责范围

第三条　纪检监察组的职责范围:

(一)监督检查所驻部门及所属系统贯彻执行党的路线、方针、政策和决议,遵守《党章》、国家法律法规,执行国务院决定、命令的情况;监督检查所驻部门及所属系统贯彻执行特区委、特区政府决定、安排事项的情况。

(二)监督检查所驻部门及所属系统党政领导班子及其成员维护党的政治纪律,贯彻执行民主集中制,选拔任用干部,贯彻落实党风廉政建设责任制和廉政勤政的情况;

(三)经批准,初步核实所驻部门及所属系统党政领导班子及其成员违反党纪政纪的问题;参与调查所驻部门及所属系统党政领导班子及其成员违反党纪政纪的案件;调查所驻部门及所属系统科级以下党员和行政监察对象违反党纪、政纪的案件;

(四)协助所驻部门党政领导班子组织协调本部门及所属系统的党风廉政建设和反腐败工作;协助所驻部门党政领导班子抓纠风和源头治理工作。指导所驻部门的纪检监察工作;

(五)受理对所驻部门及所属系统党组织、党员和行政监察对象的检举、控告;受理对所驻部门及所属系统党员和行政监察对象不服处分的申诉;

(六)经批准,纪检监察组可以在办案中采用《中国共产党纪律检查机关案件检查工作条例》和《中华人民共和国行政监察法》规定的方法、手段和措施;

(七)承办特区纪委、监察局交办的其他事项。

第三章　纪检监察组与所驻部门的工作联系

第四条　纪检监察组要建立与所驻部门工作联系制度，组长、副组长和工作人员要相对分工，明确各自具体联系的部门，确保加强纪检监察组与所驻部门的联系。根据特区纪委、监察局的统一部署和要求，向所驻部门传达和通报纪检监察工作有关情况。及时了解掌握所驻部门纪检监察工作情况并加强指导。组织所驻部门每半年至少召开一次反腐倡廉工作专题会议。按照上级的部署和要求，也可适时召开有关工作会议，推进所驻部门党风廉政建设。

第五条　纪检监察组应把参加党政领导会议作为了解所驻部门重要决策过程、对所驻部门及所属系统党风廉政建设和反腐败工作进行监督、检查和指导的重要方式。纪检监察组组长或副组长应列席所驻部门有关重要会议。

列席会议范围：

（一）党风廉政建设和反腐败工作会议；

（二）本部门及所属单位领导班子民主生活会；

（三）股级干部竞争上岗、干部招聘、职称评定及涉及其他干部人事工作的会议；

（四）研究全局性工作部署、重要改革事项，大额度资金安排、重大项目审批的会议；

（五）其他需要纪检监察组参加的重要会议。

第六条 所驻部门应将纪检监察组列入文件、资料报送对象，及时报送相关文件、资料。纪检监察组应把所驻部门文件、资料的报送和抽查所驻部门的有关会议记录、会议纪要及相关资料作为全面掌握所驻部门工作情况的重要途径。

报送文件、资料范围：

（一）年度工作计划、每周工作情况汇报、半年和年度工作总结；

（二）党风廉政建设和反腐败工作方面的有关文件、信息、资料；

（三）领导班子民主生活会报告、会前征求的意见和建议、整改措施、整改落实情况等；

（四）党政领导班子有关会议纪要；

（五）股级干部的任免、奖惩，干部人事招聘等方面的文件、资料；

（六）领导班子及领导干部述职述廉材料；

（七）其他需要向纪检监察组报送的重要文件、资料。

第七条　纪检监察组必须及时准确了解所驻部门发生的重要情况。所驻部门应及时将有关的重要情况报告纪检监察组。

重要情况报告范围：

（一）本部门及所属系统发生的重大事故、突发性事件、重大违纪违法案件和发生上级明令禁止的不正之风；

（二）收到的有关对本部门及所属系统党政领导班子及其成员、党员及行政监察对象的检举、控告；

（三）所驻部门股级干部的任免应在本部门会议研究前征求纪检监察组的意见；

（四）领导干部个人重大事项；

（五）其他需要向纪检监察组报告的重要事项。

第八条　纪检监察组实施案件检查时，应告知所驻部门主要领导，所驻部门应积极主动配合纪检监察组开展案件检查工作。

第九条　纪检监察组在履行监督检查职能时，要与所驻部门加强沟通协调，相互配合协作，全面了解掌握所驻部门的基本情况，定期对所驻部门的党风廉政建设和反腐败工作情况进行调研，探讨研究党风廉政建设和反腐败工作的形势，掌握新动态，分析新问题，制订新措施，共同抓好党风廉政建设和反腐败工作。

第四章　纪检监察组与特区纪委、监察局的工作关系

第十条　为加强对纪检监察组的领导和管理，特区纪委明确一名领导分管纪检监察组工作，纪检监察组涉及重要事项须向分管领导请示、报告。纪检监察组要按照特区纪委、监察局的统一部署，积极配合、主动接受调配，共同做好有关工作。特区纪委、监察局办公室具体负责与纪检监察组的日常联系。

第十一条　纪检监察组要根据特区纪委、监察局的年度工作部署，结合所驻部门实际情况，制定年度工作计划。其具体工作情况，每周向特区纪委、监察局书面报告一次，年终报送年度工作总结。重要或紧急事项应及时报告。

第十二条　纪检监察组要做好查办案件、信访及其他事项的统计综合等工作，并按要求定期、及时向特区纪委、监察局报送有关报表和资料。

第十三条　纪检监察组参加特区纪委、监察局党的组织生活及政治理论学习、各种教育活动。

第十四条　按照分级负责、归口管理的原则，纪检监察组受理所驻部门及所属系统的群众来信、来访和电话举报；对不属纪检监察组负责范围内的信访件，转送特区纪委、监察局信访室处理；承办上级机关和领导交办的其他信访件。

第十五条　纪检监察组受理检举、控告和发现违纪问题，属纪检监察组处理范围的，要及时派人进行初步核查，并向特区纪委常委会汇报初查情况。

第十六条　经初步核查发现确有违纪事实，需立案的，纪检组应根据有关规定立案调查。对特区纪委、监察局交办的案件，纪检监察组应制定调查方案，报分管领导批准后实施。

第十七条　案件调查终结，纪检监察组应对案件提出处理意见，请示分管领导后按以下规定办理：

（一）纪检监察组案件调查终结后，移送特区纪委、监察局案件审理室，并完善移交手续；

（二）需要移送司法机关处理的，报特区纪委常委会研究决定后移送。

第五章　纪律要求

第十八条　纪检监察组工作人员要忠于职守、严以律己、清正廉洁，严格遵守工作纪律，正确履行职责，切实做到秉公执纪。自觉接受特区纪委、监察局和所驻部门及所属系统干部群众的监督。对有下列行为之一的，严肃追究有关人员的责任。

（一）发现所驻部门及所属系统发生重大违纪行为不制止、不报告，甚至隐瞒案情、压案不查的；

（二）对于所驻部门及所属系统发生的明令禁止的严重不正之风，不认真履行监督检查职责，长期失察，造成严重不良影响的；

（三）不认真遵守和执行上级机关的指示、决议、决定、规定和工作部署，经指出后仍不改正的；

（四）利用职权和工作之便谋取个人私利的；

（五）收受所驻部门及所属系统礼金（含各种名目的资金补贴）、有价证券；或接受所驻部门及所属系统可能影响公正执行公务吃请的；

（六）未经同意擅自借（使）用所驻部门及所属系统通信、交通等工具；在所驻部门及所属系统报销应由本人及其配偶、子女支付的有关费用的；

（七）在办案中违反工作纪律，泄漏秘密、跑风漏气，或有其他违法违纪行为的。

第六章　附则

第十九条　纪检监察组根据实际工作情况，可起草相应的实施细则，报特区纪委常委会批准后实施。

第二十条　本规则由中共万山特区纪委、监察局负责解释。

第二十一条　本规则自2008年4月19日起施行。

（2008年4月19日印发）

中共铜仁市万山区委办公室 铜仁市万山区人民政府办公室关于印发《万山区开展建立村(居)务监督委员会试点工作实施方案》的通知

万党办发〔2012〕140号

为进一步完善村务公开和民主管理制度,推进农村党风廉政建设和社会主义新农村建设,根据《中华人民共和国村民委员会组织法》、《省纪委省民政厅关于印发〈关于在全省农村开展建立村务监督委员会试点工作的意见〉的通知》(黔纪发〔2011〕27号)和《市纪委市民政局关于认真开展建立村(居)务监督委员会试点工作的通知》(铜纪发〔2012〕27号)的要求,决定在全区各乡、镇、办事处开展建立村(居)务监督委员会试点工作。

一、试点村(居)

1.万山镇土坪社区

2.谢桥办事处龙门坳村

3.茶店镇开天村

4.鱼塘侗族苗族乡旗屯村

5.大坪侗族土家族苗族乡川硐村

6.高楼坪侗族乡青年湖村

7.黄道侗族乡田坪村

8.敖寨侗族乡中华山村

9.下溪侗族乡官田村

二、工作目标

按照"先行试点,总结完善,稳步推进"的工作思路,以维护农民群众的根本利益为出发点和落脚点,开展建立村(居)务监督委员会试点工作。通过试点,实现以下目标:

(一)初步形成对农村基层干部权力的监督机制

实现惩治和预防腐败体系向村级组织延伸,推进农村党风廉政建设各项制度的落实。

(二)逐步形成村民权益的自我保障机制

推进民主选举、民主决策、民主管理、民主监督,切实维护农村群众的知情权、参与权、表达权和监督权。

三、基本原则

(一)坚持党的领导。发挥农村基层党组织的领导核心和战斗堡垒作用,领导和支持村(居)务监督委员会行使职权,依法支持和保障村民开展自治活动、行使民主权利。

(二)坚持民主监督。发挥村(居)务监督委员会的群众性组织民主监督作用,反映农村群众的意愿,切实保障农村群众的合法权益。

(三)坚持依法监督。按照《中华人民共和国村民委员会组织法》《农村基层干部廉洁履行职责若干规定(试行)》《贵州省村务公开办法(试行)》和《贵州省村级重大事项议事暂行规定(试行)》有关规定,围绕涉及村民利益的事项,加强基层民主监督,确保村级重大事项决策和实施的公开、公平和公正。

(四)坚持实事求是。坚持从实际出发,有组织有步骤地开展工作。根据村的经济状况、社会结构、人口分布等情况,确定村(居)务监督委员会的成员数量和运作方式。

四、产生程序

村(居)务监督委员会设主任1名,成员2名,通过村民会议或村民代表会议选举产生。

(一)候选人的提名。村(居)务监督委员会候选人应当在村党组织的领导下,由村民或村民代表酝酿提出。村(居)务监督委员会主任可由村党支部纪检员兼任或德高望众的村民担任;成员一般应由村民代表担任,优先将原村务公开监督小组、民主理财小组以及党风廉政监督员等成员列为候选人,也可适当从返乡干部职工、退休教师等群众认可度较高的人员中推荐产生候选人。

村党组织应将候选人名单报乡、镇、办事处党委审核备案后,提交村民会议或村民代表会议进行选举。候选人的提名应当实行差额制。

(二)候选人的资格。村(居)务监督委员会候选人应当遵纪守法、坚持原则、诚实守信、公道正派、群众信任、熟悉村情,有较强的法制观念和监督意识,有一定的政策水平和参与监督能力。

(三)任职资格的回避。村党支部书记、副书记,村民委员会成员,村经济合作社管理委员会成员及其配偶、直系亲属和近姻亲,村文书、村报账员及其配偶、直系亲属和近姻亲等不得列为村(居)务监督委员会的候选人。

(四)选举与任期。村(居)务监督委员会由村民会议或村民代表选举产生,村(居)务监督委员会的选举在乡、镇、办事处党委和村级党组织的领导下进行,成员选票应超过到会代表的过半数,选举结果报乡、镇、办事处党委备案。村(居)务监督委员会一般与村民委员会换届同期进行。村(居)务监督委员会任期与村民委员会相同。

(五)罢免和补选

1.村(居)务监督委员会成员因违纪违法等原因不宜继续担任的,本人应主动提出辞职,不主动辞职的,由村党支部提出罢免建议,经村民会议或村民代表会议到会村民过半数同意的,予以罢免。

2.村(居)务监督委员会成员严重失职、不履行监督职责的,经五分之一以上村民代表联名提出罢免要求的,村党支部应召开村民代表会议进行民主评议,信任票未达到参会村民代表人数过半的要责令其辞职,同时,由村民代表会议补选产生新的成员。不接受辞职的,经村民会议或村民代表会议到会村民过半数同意,予以罢免。

3.村(居)务监督委员会成员外出时间超过三个月或因其他原因不能正常履职的,经村民会议或村民代表会议到会村民过半数同意,免去其职务,另行补选。

4.村(居)务监督委员会成员因故空缺的,可进行补选。补选工作在村党支部主持下,召开村民会议或村民代表会议进行补选,实行差额选举。

五、职责权限

村(居)务监督委员会独立行使监督权,负责村民民主理财、监督村务公开等制度的落实,对村民会议或村民代表会议负责并报告工作。

(一)工作职责

1.对日常村务公开情况进行监督。包括:财务收支;农民承担的各项税费和劳务;村民宅基地分配;水电费收缴;人口和计划生育工作的完成和落实情况;土地征用补偿费收支;土地、集体企业和财产的承包、租赁及收益;其他涉及村民利益、村民普遍关心和要求公开的事项。

2.对村务决策进行监督。包括:村集体土地的转让和租赁;村集体经济项目的立项、承包方案;村级财务预决算、集体债务、集体资产处置、村有关人员报酬和误工补贴的确定与发放;公益事业建设、公共基建项目的投资方案和资金使用;村民认为需要村民会议或村民代表会议决定的其他事项,是否及时召开村民会议或村民代表会议投票表决等。

3.对上级下拨各种资金和款项的安排使用进行监督。包括:救灾救济、农村低保、农村医疗救助、临时困难救助等资金的申请、评议、公示、审核、审批、发放、使用等。

4.对村民会议或村民代表会议的决议执行情况进行监督。对村民会议或村民代表会议的决议是否及时、正确执行等进行监督。

5.对村民委员会成员廉洁履行职责情况进行监督等。

(二)工作权限

1.参加村民会议或村民代表会议,列席村委会会议。

2.召开村民监督委员会会议,研究村务监督工作。

3.收集整理村民对村民委员会工作的意见和建议,向村民委员会提交村民意见以及改进工作的建议。对符合实际的建议和意见,应督促村民委员会予以采纳。

4.对村民反映的问题,应及时予以回复。对反映情况属实的,应在10日内反馈所采取的措施和办法。

5.对村民委员会不按照法定程序和民主议事规则,擅自作出决定的事项,应予以制止,必要时可召集村民代表会议对相关问题进行质询,如村民委员会无正当理由拒不执行的,可按程序向乡、镇、办事处党委、政府和纪委反映。

6.经村民会议或村民代表会议授权,可开展对村民委员会财务收支情况的年度审计、村民委员会成员任期经济责任审计以及根据村民要求对其他事项的审计,并向村民会议或村民代表会议报告情况。

7.依法可行使的其他监督权力。

六、监督程序

村(居)务监督委员会实施监督一般按以下程序进行:

(一)收集民意。根据村民会议和村民代表会议决议事项,围绕村民关注的热点、难点问题,或根据村党组织、乡、镇、办事处党委、政府和纪委的要求,通过上门走访、个别约谈、议事日等形式广泛收集村民的意见和建议,确定监督事项。

(二)调查分析。围绕监督事项开展调查,了解、核实相关情况,查阅、收集有关资料。对收集到的意见和建议进行认真分析研判,及时将工作建议向村党组织和村民委员会反映。

(三)监督落实。根据调查的结果,提出监督意见,明确分工,认真细致、客观公正地开展监督工作,及时发现和纠正存在的问题。

(四)通报反馈。通过公开栏、召开会议、个别反馈等形式及时公布监督结果,对村民的询问质疑作出解释说明。

七、工作机制

(一)村(居)务监督委员会要做到有人员、有牌子、有印章、有办公场地、有工作制度、有会议记录、有工作台帐。工作台帐列入村务档案管理,以备查阅。

(二)实行村(居)务监督委员会成员年报酬制。试点村(居)务监督委员会主任年报酬1200元,委员年报酬800元。经乡(镇、办事处)党委、政府年度考核合格后一次性发放,由区财政据实解决。

(三)村(居)务监督委员会内部实行民主管理,监督事项坚持民主决策、集体研究,按照少数服从多数的原则形成决议。

(四)村(居)务监督委员会会议一般每月召开一次,如遇特殊情况可按工作需要随时召开。

(五)村(居)务监督委员会每年应向村党组织和村民会议或村民代表会议报告工作。由村民会议或村民代表会议对村(居)务监督委员会的工作情况进行民主评议,对其成员进行信任度测评。民主评议可与对村干部述职评议和考核等一起进行,结果应当向全体村民公布。

八、工作要求

(一)组织领导。区委成立万山区村(居)务监督委员会试点工作领导小组(另行文),加强对试点工作的领导,领导小组办公室要抓好组织协调、监督检查、综合指导,将村(居)务监督委员会试点工作纳入农村党风廉政建设整体规划,切实加强指导。乡、镇、办事处要相应成立村(居)务监督委员会试点工作领导小组,抓好村(居)务监督委员会试点工作,把村(居)务监督委员会试点工作和农村党风廉政建设有效衔接,及时解决发现的新情况、新问题,要通过工作简报、专报等形式及时反馈试点工作开展情况、总结经验,推动试点工作的顺利进行。

(二)分工职责。区民政局负责试点选举工作,区委组织部负责指导选举工作,区纪委、监察局负责村(居)务监督委员会的业务指导、制度建设和日常监管,区财政局负责补贴标准预算工作。

(三)各乡、镇、办事处党委、政府要支持村(居)务监督委员会开展监督工作。对村(居)务监督委员会反映的问题,应及时妥善处理和答复。乡、镇、办事处纪委要切实采取措施,不断提高村(居)务监督委员会成员依法依规履行监督职责的能力和水平。对村(居)务监督委员会反映的村干部违法违纪问题,要及时调查处理。

(四)时间要求。试点工作在2012年9月上旬完成。乡镇、办事处将工作经验总结于2012年9月10日前报区纪委监察局、区委组织部、区民政局。

(2012年8月10日印发)

铜仁市万山区完善纪检监察派出机构统一管理工作实施方案

万党办发〔2012〕143号

为切实加强我区纪检监察工作力量，进一步强化纪检监察机关的监督职能，深入推进全区党风廉政建设和反腐败工作，按照省纪委、市纪委的工作要求和部署，结合我区实际，对推进和完善我区纪检监察派出机构统一管理工作提出如下实施方案。

一、总体要求

坚持邓小平理论和“三个代表”重要思想为指导，深入贯彻落实科学发展观，认真落实党的十七大、中纪委十七届七次全会精神，按照“改革领导体制、强化监督职能、提高工作成效”的总体要求，积极稳妥地推进和完善纪检监察派出机构统一管理工作，着力构建反腐倡廉工作“三道防线”，适应反腐倡廉建设新形势、新任务的需要，深入推进基层党风廉政建设和反腐败工作，为全区经济社会更好更快发展提供有力的组织保证。

二、机构设置和人员编制

(一)机构设置

在全区四个纪检监察组构架基础上，组建四个纪工委(监察分局)，名称为中共铜仁市万山区纪律检查委员会派出第X纪律检查工作委员会(铜仁市万山区监察局派出第X监察分局)[以下简称第X纪工委(监察分局)]。纪工委(监察分局)为区纪委、监察局的派出机构，由区纪委、监察局直接领导，纪工委与监察分局实行合署办公。

(二)人员编制

新组建的四个纪工委(监察分局)核定编制28名，其中：核定行政编制4名，事业编制20名，机关后勤服务人员事业编制4名。各纪工委(监察分局)所需行政编制、机关后勤服务人员编制由原四个纪检监察组现有行政编制、机关后勤服务人员编制内调剂解决，所需事业编制从区内调剂解决。

(三)领导职数

新组建的四个纪工委(监察分局)机构规格均为正科级，纪工委监察分局设纪工委书记1名(行政编制)，副书记2名(其中一名兼任监察分局局长)、监察分局副局长1名、综合室主任1名(副科级)。

三、监督范围的划分

(一)第一纪工委(监察分局)监督部门(17个)

党委办(接待办)、人大办、政府办、政协办、矿区社区服务管理局、发展与改革局(物价局)、统计局、交通运输局、农牧科技局、畜牧兽医局、科学技术局、扶贫办、档案局、审计局、开源投资公司、总工会、团委。

(二)第二纪工委(监察分局)监督部门(17个)

组织部、宣传部、政法委、统战部、编委办、离退休干部工作局、党史研究室、财政局、环保局、水务局、人力资源和社会保障局、安全生产监督管理局、司法局、妇联、残联、工商联、供销联社。

(三)第三纪工委(监察分局)监督部门(16个)

教育局、民政局(老龄办)、人口和计划生育局、文化体育广播电视旅游局、林业局、民族和宗教事务局、卫生和食品药品监督管理局、卫生监督所、党校、民族中学、中等职业技术学校、医院、疾控中心、科协、红十字会、计生协会。

(四)第四纪工委(监察分局)监督部门(6个)

谢桥新区管委会、转型工业园区管委会、住房和城乡建设局、投资促进局、工业贸易局、行政服务中心。

四、工作职责

纪工委(监察分局)作为区纪委、监察局的派出机构,履行纪律检查和行政监察两项职能,在区纪委、监察局授予的职权范围内开展工作。主要职责是:

(一)监督检查所驻部门或所属系统党政组织和领导干部贯彻执行党的路线、方针、政策、决议和国家法律、法规及各项规章制度执行情况。

(二)督促检查所驻部门落实党风廉政建设责任制情况,纠正部门和行业不正之风;对涉及重大决策、重要人事任免、重大项目和大额度资金使用等情况实施监督;对党政组织及领导干部贯彻执行民主集中制情况进行监督检查;对领导干部权力行使情况进行监督检查。

(三)受理对所驻部门党政组织、党员和监察对象违反党纪政纪行为的检举和控告;按照区纪委、监察局的要求查办所辖单位党政组织、党员和监察对象的违法违纪案件。

(四)对所驻部门党员干部进行勤政廉政教育和警示教育,对干部职工作风和效能进行监察,对党政领导干部依法行政,规范用权进行监督检查。

(五)履行组织协调职能,指导所驻单位党政组织加强党风廉政建设,督促党政组织建立健全、教育、制度、监督并重的惩治和预防腐败的机制和体制。

(六)承办区纪委、监察局交办的其他工作任务。

五、领导体制和工作关系

(一)纪工委(监察分局)是区纪委、监察局的组成部分,受区纪委、监察局直接领导,直接向区纪委、监察局负责。业务、干部和行政后勤由区纪委、监察局实行统一管理。

(二)纪工委(监察分局)与所驻部门单位是监督与被监督关系。纪工委履行党的纪律检查和行政监察双重职能,督促指导所驻部门的党风廉政建设和反腐败工作。

六、干部管理和后勤保障

(一)纪工委(监察分局)干部的选拔任免。参照省纪委有关纪检监察干部考察任免规定执行。其中:对纪工委(监察分局)科级干部的考察任用,由区纪委、监察局提名商区委组织部共同进行,按照有关规定和程序呈报区委任免。股级干部由区纪委监察局自行考察(核)任免后向区委组织部备案。纪工委(监察分局)干部一般不从所驻单位及系统产生。

(二)纪工委(监察分局)的干部及工勤人员调配、考录(聘)用,由区纪委、监察局会同有关部门按照相关规定办理。

(三)纪工委(监察分局)的干部考核。科级干部履行职责和廉政勤政的情况由区纪委商区委组织部共同考核。其他干部及工勤人员的年度考核由区纪委、监察负责，考核结果分别报送区委组织部和区人力资源和社会保障局备案。

（四）纪工委（监察分局）干部待遇。享受区纪委监察局同级干部的政治、生活待遇，并享受区纪委监察局的工作岗位和办案补贴。

（五）纪工委（监察分局）干部交流。按照干部管理规定，有计划在区纪委监察局机关、各纪工委（监察分局）范围内交流和跨系统交流。

（六）纪工委（监察分局）干部的教育培训、考察学习等由区纪委、监察局统一安排。

（七）四个纪工委（监察分局）办公场所统筹安排在万山区行政服务中心大楼，其中第四个纪工委在谢桥新区管委会设办公分场所。其办公设备、工作用车、人员办公经费和业务费等费用全额纳入区财政预算，由区财政根据派出纪工委（监察分局）工作需要据实拨付。

七、工作步骤

派出机构统一管理工作改革分三个阶段进行。

第一阶段是制定方案。结合实际，拟定派出机构统一管理实施方案并报区委、区政府审批。时间安排：2012年4月至5月。

第二阶段是组织实施。成立派出机构统一管理工作领导小组和工作机构，并按照区委、区政府批准的实施方案具体操作。时间安排：2012年5月至7月。

第三阶段是人员配备。根据实际，逐步配齐纪工委（监察分局）班子成员和干部职工。同时，健全和完善纪工委（监察分局）规章制度。时间安排：2012年12月底。

八、组织领导

为确保完善纪检监察派出机构统一管理工作改革顺利进行，成立由区委副书记任组长，组织部部长和纪委书记任副组长，纪检监察、组织人事、编制、财政等部门负责人为成员的纪检监察派出机构统一管理领导小组。领导小组下设办公室，办公室设在纪委，负责日常工作。各级纪检监察组织也要切实发挥好组织协调作用，紧紧依靠区委、区政府，把改革措施落到实处。

本方案未尽事宜，由区纪委、监察局研究上报区委同意后答复。

（2012年8月13日印发）

全面推进全区纪检监察机关"三转"工作实施纲要

万党办发〔2014〕35号

为深入贯彻党的十八届三中全会、十八届中央纪委三次全会精神，认真落实省、市纪检监察机关"转职能、转方式、转作风"工作要求，进一步加强和改进纪检监察工作，根据《党章》和《中华人民共和国行政监察法》赋予的职责规定，结合我区实际，制定本实施纲要。

一、全面推进"三转"工作的重要性

党的十八大以来，中央对党风廉政建设和反腐败斗争提出了一系列新的理念、思路和举措。十八届中央纪委三次全会提出纪检监察机关"转职能、转方式、转作风"，是中央纪委对党风廉政建设和反腐败斗争形势进行科学判断作出的重大部署，是加强反腐败体制机制改革创新、进一步提高纪检监察工作水平的必然要求；既是严格履行《党章》和《行政监察法》赋予纪检监察机关职责的需要，也是做好新形势下党风廉政建设和反腐败工作的迫切需要。

二、"三转"工作的指导思想和基本原则

（一）指导思想。以邓小平理论、"三个代表"重要思想和科学发展观为指导，认真落实中央决策部署，全面履行《党章》和《行政监察法》赋予的职责，使纪检监察机关工作职能更加明确、方法更加科学、作风更加务实，不断提升全区党风廉政建设和反腐败工作水平。

（二）基本原则。坚持服务发展、服务干部、服务群众的原则；坚持领导带头、上下联动、共同推进的原则；坚持分类处理、先易后难、循序渐进的原则。

三、"三转"工作主要目标

（一）转职能。纪检监察机关将履行职责范围回归到《党章》和《行政监察法》规定上来，认真落实纪委三大任务，认真开展纪委五项经常性工作，认真履行监察机关五大职责。

（二）转方式。纪检监察机关要改进方式方法，坚持从一般性的业务检查向履行监督职责转变，坚持从全程监督向重事后执纪问责转变，坚持从重对事的监督向监察事和监察人转变。

（三）转作风。纪检监察机关要按照"打铁还需自身硬"的要求，强化自身建设，提升工作水平，切实担负起执纪、监督、问责的责任。

四、"三转"工作措施

（一）调整机构，整合职能职责

1.撤销党风廉政建设室和纠正部门不正之风办公室，组建党风政风监督室。党风政风监督室的职责是：综合协调贯彻执行党的路线方针政策和决议的监督检查；综合协调党风廉政建设责任制、作风建设规定、廉洁自律规定等制度规定的落实，开展党风政风监督专项检查；履行政府纠正部门不正之风办公室职能等。

2.撤销执法监察室和行政效能室，组建执法和效能监督室。执法和效能监督室的职责是：监察检查各级各部门贯彻执行党的路线、方针、政策和国家法律、法规、决定、命令的情况，对行政机关及其公务员履行职责、办事效率、服务质量等情况开展监察检查，及时纠正和查处不认真履行职责、行政不作为、乱作为或者慢作为等严重影响行政效能的行为。

3.增设纪检监察二室。监督检查干部遵守和执行《党章》以及其他党内法规，遵守和执行党的路线方针政策和决议、国家法律法规等方面的情况；监督检查各级党委（党组）落实党风廉政建设主体责任、纪委监督责任的情况；查处党员干部和行政监察对象违规违纪违法案件。

4.根据上级部署及时调整工作机构，明确机构职能职责。

（二）突出纪检监察机关“监督、执纪、问责”主业

1.将监督重点放在对中央、省、市、区重大决策部署的贯彻落实上，放在对行业主管部门履行职责监督上，真正履行“监督的再监督、检查的再检查”的职责。

2.将执纪重点放在对职能部门监督不到位、工作失职及违纪违法行为的责任追究上，实行“责任倒查”和“一案双查”制度，进一步发挥以纪督政、以纪促政、以纪廉政的作用。

3.将问责重点放在问“一岗双责”之责、问作风效能之责、问“四风”之责等方面。

（三）退出不宜参与的业务工作，从“副业”中解脱出来

1.退出牵头和参与的与主业无关的“领导小组”和“联席会议”议事机构。

2.不直接参与工程项目招标投标具体工作。

3.不直接参与政府采购具体工作。

4.不参与一般工程项目的督促检查。

5.不参与工程项目评审及竣工验收工作。

6.不受理涉法涉诉信访举报。

7.不参与一般性矛盾纠纷的调处化解。

8.不牵头开展与纪检监察工作主业无关的调研活动。

9.不承担干部考察组组长、人事招考主考官类似工作任务。

10.不承担产业发展、项目建设具体工作任务。

11.其他不适宜承担的工作任务。

（四）区纪委书记不兼职、不分管、不协管其他业务工作；乡镇（街道）党委（党工委）副书记、纪委（纪工委）书记不参与党务党建外的其他业务工作分工；区直部门纪委书记、纪检组组长（纪工委书记）不分管其他驻在部门业务工作。

（2014年4月8日印发）

万山区深化“三个开刀”专项整治行动工作方案

万党办发〔2015〕137号

为进一步改善机关和干部作风、提高工作效率，着力打造廉洁从政、公正执法的政治生态环境，根据区委《关于全面推进依法治区加快建设法治社会的意见》（万党办发〔2015〕25号）、《关于在党的群众路线教育实践活动中开展“三个开刀”专项整治行动的通知》（万委〔2014〕17号）和《中共铜仁市万山区委铜仁市万山区人民政府关于开展干部贴标·亮牌管理工作的实施意见（试行）》（万委〔2015〕16号）要求，制定本工作方案。

一、整治时间

2015年7月23日至2016年7月23日

二、整治范围

（一）在党政机关向“不找熟人办不成事”开刀整治范围

全区各级党政机关（含具有公共事务管理职能的事业单位）干部、公共服务窗口工作人员。

（二）在司法执法系统向“有理有据得不到公正结果”开刀整治范围

全区各级司法机关、行政执法机关的司法、执法工作人员。

（三）在乡村两级向“没有关系得不到公平对待”开刀整治范围

全区各乡镇（街道）财政供养人员（含借调、临聘人员），村（社区）“两委”成员及村民组长。

三、整治内容

（一）不公开服务事项、办事流程、具体承办人等，造成相对人不知找谁办事或如何办事；没有推行首问负责、一次性告知、限时办结、服务承诺等制度，工作推诿，造成相对人费时费力；态度冷漠、作风粗暴、故意刁难，造成相对人该办的事办不成或找熟人才能办成；办事不公、优亲厚友；以权谋私、“吃、拿、卡、要”，不送钱物不办事或违规违纪乱办事。

（二）行政权力不公开，法外设定权力，违法设定行政许可条件或以登记、备案、年检、监制为名行许可之实；有案不立、立案不办、当移不移、以罚代刑、该诉不诉、违法执行；领导干部违纪违法干预司法执法活动，以言代法、以权压法；随意执法，处罚不公，徇私枉法，枉法裁判，办金钱案、关系案、人情案。

四、整治措施

（一）深化在党政机关向“不找熟人办不成事”开刀专项整治行动整治措施

1.继续推行“四书”告知制度，对群众办理的事项，能现场办结的合法事项必须现场办结，出具《现场办结告知书》；不能现场办结但已明确受理的，出具《受理告知书》；属于受理范围但因资料不齐全等原因暂不受理的事项，出具《暂不受理告知书》；不予受理的事项，出具《不予受理告知书》，书面说明不予受理的理由及依据。以上四类告知书均需注明经办工作人员姓名及联系电话、办事人联系电话、举报电话。

2.严格执行“两牌”监督制度，各单位要在本单位醒目位置悬挂“能不能办，好久办好？”监督举报牌,公布接受社会监督的内容、单位监督责任人、监督举报电话等内容;工作人员办公桌上要摆放“能不能办,好久办好?”告知监督牌,告知岗位职责、承诺办理时限、监督举报电话等内容。

3.加大监督、查处和曝光力度,通过设立举报电话、抽查《告知书》、明察暗访、模拟办事等方式,定期不定期开展监督检查。在区级新闻媒体公布举报投诉电话,在区直重点政务服务单位及城区主要人员密集场所摆放监督举报牌。

(二)深化在司法执法系统向“有理有据得不到公正结果”开刀专项整治行动整治措施

1.公布行政执法机关权力清单,公开权力运行,坚持法定职责必须为、法无授权不可为。完善审核、发布和动态管理机制,实行一年一清理、一年一公开。

2.建立健全行政执法自由裁量基准制度,规范自由裁量权。统一执法尺度,规范、细化、量化行政执法自由裁量权,杜绝随意执法、处罚不公等问题。

3.实行违法违纪干预办案行为登记报告备案制度,严格执行《领导干部干预司法活动、插手具体案件处理的记录、通报和责任追究规定》和《司法机关内部人员过问案件的记录和责任追究规定》。每起案件都要填写《领导干部、司法执法人员干预司法执法活动、插手具体案件处理登记报告备案表》,由办案人员、分管领导签字背书后装入案卷。

4.实行司法执法生效案件评查制度,建立由区人大常委会、区纪委、区委政法委、区委群工部、区政府法制办等单位组成的案件评查委员会,对群众反映强烈、社会影响较大的生效司法、行政执法案件进行评查。

5.实行错案责任追究制,建立完善权责统一的执法责任体系和执法过错责任追究制度,做到有权必有责,用权受监督,失职要问责,违纪违法要追究。

6.依法规范司法执法人员与当事人、特殊关系人、中介组织的接触、交往行为,严格执行司法执法人员会见当事人及其亲属、律师制度,严禁接受当事人及其亲属、律师吃请或者收受其财物。

(三)深化在乡村两级向“没有关系得不到公平对待”开刀专项整治行动整治措施

1.健全公开制度,严格执行办事流程公开,认真执行党务、政务、村(居)务公开制度,实现应公开尽公开。

2.建立与民生监督工作有机衔接机制。把整治行动纳入民生监督组工作内容,采取明察暗访、专项检查、重点抽查等形式,针对性地加强督查,建立问题台账,严肃监督执纪问责。

3.强化监督问责,畅通群众举报渠道,对群众实名举报投诉事项,要及时调查处理。对职责范围内应办理而不办理、无正当理由拖延办理或不依法办理的事项和损害服务对象利益的行为,按照“谁主管谁负责”和“谁办理谁负责”的原则,严格追究相关领导和责任人的责任。

五、工作要求

(一)明确职责

区纪委监察局负责牵头开展深化“三个开刀”,专项整治行动,负责在党政机关、乡村两级开展的专项整治行动,组织协调和督促检查在司法执法系统开展的专项整治行动;区委政法委负责在司法执法系统开展的专项整治行动,组织开展违法违纪干预办案行为登记报告备案制度、司法生效案件评查、错案责任追究、规范司法人员交往行为工作;区委群工部负责案件评查案源线索排查;区人大内司民宗委负责开展司法执法生效案件评查，监督司法执法机关依纪依法开展工作；区政府法制办负责在行政执法系统开展的专项整治行动，建立行政执法自由裁量权基准制度，开展行政执法生效案件评查，监督行政执法机关依纪依法开展工作；区委宣传部负责加强对专项整治行动的宣传报道，配合开展暗访督查工作，引导群众监督和网络监督，强化体制外对司法执法活动的监督。

（二）加强组织领导

各级党政机关、司法执法机关党组（党委）是开展“三个开刀”专项整治行动的责任主体，主要负责人是第一责任人，要认真履行职责，坚持问题导向，突出工作重点，切实抓好本单位的整治工作。纪检监察机关要切实发挥好牵头抓总的作用，会同相关部门及时研究解决工作推进中遇到的问题，加强对工作推进落实情况的监督检查。区委政法委、区政府法制办要分别制定具体工作方案，指导司法、行政执法机关开展专项整治行动。7月27日前，区委政法委、区政府法制办分别要建立违法违纪干预办案行为登记报告备案制度；区委政法委、区政府法制办、区人大内司民宗委分别要建立司法执法生效案件评查制度和案件评查专家库。7月31日前，区政府法制办要完成对行政执法机关权力清单的清理、审核；区政府法制办要组织各行政执法机关规范细化、量化行政执法自由裁量权；各司法、行政执法机关要对当立不立、立案不办、当移不移、以罚代刑、该诉不诉、久拖不决、枉法裁判、违法执行等问题进行全面清理排查，自查自纠。

2015年7月底、9月底和11月底，区政法委、区直各司法单位和区法制办、区直各行政执法机关，分别将深化司法执法系统专项整治工作开展情况和典型案例查处情况报区委政法委、区政府法制办；各乡镇（街道）纪（工）委分别将深化党政机关专项整治工作开展情况、深化乡村两级专项整治工作开展情况和典型案例查处情况报区纪委监察局；区直各党政机关将深化党政机关专项整治工作开展情况和典型案例查处情况报对应派出纪工委（监察分局），各派出纪工委（监察分局）汇总后报区纪委监察局。区纪委将不定期对各单位专项整治工作开展情况和典型案例查处情况进行通报。

（三）强化责任追究

全区各级各部门要认真落实党风廉政建设和反腐败斗争的主体责任，深入开展“三个开刀”专项整治、干部贴标·亮牌管理等工作，切实整治“庸、懒、散、慢、浮、等、拖、推、靠、要”等现象，加强对干部职工的教育，转变干部工作作风。各级纪检监察机关要切实履行监督、执纪、问责的职责，对各级党政机关，司法、行政执法机关履行主体责任的情况开展再监督、再检查、再督促，对履职不力的进行问责；要严肃查处领导干部违纪违法干预司法执法的行为和司法执法人员徇私枉法、枉法裁判、粗暴执法的案件，对违纪违法的，坚决依照规定给予党纪政纪处分，对涉嫌违法犯罪的移送司法机关处理。

（2015年7月20日印发）

铜仁市万山区纪委监察局派出(驻)机构统一管理办法(试行)

万党办发〔2015〕176号

根据中央、省、市纪委关于纪检监察派出(驻)机构施行统一管理的工作部署,为有效整合派出(驻)纪检监察机构工作力量,强化纪检监察机关的监督职能,实现工作重心下移,着力解决监管缺失、监督不力的问题,结合我区工作实际,制定本办法。

一、指导思想

以邓小平理论、"三个代表"重要思想和科学发展观为指导,认真贯彻党的十八大和中央、省、市纪委关于对纪检监察派驻机构实行统一管理的精神,按照加快惩治和预防腐败体系建设、构建反腐倡廉工作"三道防线"的要求,围绕完善工作机制、强化监督职能、确保工作成效的总体目标,坚持党管干部的原则,整合资源,创新机制,切实加强对区直部门(单位)领导班子及其成员的监督,推动党风廉政建设和反腐败工作深入开展,为万山转型崛起、跨越发展提供坚强的政治纪律保障。

二、基本原则

重点派驻、系统管理、规范设置、整合力量、全面监管。

三、机构设置

(一)设置形式

1.按照中纪委"两个全覆盖"要求,逐步在区委各部办委局、区国家机关各部门和各人民团体实行派驻纪检组或专职纪检员。

2.保留原派驻在区人民检察院、人民法院以及垂管部门派驻在市国土局万山分局、区国税局、区地税局纪检组或专职纪检监察员;保留区直属机关工委纪工委、市公安局万山分局纪委。

3.按照"职能相近、业务相关"的原则,分系统归口设置4个纪工委(监察分局),实行分片统一管理。

4.各纪工委(监察分局)所负责和联系部门(单位):

第一纪工委(监察分局):

监督部门:区政府办、区发展和改革局、区财政局、区交通运输局、区住房和城乡建设局、区投资促进局、区工业和商务局、区政务服务中心、区环保局、区安监局、区统计局、区水库和生态移民局、市城市管理局万山分局、市住房公积金管理中心万山管理部。

联系谢桥街道办事处、茶店街道办事处、谢桥新区管委会、开源投资有限公司、鑫源城市建设开发有限责任公司、市城乡规划局万山分局、区国税局、区地税局、区供电局、工商银行万山支行、财产保险万山分公司、人寿保险万山分公司、区邮政局、中国电信万山分公司、中国移动万山分公司、中国联通万山分公司、广电网络万山分公司。

第二纪工委(监察分局):

监督部门:区委办、区人大办、区政协办、区委组织部、区委宣传部、区委政法委、区委统战部、区编委办、区信访局、区人力资源和社会保障局、区审计局、区司法局、区机关事务管理局、区市场监督管理局、区委离退休干部工作局、区委党校、区残联、区档案局、区委党史研究室、区总工会、团区委、区妇联、区科协、区文联。

联系黄道乡、敖寨乡、下溪乡、区人民法院、区人民检察院、市公安局万山分局、金开经济开发有限责任公司。

第三纪工委(监察分局):

监督部门:区农牧科技局、区扶贫办、区水务局、区民政局、区林业局、区科学技术服务中心、区供销合作联社、区工商联。

联系万山镇、高楼坪乡、经济开发区、广源融资担保有限责任公司、万山矿山国家地质公园管理局、市国土资源局万山分局、区直属机关工委、区气象局、区烟草局、铜仁农村商业银行股份有限公司万山支行。

第四纪工委(监察分局):

监督部门:区教育局、区文体广电新闻出版局、区旅游局、区食品药品监督管理局、区卫生监督局、区卫生和计划生育局、区民族和宗教事务局、区民族中学、铜仁市第八中学、铜仁市第六中学、铜仁市交通学校、区人民医院、区疾控中心、区红十字会、区计生协会、区新型农村合作医疗管理局、区长寿湖国家湿地公园管理局。

联系鱼塘乡、大坪乡、万山矿区社区服务管理局、远信达文化传媒旅游有限责任公司。

区纪委、监察局根据工作需要,可对各纪工委(监察分局)所监督或联系的部门(单位)给予调整和完善。增加或撤销派出纪工委(监察分局),由区纪委监察局商区委组织部、区编委办、区人力资源和社会保障局、区财政局提出意见,并报区委、区政府批准后组织实施。

(二)人员编制

纪工委监察分局编制在区案件检查信息中心,由区纪委监察局统一管理。派驻纪检组编制在所派驻单位。

(三)领导职数

纪工委监察分局设纪工委书记1名(正科级)、副书记2名(副科级,其中1名兼任监察分局局长)、副局长1名(副科级),内设综合室主任1名(副科级),另设1名专职纪检监察员和1名工勤人员。

四、干部管理

(一)干部任免

派出纪工委书记、副书记,派出监察分局局长、副局长,派出纪工委综合室主任,派驻部门纪检组组长或专职纪检监察员的选配,由区纪委监察局提名商区委组织部共同推荐考察,经区纪委常委会研究,提出任免建议,由区委组织部报区委决定。纪检组组长或专职纪检监察员一般不从所驻部门产生,新提任的人选原则上交流使用。派驻部门纪检组组长兼任相应派出纪工委委员职务。

派出(驻)机构干部可实行双向交流。派出(驻)机构干部在同一岗位工作满5年的,原则上要进行轮岗交流;满10年以上的,由区委统筹交流。

(二)干部选配

派出(驻)机构科级以下干部的公开遴选和调配,按公务员管理的有关规定办理。

(三)后勤保障

1.派驻机构人员的工资关系、福利待遇、差旅费用、医疗保险、养老保险、办公车辆、退休等后勤保障由驻在部门(单位)负责;纪工委(监察分局)专职人员的工资福利等后勤保障则由区纪委监察局负责。

2.派出纪工委(监察分局)工作经费单独列入区级财政预算,办公地点由区机关事务管理局统筹解决。

3.派出(驻)机构人员享受纪检监察办案津贴,统一配发区纪委监察局工作证件。

(四)组织关系

派出纪工委监察分局人员党组织关系在区纪委监察局,派驻纪检组干部党组织关系在派驻部门(单位)。

(五)档案管理

派出(驻)机构人员的干部人事档案,按照管理权限,由区委组织部管理。区纪委监察局建立干部人事档案副本。

(六)任职回避

派驻机构人员与所驻部门领导班子成员凡有夫妻关系、直系血亲关系、三代以内旁系血亲关系及近姻亲关系的,不得派驻到该部门任职。派驻机构人员若存在回避事实的,应如实向区纪委监察局申报回避。

(七)年度考核

派出纪工委书记、副书记,派出监察分局局长、副局长,派出纪工委综合室主任,派驻纪检组组长或专职纪检监察员向区纪委监察局述职述廉,其履行职责和廉政勤政情况由区纪委监察局会同区委组织部考核,区纪委监察局提出考核等次建议,由区委组织部报区委审定。其他干部的考核,由区纪委监察局负责。

五、工作职责

(一)派出纪工委(监察分局)履行纪检、监察职能,在区纪委监察局授予的职权范围内开展工作。其主要职责是:

1.监督检查所负责(联系)部门(单位)及其所属系统贯彻执行党的路线方针政策和决议,遵守《中国共产党章程》和国家法律法规,执行党委、政府决定的情况。

2.监督检查所负责(联系)部门(单位)党政领导班子及其成员、其他党员和行政监察对象维护党的政治纪律,落实党风廉政建设责任制和廉政勤政以及执行民主集中制、选拔任用领导干部、财务管理、工程项目实施、资金管理使用等情况。

3.经批准,初步核实调查所负责(联系)部门(单位)党政领导班子及其成员、其他党员和行政监察对象违反党纪政纪的问题和案件。

4.受理对所负责(联系)部门(单位)党组织、党员和行政监察对象的检举和控告;受理对所负责

（联系）部门（单位）党员和行政监察对象不服处分的申诉。

5.检查指导所负责（联系）部门（单位）及其所属系统党风廉政建设和反腐败工作。

6.承办区纪委监察局交办的有关事项。

（二）派驻机构履行在所派驻部门纪检、监察职能，其主要职责是：

1.协助所驻部门党组（党委）建立健全规范党组及其成员正确履行职责和行使权力、加强自我约束和互相监督的措施和制度。

2.参加所驻部门党组（党委）会议和有关行政领导会议，对领导班子执行议事规则的情况进行监督，对有关问题提出意见或建议。

3.按照有关规定对所驻部门干部选拔任用工作进行监督。

4.对所驻部门领导班子成员在用车、出国（境）、休假、兼职、配偶子女从业和收受礼品等执行廉洁自律情况进行监督。

5.对所驻部门领导班子成员执行个人重大事项报告制度的情况进行监督，并报区纪委监察局。

6.对所驻部门党组（党委）履行党风廉政建设和反腐败工作主体责任进行监督。

7.参加所驻部门党组（党委）民主生活会。

8.受理涉及所驻部门的信访举报。

9.在履行监督职责过程中发现的问题，应当向所驻部门党组党组（党委）提出纠正意见或整改建议，涉嫌违纪违法问题必须及时向区纪委监察局报告。

10.承办区纪委监察局和派出机构交办的有关事项。

六、工作关系

（一）派出纪工委（监察分局）直接受区纪委常委会领导，向区纪委监察局请示报告工作。

（二）区纪委监察局内设机构与各派出机构是指导与被指导的关系。

（三）派驻纪检组以纪工委（监察分局）领导为主，向纪工委（监察分局）请示报告工作。必要时，可直接向区纪委监察局报告。

（四）各派驻机构与所驻部门是监督与被监督的关系，同时接受所驻部门干部职工的监督。按照相关规定对所驻部门履行监督检查职能，对部门的反腐倡廉工作进行组织协调、业务指导和工作监督。

（五）派出纪工委（监察分局）综合室负责协调该机构的日常工作。

（六）区纪委监察局机关办公室负责协调派出机构的日常工作，干部室负责派出（驻）机构的干部管理工作，其他职能室要加强与派出机构的业务指导。

（七）根据工作需要，纪工委书记可列席区纪委常委会及有关会议。纪工委委员列席监督（联系）部门召开的涉及重大问题决策、重要干部任免、重大项目安排和大额度资金使用等与党风廉政建设有关的会议。

（八）建立纪工委（监察分局）委员会、局长办公会议事规则和工作例会等制度，研究所辖部门（单位）涉及党风廉政建设方面的重大问题。

（九）区直部门（单位）要建立反腐倡廉日常情况报告制度，按期向纪工委（监察分局）报告部门

(单位)反腐倡廉工作,下发和上报的各种文件资料须及时送达所负责的纪工委(监察分局),区直部门(单位)党组(党委)组切实履行党风廉政建设主体责任。

七、工作要求

(一)各级各部门要充分认识纪检监察派出(驻)机构统一管理的重要性,加强组织领导,认真贯彻落实;派驻纪检监察干部要讲党性、顾大局、守纪律,坚决服从安排,正确对待个人进退留转,确保工作顺利推进。

(二)各级各部门要加强统筹协调,认真组织实施好本试行办法。组织、编制、人事、财政、监察等部门要紧密配合,形成合力,确保该项工作顺利完成。

(三)各级各部门要严格按照本试行办法,建立健全各项配套制度和管理办法,明确纪工委(监察分局)的工作内容、秩序、标准及纪律要求,使监督、指导、协调等工作有章可循、有据可依,积极稳妥推进。

(2015年9月17日印发)

铜仁市万山区深化国家监察体制改革试点工作实施方案

万委办字〔2017〕65号

为贯彻落实党的十九大和党中央关于深化国家监察体制改革的决策部署，根据《中共中央办公厅印发〈关于在全国各地推开国家监察体制改革试点方案〉的通知》（中办发〔2017〕62号）《全国人民代表大会常务委员会关于在全国各地推开国家监察体制改革试点工作的决定》和《中共贵州省委办公厅关于印发〈贵州省深化国家监察体制改革试点工作实施方案〉的通知》（黔党办发〔2017〕35号）及《铜仁市深化国家监察体制改革试点工作实施方案》的要求，结合万山实际，制定本实施方案。

一、指导思想

深入贯彻落实党的十九大精神，坚持以习近平新时代中国特色社会主义思想为指导，统筹推进"五位一体"总体布局，协调推进"四个全面"战略布局，牢固树立"四个意识"，从事关全局的重大政治体制改革高度统一思想认识，坚决落实党中央关于深化国家监察体制改革的决策部署，加强党对反腐败工作的统一领导，推动全面从严治党向纵深发展，巩固深化反腐败斗争压倒性态势，健全党和国家监督体系，推进治理体系和治理能力现代化。

二、改革目标

整合反腐败资源力量，完成区监察委员会组建工作，建立党统一领导下的国家反腐败工作机构，构建集中统一、权威高效的国家监察体系，实现对所有行使公权力的公职人员监察全覆盖，使依规治党与依法治国、党内监督与国家监督、党的纪律检查与国家监察有机统一。

三、试点任务

（一）完成机构设置和人员转隶

1.设立监察委员会。设立区监察委员会，产生监察委员会主任及其他组成人员。区纪委、区监察委员会领导班子职数保持一致，均为7名。其中，区监察委员会主任1名，由区纪委书记兼任；副主任2名，由区纪委副书记兼任；委员4名，主要由区纪委常委兼任，不由区纪委常委兼任的委员1至2名。按照干部管理权限和任免程序报批后，区监察委员会主任由区人民代表大会选举产生；区监察委员会副主任、委员由区监察委员会主任提请区人民代表大会常务委员会任命。试点期间，区监察委员会向市纪委、区委请示报告工作，对区人大及其常委会负责，并接受监督。

2.整合机构设置。撤销区监察局和区人民检察院反贪、反渎、预防职务犯罪等部门，将相关机构、职能、人员转隶至监察委员会，实现机构、职能、人员上的全面融合。党的纪律检查委员会、监察委员会合署办公，履行纪检、监察两项职责，实行一套工作机构、两个机关名称。确定机构、职数、编制"三个不增加"。

3.划转编制和人员。按照"人随编走、编随事走"的原则，检察机关一般按照政法专项编制总数的25%划转编制，将确定的检察机关反贪、反渎、预防职务犯罪等部门人员整体划转至区监察委员会。检察院反贪等部门领导关系转隶后，相关人员待遇不变，检察官员额制继续执行。

（二）明确监察委员会的职能职责

区监察委员会的职能是：维护宪法和法律法规权威；依法监察公职人员行使公权力情况，调查职务违法和职务犯罪；开展廉政建设和反腐败工作。

区监察委员会履行监督、调查、处置职责。监督：对公职人员开展廉政教育，对其依法履职、秉公用权、廉洁从政从业以及道德操守情况进行监督检查。调查：对涉嫌贪污贿赂、滥用职权、玩忽职守、权力寻租、利益输送、徇私舞弊以及浪费国家资财等职务违法和职务犯罪行为进行调查。处置：对违法的公职人员依法作出政务处分决定，对履行职责不力、失职失责的领导人员进行问责，对涉嫌职务犯罪的将调查结果移送检察机关依法提起公诉，对在行使职权中存在的问题提出监察建议。

（三）明确监察对象范围

区监察委员会按照管理权限，对中国共产党的机关、人大机关、行政机关、政协机关、监察机关、审判机关、检察机关、民主党派和工商联机关的公务员及参照《中华人民共和国公务员法》管理的人员，法律、法规授权或者受国家机关依法委托管理公共事务的组织中从事公务的人员，国有企业管理人员，公办的教育、科研、文化、医疗卫生、体育等单位中从事管理的人员，基层群众性自治组织中从事集体事务管理的人员及其他依法履行公职的人员实施监察。

案件管辖方面，区监察委员会按照干部管理权限，以分级负责为主，指定办理为补充。上级监察机关可以办理下级监察机关管辖范围内的监察事项。上级监察机关可以将其所管辖的监察事项指定下级监察机关管辖，也可以将下级监察机关有管辖权的监察事项指定给其他下级监察机关管辖。对于上级垂直管理单位公职人员涉嫌职务犯罪案件，应坚持按照干部管理权限，以分级负责为主、指定办理为补充的管辖原则。

（四）明确监察委员会惩治腐败、调查职务违法犯罪行为的权限手段

区监察委员会独立行使监察权，可以采取谈话、讯问、询问、查询、冻结、调取、查封、扣押、搜查、勘验检查、鉴定、留置等措施开展调查。需要采取技术调查、限制出境等措施的，经过严格的批准手续，按照规定交有关机关执行。

试点期间，要全面试用各项调查措施，重点探索以留置取代“两规”措施，细化审批权限，规范工作流程。在调查涉嫌贪污贿赂、失职渎职等严重职务违法或者职务犯罪中，对已经掌握其部分违法犯罪事实及证据，仍有重要问题需要进一步调查的被调查人，具有案情重大、复杂，可能逃跑、自杀，可能串供或者伪造、销毁、转移、隐匿证据等妨碍调查行为等情形之一的，经过严格的批准手续，可将其留置，时间不得超过3个月。特殊情况下经批准，可延长一次，时间不得超过3个月。对涉嫌行贿犯罪或者共同职务犯罪的涉案人员，也可采取留置措施。

（五）建立监察委员会与执法机关、司法机关的协调衔接机制

以领导关系转隶为时间节点，按照“老事老办法、新事新办法”的原则，转隶前检察院职务犯罪侦查部门已经立案、尚未办结的案件按原有工作程序继续办理，转隶后新立案调查的按新的领导关系由监察委员会审批。

在线索处置方面，司法机关、执法机关在工作中发现公职人员问题线索，应当移送区监察委员会依法调查处置。在证据转换方面，区监察委员会依法调查取得的证据材料，在刑事诉讼中可以作为

证据使用。在案件移送方面，区监察委员会调查的案件移送检察机关后，由检察机关依法采取强制措施、审查起诉和提起公诉。检察机关经审查后，认为需要补充核实的，应当退回监察机关补充调查，必要时可以自行补充侦查。对于证据不足、犯罪行为较轻，或者没有犯罪事实的，依法作出不起诉的决定。监察机关认为不起诉的决定有错误的，可以要求复议。在案件安全方面，要更加重视审查调查安全工作，明确安全责任，落实到岗到人，守住不发生重大安全事故的底线，确保万无一失。

（六）强化对监察委员会的监督制约

区监察委员会要加强自我监督，严格审批程序和内控制度，实行"监督审查、案管、审理"相对分离，形成"前台"和"后台"相互分离、相互制约的机制。作出立案调查决定、处分决定等重要事项，应当向区委请示汇报，并向市监察委员会报告，调查过程中遇有重要事项应当随时报告。线索处置、案件调查、涉案款物管理、处置执行等方面的重要问题，应当经集体研究后按程序审批。区监察委员会采取留置措施，应当报上一级监察委员会批准。严格执行回避制度，确保公正处理监察事项。充分发挥纪检监察干部监督机构作用，严肃查处私存线索、跑风漏气、说情干预、以案谋私等违纪违法行为，坚决防止"灯下黑"。区监察委员会要自觉接受国家机关监督、民主监督、司法监督、群众监督、舆论监督。

（七）设置派驻纪检监察组

区纪委、区监察委员会向区级党和国家机关等派驻纪检监察组。派驻纪检监察组履行纪检、监察两项职能，实现监督全覆盖。派驻机构对派出机关负责，受派出机关直接领导。派驻机构按照干部管理权限和派出机关的授权履行监督、执纪、问责和监督、调查、处置职责。驻在单位具有行业管理职能的，派驻机构可以根据授权对驻在单位管理的行业、系统实施党内监督和国家监察。

派驻机构经向区纪委、区监察委员会请示，根据授权可以使用谈话、询问、查询、调取等不限制被调查人人身、财产权利的监察措施；需要采取其他调查手段的，必须报派出机关同意，以区监察委员会名义行使，或者由区监察委员会相关内设机构组织实施，派驻纪检监察组予以配合。

区派驻机构设置参照市级执行，并探索通过赋予乡镇（街道）纪检机构和干部相应监察职责、设立监察员等方式，推动监察工作向基层延伸。

四、实施步骤

试点工作按照前期准备、转隶组建、细化实施、总结评估的阶段要求，区与市同步推进。

（一）前期准备阶段（2017年11月至2017年12月中旬）

1.于2017年11月中旬前，传达学习中央、省、市有关监察体制改革会议、文件和领导讲话精神，领会精神要义，提高思想政治觉悟，改革不是谁转隶谁而是共同转隶，教育、引导涉改人员服从改革、支持改革、参与改革；区纪委会同区人民检察院组成调研组，开展对转隶涉改人员谈心谈话，全面了解涉改人员思想动态。

2.于2017年11月中旬，成立铜仁市万山区深化国家监察体制改革试点工作小组（另行文），制定深化国家监察体制改革试点工作实施方案。

3.于2017年11月下旬，会同区编委办、区人民检察院研究确定转隶机构人员编制、实有人员；会同区委组织部逐个审核转隶人员档案，严格资格条件。

4.于2017年12月上旬前，印发试点实施方案。

5.于2017年12月上旬，区纪律检查委员会机关、区监察委员会合署在区纪律检查委员会机关办公地点集中办公，配置必要的办公、办案设备，所需经费由区财政统筹解决；研究起草区纪委监察委员会内设机构设置和人员转隶方案，做好区监察委员会产生的各项准备工作，区监察局转隶人员与区人民检察院转隶人员实现人员融合。

6.于2017年12月中旬，区人民检察院对现有问题线索进行认真梳理，按程序向区纪委案件监督管理室移交；研究起草区纪委监察委员会合署办公后的基本工作流程和规范。

（二）转隶组建阶段（2017年12月至2018年1月底）

1.于2017年12月中旬前，完成检察机关人员转隶工作，成立区纪委监察委员会相关工作机构，实现机构、人员到位。

2.于2017年12月中旬，区委完成区监察委员会拟任人选的酝酿考察，向人大常委会推荐监察委员会主任、副主任和委员人选。

3.于2018年1月20日前，召开区人民代表大会，依法产生区监察委员会主任。

（三）细化实施阶段（2017年12月至2018年5月）

1.于2017年12月底前，建立健全纪法衔接相关制度。由区委政法委牵头，协调区人民法院、区人民检察院、市公安局万山分局、区司法局建立联席会议制度，制定《区委政法委统筹指导政法机关支持配合监察委员会工作意见》等制度规定。国家监察法出台后，区监察委员会依法履行监督、调查、处置职责，在试点实践中不断完善有关工作机制，建立健全纪法衔接相关制度。

2.于2018年1月底前，研究草拟区监察委员会“三定”规定，将内设机构数、人员编制数向执纪监督审查部门倾斜。

3.于2018年2月中旬，完成区纪律检查委员会机关、监察委员会相关工作机构人员调整，实行干部交叉配备、人员混合编成，不断强化“进一家门、成一家人、说一家话、干一家事”的观念；坚持把解决思想问题和解决实际问题结合起来，把组织纪律和组织关爱统一起来，引导全体干部尽快进入角色。

4.于2018年5月底前，开展干部业务培训活动。将2018年确定为“全员培训年”，按照“干什么学什么、缺什么补什么”的原则，突出培训针对性。加强对区纪律检查委员会机关人员宪法法律法规知识培训和区人民检察院转隶人员党章党规党纪培训，对全体人员加强执纪监督监察业务培训，采取“请进来、走出去”的方式开展大培训，实现纪检监察干部全员轮训，着力提升纪检监察干部素质。

（四）总结评估阶段（2018年6月）

1.于2018年6月中旬前，开展区纪律检查委员会机关、区监察委员会干部技能“大比武、大练兵”活动，提高干部业务技能，增进干部沟通交流，进一步推动人员思想、理念、感情、人员、工作大融合。

2.于2018年6月下旬，对全区监察体制改革进行评估，对照中央、省和市改革要求找差距、补短板，通过工作评估检验改革成效，确保改革达到预期效果。

3.于2018年6月底前，完成区监察委员会试点总结工作，形成专题报告，报市深化监察体制改革试点工作小组；归纳提炼好做法，宣传试点工作好成效。

五、组织领导

（一）区委要担负起主体责任。区委对试点工作负总责，成立区深化国家监察体制改革试点工作小组，由区委书记担任组长，加强对全区试点工作的指导、协调和服务。工作小组下设办公室，设在区纪委机关，区纪委书记兼任办公室主任。制定试点工作实施方案，报区改革试点工作小组批准后实施。区委书记要站到改革第一线，亲自挂帅、亲力亲为，当好“施工队长”。纪委要细致谋划、统筹协调、扎实推进，做好试点方案的组织实施和具体落实。

（二）强化分工协作。按照区监察委员会的组建原则和方案，区委组织部要配合区纪委做好区监察委员会领导班子人选的提名、考察和呈报、任免等工作。

区委政法委要协调区人民法院、区人民检察院、市公安局万山分局、区司法局等单位做好与区监察委员会的工作衔接，建立健全相关工作机制，保证依法调查与司法诉讼顺利对接运行。

区人大常委会要根据全国人民代表大会常务委员会的决定，确保按时产生区监察委员会、选举和任命组成人员。要做好区人民代表大会会议时间的统筹衔接，确保区监察委员会有关人事安排与会议议程相统一。要协助区委组织部精心组织好区监察委员组成人员的选举任命工作。

区人民检察院要统筹做好职务犯罪案件线索的处置和移交工作，对案件线索处置不得私自留存、不得向外泄露、不得违规处置，转隶前已立案且尚未办结的继续按原有程序办理。要认真做好反贪、反渎、预防职务犯罪等部门机构、职能、人员的划转工作，尤其要严把转隶人员政治关、廉洁关、纪律关。

区编委办要按照职责做好职能、编制划转工作，会同区纪委研究区监察委员会“三定”规定。

区财政局、区机关事务管理局等单位要各司其职，切实做好区监察委员会有关办公场地和资产划转、办案场所和相关技术平台建设、经费预算调整及后勤保障等方面的工作，确保如期完成改革试点任务。

（三）审慎稳妥推进。要紧密结合万山实际，统筹协调好改革试点各方面工作。注重发挥主动性和创造性，科学制定改革措施，妥善解决出现的矛盾，做到既大胆探索、攻坚克难，又循序渐进、稳妥推进。确保思想不乱、工作不断、队伍不散，做到打有准备、有把握之仗。

（四）加强思想工作。要高度重视做好转隶人员的思想政治工作，积极引导党员干部特别是领导干部从改革大局出发，严守政治纪律和组织纪律，坚决服从组织安排，积极投身改革。区纪委、区人民检察院主要负责同志要高度重视转隶干部的思想动态，做好谈心谈话和家访工作，增强转隶干部的认同感和归属感，促进思想、理念、感情、人员、工作的融合。

（五）严格纪律要求。要严格遵守政治纪律和保密纪律，严禁违规调动或任用干部，严禁随意扩散改革内容，严禁传播小道消息。区纪委要统筹安排好改革试点和监督执纪各项工作，确保反腐败工作力度不减、节奏不变。

（六）注重宣传引导。区委宣传部要会同区深化国家监察体制改革试点工作小组办公室，对改革试点宣传和舆论引导作出总体部署，制定宣传方案和应急预案，负责组织协调。坚持一个口径宣传、一个出口发声，所有需要公开发出的声音，均要统一制定口径，经过严格审批后统一对外发布。对需要管控的信息坚决管住，特别是对机构整合、人事安排等问题，要防止成为舆论炒作热点。

关于加强万山区纪委区监委派驻机构建设的意见

万委办字〔2017〕73号

根据中共贵州省委办公厅《印发〈关于加强贵州省纪委派驻机构建设的意见〉的通知》(黔党办发〔2015〕46号)、中共铜仁市委办公室《印发〈关于加强铜仁市纪委市监委派驻机构建设的意见〉的通知》(铜党办发〔2017〕84号)和《铜仁市万山区深化国家监察体制改革试点工作实施方案》(万委办字〔2017〕65号)的要求,结合万山实际,现就加强万山区纪委区监委派驻机构建设提出如下意见。

一、总体要求

深入贯彻落实党的十九大精神,坚持以习近平新时代中国特色社会主义思想为指导,坚持党要管党、全面从严治党,落实万山区纪委区监委向区一级党和国家机关派驻纪检监察机构,实行统一名称、统一管理、统一考核、统一保障,按照"全面派驻、分类设置、职能明确、权责一致"的原则,强化重点派驻、系统管理、全面监管,改革完善派驻机构领导体制和工作机制,突出监督执纪问责主业,增强派驻机构监督的权威性和有效性,切实加强区一级党和国家机关的党风廉政建设和反腐败工作。

二、领导体制

区纪委区监委向区级党和国家机关等派驻纪检监察组。派驻纪检监察组由区纪委区监委直接领导、统一管理,向区纪委区监委负责并报告工作,履行纪检、监察两项职能。派驻机构与驻在部门是监督与被监督的关系,履行对驻在部门的监督责任。

三、机构设置

(一)实现全面派驻。通过新设、调整、合并等方式,重新设置区纪委区监委派驻机构,实现区一级党和国家机关派驻机构全覆盖。覆盖的具体范围为:区委工作部门、直属事业单位,区人大机关,区政府工作部门、直属机构、直属事业单位,区政协机关,区司法机关,区群团机关等。

(二)规范设置形式。根据工作需要,统一采取综合派驻形式,设置综合派驻机构。

(三)统一机构名称。区纪委区监委派驻机构统一名称为万山区纪委区监委派驻第X纪检监察组。

(四)充实机构力量。通过划转、调剂、适当增配等方式,加强派驻机构力量,每个派驻机构编制数不少于5名。

四、职能调整

(一)派驻机构代表区纪委区监委全面履行党章和监察法赋予的职责任务,督促驻在部门落实好全面从严治党主体责任,首要职责是监督执纪问责。

(二)派驻机构监督重点对象是驻在部门领导班子及其成员、其他区管干部、驻在部门管理的领导班子及其成员等。

(三)派驻机构要深化转职能、转方式、转作风,不再承担驻在部门履行主体责任相关的日常工作。

五、职责权限

（一）主要职责

1.督促驻在部门领导班子落实全面从严治党的主体责任，履行对驻在部门的监督责任。检查驻在部门领导班子及其成员遵守党章党规党纪、国家法律法规、执行党的路线方针政策决议、推进党风廉政建设和反腐败斗争等情况，发现重要问题及时向区纪委区监委报告。

2.经区纪委区监委批准，初步核实反映驻在部门领导班子及区管干部的问题线索；参与调查驻在部门领导班子及区管干部违犯党纪政纪的案件。负责调查驻在部门管理的领导班子及其成员和区管干部违犯党纪政纪的案件。受理对驻在部门党组织和所有行使公权力的公职人员的检举、控告，受理驻在部门党组织和所有行使公权力的公职人员的申诉。

3.对驻在部门各级领导班子履行全面从严治党主体责任不力、造成严重后果的，提出问责建议。

4.负责本派驻机构干部日常管理和监督，协助巡视巡察组做好对监督部门的巡视巡察工作。

5.承办区纪委区监委交办的其他事项。

（二）监督权限

1.参加驻在部门党组织有关会议。

2.根据工作需要，经批准可以查阅或者复制驻在部门的有关文件、资料、财务账目等材料。

3.按照干部管理权限，经批准可以对驻在部门有关领导干部报告个人有关事项的材料进行查阅和调查核实。

4.负责联系乡镇（街道）的民生监督工作。

5.应当就驻在部门管理的领导干部和后备干部考察人选的党风廉政情况，提出书面意见。

6.根据工作需要，约谈驻在部门的干部。需要函询、诫勉谈话的，按照有关规定办理。

7.调查驻在部门管理的干部违犯党纪政纪的案件，立案前应当征求驻在部门主要负责人的意见；经区纪委区监委批准，也可以在立案后予以通报。

8.可针对驻在部门党风廉政建设方面的问题，向驻在部门提出书面意见和建议，驻在部门无正当理由的应当采纳。

9.根据工作需要，经批准有权采用党内法规和监察法规定的履行纪律检查和监察职能的其他措施。

派驻机构履行有关监察的职能职责及职权，待中央、省、市作出规定后再予以明确。

六、工作关系

（一）派驻机构与区纪委区监委的关系。派驻机构由区纪委区监委直接领导，协助、配合区纪委区监委职能部门履行相关职责。区纪委区监委职能部门按照业务分工，对派驻机构进行管理、指导、服务和监督。

（二）派驻机构与驻在部门的关系。派驻机构与驻在部门是监督与被监督的关系。驻在部门相关机构承担本部门教育、制度、监督等党风廉政建设日常工作，派驻机构对驻在部门党风廉政建设和反腐败工作进行业务指导和监督检查。

（三）派驻机构与区直机关纪工委的关系。派驻机构与区直机关纪工委都是区纪委派驻（出）机构，工作上相互沟通、协调和配合。

七、管理保障

（一）业务管理。区纪委区监委安排派驻机构负责人参加有关重要工作、会议和活动，建立健全对派驻机构工作指导、管理监督和综合协调等制度。指导派驻机构畅通信访举报渠道，建立健全问题线索集中管理和集体排查等制度，规范问题线索处置标准和程序。派驻机构发现或者收到反映驻在部门领导班子及区管干部的问题线索，应及时向区纪委区监委报告；区纪委区监委职能部门对掌握的反映驻在部门领导班子及区管干部的问题线索，如有必要可以向派驻机构主要负责人通报。健全并落实派驻机构查办案件工作制度规定，加强对派驻机构查办案件工作的督促检查，严格执行办案纪律；健全并落实派驻机构办案工作协作机制，必要时组织跨部门交叉办案或者联合办案。

（二）履职监督。完善区纪委区监委负责同志约谈派驻机构主要负责人制度、派驻机构向区纪委区监委报告工作制度和派驻机构主要负责人向区纪委区监委述德述职述廉制度。以强化监督为核心，以线索处置和案件查办为重点，建立健全考核评价体系，对派驻机构及其负责人履行职责情况开展督促检查。派驻机构不认真履行监督职责，对驻在部门党风廉政建设方面存在的重大问题严重失察、迟报瞒报、压案不查、执纪不严或者有其他失职渎职行为的，驻在部门出现系统性、塌方式腐败问题的，必须严肃追究责任。

（三）编制管理。派驻机构编制、职数划转区纪委区监委单列并统一管理使用。根据工作需要重新确定派驻机构编制，按照驻在部门的职能、监管任务等情况，确定派驻机构编制、职数。

（四）干部管理

1.拓宽选人视野和渠道，派驻机构干部可以从纪检监察系统内和纪检监察系统外产生。派驻纪检监察组组长由德才兼备、信念坚定、敢于担当、善于监督的干部担任，一般应当交流任职。组长、副科长级专职纪检监察员人选由区纪委区监委会同区委组织部提名并进行考察，区委研究确定组长、副科长级专职纪检监察员的职务任免，具体派驻监督单位由区纪委商区委组织部研究确定。组长不再担任驻在部门党组（党委）成员（委员），不参与驻在部门党组（党委）分工，不分管驻在部门其他业务工作，专门履行监督职责。

2.派驻机构区管干部每年底向区纪委区监委述德述职述廉，其年度考核由区纪委区监委会同区委组织部负责，报区委审定；其他干部年度考核由区纪委区监委负责。奖惩按照干部管理权限，依据有关规定办理。

3.派驻机构干部的教育培训由区纪委区监委和驻在部门共同负责。参加区纪委区监委组织的业务培训，由区纪委区监委负责；参加驻在部门（单位）上级组织的纪检监察业务培训，由派驻机构报区纪委区监委审批后进行安排。

4.派驻机构干部在同一岗位工作满5年的，要有计划的交流；满8年的，原则上要交流；满10年的，必须交流。区管干部在派驻机构交流任职的，由区纪委区监委商区委组织部研究确定；交流出派驻机构的，由区纪委区监委商区委组织部提出建议，由区委组织部报区委研究决定。其他干部交流则由区纪委区监委按有关规定办理。

5.派驻机构干部实行任职回避制度，与驻在部门领导班子成员凡有夫妻关系、直系血亲关系、三代以内旁系血亲关系及近姻亲关系的,不得派驻该部门任职。派驻机构干部应如实向区纪委区监委申报回避情况。

6.派驻机构干部的组织关系转入区纪委区监委,接受区纪委区监委统一管理。

7.派驻机构干部的档案由区委组织部管理,区纪委区监委建立干部档案副本。

(五)后勤管理

1.派驻机构干部人员工资、福利费、工会费、办公经费等纳入区纪委区监委年度财政预算,由区纪委区监委负责。派驻机构改革过渡期间,政法机关派驻机构干部工资待遇按原标准执行。

2.派驻机构干部年度绩效考核奖金按照当年区纪委区监委奖励标准执行,并实行绩效考核。

3.派驻机构干部参加驻在部门(单位)的上级部门(单位)或所属系统组织的纪检监察业务培训、监督检查等工作的,相关经费由驻在部门(单位)负责。

4.派驻机构办公场所在区纪委区监委。

八、组织领导

对派驻机构实行全面统一管理,是新形势下深入推进党风廉政建设和反腐败工作、深化党的纪律检查和监察体制改革的重大举措,时间紧,任务重,涉及面广,政策性强,各有关部门(单位)要统一思想,加强领导,精心组织,认真抓好落实。

(一)区纪委区监委要加强领导,周密安排,确保2017年12月底前全面完成派驻机构统一管理工作。区纪委区监委相关职能部门要适应统一管理新体制、新任务的要求,改进工作方法,健全工作制度,加强对派驻机构的管理。

(二)驻在部门(单位)党政领导班子及其成员要支持派驻机构履行职责、开展工作,自觉接受监督。

(三)派驻机构要认真履行监督责任,充分发挥主观能动性,在实践中积极探索履行职责的方式方法。派驻机构干部要接受区纪委区监委的领导,同时自觉接受驻在部门(单位)干部职工的监督。

附件:1.关于区纪委区监委派驻纪检监察组全覆盖机构设置工作方案

2.撤销区纪委监察局派出(派驻)和部分区直部门(单位)内设纪检监察机构情况

附件1

关于区纪委区监委派驻纪检监察组全覆盖机构设置工作方案

为进一步完善对派驻机构的统一管理，推动全面从严治党主体责任和监督责任的落实，现对落实区纪委区监委派驻纪检监察组全覆盖的机构设置、编制和职数等确定如下。

一、机构设置

万山区纪委区监委派驻机构设置和监督范围如下：

1.区纪委区监委派驻第一纪检监察组。行政编制5名，其中组长1名，副科长级专职纪检监察员2名，副组长1名（由副科长级专职纪检监察员兼任）。

负责综合监督：区委办、区编委办、区信访局、区民政局、区住房和城乡建设局、市城乡规划局万山分局、区投资促进局、区交通运输局、区电子商务产业促进局、区机关事务管理局等10家单位。

联系：仁山街道、谢桥街道

2.区纪委区监委派驻第二纪检监察组。行政编制5名，其中组长1名，副科长级专职纪检监察员2名，副组长1名（由副科长级专职纪检监察员兼任）。

负责综合监督：区人大办、区委离退休干部工作局、区委党校、区委党史研究室、区人力资源和社会保障局、区文体广电新闻出版局、区环保局、区旅游局、区残联、区档案局、区广播电视台等11家单位。

联系：万山镇、黄道乡

3.区纪委区监委派驻第三纪检监察组。行政编制5名，其中组长1名，副科长级专职纪检监察员2名，副组长1名（由副科长级专职纪检监察员兼任）。

负责综合监督：区政府办、区委政法委、区委统战部、区发展和改革局、区财政局、区统计局、区安全生产监督管理局、区政务服务中心、万山矿区社区服务管理局、区直属机关工委等10家单位。

联系：高楼坪乡、茶店街道

4.区纪委区监委派驻第四纪检监察组。行政编制5名，其中组长1名，副科长级专职纪检监察员2名，副组长1名（由副科长级专职纪检监察员兼任）。

负责综合监督：区政协办、区扶贫办、区水库和生态移民局、铜仁市万山区城市管理局、万山长寿湖国家湿地公园管理局、区民族和宗教事务管理局、区工业和商务局、区市场监督管理局、区总工会、团区委、区妇联等11家单位。

联系：敖寨乡、下溪乡

5.区纪委区监委派驻第五纪检监察组。行政编制5名，其中组长1名，副科长级专职纪检监察员2名，副组长1名（由副科长级专职纪检监察员兼任）。

负责综合监督：区委组织部、区委宣传部、区农牧科技局、区水务局、区林业局、区科学技术服务中心、区供销合作联社、区工商联、区科协、区文联、区红十字会等11家单位。

联系：大坪乡

6.区纪委区监委派驻第六纪检监察组。行政编制5名,其中组长1名,副科长级专职纪检监察员2名,副组长1名(由副科长级专职纪检监察员兼任)。

负责综合监督:区卫生和计划生育局、区卫生监督局、区人民医院、区疾控中心、区计生协会、区计妇中心、区新型农村合作医疗管理局、区教育局、区民族中学、铜仁市第八中学、铜仁市第六中学、铜仁市交通学校、铜仁市第十六中学等13家单位。

联系:鱼塘乡

7.区纪委区监委派驻第七纪检监察组。行政编制5名,其中组长1名,副科长级专职纪检监察员2名,副组长1名(由副科长级专职纪检监察员兼任)。

负责综合监督部门:区人民法院、区人民检察院、市公安局万山分局、区司法局等4家单位。

二、机构调整

撤销4家区纪委派出纪工委监察分局,撤销34家区纪委派驻纪检组,不再保留铜仁市公安局万山分局纪委监察室。

根据工作需要,区纪委区监委可对各派驻机构综合监督的部门(单位)进行适当调整。

三、人员编制和领导职数

(一)人员编制

区纪委区监委派驻纪检监察组行政编制共35名。其中:划转区纪委监察局4个派出纪工委监察分局人员编制4名,划转原区直部门纪检监察人员编制31名〔其中,行政编制26名,政法专项编制5名〈区人民法院1名、区人民检察院1名、市公安局万山分局2名、区司法局1名〉〕。区纪委监察局原派驻事业单位纪检监察机构的5名(其中参公事业1名)事业编制收归区案件检查信息中心和铜仁市万山区举报中心(参公事业)。纪检监察编制原则上连人带编划转。

(二)领导职数

区纪委区监委派驻纪检监察组组长7名(副科长级),副科长级专职纪检监察员14名,副组长7名(由副科长级专职纪检监察员兼任)。非领导职数按照有关规定设置。

四、其他事项

本方案由区纪委区监委会同区委组织部、区编委办、区人力资源和社会保障局、区财政局负责解释,自印发之日起施行。

附件2

撤销区纪委监察局派出(派驻)和部分区直部门(单位)内设纪检监察机构情况

一、撤销区纪委监察局派出纪工委监察分局(共4家)

1.区纪委监察局派出第一纪工委监察分局

2.区纪委监察局派出第二纪工委监察分局

3.区纪委监察局派出第三纪工委监察分局

4.区纪委监察局派出第四纪工委监察分局

二、撤销区纪委派驻纪检组(共34家)

1.区纪委派驻区委办纪检组

2.区纪委派驻区人大办纪检组

3.区纪委派驻区政府办纪检组

4.区纪委派驻区政协办纪检组

5.区纪委派驻区委组织部纪检组

6.区纪委派驻区委宣传部纪检组

7.区纪委派驻区委政法委纪检组

8.区纪委派驻区人民法院纪检组

9.区纪委派驻区人民检察院纪检组

10.区纪委派驻区卫生和计划生育局纪检组

11.区纪委派驻区发展和改革局纪检组

12.区纪委派驻区农牧科技局纪检组

13.区纪委派驻区工业和商务局纪检组

14.区纪委派驻区市场监督管理局纪检组

15.区纪委派驻区食品药品监督管理局纪检组

16.区纪委派驻区教育局纪检组

17.区纪委派驻区林业局纪检组

18.区纪委派驻区民政局纪检组

19.区纪委派驻区民宗局纪检组

20.区纪委派驻区人力资源和社会保障局局纪检组

21.区纪委派驻区交通运输局纪检组

22.区纪委派驻区环境保护局纪检组

23.区纪委派驻区扶贫办纪检组

24.区纪委派驻区安全生产监督管理局纪检组

25.区纪委派驻区水务局纪检组

26.区纪委派驻区司法局纪检组

27.区纪委派驻区财政局纪检组

28.区纪委派驻区住建局纪检组

29.区纪委派驻区文体广电新闻出版局纪检组

30.区纪委派驻万山矿区社区服务管理局纪检组

31.区纪委派驻万山长寿湖国家湿地公园管理局纪检组

32.区纪委派驻区政务服务中心纪检组

33.区纪委派驻区机关事务管理局纪检组

34.区纪委派驻区投资促进局纪检组

三、不再保留铜仁市公安局万山分局纪委监察室。

（2017年12月30日印发）

铜仁市万山区纪委区监委绩效目标管理考核办法

万纪办发〔2021〕31号

为进一步提高纪检监察干部工作效率,全面完成各项工作目标任务,根据绩效目标管理考核办法有关精神,结合单位实际,特制定本办法。

一、考核原则

坚持平时考核、台账管理、年终评价的原则,健全和完善责任与权力相结合、激励与约束相结合、过程与结果相结合的工作机制,打造求真务实、注重实绩、鼓励竞争的干事创业环境,切实提高纪检监察干部执行力和担当力。

二、考核指标

1.共性指标。党的思想建设、作风建设、队伍建设等工作。

2.业务指标。各内设部门和派驻纪检监察组、区委巡察办(组)、各乡镇(街道)纪委(纪工委)、各派出纪检监察机构向区纪委区监委承诺的重点工作及业务工作等。

三、考核对象

委班子成员以及各内设部门、各派驻纪检监察组、各乡镇(街道)纪委(纪工委)、区委巡察办(组)、各派出纪检监察机构干部职工(含借调人员)。工资关系不在纪委监委机关的纪检监察干部,区纪委区监委将考核结果反馈所在单位,责成所在单位根据扣分情况扣减相应绩效目标奖金并交区纪委区监委。

四、考核形式

按照区纪委区监委内设部门类和民生监督类、各派出纪检监察机构类进行考核。内设部门类考核:办公室(宣传调研法规室)、干部室、党风政风监督室(纪检监察干部监督室)、信访室(案件申诉复查复议办公室)、案件监督管理室、第一到第四纪检监察室、案件审理室、巡察办(组)、派驻第一到第六纪检监察组;民生监督类考核:11个乡镇(街道)纪委(纪工委)。派出纪检监察机构类考核:区直属机关纪检监察工委、铜仁市第八中学纪委、区人民医院纪委、区管企业纪委。

考核实行加扣分制,由干部室牵头实施,其他各部门各单位配合。

五、考核程序和方法

(一)台账管理。办公室(宣传调研法规室)负责提供委机关理论学习、资料报送、内设部门被上级通报批评、绩效指标完成情况督查督办情况加扣分台账,负责提供宣传法规教育相关工作加扣分台账;干部室负责提供机关干部职工考勤台账、受表彰情况加扣分台账;审理室负责提供案件审理相关工作加扣分台账;纪检监察室负责提供案件办理相关工作加扣分台账;信访室负责提供信访件办理相关工作加扣分台账;党风政风监督室(纪检监察干部监督管理室)负责提供党风廉政建设考核及监督检查工作情况、纪检监察干部违规违纪处理情况及加扣分台账;第四纪检监察室负责提供民生监督工作相关加扣分台账。

各派驻纪检监察组和内设各部门、各派出纪检监察机构建立工作台账，进行扣分和加分，每季度底将台账报分管领导同意后送干部室汇总，由干部室将拟扣分和加分情况报区纪委常委会会议研究后公示并实施。委班子成员的扣分情况一般由主要领导提出，班子成员之间也可相互提出。每人基础分为所在部门年终考核得分（区纪委区监委班子成员基础分为100分），每扣一分相应扣减绩效奖金200元。能明确工作责任的，扣减个人相应分值；不能明确工作责任的，扣减相关部门或者工作组所有干部职工相应分值。被扣减的绩效奖金用于奖励总分超出100分的干部职工，奖励标准由区纪委常委会会议根据实际情况研究决定。

（二）加扣分管理。根据加扣分部门提供的情况进行汇总，报区纪委常委会会议审定，并将审定结果公示3个工作日后在系统内进行通报。

（三）年终考核。年度考核总分100分，其中民主测评20分、共性指标30分、业务指标50分〔以各内设部门和各乡镇〈街道〉、各派出纪检监察机构上报的年初重点工作承诺及业务工作为准，其中各乡镇〈街道〉和各派出纪检监察机构履行监督责任占15分，具体内容根据区委党风廉政建设考核中的监督责任确定〕。考核由干部室牵头，其他部门相互配合，按照以下程序进行。

台账管理汇总。负责台账管理的内设部门在规定时间内将结果送干部室汇总。

述职测评。召开述职测评会，各内设部门负责人、派驻第一到第六纪检监察组负责人、各乡镇（街道）纪委（纪工委）书记和各派出纪检监察机构负责人就本年度工作完成情况进行述职，参会人员对各内设部门、第一到第六纪检监察组、乡镇（街道）纪委（纪工委）和各派出纪检监察机构进行民主测评。参加测评人员为各派驻纪检监察组组长、各内设部门负责人及1名工作人员、各派出纪检监察机构负责人，区纪委区监委领导班子对内设部门的测评同时进行。委领导班子测评分、群众测评分分别占民主测评得分的30%和70%。领导班子测评分是指去掉1个最高分和1个最低分后的平均分，群众测评分是指去掉两个最高分和两个最低分后的平均分。其他干部及工作人员提交个人年度工作总结，经室（组）负责人和分管领导签字后，交考核领导小组办公室汇总后，由考核领导小组统一进行测评。

考核初评。考核组对内设各部门和各纪检监察组、乡镇（街道）纪委（纪工委）和各派出纪检监察机构进行考核初评，草拟考核初评报告报绩效考核工作领导小组审核。区纪委区监委班子成员个人考核得分＝基础分＋加分－扣分；内设部门（包括各纪检监察组、乡镇（街道）纪委（纪工委）和各派出纪检监察机构）初评得分＝共性指标得分＋业务指标得分＋民主测评得分＋加分－扣分；个人考核得分＝所在内设部门（包括各纪检监察组、乡镇（街道）纪委（纪工委）和各派出纪检监察机构）考核得分+个人加分-个人扣分。

常委会审定。考核组形成考核工作情况报告报常委会研究，根据初评得分和领导测评得分，分四类（内设部门、各纪检监察组、乡镇（街道）纪委（纪工委）和各派出纪检监察机构）对被考核部门和个人最终考核得分进行排名。

六、结果运用

（一）在本系统进行通报。

（二）结果作为评先选优的重要依据。

(三)结果作为干部提拔的参考依据。

(四)按照区委、区政府绩效奖发放有关规定,依据得分情况发放个人绩效目标考核奖金。

(五)考核结果被确定为基本称职(基本合格)或不称职(不合格)等次的,扣发该年度绩效目标奖励,并作待岗三个月处理,经教育仍不改正的,调离纪检监察机关。

七、其他事项

(一)本考核办法从2021年度起实施。

(二)2021年之前有关内部绩效目标考核的规定一律废止。

(三)本办法未尽事宜由区纪委常委会研究解决。

附件:1.述职测评表

2.共性指标

3.2021年业务指标

4.平时加扣分规定(2021年8月6日印)

附件1

述德述责述廉评分表

述职人：　　　　　　　　　　　　　　　　　　　所在部门：

测评要素		年度工作任务完成情况	工作特色亮点	廉洁自律	言语表达	满分
分值		50	25	15	10	100（以20分计入总分）
评分要点		反映述职人年度政治思想、工作作风、履行岗位职责及完成目标任务完成情况。	能结合本地实际创造性地开展工作，形成有特色、亮点、成效，具有一定的推广性。	按照“打铁必须自身硬”的要求，严格遵守中央八项规定和省委市委“十项规定”精神，严守领导干部廉洁从政各项规定。	思路清晰，语言流畅，表达清楚，汇报内容条理清楚，逻辑性较强。	总分
等级	好	40—50	20—25	12—15	8—10	—
	中	26—39	13—19	8—11	6—9	—
	差	0—25	0—12	0—7	0—5	—
要素得分		—	—	—	—	—

附件2

共性指标

被考核单位：　　　　　　　　　　　　　　　　　　考核时间：

序号	项目	考核内容	分值	评分细则	备注
1	思想建设	深刻领会党的十九大和十九届二中、三中、四中、五中全会精神及习近平总书记系列重要讲话精神，认真学习《党章》《宪发》《监察法》《刑法》《工作规则》《工作规定》，省委、省纪委、市委、市纪委、区委、区纪委全会等重要会议精神。	5分	(1)无故不参加上级安排的会议、活动的，每人次扣1分。 (2)无故不参加委机关集中学习的，每人次扣0.5分。 (3)党支部未按要求落实“三会一课”、组织生活会、谈心谈话、民主评议党员等组织生活制度，每次扣1分(所扣分值均摊于相关支委委员)。 (4)违反意识形态“十种情形”，被通报的扣0.5分，被诫勉谈话的扣1分，被组织处理的扣1.5分，被立案审查的扣2分。 (建立台账，本项分值扣完为止)	
2	作风建设	严格执行中央、省、市、区关于改进工作作风密切联系群众的各项规定，自觉遵守区纪委监委机关规章制度和工作纪律，工作积极主动，坚持原则，秉公执纪，深入基层，求真务实。	5分	(1)上班迟到或早退，每人次扣0.5分。 (2)上班期间上网聊天、玩游戏等做与工作无关事情的，每人次扣0.5分； (3)无故不参加单位组织的集体活动，每人次扣0.5分。 (4)未落实首问负责制，对上访、投诉群众态度粗暴，被群众投诉并查实的，每人次扣1分。 (5)服务基层意识不强，给基层办理的事项推诿扯皮或积压不办并查实的，每人次扣1分。 (6)到基层开展工作时打麻将或有其他违纪违规行为的，每人次扣1分。 (7)未落实限时办结制有关规定，被委领导催办，或被群众和其它部门投诉的，每人次扣1分。 (8)需向区级(含)以上机构(领导小组)报送资料，相关内设部门不及时将有关材料报送牵头部门，造成工作被动的，每次扣0.5分。 (根据平时督查或群众举报投诉建立台账，本项分值扣完为止)	
3	队伍建设	干部职工整体精神面貌健康向上，开拓进取，真抓实干，廉洁奉公，勤政为民，精诚合作，团结和谐，有很强的凝聚力、战斗力和创造力。内设部门人员遵纪守法，没有发生违法违纪行为。	10分	(1)干部职工只要受到组织处理的，每人次扣2分；受到党政纪轻处分的，每人次扣5分；受到党政纪重处分的，每人次扣10分，同时受党纪和政纪处分的，按扣分较重的处分扣分。 (2)队伍不和谐、不团结，出现矛盾和纠纷，需委领导调解的，每次扣1分。 (3)在年度考核中，出现不称职或不合格档次的，每人次扣2分。 (建立台账，本项分值扣完为止)	

续表

序号	项目	考核内容	分值	评分细则	备注
4	日常工作	认真贯彻执行中央纪委、省纪委、市委、市纪委、区委、区纪委关于党风廉政建设的决策部署和其他重要工作，扎实完成年度工作、阶段性工作以及委领导交办的工作任务。	5分	(1)对委领导交办的工作，不按时保质保量完成的，每次扣0.5分。 (2)对承办市纪委监委对应部门交办工作不力被上级批评的，每次扣1分。 (3)在各种检查、考核中未落实有关规定要求，被检查组通报批评或被群众举报经查属实的，每项(次)扣2分。 (4)各内设部门办公区域脏、乱、差，影响区纪委监委机关"文明单位"等工作创建和考核的，每次扣1分。 (建立台账，本项分值扣完为止)	
5	重点工作	党史学习教育、绩效考核和乡村振兴相关工作落实情况。	5分	(1)相关内设部门要抓好领导班子2020年度民主生活会整改方案的落实，未上报整改落实情况的，扣1分；未按要求报送相关材料的，每次扣0.5分。 (2)党支部要抓好2020年度组织生活会整改措施的落实，未上报整改落实方案及问题、整改清单的，扣1分。 (3)内设各部门和民生监督组未按要求报送绩效考核资料的，每次扣0.5分。 (4)在护航乡村振兴工作中，出现工作失误一次扣1分。 (5)其他中心及重点工作中，出现工作失误一次扣0.5分，工作未完成受到不良影响的一次扣1分。 (建立台账，本项分值扣完为止)	
合计			30		

附件4

平时加扣分规定

办公室工作加扣分规定

一、加分情形

(一)办公室单项工作被省、市纪委市监委表彰,或者在省级、市级作交流发言、被作为经验信息交流的,分别加集体3分、2分;

(二)纪检监察信息工作年度综合成绩排名全省前五,分别加个人5分、3分、2.5分、2分、1分;排名全市第一个人加2分;专报被省市级党委、纪委主要领导签批的,省级个人3分、市级2分。

二、扣分情形

(一)纪检监察信息工作被省、市纪委市监委通报批评,分别扣个人2分、1分;

(二)违反规定处理公文,造成不良影响的,扣相关责任人1分;

(三)违反规定采购物品,造成不良影响的,扣相关责任人1分;

(四)中心组学习全年未达12次,扣集体2分。无故不参加中心组学习,一次扣0.5分。

(五)落实区纪委常委会决定和领导批示件有关事项超过规定时限的扣1分。

干部室相关工作加扣分规定

一、加分情形

(一)乡镇(街道)纪委(纪工委)、各派驻(派出)纪检监察机构、机关各内设部门、区委巡察办(组)被中央、省、市、区评为先进集体或通报表彰的,分别加集体5分、4分、3分、1分;各乡镇(街道)纪委(纪工委)、各派驻(派出)纪检监察机构、机关各内设部门、区委巡察办(组)干部被中央、省、市、区表彰的,分别加个人5分、3分、2分、1分。

(二)在省、市、区纪委区监委召开的大会上作交流发言的分别每次加3分、2分、1分。

(三)机关各内设部门、区委巡察办(组)业务或牵头承办的工作在全省综合排名前三的,分别加5分、3分、2分;在全市综合排名第一加2分。

二、扣分情形

(一)在省、市、区纪委区监委组织实施的考试中排后五名且不及格的,分别每人扣3、2、1分。

(二)机关各内设部门、区委巡察办(组)业务或牵头承办的工作在全省综合排名后三的,分别扣2分、3分、5分;在全市综合排名最后一位的,扣2分。

同一项(类)工作具备多项(类)加分条件的,只能按分值最高一项(类)加分,不重复加分。加分申请及印证材料由集体或个人在规定的时间内提供,逾期视为放弃。

党风政风监督(纪检监察干部监督)工作加扣分规定

一、加分情形

上报的监督检查工作开展情况作为先进经验和做法被中央、省、市推广的,分别加10分、5分、3分;

二、扣分情形

(一)每月未按时上报监督检查报告和台账,每次扣0.5分。

(二)未按工作提示要求开展监督检查工作,未按时上报相关工作开展情况的每次扣0.5分。

(三)在日常监督检查或案件审查调查中对党员干部或公职人员给予"第一种形态"处理的,未将处理情况及时送党风政风监督室备案的,每次扣1分。

(四)未按要求按时报送监督单位党风廉政建设责任制考核扣分台账的,每次扣1分。

(五)廉洁自律审查情况不真实不客观,或者泄露案件线索办理进展情况的,每次扣1分。

(六)未如实报告个人重大事项,或者个人重要事项变动后30日内未将有关情况报党风政风监督室(纪检监察干部监督室)登记备案的,发现1次扣2分。

(七)泄露重大事项决策情况、案件信息的,每发现1次扣2分。

(八)将工作证用于非公务活动造成不良影响的,每次扣2分。

(九)未按时完成年度考核基本承诺事项,又不及时报告的,每少一项扣2分。

(十)纪检监察干部被谈话提醒、批评教育的,每次扣1分。

(十一)纪检监察干部被通报批评、诫勉谈话的,每次扣2分。

(十二)纪检监察干部被立案审查调查,受到党内警告或政务警告处分的,每次扣3分;受到党内严重警告、撤销党内职务或者记过处分的,每次扣4分;受到撤销党内职务以上处分的,每次扣5分。

案件查办工作加扣分规定

一、加分情形

(一)每办理移送司法机关1名副科级(含正科级)以上干部每件加2分;每协助上级办理1名副县级以上干部每件加2分;每办理1名上级指定副县级干部违纪案加3分。

(二)受省、市表彰或授功的分别加3分、2分。

(三)被抽到上级纪委监委办案,并得到充分肯定的,省级每人2分、市级1分。

(四)区纪委区监委案件评查位列前三名的分别加3分、2分、1分。

二、扣分情形

(一)领导交办限时办结无正当理由未按时办结造成不良影响的每件扣2分。

(二)移送司法被认定为无罪的每件扣5分。

(三)办案过程中,出现一起安全事故的每件扣10分。

(四)在办理案件过程中,发现新的线索,不请示不汇报的每件扣3分。

(五)因为案件不规范,被中央、省、市通报每件分别扣5分、3分、2分。

（六）区纪委区监委案件质量评查位列后三名的分别扣3分、2分、1分。一年内无案件进行质量评查的，扣5分。

民生监督工作加扣分规定

一、加分情形

1.发现或提供一条涉黑涉恶线索，经查证属实的，加1分，有“保护伞”的每例再加1分。

2.在全区通报的民生监督主要数据（全年）综合排名中，排名前三名的民生监督组，对应给相关联系室、民生监督组加1.5分、1分、0.5分。若达不到任务，不论排名先后，均不加分。若达到任务，不论排名先后，每多一件，给相应联系室、民生监督组各加1分。

3.民生监督组规范化建设年终考核中，获得前三名的，分别给相关联系室、民生监督组加2分、1.5分、1分。

4.在督导推动五个示范、扶贫民生资金监督系统建管用、民生项目（资金）备案等相关民生监督工作中，其做法被中央、省、市列为典型推广的，分别给对应联系室、派驻纪检监察组、民生监督组加5分、3分、2分。

5.发现可移送司法的问题线索，每发现一起给对应室、组加3分。

二、扣分情形

（一）常规工作方面

1.扫黑除恶工作方面。每年至少开展一次督查，未开展的扣相应联系纪检监察室、民生监督组各1分。

2.民生监督数据信息报送工作。数据信息报送不及时或出现较大失误的，扣相应室、组1分。

3.民生监督规范化建设工作。对平时监督检查反馈问题整改不力或年终考核80分以下的，扣相关联系室、民生监督组各1分。

4.“五个示范”及乡村“微权力”清单创建工作。未督导推动创建责任主体部门按期高质量完成创建任务工作，扣相应负有督导任务室、派驻纪检监察组、民生监督组1分。

5.扶贫民生资金监督系统建管工作。未督导推动责任主体部门按期采集录入、转办核实数据的，扣相关联系室、派驻纪检监察组、民生监督组1分。

6.民生项目（资金）备案工作。未督导推动相关单位做到民生项目（资金）应备尽备的，每少一项扣相关派驻纪检监察组、民生监督组0.5分。

7.在全区通报的民生监督主要数据（全年）综合排名中，排名倒数第一、第二、第三名的民生监督组，分别扣相关联系室、民生监督组1.5分、1分、0.5分，若达到案件查办及问责任务数则不扣分。若达不到任务的，不论排名先后，每少一件扣相关联系室、民生监督组各1分。

案件监督管理相关工作加扣分规定

一、加分情形

各部门在报送监督监督检查审查调查数据统计工作、开展审查调查安全工作中，整体工作成果、重点工作成果方面受到市级通报表扬的加2分，省纪委通报表扬的再加3分。

二、扣分情形

（一）问题线索

1.案管室分办的问题线索一个月内未处置或处置未报案管部门备案的每件扣0.5分。

2.未按要求向案管部门及时反馈办理情况的每件扣0.5分。

（二）立案送审

3.案件承办部门，以全年立案数为基数，送审率达95%

不扣分，低于95%的每件扣0.5分，高于95%的每件加0.5分。领导临时交办12月立案的不计入送审率。

（三）审查调查措施使用

1、各审查调查部门，应当按照规定建立“十二加三”调查措施使用台账，完整记录措施使用台账情况，未按规定建立台账的扣1分。

2、各审查调查部门在使用“十二加三”调查措施，应及时将审批手续交案管室存档，未按要求将相关存根、文书资料送案管部门归档的，一次扣0.5分。

（四）数据统计

1.内容准确。各部门所报送的登记表、统计表、各类报告内容准确无误。特别是涉及“工作单位及职务、政治面貌、出生日期、民族情况、入党时间、身份证号、人大代表、政协委员、线索来源、党纪政务处分、组织处理、公检法处理”等项目的报送务必准确，如有错误、前后信息不一致等情况，发现一次扣1分，被市纪委每通报一次扣2分、省纪委每通报一次扣3分。

2.符合实际。报请或会同党委（党组）召开党风廉政专题会议次数、党内问责、监察问责、查处违反中央八项规定精神问题、日常监督检查、接受信访举报、巡察监督、线索处置、立案、结案、处分、移送司法机关、查处群众身边腐败和作风问题、复查复议复审复核、退回补充调查、不起诉决定、变更撤销处理决定、廉政意见回复人次、国际追逃追赃统计数据与实际情况一致。如有瞒报、重复报送等情况，每发现一处扣1分。

3.统计对象全覆盖。凡属于本地区本单位受理的问题线索、立案对象、复查复议复审复核、日常监督、巡视巡察、党风、民生领域必须“应统计尽统计”全部纳入统计范围。如有遗漏，每发现一件扣1分。

4.统计项目填报完整。登记表中的统计项目应该根据实际情况完整报送。漏填或填报不完整的，每发现一处扣1分。

5.统计数据按时上报。各部门必须于每月23日前（遇特别通知除外），将当月数据刻盘填表，并经分管领导签字同意后将纸质版及电子版报送案管室，不得迟报，迟报1次扣1分。如遇特殊情况不能及时报送而口头预报的，后实际报送数据与预报数据不一致的，每出现一次扣1分。

6.统计项目填报及时。当月办理当月报送。特别是《统计分析指标体系（试行）》附件十四、附件十五所涉及组织措施、立案、结案、处分等情况（组织措施印证材料、线索处置情况报告、立案呈批报告、审查报告）须当月报送。每迟报一次扣1分。

（五）审查调查安全

审查调查工作加扣分按照《万山区纪委区监委审查调查安全考核办法》执行。

信访件办理工作加扣分规定

一、加分情形

（一）通过初步核实方式处置的首次检举控告件在3个月内办结（以初步核实情况呈批表中领导签署意见时间为限，下同）的每件加1分。

（二）通过初核或谈话函询方式处置办理的首次检举控告件，乡镇以3件为基准，派驻纪检组5件为基准，内设部门以2件为基准，在三个月办理时限内，每增加办结1件加0.5分。

（三）办理检举控告中，每发现及办理查处1件诬告陷害举报件加5分。

二、扣分情形

（一）信访举报类问题线索一个月内未处置或处置未报信访部门备案的每件扣0.5分。

（二）未按要求每季度向信访部门反馈办理情况的每件扣0.5分。

（三）检举控告件三个月内未办结且未按要求办理延期的每件扣1分。

（四）因信访举报相关工作存在问题，被中央、省、市通报的分别扣相关责任人5分、3分、2分。

以上加分情形中1.2项不作累计加分计算，原则上按就高原则处理，存在加分情形的由承办部门到信访室核对办理。所加扣的分值由承办部门负责人按工作开展情况明确到具体人员。

审理工作加扣分规定

一、加分情形

（一）以每年11月底为基数，11月底前移送审理并受理的案件，审结率达90%，每增加一个百分点加1分。

（二）因案情复杂，由纪监监察室和派驻纪检监察组提出申请，经分管领导或者主要领导批准，案件审理室配合参与组织调查的案件，每办理一件加1分。

（三）经审理发现的违纪线索，提出审理建议并经常委会研究同意，被党政纪问责的案件，每件加0.5分；被党政纪立案轻处分的，每件加1分；被党政纪重处分的，每件加2分；被党政纪立案并被移送司法机关的，每件加3分。

二、扣分情形

（一）以每年11月底为基数，11月底前移送审理并受理的案件，审结率达90%，未达到90%的每少一个百分点扣1分。

(二)对派驻纪检监察组承办移送审理的案件,以派驻纪检监察组为单位,全年移送的案件均未被退回补充调查的,加2分;被退回三次以内的(含本数),不加分不扣分,被退回三次以上的,每超一件扣0.5分。对纪检监察室承办的案件,全年移送的案件均未被退回补充调查的,加1分;被退回一次的,不加分不扣分,被退回一次以上的,每超一件扣0.5分。

(三)对移送审理的案件,经分管领导或者主要领导批准,一案被连续退回补充调查二次的扣0.5分,被退回重新调查的,一件扣0.5分;

(四)各乡镇和部门提请协助审理的案件,从领取审理意见之日起,7个工作日内召开班子会议研究并印发处分文件返回审理室、案管室,未在规定时间印发处分文件返回审理室、案管室的,每件扣0.5分。

党建工作加扣分规定

一、加分情形

(一)支部组织工作业绩突出,受省、市、区表彰的,分别加3分、2分、1分。所加分值均摊到各支委成员。

(二)支部使用和维护"铜仁智慧党建云"情况,年底综合排名位居全市前30名的加2分。所加分值均摊到各支委成员。

(三)党员个人使用"铜仁智慧党建云"情况,年底综合排名位居全市前50名或全区前5名的,给相应党员个人加2分(不累计加分)。

(四)党员个人表现优秀,年度受到中央、省、市、区、单位党内表彰的,分别加10分、5分、2分、1分、0.5分。

二、扣分情形

(一)各支部每月至少召开1次支委会,开展1次主题党员日活动;每个季度至少召开1次党员大会,组织1次讲党课;各党小组至少每月召开1次会议。支部(党小组)未严格落实"三会一课"和"主题党员日"制度,每缺少一项(次)扣1分。

(二)各支部要拟定年度工作计划,每半年(6月底、12月底)报送一次工作总结到机关党党总支备案,未报送备案的,少一项(次)扣1分。

(三)各支部每年至少召开一次支部组织生活会和开展一次民主评议党员工作,并将相关资料报机关党总支备案。召开组织生活会未开展民主评议党员工作,或者开展了民主评议党员工作但未召开组织生活会的,扣2分。两项工作都没有完成的,直接扣5分。

(四)按照发展党员要求和规程,坚持原则和标准,认真做好发展党员工作,把政治素质好、业务能力强、思想进步的年轻同志吸收到组织中来。无特殊原因,超过规程规定时间节点三个月未开会研究的,一人(次)扣2分。所扣分值均摊到各支委成员。

(五)党员个人无故不参加支部组织的会议、活动的。每次扣0.5分。

（六）党员个人未按要求落实支部安排的工作任务，造成工作被动的，每次扣1分。

（七）党员个人“铜仁智慧党建云”半年、年度综合评价达不到“合格”等次的，每次扣0.5分。

宣传信息工作加扣分规定

一、加分情形

（一）各乡镇（街道）纪委（纪工委），各派驻纪检监察组，委机关各内设部门，区委巡察办（组）干部：提供素材或撰写的信息被国家级、省级、市级主流媒体采用1篇分别加2分、1分、0.5分。

（二）宣传调研法规室在完成市级主流媒体100篇的基础上，被国家级、省级、市级主流媒体采用1篇（含图片）分别加2分、1分、0.5分。

二、扣分情形

（一）宣传调研法规室干部：扣分以完成市级以上主流媒体100篇（含图片）为基数，每少1篇扣0.2分，加分以100为基数。

（二）各乡镇（街道）纪委（纪工委），各派驻纪检监察组，委机关各内设部门，区委巡察办（组）每月报送信息不得少于1篇，每少1篇扣0.5分。

后 记

中共十八大以来，新一届中央领导集体把党风廉政建设和反腐败斗争提到新高度，纵深推进全面从严治党成为新时代纪检监察机关的政治责任与历史使命。2020年5月，铜仁市纪委市监委启动《铜仁市纪检监察志(1950—2021)》编纂工作，要求各区县撰写相应章节，在区委常委、区纪委书记、区监委主任邹远志的领导和组织下，万山区按要求完成工作任务。按照市纪委市监委要求，2021年7月，万山区纪委区监委在《铜仁市纪检监察志(1950—2021)》(万山部分)基础上，启动了编修中华人民共和国成立以来第一部《万山纪检监察志》。在区委常委、区纪委书记、区监委主任胡定钦的领导和组织下，经全体纂修人员历时两年多辛勤耕耘，2023年8月，《万山纪检监察志》终于成书问世，来之不易，可喜可贺！

万山，武陵腹地之黔东明珠。昨日之万山，乃中华大地工业重镇，素有“中国汞都”“丹砂王国”“红色革命老区”之美称，其历史悠久，文化底蕴深厚，为世人瞩目的“千年丹都、朱砂古镇”。今日之万山，作为贵州省唯一的资源枯竭型城市，在中央、省市的大力支持下，已华丽转身为铜仁中心城区之“转型之城、美丽万山”。中华人民共和国成立后，万山各级纪检监察机关在加强党的建设，为中华人民共和国工业建设、国家西部大开发、脱贫攻坚与全面小康、全区高质量转型发展，做出重要贡献，但遗憾的是尚无一部纪检监察专志予以记述。2021年6月，在庆祝中国共产党成立100周年之际，万山区委常委、区纪委书记、区监委主任胡定钦由松桃苗族自治县调任万山区纪委区监委工作，把编纂《万山纪检监察志》作为强化党史学习教育重要内容，专题调研和研究志书编修工作，解决编纂人员和编纂经费等难题。

为确保编纂工作顺利推进，成立《万山纪检监察志》编纂委员会，由区委常委、区纪委书记、区监察委主任胡定钦任编纂委员会主任，并兼任主编；区纪委副书记、区监委副主任及区纪委常委、区监委委员任编纂委员会副主任；区纪委区监委机关各室主任(负责人)、各乡镇(街道)纪(工委)书记任编纂委员会成员。编纂委员会办公室设在区纪委区监委机关大楼2015室，区纪委副书记、区监委副主任刘勇及区纪委副书记、区监委副主任杨昌贵先后兼任办公室主任，区纪委常委、区监委委员袁仁荣兼任办公室副主任，负责日常管理；区纪委区监委派驻纪检监察组副科长级专职纪检监察员罗水华为编纂委员会办公室成员，负责编纂业务指导、工作联络协调、后勤服务保障等。聘请万山区委宣传部退休干部黄隆高、碧江区地方志办退休干部刘新华、原贵州汞矿离职人员朱晓东具体从事《万山纪检监察志》编纂工作。

按照《〈万山纪检监察志〉编纂工作实施方案》，编纂工作于2021年7月中旬启动，由各责任单位、责任室等提交初稿工作资料，交由具体编纂责任人员审稿和编纂组稿。截至2022年6月底，《万山纪检监察志》初稿先后经历了多轮修改，虽历尽艰辛，但仍距中国地方志指导小组《地方志书质量规定》质量要求相差甚远。为此，充实区委巡察组正科长级巡察专员蒙志国及区纪委区监委干部宋伟、陆俊勇到编纂委员会办公室，对编纂工作重新分工，即袁仁荣负责编纂工作总协调，具体负责指导案件审理与复议复查（复审复核）、案件监督管理、审查调查编纂；蒙志国负责志书总编审工作，具体负责档案资料查补及组织机构、纪检监察机构职能和任务、纪检监察管理体制、干部队伍建设、信访工作、宣传教育与调查研究、人物、亮点工作，兼图片、大事记编纂；罗水华负责与印刷厂、出版社联络及文字编审，具体负责图片、概述、目录、荣誉、文献辑录、封面设计及巡视巡察监督、乡镇（街道）纪检监察、驻万山正县级机构纪检监察编纂；宋伟负责党风廉政建设、作风建设、源头防腐、执法与效能监察编纂；陆俊勇负责民生监督、脱攻坚及其监督执纪、党群工作编纂。在此期间，按照2022年12月28日区纪委常委会第27次会议安排，将全区2022年度纪检监察工作编入《万山纪检监察志》。在新一轮修编工作中，虽然时间紧、任务重，但各编纂人员严谨认真地对所负责章节审校修改、纠错补漏、补充完善，特别是区委常委、区纪委书记、区监察委主任胡定钦在百忙中挤出时间亲自审稿，指导编纂工作，使志书的质量得到大幅提升，到2023年2月底，形成送审稿样书，正式提交了出版社。

在编纂过程中，我们参阅和引用了《中国共产党廉政反腐史记》《中国廉政法律制度研究》《纪检监察组织建设教程》《贵州通史》《贵州纪检监察年鉴（2019—2020）》《铜仁年鉴（2011）》《万山特区志（1949—2011）》《中国共产党万山特区历史大事记（1949—2011》《中国共产党万山特区组织史资料（1949—2011》《万山年鉴（2012—2020）》《万山特区军事志（1277—2005）》《铜仁市志》《贵州汞矿史料》《万山报》以及人民网、新华网、贵州省人民政府网、铜仁网、万山网、万山清风网及《毕节纪检监察志（1950—2015）》《玉屏县志》《松桃纪检监察志（1950—2020）》《玉屏县纪检监察志（1950—2020）》《务川县纪检监察志》等书籍和主流媒体有关内容。同时，通过查阅档案，还补充、完善、修订万山有关资料书籍中被遗漏和校对错误或不完善的地方，在此，向以上志书及其资料汇编的作者、编者、资料提供者表示衷心感谢！

该志书的出版，得到铜仁市纪委市监委、铜仁市地方志办公室、万山区地方志办（档案馆）、万山区委党史研究室、万山区民政局、万山区编办、万山区保密技术服务中心等单位领导和同行的大力支持；得到松桃县、玉屏县和碧江区纪委区监委兄弟般的关心和支持，特别是铜仁市纪委市监委领导和《铜仁市纪检监察志》的专家老师多次亲临万山指导纪检志编纂工作，并提出了很多宝贵意见，使编纂人员受益匪浅，在此，向以上关心、支持《万山纪检监察志》编纂工作的领导、专家、同行和热心人士表示由衷的感谢！

《万山纪检监察志》付梓出版，我们深感欣慰，但同时亦难免惴惴不安：由于仅两年余编纂时间，史实时限长达70余年，加之万山行政机构归属情况多变，资料流失严重，很多史料无法征集录入；又因编纂者资历、学识水平等局限，选材不精练，文句不工整，虽几经修改、多次校勘，纰漏误谬难免，我们将在下轮修编中予以完善。谨此，只有虚心渴求各位领导、史志专家、四方贤达和全体读者之斧正，我们将会在下步工作中做得更好、更精，更好地为纪检监察工作和万山地方文化建设做出更大贡献！

编　者

2023年8月